Dr. Oetker

1000

Partyrezepte

Dr. Oetker

1000 Partyrezepte

Dr. Oetker Verlag

Partyrezepte

Die nächste Party mit Freunden, Familie und Nachbarn kann kommen. Denn hier gibt es die schönsten Partyrezepte zum Verwöhnen – von Appetithäppchen bis Zwiebelkoteletts mit Senfcreme.

Für jede Party – aus welchem Anlass auch immer – finden Sie in diesem Buch das passende Rezept. Ein reichhaltiges und leckeres Angebot von Snacks und Dips, Salaten, Suppen und Eintöpfen, Aufläufen und Gratins, Fleischgerichten, Platten und Schnittchen, Nudelgerichten und Desserts bis hin zu Drinks.
Von der orientalischen Möhren-Sesam-Suppe, über die Salattorte, gefüllte Tacos, Currytopf mit Kokosmilch, Hirtentopf, feurigem Seelachs-Porree-Topf und Leberkäseauflauf mit Spätzle bis hin zu Hähnchengeschnetzeltem, Ananas-Kasseler im Brotteig oder dem Domino-Dessert.
Köstliche neue und bewährte Rezeptkreationen, bei denen die Auswahl schwer fällt: bayerisch, italienisch oder asiatisch? Mit Fleisch oder ohne? Oder doch lieber Fisch? Vielleicht auch lieber nur Dessert, davon aber reichlich? Große Portionen oder kleine Häppchen? Wonach steht Ihnen der Sinn?

Die Rezepte (außer den Drinks) sind für 8-12 Personen und vor allem gut vorzubereiten. Damit die Rezepte gelingen, wurden sie von uns ausprobiert und sind so beschrieben, dass es mit ein bisschen Erfahrung bestimmt klappt.

Auf jeden Fall werden die vorgeschlagenen Rezepte dafür sorgen, dass Sie und Ihre Gäste die Party genießen können.
Jetzt kann die Party losgehen!

Kapitelübersicht

Partysalate
Rezept 1–100
Seite 8-59

Partysnacks & Dips
Rezept 101–200
Seite 60-111

Partysuppen
Rezept 201–300
Seite 112-163

Partytöpfe
Rezept 301–400
Seite 164-227

Partyaufläufe & -gratins
Rezept 401–500
Seite 228-291

Partybraten

Rezept 501–600
Seite 292-353

Partypasta

Rezept 601–700
Seite 354-405

Partyplatten & -schnittchen

Rezept 701–800
Seite 406-469

Partydesserts

Rezept 801–900
Seite 470-521

Partydrinks

Rezept 901–1000
Seite 522-557

Ratgeber 558–562
Register 563–575

Kapitel **01**

Rezepte 01–100

Partysalate

Reissalat mit Shrimps

Reissalat mit Shrimps

8–10 Portionen

Zum Vorbereiten

Zubereitungszeit: 60 Minuten, ohne Abkühl- und Durchziehzeit

375 g Langkornreis
Salz
2 große Äpfel
340 g abgetropfte Ananasstücke (aus der Dose)

Für die Sauce:
5 EL Mayonnaise
150 g Crème fraîche
2–3 EL Currypulver
4–5 EL Zitronensaft
1 TL Zucker
Cayennepfeffer
gem. Pfeffer

300 g Shrimps (gegart, entdarmt, ohne Schale)
4 EL geschälte, geröstete Kürbiskerne

Pro Portion:
E: 11 g, F: 15 g, Kh: 43 g,
kJ: 1498, kcal: 357

1. Reis in kochendem Salzwasser nach Packungsanleitung zubereiten. Reis in ein Sieb geben, mit kaltem Wasser abschrecken, gut abtropfen und erkalten lassen.
2. Äpfel schälen, vierteln, entkernen und würfeln. Die Ananasstücke noch kleiner schneiden.
3. Für die Sauce Mayonnaise mit Crème fraîche, Curry, Zitronensaft, Zucker und Cayennepfeffer vorsichtig verrühren.
4. Apfel- und Ananasstücke zusammen mit dem Reis unter die Sauce heben und zugedeckt etwa 60 Minuten durchziehen lassen.
5. Vor dem Servieren den Salat mit Salz und Pfeffer abschmecken. Die Shrimps abspülen, abtropfen lassen und unterrühren. Den Salat mit den Kürbiskernen bestreuen.

Tomaten-Schafskäse-Salat

Zum Vorbereiten

8–10 Portionen

Zubereitungszeit: 40 Minuten, ohne Durchziehzeit

2 1/2 kg Tomaten
750 g Schafskäse

Für die Sauce:
1 Bund glatte Petersilie oder Basilikum
100 ml Zitronensaft
Salz
gem. Pfeffer
1 TL gerebelter Oregano
150 ml Olivenöl

Pro Portion:
E: 13 g, F: 25 g, Kh: 7 g,
kJ: 1357, kcal: 325

1. Tomaten abspülen, abtrocknen, halbieren und die Stängelansätze herausschneiden. Tomaten achteln. Schafskäse in Stücke schneiden oder zerbröckeln. Beide Zutaten in einer großen Schale vorsichtig vermengen.
2. Für die Sauce Petersilie oder Basilikum abspülen, trocken tupfen und die Blättchen von den Stängeln zupfen. Blättchen grob hacken. Zitronensaft mit Salz, Pfeffer und Oregano verrühren. Das Öl unterschlagen, Petersilien- oder Basilikumblättchen unterrühren.
3. Die Sauce auf den Salatzutaten verteilen. Den Salat zugedeckt etwa 30 Minuten durchziehen lassen.

Tipp: Nach Belieben zusätzlich Zwiebelringe oder schwarze Oliven unter den Salat mischen.

Weißkohlsalat mit Shiitakepilzen

Zum Vorbereiten

8–10 Portionen

Zubereitungszeit: 40 Minuten

600 g Weißkohl
Salz
400 g Shiitakepilze
8 EL Speiseöl, z. B. Sonnenblumenöl

Für die Salatsauce:
4 EL Himbeeressig
8 EL Walnussöl
2 EL Honig, gem. Pfeffer
2 EL Sojasauce
4 Frühlingszwiebeln

Pro Portion:
E: 2 g, F: 20 g, Kh: 13 g,
kJ: 976, kcal: 233

1. Den Weißkohl putzen, den Strunk herausschneiden, Kohl in feine Streifen schneiden. Salzwasser zum Kochen bringen und die Kohlstreifen 2 Minuten darin blanchieren, in ein Sieb geben und abtropfen lassen.
2. Die Pilze putzen, mit Küchenpapier abreiben, evtl. abspülen, abtropfen lassen und halbieren. Das Öl in einer Pfanne erhitzen und die Pilze etwa 5 Minuten darin anbraten. Anschließend Pilze und Kohlstreifen miteinander vermischen.
3. Für die Salatsauce Essig, Öl und Honig verrühren, mit Salz, Pfeffer und Sojasauce würzen.
4. Frühlingszwiebeln putzen, abspülen, abtropfen lassen und in feine Scheiben schneiden. Frühlingszwiebelscheiben in die Sauce geben und verrühren.
5. Shiitakepilze und Kohlstreifen dazugeben, die Zutaten gut vermengen und servieren.

Tipps: Dazu schmecken sehr gut frisches Fladenbrot und Zaziki. Ersetzen Sie den Himbeeressig durch weißen Balsamico-Essig.

Tomaten-Schafskäse-Salat

Weißkohlsalat mit Shiitakepilzen

Kartoffel-Matjes-Salat

8 Portionen

Zum Vorbereiten

Zubereitungszeit: 60 Minuten, ohne Abkühl- und Durchziehzeit

1 1/2 kg festkochende Kartoffeln
6 Matjesfilets (250–300 g)
1 Bund Frühlingszwiebeln
3–4 säuerliche Äpfel

Für das Dressing:
200 ml Gemüsebrühe
125 ml Weißweinessig
1 EL mittelscharfer Senf
1 Prise Zucker
Salz, gem. Pfeffer
4–5 EL Rapsöl

75 g grob gehackte oder halbierte Walnusskerne
1–2 EL Schnittlauchröllchen

Pro Portion:
E: 11 g, F: 18 g, Kh: 34 g,
kJ: 1437, kcal: 343

1. Die Kartoffeln unter fließendem Wasser abbürsten, knapp mit Wasser bedeckt, zugedeckt zum Kochen bringen und in etwa 20 Minuten gar kochen. Kartoffeln abgießen, mit kaltem Wasser abschrecken, abtropfen lassen, noch warm pellen. Die Kartoffeln in Scheiben schneiden und in eine große Schüssel geben.

2. Matjesfilets abspülen, trocken tupfen und in kleine Stücke schneiden, dabei evtl. Gräten entfernen. Frühlingszwiebeln putzen, abspülen, abtropfen lassen, in Scheiben schneiden. Äpfel schälen, vierteln, entkernen und in Stifte schneiden.

3. Für das Dressing Brühe mit Essig und Senf verrühren, mit Zucker, Salz und Pfeffer würzen. Das Öl unterschlagen.

4. Matjes, Frühlingszwiebeln und Äpfel mit dem Dressing vermischen, die Kartoffeln unterheben. Den Salat 1–2 Stunden zugedeckt im Kühlschrank durchziehen lassen.

5. Salat vor dem Servieren nochmals abschmecken und mit Walnusskernen und Schnittlauchröllchen bestreut servieren.

Kartoffel-Matjes-Salat

Sellerie-Käse-Salat

8–10 Portionen (ohne Foto)

Zum Vorbereiten

Zubereitungszeit: 50 Minuten

450 g verschieden Käsesorten in Scheiben, z. B. Gouda, Brennnessel- und Butterkäse
3 säuerliche Äpfel
je 200 g blaue und grüne, kernlose Weintrauben
3 Stangen Staudensellerie
1 Salatgurke

Für die Sauce:
300 g Joghurt
2 EL flüssiger Honig
3–4 EL Zitronen- oder Orangensaft
Salz, gem. Pfeffer
6 EL Walnussöl

Pro Portion:
E: 14 g, F: 24 g, Kh: 19 g,
kJ: 1510, kcal: 361

1. Die Käsescheiben in kleine, quadratische Stücke schneiden. Äpfel schälen, vierteln, entkernen, evtl. achteln, quer in Scheiben schneiden.

2. Weintrauben abspülen, abtropfen lassen und evtl. halbieren. Staudensellerie putzen und die harten Außenfäden abziehen. Sellerie abspülen und abtropfen lassen. Sellerie in dünne Scheiben schneiden.

3. Die Gurke waschen, nach Belieben schälen. Gurke längs halbieren und mithilfe eine Löffels die Kerne herausschaben. Die Gurke in Streifen schneiden.

4. Für die Sauce Joghurt mit Honig, Saft, Salz und Pfeffer verrühren. Das Öl unterschlagen. Die Sauce mit den Salatzutaten vermengen. Den Salat evtl. nochmals abschmecken und bis zum Servieren zugedeckt in den Kühlschrank stellen.

Tomaten-Zucchini-Salat

Zum Vorbereiten

10–12 Portionen

Zubereitungszeit: 45 Minuten

Für den Salat:
3 mittelgroße Zucchini (je etwa 250 g)
3 grüne Paprikaschoten
2 Gemüsezwiebeln
3 Knoblauchzehen
12 hart gekochte Eier
20–30 grüne Oliven, mit Paprika gefüllt
15 mittelgroße Tomaten
1 Bund Schnittlauch

Tomaten-Zucchini-Salat

Gemüsesalat „süßsauer"

Für die Sauce:
100 ml Zitronensaft
Salz
gem., schwarzer Pfeffer
gerebelter Oregano
1 EL gehackter Dill
1 EL Zucker
150 ml Olivenöl

600 g Schafskäse

Pro Portion:
E: 19 g, F: 32 g, Kh: 11 g,
kJ: 1687, kcal: 403

1. Für den Salat Zucchini abspülen, abtrocknen und die Enden abschneiden. Zucchini in dünne Scheiben schneiden.
2. Paprikaschoten halbieren, entstielen, entkernen und die weißen Scheidewände entfernen. Die Schoten abspülen, abtropfen lassen und in sehr feine Streifen schneiden.
3. Gemüsezwiebeln und Knoblauchzehen abziehen. Gemüsezwiebeln in feine Scheiben schneiden und die Knoblauchzehen durch die Knoblauchpresse drücken.
4. Eier schälen und achteln. Oliven in Scheiben schneiden. Tomaten abspülen, abtrocknen, halbieren und die Stängelansätze herausschneiden. Tomaten in Spalten schneiden. Schnittlauch abspülen, trocken tupfen und in Röllchen schneiden. Alle Salatzutaten in einer großen Schüssel vorsichtig vermengen.
5. Für die Sauce Zitronensaft mit Salz, Pfeffer, Oregano, Dill und Zucker verrühren. Das Olivenöl unterschlagen. Die Sauce auf den Salat geben. Den Schafskäse zerbröseln und auf dem Salat verteilen.

Tipps: Dazu Fladenbrot reichen. Den Dill durch Oregano oder Thymian ersetzen.

Gemüsesalat „süßsauer"

Zum Vorbereiten

8–10 Portionen

Zubereitungszeit: 60 Minuten, ohne Durchziehzeit

400 g Möhren
700 g festkochende Kartoffeln
400 g Zucchini
1 kleiner Staudensellerie
800 g Fleischtomaten
60 g Butter
200 ml Gemüsebrühe
340 g abgetropfte Ananasstücke (aus der Dose)
3–4 EL Mango-Chutney (aus dem Glas)
3–4 EL milder Essig, z. B. Kräuteressig
2 gestr. TL gem. Kreuzkümmel (Cumin)
Salz, gem. Pfeffer
2 gestr. TL Currypulver
1 gestr. TL Zucker

Pro Portion:
E: 4 g, F: 6 g, Kh: 26 g,
kJ: 748, kcal: 179

1. Möhren putzen. Möhren und Kartoffeln schälen, abspülen, abtropfen lassen und würfeln.
2. Zucchini abspülen und die Enden abschneiden, Zucchini in Würfel schneiden. Staudensellerie putzen und die harten Außenfäden abziehen. Sellerie abspülen und abtropfen lassen. Sellerie in Streifen oder Würfel schneiden. Tomaten abspülen, abtrocknen, vierteln und die Stängelansätze herausschneiden. Tomaten entkernen, Fruchtfleisch würfeln.
3. In einem großen Bräter Butter zerlassen und die Möhren- und Kartoffelwürfel darin andünsten. Brühe hinzugießen und alles etwa 10 Minuten dünsten lassen. Zucchini und Staudensellerie hinzufügen und das Gemüse in etwa 5 Minuten bissfest garen. Gemüse anschließend gut abtropfen lassen, den Sud dabei auffangen.
4. Die Ananasstücke evtl. in noch kleinere Stücke schneiden. Mango-Chutney mit Essig, 4–5 Esslöffeln von dem Gemüsesud, Kreuzkümmel, Salz, Pfeffer, Curry und Zucker verrühren, mit den Tomatenstücken zum Gemüse geben und unterheben.
5. Den Salat vor dem Servieren zugedeckt noch etwa 60 Minuten durchziehen lassen und anschließend nochmals abschmecken.

Orientalischer Reissalat

Zum Vorbereiten

8 Portionen

Zubereitungszeit: 60 Minuten, ohne Abkühlzeit

200 g Langkornreis
Salz
400 g TK-Erbsen
8 kleine Hähnchenbrustfilets (je 125 g)
gem. Pfeffer
12 EL Sesamöl
evtl. Currypulver
270 g abgetropfte Champignons (aus dem Glas)
8 Tomaten
4 Frühlingszwiebeln
4 Äpfel, 4 EL Zitronensaft
einige grüne Salatblätter

Für die Sauce:
300 g Joghurt
4 EL Mayonnaise
2–4 EL Obstessig
4 gestr. TL Currypulver
etwas Zucker

Orientalischer Reissalat

Pro Portion:
E: 36 g, F: 20 g, Kh: 38 g,
kJ: 2075, kcal: 495

1. Den Reis in kochendes Salzwasser geben und nach Packungsanleitung bissfest kochen. Den Reis in ein Sieb geben, mit kaltem Wasser übergießen und gut abtropfen lassen. Erbsen in kochendem Salzwasser etwa 4 Minuten kochen, in einem Sieb mit kaltem Wasser abschrecken und abtropfen lassen.
2. Dann Hähnchenbrustfilets unter fließendem kalten Wasser abspülen, trocken tupfen und mit Salz und Pfeffer bestreuen. Die Hälfte des Öls in einer Pfanne erhitzen. Hähnchenfilets darin portionsweise 10–15 Minuten braten, nach Belieben mit Currypulver bestreuen und etwas abkühlen lassen. Die Hähnchenfilets dann in Scheiben schneiden.
3. Die Champignons in Scheiben schneiden. Tomaten abspülen, abtrocknen, halbieren und die Stängelansätze herausschneiden. Die Tomaten achteln.
4. Frühlingszwiebeln putzen, abspülen, abtropfen lassen und in feine Scheiben schneiden. Die Äpfel heiß abwaschen, abtrocknen, vierteln, entkernen und in dünne Scheiben schneiden. Apfelscheiben mit Zitronensaft beträufeln.
5. Salatblätter abspülen und trocken tupfen. Die vorbereiteten Zutaten auf den Salatblättern anrichten, mit dem restlichen Öl beträufeln, mit Salz und Pfeffer bestreuen.
6. Für die Sauce Joghurt mit Mayonnaise, Essig und Currypulver verrühren und mit Salz, Pfeffer und Zucker abschmecken. Die Sauce zum Salat reichen.

Tipps: Sie können die Salatzutaten auch mit der Salatsauce vermischen und den Salat etwas durchziehen lassen. Den Salat vor dem Servieren evtl. nochmals mit Salz, Pfeffer und Currypulver abschmecken. Leichter wird der Salat, wenn Sie statt der Mayonnaise Salatcreme verwenden.

Nudelsalat mit Gemüse

8–10 Portionen

Zum Vorbereiten

Zubereitungszeit: 60 Minuten, ohne Durchziehzeit

je 3 l Wasser
je 3 gestr. TL Salz
600 g Penne (Röhrennudeln) oder Makkaroni-Chips

1 kleine Zucchini
200 g Brokkoli
Salz
2 Zwiebeln
3 EL Olivenöl
170 g abgetropfte Pfifferlinge (aus der Dose)
3 Tomaten

Für die Sauce:
2 Knoblauchzehen
einige Salbeiblättchen
5 EL Balsamico-Essig
gem. Pfeffer

7–8 EL Walnuss- oder Olivenöl
evtl. einige vorbereitete Salatblätter

Pro Portion:
E: 10 g, F: 17 g, Kh: 47 g,
kJ: 1685, kcal: 402

1. Die Nudeln in 2 Portionen kochen. Dafür jeweils Wasser in einem großen Topf zugedeckt zum Kochen bringen. Dann Salz und Nudeln zugeben. Die Nudeln im geöffneten Topf bei mittlerer Hitze nach Packungsanleitung bissfest kochen, dabei gelegentlich umrühren. Nudeln in ein Sieb geben, mit kaltem Wasser abspülen, abtropfen und erkalten lassen.
2. Zucchini abspülen und abtrocknen, die Enden abschneiden. Zucchini fein würfeln. Brokkoli putzen und in sehr kleine Röschen teilen, abspülen und abtropfen lassen. Salzwasser in einem Topf zum Kochen bringen und die Brokkoliröschen darin in etwa 5 Minuten bissfest garen. Brokkoli in einem Sieb mit kaltem Wasser abschrecken und anschließend gut abtropfen lassen.

Nudelsalat mit Gemüse

Pfannkuchensalat

3. Zwiebeln abziehen und fein würfeln. Olivenöl in einer großen Pfanne erhitzen. Zuerst die Zwiebelwürfel und dann die Pfifferlinge darin andünsten. Brokkoli und Zucchini dazugeben und kurz durchschwenken.
4. Tomaten abspülen, abtrocknen, halbieren und die Stängelansätze herausschneiden. Tomaten in Würfel schneiden. Das gedünstete Gemüse mit den Nudeln und den Tomatenwürfeln in einer Schüssel mischen.
5. Für die Sauce Knoblauch abziehen und durch eine Knoblauchpresse drücken. Salbeiblätter abspülen, trocken tupfen und fein schneiden. Essig mit Salz, Pfeffer, Knoblauch und Salbeistreifen verrühren und das Öl unterschlagen.
6. Die Sauce mit den Salatzutaten mischen. Den Salat zugedeckt etwa 30 Minuten durchziehen lassen. Den Salat vor dem Servieren nochmals abschmecken und nach Belieben auf Salatblättern anrichten.

Pfannkuchensalat

10–12 Portionen Zum Vorbereiten

Zubereitungszeit: 60 Minuten

Für die Pfannkuchen:
250 g Weizenmehl (Type 405)
4 Eier (Größe M)
1 TL Salz
250 ml Milch
6 EL Wasser

680 g abgetropfte Ananasstücke (aus der Dose)
700 g Hähnchenbrustfilet
8 EL Rapsöl
Salz
gem. Pfeffer
6 EL Ananassaft (aus der Dose)
4 EL Sojasauce
4–5 EL Obstessig
1 Prise Zucker

6–8 EL Rapsöl

800 g Salatgurke
1 Eisbergsalat
100 g geröstete, gesalzene Cashewkerne

Pro Portion:
E: 22 g, F: 15 g, Kh: 26 g, kJ: 1422, kcal: 340

1. Für die Pfannkuchen Mehl in eine Schüssel geben, in die Mitte eine Vertiefung drücken. Eier mit Salz, Milch und Wasser verschlagen, etwas davon in die Vertiefung geben und von der Mitte aus die Eierflüssigkeit mit dem Mehl verrühren. Nach und nach die restliche Eierflüssigkeit dazugeben, dabei darauf achten, dass keine Klümpchen entstehen. Den Teig etwa 20 Minuten ruhen lassen.
2. In der Zwischenzeit von den Ananasstücken den Saft auffangen und 6 Esslöffel davon abmessen. Hähnchenbrustfilet unter fließendem kalten Wasser abspülen, trocken tupfen und in Streifen schneiden. 4 Esslöffel von dem Öl in einer großen Pfanne erhitzen. Die Fleischstreifen darin goldbraun braten, mit Salz und Pfeffer würzen, aus der Pfanne nehmen und abkühlen lassen.
3. Den abgemessenen Ananassaft mit der Sojasauce und dem Essig in die Pfanne geben und den Bratensatz loskochen. Die Sauce mit Salz, Pfeffer, Zucker und dem restlichen Öl zu einer Salatsauce verrühren und abschmecken.
4. Etwas Öl in einer beschichteten Pfanne (Ø 26–28 cm) erhitzen. Den Pfannkuchenteig gut durchrühren und eine dünne Teiglage mit einer drehenden Bewegung gleichmäßig auf dem Boden der Pfanne verteilen. Den Pfannkuchen auf beiden Seiten goldgelb backen. Bevor der Pfannkuchen gewendet wird, etwas Öl in die Pfanne geben. Aus dem restlichen Teig weitere Pfannkuchen zubereiten.
5. Die Gurke heiß abwaschen, abtrocknen und die Enden abschneiden. Die Gurke der Länge nach halbieren. Die Kerne mit einem Löffel herauskratzen und die Gurkenhälften in Streifen schneiden. Eisbergsalat putzen, achteln, abspülen und gut abtropfen lassen. Den Strunk herausschneiden und die Achtel in sehr schmale Streifen schneiden.
6. Die Pfannkuchen in kurze Streifen schneiden. Die Cashewkerne hacken. Gurken, Eisbergsalat und Ananasstücke in der Salatsauce mischen. Die Cashewkerne und Pfannkuchenstreifen unterheben.

Kartoffel-Chicorée-Salat

Kartoffel-Chicorée-Salat

Zum Vorbereiten

8 Portionen

Zubereitungszeit: 50 Minuten, ohne Durchziehzeit

1,2 kg festkochende Kartoffeln
2 Chicorées
3 kleine, rote Äpfel
2 Bund Radieschen
250 g Cabanossi

Für die Salatsauce:
6 EL Rotweinessig
3 TL körniger Senf
Salz, gem. Pfeffer
etwas Zucker
6 EL Olivenöl
6 EL Sonnenblumenöl
1 Kästchen Kresse

Pro Portion:
E: 8 g, F: 25 g, Kh: 27 g,
kJ: 1525, kcal: 364

1. Die Kartoffeln unter fließendem Wasser abbürsten, knapp mit Wasser bedeckt, zugedeckt zum Kochen bringen und in etwa 20 Minuten gar kochen. Kartoffeln abgießen, mit kaltem Wasser abschrecken, abtropfen lassen. Kartoffeln noch warm pellen.
2. Chicorée putzen. Chicorée längs halbieren, abspülen, abtropfen lassen und evtl. die Strünke keilförmig herausschneiden. Chicorée klein schneiden. Äpfel abspülen, abtrocknen, vierteln, entkernen und mit der Schale in dünne Spalten schneiden. Radieschen putzen, waschen, trocken tupfen, in Scheiben schneiden.
3. Cabanossi evtl. enthäuten und in Würfel schneiden. Kartoffeln in Scheiben schneiden. Die vorbereiteten Salatzutaten in eine große Schüssel geben.
4. Für die Sauce Essig mit Senf, Salz, Pfeffer und Zucker verrühren. Oliven- und Sonnenblumenöl unterschlagen. Kresse abspülen, trocken tupfen, mit einer Schere abschneiden und unter die Sauce rühren. Die Sauce zu den Salatzutaten geben und untermengen. Den Salat zugedeckt etwa 30 Minuten durchziehen lassen.

Tipp: Sie können die Kartoffeln bereits am Vortag kochen, pellen und zugedeckt kalt stellen.

Fenchel auf Möhren-Orangen-Salat

Zum Vorbereiten

12 Portionen

Zubereitungszeit: 60 Minuten

4 EL Pinienkerne
12 kleine Fenchelknollen (etwa 1,2 kg)
10 dicke Möhren (etwa 1 kg)
Salz
12 Orangen
4 EL Olivenöl
gem. Pfeffer

Für das Dressing:
8 EL milder Apfelessig
etwas Zucker
150 ml Olivenöl

Pro Portion:
E: 4 g, F: 19 g, Kh: 20 g,
kJ: 1146, kcal: 274

1. Die Pinienkerne in einer Pfanne ohne Fett unter Wenden goldbraun rösten und auf einen Teller geben. Die Fenchelknollen putzen, abspülen, abtropfen lassen und achteln. Die Möhren putzen, schälen, abspülen und abtropfen lassen.
2. Salzwasser zum Kochen bringen. Fenchel und Möhren darin etwa 8 Minuten kochen lassen, mit kaltem Wasser abschrecken und gut abtropfen lassen.
3. Die Orangen mit einem Messer so schälen, dass die weiße Haut mitentfernt wird. Orangen halbieren oder vierteln und in Scheiben schneiden. Möhren in Scheiben schneiden.
4. Öl in einer großen Pfanne erhitzen. Fenchel darin leicht anbraten, mit Salz und Pfeffer würzen.
5. Für das Dressing Essig, Salz, Pfeffer und Zucker verrühren. Das Öl unterschlagen. Möhren und Orangen mit dem Dressing vermischen, kurz durchziehen lassen und dann auf einer Platte anrichten.
6. Fenchel auf dem Möhren-Orangen-Salat verteilen und mit Pinienkernen bestreuen.

Spaghetti-Salat

8 Portionen

Zum Vorbereiten

Zubereitungszeit: 30 Minuten

5 l Wasser
5 gestr. TL Salz
500 g Spaghetti

200 g abgetropfte, getrocknete Tomaten, in Öl
200 g abgetropfte, schwarze Oliven
2 Knoblauchzehen
2 EL Tomatenmark
1/2 Topf Basilikum
6 EL Olivenöl
Salz, gem. Pfeffer
120 g gehobelter Parmesan

Pro Portion:
E: 16 g, F: 24 g, Kh: 53 g,
kJ: 2056, kcal: 492

1. Wasser in einem großen Topf zugedeckt zum Kochen bringen. Dann Salz und Spaghetti zugeben. Die Nudeln im geöffneten Topf bei mittlerer Hitze nach Packungsanleitung bissfest kochen, gelegentlich umrühren.
2. Anschließend die Nudeln in ein Sieb geben, mit heißem Wasser abspülen und abtropfen lassen.
3. Tomaten in feine Streifen schneiden. Oliven entsteinen und halbieren. Knoblauch abziehen und durch eine Knoblauchpresse drücken. Den Knoblauch mit Tomatenstreifen, Oliven und Tomatenmark gut vermischen, Spaghetti unterheben.
4. Basilikum abspülen, trocken tupfen und die Blättchen von den Stängeln zupfen. Blättchen fein schneiden. Olivenöl mit Salz und Pfeffer vermischen und unter die Spaghettimischung geben. Den Salat vor dem Servieren mit Parmesan und den fein geschnittenen Basilikumblättchen bestreuen.

Reissalat „Peanut Party"

Zum Vorbereiten

8–10 Portionen (ohne Foto)

Zubereitungszeit: 40 Minuten, ohne Durchziehzeit

100 g Erdnusskerne

1 l Gemüsebrühe
500 g Langkorn-Wildreis-Mischung
285 g abgetropfter Gemüsemais (aus der Dose)
280 g abgetropfte Erbsen (aus der Dose)
2 rote Paprikaschoten
4 Frühlingszwiebeln

Für die Sauce:
2 EL Sojasauce
6 EL Weißweinessig
150–200 g Schlagsahne
2 TL flüssiger Honig
7–8 EL Erdnusscreme, crunchy
1 gestr. TL gem. Pfeffer

Pro Portion:
E: 15 g, F: 20 g, Kh: 59 g,
kJ: 2016, kcal: 481

1. Die Erdnusskerne in einer Pfanne ohne Fett unter Wenden goldbraun rösten und auf einen Teller geben. Gemüsebrühe zum Kochen bringen. Die Reismischung darin nach Packungsanleitung garen. In ein Sieb geben, mit kaltem Wasser abspülen und gut abtropfen lassen.
2. Reis in eine Schüssel geben. Mais und Erbsen zu dem Reis geben. Paprikaschoten halbieren, entstielen, entkernen und die weißen Scheidewände entfernen. Schoten abspülen, abtropfen lassen und in kleine Stücke schneiden. Frühlingszwiebeln putzen, abspülen, abtropfen lassen und in feine Scheiben schneiden. Paprikastücke und Frühlingszwiebelscheiben zu dem Reis geben. Die Zutaten gut vermengen.
3. Für die Sauce Sojasauce mit Essig, Sahne, Honig, Erdnusscreme und Pfeffer verrühren. Die Sauce mit den Salatzutaten gut vermengen. Den Salat evtl. nochmals abschmecken. Salat zugedeckt im Kühlschrank gut durchziehen lassen.
4. Kurz vor dem Servieren den Salat mit den Erdnusskernen bestreuen.

Tipp: Schneller geht es, wenn Sie je 1 Dose Erbsen, Mais und Gemüsemischung provenzalischer Art verwenden und nur die Frühlingszwiebeln frisch hinzufügen.

Fenchel auf Möhren-Orangen-Salat

Spaghetti-Salat

Linsen-Gemüse-Salat

8 Portionen

Zum Vorbereiten

Zubereitungszeit: 60 Minuten, ohne Abkühl- und Durchziehzeit

Für den Salat:
500 g Tellerlinsen
1 ¾ l Gemüsebrühe
1 Gemüsezwiebel
2 Möhren
200 g Knollensellerie
1 Stange Porree (Lauch, etwa 400 g)

Für das Dressing:
2 geh. EL Mayonnaise
2 geh. EL milder Senf
60 ml Rapsöl
60 ml Gemüsebrühe
1 Prise Zucker
Salz, gem. Pfeffer
2 EL milder Weißweinessig

1/2 Kästchen Kresse

Pro Portion:
E: 19 g, F: 14 g, Kh: 39 g,
kJ: 1562, kcal: 370

1. Für den Salat Linsen abspülen und abtropfen lassen. Anschließend mit der Gemüsebrühe zum Kochen bringen und nach Packungsanleitung in etwa 45 Minuten darin bissfest garen.
2. In der Zwischenzeit Gemüsezwiebel abziehen, Möhren und Sellerie putzen, schälen, abspülen und abtropfen lassen. Porree putzen, längs halbieren, waschen und abtropfen lassen. Gemüse in feine Würfel oder Streifen schneiden. Gemüse etwa 10 Minuten vor Ende der Garzeit zu den Linsen geben, mitkochen lassen.
3. Das gare Linsengemüse in ein Sieb geben, dabei die Gemüsebrühe auffangen. Das Linsengemüse unter fließendem kalten Wasser abschrecken, gut abtropfen und erkalten lassen.
4. Für das Dressing Mayonnaise mit Senf verrühren. Das Öl nach und nach unterschlagen. Von der aufgefangenen Gemüsebrühe 60 ml abmessen und unterrühren. Das Dressing mit Zucker, Salz, Pfeffer und Essig abschmecken.
5. Das Dressing mit dem Salat vermischen, gut durchziehen lassen und bis zum Servieren zugedeckt in den Kühlschrank stellen. Kresse abspülen, trocken tupfen, abschneiden und den Salat vor dem Servieren damit garnieren.

Linsen-Gemüse-Salat

Zwölfer Salat

Zum Vorbereiten

12 Portionen (ohne Foto)

Zubereitungszeit: 50 Minuten

12 Zwiebeln
12 Äpfel
12 große Gewürzgurken
330 g abgetropfte Tomaten-Paprika (aus dem Glas)
1 Bund Petersilie
600 g fettreduzierte Salatcreme
12 hart gekochte Eier

Pro Portion:
E: 9 g, F: 17 g, Kh: 23 g,
kJ: 1235, kcal: 296

1. Zwiebeln abziehen und in feine Ringe schneiden. Äpfel schälen, vierteln, entkernen. Äpfel und Gewürzgurken fein würfeln. Zwiebeln, Äpfel, Gewürzgurken und Tomaten-Paprika in eine große Salatschüssel geben.
2. Petersilie abspülen, trocken tupfen und die Blättchen von den Stängeln zupfen. Blättchen fein hacken. Petersilie und Salatcreme mit den anderen Zutaten in einer Schüssel vermengen.
3. Die Eier pellen, in Würfel schneiden und vorsichtig unter den Salat mengen. Den Salat bis zum Servieren zugedeckt in den Kühlschrank stellen.

Bohnen-Paprika-Salat

10–12 Portionen

Zum Vorbereiten

Zubereitungszeit: 40 Minuten, ohne Durchziehzeit

3 rote Paprikaschoten
6 mittelgroße Zwiebeln

Für die Sauce:
125 ml Wasser
3–4 EL Kräuteressig
1 gestr. EL Zucker
Salz
gem. Pfeffer
6–8 EL Olivenöl

Bohnen-Paprika-Salat

Gemüsesalat vom Grill

1 kg abgetropfte Kidneybohnen (aus der Dose)
500 g abgetropfte, weiße Bohnen (aus der Dose)
evtl. 160 g abgetropfte Sojabohnensprossen (aus dem Glas)
360 g abgetropfte, grüne Bohnen (aus dem Glas)

50 g gemischte TK-Kräuter

Pro Portion:
E: 20 g, F: 9 g, Kh: 43 g,
kJ: 1477, kcal: 353

1. Paprikaschoten halbieren, entstielen, entkernen und die weißen Scheidewände entfernen. Schoten abspülen, abtropfen lassen und in feine Streifen schneiden. Die Zwiebeln abziehen, erst in Scheiben schneiden, dann in Ringe teilen.
2. Für die Sauce Wasser mit Essig, Zucker, Salz und Pfeffer in einer großen Schüssel verrühren. Das Öl unterschlagen. Paprikastreifen und Zwiebelringe untermischen und alles etwa 1 Stunde zugedeckt im Kühlschrank durchziehen lassen.
3. Die Kidney-, weißen Bohnen sowie nach Belieben die Sojasprossen mit kaltem Wasser abspülen und abtropfen lassen. Alle Bohnensorten und die Kräuter mit den Zutaten in der Schüssel mischen und nach Belieben noch etwas durchziehen lassen.

Gemüsesalat vom Grill
8 Portionen

Zubereitungszeit: 20 Minuten
Grillzeit: 10–15 Minuten

je 2 rote, gelbe und grüne Paprikaschoten
8 Tomaten
2 Zucchini
2 kleine Auberginen
etwas Olivenöl
8 EL Balsamico-Essig
12 EL Olivenöl
Salz, gem. Pfeffer
einige vorbereitete Basilikumblätter

Pro Portion:
E: 4 g, F: 18 g, Kh: 13 g,
kJ: 971, kcal: 231

1. Die Paprikaschoten halbieren, entstielen und die weißen Scheidewände entfernen. Schoten abspülen, abtropfen lassen, grob schälen und vierteln.
2. Tomaten abspülen, abtrocknen, halbieren und die Stängelansätze herausschneiden.
3. Die Zucchini und Auberginen abspülen, abtrocknen, die Enden bzw. Stängelansätze abschneiden und in etwa 1 cm dicke Scheiben schneiden.
4. Einen Grillrost dünn mit Olivenöl bestreichen. Paprikaschotenviertel, Tomatenhälften, Zucchini- und Auberginenscheiben auf den heißen Grillrost legen. Das Gemüse am Rand des Grillrosts 10–15 Minuten grillen, dabei ab und zu wenden und mit etwas Olivenöl beträufeln.
5. Sobald es ausreichend gebräunt ist, das Gemüse vom Grillrost nehmen und in einer flachen Schale oder Auflaufform anrichten. Das Gemüse mit Balsamico-Essig und Olivenöl beträufeln.
6. Gemüsesalat mit Salz und Pfeffer würzen, mit Basilikumblättern bestreuen.

Tipps: Der Gemüsesalat passt zu frischem Baguette oder als Auflage für einen vegetarischen Burger. Für Nicht-Vegetarier ist der Salat eine leckere Beilage zu Fleisch und Fisch. Statt auf dem Grill kann das Gemüse auch in einer Grillpfanne zubereitet werden.

Heringssalat / Fleischsalat

Fleischsalat

10 Portionen

Zum Vorbereiten

Zubereitungszeit: 45 Minuten

600 g Lyoner Fleischwurst (in Scheiben)
720 g abgetropfte Gewürzgurken (aus dem Glas)
1 Bund glatte Petersilie
200 g Salatmayonnaise
200 g Joghurt (3,5 % Fett)
50 ml Gurkensud (aus dem Glas)
Salz
gem. Pfeffer

Pro Portion:
E: 9 g, F: 31 g, Kh: 4 g,
kJ: 1385, kcal: 331

1. Die Fleischwurstscheiben halbieren und in feine Streifen schneiden. Von den Gewürzgurken den Sud auffangen, 50 ml davon abmessen und beiseitestellen. Die Gurken zunächst längs in Scheiben, dann in Streifen schneiden.
2. Petersilie abspülen, trocken tupfen. Die Blättchen von den Stängeln zupfen und klein schneiden.
3. Mayonnaise mit Joghurt und Gurkensud in einer Salatschüssel gut verrühren. Die Marinade mit Salz und Pfeffer würzen.
4. Fleischwurst-, Gurkenstreifen und Petersilie zu der Marinade in die Schüssel geben. Die Zutaten gut verrühren. Den Fleischsalat nochmals mit den Gewürzen abschmecken und bis zum Servieren zugedeckt in den Kühlschrank stellen.

Heringssalat

15 Portionen

Zum Vorbereiten

Zubereitungszeit: 60 Minuten, ohne Abkühl- und Einlegezeit

800 g Kartoffeln
7 abgetropfte, doppelte Bismarck-Heringsfilets (je 250 g)
600 g gegarte Rote Bete (vakuumverpackt)
5 Äpfel, z. B. Holsteiner Cox
720 g abgetropfte Gewürzgurken (aus dem Glas)
5 rote Zwiebeln
1 Bund Dill
5 EL Salatmayonnaise
200 g Joghurt (3,5 % Fett)
5 EL Gurkensud (aus dem Glas)
2 EL ger. Meerrettich
2 TL mittelscharfer Senf
1 gestr. TL Salz
gem. Pfeffer
1 EL Zucker
4 hart gekochte Eier

Pro Portion:
E: 23 g, F: 20 g, Kh: 21 g,
kJ: 1522, kcal: 263

1. Für den Heringssalat die Kartoffeln unter fließendem Wasser abbürsten, knapp mit Wasser bedeckt, zugedeckt zum Kochen bringen und in etwa 20 Minuten gar kochen. Kartoffeln abgießen, mit kaltem Wasser abschrecken, abtropfen lassen. Kartoffeln noch warm pellen, abkühlen lassen, in Würfel schneiden.
2. Heringsfilets etwa 30 Minuten in kaltes Wasser legen. Dann herausnehmen, abtropfen lassen und in Streifen schneiden.
3. Die Rote Bete würfeln. Äpfel schälen, vierteln, entkernen und in Stücke schneiden. Von den Gewürzgurken den Sud auffangen, 5 Esslöffel abmessen und für die Marinade beiseitestellen. Gurken würfeln. Die Zwiebeln abziehen, halbieren und in feine Streifen schneiden.
4. Die Kartoffelwürfel, Heringsfiletstreifen, Rote-Bete-, Gurkenwürfel, Apfelstücke und Zwiebelstreifen in einer großen Schüssel mischen. Dill abspülen, trocken tupfen und die Spitzen von den Stängeln zupfen. Einige Spitzen zum Garnieren beiseitelegen. Restliche Spitzen fein hacken und unter die Salatzutaten heben.
5. Mayonnaise mit Joghurt, Gurkensud, Meerrettich und Senf gut verrühren. Die Marinade mit Salz, Pfeffer und Zucker würzen, dann unter den Salat heben. Die Eier pellen, vierteln und unterheben. Den Heringssalat mit den beiseitegelegten Dillspitzen garnieren.

Südfranzösischer Kartoffelsalat

8 Portionen

Zum Vorbereiten

Zubereitungszeit: 40 Minuten

1 1/2 kg gegarte Pellkartoffeln
250 ml heiße Gemüsebrühe
8 Stangen Staudensellerie
200 g Salatmayonnaise
8 EL trockener Weißwein
2 TL Dijon-Senf

Salz, gem. Pfeffer
1 TL gerebelter Majoran
500 g Ziegen-Gouda
80 g abgetropfte Artischockenherzen (aus der Dose)
540 g abgetropfte Spargelstücke (aus dem Glas)

Pro Portion:
E: 21 g, F: 33 g, Kh: 30 g,
kJ: 2149, kcal: 515

1. Die Pellkartoffeln pellen, halbieren, in Spalten schneiden und in eine große Salatschüssel geben. Brühe hinzugeben und untermischen. Die Kartoffelspalten kurz durchziehen lassen.
2. In der Zwischenzeit Staudensellerie putzen und die harten Außenfäden abziehen. Einige Blättchen Selleriegrün zum Garnieren beiseitelegen. Sellerie abspülen, abtropfen lassen und in Scheiben schneiden.
3. Die Mayonnaise in einer Schüssel mit Wein und Senf verrühren. Die Sauce mit Salz, Pfeffer und Majoran würzen, zu den Kartoffelspalten geben und untermischen.
4. Den Käse in Würfel schneiden. Die Artischockenherzen halbieren, mit Spargelstücken, Selleriescheiben und Käsewürfeln unter den Kartoffelsalat mischen. Den Kartoffelsalat nochmals mit Salz, Pfeffer und Senf abschmecken.
5. Die beiseitegelegten Sellerieblätter abspülen, trocken tupfen und den Salat damit garnieren.

Budapester Salat

12 Portionen

Zum Vorbereiten

Zubereitungszeit: 25 Minuten, ohne Durchziehzeit

2 Grillhähnchen (etwa 2 kg)

240 g abgetropfte Tomaten-Paprika (aus dem Glas)
4 abgetropfte Gewürzgurken
2 Äpfel

Für die Salatsauce:
6–8 EL Kräuteressig
4 EL kaltes Wasser
Salz
gem. Pfeffer
6 EL Speiseöl
2 geh. EL Schnittlauchröllchen

Zum Garnieren:
einige Stängel Petersilie

Pro Portion:
E: 26 g, F: 14 g, Kh: 4 g,
kJ: 1048, kcal: 250

1. Von den Hähnchen das Fleisch vom Knochen lösen, Haut und Sehen entfernen. Das Fleisch in Streifen schneiden. Tomaten-Paprika und Gurken in schmale Streifen schneiden. Die Äpfel schälen, vierteln, entkernen und ebenfalls in Streifen schneiden.
2. Das Hähnchenfleisch mit Tomaten-Paprika-, Gurken- und Apfelstreifen in eine Schüssel geben und gut vermengen.
3. Für die Salatsauce Essig mit Wasser, Salz und Pfeffer verrühren. Das Speiseöl unterschlagen, die Schnittlauchröllchen hinzufügen.
4. Die Salatzutaten mit der Sauce vermengen. Den Salat zugedeckt im Kühlschrank gut durchziehen lassen, anschließend nochmals mit Salz und Pfeffer abschmecken.
5. Petersilie abspülen und trocken tupfen. Den Salat mit Petersilie garniert servieren.

Südfranzösischer Kartoffelsalat

Budapester Salat

Nudelsalat mit Parmaschinken und Melone

8 Portionen

Zum Vorbereiten

Zubereitungszeit: 40 Minuten, ohne Durchziehzeit

4 l Wasser
4 gestr. TL Salz
400 g Nudeln, z. B. Penne

8 Tomaten
einige Stängel Basilikum
200 g Frühlingszwiebeln
8–12 EL Weinessig
4 TL mittelscharfer Senf
Salz, gem. Pfeffer
2 Prisen Zucker
6 EL Speiseöl, z. B. Rapsöl
100 g schwarze Oliven (mit Stein)
600 g Honigmelonen-Fruchtfleisch
100 g Parmaschinken (in Scheiben)

Pro Portion:
E: 11 g, F: 13 g, Kh: 45 g,
kJ: 1426, kcal: 340

1. Wasser in einem großen Topf zugedeckt zum Kochen bringen. Dann Salz und Nudeln zugeben. Die Nudeln im geöffneten Topf bei mittlerer Hitze nach Packungsanleitung bissfest kochen, dabei gelegentlich umrühren. Nudeln in ein Sieb geben, mit heißem Wasser abspülen, abtropfen lassen.

2. Tomaten abspülen, abtrocknen, halbieren und die Stängelansätze herausschneiden. Die Tomaten fein würfeln.

3. Basilikum abspülen und trocken tupfen. Die Blättchen von den Stängeln zupfen. Einige Blättchen zum Garnieren beiseitelegen, restliche Blättchen fein hacken. Frühlingszwiebeln putzen, abspülen, abtropfen lassen, in Scheiben schneiden.

4. Weinessig mit Senf verrühren und mit Salz, Pfeffer und Zucker abschmecken. Öl unterrühren und mit Tomatenstücken, Basilikum, Nudeln und Oliven vermischen. Den Salat etwa 30 Minuten durchziehen lassen.

5. Melonenfruchtfleisch entkernen, fein würfeln. Den Schinken in Streifen schneiden, mit Melonenwürfeln kurz vor dem Servieren unter den Nudelsalat geben. Den Salat mit den beiseitegelegten Basilikumblättchen garnieren.

Kichererbsensalat

8 Portionen

Zum Vorbereiten

Zubereitungszeit: 35 Minuten

480 g abgetropfte Kichererbsen (aus der Dose)
2 Bund Frühlingszwiebeln
8 Fleischtomaten

Für die Salatsauce:
4 Knoblauchzehen
4 TL mittelscharfer Senf
1 gestr. TL Zucker
Salz
gem. Pfeffer
4–6 EL Weinessig
8 EL Rapsöl

Zum Bestreuen:
1–2 Bund glatte Petersilie

Pro Portion:
E: 11 g, F: 14 g, Kh: 32 g,
kJ: 1260, kcal: 301

1. Kichererbsen mit kaltem Wasser abspülen und gut abtropfen lassen. Frühlingszwiebeln putzen, abspülen, abtropfen lassen und in feine Scheiben schneiden.

2. Tomaten abspülen, abtrocknen, halbieren und die Stängelansätze herausschneiden. Evtl. Tomatenkerne entfernen, Tomaten würfeln.

3. Für die Salatsauce Knoblauch abziehen, fein hacken und mit Senf, Zucker, Salz, Pfeffer und Essig verrühren. Das Rapsöl unterschlagen.

4. Kichererbsen, Frühlingszwiebeln und Tomatenwürfel mit der Salatsauce vermengen.

5. Petersilie abspülen, trocken tupfen und die Blättchen von den Stängeln zupfen. Blättchen hacken und den Salat damit bestreuen.

Nudelsalat mit Parmaschinken und Melone

Kichererbsensalat

Kartoffel-Gemüse-Salat

Kartoffel-Gemüse-Salat

10 Portionen **Zum Vorbereiten**

Zubereitungszeit: 45 Minuten, ohne Abkühlzeit

1 1/2 kg Kartoffeln
250 g Staudensellerie
300 g Möhren
200 g Radieschen
3 Frühlingszwiebeln
250 g Cocktailtomaten

Für die Senfmarinade:
2 EL grobkörniger Senf
6 EL weißer Balsamico-Essig
Saft von 1 Zitrone
3 EL Olivenöl
Salz
1 Prise Zucker
gem. Pfeffer

Pro Portion:
E: 4 g, F: 3 g, Kh: 26 g,
kJ: 655, kcal: 156

1. Die Kartoffeln unter fließendem Wasser abbürsten, knapp mit Wasser bedeckt, zugedeckt zum Kochen bringen und in etwa 20 Minuten gar kochen. Kartoffeln abgießen, mit kaltem Wasser abschrecken, abtropfen lassen. Kartoffeln noch warm pellen, abkühlen lassen und in Scheiben schneiden.
2. Staudensellerie putzen und die harten Außenfäden abziehen. Sellerie abspülen, abtropfen lassen und in dünne Scheiben schneiden. Möhren putzen, schälen, abspülen, abtropfen lassen und auf einem Gemüsehobel in feine Scheiben hobeln. Radieschen putzen, abspülen, abtropfen lassen und ebenfalls in feine Scheiben schneiden. Frühlingszwiebeln putzen, abspülen, abtropfen lassen und in schmale Scheiben schneiden. Cocktailtomaten abspülen, abtrocknen, halbieren und evtl. die Stängelansätze herausschneiden. Das vorbereitete Gemüse in eine große Salatschüssel geben und mit den Kartoffelscheiben vermischen.
3. Für die Marinade Senf mit Essig und Zitronensaft verrühren. Das Olivenöl unterschlagen. Die Marinade mit Salz und Zucker würzen.
4. Die Marinade kurz vor dem Servieren unter die Salatzutaten mischen. Den Salat nochmals mit Salz und Pfeffer abschmecken.

Tipp: Die Salatzutaten und die Marinade können bereits getrennt am Vortag zubereitet und mit Frischhaltefolie zugedeckt im Kühlschrank aufbewahrt werden. Dann den Salat 2–3 Stunden vor dem Servieren aus dem Kühlschrank nehmen und bei Zimmertemperatur stehen lassen. Den Salat kurz vor dem Servieren marinieren und gut abgeschmeckt servieren.

Korsischer Tomatensalat

Zum Vorbereiten

12 Portionen (ohne Foto)

Zubereitungszeit: 30 Minuten

1 1/2 kg Fleischtomaten
5 mittelgroße Zwiebeln
4 Knoblauchzehen
Salz, gem. Pfeffer
1 Bund glatte Petersilie
60 g abgetropfte Kapern (aus dem Glas)
150 g abgetropfte, schwarze Oliven (aus dem Glas)
125 ml Olivenöl

Pro Portion:
E: 2 g, F: 12 g, Kh: 5 g,
kJ: 606, kcal: 154

1. Tomaten abspülen, abtrocknen, halbieren und die Stängelansätze herausschneiden. Tomaten in Scheiben schneiden und auf einer Platte anrichten.
2. Zwiebeln und Knoblauch abziehen. Beides fein würfeln und auf den Tomatenscheiben verteilen. Den Tomatensalat mit Salz und Pfeffer würzen.
3. Petersilie abspülen, trocken tupfen und die Blättchen von den Stängeln zupfen. Blättchen fein hacken. Petersilie, Kapern und entsteinte, trocken getupfte Oliven auf den Tomaten verteilen. Den Tomatensalat mit dem Olivenöl beträufeln.

Tipp: Sie können die Salatplatte vorbereiten und zugedeckt in den Kühlschrank stellen. Das Olivenöl dann erst vor dem Servieren über den Salat träufeln.

Bulgursalat

Spargelsalat mit Garnelen

Bulgursalat

Zum Vorbereiten

10–12 Portionen

Zubereitungszeit: 40 Minuten, ohne Quell-, Abkühl- und Durchziehzeit

Für den Salat:
300 g Bulgur (Hartweizengrieß)
1 l kochendes Wasser
5–6 milde, grüne Spitzpaprika
1 Bund Frühlingszwiebeln
750 g kleine Rispentomaten
2 kleine Salatgurken

Für die Marinade:
je 1 Bund Petersilie und Minze
4–5 EL Zitronensaft
etwa 1 gestr. TL Salz
gem., schwarzer Pfeffer
1 gestr. TL Paprikapulver edelsüß
8 EL Olivenöl

evtl. 1 Salat, z. B. Römer- oder Herzblattsalat
evtl. einige Minze- und Petersilienblättchen

Pro Portion:
E: 4 g, F: 8 g, Kh: 25 g,
kJ: 801, kcal: 191

1. Für den Salat Bulgur in eine hitzebeständige Schüssel geben, mit kochendem Wasser übergießen und zugedeckt mindestens 30 Minuten quellen lassen. Bulgur erkalten lassen, evtl. in einem Sieb abtropfen lassen.

2. Spitzpaprika halbieren, entstielen, entkernen und die weißen Scheidewände entfernen. Schoten abspülen, abtropfen lassen und in schmale Streifen schneiden. Frühlingszwiebeln putzen, abspülen, abtropfen lassen, in etwa 1 cm dicke Scheiben schneiden.

3. Die Tomaten von den Rispen zupfen, abspülen, abtrocknen und vierteln. Eventuell die Stängelansätze herausschneiden. Salatgurken waschen, abtrocknen, halbieren und in sehr kleine Würfel schneiden.

4. Für die Marinade Petersilie und Minze abspülen, trocken tupfen. Die Blättchen von den Stängeln zupfen. Blättchen klein schneiden. Zitronensaft mit Salz, Pfeffer und Paprikapulver verrühren. Das Olivenöl unterschlagen und Petersilie und Minze unterrühren.

5. Bulgur mit den vorbereiteten Salatzutaten in eine große Schüssel geben. Die Marinade darauf verteilen. Die Zutaten vorsichtig, aber gut untermischen. Den Salat zugedeckt im Kühlschrank mindestens 1 Stunde durchziehen lassen.

6. Nach Belieben Salat putzen, abspülen und trocken tupfen. Die Salatblätter auf eine große Servierplatte legen. Den Bulgursalat darauf anrichten. Evtl. Salat mit abgespülten und trocken getupften Minze- und Petersilienblättchen garnieren.

Tipps: Statt Bulgur Couscous verwenden. Der Salat kann auch schon 1 Tag vor dem Verzehr zubereitet werden. Den Salat mit Frischhaltefolie zugedeckt im Kühlschrank aufbewahren.

Spargelsalat mit Garnelen

8 Portionen

Zubereitungszeit: 45 Minuten
Garzeit: 12–15 Minuten

1 kg weißer Spargel
500 g grüner Spargel
750 ml Wasser
2 gestr. TL Salz
1 Prise Zucker
2 TL Butter
200 g Zuckerschoten
500 g Salatmischung, z. B. Feld-, Eichblattsalat
24 Garnelen (gegart, entdarmt, evtl. ohne Schale)

Für das Dressing:
4 Knoblauchzehen
6 EL Limettensaft
2 EL Sojasauce
Salz
gem. Pfeffer
4 TL Sesamöl
6 EL Sonnenblumenöl

Pro Portion:
E: 12 g, F: 10 g, Kh: 8 g,
kJ: 745, kcal: 178

1. Den weißen Spargel von oben nach unten schälen. Dabei darauf achten, dass die Schalen vollständig entfernt, die Köpfe aber nicht verletzt werden. Die unteren Enden abschneiden (holzige Stellen vollkommen entfernen).
2. Von dem grünen Spargel nur das untere Drittel schälen und die Enden abschneiden. Spargel abspülen, abtropfen lassen und in 3–5 cm lange Stücke schneiden.
3. Wasser mit Salz in einem Topf zum Kochen bringen. Zucker, Butter und die weißen Spargelstücke hinzufügen, zum Kochen bringen und zugedeckt je nach Stangenstärke in 12–15 Minuten bissfest kochen. Anschließend mit einer Schaumkelle herausnehmen.
4. Die grünen Spargelstücke in den Spargelfond geben, wieder zum Kochen bringen und in etwa 5 Minuten bissfest kochen. Die Spargelstücke ebenfalls mit einem Schaumlöffel herausnehmen und in einem Sieb abtropfen lassen.
5. Von den Zuckerschoten die Enden abschneiden, abspülen, abtropfen lassen und halbieren. Spargelfond wieder zum Kochen bringen und die Zuckerschoten darin etwa 2 Minuten kochen.
6. Zuckerschoten in ein Sieb geben, mit kaltem Wasser abschrecken und abtropfen lassen.
7. Salat putzen, abspülen, trocken schleudern und in mundgerechte Stücke schneiden.
8. Salat, Spargel, Zuckerschoten und die Garnelen dekorativ auf Tellern anrichten.
9. Für das Dressing Knoblauch abziehen und fein würfeln. Limettensaft mit Sojasauce und Salz und Pfeffer verrühren. Das Öl unterschlagen, die Knoblauchwürfel unterrühren. Den Salat mit dem Dressing beträufeln.

Tipps: Den Salat mit Mini-Limetten-Scheiben oder geviertelten Limettenscheiben garnieren. Geben Sie einige zerstoßene rosa Pfefferbeeren über den Salat.

Krautsalat

10 Portionen

Zum Vorbereiten

Zubereitungszeit: 40 Minuten, ohne Durchziehzeit

1 Kopf Weißkraut (Weißkohl, etwa 1 1/2 kg)
1 gestr. TL Salz
1 EL Zucker
2 Zwiebeln
5 EL Olivenöl
5 EL Weißweinessig
1 TL Kümmelsamen

Pro Portion:
E: 2 g, F: 5 g, Kh: 7 g,
kJ: 353, kcal: 84

1. Weißkraut putzen, vierteln und den Strunk herausschneiden. Krautviertel abspülen, abtropfen lassen und auf einem Gemüsehobel in feine Streifen hobeln. Krautstreifen in eine Salatschüssel geben, Salz und Zucker untermischen. Weißkraut zugedeckt mindestens 1 Stunde durchziehen lassen.
2. Zwiebeln abziehen, in feine Streifen schneiden und mit den Weißkrautstreifen vermischen.
3. Olivenöl, Essig und Kümmel unter den Salat rühren. Den Salat mit Salz und Zucker abschmecken und zugedeckt mindestens 5 Stunden durchziehen lassen.

Apfel-Käse-Salat

10 Portionen

Zum Vorbereiten

Zubereitungszeit: 20 Minuten

3 Äpfel, z. B. Jonagold
3 rote Zwiebeln
500 g Radieschen
400 g Bergkäse
200 g Emmentaler
1 Bund Schnittlauch
Salz
gem. Pfeffer
4 EL Weißweinessig
2 EL mittelscharfer Senf
6 EL Olivenöl
1 Prise Zucker
60 g frischer Meerrettich

Pro Portion:
E: 18 g, F: 26 g, Kh: 6 g,
kJ: 1390, kcal: 332

1. Die Äpfel waschen und abtrocknen. Äpfel nach Belieben schälen, halbieren und jeweils das Kerngehäuse herausschneiden. Apfelhälften auf einem Gemüsehobel in feine Scheiben hobeln.
2. Zwiebeln abziehen und in feine Scheiben schneiden. Radieschen putzen, abspülen, abtropfen lassen und in feine Scheiben schneiden.
3. Die beiden Käsesorten in kleine Würfel schneiden. Schnittlauch abspülen, trocken tupfen und in Röllchen schneiden.
4. Die vorbereiteten Zutaten in eine Salatschüssel geben, mit Salz und Pfeffer würzen.
5. Essig mit Senf verrühren. Das Olivenöl unterschlagen. Die Marinade mit Salz und Zucker abschmecken.
6. Meerrettich schälen, fein reiben und unter die Marinade rühren. Die Marinade unter den Salat heben. Den Apfel-Käse-Salat mit Salz und Pfeffer abschmecken.

Apfel-Käse-Salat / Krautsalat

Eiersalat mit Rindfleisch

8–10 Portionen

Zum Vorbereiten

Zubereitungszeit: 40 Minuten, ohne Durchziehzeit

9 hart gekochte Eier
375 g Tomaten
300 g gekochtes Rindfleisch
1 kleiner Endiviensalat

Für die Marinade:
4–5 EL Weißweinessig
Salz, gem. Pfeffer
1 1/2 EL Zucker
Paprikapulver edelsüß
1 1/2 TL mittelscharfer Senf
6 EL Speiseöl

Pro Portion:
E: 17 g, F: 16 g, Kh: 4 g,
kJ: 1414, kcal: 225

1. Eier pellen und sechsteln. Tomaten abspülen, abtrocknen, vierteln und die Stängelansätze herausschneiden. Tomaten entkernen. Die Tomatenviertel nochmals durchschneiden. Rindfleisch in Streifen schneiden.
2. Endiviensalat putzen, abspülen, trocken tupfen und in breite Streifen schneiden. Die vorbereiteten Salatzutaten in einer Schüssel mischen. Den Salat in eine Schale geben.
3. Für die Marinade Essig mit Salz, Pfeffer, Zucker, Paprikapulver und Senf verrühren. Das Speiseöl unterschlagen. Die Marinade auf den Salatzutaten verteilen. Den Salat zugedeckt im Kühlschrank etwa 20 Minuten durchziehen lassen.

Eiersalat mit Rindfleisch

Asia-Gemüse-Salat

10 Portionen

Zum Vorbereiten

Zubereitungszeit: 90 Minuten, ohne Marinier- und Abkühlzeit

500 g Hähnchenbrust
2 Knoblauchzehen
1 TL Paprikapulver edelsüß
3 EL Sojasauce
1 EL brauner Zucker
2 rote Chilischoten
800 g Chinakohl
400 g gelbe Paprikaschoten
200 g Zuckerschoten
400 g Staudensellerie
300 g Möhren
250 g Sojasprossen
etwa 80 ml Speiseöl
Salz, brauner Zucker
10 EL Fischsauce (aus dem Glas)
6 EL Sesamöl, 3 EL Zitronensaft

Pro Portion:
E: 16 g, F: 15 g, Kh: 11 g,
kJ: 1029, kcal: 247

1. Hähnchenbrust unter fließendem kalten Wasser abspülen, trocken tupfen und in mundgerechte Streifen schneiden. Hähnchenstreifen in eine Schüssel geben.
2. Knoblauch abziehen, klein würfeln und zu den Hähnchenstreifen geben. Paprikapulver, Sojasauce und Zucker hinzufügen. Zutaten mit den Hähnchenstreifen vermischen. Hähnchenstreifen zugedeckt im Kühlschrank etwa 3 Stunden marinieren.
3. Chilischoten abspülen, trocken tupfen, klein hacken und beiseitelegen. Chinakohl putzen, abspülen, halbieren und den Strunk herausschneiden. Chinakohlblätter in Streifen schneiden.
4. Paprikaschoten mit einem Sparschäler grob schälen. Paprikaschoten halbieren, entstielen, entkernen und die weißen Scheidewände entfernen. Schoten abspülen, abtropfen lassen und in feine Streifen schneiden. Zuckerschoten abspülen, abtropfen lassen und längs halbieren. Staudensellerie putzen und die harten Außenfäden abziehen. Selleriestangen abspülen, abtropfen lassen und in Scheiben schneiden. Möhren putzen, schälen, abspülen, abtropfen lassen, in Streifen schneiden. Sojasprossen abspülen, trocken tupfen.
5. Jeweils 1–2 Esslöffel Speiseöl in einer großen Pfanne oder einem Wok erhitzen. Das vorbereitete Gemüse darin portionsweise kurz unter Rühren anbraten. Die einzelnen Gemüseportionen mit je 1 Prise gehackter Chilischote, Salz und Zucker bestreuen. Je etwas Fischsauce hinzugießen und einkochen lassen.
6. Die angebratenen Gemüseportionen auf einem Backblech verteilen und abkühlen lassen.
7. Restliches Speiseöl in der Pfanne oder dem Wok erhitzen. Die marinierten Hähnchenstreifen darin portionsweise anbraten, herausnehmen und auf dem Gemüse verteilen.
8. Den Salat mit Salz abschmecken, mit Sesamöl und Zitronensaft beträufeln. Salat kurz vor dem Servieren nochmals durchmischen.

Asia-Gemüse-Salat / Glasnudelsalat mit geröstetem Hackfleisch

Glasnudelsalat mit geröstetem Hackfleisch

10 Portionen

Zum Vorbereiten

Zubereitungszeit: 70 Minuten, ohne Abkühlzeit

400 g Glasnudeln
2 rote Chilischoten
2 Knoblauchzehen
2 Bund Koriander
800 g Gehacktes (halb Rind-, halb Schweinefleisch)
3 EL Speiseöl
Salz
6 EL dunkle Sojasauce
3 EL Fischsauce (aus dem Glas)
Zucker
400 g Zuckerschoten
2 Bund Frühlingszwiebeln
1 Römersalat

Für die Limettenmarinade:
80 ml Limettensaft (von 6–8 Limetten)
1 rote Chilischote

Pro Portion:
E: 18 g, F: 17 g, Kh: 41 g, kJ: 1625, kcal: 388

1. Die Glasnudeln nach Packungsanleitung zubereiten.
2. Chilischoten abspülen, trocken tupfen und klein schneiden. Knoblauch abziehen und ebenfalls klein schneiden. Koriander abspülen und trocken tupfen. Die Korianderblättchen von den Stängeln zupfen und für die Marinade beiseitelegen. Korianderstängel und evtl. -wurzeln klein hacken.
3. Gehacktes in 3 Portionen anbraten. Dafür jeweils 1 Esslöffel Speiseöl in einer großen Pfanne erhitzen. Eine Hackfleischportion hineingeben. 1 große Prise Salz, je 1 Esslöffel Soja- und Fischsauce, ein Drittel der gehackten Chilischoten, ein Drittel des Knoblauchs und 1 Prise Zucker hinzufügen. Die Zutaten bei starker Hitze unter Rühren kräftig braun anbraten. Dabei die Fleischklümpchen mit einer Gabel zerdrücken. Ein Drittel des klein gehackten Korianders unterrühren. Die angebratenen Hackfleischportionen in eine Schüssel geben, abkühlen lassen und zugedeckt in den Kühlschrank stellen.
4. Die Glasnudeln in einem Sieb abtropfen lassen und mit einer Küchenschere in etwa 10 cm lange Stücke schneiden. Die Glasnudeln mit Salz und 3 Esslöffeln Sojasauce mischen, abschmecken und zum Hackfleisch in die Schüssel geben.
5. Die Zuckerschoten abspülen, abtropfen lassen und in feine Streifen schneiden. Frühlingszwiebeln putzen, abspülen, abtropfen lassen und in feine Scheiben schneiden. Zuckerschotenstreifen und Frühlingszwiebelscheiben zu den Glasnudeln geben und vorsichtig unterheben. Den Salat zugedeckt in den Kühlschrank stellen.
6. Den Römersalat putzen, abspülen und abtropfen lassen. Die Blätter von dem Salat lösen. Große Blätter in kleine Stücke zupfen. Die Salatblätter auf die vorbereiteten Zutaten in die Schüssel legen und bis zum Servieren zugedeckt in den Kühlschrank stellen.
7. Für die Marinade Limettensaft in eine Schüssel geben. Chilischote abspülen, trocken tupfen und fein hacken. Chili mit 1/2 Teelöffel Salz und 1 Prise Zucker unter den Limettensaft rühren. Die beiseitegelegten Korianderblätter grob zerzupfen.
8. Die Limettenmarinade kurz vor dem Servieren auf dem Salat verteilen und gut untermischen. Den Salat mit Korianderblättchen bestreuen und sofort servieren.

Tipp: Statt der Limettenmarinade können Sie Bio-Limettenviertel zum Selbstauspressen dazureichen.

Salat mit Champignons, Zuckerschoten und Lachs

Salat mit Champignons, Zuckerschoten und Lachs

8 Portionen

Zubereitungszeit: 45 Minuten

1 kg Champignons
500 g Zuckerschoten
Salz
800 g Räucherlachs
300 g Crème fraîche
Saft von 4 Zitronen
1 Prise Zucker
gem. Pfeffer

einige Stängel Kerbel
4 TL rosa Pfefferbeeren

Pro Portion:
E: 25 g, F: 18 g, Kh: 10 g,
kJ: 1348, kcal: 323

1. Champignons putzen, evtl. kurz abspülen und trocken tupfen. Champignons in Scheiben schneiden.
2. Die Zuckerschoten putzen, Enden abschneiden, evtl. halbieren. Schoten abspülen und abtropfen lassen. Salzwasser in einem Topf zum Kochen bringen und die Zuckerschoten darin etwa 1 Minute blanchieren. Zuckerschoten in ein Sieb abgießen, mit kaltem Wasser abschrecken und abtropfen lassen.
3. Räucherlachs in kleine Stücke schneiden. Crème fraîche mit Zitronensaft, Zucker, Salz und Pfeffer würzen, auf Tellern verteilen. Restliche Salatzutaten darauf anrichten.
4. Kerbel abspülen, trocken tupfen und die Blättchen von den Stängeln zupfen. Den Salat mit Kerbel und rosa Pfeffer garniert servieren.

Papaya-Tomaten-Salat auf Hüttenkäse

Papaya-Tomaten-Salat auf Hüttenkäse

8 Portionen

Zubereitungszeit: 45 Minuten

400 g Tomaten
2 Papayas (etwa 500 g)
350 g Salatgurke
6 EL Limettensaft
6 EL Ahornsirup
10 EL Olivenöl
Salz
gem. Pfeffer
150 g Frisée-Salat
6–8 Stängel Koriander
80 g geröstete, gesalzene Macadamianusskerne
2 EL Sesamöl
800 g Hüttenkäse

Pro Portion:
E: 14 g, F: 27 g, Kh: 14 g,
kJ: 1509, kcal: 359

1. Tomaten abspülen, abtrocknen, halbieren und Stängelansätze herausschneiden. Tomaten klein würfeln. Papayas längs halbieren und die Kerne mit einem Löffel herausschaben. Papayas in Streifen schneiden, schälen und in kleine Stücke schneiden.
2. Gurken schälen, die Enden abschneiden. Gurken längs vierteln, die Kerne entfernen. Gurken in kleine Stücke schneiden.
3. Limettensaft, Ahornsirup und Olivenöl verschlagen, mit Salz und Pfeffer würzen. Dressing mit Tomaten, Papaya und Gurken mischen.
4. Den Frisée-Salat putzen, abspülen, abtropfen lassen oder trocken schleudern. Frisée grob schneiden. Den Frisée-Salat unter den Papaya-Tomaten-Salat geben.
5. Koriander abspülen, trocken tupfen und die Blättchen von den Stängeln zupfen. Korianderblättchen fein schneiden. Macadamianusskerne hacken, mit Koriander und Sesamöl unter den Hüttenkäse rühren. Den Hüttenkäse auf 8 Tellern verteilen. Den Salat darauf anrichten und sofort servieren.

Tipp: Zum Servieren den Hüttenkäsebecher auswaschen und abtrocknen. Becherboden mit einer Schere abschneiden, sodass man einen Ring erhält. Den Becherring dann auf den Teller legen. Den Hüttenkäse hineinfüllen, etwas andrücken und den Becher nach oben wegziehen.

Pilzsalat mit Hackfleischbällchen

8–10 Portionen

Zum Vorbereiten

Zubereitungszeit: 45 Minuten, ohne Auftau- und Abkühlzeit

450 g TK-Erbsen
1 Gemüsezwiebel (etwa 250 g)
2 Knoblauchzehen
4 EL Sonnenblumenöl
200 g Schinkenwürfel (aus dem Kühlregal)
185 g abgetropfte Pfifferlinge (aus dem Glas)
460 g abgetropfte Champignons (aus der Dose oder dem Glas)
300 g Geflügel-Hackbällchen (aus dem Kühlregal)

8 EL Rotweinessig
Salz, gem., schwarzer Pfeffer
100 ml Sonnenblumenöl
1 Bund glatte Petersilie

Pro Portion:
E: 15 g, F: 24 g, Kh: 11 g,
kJ: 1354, kcal: 323

1. Die Erbsen nach Packungsanleitung auftauen lassen. Gemüsezwiebel und Knoblauchzehen abziehen und in feine Würfel schneiden.
2. Das Sonnenblumenöl in einer Pfanne erhitzen. Die Zwiebel- und Knoblauchwürfel darin goldbraun anrösten. Die Schinkenwürfel hinzugeben und kurz mit andünsten. Die Schinken-Mischung herausnehmen, in eine Salatschüssel geben.
3. Die Erbsen in die Pfanne geben und etwa 3 Minuten garen. Erbsen etwas abkühlen lassen, anschließend zu der Schinken-Zwiebel-Mischung in die Salatschüssel geben.
4. Pfifferlinge, Champignons und Geflügel-Hackbällchen ebenfalls hinzufügen. Zutaten gut vermengen.
5. Rotweinessig mit Salz und Pfeffer verrühren, das Sonnenblumenöl unterschlagen. Die Salatsauce mit den Salatzutaten vermengen.
6. Petersilie abspülen, trocken tupfen und die Blättchen von den Stängeln zupfen. Blättchen fein schneiden und unter den Pilzsalat heben.

Basmatireis-Salat

8–10 Portionen

Zum Vorbereiten

Zubereitungszeit: 60 Minuten, ohne Abkühl- und Durchziehzeit

500 g Basmatireis
3 EL Wildreis
Salz
600 g Entenbrust
gem. Pfeffer
3 EL Keimöl
150 g Shiitakepilze
1 rote Paprikaschote
2 frische Baby-Ananas
1 Stange Porree (Lauch)

Für die Sauce:
6 EL Reisessig
etwas Sambal Oelek
4 EL Walnussöl
6 EL Olivenöl

Pro Portion:
E: 18 g, F: 29 g, Kh: 50 g,
kJ: 2275, kcal: 543

1. Beide Reissorten in 1 l Salzwasser aufkochen lassen, zugedeckt bei schwacher Hitze in etwa 20 Minuten bissfest garen (Packungsanleitung beachten), abtropfen und abkühlen lassen.
2. Entenbrust unter fließendem kalten Wasser abspülen, trocken tupfen und mit Salz und Pfeffer bestreuen. Den Backofen bei Ober-/Unterhitze auf 80 °C vorheizen. Dabei einen feuerfesten Teller auf einem Rost (mittlere Schiene) miterwärmen.
3. Das Öl in einer Pfanne erhitzen. Die Entenbrust von allen Seiten einige Minuten kross braten, auf dem vorgewärmten Teller im Backofen etwa 30 Minuten nachgaren lassen.
4. Shiitakepilze putzen, in Scheiben schneiden, in der erwärmten Pfanne kurz anbraten und zum Reis geben.
5. Paprikaschote halbieren, entstielen, entkernen und die weißen Scheidewände entfernen. Schote abspülen, abtropfen lassen und in dünne Streifen schneiden.
6. Von den Ananasfrüchten Schopf mit Stielansatz und dem obersten Stück Schale abschneiden. Ananas längs vierteln und den inneren Strunk herausschneiden. Ananas schälen und das Fruchtfleisch in kleine Stücke schneiden.
7. Porree putzen, längs halbieren, gründlich waschen, gut abtropfen lassen, in feine Scheiben schneiden.
8. Für die Sauce Essig mit Salz, Pfeffer und Sambal Oelek verrühren und beide Sorten Öl unterschlagen.
9. Entenbrust in Scheiben schneiden, zusammen mit den restlichen Salatzutaten unter den Reis heben, alles mit der Sauce begießen und vermengen. Den Salat zugedeckt gut durchziehen lassen.

Pilzsalat mit Hackfleischbällchen

Basmatireis-Salat

Schichtsalat mit Hähnchennuggets

8–10 Portionen

Zum Vorbereiten

Zubereitungszeit: 50 Minuten, ohne Durchziehzeit

500 g grüner Spargel
8–10 EL Maiskeimöl
900 g TK-Hähnchennuggets
500 g abgetropfte Kidneybohnen (aus der Dose)
500 g abgetropfter Gemüsemais (aus der Dose)
2 rote Paprikaschoten
2 Bund Frühlingszwiebeln

Für die Sauce:
200 g Doppelrahm-Frischkäse
300 g Joghurt
150 g Schlagsahne
100 g Tomatenketchup
2 TL ger. Meerrettich
1 TL Sambal Oelek
Salz
Zucker
gem. Pfeffer

Pro Portion:
E: 37 g, F: 34 g, Kh: 35 g,
kJ: 2621, kcal: 626

1. Vom grünen Spargel das untere Drittel schälen und die unteren Enden abschneiden. Den Spargel abspülen, abtropfen lassen und in Stücke schneiden.
2. Das Öl in einer Pfanne erhitzen. Die Hähnchennuggets darin in 2 Portionen knusprig braun braten (Packungsanleitung beachten). Hähnchennuggets erkalten lassen.
3. Die Kidneybohnen und den Mais mit kaltem Wasser abspülen und gut abtropfen lassen. Paprikaschoten halbieren, entstielen, entkernen und die weißen Scheidewände entfernen. Schoten abspülen, abtropfen lassen und in feine Streifen schneiden. Frühlingszwiebeln putzen, abspülen, abtropfen lassen und in feine Scheiben schneiden.
4. Für die Sauce Frischkäse mit Joghurt, Sahne, Ketchup, Meerrettich und Sambal Oelek verrühren. Die Sauce mit Salz, Zucker und Pfeffer abschmecken.
5. Jeweils die Hälfte der Zutaten schichtweise in eine große Salatschüssel geben (Kidneybohnen, Frühlingszwiebeln, Paprika, Spargel, Mais, Salatsauce, Hähnchennuggets). Nun die andere Hälfte der Zutaten ebenso einschichten.
6. Den Salat vor dem Servieren zugedeckt 1–2 Stunden im Kühlschrank durchziehen lassen.

Tipp: Die grünen Spargelstücke nach Belieben kurz in kochendem Salzwasser blanchieren.

Schichtsalat mit Hähnchennuggets

Makkaroni-Salat

Makkaroni-Salat

10–12 Portionen

Zum Vorbereiten

Zubereitungszeit: 40 Minuten, ohne Durchziehzeit

5 l Wasser
500 g Makkaroni
5 gestr. TL Salz

320 g abgetropfte Cornichons (aus dem Glas)
250 g Kochschinken
200 g Salami
250 g Emmentaler
6 mittelgroße Tomaten
3–4 säuerliche Äpfel, z. B. Boskop

Für die Sauce:
10 EL Tomatenketchup
2 EL Obstessig
Salz, gem. Pfeffer
1 Prise Zucker
6 EL Olivenöl
1 Bund Schnittlauch
1 Bund Petersilie

Pro Portion:
E: 22 g, F: 20 g, Kh: 42 g,
kJ: 1836, kcal: 438

1. Wasser in einem großen Topf zugedeckt zum Kochen bringen. Makkaroni in Stücke brechen und mit Salz in den Topf geben. Die Makkaroni im geöffneten Topf bei mittlerer Hitze nach Packungsanleitung bissfest kochen, dabei gelegentlich umrühren.
2. Die Makkaroni in ein Sieb geben, mit kaltem Wasser abspülen, abtropfen und erkalten lassen.
3. In der Zwischenzeit Cornichons in Streifen schneiden. Schinken, Salami und Käse ebenfalls in mundgerechte Streifen schneiden.
4. Tomaten kreuzweise einschneiden und mit kochendem Wasser übergießen. Nach 1–2 Minuten herausnehmen und mit kaltem Wasser abschrecken. Die Tomaten enthäuten, halbieren und die Stängelansätze herausschneiden. Das Fruchtfleisch in Streifen schneiden.

5. Äpfel schälen, vierteln, entkernen und ebenfalls in Streifen schneiden. Die erkalteten Makkaroni in eine große Schüssel geben. Die vorbereiteten Zutaten zu den Makkaroni in die Schüssel geben.
6. Für die Sauce Ketchup mit Essig verrühren, mit Salz, Pfeffer und Zucker würzen. Das Öl unterschlagen.
7. Schnittlauch und Petersilie abspülen und trocken tupfen. Schnittlauch in Röllchen schneiden. Petersilienblättchen von den Stängeln zupfen und hacken. Die Kräuter unter die Sauce rühren.
8. Die Sauce mit den Salatzutaten vermengen und den Salat zugedeckt etwas durchziehen lassen.

Salat „Dolma"

8 Portionen — Zum Vorbereiten

Zubereitungszeit: 50 Minuten

3 kg türkische Paprikaschoten (Dolma biber)
6 Zwiebeln
600 g Schafskäse
300 g abgetropfte, schwarze Oliven

Für die Sauce:
400 ml Zitronensaft
Salz, gem. Kreuzkümmel (Cumin)
Pul Biber
2 gestr. TL Zucker
150 ml Olivenöl
12 EL Sesamsamen

1–2 Bund glatte Petersilie

Pro Portion:
E: 7 g, F: 15 g, Kh: 7 g,
kJ: 838, kcal: 200

1. Paprikaschoten entstielen, entkernen, die weißen Scheidewände entfernen, Schoten abspülen, abtropfen lassen und von der Spitze her in dünne Ringe schneiden. Evtl. Reste der weißen Scheidewände aus den Ringen herausschneiden und Kerne entfernen.

Salat „Dolma"

2. Zwiebeln abziehen und fein würfeln. Den Schafskäse ebenfalls würfeln. Die vorbereiteten Zutaten mit den Oliven in eine Schüssel geben.
3. Für die Sauce Zitronensaft mit Salz, Kreuzkümmel, Pul Biber und Zucker verrühren. Öl und Sesam unterrühren. Die Sauce mit den Salatzutaten vermischen.
4. Petersilie abspülen, trocken tupfen und die Blättchen von den Stängeln zupfen. Blättchen fein schneiden und unter den Salat mischen.

Tipp: Wer keinen Pul Biber bekommt, kann ersatzweise auch geschrotete Pfefferschoten verwenden.

Kohlrabisalat mit Joghurtsauce

8–10 Portionen — Zum Vorbereiten

Zubereitungszeit: 45 Minuten, ohne Abkühlzeit

5 mittelgroße Kohlrabi (etwa 2 kg)
Salz
2 Äpfel, z. B. Cox Orange

Für die Sauce:
600 g Joghurt
2 EL Tomatenmark
4 EL Lindenblütenhonig
etwa 4 EL Zitronensaft
gem. Pfeffer

Kohlrabisalat mit Joghurtsauce

100 g Rosinen
350 g abgetropfte Mandarinenspalten (aus der Dose)
1 Bund Petersilie

Pro Portion:
E: 6 g, F: 1 g, Kh: 31 g,
kJ: 704, kcal: 169

1. Kohlrabi schälen, abspülen, abtropfen lassen, vierteln, waagerecht halbieren und in dünne Scheiben schneiden. Anschließend in 1/2 Liter kochendem Salzwasser 2–3 Minuten garen, in ein Sieb abgießen, abtropfen und erkalten lassen.
2. Äpfel schälen, vierteln, entkernen und würfeln.
3. Für die Sauce Joghurt mit Tomatenmark und Honig verrühren, mit Zitronensaft, Salz und Pfeffer würzen.
4. Die Apfelwürfel mit den Rosinen zu der Sauce geben. Kohlrabi ebenfalls unterheben, anschließend die Mandarinen hinzufügen. Den Salat nochmals abschmecken. Die Petersilie abspülen, trocken tupfen und die Blättchen von den Stängeln zupfen. Die Blättchen fein hacken und unterheben.

Tipps: Schneiden Sie die zarten grünen Kohlrabiblätter in sehr feine Streifen und heben Sie sie unter den Salat. Der Kohlrabi kann auch roh verwendet werden. Dann den Kohlrabi grob raspeln oder in sehr feine Stifte oder Würfel schneiden.

Tunfischsalat

Reisnudelsalat mit Hähnchenbruststreifen

Tunfischsalat

8 Portionen

Zubereitungszeit: 40 Minuten

600 g abgetropfter Tunfisch, naturell (aus der Dose)
6 Schalotten

Für die Cocktailsauce:
300 g Crème fraîche
2 EL mittelscharfer Senf
4 EL Tomatenketchup
2 EL Weinbrand
2 Knoblauchzehen
Worcestersauce
Salz, 2 Prisen Zucker

Zum Garnieren:
einige Salatblätter, z. B. Eisbergsalat
2 EL abgetropfte Kapern (aus dem Glas)

Pro Portion:
E: 18 g, F: 23 g, Kh: 6 g,
kJ: 1294, kcal: 311

1. Den gut abgetropften Tunfisch mit einer Gabel zerpflücken. Die Schalotten abziehen und fein würfeln.
2. Für die Cocktailsauce die Crème fraîche mit Senf, Ketchup und Weinbrand verrühren.
3. Knoblauch abziehen und sehr fein hacken. Knoblauch unter die Crème-fraîche-Creme rühren, mit Worcestersauce, Salz und Zucker würzen.
4. Zum Garnieren die Salatblätter abspülen, trocken tupfen und auf flachen Desserttellern oder in Cocktailgläsern anrichten. Den vorbereiteten Tunfisch daraufgeben, mit Schalottenwürfeln und Kapern bestreuen. Den Tunfisch mit der Cocktailsauce begießen.

Reisnudelsalat mit Hähnchenbruststreifen

8 Portionen — Zum Vorbereiten

Zubereitungszeit: 60 Minuten, ohne Abkühlzeit

400 g Reisnudeln
Salz
40 g getrocknete Mu-err-Pilze
1 l kochendes Wasser

500 g Hähnchenbrustfilet
80 g Ingwer
4 Knoblauchzehen
3 EL Sojasauce
1 EL Currypulver
2 EL Austernsauce
3 TL Speisestärke
5 EL Sojaöl
300 g abgespülte, geputzte Sojasprossen
400 g Möhren
300 g grüner Spargel
80 g geröstete Erdnusskerne

Für die Sauce:
4 EL Sojasauce
4 EL Reisessig
1–2 TL Sambal Oelek
100 ml Sojaöl

1 Bund Koriander

Pro Portion:
E: 25 g, F: 25 g, Kh: 57 g,
kJ: 2300, kcal: 549

1. Die Reisnudeln in kochendem Salzwasser nach Packungsanleitung garen. Nudeln in ein Sieb geben, mit kaltem Wasser abschrecken und abtropfen lassen. Pilze in kochendes Wasser geben und aufkochen lassen. Topf von der Kochstelle nehmen. Pilze in dem Kochsud erkalten lassen.
2. Das Hähnchenbrustfilet unter fließendem kalten Wasser abspülen, trocken tupfen und in feine Streifen schneiden. Den Ingwer schälen und klein würfeln. Knoblauch abziehen und ebenfalls klein würfeln.
3. Die Hähnchenbruststreifen mit Sojasauce, Curry, Austernsauce, Ingwerwürfeln und Knoblauch würzen, mit Speisestärke bestäuben. Sojaöl in einer Pfanne erhitzen. Die Hähnchenfleischstreifen darin in 2 Portionen rundherum anbraten. Die Sojasprossen hinzufügen und noch etwa 1 Minute weiterbraten. Die Hähnchenfleischmasse erkalten lassen.

4. Reisnudeln in eine große Schüssel geben, nach Belieben mit einer Schere klein schneiden. Möhren putzen, schälen, abspülen, abtropfen lassen und in dünne Scheiben schneiden. Spargel im unteren Drittel schälen und die unteren Enden abschneiden. Spargel abspülen, abtropfen lassen und in sehr dünne Scheiben schneiden. Möhren- und Spargelscheiben unter die Reisnudeln heben. Pilze abgießen, abtropfen lassen, in Streifen schneiden und mit den Erdnusskernen zu den Reisnudeln geben.
5. Für die Sauce Sojasauce mit Reisessig und Sambal Oelek verrühren, mit Salz würzen. Das Sojaöl unterschlagen. Die Sauce unter die Salatzutaten mischen. Die Hähnchenfleischmasse unterheben.
6. Dann Koriander abspülen und trocken tupfen. Die Blättchen von den Stängeln zupfen. Den Salat mit Korianderblättchen garniert servieren.

Caesars Salat

8 Portionen

Zum Vorbereiten

Zubereitungszeit: 30 Minuten

8 Scheiben Toastbrot
40 g Butter

Für das Dressing:
2 Knoblauchzehen
400 g Salatmayonnaise
100 g Schlagsahne
2–4 EL ger. Parmesan
2 EL Weißweinessig
Salz
gem. Pfeffer

2 Römersalate
100 g gehobelter Parmesan

Pro Portion:
E: 9 g, F: 41 g, Kh: 16 g,
kJ: 1939, kcal: 464

1. Toastbrot in Würfel schneiden. Die Butter in einer Pfanne zerlassen. Die Toastbrotwürfel in 2 Portionen darin hellbraun braten, auf einen Teller geben und abkühlen lassen.
2. Für das Dressing Knoblauch abziehen. Mayonnaise mit Sahne in einen hohen Rührbecher geben. Knoblauch, Parmesan, Essig, Salz und Pfeffer dazugeben. Die Zutaten mit einem Pürierstab pürieren. Das Dressing mit Salz und Pfeffer abschmecken.
3. Den Römersalat putzen, abspülen und abtropfen lassen. Den Salat in mundgerechte Stücke zupfen.
4. Den Salat kurz vor dem Servieren mit dem Dressing beträufeln und mit Parmesan und Croûtons bestreuen.

Melonensalat

8 Portionen (ohne Foto)

Zubereitungszeit: 30 Minuten

Für den Salat:
1 Cantaloupe-Melone (etwa 1,2 kg)
1 Galia-Melone (etwa 1,2 kg)
1/2 Wassermelone (etwa 1,6 kg)

Für das Salatdressing:
8 EL Orangensaft
4 EL Zitronensaft
4 EL weißer Portwein
2–4 EL Zucker

800 g Gouda
einige Zitronenmelisseblättchen

Pro Portion:
E: 27 g, F: 26 g, Kh: 22 g,
kJ: 1854, kcal: 442

1. Cantaloupe- und Galia-Melone halbieren und sorgfältig entkernen. Das Fruchtfleisch aus den Schalen lösen. Jeweils 16 oder 24 sehr dünne Spalten abschneiden und zum Garnieren beiseitelegen. Das restliche Melonenfleisch in mundgerechte Stücke schneiden. Das Fruchtfleisch der Wassermelone ebenfalls aus der Schale lösen, entkernen und in mundgerechte Stücke schneiden. Melonenstücke in eine Schüssel geben.
2. Für das Dressing Orangensaft mit Zitronensaft, Portwein und Zucker verrühren. Die Melonenstücke mit dem Dressing übergießen.
3. Den Käse entrinden, in etwa 1 cm große Würfel schneiden und unter die Melonenstücke heben. Melisseblättchen abspülen und trocken tupfen. Die beiseitegelegten Melonenspalten fächerartig auf die Tellerränder von 8 Tellern legen. Den Melonensalat darauf anrichten, mit Melisseblättchen garnieren.

Tipp: Für eine alkoholfreie Zubereitung den Portwein durch 2 Esslöffel Apfelsaft und 2 Esslöffel milden Obstessig (zum Beispiel Himbeere oder Birne) ersetzen.

Caesars Salat

Couscous-Salat mit Süßkartoffeln

8 Portionen

Zubereitungszeit: 45 Minuten, ohne Abkühl- und Durchziehzeit

150 g Couscous
knapp 600 ml Gemüsebrühe
2 Schalotten
1 Salatgurke
1 1/2 kg gegarte, mittelgroße Süßkartoffeln (Bataten, als Pellkartoffeln zubereitet)
80 g abgetropfte, grüne Oliven (etwa 18 Stück, ohne Stein)
6 geh. TL abgetropfte Kapern
8–10 EL Limettensaft
4 EL Olivenöl
Salz
gem. Pfeffer
Chilipulver (ersatzweise Chiliflocken)
10 Stängel Petersilie

Pro Portion:
E: 6 g, F: 8 g, Kh: 54 g,
kJ: 1329, kcal: 316

1. Couscous mit der Gemüsebrühe nach Packungsanleitung zubereiten. Den garen Couscous in eine Salatschüssel geben und zum Abkühlen beiseitestellen.
2. In der Zwischenzeit die Schalotten abziehen, halbieren und in feine Würfel schneiden. Die Salatgurke abspülen, abtrocknen und das Ende abschneiden. Gurke längs halbieren, entkernen und in Streifen schneiden.
3. Die Süßkartoffeln pellen und in mundgerechte Stücke schneiden. Die Oliven halbieren, mit den Kapern mischen und beiseitestellen.
4. Für die Salatsauce 8 Esslöffel Limettensaft mit dem Olivenöl verschlagen, mit Salz, Pfeffer und Chilipulver (Chiliflocken) würzen.
5. Den beiseitegestellten Couscous mit 2 Gabeln etwas auflockern. Die Schalottenwürfel, Gurkenstreifen, Kartoffelstücke und die Oliven-Kapern-Mischung hinzufügen und unterheben. Die Limettensauce mit den Salatzutaten vermengen. Den Salat kalt gestellt etwa 30 Minuten durchziehen lassen.
6. Die Petersilie abspülen, trocken tupfen und die Blättchen von den Stängeln zupfen. Die Blättchen fein hacken. Die Petersilienblätter unter den Salat mischen. Den Couscous-Salat mit Limettensaft, Salz, Pfeffer und Chili säuerlich-scharf abschmecken und servieren.

Tipps: Die Süßkartoffeln am Vortag als Pellkartoffeln garen. Dafür die Süßkartoffeln abspülen und in Salzwasser in 15–20 Minuten zugedeckt gar kochen. Kartoffeln abgießen und kalt stellen. Sie können natürlich auch „normale" Kartoffeln für den Salat verwenden. Couscous können Sie durch die gleiche Menge Bulgur ersetzen.

Asiatischer Schichtsalat

10–12 Portionen

Zubereitungszeit: 60 Minuten, ohne Abkühl- und Durchziehzeit

100 g Glasnudeln
1 kleiner Chinakohl (etwa 300 g)
1 Salatgurke
2 rote Pfefferschoten

Für die Marinade:
5 EL Reisweinessig
3 EL Limettensaft
6 EL Sojasauce
2 TL rote Currypaste
6 EL Sesamöl
Salz, gem. Pfeffer
2 EL Zucker

150 g geraspelte Möhren
175 g abgetropfte Mungobohnensprossen (aus dem Glas)
250 g Bio-Tofu

Pro Portion:
E: 5 g, F: 8 g, Kh: 14 g,
kJ: 642, kcal: 153

1. Die Glasnudeln nach Packungsanleitung garen. In einem Sieb gut abtropfen und erkalten lassen.
2. Den Chinakohl putzen. Den Kohl vierteln und den Strunk herausschneiden. Kohlviertel in schmale Streifen schneiden, abspülen und

Couscous-Salat mit Süßkartoffeln

Asiatischer Schichtsalat

Ananas-Mandarinen-Salat mit Blätterteigstangen

sehr gut abtropfen lassen. Die Salatgurke abspülen, abtrocknen, halbieren, entkernen und in dünne Scheiben schneiden. Die Pfefferschoten abspülen, abtrocknen, halbieren und in kleine Würfel schneiden. Gurkenscheiben mit den Pfefferschotenwürfeln vermischen.

3. Für die Marinade Essig mit Limettensaft, Sojasauce und Currypaste verrühren. Das Sesamöl unterschlagen. Die Sauce mit Salz, Pfeffer und Zucker würzen.

4. Zwei Drittel der Chinakohlstreifen in eine große, hohe Glasschüssel (4–5 Liter Inhalt) geben. Möhrenraspel darauf verteilen und mit gut 2 Esslöffeln der Marinade beträufeln. Die Gurken-Pfefferschoten-Mischung daraufgeben. Wieder mit etwa 3 Esslöffeln der Marinade beträufeln.

5. Zuerst die Mungobohnensprossen, dann die Glasnudeln daraufgeben. Restliche Chinakohlstreifen darauf verteilen und mit der Hälfte der restlichen Marinade beträufeln.

6. Tofu zerbröseln, mit der restlichen Marinade verrühren und als Abschluss auf die Chinakohlstreifen geben. Den Schichtsalat zugedeckt im Kühlschrank mindestens 5–6 Stunden durchziehen lassen.

Tipps: Statt Tofu kann auch Fetakäse verwendet werden. Den Salat nach Belieben in Trinkgläsern anrichten.

Ananas-Mandarinen-Salat mit Blätterteigstangen

8 Portionen

Zubereitungszeit: 40 Minuten
Backzeit: etwa 10 Minuten

Für die Blätterteigstangen:
200 g Blätterteig
(aus dem Kühlregal)
2 Eigelb
2 EL geschälte Sesamsamen
2 EL Zucker

Für den Salat:
1 kg Ananasfruchtfleisch
8 Mandarinen

Für die Fruchtsauce:
10–12 frische Minzeblätter
8 Passionsfrüchte (je etwa 50 g)
150 g heller Zuckerrübensirup (ersatzweise flüssiger Honig)
4 EL Limettensaft
4 EL Butter

Pro Portion:
E: 5 g, F: 11 g, Kh: 50 g,
kJ: 1385, kcal: 330

1. Den Backofen vorheizen.
Ober-/Unterhitze: etwa 220 °C
Heißluft: etwa 200 °C

2. Den Blätterteig auf der Arbeitsfläche ausbreiten und in etwa 24 gleich breite Streifen schneiden. Eigelb verschlagen und die Streifen damit bestreichen. Die Teigstreifen mehrmals mit einer Gabel einstechen, mit Sesam und Zucker bestreuen. Die Streifen mit etwas Abstand auf ein Backblech (mit Backpapier belegt) legen.

3. Das Backblech in den vorgeheizten Backofen schieben. Die Blätterteigstangen etwa 10 Minuten backen. Dann das Backblech auf einen Kuchenrost stellen und die Blätterteigstangen abkühlen lassen.

4. Für den Salat in der Zwischenzeit das Ananasfruchtfleisch zuerst in Scheiben und dann in Stücke schneiden. Mandarinen schälen und in Stücke (Segmente) teilen.

5. Für die Fruchtsauce die Minzeblätter abspülen, trocken tupfen und fein schneiden. Die Passionsfrüchte halbieren. Das Fruchtfleisch herauslösen, mit Zuckerrübensirup, Limettensaft und Minze verrühren.

6. Butter in einer Pfanne zerlassen. Ananasstücke darin, evtl. portionsweise, unter Rühren etwa 3 Minuten dünsten, aus der Pfanne nehmen und noch heiß mit den Mandarinen und der Fruchtsauce mischen. Salat mit den Blätterteigstangen servieren.

Tipp: Aus dem restlichen Blätterteig einfache Käsestangen backen. Dazu den Blätterteig in etwa 40 Teigstreifen schneiden. 2 Eigelb mit 2 Esslöffeln Milch verschlagen, die Stangen damit bestreichen und mit einer Gabel einstechen. Etwa 100 g geriebenen Käse mit etwas Paprikapulver mischen und die Streifen damit bestreuen. Streifen auf ein Backblech (mit Backpapier belegt) ziehen und wie im Rezept angegeben backen.

Grüner Spargelsalat / Couscous-Möhren-Salat / Paprikasalat

Couscous-Möhren-Salat

Zum Vorbereiten

8 Portionen

Zubereitungszeit: 20 Minuten, ohne Abkühlzeit

500 g Instant-Couscous
4 EL Olivenöl
400 g Möhren
2 Bio-Zitronen
(unbehandelt, ungewachst)
2 EL flüssiger Honig
Salz

Pro Portion:
E: 8 g, F: 8 g, Kh: 45 g,
kJ: 1193, kcal: 285

1. Den Couscous nach Packungsanleitung mit Wasser zubereiten und erkalten lassen. Anschließend das Olivenöl unter den erkalteten Couscous rühren.
2. Möhren putzen, schälen, abspülen, abtropfen lassen und in feine Scheiben hobeln. Die Zitronen heiß abwaschen, abtrocknen und die Schale fein abreiben.
3. Zitronen halbieren und den Saft auspressen. Die Möhrenscheiben unter den Couscous mischen. Zitronenschale und -saft mit Honig verrühren und unterrühren. Den Salat mit Salz würzen.

Grüner Spargelsalat

8 Portionen

Zubereitungszeit: 40 Minuten

1 kg grüner Spargel
Salz
2 Schalotten
4 EL weißer Balsamico-Essig
4 EL Olivenöl
gem. Pfeffer
Zucker
100 g ger. Parmesan
einige vorbereitete Petersilienblättchen

Pro Portion:
E: 8 g, F: 8 g, Kh: 8 g,
kJ: 540, kcal: 128

1. Für den Spargelsalat vom Spargel das untere Drittel schälen und die Enden abschneiden. Spargel abspülen, abtropfen lassen und in kleine Stücke schneiden.
2. Wasser in einem Topf zum Kochen bringen, Salz hinzufügen. Die Spargelstücke evtl. portionsweise darin etwa 1 Minute kochen, dann mit kaltem Wasser abspülen und abtropfen lassen.
3. Schalotten abziehen, klein würfeln und in eine Schüssel geben. Essig unterrühren, Olivenöl unterschlagen, mit Salz, Pfeffer und Zucker würzen. Die Spargelstücke untermischen, den Parmesan unterheben. Den Salat in Portionsgläsern oder -schälchen anrichten und mit Petersilienblättchen garnieren.

Paprikasalat

8 Portionen

Zum Vorbereiten

Zubereitungszeit: 40 Minuten

je 4 rote und gelbe Paprikaschoten
2 Zwiebeln
2 Bund Thymian
4 EL Olivenöl
2 EL Weißweinessig
2 EL flüssiger Honig
Salz, gem. Pfeffer
Zucker
400 g Ziegenfrischkäse

Pro Portion:
E: 8 g, F: 15 g, Kh: 15 g,
kJ: 1005, kcal: 240

1. Die Paprikaschoten mit einem Sparschäler dünn schälen. Schoten halbieren, entstielen, entkernen und die weißen Scheidewände entfernen.
2. Schoten abspülen, abtropfen lassen und in feine Streifen schneiden. Zwiebeln abziehen und klein würfeln. Thymian abspülen und trocken tupfen. Die Blättchen von den Stängeln zupfen.
3. Etwas von dem Olivenöl in einer Pfanne erhitzen. Die Paprikastreifen darin portionsweise unter Rühren in etwa 3 Minuten weich dünsten. Zwiebelwürfel und Thymianblättchen hinzugeben, etwa 1 Minute mitdünsten lassen.
4. Essig unterrühren und verdampfen lassen. Den Paprikasalat mit Honig,

Salz, Pfeffer und Zucker würzen. Den Paprikasalat anrichten, den Ziegenfrischkäse zerbröseln und daraufgeben.

Glasnudelsalat

8–10 Portionen

Zum Vorbereiten

Zubereitungszeit: 45 Minuten, ohne Durchziehzeit

750 g Glasnudeln
3 rote Paprikaschoten (je etwa 200 g)
7 Stangen Staudensellerie
2 Bund Frühlingszwiebeln
2–3 grüne Chilischoten

Für die Sauce:
1 Bund Koriander
4 EL Sojasauce
5–6 EL Weißwein
8 EL Sesamöl
gem. Pfeffer
etwas Zucker
Chilipulver

Pro Portion:
E: 22 g, F: 4 g, Kh: 31 g,
kJ: 1064, kcal: 253

1. Die Glasnudeln nach Packungsanleitung zubereiten. Anschließend die Nudeln in einem Sieb gut abtropfen lassen. Die Nudeln mit einer Küchenschere auf die gewünschte Länge schneiden (5–10 cm).
2. Paprikaschoten halbieren, entstielen, entkernen und die weißen Scheidewände entfernen. Schoten abspülen, abtropfen lassen und in feine Streifen schneiden. Sellerie putzen und die harten Außenfäden abziehen. Sellerie abspülen, abtropfen lassen und in dünne Scheiben schneiden.
3. Wasser in einem Topf zum Kochen bringen. Paprikastreifen und Selleriescheiben etwa 2 Minuten darin blanchieren, anschließend mit kaltem Wasser abschrecken und abtropfen lassen.
4. Frühlingszwiebeln putzen, abspülen, abtropfen lassen und in feine Scheiben schneiden. Chilischoten halbieren, entstielen, entkernen, abspülen, abtropfen lassen und in feine Würfel schneiden. Die vorbereiteten Salatzutaten in eine Schüssel geben und mischen.
5. Für die Sauce Koriander abspülen und trocken tupfen. Die Blättchen von den Stängeln zupfen. Einige Blättchen beiseitelegen, die restlichen fein schneiden. Sojasauce mit Wein verrühren. Sesamöl unterschlagen, mit Pfeffer, Zucker und Chili abschmecken. Koriander unterrühren. Die Sauce mit den Salatzutaten vermengen und etwas durchziehen lassen. Den Glasnudelsalat mit den beiseitegelegten Korianderblättchen garnieren.

Glasnudelsalat

Schneller Mais-Paprika-Salat

Zum Vorbereiten

12 Portionen (ohne Foto)

Zubereitungszeit: 40 Minuten

je 5 grüne und rote Paprikaschoten
1 Bund Petersilie
1020 g abgetropfter Gemüsemais (aus der Dose)
185 g abgetropfte Silberzwiebeln (aus dem Glas)
Saft von 5 Zitronen
etwas Zucker
Salz, gem. Pfeffer
4 EL Olivenöl

Pro Portion:
E: 4 g, F: 6 g, Kh: 19 g,
kJ: 638, kcal: 152

1. Alle Paprikaschoten halbieren, entstielen, entkernen und die weißen Scheidewände entfernen. Schoten abspülen, abtropfen lassen und in Streifen oder Würfel schneiden.
2. Petersilie abspülen, trocken tupfen und die Blättchen von den Stängeln zupfen. Blättchen fein hacken. Mais, Silberzwiebeln, Paprikaschoten und Petersilie in einer Salatschüssel mischen.
3. Zitronensaft mit Zucker, Salz und Pfeffer verrühren. Das Öl unterschlagen. Die Salatsauce zu den Salatzutaten geben und alles gut vermengen. Den Salat kurz durchziehen lassen und vor dem Servieren nochmals mit Zucker, Salz und Pfeffer abschmecken.

Salat mit gebratenem Hähnchenfilet

8 Portionen

Zubereitungszeit: 40 Minuten

700 g Hähnchenbrustfilet
Salz, gem. Pfeffer
4 TL Speiseöl, z. B. Olivenöl

8 Scheiben Vollkornbrot
2 EL Speiseöl, z. B. Olivenöl
2 Knoblauchzehen
600 g Joghurt (1,5 % Fett)
4 TL TK-Kräuter
500 g Frühlingszwiebeln
1 kg Radieschen
800 g Eisbergsalat
600 g Kohlrabi
4 EL ungesalzene Erdnusskerne

Pro Portion:
E: 32 g, F: 10 g, Kh: 34 g,
kJ: 1488, kcal: 357

1. Filet unter fließendem kalten Wasser abspülen, trocken tupfen und mit Salz und Pfeffer bestreuen. Speiseöl in einer Pfanne erhitzen. Filet darin portionsweise von allen Seiten gut anbraten, unter gelegentlichem Wenden 8–10 Minuten braten. Hähnchenfilet aus der Pfanne nehmen.
2. Brot in kleine Würfel schneiden. Öl in der Pfanne erhitzen und die Brotwürfel darin unter Rühren knusprig braten.
3. Knoblauch abziehen und fein hacken. Joghurt mit Knoblauch und Kräutern verrühren, mit Salz und Pfeffer abschmecken.
4. Frühlingszwiebeln, Radieschen und Salat putzen, abspülen und gut abtropfen lassen. Kohlrabi schälen, abspülen und abtropfen lassen. Gemüse in kleine Stücke schneiden und mit dem Kräuterjoghurt vermischen.
5. Hähnchenfilet in Scheiben schneiden und mit dem Salat anrichten. Salat mit Erdnüssen und Brotwürfeln bestreut servieren.

Spinat-Orangen-Salat

10 Portionen

Zubereitungszeit: 40 Minuten, ohne Abkühlzeit

400 g feiner Blattspinat
5 Orangen
100 g Pinienkerne
150 g schwarze Oliven
5 kleine Ziegenfrischkäse (etwa 200 g)
1 Bio-Orange (unbehandelt, ungewachst)
4 EL Balsamico-Essig
1 TL mittelscharfer Senf
1 EL flüssiger Honig
50 ml Olivenöl
Salz, gem. Pfeffer

Pro Portion:
E: 6 g, F: 21 g, Kh: 13 g,
kJ: 1098, kcal: 263

1. Den Spinat verlesen, gründlich abspülen und gut abtropfen lassen. Spinatblätter mit Küchenpapier trocken tupfen. Eine Salatschale mit den Spinatblättern auslegen.
2. Die Orangen so schälen, dass die weiße Haut mitentfernt wird. Die Orangen in dicke Scheiben schneiden, dabei den Orangensaft auffangen und in eine Rührschüssel geben.
3. Pinienkerne in einer Pfanne ohne Fett unter Wenden goldbraun rösten und auf einen Teller geben.
4. Oliven evtl. abtropfen lassen, mit den Pinienkernen auf die Spinatblätter streuen. Die Orangenscheiben darauf verteilen. Ziegenfrischkäse grob zerbröseln. Den Salat damit bestreuen.
5. Die Bio-Orange heiß abwaschen, abtrocknen und die Schale fein abreiben. Orangenschale, Balsamico-Essig, Senf und Honig unter den aufgefangenen Orangensaft rühren. Das Olivenöl unterschlagen, mit Salz und Pfeffer abschmecken.
6. Den Salat mit der Marinade beträufeln. Oder die Marinade zu dem Salat reichen.

Salat mit gebratenem Hähnchenfilet

Spinat-Orangen-Salat

Grüner Salat mit Forelle

8 Portionen

Zubereitungszeit: 45 Minuten

1–2 TL Salz
900 g TK-Erbsen
250 g Schmand (Sauerrahm)
4 EL grobkörniger Senf
6 EL Weißweinessig
gem. Pfeffer
2 TL Zucker
8 geräucherte Forellenfilets (ohne Haut, je etwa 50 g)
4 Kopfsalate
8 TL Kürbiskernöl
8 TL Kürbiskerne

Pro Portion:
E: 23 g, F: 18 g, Kh: 19 g,
kJ: 1381, kcal: 330

1. Wasser in einem großen Topf zugedeckt zum Kochen bringen. Salz und Erbsen evtl. in 2 Portionen hinzufügen, wieder zum Kochen bringen und die Erbsen etwa 5 Minuten garen. Die Erbsen in ein Sieb abgießen, mit kaltem Wasser abschrecken und gut abtropfen lassen.
2. Inzwischen Backofen vorheizen.
Ober-/Unterhitze: etwa 200 °C
Heißluft: etwa 180 °C
3. Schmand mit Senf und Essig verrühren, mit Salz, Pfeffer und Zucker abschmecken.
4. Die Forellenfilets auf ein Backblech (mit Backpapier belegt) legen. Das Backblech in den vorgeheizten Backofen (mittlere Einschubleiste) schieben. Die Forellenfilets 5–7 Minuten erwärmen.
5. Den Salat putzen und die äußeren Blätter entfernen. Salatblätter vom Strunk zupfen, in reichlich Wasser gründlich waschen, aber nicht drücken. Salat gut abtropfen lassen oder trocken schleudern. Blätter in mundgerechte Stücke zupfen.
6. Erbsen und Kopfsalat mit dem Schmand-Dressing vermischen und in 8 Salatschälchen verteilen. Die Forellenfilets in größere Stücke zupfen und daraufgeben. Jede Salatportion mit 1 Teelöffel Kürbiskernöl beträufeln und mit 1 Teelöffel Kürbiskernen bestreut servieren.

Grüner Salat mit Forelle

Beilage: Servieren Sie leicht getoastete Schwarzbrotscheiben dazu.

Tipp: Wenn Sie geräucherten Fisch nicht so gern essen, dann bereiten Sie diesen Salat mit frischem Fischfilet, z. B. Seelachsfilet, zu. Dann das Fischfilet kurz abspülen, trocken tupfen, mit Salz und Pfeffer würzen. 2–3 Esslöffel Olivenöl in einer Pfanne erhitzen. Die Fischfilets darin von beiden Seiten braten und zum Salat servieren.

Zucchini-Rettich-Salat

12 Portionen (ohne Foto)

Zubereitungszeit: 35 Minuten

1,2 kg Rettich
1 TL Salz
1 1/2 kg Zucchini
120 g gehobelte Haselnusskerne
5–6 EL Obstessig
Salz
gem. Pfeffer
1–2 EL mittelscharfer Senf
4 EL Orangensaft
1–2 EL Honig
8 EL Speiseöl
2 Kästchen Kresse

Pro Portion:
E: 4 g, F: 13 g, Kh: 6 g,
kJ: 706, kcal: 169

1. Rettich schälen, abspülen und in dünne Scheiben hobeln. Die Rettichscheiben mit Salz bestreuen und etwa 15 Minuten Saft ziehen lassen.
2. In der Zwischenzeit Zucchini abspülen, abtrocknen und die Enden abschneiden. Zucchini ebenfalls in Scheiben hobeln. Die Zucchinischeiben in einem Sieb abtropfen lassen. Die Haselnusskerne in einer Pfanne ohne Fett unter Wenden goldbraun rösten und auf einen Teller geben.
3. Für die Salatsauce Essig mit Salz, Pfeffer, Senf, Orangensaft und Honig verrühren. Das Öl unterschlagen.
4. Die Rettich-, Zucchinischeiben und Haselnusskerne mit der Salatsauce in eine Schüssel geben und gut vermengen. Kresse abspülen, trocken tupfen, mit einer Küchenschere abschneiden und unter den Salat heben.

Selleriesalat

Sauerkrautsalat mit Pfifferlingen

Selleriesalat

8–10 Portionen

Zum Vorbereiten

Zubereitungszeit: 50 Minuten

1 kg Knollensellerie
40 ml Zitronensaft
100 ml Orangensaft
3 EL Keimöl
175 g abgetropfte Mandarinenspalten (aus der Dose)
Mandarinensaft (aus der Dose)
300 g Möhren
500 g Birnen
120 g Harzer Käse
125 g Rosinen
3 EL flüssiger Honig
1 gestr. TL Salz
100 g Sonnenblumenkerne

Pro Portion:
E: 9 g, F: 11 g, Kh: 34 g,
kJ: 1177, kcal: 281

1. Sellerie schälen, abspülen, halbieren und in 2–3 mm dünne Scheiben schneiden. Die Scheiben dann in 2–3 mm dicke Stifte schneiden, die Stifte in Würfel schneiden.
2. Zitronensaft mit Orangensaft verrühren. Das Öl unterschlagen. Die Selleriewürfel in die Sauce geben und gut durchrühren. Von den Mandarinen den Saft auffangen und ebenfalls unterrühren.
3. Möhren putzen, schälen, abspülen und abtropfen lassen und in feine Würfel schneiden. Birnen schälen, vierteln, entkernen und in etwa 1 cm kleine Würfel schneiden. Harzer Käse fein würfeln, mit Möhren-, Birnenwürfeln, Mandarinen und Rosinen unter die Selleriewürfel heben.
4. Den Selleriesalat mit Honig und Salz vermengen.
5. Die Sonnenblumenkerne in einer Pfanne ohne Fett unter Wenden rösten und ebenfalls unter den Salat heben.

Sauerkrautsalat mit Pfifferlingen

Zum Vorbereiten

10–12 Portionen

Zubereitungszeit: 40 Minuten

Für den Salat:
250 g Feldsalat
1 Bund Schnittlauch

Für die Sauce:
5 EL Apfelessig
Salz, gem. Pfeffer
10 EL Nussöl

2,4 kg abgetropftes, mildes Sauerkraut (aus der Dose)
etwas Speiseöl,
z. B. Rapsöl
500 g abgetropfte Pfifferlinge (aus der Dose)

Pro Portion:
E: 4 g, F: 12 g, Kh: 4 g,
kJ: 625, kcal: 149

1. Für den Salat Feldsalat verlesen, putzen, abspülen, abtropfen lassen oder trocken schleudern, auf einer großen Platte oder Schale verteilen.
2. Schnittlauch abspülen, trocken tupfen und in Röllchen schneiden.
3. Für die Sauce Apfelessig mit Salz und Pfeffer verrühren. Das Öl unterschlagen.
4. Das Sauerkraut evtl. etwas kleiner schneiden, mit der Sauce vermengen und auf dem Feldsalat anrichten.
5. Etwas Speiseöl in einer Pfanne erhitzen und die Pfifferlinge darin andünsten, mit Salz und Pfeffer würzen. Pfifferlinge auf dem Sauerkraut verteilen und den Salat mit Schnittlauchröllchen bestreuen.

Türkischer Reisnudelsalat

Zum Vorbereiten

8–10 Portionen

Zubereitungszeit: 50 Minuten

Für den Salat:
500 g Reisnudeln
Salz
60 g Pinienkerne
600 g Lammfilet
gem., schwarzer Pfeffer
3 EL Olivenöl
500 g gelbe Spitzpaprikaschoten
350 g Zucchini
1 Bund Frühlingszwiebeln
1 Bund glatte Petersilie

Für die Sauce:
8 EL Zitronensaft
1/4 TL Pul Biber
(geschrotete Pfefferschoten)
gem. Kreuzkümmel (Cumin)
100 ml Olivenöl

Pro Portion:
E: 22 g, F: 21 g, Kh: 44 g,
kJ: 1984, kcal: 475

1. Reisnudeln nach Packungsanleitung in Salzwasser bissfest garen, in ein Sieb abgießen, mit kaltem Wasser abspülen und abtropfen lassen.
2. Pinienkerne in einer Pfanne ohne Fett unter Wenden goldgelb rösten und auf einen Teller geben. Lammfilet trocken tupfen, mit Salz und Pfeffer würzen. Das Olivenöl in einer Pfanne erhitzen und das Filet von allen Seiten in etwa 10 Minuten anbraten. Anschließend in Alufolie wickeln und ruhen lassen.
3. Reisnudeln und Pinienkerne in eine große Schüssel geben. Paprika halbieren, entstielen, entkernen und die weißen Scheidewände entfernen. Schoten abspülen, abtropfen lassen und in dünne Streifen schneiden. Zucchini abspülen, abtrocknen und die Enden abschneiden. Zucchini in kleine Würfel schneiden. Paprika und Zucchini zu den Reisnudeln geben.
4. Die Frühlingszwiebeln putzen, abspülen, abtropfen lassen und in feine Scheiben schneiden. Petersilie abspülen, trocken tupfen und die Blättchen von den Stängeln zupfen. Blättchen fein hacken und mit den Frühlingszwiebeln zu den anderen Zutaten geben.
5. Für die Sauce Zitronensaft mit Salz, Pfeffer, Pul Biber und Kreuzkümmel verrühren. Das Öl unterschlagen. Die Sauce mit den Salatzutaten vermengen und den Salat nochmals abschmecken. Lammfilet in Würfel oder Scheiben schneiden und dazugeben.

Weizenkörnersalat mit Schafskäse

10–12 Portionen

Zum Vorbereiten

Zubereitungszeit: 50 Minuten, ohne Einweich- und Durchziehzeit

450 g Weizenkörner
2 l Wasser
Salz
1 kg Möhren
2–3 grüne Paprikaschoten
2–3 gelbe Paprikaschoten
2 Bund Frühlingszwiebeln
8–9 Tomaten
600 g Schafskäse

Für die Sauce:
125 ml Weißweinessig
75 ml Mineralwasser
3 TL körniger Senf
etwas Zucker, gem. Pfeffer
150 ml Olivenöl

Pro Portion:
E: 15 g, F: 24 g, Kh: 32 g,
kJ: 1781, kcal: 426

1. Weizenkörner abspülen und über Nacht in dem Wasser einweichen.
2. Weizenkörner mit der Einweichflüssigkeit und etwas Salz zugedeckt etwa 25 Minuten kochen lassen. Anschließend in einem Sieb abtropfen und abkühlen lassen.
3. In der Zwischenzeit Möhren putzen, schälen, abspülen, abtropfen lassen und in Stifte schneiden. Paprikaschoten halbieren, entstielen, entkernen und die weißen Scheidewände entfernen. Schoten abspülen, abtropfen lassen und in Würfel schneiden.
4. Frühlingszwiebeln putzen, abspülen, abtropfen lassen und in Scheiben schneiden. Die Tomaten abspülen, abtrocknen, vierteln und die Stängelansätze herausschneiden. Schafskäse in kleine Würfel schneiden. Die vorbereiteten Zutaten mit den Weizenkörnern mischen.
5. Für die Sauce Essig, Mineralwasser, Senf, Salz, Zucker und Pfeffer verrühren. Das Öl unterschlagen. Die Sauce mit den Salatzutaten vorsichtig mischen, gut durchziehen lassen und in einer Schüssel anrichten.

Türkischer Reisnudelsalat

Weizenkörnersalat mit Schafskäse

Geflügel-Spargel-Salat

Geflügel-Spargel-Salat

8 Portionen

Zum Vorbereiten

Zubereitungszeit: 40 Minuten

800 g gekochtes, enthäutetes Hühnerfleisch
400 g gegarter, grüner oder/und weißer Spargel

Für die Salatsauce:
12 EL Salatmayonnaise
4 EL Joghurt (3,5 % Fett)
Salz, gem. Pfeffer
etwas Zucker
etwas Zitronensaft
4 abgetropfte Pfirsichhälften (aus der Dose)

etwas Kerbel

Pro Portion:
E: 25 g, F: 21 g, Kh: 9 g,
kJ: 1339, kcal: 319

1. Das Hühnerfleisch in feine Streifen schneiden. Den Spargel in 2–3 cm lange Stücke schneiden (einige Spargelspitzen zum Garnieren beiseitelegen).
2. Für die Sauce Mayonnaise mit Joghurt in einer Schüssel glatt rühren. Die Sauce mit Salz, Pfeffer, Zucker und Zitronensaft würzen. Pfirsichhälften in kleine Stücke schneiden.
3. Fleisch mit den Spargelstücken und der Sauce vorsichtig vermengen. Die Pfirsichstücke unterheben.
4. Kerbel abspülen, trocken tupfen und die Blättchen von den Stängeln zupfen. Den Geflügel-Spargel-Salat in Gläsern anrichten, mit den beiseitegelegten Spargelspitzen und den Kerbelblättchen garnieren.

Tipp: Statt des gekochten Hühnerfleisches können Sie 2–3 halbe, gegrillte Hähnchen verwenden.

Champignon-Tomaten-Salat mit Halloumi-Würfeln

8 Portionen (ohne Foto)

Zubereitungszeit: 45 Minuten

600 g kleine, braune Champignons
300 g Cocktailtomaten
4 EL Olivenöl
60 g Pinienkerne
1 TL Fenchelsamen
4 EL Weißweinessig
Salz
100 g Rucola (Rauke)
500 g Halloumi-Käse (halbfester Schnittkäse aus Zypern)
2 kleine Knoblauchzehen
8 EL Olivenöl
16 Scheiben Sandwich-Vollkorntoast
150 g Crème fraîche
gem. Pfeffer

Pro Portion:
E: 25 g, F: 38 g, Kh: 36 g,
kJ: 2416, kcal: 578

1. Die Champignons putzen, evtl. mit Küchenpapier abreiben. Die Tomaten abspülen, abtrocknen, halbieren und die Stängelansätze herausschneiden. Tomaten vierteln.
2. Das Olivenöl in einer großen Pfanne erhitzen. Pinienkerne in der Pfanne kurz anrösten. Champignons und Fenchelsamen hinzugeben, unter Wenden etwa 3 Minuten garen. Die Tomaten unterheben. Essig unterrühren, mit Salz abschmecken. Die Pfanne von der Kochstelle nehmen.
3. Backofengrill (auf etwa 240 °C) vorheizen. Rucola verlesen und dicke Stängel abschneiden. Rucola abspülen, gut abtropfen lassen oder trocken schleudern, evtl. etwas kleiner zupfen und unter den Salat mischen.
4. Käse abtropfen lassen, in etwa 2 cm große Würfel schneiden. Knoblauch abziehen, fein hacken, mit 4 Esslöffeln vom Olivenöl mischen.
5. Die Toastscheiben auf einer Seite mit dem Knoblauchöl bestreichen und mit der bestrichenen Seite nach oben nebeneinander auf einen Rost (mit Alufolie belegt) legen. Den Rost in den vorgeheizten Backofen (mittlere Einschubleiste) schieben. Die Toastscheiben unter dem Backofengrill goldbraun rösten, dabei die Scheiben einmal wenden.
6. Restliches Olivenöl in einer großen Pfanne erhitzen. Die Käsewürfel darin unter Wenden goldbraun braten. Crème fraîche mit Pfeffer abschmecken. Salat auf den Toasts verteilen. Halloumi-Würfel darauf geben und mit je einem Klecks Pfeffer-Crème-fraîche servieren.

Meeresfrüchtesalat

10 Portionen

Zum Vorbereiten

Zubereitungszeit: 50 Minuten, ohne Auftauzeit

500 g gemischte TK-Meeresfrüchte
400 g festkochende Kartoffeln
Salz
2 Bund Frühlingszwiebeln
gem. Pfeffer
4 EL Zitronensaft
2 EL Balsamico-Essig
2 EL flüssiger Honig
50 ml Olivenöl
5 Stängel Zitronenmelisse

Pro Portion:
E: 6 g, F: 6 g, Kh: 13 g,
kJ: 532, kcal: 127

1. Die Meeresfrüchte nach Packungsanleitung auftauen lassen. Kartoffeln schälen, abspülen, abtropfen lassen und klein würfeln. Kartoffelwürfel knapp mit Wasser bedeckt zum Kochen bringen. Salz hinzufügen. Die Kartoffeln in etwa 4 Minuten bissfest kochen, dann abgießen, mit kaltem Wasser abschrecken, abtropfen lassen. Meeresfrüchte kurz unter fließendem kalten Wasser abspülen und trocken tupfen.
2. Die Frühlingszwiebeln putzen, abspulen, abtropfen lassen und in feine Scheiben schneiden. Die Frühlingszwiebeln mit Kartoffeln und Meeresfrüchten in einer Schüssel mischen, mit Salz und Pfeffer würzen.
3. Zitronensaft mit Essig und Honig verrühren, das Olivenöl unterschlagen, mit Salz und Pfeffer würzen. Zitronenmelisse abspülen, trocken tupfen und die Blättchen von den Stängeln zupfen. Einige Blättchen zum Garnieren beiseitelegen, die restlichen Blättchen in feine Streifen schneiden. Zitronenmelissestreifen unter die Marinade rühren.
4. Vor dem Servieren Meeresfrüchte mit der Marinade vermischen. Den Meeresfrüchtesalat anrichten und mit Zitronenmelisse garnieren.

Ziegenkäsesalat

8–10 Portionen (ohne Foto)

Zum Vorbereiten

Zubereitungszeit: 40 Minuten

600 g halbfester Ziegenkäse, am Stück
700 g Cocktailtomaten
2–3 rote Paprikaschoten
4–5 Zwiebeln
4 Knoblauchzehen
1 Bund Schnittlauch
1 Bund glatte Petersilie
150 abgetropfte, schwarze Oliven

Für die Sauce:
8 EL Weißweinessig
Salz, Zucker
gem., schwarzer Pfeffer
8 EL Olivenöl

Pro Portion:
E: 15 g, F: 25 g, Kh: 16 g,
kJ: 1494, kcal: 357

1. Ziegenkäse entrinden und in kleine Würfel schneiden. Tomaten abspülen und abtrocknen. Paprikaschoten halbieren, entstielen, entkernen und die weißen Scheidewände entfernen. Schoten abspülen, abtropfen lassen und in dünne Streifen schneiden. Ziegenkäsewürfel, Tomaten und Paprikastreifen in eine Schüssel geben.
2. Zwiebeln und Knoblauch abziehen. Zwiebeln halbieren und in feine Scheiben schneiden. Knoblauch fein hacken. Schnittlauch und Petersilie abspülen und trocken tupfen. Schnittlauch in Röllchen schneiden. Bei der Petersilie die Blättchen von den Stängeln zupfen und fein hacken. Zwiebeln, Knoblauch, die Kräuter sowie die Oliven zu den anderen Salatzutaten in die Schüssel geben.
3. Für die Sauce Essig mit Salz, Zucker und Pfeffer verrühren. Das Öl unterschlagen. Die Sauce gut mit den Salatzutaten vermischen. Den Salat zugedeckt in den Kühlschrank stellen und kurz vor dem Servieren nochmals mit Salz und Pfeffer abschmecken.

Meeresfrüchtesalat

Garnelen-Sesam-Salat im Reispapier

12 Stück

Zum Vorbereiten

Zubereitungszeit: 50 Minuten, ohne Auftauzeit

400 g TK-Garnelen (ohne Kopf und Schale, je etwa 20 g)
Salz
3 EL Speiseöl
3 EL geschälte Sesamsamen
60 g Rucola (Rauke)
450 g reife Avocados
3 EL Zitronensaft
4 Stängel Koriander
8 runde Reispapierblätter (Ø 20–22 cm)

Pro Stück:
E: 8 g, F: 12 g, Kh: 5 g,
kJ: 648, kcal: 155

1. Die Garnelen zugedeckt im Kühlschrank auftauen lassen.
2. Von den Garnelen den Darm entfernen, anschließend unter fließendem kalten Wasser abspülen und mit Küchenpapier trocken tupfen. Die Garnelen mit Salz würzen.
3. Das Speiseöl in einer Pfanne erhitzen. Die Garnelen darin portionsweise bei mittlerer Hitze von jeder Seite etwa 2 Minuten braten. Aus der Pfanne nehmen und erkalten lassen.
4. Sesam in einer Pfanne ohne Fett unter Wenden goldbraun rösten und auf einen Teller geben. Rucola verlesen und dicke Stängel abschneiden. Rucola abspülen, gut abtropfen lassen oder trocken schleudern und evtl. etwas kleiner zupfen.
5. Die Avocados halbieren und die Kerne entfernen. Das Avocadofleisch mit einem Esslöffel herauslösen. Das Avocadofleisch mit Zitronensaft und Salz mischen und mit einer Gabel grob zerdrücken.
6. Die Garnelen in etwa 2 cm große Stücke schneiden. Koriander abspülen, trocken tupfen und die Blättchen von den Stängeln zupfen. Etwa 12 Blättchen zum Garnieren beiseitelegen. Die restlichen Blättchen grob zerschneiden. Garnelenstücke und klein geschnittene Korianderblättchen unter die Avocadocreme rühren.
7. Das Reispapapier nacheinander jeweils etwa 1 Minute in lauwarmem Wasser einweichen, dann abtropfen lassen. Jeweils 2 Reispapierblätter übereinanderlegen und jeweils zuerst 1 Teelöffel Sesam und ein Viertel der Rucolablätter darauf verteilen.
8. Auf das untere Drittel des Reispapiers ein Viertel der Avocado-Garnelen-Creme geben und leicht gehäuft verteilen. Das Reispapier fest aufrollen. Auf diese Weise 3 weitere Reispapierrollen herstellen.
9. Kurz vor dem Servieren die Enden der Rollen mit einem scharfen Messer abschneiden. Jede Reispapierrolle in 3 gleich große Stücke schneiden und mit dem restlichen Sesam und Koriander bestreuen.

Spargelsalat mit Shrimps

Zum Vorbereiten

8 Portionen

Zubereitungszeit: 65 Minuten

32 Stangen weißer oder grüner Spargel (oder gemischt), Salz
400 g Zuckerschoten
1 Bund Schnittlauch
2 Stängel Dill

4 EL Himbeeressig oder ein anderer fruchtiger Essig
2 TL flüssiger Honig oder 1 TL Zucker
1 TL bunter, geschroteter Pfeffer
8 EL Olivenöl

400 g Shrimps (gegart, entdarmt, ohne Schale)
Blütenblätter von 12 Ringelblumenblüten

Pro Portion:
E: 14 g, F: 11 g, Kh: 9 g,
kJ: 805, kcal: 192

Garnelen-Sesam-Salat im Reispapier

Spargelsalat mit Shrimps

Löwenzahn-Spinat-Salat mit Schafskäse und Cocktailtomaten

1. Den weißen Spargel von oben nach unten schälen. Darauf achten, dass die Schalen vollständig entfernt, die Köpfe aber nicht verletzt werden. Die unteren Enden abschneiden (holzige Stellen vollständig entfernen). Von dem grünen Spargel nur das untere Drittel schälen und die Enden abschneiden. Spargelstangen abspülen, abtropfen lassen und in kochendem Salzwasser etwa 7 Minuten garen.
2. Die Spargelstangen herausnehmen, mit eiskaltem Wasser abschrecken und abtropfen lassen. Stangen der Länge nach halbieren.
3. Die Zuckerschoten putzen, evtl. abfädeln, abspülen, abtropfen lassen und in kochendem Salzwasser 2–3 Minuten blanchieren. Zuckerschoten mit einer Schaumkelle herausnehmen, in eiskaltem Wasser abschrecken und abtropfen lassen.
4. Schnittlauch abspülen, trocken tupfen und in kleine Röllchen schneiden. Dill abspülen und trocken tupfen. Die Spitzen von dem Stängel zupfen. Die Spitzen klein schneiden.
5. Essig mit Honig oder Zucker, Salz und Pfeffer verrühren. Olivenöl unterschlagen. Schnittlauchröllchen und Dill unterrühren.
6. Shrimps abspülen und abtropfen lassen. Spargel, Zuckerschoten und Shrimps auf einer Platte oder auf 8 Tellern anrichten und mit der Vinaigrette beträufeln.
7. Vor dem Servieren die Blütenblätter vorsichtig abspülen und trocken tupfen. Den Salat damit bestreuen.

Löwenzahn-Spinat-Salat mit Schafskäse und Cocktailtomaten

8 Portionen

Zubereitungszeit: 25 Minuten

300 g junge Löwenzahnblätter
300 g junger Blattspinat
400 g Cocktailtomaten

Für die Salatsauce:
4 EL Weißwein- oder weißer Balsamico-Essig
2 TL mittelscharfer Senf
2 EL flüssiger Honig
8 EL Olivenöl
Salz, gem. Pfeffer

400 g Schafskäse
Löwenzahnblütenblätter (von 4 Blüten)

Pro Portion:
E: 11 g, F: 20 g, Kh: 9 g,
kJ: 1096, kcal: 261

1. Den Löwenzahn und Blattspinat gründlich waschen, abtropfen lassen und trocken tupfen. Tomaten abspülen, abtrocknen, halbieren und die Stängelansätze herausschneiden.
2. Für die Sauce den Essig mit Senf und Honig verrühren. Das Olivenöl unterschlagen. Die Sauce mit Salz und Pfeffer würzen.
3. Löwenzahnblätter und Blattspinat in eine Schüssel geben, mit der Salatsauce gut vermischen. Den Salat auf 8 Tellern oder einer Platte anrichten.
4. Schafskäse in Würfel schneiden. Salat mit den Tomatenhälften und den Schafskäsewürfeln garnieren.
5. Löwenzahnblütenblätter gründlich abspülen, trocken tupfen und auf dem Salat verteilen.

Fenchel-Birnen-Salat

12 Portionen (ohne Foto)

Zum Vorbereiten

Zubereitungszeit: 45 Minuten

6 Fenchelknollen
6 große, reife Birnen
Saft von 1 Zitrone
3 Bund Frühlingszwiebeln

Für die Sauce:
250 g Kräuter-Crème fraîche
250 g Doppelrahm-Frischkäse
3 EL Tomatenketchup
5–6 EL Weißweinessig
Salz, gem. Pfeffer
etwas Zucker

einige Cocktailtomaten

Pro Portion:
E: 6 g, F: 13 g, Kh: 15 g,
kJ: 856, kcal: 205

1. Fenchelknollen putzen, abspülen, abtropfen lassen, halbieren und in Streifen schneiden. Birnen schälen, achteln, entkernen und in Scheiben schneiden. Birnenscheiben mit Zitronensaft beträufeln.
2. Frühlingszwiebeln putzen, abspülen, abtropfen lassen und in feine Scheiben schneiden. Fenchel, Birnen und Frühlingszwiebeln in eine Schüssel geben und vermischen.
3. Crème fraîche mit Frischkäse, Ketchup und Essig gut verrühren. Die Sauce mit Salz, Pfeffer und Zucker würzen. Die Sauce zu den Salatzutaten in die Schüssel geben. Alles gut vermengen. Den Salat mit abgespülten, abgetrockneten Cocktailtomaten garnieren.

Gemischter Reissalat

Sommersalat mit Roquefortsauce

Gemischter Reissalat

12 Portionen

Zum Vorbereiten

Zubereitungszeit: 45 Minuten, ohne Durchziehzeit

500 g Langkornreis
Salz
500 g abgetropfte Mandarinenspalten (aus der Dose)
480 g abgetropfte Ananasscheiben (aus der Dose)
500 g Kochschinken
740 g abgetropfte Champignonscheiben (aus dem Glas)

Für die Sauce:
250 g Salatmayonnaise
150 g saure Sahne
etwas Mandarinensaft (aus der Dose)
Currypulver

Pro Portion:
E: 14 g, F: 13 g, Kh: 50 g,
kJ: 1598, kcal: 381

1. Den Reis in Salzwasser nach Packungsanleitung körnig garen. Den garen Reis in ein Sieb geben, mit kaltem Wasser abspülen, gut abtropfen und erkalten lassen.
2. Von den Mandarinenspalten den Saft auffangen und beiseitestellen. Ananasscheiben und Schinken in kleine Streifen schneiden.
3. Für die Sauce die Mayonnaise mit saurer Sahne und etwas von dem beiseitegestellten Mandarinensaft verrühren, mit Salz und Curry würzen.
4. Reis mit Mandarinenspalten, Ananas-, Schinkenstreifen und Champignonscheiben in einer großen Salatschüssel vermengen. Die Sauce hinzufügen und unterrühren. Den Salat zugedeckt im Kühlschrank gut durchziehen lassen. Den Reissalat vor dem Servieren evtl. nochmals mit den Gewürzen abschmecken.

Tipp: Den Reissalat in ausgehöhlten Ananashälften servieren. Dann das frische Ananasfruchtfleisch für den Salat verwenden, aber erst kurz vor dem Verzehr unter den Salat rühren, da frische Ananas die Marinade sonst bitter werden lässt.

Sommersalat mit Roquefortsauce

Zum Vorbereiten

8–10 Portionen

Zubereitungszeit: 60 Minuten, ohne Abkühlzeit

1 Blumenkohl
Salz
2 Eisbergsalate
1 große Salatgurke
1 Kästchen Kresse
8–9 Tomaten

Für die Sauce:
200 g Roquefort
125 g Schlagsahne
150 g Crème fraîche
3 EL Sherry-Essig
6 EL Sherry (fino)
gem. Pfeffer

Pro Portion:
E: 9 g, F: 17 g, Kh: 8 g,
kJ: 977, kcal: 234

1. Vom Blumenkohl die Blätter entfernen. Den Kohl in winzige Röschen teilen und abspülen. Blumenkohlröschen in kochendem Salzwasser in 3–4 Minuten bissfest garen. Röschen in ein Sieb abgießen, mit kaltem Wasser abspülen, gut abtropfen und abkühlen lassen.
2. Den Eisbergsalat putzen, die Blätter lösen, abspülen und gut abtropfen lassen. Die Salatgurke heiß abwaschen, abtrocknen und in dünne Scheiben hobeln. Kresse abspülen, trocken tupfen und abschneiden. Tomaten abspülen, abtrocknen und die Stängelansätze herausschneiden. Tomaten in Scheiben schneiden.
3. Eine große Salatschüssel mit den Salatblättern auslegen. Gurkenscheiben, Kresse, Tomatenscheiben und Blumenkohlröschen vorsichtig mischen und auf den Salatblättern anrichten.
4. Für die Sauce Roquefort mit einer Gabel zerdrücken, nach und nach mit Sahne, Crème fraîche, Essig und Sherry glatt rühren. Die Sauce mit Salz und Pfeffer abschmecken und bis zum Servieren zugedeckt in den Kühlschrank stellen.
5. Die Sauce vor dem Servieren über den Salat gießen. Den Salat dann sofort servieren.

Spinatsalat mit Buttermilchdressing

8–10 Portionen

Zubereitungszeit: 45 Minuten

1 kg junger Blattspinat
300 g Cocktailtomaten
300 g Champignons
2 Bund Frühlingszwiebeln

Für das Buttermilchdressing:
125 ml Buttermilch
3 EL Zitronensaft
Salz, gem. Pfeffer
Zucker
100 ml Rapsöl

Zum Bestreuen:
250 g zerbröckelter Edelpilzkäse, z. B. Roquefort
5 TL Sesamsamen

Pro Portion:
E: 11 g, F: 21 g, Kh: 7 g,
kJ: 1137, kcal: 272

1. Spinat verlesen, putzen und die Stiele entfernen. Die Blätter gründlich waschen und abtropfen lassen oder trocken schleudern. Blätter evtl. etwas kleiner schneiden.
2. Cocktailtomaten abspülen, abtrocknen und halbieren oder vierteln. Die Stängelansätze evtl. herausschneiden. Champignons putzen, evtl. kurz abspülen, trocken tupfen und in Scheiben schneiden.
3. Frühlingszwiebeln putzen, abspülen, abtropfen lassen und in feine Scheiben schneiden.
4. Für das Buttermilchdressing Buttermilch mit Zitronensaft verrühren, mit Salz, Pfeffer und Zucker würzen. Das Öl unterschlagen.
5. Blattspinat mit Cocktailtomaten, Champignons und Frühlingszwiebeln in einer Schüssel oder auf Tellern anrichten, mit Buttermilchdressing übergießen, mit Edelpilzkäse und Sesamsamen bestreuen und servieren.

Garnelen-Paprika-Salat

8 Portionen

Zubereitungszeit: 45 Minuten, ohne Auftauzeit

500 g TK-Riesengarnelen (gegart, entdarmt, ohne Schale)

Für die Sauce:
10 EL Walnussöl
4 EL Limettensaft
Salz, gem. Pfeffer, etwas Zucker
Chilipulver

8 Fleischtomaten
4 gelbe Paprikaschoten (je 180 g)
4 Knoblauchzehen
2 Bund Frühlingszwiebeln
4–6 Korianderstängel
einige Bio-Limettenscheiben

Pro Portion:
E: 12 g, F: 14 g, Kh: 16 g,
kJ: 1009, kcal: 240

1. Die Garnelen leicht antauen lassen, anschließend abspülen und trocken tupfen.
2. Für die Sauce Walnussöl mit Limettensaft verrühren, mit Salz, Pfeffer, Zucker und Chili abschmecken. Die Garnelen unterheben und etwa 15 Minuten durchziehen lassen.
3. In der Zwischenzeit die Tomaten kreuzweise einschneiden und mit kochendem Wasser übergießen. Nach 1–2 Minuten herausnehmen und mit kaltem Wasser abschrecken. Tomaten enthäuten, halbieren, entkernen und die Stängelansätze herausschneiden. Tomaten würfeln.
4. Paprikaschoten halbieren, entstielen, entkernen und die weißen Scheidewände entfernen. Schoten abspülen, abtropfen lassen und in kleine Würfel schneiden. Knoblauch abziehen und durch eine Knoblauchpresse drücken. Frühlingszwiebeln putzen, abspülen, abtropfen lassen und in feine Scheiben schneiden.
5. Tomaten- und Paprikawürfel, Knoblauch und Frühlingszwiebelscheiben mit der Garnelensauce vermischen und den Salat evtl. nachwürzen. Koriander abspülen, trocken tupfen und die Blättchen von den Stängeln zupfen. Den Garnelen-Paprika-Salat vor dem Servieren mit Limettenscheiben und Korianderblättchen garnieren.

Spinatsalat mit Buttermilchdressing

Garnelen-Paprika-Salat

Kartoffelsalat mit Gemüse

Zum Vorbereiten

8 Portionen

Zubereitungszeit: 40 Minuten, ohne Durchzieh- und Kühlzeit

1 1/2 kg festkochende Kartoffeln
150 ml heiße Gemüsebrühe
4 EL Weißweinessig
Salz, gem. Pfeffer
500 g TK-Erbsen
2 Zwiebeln
6 Gewürzgurken
6 EL Salatmayonnaise
300 g Joghurt
2 TL mittelscharfer Senf
570 g abgetropfter Gemüsemais (aus der Dose)
etwas Gurkensud (aus dem Glas)

Pro Portion:
E: 12 g, F: 15 g, Kh: 46 g,
kJ: 1573, kcal: 375

1. Die Kartoffeln unter fließendem Wasser abbürsten, knapp mit Wasser bedeckt, zugedeckt zum Kochen bringen und in etwa 20 Minuten gar kochen. Kartoffeln abgießen, mit kaltem Wasser abschrecken, abtropfen lassen, noch warm pellen.
2. Kartoffeln in Scheiben schneiden und in eine große Schüssel geben. Brühe mit Essig, Salz und Pfeffer vermischen, über die Kartoffelscheiben geben und gut durchziehen lassen.
3. Salzwasser in einem Topf zum Kochen bringen und die Erbsen darin 3–5 Minuten garen, dann mit kaltem Wasser abschrecken, abtropfen und abkühlen lassen.
4. Zwiebeln abziehen und fein würfeln. Gurken in Scheiben schneiden.
5. Mayonnaise mit Joghurt und Senf verrühren, mit Salz und Pfeffer würzen. Alle Salatzutaten und den Gemüsemais mit der Sauce mischen. Den Salat zugedeckt etwa 30 Minuten in den Kühlschrank stellen. Vor dem Servieren den Salat nochmals mit Salz, Pfeffer und Essig oder Gurkensud abschmecken.

Beilage: Wiener Würstchen.

Eisbergsalat mit Ziegenkäse und Sherry-Pflaumen

Zum Vorbereiten

8 Portionen

Zubereitungszeit: 50 Minuten

300 g getrocknete Pflaumen
6 EL Sherry
2 kleine Eisbergsalate
300 g Cocktailtomaten
400 g Ziegen-Gouda

Für die Salatsauce:
4 EL Schlagsahne
2–4 EL Sherry
2 EL flüssiger Honig
6 EL Sherry-Essig
Salz, gem. Pfeffer
100 ml Olivenöl

160 g Frühstücksspeck in Scheiben (Bacon)

Pro Portion:
E: 21 g, F: 33 g, Kh: 28 g,
kJ: 2093, kcal: 502

1. Die Pflaumen mit Sherry beträufeln und etwa 20 Minuten durchziehen lassen.
2. In der Zwischenzeit Eisbergsalat putzen, vierteln, abspülen und gut abtropfen lassen. Salat in mundgerechte Stücke schneiden. Tomaten abspülen und abtrocknen. Ziegenkäse in Würfel schneiden. Salat, Tomaten und Käse vorsichtig vermischen und auf einer großen Platte anrichten.
3. Für die Salatsauce die Sahne mit Sherry, Honig und Essig verrühren, mit Salz und Pfeffer abschmecken. Das Öl nach und nach unterschlagen.
4. Den Speck in einer erhitzten Pfanne kross braten, etwas abkühlen lassen und auf dem Salat verteilen. Die Pflaumen daraufgeben und den Salat mit der Sauce servieren.

Kartoffelsalat mit Gemüse

Eisbergsalat mit Ziegenkäse und Sherry-Pflaumen

Sauerkraut-Feigen-Salat

Gemüse-Kartoffel-Salat mit Lachs

Sauerkraut-Feigen-Salat

8–10 Portionen

Zubereitungszeit: 40 Minuten

900 g Sauerkraut
225 g getrocknete Feigen
375 g Ananasfruchtfleisch
300 g Schlagsahne (mind. 30 % Fett)
1 1/2–3 EL flüssiger Honig
gem. Zimt
gem. Nelken
1/2–1 TL Dr. Oetker Finesse
Geriebene Zitronenschale

Pro Portion:
E: 4 g, F: 11 g, Kh: 26 g,
kJ: 981, kcal: 235

1. Das Sauerkraut mit einer Gabel auseinanderzupfen, evtl. kleiner schneiden und in eine große Schüssel geben. Von den Feigen die Stiele entfernen. Feigen in dünne Scheiben schneiden. Ananasfruchtfleisch in kleine Stücke schneiden.
2. Die Sahne halb steif schlagen, mit Honig, Zimt, Nelken und Zitronenschale würzen. Die Sahnesauce erst kurz vor dem Servieren mit den Salatzutaten vermengen oder separat dazureichen. Den Salat nochmals mit den Gewürzen abschmecken.

Tipp: Ersetzen Sie die Hälfte des Ananasfruchtfleisches durch Orangenfruchtfleisch. Dafür 4–5 Orangen filetieren. Salatzutaten in Portionsschälchen füllen, die Sahnesauce darauf verteilen und mit gemahlenem Zimt bestäuben.

Gemüse-Kartoffel-Salat mit Lachs

8–10 Portionen

Zubereitungszeit: 45 Minuten, ohne Abkühl- und Marinierzeit

1 kg festkochende Kartoffeln
750 g grüne Bohnen
Salz

Für die Marinade:
7 EL Kräuteressig
1–2 TL Zucker
150 ml Olivenöl
gem. Pfeffer

3 gelbe Paprikaschoten
450 g Graved Lachs mit Sauce (aus dem Kühlregal)
400 g Crème fraîche
500 g Cocktailtomaten
einige Stängel Dill

Pro Portion:
E: 16 g, F: 35 g, Kh: 25 g,
kJ: 2010, kcal: 481

1. Die Kartoffeln unter fließendem Wasser abbürsten, knapp mit Wasser bedeckt, zugedeckt zum Kochen bringen und in etwa 20 Minuten gar kochen. Kartoffeln abgießen, mit kaltem Wasser abschrecken, abtropfen lassen und noch warm pellen.
2. Von den Bohnen die Enden abschneiden. Die Bohnen evtl. abfädeln und in etwa 3 cm lange Stücke schneiden. Bohnen abspülen. Salzwasser zum Kochen bringen. Die Bohnen darin etwa 10 Minuten garen. Bohnen in ein Sieb geben, mit kaltem Wasser abschrecken, abtropfen und etwas abkühlen lassen.
3. Für die Marinade Essig mit Zucker verrühren. Olivenöl unterschlagen. Marinade mit Salz und Pfeffer würzen. Die Hälfte der Marinade mit den warmen Bohnen vermengen und etwas durchziehen lassen.
4. Die Paprika halbieren, entstielen, entkernen und die weißen Scheidewände entfernen. Die Schoten abspülen, abtropfen lassen und in Streifen schneiden. Kartoffeln in Scheiben schneiden. Die Kartoffelscheiben auf eine große Platte legen, mit Salz und Pfeffer bestreuen.
5. Die marinierten Bohnen mit den Paprikastreifen mischen und auf den Kartoffelscheiben verteilen, dabei den Rand nicht belegen. Lachsscheiben dekorativ auf den Plattenrand legen.
6. Crème fraîche mit der Graved-Lachs-Sauce verrühren und mit Salz abschmecken. Etwas von der Sauce mithilfe eines Löffels auf den Salat sprenkeln.
7. Tomaten abspülen, abtrocknen, halbieren und die Stängelansätze herausschneiden. Dill abspülen, trocken tupfen und in kleine Stängel zupfen. Salat mit Tomaten und Dill garniert servieren. Die restliche Sauce dazureichen.

Pilzsalat mit Serrano-Schinken

8 Portionen

Zubereitungszeit: 30 Minuten
Backzeit: 10–15 Minuten je Backblech

16 Scheiben Serrano-Schinken
800 g gemischte Pilze, z. B. Pfifferlinge, Champignons, Kräutersaitlinge, Steinpilze
600 g Keniabohnen
Salz
1–2 Bund Pimpinelle

Für die Vinaigrette:
4 EL Balsamico-Essig
2 TL flüssiger Honig
160 ml Olivenöl
4 EL Walnussöl
gem. Pfeffer

Pro Portion:
E: 9 g, F: 26 g, Kh: 7 g,
kJ: 1258, kcal: 300

1. Den Backofen vorheizen.
Ober-/Unterhitze: etwa 120 °C
Heißluft: etwa 100 °C
2. Schinkenscheiben auf 1–2 Backblechen (mit Backpapier belegt) verteilen. Die Backbleche nacheinander (bei Heißluft zusammen) in den vorgeheizten Backofen schieben. Die Schinkenscheiben in 10–15 Minuten je Backblech knusprig braun backen.
3. Die Schinkenscheiben vom Backblech nehmen und auf Küchenpapier abtropfen lassen. Pilze putzen, evtl. kurz abspülen und gut trocken tupfen. Pilze in mundgerechte Stücke scheiden. Von den Keniabohnen die Enden abschneiden, evtl. abfädeln. Bohnen abspülen und in kochendem Salzwasser etwa 5 Minuten blanchieren. Bohnen mit kaltem Wasser abschrecken und in einem Sieb gut abtropfen lassen.
4. Pimpinelle abspülen und trocken tupfen. Die Blättchen von den Stängeln zupfen.
5. Für die Vinaigrette Essig mit Honig verrühren. 120 ml Olivenöl und das Walnussöl unterschlagen. Die Vinaigrette mit Salz und Pfeffer würzen.
6. Restliches Olivenöl in einer Pfanne erhitzen. Pilzstücke in 2 Portionen darin jeweils 4–5 Minuten bei starker Hitze unter Rühren anbraten. Pilze mit Salz und Pfeffer würzen.
7. Die Pilzstücke, Böhnchen und Pimpinelleblättchen vermischen und auf 8 Tellern oder einer großen Platte anrichten. Den Salat mit der Vinaigrette beträufeln, die Schinkenscheiben darauflegen.

Tipps: Statt Serrano-Schinken können Sie auch einen anderen luftgetrockneten Schinken verwenden. Die Schinkenscheiben können auch ungebacken auf den Salat gelegt werden.

Bratkartoffelsalat mit Lamm und Zaziki

10–12 Portionen

Zubereitungszeit: 55 Minuten, ohne Marinierzeit

1–1,2 kg Lammrückenfilets (Lammlachse)
4 Knoblauchzehen
2 rote Peperoni
6 EL Olivenöl
1–2 TL gerebelter Thymian
2 kg kleine, neue Kartoffeln

Für das Zaziki:
1 kg griechischer Sahnejoghurt (10 % Fett)
2–3 EL Olivenöl
Salz, gem. Pfeffer
1 Salatgurke
6 Knoblauchzehen

2 Bund Frühlingszwiebeln
6 EL Olivenöl

Pro Portion:
E: 28 g, F: 29 g, Kh: 35 g,
kJ: 2168, kcal: 517

1. Die Lammrückenfilets trocken tupfen. Filets in große Würfel schneiden und in eine flache Schale legen. Knoblauch abziehen und klein würfeln. Peperoni halbieren, entstielen, entkernen, abspülen, trocken tupfen und fein würfeln.
2. Olivenöl mit Knoblauch-, Peperoniwürfeln und Thymian verrühren. Die Marinade mit den Lammfiletwürfeln mischen und zugedeckt im Kühlschrank etwa 1 Stunde marinieren.
3. Die Kartoffeln unter fließendem Wasser abbürsten, knapp mit Was-

ser bedeckt, zugedeckt zum Kochen bringen und in etwa 20 Minuten gar kochen. Die Kartoffeln abgießen, mit kaltem Wasser abschrecken, abtropfen lassen und warm stellen.

4. Für das Zaziki den Joghurt mit dem Olivenöl gut verrühren, mit Salz und Pfeffer würzen. Gurke schälen, halbieren, entkernen und auf einer Haushaltsreibe grob raspeln. Knoblauch abziehen und klein würfeln. Gurkenraspel und Knoblauchwürfel unter den Joghurt rühren.

5. Frühlingszwiebeln putzen, abspülen, abtropfen lassen und in Scheiben schneiden. Das Olivenöl in einer großen Pfanne erhitzen. Kartoffeln halbieren und unter mehrmaligem Wenden darin anbraten. Zwiebelscheiben unterrühren, kurz mitbraten, mit Salz und Pfeffer bestreuen. Kartoffeln mit den Frühlingszwiebeln aus der Pfanne nehmen und auf einer großen Platte anrichten.

6. Lammfiletwürfel aus der Marinade nehmen, in die Pfanne geben, von allen Seiten gut anbraten, evtl. mit Salz bestreuen und etwa 5 Minuten ruhen lassen.

7. Lammfiletwürfel auf den Kartoffeln verteilen. Beiseitegestelltes Zaziki in Klecksen daraufgeben und sofort servieren.

Tipp: Salat mit frischem Majoran, Oregano oder Thymian garnieren.

Nudelsalat all'arrabbiata

Zum Vorbereiten

8 Portionen

Zubereitungszeit: 40 Minuten

5 l Wasser
5 gestr. TL Salz
500 g Nudeln, z. B. Maccheroni
2 Knoblauchzehen
160 g Frühstücksspeck (Bacon)
400 g Cocktailtomaten
einige Stängel Petersilie
300 g Joghurt
2 EL Tomatenmark
4 EL Balsamico- oder Weißweinessig
Salz, gem. Pfeffer
2 Prisen Zucker
2 Prisen Chiliflocken oder Cayennepfeffer
30 trocken eingelegte, schwarze Oliven (ohne Stein)

Außerdem:
100 g gehobelter Parmesan

Pro Portion:
E: 18 g, F: 19 g, Kh: 50 g,
kJ: 1874, kcal: 448

1. Wasser in einem großen Topf zugedeckt zum Kochen bringen. Dann Salz und Nudeln zugeben. Die Nudeln im geöffneten Topf bei mittlerer Hitze nach Packungsanleitung bissfest kochen, dabei gelegentlich umrühren.

2. Knoblauch in der Zwischenzeit abziehen und fein würfeln. Speck in kleine Würfel schneiden und in einer heißen Pfanne ohne Fett anbraten. Knoblauchwürfel kurz mitbraten. Die Zutaten auf einen Teller geben.

3. Die garen Nudeln in ein Sieb geben, mit kaltem Wasser abspülen und abtropfen lassen. Nudeln in eine Schüssel geben.

4. Tomaten abspülen, abtrocknen, halbieren und evtl. die Stängelansätze herausschneiden. Die Petersilie abspülen, trocken tupfen und die Blättchen von den Stängeln zupfen. Einige Blättchen beiseitelegen. Restliche Blättchen fein hacken.

5. Joghurt mit Tomatenmark und Essig in einer Schüssel verrühren. Die Joghurtmischung mit Salz, Pfeffer, Zucker und Chili oder Cayennepfeffer würzen. Das Dressing unter die Nudeln mischen. Tomatenhälften, Oliven, gehackte Petersilie und Speck-Knoblauch-Mischung hinzugeben, unter den Nudelsalat mischen. Den Salat evtl. nochmals mit Essig, Salz, Pfeffer, Zucker und Chili oder Cayennepfeffer abschmecken.

6. Den Nudelsalat in einer Schüssel oder Schale anrichten, mit gehobeltem Parmesan bestreuen und mit den beiseitegelegten Petersilienblättchen garniert servieren.

Bratkartoffelsalat mit Lamm und Zaziki

Nudelsalat all'arrabbiata

Kartoffel-Bohnen-Salat

Zum Vorbereiten

8 Portionen

Zubereitungszeit: 50 Minuten, ohne Kühlzeit

8 mittelgroße, festkochende Kartoffeln
Salz
400 g Keniabohnen
8 Stängel Bohnenkraut
8 Tomaten
4 kleine, rote Zwiebeln
2 Salatgurken
Saft von 1 Zitrone
gem. Pfeffer
6 EL Olivenöl
400 g abgetropfter Tunfisch, in Öl (aus der Dose)
evtl. einige abgetropfte, schwarze Oliven

Pro Portion:
E: 15 g, F: 23 g, Kh: 23 g,
kJ: 1524, kcal: 363

1. Kartoffeln schälen, abspülen, abtropfen lassen und in Würfel schneiden. Kartoffelwürfel knapp mit Wasser bedeckt, zugedeckt zum Kochen bringen. Salz hinzufügen. Die Kartoffeln in etwa 8 Minuten bissfest kochen. Kartoffeln in ein Sieb abgießen und erkalten lassen.

2. Von den Bohnen die Spitzen und Enden abschneiden, in etwa 3 cm lange Stücke schneiden. Bohnenkraut abspülen und trocken tupfen.

3. Die Bohnenstücke mit 4 Stängeln Bohnenkraut in kochendem Salzwasser etwa 5 Minuten blanchieren. In ein Sieb abgießen, mit kaltem Wasser abspülen und gut abtropfen lassen.

4. Tomaten kreuzweise einschneiden und mit kochendem Wasser übergießen. Nach 1–2 Minuten herausnehmen und mit kaltem Wasser abschrecken. Tomaten enthäuten, vierteln und die Stängelansätze herausschneiden. Tomaten entkernen, das Fruchtfleisch klein schneiden.

5. Die Zwiebeln abziehen, die Gurke schälen, beides in kleine Stücke schneiden. Die vorbereiteten Salatzutaten in eine große Schüssel geben und vorsichtig vermischen.

6. Für das Dressing Zitronensaft mit Salz und Pfeffer verrühren. Das Öl unterschlagen. Vom restlichen Bohnenkraut die Blättchen abzupfen, fein hacken und unter das Dressing rühren. Salat und Dressing getrennt und zugedeckt bis zum Servieren in den Kühlschrank stellen.

7. Das Dressing zu den Salatzutaten geben und untermischen. Tunfisch mit einer Gabel auseinanderzupfen. Den Salat auf einer flachen Platte anrichten. Die Tunfischstücke und evtl. einige Oliven darauf verteilen.

Kartoffel-Bohnen-Salat

Gurken-Käse-Salat

8–10 Portionen

Zubereitungszeit: 45 Minuten

600 g verschiedene Käsesorten, z. B. Emmentaler, Leerdamer oder Butterkäse
430 g abgetropfte Honiggurken (aus dem Glas)
460 g abgetropfte Senfgurken (aus dem Glas)
1 Salatgurke
6 hart gekochte Eier
1 Bund Radieschen

Für die Sauce:
3–4 EL Apfelessig
Salz
gem. Pfeffer
etwas Zucker
7 EL Rapsöl
1–2 TL Dillspitzen
evtl. etwas Senfgurkensud

Pro Portion:
E: 23 g, F: 32 g, Kh: 5 g,
kJ: 1766, kcal: 422

1. Den Käse in kleine Stücke schneiden. Honig- und Senfgurken in feine Streifen schneiden.

2. Die Salatgurke mit heißem Wasser abwaschen, abtrocknen und die Enden abschneiden. Gurke längs halbieren, entkernen und ebenfalls in feine Streifen schneiden. Eier pellen und achteln. Radieschen putzen, abspülen, abtropfen lassen und achteln oder in Scheiben schneiden.

3. Für die Sauce Essig mit Salz, Pfeffer und Zucker verrühren, das Öl unterschlagen und die Dillspitzen einrühren. Evtl. noch etwas Gurkensud unterrühren. Die Sauce mit den Salatzutaten vermischen. Den Salat nochmals gut abschmecken und sofort servieren.

Tipps: Die Radieschen am besten zum Schluss unterheben, da sie etwas färben. Es können zusätzlich noch 1–2 gewürfelte Äpfel untergehoben werden.

Gurken-Käse-Salat

Auberginen-Tomaten-Salat

Mangoldsalat mit Schupfnudeln

8–10 Portionen (ohne Foto)

Zubereitungszeit: 60 Minuten, ohne Abkühlzeit

1½ kg Mangold
etwa 2 l Salzwasser
50 g Pinienkerne
3 EL Olivenöl
500 g Schupfnudeln (aus dem Kühlregal)
3 Knoblauchzehen
2 rote Zwiebeln

Für die Sauce:
6 EL Balsamico-Essig
Salz, Zucker, gem. Pfeffer
100 ml Olivenöl

400 g Räucherlachs, am Stück

Pro Portion:
E: 15 g, F: 21 g, Kh: 12 g,
kJ: 1278, kcal: 306

1. Mangold putzen, abspülen und abtropfen lassen. Die Stiele abschneiden, evtl. abziehen, in 2–3 cm große Stücke schneiden. Die Blätter in ebenso große Stücke schneiden.
2. Salzwasser in einem großen Topf zum Kochen bringen. Zuerst die Mangoldstiele hinzufügen. Diese etwa 3 Minuten kochen, dann die Blätter hinzufügen und alles weitere 2 Minuten kochen lassen. Mangold in einem Sieb mit kaltem Wasser abschrecken, abtropfen und erkalten lassen.
3. Pinienkerne in einer Pfanne ohne Fett unter Wenden goldbraun rösten und in eine Salatschüssel geben.
4. Das Öl in der Pfanne erhitzen. Die Schupfnudeln darin etwa 3 Minuten anbraten. Knoblauch abziehen, fein hacken, zu den Schupfnudeln geben und kurz mit anrösten. Die Schupfnudeln erkalten lassen.
5. Mangold zu den Pinienkernen in die Schüssel geben. Zwiebeln abziehen, fein würfeln und dazugeben.
6. Für die Sauce Essig mit Salz, Zucker und Pfeffer verrühren. Das Öl unterschlagen. Die Sauce mit den Salatzutaten vermengen. Räucherlachs in kleine Stücke schneiden und mit den Schupfnudeln unter den Mangold heben. Den Salat abschmecken und sofort servieren.

Auberginen-Tomaten-Salat

Zum Vorbereiten

10–12 Portionen

Zubereitungszeit: 80 Minuten

1 kg Auberginen
1,2 kg Fleischtomaten
1 Bund glatte Petersilie
1 Bund Minze
3 rote Zwiebeln
8 EL Olivenöl
Salz
gem. Pfeffer
etwas Limettensaft
5 EL Olivenöl
5 EL Balsamico-Essig

Zum Bestreuen:
50 g gehobelte, geröstete Mandeln

Pro Portion:
E: 3 g, F: 16 g, Kh: 6 g,
kJ: 777, kcal: 186

1. Auberginen und Tomaten abspülen und abtrocknen. Tomaten halbieren und die Stängelansätze herausschneiden. Die Tomaten in Scheiben schneiden. Die Stängelansätze der Auberginen abschneiden und die Auberginen ebenfalls in Scheiben schneiden. Kräuter abspülen, trocken tupfen und die Blättchen von den Stängeln zupfen. Blättchen grob hacken. Zwiebeln abziehen und in dünne Ringe schneiden.
2. In einer beschichteten Pfanne etwas von dem Öl erhitzen, zunächst die Auberginenscheiben darin portionsweise braten, anschließend die Zwiebelringe.
3. Die gebratenen Auberginenscheiben in eine große Schale legen, mit Salz und Pfeffer bestreuen und mit etwas Limettensaft, Olivenöl und Balsamico-Essig beträufeln. Die Hälfte der Kräuter daraufstreuen.
4. Dann die Tomatenscheiben darauf anrichten, diese mit Salz, Pfeffer und etwas von den Kräutern bestreuen. Zum Schluss Zwiebelringe daraufgeben. Diese ebenfalls mit Salz und Pfeffer würzen, mit dem restlichen Öl und Essig beträufeln, mit den restlichen Kräutern und den gerösteten Mandeln bestreuen. Den Auberginen-Tomaten-Salat bis zum Servieren zugedeckt kalt stellen.

Salattorte

Salatteller mit Sprossen

Salattorte

12 Portionen (Titelfoto)

Zum Vorbereiten

Zubereitungszeit: 60 Minuten, ohne Durchziehzeit

Für die Salattorte:
1 kleiner Eisbergsalat
1 Salatgurke
1 Gemüsezwiebel
500 g Tomaten
1 Stange Porree (Lauch)
250 g Kochschinken
5 hart gekochte Eier
1 Bund Radieschen
250 g Gouda

Für die Salatsauce:
350 g Salatmayonnaise
200 g Schlagsahne
5–6 EL Milch
1 TL China-Gewürzzubereitung
Salz
gem. Pfeffer
1 Prise Zucker
2 EL gehackte Petersilie
6 EL Schnittlauchröllchen

16 vorbereitete Cocktailtomaten
12 kleine Holzspieße

Pro Portion:
E: 15 g, F: 26 g, Kh: 8 g,
kJ: 1448, kcal: 346

1. Eisbergsalat putzen, halbieren, abspülen, in grobe Streifen schneiden und gut abtropfen lassen.

2. Gurke heiß abwaschen, abtrocknen und in Scheiben schneiden. Die Gemüsezwiebel abziehen, halbieren und in Scheiben schneiden. Tomaten waschen, abtrocknen halbieren und die Stängelansätze herausschneiden. Die Tomaten in Scheiben schneiden. Porree putzen, die Stange längs einschneiden, gründlich waschen, in feine Streifen schneiden.

3. Schinken in Würfel schneiden. Eier pellen und in Scheiben schneiden. Radieschen putzen, abspülen, trocken tupfen und ebenfalls in Scheiben schneiden. Käse grob raspeln.

4. Die Zutaten in der Reihenfolge der Zutatenliste in eine Springform (Ø 28 cm) schichten, dabei jede Lage etwas andrücken. Zuletzt die Käseraspeln darüberstreuen. Die Salattorte zugedeckt im Kühlschrank 12–24 Stunden durchziehen lassen.

5. Die Zutaten für die Salatsauce kurz vor dem Servieren vermischen.

6. Die Salattorte mit den Cocktailtomaten mit kleinen Holzspießchen wie eine Torte garnieren. Den Springformrand vorsichtig lösen, die Torte mit einem Sägemesser oder besser noch mit einem elektrischen Messer in Stücke schneiden. Die Salatsauce separat zu der Salattorte reichen.

Tipp: Belegen Sie die Oberfläche der Salattorte vor dem Durchziehen mit Frischhaltefolie. Beschweren Sie die Torte mit einem passenden, flachen Teller, so hält sie gut zusammen.

Salatteller mit Sprossen

8–10 Portionen

Zubereitungszeit: 60 Minuten

60 g Pinienkerne

250 g Feldsalat
1 Lollo bionda
200 g Radieschensprossen
375 g Champignons
350 g kleine Tomaten

Für die Sauce:
6–8 EL Estragonessig
2–3 TL körniger Senf
Salz, gem. Pfeffer
150 ml Weizenkeim- oder Sonnenblumenöl

Zum Bestreuen:
2 EL Estragonblätter

Pro Portion:
E: 5 g, F: 21 g, Kh: 4 g,
kJ: 969, kcal: 231

1. Pinienkerne in einer Pfanne ohne Fett unter Wenden goldbraun rösten und auf einen Teller geben.

2. Salate verlesen, putzen, abspülen und gut abtropfen lassen oder trocken schleudern. Lollo bionda in mundgerechte Stücke zupfen.

3. Radieschensprossen verlesen, abspülen und abtropfen lassen. Champignons putzen, evtl. kurz abspülen und trocken tupfen. Champignons in dünne Scheiben schneiden. Tomaten abspülen, abtrocknen, halbieren oder vierteln und die Stängelansätze herausschneiden.

4. Für die Sauce Essig mit Senf verrühren, mit Salz und Pfeffer würzen. Das Öl unterschlagen.

5. Die Salatzutaten auf einer großen Platte anrichten und die Sauce auf dem Salat verteilen.

6. Zum Bestreuen Estragonblätter abspülen und trocken tupfen. Salat mit Estragonblättern und Pinienkernen bestreuen und servieren.

Rucola-Spargel-Salat
8 Portionen

Zubereitungszeit: 45 Minuten
Garzeit: 10–12 Minuten

1 kg weißer Spargel
500 ml Wasser
2 gestr. TL Salz, 1 Prise Zucker
2 TL Butter
300 g Cocktailtomaten
200 g Rucola (Rauke)

Für die Salatsauce:
300 g Joghurt (1,5 % Fett)
8 EL Spargelfond
300 g Crème fraîche
4 EL Zitronensaft
Salz, gem. Pfeffer
1 gestr. TL Zucker
2 EL gehackte Dillspitzen
2 EL gehackte Petersilienblättchen

Für die Croûtons:
8 Scheiben Toastbrot
120 g Butter

Pro Portion:
E: 6 g, F: 25 g, Kh: 18 g,
kJ: 1383, kcal: 332

1. Den Spargel von oben nach unten schälen. Dabei darauf achten, dass die Schalen vollständig entfernt, die Köpfe aber nicht verletzt werden. Die unteren Enden abschneiden (holzige Stellen vollkommen entfernen).
2. Spargel abspülen, abtropfen lassen und in etwa 4 cm lange Stücke schneiden. Wasser mit Salz, Zucker und Butter in einem Topf zum Kochen bringen. Spargel hinzufügen, zum Kochen bringen und in 10–12 Minuten bissfest garen.
3. Die Spargelstücke in ein Sieb abgießen, dabei den Spargelfond auffangen. Tomaten abspülen, abtrocknen, vierteln und die Stängelansätze herausschneiden.
4. Rucola verlesen und dicke Stängel abschneiden, Rucola abspülen, trocken schleudern und evtl. etwas kleiner zupfen.
5. Für die Salatsauce Joghurt mit 8 Esslöffeln des aufgefangenen Spargelfonds, Crème fraîche, Zitronensaft, Salz, Pfeffer, Zucker, Dill und Petersilie verrühren.
6. Für die Croûtons Toastbrot entrinden und klein würfeln. Butter in einer Pfanne zerlassen, die Toastbrotwürfel darin goldgelb rösten. Rucola, Spargel- und Tomatenstücke auf Tellern anrichten, mit Sauce beträufeln und mit Croûtons bestreuen.

Eiersalat mit Sprossen
12 Portionen

Zum Vorbereiten

Zubereitungszeit: 40 Minuten

20 Eier (Größe M)
250 g frische, gemischte Sprossen
1 l kochendes Wasser
1 Eisbergsalat
500 g Cocktailtomaten

Für die Sauce:
250 g Salatmayonnaise
3–4 EL mittelscharfer Senf
200 g Schlagsahne (mind. 30 % Fett)
Salz, gem. Pfeffer
Zucker

Pro Portion:
E: 14 g, F: 27 g, Kh: 6 g,
kJ: 1351, kcal: 322

1. Die Eier in 2 Portionen in jeweils 8 Minuten kochen und mit kaltem Wasser abschrecken. Sprossen in kochendes Wasser geben, wieder zum Kochen bringen. Anschließend in ein Sieb abgießen, mit kaltem Wasser abspülen und abtropfen lassen.
2. Eisbergsalat putzen, achteln und den Strunk entfernen. Salatstücke abspülen, abtropfen lassen und quer in schmale Streifen schneiden. Tomaten abspülen, abtrocknen, halbieren und evtl. die Stängelansätze herausschneiden.
3. Für die Sauce Mayonnaise mit Senf verrühren. Sahne steif schlagen und unterheben. Die Sauce mit Salz, Pfeffer und Zucker abschmecken.
4. Salatstreifen und Sprossen mischen, auf einer Platte oder in einer Schüssel anrichten. Tomatenhälften darauf verteilen. Eier pellen, sechsteln, auf die Salatzutaten geben und mit der Sauce beträufeln.

Tipp: Für **Eier-Sandwiches** die Zutaten wie oben angegeben vorbereiten, aber die Eier in Scheiben schneiden. Für jedes Sandwich etwas Salat, Sauce und einige Eierscheiben auf 1 Scheibe getoastetes Toastbrot legen und mit einer zweiten Brotscheibe bedecken.

Rucola-Spargel-Salat

Eiersalat mit Sprossen

Paprika-Tunfisch-Salat

Gemüsesalat mit Knoblauchdressing

Paprika-Tunfisch-Salat

8 Portionen **Zum Vorbereiten**

Zubereitungszeit: 50 Minuten, ohne Durchziehzeit

800 g frischer Tunfisch
400 g Austernpilze
je 2 rote und grüne Paprikaschoten
12 EL Olivenöl
Salz, gem. Pfeffer

Für die Marinade:
8 Stängel Thymian
6 EL weißer Balsamico-Essig

Pro Portion:
E: 24 g, F: 27 g, Kh: 7 g,
kJ: 1544, kcal: 368

1. Tunfisch abspülen, trocken tupfen und in mundgerechte Stücke schneiden. Die Pilze putzen, evtl. kurz abspülen, trocken tupfen und in große Stücke schneiden. Paprikaschoten halbieren, entstielen, entkernen und die weißen Scheidewände entfernen. Schoten abspülen, abtropfen lassen und in Würfel schneiden.
2. Paprikawürfel in kochendem Salzwasser etwa 2 Minuten blanchieren. Anschließend in ein Sieb geben, mit kaltem Wasser abspülen und gut abtropfen lassen.
3. Von dem Olivenöl 4 Esslöffel in einer Pfanne erhitzen. Die Tunfischstücke portionsweise darin von allen Seiten etwa 5 Minuten braten, herausnehmen, mit Salz und Pfeffer würzen und in eine Schüssel geben.
4. Die Paprikawürfel und die Pilzstücke in 4 Esslöffeln Olivenöl unter Rühren andüsten, anschließend zu den Tunfischstücken geben.
5. Für die Marinade Thymian abspülen und trocken tupfen. Einige Stängel zum Garnieren beiseitelegen. Von den restlichen Stängeln die Blättchen abzupfen.
6. Essig mit Salz und Pfeffer verrühren. Restliches Olivenöl unterschlagen. Marinade zu den Salatzutaten geben, vorsichtig untermischen und zugedeckt im Kühlschrank 1–2 Stunden durchziehen lassen, dabei ab und zu umrühren.
7. Den Paprika-Tunfisch-Salat mit den Gewürzen pikant abschmecken und mit den beiseitegelegten Thymianstängeln garnieren.

Gemüsesalat mit Knoblauchdressing

10–12 Portionen **Zum Vorbereiten**

Zubereitungszeit: 60 Minuten, ohne Durchziehzeit

Für den Gemüsesalat:
2 Blumenkohl
5–6 Möhren
300 g grüne Bohnen
300 g TK-Erbsen
Salz
3 Zwiebeln
3 rote Paprikaschoten
600 g gekochte Kartoffeln

Für das Dressing:
5–6 Knoblauchzehen
500–600 g fettreduzierte Salatcreme
150 g Joghurt
3 EL mittelscharfer Senf
Saft von 1 Zitrone
gem. Pfeffer
1 gestr. TL Zucker
1–2 Msp. Cayennepfeffer

1 Bund Petersilie

Pro Portion:
E: 7 g, F: 11 g, Kh: 25 g,
kJ: 953, kcal: 229

1. Vom Blumenkohl die Blätter entfernen und die Strünke abschneiden. Den Blumenkohl in Röschen teilen, abspülen und abtropfen lassen. Möhren putzen, schälen, abspülen, abtropfen lassen und in dünne Scheiben schneiden.
2. Von den Bohnen die Enden abschneiden. Bohnen evtl. abfädeln, abspülen, abtropfen lassen und in Stücke schneiden oder brechen.
3. Das vorbereitete Gemüse und die TK-Erbsen nacheinander in kochendem Salzwasser bissfest garen, dann mit kaltem Wasser abschrecken, gut abtropfen lassen und in eine große Schüssel geben.
4. Zwiebeln abziehen und fein würfeln. Paprikaschoten halbieren, entstielen, entkernen und die weißen Scheidewände entfernen. Die Schoten abspülen, abtropfen lassen und in feine Würfel schneiden. Kartoffeln ebenfalls würfeln, mit Zwiebeln und

Paprika zum Gemüse geben und alles vorsichtig miteinander vermischen.

5. Für das Dressing Knoblauch abziehen und fein hacken. Knoblauch mit Salatcreme, Joghurt, Senf und Zitronensaft in eine Schüssel geben und mit einem Schneebesen verrühren. Die Sauce mit Salz, Pfeffer, Zucker und Cayennepfeffer würzen.

6. Den Gemüsesalat mit dem Dressing vermengen und zugedeckt im Kühlschrank etwas durchziehen lassen. Petersilie abspülen, trocken tupfen und die Blättchen von den Stängeln zupfen. Die Blättchen fein hacken und den Salat vor dem Servieren damit bestreuen.

Mai-Gouda-Carpaccio

8 Portionen (ohne Foto)

Zubereitungszeit: 45 Minuten

Für das Carpaccio:
500 g Mai-Gouda
500 g Himbeeren
500 g Erdbeeren
8 Kiwis

Für das Dressing:
4 EL Zitronensaft
4 EL Orangenlikör oder -saft
4 EL Wasser, 4–6 EL Olivenöl
gem. Pfeffer

Zum Garnieren:
2–4 Kiwis
einige Erdbeeren und Himbeeren
einige vorbereitete Minzeblättchen
4 EL gehackte Pistazienkerne

Pro Portion:
E: 19 g, F: 29, Kh: 17 g,
kJ: 1798, kcal: 430

1. Für das Carpaccio den sehr gut gekühlten Käse mit einem Käsehobel in hauchdünne Scheiben hobeln und auf 8 Tellern anrichten.

2. Himbeeren verlesen, evtl. kurz abspülen und gut abtropfen lassen. Erdbeeren abspülen, trocken tupfen, entstielen und je nach Größe halbieren oder vierteln. Kiwis schälen und in schmale Spalten schneiden.

3. Das vorbereitete Obst zwischen den Käsescheiben auf den Tellern anrichten.

4. Für das Dressing Zitronensaft mit Likör und Wasser verrühren. Das Öl unterschlagen. Das Dressing mit Pfeffer abschmecken. Das vorbereitete Carpaccio damit beträufeln.

5. Zum Garnieren Kiwis schälen und in Spalten schneiden. Erdbeeren putzen, abspülen, abtropfen lassen, halbieren oder vierteln. Himbeeren verlesen, evtl. kurz abspülen und gut abtropfen lassen.

6. Das Carpaccio mit Kiwispalten, Erdbeeren und Minzeblättchen garnieren und mit Pistazienkernen bestreut servieren.

Salat mit gebackenen Austernpilzen

8 Portionen

Zubereitungszeit: 25 Minuten
Backzeit: etwa 10 Minuten
je Backblech

500 g gemischter Salat,
z. B. Eichblatt, Lollo rosso, Frisée,
Feldsalat, Radicchio
6–8 EL Sherry-Essig
2 EL flüssiger Honig
Salz, gem. Pfeffer
12 EL Olivenöl

Für die Pilze:
1 kg Austernpilze
16 EL Olivenöl
16 EL Balsamico-Essig
2 EL flüssiger Honig

Pro Portion:
E: 4 g, F: 27 g, Kh: 8 g,
kJ: 1239, kcal: 296

1. Den Backofen vorheizen.
Ober-/Unterhitze: etwa 250 °C
Heißluft: etwa 230 °C

2. Die Blattsalate putzen, abspülen und abtropfen lassen. Essig mit Honig, Salz und Pfeffer verrühren. Das Öl unterschlagen.

3. Austernpilze abreiben, harte Stiele abschneiden und Pilze zerteilen. Die Pilze auf zwei Backbleche (mit Backpapier belegt) verteilen. Die Pilze mit Salz und Pfeffer würzen und mit dem Olivenöl beträufeln.

4. Die Backbleche nacheinander (bei Heißluft zusammen) in den vorgeheizten Backofen schieben. Die Pilze etwa 10 Minuten je Backblech garen.

5. Die Pilze sollen an manchen Stellen knusprig sein. Die Backbleche herausnehmen. Die Pilze mit Essig beträufeln und mit Honig überziehen.

6. Die Blattsalate mit der Sauce mischen und auf Tellern oder einer Platte anrichten. Die Austernpilze daraufgeben und sofort servieren.

Tipp: Halbierte Cocktailtomaten unter den Salat mischen und den Salat mit Croûtons bestreuen.

Salat mit gebackenen Austernpilzen

Pikanter Obstsalat

8 Portionen

Zum Vorbereiten

Zubereitungszeit: 35 Minuten

2 Gemüsezwiebeln (300 g)
500 g Pflaumen
4 Bananen (600 g)
370 g abgetropfte Mandarinenspalten (aus der Dose)

Für die Salatsauce:
2–4 EL Zitronensaft
Salz, gem. Pfeffer
1 Prise Zucker
etwas Currypulver
4 EL Speiseöl, z. B. Sonnenblumenöl

1 Kästchen Kresse

Pro Portion:
E: 2 g, F: 6 g, Kh: 23 g,
kJ: 642, kcal: 154

1. Die Gemüsezwiebeln abziehen und in dünne Scheiben schneiden.
2. Pflaumen abspülen, abtrocknen, halbieren und entsteinen. Pflaumenhälften in schmale Spalten schneiden. Die Bananen schälen und in Scheiben schneiden. Pflaumenspalten, Bananenscheiben und Mandarinen in einer Schüssel mischen.
3. Für die Sauce Zitronensaft mit Salz, Pfeffer, Zucker und Currypulver verrühren. Das Speiseöl unterschlagen. Die Currysauce zu dem Obst in die Schüssel geben und vorsichtig unterrühren.
4. Die Kresse abspülen, trocken tupfen und 1 Sträußchen von dem Beet abschneiden. Den Obstsalat mit der Kresse garnieren.

Nizza-Salat

8 Portionen

Zubereitungszeit: 55 Minuten

500 g grüne Bohnen
Salz
1 kg Tomaten
2 Salatgurken
2 rote Paprikaschoten
2 rote Zwiebeln
8 hart gekochte Eier
8 Sardellenfilets, in Salz eingelegt
200 g abgetropfte, schwarze Oliven
300 g abgetropfter Tunfisch, naturell (aus der Dose)

Für die Salatsauce:
6–8 EL Weißweinessig
gem. Pfeffer, Zucker
6 EL Olivenöl

Pro Portion:
E: 20 g, F: 18 g, Kh: 13 g,
kJ: 1249, kcal: 299

1. Bohnen abfädeln, die Stielenden abschneiden und Bohnen abspülen. Bohnen in kochendem Salzwasser 8–10 Minuten kochen.
2. Bohnen in ein Sieb abgießen, mit kaltem Wasser abspülen, abtropfen und erkalten lassen.
3. Tomaten kreuzweise einschneiden und mit kochendem Wasser übergießen. Nach 1–2 Minuten herausnehmen und mit kaltem Wasser abschrecken. Tomaten enthäuten, vierteln, entkernen und die Stängelansätze herausschneiden. Die Salatgurken schälen und in Scheiben schneiden.
4. Paprikaschoten halbieren, entstielen, entkernen und die weißen Scheidewände entfernen. Schoten abspülen, abtropfen lassen und in dünne Streifen schneiden. Zwiebeln abziehen und in Ringe schneiden.
5. Die Eier pellen und sechsteln. Sardellenfilets mit kaltem Wasser abspülen, trocken tupfen, halbieren und aufrollen.
6. Die Zutaten mit den Oliven und dem Tunfisch portionsweise auf Tellern anrichten.
7. Für die Sauce Essig mit Salz, Pfeffer und Zucker verrühren. Das Öl unterschlagen. Die Sauce über die angerichteten Salatzutaten träufeln.

Pikanter Obstsalat

Nizza-Salat

Apfel-Pflaumen-Salat mit gerösteten Haferflocken

8 Portionen

Zubereitungszeit: 60 Minuten, ohne Durchziehzeit

Für das Topping:
250 g kernige Haferflocken
200 g gehobelte Mandeln
4 EL Puderzucker

Für das Fruchtdressing:
400 g Quitten- oder Johannisbeergelee
150 ml Apfelsaft
4 EL Zitronensaft
40 g Rosinen
1–2 gestr. TL gem. Ingwer

Für den Salat:
900 g rotschalige Äpfel
1 1/2 kg rote Pflaumen
1 kg Joghurt
2 Pck. Dr. Oetker Bourbon-Vanille-Zucker

Pro Portion:
E: 15 g, F: 21 g, Kh: 97 g,
kJ: 2728, kcal: 651

1. Zuerst den Backofengrill (auf etwa 240 °C) vorheizen.
2. Für das Topping Haferflocken und gehobelte Mandeln auf ein Backblech (mit Backpapier belegt) geben, vermischen und gleichmäßig verteilen. Den Puderzucker daraufsieben.
3. Das Backblech in den Backofen (mittlere Einschubleiste) schieben und das Topping unter dem vorgeheizten Grill etwa 6 Minuten goldbraun rösten. Dann das Topping auf großen Tellern verteilen und abkühlen lassen.
4. Für das Fruchtdressing Gelee, Apfelsaft, Zitronensaft, Rosinen und Ingwer in einem Topf verrühren und unter Rühren einmal kurz aufkochen. Den Topf von der Kochstelle nehmen.
5. Für den Salat Äpfel und Pflaumen abspülen und abtrocknen. Die Äpfel vierteln, entkernen und in Spalten schneiden. Pflaumen halbieren, entsteinen und ebenfalls in dünne Spalten schneiden. Äpfel- und Pflaumenspalten mit der heißen Fruchtsauce in dem Topf mischen und etwa 10 Minuten ziehen lassen.
6. Joghurt mit Bourbon-Vanille-Zucker verrühren. Den Apfel-Pflaumen-Salat mit Vanillejoghurt und Topping anrichten und servieren.

Tipp: Wenn Ihr Backofen keinen Grill hat, dann können Sie das Topping auch bei Ober-/Unterhitze: etwa 240 °C, Heißluft: etwa 220 °C rösten.

Schneller Rote-Bete-Salat

8 Portionen — Zum Vorbereiten

Zubereitungszeit: 40 Minuten

1 kg gegarte Rote Bete (vakuumverpackt)
500 g gegarte Kartoffelscheiben (aus dem Kühlregal)

Für die Sauce:
6 EL Weißweinessig
2 TL Tafelmeerrettich (aus dem Glas)
4 EL Speiseöl
2 gestr. TL Salz
gem., schwarzer Pfeffer
2 gestr. TL Zucker
2 Stangen Porree (Lauch)
400 g Kochschinken (in Scheiben)
200 g Salatcreme (10 % Fett)
200 g Joghurt (1,5 % Fett)

Pro Portion:
E: 16 g, F: 10 g, Kh: 26 g,
kJ: 1105, kcal: 264

1. Rote Bete in grobe Würfel schneiden und in eine Schüssel geben. Die Kartoffelscheiben evtl. etwas kleiner schneiden und ebenfalls in die Schüssel geben.
2. Für die Sauce Essig mit Meerrettich in einer Schüssel verrühren, das Speiseöl unterschlagen. Die Sauce mit Salz, Pfeffer und Zucker würzen. Die Sauce zu den Rote-Bete-Würfeln und den Kartoffelscheiben geben und vorsichtig unterheben. Den Salat etwas durchziehen lassen.
3. In der Zwischenzeit Porree putzen, die Stangen längs halbieren, gründlich waschen und abtropfen lassen. Porree in feine Streifen schneiden. Den Kochschinken ebenfalls in feine Streifen schneiden. Die Porree- und Schinkenstreifen zu den Salatzutaten geben und untermischen.
4. Die Salatcreme mit dem Joghurt verrühren und vorsichtig unter den Salat heben. Den Rote-Bete-Salat nochmals mit Salz, Pfeffer und Zucker abschmecken.

Käse-Tunfisch-Salat

Italienischer Bauernsalat

Käse-Tunfisch-Salat

12 Portionen

Zum Vorbereiten

Zubereitungszeit: 40 Minuten, ohne Durchziehzeit

700 g abgetropfter Tunfisch, naturell (aus der Dose)
10 hart gekochte Eier
500–600 g Gouda
3 rote Paprikaschoten
4 Zwiebeln
7 Gewürzgurken
Salz, gem. Pfeffer
1/2 gestr. TL Zucker
5 EL Salatmayonnaise
200 g Joghurt
5 Stängel Basilikum

Pro Portion:
E: 32 g, F: 33 g, Kh: 6 g,
kJ: 1876, kcal: 449

1. Den Tunfisch etwas zerpflücken. Eier pellen und in Scheiben schneiden. Käse in Würfel schneiden.
2. Paprikaschoten halbieren, entstielen, entkernen und die weißen Scheidewände entfernen. Schoten abspülen, abtropfen lassen und in Würfel schneiden. Zwiebeln abziehen. Zwiebeln und Gewürzgurken klein würfeln.
3. Alle Zutaten miteinander vermischen, mit Salz, Pfeffer und Zucker abschmecken. Mayonnaise mit Joghurt verrühren und unterheben. Den Salat zugedeckt im Kühlschrank gut durchziehen lassen.
4. Basilikum abspülen, trocken tupfen und die Blättchen von den Stängeln zupfen. Blättchen fein schneiden und unter den Salat geben. Vor dem Servieren den Käse-Tunfisch-Salat nochmals mit den Gewürzen abschmecken.

Tipps: Richten Sie den Salat portionsweise auf Frisée-Salatblättern an. Statt der Gewürzgurken können in Scheiben geschnittene Tomaten genommen werden. Optisch macht dieser Salat noch mehr her, wenn Sie die Salatzutaten in eine durchsichtige Schüssel schichten. Dann die Mayonnaise-Joghurt-Mischung zum Schluss darauf verteilen.

Italienischer Bauernsalat

Zum Vorbereiten

8 Portionen

Zubereitungszeit: 35 Minuten, ohne Durchziehzeit

2 Gemüsezwiebeln (etwa 400 g)
400 g Cocktailtomaten
300 g Salami (in Scheiben)
500 g gedünstete, grüne Bohnen
500 g abgetropfte Kichererbsen (aus der Dose)
440 g abgetropfte Brechbohnen (aus der Dose)
500 g abgetropfte, weiße Bohnen (aus der Dose)

Für die Salatsauce:
6 EL Weißweinessig
2 TL mittelscharfer Senf
12 EL Speiseöl, z. B. Olivenöl
Salz
gem. Pfeffer
Zucker
2 Stängel Estragon

Pro Portion:
E: 19 g, F: 29 g, Kh: 28 g,
kJ: 1894, kcal: 452

1. Die Zwiebel abziehen, halbieren und in Streifen schneiden. Die Tomaten abspülen, abtrocknen, halbieren und evtl. die Stängelansätze herausschneiden. Die Salamischeiben in feine Streifen schneiden.
2. Zwiebelstreifen, Tomatenhälften und Salamistreifen in eine Schüssel geben. Grüne Bohnen hinzufügen. Abgespülte Kichererbsen, Brechbohnen und weiße Bohnen hinzufügen. Die Zutaten gut vermengen.
3. Für die Salatsauce Essig mit Senf in einer Schüssel gut verrühren. Das Speiseöl unterschlagen. Die Sauce mit Salz, Pfeffer und Zucker würzen.
4. Estragon abspülen, trocken tupfen und die Blättchen von den Stängeln zupfen. Blättchen fein hacken und zuletzt unter die Sauce rühren.
5. Die Salatsauce zu den Salatzutaten geben und untermischen. Den Salat zugedeckt mindestens 1 Stunde durchziehen lassen. Den Bauernsalat nochmals mit Salz, Pfeffer und Zucker abschmecken.

Indischer Rohkostsalat

12 Portionen (ohne Foto)

Zubereitungszeit: 60 Minuten

1,2 kg Möhren
1,2 kg kleine Zucchini
3 Zwiebeln
1 Bund Petersilie
1 Bund Oregano
1 Bund Schnittlauch

Für das Dressing:
6–8 EL Kräuteressig
3–4 EL Wasser
1 TL Currypulver
ger. Muskatnuss
Salz
5 EL Nussöl
5 EL Sonnenblumenöl

300 g ungesalzene, geröstete Cashewkerne

Pro Portion:
E: 7 g, F: 21 g, Kh: 16 g,
kJ: 1239, kcal: 296

1. Möhren putzen, schälen, abspülen und abtropfen lassen. Die Möhren grob raspeln. Zucchini abspülen, abtrocknen und die Enden abschneiden. Zucchini in feine Stifte schneiden. Die Zwiebeln abziehen und fein würfeln.
2. Die Kräuter abspülen und trocken tupfen. Bei Petersilie und Oregano die Blättchen von den Stängeln zupfen. Blättchen fein hacken. Schnittlauch in Röllchen schneiden. Möhrenraspel, Zucchinistifte, Kräuter und Zwiebelwürfel in einer Salatschüssel mischen.
3. Für das Dressing Essig mit Wasser, Currypulver, Muskatnuss und Salz verrühren. Beide Ölsorten unterschlagen. Das Dressing mit den Salatzutaten gut vermischen. Die Cashewkerne kurz vor dem Servieren unter den Salat mengen.

Tipps: Ersetzen Sie das Currypulver durch 1 Teelöffel Currypaste und die Zucchini durch Salatgurken.

Nudelsalat mit Tunfisch-Dressing

8 Portionen

Zubereitungszeit: 40 Minuten

5 l Wasser
5 gestr. TL Salz
500 g Nudeln, z. B. Rigatoni, Penne
150 g abgetropfte Kapernäpfel (aus dem Glas)
300 g Cocktailtomaten
200 g Rucola (Rauke)
2 Bio-Zitronen (unbehandelt, ungewachst)
1–2 Bund glatte Petersilie
2–4 Knoblauchzehen
100 g Delikatess-Mayonnaise
150 g Schlagsahne
350 g abgetropfter Tunfisch, naturell (aus der Dose)
Salz
Cayennepfeffer

Pro Portion:
E: 20 g, F: 24 g, Kh: 48 g,
kJ: 2047, kcal: 489

1. Wasser in einem großen Topf zugedeckt zum Kochen bringen. Dann Salz und Nudeln zugeben. Die Nudeln im geöffneten Topf bei mittlerer Hitze nach Packungsanleitung bissfest kochen, dabei gelegentlich umrühren.
2. In der Zwischenzeit von den Kapernäpfeln die Stiele entfernen. Die Kapernäpfel halbieren. Die Tomaten abspülen, abtrocknen, halbieren und evtl. die Stängelansätze herausschneiden.
3. Rucola verlesen und dicke Stängel abschneiden. Rucola abspülen, gut abtropfen lassen oder trocken schleudern.
4. Nudeln in ein Sieb geben, mit heißem Wasser abspülen und abtropfen lassen, zugedeckt warm halten.
5. Die Zitronen heiß abwaschen, abtrocknen und die Schale fein abreiben. Die Zitronen halbieren und auspressen, etwa 6 Esslöffel Saft abmessen. Petersilie abspülen, trocken tupfen und die Blättchen von den Stängeln zupfen. Blättchen grob hacken.
6. Knoblauch abziehen und grob hacken. Mayonnaise mit Sahne verrühren. Tunfisch und Knoblauch unterrühren, mit Salz und Cayennepfeffer würzen. Das Dressing fein pürieren, mit Zitronenschale und abgemessenem Zitronensaft abschmecken. Gehackte Petersilie unterrühren.
7. Die noch leicht warmen Nudeln mit dem Dressing mischen. Den Nudelsalat nochmals mit den Gewürzen abschmecken. Den Nudelsalat mit Kapernäpfeln, Tomaten und Rucola angerichtet servieren.

Nudelsalat mit Tunfisch-Dressing

Kapitel 02

Rezepte 101–200

Partysnacks & Dips

Gefüllte Tomaten

Gefüllte Tomaten

12 Portionen

Zum Vorbereiten

Zubereitungszeit: 35 Minuten, ohne Abkühlzeit
Garzeit: 18–20 Minuten

12 Cocktailtomaten (je etwa 40 g)
1/2 Bund Basilikum
6 EL Olivenöl
200 g Ziegenfrischkäse
6 EL Tapenade (schwarze Olivenpaste)

Für den Orangen-Pinien-Honig:
1 Bio-Orange (unbehandelt, ungewachst)
40 g Pinienkerne
6 EL Akazienhonig
Salz
gem., schwarzer Pfeffer

Pro Portion:
E: 2 g, F: 14 g, Kh: 10 g, kJ: 725, kcal: 174

1. Die Tomaten abspülen, abtrocknen und jeweils einen Deckel abschneiden. Die Tomaten am besten mit einem Kugelausstecher aushöhlen und umgedreht auf Küchenpapier gut abtropfen lassen.
2. Den Backofen vorheizen.
Ober-/Unterhitze: etwa 200 °C
Heißluft: etwa 180 °C
3. Basilikum abspülen, trocken tupfen und Blättchen von den Stängeln zupfen. 12 schöne und möglichst große Basilikumblättchen davon beiseitelegen. Restliche Basilikumblättchen fein schneiden und mit 3 Esslöffeln von dem Olivenöl gut mischen.
4. Den Ziegenfrischkäse zerbröckeln, zu dem Basilikumöl geben und die Zutaten mischen.
5. In jede Tomate zunächst etwas von der Tapenade geben, anschließend jeweils etwas von der Käsemischung darauf verteilen und mit den Tomatendeckeln belegen.

6. Tomaten auf ein Backblech (mit Backpapier belegt) setzen und mit dem restlichen Olivenöl beträufeln. Backblech in den vorgeheizten Backofen (1. Schiene von unten) schieben. Die Tomaten 18–20 Minuten garen.
7. Das Backblech auf einen Kuchenrost stellen. Die Tomaten erkalten lassen.
8. Für den Orangen-Pinien-Honig die Orange heiß abwaschen und abtrocknen. Mit einem Zestenreißer etwa ein Viertel der Orangenschale in feinen Streifen abziehen. Die Orange halbieren, den Saft auspressen und 4 Esslöffel davon abmessen.
9. Die Pinienkerne in einer Pfanne ohne Fett unter Wenden goldbraun rösten. Honig, Orangensaft und -schale zu den gerösteten Pinienkernen geben. Die Zutaten vorsichtig mit Salz und Pfeffer würzen. Den Orangen-Pinien-Honig unter Rühren einmal kurz aufkochen lassen, anschließend erkalten lassen.
10. Zum Servieren die beiseitegelegten Basilikumblätter auf 12 kleine Teller legen. Jeweils 1 Tomate daraufsetzen und mit dem Orangen-Pinien-Honig beträufeln.

Tomaten-Knoblauch-Butter

Zum Vorbereiten

etwa 270 g

Zubereitungszeit: 5–10 Minuten

1–2 Knoblauchzehen
250 g Butter (zimmerwarm)
2–3 geh. EL Tomatenmark
Salz
gem. Pfeffer

Insgesamt:
E: 5 g, F: 208 g, Kh: 9 g,
kJ: 8064, kcal: 1929

1. Knoblauch abziehen und durch eine Knoblauchpresse drücken oder sehr fein hacken.
2. Butter in eine Schüssel geben und gründlich mit Knoblauch und Tomatenmark verrühren.
3. Die Tomaten-Knoblauch-Butter mit Salz und Pfeffer abschmecken. Die Tomaten-Knoblauch-Butter bis zum Servieren zugedeckt in den Kühlschrank stellen.

Tipps: Die Tomaten-Knoblauch-Butter schmeckt gut auf geröstetem Fladenbrot oder gegrilltem Fleisch. Rühren Sie noch fein geschnittenen Schnittlauch oder klein geschnittene getrocknete Tomaten unter.

Sardinenaufstrich

etwa 450 g

Zum Vorbereiten

Zubereitungszeit: 25 Minuten, ohne Abkühlzeit

200 g Zucchini
1 Zwiebel
3 EL Olivenöl
180 g abgetropfte Sardinen, in Öl (aus der Dose)
50 g abgetropfte, getrocknete Tomaten, in Öl
1 EL abgetropfte Kapern (aus dem Glas)
Salz
gem. Pfeffer

Insgesamt:
E: 39 g, F: 49 g, Kh: 19 g,
kJ: 2828, kcal: 676

1. Die Zucchini abspülen, abtrocknen und die Enden abschneiden. Die Zucchini in kleine Würfel schneiden. Die Zwiebel abziehen, halbieren und ebenfalls fein würfeln.
2. Olivenöl in einer Pfanne erhitzen und die Zucchini- und Zwiebelwürfel darin unter Rühren anbraten, anschließend abkühlen lassen.
3. Sardinen, Tomaten und Kapern in feine Stücke schneiden.
4. Die Sardinen-, Tomaten- und Kapernstücke zu der Zucchini-Zwiebel-Mischung geben. Die Zutaten gut verrühren und mit Salz und Pfeffer würzen.
5. Den Sardinenaufstrich in gründlich gereinigte, gespülte und getrocknete Gläser füllen. Die Gläser mit Deckeln fest verschließen und in den Kühlschrank stellen.

Tipps: Dazu schmeckt frisches Roggen- oder Kürbiskernbrot besonders lecker. Im Kühlschrank hält sich der Sardinenaufstrich etwa 5 Tage.

Tomaten Knoblauch Butter

Sardinenaufstrich

Eier-Senf-Dip
etwa 900 g

Zum Vorbereiten

Zubereitungszeit: 20 Minuten

3 hart gekochte Eier
375 g Crème fraîche mit frischen Kräutern
400 g Schmand (Sauerrahm)
2–3 EL grobkörniger Senf
Salz
gem. Pfeffer

Insgesamt:
E: 47 g, F: 210 g, Kh: 35 g,
kJ: 9545, kcal: 2281

1. Die Eier pellen und in kleine Würfel schneiden. Crème fraîche mit Schmand und Senf in einer Schüssel gut verrühren. Die Eierwürfel unterheben. Den Eier-Senf-Dip mit Salz und Pfeffer würzen.

Tipp: Der Eier-Senf-Dip passt zu kaltem Bratenfleisch, Bratfisch und mariniertem Gemüse.

Zucchini-Honig-Dip
etwa 800 g

Zum Vorbereiten

Zubereitungszeit: 25 Minuten

2 kleine Zucchini (etwa 450 g)
450 g Crème fraîche
3 EL flüssiger Akazienhonig
Salz
gem. Pfeffer

Insgesamt:
E: 18 g, F: 137 g, Kh: 62 g,
kJ: 6541, kcal: 1564

1. Zucchini abspülen, abtrocknen und die Enden abschneiden. Zucchini in Würfel schneiden. Zucchiniwürfel und Crème fraîche in einen hohen Rührbecher geben und pürieren.
2. Den Honig unter die Zucchinicreme rühren. Den Dip mit Salz und Pfeffer pikant abschmecken.

Tipp: Der Zucchini-Honig-Dip passt zu gegrilltem Fleisch, Gemüse und Kartoffeln.

Eier-Senf-Dip / Zucchini-Honig-Dip

Kürbis-Apfel-Tartes
8 Stück

Zum Vorbereiten

Zubereitungszeit: 55 Minuten, ohne Abkühlzeit
Backzeit: etwa 13 Minuten

40 g getrocknete Soft-Pflaumen
1 geh. EL grobkörniger Senf
1 Blätterteigrolle (270 g, aus dem Kühlregal)

Zum Bestreichen:
1 Eigelb
1 EL Milch

Für den Belag:
120 g Hokkaido-Kürbis (mit Schale, ohne Kerne)
1 rotschaliger Apfel (etwa 125 g)
4 EL flüssiger Honig
2 EL Zitronensaft
Salz, gem., schwarzer Pfeffer
8 Walnusskernhälften

Zum Garnieren:
16 schöne, kleine Stängel Rucola (Rauke)
8 dünne Scheiben Bresaola (luftgetrockneter Rinderschinken)

Pro Stück:
E: 4 g, F: 10 g, Kh: 25 g,
kJ: 870, kcal: 208

1. Die Pflaumen mit dem Senf in einen hohen Rührbecher geben und zu einer feinen Paste pürieren.
2. Den Blätterteig auf einer leicht bemehlen Arbeitsfläche ausrollen. Mit einer runden Ausstechform daraus 8 Kreise (Ø je etwa 10 cm) ausstechen. Die Teigkreise auf ein Backblech (gefettet, mit Backpapier belegt) legen.
3. Die Pflaumenpaste so auf die Teigkreise streichen, dass ein etwa 1 cm breiter Rand frei bleibt.
4. Zum Bestreichen das Ei mit der Milch verquirlen und die Teigränder damit bestreichen.
5. Den Backofen vorheizen.
Ober-/Unterhitze: etwa 220 °C
Heißluft: etwa 200 °C

Kürbis-Apfel-Tartes

Walnuss-Käse-Crostini

6. Für den Belag von dem Kürbis evtl. die Innenfasern entfernen. Den Kürbis mit der Schale in sehr dünne (je etwa 2 mm) Spalten schneiden oder hobeln. Die Kürbisspalten einmal in der Mitte durchschneiden.
7. Den Apfel heiß abwaschen, abtrocknen, vierteln, entkernen und ebenfalls in sehr dünne Spalten schneiden. Die Apfelspalten einmal in der Mitte durchschneiden.
8. Die Kürbis- und Apfelspalten abwechselnd und dicht nebeneinander auf die Pflaumenpaste legen. Honig mit Zitronensaft, etwas Salz und Pfeffer verrühren. Die Kürbis- und Apfelspalten damit bestreichen.
9. Das Backblech in den vorgeheizten Backofen (unteres Drittel) schieben. Die Kürbis-Apfel-Tartes etwa 13 Minuten backen. In der Zwischenzeit die Walnüsse grob hacken und etwa 5 Minuten vor Ende der Backzeit auf die Kürbis-Apfel-Tartes streuen.
10. Kürbis-Apfel-Tartes vorsichtig mit dem Backpapier von dem Backblech auf einen Kuchenrost ziehen und erkalten lassen.
11. Zum Garnieren die Rucolastängel abspülen und gut abtropfen lassen. Kürbis-Apfel-Tartes mit Rucolastängeln und Bresaola belegen.

Tipp: Statt Bresaola können Sie auch Bündner Fleisch oder geräucherten Putenbrustschinken verwenden.

Walnuss-Käse-Crostini

20 Stück

Zum Vorbereiten

Zubereitungszeit: 35 Minuten, ohne Abkühlzeit

225 g Baguette
60 g Walnusskerne
7 EL Olivenöl
1 EL frische Thymianblättchen
75 g getrocknete Soft-Feigen
200 g frische Feigen (etwa 5 Stück)
4 EL flüssiger Honig
2 EL Balsamico-Essig
Salz
gem., schwarzer Pfeffer
200 g Blauschimmelkäse
20 schöne Basilikumblättchen

Pro Stück:
E: 4 g, F: 9 g, Kh: 13 g,
kJ: 601, kcal: 143

1. Den Backofengrill vorheizen.
2. Das Baguette in 20 je etwa 1 cm dicke Scheiben schneiden. Die Baguettescheiben auf ein Backblech (mit Backpapier belegt) legen.
3. Walnusskerne, Olivenöl und abgespülte, trocken getupfte Thymianblättchen im Blitzhacker nicht zu fein hacken. Die Walnusspaste auf den Baguettescheiben verteilen.
4. Nun das Backblech unter den heißen Backofengrill (mittlere Schiene) schieben. Die Baguettescheiben in etwa 3 Minuten goldbraun rösten.
5. Die Crostini mit dem Backpapier von dem Backblech auf einen Kuchenrost ziehen und vollständig erkalten lassen.
6. Getrocknete Feigen in sehr kleine Würfel schneiden. Die frischen Feigen abspülen, abtrocknen und ebenfalls in kleine Würfel schneiden. Alle Feigenwürfel mit Honig und Balsamico-Essig mischen, mit etwas Salz und Pfeffer würzen.
7. Dann den Blauschimmelkäse in 20 kleine Spalten schneiden.
8. Pfeffer-Feigen-Kompott auf den Walnuss-Crostini verteilen. Jeweils 1 Käsespalte auf das Pfeffer-Feigen-Kompott legen.
9. Die Basilikumblättchen abspülen und trocken tupfen. Die Walnuss-Käse-Crostini mit den Basilikumblättchen garnieren.

Chinasauce süßscharf

etwa 500 ml

Zum Vorbereiten

Zubereitungszeit: 15 Minuten

3 Zwiebeln
3 Knoblauchzehen
4 EL Speiseöl
250 ml Sherry (medium)
5 EL Tomatenketchup
2 EL flüssiger Honig
Chili oder Tabasco
Salz
etwas Essig
Sojasauce
gem. Pfeffer

Insgesamt:
E: 4 g, F: 40 g, Kh: 58 g,
kJ: 3715, kcal: 887

1. Zwiebeln und Knoblauch abziehen und fein würfeln. Speiseöl in einer Pfanne erhitzen. Zwiebel- und Knoblauchwürfel unter Rühren etwa 3 Minuten darin dünsten.
2. Sherry mit Ketchup und Honig unterrühren. Die Sauce unter Rühren aufkochen lassen, mit Chili oder Tabasco, Salz, Essig, Sojasauce und Pfeffer würzen.
3. Die Chinasauce zugedeckt erkalten lassen und kurz vor dem Servieren nochmals mit Chili oder Tabasco, Salz, Essig, Sojasauce und Pfeffer abschmecken.

Tipp: Die Chinasauce zu ausgebackenen oder gegrillten Garnelen servieren.

Barbecue-Hack-Wraps

8–10 Stück

Zum Vorbereiten

Zubereitungszeit: 30 Minuten, ohne Abkühlzeit

1 Knoblauchzehe
1 Zwiebel
1/2 kleine, rote Chilischote
1 Aubergine (etwa 250 g)
1 EL Olivenöl
400 g Rindergehacktes
Salz
1/2 TL Barbecue-Gewürzmischung
gem. Pfeffer
150 g Tomatenketchup
10 EL Wasser
175 g Schafskäse

8–10 Wraps
(Tortilla-Weizenmehl-Fladen)

Pro Stück:
E: 16 g, F: 12 g, Kh: 27 g,
kJ: 1186, kcal: 283

1. Knoblauch und Zwiebel abziehen und fein würfeln. Die Chilischote abspülen, trocken tupfen, entkernen, entstielen und fein hacken.
2. Aubergine abspülen, abtrocknen und den Stängelansatz abschneiden. Aubergine halbieren und in kleine Stücke schneiden.
3. Das Olivenöl in einem Topf erhitzen. Die Knoblauch- und Zwiebelwürfel darin anbraten. Gehacktes hinzufügen, unter Rühren darin anbraten, dabei die Fleischklümpchen mit einer Gabel zerdrücken.
4. Auberginenstücke und Chili hinzufügen, mit wenig Salz, Gewürzmischung und Pfeffer würzen. Ketchup und Wasser unterrühren. Die Gehacktesmasse bei mittlerer Hitze etwa 15 Minuten köcheln lassen.
5. Schafskäse in Stücke schneiden, mithilfe einer Gabel fein zerdrücken und unter die Hack-Auberginen-Mischung rühren. Die Mischung mit den Gewürzen abschmecken, erkalten lassen, in ein verschließbares Gefäß füllen und in den Kühlschrank stellen.
6. Vor dem Servieren jeweils etwas von der Mischung auf einen Wrap geben.
7. Die Wraps fest aufrollen, evtl. schräg halbieren und nach Belieben in Butterbrotpapier wickeln.

Tipps: Der Barbecue-Hack-Aufstrich ist auch prima als Füllung für herzhafte Blätterteig- oder Hefeteigtaschen geeignet. Im Kühlschrank ist der Aufstrich 3–4 Tage haltbar.

Tomaten-Zwiebel-Schmalz

Zum Vorbereiten

etwa 400 g

Zubereitungszeit: 25 Minuten, ohne Abkühlzeit

500 g Zwiebeln
30 g abgetropfte, getrocknete Tomaten, in Öl
2 EL Sesamsamen oder Sonnenblumenkerne
1–2 EL Olivenöl
1/2 TL gerebelter Majoran
Salz, gem. Pfeffer

Insgesamt:
E: 14 g, F: 51 g, Kh: 33 g,
kJ: 2768, kcal: 664

1. Zwiebeln abziehen, halbieren und fein würfeln. Die Tomaten ebenfalls sehr fein würfeln.
2. Sesamsamen oder Sonnenblumenkerne in einer Pfanne ohne Fett unter Wenden goldbraun rösten, dann auf einen Teller geben.
3. Öl in einer großen Pfanne erhitzen. Zwiebeln und Tomaten darin anbraten. Majoran und etwa 8 Esslöffel Wasser hinzufügen. Die Zutaten bei schwacher bis mittlerer Hitze in 10–15 Minuten sehr weich garen.
4. Das Schmalz mit Salz und Pfeffer abschmecken, etwas abkühlen lassen. Sesamsamen oder Sonnenblumenkerne unterrühren. Dann das Schmalz in ein verschließbares Gefäß füllen, erkalten lassen und in den Kühlschrank stellen.

Tipps: Das Schmalz schmeckt wunderbar auf Dinkelvollkornbrot oder Pumpernickel. Es lässt sich auch prima als Aufstrich für Wraps verwenden. Im Kühlschrank können Sie das Schmalz 5–7 Tage frisch halten.

Brotchips mit sahnigen Toppings

Zum Vorbereiten

50 Stück

Zubereitungszeit: 50 Minuten

Für das Makrelen-Sahne-Topping:
200 g geräuchertes Makrelenfilet
200 g Schlagsahne (mind. 30 % Fett)
1–2 EL Schnittlauchröllchen

Für das Mais-Quark-Topping:
140 g abgetropfter Gemüsemais (aus der Dose)
75 g Schlagsahne (mind. 30 % Fett)
1 Pck. Dr. Oetker Sahnesteif
1 EL gehackte Dillspitzen
200 g Speisequark (20 % Fett)
Salz

etwa 50 Brotchips

Pro Stück:
E: 2 g, F: 4 g, Kh: 3 g,
kJ: 250, kcal: 60
(Makrelen-Sahne-Topping);
E: 2 g, F: 2 g, Kh: 4 g,
kJ: 181, kcal: 43
(Mais-Quark-Topping)

1. Für das Makrelen-Sahne-Topping Makrelenfilets evtl. entgräten, enthäuten, in Stücke schneiden und mit etwa 100 g von der Sahne pürieren. Restliche Sahne steif schlagen und unterheben. Die Schnittlauchröllchen gut unter die Makrelensahne mischen.
2. Für das Mais-Quark-Topping den abgetropften Mais in einem Sieb mit kaltem Wasser abspülen und nochmals gut abtropfen lassen. Sahne mit Sahnesteif steif schlagen. Mais, Sahne und Dillspitzen unter den Quark heben und das Topping mit Salz abschmecken.
3. Die beiden Toppings entweder sofort löffelweise auf die Brotchips geben und servieren oder die Toppings in verschließbare Gefäße füllen und in den Kühlschrank stellen.

Tipps: Makrelen-Sahne-Brotchips mit Forellenkaviar und Schnittlauchhalmen garnieren. Für das Mais-Quark-Topping zusätzlich noch etwa 50 g abgetropften, klein gezupften Tunfisch (aus der Dose) unterrühren. Die Brotchips mit Maiskörnern und Dillspitzen garnieren. Die Toppings erst kurz vor dem Servieren auf die Brotchips geben, damit die Chips nicht durchweichen. Im Kühlschrank halten sich beide Toppings etwa 1 Tag lang.

Tomaten-Zwiebel-Schmalz

Brotchips mit sahnigen Toppings

-Dip

Zum Vorbereiten

15 Minuten

200 g rote Linsen
400 ml Gemüsebrühe
1 Bio-Limette
(unbehandelt, ungewachst)
2 EL Keimöl
Salz, Cayennepfeffer
1–2 TL flüssiger Honig
5 Stängel Koriander
1 EL Joghurt

Insgesamt:
E: 54 g, F: 24 g, Kh: 128 g,
kJ: 3997, kcal: 955

1. Die Linsen mit Gemüsebrühe aufkochen lassen. Die Linsen nach Packungsanleitung garen.
2. Die Limette heiß abwaschen, abtrocknen und die Schale fein abreiben. Die Limette halbieren, den Saft auspressen. Keimöl und Limettenschale zu den Linsen geben. Die Linsen in der Brühe pürieren. Püree mit Salz, Pfeffer, Honig und etwas Limettensaft würzen und abkühlen lassen.
3. Koriander in der Zwischenzeit abspülen, trocken tupfen und die Blätter von den Stängeln zupfen. Blätter in feine Streifen schneiden. Korianderblätter und Joghurt unterrühren. Nochmals mit Salz, Cayennepfeffer und Limettensaft abschmecken.

Tipps: Den Rote-Linsen-Dip mit rohen Gemüsestreifen zum Beispiel von Möhren, Staudensellerie, roten und gelben Paprikaschoten servieren. Der Dip kann 1–2 Tage vorher zubereitet und gut verschlossen im Kühlschrank aufbewahrt werden.

Rote-Linsen-Dip

Mango-Salsa

etwa 1,5 l (ohne Foto)

Zum Vorbereiten

Zubereitungszeit: 40 Minuten

je 1 rote und grüne Paprikaschote
(je etwa 200 g)
3 Frühlingszwiebeln
560 g abgetropftes Mangofruchtfleisch (aus der Dose)
4 EL Speiseöl
75 g Zucker
500 ml Gemüsebrühe oder -fond
1 EL Speisestärke
Salz
gem. Pfeffer
etwas Weinessig
einige Spritzer Tabasco

Insgesamt:
E: 22 g, F: 42 g, Kh: 218 g,
kJ: 5849, kcal: 1399

1. Paprikaschoten halbieren, entstielen, entkernen und die weißen Scheidewände entfernen. Schoten abspülen, abtropfen lassen und in kleine Würfel schneiden. Frühlingszwiebeln putzen, abspülen, abtropfen lassen und in feine Scheiben schneiden.
2. Von dem Mangofruchtfleisch den Saft auffangen und beiseitestellen. Das Mangofruchtfleisch in Würfel schneiden.
3. Speiseöl in einem Topf erhitzen. Paprikawürfel und Frühlingszwiebelscheiben darin andünsten. Den Zucker hinzugeben und unter Rühren goldbraun karamellisieren lassen. Gemüsebrühe hinzugießen (vorsichtig arbeiten, denn der Zucker hat eine Temperatur von etwa 180 °C) und einige Minuten kochen lassen, bis sich der Zucker wieder aufgelöst hat.
4. Speisestärke mit etwas von dem Mangosaft anrühren und unter Rühren in die von der Kochstelle genommene Sauce geben. Die Zutaten kurz aufkochen lassen. Zuletzt die Mangowürfel unterheben. Die Mango-Salsa mit Salz, Pfeffer, Essig und Tabasco würzen und mit etwas Mangosaft abschmecken.

Zaziki

Zum Vorbereiten

etwa 900 g

Zubereitungszeit: 15 Minuten, ohne Durchziehzeit

300 g Salatgurken
3–4 Knoblauchzehen
600 g Joghurt (3,5 % Fett)
Salz
gem. Pfeffer

Insgesamt:
E: 22 g, F: 24 g, Kh: 30 g,
kJ: 1808, kcal: 434

1. Gurken schälen und die Enden abschneiden. Gurken längs halbieren, die Kerne mit einem Löffel herausschaben und die Gurkenhälften fein raspeln. Die Knoblauchzehen abziehen und durch eine Knoblauchpresse drücken oder sehr fein hacken.

Zaziki

Auberginenpaste auf Mini-Fladen

2. Den Joghurt glatt rühren und mit Gurkenraspeln und Knoblauch vermengen.
3. Das Zaziki zugedeckt in den Kühlschrank stellen und gut durchziehen lassen, anschließend mit Salz und Pfeffer abschmecken und servieren.

Auberginenpaste auf Mini-Fladen

Zum Vorbereiten

32 Stück

Zubereitungszeit: 40 Minuten, ohne Teiggehzeit
Backzeit: etwa 15 Minuten je Backblech
Garzeit: etwa 35 Minuten

Für die Mini-Fladen:
150 g Joghurt (3,5 % Fett)
200 ml Milch (3,5 % Fett)
450 g Weizenmehl (Type 405)
300 g Weizenmehl (Type 1050)
3 gestr. TL Dr. Oetker Backin
1 Pck. Dr. Oetker Trockenbackhefe
2 gestr. TL Salz, 1 gestr. TL Zucker
50 g Butter oder Margarine (zimmerwarm)
2 Eier (Größe M)

1–2 EL Butter

Für die Auberginenpaste:
1 mittelgroße Aubergine
100 g Schafskäse
3 Knoblauchzehen
4 EL Olivenöl
1–2 EL Zitronensaft
Salz, gem., schwarzer Pfeffer
1/2 Bund Basilikum

Pro Stück (mit Paste):
E: 4 g, F: 5 g, Kh: 18 g,
kJ: 565, kcal: 135

1. Für die Mini-Fladen Joghurt mit Milch erwärmen. Beide Mehlsorten mit Backpulver, Hefe, Salz und Zucker sorgfältig mischen. Restliche Zutaten und die warme Joghurt-Milch hinzufügen.
2. Zutaten mit einem Mixer (Knethaken) zunächst kurz auf niedrigster, dann auf höchster Stufe zu einem glatten Teig verarbeiten. Den Teig zugedeckt so lange an einem warmen Ort gehen lassen, bis er sich sichtbar vergrößert hat (etwa 30 Minuten).
3. Den Backofen vorheizen.
Ober-/Unterhitze: etwa 220 °C
Heißluft: etwa 200 °C
4. Teig auf einer leicht bemehlten Arbeitsfläche nochmals gut durchkneten, dann in 2 Portionen teilen. Jede Teigportion zu einer 25 cm langen Rolle formen und jeweils in 16 gleich große Stücke schneiden. Die Teigstücke auf der leicht bemehlten Arbeitsfläche zu ovalen, flachen Fladen ausrollen (Ø etwa 10 cm). Die Fladen auf Backbleche (mit Backpapier belegt) legen.
5. Die Butter zerlassen. Die Fladen damit bestreichen, mit einem scharfen Messer diagonal-kreuzweise einritzen und zugedeckt an einem warmen Ort nochmals so lange gehen lassen, bis sie sich sichtbar vergrößert haben.
6. Für die Auberginenpaste in der Zwischenzeit die Aubergine auf ein Backblech (mit Backpapier belegt) legen. Das Backblech in den vorgeheizten Backofen schieben. Die Aubergine etwa 35 Minuten garen.
7. Das Backblech auf einen Kuchenrost stellen, ein feuchtes Küchentuch darauflegen und die Aubergine abkühlen lassen. Die Backbleche mit den Fladen nacheinander (bei Heißluft zusammen) in den heißen Backofen schieben. Fladen bei gleicher Backofentemperatur etwa 15 Minuten je Backblech backen.
8. Die Fladen mit dem Backpapier von den Backblechen auf Kuchenroste ziehen und erkalten lassen.
9. Die Aubergine halbieren und das Fruchtfleisch herausschaben, dabei evtl. die Kerne entfernen. Schafskäse zerkleinern und mit dem Fruchtfleisch pürieren. Knoblauch abziehen, durch eine Knoblauchpresse drücken und mit dem Olivenöl und dem Zitronensaft unter die Auberginenpaste rühren. Auberginenpaste mit Salz und Pfeffer würzen.
10. Basilikum abspülen, trocken tupfen und die Blättchen von den Stängeln zupfen. Blättchen fein schneiden und ebenfalls unter die Auberginenpaste rühren.
11. Die Fladen mit Auberginenpaste bestreichen und anrichten.

Pfefferonen „mexikanisch"/
Pfefferonen „italienisch"

Pfefferonen „mexikanisch"

12 Portionen

Zubereitungszeit: 35 Minuten
Backzeit: 8–10 Minuten

1 Zwiebel
1 Knoblauchzehe
2 EL Olivenöl
200 g Gehacktes (halb Rind-, halb Schweinefleisch)
280 g abgetropfter Mais mit Kidneybohnen (aus der Dose)
100 g Tomaten-Chili-Salsa (Fertigprodukt)
Salz, gem. Pfeffer
75 g Cheddar-Käse
340 g abgetropfte, griechische Pfefferonen (aus dem Glas)

Pro Portion:
E: 6 g, F: 9 g, Kh: 7 g,
kJ: 596, kcal: 142

1. Den Backofen vorheizen.
Ober-/Unterhitze: etwa 200 °C
Heißluft: etwa 180 °C

2. Zwiebel und Knoblauch abziehen. Beides in feine Würfel schneiden.
3. Das Öl in einer Pfanne erhitzen. Die Zwiebel- und Knoblauchwürfel darin glasig dünsten. Anschließend das Gehackte hinzufügen und unter Rühren anbraten, dabei die Klümpchen mit einer Gabel zerdrücken.
4. Mais-Bohnen-Mix und Salsa ebenfalls in die Pfanne geben und darin erhitzen. Die Zutaten mit Salz und Pfeffer würzen.
5. Den Käse fein reiben. Die Pfefferonen längs einschneiden und die Kerngehäuse entfernen. Die Pfefferonen mit der Gehacktesmasse füllen und auf ein Backblech (mit Backpapier belegt) legen. Die Pfefferonen mit dem fein geriebenen Käse bestreuen. Das Backblech in den vorgeheizten Backofen schieben. Die Pfefferonen 8–10 Minuten überbacken.

Pfefferonen „italienisch"

Zum Vorbereiten

12 Portionen

Zubereitungszeit: 35 Minuten

2 Kugeln Mozzarella (je 125 g)
120 g Parmaschinken
3 Tomaten
1 Bund Basilikum
4 EL Olivenöl
2 EL Balsamico-Essig
Salz, gem. Pfeffer
340 g abgetropfte, griechische Pfefferonen (aus dem Glas)

Pro Portion:
E: 6 g, F: 12 g, Kh: 2 g,
kJ: 614, kcal: 147

1. Mozzarella in feine Würfel schneiden. Den Schinken ebenfalls fein würfeln. Tomaten abspülen, abtrocknen, halbieren und die Stängelansätze entfernen. Tomaten entkernen und Fruchtfleisch in kleine Würfel schneiden.
2. Basilikum abspülen, trocken tupfen und die Blättchen von den Stängeln zupfen. Basilikumblättchen in Streifen schneiden.
3. Tomaten-, Schinken-, Mozzarellawürfel und Basilikumstreifen in eine Schüssel geben. Olivenöl und Essig hinzugeben. Die Zutaten vermengen, mit Salz und Pfeffer würzen.
4. Die Pfefferonen längs einschneiden und die Kerngehäuse entfernen. Die Pfefferonen mit der Tomaten-Mozzarella-Mischung füllen und auf einer Platte anrichten.

Zweierlei Wraps

je 10 Stück

Zum Vorbereiten

Zubereitungszeit: 25 Minuten, ohne Durchziehzeit

Für die Hähnchenfüllung:
2 kleine Hähnchenbrustfilets (je etwa 140 g)
Salz
200 g Staudensellerie
175 g abgetropfte Mandarinenspalten (aus der Dose)

Für die Currysauce:
3 EL Salatmayonnaise
2 EL Joghurt (3,5 % Fett)
1 TL Currypulver
1/2 TL Kurkuma (Gelbwurz)
Saft von 1 Limette
Salz
1 Prise Zucker

Für die Gemüsefüllung:
1 kleiner Kopf Lollo bionda
20 kleine Strauchtomaten
285 g abgetropfter Gemüsemais (aus der Dose)
10 Stängel Koriander

Für die Käsesauce:
3 EL Salatmayonnaise
100 g Doppelrahm-Frischkäse
100 g Gorgonzola
50 g fein ger. Bergkäse
1 TL Paprikapulver rosenscharf
Salz, gem. Pfeffer

10 Wraps (Tortillfladen)
10 Butterbrotpapierstreifen

Pro Stück:
E: 9 g, F: 6 g, Kh: 16 g,
kJ: 635, kcal: 152 (Hähnchenwrap);
E: 8 g, F: 14 g, Kh: 17 g,
kJ: 936, kcal: 224 (Gemüsewrap)

1. Für die Hähnchenfüllung Filets unter fließendem kalten Wasser abspülen, trocken tupfen, in einen Topf geben. Etwas Wasser und Salz hinzugeben. Filets zum Kochen bringen und zugedeckt etwa 5 Minuten gar ziehen lassen. Filets im Sud erkalten lassen, herausnehmen und in Scheiben schneiden.
2. Sellerie putzen, harte Außenfäden abziehen, Stangen abspülen, abtropfen lassen, in etwa 10 cm lange Stücke, dann in Streifen schneiden.
3. Für die Sauce Mayonnaise mit Joghurt verrühren. Die Zutaten mit Curry, Kurkuma, Limettensaft, Salz und Zucker abschmecken.
4. Fünf Wraps nebeneinander auf eine Arbeitsfläche legen. Currysauce darauf verstreichen. Fleischscheiben, Selleriestreifen und Mandarinen darauf verteilen, dabei die Seiten frei lassen. Wraps fest aufrollen, in Frischhaltefolie stramm einwickeln und etwa 20 Minuten durchziehen lassen.
5. Für die Gemüsefüllung Salat putzen, abspülen, abtropfen lassen. Blätter kleiner zupfen. Tomaten abspülen, abtropfen lassen, vierteln und die Stängelansätze herausschneiden. Den Mais mit kaltem Wasser abspülen und abtropfen lassen. Koriander abspülen, trocken tupfen und kleiner zupfen.
6. Für die Käsesauce Zutaten gut verrühren, mit Salz abschmecken.
7. Fünf Wraps nebeneinander auf eine Arbeitsfläche legen. Sauce darauf verstreichen, dabei die Seiten frei lassen. Salatblätter darauf verteilen, mit Tomatenvierteln und Mais belegen.
8. Koriander daraufstreuen. Wraps fest aufrollen, in Frischhaltefolie stramm einwickeln und etwa 20 Minuten durchziehen lassen.
9. Die Frischhaltefolie entfernen. Die Butterbrotpapierstreifen jeweils um die Wraps wickeln.
10. Jeden Wrap einmal schräg durchschneiden, in Gläser setzen und gekühlt servieren.

Chinesische süße Chilisauce

Zum Vorbereiten

etwa 1,3 l

Zubereitungszeit: 20 Minuten

je 1 rote, grüne und gelbe Paprikaschote (etwa 600 g)
2 EL Speiseöl
500 ml süße Chilisauce
200 ml Sweet-&-Sour-Sauce
gem., schwarzer Pfeffer
4 EL Sojasauce

Insgesamt:
E: 47 g, F: 67 g, Kh: 171 g,
kJ: 6328, kcal: 1504

1. Paprikaschoten halbieren, entstielen, entkernen und die weißen Scheidewände entfernen. Schoten abspülen, abtropfen lassen und in dünne Streifen schneiden.
2. Speiseöl in einem Topf erhitzen. Die Paprikastreifen darin andünsten. Chilisauce und Sweet-&-Sour-Sauce hinzufügen. Die Zutaten etwa 5 Minuten unter Rühren leicht einkochen lassen. Die Chilisauce mit Pfeffer und Sojasauce pikant abschmecken.

Zweierlei Wraps

Chinesische süße Chilisauce

Pikante Tex-Mex-Creme

etwa 500 g

Zum Vorbereiten

Zubereitungszeit: 10 Minuten

140 g abgetropfter Gemüsemais (aus der Dose)
200 g Doppelrahm-Frischkäse
1/4 TL Mexiko-Gewürzmischung
1/4 TL Chiliflocken
140 g abgetropfte Ananasscheiben (aus der Dose)
125 g Kochschinken
Salz

Insgesamt:
E: 55 g, F: 70 g, Kh: 52 g,
kJ: 4434, kcal: 1059

1. Etwa die Hälfte von dem Gemüsemais fein pürieren. Das Maispüree mit dem Frischkäse verrühren. Die Maiscreme mit der Gewürzmischung und den Chiliflocken würzen.
2. Die Ananasscheiben auf Küchenpapier nochmals gut abtropfen lassen. Die Ananasscheiben fein hacken. Den Schinken sehr fein würfeln oder im Blitzhacker zerkleinern.
3. Ananas, Schinken und restlichen Mais mit der Maiscreme verrühren, mit Salz und evtl. nochmals mit Chili abschmecken. Die Creme in gut verschließbaren Gläsern im Kühlschrank aufbewahren. Sie hält sich so etwa 4 Tage.

Ziegenkäsecreme

etwa 400 g

Zum Vorbereiten

Zubereitungszeit: 20 Minuten

1 kleine, rote Zwiebel
1 EL Olivenöl
50 g getrocknete Tomaten, in Öl
30 g abgetropfte, schwarze Oliven (ohne Stein)
30 g abgetropfte, grüne Oliven (ohne Stein)
1 Stängel Thymian
200 g Ziegenfrischkäse (ersatzweise Doppelrahm-Frischkäse)
gem. Pfeffer

Insgesamt:
E: 18 g, F: 78 g, Kh: 21 g,
kJ: 3616, kcal: 871

1. Zwiebel abziehen, halbieren und in kleine Würfel schneiden. Olivenöl in einer kleinen Pfanne erhitzen. Die Zwiebelwürfel darin glasig dünsten und dann auf einen Teller geben.
2. Tomaten abtropfen lassen. Beide Olivensorten zusammen mit den Tomaten klein hacken. Thymian abspülen, trocken tupfen und die Blättchen von den Stängeln zupfen.
3. Zwiebelwürfel, Olivenstücke, Tomatenstücke und Thymianblättchen mit Ziegenfrischkäse verrühren. Zum Schluss die Creme mit Pfeffer abschmecken.

Pikante Tex-Mex-Creme / Ziegenkäsecreme

Empanadillas (Spanische Teigtäschchen)

Zum Vorbereiten

35 Stück

Zubereitungszeit: 80 Minuten, ohne Ruhezeit
Backzeit: 15–20 Minuten je Backblech

Für den Teig:
200 g Weizenvollkornmehl
100 g Maismehl
150 g kalte Butter
1 Ei (Größe M)
5–6 EL Wasser
Salz

Für die Füllung:
1 Zwiebel
2 Knoblauchzehen
2 Fleischtomaten (etwa 400 g)
10 abgetropfte, schwarze Oliven
100 g Parmesan oder Pecorino, am Stück
1 Chilischote
2 EL Olivenöl
250 g Alfalfakeimlinge
2 EL Tomatenmark
2 EL gehackte Petersilie
gem., schwarzer Pfeffer

Pro Stück:
E: 3 g, F: 6 g, Kh: 7 g,
kJ: 389, kcal: 93

1. Für den Teig das Mehl mit Maismehl in einer Rührschüssel mischen. Restliche Zutaten hinzufügen und mit einem Mixer (Knethaken) zunächst kurz auf niedrigster, dann auf höchster Stufe zu einem festen Teig verkneten. Den Teig zugedeckt bei Zimmertemperatur etwa 30 Minuten ruhen lassen.
2. Für die Füllung Zwiebel und Knoblauch abziehen und in feine Würfel schneiden. Dann die Fleischtomaten kreuzweise einschneiden und mit kochendem Wasser übergießen. Nach 1–2 Minuten herausnehmen und mit kaltem Wasser abschrecken. Tomaten enthäuten, halbieren und die

Empanadillas (Spanische Teigtäschchen)

Rote-Bete-Aufstrich

Stängelansätze herausschneiden. Die Tomatenhälften in feine Würfel schneiden.

3. Die Oliven halbieren, entsteinen und fein hacken. Parmesan oder Pecorino fein reiben.

4. Die Chilischote abspülen, abtrocknen, entkernen, fein würfeln.

5. Den Backofen vorheizen.
Ober-/Unterhitze: etwa 200 °C
Heißluft: etwa 180 °C

6. Das Olivenöl in einer Pfanne erhitzen. Die Zwiebelwürfel darin andünsten. Knoblauch, Tomatenwürfel, Oliven, Keimlinge und Tomatenmark dazugeben und verrühren.

7. Die Zutaten unter Rühren in etwa 10 Minuten zu einer samigen Masse garen. Anschließend Käse, Chilischotenwürfel und Petersilie unterrühren. Die Tomaten-Käse-Masse mit Salz und Pfeffer würzen.

8. Den Teig auf der leicht bemehlten Arbeitsfläche etwa 1/2 cm dick ausrollen. Mit einer runden Ausstechform (Ø etwa 8 cm) Kreise ausstechen. Die Teigreste wieder zusammenkneten, erneut ausrollen und weitere Kreise ausstechen – so lange, bis der Teig aufgebraucht ist.

9. Jeweils etwas von der Füllung in die Mitte eines Teigkreises geben. Die Ränder mit etwas Wasser bestreichen und die Teigkreise zu Halbkreisen zusammenklappen. Die Teigränder gut andrücken.

10. Die Teigtäschchen mit Wasser bestreichen und auf Backbleche (mit Backpapier belegt) legen. Dabei etwas Abstand zwischen den Teigtäschchen lassen.

11. Das Backblech in den vorgeheizten Backofen schieben. Die Empanadillas 15–20 Minuten je Backblech backen.

12. Die Empanadillas mit dem Backpapier von dem Backblech auf einen Kuchenrost ziehen, erkalten lassen.

Rote-Bete-Aufstrich

etwa 600 g

Zum Vorbereiten

Zubereitungszeit: 30 Minuten

140 g abgetropfte Ananasstücke (aus der Dose)
200 g gekochte Rote Bete (vakuumverpackt)
5 abgetropfte Sardellenfilets, in Öl
100 g Knollensellerie
1 Bund Schnittlauch
2 EL Semmelbrösel
Saft von 1 Orange
4 EL Ananassaft (aus der Dose)
20 g Kürbiskerne
1 EL Hefeflocken (aus dem Reformhaus)
1/2 TL Zucker
Salz, gem. Pfeffer

Insgesamt:
E: 22 g, F: 13 g, Kh: 82 g,
kJ: 2275, kcal: 542

1. Von den Ananasstücken den Saft auffangen. Die Ananasstücke und die Rote Bete in kleine Würfel schneiden. Die Sardellenfilets in Stücke schneiden.

2. Sellerie schälen und in sehr kleine Würfel schneiden. Schnittlauch abspülen, trocken tupfen und in feine Röllchen schneiden.

3. Die Rote-Bete-Würfel und die Sardellenstücke in einen hohen Rührbecher geben und pürieren. Die Semmelbrösel unterrühren.

4. Zuerst Ananaswürfel, Orangensaft und 4 Esslöffel von dem Ananassaft unter die Rote-Bete-Masse rühren, anschließend Selleriewürfel, Kürbiskerne und Hefeflocken sorgfältig unterrühren.

5. Den Rote-Bete-Aufstrich mit Zucker, Salz und Pfeffer würzen, die Schnittlauchröllchen unterheben. Den Aufstrich in gründlich gereinigte, gespülte und getrocknete Gläser füllen. Die Gläser mit Deckeln fest verschließen und in den Kühlschrank stellen.

Tipps: Dazu schmecken rustikales Bauernbrot oder Vollkornbrötchen. Im Kühlschrank ist der Rote-Bete-Aufstrich etwa 5 Tage haltbar.

Party-Bruschettas

24 Stück

Zubereitungszeit: 40 Minuten

6 reife Tomaten
1 Bund Basilikum
grobes Meersalz
50 ml Olivenöl
2 Ciabatta (je etwa 300 g)

Pro Stück:
E: 2 g, F: 2 g, Kh: 13 g,
kJ: 337, kcal: 80

1. Die Tomaten abspülen, abtrocknen, halbieren, entkernen und die Stängelansätze herausschneiden. Die Tomaten in schmale Streifen schneiden. Basilikum abspülen, trocken tupfen und die Blättchen von den Stängeln zupfen. Blättchen in feine Streifen schneiden.
2. Tomaten- und Basilikumstreifen in einer Schüssel mischen und mit Meersalz würzen. 4 Esslöffel von dem Olivenöl unter die Tomaten-Basilikum-Mischung heben.
3. Die Ciabatta-Brote in 24 Scheiben schneiden. Jeweils 3 Esslöffel des restlichen Olivenöls in einer großen Pfanne erhitzen. Die Brotscheiben darin portionsweise von jeder Seite anbraten, herausnehmen und leicht mit Meersalz bestreuen.
4. Brotscheiben auf einer Servierplatte anrichten. Die Tomaten-Basilikum-Mischung auf den Brotscheiben verteilen. Bruschettas etwas stehen lassen, bis der Tomatensaft die Brotscheiben durchtränkt hat.

Party-Toasts

20 Stück

Zum Vorbereiten

Zubereitungszeit: 60 Minuten

3 Frühlingszwiebeln
1 Knoblauchzehe
200 g Shrimps (gekocht, geschält, glasiert)
3 EL Sesamöl
3 EL Sojasauce
3 EL Limettensaft, Salz
10 Scheiben Toastbrot
750 ml Speiseöl
4 Eiweiß (Größe M)
3 EL kaltes Wasser
200 g schwarze Sesamsamen (erhältlich im Asialaden)
200 g weiße Sesamsamen

Pro Stück:
E: 6 g, F: 13 g, Kh: 7 g,
kJ: 699, kcal: 167

1. Die Frühlingszwiebeln putzen, abspülen, abtropfen lassen und in feine Scheiben schneiden. Knoblauch abziehen und sehr fein schneiden. Die Shrimps unter fließendem kalten Wasser abspülen, trocken tupfen und im Blitzhacker zerkleinern oder mit einem Messer sehr fein hacken.
2. Frühlingszwiebelscheiben, Knoblauch und Shrimps in eine Schüssel geben. Sesamöl, Sojasauce und den Limettensaft gut untermischen, mit Salz würzen.
3. Die Toastbrotscheiben entrinden. Shrimpsmasse auf 5 Toastbrotscheiben verteilen und glatt streichen. Jeweils eine zweite Toastbrotscheibe darauflegen und fest andrücken.
4. Die Party-Toasts zweimal diagonal halbieren, sodass jeweils 4 Dreiecke entstehen.
5. Das Speiseöl in einem breiten Topf oder in einer Fritteuse auf etwa 180 °C erhitzen. Eiweiß mit Wasser in einem tiefen Teller verschlagen. Schwarze und weiße Sesamsamen auf je einen flachen Teller geben.
6. Die Seiten der Brotdreiecke in Eiweiß tauchen und abwechselnd in schwarzen und weißen Sesamsamen drücken. Die Brotdreiecke nacheinander in dem erhitzten Speiseöl von jeder Seite etwa 1 Minute frittieren.
7. Party-Toasts mit einer Schaumkelle herausnehmen, auf Küchenpapier abtropfen lassen und auf einer Platte anrichten.

Party-Bruschettas / Party-Toasts

Tomaten-Mozzarella-Spieße

Zum Vorbereiten

10–12 Stück

Zubereitungszeit: 10 Minuten, ohne Marinierzeit

200 g Cocktailtomaten
1 Mini-Salatgurke
200 g abgetropfte Mini-Mozzarella-Kugeln
Salz, gem. Pfeffer
2 EL weißer Balsamico-Essig
4 EL Olivenöl
1–2 Stängel Basilikum

Tomaten-Mozzarella-Spieße

Blitzsaucen

Außerdem:
10–12 kleine Holzspieße

Pro Stück:
E: 4 g, F: 7 g, Kh: 2 g,
kJ: 363, kcal: 87

1. Die Cocktailtomaten abspülen, abtrocknen und evtl. die Stängelansätze herausschneiden.
2. Die Gurke abspülen, abtrocknen und auf einem Küchenhobel längs in dünne Scheiben schneiden.
3. Mozzarella-Kugeln, Tomaten und Gurkenscheiben abwechselnd auf Holzspieße stecken. Die Spieße mit Salz und Pfeffer würzen, mit Essig und Olivenöl beträufeln und etwa 10 Minuten marinieren.
4. Basilikum abspülen, trocken tupfen und die Blättchen von den Stängeln zupfen.
5. Tomaten-Mozzarella-Spieße mit den Basilikumblättchen bestreuen.

Tipps: Ersetzen Sie die Cocktailtomaten durch 200 g abgespülte, abgetropfte Erdbeeren und bestreuen Sie die Spieße statt mit Basilikum mit Zitronenmelisseblättchen. Oder verwenden Sie statt der Gurkenscheiben entkernte Wassermelonenstücke und Himbeeressig.

Blitzsaucen

Zum Vorbereiten

etwa 1,2 l Currysauce,
etwa 400 ml Satésauce

Zubereitungszeit: 20 Minuten, ohne Abkühlzeit

Für die Currysauce:
350 ml Wasser
2 EL indisches Currypulver
1 EL Paprikapulver rosenscharf
2 EL Sambal Oelek
2 EL Zucker
750 ml Tomatenketchup

Für die Satésauce:
1 Knoblauchzehe
2 EL dunkles Sesamöl
1 TL rote Currypaste
250 ml Kokosmilch
4 EL Erdnussbutter
(Erdnusscreme, crunchy)
Salz, etwas Zucker

Insgesamt:
E: 20 g, F: 5 g, Kh: 227 g,
kJ: 4448, kcal: 1063 (Currysauce);
E: 18 g, F: 72 g, Kh: 21 g,
kJ: 4700, kcal: 1136 (Satésauce)

1. Für die **Currysauce** Wasser, Currypulver, Paprikapulver, Sambal Oelek und Zucker in einen Topf geben. Die Zutaten unter Rühren einmal aufkochen lassen. Den Topf von der Kochstelle nehmen und den Ketchup einrühren. Currysauce erkalten lassen. Sauce in ein verschließbares Gefäß füllen und in den Kühlschrank stellen.
2. Für die **Satésauce** Knoblauch abziehen und durch eine Knoblauchpresse drücken. Sesamöl in einem Topf erhitzen. Knoblauch und Currypaste hinzufügen und leicht dünsten, aber keine Farbe nehmen lassen.
3. Die Knoblauch-Curry-Mischung mit der Kokosmilch ablöschen und einmal aufkochen lassen. Den Topf von der Kochstelle nehmen, die Erdnussbutter einrühren. Die Satésauce mit Salz und Zucker würzen und erkalten lassen. Die Satésauce in ein verschließbares Gefäß füllen und in den Kühlschrank stellen.

Tipps: Für die Currysauce zusätzlich 1 kleines Bund Frühlingszwiebeln und 1 große, rote Chilischote abspülen und abtropfen lassen. Die Chilischote entkernen. Frühlingszwiebeln und Chilischote in feine Stücke schneiden und mit den anderen Zutaten aufkochen lassen. Beide Saucen schmecken zu Satéspießen. Im Kühlschrank ist die Satésauce 3–4 Tage und die Currysauce etwa 1 Monat haltbar.

Lachs-Teriyaki-Spieße / Lamm-Paprika-Spieße / Marinierte Garnelen mit Mango / Pizzastückchen

Lachs-Teriyaki-Spieße

30 Stück (Foto vorne rechts)

Zum Vorbereiten

Zubereitungszeit: 30 Minuten, ohne Marinier- und Abkühlzeit

800 g Lachsfilet
40 ml Teriyakisauce
20 ml japanische Sojasauce
1 TL brauner Zucker
2 EL Speiseöl
1 Salatgurke

Außerdem:
30 Holzspieße

Pro Stück:
E: 5 g, F: 2 g, Kh: 1 g,
kJ: 169, kcal: 40

1. Lachsfilet unter fließendem kalten Wasser abspülen, trocken tupfen und dann in 30 gleich große Würfel (etwa 3 x 3 cm) schneiden. Evtl. Haut und Fett entfernen. Die Lachswürfel in eine große Auflaufform legen. Teriyakisauce, Sojasauce und Zucker verrühren. Die Sauce auf den Lachswürfeln verteilen und gut zugedeckt etwa 6 Stunden im Kühlschrank marinieren.

2. Die Lachswürfel aus der Marinade nehmen und etwas abtropfen lassen. Etwas Speiseöl in einer breiten Pfanne erhitzen. Die Lachswürfel darin portionsweise von allen Seiten etwa 1 Minute braten, herausnehmen und auf einen Teller legen. Die Marinade in die heiße Pfanne geben und auf die Hälfte einkochen lassen. Die Lachswürfel in die Sauce legen. Die Pfanne von der Kochstelle nehmen. Die Sauce mit den Lachswürfeln erkalten lassen.

3. Die Gurke schälen, längs halbieren, entkernen und in 30 gleich große Stücke schneiden. Die Gurkenstücke mit Salz bestreuen und mit den abgetropften Lachswürfeln auf Holzspieße stecken.

Lamm-Paprika-Spieße

32 Stück (Foto vorne links)

Zum Vorbereiten

Zubereitungszeit: 40 Minuten, ohne Abkühlzeit

4 Paprikaschoten
2 Knoblauchzehen
10 Zweige Thymian
4 EL Olivenöl
Salz, gem. Pfeffer
Zucker
8 Lammfilets (je etwa 130 g)

Außerdem:
32 Holzspieße

Pro Stück:
E: 7 g, F: 2 g, Kh: 1 g,
kJ: 201, kcal: 48

1. Die Paprikaschoten mit einem Sparschäler dünn schälen. Die Schoten halbieren, entstielen, entkernen und die weißen Scheidewände entfernen. Schotenhälften abspülen, abtropfen lassen und in jeweils 8 Streifen schneiden. Knoblauch abziehen und halbieren. Thymian abspülen und trocken tupfen. Die Blättchen von den Stängeln zupfen.
2. Jeweils etwas Olivenöl mit den Knoblauchhälften in einer Pfanne erhitzen. Die Paprikastreifen darin portionsweise etwa 3 Minuten anbraten, bis sie weich sind. Die Paprikastreifen mit Salz, Pfeffer und 1 Prise Zucker würzen. Die Paprikastreifen auf einen Teller legen und abkühlen lassen. Den Knoblauch entfernen.
3. Die Lammfilets mit Küchenpapier trocken tupfen. Die Filets jeweils in 4 Stücke schneiden, mit Salz und Pfeffer würzen. Die Lammfiletstücke in dem verbliebenen Olivenöl von beiden Seiten anbraten, mit den Thymianblättchen bei schwacher Hitze weitere etwa 2 Minuten braten. Die Filetstücke mit den Paprikastreifen und dem Thymian belegen, mit Holzspießen feststecken.

Marinierte Garnelen mit Mango

Zum Vorbereiten

30 Stück (Foto hinten rechts)

Zubereitungszeit: 30 Minuten, ohne Marinierzeit

2 große, mittelreife Mangos (je etwa 600 g)
4 rote Zwiebeln
500 g küchenfertige, gegarte große Garnelen
2 Stängel Koriander

Für die Marinade:
3 EL Sweet-Chili-Sauce
4 EL Limettensaft

Außerdem:
30 Holzspieße

Pro Stück:
E: 4 g, F: 0 g, Kh: 4 g,
kJ: 157, kcal: 38

1. Mangos halbieren und jeweils den Stein herauslösen. Die Mangohälften schälen und in Würfel (etwa 3 x 3 cm) schneiden. Zwiebeln abziehen, zuerst in dünne Scheiben schneiden, dann in Ringe teilen.
2. Garnelen unter fließendem kalten Wasser abspülen, auf Küchenpapier legen, trocken tupfen. Koriander abspülen, trocken tupfen und klein schneiden.
3. Für die Marinade Chili-Sauce mit Limettensaft und Koriander verrühren. Garnelen, Mangowürfel und Zwiebelringe in eine Schale legen. Die Marinade darauf verteilen. Die Zutaten etwa 1 Stunde marinieren.
4. Garnelen, Mangowürfel und Zwiebelringe aus der Marinade nehmen, abwechselnd auf Holzspieße stecken und auf einer Platte anrichten.

Pizzastückchen

48 Stück (Foto hinten links)

Zubereitungszeit: 50 Minuten, ohne Teiggehzeit
Backzeit: etwa 20 Minuten

250 g Weizenmehl
1 Pck. Dr. Oetker Trockenbackhefe
200 ml warmes Wasser
1 Prise Zucker
1 EL Olivenöl
Salz
50 g Weizenmehl zum Bestäuben

Für den Belag:
400 g Tomaten
200 g Tomatenmark
gem. Pfeffer
200 g Ricotta (ital. Frischkäse)
100 g Kapern
60 g Sardellenfilets, in Öl
80 g Parmesan

Außerdem:
48 Holzspieße

Pro Stück:
E: 2 g, F: 2 g, Kh: 5 g,
kJ: 187, kcal: 45

1. Für den Hefeteig das Mehl in eine Rührschüssel geben und mit Trockenbackhefe sorgfältig vermischen. Wasser, Zucker, Olivenöl und Salz hinzufügen. Die Zutaten mit einem Mixer (Knethaken) zunächst kurz auf niedrigster, dann auf höchster Stufe in etwa 5 Minuten zu einem glatten Teig verarbeiten. Den Teig zugedeckt an einem warmen Ort etwa 60 Minuten gehen lassen.
2. Den gegangenen Teig leicht mit Mehl bestäuben, aus der Schüssel nehmen und auf der bemehlten Arbeitsfläche zu einer Kugel formen. Den Hefeteig auf einem Backblech (30 x 40 cm, gefettet, mit Backpapier belegt) ausrollen. Zugedeckt an einem warmen Ort nochmals etwa 20 Minuten gehen lassen.
3. Den Backofen vorheizen.
Ober-/Unterhitze: etwa 200 °C
Heißluft: etwa 180 °C
4. In der Zwischenzeit für den Belag Tomaten abspülen, abtropfen lassen, halbieren, Stängelansätze herausschneiden. Tomatenhälften in sehr kleine Würfel schneiden, in eine Schüssel geben. Tomatenmark unterrühren, mit Salz und Pfeffer würzen. Die Tomatenmasse auf dem Teig verteilen. Ricotta teelöffelweise daraufgeben. Kapern und Sardellenfilets abtropfen lassen, ebenfalls auf dem Teig verteilen. Käse reiben und daraufstreuen. Das Backblech in den vorgeheizten Backofen schieben. Die Pizza etwa 20 Minuten backen.
5. Das Backblech auf einen Rost stellen. Pizza in etwa 5 x 5 cm große Stücke schneiden, sofort auf einer Platte mit Holzspießen servieren.

Salat-Snacks

je 10 Portionen

Zum Vorbereiten

Zubereitungszeit: 2 1/2 Stunden, ohne Auftau-, Kühl- und Marinierzeit

Für das Gurkentatar:
1 Salatgurke
2 Forellenfilets (je etwa 125 g)
Salz, gem. Pfeffer
1 Bund Dill
250 g Joghurt (3,5 % Fett)
3 EL Zitronensaft
1 EL ger. Meerrettich

Für den Hähnchen-Ananas-Salat:
1 kg frisches Ananasfruchtfleisch
2 Hähnchenbrustfilets
(je etwa 120 g)
3 rote Chilischoten
3 EL Speiseöl
1 EL brauner Zucker
3 EL japanische Sojasauce
4 Frühlingszwiebeln

Für den Linsensalat:
400 g TK-Cocktail-Shrimps
(gekocht, geschält, glasiert)
200 g rote Linsen
1 Bund Koriander
2 Bio-Orangen
(unbehandelt, ungewachst)
1 Knoblauchzehe
2 EL Weißweinessig
4 EL Olivenöl

Für den Wurstsalat:
4 Wiener Würstchen
1 Salatgurke
285 g abgetropfter Gemüsemais
(aus der Dose)
1 Schalotte
1 Bund Schnittlauch
1 EL Rotweinessig
1 TL mittelscharfer Senf
3 EL Olivenöl, Zucker

Pro Portion:
E: 7 g, F: 2 g, Kh: 2 g,
kJ: 223, kcal: 53 (Gurkentatar);
E: 6 g, F: 3 g, Kh: 10 g,
kJ: 407, kcal: 97
(Hähnchen-Ananas-Salat);
E: 11 g, F: 5 g, Kh: 14 g,
kJ: 591, kcal: 141 (Linsensalat);
E: 4 g, F: 9 g, Kh: 5 g,
kJ: 486, kcal: 116 (Wurstsalat)

1. Für das **Gurkentatar** die Gurke schälen, längs halbieren und entkernen. Die Gurkenhälften klein würfeln und in eine Schüssel geben. Forellenfilets in Würfel schneiden und mit den Gurkenwürfeln mischen, mit Salz und Pfeffer abschmecken.

2. Dill abspülen, trocken tupfen und die Spitzen von den Stängeln zupfen. 10 Dillspitzen zum Garnieren beiseitelegen. Die restlichen Spitzen klein schneiden. Den Joghurt mit Zitronensaft und Meerrettich glatt rühren.

Den Dill unterrühren. Die Sauce mit Salz und Pfeffer abschmecken und in 10 Trinkbechern verteilen. Das Gurkentatar daraufgeben, mit den beiseitegelegten Dillspitzen garnieren und bis zum Servieren zugedeckt in den Kühlschrank stellen.

3. Für den **Hähnchen-Ananas-Salat** Ananasfruchtfleisch in kleine Würfel schneiden. Die Hähnchenbrustfilets unter fließendem kalten Wasser abspülen, trocken tupfen, in kleine Würfel schneiden. Die Chilischoten abspülen, trocken tupfen und fein würfeln.

4. Speiseöl in einer Pfanne erhitzen. Die Hähnchenwürfel darin von allen Seiten anbraten. Chiliwürfel unterrühren und kurz mit anbraten. Braunen Zucker und Sojasauce unterrühren. Hähnchenwürfel mit Salz abschmecken, aus der Pfanne nehmen, abkühlen lassen.

5. Die Frühlingszwiebeln putzen, abspülen, abtropfen lassen und in feine Scheiben schneiden. Frühlingszwiebelscheiben und Ananaswürfel mit den Hähnchenwürfeln mischen. Den Salat in 10 Bechern verteilen und gekühlt servieren.

6. Für den **Linsensalat** die Shrimps nach Packungsanleitung auftauen lassen. Wasser in einem Topf zum Kochen bringen. Die Linsen darin etwa 2 Minuten kochen, dann in ein Sieb geben, mit kaltem Wasser abspülen und abtropfen lassen. Linsen in eine Schüssel geben, mit Salz würzen. Shrimps unter fließendem kalten Wasser abspülen und trocken tupfen. Anschließend die Shrimps mit den Linsen mischen. Koriander abspülen, trocken tupfen und die Blättchen von den Stängeln zupfen.

7. Die Orangen heiß abwaschen, abtrocknen und die Schale abreiben. Die Orangen halbieren und den Saft auspressen. Orangenschale und -saft in eine Schüssel geben. Knoblauch abziehen, fein hacken und hinzugeben. Den Essig unterrühren, das Olivenöl unterschlagen. Die Marinade mit Salz und Pfeffer würzen und unter den Linsensalat rühren. Den

Salat mit Salz würzen und zugedeckt kalt stellen.

8. Korianderblättchen kurz vor dem Servieren unter den Salat heben. Den Salat in 10 Bechern verteilen und kalt servieren.

9. Für den **Wurstsalat** die Würstchen in Scheiben schneiden. Die Gurke schälen, längs halbieren und entkernen. Gurkenhälften klein würfeln und mit dem Mais in einer Schüssel mischen, mit Salz und Pfeffer würzen.

10. Die Schalotte abziehen und klein würfeln. Schnittlauch abspülen, trocken tupfen (einige Schnittlauchhalme zum Garnieren beiseitelegen) und in feine Röllchen schneiden. Den Rotweinessig mit Senf in einer Schüssel verrühren, das Olivenöl unterschlagen. Schalottenwürfel und Schnittlauchröllchen unterrühren, mit Salz, Pfeffer und 1 Prise Zucker würzen.

11. Die Sauce unter die Salatzutaten rühren, 1–2 Stunden marinieren.

12. Salat in 10 Bechern verteilen, mit den beiseitegelegten Schnittlauchhalmen garniert, gekühlt servieren.

Geflügelröllchen mit Käse

Zum Vorbereiten

24 Stück

Zubereitungszeit: 20 Minuten

1 Bund glatte Petersilie
24 Scheiben geräucherte Putenbrust (je etwa 30 g, größere Scheiben evtl. halbieren)
etwa 1 kg Maasdamer

Für die Sauce:
750 g stückige Tomaten mit Zwiebeln (aus der Dose)
2–3 TL Sambal Oelek
2 EL Schnittlauchröllchen
Salz, gem. Pfeffer

Pro Stück:
E: 49 g, F: 35 g, Kh: 5 g,
kJ: 2341, kcal: 559

Geflügelröllchen mit Käse

1. Petersilie abspülen und trocken tupfen. Die Blättchen von den Stängeln zupfen. Putenbrustscheiben mit den Petersilienblättchen belegen.

2. Den Käse in 24 Stücke (Balken) schneiden und in die Putenbrustscheiben einwickeln.

3. Für die Sauce Tomaten mit Sambal Oelek und Schnittlauchröllchen verrühren. Mit Salz und Pfeffer würzen. Die Sauce zu den Geflügelröllchen reichen.

Beilage: Warmes Baguette.

Variante: **Schinken-Käse-Röllchen.** 12 große Scheiben Kochschinken halbieren und dünn mit Tomatenketchup bestreichen. Schinkenscheiben mit Kerbelblättchen belegen. Gouda-Käse-Balken (von 1 kg) darauflegen und einwickeln.

Blätterteigschnecken mit getrockneten Tomaten

45 Stück (ohne Foto)

Zubereitungszeit: 25 Minuten, ohne Auftauzeit
Backzeit: 10–15 Minuten

450 g TK-Blätterteig (6 rechteckige Platten)

Für die Füllung:
50 g rotes Pesto
100 g Mascarpone (ital. Frischkäse)
4 abgetropfte, getrocknete Tomaten, in Öl
50 g ger. Parmesan

Pro Stück:
E: 1 g, F: 4 g, Kh: 4 g,
kJ: 259, kcal: 62

1. Blätterteigplatten zugedeckt nach Packungsanleitung auftauen lassen.

2. Für die Füllung Pesto mit Mascarpone gut verrühren. Die Tomaten in kleine Stücke schneiden und unter die Pesto-Mascarpone rühren.

3. Den Backofen vorheizen.
Ober-/Unterhitze: etwa 200 °C
Heißluft: etwa 180 °C

4. Die Füllung auf die Blätterteigplatten streichen, dabei jeweils einen kleinen Rand frei lassen. Die Füllung mit Parmesan bestreuen.

5. Die Blätterteigplatten von der längeren Seite her aufrollen und mit einem Sägemesser in gut 1 cm dicke Scheiben schneiden. Die Blätterteigschnecken auf 1–2 Backbleche (mit Backpapier belegt) legen. Die Backbleche nacheinander (bei Heißluft zusammen) in den vorgeheizten Backofen schieben. Die Blätterteigschnecken 10–15 Minuten backen.

6. Die Blätterteigschnecken mit dem Backpapier auf Kuchenroste ziehen und erkalten lassen.

Orangen-Limetten-Dip
etwa 700 g

Zum Vorbereiten

Zubereitungszeit: 40 Minuten

2 Bio-Orangen
(unbehandelt, ungewachst)
2 Bio-Limetten
(unbehandelt, ungewachst)
1 kleines Bund Minze
400 g Crème fraîche
250 g Magerquark
Salz, gem. Pfeffer

Insgesamt:
E: 45 g, F: 122 g, Kh: 44 g,
kJ: 6255, kcal: 1495

1. Orangen und Limetten heiß abwaschen und abtrocknen. Die Schale mit einem Zestenreißer abschälen und evtl. in noch feinere Streifen schneiden. Einige Orangen- und Limettenstreifen zum Garnieren beiseitelegen.
2. Orangen und Limetten halbieren und den Saft auspressen. Den Saft in einem Topf mit den Orangen- und Limettenstreifen zum Kochen bringen. Die Zutaten zugedeckt bei schwacher Hitze etwa 10 Minuten kochen lassen. Den Orangen-Limetten-Saft etwas abkühlen lassen.
3. Minze abspülen, trocken tupfen und die Blättchen von den Stängeln zupfen. Einige Blättchen zum Garnieren beiseitelegen. Restliche Blättchen in dünne Streifen schneiden.
4. Crème fraîche mit Quark verrühren. Den Orangen-Limetten-Saft und die Minzestreifen unter den Crème-fraîche-Quark rühren. Den Orangen-Limetten-Dip mit Salz und Pfeffer würzen.
5. Den Dip vor dem Servieren mit den beiseitegelegten Orangen- und Limettenstreifen und den Minzeblättchen garnieren.

Tipp: Der Orangen-Limetten-Dip schmeckt zu gebratenen Lachsmedaillons, grünen und weißen Spargelspitzen sowie zu gegrillten Garnelen.

Orangen-Limetten-Dip

Apfel-Papaya-Dip
etwa 1,3 kg

Zubereitungszeit: 40 Minuten, ohne Abkühlzeit

1 Papaya
3 Äpfel
3 Zwiebeln
9 EL Kräuteressig
90 g Zucker
450 g Crème fraîche
Salz

Insgesamt:
E: 16 g, F: 137 g, Kh: 169 g,
kJ: 8442, kcal: 2016

1. Papaya in der Mitte längs halbieren. Den Kern herausnehmen, die Papayahälften schälen. Äpfel heiß abwaschen, abtrocknen, vierteln und entkernen. Die Zwiebeln abziehen und halbieren.
2. Dann Papayahälften, Apfelviertel und Zwiebelhälften in feine Würfel schneiden.
3. Kräuteressig mit Zucker in einem Topf so lange erwärmen, bis sich der Zucker vollständig aufgelöst hat. Die Essig-Zucker-Mischung abkühlen lassen.
4. Crème fraîche glatt rühren, die Papaya-, Apfel- und Zwiebelwürfel unterrühren. Den Apfel-Papaya-Dip mit Salz würzen.

Tipp: Servieren Sie den Dip zu gegrilltem oder kurz gebratenem Fleisch.

Apfel-Papaya-Dip

Paprika mit Chilifüllung
8 Portionen

Zubereitungszeit: 35 Minuten

4 große, gelbe Paprikaschoten
Salzwasser (pro 1 l Wasser 1 gestr. TL Salz)

Für die Füllung:
2 Zwiebeln
6 EL Speiseöl, z. B. Olivenöl
600 g Lamm- oder Rindergehacktes
Salz, gem. Pfeffer
gerebelter Oregano
gem. Kreuzkümmel (Cumin)
1 kleine Chilischote
225 g abgetropfte, rote Bohnen (aus der Dose)
Chilipulver
125 g Mozzarella
8 TL Crème fraîche

Pro Portion:
E: 21 g, F: 25 g, Kh: 10 g,
kJ: 1471, kcal: 352

Paprika mit Chilifüllung

Pikante Gemüsesalsa mit Chili und Soja

1. Paprikaschoten der Länge nach halbieren, entstielen, entkernen und die weißen Scheidewände entfernen. Die Schoten abspülen und in kochendem Salzwasser 5–8 Minuten garen. Den Backofengrill vorheizen.
2. Dann für die Füllung die Zwiebeln abziehen und fein würfeln. Das Öl in einer Pfanne erhitzen und die Zwiebelwürfel darin glasig dünsten. Das Gehackte darin anbraten, dabei die Fleischklümpchen mit einer Gabel zerdrücken. Das Gehackte mit Salz, Pfeffer, Oregano und Kreuzkümmel würzen.
3. Chilischote abspülen, abtropfen lassen, halbieren, entkernen und in feine Würfel schneiden. Bohnen zu dem Gehackten geben, Chilischotenwürfel unterrühren und alles mit Chilipulver scharf abschmecken. Die Masse auf die Paprikahälften verteilen.
4. Mozzarella abtropfen lassen und in Scheiben schneiden. Mozzarellascheiben auf den Paprikahälften verteilen. Die Paprika in eine oder zwei Auflaufformen (gefettet) legen. Die Form auf dem Rost unter den vorgeheizten Backofengrill schieben und die Paprikaschoten so lange übergrillen, bis der Käse zerlaufen ist.
5. Je 1 Teelöffel Crème fraîche auf jede Paprikahälfte geben und mit etwas Chilipulver bestreuen.

Tipp: Dazu passen gemischter Blattsalat (z. B. aus dem Kühlregal) und ofenwarmes Baguette.

Pikante Gemüsesalsa mit Chili und Soja

etwa 700 g

Zum Vorbereiten

Zubereitungszeit: 35 Minuten

1 Bund Suppengrün (Möhre, Sellerie, Porree – etwa 300 g)
1 Zwiebel
3 EL Olivenöl
300 ml Gemüsebrühe oder -fond
1 frische oder getrocknete Chilischote
3 EL Sojasauce
Salz
gem. Pfeffer
1 gestr. EL Speisestärke

Insgesamt:
E: 14 g, F: 35 g, Kh: 28 g,
kJ: 2093, kcal: 497

1. Suppengrün putzen, abspülen und abtropfen lassen. Die Zwiebel abziehen und halbieren. Suppengrün und Zwiebel in kleine Würfel schneiden.
2. Das Olivenöl in einem Topf erhitzen. Suppengrün- und Zwiebelwürfel hinzugeben und darin leicht dünsten. Dann die Brühe oder den Fond hinzugießen.
3. Die frische Chilischote abspülen und abtrocknen. Frische oder getrocknete Chilischote ebenfalls in den Topf geben. Die Salsa mit Sojasauce, Salz und Pfeffer würzen, dann 10–15 Minuten leicht kochen lassen.
4. Die Speisestärke mit etwas Wasser anrühren. Die angerührte Speisestärke unter Rühren in die von der Kochstelle genommene Gemüsesalsa rühren.
5. Die Salsa nochmals kurz aufkochen lassen und pikant abschmecken.

Tipp: Die Salsa passt ganz hervorragend zu Geflügelgeschnetzeltem oder Reisgerichten.

Ziegenkäse mit Sonnenblumenkernkruste

Überbackene Krabbenbrötchen

Ziegenkäse mit Sonnenblumenkernkruste

10 Stück

Zubereitungszeit: 40 Minuten
Backzeit: etwa 5 Minuten

1 großer Bataviasalat
1 großer Radicchio
1 Bund Rucola (Rauke) oder Brunnenkresse

Für die Salatsauce:
5–6 EL Weißweinessig
Salz
1 Prise Zucker
gem. Pfeffer
8–10 EL Speiseöl, z. B. Sonnenblumenöl

Für den Ziegenkäse:
10 runde, flache Ziegenkäsescheiben
3–4 EL Olivenöl
75 g Sonnenblumenkerne

Pro Stück:
E: 8 g, F: 15 g, Kh: 6 g, kJ: 819, kcal: 196

1. Für den Salat die Salate putzen oder verlesen, waschen, abtropfen lassen und in mundgerechte Stücke zupfen.
2. Für die Salatsauce Essig mit Salz, Zucker und Pfeffer verrühren, das Öl unterschlagen. Die Salate in eine große Schüssel geben und mit der Salatsauce beträufeln.
3. Den Backofen vorheizen.
Ober-/Unterhitze: etwa 180 °C
Heißluft: etwa 160 °C
4. Für den Ziegenkäse die Käsescheiben mit Öl bestreichen und mit Sonnenblumenkernen bestreuen, dabei die Kerne etwas andrücken. Den Käse auf ein Backblech (gefettet) legen. Das Backblech in den vorgeheizten Backofen schieben. Den Käse etwa 5 Minuten überbacken, aber nicht zerlaufen lassen.
5. Den heißen Käse sofort mit dem Salat servieren.

Überbackene Krabbenbrötchen

12 Stück

Zubereitungszeit: 40 Minuten
Backzeit: 10–15 Minuten

12 Roggen- oder Vollkornbrötchen
300 g Champignons
50 g Butter
490 g abgetropfte Ananasscheiben (aus der Dose)
250 g Crème fraîche
etwas Ananassaft (aus der Dose)
Salz
gem., weißer Pfeffer
Currypulver
500 g gepulte Krabben
200 g ger. Emmentaler
einige Dillspitzen

Pro Stück:
E: 19 g, F: 16 g, Kh: 32 g, kJ: 1561, kcal: 372

1. Von den Brötchen einen flachen Deckel abschneiden und die Brötchen aushöhlen. Die Champignons putzen, mit Küchenpapier abreiben, evtl. abspülen, gut abtropfen lassen und in kleine Stücke schneiden.
2. Butter in einer Pfanne zerlassen. Champignonstücke darin andünsten.
3. Von den Ananasscheiben den Saft auffangen. Ananas in kleine Stücke schneiden.
4. Crème fraîche mit etwas Ananassaft glatt rühren und mit Salz, Pfeffer und Curry abschmecken. Dann die Ananasstücke, Champignonstücke und Krabben unterrühren.
5. Die Brötchen mit der Mischung bergartig füllen und auf ein Backblech (mit Backpapier belegt) legen.
6. Käse auf den Brötchen verteilen. Das Backblech in den vorgeheizten Backofen schieben (mittlere Einschubleiste). Die Brötchen 10–15 Minuten überbacken, bis der Käse zerlaufen ist.
7. Dillspitzen abspülen und trocken tupfen. Die Brötchendeckel kurz mit in den Backofen legen, sodass sie etwas kross werden. Die Brötchen mit Dill garnieren und mit den Brötchendeckeln servieren.

Wurstkörbchen mit bunten Bohnen

24 Stück

Zubereitungszeit: 40 Minuten, ohne Abkühlzeit

250 g abgetropfte Kidneybohnen (aus der Dose)
250 g abgetropfte, weiße Riesenbohnen (aus der Dose)
250 g abgetropfte, grüne Bohnenkerne (Flageolets, aus der Dose)
6–8 EL Flüssigkeit von den Bohnen (aus der Dose)
4 EL Speiseöl
2–3 EL Speiseessig
Salz, gem. Pfeffer
24 Scheiben Katenwurst, mit Pelle
1 Bund Petersilie
einige Salatblätter

Pro Stück:
E: 6 g, F: 8 g, Kh: 5 g,
kJ: 492, kcal: 117

1. Von allen Bohnensorten die Flüssigkeit auffangen, mischen und 6–8 Esslöffel davon abmessen. Die abgemessene Flüssigkeit mit Speiseöl und Speiseessig verrühren, mit Salz und Pfeffer pikant würzen. Kidney-, Riesenbohnen und grüne Bohnenkerne untermischen.
2. Eine Pfanne ohne Fett erhitzen. Die Wurstscheiben darin portionsweise nur ganz kurz braten. Durch die Hitze zieht sich die Pelle zusammen und es entstehen kleine Körbchen. Die Wurstkörbchen aus der Pfanne nehmen und erkalten lassen.
3. Petersilie abspülen, trocken tupfen und die Blättchen von den Stängeln zupfen. Blättchen fein hacken. Nach Belieben die Salatblätter abspülen, trocken tupfen oder gut abtropfen lassen.
4. Die Bohnenmischung in die erkalteten Wurstkörbchen füllen und auf den Salatblättern anrichten. Die Wurstkörbchen mit Petersilie bestreuen und servieren.

Paprika mit Frischkäsefüllung

8–10 Portionen

Zum Vorbereiten

Zubereitungszeit: 50 Minuten, ohne Kühlzeit

etwa 800 g gemischte Paprikaschoten

5 hart gekochte Eier
150 g Butter (zimmerwarm)
300 g Doppelrahm-Frischkäse
225 g Crème fraîche
Salz, gem. Pfeffer
Paprikapulver edelsüß
Senf

einige Salatblätter

Pro Portion:
E: 10 g, F: 36 g, Kh: 4 g,
kJ: 1636, kcal: 391

1. Paprikaschoten abspülen und abtrocknen. Am Stielende einen Deckel abschneiden und mithilfe eines Löffels die Kerne und die weißen Scheidewände entfernen.
2. Für die Füllung die Eier pellen, Eiweiß und Eigelb trennen. Das Eigelb durch ein Sieb streichen und das Eiweiß sehr fein hacken. Die Butter geschmeidig rühren und mit dem Frischkäse verrühren.
3. Eigelb und Crème fraîche unterrühren. Die Masse mit Salz, Pfeffer, Paprikapulver und Senf würzen. Zuletzt die Eiweißwürfel unterheben. Die Masse so in die Paprikaschoten geben, dass sie ganz gefüllt sind. Die Schoten zugedeckt einige Stunden (am besten über Nacht) in den Kühlschrank stellen.
4. Die Paprikaschoten kurz vor dem Verzehr in etwa 1 cm dicke Scheiben schneiden und auf gewaschenen, gut abgetropften Salatblättern anrichten.

Wurstkörbchen mit bunten Bohnen

Paprika mit Frischkäsefüllung

Süßsaure Sauce
etwa 900 ml

Zum Vorbereiten

Zubereitungszeit: 35 Minuten

2 grüne Paprikaschoten
400 g geschälte Tomaten (aus der Dose)
2 EL Speisestärke
4 EL Weißweinessig
2 EL Zucker
125 ml Tomatensaft
1 EL Sojasauce
Salz
gem. Pfeffer

Insgesamt:
E: 10 g, F: 2 g, Kh: 52 g,
kJ: 1198, kcal: 284

1. Paprikaschoten halbieren, entstielen, entkernen und die weißen Scheidewände entfernen. Schoten abspülen, abtropfen lassen und in kleine Würfel schneiden.
2. Die Tomaten mit der Flüssigkeit in einen Topf geben. Die Tomaten mit einer Gabel vorsichtig zerdrücken. Die Paprikawürfel hinzufügen. Die Zutaten zum Kochen bringen und etwa 5 Minuten bei schwacher Hitze leicht kochen lassen.
3. Die Speisestärke mit dem Essig glatt rühren, mit Zucker, Tomatensaft und Sojasauce in die Sauce rühren. Die Sauce mit Salz und Pfeffer würzen. Die Sauce bei schwacher Hitze etwa 10 Minuten kochen lassen, bis sie sämig wird. Anschließend nochmals mit Salz und Pfeffer würzen.

Tipps: Als Variation können Sie auch 2 gut abgetropfte Ananasscheiben (aus der Dose) in Würfel schneiden und mit der Sauce kochen. Süßsaure Sauce schmeckt besonders gut zu gegrilltem Schweinefleisch oder Hähnchenflügeln.

Puten-Salbei-Spieße
8 Spieße

Zum Vorbereiten

Zubereitungszeit: 30 Minuten
Grillzeit: etwa 10 Minuten

8 flache, dünne Scheiben Putenschnitzel (je 125 g)
Salz
gem. Pfeffer
24 dünne Scheiben Frühstücksspeck (Bacon)
2 Bund Salbei
etwas Speiseöl, z. B. Sonnenblumenöl
grob gem. Pfeffer

Außerdem:
8 Schaschlikspieße

Pro Stück:
E: 25 g, F: 26 g, Kh: 5 g,
kJ: 1586, kcal: 379

1. Die Putenschnitzel unter fließendem kalten Wasser abspülen, trocken tupfen, mit ein wenig Salz und Pfeffer bestreuen und mit je 3 Scheiben Frühstücksspeck belegen.
2. Den Salbei abspülen, trocken tupfen und Blättchen von den Stängeln zupfen. Einige Blättchen beiseitelegen, die restlichen Blättchen auf den Putenschnitzeln verteilen.
3. Die Schnitzel von der langen Seite her aufrollen. Jedes Schnitzel schräg in 4 gleich große Stücke schneiden, auf je 1 Schaschlikspieß stecken und mit Öl bestreichen. Die Spieße auf dem heißen Grillrost (leicht gefettet) von jeder Seite etwa 5 Minuten grillen, dann mit grobem Pfeffer bestreuen. Die Spieße mit den Salbeiblättern garnieren, warm oder kalt servieren.

Abwandlung: Die Putenschnitzel mit je 1–2 Esslöffel Pesto (aus dem Glas) bestreichen, mit je 1–2 gehackten, getrockneten, in Öl eingelegten Tomaten (aus dem Glas) bestreuen und aufrollen. Oder die Schnitzel dünn mit mittelscharfem Senf bestreichen, 100 g gewürztes Mett darauf verteilen und aufrollen.

Süßsaure Sauce

Puten-Salbei-Spieße

Hackfleischröllchen auf Zitronengrasspießen

10–12 Stück **Zum Vorbereiten**

Zubereitungszeit: 25 Minuten, ohne Abkühlzeit
Backzeit: etwa 8 Minuten

1 Schalotte
1 Knoblauchzehe
1 rote Chilischote
2–3 EL Speiseöl, z. B. Olivenöl
1 feine Bratwurst, ungebrüht
400 g Gehacktes (halb Rind-, halb Schweinefleisch)
1 Eigelb (Größe M)
2–3 EL Semmelbrösel
Salz
gem. Pfeffer
1 TL Paprikapulver rosenscharf
½ Bund Koriander

Außerdem:
10–12 Zitronengrasstiele
evtl. 1 Chilischote

Pro Stück:
E: 9 g, F: 11 g, Kh: 2 g,
kJ: 583, kcal: 139

1. Schalotte und Knoblauch abziehen und in kleine Würfel schneiden. Die Chilischote abspülen, trocken tupfen, entstielen, entkernen und ebenfalls klein würfeln.
2. Einen Esslöffel des Speiseöls in einer kleinen Pfanne erhitzen. Schalotten-, Knoblauch- und Chiliwürfel darin andünsten. Die Pfanne von der Kochstelle nehmen. Die Schalotten-Chili-Masse abkühlen lassen.
3. Das Bratwurstbrät aus der Pelle drücken. Gehacktes mit dem Bratwurstbrät in eine Schüssel geben. Eigelb, Schalotten-Chili-Masse und Semmelbrösel hinzugeben. Die Zutaten gut verkneten. Hackfleischmasse mit Salz, Pfeffer und Paprika würzen.
4. Koriander abspülen und trocken tupfen. Die Blättchen von den Stängeln zupfen. Blättchen klein schneiden (etwas Koriander zum Bestreuen beiseitelegen) und unter den Fleischteig arbeiten.

Hackfleischröllchen auf Zitronengrasspießen

5. Die Zitronengrasstiele abspülen, abtrocknen und die unteren Enden schräg anschneiden.
6. Aus dem Fleischteig mit angefeuchteten Händen 10–12 längliche Röllchen formen und auf die Zitronengrasstiele spießen.
7. Jeweils etwas von dem restlichen Speiseöl in einer großen Pfanne erhitzen. Die Hackfleischröllchen darin etwa 8 Minuten von allen Seiten braun braten.
8. Nach Belieben die Chilischote abspülen, trocken tupfen, entstielen und in Ringe schneiden. Die Hackfleischröllchen mit den Chiliringen und dem beiseitegelegten Koriander bestreuen.

Bunte Schinkeneier

12 Portionen

Zubereitungszeit: 30 Minuten

500 g Delikatess-Mayonnaise
Saft von 1/2 Zitrone
etwa 2 EL Milch
2 EL Tomatenketchup
Worcestersauce
Sojasauce
140 g abgetropfte Ananasscheiben (aus der Dose)

Bunte Schinkeneier

390 g abgetropfter Selleriesalat (aus dem Glas)
450 g fein geschnittener Knochenschinken
6 hart gekochte Eier
2 Bund Schnittlauch

Pro Portion:
E: 12 g, F: 29 g, Kh: 8 g,
kJ: 1488, kcal: 355

1. Die Mayonnaise mit Zitronensaft, Milch und Ketchup verrühren und mit Worcester- und Sojasauce würzig abschmecken.
2. Die Ananasscheiben in feine Würfel schneiden, die Selleriestreifen evtl. etwas kleiner schneiden. Beide Zutaten unter die Mayonnaisemasse rühren. Ein Viertel des Schinkens ebenfalls unterrühren.
3. Die Eier pellen, halbieren und mit der Wölbung nach oben auf einer großen Platte anrichten. Die Mayonnaisemasse in der Mitte der Platte verteilen, sodass die Eier noch etwa zur Hälfte herausschauen.
4. Schnittlauch abspülen, trocken tupfen und in feine Röllchen schneiden. Den restlichen Schinken und die Schnittlauchröllchen als Kranz außen um die Eier garnieren.

Tipp: Die Mayonnaise sollte eine feste Konsistenz haben, verwenden Sie deshalb keine Salatmayonnaise.

Knuspersticks

Gemüse-Sesam-Kräcker

Knuspersticks

8 Stück

Zum Vorbereiten

Zubereitungszeit: 20 Minuten, ohne Auftauzeit
Backzeit: 12–15 Minuten

8 Blätter TK-Frühlingsrollen-Teig (je 20 x 20 cm, erhältlich im Asialaden)
1 Eiweiß
8 TL Mango-Chutney
50 g Fetakäse

Pro Stück:
E: 3 g, F: 1 g, Kh: 10 g,
kJ: 275, kcal: 65

1. Den Backofen vorheizen.
Ober-/Unterhitze: etwa 160 °C
Heißluft: etwa 140 °C
2. Die Teigblätter nach Packungsanleitung auftauen lassen. Das Eiweiß verschlagen.
3. Eines der Teigblätter dünn mit Eiweiß bestreichen. 1 Esslöffel Chutney als Streifen im unteren Drittel des Teigblattes verteilen, dabei an den Seiten jeweils einen etwa 2 cm breiten Rand frei lassen. Fetakäse zerbröseln, in 8 Portionen aufteilen und 1 Portion davon auf das Chutney streuen. Die Teigränder darüberklappen, mit Eiweiß bestreichen und zu einem Stick aufrollen.
4. Aus den restlichen Teigblättern wie beschrieben insgesamt 8 Sticks zubereiten. Sticks auf ein Backblech (mit Backpapier belegt) legen und in den vorgeheizten Backofen schieben. Die Sticks 12–15 Minuten backen.
5. Die Knuspersticks mit dem Backpapier von dem Backblech auf einen Kuchenrost ziehen. Die Knuspersticks erkalten lassen.

Gemüse-Sesam-Kräcker

40 Stück

Zubereitungszeit: 50 Minuten, ohne Abkühlzeit
Backzeit: etwa 15 Minuten

1 kg Knollensellerie oder Kohlrabi
1 l Gemüsebrühe
2 Eier (Größe M)
Salz, gem. Pfeffer
250 g Sesamsamen, geschält

40 runde Salz-Kräcker

Zum Bestreichen und Garnieren:
50 g Sahnemeerrettich
Oliven und/oder kleine Gewürzgurken

Pro Stück:
E: 2 g, F: 3 g, Kh: 3 g,
kJ: 201, kcal: 48

1. Knollensellerie oder Kohlrabi putzen, schälen, abspülen und gut abtropfen lassen. Knollensellerie oder Kohlrabi in 1/2–1 cm dicke Scheiben schneiden.
2. Die Gemüsebrühe in einem Topf zugedeckt zum Kochen bringen. Sellerie- oder Kohlrabischeiben hinzugeben und etwa 3 Minuten darin kochen lassen. Anschließend in ein Sieb geben, mit kaltem Wasser abspülen und etwas abkühlen lassen.
3. Den Backofen vorheizen.
Ober-/Unterhitze: etwa 220 °C
Heißluft: etwa 200 °C
4. Aus den Sellerie- oder Kohlrabischeiben mit einer runden Ausstechform Scheiben in Größe der Salz-Cracker ausstechen. Die Eier in einer Schüssel verschlagen, mit Salz und Pfeffer würzen. Die Gemüsescheiben zunächst durch die Eier ziehen, dann am Schüsselrand abstreifen und anschließend in dem Sesam wenden. Die Sesamsamen etwas andrücken.
5. Die Gemüse-Sesam-Scheiben auf ein Backblech (mit Backpapier belegt) legen. Dabei etwas Abstand zwischen den Scheiben lassen. Das Backblech in den vorgeheizten Backofen schieben. Die Gemüse-Sesam-Scheiben etwa 15 Minuten backen.
6. Die Gemüse-Sesam-Scheiben mit dem Backpapier von dem Backblech auf einen Kuchenrost ziehen und erkalten lassen.

7. Kurz vor dem Servieren jeden Salz-Kräcker mit etwas von dem Sahnemeerrettich bestreichen und mit einer Gemüsescheibe belegen. Oliven und/oder Gewürzgurken in kleine Scheiben schneiden. Die Gemüse-Sesam-Kräcker damit garnieren.

Tipp: Statt mit Sahnemeerrettich können Sie die Salz-Kräcker auch mit Frischkäse, z.B. Paprika-Frischkäse, bestreichen.

Schinken-Wraps mit Spinat

Zum Vorbereiten

12 Stück

Zubereitungszeit: 40 Minuten, ohne Auftauzeit

450 g TK-Blattspinat
1 gelbe Paprikaschote (150 g)
2 rote Paprikaschoten (je 150 g)
2–3 Knoblauchzehen
3 EL Olivenöl
Salz
gem. Pfeffer
2 hart gekochte Eier
6 große Scheiben Kochschinken (etwa 300 g)

Pro Stück:
E: 9 g, F: 7 g, Kh: 2 g,
kJ: 471, kcal: 112

1. Den Blattspinat nach Packungsanleitung auftauen lassen.
2. Die Paprikaschoten halbieren, entstielen, entkernen und die weißen Scheidewände entfernen. Schotenhälften abspülen, abtropfen lassen und in kleine Würfel schneiden. Knoblauch abziehen und ebenfalls klein würfeln.
3. Olivenöl in einem Topf erhitzen. Knoblauch- und Paprikawürfel darin andünsten. Spinat ausdrücken, hinzugeben und zugedeckt etwa 5 Minuten dünsten. Dann im offenen Topf weitergaren, bis die Flüssigkeit verdampft ist. Spinat-Paprika-Mischung mit Salz und Pfeffer würzen.
4. Eier pellen und in Würfel schneiden. Die Schinkenscheiben halbieren, zu spitzen Tüten aufrollen und mit der Spinat-Paprika-Mischung füllen. Die Tüten in Gläser stellen und mit den Eierwürfeln bestreuen.

Kleine Spinattaler

12 Stück

Zum Vorbereiten

Zubereitungszeit: 60 Minuten, ohne Auftau- und Abkühlzeit

225 g TK-Blattspinat
150 g Magerquark
2 Eier (Größe M)
50 g Hartweizengrieß
Salz
gem. Pfeffer
ger. Muskatnuss
5 EL Speiseöl
2–3 Tomaten
150 g Mozzarella
12 Basilikumblättchen

Außerdem:
12 Holzstäbchen

Pro Stück:
E: 7 g, F: 8 g, Kh: 4 g,
kJ: 509, kcal: 122

1. Spinat nach Packungsanleitung auftauen lassen. Spinat ausdrücken, hacken und in eine Schüssel geben. Quark, Eier und Grieß unterrühren. Den Spinat-Quark-Teig mit Salz, Pfeffer und Muskat würzen.
2. Etwas Speiseöl in einer großen Pfanne erhitzen. Den Teig portionsweise mit einem Löffel in die Pfanne geben und mit dem Löffel zu Talern formen. Die Spinattaler von beiden Seiten goldbraun backen. Die Spinattaler aus der Pfanne nehmen und erkalten lassen. Aus dem Teig insgesamt 12 Taler backen.
3. Tomaten abspülen, trocken tupfen und die Stängelansätze herausschneiden. Die Tomaten in Scheiben schneiden. Mozzarella abtropfen lassen und ebenfalls in Scheiben schneiden.
4. Die Spinattaler mit je 1 Tomaten- und Mozzarella-Scheibe belegen, mit Holzstäbchen feststecken. Die Basilikumblättchen abspülen und trocken tupfen. Die Spinattaler anschließend mit je 1 Basilikumblättchen garnieren.

Käse-Wraps

6. Essig mit Salz, Pfeffer und Senf verrühren. Olivenöl unterschlagen. Die Sauce evtl. nochmals mit den Gewürzen abschmecken. Rucola, Möhrenraspel und Haselnusskerne in eine Schüssel geben und mit der Sauce vermengen.
7. Die Fladentüten vor dem Servieren mit dem Salat füllen, evtl. mit kleinen Holzstäbchen feststecken oder in Pergamentpapiertüten wickeln.

Käse-Wraps

Zum Vorbereiten

12 Stück

Zubereitungszeit: 50 Minuten, ohne Abkühlzeit
Backzeit: etwa 12 Minuten je Backblech

Für den Teig:
80 g Butter oder Margarine
1 TL Fenchelsamen
80 g Weizenmehl
2 Eier (Größe M)
1/2 TL Salz
100 g ger. Parmesan
100 g ger. Raclette-Käse
1–2 TL gerebelter Thymian
125 ml Milch

Für den Salat:
80 g Rucola (Rauke)
250 g Möhren
2 EL Balsamico-Essig
Salz
gem. Pfeffer
1 TL mittelscharfer Senf
2 EL Olivenöl
30 g gehackte Haselnusskerne

Pro Stück:
E: 8 g, F: 13 g, Kh: 8 g,
kJ: 767, kcal: 184

1. Den Backofen vorheizen.
Ober-/Unterhitze: etwa 200 °C
Heißluft: etwa 180 °C
2. Für den Teig die Butter oder Margarine zerlassen. Fenchelsamen im Mörser zerstoßen. Mehl, Eier, Salz, beide Käsesorten, Thymian, Fenchel, Butter oder Margarine und Milch in eine Rührschüssel geben. Die Zutaten mit einem Mixer (Rührstäbe) verrühren.
3. Den Teig esslöffelweise in großen Abständen voneinander auf Backbleche (mit Backpapier belegt) geben und zu runden Fladen (Ø etwa 14 cm) verstreichen. Die Backbleche nacheinander (bei Heißluft zusammen) in den vorgeheizten Backofen schieben. Die Fladen etwa 12 Minuten je Backblech backen.
4. Die fertigen Fladen noch heiß vom Backpapier nehmen. Die Fladen jeweils bis zur Mitte einmal einschneiden und zu einer Tüte formen. Die Tüten in Gläser oder Tassen setzen und erkalten lassen.
5. Für den Salat Rucola putzen und die dicken Stiele herausschneiden. Rucola waschen und abtropfen lassen oder trocken schleudern. Möhren putzen, schälen, abspülen, abtropfen lassen und grob raspeln.

Dip mit Apfel-Meerrettich

Zum Vorbereiten

etwa 250 ml

Zubereitungszeit: 20 Minuten, ohne Durchziehzeit

1 rotschaliger Apfel (etwa 160 g), z. B. Pink Lady
3 EL Zitronensaft
1 Bund Schnittlauch
4 EL Sahnemeerrettich
1 EL Weißweinessig
4 EL Speiseöl
3 EL kaltes Wasser
Salz, gem. Pfeffer
1 Prise Zucker

Insgesamt:
E: 3 g, F: 70 g, Kh: 29 g,
kJ: 3180, kcal: 759

1. Den Apfel heiß abwaschen, abtrocknen, vierteln, entkernen und mit Schale in kleine Würfel schneiden. Apfelwürfel sofort mit Zitronensaft beträufeln.
2. Schnittlauch abspülen, trocken tupfen. 2–3 Halme zum Garnieren beiseitelegen. Die restlichen Halme in kleine Röllchen schneiden.
3. Den Meerrettich mit Essig, Speiseöl und Wasser in einer Schüssel glatt rühren. Die Meerrettich-Essig-Öl-Mischung mit Salz, Pfeffer und Zucker würzen, die Apfelwürfel unterrühren.
4. Den Dip etwa 10 Minuten durchziehen lassen, dann in eine Schale geben. Beiseitegelegte Schnittlauch-

halme in kleine Röllchen schneiden und auf den Dip streuen.

Tipp: Der Dip mit Apfel-Meerrettich passt hervorragend zu Fisch und Fleisch.

Pizzastückchen Mexicana mit Avocado-Dip

10 Portionen

Zubereitungszeit: 40 Minuten, ohne Teiggehzeit
Backzeit: etwa 25 Minuten

Für den Hefeteig:
175 g Weizenmehl
200 g Maismehl
1 Pck. Dr. Oetker Trockenbackhefe
1 gestr. TL Salz
1/2 gestr. TL Zucker
250 ml lauwarmes Wasser
2 EL Olivenöl

Für den Belag:
400 g Hüftsteaks
2 EL Olivenöl
Salz, gem. Pfeffer
400 g Pizza-Tomaten (aus der Dose)
1 Pck. Fix für Chili con Carne (40 g)
einige Spritzer Tabascosauce
250 g grüne Paprikaschoten
1–2 rote Zwiebeln
250 g abgetropfte Kidneybohnen (aus der Dose)
285 g abgetropfter Gemüsemais (aus der Dose)
1 EL getrockneter Oregano
150 g Butterkäse

Für den Dip:
1–2 reife Avocados (etwa 300 g)
Saft von 1 Limette
200 g Schmand (Sauerrahm) oder Crème fraîche

Pro Portion:
E: 20 g, F: 19 g, Kh: 36 g,
kJ: 1675, kcal: 400

1. Für den Teig Weizenmehl in eine Rührschüssel geben und mit Maismehl und Trockenbackhefe sorgfältig vermischen. Salz, Zucker, Wasser und Öl hinzufügen. Die Zutaten mit einem Mixer (Knethaken) zunächst kurz auf niedrigster, dann auf höchster Stufe in etwa 5 Minuten zu einem glatten Teig verarbeiten. Den Teig zugedeckt so lange an einem warmen Ort gehen lassen, bis er sich sichtbar vergrößert hat.

2. Für den Belag in der Zwischenzeit die Hüftsteaks trocken tupfen und in Streifen schneiden. Etwas von dem Olivenöl in einer Pfanne erhitzen. Die Fleischstreifen portionsweise darin unter Wenden kräftig anbraten, mit Salz und Pfeffer würzen und aus der Pfanne nehmen.

3. Den Bratensatz mit den Pizza-Tomaten ablöschen. Fix für Chili con Carne einrühren, unter Rühren aufkochen lassen und von der Kochstelle nehmen. Die Sauce mit Tabasco scharf abschmecken.

4. Den Backofen vorheizen.
Ober-/Unterhitze: etwa 220 °C
Heißluft: etwa 200 °C

5. Die Paprikaschoten halbieren, entstielen, entkernen und die weißen Scheidewände entfernen. Die Schoten abspülen und in Streifen schneiden. Zwiebeln abziehen und fein würfeln. Bohnen und Mais getrennt mit kaltem Wasser abspülen und abtropfen lassen.

6. Den Teig auf der leicht bemehlten Arbeitsfläche nochmals durchkneten, dann mit bemehlten Händen auf einem Backblech (30 x 40 cm, gefettet) verteilen und mit einer Teigrolle ausrollen.

7. Die Sauce auf den Teig streichen. Bohnen, Mais, Paprika- und Fleischstreifen darauf verteilen. Die Pizza mit Oregano und zwei Drittel der Zwiebelwürfel bestreuen. Den Käse fein würfeln oder grob reiben und gleichmäßig darüber verteilen. Das Backblech in den vorgeheizten Backofen schieben. Die Pizza etwa 25 Minuten backen.

8. Für den Dip in der Zwischenzeit Avocados halbieren und den Stein entfernen. Das Fruchtfleisch mit einem Löffel aus der Schale nehmen, mit Limettensaft beträufeln und mit einer Gabel zerdrücken. Schmand oder Crème fraîche und die restlichen Zwiebelwürfel unterrühren. Den Avocado-Dip mit Salz, Pfeffer und Tabasco abschmecken.

9. Die Pizza in kleine Stückchen schneiden und mit dem Avocado-Dip heiß oder kalt servieren.

Dip mit Apfel-Meerrettich

Pizzastückchen Mexicana mit Avocado-Dip

Garnelen im Fenchelsud

10 Portionen

Zum Vorbereiten

Zubereitungszeit: 40 Minuten, ohne Abkühlzeit

2 kg Garnelen (mit Kopf)
2 Zwiebeln
2 Knoblauchzehen
1 Fenchelknolle
4 EL Olivenöl
250 ml trockener Weißwein
1 EL Anislikör
Saft von 1 Zitrone
Salz, gem. Pfeffer

Für die Salsa:
80 g Rucola (Rauke)
2 Schalotten
100 g Joghurt (3,5 % Fett)
300 g Delikatess-Mayonnaise
1 Prise Zucker

Pro Portion:
E: 19 g, F: 31 g, Kh: 4 g,
kJ: 1624, kcal: 388

Garnelen im Fenchelsud

1. Die Garnelen unter fließendem kalten Wasser abspülen und trocken tupfen. Zwiebeln und Knoblauch abziehen, in kleine Würfel schneiden. Die Fenchelknolle putzen, abspülen, abtropfen lassen, halbieren und in feine Streifen schneiden.
2. Olivenöl in einem Topf erhitzen. Zwiebel- und Knoblauchwürfel darin glasig dünsten. Fenchelstreifen hinzugeben, unter Rühren mitdünsten und mit Weißwein ablöschen. Anislikör, Zitronensaft, Salz und Pfeffer unterrühren. Die Garnelen hinzufügen und zugedeckt etwa 1 Minute kochen lassen. Den Topf von der Kochstelle nehmen. Die Garnelen in dem Fenchelsud abkühlen lassen.
3. Für die Salsa Rucola verlesen und die Stängel abschneiden. Rucola abspülen, gut abtropfen lassen oder trocken schleudern und sehr klein schneiden. Schalotten abziehen und sehr klein würfeln. Joghurt mit Mayonnaise glatt rühren. Rucola und Schalottenwürfel unterrühren. Die Salsa mit Salz, Pfeffer und Zucker würzen.
4. Die Garnelen aus dem Sud nehmen. Garnelenschwänze abschälen, den Darm entfernen. Den Fenchelsud in eine Servierschale geben. Die Garnelen dekorativ mit den Köpfen hineinlegen, mit der Salsa servieren.

Gefüllte Baguettes

12 Portionen (ohne Foto)

Zum Vorbereiten

Zubereitungszeit: 40 Minuten, ohne Durchziehzeit

Für die Füllung:
1 kg Weißkohl
3 EL Weißweinessig
Salz, gem. Pfeffer
1 Prise Zucker
evtl. etwas gem. Kümmel
8 EL Speiseöl

1 kleiner Eisbergsalat
1 rote Paprikaschote
12 Scheiben Kochschinken

Zum Bestreichen:
500 g Crème fraîche
2–3 EL Essig
1 Prise Zucker

6 kleine Baguettes
(je etwa 30 cm lang)

Außerdem:
einige Holzspießchen

Pro Portion:
E: 19 g, F: 27 g, Kh: 49 g,
kJ: 2238, kcal: 535

1. Für die Füllung den Kohl vierteln und den Strunk herausschneiden. Den Kohl waschen, abtropfen lassen und fein hobeln. Essig mit Salz, Pfeffer, Zucker und nach Belieben mit Kümmel gut verrühren. Das Öl unterschlagen. Die Sauce mit dem Kohl vermengen und etwa 1 Stunde durchziehen lassen.
2. Den Salat in Stücke zupfen, waschen und trocken schleudern oder gut abtropfen lassen. Paprikaschote halbieren, entstielen, entkernen und die weißen Scheidewände entfernen. Schotenhälften abspülen, abtropfen lassen und in feine Streifen schneiden. Die Schinkenscheiben nach Belieben halbieren.
3. Zum Bestreichen Crème fraîche mit Essig, Salz, Pfeffer und Zucker würzen.
4. Die Baguettes 2-mal waagerecht durchschneiden. Die unteren Böden mit der Hälfte der Crème-fraîche-Creme bestreichen, mit jeweils der Hälfte der Salatblätter, Schinken, Krautsalat und Paprikastreifen belegen und mit den mittleren Böden bedecken.
5. Die restliche Crème-fraîche-Creme daraufgeben, verstreichen und mit den restlichen Zutaten belegen. Die oberen Böden in Dreiecke schneiden und darauflegen. In jedes Dreieck ein Holzspießchen stecken.

Tipps: Die gefüllten Baguettes eignen sich für eine Steh- oder Gartenparty. Die oberen Böden dann nicht in Dreiecke schneiden, die Brote halbieren und die runden Enden fest mit einer Serviette umwickeln. So können die Baguettes gut aus der Hand gegessen werden. Schneller geht es, wenn Sie anstelle des selbst gemachten gekauften Krautsalat (etwa 800 g) verwenden. Anstelle der Baguettes können Sie auch 12 Baguettebrötchen nehmen. Die Brote erst kurz vor dem Servieren füllen, sie weichen sonst durch.

Gefüllte Mini-Crêpes

Apfel-Tofu-Creme

Gefüllte Mini-Crêpes

24 Stück

Zum Vorbereiten

Zubereitungszeit: 60 Minuten, ohne Abkühlzeit

Für den Teig:
75 g Butter
180 g Weizenmehl
4 Eier (Größe M)
1/2 TL Salz
375 ml Milch (3,5 % Fett)

Für die Bohnenfüllung:
500 g abgetropfte Kidneybohnen (aus der Dose)
500 g abgetropfte, weiße Riesenbohnen (aus der Dose)
1 Zwiebel
200 g geräucherter Putenbrustaufschnitt
1 Bund Estragon
4 EL weißer Balsamico-Essig
2 TL körniger Senf
Salz
gem. Pfeffer
Cayennepfeffer
5 EL Olivenöl

5 EL Speiseöl

Pro Stück:
E: 7 g, F: 9 g, Kh: 13 g,
kJ: 679, kcal: 162

1. Für den Teig die Butter zerlassen. Das Mehl in eine Rührschüssel geben. Eier, Salz und Milch hinzufügen. Die Zutaten mit Mixer (Rührstäbe) zu einem glatten Teig verrühren. Zuletzt die zerlassene Butter unterrühren. Den Teig bis zur weiteren Verwendung zugedeckt beiseitestellen.
2. Für die Bohnenfüllung beide Bohnensorten in ein Sieb geben, kalt abspülen und abtropfen lassen. Zwiebel abziehen, halbieren und fein würfeln. Putenbrustaufschnitt in kleine Würfel schneiden. Den Estragon abspülen, trocken tupfen und die Blättchen von den Stängeln zupfen. Einige Estragonblättchen zum Garnieren beiseitelegen, die restlichen Estragonblättchen klein schneiden.
3. Essig mit Senf in einer Schüssel glatt rühren, mit Salz, Pfeffer und Cayennepfeffer würzen. Das Olivenöl unterschlagen. Die Senfsauce mit den Bohnen, dem Estragon sowie den Zwiebel- und Putenbrustwürfeln mischen.
4. Etwas von dem Speiseöl in einer Pfanne (Ø etwa 15 cm) erhitzen. Den Teig gut durchrühren und eine sehr dünne Teiglage mit einer drehenden Bewegung gleichmäßig auf dem Boden der Pfanne verteilen. Den Crêpe von beiden Seiten goldbraun backen. Auf diese Weise insgesamt 24 Crêpes backen. Die Crêpes erkalten lassen.
5. Den Bohnensalat nochmals mit Salz, Pfeffer und Cayennepfeffer abschmecken. Die Crêpes zu Tüten formen, mit dem Bohnensalat füllen und evtl. mit Servietten oder Butterbrotpapier umwickeln. Dann Crêpes mit den beiseitegelegten Estragonblättchen garnieren.

Apfel-Tofu-Creme

etwa 575 g

Zum Vorbereiten

Zubereitungszeit: 15 Minuten

2 EL Sonnenblumen- oder Kürbiskerne
1 Bund Schnittlauch
300 g Tofu
150 g Schmand (Sauerrahm)
1/4 säuerlicher Apfel (etwa 100 g)
1–2 EL Zitronensaft
Salz, gem. Pfeffer
evtl. 1 Prise Currypulver

Insgesamt:
E: 36 g, F: 63 g, Kh: 22 g,
kJ: 3490, kcal: 834

1. Die Sonnenblumen- oder Kürbiskerne in einer Pfanne ohne Fett unter Wenden etwas anrösten, dann auf einen Teller geben.
2. Schnittlauch abspülen, trocken tupfen und in feine Röllchen schneiden. Tofu abtropfen lassen und fein pürieren oder sehr fein hacken. Tofumasse mit Schmand und Schnittlauch verrühren.
3. Den Apfel schälen, entkernen und ebenfalls sehr fein würfeln. Apfel mit Zitronensaft vermischen und unter die Tofumischung rühren.
4. Die Creme mit Salz, Pfeffer und evtl. Curry würzig abschmecken. Die gerösteten Kerne nach Belieben grob hacken und daraufstreuen.
5. Die Apfel-Tofu-Creme in ein verschließbares Gefäß füllen und in den Kühlschrank stellen.

Parmesan-Mandel-Cantuccini

Parmesan-Mandel-Cantuccini

Zum Vorbereiten

60 Stück

Zubereitungszeit: 40 Minuten, ohne Abkühlzeit
Backzeit: etwa 60 Minuten

Zum Vorbereiten:
75 g getrocknete Aprikosen
10–12 frische Salbeiblätter
75 g Parmesan, am Stück

Für den Teig:
425 g Weizenmehl
1 TL Dr. Oetker Backin
1 TL Salz
75 g kalte Butter
2 Eier (Größe S)
125 ml Milch (3,5 % Fett)
150 g geröstete Salzmandeln

1 Eigelb

Pro Stück:
E: 3 g, F: 4 g, Kh: 7 g,
kJ: 306, kcal: 73

1. Zum Vorbereiten die Aprikosen in etwa 1 cm große Stücke schneiden. Die Salbeiblätter abspülen, trocken tupfen und fein hacken. Den Parmesan fein reiben.

2. Den Backofen vorheizen.
Ober-/Unterhitze: etwa 180 °C
Heißluft: etwa 160 °C

3. Für den Teig Mehl mit Backpulver, Salz und 50 g von dem Parmesan in einer Rührschüssel mischen. Die Butter in Würfel schneiden und dazugeben.

4. Die Zutaten mit Mixer (Knethaken) zunächst kurz auf niedrigster, dann auf höchster Stufe zu einem grobkrümeligen Teig verkneten. Dabei nicht zu lange kneten. Die Eier mit der Milch verquirlen, dazugeben und kurz unterkneten, sodass ein glatter Teig entsteht.

5. Den Teig auf eine leicht bemehlte Arbeitfläche geben. Salzmandeln, Aprikosenstücke und fein gehackten Salbei mit den Händen kurz und gleichmäßig unterkneten. Den Teig in 2 Portionen teilen. Jede Teigportion zu 1 Teigstange formen (je etwa 35 cm lang, 5 cm breit, 2 cm hoch).

6. Die Teigstangen auf ein Backblech (mit Backpapier belegt) legen. Dabei etwas Abstand zwischen den Teigstangen lassen. Das Eigelb verquirlen. Die Teigstangen damit bestreichen und mit dem restlichen Parmesan bestreuen.

7. Das Backblech in den vorgeheizten Backofen (unteres Drittel) schieben. Die Teigstangen etwa 30 Minuten vorbacken. Das Backblech auf einen Kuchenrost stellen. Die Backofentemperatur um etwa 20 °C herunterschalten. Das Gebäck etwa 10 Minuten abkühlen lassen.

8. Das Gebäck mit einem Sägemesser leicht schräg in etwa 1 cm breite Scheiben schneiden. Die Scheiben nebeneinander auf 2 Backbleche (mit Backpapier belegt) legen.

9. Die Backbleche nacheinander (bei Heißluft zusammen) in den heißen Backofen schieben. Die Cantuccini weitere etwa 30 Minuten je Backblech backen. Dabei die Cantuccini nach etwa 15 Minuten Backzeit einmal wenden.

10. Die Cantuccini mit dem Backpapier von dem Backblech auf einen Kuchenrost ziehen, erkalten lassen.

Tipp: Die Cantuccini lassen sich in einer gut schließenden Blechdose etwa 1 Woche aufbewahren.

Orangensauce

Zum Vorbereiten

etwa 600 g (ohne Foto)

Zubereitungszeit: 25 Minuten

2 Bio-Orangen (unbehandelt, ungewachst)
300 g Crème fraîche
200 g Doppelrahm-Frischkäse
Salz
gem. Pfeffer
Zucker

Insgesamt:
E: 31 g, F: 153 g, Kh: 30 g,
kJ: 6986, kcal: 1670

1. Die Orangen heiß abwaschen und abtrocknen. Die Schale fein abreiben. Orangen halbieren, den Saft auspressen und 8 Esslöffel davon abmessen.

2. Crème fraîche mit der Orangenschale und dem abgemessenen Saft verrühren. Den Frischkäse unterrühren. Die Orangensauce mit Salz, Pfeffer und Zucker abschmecken.

Studentenfutter

8 Portionen

Zum Vorbereiten

Zubereitungszeit: 30 Minuten, ohne Abkühlzeit

100 g abgezogene, ganze Mandeln
100 g Cashewkerne
25 g Pistazienkerne
2 EL flüssiger Honig
1 EL Olivenöl
1 EL Sesamsamen
1 TL Garam Masala (indische Gewürzmischung)
1 TL Paprikapulver edelsüß
Salz
50 g getrocknete Datteln
50 g getrocknete Aprikosen
50 g getrocknete Soft-Feigen

Pro Portion:
E: 7 g, F: 16 g, Kh: 20 g,
kJ: 1049, kcal: 251

1. Den Backofen vorheizen.
Ober-/Unterhitze: etwa 200 °C
Heißluft: etwa 180 °C
2. Die Mandeln, Cashew- und Pistazienkerne in eine Schüssel geben. Die Nusskernmischung mit Honig, Olivenöl, Sesam, Garam Masala und Paprikapulver gut vermischen.
3. Die Nusskernmischung auf einem Backblech (gefettet, mit Backpapier belegt) verteilen. Das Backblech in den vorgeheizten Backofen schieben. Die Nusskernmischung 7–8 Minuten rösten, dabei immer wieder mit einem Pfannenwender wenden.
4. Die Nusskernmischung vorsichtig mit dem Backpapier von dem Backblech auf eine Platte ziehen und noch heiß mit Salz bestreuen. Die Nusskernmischung erkalten lassen, dann in eine Schüssel geben.
5. Datteln, Aprikosen und Feigen klein schneiden, zu der Nusskernmischung geben und untermengen.

Frühlingszwiebeln in Bierteig

8 Portionen

Zubereitungszeit: 30 Minuten, ohne Ruhezeit

6 Bund Frühlingszwiebeln (etwa 1 1/2 kg, möglichst dünne Zwiebeln)

Für den Bierteig:
250 g Weizenmehl
3 Eier (Größe M)
250 ml helles Bier oder Malzbier
Salz
gem. Pfeffer

Zum Ausbacken:
750 g Frittierfett

Zum Dippen:
200 g Kräuter-Crème-fraîche

Pro Portion:
E: 5 g, F: 19 g, Kh: 23 g,
kJ: 1160, kcal: 278

1. Frühlingszwiebeln größtenteils von dem Grün befreien. Wurzeln abschneiden. Frühlingszwiebeln gründlich waschen und mit Küchenpapier trocken tupfen.
2. Für den Teig das Mehl in eine Rührschüssel geben und mit den Eiern gut verrühren. Das Bier unterrühren. Den Teig mit Salz und Pfeffer würzen und etwa 20 Minuten ruhen lassen.
3. Zum Ausbacken das Frittierfett in einem Topf auf etwa 180 °C erhitzen.
4. Den Bierteig nochmals durchrühren. Die Frühlingszwiebeln durch den Bierteig ziehen, am Schüsselrand abstreifen und portionsweise in dem siedenden Ausbackfett 3–5 Minuten goldbraun rausbacken.
5. Die Frühlingszwiebeln mit einem Schaumlöffel aus dem Fett nehmen und auf Küchenpapier abtropfen lassen. Auf eine vorgewärmte Platte legen und warm stellen.
6. Zu den Frühlingszwiebeln Kräuter-Crème-fraîche zum Dippen reichen.

Studentenfutter

Frühlingszwiebeln in Bierteig

Maiskorn-Küchlein mit Sambal

Hummus mit Tortilla-Sticks

Maiskorn-Küchlein mit Sambal

Zum Vorbereiten

12 Portionen

Zubereitungszeit: 40 Minuten, ohne Ruhe- und Abkühlzeit

2 Frühlingszwiebeln
45 g geröstete, gesalzene Erdnüsse
90 g Cornflakes
250 g abgetropfter Gemüsemais (aus der Dose)
3 Eier (Größe L)
75 ml Milch (3,5 % Fett)
Saft von dem Gemüsemais (aus der Dose)
3 EL Weizenmehl
Salz, Cayennepfeffer
7 EL Speiseöl

Für das Sambal:
175 g Mangofruchtfleisch, geschält
1/2 rote Chilischote
1 kleine, rote Zwiebel
125 g Cocktailtomaten
4–5 Stängel Koriander
4 EL Limettensaft
2 EL Ketjap Manis (süße Sojasauce)
5 EL Orangensaft

Pro Portion:
E: 5 g, F: 8 g, Kh: 15 g,
kJ: 657, kcal: 157

1. Die Frühlingszwiebeln putzen, abspülen, abtropfen lassen und in sehr feine Scheiben schneiden. Die Erdnüsse fein hacken und die Cornflakes leicht zerbröseln. Den Saft von dem Gemüsemais auffangen und beiseitestellen. Die Hälfte der Maiskörner fein hacken.
2. Die Eier mit Milch, dem Saft von dem Gemüsemais, Mehl, Salz und Cayennepfeffer verquirlen. Die Frühlingszwiebeln, Erdnüsse, Cornflakes, gehackten Mais und restliche Maiskörner mit einem Löffel gleichmäßig unterrühren. Den Teig etwa 15 Minuten ruhen lassen.
3. Die Maismasse mit leicht angefeuchteten Händen zu 12 Küchlein formen, flach drücken. Das Speiseöl in einer Pfanne bei mittlerer Hitze erhitzen. Die Küchlein portionsweise in die Pfanne geben und von jeder Seite etwa 2 Minuten goldbraun braten. Die Küchlein auf Küchenpapier abtropfen und erkalten lassen.
4. Für das Sambal das Mangofruchtfleisch in kleine Würfel schneiden. Die Chilischote abspülen, abtrocknen, entstielen und mit den Kernen fein hacken. Die Zwiebel abziehen, halbieren und fein würfeln.
5. Cocktailtomaten abspülen, abtrocknen, halbieren und evtl. die Stängelansätze herausschneiden. Die Tomaten in kleine Stückchen schneiden.
6. Koriander abspülen, trocken tupfen und die Blättchen von den Stängeln zupfen. Evtl. einige Blättchen zum Garnieren beiseitelegen. Die restlichen Blättchen fein hacken.
7. Mangowürfel, fein gehackte Chilischote, Zwiebelwürfel, Tomatenstückchen und fein gehackten Koriander in einer Schüssel mischen. Die Zutaten mit etwas Salz, Limettensaft, Ketjap Manis und Orangensaft verrühren.
8. Die Maisküchlein mit dem Sambal servieren und evtl. mit einigen Korianderblättchen garnieren.

Hummus mit Tortilla-Sticks

Zum Vorbereiten

8 Portionen

Zubereitungszeit: 25 Minuten, ohne Abkühlzeit

250 g abgetropfte Kichererbsen (aus der Dose)
50 g Tahini (Sesampaste)
4 EL Olivenöl
Salz
1 TL Paprikapulver rosenscharf
1 TL gem. Kreuzkümmel (Cumin)
2 EL Zitronensaft
4–5 EL kaltes Wasser

Für die Tortilla-Sticks:
1 Eigelb (Größe M)
2 EL Milch
1 geh. EL Sesamsamen, ungeschält
3 TL Paprikapulver rosenscharf
1 TL gem. Kreuzkümmel (Cumin)
3 Tortilla-Weizenmehl-Fladen (Ø je etwa 20 cm)

4 EL Olivenöl
einige Minzeblättchen

Pro Portion:
E: 6 g, F: 16 g, Kh: 16 g,
kJ: 986, kcal: 236

1. Die Kichererbsen in ein Sieb geben, kalt abspülen und gut abtropfen lassen. Die Kichererbsen in einen hohen Rührbecher geben. Tahinipaste, Olivenöl, Salz, Paprikapulver, Cumin und Zitronensaft dazugeben.
2. Die Zutaten mit einem Pürierstab fein pürieren. Dabei so viel Wasser unterrühren, bis eine sehr glatte,

cremige Masse entstanden ist. Hummus zugedeckt in den Kühlschrank stellen.

3. Den Backofengrill vorheizen.

4. Für die Tortilla-Sticks das Eigelb mit der Milch verquirlen. Sesam, 2 Teelöffel Paprikapulver und Kreuzkümmel unterrühren.

5. Die Tortillafladen nebeneinander auf eine Arbeitsplatte legen. Die Fladen auf einer Seite dünn mit der Eiermilch bestreichen. Jeden Fladen in etwa 2 cm breite Streifen schneiden. Die Fladenstreifen mit der bestrichenen Seite nach oben auf ein Backblech (mit Backpapier belegt) legen.

6. Das Backblech auf der mittleren Schiene in den vorgeheizten Backofen schieben. Die Tortilla-Sticks kurz goldbraun backen. Das Backblech auf einen Kuchenrost stellen, die Tortilla-Sticks erkalten lassen.

7. Hummus in Portionsschälchen füllen, dabei in der Mitte eine Kuhle bilden und diese mit dem Olivenöl füllen. Den Rand mit dem restlichen Paprikapulver bestreuen und mit abgespülten, trocken getupften Minzeblättchen garnieren. Hummus mit den Tortilla-Sticks anrichten.

Tipps: Eine kleine Gabel in das Paprikapulver stippen und zur Dekoration auf das Hummus stempeln. Die Tortilla-Sticks während der Grillzeit beobachten, da sie sehr schnell bräunen.

Brötchen mit Trauben und Walnüssen

10 Stück

Zum Vorbereiten

Zubereitungszeit: 45 Minuten, ohne Teiggeh- und Abkühlzeit
Backzeit: 20–25 Minuten

Für den Teig:
50 g Walnusskerne
1–2 Zweige Rosmarin
275 g Weizenmehl (Type 550)
1 1/2 TL Dr. Oetker Trockenbackhefe
1 TL Zucker
175 ml lauwarmes Wasser
1 TL Salz
125 g blaue, kernlose Weintrauben

Zum Belegen:
10 EL Feigensenf
30 große Basilikumblättchen
10 Scheiben Appenzeller, je einmal in der Mitte geteilt

Pro Stück:
E: 13 g, F: 14 g, Kh: 33 g,
kJ: 1313, kcal: 313

1. Für den Teig die Walnusskerne grob hacken. Rosmarin abspülen, trocken tupfen und die Nadeln von den Zweigen zupfen. Die Rosmarinnadeln fein schneiden.

2. 100 g von dem Mehl in einer Rührschüssel mit der Hefe und dem Zucker mischen. Wasser dazugeben, kurz mit einem Holzlöffel mischen und etwa 10 Minuten zugedeckt stehen lassen.

3. Anschließend das restliche Mehl mit dem Salz hinzufügen. Die Zutaten mit den Händen zu einem elastischen Teig verkneten.

4. Zuletzt die Walnüsse und die Rosmarinnadeln unterkneten. Den Teig zugedeckt an einem warmen Ort etwa 60 Minuten gehen lassen.

5. In der Zwischenzeit die Weintrauben abspülen, trocken tupfen und die Trauben von den Rispen zupfen. Die Trauben einmal quer halbieren.

6. Den gegangenen Teig kurz und sanft mit den Traubenhälften verkneten. Den Teig auf der leicht bemehlten Arbeitsfläche zu einer Rolle formen. Die Teigrolle in 10 gleich große Stücke schneiden. Diese zu runden Kugeln formen und mit etwas Mehl bestäuben.

7. Die Teigkugeln auf ein Backblech (mit Backpapier belegt) legen und zugedeckt nochmals so lange an einem warmen Ort gehen lassen, bis sie sich sichtbar vergrößert haben (etwa 30 Minuten).

8. Den Backofen vorheizen.
Ober-/Unterhitze: etwa 220 °C
Heißluft: etwa 200 °C

9. Die Teigkugeln einmal über Kreuz etwa 1 cm tief einschneiden.

10. Das Backblech in den vorgeheizten Backofen (unteres Drittel) schieben. Die Brötchen 20–25 Minuten backen.

11. Die Brötchen mit dem Backpapier von dem Backblech auf einen Kuchenrost ziehen und erkalten lassen.

12. Die Brötchen kurz vor dem Servieren einmal waagerecht durchschneiden und jede Hälfte mit etwas Feigensenf bestreichen. Die Unterhälften zuerst mit den Basilikumblättchen und dann mit dem Käse belegen. Die oberen Hälften daraufsetzen und leicht andrücken.

Brötchen mit Trauben und Walnüssen

Mini-Tomaten-Quiche

70 Stück

Zum Vorbereiten

Zubereitungszeit: 45 Minuten, ohne Teiggehzeit
Backzeit: etwa 40 Minuten

Für den Hefeteig:
200 g Weizenmehl
1 Pck. Dr. Oetker Trockenbackhefe
250 ml warmes Wasser
1 TL Zucker
2 EL Speiseöl
1 1/2 gestr. TL Salz

Für den Belag:
1 kg Zwiebeln
320 g getrocknete Tomaten, in Öl
Salz, gem. Pfeffer
50 g Schinkenwürfel
500 g Cocktailtomaten
300 ml Milch
300 g Schlagsahne
4 Eier (Größe L)
1 TL ger. Muskatnuss

Pro Stück:
E: 2 g, F: 3 g, Kh: 5 g,
kJ: 246, kcal: 59

1. Für den Teig Mehl in eine Rührschüssel geben und mit Trockenbackhefe sorgfältig vermischen. Restliche Zutaten hinzufügen und mit einem Mixer (Knethaken) zunächst kurz auf niedrigster, dann auf höchster Stufe in etwa 5 Minuten zu einem glatten Teig verarbeiten. Den Teig zugedeckt etwa 60 Minuten an einem warmen Ort gehen lassen.
2. Den Teig mit etwas Mehl bestäuben und auf der bemehlten Arbeitsfläche nochmals kurz durchkneten. Den Teig auf einem tiefen Backblech (30 x 40 cm, gefettet, mit Backpapier belegt) ausrollen, dabei einen etwa 1 cm hohen Rand andrücken. Teig zugedeckt etwa 30 Minuten an einem warmen Ort gehen lassen.
3. Für den Belag Zwiebeln abziehen, halbieren und klein würfeln. Die Tomaten abtropfen lassen, dabei das Öl auffangen. 4 Esslöffel des Öls in einer Pfanne erhitzen. Zwiebelwürfel darin unter Rühren glasig dünsten, dann wieder herausnehmen. Getrocknete Tomaten fein hacken, mit den Zwiebelwürfeln vermischen, mit Salz und Pfeffer abschmecken.
4. Den Backofen vorheizen.
Ober-/Unterhitze: etwa 180 °C
Heißluft: etwa 160 °C
5. Zwiebel-Tomaten-Masse gleichmäßig auf dem Teig verteilen. Eine Teighälfte mit Schinkenwürfeln bestreuen. Tomaten abspülen, trocken tupfen und die Stängelansätze entfernen. Die Tomaten gleichmäßig auf der zweiten Teighälfte verteilen.
6. Die Milch mit Sahne, Eiern, Muskat, Salz und Pfeffer verschlagen. Eier-Sahne-Milch gleichmäßig auf dem Belag verteilen.
7. Das Backblech in den vorgeheizten Backofen schieben. Die Quiche etwa 40 Minuten backen.
8. Die Tomaten-Quiche in etwa 4 x 4 cm große Quadrate schneiden.

Gefüllte Eier

20 Hälften

Zum Vorbereiten

Zubereitungszeit: 30 Minuten

10 hart gekochte Eier (Größe L)
200 g Mascarpone (ital. Frischkäse)
1 TL mittelscharfer Senf
Salz
gem. Pfeffer

Für die Tapenade:
1 Knoblauchzehe
75 g schwarze, entsteinte Oliven
3 EL Olivenöl

Außerdem:
2 EL Kapern
2 EL Lachskaviar
60 g Sardellen, in Öl

Pro Stück:
E: 5 g, F: 11 g, Kh: 1 g,
kJ: 493, kcal: 118

1. Eier pellen und waagerecht durchschneiden. Auf der Unterseite der Eierhälften je eine dünne Scheibe abschneiden, damit sie nicht kippen. Eigelb herauslösen und durch ein Sieb streichen, mit Mascarpone, Senf, Salz und Pfeffer verrühren.
2. Die Eigelbcreme in einen Spritzbeutel mit Sterntülle (Ø 14 mm) füllen. Die Eigelbcreme in die Eierhälften spritzen.
3. Für die Tapenade Knoblauch abziehen. Oliven und Knoblauch in einen Blitzhacker geben. Olivenöl nach und nach hinzugießen und fein pürieren. Die gefüllten Eier mit Tapenade, abgetropften Kapern, Lachskaviar und abgetropften Sardellen garnieren.

Mini-Tomaten

30 Stück

Zum Vorbereiten

Zubereitungszeit: 30 Minuten

30 kleine Cocktailtomaten
(etwa 500 g)

Für die Knoblauch-Mayonnaise:
2 Knoblauchzehen
3 EL Delikatess-Mayonnaise
1 EL Zitronensaft
Salz
gem. Pfeffer

Für die Tunfischcreme:
140 g abgetropfter Tunfisch
(aus der Dose)
1 EL Delikatess-Mayonnaise
1 EL Crème fraîche
1 EL Zitronensaft
1 TL Chiliflocken

Pro Stück:
E: 1 g, F: 4 g, Kh: 1 g,
kJ: 167, kcal: 40

1. Tomaten abspülen, trocken tupfen und jeweils einen Deckel abschneiden. Tomaten vorsichtig mit einem Teelöffel aushöhlen.
2. Für die Knoblauch-Mayonnaise Knoblauch abziehen und sehr klein schneiden. Mayonnaise mit Knob-

lauch, Zitronensaft, Salz und Pfeffer verrühren.
3. Mayonnaise in einen Spritzbeutel mit Lochtülle (Ø 10 mm) füllen. Die Mayonnaise in 15 Tomaten spritzen.
4. Für die Tunfischcreme den Tunfisch mit Mayonnaise, Crème fraîche, Zitronensaft und Chili in einen Rührbecher geben. Die Zutaten fein pürieren, mit Salz und Pfeffer würzen. Die Creme mit einem Teelöffel in die restlichen Tomaten geben. Tomatendeckel auflegen. Die Tomaten gekühlt servieren.

Zum Vorbereiten

Tarteletts

24 Stück

Zubereitungszeit: 25 Minuten, ohne Abkühlzeit
Backzeit: etwa 15 Minuten

Für den Knetteig:
150 g Weizenmehl
1 gestr. TL Salz
125 g Butter oder Margarine
1 EL kaltes Wasser

Für die Kräutercreme:
1 Bund Basilikum
je 1 kleines Bund Petersilie und Dill
300 g Doppelrahm-Frischkäse
2 EL Schlagsahne
3 EL Zitronensaft
Salz, gem. Pfeffer

100 g Forellenkaviar

Pro Stück:
E: 3 g, F: 9 g, Kh: 6 g,
kJ: 494, kcal: 118

1. Den Backofen vorheizen.
Ober-/Unterhitze: etwa 200 °C
Heißluft: etwa 180 °C
2. Für den Teig Mehl in eine Rührschüssel geben. Die restlichen Zutaten hinzufügen und mit einem Mixer (Knethaken) zunächst kurz auf niedrigster, dann auf höchster Stufe gut durcharbeiten. Anschließend auf einer leicht bemehlten Arbeitsfläche kurz zu einem Teig verkneten. Den Teig zu einem Rechteck (etwa 30 x 40 cm) ausrollen und 24 runde Platten (Ø etwa 6 cm) daraus ausstechen.
3. Die Teigplatten in die Mulden einer Mini-Muffinform (für 24 Muffins, mit Butter gefettet, bemehlt) legen, dabei den Rand andrücken. Die Form auf dem Rost in den vorgeheizten Backofen schieben. Die Tarteletts etwa 15 Minuten backen.
4. Die Form auf einen Kuchenrost stellen. Die Tarteletts erkalten lassen, dann aus der Form lösen.
5. Für die Kräutercreme Kräuter abspülen und trocken tupfen. Blättchen bzw. Spitzen von den Stängeln zupfen und klein schneiden. Den Frischkäse mit der Sahne und dem Zitronensaft geschmeidig rühren. Kräuter, Salz und Pfeffer unterrühren. Die Creme in einen Spritzbeutel mit Sterntülle (Ø 11 mm) füllen und in die Tarteletts spritzen.
6. Die Tarteletts kurz vor dem Servieren mit Forellenkaviar garnieren.

Gefüllte Eier / Mini-Tomaten-Quiche / Mini-Tomaten

Tarteletts

Gefüllte Hackfleischtaler

Zum Vorbereiten

10 Stück

Zubereitungszeit: 40 Minuten, ohne Abkühlzeit
Backzeit: etwa 20 Minuten

Für die Hackfleischtaler:
1 kg Gehacktes (halb Rind-, halb Schweinefleisch)
1 Ei (Größe M)
1 Eigelb (Größe M)
Salz, gem. Pfeffer

Für die Gemüse-Käse-Füllung:
je 1 kleine, rote und grüne Paprikaschote
1 EL Butter
1 EL Weißweinessig
2 EL Wasser
150 g mittelalter Gouda

etwas Rucola (Rauke)

Zum Bestreuen:
50 g Sprossenmix
je 1 Beet grüne und rote Shisokresse

Pro Stück:
E: 24 g, F: 24 g, Kh: 1 g,
kJ: 1323, kcal: 316

1. Den Backofen vorheizen.
Ober-/Unterhitze: etwa 200 °C
Heißluft: etwa 180 °C

2. Für die Hackfleischtaler Gehacktes in eine Schüssel geben. Ei und Eigelb hinzufügen. Die Zutaten gut vermengen, mit Salz und Pfeffer würzen.

3. Aus der Gehacktesmasse 20 runde Taler (Ø je etwa 5 cm) formen. Die Hackfleischtaler auf ein Backblech (mit Backpapier belegt) legen. Das Backblech in den vorgeheizten Backofen schieben. Die Hackfleischtaler etwa 20 Minuten backen.

4. Das Backblech auf einen Kuchenrost stellen. Die Hackfleischtaler abkühlen lassen.

5. Für die Füllung Paprikaschoten halbieren, entstielen, entkernen und die weißen Scheidewände entfernen. Schoten abspülen, abtropfen lassen und sehr fein würfeln. Die Butter in einer Pfanne zerlassen. Die Paprikawürfel darin andünsten. Essig und Wasser hinzugeben. Die Paprikawürfel noch etwa 1 Minute dünsten, dann abkühlen lassen.

6. Von dem Gouda 100 g in sehr kleine Würfel schneiden und mit den Paprikawürfeln mischen. Restlichen Gouda fein reiben und zum Bestreuen beiseitestellen.

7. Rucola verlesen und dicke Stängel abschneiden. Rucola abspülen, gut abtropfen lassen oder trocken schleudern und evtl. etwas kleiner zupfen.

8. Die Hälfte der Hackfleischtaler mit je 1 Rucolablättchen belegen. Jeweils etwas von der Gemüse-Käse-Mischung daraufgeben und mit je 1 unbelegten Hackfleischtaler bedecken.

9. Zum Bestreuen die Sprossen in ein Sieb geben, kalt abspülen und gut abtropfen lassen. Kresse abspülen, mit einer Küchenschere abschneiden und gut abtropfen lassen. Die Hackfleischtaler mit geriebenem Gouda, Kresse und Sprossen bestreuen und anrichten.

Tipp: Wenn es ganz schnell gehen muss, bereiten Sie die Hackfleischtaler aus frischen Bratwürsten zu. Dazu die Masse aus der Wursthaut drücken, zu kleinen Bällchen formen und wie beschrieben backen oder in der Pfanne etwa 10 Minuten braten.

Gefüllte Hackfleischtaler

Kräuter-Tomaten-Dip

Kräuter-Tomaten-Dip

etwa 350 g

Zum Vorbereiten

Zubereitungszeit: 15 Minuten

2 Tomaten
6 Sardellenfilets
2 EL abgetropfte Kapern
15 grüne Oliven, mit Paprika gefüllt
75 g Salatmayonnaise
50 g saure Sahne
Salz
gem. Pfeffer
4 EL gemischte, gehackte Kräuter

Insgesamt:
E: 11 g, F: 57 g, Kh: 12 g,
kJ: 2540, kcal: 60

1. Tomaten kreuzweise einschneiden und mit kochendem Wasser übergießen. Nach 1–2 Minuten herausneh-

men und mit kaltem Wasser abschrecken. Tomaten enthäuten, halbieren, Stängelansätze herausschneiden. Die Tomaten entkernen, das Fruchtfleisch in kleine Würfel schneiden.
2. Sardellenfilets evtl. wässern und trocken tupfen. Sardellen, Kapern und Oliven sehr fein hacken.
3. Die Mayonnaise mit saurer Sahne verrühren. Die vorbereiteten Zutaten und Kräuter unterrühren. Den Kräuter-Tomaten-Dip mit Salz und Pfeffer abschmecken, in ein verschließbares Gefäß füllen und dann in den Kühlschrank stellen.

Tipp: Der Dip ist im Kühlschrank 3–4 Tage haltbar.

Texas-Salsa

Zum Vorbereiten

etwa 1,3 l (ohne Foto)

Zubereitungszeit: 30 Minuten

200 g Zwiebeln
300 g Fleischtomaten
1 Bund glatte Petersilie
3 EL Pflanzenöl
2 gestr. TL Currypulver
300 ml Gemüsebrühe oder -fond
500 ml Tomatenketchup
Saft von 1 Limette
Salz, gem. Pfeffer
Cayennepfeffer

Insgesamt:
E: 17 g, F: 35 g, Kh: 146 g,
kJ: 4130, kcal: 988

1. Die Zwiebeln abziehen. Tomaten abspülen, abtrocknen, halbieren und die Stängelansätze herausschneiden. Die Tomaten entkernen. Zwiebeln und Tomaten in kleine Würfel schneiden.
2. Petersilie abspülen, trocken tupfen und die Blättchen von den Stängeln zupfen. Blättchen fein hacken.
3. Das Öl in einem Topf erhitzen. Die Zwiebelwürfel darin glasig dünsten. Tomatenwürfel hinzugeben und unter Rühren mit andünsten. Das Currypulver darüberstreuen. Gemüsebrühe oder -fond hinzugießen, aufkochen und etwa 5 Minuten leicht kochen lassen.
4. Ketchup, Limettensaft und Petersilie unterrühren. Salsa mit Salz, Pfeffer und Cayennepfeffer würzen.

Erdbeeren in Bündner Fleisch

Zum Vorbereiten

24 Portionen

Zubereitungszeit: 25 Minuten, ohne Abkühlzeit
Trockenzeit: etwa 3 Stunden

Für die Pfeffer-Meringues:
5 g (1 gestr. TL) abgetropfter, grüner Pfeffer, in Lake (aus dem Glas)
1 Eiweiß (Größe L)
50 g Puderzucker
1 TL Weißweinessig

24 schöne, große Erdbeeren mit Grün
24 Scheiben Bündner Fleisch (75 g)

24 Zahnstocher

Pro Portion:
E: 1 g, F: 0 g, Kh: 4 g,
kJ: 87, kcal: 21

1. Den Backofen vorheizen.
Ober-/Unterhitze: etwa 90 °C
Heißluft: etwa 70 °C
2. Für die Pfeffer-Meringues Pfefferkörner in ein Sieb geben und mit reichlich kaltem Wasser abspülen. Die Pfefferkörner gut abtropfen lassen und fein hacken.
3. Das Eiweiß mit Mixer (Rührstäbe) auf höchster Stufe steif schlagen. Der Schnee muss so fest sein, dass ein Messerschnitt sichtbar bleibt. Nach und nach Puderzucker unterschlagen und so lange schlagen, bis der Eischnee stark glänzt.
4. Zuletzt Weißweinessig und Pfeffer hinzufügen und kurz unterschlagen.
5. Die Baisermasse in einen Gefrierbeutel füllen und eine etwa 2 cm große Spitze abschneiden. Danach 24 ovale Häufchen auf ein Backblech (gefettet, mit Backpapier belegt) spritzen. Dabei etwas Abstand zwischen den Baiserhäufchen lassen.
6. Backblech in den vorgeheizten Backofen schieben. Die Pfeffer-Meringues etwa 3 Stunden trocknen lassen. Dabei einen Holzlöffel in die Backofentür stecken, damit die Feuchtigkeit aus dem Backofen entweichen kann.
7. Das Backblech auf einen Kuchenrost stellen. Die Pfeffer-Meringues mit dem Backpapier von dem Backblech auf einen Kuchenrost ziehen und erkalten lassen.
8. Die Erdbeeren abspülen und gut trocken tupfen. Jede Erdbeere mit 1 Scheibe Bündner Fleisch umwickeln und mit 1 Zahnstocher feststecken. Die Erdbeeren bis zum Servieren zugedeckt kalt stellen.
9. Jede Erdbeere mit 1 Pfeffer-Meringue anrichten.

Tipps: Die Pfeffer-Meringues können Sie bereits 2 Tage vorher zubereiten. Dann die Pfeffer-Meringues bis zur Verwendung in gut schließenden Blechdosen aufbewahren. Seien Sie bei der Pfeffermenge vorsichtig. Wenn Sie es nicht ganz so pfefferig mögen, nehmen Sie lieber etwas weniger Pfeffer.

Erdbeeren in Bündner Fleisch

Ajvar

Bohnen-Omelett

8–12 Stück (ohne Foto)

Zum Vorbereiten

Zubereitungszeit: 45 Minuten

300 g grüne Bohnen
Salz
250 g rote Zwiebeln
2–3 Knoblauchzehen
3 EL Olivenöl
gem. Pfeffer
6 Eier (Größe M)
150 ml Milch
100 g Schafskäse
einige Stängel Basilikum

Pro Stück:
E: 8 g, F: 10 g, Kh: 4 g,
kJ: 596, kcal: 142

1. Von den Bohnen die Enden abschneien. Die Bohnen evtl. abfädeln, abspülen, abtropfen lassen und in Stücke schneiden. Die Bohnen in kochendem Salzwasser etwa 10 Minuten garen. Bohnen mit kaltem Wasser abspülen und abtropfen lassen.
2. Zwiebeln und Knoblauch abziehen. Zwiebeln in schmale Spalten und Knoblauch in dünne Scheiben schneiden.
3. Das Olivenöl in einer beschichteten Pfanne (Ø etwa 24 cm) erhitzen. Zwiebelspalten und Knoblauchscheiben darin glasig dünsten. Die Bohnen hinzufügen, alles vermischen, mit Salz und Pfeffer würzen.
4. Die Eier mit der Milch verquirlen. Die Eiermilch mit Salz und Pfeffer würzen und in eine Pfanne gießen. Das Omelett zugedeckt bei mittlerer Hitze etwa 15 Minuten backen, bis die Eimasse beinahe fest ist.
5. Das Omelett vorsichtig auf eine Platte gleiten lassen, wieder in die Pfanne stürzen und weitere 5 Minuten backen. Anschließend das Omelett etwas abkühlen lassen.
6. In der Zwischenzeit Schafskäse in kleine Würfel schneiden. Basilikum abspülen, trocken tupfen und die Blättchen von den Stängeln zupfen.
7. Bohnen-Omelett in 8–12 Stücke schneiden, mit Schafskäsewürfeln und Basilikumblättchen garnieren und lauwarm oder kalt servieren.

Ajvar

Zum Vorbereiten

etwa 850 g

Zubereitungszeit: 60 Minuten, ohne Ruhezeit

3 rote Paprikaschoten
1 Aubergine (300 g)
1 rote Peperoni
2 Knoblauchzehen
1 Zwiebel
1 Fleischtomate (250 g)
8 EL Olivenöl
2 EL Zitronensaft
Salz, gem. Pfeffer
Paprikapulver edelsüß

Insgesamt:
E: 12 g, F: 102 g, Kh: 37 g,
kJ: 4854, kcal: 1159

1. Den Backofen vorheizen.
Ober-/Unterhitze: etwa 220 °C
Heißluft: etwa 200 °C
2. Paprikaschoten halbieren, entstielen, entkernen und die weißen Scheidewände entfernen. Schotenhälften nochmals halbieren und mit der Hautseite nach oben auf ein Backblech (gefettet, mit Backpapier belegt) legen. Das Backblech in den vorgeheizten Backofen schieben. Die Paprikastücke etwa 15 Minuten garen, bis die Haut Blasen wirft.
3. Das Backblech auf einen Kuchenrost stellen. Die Paprikastücke etwa 10 Minuten unter einem feuchten Tuch ruhen lassen, häuten und in Würfel schneiden.
4. Aubergine abwaschen, den Stängelansatz abschneiden, dünn schälen und in Würfel schneiden. Peperoni abspülen, abtrocknen, halbieren und entkernen.
5. Knoblauchzehen und Zwiebel abziehen und in Würfel schneiden. To-

mate kreuzweise einschneiden und mit kochendem Wasser übergießen. Nach 1–2 Minuten herausnehmen und mit kaltem Wasser abschrecken. Tomate enthäuten, halbieren und den Stängelansatz herausschneiden. Das Fruchtfleisch anschließend in Würfel schneiden.

6. Paprika-, Auberginen-, Knoblauch-, Zwiebel- und Tomatenwürfel mit Olivenöl und Zitronensaft in einen hohen Rührbecher geben. Die Zutaten mit einem Pürierstab zerkleinern, es soll jedoch kein Mus entstehen. Ajvar mit Salz, Pfeffer und Paprikapulver würzen.

Tipp: Ajvar schmeckt sehr gut zu gegrilltem Lammfleisch, zu Schweinemedaillons oder zu gegrilltem Gemüse.

Gorgonzolacreme

etwa 700 g

Zum Vorbereiten

Zubereitungszeit: 20 Minuten

250 g Gorgonzola
300 g saure Sahne
150 g Joghurt (3,5 % Fett)
Salz
gem., weißer Pfeffer
2 EL Pistazienkerne

Insgesamt:
E: 72 g, F: 116 g, Kh: 25 g,
kJ: 6298, kcal: 1507

1. Gorgonzola mit einer Gabel zerdrücken. Nach und nach saure Sahne und Joghurt unterrühren. Die Creme mit Salz und Pfeffer würzen.

2. Die Gorgonzolacreme vor dem Servieren mit Pistazienkernen bestreuen.

Tipps: Rühren Sie zusätzlich klein geschnittene Birnenhälften (aus der Dose) unter die Gorgonzolacreme. Die Gorgonzolacreme zu Staudensellerie, Möhrenstiften und Kräckern servieren.

Käse-Dip mit Oliven

etwa 900 g

Zum Vorbereiten

Zubereitungszeit: 35 Minuten

150 g Edelpilzkäse, z. B. Gorgonzola
200 g Frischkäse
100 ml Milch
2–3 EL Tomatenmark
12 abgetropfte, grüne Oliven, mit Paprika gefüllt
1 grüne Paprikaschote
4 Tomaten
6 Cornichons
Salz, gem. Pfeffer
Cayennepfeffer
Paprikapulver edelsüß oder rosenscharf

Insgesamt:
E: 63 g, F: 123 g, Kh: 29 g,
kJ: 6237, kcal: 1491

1. Den Edelpilzkäse in eine Rührschüssel geben und mit einer Gabel zerdrücken. Frischkäse, Milch und Tomatenmark hinzufügen. Die Zutaten mit einem Mixer (Rührstäbe) gut verrühren.

2. Die Oliven in Scheiben schneiden. Einige Scheiben zum Garnieren beiseitelegen. Paprikaschote halbieren, entstielen, entkernen und die weißen Scheidewände entfernen. Schoten abspülen und abtropfen lassen.

3. Tomaten kreuzweise einschneiden und mit kochendem Wasser übergießen. Nach 1–2 Minuten herausnehmen und mit kaltem Wasser abschrecken. Tomaten enthäuten, halbieren, Stängelansätze herausschneiden.

4. Paprika-, Tomatenhälften und Cornichons in kleine Würfel schneiden. Einige Würfel zum Garnieren beiseitelegen. Restliche Paprika-, Tomaten- und Cornichonwürfel mit den Olivenscheiben unter den Käse-Dip rühren. Den Käse-Dip mit Salz, Pfeffer und Cayennepfeffer würzen.

5. Den Käse-Dip mit den beiseitegelegten Olivenscheiben, Paprika-, Tomaten- und Cornichonwürfeln garnieren und mit Paprikapulver bestreuen.

Tipps: Den Käse-Dip zu Chips oder Gemüsespießen reichen. Er schmeckt auch gut zu gegrillten Kartoffeln.

Käse-Dip mit Oliven / Gorgonzolacreme

Schnitzelrollen

12 Stück

Zum Vorbereiten

Zubereitungszeit: 50 Minuten, ohne Abkühlzeit

150 g alter Gouda
100 g Semmelbrösel
12 hauchdünne Schweineschnitzel (je etwa 40 g)
Salz, gem. Pfeffer
etwas Weizenmehl
2 Eier (Größe M)
8 EL Speiseöl
einige Salatblätter
12 getrocknete Pflaumen (ohne Stein)

12 Holzspieße

Pro Stück:
E: 14 g, F: 12 g, Kh: 11 g,
kJ: 934, kcal: 223

1. Den Gouda fein raspeln und mit Semmelbröseln mischen.
2. Schnitzel unter fließendem kalten Wasser abspülen, trocken tupfen, mit Salz und Pfeffer würzen. Die Schnitzel nacheinander in Mehl, verquirlten Eiern und der Gouda-Semmelbrösel-Mischung wenden. Die Panade etwas andrücken.
3. Speiseöl portionsweise in einer Pfanne erhitzen. Die Schnitzel darin nach und nach etwa 2 Minuten von jeder Seite braten, herausnehmen und erkalten lassen.
4. Die Salatblätter abspülen und trocken tupfen. Die kalten Schnitzel mit den Salatblättern belegen. Auf die untere Hälfte jeweils eine Pflaume geben. Die Schnitzel aufrollen und mit Holzspießen feststecken.

Schnitzelrollen

Gefüllte Gurkenstücke

24 Stück

Zubereitungszeit: 50 Minuten, ohne Marinierzeit

1 Salatgurke (etwa 600 g)
Salz
Saft von 1 Zitrone
gem. Pfeffer
2 EL Olivenöl

Für die Lachsfüllung:
1/2 Bund Dill
150 g Graved Lachs (in Scheiben)

Für die Krabbenfüllung:
180 g frische Nordsee-Krabben (ohne Schale)
1 kleines Bund Radieschen (etwa 150 g)
etwas Zitronensaft

Für den Dip:
1 Eigelb (Größe M)
1 EL süßer Senf
200 ml Olivenöl
1/2 Bund Dill

Pro Stück:
E: 3 g, F: 10 g, Kh: 1 g,
kJ: 433, kcal: 104

1. Gurke abspülen, abtrocknen und die Enden abschneiden. Die Gurke in 2–3 cm dicke Scheiben schneiden (etwa 24 Scheiben). Aus den Gurkenstücken mit einem kleinen Kugelausstecher oder einem kleinen Löffel Vertiefungen ausstechen.
2. Salzwasser in einem Topf zum Kochen bringen. Gurkenstücke darin etwa 2 Minuten blanchieren. Gurkenstücke mit kaltem Wasser abschrecken und in einem Sieb abtropfen lassen. Gurkenstücke in eine flache Schale legen. Den Zitronensaft mit Salz und Pfeffer verrühren, Olivenöl unterschlagen. Die Marinade auf den Gurkenstücken verteilen und etwa 30 Minuten durchziehen lassen.
3. Für die Lachsfüllung den Dill abspülen und trocken tupfen. Die Spitzen von den Stängeln zupfen. Spitzen klein schneiden. Lachs in kleine Würfel schneiden, mit dem Dill vermengen und mit Pfeffer würzen.
4. Für die Krabbenfüllung Krabben evtl. kurz unter fließendem kalten Wasser abspülen und trocken tupfen. Radieschen putzen, waschen, trocken tupfen und in kleine Stifte oder Würfel schneiden. Krabben mit den Radieschenstiften oder -würfeln vermengen, mit Salz, Pfeffer und etwas Zitronensaft würzen.
5. Für den Dip das Eigelb mit Senf in einem Rührbecher mit einem Mixer (Rührstäbe) zu einer dicklichen Masse aufschlagen. Das Öl zuerst tropfenweise, dann in einem dünnen Strahl unterschlagen. Die Zutaten mit Salz und Pfeffer würzen. Dill abspülen und trocken tupfen. Die Spitzen von den Stängeln zupfen. Die Spitzen klein schneiden und unter den Dip rühren.

Gefüllte Gurkenstücke

6. Die Hälfte der Gurkenstücke mit der Lachsmasse, die restlichen Gurkenstücke mit der Krabbenmasse füllen. Die gefüllten Gurkenstücke auf einer Platte anrichten und mit dem Dip servieren.

Hinweis: Nur ein ganz frisches Eigelb verwenden, das nicht älter als 5 Tage ist (Legedatum beachten). Den Dip im Kühlschrank aufbewahren und innerhalb von 24 Stunden verzehren.

Käsestangen

20 Stück

Zum Vorbereiten

Zubereitungszeit: 50 Minuten, ohne Kühlzeit
Backzeit: etwa 15 Minuten

Für den Knetteig:
300 g Weizenmehl
200 g Butter
30 g frisch ger. Parmesan
1 TL Paprikapulver edelsüß
1 EL gem. Pfeffer
1 Eigelb (Größe M)
1 EL Eiswasser
2 EL Weizenmehl zum Bestäuben

1 Eigelb
2 EL Milch
100 g frisch ger. Parmesan
100 g Sesamsamen, geschält

Pro Stück:
E: 5 g, F: 14 g, Kh: 13 g,
kJ: 822, kcal: 197

1. Für den Teig Mehl in eine Rührschüssel geben. Die restlichen Zutaten hinzufügen und mit einem Mixer (Knethaken) auf höchster Stufe gut durcharbeiten. Anschließend auf einer leicht bemehlten Arbeitsfläche zu einem glatten Teig verkneten. Den Teig in Frischhaltefolie gewickelt etwa 2 Stunden in den Kühlschrank legen.
2. Den Backofen vorheizen.
Ober-/Unterhitze: etwa 180 °C
Heißluft: etwa 160 °C
3. Den Knetteig auf der bemehlten Arbeitsfläche zu einem Quadrat (etwa 40 x 40 cm) ausrollen. Eigelb mit Milch verschlagen. Die Hälfte der Teigplatte damit bestreichen und mit Käse bestreuen. Die nicht bestrichene Teighälfte darüberklappen und mit einer Teigrolle fest andrücken. Teigoberfläche mit der restlichen Eigelbmilch bestreichen, mit Sesam bestreuen.
4. Den Teig senkrecht in etwa 2 cm breite Streifen schneiden, auf ein Backblech (mit Backpapier belegt) legen. Die Käsestangen etwa 15 Minuten backen.
5. Die Käsestangen mit dem Backpapier vom Backblech auf einen Kuchenrost ziehen und erkalten lassen.

Tomatensalsa

10 Portionen

Zum Vorbereiten

Zubereitungszeit: 50 Minuten

400 g reife Strauchtomaten
200 g Cocktailtomaten
100 g getrocknete Tomaten, in Öl
1 rote Zwiebel
100 g grüne Oliven, entsteint
1 Bund Basilikum
2 EL Tomatenöl (von den Tomaten) oder Olivenöl
50 g frisch gehobelter Parmesan
Salz, gem. Pfeffer

Pro Portion:
E: 3 g, F: 6 g, Kh: 5 g,
kJ: 358, kcal: 85

1. Strauch- und Cocktailtomaten abspülen und trocken tupfen. Die Strauchtomaten halbieren, entstielen, entkernen, Stängelansätze herausschneiden. Tomatenhälften in kleine Würfel schneiden. Cocktailtomaten halbieren, evtl. Stängelansätze herausschneiden. Von den getrockneten Tomaten evtl. das Öl auffangen. Die Tomaten fein hacken.
2. Zwiebel abziehen, halbieren und klein würfeln. Die Oliven abtropfen lassen und grob hacken. Die vorbereiteten Zutaten in eine Schüssel geben.
3. Basilikum abspülen und trocken tupfen. Blättchen von den Stängeln zupfen, in feine Streifen schneiden und unter die Zutaten heben. Tomaten- oder Olivenöl hinzugießen, mit dem Käse unter die Salsa mischen. Die Salsa mit Salz und Pfeffer abschmecken.

Käsestangen / Tomatensalsa

Schafskäse-Dip

Fleischplätzchen auf syrische Art

Schafskäse-Dip

etwa 350 g

Zum Vorbereiten

Zubereitungszeit: 20 Minuten

200 g Schafskäse
1 rote Zwiebel
1 Knoblauchzehe
50 g schwarze Oliven
(mit Stein, trocken eingelegt)
1 Bund glatte Petersilie
3 EL Olivenöl
gem. Pfeffer

Insgesamt:
E: 36 g, F: 86 g, Kh: 7 g,
kJ: 3927, kcal: 937

1. Den Schafskäse in kleine Würfel schneiden. Dann Zwiebel und Knoblauch abziehen und in feine Würfel schneiden.
2. Die Oliven entsteinen und in Stücke schneiden. Petersilie abspülen, trocken tupfen und die Blättchen von den Stängeln zupfen. Blättchen fein hacken.
3. Die Schafskäse-, Zwiebel- und Knoblauchwürfel mit dem Olivenöl verrühren, dabei den Schafskäse mit einer Gabel fein zerdrücken. Die Olivenstücke und die gehackte Petersilie unterheben. Den Schafskäse-Dip mit Pfeffer abschmecken.
4. Den Schafskäs-Dip in gründlich gereinigte, gespülte und getrocknete Gläser füllen. Die Gläser mit Deckeln fest verschließen und in den Kühlschrank stellen.

Tipp: Im Kühlschrank ist der Schafskäse-Dip etwa 4 Tage haltbar.

Fleischplätzchen auf syrische Art

16 Stück

Zum Vorbereiten

Zubereitungszeit: 45 Minuten, ohne Abkühlzeit

Für die Fleischplätzchen:
300 g Lammgehacktes
1 EL Olivenöl
1 EL Speiseöl
2 EL geraspelte Möhren (60 g)
1 Ei (Größe M)
2 EL gekochter Reis (60 g)
gem. Kreuzkümmel (Cumin)
Salz
gem. Pfeffer
Currypulver
80 g Sesamsamen

4 EL Speiseöl

Für das Gurkenmus:
200 g Salatgurke
100 g Doppelrahm-Frischkäse
1 Knoblauchzehe
Zitronensaft

250 g Salatgurke

Pro Stück:
E: 5 g, F: 13 g, Kh: 2 g,
kJ: 677, kcal: 162

1. Für die Fleischplätzchen Gehacktes mit beiden Ölsorten, Möhren, Ei, Reis, Kreuzkümmel, Salz, Pfeffer und Currypulver vermengen und etwa 1 cm dick auf eine geölte Platte streichen. Aus der Masse mit einer runden Form (Ø 3–4 cm) Plätzchen ausstechen und in Sesam wälzen.
2. Das Öl in einer Pfanne erhitzen. Fleischplätzchen darin von beiden Seiten etwa 6 Minuten bei schwacher Hitze braten, herausnehmen und erkalten lassen.
3. In der Zwischenzeit für das Gurkenmus Gurke schälen, halbieren und die Kerne mithilfe eines Löffels entfernen. Die Gurke grob zerkleinern, mit Salz bestreuen und etwa 15 Minuten stehen lassen. Die Gurkenstücke in einem Sieb gut abtropfen lassen, pürieren und mit Frischkäse verrühren.
4. Knoblauch abziehen, durch eine Knoblauchpresse drücken und mit dem Gurkenpüree vermengen. Das Gurkenmus mit Salz, Pfeffer und Zitronensaft würzen.
5. Gurke abspülen, abtrocknen und die Enden abschneiden. Die Gurke in 16 etwa 1/2 cm dicke Scheiben schneiden und aus der Mitte Taler ausstechen, sodass Ringe entstehen. Die Ringe auf die Fleischplätzchen legen, das Gurkenmus hineinfüllen und mit den ausgestochenen Gurkentalern garnieren.

Möhren-Oliven-Paste

etwa 550 g

Zum Vorbereiten

Zubereitungszeit: 30 Minuten, ohne Abkühlzeit

2 EL Pinienkerne
1/2 Bund Frühlingszwiebeln
(etwa 100 g)
1 Knoblauchzehe
750 g Möhren
1/2 kleine, rote Chilischote
2 EL Olivenöl
einige Salbeiblätter
1–2 TL flüssiger Honig

Salz, gem. Pfeffer
Saft von 1 Zitrone
100 ml Wasser
75 g schwarze Oliven (mit Stein)

Insgesamt:
E: 16 g, F: 63 g, Kh: 52 g,
kJ: 3595, kcal: 859

1. Pinienkerne in einer Pfanne ohne Fett unter Wenden goldbraun rösten und auf einen Teller geben. Die Frühlingszwiebeln putzen, abspülen, abtropfen lassen und fein hacken. Den Knoblauch abziehen und durch eine Knoblauchpresse drücken.
2. Möhren putzen, schälen, abspülen, abtropfen lassen und in kleine Stücke schneiden. Chilischote abspülen, trocken tupfen, halbieren, entkernen und entstielen. Chilischote in feine Stücke schneiden.
3. Öl in einem Topf erhitzen. Frühlingszwiebeln und Knoblauch darin andünsten, dann Möhren, Salbeiblätter und Chili hinzufügen.
4. Mischung mit Honig, Salz, Pfeffer und Zitronensaft würzen. Das Wasser unterrühren. Die Zutaten zugedeckt bei schwacher Hitze in etwa 15 Minuten weich garen. Die Mischung im geöffnetem Topf unter Rühren einkochen lassen, bis die gesamte Flüssigkeit verkocht ist. Die Mischung fein zerstampfen oder pürieren und erkalten lassen.
5. Oliven entsteinen, sehr fein würfeln und unter das Möhrenpüree rühren. Die Möhren-Oliven-Paste mit Salz und Pfeffer abschmecken, die Pinienkerne unterrühren. Die Paste in ein verschließbares Gefäß füllen und im Kühlschrank aufbewahren.

Tipp: Im Kühlschrank ist die Paste 2–3 Tage haltbar.

Soleier mit Hoisin-Sauce

Zum Vorbereiten

20 Stück

Zubereitungszeit: 25 Minuten, ohne Durchziehzeit

Für die Marinade:
2 l Wasser, 100 g Meersalz
3 Lorbeerblätter
2 EL Senfkörner
50 g getrocknete Dillblüten
3 Gewürznelken
5 Wacholderbeeren

Für die Soleier:
1 l Wasser
3 Zwiebeln (braunschalig)
20 Eier

Für die Hoisin-Sauce:
200 ml Oystersauce (Austernsauce)
50 ml Sojasauce
80 g brauner Zucker
5 EL Sesamöl

Pro Stück:
E: 8 g, F: 9 g, Kh: 8 g,
kJ: 577, kcal: 138

1. Für die Marinade Wasser mit Salz, Lorbeerblättern, Senfkörnern, Dillblüten, Nelken und Wacholderbeeren in einem Topf aufkochen lassen, bis das Salz aufgelöst ist. Die Marinade erkalten lassen.
2. Für die Eier Wasser in einem Topf zum Kochen bringen. Zwiebeln mit der Schale abspülen, trocken tupfen und mit der Schale vierteln. Zwiebelviertel in das kochende Wasser geben und etwa 15 Minuten kochen lassen, bis das Wasser die Zwiebelfarbe angenommen hat.
3. Die Eier am dicken runden Ende mit einer Nadel oder einem Eierpick anstechen und in dem kochenden Zwiebelwasser etwa 10 Minuten hart kochen. Die Eier mit einer Schaumkelle herausnehmen und mit kaltem Wasser abspülen.
4. Die Schalen der gekochten Eier anknicken und in die Marinade legen. Die Eier mindestens 2 Tage in der Marinade ziehen lassen.
5. Für die Sauce Oystersauce, Sojasauce und braunen Zucker in einem Topf aufkochen lassen, bis der Zucker gelöst ist. Das Sesamöl unterrühren. Die Sauce zu den Soleiern reichen.

Tipp: Die Eier können 1–2 Wochen in der Marinade gelagert werden.

Möhren-Oliven-Paste

Soleier mit Hoisin-Sauce

Mini-Pizzen mit Hack

12 Stück

Zubereitungszeit: 30 Minuten, ohne Teiggehzeit
Backzeit: 15–20 Minuten je Blech

1 Pck. Pizzateig Italienische Art (Teigmischung)
170 ml Wasser
250 g passierte Tomaten
2 rote Zwiebeln
500 g Gehacktes (halb Rind-, halb Schweinefleisch)
Salz, gem. Pfeffer
gem. Kreuzkümmel (Cumin)
Paprikapulver rosenscharf
3–4 EL Olivenöl
100 g abgetropfte, milde, grüne Peperoni (aus dem Glas)

Pro Stück:
E: 11 g, F: 12 g, Kh: 21 g,
kJ: 1015, kcal: 241

1. Den Backofen vorheizen.
Ober-/Unterhitze: etwa 220 °C
Heißluft: etwa 200 °C
2. Aus der Teigmischung und dem Wasser nach Packungsanleitung einen Pizzateig zubereiten. Den Teig auf einer leicht bemehlten Arbeitsfläche nochmals kurz durchkneten und in 12 gleich große Stücke teilen. Diese zu Kugeln formen und je zu einer Platte (Ø 10–12 cm) ausrollen.
3. Die Teigplatten auf 2 Backbleche (mit Backpapier belegt) legen und mit den Tomaten bestreichen.
4. Die Zwiebeln abziehen und in dünne Ringe schneiden. Das Gehackte auf die Minipizzen krümeln, die Zwiebelringe darauflegen. Die Pizzen mit Salz, Pfeffer, Kreuzkümmel und Paprikapulver würzen, mit Olivenöl beträufeln.
5. Die Backbleche nacheinander (bei Heißluft zusammen) in den vorgeheizten Backofen schieben. Die Minipzzen 15–20 Minuten je Backblech backen.
6. Die Pizzen mit je 1–2 Peperoni belegen und sofort servieren.

Lachs-Frischkäse-Torte

12 Portionen

Zum Vorbereiten

Zubereitungszeit: 25 Minuten, ohne Gefrierzeit

Für die weiße Creme:
400 g Doppelrahm-Frischkäse
1–2 TL Schweizer Kräutermischung

Für die Lachscreme:
600 g Doppelrahm-Frischkäse
300 g Graved Lachs (in Scheiben)
Salz
etwas Zitronensaft
2–3 Bund Dill
2 Bio-Zitronen (unbehandelt, ungewachst)

Pro Portion:
E: 14 g, F: 30 g, Kh: 3 g,
kJ: 1454, kcal: 348

1. Für die weiße Creme Frischkäse mit der Kräutermischung verrühren. Die Masse in eine Springform (Ø 18 cm, mit Backpapier ausgelegt) geben und glatt streichen.
2. Für die Lachscreme Frischkäse glatt rühren. Einige Scheiben Lachs zum Garnieren beiseitelegen. Restliche Lachsscheiben in kleine Würfel schneiden und unter die Frischkäsemasse rühren. Frischkäse-Lachs-Masse mit Salz und Zitronensaft abschmecken.
3. Dill abspülen und trocken tupfen. Die Spitzen von den Stängeln zupfen. Spitzen klein schneiden. Ein Drittel davon unter die Lachscreme heben. Die Lachscreme auf die weiße Creme in die Springform geben und glatt streichen. Die Form etwa 60 Minuten in den Gefrierschrank stellen, damit sich die Torte besser schneiden lässt.
4. Die Lachs-Frischkäse-Torte aus der Springform lösen. Das Backpapier abziehen. Zitronen heiß abwaschen, abtrocknen und in dünne Scheiben schneiden.
5. Die Torte auf einer mit Zitronenscheiben ausgelegten Platte anrich-

Mini-Pizzen mit Hack

Lachs-Frischkäse-Torte

ten. Den Tortenoberflächenrand mit dem restlichen Dill bestreuen. Die Torte mit den restlichen Lachsscheiben, einigen Zitronenscheiben und mit den beiseitegelegten Dillspitzen garnieren.

Avocado-Quark-Dip

etwa 1 kg (ohne Foto)

Zubereitungszeit: 35 Minuten

4 EL Sonnenblumenkerne

Für die Marinade:
3 EL Zitronensaft
Salz, gem. Pfeffer
Cayennepfeffer
3 TL flüssiger Honig

1 große Avocado
2 große Fleischtomaten
2 Zwiebeln
500 g Magerquark
1 rote Paprikaschote
Paprikapulver edelsüß
2 EL gehackte Petersilie

Insgesamt:
E: 88 g, F: 75 g, Kh: 71 g,
kJ: 5824, kcal: 1391

1. Die Sonnenblumenkerne in einer Pfanne ohne Fett unter Wenden goldbraun rösten und auf einen Teller geben.
2. Für die Marinade Zitronensaft mit Salz, Pfeffer, Cayennepfeffer und Honig verrühren.
3. Avocado halbieren und den Stein herauslösen. Avocado schälen und in Würfel schneiden.
4. Tomaten kreuzweise einschneiden und mit kochendem Wasser übergießen. Nach 1–2 Minuten herausnehmen und mit kaltem Wasser abschrecken. Tomaten enthäuten, halbieren, und Stängelansätze herausschneiden. Die Tomaten in kleine Würfel schneiden.
5. Die Zwiebeln abziehen und fein schneiden oder reiben.
6. Den Quark in einer Schüssel glatt rühren. Die Zwiebeln unterrühren. Paprikaschote halbieren, entstielen, entkernen und die weißen Scheidewände entfernen. Schoten abspülen, abtropfen lassen und in feine Würfel schneiden.
7. Avocado-, Tomaten- und Paprikawürfel mit der Marinade vermengen. Die Zutaten mit Paprika würzen. Die Petersilie unterrühren. Die Mischung unter den Zwiebelquark rühren.
8. Den Avocado-Quark-Dip mit Sonnenblumenkernen bestreuen und servieren.

Tipp: Der Avocado-Quark-Dip passt sehr gut zu gegrilltem Gemüse, zu Tacos oder Kartoffelchips.

Lachsröllchen

24 Stück

Zum Vorbereiten

Zubereitungszeit: 35 Minuten, ohne Kühlzeit

250 ml Milch
1 Beutel Kartoffelpüree mit Milch (für 3 Portionen)
1 Bund Dill
1 EL körniger Senf
100 g Crème fraîche
Salz, gem. Pfeffer
1 Prise Zucker
400 g Räucherlachs (in dünnen Scheiben)

Pro Stück:
E: 5 g, F: 11 g, Kh: 8 g,
kJ: 377, kcal: 90

1. Die Milch in einem Topf aufkochen lassen und in eine Schüssel gießen. Püreeflocken hinzufügen und mit einem Kochlöffel unterrühren. Nach etwa 1 Minute nochmals kräftig durchrühren. Das Püree erkalten lassen.
2. Den Dill abspülen und trocken tupfen. Die Spitzen von den Stängeln zupfen. Die Hälfte der Spitzen klein schneiden. Restliche Dillspitzen beiseitelegen. Den gehackten Dill, den Senf und die Crème fraîche mit dem Kartoffelpüree verrühren. Die Masse mit Salz, Pfeffer und Zucker würzen. Aus der Püreemasse mit angefeuchteten Händen 2 lange Rollen (je etwa 36 cm Länge) formen.

Lachsröllchen

3. Ein etwa 50 cm langes Stück Frischhaltefolie auf eine Arbeitsfläche legen. Die Hälfte der Lachsscheiben als Rechteck (etwa 15 x 36 cm) darauf anordnen, dabei die Lachsscheiben leicht überlappen lassen. Etwas von den beiseitegelegten Dillspitzen darauf verteilen.
4. Eine Püreerolle in die Mitte des Lachsrechtecks legen. Den Lachs mithilfe der Folie um die Püreerolle wickeln, in der Folie fest aufrollen. Restliche Lachsscheiben, etwas Dill und die zweite Püreerolle ebenso zubereiten. Die Rollen etwa 60 Minuten in den Kühlschrank legen.
5. Die Rollen aus der Folie lösen, in etwa 3 cm breite Röllchen schneiden und auf einer Platte anrichten. Die Lachsröllchen mit den restlichen Dillspitzen garnieren.

Auberginen-Tomaten-Pastete

Blätterteig-Tarteletts

Auberginen-Tomaten-Pastete

Zum Vorbereiten

12 Portionen

Zubereitungszeit: 60 Minuten, ohne Kühlzeit
Garzeit: etwa 90 Minuten

Für die Pastete:
6 große Fleischtomaten (etwa 900 g)
5 große Auberginen (etwa 1 kg)
Saft von 1 Zitrone
750 g Mozzarella
etwas Olivenöl
Salz, gem. Pfeffer

Für den Salat:
1 Frisée-Salat
1 Radicchio
2 Chicorée

Für das Dressing:
4 EL Sherry (medium)
4 EL Balsamico-Essig
Saft von 2 Zitronen
10 EL Olivenöl

Pro Portion:
E: 14 g, F: 23 g, Kh: 7g,
kJ: 1298, kcal: 310

1. Für die Pastete Tomaten kreuzweise einschneiden und mit kochendem Wasser übergießen. Nach 1–2 Minuten herausnehmen und mit kaltem Wasser abschrecken. Tomaten enthäuten, vierteln und die Stängelansätze herausschneiden. Tomaten entkernen.
2. Auberginen abspülen, abtrocknen, die Stängelansätze abschneiden und die Haut abschälen. Auberginen in Scheiben schneiden und mit etwas Zitronensaft beträufeln. Mozzarella ebenfalls in Scheiben schneiden.
3. Den Backofen vorheizen.
Ober-/Unterhitze: etwa 180 °C
Heißluft: etwa 160 °C
4. Eine Kastenform (30 x 11 cm) mit Olivenöl einfetten. Die Pastetenzutaten nacheinander einschichten. Dafür je ein Drittel Auberginenscheiben, Mozzarellascheiben und Tomatenviertel einschichten und diese Schichtung noch 2-mal wiederholen. Jede Schicht mit Salz und Pfeffer würzen.
5. Die Form in einen Bräter setzen, Wasser 2 cm hoch in den Bräter gießen. Die Form mit Alufolie abdecken. Den Bräter auf dem Rost in den vorgeheizten Backofen schieben. Die Pastete etwa 90 Minuten garen.
6. Die Form aus dem Wasserbad nehmen. Die Pastete mit einem Schneidbrett und einem Gewicht beschweren und erkalten lassen. Die Pastete über Nacht in den Kühlschrank stellen.
7. Für den Salat die Salate putzen, in die einzelnen Blätter teilen, gut abspülen und abtropfen lassen.
8. Für das Dressing Sherry mit Essig und Zitronensaft verrühren. Olivenöl nach und nach unterschlagen.
9. Die gut gekühlte Pastete vorsichtig stürzen, in Scheiben schneiden und mit den Salaten und dem Dressing servieren.

Blätterteig-Tarteletts

48 Stück

Zum Vorbereiten

Zubereitungszeit: 80 Minuten, ohne Auftauzeit
Backzeit: 20–25 Minuten je Form

450 g TK-Blätterteig (rechteckige Platten)
125 g TK-Blattspinat
2 Tomaten (etwa 200 g)
100 g abgetropfte Spargelspitzen (aus dem Glas)
100 g Schlagsahne
2 Eier (Größe M)
Salz, gem. Pfeffer
ger. Muskatnuss

Außerdem:
1 Mini-Muffinform für 24 Muffins

Pro Stück:
E: 1 g, F: 3 g, Kh: 3 g,
kJ: 205, kcal: 49

1. Die Blätterteigplatten und den Blattspinat nach Packungsanleitung auftauen lassen.
2. Aus dem Blätterteig mit einem Ausstecher oder einem Glas (Ø etwa 4 cm) etwa 48 Kreise ausstechen. Die Hälfte der Teigkreise in eine Mini-Muffinform für 24 Minimuffins (gefettet, gemehlt) legen und leicht andrücken, sodass der Teigrand etwas übersteht. Die restlichen Teigkreise zunächst zugedeckt in den Kühlschrank legen.
3. Den Backofen vorheizen.
Ober-/Unterhitze: etwa 180 °C
Heißluft: etwa 160 °C
4. Den aufgetauten Blattspinat gut abtropfen lassen und evtl. ausdrücken. Tomaten abspülen, abtrocknen, vierteln und die Stängelansätze herausschneiden. Tomaten entkernen und in kleine Würfel schneiden. Die Spargelspitzen in kleine Stücke schneiden. Sahne mit Eiern verquirlen. Die Eiersahne kräftig mit Salz, Pfeffer und Muskatnuss würzen.
5. Ein Drittel der 24 vorbereiteten Tarteletts jeweils mit der Hälfte des Spinats füllen. Ein weiteres Drittel mit der Hälfte der Tomatenwürfel und das letzte Drittel mit der Hälfte der Spargelstückchen füllen. Jedes Tartelett vorsichtig mit 1 Esslöffel

Sahne-Ei-Mischung füllen. Die Form auf dem Rost in den vorgeheizten Backofen schieben. Die Tarteletts 20–25 Minuten backen. Die restlichen Teigkreise ebenso in die Form drücken, mit den restlichen Füllungen füllen und backen.

6. Die Tarteletts nach dem Backen aus den Formen lösen, auf Kuchenrosten erkalten lassen.

Salat-Wraps

8 Portionen

Zum Vorbereiten

Zubereitungszeit: 50 Minuten

je 8 weiße und rote Wraps (Tortillafladen)
1 Eisbergsalat

Für die Balkansalat-Füllung:
2 rote Zwiebeln
1 rote Paprikaschote
600 g Balkansalat (aus dem Kühlregal)
285 g abgetropfter Gemüsemais (aus der Dose)

Für die Geflügelsalat-Füllung:
2 Birnen, 1 Mango
600 g Geflügelsalat (aus dem Kühlregal)
Currypulver

Pro Portion:
E: 11 g, F: 12 g, Kh: 34 g,
kJ: 1287, kcal: 307

1. Die Wraps nacheinander in einer heißen Pfanne ohne Fett von beiden Seiten kurz erwärmen. Den Salat putzen, halbieren, abspülen, abtropfen lassen und in Streifen schneiden.

2. Für die Balkansalat-Füllung die Zwiebeln abziehen und fein würfeln. Paprika halbieren, entstielen, entkernen und die weißen Scheidewände entfernen. Schotenhälften abspülen, abtropfen lassen und in Streifen schneiden. Den Balkansalat mit dem Mais und den Zwiebelwürfeln mischen.

3. Für die Geflügelsalat-Füllung die Birnen schälen, vierteln, entkernen und in dünne Spalten schneiden. Die Mango halbieren, den Stein herauslösen. Die Mangohälften ebenfalls in dünne Spalten schneiden.

4. Weiße Wraps mit etwas Eisbergsalat belegen, darauf den Balkansalat und die Paprikastreifen legen. Die Wraps eng aufrollen. Die roten Wraps mit etwas Eisbergsalat, Geflügelsalat, Birnen- und Mangospalten belegen. Zutaten mit Curry bestreuen, die Wraps eng aufrollen, servieren.

Curry-Fisch-Bällchen

24 Stück

Zum Vorbereiten

Zubereitungszeit: 45 Minuten, ohne Antau- und Durchziehzeit

Für die Fischbällchen:
600 g TK-Kabeljau oder Seelachsfilet
6 Scheiben Weizen-Toastbrot (etwa 150 g)
1 Bund Schnittlauch
2–3 TL Currypulver
Salz, 3 Eiweiß (Größe M)

etwa 250 ml Sonnenblumenöl

Für die Sauce:
260 g abgetropfte Ananasstücke (aus der Dose)
225 g Mango-Chutney (aus dem Glas)
50 g Tomatenketchup

Pro Stück:
E: 6 g, F: 2 g, Kh: 8 g,
kJ: 295, kcal: 71

1. Für die Fischbällchen Fischfilet etwas antauen lassen. Die Toastbrotscheiben entrinden und in sehr kleine Würfel schneiden. Schnittlauch abspülen, trocken tupfen und in Röllchen schneiden.

2. Das Fischfilet unter fließendem kalten Wasser abspülen, trocken tupfen und in sehr kleine Würfel schneiden. Die Fischfiletwürfel mit Toastbrotwürfeln, Schnittlauchröllchen, Currypulver, Salz und Eiweiß in einer Schüssel mischen. Die Masse etwa 15 Minuten durchziehen lassen.

3. Das Öl in einer tiefen Pfanne erhitzen. Aus dem Fischteig mit angefeuchteten Händen 24 Bällchen formen. Die Fischbällchen in dem Öl in mehreren Portionen in je 6–8 Minuten goldbraun backen, dabei gelegentlich wenden. Fischbällchen mit einer Schaumkelle herausnehmen, auf Küchenpapier abtropfen lassen.

4. Für die Sauce die Ananasstücke in noch kleinere Stücke schneiden. Die Ananasstückchen mit dem Mango-Chutney und dem Ketchup verrühren und zu den Fischbällchen servieren.

Tipp: Die Zutaten für die Fischbällchen unbedingt in sehr kleine Würfel schneiden, damit sich die Masse gut zu Bällchen formen lässt und diese beim Ausbacken nicht auseinanderfallen.

Salat-Wraps

Curry-Fisch-Bällchen

Yufkarollen mit Tunfisch

Zum Vorbereiten

20 Stück

Zubereitungszeit: 60 Minuten

5 Yufkateigblätter (400 g)
2 rote Zwiebeln
4 hart gekochte Eier
1 Bund glatte Petersilie
300 g abgetropfter Tunfisch, in Öl (aus der Dose)
3 EL Zitronensaft
100 g geraspelter Parmesan
2 TL abgetropfte Kapern (aus dem Glas)
gem. Pfeffer

Zum Bestreichen:
1 Ei
3 EL Milch

1 1/2 l Speiseöl zum Ausbacken

Pro Stück:
E: 7 g, F: 23 g, Kh: 4 g,
kJ: 885, kcal: 211

1. Die Teigblätter vierteln. Die Zwiebeln abziehen und klein würfeln. Die Eier pellen und ebenfalls klein würfeln. Petersilie abspülen, trocken tupfen. Blättchen von den Stängeln zupfen. Blättchen fein hacken.
2. Tunfisch mit Zwiebeln, Eiern, Petersilie, Zitronensaft, Parmesan und Kapern gut vermischen. Tunfischmasse mit Pfeffer würzen. Jeweils etwas von der Tunfischmasse auf jeweils einem Teigviertel verteilen.
3. Zum Bestreichen das Ei mit der Milch verschlagen. Die Teigränder mit der Milch bestreichen. Die Teigviertel aufrollen.
4. Das Speiseöl in einem Topf auf etwa 180 °C erhitzen. Die Teigrollen darin portionsweise rundherum goldbraun backen. Die fertigen Teigrollen auf Küchenpapier abtropfen und erkalten lassen.

Tipp. Die Yufkarollen mit einem Kräuter-Dip servieren.

Paprika mit Hähnchenfüllung

Zum Vorbereiten

8–10 Portionen (ohne Foto)

Zubereitungszeit: 40 Minuten
Garzeit: etwa 40 Minuten

8–10 Paprikaschoten (je 150–200 g)
Salz, gem. Pfeffer

Für die Füllung:
1 kg Hähnchenbrustfilet
4 Scheiben Kochschinken
4 große Tomaten
1 Bund Petersilie
2 Eier (Größe M)
Cayennepfeffer
Worcestersauce

Außerdem:
3–4 EL Semmelbrösel
etwas Butter in Flöckchen
9–10 Tomaten
Paprikapulver edelsüß
Zucker
Zitronensaft

Pro Portion:
E: 40 g, F: 8 g, Kh: 11 g,
kJ: 1198, kcal: 286

1. Paprikaschoten der Länge nach halbieren, dabei den Stiel mit durchschneiden. Paprika entkernen und die weißen Scheidewände entfernen (den Stiel stehen lassen). Schotenhälften abspülen, abtrocknen, innen mit Salz und Pfeffer bestreuen.
2. Den Backofen vorheizen.
Ober-/Unterhitze: etwa 200 °C
Heißluft: etwa 180 °C
3. Für die Füllung Hähnchenbrustfilet unter fließendem kalten Wasser abspülen, trocken tupfen und in sehr kleine Würfel schneiden. Schinken ebenfalls würfeln.
4. Tomaten abspülen, abtrocknen, halbieren und die Stängelansätze entfernen. Tomaten entkernen (das Tomateninnere beiseitestellen) und dann das Tomatenfruchtfleisch würfeln. Petersilie abspülen, trocken tupfen und die Blättchen von den Stängeln zupfen. Die Blättchen fein hacken.
5. Schinken, Tomaten, Petersilie und Eier mit den Fleischwürfeln vermengen. Die Masse mit Salz, Pfeffer, Cayennepfeffer und Worcestersauce würzen. Die Hähnchenmasse in die vorbereiteten Paprikahälften füllen. Die Paprikahälften in ein tiefes Backblech (gefettet) setzen, mit Semmelbröseln bestreuen, Butterflöckchen daraufgeben.
6. Tomaten kreuzweise einschneiden und mit kochendem Wasser übergießen. Nach 1–2 Minuten herausnehmen und mit kaltem Wasser abschrecken. Tomaten enthäuten, vierteln und die Stängelansätze herausschneiden. Das Fruchtfleisch mit dem beiseitegestellten Tomateninneren um die Paprikaschoten in das Backblech geben. Die Tomatenmasse mit Salz, Pfeffer, Paprikapulver, Zucker und Zitronensaft würzen. Das

Yufkarollen mit Tunfisch

Kohlrabiwickel

Olivenpaste

Backblech mit Alufolie bedecken und in den vorgeheizten Backofen schieben. Die Paprikaschoten etwa 40 Minuten garen. Dabei nach der Hälfte der Garzeit die Alufolie entfernen.
7. Paprikaschoten warm servieren.

Tipp: Dazu passt Fladenbrot.

Kohlrabiwickel

36 Stück

Zum Vorbereiten

Zubereitungszeit: 60 Minuten, ohne Abkühlzeit

1 Kohlrabi (etwa 500 g)
Salz
500 g Hähnchenbrustfilet
3 EL Speiseöl
gem. Pfeffer
180 g Mungobohnenkeime (aus dem Glas)
250 g Staudensellerie

200 ml süßscharfe Sauce

Außerdem:
36 Holzstäbchen

Pro Stück:
E: 4 g, F: 1 g, Kh: 3 g,
kJ: 148, kcal: 35

1. Kohlrabi schälen, abspülen und abtropfen lassen. Rundherum etwa ein Viertel des Kohlrabis abschneiden, sodass ein großer Würfel entsteht. Von dem Kohlrabiwürfel dann 36 dünne Scheiben mit einem Gemüsehobel oder einer Aufschnittmaschine abschneiden. Die Kohlrabischeiben mit Salz bestreuen und bis zur weiteren Verwendung Saft ziehen lassen.
2. Hähnchenbrustfilet unter fließendem kalten Wasser abspülen, trocken tupfen und in möglichst dünne Streifen schneiden. Speiseöl in einer Pfanne erhitzen. Die Fleischstreifen darin von allen Seiten goldbraun braten, mit Salz und Pfeffer würzen. Fleischstreifen herausnehmen und erkalten lassen.
3. Die Mungobohnenkeime in einem Sieb abtropfen lassen. Staudensellerie putzen und die harten Außenfäden abziehen. Selleriestangen abspülen, abtropfen lassen und in dünne Scheiben schneiden.
4. Kohlrabischeiben trocken tupfen, mit Selleriescheiben, Mungobohnenkeimen und Hähnchenstreifen belegen. Kohlrabischeiben aufrollen, mit Holzstäbchen feststecken.
5. Die Kohlrabiwickel mit der Sauce servieren.

Olivenpaste

Zum Vorbereiten

etwa 400 g

Zubereitungszeit: 20 Minuten

200 g abgetropfte, schwarze Oliven (ohne Stein)
2 Knoblauchzehen
1 Schalotte
1–2 Chilischoten
1 große Tomate
1 EL abgetropfte Kapern (aus dem Glas)
etwa 75 ml Olivenöl
gem. Pfeffer
gerebelter Thymian

Insgesamt:
E: 7 g, F: 147 g, Kh: 16 g,
kJ: 5872, kcal: 1402

1. Die Oliven in kleine Stücke schneiden. Knoblauch und Schalotte abziehen und fein würfeln. Chilischoten abspülen, abtrocknen, längs aufschneiden und entkernen. Chilischoten in kleine Stücke schneiden.
2. Die Tomate kreuzweise einschneiden und mit kochendem Wasser übergießen. Nach 1–2 Minuten herausnehmen und mit kaltem Wasser abschrecken. Die Tomate enthäuten, halbieren, entkernen und den Stängelansatz herausschneiden. Tomate fein würfeln.
3. Olivenstücke, Knoblauch- und Schalottenwürfel, Kapern, Chilistücke, Tomatenwürfel und Olivenöl in einen hohen Rührbecher geben. Die Zutaten mit einem Pürierstab grob pürieren.
4. Die Olivenpaste mit Pfeffer und Thymian abschmecken, in ein verschließbares, gründlich gereinigtes Gefäß füllen, mit einem Deckel verschließen und in den Kühlschrank stellen.

Tipps: Die Olivenpaste schmeckt herrlich auf gerösteten Baguette- oder Ciabatta-Scheiben. Im Kühlschrank ist sie 4–5 Tage haltbar.

Obatzter

den Dip rühren. Der Picadilly-Dip passt zu kaltem Schweine- und Kalbsbraten, Roastbeefröllchen und verschiedenen Sülzen.

Obatzter

Zum Vorbereiten

etwa 550 g

Zubereitungszeit: 30 Minuten

4 Camemberts (je 125 g, 45 % Fett)
50 g Butter (zimmerwarm)
1 Zwiebel
1 EL ganze Kümmelsamen
Salz, gem. Pfeffer
etwas Paprikapulver edelsüß

Insgesamt:
E: 103 g, F: 153 g, Kh: 7 g,
kJ: 7760, kcal: 1855

1. Die Camemberts in Stücke schneiden und in eine Schüssel geben. Butter hinzufügen. Mithilfe einer Gabel die Camembertstücke mit der Butter vermengen.
2. Zwiebel abziehen, halbieren und in kleine Würfel schneiden. Die Zwiebelwürfel und den Kümmel unter die Käsemasse kneten. Die Käsemasse mit Salz, Pfeffer und Paprikapulver abschmecken. Obatzter in ein verschließbares Gefäß füllen und in den Kühlschrank stellen.

Tipps: Dazu schmecken Laugenbrezeln. Zum Servieren 1 Zwiebel abziehen, in Ringe schneiden und in Paprikapulver wälzen. Obatzter mit den Zwiebelringen und mit einigen Petersilienblättchen garnieren. Im Kühlschrank ist der Aufstrich etwa 3 Tage haltbar.

Picadilly-Dip

Zum Vorbereiten

etwa 1,4 l (ohne Foto)

Zubereitungszeit: 35 Minuten, ohne Abkühlzeit

5 Schalotten
3 EL Speiseöl
720 g abgetropfte Mixed Pickles (aus dem Glas)
400 g Mayonnaise
300 g Joghurt
2 EL mittelscharfer Senf
1 EL ger. Meerrettich
Salz, gem. Pfeffer

Insgesamt:
E: 31 g, F: 373 g, Kh: 51 g,
kJ: 16009, kcal: 3827

1. Die Schalotten abziehen und in kleine Würfel schneiden. Das Speiseöl in einem Topf erhitzen. Die Schalottenwürfel darin glasig dünsten, dann abkühlen lassen.
2. Die Mixed Pickles mit einem Messer fein zerkleinern oder mit einem Pürierstab grob pürieren.
3. Mayonnaise mit Joghurt in eine Schüssel geben. Mixed Pickles und Schalottenwürfel hinzugeben und gut verrühren. Den Picadilly-Dip mit Senf, Meerrettich, Salz und Pfeffer kräftig würzen.

Tipps: Wenn der Dip etwas flüssiger sein soll, etwas Marinade von den Mixed Pickles auffangen und unter

Gemüsepaste mit Ciabatta-Chips

Zum Vorbereiten

8–10 Portionen

Zubereitungszeit: 30 Minuten, ohne Abkühl- und Grillzeit
Garzeit: 30–35 Minuten

1 Aubergine (300 g)
1–2 rote Paprikaschoten (250 g)
1–2 gelbe Paprikaschoten (250 g)
2 Möhren (200 g)
2 Schalotten
6 EL Olivenöl
Salz, gem., schwarzer Pfeffer
1 EL Paprikapulver rosenscharf
200 ml Gemüsebrühe
1 kleine Knoblauchzehe
1/2 Bund glatte Petersilie
2 EL Zitronensaft

Für die Ciabatta-Chips:
5 EL Olivenöl
1 EL frischer, fein gehackter Thymian
2 kleine Knoblauchzehen
200–250 g Ciabatta

einige Petersilienblättchen

Pro Portion:
E: 3 g, F: 13 g, Kh: 18 g,
kJ: 840, kcal: 201

1. Den Backofen vorheizen.
Ober-/Unterhitze: etwa 180 °C
Heißluft: etwa 160 °C
2. Aubergine abspülen, abtrocknen und den Stängelansatz abschneiden. Die Aubergine in etwa 2 cm große Stücke schneiden.
3. Rote und gelbe Paprikaschoten halbieren, entstielen, entkernen und die weißen Scheidewände entfernen. Die Schoten abspülen, abtropfen lassen und ebenfalls in etwa 2 cm große Stücke schneiden.

4. Möhren putzen, schälen, abspülen und abtropfen lassen. Möhren in etwa 1 cm große Stücke schneiden. Schalotten abziehen, grob würfeln.
5. Auberginen- Paprika-, Möhren- und Schalottenwürfel in ein tiefes Backblech oder eine Fettpfanne geben. Das Gemüse mit 2 Esslöffeln von dem Olivenöl, Salz, Pfeffer und Paprikapulver mischen. Gemüsebrühe dazugießen.
6. Das Backblech in den vorgeheizten Backofen (unteres Drittel) schieben. Das Gemüse 30–35 Minuten garen. Dabei das Gemüse zwischendurch ab und zu wenden.
7. Das Backblech auf einen Kuchenrost stellen. Den Backofengrill vorheizen. Die Knoblauchzehe abziehen und grob zerschneiden. Petersilie abspülen, trocken tupfen und die Blättchen von den Stängeln zupfen. Blättchen grob hacken.
8. Das Gemüse noch warm mit dem Zitronensaft, zerkleinertem Knoblauch, Petersilie und 4 Esslöffeln Olivenöl in einen hohen Rührbecher geben. Die Zutaten nicht zu feinstückig pürieren. Gemüsepaste mit Salz und Pfeffer würzen, erkalten lassen.
9. Für die Ciabatta-Chips Olivenöl mit Thymian, Salz und etwas Pfeffer verrühren. Die Knoblauchzehen abziehen, durch eine Knoblauchpresse in das Ölgemisch pressen.
10. Ciabatta in etwa 40 sehr dünne Scheiben schneiden. Die Ciabatta-Scheiben auf ein Backblech (gefettet, mit Backpapier belegt) legen. Jede Ciabatta-Scheibe dünn mit dem Ölgemisch bepinseln.
11. Das Backblech unter den heißen Backofengrill schieben. Die Ciabatta-Scheiben goldbraun und knusprig rösten. Das Backblech auf einen Kuchenrost stellen und die Ciabatta-Scheiben abkühlen lassen.
12. Die Gemüsepaste in kleine Schälchen füllen und mit abgespülten, trocken getupften Petersilienblättchen garnieren.
13. Gemüsepaste mit den Ciabatta-Chips anrichten.

Gefüllte Tacos

12 Stück

Zum Vorbereiten

Zubereitungszeit: 45 Minuten

4 Paprikaschoten (rot, grün und gelb)
8 Tomaten
485 g abgetropfte Kidneybohnen (aus der Dose)
6 EL Speiseöl
2 EL gehackte Petersilie
250 g süße Chilisauce
Salz, grob gem., bunter Pfeffer
12 Taco-Schalen

Pro Stück:
E: 10 g, F: 15 g, Kh: 33 g,
kJ: 1284, kcal: 307

1. Paprikaschoten halbieren, entstielen, entkernen und die weißen Scheidewände entfernen. Schotenhälften abspülen, abtropfen lassen und in Streifen schneiden.
2. Tomaten, abspülen, abtrocknen, halbieren und die Stängelansätze herausschneiden. Tomaten in Würfel schneiden. Die Bohnen mit kaltem Wasser abspülen und gut abtropfen lassen.
3. Speiseöl in einer Pfanne erhitzen. Die Paprikastreifen darin andünsten. Tomatenwürfel und Bohnen hinzufügen und darin erwärmen. Petersilie und Chilisauce unterrühren. Die Gemüsefüllung mit Salz und Pfeffer würzen.
4. Die Taco-Schalen nach Packungsanleitung evtl. kurz im Backofen erwärmen. Die Taco-Schalen kurz vor dem Servieren mit dem Gemüse füllen.

Gemüsepaste mit Ciabatta-Chips

Gefüllte Tacos

Kapitel 03

Rezepte 201–300

Partysuppen

Chinesische Hühnersuppe

Chinesische Hühnersuppe

Zum Vorbereiten

8 Portionen

Zubereitungszeit: 30 Minuten, ohne Einweich- und Abkühlzeit
Garzeit: etwa 70 Minuten

30 g chinesische Pilze
etwa 3 l Hühnerbrühe
1 küchenfertige Poularde (etwa 1 kg)
2 Bund Suppengrün
(Möhren, Sellerie, Porree)
100 g Glasnudeln
2–3 EL Sojasauce
340 g abgetropfte Bambussprossen
(aus der Dose)
Sambal Oelek
Chilisauce

Pro Portion:
E: 24 g, F: 5 g, Kh: 19 g,
kJ: 922, kcal: 220

1. Die Pilze in kaltem Wasser einige Stunden nach Packungsanleitung einweichen. Anschließend die Pilze in ein Sieb geben, abtropfen lassen und in Streifen schneiden.
2. Hühnerbrühe in einem großen Topf zum Kochen bringen. Poularde innen und außen unter fließendem kalten Wasser abspülen und trocken tupfen. Möhren und Sellerie putzen, schälen, abspülen, abtropfen lassen und in kleine Stücke schneiden. Porree putzen. Die Stangen längs halbieren, gründlich waschen, abtropfen lassen und ebenfalls klein schneiden.
3. Die Poularde in die kochende Hühnerbrühe geben, wieder zum Kochen bringen und zugedeckt etwa 30 Minuten bei schwacher Hitze kochen lassen. Suppengrünstücke hinzufügen und alles weitere etwa 30 Minuten kochen lassen.
4. Die gare Poularde aus der Brühe nehmen, etwas abkühlen lassen und die Haut entfernen. Das Fleisch von den Knochen lösen und in Würfel schneiden.
5. Die Glasnudeln nach Packungsanleitung zubereiten. Sojasauce und Pilzstreifen in die Hühnerbrühe geben, wieder zum Kochen bringen und zugedeckt etwa 10 Minuten kochen lassen.
6. Die Bambussprossen und die Glasnudeln mit den Fleischwürfeln in die Suppe geben, miterhitzen.
7. Die Hühnersuppe mit Sambal Oelek, Sojasauce und Chilisauce abschmecken.

Erbsen-Buttermilch-Suppe

Zum Vorbereiten

10 Portionen

Zubereitungszeit: 30 Minuten, ohne Kühlzeit
Garzeit: etwa 10 Minuten

10 Schalotten, 75 ml Olivenöl
einige getrocknete, rote Chilibrösel
2 l Gemüsebrühe
750 g TK-Erbsen
Salz
25 g Speisestärke
5 Stängel Minze
500 ml Buttermilch
10 TL Olivenöl

Pro Portion:
E: 8 g, F: 12 g, Kh: 15 g,
kJ: 865, kcal: 206

1. Schalotten abziehen und in kleine Würfel schneiden. Das Olivenöl in einem großen Topf erhitzen. Die Schalottenwürfel und die Chilibrösel darin andünsten. Brühe hinzugießen, zum Kochen bringen und etwa 5 Minuten kochen lassen.
2. Gefrorene Erbsen hinzugeben, mit Salz würzen. Die Suppe wieder zum Kochen bringen und etwa 5 Minuten kochen lassen.
3. Speisestärke mit etwas Wasser anrühren, in die Suppe rühren und unter Rühren einmal aufkochen lassen. Minze abspülen, trocken tupfen und die Blättchen von den Stängeln zupfen. Etwa die Hälfte der Minzeblättchen in die Suppe geben. Die Suppe sehr fein pürieren.
4. Die Suppe im kalten Wasserbad kalt rühren, dann Buttermilch unterrühren. Die Suppe evtl. mit Salz abschmecken.
5. Restliche Minzeblättchen in feine Streifen schneiden. Zum Servieren die Suppe in Suppentassen verteilen. Die Suppe mit Minzeblättchen bestreuen und mit jeweils 1 Teelöffel Olivenöl beträufeln.

Grüne Spargelsuppe

8 Portionen

Zubereitungszeit: 40 Minuten

Für die Suppe:
1 kg grüner Spargel
1 1/2 l heiße Gemüsebrühe
3 EL gehobelte Mandeln
Salz
gem. Pfeffer
1 Prise Zucker
200 g Schlagsahne
8 dünne Scheiben Stangenweißbrot
8 TL Crème fraîche
6 EL Schnittlauchröllchen

Pro Portion:
E: 5 g, F: 13 g, Kh: 5 g,
kJ: 644, kcal: 154

1. Vom Spargel das untere Drittel schälen und die unteren Enden abschneiden. Spargel abspülen, abtropfen lassen und in etwa 3 cm lange Stücke schneiden.
2. Brühe in einem Topf zum Kochen bringen. Spargelstücke hinzugeben und etwa 15 Minuten bei schwacher Hitze kochen.
3. In der Zwischenzeit Mandeln in einer Pfanne ohne Fett bei schwacher Hitze rösten. Mandeln aus der Pfanne nehmen und auf einen Teller geben.
4. Die Spargelstücke in der Brühe fein pürieren. Die Suppe mit Salz, Pfeffer und Zucker abschmecken. Sahne unterrühren.
5. Brotscheiben toasten. Die Suppe in tiefen Tellern oder Suppentassen verteilen. Je 1 Teelöffel Crème fraîche hineingeben und mit Mandeln und Schnittlauch bestreuen. Die Suppe heiß servieren. Jeweils 1 Brotscheibe an den Rand des Tellers oder der Suppentasse legen.

Erbsen-Buttermilch-Suppe

Grüne Spargelsuppe

Bohnensuppe mit Petersilien-Pesto

8 Portionen

Zum Vorbereiten

Zubereitungszeit: 55 Minuten, ohne Abkühlzeit
Garzeit: etwa 12 Minuten

Für das Petersilien-Pesto:
140 g Sonnenblumenkerne
4 Bund glatte Petersilie (etwa 100 g)
8 EL Olivenöl
20 g ger. alter Gouda
Salz, Cayennepfeffer

Für die Bohnensuppe:
1 1/2 kg Fenchel
400 g Staudensellerie
4 Knoblauchzehen
140 g Frühlingszwiebeln
80 g getrocknete Tomaten
4 EL Olivenöl
2 Lorbeerblätter
750 ml Gemüsebrühe
1060 g weiße Bohnen
mit Suppengrün (aus der Dose)
gem. Pfeffer

Pro Portion:
E: 18 g, F: 27 g, Kh: 28 g,
kJ: 1790, kcal: 428

1. Für das Petersilien-Pesto Sonnenblumenkerne in einer Pfanne ohne Fett unter Rühren goldbraun rösten und auf einen Teller geben.
2. Petersilie abspülen und trocken tupfen. Die Blättchen von den Stängeln zupfen. Die Blättchen grob zerschneiden. Sonnenblumenkerne mit Petersilie und Olivenöl im Universalzerkleinerer sehr fein hacken. Käse kurz unterarbeiten. Pesto mit Salz und Cayennepfeffer abschmecken.
3. Für die Suppe Fenchel putzen, abspülen, abtropfen lassen. Fenchelgrün beiseitelegen. Die Fenchelknollen vierteln und quer in schmale Streifen schneiden. Staudensellerie putzen und die harten Außenfäden abziehen. Stangen abspülen, abtropfen lassen und in schmale Scheiben schneiden.
4. Knoblauch abziehen und in dünne Scheiben schneiden. Die Frühlingszwiebeln putzen, abspülen, abtropfen lassen, quer in dünne Scheiben schneiden. Tomaten in feine Streifen schneiden.
5. Olivenöl in einem großen Topf erhitzen. Fenchelstreifen, Sellerie-, Knoblauch-, Frühlingszwiebelscheiben, Lorbeerblätter und Tomatenstreifen darin unter Rühren andünsten. Brühe hinzugießen, zum Kochen bringen und zugedeckt etwa 10 Minuten bei mittlerer Hitze garen.
6. Die Bohnen mit der Flüssigkeit zu der Suppe geben, wieder zum Kochen bringen und etwa 2 Minuten kochen lassen. Suppe mit Salz und Pfeffer würzen.
7. Die Bohnensuppe mit dem Petersilien-Pesto und beiseitegelegtem Fenchelgrün anrichten.

Erbsensuppe mit Parmesan

8 Portionen

Zum Vorbereiten

Zubereitungszeit: 15 Minuten
Garzeit: 10–15 Minuten

2 Zwiebeln
2 TL Butter
etwa 1,6 l Wasser
8 TL gekörnte Hühner- oder Gemüsebrühe
1,2 kg TK-Erbsen
8 EL saure Sahne (etwa 80 g)
2–3 TL Zitronensaft
Salz
gem. Pfeffer
etwas Zucker
8 TL ger. Parmesan (etwa 40 g)
2 EL gehackte, glatte Petersilie

Pro Portion:
E: 14 g, F: 7 g, Kh: 22 g,
kJ: 879, kcal: 210

1. Zwiebeln abziehen und in kleine Würfel schneiden.
2. Butter in einem Topf zerlassen. Zwiebelwürfel darin andünsten. Wasser und gekörnte Brühe hinzugeben, aufkochen lassen. Die Erbsen hinzugeben, wieder zum Kochen bringen und zugedeckt etwa 10 Minuten bei mittlerer Hitze kochen lassen. 4 Teelöffel saure Sahne unterrühren. Die Suppe pürieren.
3. Die Suppe mit Zitronensaft, Salz, Pfeffer und Zucker abschmecken.
4. Die Erbsensuppe in Suppentassen oder -tellern anrichten und mit der restlichen sauren Sahne, dem Parmesan und der Petersilie garniert servieren.

Bohnensuppe mit Petersilien-Pesto

Erbsensuppe mit Parmesan

Gurkensuppe mit Pfefferkäse

Hackfleisch-Tandoori-Suppe

Gurkensuppe mit Pfefferkäse

8 Portionen   Zum Vorbereiten

Zubereitungszeit: 30 Minuten

1 1/4 kg Salatgurke
1 Bund Dill
2 Knoblauchzehen
750 ml Gemüsebrühe
250 g Pfeffer-Frischkäse
250 g Schlagsahne
Salz

Pro Portion:
E: 5 g, F: 20 g, Kh: 4 g,
kJ: 923, kcal: 221

1. Für die Suppe Gurken schälen und die Enden abschneiden. Gurken längs halbieren und in Stücke schneiden. Dill abspülen, trocken tupfen und die Spitzen von den Stängeln zupfen. Einige Dillspitzen zum Garnieren beiseitelegen. Knoblauch abziehen und vierteln.
2. Gemüsebrühe in eine Rührschüssel geben. Gurkenstücke, Dillspitzen, Knoblauch, Frischkäse und Sahne hinzugeben.
3. Zutaten mit einem Stabmixer sehr fein pürieren, mit Salz abschmecken. Suppe bis zum Servieren zugedeckt in den Kühlschrank stellen.
4. Gurkensuppe in tiefen Tellern oder Suppentassen verteilen, mit Dillspitzen garnieren.

Tipps: Dazu schmeckt rustikales Bauernbrot ebenso gut wie Fladenbrot. Möchten Sie die Gurkensuppe gern noch schärfer, können Sie eingelegten, grünen Pfeffer aus dem Glas hinzugeben. Geben Sie einige Pfefferkörner auf die fertige Suppe.

Hackfleisch-Tandoori-Suppe

besser: Kürbis pürieren

8 Portionen

Zubereitungszeit: 35 Minuten

Für die Suppe:
2 EL Olivenöl
600 g Rindergehacktes
2 Knoblauchzehen
2 TL Tomatenmark
Salz
gem. Pfeffer
3 TL Tandoori-Gewürz
(Pulver oder Paste aus dem Glas)
1,6 l Gemüsebrühe
1 kg vorbereitetes Kürbisfruchtfleisch, z. B. Butternut, gelber Zentner oder Hokkaido
500 g TK-Blumenkohlröschen
2 Bund Frühlingszwiebeln
400 g Schlagsahne
8 TL Crème fraîche

Pro Portion:
E: 21 g, F: 32 g, Kh: 15 g,
kJ: 1793, kcal: 429

1. Für die Suppe Olivenöl in einem großen Topf erhitzen. Gehacktes hinzugeben und unter Rühren anbraten, dabei die Fleischklümpchen mit einer Gabel zerdrücken.
2. Knoblauch abziehen, in kleine Würfel schneiden und hinzugeben. Tomatenmark unterrühren und mit anbraten. Die Gehacktesmasse mit Salz, Pfeffer und Tandoori-Gewürz würzen. Brühe hinzugießen und zum Kochen bringen.
3. Das Kürbisfruchtfleisch in 1–2 cm große Würfel schneiden. Kürbiswürfel und die gefrorenen Blumenkohlröschen in die Suppe geben, wieder zum Kochen bringen und die Zutaten bei schwacher Hitze etwa 10 Minuten kochen lassen.
4. Inzwischen Frühlingszwiebeln putzen, abspülen, abtropfen lassen und in Scheiben schneiden. Frühlingszwiebelscheiben und Sahne in die Suppe geben und unterrühren. Die Suppe wieder zum Kochen bringen und weitere etwa 5 Minuten kochen lassen. Suppe mit Salz und Pfeffer abschmecken.
5. Die Hackfleisch-Tandoori-Suppe in tiefen Tellern oder Suppentassen verteilen und mit je 1 Teelöffel Crème fraîche garnieren.

Tipps: Dazu schmeckt türkisches Fladenbrot oder indische Brotfladen (Chapatis). Haben Sie Reste von gekochtem Reis, können Sie ihn gut in die Suppe geben.

Kartoffel-Möhren-Suppe mit Erdnusscreme

Kartoffelsuppe

Kartoffel-Möhren-Suppe mit Erdnusscreme

8 Portionen

Zubereitungszeit: 40 Minuten

Für die Suppe:
2 Zwiebeln
2 Knoblauchzehen
1 kg Möhren
1 kg mehligkochende Kartoffeln
4 EL Rapsöl
4 EL Erdnusscreme (aus dem Glas)
Salz, gem. Pfeffer
grob geschrotete Chiliflocken oder Cayennepfeffer
2 l Gemüse- oder Geflügelbrühe
700 g Porree (Lauch)
4–5 Stängel Koriander oder glatte Petersilie
400 g geräucherter Putenbrustaufschnitt oder gebratene Putenbruststreifen (aus dem Kühlregal)

Pro Portion:
E: 19 g, F: 12 g, Kh: 29 g,
kJ: 1269, kcal: 303

1. Für die Suppe Zwiebeln und Knoblauch abziehen, grob würfeln. Möhren und Kartoffeln schälen, abspülen und abtropfen lassen. Möhren in Scheiben und Kartoffeln in etwa 2 cm große Würfel schneiden.
2. Rapsöl in einem großen Topf erhitzen. Zwiebel- und Knoblauchwürfel darin glasig dünsten. Die Möhrenscheiben hinzugeben, mit andünsten. Erdnusscreme hinzugeben und unterrühren, mit Salz, Pfeffer und Chiliflocken oder Cayennepfeffer würzen. Brühe hinzugießen, zum Kochen bringen und bei schwacher Hitze etwa 5 Minuten kochen lassen.
3. In der Zwischenzeit Porree putzen, die Stangen längs halbieren, gründlich waschen, abtropfen lassen und in kleine Stücke schneiden. Kartoffelwürfel und Porreestücke in die Suppe geben und wieder zum Kochen bringen. Suppe weitere etwa 12 Minuten unter gelegentlichem Umrühren kochen lassen.
4. Koriander oder Petersilie abspülen und trocken tupfen. Blättchen von den Stängeln zupfen. Einige Blättchen zum Garnieren beiseitelegen. Putenbrustaufschnitt in Streifen schneiden.
5. Die Suppe mit Salz und Pfeffer abschmecken. Putenbruststreifen und Koriander oder Petersilie hinzugeben. Nach Belieben noch etwas Erdnusscreme unterrühren.
6. Die Kartoffel-Möhren-Suppe mit Erdnusscreme in tiefen Tellern oder Suppentassen verteilen und mit den beiseitegelegten Koriander- oder Petersilienblättchen garnieren.

Tipp: Möchten Sie die Suppe ohne Erdnusscreme zubereiten, ersetzen Sie sie durch 4 Esslöffel Doppelrahm-Frischkäse.

Kartoffelsuppe

8 Portionen

Zum Vorbereiten

Zubereitungszeit: 25 Minuten
Garzeit: etwa 18 Minuten

750 g mehligkochende Kartoffeln
2 Zwiebeln, 40 g Butter
2 Lorbeerblätter
2 l heiße Gemüsebrühe
300 g TK-Suppengemüse
250 g Schlagsahne
Salz, gem. Pfeffer
gerebelter Majoran
ger. Muskatnuss
4 EL gehackte Kräuter, z. B. Kerbel, Schnittlauch, glatte Petersilie

Pro Portion:
E: 4 g, F: 15 g, Kh: 15 g,
kJ: 903, kcal: 216

1. Für die Suppe Kartoffeln schälen, abspülen, abtropfen lassen. Die Kartoffeln in etwa 1 cm große Würfel schneiden. Zwiebeln abziehen und in feine Würfel schneiden.
2. Die Butter in einem großen Topf zerlassen. Zwiebelwürfel und Lorbeerblätter hinzugeben und etwa 1 Minute unter Rühren andünsten. Kartoffelwürfel hinzugeben und mitdünsten lassen. Brühe hinzugießen und zum Kochen bringen. Gefrorenes Suppengemüse hinzugeben, wieder zum Kochen bringen. Die Zutaten etwa 18 Minuten bei schwacher Hitze kochen lassen.

3. Den Topf von der Kochstelle nehmen. Lorbeerblätter aus der Suppe entfernen. Nach Belieben mit einem Kartoffelstampfer die Kartoffel- und Gemüsewürfel grob zerdrücken. Die Sahne unterrühren. Suppe mit Salz, Pfeffer, Majoran und Muskat würzen.
4. Die Kartoffelsuppe in tiefen Tellern oder Suppentassen verteilen und mit den Kräutern bestreut servieren.

Tipp: Mögen Sie einen besonders würzigen Geschmack, braten Sie zusätzlich einige Speck- und Zwiebelwürfel und geben Sie sie in die Suppe.

Rindssuppe mit Grießnocken

Zum Vorbereiten

10 Portionen

Zubereitungszeit: 40 Minuten, ohne Abkühlzeit
Garzeit: etwa 4 Stunden

1,2 kg Suppenfleisch, z. B. hohe Rippe oder Beinscheibe
4 l Wasser
1 Bund Suppengrün (Sellerie, Möhren, Porree)
1 Zwiebel
10 Stängel Petersilie
1 Gewürznelke
2 Lorbeerblätter
10 Pfefferkörner
2 gestr. TL Salz

Für die Grießnocken:
1 l Milch
50 g Butter
1 gestr. TL Salz
ger. Muskatnuss
200 g Hartweizengrieß
2 Eier (Größe M)
Salz

2–3 EL Schnittlauchröllchen

Pro Portion:
E: 32 g, F: 25 g, Kh: 21 g, kJ: 1813, kcal: 434

1. Suppenfleisch kurz unter fließendem kalten Wasser abspülen und trocken tupfen. Das Wasser in einem großen Topf zum Kochen bringen. Das Suppenfleisch hineinlegen und einmal kräftig aufkochen lassen. Dabei ab und zu den Schaum mit einer Schaumkelle abschöpfen.
2. Sellerie und Möhren putzen, schälen, abspülen und abtropfen lassen. Porree putzen, die Stange längs halbieren, gründlich waschen und abtropfen lassen. Suppengrün in Stücke schneiden.
3. Die Zwiebel halbieren und mit der Schnittfläche nach unten in einer heißen Pfanne ohne Fett bräunen lassen. Zwiebelhälften herausnehmen und zu dem Suppenfleisch in den Topf geben.
4. Petersilie abspülen, trocken tupfen und in die Suppe legen. Nelke, Lorbeerblätter, Pfefferkörner und Salz hinzugeben. Die Suppe zum Kochen bringen und etwa 4 Stunden mit leicht schräg aufgelegtem Deckel bei schwacher Hitze kochen lassen. Die Suppe mit Salz abschmecken.
5. Das gegarte Suppenfleisch mit einer Schaumkelle aus der Brühe nehmen und etwas abkühlen lassen. Das Fleisch von den Knochen lösen und in kleine Stücke schneiden. Die Suppe durch ein Sieb in einen Topf gießen. Gemüse, Kräuter und Gewürze entfernen.
6. Das Suppenfleisch in die Suppe geben. Die Suppe auf Zimmertemperatur abkühlen lassen und anschließend zugedeckt in den Kühlschrank stellen. Die Suppe entfetten.
7. Für die Grießnocken Milch, Butter, Salz und Muskat in einem Topf zum Kochen bringen. Grieß unter Rühren einstreuen, unter Rühren einmal stark aufkochen und 3–4 Minuten bei schwacher Hitze kochen lassen, bis ein dicker Grießbrei entstanden ist.
8. Den Grießbrei in eine Rührschüssel geben und die Eier unterrühren. Die Masse mit Salz und Muskat abschmecken.
9. Reichlich Salzwasser in einem Topf zum Kochen bringen. Mithilfe von zwei Esslöffeln Nocken von der Masse abstechen und in das kochende Salzwasser geben. Die Nocken etwa 4 Minuten bei schwacher Hitze gar ziehen lassen. Die Nocken sind gar, wenn sie an der Oberfläche schwimmen.
10. Grießnocken mit einer Schaumkelle aus dem Salzwasser nehmen, abtropfen lassen und auf ein Backblech legen. Nocken erkalten lassen, mit Frischhaltefolie zudecken und bis zum Servieren in den Kühlschrank stellen.
11. Vor dem Servieren Rindsuppe erhitzen. Nocken hinzugeben und etwa 4 Minuten erhitzen. Die Suppe auf Tellern anrichten und mit Schnittlauchröllchen bestreut servieren.

Tipp: Falls die Nocken beim Garen auseinanderfallen, zusätzlich 1 Esslöffel Speisestärke unter den Grießbrei rühren. Es ist ratsam, zuerst eine Probenocke zuzubereiten.

Rindssuppe mit Grießnocken

Wirsingsuppe mit Kräuter-Pesto

8 Portionen

Zum Vorbereiten

Zubereitungszeit: 35 Minuten, ohne Abkühlzeit

2,6 l heißes Wasser
4 EL körnige Brühe (Instant)
2 Lorbeerblätter
je 4 Gewürznelken und Pimentkörner
2 Zwiebeln
3 gestr. TL Salz, gem. Pfeffer
2 Hähnchenbrüste (mit Knochen, etwa 1 kg)
2 mittelgroße Kohlrabi (etwa 900 g)
6 Möhren (etwa 600 g)
1 kg Wirsing
250 g Suppennudeln

Für das Pesto:
2 große Bund glatte Petersilie
125 ml Olivenöl
4 EL Brühe (von der Suppe)
2 TL abgeriebene Schale von 1 Bio-Zitrone (unbehandelt, ungewachst)
4 EL ger. Parmesan
Salz

Pro Portion:
E: 39 g, F: 21 g, Kh: 34 g,
kJ: 2003, kcal: 478

1. Für die Suppe Wasser, Brühe, Lorbeerblätter, Gewürznelken und Pimentkörner in einem großen Topf zum Kochen bringen. Zwiebeln abziehen, in Spalten schneiden und hinzugeben, mit Salz und Pfeffer würzen.
2. Hähnchenbrüste kurz unter fließendem kalten Wasser abspülen, abtropfen lassen und in die kochende Brühe geben. Die Hähnchenbrüste etwa 20 Minuten bei schwacher Hitze kochen lassen.
3. In der Zwischenzeit Kohlrabi schälen, abspülen und abtropfen lassen. Möhren putzen, schälen und abtropfen lassen. Kohlrabi und Möhren in kleine Stücke schneiden. Kohlrabi- und Möhrenstücke nach etwa 10 Minuten Garzeit der Hähnchenbrust in die Brühe geben, mitgaren lassen.
4. Wirsing putzen, halbieren und den Strunk herausschneiden. Kohlhälften abspülen, abtropfen lassen, in grobe Streifen schneiden. Die Kohlstreifen und Nudeln in die Suppe geben, wieder zum Kochen bringen und weitere etwa 8 Minuten mitgaren lassen.
5. Die Hähnchenbrüste mit einer Schaumkelle aus der Brühe nehmen und kurz abkühlen lassen. Das Fleisch von den Knochen lösen und die Haut entfernen. Das Fleisch in Scheiben schneiden, in die Suppe geben und nochmals kurz erhitzen. Von der Brühe etwa 4 Esslöffel abnehmen.
6. Für das Pesto Petersilie abspülen und trocken tupfen. Die groben Stiele abschneiden. Petersilie, Olivenöl, Brühe und Zitronenschale in einen hohen Rührbecher geben und pürieren. Parmesan unterrühren. Pesto mit Salz und Pfeffer würzen.
7. Die Suppe mit den Fleischscheiben in tiefen Tellern anrichten. Das Kräuter-Pesto nach Geschmack daraufgeben oder dazureichen.

Wirsingsuppe mit Kräuter-Pesto

Zucchini-Kokos-Suppe

Zucchini-Kokos-Suppe

8 Portionen

Zum Vorbereiten

Zubereitungszeit: 40 Minuten

4 Knoblauchzehen
4 Zwiebeln, 8 kleine Zucchini
4 EL Sonnenblumenöl
1,2 l Gemüsebrühe
800 ml ungesüßte Kokosmilch
200 g Schafskäse
einige Stängel Schnittlauch
gem. Zitronengras
Salz, gem. Pfeffer

Pro Portion:
E: 10 g, F: 28 g, Kh: 8 g,
kJ: 1317, kcal: 317

1. Knoblauchzehen und Zwiebeln abziehen, beides fein würfeln. Zucchini abspülen, abtrocknen und die Enden abschneiden. Zucchini in kleine Würfel schneiden.
2. Öl in einem Topf erhitzen. Knoblauch und Zwiebel darin unter gelegentlichem Rühren andünsten. Die Zucchiniwürfel hinzugeben und kurz mitdünsten.
3. Gemüsebrühe und Kokosmilch hinzufügen. Alles unter gelegentlichem Rühren kurz aufkochen lassen und zugedeckt bei schwacher Hitze etwa 5 Minuten kochen lassen.
4. Inzwischen Schafskäse in kleine Würfel schneiden. Schnittlauch abspülen, trocken tupfen fein schneiden. Schafskäsewürfel und Schnittlauchröllchen mit etwas Zitronengras kurz in der Suppe erhitzen.
5. Die Suppe mit Salz, Pfeffer und evtl. Zitronengras pikant abschmecken und heiß servieren.

Spinatsuppe mit gebratenem Ei

Quark-Kartoffel-Suppe

Tipps: Sie können die Suppe bis einschließlich Punkt 3 vorbereiten, erkalten lassen und zugedeckt in den Kühlschrank stellen. Vor dem Servieren die Suppe dann erhitzen und wie ab Punkt 4 beschrieben fertig stellen. Servieren Sie warmes Fladenbrot oder Ciabatta dazu.

Spinatsuppe mit gebratenem Ei

8 Portionen

Zubereitungszeit: 35 Minuten

Für die Einlage:
30 g Butter
4 Eier (Größe M)

Für die Suppe:
4 Zwiebeln
2 Knoblauchzehen
50 g Butter
2 EL Weizenmehl
1 1/2 l Gemüsebrühe
600 g TK-Blattspinat
150 g Schlagsahne
Salz, gem. Pfeffer
ger. Muskatnuss

Pro Portion:
E: 7 g, F: 17 g, Kh: 6 g,
kJ: 890, kcal: 213

1. Für die Einlage die Butter in einer Pfanne zerlassen. Die Eier vorsichtig aufschlagen, von beiden Seiten bei schwacher Hitze braten. Eier aus der Pfanne nehmen und auf einen Teller geben.
2. Für die Suppe Zwiebeln und Knoblauch abziehen und fein würfeln.
3. Butter in einem Topf zerlassen. Zwiebel- und Knoblauchwürfel darin andünsten. Das Mehl daraufstäuben und dann unterrühren. Nach und nach die Brühe hinzugießen, unter Rühren zum Kochen bringen. Dabei darauf achten, dass keine Klümpchen entstehen. Gefrorenen Spinat und Sahne unterrühren. Die Zutaten unter Rühren wieder zum Kochen bringen.
4. Spinatsuppe mit Salz, Pfeffer und Muskat abschmecken, etwa 5 Minuten zugedeckt bei schwacher Hitze kochen lassen.
5. In der Zwischenzeit die gebratenen Eier in Streifen schneiden.
6. Spinatsuppe in tiefen Tellern oder Suppentassen verteilen und mit den Eierstreifen garnieren.

Quark-Kartoffel-Suppe

8–10 Portionen

Zum Vorbereiten

Zubereitungszeit: 50 Minuten
Garzeit: etwa 30 Minuten

800 g vorwiegend festkochende Kartoffeln
1 mittelgroße Zwiebel
1 Bund Kerbel
50 g Butter, 2 l Gemüsebrühe
250 g Magerquark
Salz, gem. Pfeffer
250 g Champignons
200 g magerer, durchwachsener Speck
195 g abgetropfte Saftwürstchen (aus dem Glas)
2 EL Sonnenblumenöl
2 EL Schnittlauchröllchen

Pro Portion:
E: 12 g, F: 28 g, Kh: 16 g,
kJ: 1554, kcal: 370

1. Die Kartoffeln schälen, abspülen, abtropfen lassen und klein schneiden. Zwiebel abziehen, halbieren, in kleine Würfel schneiden. Kerbel abspülen und trocken tupfen. Die Blättchen von den Stängeln zupfen. Einige Blättchen zum Garnieren beiseitelegen. Restliche Blättchen klein schneiden.
2. Jeweils die Hälfte der Butter in einem großen Topf zerlassen. Die Kartoffel- und Zwiebelwürfel darin in 2 Portionen andünsten. Gemüsebrühe hinzugießen und klein geschnittenen Kerbel unterrühren. Die Zutaten zum Kochen bringen und etwa 30 Minuten kochen lassen.
3. Die Suppe pürieren. Quark unterrühren. Die Suppe mit Salz und Pfeffer würzen, unter Rühren erhitzen, aber nicht mehr kochen lassen (die Suppe gerinnt sonst).
4. Champignons putzen, mit Küchenpapier abreiben, evtl. abspülen und trocken tupfen. Speck, Würstchen und Champignons in dünne Scheiben oder kleine Würfel schneiden.
5. Das Öl in einer Pfanne erhitzen. Speckwürfel oder -scheiben darin anbraten. Die Champignon- und Würstchenscheiben oder -würfel hinzufügen, mit anbraten, herausnehmen und in die Suppe geben.
6. Die Suppe mit den beiseitegelegten Kerbelblättchen und Schnittlauchröllchen bestreut servieren.

Pikante Sommersuppe mit Salsa und Knusperschinken

Maissuppe

Pikante Sommersuppe mit Salsa und Knusperschinken

Zum Vorbereiten

8 Portionen

Zubereitungszeit: 30 Minuten

Zum Vorbereiten:
200 g Schinken in dünnen Scheiben, z. B. Schwarzwälder oder Parmaschinken

Für die Suppe:
1 kg gekühlter Joghurt (3,5 % Fett)
500 ml gekühlte, kräftig gewürzte Brühe
4 EL Olivenöl
Salz, gem. Pfeffer
3 EL Zitronensaft
etwas brauner Zucker

Für die Salsa:
240 g Tomaten
je 5 Stängel Minze und glatte Petersilie
4 reife Pfirsiche oder Nektarinen (etwa 560 g)
2 Prisen grob geschroteter Chili

Pro Portion:
E: 10 g, F: 11 g, Kh: 13 g,
kJ: 826, kcal: 197

1. Den Backofen vorheizen.
Ober-/Unterhitze: etwa 220 °C
Heißluft: etwa 200 °C

2. Zum Vorbereiten die Schinkenscheiben auf einem Backblech (mit Backpapier belegt) verteilen. Das Backblech in den vorgeheizten Backofen schieben. Schinkenscheiben etwa 10 Minuten knusprig rösten.

3. In der Zwischenzeit für die Suppe Joghurt mit Brühe, Olivenöl, Salz und Pfeffer in einer Rührschüssel verschlagen. Joghurtsuppe mit Zitronensaft und Zucker würzen.

4. Für die Salsa Tomaten abspülen, abtrocknen, halbieren und die Stängelansätze herausschneiden. Die Tomatenhälften fein würfeln. Die Kräuter abspülen, trocken tupfen. Blättchen von den Stängeln zupfen. Blättchen klein schneiden.

5. Pfirsiche oder Nektarinen abspülen, abtrocknen, halbieren und entsteinen. Pfirsich- oder Nektarinenhälften fein würfeln. Tomatenwürfel und Kräuter unterheben. Salsa mit Chili würzen.

6. Das Backblech auf einen Kuchenrost stellen. Schinkenscheiben vorsichtig vom Backblech nehmen und auf Küchenpapier abtropfen lassen.

7. Salsa in 8 tiefen Tellern verteilen. Anschließend die Joghurtsuppe hinzugießen und die Schinkenscheiben daranlegen.

Tipps: Dazu passt prima knuspriges Baguette. Ist Ihnen die Zubereitung der Schinkenscheiben im Backofen zu aufwendig, können Sie sie auch in einer Pfanne ohne Fett rösten. Dazu die Schinkenscheiben in die heiße Pfanne geben und unter gelegentlichem Wenden knusprig rösten.

Maissuppe

Zum Vorbereiten

8 Portionen

Zubereitungszeit: 25 Minuten
Garzeit: 8–10 Minuten

4 mittelgroße Zwiebeln
4 rote Paprikaschoten
4 EL Butter oder Margarine
1140 g abgetropfter Gemüsemais (aus der Dose)
4 TL Weizenmehl, 1 l Gemüsebrühe
1 kg Schlagsahne
Salz, gem. Pfeffer, Currypulver
6–8 EL gehackte Cashewkerne
1–2 EL gehackte Petersilien- oder Korianderblättchen

Pro Portion:
E: 12 g, F: 56 g, Kh: 34 g,
kJ: 2909, kcal: 696

1. Die Zwiebeln abziehen und in feine Würfel schneiden. Paprikaschoten halbieren, entstielen, entkernen und die weißen Scheidewände entfernen. Schotenhälften abspülen, trocken tupfen und würfeln.

2. Butter oder Margarine in einem Topf zerlassen. Zwiebel- und Paprikawürfel darin andünsten. Mais hinzufügen und kurz mitdünsten. Das Gemüse mit Mehl bestäuben und unter gelegentlichem Rühren etwa 2 Minuten dünsten lassen.

3. Gemüsebrühe und Sahne hinzugießen. Die Zutaten zum Kochen bringen und zugedeckt bei schwacher Hitze 8–10 Minuten kochen lassen.

4. Maissuppe mit Salz, Pfeffer und Curry würzen, mit Cashewkernen und Kräutern bestreut servieren.

Kohlrabi-Apfel-Süppchen mit Lachs

8 Portionen

Zum Vorbereiten

Zubereitungszeit: 45 Minuten
Garzeit: etwa 15 Minuten

4 Kohlrabi (etwa 800 g)
4 Schalotten
4 EL Olivenöl
2 große Äpfel (etwa 400 g)
1 1/4 l Geflügelbrühe
2 TL ger. Meerrettich (aus dem Glas)
250 g Schlagsahne
Salz, gem. Pfeffer
evtl. etwas Zitronensaft
2–3 Stängel Zitronenmelisse
8 Scheiben Räucherlachs
(je etwa 35 g)

Pro Portion:
E: 10 g, F: 20 g, Kh: 9 g,
kJ: 1068, kcal: 255

1. Kohlrabi putzen, schälen, abspülen und abtropfen lassen. Die Kohlrabi in Würfel schneiden. Schalotten abziehen und würfeln.
2. Das Olivenöl in einem großen Topf erhitzen. Die Kohlrabi und Schalottenwürfel darin andünsten. Die Äpfel schälen, vierteln und entkernen. Apfelviertel würfeln, in den Topf geben.
3. Brühe hinzugießen und zum Kochen bringen. Das Ganze etwa 15 Minuten zugedeckt kochen. Meerrettich und Sahne unterrühren. Die Suppe nochmals kurz aufkochen und fein pürieren. Die Suppe nach Belieben anschließend noch durch ein Sieb passieren. Die Suppe mit Salz, Pfeffer und evtl. etwas Zitronensaft abschmecken.
4. Melisse abspülen und trocken tupfen. Die Blättchen von den Stängeln zupfen. Lachsscheiben in feine Streifen schneiden. Die Kohlrabi-Apfel-Suppe mit Lachsstreifen und Melisseblättchen garniert servieren.

Lumpensuppe

12 Portionen

Zum Vorbereiten

Zubereitungszeit: 45 Minuten
Garzeit: etwa 75 Minuten

1 kg Zwiebeln
3 Knoblauchzehen
1,2 kg Rindergulasch
5 EL Speiseöl, z. B. Sonnenblumenöl
Salz, gem. Pfeffer
2 EL Paprikapulver edelsüß
1–2 EL Speiseöl
2 gestr. TL gerebelter Thymian
2 Lorbeerblätter
2 EL Weizenmehl
2 1/2 l Fleischbrühe
300 g Möhren
315 g abgetropfte Champignonscheiben (aus dem Glas)
300 g TK-Erbsen
320 g abgetropfte Tomatenpaprika in Streifen (aus dem Glas)
300 g Tomatenketchup

Pro Portion:
E: 25 g, F: 12 g, Kh: 18 g,
kJ: 1192, kcal: 284

1. Zwiebeln und Knoblauch abziehen, in feine Würfel schneiden. Rindergulasch mit Küchenpapier trocken tupfen und evtl. etwas kleiner schneiden. Etwas Speiseöl in einer großen Pfanne erhitzen. Die Fleischwürfel portionsweise darin anbraten, mit Salz, Pfeffer und Paprikapulver würzen und aus der Pfanne nehmen.
2. Speiseöl in einem großen Topf erhitzen. Zwiebel- und Knoblauchwürfel darin andünsten. Thymian und Lorbeerblätter unterrühren. Mehl daraufstäuben und kurz anrösten. Brühe nach und nach einrühren und zum Kochen bringen.
3. Die Fleischwürfel in den Topf geben und zugedeckt bei mittlerer Hitze etwa 45 Minuten köcheln lassen.
4. Möhren putzen, schälen, abspülen, abtropfen lassen und in Würfel schneiden. Die Möhrenwürfel mit Champignons, tiefgefrorenen Erbsen und Tomatenpaprika mit der Flüssigkeit in die Suppe geben. Suppe wieder zum Kochen bringen und weitere etwa 30 Minuten köcheln lassen.
5. Ketchup in die Suppe einrühren und die Suppe nochmals kurz aufkochen. Lorbeerblätter entfernen. Die Suppe mit Salz, Pfeffer und Paprikapulver abschmecken.

Kohlrabi-Apfel-Süppchen mit Lachs

Lumpensuppe

Griechische Ostersuppe

8–10 Portionen

Zubereitungszeit: 45 Minuten
Garzeit: etwa 45 Minuten

1,2 kg mageres Lammfleisch
5 EL Olivenöl
Salz
gem. Pfeffer
2–3 Bund Frühlingszwiebeln
1/2 Topf Minze
2 l Rindfleischbrühe
1 Bund glatte Petersilie
1/2 Bund Dill
8 Eier (Größe M)
Saft von 4 Zitronen

Pro Portion:
E: 34 g, F: 20 g, Kh: 6 g,
kJ: 1455, kcal: 348

1. Fleisch mit Küchenpapier trocken tupfen und in kleine Würfel schneiden. Öl in einem großen Topf erhitzen. Fleischwürfel darin in 2 Portionen anbraten, mit Salz und Pfeffer würzen.
2. Frühlingszwiebeln putzen, abspülen, abtropfen lassen und in kleine Stücke schneiden. Minze abspülen, trocken tupfen und die Blättchen von den Stängeln zupfen. Blättchen fein hacken und zusammen mit den Frühlingszwiebeln zum Fleisch geben.
3. Rindfleischbrühe hinzugießen, alles zum Kochen bringen und bei schwacher Hitze etwa 45 Minuten kochen lassen, mit Salz und Pfeffer würzen.
4. Kräuter abspülen und trocken tupfen. Dill in kleinere Stängel zupfen. Von der Petersilie die Blättchen von den Stängeln zupfen. Kräuter grob hacken.
5. Eier mit Zitronensaft und einigen Esslöffeln heißer Brühe verschlagen, vorsichtig unter die restliche Brühe rühren und die Suppe sofort von der Kochstelle nehmen. Die Suppe darf nicht mehr kochen, da das Eiweiß sonst gerinnt. Petersilie und Dill unterrühren. Die Suppe evtl. nochmals mit Salz und Pfeffer abschmecken.

Hühnersuppe mit Grießklößchen

Zum Vorbereiten

8 Portionen

Zubereitungszeit: 55 Minuten, ohne Auftauzeit
Garzeit: etwa 95 Minuten

Für die Hühnerbrühe:
2 kg TK-Hühnerklein
4 l Wasser
2 Bund Suppengrün
(Sellerie, Möhren, Porree)
250 g Zwiebeln, 200 g Tomaten
4 Stängel Thymian
6 Stängel glatte Petersilie
2 Lorbeerblätter
20 schwarze Pfefferkörner
Salz

Für die Klößchen:
400 ml Milch
40 g Butter
ger. Muskatnuss
160 g Hartweizengrieß

2 Möhren
2–3 EL Schnittlauchröllchen

Pro Portion:
E: 30 g, F: 27 g, Kh: 20 g,
kJ: 1847, kcal: 442

1. Für die Brühe Hühnerklein nach Packungsanleitung auftauen lassen, dann unter fließendem kalten Wasser abspülen, abtropfen lassen und in einen Topf geben. Wasser hinzugießen, zum Kochen bringen, abschäumen. Hühnerklein etwa 1 1/2 Stunden bei schwacher Hitze ohne Deckel auf etwa 1 1/4 l Brühe einkochen lassen.
2. In der Zwischenzeit Sellerie und Möhren putzen, schälen, abspülen, gut abtropfen lassen und in Stücke schneiden. Porree putzen, die Stangen längs halbieren, gründlich waschen und abtropfen lassen. Zwiebeln abziehen. Porree und Zwiebeln ebenfalls in Stücke schneiden. Tomaten abspülen und trocken tupfen. Thymian und Petersilie abspülen und trocken tupfen.
3. Suppengrün-, Zwiebelstücke, Tomaten, Thymian, Petersilie, Lorbeerblätter und Pfefferkörner nach etwa 50 Minuten Garzeit zu dem Hühnerklein in den Topf geben, leicht mit Salz würzen, wieder zum Kochen bringen und fertig garen.
4. Die Brühe durch ein feines Sieb in einen Topf gießen.
5. Für die Klößchen Milch mit Butter, Salz und Muskat in einem Topf aufkochen lassen. Den Topf von der Kochstelle nehmen. Den Grieß langsam einstreuen, etwa 1 Minute bei mittlerer Hitze erhitzen. Grießmasse leicht abkühlen lassen.
6. Möhren putzen, schälen, abspülen, abtropfen lassen und in dünne Scheiben schneiden. Hühnerbrühe wieder zum Kochen bringen. Möhren darin 3–4 Minuten kochen lassen.
7. Aus der Grießmasse mit leicht angefeuchteten Händen 12 runde, glatte Klößchen formen. Die Kloß-

Griechische Ostersuppe

Hühnersuppe mit Grießklößchen

Hühnersuppe mit Reis

chen in leicht kochendem Salzwasser 5–6 Minuten bei schwacher Hitze ziehen lassen. Die Klößchen mit einem Schaumlöffel herausnehmen, in die Hühnerbrühe geben und in Suppentassen füllen. Die Suppe mit Schnittlauchröllchen bestreut servieren.

Hühnersuppe mit Reis

8 Portionen

Zum Vorbereiten

Zubereitungszeit: 20 Minuten
Garzeit: etwa 25 Minuten

1 1/2 l heiße Hühnerbrühe
150 g Langkornreis
2 Lorbeerblätter
600 g Hähnchenbrustfilet
4 Zwiebeln
2 kleine Stangen Porree (Lauch)
150 g TK-Suppengrün
Salz, gem. Pfeffer
1 Bund Petersilie

Pro Portion:
E: 21 g, F: 1 g, Kh: 18 g,
kJ: 709, kcal: 170

1. Für die Suppe Brühe mit Reis und Lorbeerblättern zugedeckt in einem großen Topf zum Kochen bringen.
2. Hähnchenbrustfilet unter fließendem kalten Wasser kurz abspülen, trocken tupfen, in etwa 1 1/2 cm große Würfel schneiden. Hähnchenbrustfiletwürfel in den Topf geben.
3. Zwiebeln abziehen und fein würfeln. Porree putzen, die Stangen längs einschneiden, gründlich waschen und abtropfen lassen. Porree in Streifen schneiden.
4. Zwiebelwürfel und Porreestreifen in die Suppe geben, etwa 15 Minuten bei schwacher Hitze kochen lassen.
5. Das gefrorene Suppengrün in den Topf geben und die Suppe weitere 8–10 Minuten kochen lassen. Die Lorbeerblätter aus der Suppe entfernen. Suppe mit Salz und Pfeffer abschmecken.
6. Die Petersilie abspülen und trocken tupfen. Die Blättchen von den Stängeln zupfen, klein schneiden.
7. Die Hühnersuppe in tiefen Tellern oder Suppentassen verteilen und mit Petersilie bestreut servieren.

Kartoffelsuppe mit Apfel-Zwiebel-Spalten

12 Portionen (ohne Foto)

Zum Vorbereiten

Zubereitungszeit: 50 Minuten
Garzeit: etwa 40 Minuten

2 Stangen Porree (Lauch)
750 g Möhren
250 g Knollensellerie
2 kg Kartoffeln
4 Zwiebeln
100 g durchwachsener Speck
20 g Schweineschmalz
je 2 TL gerebelter Majoran und Liebstöckel
3 l Gemüsebrühe
3 große Zwiebeln
4 Äpfel
20 g Schweineschmalz
1/2 EL Zucker
Salz, gem. Pfeffer

Pro Portion:
E: 6 g, F: 6 g, Kh: 34 g,
kJ: 926, kcal: 221

1. Porree putzen. Die Stangen längs halbieren, gründlich waschen, abtropfen lassen und in feine Streifen schneiden. Möhren und Sellerie putzen, schälen, abspülen, abtropfen lassen und klein würfeln.
2. Die Kartoffeln schälen, abspülen, abtropfen lassen, ebenfalls würfeln. Die Zwiebeln abziehen und würfeln. Speck würfeln.
3. Das Schmalz in einem großen Topf zerlassen. Die Zwiebel- und Speckwürfel darin andünsten. Gemüse dazugeben und mit andünsten. Kartoffelwürfel dazugeben.
4. Die Kräuter unterrühren, Brühe hinzugießen und zum Kochen bringen. Die Suppe etwa 40 Minuten köcheln lassen.
5. In der Zwischenzeit die Zwiebeln abziehen und in dünne Spalten schneiden. Die Äpfel abspülen, abtrocknen, vierteln, entkernen und ebenfalls in Spalten schneiden. Das Schmalz in einer Pfanne zerlassen. Die Zwiebel- und Apfelspalten darin anbraten. Zucker daraufgeben und karamellisieren lassen.
6. Zum Servieren die Suppe mit Salz und Pfeffer abschmecken. Die Apfel-Zwiebel-Spalten hineingeben. Oder die Apfel-Zwiebel-Spalten in Suppentellern verteilen und mit der Suppe auffüllen.

Minestrone mit Ricotta-Nocken

Minestrone mit Ricotta-Nocken

8 Portionen

Zum Vorbereiten

Zubereitungszeit: 55 Minuten

Für die Nocken:
500 g Ricotta (ital. Frischkäse; ersatzweise Doppelrahm-Frischkäse)
70 g Hartweizengrieß
2 Eier (Größe M)
60 g ger. Pecorino oder Parmesan
gem. Pfeffer, Salz
ger. Muskatnuss

Für die Suppe:
2 Zwiebeln
2 Knoblauchzehen
6 EL Olivenöl
360 g Staudensellerie
700 g Fenchelknolle
300 g Möhren
1 kg Mangold
1 Lorbeerblatt
2 TL Fenchelsamen
2 l heiße Gemüsebrühe

2 l heißes Salzwasser
200 g Cocktailtomaten

Pro Portion:
E: 15 g, F: 21 g, Kh: 17 g,
kJ: 1335, kcal: 319

1. Für die Nocken Ricotta, Grieß, Eier, Pecorino oder Parmesan, Pfeffer, etwas Salz und Muskat in eine Schüssel geben und mit einem Schneebesen verrühren. Die Ricottamasse zugedeckt etwa 10 Minuten quellen lassen.
2. In der Zwischenzeit für die Suppe Zwiebeln und Knoblauch abziehen und fein würfeln. Olivenöl in einem großen Topf erhitzen. Die Zwiebel- und Knoblauchwürfel darin glasig dünsten.
3. Staudensellerie putzen und die harten Außenfäden abziehen. Sellerie abspülen, abtropfen lassen und in Scheiben schneiden. Fenchelknolle putzen, abspülen, abtropfen lassen und halbieren. Fenchelhälften in Streifen schneiden. Möhren putzen, schälen, abspülen, abtropfen lassen und in dünne Scheiben schneiden. Mangold gründlich abspülen, abtropfen lassen und die Stiele von den Blättern schneiden. Mangoldstiele und -blätter getrennt in feine Streifen schneiden.
4. Staudensellerie, Fenchel, Möhren und Mangoldstielstreifen in den Topf geben und unter Rühren mit andünsten. Gemüse mit Salz, Pfeffer, Muskat, Lorbeerblatt und Fenchelsamen würzen. Gemüsebrühe hinzugießen. Die Suppe zum Kochen bringen und zugedeckt bei mittlerer Hitze 6–8 Minuten kochen lassen. Die Mangoldblattstreifen in die Suppe geben. Die Zutaten weitere etwa 10 Minuten kochen lassen.
5. Für die Nocken inzwischen Salzwasser in einem weiten Topf zum Kochen bringen, dann die Temperatur reduzieren. Aus der Ricottamasse mit 2 Esslöffeln Nocken ausstechen. Die Nocken portionsweise ins siedende Salzwasser geben. Bei schwacher Hitze jeweils etwa 10 Minuten ziehen lassen (nicht mehr kochen, da die Nocken sonst zerfallen). Die Nocken mit einem Schaumlöffel aus dem Topf nehmen und auf einen Teller geben.
6. Tomaten abspülen, abtrocknen, halbieren und die Stängelansätze herausschneiden. Tomatenhälften in die Suppe geben und etwa 2 Minuten miterhitzen. Die Suppe nochmals abschmecken. Zum Servieren Minestrone in tiefen Tellern verteilen und die Nocken in die Suppe geben.

Asia-Suppe

8 Portionen

Zum Vorbereiten

Zubereitungszeit: 45 Minuten, ohne Marinierzeit

800 g Hähnchenbrustfilet
2 rote Chilischoten
10 EL helle Sojasauce
Currypulver
2 große Fenchelknollen (etwa 500 g)
6 Möhren (etwa 600 g)
2 Bund Frühlingszwiebeln (etwa 500 g)
4 EL Speiseöl, z. B. Sonnenblumenöl
2 l Gemüsebrühe
gem. Pfeffer

Pro Portion:
E: 25 g, F: 6 g, Kh: 11 g,
kJ: 895, kcal: 214

1. Hähnchenbrustfilet unter fließendem kalten Wasser abspülen, trocken tupfen und quer in Streifen schneiden. Die Filetstreifen in eine flache Schale legen.
2. Für die Marinade Chilischoten entstielen, längs halbieren, entkernen, abspülen und abtropfen lassen. Die

Chilihälften fein hacken. Chili mit Sojasauce und Curry vermengen, über die Filetstreifen gießen und mit Frischhaltefolie zugedeckt etwa 15 Minuten im Kühlschrank marinieren. Fleisch gelegentlich wenden.

3. Inzwischen von den Fenchelknollen die Stiele dicht oberhalb der Knolle abschneiden. Braune Stellen und Blätter entfernen und etwas Fenchelgrün zum Garnieren beiseitelegen. Die Wurzelenden gerade schneiden. Die Knollen abspülen, abtropfen lassen, halbieren und in Streifen schneiden.

4. Möhren putzen, schälen, abspülen, abtropfen lassen, in Scheiben schneiden. Frühlingszwiebeln putzen, abspülen, abtropfen lassen und in sehr feine Scheiben schneiden.

5. Speiseöl in einem großen Topf erhitzen. Fenchelstreifen, Möhrenscheiben und Frühlingszwiebelscheiben darin unter Rühren bei mittlerer Hitze 3–4 Minuten dünsten.

6. Brühe hinzugießen, die Zutaten zum Kochen bringen und zugedeckt etwa 6 Minuten bei mittlerer Hitze garen.

7. Anschließend die Hähnchenbrustfiletstreifen mit der Marinade hinzufügen. Suppe nochmals zum Kochen bringen und zugedeckt 6–8 Minuten bei mittlerer Hitze kochen lassen. Ab und zu umrühren.

8. Die Suppe vor dem Servieren mit Sojasauce, Pfeffer und Curry abschmecken. Beiseitegelegtes Fenchelgrün abspülen, trocken tupfen und fein hacken. Die Suppe mit Fenchelgrün bestreut servieren.

Weizensuppe mit getrockneten Steinpilzen und Tomaten

8 Portionen

Zum Vorbereiten

Zubereitungszeit: 45 Minuten, ohne Einweichzeit
Garzeit: etwa 70 Minuten

500 g Weizenkörner
40 g getrocknete Steinpilze
4 Zwiebeln, 6 EL Olivenöl
2 Msp. getrocknete Chiliflocken
1 TL gerebelter Thymian
2 l Gemüsebrühe
4 Stangen Porree (Lauch, etwa 700 g)
500 g Strauchtomaten
6 Stängel Basilikum
Salz, gem. Pfeffer
60 g Parmesan

Pro Portion:
E: 14 g, F: 12 g, Kh: 43 g,
kJ: 1430, kcal: 342

1. Weizen in eine Schüssel geben, so viel Wasser hinzugießen, dass über den Körnern noch etwa 3 cm hoch Wasser steht, und mindestens 12 Stunden (am besten über Nacht) einweichen.

2. Steinpilze kurz abspülen und abtropfen lassen. Eingeweichten Weizen in einem Sieb abtropfen lassen.

3. Zwiebeln abziehen und in grobe Würfel schneiden. Olivenöl in einem großen Topf erhitzen. Zwiebelwürfel, Chiliflocken und Thymian darin andünsten. Weizen hinzugeben und kurz mitdünsten.

4. Die Steinpilze und Gemüsebrühe hinzugeben, zum Kochen bringen. Die Suppe zugedeckt etwa 60 Minuten bei schwacher Hitze kochen.

5. In der Zwischenzeit den Porree putzen, die Stangen längs halbieren, gründlich waschen, abtropfen lassen und quer in etwa 1 cm breite Stücke schneiden. Tomaten abspülen, trocken tupfen, halbieren und die Stängelansätze entfernen. Die Tomatenhälften entkernen. Kerne durch ein Sieb streichen und den Saft auffangen. Die Tomatenhälften in Spalten schneiden.

6. Porreestücke in die Suppe geben und etwa 5 Minuten mitgaren. Basilikum abspülen und trocken tupfen. Die Blättchen von den Stängeln zupfen. Blättchen in Streifen schneiden.

7. Tomatenspalten mit dem aufgefangenen Tomatensaft in die Suppe geben und weitere etwa 5 Minuten bei schwacher Hitze kochen. Die Weizensuppe mit Salz und Pfeffer abschmecken

8. Käse hobeln oder raspeln. Käse und Basilikumstreifen kurz vor dem Servieren auf die Suppe streuen.

Asia-Suppe

Weizensuppe mit getrockneten Steinpilzen und Tomaten

Griechische Kartoffelcremesuppe

8 Portionen

Zubereitungszeit: 40 Minuten

Für die Klößchen:
4 Knoblauchzehen
800 g Gehacktes (halb Rind-, halb Schweinefleisch)
2 Eier (Größe M)
6 EL Semmelbrösel
Salz
gem. Pfeffer
1 Prise gem. Zimt
2 Prisen gem. Kreuzkümmel (Cumin)
2 EL Olivenöl

Für die Suppe:
500 g Gemüsezwiebeln
1,4 kg mehligkochende Kartoffeln
2 Lorbeerblätter
2 l Gemüsebrühe
7 EL Zitronensaft
200 g Cocktailtomaten
250 g milder Fetakäse
8 EL abgetropfte, schwarze Oliven (ohne Stein)
1/2 Bund Basilikum
4 Stängel Minze

Pro Portion:
E: 32 g, F: 30 g, Kh: 36 g,
kJ: 2301, kcal: 549

1. Für die Klößchen Knoblauch abziehen. 2 Zehen durch eine Knoblauchpresse in eine Schüssel drücken. Gehacktes, Eier, Semmelbrösel, Salz, Pfeffer, Zimt und Kreuzkümmel hinzufügen. Die Zutaten gut verkneten. Aus der Masse mit angefeuchteten Händen kleine Klößchen formen. Olivenöl in einem großen Topf erhitzen, Klößchen darin von allen Seiten anbraten, herausnehmen, warm stellen.
2. Für die Suppe Zwiebeln abziehen, halbieren und in feine Würfel schneiden. Kartoffeln schälen, abspülen, abtropfen lassen und ebenfalls fein würfeln. Restliche Knoblauchzehen in Scheiben schneiden.
3. Zwiebeln und Knoblauchscheiben in dem Topf im verbliebenen Bratfett kräftig anbraten. Kartoffelwürfel und Lorbeerblätter hinzugeben und kurz mit andünsten, mit Salz und Pfeffer würzen. Gemüsebrühe und Zitronensaft hinzugießen, wieder zum Kochen bringen. Die Kartoffelwürfel bei mittlerer Hitze etwa 12 Minuten kochen lassen, bis sie zerfallen.
4. In der Zwischenzeit Tomaten abspülen, abtrocknen, vierteln, evtl. die Stängelansätze herausschneiden. Fetakäse zerbröseln. Oliven in Scheiben schneiden. Basilikum und Minze abspülen, trocken tupfen. Die Blättchen von den Stängeln zupfen. Blättchen klein schneiden.
5. Lorbeerblätter entfernen. Kartoffelsuppe mit einem Schneebesen gut durchrühren. Klößchen hinzugeben und in der Suppe kurz erhitzen. Die Suppe mit den Gewürzen abschmecken. Die Suppe mit Tomaten, Fetakäse und Oliven garnieren und sofort servieren.

Erbsensuppe für Eilige

8 Portionen

Zum Vorbereiten

Zubereitungszeit: 20 Minuten
Garzeit: etwa 15 Minuten

2 Zwiebeln
2 mittelgroße, mehligkochende Kartoffeln
3 EL Butter
1 kg TK-Erbsen
300 g TK-Suppengemüse
1 1/4 l Gemüsebrühe
Saft von 1 Zitrone
400 g Schlagsahne
Salz
gem. Pfeffer
ger. Muskatnuss
100 g Crème fraîche, z. B. mit Kräutern

Pro Portion:
E: 12 g, F: 27 g, Kh: 25 g,
kJ: 1646, kcal: 394

Griechische Kartoffelcremesuppe

Erbsensuppe für Eilige

1. Zwiebeln abziehen und in kleine Würfel schneiden. Kartoffeln schälen, abspülen, abtropfen lassen und in kleine Würfel schneiden. Butter in einem großen Topf zerlassen. Zwiebelwürfel darin glasig dünsten. Kartoffelwürfel hinzufügen und kurz mit andünsten.
2. Die gefrorenen Erbsen und das gefrorene Suppengemüse hinzugeben und unter Rühren kurz mit andünsten.
3. Brühe, Zitronensaft und Sahne hinzugießen, mit Salz, Pfeffer und Muskat würzen. Die Zutaten zum Kochen bringen und etwa 15 Minuten bei schwacher Hitze kochen lassen.
4. Nach Belieben einige Erbsen aus der Brühe nehmen und beiseitelegen. Restliche Erbsen mit dem Suppengemüse und den Kartoffelwürfeln in der Brühe fein pürieren.
5. Beiseitegelegte Erbsen wieder hinzugeben. Die Suppe mit Salz, Pfeffer und Muskat abschmecken.
6. Die Suppe in tiefen Tellern verteilen und mit jeweils 1 Klecks Crème fraîche garnieren.

Feines Mitternachtssüppchen

Zum Vorbereiten

8–10 Portionen (ohne Foto)

Zubereitungszeit: 30 Minuten
Garzeit: etwa 25 Minuten

1 l Wasser
125 g durchwachsener Speck mit Schwarte
4 Möhren (etwa 500 g)
2 Fleischbrühwürfel (für je 500 ml Brühe)
75–100 g Butter
1 1/2 kg TK-Erbsen
400 ml Fleischbrühe
1–2 EL getrocknetes Bohnenkraut
300 ml Weißwein
1–2 TL Zucker
Salz
gem. Pfeffer
150 g Crème fraîche

Pro Portion:
E: 11 g, F: 24 g, Kh: 26 g,
kJ: 1634, kcal: 390

1. Wasser in einem Topf zum Kochen bringen. Speck würfeln, mit der abgeschnittenen Schwarte in das Wasser geben und aufkochen lassen.
2. Möhren putzen, schälen, abspülen und abtropfen lassen. Ganze Möhren mit den Fleischbrühwürfeln zum Speckwasser geben und in etwa 15 Minuten bei mittlerer Hitze fast gar kochen lassen. Möhren, Speck und Schwarte abtropfen lassen und Kochbrühe auffangen. Möhren beiseitelegen. Speck und Schwarte werden nicht mehr benötigt.
3. Butter in einem großen Topf zerlassen. Die Erbsen darin andüsten. Kochbrühe, 400 ml Fleischbrühe und Bohnenkraut dazugeben und die Erbsen in etwa 10 Minuten gar kochen. Erbsen in der Brühe fein pürieren.
4. Wein zur Suppe gießen, kurz aufkochen lassen und die Brühe mit Zucker, Salz und Pfeffer würzen. Crème fraîche unterrühren, die beiseitegelegten Möhren in Scheiben schneiden, hinzufügen und die Suppe sofort servieren.

Tipps: Die Suppe nach Belieben mit jeweils 1 Klecks Crème fraîche servieren. Warmes Baguette dazureichen. Anstatt Brühwürfel zu verwenden, können Sie auch gleich zu Beginn 1 l Fleischbrühe verwenden. Die Zubereitungszeit verkürzt sich um 10 Minuten, wenn die Suppe ohne Speck zubereitet wird und die Möhren in Scheiben geschnitten etwa 5 Minuten in der Brühe gekocht werden.

Kalte Wassermelonen-Gurken-Suppe

Kalte Wassermelonen-Gurken-Suppe

8–10 Portionen

Zum Vorbereiten

Zubereitungszeit: 20 Minuten

1 Salatgurke (etwa 475 g)
1 1/2 kg Wassermelone
1/2–1 rote Chilischote
Salz
100 g Fetakäse
20 Minzeblätter
8–10 TL Olivenöl

Pro Portion:
E: 3 g, F: 6 g, Kh: 7 g,
kJ: 401, kcal: 96

1. Gurke schälen und in grobe Stücke schneiden. Die Melone in Spalten schneiden, das Fruchtfleisch von der Schale schneiden und die Kerne entfernen. Das Fruchtfleisch in grobe Würfel schneiden.
2. Chilischote abspülen, abtrocknen und entstielen. Die Chilischote mit den Kernen sehr fein hacken. Die Gurken-, Melonenstücke, fein gehackte Chilischote und etwas Salz in der Küchenmaschine mit dem Schneidmesser fein pürieren. Suppe bis zum Servieren zugedeckt in den Kühlschrank stellen.
3. Fetakäse zerkrümeln. Minzeblätter abspülen, trocken tupfen und in grobe Stücke schneiden.
4. Die Wassermelonen-Gurken-Suppe zum Servieren in Tassen oder Gläser füllen. Den Fetakäse und die Minze daraufstreuen und mit dem Olivenöl beträufeln.

Feine Maultaschen-Suppe

Jägersuppe

Feine Maultaschen-Suppe

Zum Vorbereiten

8 Portionen

Zubereitungszeit: 30 Minuten
Garziehzeit: 13–18 Minuten

Für die Suppe:
6 mittelgroße Tomaten
8 Stängel Thymian
800 ml Gemüsefond (aus dem Glas)
400 g Porree (Lauch)
20 g Butter oder Margarine
2 Lorbeerblätter
1,2 l Gemüsebrühe
gem. Pfeffer, Salz

Für die Einlage:
900 g Maultaschen
(aus dem Kühlregal, z. B. mit Lachs- oder Fleischfüllung)

3 EL Schnittlauchröllchen

Pro Portion:
E: 12 g, F: 15 g, Kh: 34 g,
kJ: 1344, kcal: 319

1. Für die Suppe Tomaten kreuzweise einschneiden, mit kochendem Wasser übergießen. Nach 1–2 Minuten herausnehmen und mit kaltem Wasser abschrecken. Tomaten enthäuten und die Stängelansätze herausschneiden. Tomaten vierteln und entkernen. Tomatenkerne und -flüssigkeit auffangen, beiseitestellen. Die Tomatenviertel in Würfel schneiden und ebenfalls beiseitestellen. Den Thymian abspülen und trocken tupfen.
2. Tomatenkerne und -flüssigkeit, 2 Stängel Thymian und Gemüsefond in einen Topf geben. Die Zutaten zum Kochen bringen und 5–8 Minuten bei schwacher Hitze ziehen lassen.
3. In der Zwischenzeit den Porree putzen, die Stangen längs halbieren, gründlich waschen und abtropfen lassen. Porreestangen in kleine Stücke schneiden.
4. Butter oder Margarine in einem großen Topf zerlassen. Porreestücke, restlichen Thymian und die Lorbeerblätter hinzugeben und andünsten. Tomaten-Gemüsefond durch ein Sieb hinzugießen. Brühe ebenfalls hinzugießen und aufkochen. Die Suppe mit Pfeffer würzen.
5. Für die Einlage Maultaschen in die Suppe geben und bei schwacher Hitze 8–10 Minuten ziehen lassen. Suppe darf nicht mehr kochen.
6. Beiseitegestellte Tomatenwürfel in die Suppe geben und kurz miterhitzen. Die Suppe mit Salz und Pfeffer abschmecken.
7. Maultaschen-Suppe in tiefe Teller geben und mit Schnittlauchröllchen bestreut servieren.

Tipp: Zum Vorbereiten die Suppe bis einschließlich Punkt 4 zubereiten, erkalten lassen und zugedeckt in den Kühlschrank stellen. Zum Servieren die Suppe nochmals kurz aufkochen und die Maultaschen dann wie beschrieben darin gar ziehen lassen.

Jägersuppe

8 Portionen

Zum Vorbereiten

Zubereitungszeit: 30 Minuten

2 Zwiebeln
50 g Butter
185 g abgetropfte Pfifferlinge (aus dem Glas)
155 g abgetropfte Stockschwämmchen (aus dem Glas)
315 g abgetropfte Champignons (aus dem Glas)
1 l Gemüsebrühe
500 ml Rotwein
250 ml roter Traubensaft
1 Beutel Fix für Jägertopf „Hubertus"
220 g Wild-Preiselbeeren (aus dem Glas)
2 ungebrühte, grobe Bratwürste
einige Stängel glatte Petersilie
Salz
gem. Pfeffer
gerebelter Thymian
etwas gerebelter Rosmarin

Pro Portion:
E: 7 g, F: 14 g, Kh: 13 g,
kJ: 1017, kcal: 243

1. Zwiebeln abziehen und würfeln. Butter in einem Topf zerlassen. Die Zwiebelwürfel darin andünsten.
2. Pilze hinzufügen und kurz mitdünsten. Gemüsebrühe hinzugießen, alles zum Kochen bringen und etwa 5 Minuten kochen lassen.
3. Rotwein und Traubensaft hinzufügen. Fix für Jägertopf mit einem Schneebesen einrühren. Die Preiselbeeren dazugeben.
4. Die Bratwurstmasse portionsweise aus der Haut drücken, zu Klößchen formen und in die Suppe geben. Die Suppe langsam zum Kochen bringen und die Klößchen bei schwacher Hitze etwa 5 Minuten garen.
5. Petersilie abspülen, trocken tupfen, die Blättchen von den Stängeln zupfen und klein schneiden.
6. Die Suppe mit Salz, Pfeffer, Thymian und Rosmarin würzen, mit Petersilie bestreut servieren.

Feurige Zwiebelsuppe

8–10 Portionen (ohne Foto)

Zum Vorbereiten

Zubereitungszeit: 35 Minuten
Garzeit: etwa 20 Minuten

1 kg Gemüsezwiebeln
4 EL Olivenöl
3 EL Tomatenmark
2 EL Currypulver
2 1/2 l Gemüsebrühe
1 EL rosa Pfefferbeeren
3–4 Chilischoten
200 g schwarze Oliven (ohne Stein)
Salz, gem. Pfeffer
2 TL Sambal Oelek
150 g Parmesan

Pro Portion:
E: 9 g, F: 15 g, Kh: 12 g,
kJ: 971, kcal: 232

1. Gemüsezwiebeln abziehen, halbieren und in Streifen schneiden. Öl in einem großen Topf erhitzen. Die Zwiebelstreifen darin andüsten. Tomatenmark und Currypulver hinzufügen und kurz mitdünsten. Gemüsebrühe hinzugießen, alles zum Kochen bringen und etwa 20 Minuten garen.
2. Pfefferbeeren etwas zerdrücken. Chilischoten halbieren, entstielen, entkernen, die Schoten abspülen, abtropfen lassen und in Streifen schneiden. Die Oliven achteln. Die vorbereiteten Zutaten in die Suppe geben und mit Salz, Pfeffer sowie Sambal Oelek scharf würzen.
3. Die Suppe mit frisch gehobeltem Parmesan bestreuen.

Tipp: Joghurt, Crème fraîche oder Knoblauchcroûtons zu der Suppe reichen.

Kalte Tomaten-Aprikosen-Suppe

8 Portionen

Zum Vorbereiten

Zubereitungszeit: 30 Minuten, ohne Abkühlzeit
Garzeit: etwa 10 Minuten

4 Schalotten, 2 EL Olivenöl
1,6 kg geschälte Tomaten (aus der Dose)
2 TL gerebelter Oregano
Salz, gem. Pfeffer
2 TL Zucker
480 g Aprikosenhälften und -saft (aus der Dose)
300 g Crème légère
etwas Zitronensaft

evtl. einige Minzeblättchen

Pro Portion:
E: 3 g, F: 9 g, Kh: 18 g,
kJ: 701, kcal: 167

1. Die Schalotten abziehen und in sehr kleine Würfel schneiden. Das Olivenöl in einem großen Topf erhitzen. Die Schalottenwürfel darin andünsten. Die Tomaten mit der Flüssigkeit hinzugeben. Die Zutaten zum Kochen bringen und unter gelegentlichem Rühren etwa 10 Minuten bei schwacher Hitze kochen lassen.
2. Die Tomatensuppe mit Oregano, Salz, Pfeffer und Zucker abschmecken. Die Tomatensuppe pürieren und erkalten lassen.
3. Die Aprikosenhälften mit dem Saft in eine hohe Rührschüssel geben und pürieren. Crème légère unterrühren. Die Aprikosensuppe mit Zitronensaft abschmecken.
4. Zum Servieren 8 tiefe Teller bereitstellen. In jeden Teller gleichzeitig von rechts und links jeweils eine Kelle Tomaten- und Aprikosensuppe geben.
5. Nach Belieben Minzeblättchen abspülen und trocken tupfen. Die kalte Tomaten-Aprikosen-Suppe mit den Minzeblättchen garnieren.

Kalte Tomaten-Aprikosen-Suppe

Gazpacho (Kalte Gemüsesuppe)

8–10 Portionen

Zum Vorbereiten

Zubereitungszeit: 40 Minuten, ohne Kühlzeit

Für die Gemüsesuppe:
200 g Weißbrotscheiben vom Vortag
2 grüne Paprikaschoten
1 1/4 kg reife Tomaten
3 Zwiebeln
3 Knoblauchzehen
125 ml Olivenöl
125 ml Rotwein
250 ml Hühnerbrühe
Salz
gem. Pfeffer

Für die Einlage:
4–5 Scheiben Weißbrot
2 EL Olivenöl
1/2 Salatgurke
4–5 Schalotten
4–5 Tomaten
1 grüne Paprikaschote
etwa 20 abgetropfte, grüne Oliven (ohne Stein)

Außerdem:
8–10 Eiswürfel

Pro Portion:
E: 6 g, F: 19 g, Kh: 25 g,
kJ: 1241, kcal: 296

1. Für die Suppe Weißbrotscheiben in kaltem Wasser einweichen.
2. Die Paprikaschoten halbieren, entstielen, entkernen und die weißen Scheidewände entfernen. Schoten abspülen, abtropfen lassen und in Stücke schneiden.
3. Tomaten kreuzweise einschneiden und mit kochendem Wasser übergießen. Nach 1–2 Minuten herausnehmen, mit kaltem Wasser abschrecken. Tomaten enthäuten, halbieren, entkernen und die Stängelansätze herausschneiden. Tomaten in Stücke schneiden. Zwiebeln und Knoblauch abziehen. Zwiebeln in grobe Stücke schneiden.
4. Die eingeweichten Brotscheiben gut ausdrücken und in eine hohe Rührschüssel geben. Paprika-, Tomaten-, Zwiebelstücke, Olivenöl, Rotwein und Hühnerbrühe hinzufügen. Die Zutaten evtl. portionsweise mit einem Stabmixer pürieren. Den Knoblauch durch eine Knoblauchpresse drücken oder sehr fein hacken und hinzufügen. Die Suppe mit Salz und Pfeffer würzen.
5. Die Suppe zugedeckt mindestens 4 Stunden in den Kühlschrank stellen.
6. Für die Einlage in der Zwischenzeit die Weißbrotscheiben nach Belieben entrinden. Weißbrotscheiben in kleine Würfel schneiden. Das Olivenöl in einer Pfanne erhitzen. Die Brotwürfel darin unter gelegentlichem Wenden von allen Seiten goldgelb rösten. Die Salatgurke abspülen, abtrocknen und anschließend in sehr kleine Würfel schneiden.
7. Die Schalotten abziehen und klein würfeln. Die Tomaten wie unter Punkt 3 beschrieben enthäuten, entkernen und in Würfel schneiden.
8. Paprikaschote halbieren, entstielen, entkernen und die weißen Scheidewände entfernen. Schote abspülen, abtropfen lassen und in Streifen schneiden. Die Oliven in Scheiben schneiden. Vorbereitete Zutaten für die Einlage getrennt in kleine Schälchen geben.
9. Die gekühlte Suppe kräftig umrühren und nochmals mit den Gewürzen abschmecken. Die Eiswürfel hinzufügen. Gazpacho sofort servieren.
10. Die Schälchen mit den Einlagen getrennt dazureichen. Jeder Gast wählt die Einlage aus, die ihm am besten schmeckt.

Gazpacho

Kartoffel-Ingwer-Suppe

Kartoffel-Ingwer-Suppe

Zum Vorbereiten

8 Portionen

Zubereitungszeit: 30 Minuten
Garzeit: 20–25 Minuten

2 Zwiebeln, 100 g Ingwer
1 1/4 kg festkochende Kartoffeln
4 EL Rapsöl
2 l Gemüsebrühe
Salz
200 g Schlagsahne
Zucker
1/2 Bund Koriander

Pro Portion:
E: 4 g, F: 13 g, Kh: 23 g,
kJ: 970, kcal: 232

1. Die Zwiebeln abziehen und in grobe Würfel schneiden. Den Ingwer schälen und in kleine Würfel schneiden. Kartoffeln schälen, abspülen und abtropfen lassen. 700 g Kartoffeln grob würfeln. Die restlichen Kartoffeln in kleine Würfel schneiden, mit Wasser bedeckt beiseitestellen.
2. Rapsöl in einem großen Topf erhitzen. Zwiebelwürfel darin glasig dünsten. Grob geschnittene Kartoffelwürfel und Ingwerwürfel hinzugeben, unter Rühren kurz mitdünsten lassen. Gemüsebrühe hinzugießen, zum Kochen bringen und etwa 20–25 Minuten bei schwacher Hitze leicht kochen lassen.
3. Inzwischen die beiseitegestellten, kleinen Kartoffelwürfel in kochendem Salzwasser etwa 5 Minuten bissfest kochen. Kartoffelwürfel in ein Sieb geben, mit kaltem Wasser abspülen und abtropfen lassen.
4. Sahne zur Suppe hinzugießen und die Suppe einmal aufkochen lassen. Die Suppe fein pürieren. Die Suppe mit Salz und Zucker abschmecken.
5. Kartoffelwürfel in die Suppe geben und nochmals erhitzen. Koriander abspülen und trocken tupfen. Die Blättchen von den Stängeln zupfen und grob zerkleinern. Die Suppe mit Koriander bestreut servieren.

Kichererbsensuppe

8 Portionen

Zum Vorbereiten

Zubereitungszeit: 30 Minuten, ohne Einweichzeit
Garzeit: etwa 60 Minuten

Zum Vorbereiten:
500 g getrocknete Kichererbsen
1,2 l kaltes Wasser

1 1/2 l Gemüsebrühe
4 Knoblauchzehen
4 kleine Zwiebeln
1 rote Chilischote
oder 4 Msp. Sambal Oelek
4 EL Speiseöl, z. B. Distel- oder Sonnenblumenöl
2 TL Garam Masala (indische Gewürzmischung)
4 TL Currypulver
600 g Staudensellerie
4 Möhren
16 getrocknete Aprikosen
4 kleine Stange Porree (Lauch)
4 EL Rosinen
etwa 75 ml Orangensaft
300 g Joghurt (3,5 % Fett)
Salz

Pro Portion:
E: 17 g, F: 11 g, Kh: 57 g,
kJ: 1724, kcal: 412

1. Zum Vorbereiten Kichererbsen in einem großen Topf mit Wasser bedeckt über Nacht quellen lassen.
2. Die gequollenen Kichererbsen mit dem Einweichwasser und der Brühe in dem Topf zum Kochen bringen und zugedeckt etwa 50 Minuten bei schwacher Hitze kochen lassen, bis die Kichererbsen fast gar sind.
3. In der Zwischenzeit Knoblauch und Zwiebeln abziehen, in kleine Würfel schneiden. Die Chilischote halbieren, entstielen, entkernen, abspülen, abtropfen lassen und in feine Streifen schneiden.
4. Das Speiseöl in einer Pfanne erhitzen. Knoblauch- und Zwiebelwürfel darin kurz andünsten. Chilistreifen oder Sambal Oelek, Garam Masala und Curry hinzufügen, unter gelegentlichem Rühren mitdünsten lassen. Die Pfanne von der Kochstelle nehmen.

Kichererbsensuppe

5. Staudensellerie putzen und die harten Außenfäden abziehen. Etwas Selleriegrün beiseitelegen. Selleriestangen abspülen und abtropfen lassen.
6. Die Möhren putzen, schälen, abspülen und abtropfen lassen. Den Sellerie und die Möhren in dünne Scheiben schneiden.
7. Knoblauch-Zwiebel-Mischung, Sellerie- und Möhrenscheiben zu den Kichererbsen in den Topf geben, wieder zum Kochen bringen, weitere etwa 10 Minuten kochen lassen, bis die Kichererbsen und das Gemüse gar sind.
8. Aprikosen in Würfel schneiden. Porree putzen, die Stangen längs halbieren, gründlich waschen und abtropfen lassen.
9. Porree in feine Streifen schneiden, etwa die Hälfte der Porreestreifen in den Eintopf geben. Restliche Porreestreifen zum Garnieren beiseitelegen.
10. Aprikosenwürfel, Rosinen, Orangensaft und den Joghurt unter den Eintopf rühren und kurz erwärmen (nicht mehr kochen lassen). Eintopf mit etwas Salz abschmecken.
11. Den Eintopf vor dem Servieren mit beiseitegelegten Porreestreifen und Selleriegrün garnieren.

Linsensuppe mit Würstchen

8 Portionen Zum Vorbereiten

Zubereitungszeit: 40 Minuten

2 1/2 l heiße Fleisch- oder Gemüsebrühe
500 g Pardina-Linsen
500 g Kartoffeln, 2 Zwiebeln
300 g TK-Suppengrün
16 kleine Wiener Würstchen (720 g)
Salz, 3 EL Weißweinessig
Zucker, 2 EL Schnittlauchröllchen

Pro Portion:
E: 28 g, F: 22 g, Kh: 42 g,
kJ: 2024, kcal: 483

1. Für die Suppe Brühe in einem großen Topf zum Kochen bringen. Linsen in einem Sieb abspülen, in den Topf geben. Die Brühe wieder zum Kochen bringen. Die Linsen zugedeckt etwa 5 Minuten kochen lassen.
2. Die Kartoffeln schälen, abspülen, abtropfen lassen und in etwa 1 cm große Würfel schneiden. Zwiebeln abziehen, halbieren und würfeln. Kartoffelwürfel, TK-Suppengrün und Zwiebelwürfel in die Suppe geben. Die Suppe wieder zum Kochen bringen und zugedeckt weitere etwa 18 Minuten kochen lassen.
3. Die Würstchen 5–8 Minuten vor Ende der Garzeit hinzugeben und miterhitzen. Die Suppe mit Salz, Essig und etwas Zucker abschmecken.
4. Die Linsensuppe in tiefen Tellern oder Suppentassen verteilen und mit Schnittlauchröllchen bestreut servieren.

Misosuppe mit Schweinefleisch und Gemüse

8 Portionen

Zubereitungszeit: 45 Minuten

400 g Schweinefilet (ohne Haut und Sehnen)
4 EL Sojasauce
4 EL Mirin (japanischer Reiswein)
10 g Katsuo Dashi No Moto (1 Tütchen, Dashi-Konzentrat-Pulver, erhältlich im Asialaden)
2 l heißes Wasser
150 g abgetropfte Bambusschösslinge (aus der Dose)
400 g Möhren
200 g Shiitakepilze
100 g Frühlingszwiebeln
6 EL Speiseöl, z. B. Maiskeimöl
6 geh. EL helle Misopaste (Shiro Miso, japanische Bohnenpaste, erhältlich im Asialaden)
Salz

Pro Portion:
E: 14 g, F: 9 g, Kh: 9 g,
kJ: 735, kcal: 175

1. Schweinefilet mit Küchenpapier trocken tupfen und in etwa 1/2 cm dicke Scheiben schneiden. Die Filetscheiben mit Sojasauce und Mirin mischen. Dashi-Konzentrat-Pulver sorgfältig in dem Wasser auflösen.
2. Die Bambusschösslinge in einem Sieb abspülen, abtropfen lassen und in feine Streifen schneiden.
3. Möhren putzen, schälen, abspülen und abtropfen lassen. Möhren in etwa 7 cm lange, feine Streifen schneiden.
4. Von den Shiitakepilzen die Stängel abschneiden. Shiitakepilzköpfe in dünne Scheiben schneiden.
5. Die Frühlingszwiebeln putzen, abspülen, abtropfen lassen und schräg in dünne Scheiben schneiden.
6. Das Speiseöl in einem großen Topf erhitzen. Möhrenstreifen, Shiitake- und Schweinefiletscheiben darin unter ständigem Rühren etwa 2 Minuten andünsten.
7. Die Dashibrühe hinzugießen und zum Kochen bringen. Die Bambusstreifen hinzugeben. Die Suppe etwa 3 Minuten kochen lassen. Dabei die Suppe gut abschäumen.
8. Den Topf von der Kochstelle nehmen. Die Misopaste unter die Suppe rühren. Die Frühlingszwiebelscheiben hinzugeben. Die Suppe evtl. mit Salz nachwürzen und heiß servieren.

Kürbis-Möhren-Suppe mit Chili und Koriander

8 Portionen Zum Vorbereiten

Zubereitungszeit: 35 Minuten
Garzeit: 20–25 Minuten

750 g Kürbis, z. B. Muskatkürbis, Hokkaido
400 g Möhren
200 g rote Zwiebeln
4 kleine rote Chilischoten
4 Knoblauchzehen
4 EL Sonnenblumenöl
3 l Gemüsebrühe
1 Bund Koriander
8 EL Sonnenblumenöl
Salz

Pro Portion:
E: 3 g, F: 16 g, Kh: 9 g,
kJ: 774, kcal: 185

1. Kürbis schälen und halbieren. Die Kerne mit einem Löffel herauskratzen und Kürbisfleisch in große Würfel schneiden. Möhren putzen, schälen, abspülen, abtropfen lassen und ebenfalls in Würfel schneiden. Zwiebeln abziehen und fein würfeln. Chilischoten halbieren, entstielen, entkernen, abspülen, abtrocknen und in feine Stücke schneiden. Knoblauch abziehen und durch eine Knoblauchpresse drücken.
2. Sonnenblumenöl in einem großen Topf erhitzen. Die Kürbis-, Möhren-, Zwiebelwürfel, Chili und Knoblauch darin andünsten. Brühe zugeben und zum Kochen bringen. Die Suppe in 20–25 Minuten gar kochen.
3. Die Suppe pürieren. Koriander abspülen und trocken tupfen. Die Blättchen von den Stängeln zupfen, klein schneiden und in einen hohen Becher geben. Die Hälfte des Sonnenblumenöls und 1 Prise Salz hinzufügen. Zutaten mit einem Pürierstab fein pürieren. Das restliche Sonnenblumenöl hinzugeben und nochmals pürieren.
4. Die Suppe mit Salz abschmecken und auf Teller verteilen. Jeweils mit einem Klecks Korianderöl garnieren und sofort servieren.

Tipps: Suppe und das Korianderöl können gut am Vortag vorbereitet werden. Die Suppe erkalten lassen und, wie auch das Korianderöl, zugedeckt in den Kühlschrank stellen. Statt des Korianderöls können Sie auch Kürbiskernöl verwenden. Wenn Sie die Suppe sämiger mögen, dann garen Sie 300 g Kartoffelwürfel mit.

Kartoffelsuppe mit Daikonkresse und Knusperspeck

8 Portionen

Zum Vorbereiten

Zubereitungszeit: 25 Minuten
Garzeit: 42–50 Minuten

16 Scheiben Bacon (Frühstücksspeck)
2 Zwiebeln
2 Knoblauchzehen
2 Stangen Porree (Lauch)
750 g mehligkochende Kartoffeln
60 g Butter
1 1/2 l Gemüsebrühe
Salz, gem. Pfeffer
1 Kästchen Daikonkresse

Pro Portion:
E: 6 g, F: 8 g, Kh: 14 g,
kJ: 646, kcal: 154

1. Den Backofen vorheizen.
Ober-/Unterhitze: etwa 140 °C
Heißluft: etwa 120 °C
2. Die Baconscheiben auf einem Backblech (mit Backpapier belegt) verteilen. Das Backblech in den vorgeheizten Backofen schieben. Die Baconscheiben in 30–35 Minuten knusprig braun braten.
3. Die Baconscheiben vom Backblech nehmen und auf Küchenpapier abtropfen lassen.
4. Zwiebeln und Knoblauch abziehen, in kleine Würfel schneiden. Porree putzen, das Grün abschneiden und nur das Weiße der Stangen verwenden. Porreestangen längs halbieren, gründlich waschen, abtropfen lassen und in sehr feine Streifen schneiden, damit sich anschließend die Suppe glatter pürieren lässt.
5. Kartoffeln schälen, abspülen, abtropfen lassen und in kleine Würfel schneiden. Butter in einem Topf zerlassen. Die Zwiebel-, Knoblauchwürfel, Porreestreifen und Kartoffelwürfel darin unter Rühren 3–4 Minuten leicht andünsten. Brühe hinzugießen, zum Kochen bringen und zugedeckt 12–15 Minuten kochen lassen. Die Suppe pürieren, mit Salz und Pfeffer würzen.
6. Zum Servieren die Kresse abspülen, trocken tupfen und mit einer Schere abschneiden. Die Suppe mit der Kresse und dem Knusperspeck anrichten.

Tipp: Die Suppe an sich lässt sich gut einen Tag vorher zubereiten und erkaltet, zugedeckt im Kühlschrank aufbewahren. Die Knusperspeckscheiben dann erst vor dem Servieren im Backofen backen.

Kürbis-Möhren-Suppe mit Chili und Koriander

Kartoffelsuppe mit Daikonkresse und Knusperspeck

Paprikasuppe mit Sesam-Ziegenkäse

8 Portionen — Zum Vorbereiten

Zubereitungszeit: 25 Minuten
Garzeit: etwa 30 Minuten

1 1/2 kg gelbe Paprikaschoten
4 rote Chilischoten
4 Zwiebeln (etwa 260 g)
2 TL Olivenöl
1,4 l Gemüsebrühe
2 Spritzer Zitronensaft
Salz, gem. Pfeffer
2 Prisen Zucker
200 g kleine Ziegenfrischkäserolle (20 % Fett)
4 EL Sesamsamen, geschält oder ungeschält

Pro Portion:
E: 7 g, F: 6 g, Kh: 12 g,
kJ: 540, kcal: 129

1. Die Paprika- und Chilischoten halbieren, entstielen, entkernen und die weißen Scheidewände entfernen. Die Schotenhälften abspülen, abtropfen lassen und klein schneiden.
2. Die Zwiebeln abziehen, halbieren und in feine Würfel schneiden. Das Olivenöl in einem Topf erhitzen. Die Zwiebelwürfel darin glasig dünsten. Paprika und Chilischoten hinzugeben und etwa 5 Minuten mitdünsten. Die Brühe dazugießen und zum Kochen bringen. Die Suppe zugedeckt bei mittlerer Hitze etwa 30 Minuten köcheln lassen.
3. Die Suppe mit einem Pürierstab fein pürieren, mit Zitronensaft, Salz, Pfeffer und Zucker abschmecken. Den Ziegenfrischkäse in 8 gleich große Scheiben schneiden, in Sesam wälzen und auf die Suppe legen.

Milchsuppe mit Schneeklößchen

8 Portionen — Zum Vorbereiten

Zubereitungszeit: 35 Minuten

2 Pck. Dr. Oetker Pudding-Pulver Vanille-, Mandel- oder Sahne-Geschmack
120 g Zucker
1 Prise Salz
2 l Milch
2 Eigelb (Größe M)
1 Bio-Zitrone (unbehandelt, ungewachst)

Für die Schneeklößchen:
2 Eiweiß (Größe M)
2 schwach geh. TL Zucker

einige vorbereitete Zitronenmelisseblättchen

Pro Portion:
E: 9 g, F: 9 g, Kh: 34 g,
kJ: 1174, kcal: 281

1. Das Pudding-Pulver mit Zucker und Salz mischen, mit 200 ml von der Milch anrühren. Eigelb unterrühren.
2. Zitrone heiß abwaschen, abtrocknen und die Schale dünn abschälen. Etwas von der Zitronenschale zum Garnieren beiseitelegen. Restliche Milch mit der Zitronenschale in einem großen Topf zum Kochen bringen.
3. Angerührtes Pudding-Pulver in die von der Kochstelle genommene Milch rühren, unter Rühren kurz aufkochen lassen. Zitronenschale entfernen.
4. Für die Schneeklößchen Eiweiß mit Zucker sehr steif schlagen. Mit zwei Teelöffeln kleine Klößchen abstechen und auf die Suppe setzen. Die Klößchen zugedeckt etwa 5 Minuten in der Suppe gar ziehen lassen (Flüssigkeit muss sich leicht bewegen).
5. Die Milchsuppe mit fein geschnittener Zitronenschale und Zitronenmelisseblättchen garnieren.

Paprika-Chili-Suppe mit Käse-Crostini

8 Portionen — Zum Vorbereiten

Zubereitungszeit: 40 Minuten

1 kg rote Paprikaschoten
2 große Zwiebeln
2 Knoblauchzehen
80 g Butter, 60 g brauner Zucker
800 g passierte Tomaten
1,2 l Apfelsaft
800 ml Gemüsebrühe
Salz, gem. Pfeffer
1 gestr. TL mildes Currypulver
2 Prisen grob geschroteter Chili

Paprikasuppe mit Sesam-Ziegenkäse

Milchsuppe mit Schneeklößchen

Paprika-Chili-Suppe mit Käse-Crostini

Pikante Partysuppe

Für die Käse-Crostini:
300 g weicher Edelpilzkäse ohne Rinde, z. B. Gorgonzola
gem. Pfeffer
2 Msp. abgeriebene Zitronenschale
10 Scheiben Vollkorn-Toast oder Weizenmischbrot

Zum Verfeinern:
300 g Crème fraîche

Pro Portion:
E: 14 g, F: 33 g, Kh: 38 g,
kJ: 2121, kcal: 512

1. Paprikaschoten halbieren, entstielen, entkernen und die weißen Scheidewände entfernen. Schotenhälften abspülen, abtropfen lassen und nach Belieben mit einem Sparschäler schälen. Schotenhälften grob würfeln. Zwiebeln und Knoblauch abziehen, in feine Würfel schneiden.
2. Butter in einem großen Topf zerlassen. Zwiebel- und Knoblauchwürfel hinzugeben und glasig dünsten. Zucker daraufstreuen und karamellisieren lassen.
3. Paprikawürfel hinzugeben, etwa 2 Minuten mit andünsten. Tomaten, Apfelsaft und Brühe hinzugießen und zum Kochen bringen. Mit Salz, Pfeffer, Curry und Chili würzen. Die Zutaten bei schwacher Hitze etwa 10 Minuten kochen lassen, pürieren.
4. In der Zwischenzeit für die Käse-Crostini den Käse in eine Schüssel geben. Käse mit einer Gabel zerdrücken, dabei Pfeffer und Zitronenschale unterarbeiten, beiseitestellen.
5. Die Crème fraîche in die Paprika-Chili-Suppe rühren und nochmals abschmecken.
6. Die Brotscheiben im Toaster goldbraun rösten. Sofort 2–3-mal diagonal durchschneiden und mit der Käsemischung bestreichen. Paprika-Chili-Suppe in tiefen Tellern verteilen. Die Käse-Crostini auf die Suppe oder an den Rand des Tellers legen.

Pikante Partysuppe

12 Portionen

Zum Vorbereiten

Zubereitungszeit: 45 Minuten

600 g Rinderrouladen
800 g Schweineschnitzel
6–8 EL Sonnenblumenöl
Salz
gem. Pfeffer
Paprikapulver edelsüß
Paprikapulver rosenscharf
4 EL Tomatenmark
3 gestr. EL Weizenmehl
2 1/2 l Fleischbrühe
500 ml Rotwein
2 Stangen Porree (Lauch)
6 mittelgroße Tomaten
380 g abgetropfte Silberzwiebeln (aus dem Glas)
570 g abgetropfter Gemüsemais (aus der Dose)
250 g Schlagsahne

Pro Portion:
E: 34 g, F: 30 g, Kh: 19 g,
kJ: 2251, kcal: 539

1. Rouladen- und Schnitzelfleisch mit Küchenpapier trocken tupfen, in schmale Streifen schneiden.
2. Jeweils etwas Speiseöl in einer Pfanne erhitzen. Die Fleischstreifen darin portionsweise von allen Seiten anbraten.
3. Fleischstreifen mit Salz, Pfeffer, Paprika edelsüß und rosenscharf bestreuen und kurz mitdünsten (nicht zu lange, Paprikapulver wird sonst bitter).
4. Die Fleischstreifen jeweils aus der Pfanne nehmen und in einen großen Topf geben.
5. Tomatenmark unterrühren. Mehl darüberstäuben und unter Rühren kurz andünsten.
6. Fleischbrühe und Rotwein hinzugießen und zum Kochen bringen. Das Fleisch etwa 25 Minuten garen.
7. In der Zwischenzeit Porree putzen, die Stangen längs halbieren, gründlich waschen, abtropfen lassen und in Streifen schneiden.
8. Tomaten abspülen, abtropfen lassen, kreuzweise einschneiden und mit kochendem Wasser übergießen. Nach 1–2 Minuten herausnehmen und mit kaltem Wasser abschrecken. Tomaten enthäuten, vierteln und die Stängelansätze herausschneiden.
9. Silberzwiebeln, Mais, Porreestreifen und Tomatenviertel in die Suppe geben, wieder zum Kochen bringen und weitere etwa 5 Minuten kochen lassen. Die Sahne unterrühren und erhitzen.
10. Die Suppe mit den Gewürzen abschmecken.

Orientalische Möhren-Sesam-Suppe

Orientalische Möhren-Sesam-Suppe

Zum Vorbereiten

8 Portionen

Zubereitungszeit: 45 Minuten

Zum Vorbereiten für die Bifteki:
100 g Bulgur (Hartweizengrütze)
250 ml heiße Gemüsebrühe

Für die Suppe:
4 Knoblauchzehen
6 EL Olivenöl
4 EL TK-Zwiebelwürfel
2 EL geschälte Sesamsamen
2 Lorbeerblätter
je 6 Gewürznelken und Pimentkörner
je 2 Prisen gem. Koriander und Kreuzkümmel (Cumin)
2 Prisen grob geschrotete Chiliflocken
1 1/2 kg TK-Möhrenscheiben
1 1/2 l Gemüsebrühe
Salz, gem. Pfeffer
400 g passierte Tomaten
960 g abgetropfte, abgespülte Kichererbsen (aus der Dose)

Für die Bifteki:
800 g Rindergehacktes
2 Eier (Größe M)
2 Prisen grob geschroteter Chili
2 Prisen gem. Zimt
80 g Rosinen

Außerdem:
einige Holzspieße (Schaschlikspieße)

Pro Portion:
E: 37 g, F: 31 g, Kh: 54 g,
kJ: 2695, kcal: 643

1. Bulgur mit Brühe nach Packungsanleitung zubereiten. Bulgurmasse etwas abkühlen lassen.
2. Für die Suppe Knoblauch abziehen, würfeln. 4 Esslöffel des Öls in einem großen Topf erhitzen. Zwiebelwürfel, die Hälfte des Knoblauchs und Sesam darin andünsten. Gewürze und TK-Möhren hinzugeben, kurz mitdünsten lassen. Brühe hinzugießen, zum Kochen bringen, mit Salz und Pfeffer würzen. Die Suppe etwa 10 Minuten garen.
3. In der Zwischenzeit Bulgur mit Gehacktem, Eiern, Salz, Pfeffer, Chili und Zimt verkneten. Rosinen unterarbeiten. Aus der Masse mit angefeuchteten Händen kleine 6–7 cm lange Röllchen formen. Das restliche Olivenöl erhitzen. Die Hackfleischröllchen darin von allen Seiten braun braten.
4. Lorbeerblätter, Nelken und das Piment aus der Brühe entfernen. Etwa zwei Drittel der Möhren mit einem Schaumlöffel aus der Suppe nehmen und beiseitestellen. Passierte Tomaten zu den Möhren in den Topf geben, zum Kochen bringen. Die Suppe pürieren und abschmecken. Die Kichererbsen und beiseitegestellte Möhren hinzugeben, zum Kochen bringen und unter Rühren nochmals etwa 3 Minuten kochen. Die Bifteki auf Spieße stecken. Suppe in Tellern verteilen. Die Spieße an den Tellerrand legen.

Tipps: Die Suppe nach Belieben mit abgespülten und trocken getupften Salbeiblättchen garnieren. Möchten Sie ganz sicher gehen, dass Sie alle Gewürze gut aus der Suppe herausbekommen, geben Sie sie in einen Einmal-Teefilterbeutel, den Sie fest verschließen.

Sauerscharfe Asia-Suppe

Zum Vorbereiten

8 Portionen

Zubereitungszeit: 35 Minuten

40 Ingwer
2 Knoblauchzehen
4 Stängel Zitronengras
4 Kaffir-Limettenblätter (erhältlich im Asialaden)
4 mittelgroße Möhren (etwa 400 g)
2 l Gemüsebrühe
2 rote Chilischoten
2 Bund Frühlingszwiebeln
300 g Shiitakepilze (ersatzweise rosé Champignons)
300 g Zuckerschoten
600 g Tofu, natur
2 Limetten
Sojasauce

Pro Portion:
E: 16 g, F: 5 g, Kh: 19 g,
kJ: 773, kcal: 184

1. Ingwer schälen, Knoblauch abziehen, beides in feine Scheiben schneiden. Zitronengras putzen, äußere Blätter entfernen, abspülen, abtropfen lassen und in grobe Stücke schneiden. Zitronengrasstücke etwas

aufklopfen. Limettenblätter abspülen und abtropfen lassen. Möhren putzen, schälen, abspülen, abtropfen lassen, in feine Stifte schneiden.
2. Gemüsebrühe in einem großen Topf zum Kochen bringen. Möhrenstifte, Ingwer- und Knoblauchscheiben, Zitronengrasstücke und Limettenblätter hinzugeben, wieder zum Kochen bringen.
3. In der Zwischenzeit Chilischoten abspülen, abtropfen lassen, entstielen, entkernen und längs aufschneiden. Schotenhälften in die Suppe geben. (Anschließend unbedingt gründlich die Hände waschen, damit nichts versehentlich in die Augen gerät!) Die Suppe etwa 10 Minuten zugedeckt bei schwacher Hitze kochen lassen.
4. In der Zwischenzeit die Frühlingszwiebeln putzen, abspülen, abtropfen lassen und schräg in Scheiben schneiden. Pilze putzen, evtl. kurz abspülen, trocken tupfen und ebenfalls in Scheiben schneiden. Von den Zuckerschoten die Enden abschneiden, evtl. abfädeln. Zuckerschoten abspülen, abtropfen lassen und schräg halbieren. Tofu abtropfen lassen, in etwa 2 cm große Würfel schneiden. Limetten halbieren und den Saft auspressen.
5. Die Suppe mit Sojasauce und Limettensaft würzen. Frühlingszwiebeln, Pilze, Zuckerschoten und Tofu hinzugeben und in der Suppe bei schwacher Hitze etwa 7 Minuten gar kochen lassen. Suppe mit Sojasauce abschmecken und in Suppentassen verteilen.

Maistopf mit Paprika

8 Portionen

Zum Vorbereiten

Zubereitungszeit: 40 Minuten

1 l heiße Gemüsebrühe
570 g abgetropfter Gemüsemais (aus der Dose)
600 g gut abgetropfter Tunfisch, naturell (aus der Dose)
6 EL Zitronensaft
250 ml trockener Weißwein
2 Knoblauchzehen, 2 Zwiebeln
4 rote Paprikaschoten
20 g Butter
Paprikapulver rosenscharf
Salz
2 TL grüner Pfeffer (aus dem Glas)

Pro Portion:
E: 21 g, F: 4 g, Kh: 16 g,
kJ: 882, kcal: 211

1. Gemüsebrühe in einen Topf geben. Mais, Tunfisch, Zitronensaft und den Weißwein hinzugeben und zugedeckt zum Kochen bringen. Die Suppe etwa 8 Minuten bei schwacher Hitze kochen lassen.
2. In der Zwischenzeit Knoblauch und Zwiebeln abziehen, sehr fein würfeln. Paprikaschoten halbieren, entstielen, entkernen und die weißen Scheidewände entfernen. Die Schoten abspülen, abtropfen lassen und in feine Streifen schneiden.
3. Butter in einer großen Pfanne zerlassen. Knoblauch-, Zwiebelwürfel und Paprikastreifen etwa 3 Minuten darin andünsten.
4. Gemüse in die Suppe geben und unterrühren. Suppe mit Paprika, Salz und grünem Pfeffer abschmecken.
5. Den Maistopf in tiefen Tellern oder Suppentassen verteilen und heiß servieren.

Sauerscharfe Asia-Suppe

Maistopf mit Paprika

Zucchinisuppe mit Joghurt

Zum Vorbereiten

12 Portionen

Zubereitungszeit: 60 Minuten

5–6 Knoblauchzehen
3 Zwiebeln
100 g Butter
1 1/4 l Gemüsebrühe
750 g Joghurt (3,5 % Fett)
3 Eier (Größe M)
3 gestr. EL Weizenmehl
1,2 kg Zucchini
600 g Schafskäse
2 Bund Schnittlauch
Salz, gem. Pfeffer
ger. Muskatnuss

Pro Portion:
E: 15 g, F: 22 g, Kh: 9 g,
kJ: 1299, kcal: 311

1. Knoblauchzehen und Zwiebeln abziehen, fein hacken. In einem großen, weiten Topf Butter zerlassen. Knoblauch und Zwiebeln darin andünsten und Topf von der Kochstelle nehmen.
2. Gemüsebrühe, Joghurt, Eier und Mehl hinzufügen, gut verrühren und unter ständigem Rühren mit einem Schneebesen kurz aufkochen lassen.
3. Zucchini abspülen, abtropfen lassen und Enden abschneiden. Zucchini in feine Würfel schneiden, zur Suppe geben und 5 Minuten köcheln lassen.
4. Schafskäse in Würfel schneiden. Schnittlauch abspülen, trocken tupfen, fein schneiden, und beides kurz in der Suppe erhitzen.
5. Suppe mit Salz, Pfeffer und Muskat abschmecken und heiß servieren.

Zitronen-Parmesan-Suppe

Zum Vorbereiten

8 Portionen

Zubereitungszeit: 35 Minuten

80 g Butter, 4 EL Weizenmehl
2 l Geflügelbrühe
400 g Schlagsahne
4 Bio-Zitronen
(unbehandelt, ungewachst)
200 g Rucola (Rauke)
8 EL Olivenöl, Salz
4 Hähnchenbrustfilets (etwa 600 g)
8 EL ger. Parmesan
gem. Pfeffer

Pro Portion:
E: 26 g, F: 40 g, Kh: 10 g,
kJ: 2129, kcal: 509

1. Die Butter in einem großen Topf zerlassen. Das Mehl unter Rühren so lange darin erhitzen, bis es hellgelb ist. Nach und nach die Brühe hinzugießen. Die Mehlschwitze dabei mit einem Schneebesen immer wieder glatt rühren. Dabei darauf achten, dass keine Klümpchen entstehen.
2. Die Suppe zum Kochen bringen. Sahne hinzugießen und unter gelegentlichem Rühren etwa 10 Minuten bei schwacher Hitze kochen.
3. In der Zwischenzeit die Zitronen heiß abwaschen, abtrocknen und die Schale abreiben. 3 Teelöffel der Zitronenschale beiseitelegen. Zitrone halbieren und den Saft auspressen.
4. Rucola verlesen und dicke Stängel abschneiden. Rucola abspülen und trocken tupfen. 8 Rucolablättchen beiseitelegen. Die restlichen Blättchen in Stücke zupfen und in einen Rührbecher geben. Olivenöl und 1 Prise Salz hinzugeben, pürieren.
5. Die Hähnchenbrustfilets unter fließendem kalten Wasser abspülen und trocken tupfen. Die Filets in etwa 2 cm große Würfel schneiden.
6. Abgeriebene Zitronenschale, Käse und die Hälfte des Zitronensaftes in die Suppe geben und pürieren.
7. Hähnchenfleischwürfel mit Salz und Pfeffer würzen, in die Suppe geben und 5–8 Minuten bei schwacher Hitze gar ziehen lassen. Die Suppe nach Belieben nochmals mit Zitronensaft und Salz abschmecken.
8. Die Suppe in tiefen Tellern oder Suppentassen verteilen. Die Suppe mit je 1 Esslöffel Rucolaöl, beiseitegelegten Rucolablättchen und geriebener Zitronenschale garnieren und heiß servieren.

Zucchinisuppe mit Joghurt

Zitronen-Parmesan-Suppe

Möhrensuppe mit Ingwer

Rosenkohl-Pfifferling-Suppe mit roten Linsen

Möhrensuppe mit Ingwer

Zum Vorbereiten

8 Portionen

Zubereitungszeit: 30 Minuten
Garzeit: etwa 30 Minuten

1 kg Möhren
1 Zwiebel
60 g Ingwer
60 g Butter oder Margarine
1 gestr. EL Currypulver
1 1/2 l Gemüsebrühe
Salz, gem. Pfeffer
1 Beutel Kartoffelpüreepulver (für 1–2 Portionen)
400 ml Kokosmilch
300 g Kochschinken
200 g Schlagsahne (mind. 30 % Fett)
30 g gehobelte Mandeln
einige vorbereitete Minzeblättchen

Pro Portion:
E: 10 g, F: 20 g, Kh: 13 g,
kJ: 1208, kcal: 288

1. Möhren putzen, schälen, abspülen und abtropfen lassen. Zwiebel abziehen. Beide Zutaten in Würfel schneiden. Ingwer schälen und ganz fein würfeln.
2. Butter oder Margarine in einem großen Topf zerlassen. Die Möhren-, Zwiebel- und Ingwerwürfel darin andünsten. Currypulver daraufstäuben und gut verrühren. Gemüsebrühe hinzugießen, alles zum Kochen bringen und etwa 20 Minuten kochen lassen.
3. Die Suppe fein pürieren, mit Salz und Pfeffer würzen. Kartoffelpüreepulver und Kokosmilch hinzufügen, alles unter Rühren wieder zum Kochen bringen und unter gelegentlichem Umrühren etwa 10 Minuten kochen lassen.
4. In der Zwischenzeit den Schinken in Würfel schneiden. Sahne halb steif schlagen. Schinkenwürfel in die Suppe geben und darin erhitzen.
5. Die Suppe mit Sahne, Mandelblättchen und Minzeblättchen garniert servieren.

Rosenkohl-Pfifferling-Suppe mit roten Linsen

8 Portionen

Zum Vorbereiten

Zubereitungszeit: 35 Minuten

Für die Suppe:
2 Zwiebeln
600 g festkochende Kartoffeln
600 g Putenbrustfilet
6 EL Rapsöl
500 g abgetropfte Pfifferlinge (aus der Dose)
800 g TK-Rosenkohl
Salz, gem. Pfeffer
ger. Muskatnuss
2 Prisen grob geschroteter Chili
2 l Geflügelbrühe
160 g rote Linsen

Zum Bestreuen:
4 EL gehackte Petersilie

Pro Portion:
E: 32 g, F: 10 g, Kh: 26 g,
kJ: 1353, kcal: 323

1. Für die Suppe die Zwiebeln abziehen und in etwa 1 cm große Spalten schneiden. Kartoffeln schälen, abspülen, abtropfen lassen und in etwa 1 cm große Würfel oder Spalten schneiden. Putenbrustfilet unter fließendem kalten Wasser abspülen, gut trocken tupfen und in feine Streifen schneiden.
2. Rapsöl in einem großen Topf erhitzen. Die Putenbruststreifen darin evtl. portionsweise unter Wenden anbraten, herausnehmen und beiseitestellen. Die Pfifferlinge in dem verbliebenen Bratfett kräftig anbraten, herausnehmen und beiseitestellen.
3. Anschließend Zwiebelspalten und Kartoffelwürfel oder -spalten in den Topf geben und andünsten. Gefrorenen Rosenkohl hinzugeben, mit Salz, Pfeffer, Muskat und Chili würzen. Brühe hinzugießen. Die Zutaten zum Kochen bringen und zugedeckt etwa 4 Minuten bei mittlerer Hitze kochen lassen.
4. Die Linsen und Pfifferlinge in die Suppe geben und zugedeckt weitere etwa 8 Minuten kochen lassen. Suppe mit Salz und Pfeffer abschmecken.
5. Putenbruststreifen kurz vor dem Servieren in die Suppe geben und darin erwärmen.
6. Die Suppe mit roten Linsen in tiefen Tellern oder Suppentassen verteilen, mit gehackter Petersilie bestreuen und heiß servieren.

Linsencremesuppe mit Ziegenkäsenocken

Linsencremesuppe mit Ziegenkäsenocken

8 Portionen

Zum Vorbereiten

Zubereitungszeit: 35 Minuten

Für die Suppe:
2 mittelgroße Zwiebeln
2 Knoblauchzehen
6 EL Olivenöl
800 g TK-Suppengemüse
350 g rote Linsen
2 l Gemüsebrühe
400 g passierte Tomaten (aus der Dose)
1 Lorbeerblatt
Salz
gem. Pfeffer
150 g abgetropfte, getrocknete Tomaten, in Öl
8 Stängel Basilikum
400 g Schlagsahne

Für die Nocken:
400 g Ziegenfrischkäse

Zum Beträufeln:
etwa 8 EL milder, dunkler Balsamico-Essig

Pro Portion:
E: 21 g, F: 39 g, Kh: 43 g,
kJ: 2550, kcal: 609

1. Für die Suppe Zwiebeln und Knoblauch abziehen und grob würfeln. Olivenöl in einem großen Topf erhitzen. Die Zwiebel- und Knoblauchwürfel darin andünsten.
2. Gefrorenes Suppengemüse und Linsen zur Zwiebel-Knoblauch-Mischung geben. Brühe hinzugießen, zum Kochen bringen und etwa 8 Minuten unter gelegentlichem Rühren kochen lassen.
3. Passierte Tomaten unterrühren. Lorbeerblatt hinzugeben. Die Suppe mit Salz und Pfeffer würzen, wieder zum Kochen bringen und etwa 5 Minuten bei mittlerer Hitze kochen lassen, bis die Linsen leicht zerfallen.
4. In der Zwischenzeit Tomaten in Streifen schneiden. Einige Streifen zum Garnieren beiseitelegen. Basilikum abspülen und trocken tupfen. Die Blättchen von den Stängeln zupfen. Blättchen klein schneiden.
5. Das Lorbeerblatt entfernen. Die Suppe pürieren, evtl. durch ein Sieb streichen. Sahne hinzugießen, nochmals unter Rühren kurz aufkochen. Die Suppe mit Salz und Pfeffer abschmecken.
6. Die Linsencremesuppe in tiefen Tellern oder Suppentassen verteilen. Mithilfe zweier Teelöffel Nocken aus dem Ziegenfrischkäse formen und jeweils 1 Nocke in die Suppe geben. Je 1 Esslöffel Balsamico-Essig daraufträufeln. Die Suppe mit Tomaten- und Basilikumstreifen garnieren und sofort servieren.

Linsensuppe mit Räucherfisch

Zum Vorbereiten

8 Portionen (ohne Foto)

Zubereitungszeit: 20 Minuten
Garzeit: etwa 15 Minuten

200 g festkochende Kartoffeln
1 Zwiebel, 2 EL Olivenöl
1 EL Tomatenmark
400 ml Gemüsebrühe
2,4 kg Linsen mit Suppengrün (aus der Dose)
400 g Räucherfisch, z. B. Räucherlachs, geräuchertes Forellenfilet
einige Stängel Dill
200 g Schlagsahne
Salz, gem. Pfeffer
2 EL Balsamico-Essig

Pro Portion:
E: 39 g, F: 21 g, Kh: 62 g,
kJ: 2663, kcal: 636

1. Kartoffeln schälen, abspülen, abtropfen lassen und würfeln. Zwiebel abziehen und ebenfalls würfeln.
2. Öl in einem großen Topf erhitzen. Zwiebel- und Kartoffelwürfel darin andünsten. Tomatenmark unterrühren, Gemüsebrühe hinzugießen, alles wieder zum Kochen bringen und etwa 15 Minuten kochen lassen.
3. Danach die Linsen mit der Flüssigkeit hinzufügen, alles wieder zum Kochen bringen und weitere 10 Minuten kochen lassen.
4. Den Räucherfisch klein schneiden, dabei evtl. Gräten entfernen. Dill abspülen, trocken tupfen und die Spitzen von den Stängeln zupfen.
5. Die Fischstücke mit der Sahne in die Suppe geben und erhitzen. Die Suppe mit Salz, Pfeffer und Balsamico-Essig würzen und mit Dillspitzen bestreut servieren.

Hüttensuppe

8 Portionen

Zum Vorbereiten

Zubereitungszeit: 30 Minuten
Garzeit: etwa 15 Minuten

2 Zwiebeln
80 g Frühstücksspeck in Scheiben (Bacon)
1,2 kg festkochende Kartoffeln
400 g grüne Bohnen
40 g Butter
400 g TK-Suppengemüse
2 1/2 l Fleischbrühe
Salz, gem. Pfeffer
1 Bund Schnittlauch
200 g geraspelter Bergkäse

Pro Portion:
E: 14 g, F: 19 g, Kh: 25 g,
kJ: 1410, kcal: 336

1. Die Zwiebeln abziehen, in dünne Scheiben schneiden und diese dann in Ringe teilen. Den Frühstücksspeck in Streifen schneiden.
2. Die Kartoffeln schälen, abspülen, abtropfen lassen und in etwa 2 cm große Würfel schneiden.
3. Von den Bohnen die Enden abschneiden, evtl. die Fäden abziehen. Bohnen abspülen, abtropfen lassen und in Stücke schneiden.
4. Die Butter in einem großen Topf zerlassen. Zwiebelringe und Speckstreifen darin andünsten. Dann Kartoffelwürfel, Bohnen und Suppengemüse in den Topf geben.
5. Fleischbrühe hinzugießen. Das Ganze zum Kochen bringen, mit Salz und Pfeffer würzen. Die Suppe zugedeckt etwa 15 Minuten bei mittlerer Hitze kochen.
6. Den Schnittlauch abspülen, trocken tupfen und in Röllchen schneiden. Die Suppe evtl. nochmals mit Salz und Pfeffer abschmecken, mit Schnittlauchröllchen und Käse bestreut servieren.

Kürbissuppe mit Rosmarin

8 Portionen

Zubereitungszeit: 35 Minuten

2 Knoblauchzehen
2 mittelgroße Zwiebeln
150 g Möhren
2 Zweige Rosmarin
1 kg Hokkaido-Kürbis
4 EL Rapsöl
2 l Gemüsebrühe
2 Lorbeerblätter
4 Gewürznelken
Salz, gem. Pfeffer
250 g Suppennudeln
400 g Porree (Lauch)
3 EL Zitronensaft

Pro Portion:
E: 7 g, F: 6 g, Kh: 32 g,
kJ: 907, kcal: 217

1. Knoblauch und Zwiebeln abziehen und in feine Würfel schneiden. Möhren putzen, schälen, abspülen, abtropfen lassen und in feine Scheiben schneiden. Rosmarinzweige abspülen, trocken tupfen und beiseitelegen. Kürbis abspülen, abtrocknen, halbieren und entkernen. Kürbishälften in mundgerechte Würfel schneiden.
2. Rapsöl in einem Topf erhitzen. Zwiebelwürfel, Knoblauchwürfel und Rosmarinzweige darin andünsten. Möhrenscheiben hinzugeben und etwa 2 Minuten mitdünsten lassen. Gemüsebrühe hinzugießen und zum Kochen bringen. Lorbeerblätter und Gewürznelken hinzugeben, mit Salz und Pfeffer würzen.
3. Salzwasser in einem Topf zum Kochen bringen. Die Nudeln darin nach Packungsanleitung bissfest garen.
4. Porree putzen, die Stangen längs halbieren, gründlich waschen und abtropfen lassen. Porree in feine Stücke schneiden. Kürbiswürfel und Porreestücke in die Suppe geben und zugedeckt bei mittlerer Hitze etwa 10 Minuten kochen lassen. Lorbeerblätter und Nelken entfernen.
5. In der Zwischenzeit Nudeln in ein Sieb geben, mit heißem Wasser abspülen und abtropfen lassen.
6. Nudeln in die Suppe geben und noch etwa 1 Minute mitkochen lassen. Kürbissuppe mit Rosmarin mit Salz, Pfeffer und Zitronensaft abschmecken.

Hüttensuppe

Kürbissuppe mit Rosmarin

Gemüsesuppe mit Glasnudeln und Bambussprossen

10 Portionen

Zubereitungszeit: 60 Minuten

4 Zwiebeln
40 g Ingwer
1,6 kg Möhren
4 Stangen Porree (Lauch, etwa 800 g)
4 rote Paprikaschoten (etwa 800 g)
800 g Knollensellerie
1,2 kg Chinakohl
200 g Glasnudeln
6 EL Speiseöl, z. B. Sesamöl
3 l Gemüsebrühe
400 g abgetropfte Bambussprossen (aus dem Glas)
10 TL Sojasauce
Salz, gem. Pfeffer
2 TL China-Gewürzzubereitung

Pro Portion:
E: 8 g, F: 8 g, Kh: 36 g,
kJ: 1047, kcal: 250

1. Zwiebeln abziehen und würfeln. Ingwer schälen und fein würfeln. Die Möhren schälen, putzen, abspülen, abtropfen lassen und dann schräg in dünne Scheiben schneiden. Porree putzen, die Stangen längs halbieren, gründlich waschen und abtropfen lassen. Den Porree in feine Streifen schneiden. Paprikaschoten halbieren, entstielen, entkernen und die weißen Scheidewände entfernen. Schoten abspülen, abtropfen lassen und in schmale Streifen schneiden.
2. Sellerie putzen, schälen, abspülen, abtropfen lassen und in Rauten schneiden. Dafür den Sellerie zuerst in dünne Scheiben schneiden, dann jede Scheibe schräg und längs in etwa 1 1/2 cm breite Stücke schneiden.
3. Den Chinakohl putzen, abspülen, abtropfen lassen und in schmale Streifen schneiden.
4. Die Glasnudeln nach Packungsanleitung zubereiten und in mundgerechte Stücke schneiden.
5. Speiseöl in einem großen Topf erhitzen. Zwiebel- und Ingwerwürfel darin andünsten. Möhrenscheiben, Porree-, Paprikastreifen und Sellerierauten hinzufügen und mit andünsten. Die Brühe hinzugießen. Die Zutaten zum Kochen bringen und zugedeckt etwa 5 Minuten garen.

Gemüsesuppe mit Glasnudeln und Bambussprossen

6. Chinakohlstreifen und Sprossen zur Suppe geben und alles weitere 3–5 Minuten garen, dabei gelegentlich umrühren. Die Glasnudeln unterrühren. Die Suppe vor dem Servieren mit Sojasauce, Salz, Pfeffer und China-Gewürzzubereitung abschmecken.

Indische Ofensuppe

8–10 Portionen (ohne Foto)

Zum Vorbereiten

Zubereitungszeit: 20 Minuten
Garzeit: etwa 90 Minuten

1,2 kg Putenbrustfilet
6 EL Sojasauce
2 EL Currypulver
Salz, gem. Pfeffer
300 g TK-Erbsen
490 g abgetropfte Pfirsichspalten (aus der Dose)
630 g abgetropfte Champignonscheiben (aus der Dose)
250 g Schlagsahne
1 l Currysauce
1 l Gemüsebrühe

Pro Portion:
E: 39 g, F: 25 g, Kh: 34 g,
kJ: 2197, kcal: 526

1. Den Backofen vorheizen.
Ober-/Unterhitze: etwa 200 °C
Heißluft: etwa 180 °C
2. Putenbrustfilet unter fließendem kalten Wasser abspülen, trocken tupfen und zuerst in Scheiben, dann in Streifen schneiden. Die Fleischstreifen mit Sojasauce und Curry in einem großen Bräter mischen, mit wenig Salz und Pfeffer bestreuen.
3. Gefrorene Erbsen, Pfirsichspalten und Champignonscheiben zu den Fleischstreifen geben und gut vermengen. Sahne mit Currysauce und Brühe verrühren, ebenfalls in den Bräter geben und unterrühren.
4. Den Bräter auf dem Rost in den vorgeheizten Backofen schieben. Die Ofensuppe zugedeckt etwa 90 Minuten garen.

Frische Erbsensuppe mit Würstchen

Butternut-Soup

Frische Erbsensuppe mit Würstchen

Zum Vorbereiten

10 Portionen

Zubereitungszeit: 40 Minuten
Garzeit: etwa 35 Minuten

3 Zwiebeln
400 g Kartoffeln
1 Bund Suppengrün (Möhren, Sellerie, Porree, Petersilie)
3 EL Sonnenblumenöl
Salz, gem. Pfeffer
2 1/2 l Wasser
2 geh. TL Instant-Gemüsebrühe
1 1/2 kg TK-Erbsen
300 g Schlagsahne
ger. Muskatnuss
1 Prise Zucker
10 Wiener Würstchen

Pro Portion:
E: 24 g, F: 36 g, Kh: 27 g,
kJ: 2220, kcal: 530

1. Zwiebeln abziehen und in kleine Würfel schneiden. Kartoffeln schälen, abspülen, abtropfen lassen und in kleine Würfel schneiden. Suppengrün putzen, evtl. schälen, abspülen, abtropfen lassen und in grobe Würfel schneiden. Petersilie grob zerschneiden.
2. Sonnenblumenöl in einem großen Topf erhitzen. Zwiebel- und Gemüsewürfel darin portionsweise unter Rühren andünsten. Kartoffelwürfel hinzugeben, mit Salz und Pfeffer würzen. Wasser hinzugießen und zum Kochen bringen. Gemüsebrühe hinzugeben. Die Zutaten zugedeckt etwa 30 Minuten köcheln lassen.
3. 1 kg gefrorene Erbsen in die Brühe geben, wieder zum Kochen bringen und etwa 5 Minuten mitkochen lassen. Die Suppe fein pürieren und nochmals aufkochen lassen. Restliche gefrorene Erbsen hinzugeben. Sahne unterrühren. Die Erbsensuppe nochmals unter Rühren kräftig aufkochen lassen, mit Salz, Pfeffer, Muskat und Zucker abschmecken.
4. Die Würstchen in die Suppe geben und etwa 4 Minuten miterhitzen.

Butternut-Soup

8 Portionen

Zum Vorbereiten

Zubereitungszeit: 40 Minuten
Garzeit: etwa 20 Minuten

2 kg Kürbis (Butternut- oder Hokkaido-Kürbis)
4 Zwiebeln
4 EL Olivenöl
2 Lorbeerblätter
2–3 EL Zucker
1 1/2 l Gemüsebrühe
20 g Ingwer
6 EL Mango-Chutney oder Aprikosenkonfitüre
4 Msp. ger. Muskatnuss
Salz, gem. Pfeffer, Zucker
200 g Schlagsahne (mind. 30 % Fett)
75 g gehackte, gesalzene Erdnuss- oder Cashewkerne

Pro Portion:
E: 6 g, F: 18 g, Kh: 27 g,
kJ: 1252, kcal: 300

1. Kürbis schälen, halbieren und die Kerne mit einem Löffel herauskratzen. Kürbisfleisch in walnussgroße Stücke schneiden. Zwiebeln abziehen und in kleine Würfel schneiden.
2. Olivenöl in einem großen Topf erhitzen. Die Zwiebel- und Kürbiswürfel darin unter Rühren andünsten. Lorbeerblätter und Zucker hinzugeben. Zucker karamellisieren lassen. Brühe hinzugießen.
3. Ingwer schälen, abspülen, abtropfen lassen und sehr klein schneiden. Ingwer, Chutney oder Konfitüre in die Suppe geben. Die Suppe zum Kochen bringen und zugedeckt etwa 20 Minuten bei mittlerer Hitze kochen lassen, bis die Kürbiswürfel weich sind. Die Lorbeerblätter aus der Suppe nehmen. Suppe pürieren, mit Muskat, Salz, Pfeffer und 1 Prise Zucker abschmecken.
4. Sahne cremig aufschlagen. Die Suppe mit jeweils 1 Klecks der leicht geschlagenen Sahne anrichten. Die Suppe mit Erdnuss- oder Cashewkernen bestreut servieren.

Bohnensuppe nach Balkan-Art

Bohnensuppe nach Balkan-Art

Zum Vorbereiten

8 Portionen
(Zubereitung im Schnellkochtopf)

Zubereitungszeit: 40 Minuten, ohne Einweichzeit
Garzeit: etwa 19 Minuten, ohne Ankochzeit

Zum Vorbereiten:
250 g weiße Bohnen
250 g rote Bohnen
2 1/2–3 l kaltes Wasser

2 Zwiebeln
2 Lorbeerblätter
1 1/2 kg Kasseler Kotelett
(mit Knochen)

je 2 rote und grüne Paprikaschoten
2 Bund Suppengrün
(Möhren, Sellerie, Porree)
6 Gemüse-Brühwürfel
(für je 500 ml Flüssigkeit)
Salz
gem. Pfeffer
2 EL Paprikapulver edelsüß

Pro Portion:
E: 45 g, F: 15 g, Kh: 31 g,
kJ: 1853, kcal: 442

1. Zum Vorbereiten am Vortag die Bohnen nach Packungsanleitung im Wasser einweichen.
2. Zwiebeln abziehen und würfeln. Die eingeweichten Bohnen mit dem Einweichwasser, den Zwiebelwürfeln und Lorbeerblättern in einen Schnellkochtopf (von passender Größe) geben. Kasseler unter fließendem kalten Wasser abspülen, abtropfen lassen und ebenfalls in den Schnellkochtopf geben.
3. Das Ganze im offenen Schnellkochtopf zum Kochen bringen und evtl. abschäumen. Den Schnellkochtopf nach Herstelleranleitung verschließen und erhitzen. Wenn die gewählte Schnellgarstufe erreicht ist, die Zutaten etwa 18 Minuten garen.
4. In der Zwischenzeit die Paprikaschoten halbieren, entstielen, entkernen und die weißen Scheidewände entfernen. Schoten abspülen, abtropfen lassen und in Streifen schneiden.
5. Suppengrün putzen. Dazu Möhren und Sellerie schälen, abspülen, abtropfen lassen und würfeln. Porree putzen. Die Stangen längs halbieren, gründlich waschen und abtropfen lassen. Porree in Stücke schneiden.
6. Nach der 1. Garzeit den Topf nach Herstelleranleitung öffnen. Fleisch und die Lorbeerblätter herausnehmen. Brühwürfel in die Suppe geben und unterrühren. Das Ganze mit Salz, Pfeffer und Paprikapulver würzen. Vorbereitetes Gemüse unterrühren.
7. Den Schnellkochtopf wieder nach Herstelleranleitung verschließen und erhitzen. Wenn die gewählte Schnellgarstufe erreicht ist, die Zutaten nochmals etwa 1 Minute garen.
8. Das Fleisch vom Knochen lösen und in kleine Stücke schneiden.
9. Nach der 2. Garzeit den Topf nach Herstelleranleitung öffnen. Fleisch wieder in die Suppe geben. Suppe nochmals mit den Gewürzen abschmecken und servieren.

Hinweis: Die gewählte Schnellgarstufe kann je nach Modell, Hersteller bzw. Alter des Schnellkochtopfes unterschiedlich angezeigt werden.

Spinatsuppe mit Mozzarella

8 Portionen (ohne Foto)

Zubereitungszeit: 40 Minuten

800 g frischer Blattspinat
2 mittelgroße Zwiebeln
60 g Butter oder Margarine
2 Knoblauchzehen
1 1/2 l Gemüsebrühe
250 g abgetropfter Mozzarella
Salz
gem. Pfeffer

Pro Portion:
E: 9 g, F: 13 g, Kh: 2 g,
kJ: 664, kcal: 159

1. Spinat putzen, gründlich waschen und gut abtropfen lassen. Zwiebeln abziehen, in kleine Würfel schneiden.
2. Butter oder Margarine in einem großen Topf zerlassen. Zwiebelwürfel darin andünsten. Knoblauch abziehen, durch eine Knoblauchpresse drücken, mit dem Spinat zu den Zwiebelwürfeln geben. Brühe hinzugießen, zum Kochen bringen und etwa 10 Minuten bei schwacher Hitze kochen lassen.
3. Mozzarella in Scheiben schneiden, in die Suppe geben und einige Minuten schmelzen lassen. Suppe mit Salz und Pfeffer abschmecken.

Tomatensuppe

8 Portionen

Zum Vorbereiten

Zubereitungszeit: 25 Minuten
Garzeit: etwa 15 Minuten

4 Zwiebeln
4 Knoblauchzehen
4 EL Olivenöl
1,6 kg geschälte Tomaten (aus der Dose)
1 l Gemüsebrühe
1 Lorbeerblatt
1 Prise Zucker
Salz, gem. Pfeffer
Cayennepfeffer
gerebelter Oregano
einige Basilikumblättchen

Pro Portion:
E: 2 g, F: 5 g, Kh: 6 g,
kJ: 347, kcal: 83

1. Zwiebeln und Knoblauch abziehen, klein würfeln. Das Olivenöl in einem großen Topf erhitzen. Zwiebel- und Knoblauchwürfel darin andünsten.
2. Tomaten mit der Flüssigkeit, Gemüsebrühe und Lorbeerblatt hinzugeben. Danach mit Zucker, Salz, Pfeffer, Cayennepfeffer und Oregano würzen.
3. Die Tomatensuppe zum Kochen bringen und zugedeckt etwa 15 Minuten bei schwacher Hitze kochen lassen.
4. Das Lorbeerblatt entfernen. Die Suppe pürieren. Die Tomatensuppe nochmals aufkochen lassen und mit den Gewürzen abschmecken.
5. Die Basilikumblättchen abspülen und trocken tupfen. Die Tomatensuppe in tiefen Tellern oder Suppentassen verteilen und mit Basilikumblättchen bestreut servieren. Nach Belieben etwas frisch gemahlenen Pfeffer auf die Suppe geben.

Italienische Gemüsesuppe

8 Portionen

Zum Vorbereiten

Zubereitungszeit: 60 Minuten

1 dicke Gemüsezwiebel (350 g)
3 Knoblauchzehen
etwa 600 g Staudensellerie
75 g Kräuterbutter
2 1/4 l Gemüsebrühe
4 Tomaten, 250 g Spaghetti
300 g TK-Erbsen
250 g abgespülte, abgetropfte, italienische Bohnenkerne oder weiße Bohnen (aus der Dose)
Salz, gem. Pfeffer
3–4 Stängel Basilikum

Pro Portion:
E: 11 g, F: 9 g, Kh: 36 g,
kJ: 1188, kcal: 283

1. Gemüsezwiebel abziehen, halbieren und in feine Würfel schneiden. Knoblauch abziehen und ebenfalls fein würfeln. Staudensellerie putzen, die Stangen einzeln lösen, abspülen, abtropfen lassen, die harten Außenfäden abziehen und die Stangen in kleine Stücke schneiden.
2. Kräuterbutter in einem großen Topf zerlassen. Zwiebel-, Knoblauchwürfel und Selleriestücke darin bei schwacher Hitze andünsten. Mit Gemüsebrühe ablöschen, zum Kochen bringen und 5–10 Minuten kochen lassen.
3. In der Zwischenzeit Tomaten abspülen, abtropfen lassen, kreuzweise einschneiden und mit kochendem Wasser übergießen. Nach 1–2 Minuten herausnehmen und mit kaltem Wasser abschrecken. Tomaten enthäuten, halbieren und die Stängelansätze herausschneiden. Das Fruchtfleisch würfeln.
4. Spaghetti einmal durchbrechen, in die Suppe geben und alles bei schwacher Hitze noch etwa 5 Minuten köcheln lassen. Erbsen und Bohnen hinzufügen und weitere 5 Minuten köcheln lassen. Die Suppe mit Salz und Pfeffer würzen.
5. Tomatenwürfel in die Suppe geben und kurz darin erhitzen. Basilikum abspülen, trocken tupfen und die Blättchen von den Stängeln zupfen. Die Suppe mit den Basilikumblättchen garniert servieren.

Tipps: Wenn Sie die Spaghetti getrennt in Salzwasser kochen und erst kurz vor dem Verzehr in die Suppe geben, dann lässt sich die Suppe schon vorher zubereiten und wieder erhitzen. Die Suppe nach Belieben mit gehobeltem oder geriebenem Parmesan bestreuen.

Tomatensuppe

Italienische Gemüsesuppe

Brennnesselsuppe mit Parmesankräckern

8 Portionen

Zubereitungszeit: 45 Minuten
Backzeit: Kräcker 10–12 Minuten

Für die Parmesankräcker:
200 g frisch ger. Parmesan

4 mittelgroße Zwiebeln
4 Knoblauchzehen
500 g mehligkochende Kartoffeln
40 g Butter
1 1/2 l Gemüsebrühe
600 g Brennnesselspitzen
Salz, gem. Pfeffer
200 g Schlagsahne (mind. 30 % Fett)

Pro Portion:
E: 14 g, F: 22 g, Kh: 14 g,
kJ: 1289, kcal: 308

1. Den Backofen vorheizen.
Ober-/Unterhitze: etwa 160 °C
Heißluft: etwa 140 °C
2. Für die Parmesankräcker 8 kleine runde Platten (Ø 5–6 cm) auf Backpapier zeichnen und auf ein Backblech legen. Die vorgezeichneten Platten mit Parmesan-Käse ausstreuen. Das Backblech in den vorgeheizten Backofen schieben. Parmesankräcker 10–12 Minuten backen, bis der Käse zerlaufen ist und die Parmesankräcker goldgelb knusprig gebacken sind.
3. Die Kräcker mit dem Backpapier vom Backblech auf einen Rost ziehen. Kräcker erkalten lassen.
4. Inzwischen für die Suppe Zwiebeln und Knoblauch abziehen, in sehr kleine Würfel schneiden. Kartoffeln schälen, abspülen, abtropfen lassen und ebenfalls klein würfeln.
5. Die Butter in einem großen Topf zerlassen. Zwiebel- und Knoblauchwürfel darin andünsten. Kartoffelwürfel hinzugeben und mitdünsten. Brühe hinzugießen und zum Kochen bringen. Kartoffelwürfel zugedeckt etwa 15 Minuten garen.
6. In der Zwischenzeit Brennnesselspitzen verlesen (am besten mit Einweghandschuhen), gut abspülen und trocken tupfen oder schleudern. Die Brennnesselspitzen zu den gegarten Kartoffelwürfeln in die Brühe geben und gut pürieren. Die Suppe mit Salz und Pfeffer würzen, nach Belieben durch ein Sieb passieren. Suppe warm stellen, jedoch nicht mehr kochen lassen, da sie sonst grau wird.
7. Die Sahne cremig aufschlagen und unter die warm gestellte Brennnesselsuppe ziehen. Die Suppe mit den Parmesankräckern anrichten und sofort servieren.

Tipp: Die Parmesankräcker können schon am Vortag gebacken werden. Dann Parmesankräcker bei Zimmertemperatur aufbewahren (nicht im Kühlschrank aufbewahren, sonst werden sie wieder weich).

Kartoffelsuppe mit Wiener Würstchen

8 Portionen — Zum Vorbereiten

Zubereitungszeit: 40 Minuten
Garzeit: etwa 20 Minuten

2 Bund Suppengrün
(Möhren, Porree, Sellerie)
1 1/2 kg mehligkochende Kartoffeln
4 EL Sonnenblumenöl
2 l Gemüsebrühe
2 Lorbeerblätter
2 TL gerebelter Majoran
Salz, gem. Pfeffer
1 kg Wiener Würstchen

Pro Portion:
E: 23 g, F: 40 g, Kh: 26 g,
kJ: 2350, kcal: 561

1. Suppengrün putzen. Dazu Sellerie schälen. Möhren putzen und schälen. Sellerie und Möhren abspülen und abtropfen lassen. Porree putzen. Die Stangen längs halbieren, gründlich waschen und abtropfen lassen. Vorbereitetes Suppengrün grob würfeln.
2. Kartoffeln schälen, abspülen, abtropfen lassen, in Stücke schneiden.
3. Öl in einem großen Topf erhitzen. Zuerst das vorbereitete Suppengrün darin unter Rühren andünsten, danach die Kartoffelstücke hinzufügen und kurz mitdünsten.
4. Die Brühe hinzugießen. Lorbeerblätter und Majoran hinzugeben. Das

Brennnesselsuppe mit Parmesankräckern

Kartoffelsuppe mit Wiener Würstchen

Ganze zum Kochen bringen. Suppe zugedeckt bei mittlerer Hitze etwa 20 Minuten kochen lassen, dabei gelegentlich umrühren. Evtl. etwas Gemüsebrühe nachgießen.

5. Die Lorbeerblätter entfernen. Die Suppe mit einem Kartoffelstampfer etwas zerdrücken oder etwa ein Viertel der Suppe in einen Rührbecher geben, pürieren und wieder unter die Suppe rühren.

6. Die Suppe mit Salz und Pfeffer abschmecken.

7. Die Wiener Würstchen ganz oder in Scheiben geschnitten in der Suppe erhitzen.

Tipp: Sie können die Kartoffelsuppe bis einschließlich Punkt 5 bereits am Vortag zubereiten, erkalten lassen und zugedeckt in den Kühlschrank stellen. Die Suppe dann vor dem Verzehr bei schwacher Hitze mit den Würstchen erhitzen.

Süße Grießsuppe

8 Portionen

Zubereitungszeit: 20 Minuten

2 l Milch (1,5 % Fett)
1 Pck. Dr. Oetker Finesse
Geriebene Zitronenschale
120 g Weichweizengrieß
120 g Zucker

Pro Portion:
E: 10 g, F: 4 g, Kh: 38 g,
kJ: 967, kcal: 231

1. Die Milch mit der Zitronenschale in einen Topf geben und zum Kochen bringen.

2. Weizengrieß mit dem Zucker vermischen und unter Rühren in die kochende Milch einstreuen. Grieß etwa 5 Minuten ohne Deckel bei schwacher Hitze ausquellen lassen, dabei gelegentlich umrühren.

3. Die Suppe in Suppentellern oder -tassen anrichten und warm oder kalt servieren.

Süße Grießsuppe

Tipp: Garnieren Sie die Suppe mit einigen Streifen Zitronenschale von 1 Bio-Zitrone (unbehandelt, ungewachst).

Gemüsesuppe mit Fleischklößchen

8 Portionen

Zum Vorbereiten

Zubereitungszeit: 60 Minuten
Garzeit: 25–30 Minuten

750 g Möhren
750 g mehligkochende Kartoffeln
750 g grüne Bohnen
500 g Blumenkohl
500 g Tomaten
4 Zwiebeln
6 Stängel Basilikum
9 EL Rapsöl
Salz, gem. Pfeffer
1 l Gemüsebrühe
600 g frische, grobe Bratwurst
2 EL gehackte Petersilie

Pro Portion:
E: 15 g, F: 30 g, Kh: 26 g,
kJ: 1814, kcal: 433

1. Möhren putzen, schälen, abspülen und abtropfen lassen. Kartoffeln schälen, abspülen und abtropfen lassen. Die beiden Zutaten in Würfel schneiden. Von den Bohnen die Enden abschneiden, evtl. Fäden abziehen. Bohnen abspülen, abtropfen

Gemüsesuppe mit Fleischklößchen

lassen und in Stücke schneiden oder brechen.

2. Blumenkohl putzen, den Strunk abschneiden. Blumenkohl in Röschen teilen, abspülen und abtropfen lassen. Tomaten abspülen, abtropfen lassen, kreuzweise einschneiden und mit kochendem Wasser übergießen. Nach 1–2 Minuten herausnehmen und mit kaltem Wasser abschrecken. Tomaten enthäuten, vierteln und die Stängelansätze herausschneiden.

3. Zwiebeln abziehen und würfeln. Die Basilikumstängel abspülen, trocken tupfen und die Blättchen von den Stängeln zupfen. Blättchen fein schneiden und zum Garnieren beiseitelegen. Basilikumstiele klein schneiden.

4. Öl in einem großen Topf erhitzen. Zwiebel-, Kartoffelwürfel und Bohnen darin etwa 5 Minuten unter Rühren dünsten, mit Salz und Pfeffer würzen. Basilikumstiele und Brühe zufügen, zum Kochen bringen und zugedeckt etwa 10 Minuten bei mittlerer Hitze kochen.

5. Möhrenwürfel und Blumenkohlröschen zufügen, zugedeckt etwa 10 Minuten mitgaren.

6. Die Bratwurstmasse aus der Haut drücken. Die Masse zu kleinen Klößchen formen, in die Gemüsesuppe geben und 5–10 Minuten in der Suppe mitgaren.

7. Tomatenviertel zufügen und kurz miterhitzen. Die Suppe mit Salz und Pfeffer abschmecken, mit Petersilie und Basilikum bestreut servieren.

Bunte Tomatensuppe

Bunte Dinkelsuppe mit Kohlrabi

Bunte Tomatensuppe

8–10 Portionen

Zum Vorbereiten

Zubereitungszeit: 40 Minuten
Garzeit: etwa 15 Minuten

150 g durchwachsener Speck
2 Zwiebeln
je 1 große, rote und gelbe Paprikaschote (je 200 g)
400 g Knollensellerie
4 Stangen Staudensellerie
6 Tomaten
5 EL Olivenöl
3 EL Tomatenmark
1,2 l Gemüsebrühe
800 g geschälte Tomaten (aus der Dose)
Salz, gem. Pfeffer
etwas Zucker
Cayennepfeffer
2 EL fein geschnittene Petersilienblättchen

Pro Portion:
E: 5 g, F: 18 g, Kh: 9 g,
kJ: 903, kcal: 216

1. Speck sehr fein würfeln. Die Zwiebeln abziehen und ebenfalls in Würfel schneiden. Paprikaschoten halbieren, entstielen, entkernen, die weißen Scheidewände entfernen. Die Schoten abspülen, abtropfen lassen und in Streifen schneiden.
2. Knollensellerie putzen, schälen, abspülen, abtropfen lassen und in kleine Würfel schneiden. Staudensellerie putzen, abspülen, abtropfen lassen, die harten Außenfäden abziehen und die Stangen in Streifen schneiden.
3. Tomaten abspülen, abtropfen lassen, kreuzweise einschneiden und mit kochendem Wasser übergießen. Nach 1–2 Minuten herausnehmen und mit kaltem Wasser abschrecken. Tomaten enthäuten, halbieren und die Stängelansätze herausschneiden. Das Fruchtfleisch in Spalten schneiden.
4. Öl in einem großen Topf erhitzen. Die Speckwürfel darin auslassen. Zwiebelwürfel zu dem Speck geben und kurz mitdünsten. Tomatenmark unterrühren. Paprikastreifen, Knollenselleriewürfel und Staudenselleriestreifen hinzufügen und kurz mit andünsten, mit Gemüsebrühe auffüllen. Alles zum Kochen bringen und etwa 10 Minuten kochen lassen.
5. Tomaten mithilfe einer Gabel in der Dose etwas zerdrücken und mit der Flüssigkeit hinzufügen. Suppe mit Salz, Pfeffer, Zucker und Cayennepfeffer kräftig würzen, etwa 5 Minuten kochen lassen. Tomatenspalten hinzufügen und in der Suppe erhitzen. Suppe mit Petersilie bestreut servieren.

Tipp: Sie können die Suppe bis einschließlich Punkt 5 bereits am Vortag zubereiten, erkalten lassen und zugedeckt in den Kühlschrank stellen. Die Suppe dann vor dem Verzehr bei schwacher Hitze erhitzen und mit Petersilie bestreut servieren.

Bunte Dinkelsuppe mit Kohlrabi

Zum Vorbereiten

8 Portionen

Zubereitungszeit: 30 Minuten
Garzeit: 10–12 Minuten

120 g vorgegarte Dinkelkörner
Salz
1 kg Kohlrabi
2 Zwiebeln (etwa 130 g)
2 Bund Suppengrün (Sellerie, Möhren, Porree)
3 EL Speiseöl
1,2 l Gemüsebrühe
2 TL gem. Liebstöckel
gem. Pfeffer
etwas TK-Petersilie

Pro Portion:
E: 5 g, F: 5 g, Kh: 18 g,
kJ: 564, kcal: 133

1. Die Dinkelkörner in Salzwasser nach Packungsanleitung zubereiten.
2. In der Zwischenzeit Kohlrabi putzen, schälen, abspülen, abtropfen lassen, in Streifen schneiden. Zwiebel abziehen, halbieren und in feine Würfel schneiden.
3. Gare Dinkelkörner in ein Sieb geben, abtropfen lassen und beiseitestellen.
4. Das Suppengrün putzen, abspülen, abtropfen lassen und in kleine Stücke schneiden.
5. Das Speiseöl in einem Topf erhitzen. Die Zwiebelwürfel darin an-

dünsten. Dann die Suppengrünwürfel hinzugeben und unter mehrmaligem Wenden mit andünsten.

6. Anschließend die Kohlrabistreifen dazugeben. Brühe hinzugießen und mit Liebstöckel, Salz und Pfeffer würzen. Die Zutaten zum Kochen bringen und zugedeckt 10–12 Minuten leicht kochen lassen, bis das Gemüse gar ist.

7. Den abgetropften Dinkel in die Suppe geben. Die Suppe nochmals kurz erwärmen, mit Liebstöckel, Salz und Pfeffer abschmecken. Die Dinkelsuppe mit Petersilie bestreut anrichten.

Gelbe Linsen-Curry-Suppe

Zum Vorbereiten

8 Portionen

Zubereitungszeit: 30 Minuten
Garzeit: etwa 20 Minuten

2 Zwiebeln, 60 g Butter
4 Knoblauchzehen
2 EL Currypulver
1 TL Paprikapulver edelsüß
1/2 TL gem. Kreuzkümmel (Cumin)
1 TL gem. Pfeffer
8 EL Tomatenmark
1 1/2 l Gemüsebrühe
800 g gelbe Linsen
6 EL Rosinen
10 Stängel glatte Petersilie
2 gestr. TL Salz

Pro Portion:
E: 27 g, F: 9 g, Kh: 68 g,
kJ: 2010, kcal: 476

1. Zwiebeln abziehen und in kleine Würfel schneiden. Butter in einem großen Topf zerlassen und die Zwiebelwürfel darin andünsten. Knoblauch abziehen, zerdrücken und dazugeben.

2. Currypulver, Paprika, Kreuzkümmel, Pfeffer und das Tomatenmark hinzufügen, unterrühren und kurz anschwitzen. Gemüsebrühe hinzugießen. Die Linsen einrühren und das Ganze kurz aufkochen lassen. Linsen bei schwacher Hitze (nach Packungsanleitung) in etwa 20 Minuten bei schwacher Hitze gar kochen.

3. Die Rosinen unterrühren. Die Petersilie abspülen, trocken tupfen und die Blättchen von den Stängeln zupfen. Die Blättchen grob hacken. Die Suppe mit Salz und den Gewürzen abschmecken, mit Petersilie bestreut servieren.

Channa Dal (Indische gelbe Erbsensuppe)

Zum Vorbereiten

8 Portionen

Zubereitungszeit: 20 Minuten
Garzeit: etwa 60 Minuten

480 g getrocknete, gelbe Schälerbsen
2 l Gemüsebrühe
4 Lorbeerblätter
1 gestr. TL gem. Zimt
Chilipulver
2 TL gem. Kardamom
80 g Butter
4 TL Currypulver
1 TL Kurkuma (Gelbwurz)
4 EL Kokosraspel
8 EL Rosinen
1 TL gem. Kreuzkümmel (Cumin)

Pro Portion:
E: 16 g, F: 15 g, Kh: 39 g,
kJ: 1492, kcal: 357

1. Schälerbsen in ein Sieb geben, mit kaltem Wasser abspülen und abtropfen lassen. Die Schälerbsen mit der Gemüsebrühe in einem großen Topf zum Kochen bringen. Dabei die Brühe mehrmals mit einem Schaumlöffel abschäumen.

2. Lorbeerblätter, Zimt, Chili und Kardamom hinzugeben. Die Erbsen zugedeckt etwa 60 Minuten bei mittlerer Hitze kochen lassen, dabei ab und zu umrühren. Die Erbsen sollen weich sein und zerfallen. Die Suppe fein pürieren.

3. Butter in einer kleinen Pfanne zerlassen. Curry, Kurkuma und Kokosraspel hinzugeben, unter Rühren kurz andünsten. Die Butter-Kokos-Masse unter die pürierte Erbsensuppe rühren. Rosinen und Kreuzkümmel hinzugeben. Die Suppe wieder erhitzen und nach Belieben mit den Gewürzen abschmecken.

Beilage: Fladenbrot.

Gelbe Linsen-Curry-Suppe

Channa Dal

Gemüsesuppe mit Kokos und Curry

8 Portionen

Zubereitungszeit: 40 Minuten
Garzeit: etwa 10 Minuten

2 Stangen Porree (Lauch)
4 Möhren
400 g Zuckerschoten
2 rote Paprikaschoten
4 Stangen Staudensellerie
8 EL Sonnenblumenöl
4 EL Currypulver
2 l Gemüsebrühe
1 l Kokosmilch
Salz
1 TL Chiliflocken
200 g Sojasprossen
16 Stängel Thai-Basilikum oder Koriander
8 EL geröstete, gesalzene Erdnüsse

Pro Portion:
E: 11 g, F: 40 g, Kh: 16 g,
kJ: 1952, kcal: 470

1. Porree putzen. Die Stangen längs halbieren, gründlich waschen und abtropfen lassen. Porree in feine Streifen schneiden.
2. Möhren putzen, schälen, abspülen, abtropfen lassen und in dünne Scheiben schneiden. Die Zuckerschoten abspülen, abtropfen lassen und evtl. halbieren.
3. Die Paprika halbieren, entstielen, entkernen und die weißen Scheidewände entfernen. Schoten abspülen, abtropfen lassen und in kleine Würfel schneiden.
4. Staudensellerie putzen und die harten Außenfäden abziehen. Sellerie abspülen und abtropfen lassen. Den Sellerie ebenfalls in kleine Würfel schneiden.
5. Sonnenblumenöl in einem großen Topf erhitzen. Das vorbereitete Gemüse darin unter Rühren andünsten, mit Curry bestreuen und unterrühren. Gemüsebrühe und Kokosmilch unterrühren. Die Zutaten zum Kochen bringen und mit etwas Salz würzen.
6. Suppe zugedeckt etwa 10 Minuten bei mittlerer Hitze kochen. Suppe mit Salz und Chili abschmecken.
7. Sojasprossen in ein Sieb geben, kurz abspülen und abtropfen lassen. Sojasprossen in die Suppe geben und kurz miterwärmen.
8. Die Kräuter abspülen und trocken tupfen. Blättchen von den Stängeln zupfen. Gemüsesuppe evtl. nochmals mit den Gewürzen abschmecken, mit Erdnüssen und Kräuterblättchen garnieren und servieren.

Chinesische Pilz-Gemüse-Suppe

8 Portionen

Zum Vorbereiten

Zubereitungszeit: 40 Minuten, ohne Einweichzeit
Garzeit: etwa 30 Minuten

20–24 getrocknete Shiitakepilze
20 g getrocknete Mu-err-Pilze
2 große Hähnchenbrüste (mit Knochen, etwa 800 g)
1 walnussgroßes Stück Ingwer
4 Knoblauchzehen
2 rote Chilischoten
3 EL Misopaste (für Brühe, erhältlich im Asialaden)
2 l heißes Wasser
300 g Mie-Nudeln (asiatische Instant-Nudeln)
300 g braune Champignons
4 Möhren, 300 g TK-Erbsen
4 Frühlingszwiebeln
1 Bio-Zitrone (unbehandelt, ungewachst)
Sojasauce oder Salz
einige Kerbelblättchen

Pro Portion:
E: 24 g, F: 8 g, Kh: 43 g,
kJ: 1384, kcal: 329

1. Shiitakepilze und Mu-err-Pilze nach Packungsanleitung einweichen. Anschließend die Pilze abtropfen lassen. Pilze evtl. putzen und etwas kleiner schneiden.
2. Hähnchenbrüste unter fließendem kalten Wasser abspülen und trocken tupfen. Ingwer schälen. Knoblauch abziehen. Ingwer und Knoblauch in sehr kleine Würfel schneiden.
3. Chilischoten entstielen, entkernen, abspülen, abtropfen lassen und in dünne Ringe schneiden.
4. Die Misopaste in einem großen Topf im heißen Wasser auflösen. Die Knoblauch-, Ingwerwürfel und Chiliringe hinzugeben und zum Kochen bringen. Hähnchenbrüste und die Mu-err-Pilze hinzufügen, wieder zum Kochen bringen und etwa 25 Minuten bei schwacher Hitze kochen lassen.
5. In der Zwischenzeit Nudeln nach Packungsanleitung zubereiten, abgießen und in einem Sieb gut abtropfen lassen. Champignons putzen, evtl. kurz abspülen und trocken tupfen.
6. Die Hähnchenbrüste und Mu-err-Pilze aus der Brühe nehmen. Die Brühe durch ein Sieb in einen anderen Topf gießen.

Gemüsesuppe mit Kokos und Curry

Chinesische Pilz-Gemüse-Suppe

Kalte Melonensuppe

Kichererbsensuppe mit Kartoffeln

7. Champignons und Shiitakepilze in kleine Stücke schneiden. Möhren putzen, schälen, abspülen, abtropfen lassen und in feine Stifte schneiden. Pilzstücke, Möhrenstifte und gefrorene Erbsen in die heiße Brühe geben, zum Kochen bringen und etwa 5 Minuten garen.
8. Die Frühlingszwiebeln putzen, abspülen, abtropfen lassen und in sehr feine Scheiben schneiden. Zitrone heiß abwaschen, abtrocknen, halbieren und in Scheiben schneiden. Die Hähnchenbrüste von der Haut und den Knochen lösen. Fleisch klein schneiden. Nudeln, Fleischstücke, Frühlingszwiebel- und Zitronenscheiben in die Suppe geben, nochmals kurz erhitzen. Die Suppe mit Sojasauce oder Salz abschmecken.
9. Die Suppe in Suppentassen füllen und mit abgespülten, trocken getupften Kerbelblättchen garniert servieren.

Kalte Melonensuppe

8 Portionen

Zum Vorbereiten

Zubereitungszeit: 40 Minuten

Für die Suppe:
400 ml Gemüsebrühe
4 gestr. EL Speisestärke
700 ml Multivitaminsaft
100 ml Portwein
2 reife Honigmelonen (je etwa 1 kg)
1 rote Paprikaschote
einige Stängel Minze

Pro Portion:
E: 3 g, F: 1 g, Kh: 43 g,
kJ: 851, kcal: 203

1. Brühe in einem großen Topf erhitzen. Speisestärke mit etwas von dem abgemessenen Multivitaminsaft verrühren, dabei darauf achten, dass keine Klümpchen entstehen. Angerührte Speisestärke unter Rühren zu der Brühe in den Topf geben und aufkochen. Den Topf von der Kochstelle nehmen. Mit einem Schneebesen nach und nach den restlichen Multivitaminsaft und den Portwein unterrühren. Die Suppe in eine Schüssel füllen, in den Kühlschrank stellen.
2. Honigmelonen vierteln, die Kerne mithilfe eines Löffels herauskratzen. Das Fruchtfleisch aus der Schale lösen und in Stücke schneiden. Honigmelonenstücke in einen Rührbecher geben und mit einem Stabmixer pürieren. Melonenpüree in den Kühlschrank stellen.
3. Paprika halbieren, entstielen entkernen und die weißen Scheidewände entfernen. Schoten abspülen, abtropfen lassen, fein würfeln.
4. Minze abspülen, trocken tupfen, die Blättchen von den Stängeln zupfen und in Streifen schneiden.
5. Melonenpüree und Suppe miteinander verrühren. Paprikawürfel und Minzestreifen unterrühren. Die Suppe zugedeckt bis zum Servieren in den Kühlschrank stellen.
6. Die kalte Melonensuppe in tiefen Tellern oder Suppentassen verteilen und gut gekühlt servieren.

Kichererbsensuppe mit Kartoffeln

8 Portionen

Zum Vorbereiten

Zubereitungszeit: 40 Minuten

1,2 kg mehligkochende Kartoffeln
2 1/2 l Gemüsebrühe
200 g Frühlingszwiebeln
4 Möhren (400 g)
1590 g abgetropfte Kichererbsen (aus der Dose)
Salz, gem. Pfeffer

Pro Portion:
E: 19 g, F: 6 g, Kh: 57 g,
kJ: 1513, kcal: 362

1. Die Kartoffeln schälen, abspülen, abtropfen lassen und in kleine Würfel schneiden.
2. Die Kartoffelwürfel mit der Brühe in einem großen Topf zum Kochen bringen und etwa 10 Minuten bei schwacher Hitze zugedeckt köcheln lassen.
3. In der Zwischenzeit die Frühlingszwiebeln putzen, abspülen und abtropfen lassen. Frühlingszwiebeln in feine Scheiben schneiden. Möhren putzen, schälen, abspülen, abtropfen lassen und in dünne Scheiben schneiden.
4. Kichererbsen, Frühlingszwiebeln und Möhren ebenfalls in die Brühe geben und etwa 5 Minuten zugedeckt mitköcheln lassen.
5. Die Suppe mit Salz und Pfeffer abschmecken.

Käsesuppe mit Croûtons und Frühlingszwiebeln

Zum Vorbereiten

10 Portionen

Zubereitungszeit: 50 Minuten

Für die Suppe:
100 g Butter oder Margarine
70 g Weizenmehl
500 ml Weißwein
500 ml Gemüsebrühe
1 l Milch
Salz, gem. Pfeffer
ger. Muskatnuss
3 Knoblauchzehen
240 g Greyerzer Käse
240 g Emmentaler
1 Bund Frühlingszwiebeln

Für die Croûtons:
8 Scheiben Weißbrot
50 g Butter

Pro Portion:
E: 20 g, F: 31 g, Kh: 21 g,
kJ: 1987, kcal: 475

1. Für die Suppe die Butter oder Margarine in einem großen Topf zerlassen. Mehl hinzufügen und unter Rühren so lange erhitzen, bis es hellgelb ist. Wein, Brühe und Milch hinzugießen, mit einem Schneebesen durchschlagen. Dabei darauf achten, dass keine Klümpchen entstehen. Suppe mit Salz, Pfeffer und Muskat würzen.
2. Knoblauch abziehen, halbieren und in die Suppe geben. Die Suppe zum Kochen bringen und etwa 5 Minuten bei schwacher Hitze kochen lassen. Die Knoblauchhälften entfernen.
3. Beide Käsesorten auf einer Haushaltsreibe grob reiben und unter die Suppe rühren. Die Suppe unter Rühren erhitzen, bis der Käse geschmolzen ist.
4. Die Frühlingszwiebeln putzen, abspülen, abtropfen lassen und in feine Scheiben schneiden.
5. Für die Croûtons Weißbrotscheiben entrinden und in Würfel schneiden. Butter in einer großen Pfanne zerlassen. Die Brotwürfel darin von allen Seiten unter Rühren anrösten, herausnehmen und mit Salz bestreuen.
6. Die Käsesuppe nochmals mit Salz, Pfeffer und Muskat abschmecken. Zum Servieren die Suppe mit Frühlingszwiebelscheiben und Croûtons anrichten.

Käsesuppe mit Croûtons und Frühlingszwiebeln

Joghurtsuppe mit gebratenen Knoblauch-Artischocken

8 Portionen

Zum Vorbereiten

Zubereitungszeit: 25 Minuten

Für die Suppe:
2 Salatgurken
1,4 kg Joghurt (3,5 % Fett)
600 ml kalte Gemüsebrühe
Salz
gem. Pfeffer
3 EL Zitronensaft
1 Prise brauner Zucker
8 EL Olivenöl
2 Knoblauchzehen
960 g abgetropfte Artischockenherzen (aus der Dose)
je 8–10 Stängel Dill, Minze und etwas Borretsch (ersatzweise 4–6 EL gemischte TK-Kräuter)
4 Tomaten

Pro Portion:
E: 11 g, F: 17 g, Kh: 14 g,
kJ: 1089, kcal: 260

1. Für die Suppe Gurken schälen und die Enden abschneiden. Gurken grob würfeln, in einen hohen Rührbecher geben und fein pürieren.
2. Gurkenpüree in eine hohe Schüssel geben. Zunächst Joghurt unterrühren und glatt rühren. Anschließend Brühe hinzugeben und mit einem Schneebesen sorgfältig verrühren. Joghurtsuppe mit Salz, Pfeffer, Zitronensaft, Zucker und 4 Esslöffeln Olivenöl abschmecken. Die Suppe zugedeckt in den Kühlschrank stellen.
3. Knoblauch abziehen und in feine Scheiben schneiden. Artischockenherzen halbieren.
4. Restliches Olivenöl in einer großen Pfanne erhitzen. Evtl. portionsweise Artischockenhälften und Knoblauchscheiben darin unter Wenden kräftig anbraten. Mit Salz und Pfeffer würzen, beiseitestellen.
5. Die Kräuter abspülen und trocken tupfen. Die Blättchen von den Stängeln zupfen. Blättchen klein schneiden. Tomaten abspülen, abtrocknen und die Stängelansätze herausschneiden. Tomaten halbieren und in etwa 1/2 cm große Würfel scheiden. Tomatenwürfel beiseitestellen.
6. Kräuter in die Suppe geben und unterrühren. Die Suppe mit Salz und

Pfeffer abschmecken. Die Joghurtsuppe in tiefen Tellern verteilen. Die lauwarmen Artischockenherzen und Tomatenwürfel in die Suppe geben und servieren.

Kürbissuppe mit Amarettini

Zum Vorbereiten

8–10 Portionen (ohne Foto)

Zubereitungszeit: 45 Minuten

1 kg Kürbisfruchtfleisch
2 Bund Suppengrün
(Möhren, Porree, Sellerie)
2 l Gemüsebrühe
Salz
150 g Crème fraîche
gem. Pfeffer, gem. Zimt
50 g Butter
2 EL Akazienhonig
24–30 Amarettini
(ital. Mandelmakronen)

Pro Portion:
E: 5 g, F: 11 g, Kh: 17 g,
kJ: 768, kcal: 182

1. Kürbisfruchtfleisch grob zerkleinern und in einen großen Topf geben. Suppengrün putzen, schälen, abspülen und abtropfen lassen. Die Hälfte des Suppengrüns ebenfalls grob zerkleinern und mit der Brühe zum Kürbisfruchtfleisch geben. Alles zum Kochen bringen, 20–25 Minuten garen.

2. Inzwischen das restliche Suppengrün sehr fein würfeln. Salzwasser in einem Topf zum Kochen bringen. Die Gemüsewürfel darin etwa 5 Minuten garen und dann in einem Sieb abtropfen lassen.

3. Die Gemüse-Kürbis-Mischung fein pürieren. Crème fraîche unterrühren. Die Suppe mit Salz, Pfeffer und Zimt würzen.

4. Butter in einer Pfanne zerlassen. Die gegarten Gemüsewürfel darin andünsten, mit Honig mischen und unter die Suppe rühren. Amarettini grob zerdrücken und die Suppe kurz vor dem Servieren damit bestreuen.

Suppe nach Peking-Art

8 Portionen

Zum Vorbereiten

Zubereitungszeit: 40 Minuten, ohne Einweichzeit

etwa 30 g getrocknete Mu-err-Pilze
2 Hähnchenbrustfilets (etwa 360 g)
100 g abgetropfte Bambusstreifen
(aus der Dose)
4 Möhren (etwa 460 g)
2 l Hühnerbrühe, 4 EL Apfelessig
2 TL Sambal Oelek
2 EL süße Sojasauce
2 EL Sojasauce
4 gestr. TL Salz
4 gestr. EL Zucker
4 gestr. EL Speisestärke
4 Eier (Größe M)
2 EL Sesamöl

Pro Portion:
E: 17 g, F: 7 g, Kh: 12 g,
kJ: 735, kcal: 176

1. Mu-err-Pilze nach Packungsanleitung einweichen. Hähnchenbrustfilet unter fließendem kalten Wasser abspülen, trocken tupfen und in sehr feine Streifen schneiden.

2. Die Bambusstreifen evtl. in kleine Stücke schneiden. Möhren putzen, schälen, abspülen, abtropfen lassen und in feine Stifte schneiden.

3. Mu-err-Pilze abtropfen lassen, evtl. harte Stellen abschneiden und die Pilze in feine Streifen schneiden.

4. Hühnerbrühe in einem großen Topf zum Kochen bringen. Hähnchenstreifen, Gemüse und Pilze dazugeben. Suppe zum Kochen bringen und etwa 3 Minuten kochen lassen.

5. Suppe mit Essig, Sambal Oelek, beiden Sojasaucen, Salz und Zucker abschmecken. Stärke mit 5 Esslöffeln Wasser verrühren und in die Suppe einrühren. Suppe nochmals kurz aufkochen lassen.

6. Eier verschlagen und in die noch kochende Suppe einrühren. Die Suppe mit Sesamöl servieren.

Tipp: Die Suppe können Sie bis einschließlich Punkt 5 gut vorbereiten, erkalten lassen und zugedeckt in den Kühlschrank stellen. Zum Servieren dann die Suppe nach Peking Art nochmals aufkochen lassen und wie ab Punkt 6 beschrieben weiter zubereiten und servieren.

Joghurtsuppe mit gebratenen Knoblauch-Artischocken

Suppe nach Peking-Art

Tomaten-Fenchel-Suppe

Zum Vorbereiten

10 Portionen

Zubereitungszeit: 20 Minuten
Garzeit: etwa 50 Minuten

4 Fenchelknollen (je etwa 200 g)
4 Zwiebeln
10 Knoblauchzehen
4 kleine Kartoffeln
8 EL Olivenöl
800 g geschälte Tomaten (aus der Dose)
2 l Gemüsebrühe
Salz
gem. Pfeffer
Zucker
120 ml Pernod (Anislikör)
4 Tomaten
einige Basilikumblättchen

Pro Portion:
E: 5 g, F: 9 g, Kh: 13 g,
kJ: 744, kcal: 178

1. Fenchelknollen putzen und die Wurzelenden gerade schneiden. Fenchelknollen abspülen, abtropfen lassen, halbieren und in dünne Scheiben schneiden. Zwiebeln und Knoblauch abziehen, beides in kleine Würfel schneiden. Die Kartoffeln, schälen, abspülen, abtropfen lassen und in erbsengroße Würfel schneiden.
2. Öl in einem großen Topf erhitzen. Fenchelscheiben, Zwiebel-, Knoblauch- und Kartoffelwürfel darin etwa 10 Minuten andünsten, ohne Farbe nehmen zu lassen.
3. Tomaten mit dem Saft hinzugeben, zum Kochen bringen und etwa 10 Minuten bei schwacher Hitze kochen lassen. Brühe hinzugießen, umrühren, wieder zum Kochen bringen und zugedeckt etwa 30 Minuten kochen lassen. Die Suppe pürieren, mit Salz, Pfeffer, 1 Prise Zucker und Pernod abschmecken.
4. Tomaten abspülen, abtrocknen, halbieren und den Stängelansatz herausschneiden. Tomatenhälften in Würfel schneiden. Basilikumblättchen abspülen und trocken tupfen. Die Blättchen in Streifen schneiden. Tomaten-Fenchel-Suppe mit den Tomatenwürfeln und Basilikumstreifen anrichten.

Tomaten-Fenchel-Suppe

Gemüsesuppe mit Käseklößchen

Zum Vorbereiten

8 Portionen (ohne Foto)

Zubereitungszeit: 50 Minuten
Garzeit: etwa 45 Minuten

Für die Gemüsesuppe:
3 Zwiebeln
2 Knoblauchzehen
2 Bund Suppengrün (Sellerie, Möhren, Porree)
etwa 100 g Petersilienwurzeln
50 ml Speiseöl, z. B. Rapsöl
3 l Wasser
1 gestr. EL Salz
2 Lorbeerblätter
1 TL Pfefferkörner

Für die Käseklößchen:
8 EL Milch (3,5 % Fett)
20 g Butter oder Margarine
Salz
120 g Weizenmehl
50 g ger., mittelalter Gouda
2 Eier (Größe M)
gem. Pfeffer
ger. Muskatnuss
1 l Salzwasser

2–3 EL gehackte Petersilienblättchen

Pro Portion:
E: 5 g, F: 12 g, Kh: 13 g,
kJ: 770, kcal: 184

1. Für die Suppe Zwiebeln und Knoblauch abziehen und in kleine Würfel schneiden. Das Suppengrün putzen, schälen, abspülen und abtropfen lassen. Suppengrün grob würfeln. Petersilienwurzeln putzen, schälen, abspülen, abtropfen lassen und ebenfalls würfeln.
2. Speiseöl in einem großen Topf erhitzen. Zwiebel- und Knoblauchwürfel darin andünsten. Vorbereitete Gemüsewürfel hinzugeben und unter Rühren kurz mit andünsten.
3. Das Wasser hinzugießen. Salz, Lorbeerblätter und Pfefferkörner hinzufügen. Die Zutaten zum Kochen bringen. Das Gemüse ohne Deckel etwa 45 Minuten bei schwacher bis mittlerer Hitze kochen lassen.
4. Für die Käseklößchen in der Zwischenzeit Milch, Butter oder Margarine und Salz in einem Topf zum Kochen bringen. Das Mehl auf einmal hineingeben und so lange kräftig mit einem Kochlöffel rühren, bis sich die Masse als Kloß vom Topfboden löst. Den Topf von der Kochstelle nehmen, zunächst den Käse und dann die Eier unterrühren. Den Teig mit Pfeffer und Muskat würzen, etwa 20 Minuten abkühlen lassen.

5. Das Salzwasser in einem Topf zum Kochen bringen. Mit zwei Teelöffeln etwa 40 Klößchen aus der Teigmasse abstechen. Diese portionsweise nacheinander in dem leicht siedenden Salzwasser in 13–15 Minuten gar ziehen lassen. Die Klößchen sind gar, wenn sie an der Oberfläche schwimmen. Klößchen mit einer Schaumkelle aus dem Salzwasser nehmen, abtropfen lassen, auf einen Teller legen.
6. Gare Gemüsebrühe durch ein Sieb in einen Topf gießen. Die Klößchen in die Brühe geben und etwa 4 Minuten erhitzen. Suppe auf Tellern anrichten und mit Petersilie bestreut servieren.

Süßkartoffelcremesuppe

Zum Vorbereiten

8 Portionen

Zubereitungszeit: 25 Minuten
Garzeit: etwa 20 Minuten

1,4 kg rotfleischige Süßkartoffeln
4 Zwiebeln
2 rote Chilischoten
4 EL Olivenöl
2 l Gemüsebrühe
200 ml ungesüßte Kokosmilch
Salz, gem. Pfeffer
ger. Muskatnuss
etwas gem. Kardamom oder Currypulver
1 Prise Zucker
2–3 EL Schnittlauchröllchen

Pro Portion:
E: 4 g, F: 10 g, Kh: 37 g,
kJ: 1103, kcal: 264

1. Die Süßkartoffeln schälen, abspülen, abtropfen lassen und in grobe Würfel schneiden. Die Zwiebeln abziehen, halbieren und grob würfeln. Die Chilischoten halbieren, entstielen, entkernen, abspülen, trocken tupfen und in Stücke schneiden.
2. Das Olivenöl in einem großen Topf erhitzen. Die Kartoffel- und Zwiebelwürfel hinzugeben und in dem heißen Fett andünsten. Brühe hinzugießen und Chilischotenstücke hinzugeben. Die Zutaten zum Kochen bringen und zugedeckt etwa 20 Minuten garen.
3. Die Süßkartoffelcremesuppe mit einem Pürierstab fein pürieren. Dann Kokosmilch unterrühren und die Suppe mit Salz, Pfeffer, Muskat, Kardamom oder Curry und etwas Zucker abschmecken.
4. Die Suppe in 8 Suppentassen füllen und mit Schnittlauchröllchen bestreut servieren.

Süßkartoffelcremesuppe

Pikante orientalische Tomaten-Zwiebel-Suppe

Zum Vorbereiten

8 Portionen

Zubereitungszeit: 30 Minuten

400 g Couscous
1 l Gemüsebrühe
4 Knoblauchzehen
600 g Gemüsezwiebeln
800 g Putenmedaillons
6 EL Olivenöl
Salz, gem. Pfeffer
je 2 Prisen frisch gem. Kreuzkümmel (Cumin) und Koriander
grob geschroteter Chili
je 6 Gewürznelken und Pimentkörner
4 Lorbeerblätter
200 ml trockener Rotwein
1,2 l Gemüsebrühe
800 g stückige Tomaten (aus der Dose)
530 g abgetropfte, abgespülte Kichererbsen (aus der Dose)
250 g getrocknete Pflaumen (ohne Stein)
3 Stängel Minze

Pro Portion:
E: 39 g, F: 12 g, Kh: 66 g,
kJ: 2315, kcal: 551

1. Couscous mit der Gemüsebrühe nach Packungsanleitung zubereiten.
2. Knoblauch und Zwiebeln abziehen. Knoblauch fein würfeln, Zwiebeln in Scheiben schneiden, dann in Ringe teilen. Die Putenmedaillons unter fließendem kalten Wasser abspülen und trocken tupfen.
3. Olivenöl in einem großen Topf erhitzen. Die Putenmedaillons darin portionsweise von beiden Seiten anbraten, herausnehmen und zugedeckt warm stellen.
4. Knoblauchwürfel und Zwiebelringe im verbliebenen Bratfett andünsten, mit Salz, Pfeffer, Cumin, Koriander und Chili würzen. Gewürznelken, Pimentkörner und Lorbeerblätter hinzugeben. Rotwein hinzugießen und bei starker Hitze etwas einkochen lassen. Gemüsebrühe und Tomaten hinzugeben. Zutaten wieder zum Kochen bringen, bei schwacher Hitze etwa 10 Minuten kochen lassen.
5. In der Zwischenzeit die Pflaumen in feine Würfel schneiden. Kichererbsen, Pflaumenwürfel und Putenmedaillons in die Suppe geben. Weitere etwa 5 Minuten kochen lassen. Suppe mit Salz und Pfeffer abschmecken.
6. Den Couscous in tiefen Tellern verteilen. Die Suppe daraufgeben, mit abgespülter und trocken getupfter Minze garnieren.

Pikante orientalische Tomaten-Zwiebel-Suppe

Würzige Möhrensuppe

Tomaten-Kokos-Suppe

Würzige Möhrensuppe

8 Portionen

Zum Vorbereiten

Zubereitungszeit: 40 Minuten

Für die Suppe:
2 Zwiebeln
2 rote Chilischoten
1,2 kg Möhren
2 kleine Stangen Porree (Lauch)
6 EL Olivenöl
800 ml Gemüsebrühe
800 ml Möhrensaft
2 Stängel Zitronenthymian
Salz

Für die Croûtons:
2 Baguettebrötchen vom Vortag (etwa 200 g)
50 g Butter
8 Scheiben Bacon (Frühstücksspeck, etwa 70 g)

200 g Schlagsahne
2 EL Zitronensaft
gem. Pfeffer
2 TL Butter
Thymianblättchen- und Estragonstängel

Pro Portion:
E: 7 g, F: 25 g, Kh: 30 g,
kJ: 1563, kcal: 374

1. Für die Suppe die Zwiebeln abziehen und in kleine Würfel schneiden. Chilischoten längs halbieren, entstielen und entkernen. Die Schotenhälften abspülen, trocken tupfen und klein schneiden. Möhren putzen, schälen, abspülen, abtropfen lassen und in etwa 1 cm große Würfel schneiden. Porree putzen. Die Stangen längs halbieren, gründlich waschen, abtropfen lassen und in dünne Streifen schneiden.
2. Olivenöl in einem großen Topf erhitzen. Zwiebelwürfel, Chili, Möhrenwürfel und Porreestreifen darin gut andünsten. Brühe und Möhrensaft hinzugießen. Thymian abspülen, trocken tupfen und hinzufügen, mit Salz würzen. Die Zutaten zum Kochen bringen und zugedeckt etwa 15 Minuten bei schwacher Hitze köcheln lassen.
3. Inzwischen für die Croûtons Baguettebrötchen in etwa 1 cm kleine Würfel schneiden. Die Butter in einer Pfanne zerlassen. Brötchenwürfel hinzugeben und bei schwacher Hitze unter Rühren goldbraun rösten. Die Brötchenwürfel herausnehmen und auf einen Teller legen.
4. Die Frühstücksspeckscheiben in breite Streifen schneiden und in der erhitzten Pfanne ohne Fett goldbraun braten. Die Frühstücksspeckstreifen herausnehmen.
5. Die Thymianstängel aus der Suppe nehmen. Die Suppe grob pürieren. Sahne und Zitronensaft hinzufügen, unter Rühren kurz aufkochen lassen. Die Suppe mit Salz und Pfeffer abschmecken. Butter kurz unterrühren.
6. Die Suppe in Tellern verteilen, mit den Croûtons und Speckstreifen servieren. Suppe mit abgespülten, trocken getupften Thymianblättchen- und Estragonstängeln garnieren.

Tomaten-Kokos-Suppe

8 Portionen

Zum Vorbereiten

Zubereitungszeit: 35 Minuten

50 g Ingwer, 4 EL Rapsöl
4 gestr. TL rote Currypaste
1,6 kg geschälte Tomaten (aus der Dose)
1 l Kokosmilch
4 TL gekörnte Gemüsebrühe
1 TL gem. Kreuzkümmel (Cumin)
1–2 Bio-Limetten (unbehandelt, ungewachst)
2 Msp. Chilipulver
1 Prise Zucker
150 g Crème légère
2 EL gehackte Korianderblättchen

Pro Portion:
E: 6 g, F: 30 g, Kh: 11 g,
kJ: 1417, kcal: 341

1. Den Ingwer schälen und auf einer Haushaltsreibe fein reiben.
2. Rapsöl in einem großen Topf erhitzen. Ingwer und die Currypaste darin kurz unter Rühren andünsten. Tomaten mit dem Saft, Kokosmilch, gekörnte Brühe und Cumin hinzugeben. Die Zutaten unter Rühren aufkochen lassen. Den Topf von der Kochstelle nehmen. Die Tomaten-Kokos-Masse pürieren und nochmals 8–10 Minuten unter gelegentlichem Rühren bei schwacher Hitze köcheln lassen.
3. Inzwischen die Limetten heiß abwaschen, abtrocknen und die Schale abreiben. Limetten halbieren und den Saft auspressen.

4. Suppe mit Chili, Limettenschale, -saft und Zucker abschmecken. Zum Servieren die Suppe in 8 Suppentellern verteilen, mit jeweils 1 Klecks Crème légère und etwas Koriander anrichten.

Radieschensuppe

8 Portionen

Zum Vorbereiten

Zubereitungszeit: 40 Minuten
Garzeit: etwa 20 Minuten

8 Schalotten
8 Bund Radieschen (je 250–300 g)
4 EL Butter
2 l Gemüsebrühe
Salz
gem., weißer Pfeffer
etwa 8 EL Zitronensaft
etwa 20 Tropfen Worcestersauce

Pro Portion:
E: 3 g, F: 9 g, Kh: 6 g,
kJ: 512, kcal: 122

1. Schalotten abziehen und in kleine Würfel schneiden. Die Radieschen putzen, abspülen, trocken tupfen und in kleine Würfel schneiden (etwas Radieschengrün und einige Radieschenscheiben zum Garnieren beiseitelegen).
2. Butter in einem großen Topf zerlassen. Schalottenwürfel darin goldgelb andünsten. Radieschenwürfel hinzufügen und kurz mitdünsten. Gemüsebrühe hinzugießen und zum Kochen bringen. Die Suppe zugedeckt etwa 20 Minuten bei mittlerer Hitze kochen lassen, dabei gelegentlich umrühren. Anschließend die Suppe fein pürieren.
3. Beiseitegelegtes Radieschengrün abspülen, trocken tupfen, in feine Streifen schneiden. Die Suppe evtl. nochmals erwärmen, mit Salz, Pfeffer, Zitronensaft und Worcestersauce abschmecken. Radieschensuppe mit beiseitegelegten Radieschenscheiben und Radieschengrünstreifen garnieren, heiß servieren.

Spargel-Kerbel-Suppe mit Hackklößchen

8 Portionen

Zubereitungszeit: 50 Minuten
Garzeit: 15–20 Minuten

Für die Hackklößchen:
400 g Tatar oder Gehacktes (halb Rind-, halb Schweinefleisch)
4 EL Butter (zimmerwarm)
2 Eigelb (Größe M)
60 g Semmelbrösel
2 EL fein gehackte Petersilie
Salz, gem. Pfeffer
ger. Muskatnuss

Für die Suppe:
1 1/2 kg weißer Spargel
500 g Champignons
2 Bund Suppengrün (Möhren, Sellerie, Porree)
6 Frühlingszwiebeln
6 EL Butter
1 1/2 l Gemüsebrühe
6 EL Crème fraîche
4 EL gehackte Kerbelblättchen

Pro Portion:
E: 19 g, F: 34 g, Kh: 15 g,
kJ: 1844, kcal: 441

1. Für die Klößchen das Tatar oder das Gehackte in eine Schüssel geben. Butter, Eigelb, Semmelbrösel und Petersilie hinzugeben. Die Zutaten verkneten, mit Salz, Pfeffer und Muskat würzen. Aus der Masse mit angefeuchteten Händen Klößchen formen.
2. Für die Suppe den Spargel von oben nach unten schälen. Darauf achten, dass die Schalen vollständig entfernt, die Köpfe aber nicht verletzt werden. Den Spargel abspülen, abtropfen lassen und in etwa 3 cm lange Stücke schneiden. Champignons putzen, mit Küchenpapier abreiben, evtl. kurz abspülen, trocken tupfen und in Scheiben schneiden.
3. Das Suppengrün putzen, abspülen, abtropfen lassen und in feine Streifen schneiden. Die Frühlingszwiebeln putzen, abspülen, abtropfen lassen und in feine Scheiben schneiden.
4. Die Butter in einem großen Topf zerlassen. Vorbereitetes Gemüse darin unter Wenden leicht andünsten. Brühe hinzugießen und zum Kochen bringen. Die Spargelstücke hinzufügen und wieder zum Kochen bringen. Nach etwa 10 Minuten Garzeit Champignons und Hackklößchen in die Suppe geben und 5–10 Minuten bei schwacher Hitze gar ziehen lassen. Crème fraîche unterrühren.
5. Die Suppe in Suppentassen füllen und mit Kerbel bestreut servieren.

Radieschensuppe

Spargel-Kerbel-Suppe mit Hackklößchen

Spanische Bauernsuppe

8–10 Portionen

Zum Vorbereiten

Zubereitungszeit: 40 Minuten
Garzeit: etwa 55 Minuten

600 g Lammfleisch
(aus der Keule, ohne Knochen)
1 Gemüsezwiebel
3 EL Olivenöl
Salz, gem. Pfeffer
gerebelter Oregano
gerebeltes Bohnenkraut
1 l Gemüsebrühe
2 Stangen Porree (Lauch)
etwa 400 g Wirsing
500 g abgespülte, abgetropfte, weiße Bohnen (aus der Dose)
800 g geschälte Tomaten
(aus der Dose)
3–4 Chorizo
(spanische Knoblauchwurst)
2 EL fein geschnittene, glatte Petersilie

Pro Portion:
E: 40 g, F: 21 g, Kh: 22 g,
kJ: 1967, kcal: 470

1. Lammfleisch mit Küchenpapier trocken tupfen und in feine Streifen schneiden. Gemüsezwiebel abziehen, vierteln und in Streifen schneiden.
2. Das Olivenöl in einem großen Topf erhitzen. Die Fleischstreifen darin von allen Seiten anbraten. Die Zwiebelstreifen hinzugeben und mitdünsten lassen, mit Salz, Pfeffer, Oregano und Bohnenkraut würzen. Die Hälfte der Gemüsebrühe hinzugießen und zum Kochen bringen. Lammfleisch zugedeckt etwa 40 Minuten garen.
3. In der Zwischenzeit den Porree putzen, die Stangen längs halbieren, gründlich waschen, abtropfen lassen und in Streifen schneiden. Von dem Wirsing die groben, äußeren Blätter entfernen. Den Wirsing vierteln und den Strunk herausschneiden. Die Wirsingviertel abspülen, abtropfen lassen und in Streifen schneiden.
4. Porree-, Wirsingstreifen, Bohnen und Tomaten mit der Flüssigkeit zu der Suppe in den Topf geben. Restliche Brühe hinzugießen. Die Zutaten wieder zum Kochen bringen. Suppe weitere etwa 15 Minuten garen.
5. Die Knoblauchwurst in Scheiben schneiden, in die Suppe geben und kurz miterhitzen. Die Suppe mit Petersilie bestreut servieren.

Tipps: Nach Belieben zusätzlich 4 Knoblauchzehen abziehen, durch eine Knoblauchpresse drücken und mit den Zwiebelstreifen andünsten. Sie können die Suppe bis einschließlich Punkt 2 am Vortag vorbereiten, erkalten lassen und zugedeckt in den Kühlschrank stellen. Das Gemüse ebenfalls vorbereiten und zugedeckt in den Kühlschrank stellen.

Schwedische Kartoffel-Köttbullar-Suppe

8 Portionen

Zum Vorbereiten

Zubereitungszeit: 45 Minuten

2 Zwiebeln
1,4 kg mehligkochende Kartoffeln
4 EL Rapsöl
250 g TK-Suppengemüse
250 g TK-Erbsen
2 Lorbeerblätter
2 l Gemüsebrühe
Salz, gem. Pfeffer
ger. Muskatnuss
2 EL gehackter Dill
2 EL Butter oder Margarine
700 g gebratene Fleischklößchen (aus dem Kühlregal, ersatzweise 6 feine, frische Bratwürste, etwa 600 g)
400 g Porree (Lauch)
350 g Doppelrahm-Frischkäse
1–2 EL gehackter Dill

Pro Portion:
E: 20 g, F: 32 g, Kh: 37 g,
kJ: 2176, kcal: 523

1. Zwiebeln abziehen und fein würfeln. Kartoffeln schälen, abspülen, abtropfen lassen und in etwa 1 cm große Würfel schneiden.
2. Rapsöl in einem großen Topf erhitzen. Gefrorenes Suppengemüse und Zwiebelwürfel darin unter Wenden anbraten. Kartoffelwürfel, gefrorene Erbsen und Lorbeerblätter hinzugeben, kurz mit andünsten. Gemüsebrühe hinzugießen und zum Kochen bringen. Mit Salz, Pfeffer und Muskat würzen. Dill hinzugeben. Die Zutaten zugedeckt bei mittlerer Hitze etwa 12 Minuten kochen lassen.
3. In der Zwischenzeit Butter oder Margarine in einer Pfanne zerlassen. Die Fleischklößchen darin anbraten (bei Verwendung von TK-Klößchen auf die Herstellerangabe achten; Bratwurstbrät in kleinen Klößchen direkt aus der Haut drücken, etwa 3 Minuten braten).
4. Porree putzen, die Stangen längs halbieren, gründlich waschen und abtropfen lassen. Porree in feine Stücke schneiden und zu den Fleisch-

Spanische Bauernsuppe

Schwedische Kartoffel-Köttbullar-Suppe

Schokoladensuppe

Gemüsesuppe „Zack Zack“

klößchen in die Pfanne geben. Die Zutaten weitere etwa 4 Minuten braten, mit Salz, Pfeffer und Muskat würzen.

5. Lorbeerblätter entfernen. Kartoffeln in der Suppe mit einem Kartoffelstampfer so zerdrücken, dass noch kleine Stückchen erkennbar sind. Anschließend den Frischkäse unterrühren. Die Cremesuppe mit Salz, Pfeffer und Muskat abschmecken und in tiefen Tellern oder Suppentassen verteilen. Die Köttbullar-Porree-Mischung mit einem Löffel hineingeben. Suppe mit gehacktem Dill garnieren.

Schokoladensuppe

8 Portionen

Zum Vorbereiten

Zubereitungszeit: 25 Minuten

Für die Suppe:
2 Pck. Dr. Oetker Pudding-Pulver Schokoladen-Geschmack
150 g Zucker
1 Prise Salz
2 l Milch (3,5 %)
50 g gehackte Zartbitter- oder Vollmilch-Schokolade

100 g gehackte Zartbitter- oder Vollmilch-Schokolade

Pro Portion:
E: 10 g, F: 15 g, Kh: 48 g,
kJ: 1552, kcal: 370

1. Für die Suppe Pudding-Pulver mit Zucker und Salz mischen. Nach und nach mit 200 ml von der Milch glatt rühren. Die Milch in einem großen Topf zum Kochen bringen.

2. Dann den Topf von der Kochstelle nehmen, gehackte Schokolade und das angerührte Pudding-Pulver mit einem Schneebesen einrühren. Topf wieder auf die Kochstelle geben und alles unter Rühren kurz aufkochen.

3. Zum Servieren Suppe mit gehackter Schokolade bestreuen.

Gemüsesuppe „Zack Zack“

Zum Vorbereiten

8 Portionen

Zubereitungszeit: 35 Minuten

Für die Suppe:
2 mittelgroße Möhren
2 gelbe Paprikaschoten
400 g Zucchini
2 mittelgroße Zwiebeln
2 Knoblauchzehen
6 EL Olivenöl
1 l Gemüsebrühe
800 g geschälte Tomaten (aus der Dose)
7 Stängel Kräuter, z. B. Oregano, Basilikum, Thymian
500 g abgetropfte, weiße Bohnen (aus der Dose)
Salz
gem. Pfeffer

Pro Portion:
E: 8 g, F: 8 g, Kh: 18 g,
kJ: 766, kcal: 183

1. Möhren putzen, schälen, abspülen, abtropfen lassen und in Würfel schneiden. Paprikaschoten halbieren, entstielen, entkernen und die weißen Scheidewände entfernen. Schotenhälften abspülen, abtropfen lassen und ebenfalls in Würfel schneiden. Zucchini abspülen, abtrocknen und die Enden abschneiden. Die Zucchini in feine Scheiben schneiden. Zwiebeln und Knoblauch abziehen, halbieren und fein würfeln.

2. Olivenöl in einem großen Topf erhitzen. Zwiebel- und Knoblauchwürfel hinzugeben und kurz andünsten. Möhren- und Paprikawürfel sowie Zucchinischeiben hinzugeben und unter Rühren etwa 2 Minuten mitdünsten. Gemüsebrühe und Tomaten mit der Flüssigkeit hinzugeben. Die Zutaten zum Kochen bringen und zugedeckt bei schwacher Hitze etwa 10 Minuten kochen lassen.

3. In der Zwischenzeit die Kräuter abspülen, trocken tupfen und die Blättchen von den Stängeln zupfen. Blättchen evtl. klein schneiden.

4. Weiße Bohnen zu der Suppe in den Topf geben. Die Gemüsesuppe weitere etwa 5 Minuten bei schwacher Hitze kochen lassen.

5. Gemüsesuppe mit Salz und Pfeffer würzen. Suppe in tiefen Tellern oder Suppentassen verteilen und mit den Kräutern bestreut servieren.

Scharfe Kokossuppe mit Mango

Scharfe Kokossuppe mit Mango

Zum Vorbereiten

8 Portionen

Zubereitungszeit: 40 Minuten

4 Schalotten
4 Knoblauchzehen
4 Stängel Zitronengras
4 grüne Chilischoten
1/2 Bund Koriander
5 EL Rapsöl
9 TL grüne Currypaste
500 ml ungesüßte Kokosmilch
1 1/2 l Gemüsebrühe
Salz

2 rote Chilischoten
2 rote Äpfel
Saft von 2 Limetten
1 Mango

Pro Portion:
E: 2 g, F: 18 g, Kh: 8 g,
kJ: 857, kcal: 207

1. Schalotten und den Knoblauch abziehen, in kleine Würfel schneiden. Zitronengras abspülen, trocken tupfen und in etwa 3 cm lange Stücke schneiden.
2. Die Chilischoten längs halbieren, entstielen und entkernen. Schotenhälften abspülen, abtropfen lassen und klein würfeln. (Anschließend unbedingt gründlich die Hände waschen, damit nichts versehentlich in die Augen gerät!) Koriander abspülen und trocken tupfen. Einige Stängel zum Garnieren beiseitelegen. Die Blättchen abzupfen, einige Blättchen beiseitelegen. Blättchen klein schneiden.
3. Rapsöl in einem großen Topf erhitzen. Zitronengrasstücke, Schalotten-, Knoblauch- und Chiliwürfel darin andünsten. Die Currypaste hinzugeben und kurz mit andünsten. Kokosmilch und Gemüsebrühe hinzugießen. Den geschnittenen Koriander unterrühren. Suppe mit Salz würzen, zum Kochen bringen, etwa 5 Minuten bei schwacher Hitze kochen lassen.
4. Inzwischen Chilischoten wie unter Punkt 2 beschrieben vorbereiten. Die Äpfel abspülen, abtrocknen, vierteln und entkernen. Apfelviertel in kleine Würfel schneiden und mit Limettensaft beträufeln. Mango halbieren. Fruchtfleisch vom Stein schneiden und schälen. Mangofruchtfleisch klein würfeln.
5. Die Suppe nochmals mit den Gewürzen abschmecken. Zitronengras entfernen. Kokossuppe in tiefen Tellern verteilen. Chili-, Apfel- und Mangowürfel auf die Suppe geben und mit beiseitegelegten Korianderstängeln garnieren.

Tipp: Die Suppe kann gut vorbereitet werden. Die Einlage sollten Sie erst kurz vor dem Servieren zubereiten.

Sellerie-Apfel-Suppe mit Wasabi

8 Portionen

Zubereitungszeit: 45 Minuten

1 kg junger Knollensellerie
700 g mehligkochende Kartoffeln
360 g Staudensellerie
2 Zwiebeln
500 g säuerliche Äpfel (etwa 4 Stück)
4 EL Butter oder Margarine
Salz, gem. Pfeffer
2 l Gemüsebrühe
500 g geräuchertes Fischfilet, z. B. Forelle, Lachsforelle oder Lachs
300 g Schlagsahne
9 TL Wasabi-Pulver (ersatzweise Meerrettich aus dem Glas)
5 EL Zitronensaft

Pro Portion:
E: 19 g, F: 25 g, Kh: 26 g,
kJ: 1689, kcal: 404

1. Knollensellerie und Kartoffeln schälen, abspülen, abtropfen lassen, in etwa 1 cm große Würfel schneiden. Staudensellerie putzen und die harten Außenfäden abziehen. Das zarte Grün beiseitelegen. Selleriestangen abspülen, abtropfen lassen und in feine Scheiben schneiden. Die Zwiebeln abziehen und in feine Würfel schneiden.
2. Äpfel heiß abwaschen, abtropfen lassen, halbieren und entkernen. Die Hälfte der Äpfel in feine Spalten schneiden. Butter oder Margarine in einem großen Topf zerlassen. Die Apfelspalten darin anbraten, herausnehmen und beiseitestellen.
3. Knollensellerie- und Kartoffelwürfel, Staudenselleriescheiben und Zwiebelwürfel im Bratfett unter Wenden etwa 4 Minuten andünsten. Mit Salz und Pfeffer würzen. Gemüsebrühe hinzugießen, zum Kochen bringen und etwa 12 Minuten bei schwacher Hitze kochen.
4. Restliche Apfelhälften in Stücke schneiden und in die Suppe geben, weitere etwa 3 Minuten bei schwacher Hitze kochen lassen.
5. In der Zwischenzeit Fischfilet in mundgerechte Stücke zupfen oder in Streifen schneiden und beiseitestellen.
6. Die Suppe pürieren. Sahne unterrühren und kurz aufkochen. Wasabi-Pulver mit etwas Wasser glatt rühren. Die Suppe mit Salz, Pfeffer, Wasabimischung und Zitronensaft abschmecken.
7. Das Selleriegrün abspülen, trocken tupfen und fein schneiden. Die Suppe mit dem Fisch, angebratenen Apfelspalten und Selleriegrün anrichten.

Ungarische Sauerkrautsuppe

Zum Vorbereiten

8–10 Portionen (ohne Foto)

Zubereitungszeit: 25 Minuten
Garzeit: etwa 25 Minuten

150 g durchwachsener Speck
5 EL Sonnenblumenöl
4 Zwiebeln
4 Knoblauchzehen
1 kg Sauerkraut
1 1/2 l Fleischbrühe
1 TL Kümmelsamen
2 Lorbeerblätter
8 Mettwürstchen
800 g abgetropfte, weiße Bohnen (aus der Dose)
4 EL Tomatenmark
1 EL Paprikapulver edelsüß
Salz, gem. Pfeffer

Pro Portion:
E: 37 g, F: 69 g, Kh: 19 g,
kJ: 3718, kcal: 887

1. Speck in Würfel schneiden, Öl in einem großen Topf erhitzen und die Speckwürfel darin auslassen. Zwiebeln und Knoblauchzehen abziehen, würfeln, zum Speckfett geben und darin andünsten.
2. Das Sauerkraut locker zupfen und mit Fleischbrühe, Kümmel, Lorbeerblättern und Mettwürstchen zu den Speckzwiebeln geben. Die Suppe etwa 25 Minuten garen.
3. Bohnen mit Tomatenmark und Paprika hinzufügen. Die Suppe mit Salz und Pfeffer würzen und einmal aufkochen lassen.
4. Die gegarten Würstchen aus der Suppe nehmen, in Scheiben schneiden, wieder in die Suppe geben und die Suppe servieren.

Hanseatische Schinkensuppe

Zum Vorbereiten

8–10 Portionen

Zubereitungszeit: 60 Minuten
Garzeit: Suppe 15–20 Minuten
Garzeit: Klößchen etwa 10 Minuten

4 Bund Suppengrün (Möhren, Sellerie, Porree)
2 Zwiebeln, 100 g Butter
etwas Zucker
3 EL Weißweinessig
3 l Rinderfond oder -brühe
200 g Kochschinken, Salz

Für die Einlage:
24 entsteinte Backpflaumen
2 Kochbirnen

Für die Schwemmklößchen:
200 ml Milch (3,5 %)
30 g Butter
200 g Weizenmehl
4 Eier (Größe M)

Pro Portion:
E: 15 g, F: 18 g, Kh: 38 g,
kJ: 1585, kcal: 380

1. Möhren und Sellerie putzen, schälen, abspülen, abtropfen lassen und in kleine Würfel schneiden. Den Porree putzen. Die Stangen längs halbieren, gründlich waschen, abtropfen lassen und in Streifen schneiden. Zwiebeln abziehen, zuerst in feine Scheiben schneiden, dann in Ringe teilen.
2. Jeweils etwas Butter in einem großen Topf zerlassen. Möhren-, Selleriewürfel und Porreestreifen darin portionsweise andünsten. Mit Zucker und Essig ablöschen. Fond oder Brühe hinzugießen, zum Kochen bringen und zugedeckt 15–20 Minuten kochen lassen.
3. Kochschinken klein würfeln und in die Suppe geben. Dann die Schinkensuppe mit Salz abschmecken.
4. In der Zwischenzeit für die Einlage Backpflaumen in Würfel schneiden. Kochbirnen schälen, vierteln, entkernen und ebenfalls würfeln.
5. Für die Schwemmklößchen die Milch und Butter in einem kleinen Topf zum Kochen bringen. Den Topf von der Kochstelle nehmen. Mehl auf einmal in die Flüssigkeit geben. Mit einem Kochlöffel zu einem glatten Teigkloß verrühren und unter Rühren etwa 1 Minute erhitzen. Den Teigkloß in eine Rührschüssel geben. Eier und Salz nacheinander mit Handrührgerät mit Knethaken auf höchster Stufe unter den Teig arbeiten.
6. Von dem Teig mit zwei Teelöffeln walnussgroße Klößchen abstechen und in leicht kochendem Salzwasser etwa 10 Minuten pochieren. Die Klößchen mit einer Schaumkelle herausnehmen.
7. Die Schinkensuppe nochmals erhitzen. Pflaumen-, Birnenwürfel und die Klößchen hinzugeben. Die Suppe nicht mehr kochen lassen.

Sellerie-Apfel-Suppe mit Wasabi

Hanseatische Schinkensuppe

Sauerkrautsuppe mit Cabanossi

Zum Vorbereiten

8 Portionen
(Zubereitung im Schnellkochtopf)

Zubereitungszeit: 40 Minuten
Garzeit: etwa 12 Minuten, ohne Ankochzeit

4 Zwiebeln, 2 Knoblauchzehen
600 g Cabanossi (Knoblauchwurst)
1 1/2 kg frisches, abgetropftes Sauerkraut
1 kg festkochende Kartoffeln
4 EL Speiseöl, z. B. Sonnenblumenöl
2 EL Tomatenmark
2 EL Paprikapulver edelsüß
2 1/2 l Fleischbrühe
2 rote Paprikaschoten
gem. Pfeffer
1–2 TL Chiliflocken
4 TL Zucker

Pro Portion:
E: 17 g, F: 29 g, Kh: 25 g,
kJ: 1826, kcal: 437

1. Zwiebeln und Knoblauch abziehen und würfeln. Cabanossi in Scheiben schneiden. Sauerkraut fein schneiden oder hacken. Kartoffeln schälen, abspülen, abtropfen lassen und in Würfel schneiden.
2. Speiseöl in einem offenen Schnellkochtopf (passender Größe) erhitzen. Cabanossischeiben, Zwiebel- und Knoblauchwürfel darin unter Rühren anbraten. Tomatenmark und Paprikapulver unterrühren.
3. Sauerkraut mit in den Topf geben und kurz andünsten. Kartoffelwürfel hinzugeben und unterrühren. Brühe hinzugießen.
4. Dann den Schnellkochtopf nach Herstelleranleitung verschließen und erhitzen. Wenn die gewählte Schnellgarstufe erreicht ist, die Zutaten etwa 8 Minuten garen.
5. Inzwischen die Paprikaschoten halbieren, entstielen, entkernen und die weißen Scheidewände entfernen. Schoten abspülen, abtropfen lassen und in Streifen schneiden.
6. Nach der Garzeit den Topf nach Herstelleranleitung öffnen. Paprikastreifen unterrühren und die Suppe im offenen Topf weitere etwa 4 Minuten kochen.
7. Suppe mit Pfeffer, Chiliflocken, Zucker abschmecken und servieren.

Bohnensuppe mit Mettwurst

8 Portionen

Zum Vorbereiten

Zubereitungszeit: 40 Minuten

750 g Kartoffeln
300 g Kasseler (ohne Knochen)
300 g geräucherte Mettwurst (Rauchenden)
150 g TK-Suppengrün
850 g weiße Bohnen (aus der Dose)
einige Stängel Bohnenkraut
Salz
gem. Pfeffer
4 EL gehackte Petersilie

Pro Portion:
E: 22 g, F: 13 g, Kh: 24 g,
kJ: 1264, kcal: 301

1. Die Kartoffeln schälen, abspülen, abtropfen lassen und in etwa 1 cm große Würfel schneiden.
2. Kartoffelwürfel in einen Topf geben und knapp mit Wasser bedecken. Kasseler und Mettwurst darauflegen und zum Kochen bringen. Etwa 15 Minuten bei schwacher Hitze kochen lassen.
3. Das Kasseler aus dem Topf nehmen und beiseitestellen.
4. Suppengrün, weiße Bohnen (mit der Flüssigkeit) und Bohnenkraut auf die Kartoffelwürfel geben. Die Zutaten wieder zum Kochen bringen und weitere etwa 10 Minuten bei schwacher Hitze kochen.
5. In der Zwischenzeit das Fleisch in Würfel und die Mettwurst in Scheiben schneiden.
6. Das Bohnenkraut entfernen. Die Fleischwürfel und Mettwurstscheiben wieder in den Topf geben. Die Suppe mit Salz und Pfeffer würzen.
7. Bohnensuppe in tiefen Tellern oder Suppentassen verteilen. Suppe mit Petersilie bestreuen und servieren.

Sauerkrautsuppe mit Cabanossi

Bohnensuppe mit Mettwurst

Sauerscharfe Nudel-Fischklößchen-Suppe

8 Portionen **Zum Vorbereiten**

Zubereitungszeit: 55 Minuten

120 g Ingwer
500 g Pangasiusfilet
2 Eiswürfel
2 EL Speisestärke
2 EL Fischsauce
300 g Pak-Choi-Stauden (Chinesischer Senfkohl)
200 g Frühlingszwiebeln
1 rote Chilischote
250 g feine Reis- oder Glasnudeln
2 l Hühnerbrühe
6 EL Reisessig
evtl. Salz
12 Stängel Koriander

Pro Portion:
E: 11 g, F: 2 g, Kh: 34 g,
kJ: 839, kcal: 200

1. Den Ingwer schälen und fein reiben. Das Fischfilet kurz unter fließendem kalten Wasser abspülen und trocken tupfen. Fischfilet in etwa 2 cm große Würfel schneiden.
2. Die Fischfiletwürfel mit der Hälfte des Ingwers, den Eiswürfeln, der Speisestärke und der Fischsauce im Blitzhacker sehr fein pürieren. Aus der Masse mit leicht angefeuchteten Händen 24 glatte Klößchen formen.
3. Pak Choi putzen und in einzelne Blätter teilen. Die Blätter abspülen und abtropfen lassen. Frühlingszwiebeln putzen, abspülen, abtropfen lassen und schräg in dünne Scheiben schneiden. Die Chilischote entstielen, abspülen, abtropfen lassen und in feine Ringe schneiden.
4. Die Reis- oder Glasnudeln nach Packungsanleitung zubereiten und gut abtropfen lassen.
5. In der Zwischenzeit die Hühnerbrühe mit Chili, restlichem Ingwer und Reisessig in einem großen Topf aufkochen. Die Fischklößchen hineingeben und bei schwacher Hitze in etwa 8 Minuten gar ziehen lassen (dabei sollte die Suppe nur noch leicht vor sich hin köcheln).
6. Pak Choi und Frühlingszwiebelscheiben in die Suppe geben und etwa 1 Minute mitgaren. Die Suppe evtl. mit Salz abschmecken. Koriander abspülen und trocken tupfen. Die Blättchen von den Stängeln zupfen. Die Blättchen grob zerschneiden.
7. Die Nudeln in 8 Suppenschälchen verteilen und mit der Suppe auffüllen. Die Suppe mit Koriander bestreut servieren.

Sauerscharfe Nudel-Fischklößchen-Suppe

Ratatouille, mal anders

Ratatouille, mal anders

8 Portionen **Zum Vorbereiten**

Zubereitungszeit: 45 Minuten

Für die Suppe:
600 g Porree (Lauch)
600 g Fenchelknollen
500 g Möhren
4 Stangen Staudensellerie
2 TL Fenchelsamen
6 EL Olivenöl
4 EL TK-Zwiebelwürfel
2 TL getrocknete Kräuter der Provence
200 g Perlgraupen (mittel)
2 l Gemüsebrühe
2 Lorbeerblätter
Salz, gem. Pfeffer
einige Stängel Thymian
900 g stückige Tomaten (aus der Dose)
800 g TK-Rosenkohl
Kräutersalz

Pro Portion:
E: 13 g, F: 9 g, Kh: 34 g,
kJ: 1161, kcal: 276

1. Für die Suppe Porree putzen, die Stangen längs halbieren, gründlich waschen und abtropfen lassen. Den Porree in kleine Stücke schneiden und beiseitestellen.
2. Fenchelknollen putzen, abspülen, abtropfen lassen und halbieren. Fenchelhälften in Würfel schneiden. Möhren putzen, schälen, abspülen, abtropfen lassen und in Scheiben schneiden. Staudensellerie putzen und die harten Außenfäden abziehen. Sellerie abspülen, abtropfen lassen und in Scheiben schneiden. Fenchel im Mörser zerdrücken.
3. Olivenöl in einem großen Topf erhitzen. Zwiebelwürfel darin hellgelb andünsten. Fenchelsamen, Kräuter der Provence, vorbereitete Fenchelwürfel, Möhren- und Staudenselleriescheiben hinzugeben und unter Rühren andünsten. Perlgraupen, Gemüsebrühe und Lorbeerblätter hinzugeben und zum Kochen bringen. Mit Salz und Pfeffer würzen. Die Zutaten zugedeckt bei mittlerer Hitze etwa 8 Minuten kochen lassen.
4. Thymian abspülen und trocken tupfen. Die Blättchen von den Stängeln zupfen und beiseitelegen.
5. Tomatenstücke, Porreestücke und Rosenkohl in die Suppe geben. Die Suppe wieder zum Kochen bringen und zugedeckt weitere etwa 10 Minuten kochen lassen. Die Suppe mit Kräutersalz und Pfeffer würzen. Ratatouille in tiefen Tellern oder Suppentassen verteilen, mit Thymianblättchen bestreut servieren.

Kapitel 04

Rezepte 301–400

Partytöpfe

Chili con Carne

Chili con Carne

10 Portionen **Zum Vorbereiten**

Zubereitungszeit: 60 Minuten
Garzeit: etwa 65 Minuten

je 5 rote und grüne Paprikaschoten
4 Zwiebeln
5 EL Speiseöl
800 g Rindergehacktes
je 1 TL Chiliflocken, gem. Kardamom, gem. Kreuzkümmel (Cumin)
gem. Ingwer
960 g geschälte Tomaten (aus der Dose)
400 g rote Kidneybohnen (aus der Dose)
3 EL Tomatenmark
Salz, Zucker

Pro Portion:
E: 23 g, F: 17 g, Kh: 18 g,
kJ: 1330, kcal: 317

1. Die Paprikaschoten mit einem Sparschäler grob schälen. Schoten halbieren, entstielen, entkernen und die weißen Scheidewände entfernen. Schotenhälften abspülen, abtropfen lassen und in mundgerechte Streifen schneiden. Zwiebeln abziehen und in kleine Würfel schneiden.

2. Speiseöl in einem Topf erhitzen. Paprikastreifen darin etwa 4 Minuten unter Rühren anbraten, herausnehmen, auf einem Teller beiseitestellen.

3. Das Gehackte in dem verbliebenen Bratfett bei starker Hitze unter Rühren krümelig anbraten. Dabei die Fleischklümpchen mit einer Gabel zerdrücken. Die Gewürze hinzugeben und kurz mit anbraten. Zwiebelwürfel hinzufügen und glasig dünsten. Die geschälten Tomaten mit einem Messer in der Dose zerkleinern und mit der Flüssigkeit hinzugeben. Die Zutaten zum Kochen bringen und etwa 30 Minuten bei schwacher Hitze kochen lassen.

4. Kidneybohnen in ein Sieb geben, mit kaltem Wasser abspülen und abtropfen lassen. Kidneybohnen zu dem Chili in den Topf geben und weitere etwa 20 Minuten bei schwacher Hitze kochen lassen. Die vorbereiteten Paprikastreifen hinzugeben und weitere etwa 10 Minuten kochen lassen. Tomatenmark unterrühren. Chili mit Salz und 1 Prise Zucker abschmecken.

Tipps: Chili con Carne kann gut mit Crème fraîche und einigen Korianderblättchen serviert werden. Es kann 1–2 Tage vor dem Servieren zubereitet werden. Dann im Kühlschrank aufbewahren und vor dem Servieren bei schwacher Hitze erwärmen.

Curry-Puten-Topf mit Mango

Zum Vorbereiten

8 Portionen

Zubereitungszeit: 45 Minuten

1,2 kg Putenschnitzel
2 Mango (etwa 800 g Fruchtfleisch)
4 EL Speiseöl, 2 EL Currypulver
4 EL Mango-Chutney
400 ml Kokosmilch
Salz, gem. Pfeffer
2 EL rosa Pfefferbeeren
einige Thai-Basilikumblättchen

Pro Portion:
E: 38 g, F: 16 g, Kh: 19 g,
kJ: 1550, kcal: 372

1. Die Putenschnitzel kurz unter fließendem kalten Wasser abspülen, trocken tupfen und in schmale Streifen schneiden.
2. Von den Mangos das Fruchtfleisch jeweils vom Stein schneiden. Fruchtfleisch schälen und in etwa 1 cm große Würfel schneiden.
3. Das Speiseöl in einem großen Topf erhitzen. Die Putenstreifen darin in 2–3 Portionen unter gelegentlichem Rühren von beiden Seiten scharf anbraten. Mangowürfel hinzugeben und etwa 5 Minuten mitdünsten lassen. Mit Curry bestäuben.
4. Mango-Chutney, falls zu stückig, klein hacken und mit der Kokosmilch unter die Puten-Mango-Mischung rühren.
5. Den Curry-Puten-Topf mit Salz und Pfeffer würzen, nochmals zum Kochen bringen und bei schwacher Hitze einige Minuten kochen lassen.
6. Den Curry-Puten-Topf anrichten, mit Pfefferbeeren bestreuen, mit abgespülten und trocken getupften Basilikumblättchen garnieren.

Beilage: Reis oder ofenfrisches Baguette.

Feuerbohnentopf

12 Portionen

Zum Vorbereiten

Zubereitungszeit: 45 Minuten

7 EL Speiseöl
1,2 kg Gehacktes (halb Rind-, halb Schweinefleisch)
4 große Zwiebeln
je 2 gelbe und rote Paprikaschoten
1 grüne Paprikaschote
5 EL Tomatenmark
750 ml Gemüsebrühe
510 g abgetropfte, rote Bohnen (aus der Dose)
425 g abgetropfter Gemüsemais (aus der Dose)
300 ml Chilisauce
Salz
gem. Pfeffer

Pro Portion:
E: 28 g, F: 32 g, Kh: 27 g,
kJ: 2274, kcal: 542

1. Speiseöl in einem großen Topf erhitzen. Gehacktes darin in 2 Portionen unter Rühren anbraten. Dabei die Fleischklümpchen mit einer Gabel zerdrücken.
2. Zwiebeln abziehen und in kleine Würfel schneiden. Paprikaschoten halbieren, entstielen, entkernen und die weißen Scheidewände entfernen. Die Schoten abspülen, abtropfen lassen und in Streifen oder Würfel schneiden.
3. Zwiebelwürfel und Paprikastreifen oder -würfel zum Gehackten geben und etwa 10 Minuten unter mehrmaligem Rühren mitgaren lassen.
4. Anschließend das Tomatenmark unterrühren und die Gemüsebrühe hinzugießen.
5. Die Zutaten zum Kochen bringen und etwa 10 Minuten garen. Die Bohnen mit dem Mais und der Chilisauce in die Suppe geben und unter gelegentlichem Rühren aufkochen lassen. Den Feuerbohnentopf mit Salz und Pfeffer abschmecken.

Curry-Puten-Topf mit Mango

Feuerbohnentopf

Feuriger Seelachs-Porree-Topf

8 Portionen

Zubereitungszeit: 50 Minuten

2 kg Porree (Lauch)
je 4 rote und gelbe Paprikaschoten (je 200 g)
4–6 Knoblauchzehen
4 EL Olivenöl (40 g)
Salz, gem. Pfeffer
Paprikapulver edelsüß
600 ml Gemüsebrühe
1,2 kg Seelachsfilet
400 g abgetropfte, eingelegte Pfefferschoten (aus dem Glas)

Pro Portion:
E: 34 g, F: 8 g, Kh: 17 g,
kJ: 1157, kcal: 276

1. Porree putzen, die Stangen längs halbieren, gründlich waschen, abtropfen lassen und in etwa 1 cm breite Streifen schneiden.
2. Paprikaschoten halbieren, entstielen, entkernen und die weißen Scheidewände entfernen. Schoten abspülen, abtropfen lassen und ebenfalls in Streifen schneiden. Den Knoblauch abziehen und sehr klein würfeln.
3. Olivenöl in einem großen Topf erhitzen. Porree-, Paprikastreifen und Knoblauchwürfel darin portionsweise unter Rühren gut andünsten. Mit Salz, Pfeffer und Paprika würzen. Gemüsebrühe hinzugießen, zum Kochen bringen. Das Gemüse etwa 5 Minuten bei schwacher Hitze kochen lassen.
4. Fischfilet kurz unter fließendem kalten Wasser abspülen, gut trocken tupfen und in etwa 2 cm große Würfel schneiden.
5. Pfefferschoten und Fischwürfel zum Gemüse in den Topf geben, vorsichtig unterrühren und 3–5 Minuten bei schwacher Hitze mitgaren lassen. Evtl. mit Salz und Pfeffer nachwürzen.

Gulasch von der Kalbshaxe mit Thymian

8–10 Portionen Zum Vorbereiten

Zubereitungszeit: 50 Minuten
Garzeit: etwa 90 Minuten

1,4 kg Kalbshaxe (ohne Knochen, Knochen vorher vom Metzger auslösen lassen)
1 Bund Thymian
4 EL Olivenöl
2 EL Tomatenmark (etwa 60 g)
300 ml Fleischbrühe oder Kalbsfond
Salz, gem. Pfeffer
1 EL mittelscharfer Senf
etwa 800 g Staudensellerie
4 Fleischtomaten

Pro Portion:
E: 34 g, F: 12 g, Kh: 4 g,
kJ: 1084, kcal: 260

1. Kalbshaxe kurz unter fließendem kalten Wasser abspülen, trocken tupfen und in gleich große, mundgerechte Stücke schneiden. Thymian abspülen und trocken tupfen. Einige Zweige beiseitelegen.
2. Olivenöl in einem Bräter erhitzen. Die Fleischwürfel darin in 2 Portionen von allen Seiten kräftig anbraten. Tomatenmark hinzufügen und kurz mit andünsten. Brühe oder Fond hinzugießen. Restliche Thymianzweige hinzugeben. Mit Salz, Pfeffer und Senf würzen. Zutaten zum Kochen bringen, zugedeckt etwa 90 Minuten bei schwacher Hitze garen, evtl. etwas Wasser hinzugeben.
3. Staudensellerie putzen und die harten Außenfäden abziehen. Die Selleriestangen abspülen, abtropfen lassen und in dünne Scheiben schneiden. Tomaten kreuzweise einschneiden und mit kochendem Was-

Feuriger Seelachs-Porree-Topf

Gulasch von der Kalbshaxe mit Thymian

ser übergießen. Nach 1–2 Minuten herausnehmen und mit kaltem Wasser abschrecken. Tomaten enthäuten, halbieren und die Stängelansätze herausschneiden. Tomaten in kleine Würfel schneiden. Von den beiseitegelegten Thymianzweigen die Blättchen von den Stängeln zupfen.

4. Selleriescheiben etwa 20 Minuten vor Ende der Garzeit zum Gulasch in den Bräter geben und mitgaren lassen. Tomatenwürfel und Thymianblättchen einige Minuten vor Garzeitende unterrühren. Gulasch nochmals mit Salz, Pfeffer und Senf abschmecken.

Hähnchengeschnetzeltes „Mailänder Art"

Zum Vorbereiten

8 Portionen

Zubereitungszeit: 50 Minuten

1,2 kg Hähnchenbrustfilets
2 Zwiebeln
300 g Porree (Lauch)
300 g Möhren
300 g Champignons
800 g Tomaten
6 EL Speiseöl, z. B. Sesamöl
Salz, gem. Pfeffer
Paprikapulver edelsüß
30 g Butter
1 TL abgeriebene Schale von 1 Bio-Zitrone (unbehandelt, ungewachst)
2 TL gehackter Oregano
250 ml Weißwein oder französischer Wermut
500 g Schlagsahne
etwas Zucker
4 EL Basilikumstreifen
4 EL ger. Parmesan

evtl. vorbereitete Kräuterstängel, z. B. Basilikum, Thymian

Pro Portion:
E: 42 g, F: 34 g, Kh: 10 g,
kJ: 2299, kcal: 550

Hähnchengeschnetzeltes „Mailänder Art"

1. Hähnchenbrustfilets kurz unter fließendem kalten Wasser abspülen, gut trocken tupfen und in dünne Scheiben schneiden. Zwiebeln abziehen und klein würfeln.

2. Porree putzen, die Stangen längs halbieren, gründlich waschen, abtropfen lassen, in Streifen schneiden. Möhren putzen, schälen, abspülen, abtropfen lassen und in dünne Scheiben schneiden. Champignons putzen, evtl. kurz abspülen, trocken tupfen und ebenfalls in Scheiben schneiden.

3. Tomaten kreuzweise einschneiden und mit kochendem Wasser übergießen. Nach 1–2 Minuten herausnehmen und mit kaltem Wasser abschrecken. Tomaten enthäuten, halbieren, entkernen und die Stängelansätze herausschneiden. Tomatenhälften in Würfel schneiden.

4. Jeweils die Hälfte des Speiseöls in einem großen Topf erhitzen. Dann die Fleischstreifen darin in 2 Portionen bei starker Hitze etwa 2 Minuten unter Rühren anbraten und herausnehmen. Mit Salz, Pfeffer und Paprika würzen.

5. Butter in dem verbliebenen Bratfett zerlassen. Das vorbereitete Gemüse (außer den Tomatenwürfeln) darin unter Rühren andünsten. Zitronenschale und Oregano hinzufügen. Mit Salz und Pfeffer würzen.

6. Weißwein oder Wermut und Sahne unter das Gemüse rühren, zum Kochen bringen und etwa 2 Minuten bei schwacher Hitze unter gelegentlichem Rühren garen.

7. Die angebratenen Fleischstreifen und Tomatenwürfel zum Gemüse in den Topf geben, erhitzen und etwa 5 Minuten bei schwacher Hitze ziehen lassen. Geschnetzeltes mit den Gewürzen und Zucker abschmecken, mit Basilikumstreifen und Parmesan bestreuen.

8. Geschnetzeltes in Schalen oder Suppentellern anrichten. Nach Belieben mit Kräuterstängeln garniert servieren.

Beilage: Reis oder Nudeln.

Hackröllchen-Bohnen-Topf

Zum Vorbereiten

8 Portionen

Zubereitungszeit: 75 Minuten

1,2 kg Rindergehacktes
Salz
gem. Pfeffer
40 dünne Scheiben Frühstücksspeck (Bacon, etwa 400 g)
4 Knoblauchzehen
2 Bund Oregano
4 EL Speiseöl
840 g abgespülte, abgetropfte, weiße oder grüne Bohnenkerne (aus Dose oder Glas)
500 g abgespülte, abgetropfte, rote Bohnenkerne (aus der Dose)
500 g Tomatenwürfel

Pro Portion:
E: 54 g, F: 39 g, Kh: 30 g,
kJ: 2864, kcal: 684

1. Gehacktes in eine große Schüssel geben, mit Salz und Pfeffer würzen. Gehacktes gut verkneten. Aus der Gehacktesmasse mit angefeuchteten Händen 40 fingerdicke Röllchen (je etwa 30 g) formen und mit jeweils 1 Speckscheibe umwickeln.
2. Knoblauch abziehen und in kleine Würfel schneiden. Oregano abspülen und trocken tupfen. Die Blättchen von den Stängeln zupfen. Einige Blättchen beiseitelegen. Die Blättchen klein schneiden.
3. Das Speiseöl in einem großen Topf oder Bräter erhitzen. Die Hackfleischröllchen darin portionsweise von allen Seiten anbraten. Knoblauchwürfel hinzugeben und leicht mit anbraten.
4. Die Bohnen und Tomatenwürfel hinzugeben. Mit Oregano, Salz und Pfeffer pikant würzen. Die Zutaten zum Kochen bringen. Den Hackröllchen-Bohnen-Topf 5–10 Minuten unter gelegentlichem Rühren bei schwacher Hitze kochen lassen. Beiseitegelegte Oreganoblättchen vor dem Servieren daraufstreuen.

Hackröllchen-Bohnen-Topf

Tipp: Anstelle von Rindergehacktem kann auch gemischtes Gehacktes (halb Rind-, halb Schweinefleisch) oder Lammhack verwendet werden.

Hirtentopf

Zum Vorbereiten

12 Portionen

Zubereitungszeit: 40 Minuten
Garzeit: etwa 2 Stunden 40 Minuten

2 1/2 kg Gulasch (halb Schweine-, halb Rindfleisch)
2 gestr. TL Salz
2 TL frisch gem. Pfeffer
2 TL Paprikapulver edelsüß
je 1 TL gerebelter Thymian und Oregano
1 gestr. TL Cayennepfeffer
500 g Zwiebeln
3–4 Knoblauchzehen
320 g Tomatenpaprika in Streifen (aus dem Glas)
370 g Brechbohnen (aus dem Glas)
500 g Kidneybohnen (aus der Dose)
460 g Champignonköpfe (aus dem Glas)
500 ml Zigeunersauce (aus dem Glas)
500 g Tomaten

Pro Portion:
E: 50 g, F: 16 g, Kh: 19 g,
kJ: 1778, kcal: 425

1. Den Backofen vorheizen.
Ober-/Unterhitze: etwa 180 °C
Heißluft: etwa 160 °C
2. Gulasch mit Küchenpapier trocken tupfen und in einen großen Bräter (gefettet) schichten, dabei die einzelnen Schichten mit den Gewürzen bestreuen.
3. Zwiebeln und Knoblauch abziehen. Zwiebeln zuerst in Scheiben schneiden, dann in Ringe teilen. Den Knoblauch in dünne Scheiben schneiden. Das Gemüse nach Sorten getrennt in Siebe geben, mit kaltem Wasser abspülen und abtropfen lassen.
4. Das Gemüse nacheinander auf das Gulasch schichten (ohne zu verrühren). Anschließend die Zigeunersauce darauf verteilen. Den Bräter zugedeckt auf dem Rost in den vorgeheizten Backofen schieben. Den Hirtentopf etwa 2 1/2 Stunden garen.
5. Tomaten abspülen, trocken tupfen, vierteln und die Stängelansätze herausschneiden. Nach Ende der Garzeit die Tomatenviertel in den Bräter geben. Den Hirtentopf umrühren und evtl. nachwürzen. Den Bräter zugedeckt wieder auf dem Rost in den heißen Backofen schieben. Den Hirtentopf bei gleicher Backofentemperatur weitere etwa 10 Minuten garen.

Tipps: Den Hirtentopf mit Fladenbrot servieren. Nach Belieben mit frischen Kräutern bestreuen.

Indisches Kürbiscurry

10 Portionen

Zum Vorbereiten

Zubereitungszeit: 40 Minuten
Garzeit: etwa 37 Minuten

2 kg Hokkaido-Kürbis
3 Zwiebeln
20 g Ingwer
5 EL Speiseöl
je 1 TL Kurkuma, Kreuzkümmel, Anissamen, Fenchelsamen, Kardamom (alles gem.)
Salz
1 EL brauner Zucker
960 g geschälte Tomaten (aus der Dose)
500 ml Gemüsebrühe

Pro Portion:
E: 4 g, F: 6 g, Kh: 12 g,
kJ: 490, kcal: 117

1. Kürbis abspülen, halbieren und die Kerne mit einem Löffel herauskratzen. Die Kürbishälften in mundgerechte Stücke schneiden. Zwiebeln abziehen und würfeln. Ingwer schälen und ebenfalls klein würfeln.
2. Speiseöl in einem breiten Topf erhitzen. Die Gewürze hinzugeben und unter Rühren einmal aufschäumen lassen. Zwiebel- und Ingwerwürfel hinzugeben, etwa 3 Minuten unter Rühren glasig dünsten. Kürbiswürfel hinzufügen und unter Rühren etwa 4 Minuten andünsten. Mit Salz und braunem Zucker würzen.
3. Geschälte Tomaten mit der Flüssigkeit und Gemüsebrühe hinzugeben. Mit Salz abschmecken. Kürbiscurry zum Kochen bringen und etwa 30 Minuten bei schwacher Hitze leicht kochen lassen.

Beilage: Reis.

Hühnertopf, spanischer

8–10 Portionen (ohne Foto)

Zum Vorbereiten

Zubereitungszeit: 40 Minuten
Garzeit: etwa 50 Minuten

2 küchenfertige Hähnchen (je etwa 1,2 kg)
Salz, gem. Pfeffer
6 EL Olivenöl
4 mittelgroße, rote Paprikaschoten
300 g Langkornreis
600 g TK-Erbsen
4 EL Tomatenmark
580 g Champignonscheiben (aus dem Glas, mit Flüssigkeit)
2 1/2 l Fleischbrühe
getrockneter Rosmarinnadeln
25 g TK-Basilikum

Pro Portion:
E: 49 g, F: 27 g, Kh: 40 g,
kJ: 2519, kcal: 602

1. Hähnchen von innen und außen unter fließendem kalten Wasser abspülen, trocken tupfen und in je etwa 8 Stücke teilen. Hähnchenteile mit Salz und Pfeffer würzen.
2. Olivenöl in einem großen Bräter erhitzen. Die Hähnchenteile darin von allen Seiten gut anbraten und herausnehmen.
3. Paprikaschoten halbieren, entstielen, entkernen und die weißen Scheidewände entfernen. Schoten abspülen, abtropfen lassen und in Streifen schneiden. Paprikastreifen in den Bräter geben und in dem verbliebenen Bratfett unter Rühren andünsten.
4. Reis und die gefrorenen Erbsen hinzufügen, Tomatenmark unterrühren. Die Hähnchenteile darauflegen. Champignonscheiben mit der Flüssigkeit darauf verteilen. Fleischbrühe hinzugießen, mit Salz, Pfeffer und Rosmarin würzen.
5. Den Hühnertopf zum Kochen bringen und zugedeckt etwa 50 Minuten bei mittlerer Hitze garen, dabei ab und zu umrühren. Basilikum unterrühren. Den Hühnertopf mit Salz, Pfeffer und Rosmarin abschmecken.

Abwandlung: Noch pikanter schmeckt der Hühnertopf, wenn Sie die Hähnchenteile in eine Marinade legen und über Nacht im Kühlschrank durchziehen lassen. Dann für die Marinade 10 Esslöffel Chilisauce mit 4 durchgepressten Knoblauchzehen, 2 Esslöffeln flüssigem Honig, 4 Esslöffeln Speiseöl und 1 Esslöffel Balsamico-Essig verrühren.

Hirtentopf

Indisches Kürbiscurry

Kaninchenkeulen mit Tomaten und Schnittknoblauch

8 Portionen

Zubereitungszeit: 35 Minuten
Garzeit: etwa 45 Minuten

8 Kaninchenkeulen
(je etwa 300 g)
8 rote Zwiebeln
1–2 Bund Schnittknoblauch
(Chinesischer Lauch)
500 g Cocktailtomaten
2 rote Chilischoten
2 Zweige Rosmarin
8 EL Olivenöl
Salz
gem. Pfeffer
4 Lorbeerblätter
500 ml Weißwein
evtl. 4 EL Sojasauce
evtl. 2 EL Hoisinsauce
(erhältlich im Asialaden)
460 g abgetropfte Champignonköpfe
(aus der Dose)

Pro Portion:
E: 50 g, F: 29 g, Kh: 6 g,
kJ: 2205, kcal: 527

1. Den Backofen vorheizen.
Ober-/Unterhitze: etwa 160 °C
Heißluft: etwa 140 °C

2. Kaninchenkeulen kurz unter fließendem kalten Wasser abspülen und trocken tupfen. Zwiebeln abziehen, Schnittknoblauch abspülen und trocken tupfen. Die Zwiebeln vierteln, Schnittknoblauch in Streifen schneiden (etwa 5 cm). Tomaten abspülen, trocken tupfen und evtl. die Stängelansätze herausschneiden. Chilischoten abspülen und trocken tupfen. Chilischoten einmal mit einem spitzen Messer oder einer Nadel durchstechen. Rosmarin abspülen und trocken tupfen. Die Nadeln von den Stängeln zupfen.

3. Olivenöl in einem großen Bräter erhitzen. Die Kaninchenkeulen darin in 2 Portionen von allen Seiten anbraten. Mit Salz und Pfeffer würzen. Kaninchenkeulen aus dem Bräter nehmen und beiseitestellen. Zwiebelviertel und Knoblauchstreifen in dem verbliebenen Bratfett 3–4 Minuten bei mittlerer Hitze goldgelb andünsten. Tomaten hinzugeben und etwa 1 Minute mitdünsten lassen. Rosmarinnadeln und Lorbeerblätter hinzufügen.

4. Beiseitegestellte Kaninchenkeulen auf die Tomaten in den Bräter legen. Den Bräter zugedeckt auf dem Rost in den vorgeheizten Backofen schieben. Kaninchenkeulen etwa 20 Minuten vorgaren.

5. Wein nach Belieben mit Soja- und Hoisinsauce verrühren. Champignonköpfe und Chilischoten zu den Kaninchenkeulen in den Bräter geben. Die Kaninchenkeulen mit der Weinmischung übergießen. Den Bräter wieder auf dem Rost in den heißen Backofen schieben. Die Kaninchenkeulen bei gleicher Backofentemperatur in etwa 25 Minuten fertig garen.

6. Die Kaninchenkeulen aus dem Bräter nehmen. Gemüse ebenfalls herausnehmen. Kaninchenkeulen und Gemüse warm stellen.

7. Die Sauce (Bratensud) nach Belieben auf die gewünschte Konsistenz einkochen lassen. Nochmals mit den Gewürzen abschmecken. Kaninchenkeulen mit dem Gemüse und der Sauce anrichten.

Tipp: Zusätzlich einige Scheiben Baguette zum Tunken für die Sauce dazureichen.

Kaninchenkeulen mit Tomaten und Schnittknoblauch

Scharfes Kartoffelgulasch mit Avocadocreme

8–10 Portionen

Zubereitungszeit: 50 Minuten
Garzeit: etwa 45 Minuten

1,2 kg neue, kleine Kartoffeln
500 g Schalotten
3 gelbe Paprikaschoten
2 rote Chilischoten
8 EL Olivenöl
Salz
gem. Pfeffer
Paprikapulver edelsüß
Cayennepfeffer
1 l Gemüsebrühe
1 EL Weizenmehl
4 Fleischtomaten

Für die Avocadocreme:
2 reife Avocados
2 EL Limettensaft
1 Knoblauchzehe
1 Fleischtomate

evtl. 1 vorbereiteter Zweig Oregano

Pro Portion:
E: 6 g, F: 21 g, Kh: 27 g,
kJ: 1372, kcal: 327

Scharfes Kartoffelgulasch mit Avocadocreme

1. Kartoffeln gründlich waschen, knapp mit Wasser bedeckt zum Kochen bringen und zugedeckt in 20–25 Minuten gar kochen. Kartoffeln abgießen, mit kaltem Wasser abschrecken, abtropfen lassen und sofort pellen.
2. Schalotten abziehen, evtl. halbieren. Paprikaschoten halbieren, entstielen, entkernen und die weißen Scheidewände entfernen. Die Schoten abspülen, trocken tupfen und in Stücke schneiden. Chilischoten abspülen, trocken tupfen, halbieren, entstielen, entkernen und in Streifen schneiden.
3. Etwas Olivenöl in einem Topf erhitzen. Kartoffeln darin in 2 Portionen von allen Seiten gut anbraten, herausnehmen und in einen Bräter geben. Kartoffeln mit Salz, Pfeffer, Paprika und Cayennepfeffer würzen.
4. Wieder etwas von dem Olivenöl in einem Topf erhitzen. Schalotten darin von allen Seiten anbraten, herausnehmen und zu den Kartoffeln in den Bräter geben. Restliches Olivenöl zum verbliebenen Bratfett in den Topf geben und erhitzen. Paprikastücke und Chilistreifen darin unter Rühren andunsten, herausnehmen und ebenfalls zu den Kartoffeln geben. Etwas von der Brühe in den Topf geben, den Bratensatz loskochen und mit in den Bräter geben. Kartoffeln und Gemüse mit Mehl bestäuben und restliche Brühe hinzugießen. Die Zutaten zum Kochen bringen und etwa 10 Minuten bei mittlerer Hitze garen.
5. Tomaten kreuzweise einschneiden und mit kochendem Wasser übergießen. Nach 1–2 Minuten herausnehmen und mit kaltem Wasser abschrecken. Tomaten enthäuten, halbieren und die Stängelansätze herausschneiden. Tomatenhälften in große Stücke schneiden, zu dem Kartoffelgulasch geben und miterhitzen. Nochmals mit den Gewürzen abschmecken, evtl. etwas Wasser hinzufügen.
6. Für die Avocadocreme die Avocados jeweils in der Mitte längs durchschneiden und entkernen. Das Fruchtfleisch mit einem kleinen Löffel aus den Schalen herauslösen und in eine kleine Schüssel geben. Avocadofruchtfleisch mit einer Gabel sehr fein zerdrücken, Limettensaft sofort daraufträufeln. Knoblauch abziehen und durch eine Knoblauchpresse drücken. Knoblauch zur Avocadocreme geben und mit dem Limettensaft unterrühren. Mit Salz und Pfeffer abschmecken. Avocadocreme bis zum Servieren mit einem kleinen Stück Frischhaltefolie zudecken und kalt stellen (Farbverlust).
7. Die Tomate wie unter Punkt 5 beschrieben enthäuten, in kleine Würfel schneiden und unter die Avocadocreme rühren.
8. Kartoffelgulasch in eine große Schüssel geben. Avocadocreme in Klecksen darauf verteilen. Nach Belieben mit einem Oreganozweig garniert servieren.

Tiroler Krautnudeln

Tofu-Gemüse-Ragout

Tiroler Krautnudeln

8 Portionen

Zubereitungszeit: 55 Minuten

2 kg Weißkohl
4 große Zwiebeln
150 g Schweine- oder Butterschmalz
Salz
gem. Pfeffer
5 l Wasser
5 gestr. TL Salz
500 g Bandnudeln
500–600 g Fleischwurst
mit Knoblauch

Pro Portion:
E: 22 g, F: 38 g, Kh: 51 g,
kJ: 2820, kcal: 674

1. Weißkohl putzen, vierteln und den Strunk herausschneiden. Kohlviertel in feine Streifen schneiden, abspülen und gut abtropfen lassen.
2. Zwiebeln abziehen und in kleine Würfel schneiden. Schmalz in einem großen Topf erhitzen. Zwiebelwürfel darin andünsten. Kohlstreifen portionsweise hinzufügen, mit Salz und Pfeffer würzen. Die Zutaten unter Rühren in etwa 25 Minuten leicht bräunen lassen.
3. Wasser in einem großen Topf zugedeckt zum Kochen bringen. Dann Salz und Nudeln hinzugeben. Die Bandnudeln im geöffneten Topf bei mittlerer Hitze nach Packungsanleitung kochen lassen, dabei gelegentlich umrühren.
4. Anschließend die Nudeln in ein Sieb geben, mit heißem Wasser abspülen und abtropfen lassen.
5. Fleischwurst enthäuten, halbieren und in Scheiben schneiden. Wurstscheiben mit den Nudeln zu dem Kohl (Kraut) in den Topf geben und unter Rühren erhitzen. Mit Salz und Pfeffer kräftig abschmecken.

Tipp: Ersetzen Sie die Fleischwurst durch Würfel von übrig gebliebenem kalten Braten.

Tofu-Gemüse-Ragout

8 Portionen

Zubereitungszeit: 35 Minuten

4 Knoblauchzehen
4 Zwiebeln
je 2 grüne und rote Paprikaschoten
500 g Zucchini
800 g Auberginen
800 g Tomaten
12 EL Olivenöl
Salz
gem. Pfeffer
je 1 gestr. TL gerebelter Rosmarin,
Thymian und Oregano
800–1000 g fester Tofu
300 g abgetropfte Oliven
mit Kräutern (aus dem Glas)

Pro Portion:
E: 22 g, F: 27 g, Kh: 12 g,
kJ: 1631, kcal: 389

1. Knoblauch und Zwiebeln abziehen, in kleine Würfel schneiden. Paprikaschoten halbieren, entstielen, entkernen und die weißen Scheidewände entfernen. Schoten abspülen, abtropfen lassen und in Würfel schneiden. Zucchini und Auberginen abspülen, abtrocknen und die Enden bzw. Stängelansätze abschneiden. Zucchini und Auberginen grob würfeln. Tomaten abspülen, abtropfen lassen, halbieren und die Stängelansätze herausschneiden. Tomaten in grobe Würfel schneiden.
2. Acht Esslöffel Olivenöl in einem großen Topf erhitzen. Knoblauch- und Zwiebelwürfel darin kurz unter Rühren andünsten. Zucchini- und Auberginenwürfel hinzugeben, mit Salz, Pfeffer und den Kräutern würzen. Gemüse portionsweise zugedeckt 5–8 Minuten bei schwacher Hitze unter Rühren dünsten.
3. Paprikawürfel hinzugeben und zugedeckt weitere etwa 5 Minuten dünsten. Tomatenstücke unterheben, das Gemüse einmal aufkochen lassen.
4. In der Zwischenzeit Tofu in Würfel schneiden. Restliches Olivenöl in einem Topf erhitzen. Die Tofuwürfel darin von allen Seiten bei mittlerer Hitze anbraten.
5. Tofuwürfel mit den Oliven zum Gemüse in den Topf geben und vorsichtig untermengen. Ragout zugedeckt noch etwa 5 Minuten garen. Das Ragout nach Belieben mit den Gewürzen abschmecken.

Serbisches Reisfleisch

8 Portionen

Zum Vorbereiten

Zubereitungszeit: 35 Minuten
Garzeit: etwa 45 Minuten

800 g Schweinenacken
(ohne Knochen)
600 g Tomaten
500 g Zwiebeln
120 g durchwachsener Speck
2 EL Margarine oder Speiseöl
Salz, gem. Pfeffer
Cayennepfeffer
2 Brühwürfel (für je 250 ml Brühe)
1 1/2 l Wasser
500 g Langkornreis
Paprikapulver rosenscharf

Pro Portion:
E: 27 g, F: 21 g, Kh: 53 g,
kJ: 2159, kcal: 515

1. Den Schweinenacken kurz unter fließendem kalten Wasser abspülen, trocken tupfen und in Streifen schneiden.
2. Die Tomaten kreuzweise einschneiden und mit kochendem Wasser übergießen. Nach 1–2 Minuten herausnehmen und mit kaltem Wasser abschrecken. Tomaten enthäuten, halbieren, entkernen und die Stängelansätze herausschneiden. Tomaten nochmals halbieren.
3. Zwiebeln abziehen und in Scheiben schneiden. Speck in kleine Würfel schneiden.
4. Speckwürfel in einem großen, weiten Topf auslassen. Margarine oder Speiseöl hinzufügen und miterhitzen. Die Fleischstreifen hinzufügen und portionsweise von allen Seiten darin anbraten. Mit Salz, Pfeffer und Cayennepfeffer würzen.
5. Zwiebelscheiben zu den Fleischstreifen geben und mit andünsten. Tomatenviertel und Brühwürfel hinzugeben, Wasser hinzugießen und zum Kochen bringen. Die Fleischstreifen zugedeckt etwa 25 Minuten garen.
6. Reis hinzufügen und unter gelegentlichem Rühren etwa 20 Minuten mitgaren lassen. Das Reisfleisch mit Salz, Pfeffer und Paprikapulver würzig abschmecken.

Tipp: Serbisches Reisfleisch mit Tomatenspalten und abgespülten, trocken getupften Petersilienblättchen garnieren.

Serbisches Reisfleisch

Wirsing-Fisch-Eintopf

12 Portionen (ohne Foto)

Zubereitungszeit: 40 Minuten, ohne Antauzeit
Garzeit: etwa 30 Minuten

1,2 kg TK-Fischfilet, z. B. Seelachs, Lachs oder Kabeljau
800 g Wirsing
500 g mehligkochende Kartoffeln
2 l Gemüsebrühe
800 g TK-Möhren
250–300 g Schlagsahne
2–3 TL abgeriebene Schale von 1 Bio-Zitrone (unbehandelt, ungewachst)
Salz
frisch gem. Pfeffer
1 Bund Dill

Pro Portion:
E: 22 g, F: 9 g, Kh: 22 g,
kJ: 1034, kcal: 246

1. Fischfilet bis zur weiteren Verwendung antauen lassen. Von dem Wirsing die groben, äußeren Blätter lösen. Den Wirsing achteln und den Strunk herausschneiden. Wirsingstücke quer in Streifen schneiden, abspülen und abtropfen lassen. Kartoffeln schälen, abspülen, abtropfen lassen und grob reiben.
2. Die Brühe in einem großen Topf zum Kochen bringen. Wirsingstreifen und geriebene Kartoffeln hinzugeben, zum Kochen bringen und zugedeckt etwa 25 Minuten garen.
3. Die Möhren hinzugeben, unterrühren und wieder zum Kochen bringen. Fischfilet kurz unter fließendem kalten Wasser abspülen, trocken tupfen und in Streifen schneiden. Sahne, Zitronenschale und Fischstreifen in den Eintopf geben und aufkochen lassen. Fischstreifen auf der ausgeschalteten Kochstelle etwa 5 Minuten gar ziehen lassen.
4. Den Eintopf mit Salz und Pfeffer abschmecken. Dill abspülen und trocken tupfen. Die Spitzen von den Stängeln zupfen, klein schneiden und unter den Eintopf rühren.

Thai-Hähnchencurry

10 Portionen

Zum Vorbereiten

Zubereitungszeit: 90 Minuten, ohne Marinier- und Abkühlzeit

1,2 kg Hähnchenbrust
etwa 150 ml Fischsauce (aus dem Glas)
etwa 30 g brauner Zucker
Salz
500 g Auberginen
900 g Zucchini
3 Frühlingszwiebeln
1 Bund Koriander
etwa 100 ml Speiseöl
1 EL grüne Currypaste
800 ml Kokosmilch
12 Kaffir-Zitronenblätter (frisch oder TK)

Pro Portion:
E: 32 g, F: 25 g, Kh: 9 g,
kJ: 1611, kcal: 387

1. Das Hähnchenfleisch kurz unter fließendem kalten Wasser abspülen, trocken tupfen, würfeln und in eine Schüssel geben. 6 Esslöffel Fischsauce, 1 Teelöffel braunen Zucker und 2 Teelöffel Salz unterrühren. Die Fleischwürfel zugedeckt im Kühlschrank etwa 1 Stunde marinieren.

2. Auberginen und Zucchini abspülen, abtropfen lassen, Stängelansätze bzw. Enden abschneiden. Auberginen und Zucchini in mundgerechte Stücke schneiden.

3. Frühlingszwiebeln putzen, abspülen, abtropfen lassen und in etwa 2 cm lange Stücke schneiden. Koriander abspülen und trocken tupfen. Die Blättchen von den Stängeln zupfen, Blättchen klein schneiden.

4. Jeweils etwa 2 Esslöffel Speiseöl in einem großen Topf erhitzen. Die Zucchini- und Auberginenstücke portionsweise darin unter Rühren etwa 1 Minute kräftig anbraten. Mit je 1 Teelöffel braunem Zucker und 1 Prise Salz bestreuen. Jeweils 1 Esslöffel der Fischsauce hinzugeben und verdampfen lassen. Das Gemüse auf ein großes Backblech geben und abkühlen lassen. Die Frühlingszwiebelstücke kurz in dem verbliebenen Bratfett anbraten, herausnehmen und ebenfalls auf das Backblech geben.

5. Zuletzt die marinierten Fleischwürfel portionsweise in der Pfanne mit je 2 Esslöffeln Speiseöl bei starker Hitze unter Rühren anbraten. Die Fleischwürfel herausnehmen und mit auf das Backblech legen.

6. Zwei Esslöffel Speiseöl in einem großen, breiten Topf erhitzen. Die Currypaste darin aufschäumen lassen. Gehackten Koriander hinzugeben und kurz andünsten. Kokosmilch hinzugießen und aufkochen lassen. Die Zitronenblätter hinzugeben. Mit 1 Esslöffel braunem Zucker, 5 Esslöffeln Fischsauce und Salz abschmecken. Fleischwürfel und Gemüse hinzugeben, zum Kochen bringen und etwa 2 Minuten bei schwacher Hitze kochen lassen. Das Hähnchencurry nochmals abschmecken.

Tipp: Hähnchencurry kann 1–2 Tage vor dem Servieren zubereitet werden.

Thai-Hähnchencurry

Hähnchentopf „Indische Art"

8–10 Portionen

Zum Vorbereiten

Zubereitungszeit: 60 Minuten
Garzeit: etwa 40 Minuten

700 g abgetropfte Ananasstücke (aus der Dose)
2 kg Hähnchenfleisch (Brust und Keule, ohne Haut)
5 EL Speiseöl, z. B. Olivenöl
40–50 g Currypulver
Salz, gem. Pfeffer
1 gestr. TL gem. Kreuzkümmel (Cumin)
1–2 TL gem. Koriander
2 l Geflügelbrühe
Ananassaft (aus der Dose)
2 Chilischoten
750 g rote Linsen
30 g Speisestärke
3 EL kaltes Wasser
1 Topf Koriander

Hähnchentopf „Indische Art"

Hähnchentopf mit Honig und Senf

Pro Portion:
E: 45 g, F: 34 g, Kh: 30 g,
kJ: 2570, kcal: 615

1. Von den Ananasstücken den Saft auffangen.
2. Hähnchenfleisch kurz unter fließendem kalten Wasser abspülen und trocken tupfen. Hähnchenbrüste in 2–3 Stücke schneiden. Keulen mit einer Geflügelschere in je 2–3 Stücke teilen.
3. Jeweils die Hälfte des Speiseöls in einem Bräter erhitzen. Geflügelstücke darin in 2 Portionen von allen Seiten gut anbraten. Mit Curry, Salz, Pfeffer, Kreuzkümmel und Koriander bestreuen, kurz mit andünsten.
4. Die Hälfte der Brühe und den aufgefangenen Ananassaft hinzugießen, zum Kochen bringen. Den Fleischtopf zugedeckt etwa 25 Minuten bei schwacher Hitze garen.
5. Chilischoten halbieren, entstielen, entkernen, abspülen, trocken tupfen und in Streifen schneiden. Linsen, Ananasstücke, Chilischotenstreifen und restliche Brühe in den Fleischtopf geben, wieder zum Kochen bringen und zugedeckt weitere etwa 15 Minuten garen.
6. Speisestärke mit Wasser anrühren, unter Rühren in den Fleischtopf geben und unter Rühren aufkochen lassen.
7. Koriander abspülen und trocken tupfen. Die Blättchen von den Stängeln zupfen. Etwa die Hälfte der Korianderblättchen unterrühren. Den Hähnchentopf nochmals mit den Gewürzen abschmecken und mit den restlichen Korianderblättchen garniert servieren.

Beilage: Bandnudeln oder eine Reis-Wildreis-Mischung.

Tipp: Noch fruchtiger wird der Hähnchentopf, wenn Sie statt Ananas aus der Dose eine frische Ananas (geschält und gewürfelt) verwenden und etwas Mango-Chutney unterrühren.

Hähnchentopf mit Honig und Senf

8 Portionen — Zum Vorbereiten

Zubereitungszeit: 45 Minuten

12 Hähnchenbrustfilets
(je etwa 140 g)
1 Bund Zitronenthymian
6 EL Olivenöl
180 g Pinienkerne
3–6 EL flüssiger Honig
3 EL mittelscharfer Senf
125 ml Sojasauce
1 1/2 TL frisch gehackter
oder geraspelter Ingwer
Salz
gem. Pfeffer

Pro Portion:
E: 57 g, F: 21 g, Kh: 12 g,
kJ: 1937, kcal: 463

1. Die Hähnchenbrustfilets kurz unter fließendem kalten Wasser abspülen, trocken tupfen und in Streifen schneiden. Zitronenthymian abspülen und trocken tupfen. 4 Stängel zum Garnieren beiseitelegen. Von den restlichen Stängeln die Blättchen abzupfen.
2. Olivenöl in einem großen Topf erhitzen und die Fleischstreifen darin portionsweise von beiden Seiten kross anbraten. Pinienkerne, Honig, Senf und Sojasauce unterrühren. Thymianblättchen und Ingwer hinzufügen.
3. Den Hähnchentopf mit Salz und Pfeffer würzen, mit beiseitegelegten Zitronenthymianstängeln garniert servieren.

Beilage: Reis oder Baguette und frischer Salat.

Tipps: Statt Hähnchenbrustfilets können Sie auch Putenbrustfilets oder Schweinefilet verwenden.

Hähnchenrollen mit Schafskäse-Gemüse-Füllung

Hähnchenrollen mit Schafskäse-Gemüse-Füllung

8–10 Portionen

Zubereitungszeit: 45 Minuten, ohne Abkühlzeit
Garzeit: etwa 25 Minuten

8–10 Hähnchenbrustfilets (je etwa 200 g)
Salz
gem. Pfeffer

Für die Füllung:
4 Knoblauchzehen
3 geh. EL mittelscharfer Senf
3 geh. EL Tomatenmark
2 Zwiebeln
2 Stangen Porree (Lauch)
2 rote Paprikaschoten
4 EL Olivenöl
300 g Schafskäse
4 Eier (Größe M)
2 EL Semmelbrösel

4 EL Olivenöl
2 Zwiebeln
8 Tomaten
1 Pck. Dr. Oetker Finesse Geriebene Zitronenschale
250 g Schlagsahne
1 Bund Zitronenmelisse
200 g Joghurt (3,5 % Fett)

Außerdem:
Küchengarn

Pro Portion:
E: 60 g, F: 30 g, Kh: 10 g,
kJ: 2297, kcal: 549

1. Hähnchenbrustfilets kurz unter fließendem kalten Wasser abspülen und trocken tupfen. Die einzelnen Filets der Länge nach halbieren, sodass 16–20 dünne Schnitzel entstehen, etwas flach drücken. Die Hähnchenschnitzel mit Salz und Pfeffer kräftig würzen.
2. Für die Füllung den Knoblauch abziehen und mit Salz zerreiben. Die Knoblauchpaste mit Senf und Tomatenmark verrühren. Die Hähnchenschnitzel damit bestreichen.
3. Zwiebeln abziehen. Porree putzen, die Stangen längs halbieren, gründlich waschen und abtropfen lassen. Paprikaschoten halbieren, entstielen, entkernen und die weißen Scheidewände entfernen. Schotenhälften abspülen und abtropfen lassen. Zwiebeln, Porree und Paprikaschoten in kleine Würfel oder Streifen schneiden. Olivenöl in einem Topf erhitzen. Zwiebel-, Porree- und Paprikawürfel oder -streifen darin unter Rühren glasig dünsten. Gemüse abkühlen lassen. Schafskäse zerbröseln und mit den Eiern unter das Gemüse rühren. Mit Salz und Pfeffer kräftig würzen. Mit Semmelbröseln binden.
4. Die Gemüsemasse auf den Schnitzelscheiben verteilen und von der schmalen Seite her aufrollen, mit Küchengarn umwickeln. Olivenöl in einem großen, breiten Topf erhitzen. Die Hähnchenrollen darin in 2 Portionen von allen Seiten anbraten. Zwiebeln abziehen, in feine Würfel schneiden und hinzugeben.
5. Tomaten kreuzweise einschneiden und mit kochendem Wasser übergießen. Nach 1–2 Minuten herausnehmen und mit kaltem Wasser abschrecken. Tomaten enthäuten, halbieren und die Stängelansätze herausschneiden. Tomaten in kleine Würfel schneiden. Tomatenwürfel mit Zitronenschale zu den Hähnchenrollen in den Topf geben, zum Kochen bringen und zugedeckt etwa 25 Minuten bei schwacher Hitze garen, etwas Wasser hinzugießen.
6. Die garen Hähnchenrollen herausnehmen (Küchengarn entfernen), auf einer Platte anrichten und zugedeckt warm stellen. Die Schmorflüssigkeit mit Sahne verrühren und aufkochen lassen. Mit Salz und Pfeffer kräftig abschmecken.
7. Zitronenmelisse abspülen und trocken tupfen (einige Zweige zum Garnieren beiseitelegen). Die Blättchen von den Stängeln zupfen. Blättchen klein schneiden und mit dem Joghurt unter die Sauce rühren. Nochmals erhitzen (nicht kochen lassen).
8. Die Sauce auf den Hähnchenrollen verteilen und mit den beiseitegelegten Zitronenmelissezweigen garniert servieren.

Beilage: Reis mit Petersilie bestreut.

Filettopf mit Spitzkohl und Rosinen

8 Portionen (ohne Foto)

Zubereitungszeit: 45 Minuten

1 1/2 kg Schweinefilets
etwa 1,2 kg Spitzkohl
2 Fleischtomaten
4 EL Olivenöl
100 g Schinkenwürfel
(aus dem Kühlregal)
200 g Rosinen
80 g Butter
Salz
gem. Pfeffer

Pro Portion:
E: 48 g, F: 19 g, Kh: 21 g,
kJ: 1910, kcal: 456

1. Schweinefilets mit Küchenpapier trocken tupfen, evtl. Sehnen und Fett entfernen. Schweinefilets längs halbieren und in dünne Scheiben schneiden.
2. Spitzkohl putzen, vierteln und den Strunk herausschneiden. Kohlviertel in Streifen schneiden, abspülen und abtropfen lassen.
3. Danach die Tomaten abspülen, trocken tupfen, halbieren, entkernen und die Stängelansätze herausschneiden. Die Tomatenhälften in Würfel schneiden.
4. Olivenöl in einem großen, weiten Topf erhitzen. Die Filetscheiben darin in 2–3 Portionen von beiden Seiten gut anbraten. Die Spitzkohlstreifen und Schinkenwürfel hinzugeben, etwa 10 Minuten unter gelegentlichem Rühren mitbraten.
5. Rosinen und Butter unterrühren, kurz miterhitzen.
6. Den Filettopf mit Spitzkohl mit Salz und Pfeffer kräftig würzen, anrichten und mit den Tomatenwürfeln bestreut servieren.

Tipps: Statt Rosinen getrocknete Cranberrys verwenden. Den Spitzkohl können Sie auch durch Wirsing oder Chinakohl ersetzen.

Fruchtiges Kurkuma-Hähnchen-Ragout

8 Portionen

Zubereitungszeit: 50 Minuten

8 Hähnchenbrustfilets
(je etwa 120 g)
200 g getrocknete Datteln
(ohne Stein)
200 g getrocknete Feigen
4 EL Speiseöl, z. B. Olivenöl
Salz
gem. Pfeffer
320 g Rosinen
1 gestr. TL Kurkuma (Gelbwurz)
500 ml Geflügelbrühe
500 g Schlagsahne
einige Minzeblättchen

Pro Portion:
E: 33 g, F: 27 g, Kh: 60 g,
kJ: 2609, kcal: 624

1. Die Hähnchenbrustfilets kurz unter fließendem kalten Wasser abspülen, trocken tupfen und würfeln.
2. Datteln je nach Größe halbieren oder vierteln. Die Feigen entstielen und vierteln.
3. Speiseöl in einem großen Topf erhitzen. Die Fleischwürfel darin portionsweise kurz von allen Seiten anbraten und mit Salz und Pfeffer würzen.
4. Dattel-, Feigenstücke und Rosinen zu den Fleischwürfeln in den Topf geben und unter Rühren kurz mitbraten lassen. Kurkuma daraufstreuen. Die Brühe hinzugießen, zum Kochen bringen und um etwa die Hälfte einkochen lassen. Sahne unterrühren, mit Salz und Pfeffer würzen.
5. Das Ragout zum Kochen bringen und unter gelegentlichem Rühren zu einer cremigen Konsistenz einkochen lassen.
6. Das Kurkuma-Hähnchen-Ragout anrichten und mit abgespülten, trocken getupften Minzeblättchen garnieren.

Tipp: Zu dem Ragout Basmatireis, bestreut mit roten Chilischotenringen, servieren.

Fruchtiges Kurkuma-Hähnchen-Ragout

Geflügelgulasch „Ungarische Art"

8 Portionen

Zum Vorbereiten

Zubereitungszeit: 60 Minuten
Garzeit: etwa 45 Minuten

4 Hähnchenbrustfilets (je etwa 120 g)
4 Hähnchenkeulen (ohne Haut, vom Metzger in Unter- und Oberschenkel teilen lassen, je etwa 120 g)
1 Gemüsezwiebel (etwa 300 g)
je 2 rote, grüne und gelbe Paprikaschoten (etwa 1 1/2 kg)
4 EL Speiseöl
2 EL Tomatenmark (50 g)
1 EL Paprikapulver edelsüß
500 ml Gemüsebrühe
Salz, gem. Pfeffer
Knoblauchpulver
1 gestr. TL Kümmelsamen
1 Pck. Dr. Oetker Finesse Geriebene Zitronenschale
200 g Schmand (Sauerrahm)

Für die Nudeln:
5 l Wasser
5 gestr. TL Salz
500 g Bandnudeln

Pro Portion:
E: 30 g, F: 14 g, Kh: 48 g,
kJ: 1853, kcal: 443

1. Hähnchenbrustfilets und halbierte Keulen kurz unter fließendem kalten Wasser abspülen und trocken tupfen. Hähnchenbrustfilets jeweils in 3 Teile schneiden.
2. Zwiebel abziehen, halbieren und in größere Würfel schneiden. Paprikaschoten halbieren, entstielen, entkernen und die weißen Scheidewände entfernen. Schoten abspülen, trocken tupfen und ebenfalls in größere Würfel schneiden.
3. Speiseöl in einem Bräter erhitzen. Das Hähnchenfleisch darin portionsweise von allen Seiten knusprig anbraten. Zwiebel- und Paprikawürfel hinzugeben und mit anbraten. Tomatenmark unterrühren. Mit Paprika bestäuben. Brühe hinzugießen, zum Kochen bringen und etwas einkochen lassen. Mit Salz, Pfeffer, Knoblauch, Kümmel und Zitronenschale würzen. Die Zutaten zugedeckt etwa 45 Minuten bei schwacher Hitze kochen lassen, evtl. noch etwas Brühe oder Wasser hinzufügen. Zuletzt Schmand unterrühren.
4. In der Zwischenzeit für die Nudeln Wasser in einem großen Topf zugedeckt zum Kochen bringen. Dann Salz und Nudeln hinzugeben. Die Nudeln im geöffneten Topf bei mittlerer Hitze nach Packungsanleitung kochen lassen, dabei gelegentlich umrühren.
5. Anschließend die Nudeln in ein Sieb geben, mit heißem Wasser abspülen und abtropfen lassen.
6. Geflügelgulasch „Ungarische Art" mit den Bandnudeln servieren.

Tipps: Alternativ zu den Bandnudeln kleine Kartoffelwürfel von festkochenden Kartoffeln nach dem Anbraten hinzugeben. Geflügelgulasch vor dem Servieren mit abgespülten und trocken getupften Petersilienblättchen garnieren.

Geflügelgulasch „Ungarische Art"

Asiatischer Schweinefleischtopf

8 Portionen

Zubereitungszeit: 60 Minuten

1 kg Schweinenacken (ohne Knochen)
Salz, gem. Pfeffer
6 EL Speiseöl
500 g Langkorn- und Wildreis, gemischt
2 grüne Paprikaschoten (etwa 500 g)
50 g getrocknete Mu-err-Pilze (schwarze, chinesische Baumpilze)
340 g abgetropfte Bambussprossen (aus der Dose)
1 Topf frischer Koriander
2 rote Chilischoten
340 g abgetropfte Sojabohnenkeimlinge (aus der Dose)
200 ml Fleischbrühe
400 ml Sweet-&-Sour-Sauce (Fertigprodukt, Asialaden)
2 EL Sojasauce

Pro Portion:
E: 34 g, F: 18 g, Kh: 64 g,
kJ: 2456, kcal: 584

Asiatischer Schweinefleischtopf

Blitzgulasch

1. Schweinenacken kurz unter fließendem kalten Wasser abspülen, trocken tupfen und in kleine, dünne Scheiben schneiden. Mit Salz und Pfeffer würzen.
2. Die Hälfte des Speiseöls in einer großen Pfanne erhitzen. Die Fleischscheiben darin in 2 Portionen von beiden Seiten anbraten, herausnehmen und warm stellen.
3. Reis in kochendem Salzwasser zugedeckt nach Packungsanleitung gar kochen. Den garen Reis in ein Sieb geben, mit kaltem Wasser übergießen und abtropfen lassen.
4. Paprikaschoten halbieren, entstielen, entkernen und die weißen Scheidewände entfernen. Die Schoten abspülen, trocken tupfen und in Streifen schneiden. Mu-err-Pilze in kaltem Wasser einweichen. Bambussprossen in Streifen schneiden.
5. Koriander abspülen und trocken tupfen. Die Blättchen von den Stängeln zupfen. Einige Blättchen zum Garnieren beiseitelegen. Chilischoten abspülen, trocken tupfen, halbieren, entstielen, entkernen und in kleine Würfel schneiden.
6. Restliches Speiseöl in einem Bräter erhitzen. Paprikastreifen darin andünsten. Sojabohnenkeimlinge, Bambussprossen, Reis und die eingeweichten, abgetropften Pilze hinzufügen. Brühe hinzugießen und kurz aufkochen lassen. Sweet-&-Sour-Sauce, Sojasauce und Chiliwürfel unterrühren. Mit Salz und Pfeffer abschmecken, unter Rühren nochmals erhitzen.
7. Warm gestellte Fleischscheiben unterheben. Den Schweinefleisch-Topf mit den beiseitegelegten Korianderblättchen garniert servieren.

Blitzgulasch

8 Portionen

Zum Vorbereiten

Zubereitungszeit: 40 Minuten

1 kg Roastbeef
8 EL Olivenöl
Salz
gem. Pfeffer
300 g kleine Champignons
80 g Butter
370 g abgetropfte Perlzwiebeln (aus dem Glas)
200 ml Rotwein
400 ml Rinderfond oder Fleischbrühe
2 TL Speisestärke
etwas Rotwein

Pro Portion:
E: 30 g, F: 26 g, Kh: 4 g,
kJ: 1638, kcal: 391

1. Roastbeef mit Küchenpapier trocken tupfen und in mundgerechte Würfel schneiden.
2. Olivenöl in einem großen Topf erhitzen. Fleischwürfel darin in 2 Portionen von allen Seiten anbraten, mit Salz und Pfeffer würzen. Die Fleischwürfel aus der Pfanne nehmen und warm stellen.
3. Champignons putzen, evtl. kurz abspülen und gut abtropfen lassen.
4. Butter zum Bratfett in den Topf geben und zerlassen. Champignons und Perlzwiebeln darin unter Rühren anbraten. Den Rotwein und Fond oder Brühe hinzugießen, zum Kochen bringen. Die Flüssigkeit etwa um die Hälfte einkochen lassen.
5. Speisestärke mit etwas Rotwein anrühren, in den Bratenfond rühren und unter Rühren kurz aufkochen lassen. Die Sauce evtl. nochmals mit den Gewürzen abschmecken.
6. Die warm gestellten Fleischwürfel wieder in die Sauce geben und kurz miterhitzen.

Beilage: Spätzle oder Nudeln.

Bigosch

Bunter Safran-Reis

Bigosch

8 Portionen

Zum Vorbereiten

Zubereitungszeit: 45 Minuten
Garzeit: etwa 40 Minuten

1 kg Schweinenacken (ohne Knochen)
150 g durchwachsener Speck
4 Cabanossi (Knoblauchwurst, je etwa 90 g)
2 rote Paprikaschoten
2 Gemüsezwiebeln
600 g Weißkohl
10 EL Speiseöl, z. B. Rapsöl
4 EL Tomatenmark
2 Lorbeerblätter
Salz, gem. Pfeffer
Kümmelsamen, gerebelter Majoran
1 l heiße Fleischbrühe
evtl. 400 g abgetropfte, gemischte Pilze (aus der Dose)

Pro Portion:
E: 39 g, F: 44 g, Kh: 10 g,
kJ: 2452, kcal: 588

1. Das Schweinefleisch mit Küchenpapier trocken tupfen und in etwa 3 cm große Würfel schneiden. Speck klein würfeln. Cabanossi in Scheiben schneiden.

2. Paprikaschoten halbieren, entstielen, entkernen und die weißen Scheidewände entfernen. Die Schoten abspülen, abtropfen lassen und in kleine Würfel schneiden.

3. Zwiebeln abziehen, halbieren und klein würfeln. Von dem Weißkohl die äußeren Blätter entfernen. Kohl vierteln und den Strunk herausschneiden. Kohlviertel in Streifen schneiden, abspülen und abtropfen lassen.

4. Speiseöl in einem großen Topf erhitzen. Die Speckwürfel darin auslassen. Dann die Fleischwürfel und Wurstscheiben portionsweise hinzugeben und anbraten. Paprika-, Zwiebelwürfel und Weißkohlstreifen hinzugeben und unter Rühren andünsten.

5. Tomatenmark unterrühren. Die Lorbeerblätter hinzufügen, mit Salz, Pfeffer, Kümmel und Majoran würzen. Fleischbrühe hinzugießen und zum Kochen bringen. Bigosch zugedeckt etwa 40 Minuten bei mittlerer Hitze garen. Kurz vor Ende der Garzeit die Pilze hinzugeben und miterhitzen. Lorbeerblätter entfernen.

Bunter Safran-Reis

8 Portionen

Zubereitungszeit: 40 Minuten

12 EL Speiseöl, z. B. Sonnenblumenöl
400–500 g Langkornreis
etwa 1 l Gemüsebrühe
2 Döschen gem. Safran (je 0,2 g)
Salz
300 g TK-Grüne Bohnen
8 mittelgroße Tomaten
4 mittelgroße Zwiebeln
400 g kleine Champignons
400 g kleine Shiitakepilze
400 g kleine Pfifferlinge
gem. Pfeffer
getrocknetes Bohnenkraut
80 g Butter

Pro Portion:
E: 10 g, F: 24 g, Kh: 55 g,
kJ: 1969, kcal: 470

1. Die Hälfte des Speiseöls in einem großen Topf erhitzen. Reis hinzugeben und darin unter Rühren andünsten, bis die Reiskörner glasig sind. Brühe hinzugießen. Mit Safran und

Salz würzen. Reis zum Kochen bringen und zugedeckt nach Packungsanleitung etwa 20 Minuten quellen lassen, bis der Reis die Brühe aufgenommen hat. Den gegarten Reis in einem Sieb warm stellen.

2. In der Zwischenzeit Bohnen in kochendem Wasser nach Packungsanleitung garen. Anschließend die Bohnen in ein Sieb geben, mit kaltem Wasser abschrecken und abtropfen lassen.

3. Tomaten kreuzweise einschneiden und mit kochendem Wasser übergießen. Nach 1–2 Minuten herausnehmen und mit kaltem Wasser abschrecken. Tomaten enthäuten, halbieren und die Stängelansätze herausschneiden. Tomaten achteln. Zwiebeln abziehen, zuerst in Scheiben schneiden, dann in Ringe teilen. Pilze putzen, evtl. kurz abspülen und gut trocken tupfen. Größere Pilze halbieren oder vierteln.

4. Restliches Speiseöl in einem großen Topf erhitzen. Zuerst die Zwiebelringe darin andünsten, dann die Pilze portionsweise hinzugeben und unter gelegentlichem Rühren mitdünsten lassen. Mit Salz und Pfeffer würzen.

5. Die Bohnen mit den Tomatenspalten zu den Pilzen in den Topf geben. Das Gemüse mit Salz, Pfeffer und Bohnenkraut abschmecken, nochmals kurz erwärmen.

6. Butter in einem großen Topf zerlassen. Safran-Reis hinzufügen und erwärmen. Das Pilzgemüse mit dem Reis vermengen und sofort servieren.

Chinakohl-Stew

8 Portionen

Zum Vorbereiten

Zubereitungszeit: 50 Minuten
Garzeit: etwa 75 Minuten

400 g Rindfleisch
400 g Lammfleisch
400 g Schweinefleisch
4 Zwiebeln
2 Knoblauchzehen
4–5 EL Speiseöl
Salz
gem. Pfeffer
600 ml Wasser oder Fleischbrühe
1 3/4 kg Chinakohl
4 Tomaten
250 ml–375 ml Wasser oder Fleischbrühe
250 ml Weißwein

Pro Portion:
E: 31 g, F: 28 g, Kh: 4 g,
kJ: 1825, kcal: 437

1. Rind-, Lamm- und Schweinefleisch mit Küchenpapier trocken tupfen und in kleine Würfel schneiden. Die Zwiebeln abziehen und in Scheiben schneiden. Knoblauch abziehen und durch eine Knoblauchpresse drücken.

2. Speiseöl in einem großen Topf erhitzen. Die Fleischwürfel darin portionsweise anbraten, mit Salz und Pfeffer würzen.

3. Zwiebelscheiben und Knoblauch zu den angebratenen Fleischwürfeln geben und kurz mitbraten lassen. Wasser oder Brühe hinzufügen, zum Kochen bringen. Die Fleischwürfel zugedeckt etwa 45 Minuten garen.

4. In der Zwischenzeit Chinakohl putzen, Kohl halbieren und den Strunk herausschneiden. Kohlhälften in schmale Streifen schneiden, abspülen und gut abtropfen lassen oder trocken schleudern.

5. Tomaten kreuzweise einschneiden, mit kochendem Wasser übergießen. Nach 1–2 Minuten herausnehmen, mit kaltem Wasser abschrecken. Die Tomaten enthäuten, halbieren und die Stängelansätze herausschneiden. Tomaten vierteln.

6. Tomatenviertel mit den Chinakohlstreifen und Wasser oder Brühe zu den Fleischwürfeln in den Topf geben. Alles wieder zum Kochen bringen, nochmals mit Salz und Pfeffer würzen. Chinakohl-Stew zugedeckt etwa 30 Minuten garen.

7. Chinakohl-Stew vorsichtig umrühren, Weißwein hinzugießen und noch einige Minuten ziehen lassen.

Chinakohl-Stew

Couscous mit Gemüse

12 Portionen

Zum Vorbereiten

Zubereitungszeit: 60 Minuten

5–6 Knoblauchzehen
5–6 Zwiebeln
750 g Zucchini
3 Auberginen (etwa 1 kg)
12–15 Fleischtomaten
(etwa 1 1/2 kg)
750 g Kürbis
600 g Möhren
150 ml Olivenöl
Salz, gem. Pfeffer
2 Döschen Safran (je 0,2 g)
etwas gem. Zimt
1 gestr. EL Paprikapulver edelsüß
1–2 EL Harissa
(afrikanische Gewürzpaste)
2 Msp. gem. Gewürznelken
1/2–1 gestr. TL gem. Kreuzkümmel
(Cumin)
750 g Couscous
900 ml heiße Gemüsebrühe
einige Stängel glatte Petersilie

Pro Portion:
E: 14 g, F: 15 g, Kh: 53 g,
kJ: 1722, kcal: 408

1. Knoblauch und Zwiebeln abziehen, in kleine Würfel schneiden. Zucchini und Auberginen abspülen, abtrocknen und die Enden bzw. Stängelansätze abschneiden. Zucchini und Auberginen in Würfel schneiden.
2. Tomaten abspülen, abtropfen lassen, halbieren und die Stängelansätze herausschneiden. Tomatenhälften in Würfel schneiden. Kürbis halbieren, schälen und die Kerne mit einem Löffel herausschaben. Kürbis abspülen, abtropfen lassen und würfeln. Möhren putzen, schälen, abspülen, abtropfen lassen und ebenfalls in Würfel schneiden.
3. Olivenöl in einem großen Topf erhitzen. Nach und nach Knoblauch-, Zwiebelwürfel und das vorbereitete Gemüse darin unter Rühren anbraten. Mit Salz, Pfeffer, Safran, Zimt, Paprika, Harissa, Nelken und Kreuzkümmel würzen. Das Gemüse zum Kochen bringen und etwa 15 Minuten bei schwacher Hitze garen. Dabei gelegentlich umrühren.
4. In der Zwischenzeit Couscous in einen Topf geben, mit heißer Gemüsebrühe übergießen und zugedeckt etwa 15 Minuten bei schwacher Hitze quellen lassen. Petersilie abspülen und trocken tupfen. Die Blättchen von den Stängeln zupfen.
5. Couscous mit 2 Gabeln auflockern, auf Tellern oder in Schüsseln verteilen. Das Gemüse daraufgeben. Couscous mit Petersilie bestreut servieren. Oder Couscous separat zu dem Gemüse reichen.

Currylinsen mit Gemüse

8 Portionen (ohne Foto)

Zum Vorbereiten

Zubereitungszeit: 30 Minuten
Garzeit: etwa 20 Minuten

4 Zwiebeln
4 Knoblauchzehen
2 walnussgroße Stücke Ingwer
4 EL Speiseöl
500 g rote Linsen
2 EL Currypulver
2 TL Kurkuma (Gelbwurz)
etwa 1 l Gemüsebrühe
4 rote Paprikaschoten
4–6 EL Weißweinessig
Salz
gem. Pfeffer
1 Prise Zucker

Pro Portion:
E: 18 g, F: 7 g, Kh: 40 g,
kJ: 1238, kcal: 296

1. Zwiebeln und Knoblauch abziehen, in kleine Würfel schneiden. Ingwer schälen und ebenfalls klein würfeln.
2. Speiseöl in einem großen Topf erhitzen. Zwiebel-, Knoblauch- und Ingwerwürfel darin andünsten.
3. Linsen, Curry und Kurkuma hinzugeben. Brühe hinzugießen und zum Kochen bringen. Linsen etwa 10 Minuten bei schwacher Hitze garen.
4. In der Zwischenzeit die Paprikaschoten halbieren, entstielen, entkernen und die weißen Scheidewände entfernen. Schoten abspülen, abtropfen lassen und in kleine Stücke schneiden.
5. Paprikastücke zu den Linsen in den Topf geben und weitere 8–10 Minuten mitgaren lassen.
6. Die Currylinsen mit Essig, Salz, Pfeffer und Zucker abschmecken.

Beilage: Fladenbrot.

Couscous mit Gemüse

Eierschwammerlgulasch (Pfifferlingsgulasch)

Feuertopf, scharfsüß

Eierschwammerl-gulasch (Pfifferlings-gulasch)

8–10 Portionen

Zubereitungszeit: 45 Minuten

1 kg Eierschwammerl (Pfifferlinge)
100 g Schalotten
2 EL Olivenöl
50 g Butter
Paprikapulver edelsüß
2 TL Zitronensaft
Salz
gem. Pfeffer
40 g Weizenmehl
500 g Schlagsahne
1 EL gehackter Kerbel oder gehackte, glatte Petersilie

Pro Portion:
E: 3 g, F: 25 g, Kh: 6 g,
kJ: 1082, kcal: 258

1. Schwammerl putzen, evtl. kurz abspülen und trocken tupfen. Schalotten abziehen und in kleine Würfel schneiden. Olivenöl in einem großen Topf erhitzen, Butter hinzugeben und zerlassen. Schalottenwürfel darin andünsten.
2. Schwammerl darin in 3 Portionen anbraten. Mit Paprika, Zitronensaft, Salz und Pfeffer würzen.
3. Mehl mit etwas Sahne anrühren. Restliche Sahne zu den Schwammerln in den Topf geben und zum Kochen bringen. Angerührte Sahne einrühren und unter vorsichtigem Rühren aufkochen lassen. Kerbel oder Petersilie unterrühren. Eierschwammerlgulasch nochmals mit den Gewürzen abschmecken.

Beilage: Semmelknödel, Spätzle oder Baguette.

Tipp: Außerhalb der Pilzsaison können Sie Pfifferlinge aus der Dose oder andere frische Pilze wie etwa Champignons, Kräutersaitlinge oder Austernpilze verwenden.

Feuertopf, scharfsüß

12 Portionen

Zum Vorbereiten

Zubereitungszeit: 35 Minuten
Garzeit: etwa 25 Minuten

1 1/2 kg Schnitzelfleisch
7 EL Speiseöl
3 rote Paprikaschoten
2 grüne Paprikaschoten
190 g abgetropfte Silberzwiebeln (aus dem Glas)
340 g abgetropfte Champignons (aus dem Glas)
560 g Ananasstücke (aus der Dose)
200 ml Chilisauce
2 TL Paprikapulver edelsüß
4 EL Tomatenmark
250 ml Wasser oder Gemüsebrühe
2 Spritzer Tabasco
etwas Cayennepfeffer
Salz, gem. Pfeffer
1 Prise Zucker
300 g saure Sahne

Pro Portion:
E: 28 g, F: 24 g, Kh: 13 g,
kJ: 1710, kcal: 408

1. Schnitzelfleisch mit Küchenpapier trocken tupfen und in Streifen schneiden.
2. Speiseöl in einem großen Topf erhitzen. Die Fleischstreifen darin portionsweise anbraten.
3. Paprikaschoten halbieren, entstielen, entkernen und die weißen Scheidewände entfernen. Schoten abspülen, abtropfen lassen und in Streifen schneiden. Paprikastreifen (einige zum Garnieren beiseitelegen) zu den Fleischstreifen in den Topf geben und etwa 10 Minuten mitgaren lassen. Silberzwiebeln und Champignons hinzugeben.
4. Ananasstücke mit Saft, Chilisauce, Paprika, Tomatenmark und Wasser oder Gemüsebrühe in den Feuertopf geben, zum Kochen bringen und etwa 15 Minuten mitgaren.
5. Mit Tabasco und Cayennepfeffer würzen, mit Salz, Pfeffer und etwas Zucker abschmecken, saure Sahne unterrühren. Beiseitegelegte Paprikastreifen daraufstreuen.

Tipp: Dazu Reis oder ofenfrisches Stangenweißbrot reichen.

Fleischtopf, gratiniert

Fleischtopf, gratiniert

8–10 Portionen

Zubereitungszeit: 60 Minuten

4 Auberginen (etwa 1 kg)
4 Zucchini (etwa 800 g)
4 Zwiebeln
4 Knoblauchzehen
je 2 grüne und rote Paprikaschoten
500 g Champignons
8 Tomaten
8 EL Olivenöl
4 EL Tomatenmark
500 ml Gemüsebrühe
400 g Schlagsahne
Salz, gem. Pfeffer
gerebelter Oregano
1,2 kg Roastbeef
12 EL Olivenöl
200 g geriebener Käse,
z. B. Gouda

Pro Portion:
E: 39 g, F: 34 g, Kh: 12 g,
kJ: 2160, kcal: 515

1. Die Auberginen und Zucchini abspülen, abtrocknen und die Stängelansätze bzw. Enden abschneiden. Auberginen und Zucchini in Würfel schneiden. Zwiebeln und Knoblauch abziehen, in kleine Würfel schneiden.
2. Paprikaschoten halbieren, entstielen, entkernen und die weißen Scheidewände entfernen. Die Schoten abspülen, abtropfen lassen und ebenfalls würfeln. Champignons putzen, evtl. kurz abspülen, trocken tupfen und halbieren.
3. Tomaten kreuzweise einschneiden und mit kochendem Wasser übergießen. Nach 1–2 Minuten herausnehmen und mit kaltem Wasser abschrecken. Tomaten enthäuten, halbieren und die Stängelansätze herausschneiden. Tomaten in kleine Stücke schneiden.
4. Das Olivenöl in einem großen Topf erhitzen. Zwiebel- und Knoblauchwürfel darin glasig dünsten. Das vorbereitete Gemüse nacheinander portionsweise hinzugeben und jeweils etwa 5 Minuten dünsten. Tomatenmark unterrühren. Brühe und Sahne hinzugießen, mit Salz, Pfeffer und Oregano würzen. Die Gemüsemasse zum Kochen bringen und etwa 10 Minuten garen.
5. Den Backofen vorheizen.
Ober-/Unterhitze: etwa 220 °C
Heißluft: etwa 200 °C
6. Roastbeef mit Küchenpapier trocken tupfen, evtl. von Haut und Sehnen befreien. Fleisch zuerst in Scheiben, dann in Streifen schneiden.
7. Olivenöl in einem großen Bräter erhitzen. Die Fleischstreifen darin portionsweise von allen Seiten anbraten, herausnehmen, mit Salz und Pfeffer würzen. Gemüse hinzugeben und untermischen. Den Fleischtopf mit Käse bestreuen.
8. Den Bräter auf dem Rost in den vorgeheizten Backofen schieben. Den Fleischtopf etwa 15 Minuten gratinieren.

Tipp: Sie können den Fleischtopf zum Gratinieren auch in zwei große Auflaufformen füllen.

Filettopf mit Sauerkraut

8 Portionen (ohne Foto)

Zubereitungszeit: 45 Minuten
Garzeit: etwa 20 Minuten

700 g vorgegarte Kartoffeln (aus dem Kühlregal)
2 Zwiebeln
1 kg Schweinefilet
4 EL Speiseöl, z. B. Sonnenblumenöl
1 l Gemüsebrühe
800 g abgetropftes Sauerkraut (aus der Dose)
je 2 rote und grüne Paprikaschoten
360 g abgetropfte Ananasscheiben (aus der Dose)
etwas Ananassaft (aus der Dose)
1 kg passierte Tomaten (Tetra Pak®)
Salz
Cayennepfeffer
etwas Zucker
2 kleine Bund Petersilie
400 g Schmand (Sauerrahm)

Pro Portion:
E: 35 g, F: 21 g, Kh: 32 g,
kJ: 1957, kcal: 467

1. Kartoffeln klein schneiden. Zwiebeln abziehen und sehr klein würfeln. Schweinefilet mit Küchenpapier trocken tupfen und in Würfel schneiden.
2. Speiseöl in einem großen Topf erhitzen. Die Fleischwürfel darin in 2–3 Portionen von allen Seiten kräftig anbraten. Die Kartoffel- und

Zwiebelwürfel hinzugeben, kurz mit anbraten. Brühe hinzugießen, Sauerkraut evtl. klein schneiden, hinzugeben, zum Kochen bringen und zugedeckt etwa 5 Minuten garen.

3. In der Zwischenzeit die Paprikaschoten halbieren, entstielen, entkernen und die weißen Scheidewände entfernen. Schoten abspülen, abtropfen lassen und in kleine Stücke schneiden. Von den Ananasscheiben den Saft auffangen. Ananasscheiben in Stücke schneiden.

4. Paprika-, Ananasstücke, etwas Ananassaft und die passierten Tomaten zum Filettopf geben. Mit Salz, Cayennepfeffer und Zucker würzen. Den Filettopf etwa 15 Minuten garen.

5. In der Zwischenzeit die Petersilie abspülen und trocken tupfen. Die Blättchen von den Stängeln zupfen. Blättchen klein schneiden.

6. Den Filettopf anrichten, mit der Petersilie bestreuen und mit einem Klecks Schmand servieren.

Tipp: Servieren Sie Roggen- oder Körnerbaguette dazu.

Rindfleischtopf nach Sauerbraten-Art mit Klößen

Zum Vorbereiten

8 10 Portionen

Zubereitungszeit: 50 Minuten, ohne Abkühl- und Marinierzeit
Garzeit: etwa 90 Minuten

1,2 kg Rindfleisch (aus der Keule, ohne Knochen)

Für die Marinade:
1 Bund Suppengrün (etwa 500 g, Möhren, Sellerie, Porree)
200 ml trockener Rotwein, z. B. Burgunder
200 ml Fleischbrühe
5 EL Rotweinessig
2 Gewürznelken
4 Wacholderbeeren
1 TL Pfefferkörner

500 g Backobst (Pflaumen, Äpfel, Aprikosen, Rosinen)
4 EL Speiseöl
2 EL Tomatenmark (etwa 50 g)
Salz
gem. Pfeffer
1 Pck. Kartoffelklöße, halb und halb (Fertigprodukt)

Pro Portion:
E: 32 g, F: 11 g, Kh: 60 g,
kJ: 2061, kcal: 490

1. Rindfleisch kurz unter fließendem kalten Wasser abspülen, gut trocken tupfen und in gleich große Würfel schneiden. Rindfleischwürfel in eine große, flache Schale legen.

2. Für die Marinade Suppengrün putzen, schälen, abspülen, abtropfen lassen und klein würfeln.

3. Rotwein mit Brühe und Essig in einem Topf verrühren. Nelken, die Wacholderbeeren und Pfefferkörner mit einem Mörser fein zerstoßen und hinzugeben. Gemüsewürfel ebenfalls in die Marinade geben. Die Zutaten unter Rühren aufkochen und anschließend erkalten lassen. Rindfleischwürfel mit der Marinade übergießen und zugedeckt über Nacht in den Kühlschrank stellen.

4. Backobst in lauwarmem Wasser einweichen. Rindfleischwürfel aus der Marinade nehmen und etwas abtropfen lassen, evtl. trocken tupfen.

5. Speiseöl in einem Bräter erhitzen. Rindfleischwürfel darin portionsweise von allen Seiten kräftig anbraten. Tomatenmark hinzufügen. Die Marinade mit den Gemüsewürfeln hinzugießen. Die Zutaten zum Kochen bringen und zugedeckt etwa 90 Minuten garen. Dabei gelegentlich umrühren.

6. Nach etwa 45 Minuten Garzeit das Backobst in einem Sieb abtropfen lassen, in den Rindfleischtopf geben und fertig garen. Mit Salz und Pfeffer abschmecken.

7. Kartoffelklöße nach Packungsanleitung zubereiten. Aus der Masse kleine Klöße formen und in siedendem Wasser garen. Wenn die Klöße an der Oberfläche schwimmen, mit einer Schaumkelle herausnehmen und in den garen Rindfleischtopf geben.

Rindfleischtopf nach Sauerbraten-Art mit Klößen

Rindergulasch mit Wirsing

Zum Vorbereiten

8–10 Portionen

Zubereitungszeit: 60 Minuten
Garzeit: etwa 110 Minuten

1,4 kg Rindfleisch (aus der Hüfte)
Salz, gem. Pfeffer
4 EL Speiseöl
2 EL Tomatenmark
300 ml Bratenfond oder Fleischbrühe
1/2 Kopf Wirsing (etwa 400 g)
4 große Möhren (etwa 400 g)
4 weiße Rüben (etwa 400 g)
je 1 rote, gelbe und grüne Paprikaschote (etwa 450 g)
200 ml Portwein
1 Bund Kerbel
100 g kalte Butter in Stückchen

Pro Portion:
E: 36 g, F: 18 g, Kh: 9 g,
kJ: 1513, kcal: 362

1. Rindfleisch mit Küchenpapier trocken tupfen und in etwa 2 cm große Würfel schneiden. Mit Salz und Pfeffer würzen.
2. Speiseöl in einem Bräter erhitzen. Die Fleischwürfel darin in 2 Portionen von allen Seiten kräftig anbraten. Tomatenmark unterrühren. Fond oder Brühe hinzugießen, zum Kochen bringen und zugedeckt etwa 60 Minuten bei schwacher Hitze garen, evtl. etwas Wasser hinzugießen.
3. Von dem Wirsing die äußeren Blätter entfernen. Wirsing halbieren und den Strunk herausschneiden. Wirsingviertel in Stücke schneiden, abspülen und abtropfen lassen. Möhren und Rüben putzen, schälen, abspülen, abtropfen lassen und in Stifte schneiden. Paprikaschoten halbieren, entstielen, entkernen und die weißen Scheidewände entfernen. Die Schoten abspülen, trocken tupfen und in Würfel schneiden.
4. Möhren-, Rübenstifte und Paprikawürfel zum Gulasch in den Bräter geben, mit Salz und Pfeffer würzen und zugedeckt weitere etwa 30 Minuten bei schwacher Hitze mitgaren lassen. Dann die Wirsingstücke hinzufügen und noch etwa 20 Minuten garen. Wein hinzugießen, nochmals mit Salz und Pfeffer abschmecken.
5. Kerbel abspülen und trocken tupfen (einige Spitzen zum Garnieren beiseitelegen). Die Blättchen von den Stängeln zupfen. Butterstückchen zum Gulasch geben und unterrühren. Kerbelblättchen hinzugeben. Rindergulasch vor dem Servieren mit den beiseitegelegten Kerbelspitzen garnieren.

Rindergulasch mit Wirsing

Rosmarin-Paprika-Topf

8 Portionen (ohne Foto)

Zum Vorbereiten

Zubereitungszeit: 40 Minuten

1,2 kg kleine, festkochende Kartoffeln
500 g kleine Schalotten
4 EL Olivenöl
Salz, gem. Pfeffer
2 kg bunte Paprikaschoten (rot, grün, gelb)
8 Stängel Rosmarin
8 Knoblauchzehen
500 ml Gemüsebrühe
Saft von 1 Zitrone

Pro Portion:
E: 6 g, F: 6 g, Kh: 27 g,
kJ: 805, kcal: 192

1. Kartoffeln unter fließendem kalten Wasser gründlich abbürsten und gut abtropfen lassen. Kartoffeln mit Schale längs halbieren. Schalotten abziehen und evtl. halbieren.
2. Olivenöl in einem großen, weiten Topf erhitzen. Kartoffelhälften und Schalotten darin bei mittlerer Hitze etwa 15 Minuten unter mehrmaligem Wenden goldbraun braten, mit Salz und Pfeffer würzen.
3. In der Zwischenzeit Paprikaschoten halbieren, entstielen, entkernen und die weißen Scheidewände entfernen. Schoten abspülen, abtropfen lassen und grob würfeln. Rosmarin abspülen und trocken tupfen. Die Nadeln von den Stängeln zupfen. Knoblauch abziehen und der Länge nach halbieren.
4. Die Paprikawürfel zu den Kartoffeln in den Topf geben und kurz unter Rühren mitbraten lassen. Knoblauch und Rosmarinnadeln unterrühren. Etwas von der Brühe hinzugießen.
5. Die Zutaten weitere 10–15 Minuten unter gelegentlichem Rühren leicht braten lassen.
6. Restliche Brühe hinzugießen, zum Kochen bringen und leicht einkochen lassen. Den Rosmarin-Paprika-Topf mit Salz, Pfeffer und Zitronensaft abschmecken.

Kasseler-Gemüse-Pfanne

Schmorgurkentopf

Kasseler-Gemüse-Pfanne

Zum Vorbereiten

8 Portionen

Zubereitungszeit: 60 Minuten

1 kg Kasseler Rücken (ohne Knochen)
1,4 kg Steckrübe
400 g Porree (Lauch)
60 g Butterschmalz
gem. Pfeffer
2 TL gerebelter Thymian
6 Sternanis
500 ml Gemüsebrühe
8–10 EL Weißwein
Salz, etwas Zucker

Pro Portion:
E: 24 g, F: 18 g, Kh: 12 g,
kJ: 1329, kcal: 317

1. Kasseler mit Küchenpapier trocken tupfen und in feine Streifen schneiden. Steckrüben schälen, abspülen, abtropfen lassen, zuerst in Scheiben, dann in Stifte schneiden. Porree putzen, die Stangen längs halbieren, gründlich waschen, abtropfen lassen und in feine Streifen schneiden.
2. Butterschmalz in einem großen, weiten Topf erhitzen. Kasselerstreifen darin in 2–3 Portionen von beiden Seiten anbraten, herausnehmen und mit Pfeffer würzen.
3. Das vorbereitete Gemüse portionsweise in dem verbliebenen Bratfett unter Rühren anbraten, Thymian und Sternanis unterrühren. Brühe und Wein hinzugießen, zum Kochen bringen und zugedeckt etwa 10 Minuten bei mittlerer Hitze garen.
4. Die Kasselerstreifen zum Gemüse in den Topf geben und miterwärmen. Mit Salz, Pfeffer und Zucker abschmecken.

Tipp: Servieren Sie Pellkartoffeln dazu.

Schmorgurkentopf

8–10 Portionen

Zubereitungszeit: 50 Minuten
Garzeit: etwa 30 Minuten

6 Schmorgurken (etwa 1 1/2 kg)
500 g festkochende Kartoffeln
1 Gemüsezwiebel (etwa 200 g)
3 EL Speiseöl
3 EL Weizenmehl
2 l Gemüsebrühe
1 Bund Dill
300 g Kochschinken
5 hart gekochte Eier
400 g Schmand (Sauerrahm) oder Sahnejoghurt
Salz, gem. Pfeffer

Pro Portion:
E: 15 g, F: 22 g, Kh: 16 g,
kJ: 1441, kcal: 343

1. Schmorgurken gründlich waschen und abtropfen lassen. Von 1 Gurke etwa 200 g grob raspeln und beiseitelegen. Die restlichen Gurken schälen, längs halbieren, die Kerne mit einem Löffel herausschaben. Gurkenhälften in Würfel schneiden.
2. Kartoffeln schälen, abspülen und abtropfen lassen. Gemüsezwiebel abziehen. Kartoffeln und Gemüsezwiebel klein würfeln.
3. Speiseöl in einem großen Topf erhitzen. Zwiebel-, Gurken- und Kartoffelwürfel darin portionsweise von allen Seiten leicht andünsten.
4. Mehl darüberstäuben und unter Rühren so lange erhitzen, bis es hellgelb ist. Die Brühe hinzugießen, mit einem Schneebesen durchschlagen. Dabei darauf achten, dass keine Klümpchen entstehen. Den Schmorgurkentopf zum Kochen bringen und etwa 30 Minuten kochen lassen. Dann den Schmorgurkentopf mit einem Schneebesen grob zerkleinern.
5. Dill abspülen und trocken tupfen. Die Spitzen von den Stängeln zupfen (einige Spitzen zum Garnieren beiseitelegen), Spitzen grob zerschneiden. Schinken und Eier in Würfel schneiden. Den klein geschnittenen Dill in den pürierten Schmorgurkentopf geben, nochmals unter Rühren erwärmen, mit Salz und Pfeffer würzen.
6. Den Schmorgurkentopf in Tellern oder Suppentassen anrichten. Jeweils einen Klecks Schmand oder Joghurt daraufgeben. Den Topf mit den Gurkenraspeln, Schinken- und Eierwürfeln bestreuen. Mit dem beiseitegelegten Dill garnieren.

Speck-Weißkohl-Gulasch

Speck-Weißkohl-Gulasch

8 Portionen

Zubereitungszeit: 60 Minuten
Garzeit: etwa 25 Minuten

1 l Wasser
2 gestr. TL Salz
2 Lorbeerblätter
4 Gewürznelken
2 TL schwarze Pfefferkörner
400 g mild geräucherter, magerer Schinkenspeck

1 Weißkohl (etwa 1 1/2 kg)
1 1/2 kg festkochende Kartoffeln
2 Gemüsezwiebeln (etwa 500 g)
4 EL Sonnenblumenöl
200 ml Gemüsebrühe
1 TL Kümmelsamen
Salz
gem. Pfeffer

einige Petersilienblättchen
2–4 EL Schnittlauchröllchen

Pro Portion:
E: 16 g, F: 10 g, Kh: 32 g,
kJ: 1206, kcal: 287

1. Wasser in einem großen Topf zum Kochen bringen. Salz, Lorbeerblätter, Gewürznelken, Pfefferkörner und Speck hinzufügen, zum Kochen bringen und zugedeckt etwa 15 Minuten kochen.
2. In der Zwischenzeit von dem Weißkohl die äußeren Blätter entfernen. Weißkohl vierteln, abspülen, abtropfen lassen und den Strunk herausschneiden. Kohlviertel in Streifen schneiden.
3. Kartoffeln schälen, abspülen, abtropfen lassen und in kleine Würfel schneiden. Zwiebeln abziehen, halbieren und klein würfeln.
4. Sonnenblumenöl in einem Bräter erhitzen. Die Zwiebelwürfel darin glasig dünsten. Die Kohlstreifen portionsweise hinzufügen und unter Rühren anbraten. Etwas von der Gemüsebrühe hinzugießen. Kartoffelwürfel portionsweise hinzugeben und ebenfalls unter Rühren mit anbraten. Mit Kümmel, Salz und Pfeffer würzen. Restliche Brühe hinzugießen.
5. Die Zutaten zum Kochen bringen. Dann den gekochten Speck aus dem Specksud nehmen. Etwa die Hälfte des Specksuds zum Kartoffel-Kohl-Gemüse geben und unterrühren. Den gekochten Speck darauflegen. Gemüsegulasch zugedeckt etwa 25 Minuten garen. Dabei gelegentlich umrühren. Evtl. verkochte Flüssigkeit durch den restlichen Specksud ersetzen.
6. Den garen Speck aus dem Gulasch nehmen, in dünne Scheiben schneiden und unter das Gemüsegulasch heben.
7. Petersilienblättchen abspülen und trocken tupfen. Weißkohl-Kartoffel-Gulasch mit Schnittlauchröllchen bestreuen und mit Petersilie garniert servieren.

Tipp: Wenn Sie den Speck lieber knusprig mögen, dann den gekochten Speck in Scheiben schneiden und in einer erhitzten Pfanne knusprig ausbraten. Die Speckscheiben dann erst zum Servieren auf das Gulasch legen.

Rosinen-Spitzkohl-Topf mit Hackfleisch

8 Portionen (ohne Foto)

Zubereitungszeit: 60 Minuten
Garzeit: 15–20 Minuten

2 kg Spitzkohl
2 Gemüsezwiebeln
2 EL Speiseöl
1 kg Gehacktes (halb Rind-, halb Schweinefleisch)
Salz, gem. Pfeffer
Currypulver
Paprikapulver edelsüß
500 ml Fleischbrühe
1 TL Kümmelsamen
150 g Rosinen

Pro Portion:
E: 29 g, F: 24 g, Kh: 22 g,
kJ: 1764, kcal: 421

1. Spitzkohl putzen, vierteln und den Strunk herausschneiden. Kohlviertel in Streifen schneiden, abspülen und abtropfen lassen. Die Gemüsezwie-

beln abziehen, halbieren und in Würfel schneiden.
2. Speiseöl in einem großen Topf erhitzen. Zwiebelwürfel darin portionsweise unter Rühren andünsten. Das Gehackte in 2 Portionen hinzugeben und unter Rühren anbraten. Dabei die Fleischklümpchen mit einer Gabel zerdrücken, mit Salz, Pfeffer, Curry und Paprika würzen.
3. Die Spitzkohlstreifen portionsweise hinzugeben und unter gelegentlichem Rühren mit anbraten. Nach und nach etwas von der Fleischbrühe hinzugießen.
4. Kümmelsamen und Rosinen unterrühren. Restliche Fleischbrühe hinzugießen.
5. Zutaten zugedeckt etwa 15 Minuten garen. Den Rosinen-Spitzkohl-Topf nochmals mit den Gewürzen abschmecken und servieren.

Tomatenragout von frisch gedörrten Tomaten und Bandnudeln

8–10 Portionen

Zubereitungszeit: 60 Minuten
Dörrzeit: 1–2 Stunden

Zum Vorbereiten:
je 800 g mittelgroße, rote und gelbe Cocktailtomaten oder kleine Strauchtomaten
10 Knoblauchzehen
frisch gem., grober, bunter Pfeffer

2 Gemüsezwiebeln (etwa 400 g)
2 milde, grüne Chilischoten
250 g Rucola (Rauke)
4 EL Olivenöl
3 EL Tomatenmark
evtl. etwas Wasser oder Gemüsebrühe
Salz, gem. Pfeffer
je 4 l Wasser
je 4 gestr. TL Salz
800 g dünne Bandnudeln, z. B. Linguine
100 g frisch gehobelter Parmesan

Pro Portion:
E: 18 g, F: 12 g, Kh: 70 g,
kJ: 1944, kcal: 463

1. Den Backofen vorheizen.
Ober-/Unterhitze: etwa 100 °C
Heißluft: etwa 80 °C
2. Zum Vorbereiten die Tomaten abspülen, trocken tupfen, halbieren, entkernen und die Stängelansätze herausschneiden. Die Tomatenhälften jeweils mit der Schnittfläche nach oben auf ein Backblech (gefettet) legen. Knoblauch abziehen, in Scheiben schneiden und auf den Tomatenhälften verteilen. Mit buntem Pfeffer bestreuen. Das Backblech in den vorgeheizten Backofen schieben. Die Tomatenhälften 1–2 Stunden dörren (trocknen) lassen (die Dörrzeit richtet sich nach dem Flüssigkeitsgehalt der Tomaten).
3. Zwiebeln abziehen, halbieren und in kleine Würfel schneiden. Die Chilischoten halbieren, entstielen, entkernen und die weißen Scheidewände entfernen. Die Schoten abspülen, trocken tupfen und in kleine Würfel schneiden. Rucola putzen und die dicken Stiele entfernen. Den Rucola abspülen, abtropfen lassen und in mundgerechte Stücke schneiden oder zupfen.
4. Olivenöl in einem Topf erhitzen. Zwiebel- und Chiliwürfel darin andünsten. Tomatenmark unterrühren. Gedörrte Tomatenhälften hinzufügen und mit andünsten, evtl. etwas Wasser oder Brühe hinzugeben. Mit Salz und Pfeffer würzen.
5. Die Nudeln in 2 Portionen kochen. Dafür jeweils Wasser in einem großen Topf zugedeckt zum Kochen bringen. Dann Salz und Nudeln hinzugeben. Die Nudeln im geöffneten Topf bei mittlerer Hitze nach Packungsanleitung kochen lassen, dabei gelegentlich umrühren.
6. Anschließend die Nudeln in ein Sieb geben, mit heißem Wasser abspülen und abtropfen lassen.
7. Nudeln in eine große Schüssel geben, Tomaten-Ragout untermischen, Rucola ebenfalls unterheben. Tomaten-Ragout mit Parmesan bestreut servieren.

Tomatenragout von frisch gedörrten Tomaten und Bandnudeln

Kartoffelgulasch
8 Portionen

Zum Vorbereiten

Zubereitungszeit: 45 Minuten

1,2 kg kleine Kartoffeln
250 g Zwiebeln
1 Knoblauchzehe
4 EL Olivenöl
2 EL Paprikapulver edelsüß
2 1/2 gestr. TL Paprikapulver rosenscharf
1 EL Weißweinessig
125 ml Rindfleischbrühe
250 g Möhrenwürfel
250 g Selleriewürfel
Salz
gem. Pfeffer
400 g frische Bratwurst (3–4 Stück)
350 g kleine, gepfefferte Salami
1 Bund Majoran
200 g Schlagsahne

Pro Portion:
E: 17 g, F: 37 g, Kh: 21 g,
kJ: 2049, kcal: 489

1. Kartoffeln schälen, abspülen, abtropfen lassen und vierteln. Neue Kartoffeln evtl. nur gründlich waschen oder bürsten. Zwiebeln abziehen und in kleine Würfel schneiden. Knoblauch abziehen und durch eine Knoblauchpresse drücken.
2. Olivenöl in einem großen Topf erhitzen. Zwiebelwürfel bei schwacher Hitze darin andünsten. Mit Paprika edelsüß und rosenscharf bestäuben und unterrühren. Essig und Brühe hinzugießen, zum Kochen bringen.
3. Kartoffelviertel, Möhren-, Selleriewürfel und Knoblauch hinzugeben, mit Salz und Pfeffer würzen. Die Zutaten zum Kochen bringen und zugedeckt etwa 20 Minuten garen, dabei ab und zu umrühren, evtl. etwas Wasser hinzufügen.
4. Bratwurst jeweils aus der Pelle drücken und zu kleinen Bällchen formen. Salami in Würfel oder Scheiben schneiden, beides zum Gulasch in den Topf geben und etwa 10 Minuten gar ziehen lassen.
5. Majoran abspülen und trocken tupfen. Die Blättchen von den Stängeln zupfen. Majoranblättchen und Sahne zum Gulasch geben, unterrühren und evtl. nochmals kurz erhitzen.

Beilage: Kümmelbrötchen.

Kartoffelgulasch

Kokosmilch-Pilaw
10 Portionen

Zubereitungszeit: 60 Minuten

5 kleine Zwiebeln
750 g Staudensellerie
5 gelbe Paprikaschoten
5 EL Cashewkerne
1 Bio-Zitrone (unbehandelt, ungewachst)
4 Zitronen, 5 EL Butter
500 g Langkornreis
500 g TK-Erbsen
Salz, gem. Pfeffer
1 l ungesüßte Kokosmilch
5 EL Kokosraspel
5 EL frisch gehackte Petersilie

Pro Portion:
E: 12 g, F: 34 g, Kh: 57 g,
kJ: 2465, kcal: 592

1. Zwiebeln abziehen und klein würfeln. Staudensellerie putzen und die harten Außenfäden abziehen. Sellerie abspülen, abtropfen lassen und in Scheiben schneiden. Das zarte Selleriegrün beiseitelegen. Paprikaschoten halbieren, entstielen, entkernen und die weißen Scheidewände entfernen. Schoten abspülen, abtropfen lassen und in Streifen schneiden.
2. Cashewkerne grob hacken. Die Bio-Zitrone heiß abwaschen, abtrocknen und die Schale in dünnen Streifen abschneiden. Alle Zitronen halbieren und den Saft auspressen, Saft beiseitestellen.
3. Butter in einem großen Topf zerlassen. Zwiebelwürfel und Langkornreis hinzufügen und unter Rühren glasig dünsten. Selleriescheiben, Paprikastreifen, Cashewkerne und die gefrorenen Erbsen hinzugeben, unter gelegentlichem Rühren kurz mitdünsten lassen. Das Gemüse mit Salz und Pfeffer würzen. Die Kokosmilch hinzugießen und Zitronenschalenstreifen hinzugeben. Die Zutaten zum Kochen bringen. Den Reis zugedeckt etwa 15 Minuten nach Packungsanleitung bei schwacher Hitze gar ziehen lassen.

Kokosmilch-Pilaw

Fischragout
in Zitronen-Lauch-Sauce

4. In der Zwischenzeit die Kokosraspel in einer Pfanne ohne Fett goldbraun rösten, herausnehmen und auf einem Teller abkühlen lassen.
5. Die Zitronenschale aus dem Pilaw entfernen. Pilaw mit der Petersilie vermengen, mit dem beiseitegestellten Zitronensaft, Salz und Pfeffer kräftig abschmecken. Kokospilaw mit den gerösteten Kokosraspeln bestreuen und mit den beiseitegelegten Sellerieblättern garnieren.

Fischragout in Zitronen-Lauch-Sauce

8–10 Portionen

Zubereitungszeit: 45 Minuten
Garzeit: 20–25 Minuten

800 g Lachsfilet
800 g Viktoriabarschfilet
Salz, gem. Pfeffer
1 Bio-Limette
(unbehandelt, ungewachst)
1 Bio-Zitrone
(unbehandelt, ungewachst)
4 EL Olivenöl
2 Stangen Porree (Lauch, etwa 500 g)
2 EL Olivenöl
200 ml Gemüsebrühe oder
Fischfond
100 ml trockener Weißwein,
z. B. Riesling
200 g Schlagsahne
1 EL gerebelter Estragon
1 Zweig Thymian

Pro Portion:
E: 34 g, F: 20 g, Kh: 3 g,
kJ: 1427, kcal: 342

1. Den Backofen vorheizen.
Ober-/Unterhitze: etwa 180 °C
Heißluft: etwa 160 °C
2. Lachs- und Viktoriabarschfilets kurz unter fließendem kalten Wasser abspülen, trocken tupfen und in etwa 3 cm große Würfel schneiden. Mit Salz und Pfeffer würzen. Limette und Zitrone heiß abwaschen, abtrocknen und in dicke Scheiben schneiden.
3. Olivenöl in einem Bräter erhitzen. Die Fischwürfel darin in 2 Portionen von allen Seiten anbraten. Limetten- und Zitronenscheiben hinzugeben und mit andünsten.
4. Den Bräter ohne Deckel auf dem Rost in den vorgeheizten Backofen schieben. Die Fischwürfel etwa 15 Minuten garen.
5. Porree putzen, die Stangen längs halbieren, gründlich waschen und gut abtropfen lassen. Porree in Streifen schneiden. Olivenöl in einem Topf erhitzen. Porreestreifen darin andünsten. Brühe oder Fond und Wein hinzugießen, zum Kochen bringen und etwa um die Hälfte einkochen lassen. Sahne unterrühren. Mit Estragon, Salz und Pfeffer würzen. Die Sauce 5–10 Minuten kochen lassen und zu den fast gegarten Fischwürfeln in den Bräter geben, noch einige Minuten im heißen Backofen ziehen lassen.
6. Das Ragout mit Salz und Pfeffer abschmecken, mit einem abgespülten und trocken getupften Thymianzweig garniert servieren.

Wildcurry

Zum Vorbereiten

8 Portionen

Zubereitungszeit: 50 Minuten
Garzeit: etwa 60 Minuten

1 1/2 kg Rehfleisch (aus der Schulter)
Salz, 8 EL Rapsöl
360 g rote Zwiebeln
4 Knoblauchzehen
4 EL rotes Currypulver
2 TL gem. Kreuzkümmel (Cumin)
2 TL brauner Zucker
2 Bio-Limetten
(unbehandelt, ungewachst)
800 ml Kokosmilch
400 ml Fleischbrühe
500 g Möhren
2 rote Paprikaschoten

Pro Portion:
E: 46 g, F: 35 g, Kh: 15 g,
kJ: 2331, kcal: 559

1. Das Rehfleisch mit Küchenpapier trocken tupfen, evtl. enthäuten und das Fett abschneiden. Das Fleisch in etwa 2 cm große Würfel schneiden, mit Salz würzen.

2. Rapsöl in einem großen, weiten Topf erhitzen. Die Fleischwürfel darin portionsweise von allen Seiten anbraten. Zwiebeln und Knoblauch abziehen, in kleine Würfel schneiden. Die Zwiebel- und Knoblauchwürfel zu den Fleischwürfeln geben und mit anbraten. Die Fleischwürfel mit Curry, Kreuzkümmel und Zucker würzen, kurz unter Rühren mitbraten lassen.

3. Limetten heiß abwaschen, abtrocknen und die Schale abreiben. Etwas Limettenschale beiseitelegen. Limetten halbieren und den Saft auspressen. Kokosmilch, Brühe, Limettensaft und -schale zu den Fleischwürfeln in den Topf geben, zum Kochen bringen und zugedeckt etwa 60 Minuten bei schwacher Hitze garen.

4. Möhren putzen, schälen, abspülen, abtropfen lassen und in Würfel schneiden. Paprikaschoten halbieren, entstielen, entkernen und die weißen Scheidewände entfernen. Schoten abspülen, abtropfen lassen und ebenfalls in Würfel schneiden.

5. Die Gemüsewürfel etwa 10 Minuten vor Ende der Garzeit zu den Fleischwürfeln in den Topf geben. Wildcurry fertig garen. Nochmals mit den Gewürzen abschmecken, mit der beiseitegestellten Limettenschale garnieren und servieren.

Beilage: Basmatireis oder Spätzle.

Variante: Für **Wildgeschnetzeltes mit Pilzen** (8 Portionen) 600 g frische, gemischte Pilze putzen, evtl. kurz abspülen und trocken tupfen. 1,6 kg Wildfleisch (aus der Keule, z. B. vom Reh oder Hirsch) mit Küchenpapier trocken tupfen, in Streifen schneiden. 4 Zwiebeln abziehen und in schmale Spalten schneiden. 2 Bund Suppengrün (Möhre, Sellerie, Porree) putzen, abspülen, abtropfen lassen und klein schneiden. 10 Wacholderbeeren grob zerdrücken. 40 g Butterschmalz in einem großen Topf erhitzen. Fleischstreifen darin portionsweise kräftig anbraten. 2 Esslöffel Weizenmehl daraufstäuben und kurz andünsten. 2 Esslöffel Tomatenmark, Zwiebelspalten und klein geschnittenes Suppengrün unterrühren, mit anbraten. Die Wacholderbeeren hinzugeben, mit Salz und Pfeffer würzen. 700 ml Fleischbrühe und 500 ml trockenen Rotwein hinzugießen und zum Kochen bringen. Zutaten zugedeckt etwa 40 Minuten bei schwacher Hitze garen. Nach etwa 30 Minuten Garzeit die Pilze hinzugeben, fertig garen. Wildgeschnetzeltes mit 2 Esslöffeln Crème fraîche verfeinern, nochmals mit Salz und Pfeffer abschmecken und servieren.

Kalbsgeschnetzeltes mit Garnelen

8–10 Portionen (ohne Foto)

Zubereitungszeit: 50 Minuten

1 kg Kalbsfilet oder Kalbsoberschale
Salz, gem., weißer Pfeffer
24 Riesengarnelen (mit Schale)
2 Stangen Porree (Lauch)
100 ml Speiseöl
100 g Butter
250 ml trockener Sherry
250 g Schlagsahne
250 ml Fleischbrühe
Worcestersauce

Pro Portion:
E: 28 g, F: 34 g, Kh: 3 g,
kJ: 1912, kcal: 457

1. Kalbfleisch mit Küchenpapier trocken tupfen und in feine Scheiben schneiden. Mit Salz und Pfeffer würzen. Garnelen aus der Schale lösen und jeweils den Darm entfernen. Garnelenfleisch kurz unter fließendem kalten Wasser abspülen, trocken tupfen und in etwa 3 cm große Stücke schneiden. Garnelenfleisch mit Pfeffer würzen.
2. Porree putzen, die Stangen längs halbieren, gründlich waschen, abtropfen lassen und in etwa 5 cm lange, feine Streifen schneiden.
3. Speiseöl in einem großen Topf erhitzen. Fleischscheiben und Garnelenstücke darin in 2 Portionen bei starker Hitze anbraten, herausnehmen und warm stellen.
4. Butter zum Bratensatz in den Topf geben und zerlassen. Porreestreifen darin andünsten. Sherry, Sahne und Brühe hinzugießen, zum Kochen bringen und unter gelegentlichem Rühren zu einer sämigen Sauce einkochen lassen.
5. Die warm gestellten Fleischscheiben und Garnelenstücke hinzufügen und miterhitzen (nicht mehr kochen lassen).
6. Geschnetzeltes mit Salz, Pfeffer und Worcestersauce abschmecken.

Gulasch von der Lammkeule

8–10 Portionen

Zubereitungszeit: 40 Minuten
Garzeit: etwa 60 Minuten

1,4 kg Lammfleisch (aus der Keule, ohne Knochen)
4 EL Olivenöl
Salz, gem. Pfeffer
250 g getrocknete Tomaten
2 kleine Zweige Rosmarin
4 Knoblauchzehen
400 ml Lammfond oder Fleischbrühe
250 g abgetropfte, grüne Bohnenkerne (aus der Dose)
30 g Weizenmehl
3 EL Wasser
evtl. 1 Zweig Rosmarin

Pro Portion:
E: 38 g, F: 12 g, Kh: 18 g,
kJ: 1392, kcal: 331

1. Lammfleisch kurz unter fließendem kalten Wasser abspülen, trocken tupfen und in gleich große, mundgerechte Würfel schneiden.
2. Speiseöl in einem Bräter erhitzen. Fleischwürfel darin in 2 Portionen von allen Seiten kräftig anbraten. Mit Salz und Pfeffer würzen.
3. Tomaten in kleine Würfel schneiden. Rosmarinzweige abspülen und trocken tupfen. Knoblauch abziehen und in kleine Würfel schneiden. Tomatenwürfel, Rosmarinzweige und Knoblauchwürfel zu den Fleischwürfeln geben und kurz mit anbraten. Lammfond oder Brühe hinzugießen, zum Kochen bringen und zugedeckt bei schwacher Hitze etwa 60 Minuten garen.
4. Die Bohnenkerne zum gegarten Lammfleisch geben und kurz miterhitzen. Mehl mit Wasser anrühren, unter das Gulasch rühren und unter Rühren kurz aufkochen lassen. Mit Salz und Pfeffer abschmecken.
5. Gulasch nach Belieben mit einem abgespülten und trocken getupften Rosmarinzweig garniert servieren.

Beilage: **Kartoffelwürfel mit Kräutern.** Dafür Kartoffeln schälen, abspülen, abtropfen lassen und in gleich große Würfel schneiden. Die Kartoffelwürfel in kochendem Salzwasser etwa 20 Minuten garen. Die Kartoffelwürfel abgießen. Butter oder Speiseöl in einer Pfanne erhitzen. Kartoffelwürfel darin von allen Seiten goldbraun braten. Frisch gehackte Küchenkräuter (z. B. Schnittlauch, Petersilie) hinzugeben und kurz mit anbraten. Mit Salz und Pfeffer würzen.

Gulasch von der Lammkeule

Hackfleischtopf, russischer

Zum Vorbereiten

12 Portionen

Zubereitungszeit: 50 Minuten

4 große Zwiebeln
5 EL Speiseöl
1,6 kg Rindergehacktes
3 Stangen Porree (Lauch)
800 g passierte Tomaten
500 ml Fleischbrühe
1 EL mittelscharfer Senf
1 EL Paprikapulver edelsüß
1 gestr. TL Salz
gem. Pfeffer
450 g saure Sahne

Pro Portion:
E: 33 g, F: 30 g, Kh: 9 g,
kJ: 1972, kcal: 471

1. Zwiebeln abziehen und in kleine Würfel schneiden. Speiseöl in einem großen, breiten Topf erhitzen. Zwiebelwürfel darin andünsten.
2. Das Gehackte hinzugeben und bei starker Hitze unter Rühren krümelig anbraten. Dabei die Fleischklümpchen mit einer Gabel zerdrücken.
3. Porree putzen, die Stangen längs halbieren, gründlich waschen, abtropfen lassen und in feine Streifen schneiden. Porree mit passierten Tomaten, Fleischbrühe, Senf, Paprika, Salz und Pfeffer zum angebratenen Gehackten in den Topf geben. Den Hackfleischtopf zum Kochen bringen und zugedeckt etwa 15 Minuten bei schwacher Hitze unter mehrmaligem Rühren garen.
4. Den Hackfleischtopf mit den Gewürzen abschmecken. Saure Sahne erst kurz vor dem Servieren darauf verteilen.

Beilage: Nudeln oder Reis.

Tipp: Der Hackfleischtopf eignet sich gut zum Vorbereiten und Einfrieren. Dann die saure Sahne erst nach dem Aufwärmen, bzw. Auftauen und Erwärmen hinzugeben.

Gnocchi-Topf

8 Portionen

Zubereitungszeit: 90 Minuten
Garzeit: 15–20 Minuten

400 g Brokkoli
400 g kleine, weiße oder braune Champignons
400 g Cocktailtomaten
1 Zwiebel
3 EL Speiseöl
500 ml Gemüsebrühe
600 g Schlagsahne
Salz, gem. Pfeffer
Knoblauchpulver
3 l Wasser
3 gestr. TL Salz
1 1/2 kg frische Gnocchi (aus dem Kühlregal)
2 kleine Töpfe frisches Basilikum
250 g ger. Parmesan

Pro Portion:
E: 20 g, F: 35 g, Kh: 61 g,
kJ: 2682, kcal: 637

1. Von dem Brokkoli die Blätter entfernen. Den Brokkoli in Röschen teilen, abspülen und abtropfen lassen. Champignons putzen, evtl. kurz abspülen und abtropfen lassen. Cocktailtomaten abspülen, trocken tupfen, halbieren, evtl. Stängelansätze herausschneiden. Zwiebel abziehen und in kleine Würfel schneiden.
2. Speiseöl in einem Bräter erhitzen. Zwiebelwürfel darin glasig dünsten. Champignons und Brokkoliröschen evtl. in 2 Portionen hinzugeben und mit andünsten. Gemüsebrühe und Sahne hinzugießen, zum Kochen bringen und zugedeckt etwa 10 Minuten garen. Mit Salz, Pfeffer und Knoblauch würzen. Tomatenhälften hinzufügen.
3. Wasser in einem großen Topf zum Kochen bringen. Salz und Gnocchi

Hackfleischtopf, russischer

Gnocchi-Topf

hinzugeben, bei schwacher Hitze in 5–10 Minuten gar ziehen lassen. Wenn die Gnocchi an der Oberfläche schwimmen, mit einem Schaumlöffel herausnehmen, in den Gemüsetopf geben und vorsichtig unterheben.
4. Basilikum abspülen und trocken tupfen. Die Blättchen von den Stängeln zupfen. Basilikumblättchen unter den Gnocchi-Topf rühren.
5. Den Gnocchi-Topf mit Parmesan bestreut servieren.

Tipp: Dieses Gericht kann auch mit anderen Nudelsorten (z. B. Penne, Ravioli oder Tortellini) zubereitet werden.

Geschnetzeltes von der Maispoularde mit Apfelspalten

Geschnetzeltes von der Maispoularde mit Apfelspalten

8–10 Portionen

Zubereitungszeit: 65 Minuten
Garzeit: etwa 40 Minuten

400 g kleine Schalotten
3 EL Olivenöl
300 ml Rotwein

1,2 kg Poulardenfleisch von etwa 2 Maispoularden (ohne Knochen, Brust und Keule)
Salz, gem. Pfeffer
4 EL Olivenöl
2 EL Zucker
2 EL dunkler Balsamico-Essig
200 ml Geflügelbrühe
4 kleine, grüne Äpfel, z. B. Granny Smith
80 g kalte Butter
1 Bund Kerbel

Pro Portion:
E: 30 g, F: 22 g, Kh: 11 g,
kJ: 1617, kcal: 386

1. Die Schalotten abziehen. Olivenöl in einem Topf erhitzen. Schalotten darin unter mehrmaligem Wenden anbraten. Rotwein hinzugießen, zum Kochen bringen und im offenen Topf auf die Hälfte einkochen lassen (etwa 10 Minuten).
2. Poulardenfleisch kurz unter fließendem kalten Wasser abspülen, trocken tupfen, in Streifen schneiden. Mit Salz und Pfeffer würzen.
3. Olivenöl in einem großen Topf erhitzen. Die Fleischstreifen darin in 2 Portionen von beiden Seiten anbraten. Fleischstreifen mit Zucker bestreuen und etwas karamellisieren lassen. Essig und Geflügelbrühe hinzugießen, zum Kochen bringen. Die Fleischstreifen etwa 30 Minuten garen, evtl. etwas Wasser hinzugeben. Schalotten mit dem Rotwein hinzufügen und aufkochen lassen.
4. Äpfel waschen, trocken tupfen und mit der Schale in Spalten schneiden. Apfelspalten entkernen. Jeweils 20 g Butter in einem Topf zerlassen. Apfelspalten darin in 2 Portionen vorsichtig andünsten (nicht zu lange, da sie sonst zu weich werden).
5. Kerbel abspülen und trocken tupfen (einige Stängel zum Garnieren beiseitelegen). Die Blättchen von den Stängeln zupfen. Kerbelblättchen zum Geschnetzelten in den Topf geben und unterrühren. Mit Salz und Pfeffer abschmecken. Restliche Butter in Stückchen schneiden und in die Sauce rühren.
6. Apfelspalten vorsichtig unterheben. Geschnetzeltes mit den beiseitegelegten Kerbelstängeln garniert servieren.

Beilage: Gebratene Schupfnudeln.

Tipp: Für dieses Gericht können Sie auch Hähnchen-, Puten- oder Perlhuhnfleisch verwenden.

Geschnetzeltes mit Steinpilzen in Rieslingsauce

Gemüse-Risotto mit Schinken und Käse

Geschnetzeltes mit Steinpilzen in Rieslingsauce

8–10 Portionen

Zubereitungszeit: 40 Minuten
Garzeit: 5–8 Minuten

400 g junge, feste Steinpilze
4 Schalotten
6 EL Olivenöl
2 TL Butter
800 g Kalbsfilet
Salz, gem. Pfeffer
2 EL Weinbrand
500 ml Weißwein (Riesling)
150 g Crème fraîche
2 TL gehackte Estragonblättchen

Pro Portion:
E: 20 g, F: 16 g, Kh: 1 g,
kJ: 1149, kcal: 275

1. Steinpilze putzen, evtl. kurz abspülen, gut trocken tupfen und in Scheiben schneiden. Schalotten abziehen und fein würfeln.
2. Olivenöl in einem großen Topf erhitzen, Butter hinzufügen und zerlassen. Zwiebelwürfel darin glasig dünsten.
3. Kalbsfilet mit Küchenpapier trocken tupfen und in schmale Streifen schneiden. Filetstreifen zu den Zwiebelwürfeln in den Topf geben und unter mehrmaligem Wenden anbraten. Mit Salz und Pfeffer würzen. Weinbrand hinzugeben. Steinpilzscheiben in 2 Portionen hinzufügen und andünsten. Weißwein hinzugießen.
4. Die Zutaten zum Kochen bringen und 5–8 Minuten garen. Mit Salz und Pfeffer abschmecken.
5. Crème fraîche zum Geschnetzelten geben, unterrühren und erhitzen. Geschnetzeltes mit Estragonblättchen bestreut servieren.

Beilage: Spätzle oder Schupfnudeln, Frisée-Salat.

Gemüse-Risotto mit Schinken und Käse

8 Portionen

Zubereitungszeit: 45 Minuten

2 mittelgroße Zwiebeln
4 Möhren (etwa 300 g)
2 rote Paprikaschoten
2 Bund Frühlingszwiebeln
4 EL Olivenöl
2 EL Tomatenmark
500 g Risottoreis
1 l heiße Gemüsebrühe
2 Lorbeerblätter
gerebelter Oregano
gerebeltes Basilikum
Salz
gem. Pfeffer
Cayennepfeffer
200 g Kochschinken
400 g Fetakäse
2 EL klein geschnittene Petersilie

Pro Portion:
E: 21 g, F: 16 g, Kh: 59 g,
kJ: 1966, kcal: 470

1. Zwiebeln abziehen und in kleine Würfel schneiden. Möhren putzen, schälen, abspülen, abtropfen lassen und ebenfalls klein würfeln. Paprikaschoten halbieren, entstielen, entkernen und die weißen Scheidewände entfernen. Schoten abspülen, abtropfen lassen und in kleine Würfel schneiden. Frühlingszwiebeln putzen, abspülen, abtropfen lassen und in Stücke schneiden.
2. Das Olivenöl in einem großen Topf erhitzen. Die Zwiebel- und Möhrenwürfel darin unter Rühren andünsten. Anschließend Paprikawürfel, Frühlingszwiebelstücke und Tomatenmark unterrühren.
3. Den Reis hinzufügen und unter Rühren glasig dünsten. Brühe, Lorbeerblätter, Oregano, Basilikum, Salz, Pfeffer und Cayennepfeffer hin-

zufügen. Die Zutaten zum Kochen bringen. Den Reis 15–20 Minuten ausquellen lassen (nicht umrühren, da er sonst breiig wird).

4. Schinken und Fetakäse in Würfel schneiden und vorsichtig unterheben. Gemüse-Risotto nochmals mit den Gewürzen abschmecken.

5. Gemüse-Risotto anrichten, mit Petersilie bestreut sofort servieren.

Geflügeltopf mit roten Linsen

10 Portionen — Zum Vorbereiten

Zubereitungszeit: 80 Minuten

4 Hähnchenbrustfilets (je 200 g)
2 Zwiebeln
2 Knoblauchzehen
2 rote Paprikaschoten
2 Peperoni
6 EL Olivenöl
700 g rote Linsen
3–4 EL Weizenmehl
3 l Gemüse- oder Geflügelbrühe
Saft von 2 Zitronen
2 TL Paprikapulver edelsüß
Salz, gem. Pfeffer
2 Zweige Thymian
2 Lorbeerblätter
8 Scheiben Weißbrot
8 EL Olivenöl

Pro Portion:
E: 36 g, F: 16 g, Kh: 48 g,
kJ: 2091, kcal: 497

1. Hähnchenbrustfilets kurz unter fließendem kalten Wasser abspülen, trocken tupfen und in kleine Würfel schneiden. Zwiebeln und Knoblauch abziehen, klein würfeln.

2. Paprikaschoten und Peperoni halbieren, entstielen, entkernen und die weißen Scheidewände entfernen. Schoten abspülen und trocken tupfen. Paprika in Würfel schneiden, Peperoni fein hacken.

3. Olivenöl in einem großen Topf erhitzen. Die Fleischwürfel darin in 2 Portionen von allen Seiten leicht bräunen lassen und herausnehmen. Zwiebel- und Knoblauchwürfel in dem verbliebenen Bratfett andünsten. Paprikawürfel und Peperoni ebenfalls hinzufügen und kurz mitdünsten lassen. Die Fleischwürfel wieder hinzufügen.

4. Linsen zu den Fleisch- und Paprikawürfeln in den Topf geben, mit Mehl bestäuben und unterrühren. Brühe hinzugießen und unter Rühren zum Kochen bringen. Mit Zitronensaft, Paprika, Salz und Pfeffer würzen.

5. Thymianzweige abspülen, trocken tupfen und mit den Lorbeerblättern in die Suppe geben. Die Linsen bei schwacher Hitze etwa 25 Minuten ausquellen lassen.

6. In der Zwischenzeit Weißbrot in Würfel schneiden. Olivenöl in einer großen Pfanne erhitzen. Die Brotwürfel darin von allen Seiten goldgelb rösten.

7. Die Lorbeerblätter und Thymianzweige aus der Suppe entfernen. Den Geflügeltopf nochmals kräftig mit den Gewürzen abschmecken. Mit den Weißbrotwürfeln bestreuen und sofort servieren.

Tipps: Der Geflügeltopf kann gut einige Stunden vorher oder am Vortag vorbereitet und vor dem Verzehr wieder erwärmt werden. Während des Erhitzens ab und zu umrühren, damit der Geflügeltopf nicht anbrennt. Die Brotwürfel dann getrennt dazu servieren. Sollte der Geflügeltopf durch das Stehen zu sehr nachdicken, noch etwas Brühe hinzufügen.

Geflügeltopf mit roten Linsen

Gemüsecurry mit Koriander

8 Portionen

Zubereitungszeit: 30 Minuten

4 rote Paprikaschoten
400 g frische Shiitakepilze
8 Frühlingszwiebeln
400 g Zuckerschoten
4–8 Knoblauchzehen
2 rote Chilischoten
4 walnussgroße Stücke Ingwer
4 EL Speiseöl
800 ml Gemüsebrühe
800 ml Kokosmilch
abgeriebene Schale von
4 Bio-Limetten (unbehandelt, ungewachst)
8 EL Limettensaft
Salz
4 TL Speisestärke
2 Bund Koriander

Pro Portion:
E: 5 g, F: 23 g, Kh: 21 g,
kJ: 1280, kcal: 309

1. Die Paprikaschoten halbieren, entstielen, entkernen und die weißen Scheidewände entfernen. Schoten abspülen, abtropfen lassen und in feine Streifen schneiden.
2. Shiitakepilze putzen, dabei die Stiele abschneiden. Pilze evtl. kurz abspülen, trocken tupfen und in dünne Scheiben schneiden. Frühlingszwiebeln putzen, abspülen und abtropfen lassen. Frühlingszwiebeln mit dem hellen Grün schräg in Stücke schneiden.
3. Von den Zuckerschoten die Enden abschneiden, evtl. abfädeln. Zuckerschoten abspülen, abtropfen lassen und längs durchschneiden.
4. Den Knoblauch abziehen und in sehr kleine Würfel schneiden. Chilischoten abspülen, trocken tupfen, entstielen und mit den Kernen in dünne Ringe schneiden. Den Ingwer schälen und fein reiben.
5. Speiseöl in einem Wok erhitzen. Zuerst die Zuckerschotenhälften, Paprikastreifen und Pilzscheiben darin in 2–3 Portionen etwa 1 Minute unter Wenden stark andünsten. Dann Frühlingszwiebelstücke, Chiliringe, Knoblauchwürfel und Ingwer hinzugeben und kurz mitdünsten lassen. Brühe und Kokosmilch hinzugießen, zum Kochen bringen und etwa 2 Minuten kochen lassen.
6. Die Limetten heiß abwaschen, abtrocknen und die Schale fein abreiben. Limetten halbieren und den Saft auspressen. Die Limettenschale und 8 Esslöffel des Limettensaftes unter das Gemüsecurry rühren. Mit Salz würzen.
7. Speisestärke mit etwas Wasser anrühren, in das Curry rühren und unter Rühren aufkochen lassen.
8. Koriander abspülen und trocken tupfen. Die Blättchen von den Stängeln zupfen. Die Blättchen grob zerschneiden und unter das Curry mischen.

Gemüsecurry mit Koriander

Geflügeltopf mit Granatapfelsirup

8 Portionen

Zubereitungszeit: 30 Minuten

8 Hähnchenbrustfilets (etwa 1,2 kg)
4 EL Sesamöl
Salz, gem. Pfeffer
80 g nicht abgezogene, ganze Mandeln
80 g Cashewkerne
80 g Pistazienkerne
200 g getrockneter Beerenmix (Fertigmischung mit Cranberrys, Physalis, Kirschen)
2 TL frisch gehackter Ingwer
1 Msp. gem. Zimt
400 ml Granatapfelsirup

Pro Portion:
E: 41 g, F: 21 g, Kh: 58 g,
kJ: 2464, kcal: 589

1. Hähnchenbrustfilets kurz unter fließendem kalten Wasser abspülen, trocken tupfen und in Streifen schneiden.

2. Das Sesamöl in einem großen Topf erhitzen. Die Fleischstreifen darin in 2–3 Portionen kurz von allen Seiten anbraten, mit Salz und Pfeffer würzen.
3. Mandeln, Cashew- und Pistazienkerne sowie den Beerenmix hinzugeben. Mit Ingwer, Zimt, Salz und Pfeffer würzen.
4. Den Granatapfelsirup hinzugeben, zum Kochen bringen und etwa 5 Minuten einkochen lassen. Den Geflügeltopf sofort servieren.

Tipp: Zu dem Geflügeltopf Couscous reichen.

Erbseneintopf

8 Portionen

Zum Vorbereiten

Zubereitungszeit: 45 Minuten
Garzeit: etwa 15 Minuten

1120 g abgetropfte, grüne Erbsen (aus der Dose)
1120 g grüne Erbsen mit Sud (aus der Dose)
300 ml Gemüsebrühe
Salz
gem. Pfeffer
gerebelter Majoran
400 g Zuckerschoten
600 g ungebrühte Kalbsbratwurst oder ungebrühte Bratwurst
300 g Crème fraîche
1 EL rote Pfefferbeeren

1 Bund Schnittlauch

Pro Portion:
E: 26 g, F: 28 g, Kh: 32 g,
kJ: 2034, kcal: 486

1. Die abgetropften Erbsen und die Erbsen mit dem Sud in eine hohe Rührschüssel geben und mit einem Pürierstab pürieren.
2. Erbsenpüree in einen großen Topf geben. Brühe hinzugießen und unter Rühren zum Kochen bringen. Mit Salz, Pfeffer und Majoran würzen. Den Topf von der Kochstelle nehmen und beiseitestellen.
3. Von den Zuckerschoten die Enden abschneiden, evtl. abfädeln. Schoten abspülen, abtropfen lassen und halbieren.
4. Die Zuckerschotenhälften zum beiseitegestellten Erbsenpüree in den Topf geben, unter Rühren zum Kochen bringen und etwa 10 Minuten unter Rühren kochen lassen.
5. Kalbs- oder Bratwurstbrät aus der Pelle herausdrücken und in eine Schüssel geben. Aus der Masse mit angefeuchteten Händen kleine Klößchen formen. Salzwasser in einem Topf zum Kochen bringen. Die Klößchen hineingeben und etwa 5 Minuten gar ziehen lassen, bis sie an der Oberfläche schwimmen.
6. Klößchen mit einer Schaumkelle herausnehmen und in den Erbseneintopf geben. Crème fraîche und Pfefferbeeren unterrühren.
7. Schnittlauch abspülen, trocken tupfen und in Röllchen schneiden. Den Erbseneintopf mit Schnittlauchröllchen bestreut servieren.

Beilage: Weißbrotwürfel, in Knoblauchbutter geröstet.

Tipps: Anstelle von roten Pfefferbeeren können auch klein geschnittene rote Paprikawürfel verwendet werden. Möchten Sie den Erbseneintopf vorbereiten, blanchieren Sie die Zuckerschoten und geben Sie sie erst vor dem Erwärmen hinzu, da sie sonst die Farbe verlieren.

Dreierlei Kalbscurry

8 Portionen

Zubereitungszeit: 60 Minuten
Garzeit: etwa 45 Minuten

1 1/2 kg Kalbfleisch (aus der Oberschale, Schnitzelfleisch)
gem. Pfeffer
500 g Zwiebeln
6 EL Speiseöl, z. B. Sonnenblumenöl
Salz
je 100 g rote, grüne und gelbe Currypaste
600 ml Fleischbrühe oder Kalbsfond
300 ml Kokosmilch
1 Mango (etwa 500 g)
2 rote Paprikaschoten
etwa 300 g Frühlingszwiebeln
einige Minzeblättchen

Pro Portion:
E: 43 g, F: 21 g, Kh: 19 g,
kJ: 1842, kcal: 442

Dreierlei Kalbscurry

1. Kalbfleisch mit Küchenpapier trocken tupfen und in etwa 2 cm große Würfel schneiden. Fleischwürfel mit Pfeffer bestreuen und in 3 gleich große Portionen teilen. Zwiebeln abziehen, in kleine Würfel schneiden und ebenfalls dritteln.

2. Das Fleisch in 3 Portionen anbraten. Dafür jeweils 2 Esslöffel Speiseöl je in einem Topf erhitzen. Jeweils 1 Fleischportion darin anbraten und salzen. Ein Drittel der Zwiebelwürfel zu jeder angebratenen Fleischportion geben und mit anbraten.

3. Die rote, grüne und gelbe Currypaste unter je 1 Fleischportion rühren. Je 200 ml Fleischbrühe oder Fond und 100 ml Kokosmilch hinzugießen, zum Kochen bringen und zugedeckt etwa 30 Minuten bei schwacher Hitze garen. Evtl. verdampfte Flüssigkeit durch Wasser ersetzen.

4. Die Mango halbieren, entsteinen und schälen. Das Fruchtfleisch zuerst in Scheiben und danach in Stifte schneiden.

5. Paprikaschoten halbieren, entstielen, entkernen und die weißen Scheidewände entfernen. Schoten abspülen, trocken tupfen und in schmale Streifen schneiden.

6. Die Frühlingszwiebeln putzen, abspülen, abtropfen lassen und in Scheiben schneiden.

7. Die Minzeblättchen abspülen und trocken tupfen. Je 2 Esslöffel der Mangostifte, Paprikastreifen und Frühlingszwiebelscheiben zum Garnieren beiseitelegen.

8. Die restlichen Mangostifte zu dem gelben Curry, die restlichen Paprikastreifen zu dem roten Curry und die restlichen Frühlingszwiebelscheiben zu dem grünen Curry geben, unterrühren, zugedeckt jeweils weitere etwa 15 Minuten garen.

9. Dreierlei Kalbscurry mit den beiseitegelegten Mangostiften, Paprikastreifen, Frühlingszwiebelscheiben und Minzeblättchen garnieren und servieren.

Beilage: Jasminreis.

Variante: Für ein **schnelles Fleischcurry nach indonesischer Art** (8 Portionen) etwa 800 g Roastbeef trocken tupfen und in feine Streifen schneiden. 6 Esslöffel Speiseöl in einem großen Topf erhitzen. Fleischstreifen darin portionsweise unter Rühren anbraten. Mit 2 Teelöffeln Weizenmehl bestäuben und unterrühren. 4 in Streifen geschnittene Paprikaschoten, 8 gewürfelte Zwiebeln, 8 enthäutete, gewürfelte Tomaten, 8 Esslöffel Sojasauce, 200 g Schlagsahne und 300 ml Fleisch- oder Gemüsebrühe hinzufügen und unterrühren. Das Ganze mit Curry, Salz und Pfeffer würzen. Dann das Fleischcurry zugedeckt bei schwacher Hitze etwa 20 Minuten garen, dabei ab und zu umrühren.

Dreikorntopf

12 Portionen (ohne Foto)

Zum Vorbereiten

Zubereitungszeit: 40 Minuten, ohne Einweichzeit
Garzeit: etwa 15 Minuten

200 g Haferkörner
250 g Grünkernkörner
250 g Dinkelkörner
1 3/4 l Wasser
5–6 Zwiebeln
100 ml Haselnussöl
1,6 l Gemüsebrühe
500 g Möhren
500 g Zuckerschoten
2 Bund Frühlingszwiebeln
300 g Crème fraîche
200 g gestiftelte Mandeln
Salz
gem. Pfeffer
2 Bund Petersilie

Pro Portion:
E: 13 g, F: 28 g, Kh: 44 g,
kJ: 2114, kcal: 504

1. Hafer-, Grünkern- und Dinkelkörner in einen großen Topf geben, mit dem Wasser übergießen und mindestens 12 Stunden (am besten über Nacht) einweichen.
2. Zwiebeln abziehen und in kleine Würfel schneiden. Das Haselnussöl in einem großen Topf erhitzen. Zwiebelwürfel darin andünsten. Mit Gemüsebrühe ablöschen, eingeweichte Körner hinzugeben. Die Zutaten zum Kochen bringen und zugedeckt etwa 10 Minuten kochen lassen.
3. Möhren putzen, schälen, abspülen, abtropfen lassen und grob würfeln. Möhrenwürfel in die Suppe geben und weitere etwa 5 Minuten mitkochen lassen.
4. Von den Zuckerschoten die Enden abschneiden, evtl. abfädeln. Zuckerschoten abspülen, abtropfen lassen und halbieren. Frühlingszwiebeln putzen, abspülen, abtropfen lassen in etwa 1 cm dicke Scheiben schneiden. Zuckerschoten und Frühlingszwiebelscheiben zu der Suppe in den Topf geben und kurz mitgaren lassen.
5. Crème fraîche und Mandeln unterrühren. Die Suppe mit Salz und Pfeffer abschmecken. Die Petersilie abspülen und trocken tupfen. Die Blättchen von den Stängeln zupfen. Blättchen klein schneiden. Die Suppe damit bestreuen.

Currytopf mit Kokosmilch

Zum Vorbereiten

12 Portionen

Zubereitungszeit: 50 Minuten
Garzeit: 15–20 Minuten

2 mittelgroße Zwiebeln (etwa 250 g)
100 g Ingwer
1 1/2 kg Schweinegehacktes
Salz
gem. Pfeffer
2–4 TL Currypulver
8 EL Speiseöl, z. B. Maiskeimöl
2 Äpfel (etwa 400 g)
400 g Möhren
300 g TK-Erbsen
6 TL rote Currypaste
500 ml Geflügelfond
800 ml ungesüßte Kokosmilch
80 g Rosinen
2 EL Limetten- oder Zitronensaft

Pro Portion:
E: 28 g, F: 47 g, Kh: 17 g,
kJ: 2505, kcal: 600

1. Zwiebeln abziehen und in Würfel schneiden. Ingwer schälen und klein würfeln.
2. Das Gehackte mit Salz, Pfeffer und Curry würzen. Speiseöl in einem großen Topf erhitzen. Gehacktes darin portionsweise unter Rühren anbraten. Dabei die Fleischklümpchen mit einer Gabel zerdrücken. Die Zwiebel- und Ingwerwürfel hinzugeben und unter Rühren mit anbraten.
3. Die Äpfel schälen, vierteln, entkernen und in kleine Würfel schneiden. Möhren putzen, schälen, abspülen, abtropfen lassen und in Stifte schneiden. Apfelwürfel und Möhrenstifte zu dem Gehackten in den Topf geben und kurz mit anbraten.
4. Gefrorene Erbsen hinzugeben. Currypaste unterrühren. Geflügelfond und Kokosmilch hinzugießen. Rosinen unterrühren. Die Zutaten zum Kochen bringen. Den Currytopf 15–20 Minuten bei mittlerer Hitze kochen lassen.
5. Den Currytopf mit Limetten- oder Zitronensaft und evtl. Salz und Pfeffer abschmecken.

Beilage: Langkornreis.

Tipps: Den Currytopf evtl. mit frisch gehacktem Koriander bestreuen und mit Korianderblättchen garnieren. Der Currytopf kann gut vorbereitet werden, dann kurz vor dem Verzehr erwärmen.

Currytopf mit Kokosmilch

Balatoner Fischgulasch
8–10 Portionen

Zubereitungszeit: 35 Minuten
Garzeit: etwa 15 Minuten

800 g Fischfilet,
z. B. Zander oder Wels
Saft von 1 Zitrone
Salz
2 TL Paprikapulver edelsüß
1 Zwiebel
80 g durchwachsener Speck
40 g Butter
2 grüne Paprikaschoten
(je etwa 250 g)
1 EL Tomatenmark
1 Msp. Knoblauchpulver
1–2 abgetropfte Dill-Salzgurken
(etwa 150 g)
750 ml Fisch- oder
Gemüsebrühe
150 g saure Sahne
1 EL klein geschnittener Dill
evtl. einige vorbereitete
Dillspitzen

Pro Portion:
E: 19 g, F: 8 g, Kh: 3 g,
kJ: 706, kcal: 168

1. Fischfilet kurz unter fließendem kalten Wasser abspülen, trocken tupfen und in etwa 2 cm große Würfel schneiden. Die Fischwürfel mit Zitronensaft beträufeln, mit Salz und 1 Teelöffel Paprika bestreuen. Die Zwiebel abziehen und klein würfeln.
2. Speck klein würfeln und in einem Topf auslassen, Butter darin zerlassen. Zwiebelwürfel hinzufügen und andünsten.
3. Paprikaschoten halbieren, entstielen, entkernen und die weißen Scheidewände entfernen. Schoten abspülen, trocken tupfen und in Streifen schneiden. Paprikastreifen zu den Zwiebelwürfeln geben und unter Rühren etwa 5 Minuten mitdünsten lassen. Tomatenmark, restliches Paprikapulver und Knoblauch unterrühren.
4. Gurken in grobe Würfel schneiden, mit den Fischwürfeln auf die Paprikastreifen legen. Brühe hinzugießen, zum Kochen bringen und zugedeckt etwa 10 Minuten gar ziehen lassen.
5. Saure Sahne und Dill unterrühren. Fischgulasch mit Salz und Paprika abschmecken. Nach Belieben mit Dillspitzen garnieren.

Beilage: Reis oder Baguette.

Bunter Bohneneintopf
8 Portionen

Zum Vorbereiten

Zubereitungszeit: 60 Minuten

6 Möhren (etwa 600 g)
8 vorwiegend festkochende
Kartoffeln (etwa 800 g)
2 Zwiebeln
(etwa 130 g)
2 EL Speiseöl
2 l Gemüsebrühe
2 Lorbeerblätter
4 Tomaten
(etwa 400 g)
2 Zucchini
(etwa 750 g)
1060 g abgetropfte, weiße Bohnen
mit Suppengrün (aus der Dose)
Salz
gem. Pfeffer
ger. Muskatnuss

Pro Portion:
E: 12 g, F: 4 g, Kh: 36 g,
kJ: 979, kcal: 233

Balatoner Fischgulasch

Bunter Bohneneintopf

Champignongulasch mit Zuckerschoten

1. Möhren putzen, schälen, abspülen und abtropfen lassen. Möhren längs halbieren, quer in Scheiben schneiden. Die Kartoffeln schälen, abspülen, abtropfen lassen, klein würfeln. Zwiebeln abziehen, klein würfeln.
2. Speiseöl in einem großen Topf erhitzen. Möhrenscheiben, Kartoffel- und Zwiebelwürfel darin bei mittlerer Hitze 3–4 Minuten unter gelegentlichem Rühren andünsten. Gemüsebrühe hinzugießen. Lorbeerblätter hinzufügen und zum Kochen bringen. Den Eintopf zugedeckt 5–10 Minuten bei mittlerer Hitze kochen lassen.
3. In der Zwischenzeit Tomaten abspülen, abtrocknen, halbieren und die Stängelansätze herausschneiden. Die Tomatenhälften in Spalten schneiden und jeweils quer halbieren. Die Zucchini abspülen, abtrocknen und die Enden abschneiden. Zucchini in Würfel schneiden.
4. Tomatenstücke, Zucchiniwürfel und Bohnen in den Eintopf geben, wieder zum Kochen bringen und weitere etwa 5 Minuten kochen lassen, bis das Gemüse und die Kartoffeln gar sind.
5. Den Bohneneintopf mit Salz, Pfeffer und Muskat abschmecken. Lorbeerblätter entfernen.

Champignongulasch mit Zuckerschoten

8–10 Portionen

Zubereitungszeit: 40 Minuten

1 kg Champignons
400 g Zuckerschoten
Salz
4 mittelgroße Tomaten
250 g getrocknete Tomaten, in Öl
2 Zwiebeln
2 Knoblauchzehen
8 EL Olivenöl
gem. Pfeffer
200 g Doppelrahm-Frischkäse
125 ml Gemüsebrühe

Pro Portion:
E: 10 g, F: 19 g, Kh: 8 g,
kJ: 1009, kcal: 241

1. Champignons putzen, evtl. kurz abspülen und trocken tupfen. Große Champignons evtl. vierteln. Von den Zuckerschoten die Enden abschneiden, evtl. abfädeln. Schoten abspülen, abtropfen lassen und halbieren.
2. Salzwasser in einem Topf zum Kochen bringen. Zuckerschoten darin etwa 3 Minuten garen. Anschließend in ein Sieb geben, mit eiskaltem Wasser übergießen und gut abtropfen lassen.
3. Tomaten kreuzweise einschneiden und mit kochendem Wasser übergießen. Nach 1–2 Minuten herausnehmen und mit kaltem Wasser abschrecken. Tomaten enthäuten, halbieren und die Stängelansätze herausschneiden. Tomatenhälften in Würfel schneiden. Getrocknete Tomaten in Streifen schneiden. Zwiebeln und Knoblauch abziehen, in kleine Würfel schneiden.
4. Jeweils etwas Olivenöl in einem großen Topf erhitzen. Champignons darin portionsweise unter Rühren anbraten, mit Salz und Pfeffer würzen, herausnehmen. Restliches Olivenöl zum Bratfett in den Topf geben und erhitzen. Zwiebel- und Knoblauchwürfel darin andünsten. Zuckerschoten, Tomatenwürfel, -streifen und Champignons unterheben.
5. Frischkäse mit der Brühe verrühren, zum Champignongulasch in den Topf geben und gut unterrühren. Champignongulasch bei schwacher Hitze unter Rühren langsam erhitzen (nicht mehr kochen lassen), mit Salz und Pfeffer abschmecken.

Buntes Nudel-Durcheinander

Mediterraner Hähnchentopf

Buntes Nudel-Durcheinander

8–10 Portionen

Zubereitungszeit: 45 Minuten

je 5 l Wasser
je 5 gestr. TL Salz
1 kg bunte Nudeln, z. B. Spirelli
je 5 rote und grüne Paprikaschoten
10 Eier (Größe M)
250 ml Milch
Salz
gem. Pfeffer
Paprikapulver edelsüß
10 TL Speiseöl

Pro Portion:
E: 24 g, F: 13 g, Kh: 89 g,
kJ: 2407, kcal: 576

1. Die Nudeln in 2 Portionen kochen. Dafür jeweils Wasser in einem großen Topf zugedeckt zum Kochen bringen. Dann Salz und Nudeln hinzugeben. Die Nudeln im geöffneten Topf bei mittlerer Hitze nach Packungsanleitung bissfest kochen, dabei gelegentlich umrühren. Anschließend die Nudeln in ein Sieb geben, mit heißem Wasser abspülen und abtropfen lassen.

2. In der Zwischenzeit Paprikaschoten halbieren, entstielen, entkernen und die weißen Scheidewände entfernen. Schoten abspülen, abtropfen lassen und in schmale Streifen schneiden. Eier und Milch verschlagen, mit Salz, Pfeffer und Paprika würzen.

3. Speiseöl in einem oder zwei großen, weiten Töpfen erhitzen. Die Paprikastreifen darin portionsweise unter mehrmaligem Wenden etwa 2 Minuten dünsten. Die Nudeln hinzufügen.

4. Die Eiermilch gleichmäßig darauf verteilen. Die Masse bei schwacher Hitze in 6–8 Minuten stocken lassen, evtl. einmal wenden. Sofort servieren.

Tipp: Dazu passt Tomatenketchup oder eine fertige Tomatensauce aus der Packung.

Abwandlung: Statt Paprikastreifen 250 g Brokkoliröschen (TK oder frisch) verwenden. Diese zuvor 4–5 Minuten in wenig Salzwasser andünsten.

Mediterraner Hähnchentopf

8 Portionen

Zubereitungszeit: 45 Minuten

8 Hähnchenkeulen (etwa 2 kg)
etwa 600 g Hähnchenbrustfilet
800 g kleine, festkochende Kartoffeln
400 g Cocktailtomaten (etwa 32 Stück)
6 EL Olivenöl
Salz, gem. Pfeffer
frische, gemischte Kräuter, z. B. Rosmarin, Thymian, Salbei
je 130 g abgetropfte, schwarze und grüne Oliven (ohne Stein, aus dem Glas)

Pro Portion:
E: 55 g, F: 37 g, Kh: 14 g,
kJ: 2570, kcal: 614

1. Hähnchenkeulen und Hähnchenbrustfilet kurz unter fließendem kalten Wasser abspülen und trocken tupfen. Das Fleisch von den Hähnchenkeulen schneiden, dabei die Haut entfernen. Das Fleisch der

Hähnchenkeulen und das Hähnchenbrustfilet in gleich große, mundgerechte Stücke schneiden.
2. Kartoffeln unter fließendem kalten Wasser gründlich abbürsten und abtropfen lassen. Kartoffeln mit der Schale je nach Größe halbieren oder vierteln. Tomaten abspülen, trocken tupfen und evtl. die Stängelansätze herausschneiden.
3. Olivenöl in einem großen Topf erhitzen. Kartoffelhälften oder -viertel und die Fleischstücke darin portionsweise etwa 5 Minuten von allen Seiten anbraten. Mit Salz und Pfeffer würzen.
4. In der Zwischenzeit die Kräuter abspülen und trocken tupfen. Die Nadeln bzw. Blättchen von den Stängeln zupfen.
5. Schwarze und grüne Oliven mit den Tomaten in den Topf geben und unterheben. Die Kräuternadeln bzw. -blättchen darauf verteilen. Die Zutaten zugedeckt zum Kochen bringen und 10–15 Minuten bei schwacher Hitze dünsten.
6. Den Hähnchentopf evtl. nochmals mit Salz und Pfeffer abschmecken und servieren.

Beilage: Ofenfrisches Baguette oder Ciabatta.

Melonen-Hähnchen-Topf

8 Portionen

Zubereitungszeit: 45 Minuten
Garzeit: 8–10 Minuten

800 g Hähnchenbrustfilet
2 gestr. EL Currypulver
2 EL helle Sojasauce
2 knapp geh. EL Speisestärke
2 rote Zwiebeln
800 g Champignons
2 Galia-, Ogen- oder Honigmelonen
200 g roher Schinken (in Scheiben)
1 Bund Schnittlauch
150 ml Sojaöl
Salz

Pro Portion:
E: 34 g, F: 23 g, Kh: 17 g,
kJ: 1721, kcal: 412

1. Hähnchenbrustfilet kurz unter fließendem kalten Wasser abspülen und trocken tupfen. Das Hähnchenfilet in dünne Streifen schneiden, mit Curry, Sojasauce und Speisestärke vermischen.
2. Zwiebeln abziehen und in kleine Würfel schneiden. Champignons putzen, evtl. kurz abspülen und trocken tupfen. Champignons in Scheiben schneiden. Melonen halbieren und die Kerne mit einem Löffel herausschaben. Die Melonenhälften in Spalten schneiden und schälen. Von dem Fruchtfleisch 800 g abwiegen und in etwa 2 cm große Würfel schneiden.
3. Schinkenscheiben in Streifen schneiden. Schnittlauch abspülen und trocken tupfen. Einige Halme zum Garnieren beiseitelegen. Restlichen Schnittlauch in Röllchen schneiden.
4. Sojaöl in einem großen, breiten Topf erhitzen. Die Fleischstreifen darin portionsweise von allen Seiten anbraten. Zwiebelwürfel und Champignonscheiben ebenfalls portionsweise hinzufügen, 8–10 Minuten unter Rühren mitbraten lassen. Schinkenstreifen und Melonenstücke zu der Fleisch-Champignon-Masse in den Topf geben, vorsichtig unterrühren und kurz miterhitzen. Melonen-Hähnchen-Topf mit Salz abschmecken, Schnittlauchröllchen unterheben. Mit den beiseitegelegten Schnittlauchhalmen garniert servieren.

Beilage: Ofenfrisches Baguette.

Melonen-Hähnchen-Topf

Wirsing-Spinat-Topf
8 Portionen

Zubereitungszeit: 45 Minuten
Garzeit: etwa 15 Minuten

1 kg Wirsing
4 Knoblauchzehen
4 Zwiebeln
40 g Butterschmalz
900 g TK-Blattspinat
140 g Rosinen
250 ml Gemüsebrühe
Salz, Sambal Oelek
gem. Pfeffer
gem. Koriander
1 Bio-Zitrone
(unbehandelt, ungewachst)
300 g Schmand (Sauerrahm)

Pro Portion:
E: 8 g, F: 15 g, Kh: 19 g,
kJ: 1036, kcal: 248

1. Von dem Wirsing die groben äußeren Blätter lösen. Wirsing achteln und den Strunk herausschneiden. Wirsingstücke abspülen, abtropfen lassen, quer in Streifen schneiden.
2. Knoblauch und Zwiebeln abziehen. Die Zwiebeln in Spalten, den Knoblauch in Scheiben schneiden.
3. Butterschmalz in einem großen, weiten Topf erhitzen. Zwiebelspalten, Knoblauchscheiben und Wirsingstreifen darin in 2–3 Portionen bei mittlerer Hitze unter Rühren anbraten.
4. Den gefrorenen Spinat mit Rosinen und Brühe zu den Wirsingstreifen in den Topf geben. Das Gemüse zugedeckt etwa 15 Minuten bei mittlerer Hitze garen, dabei gelegentlich umrühren. Mit Salz, Sambal Oelek, Pfeffer und Koriander würzen.
5. Zitrone heiß abwaschen, abtrocknen und in Scheiben schneiden. Die Zitronenscheiben jeweils halbieren.
6. Den Wirsing-Spinat-Topf mit Schmand und halbierten Zitronenscheiben anrichten.

Tipps: Servieren Sie dazu Bandnudeln oder kleine Butterkartoffeln. Sie können nach Belieben die Hälfte des Spinats durch 570 g abgetropften Gemüsemais (aus der Dose) ersetzen. Anstatt Schmand können Sie auch Crème fraîche verwenden.

Wild-Couscous-Topf
8–10 Portionen

Zubereitungszeit: 40 Minuten
Garzeit: etwa 45 Minuten

je 400 g Hirsch-, Reh- und Hasenfleisch
40 g Butterschmalz
300 ml Portwein
200 g Preiselbeeren (aus dem Glas)
8 Wacholderbeeren
2 Gewürznelken
2 Lorbeerblätter
Salz, gem. Pfeffer
Zucker
500 ml Wildfond
2 Orangen
200 g Zwiebeln
500 g grüne und blaue Weintrauben
400 g Champignons oder Austernpilze
500 g Brokkoli
500 g Möhren

500 g Couscous

Pro Portion:
E: 44 g, F: 11 g, Kh: 84 g,
kJ: 2658, kcal: 629

Wirsing-Spinat-Topf

Wild-Couscous-Topf

1. Das Wildfleisch mit Küchenpapier trocken tupfen, evtl. enthäuten. Das Fleisch in gleichmäßige, kleine Stücke schneiden. Das Butterschmalz in einem großen, weiten Topf erhitzen. Fleischstücke darin portionsweise von allen Seiten gut anbraten, mit Portwein ablöschen.
2. Die Preiselbeeren unterrühren. Wacholderbeeren, Gewürznelken und Lorbeerblätter hinzugeben, mit Salz, Pfeffer und Zucker würzen.
3. Die Zutaten zum Kochen bringen. Das Fleisch zugedeckt etwa 30 Minuten bei mittlerer Hitze garen. Nach und nach den Fond hinzugießen.
4. Die Orangen halbieren und den Saft auspressen. Die Zwiebeln abziehen und in dünne Scheiben schneiden. Zwiebelscheiben mit dem Orangensaft in den Fleischtopf geben.
5. Die Weintrauben abspülen, abtropfen lassen, entstielen, evtl. halbieren und entkernen. Pilze putzen, evtl. kurz abspülen, trocken tupfen und in Stücke schneiden.
6. Von dem Brokkoli die Blätter entfernen und den Strunk abschneiden. Brokkoli in kleine Röschen teilen, abspülen und abtropfen lassen. Die Möhren putzen, schälen, abspülen, abtropfen lassen und in kleine Würfel schneiden.
7. Weintrauben, Pilzstücke, Brokkoliröschen und Möhrenwürfel zu dem Wildfleisch in den Topf geben, unterrühren, wieder zum Kochen bringen und weitere etwa 15 Minuten garen.
8. In der Zwischenzeit Couscous nach Packungsanleitung zubereiten. Zum Servieren den Couscous unter den Wildtopf mischen oder getrennt dazureichen.

Tipps: Wer das Gemüse etwas weicher mag, kann es kurz in kochendem Salzwasser blanchieren, bevor es im Topf mitgegart wird. Der Wild-Couscous-Topf kann auch nur mit einer Wildfleischsorte zubereitet werden. Statt Champignons oder Austernpilzen schmecken auch Pfifferlinge.

Eine frischere Note bekommt der Wild-Couscous-Topf, wenn Sie zum Schluss 1–2 Esslöffel Limettensaft unterrühren.

Maistopf

Zum Vorbereiten

8 Portionen (ohne Foto)

Zubereitungszeit: 45 Minuten
Garzeit: etwa 80 Minuten

4 EL Speiseöl
1,2 kg Gulasch (halb Rind-, halb Schweinefleisch)
4 Zwiebeln
je 2 rote und grüne Paprikaschoten
Salz, gem. Pfeffer
Cayennepfeffer
500 ml Fleischbrühe
300 g TK-Erbsen
720 g abgetropfter Gemüsemais (aus der Dose)
2 EL gehackte Petersilie

Pro Portion:
E: 33 g, F: 15 g, Kh: 17 g,
kJ: 1411, kcal: 338

1. Jeweils die Hälfte des Speiseöls in einem großen Topf erhitzen. Gulasch darin in 2–3 Portionen von allen Seiten anbraten. Zwiebeln abziehen und in kleine Würfel schneiden.
2. Paprikaschoten halbieren, entstielen, entkernen und die weißen Scheidewände entfernen. Schoten abspülen, trocken tupfen und in feine Streifen schneiden. Zwiebelwürfel und Paprikastreifen zu dem angebratenen Fleisch in den Topf geben, unterrühren und mitgaren lassen. Mit Salz, Pfeffer und Cayennepfeffer würzen. Brühe hinzugießen. Den Fleisch-Gemüse-Topf zugedeckt etwa 1 Stunde garen.
3. Die gefrorenen Erbsen und den Mais kurz vor Ende der Garzeit zum Fleisch-Gemüse-Topf geben und etwa 20 Minuten mitgaren lassen.
4. Den Maistopf mit Salz und Pfeffer abschmecken und mit Petersilie bestreut servieren.

Truthahntopf

Rindergulasch mit Fetakäse

Truthahntopf

8–10 Portionen

Zum Vorbereiten

Zubereitungszeit: 60 Minuten

1,8 kg Truthahngulasch (aus der Oberkeule)
6–8 EL Speiseöl
350 g Zwiebeln
500 g gut abgetropfte Pfirsichhälften (aus der Dose)
3 EL Tomatenmark
1,2 l Hühnerbrühe
300–350 ml Pfirsichsaft (aus der Dose)
400 g Tomaten
250 g Staudensellerie
1 EL Currypulver
Salz
1 EL Weizenmehl
1 EL Speisestärke
300 g TK-Erbsen

Pro Portion:
E: 71 g, F: 44 g, Kh: 39 g, kJ: 3708, kcal: 885

1. Truthahngulasch von Fett und Sehnen befreien, mit Küchenpapier gut trocken tupfen. Große Stücke etwas kleiner schneiden.
2. Speiseöl in einem großen Topf erhitzen. Gulasch darin portionsweise von allen Seiten anbraten.
3. Die Zwiebeln abziehen und in Würfel schneiden. Von den Pfirsichhälften den Saft auffangen und 300–350 ml abmessen. Die Pfirsichhälften in Würfel schneiden.
4. Zwiebelwürfel zum Gulasch in den Topf geben und glasig dünsten. Tomatenmark unterrühren und kurz mitdünsten lassen. Brühe und Pfirsichsaft hinzugießen, zum Kochen bringen und zugedeckt etwa 30 Minuten bei schwacher Hitze garen.
5. Tomaten abspülen, trocken tupfen, halbieren und die Stängelansätze herausschneiden. Tomaten grob zerkleinern. Sellerie putzen und die harten Außenfäden abziehen. Selleriestangen abspülen, abtropfen lassen in etwa 1 cm große Stücke schneiden. Nach etwa 10 Minuten Garzeit die Selleriestücke mit den Tomatenstücken zum Gulasch in den Topf geben. Den Truthahntopf fertig garen.
6. Den Truthahntopf mit Curry und Salz würzen. Mehl und Speisestärke mit kaltem Wasser anrühren, in den Truthahntopf rühren und unter Rühren kurz aufkochen lassen. Gegen Ende der Garzeit die gefrorenen Erbsen und Pfirsichwürfel hinzufügen und kurz mitkochen lassen.

Tipps: Dazu passt Reis, Kartoffelbrei oder Baguette. Anstelle von TK-Erbsen können Sie auch 280 g abgetropfte Erbsen (aus der Dose) verwenden.

Rindergulasch mit Fetakäse

8–10 Portionen

Zubereitungszeit: 50 Minuten
Garzeit: etwa 90 Minuten

1,2 kg mageres Rindfleisch (ohne Knochen)
6 EL Olivenöl, 4 EL Tomatenmark
1 Zimtstange
1/2 TL gem. Kreuzkümmel (Cumin)
Salz, gem. Pfeffer
750 ml heißes Wasser
800 g kleine Zwiebeln
250 g Fetakäse
einige Stängel Minze

Pro Portion:
E: 35 g, F: 15 g, Kh: 6 g, kJ: 1252, kcal: 299

1. Rindfleisch mit Küchenpapier trocken tupfen und in etwa 2 cm große Würfel schneiden. Jeweils etwas Olivenöl in einem großen Topf erhitzen. Die Fleischwürfel darin portionsweise von allen Seiten anbraten. Tomatenmark und Zimtstange hinzugeben. Beides kurz mit andünsten. Mit Kreuzkümmel, Salz und Pfeffer würzen. Wasser hinzugießen.
2. Die Zutaten zum Kochen bringen. Gulasch zugedeckt etwa 90 Minuten bei schwacher Hitze garen.

3. Zwiebeln abziehen und nach der Hälfte der Garzeit zum Gulasch in den Topf geben. Zimtstange entfernen. Gulasch mit den Gewürzen abschmecken.
4. Käse zerbröseln. Das Gulasch vor dem Servieren mit Käsebröseln bestreuen und mit abgespülter, trocken getupfter Minze garnieren.

Beilage: Spätzle, Paprikareis oder Baguette.

Rheinisches Sauergulasch

Zum Vorbereiten

8–10 Portionen

Zubereitungszeit: 70 Minuten, ohne Marinierzeit
Garzeit: etwa 55 Minuten

1,4 kg Rindfleisch (aus der Hüfte)
6–8 mittelgroße Zwiebeln
1 Pck. Sauerbratengewürz
350 ml Weißweinessig
500 ml Wasser
50 g Butterschmalz
Salz
gem. Pfeffer
125 g Rosinen
500 ml Fleischbrühe
3 TL Bratenfond (Fertigprodukt)
etwas Zucker

Pro Portion:
E: 35 g, F: 10 g, Kh: 15 g,
kJ: 1269, kcal: 303

1. Rindfleisch mit Küchenpapier trocken tupfen, in etwa 3 cm große Würfel schneiden und in eine Schüssel geben.
2. Zwiebeln abziehen, in Streifen schneiden und zu den Fleischwürfeln geben. Sauerbratengewürz daraufstreuen. Essig und Wasser hinzugießen.
3. Das Fleisch zugedeckt in den Kühlschrank stellen und etwa 2 Tage marinieren, dabei gelegentlich wenden.
4. Butterschmalz in einem großen Topf erhitzen. Die Fleischwürfel aus der Marinade nehmen und in 2 Portionen in dem Butterschmalz von allen Seiten anbraten, bis das Fleisch anfängt braun zu werden. Mit Salz und Pfeffer würzen. Zwiebeln aus der Marinade nehmen, zu den Fleischwürfeln in den Topf geben und mitgaren lassen.
5. Die Marinade durch ein Sieb gießen. Die Rosinen in den Fleischtopf geben, etwas von der Marinade und der Fleischbrühe hinzugeben, zum Kochen bringen und zugedeckt etwa 50 Minuten garen. Während der Garzeit nach und nach restliche Marinade und Brühe hinzugießen.
6. Den Bratenfond unterrühren, zum Kochen bringen und etwa 5 Minuten kochen lassen. Rheinisches Sauergulasch mit Salz, Pfeffer und Zucker abschmecken.

Beilage: Kartoffelknödel.

Tipp: Sie können das Sauerbratengewürz auch in einen kleinen Papierbeutel (z. B. Teefilter) oder in ein Mulltuch geben, verschließen und in die Schüssel legen. Dann muss die Marinade nicht durch ein Sieb gegossen werden.

Rheinisches Sauergulasch

Mallorquinischer Schmortopf

Zum Vorbereiten

12 Portionen

Zubereitungszeit: 60 Minuten
Garzeit: 40–50 Minuten

12 festkochende Kartoffeln (etwa 1 kg)
7 mittelgroße Zucchini (etwa 800 g)
7 mittelgroße, rote Paprikaschoten (etwa 800 g)
2 Gemüsezwiebeln (etwa 300 g)
6 Knoblauchzehen
7 große Fleischtomaten (etwa 800 g)
je 1 Bund Basilikum, Oregano, glatte Petersilie
300 ml Olivenöl
Salz, gem. Pfeffer

Pro Portion:
E: 4 g, F: 25 g, Kh: 19 g,
kJ: 1404, kcal: 335

1. Kartoffeln schälen, abspülen, abtropfen lassen und in Scheiben hobeln. Zucchini abspülen, abtrocknen und die Enden abschneiden. Zucchini ebenfalls in Scheiben schneiden. Paprikaschoten halbieren, entstielen, entkernen und die weißen Scheidewände entfernen. Schoten abspülen, abtropfen lassen und in grobe Stücke schneiden.

2. Zwiebeln und Knoblauch abziehen. Die Zwiebeln achteln und in einzelne Schichten zerlegen. Knoblauch in feine Würfel schneiden. Fleischtomaten abspülen, trocken tupfen, vierteln und die Stängelansätze herausschneiden. Die Tomaten in nicht zu dünne Scheiben schneiden. Die Kräuter abspülen und trocken tupfen. Die Blättchen von den Stängeln zupfen. Blättchen grob zerschneiden.

3. Den Backofen vorheizen.
Ober-/Unterhitze: etwa 180 °C
Heißluft: etwa 160 °C

4. Jeweils etwas Olivenöl in einem großen Topf erhitzen. Die vorbereiteten Gemüsezutaten und die Kartoffeln nacheinander darin andünsten, herausnehmen und dachziegelartig in der Reihenfolge Kartoffeln, Zucchini, Paprika, Zwiebeln und Tomatenscheiben in eine große Auflaufform (gefettet) schichten. Die einzelnen Schichten jeweils mit Salz, Pfeffer, Knoblauch und den Kräutern bestreuen. Mit dem restlichen Olivenöl beträufeln.

5. Die Form auf dem Rost in den vorgeheizten Backofen schieben. Den Schmortopf 40–50 Minuten garen.

Lachs-Gnocchi-Topf

8 Portionen

Zubereitungszeit: 45 Minuten, ohne Auftauzeit

1 kg TK-Lachsfilet
4 EL Olivenöl
400 g Flusskrebsschwänze (gegart, aus dem Kühlregal)
1 kg Gnocchi (aus dem Kühlregal)
80 g Krebspaste
Salz, gem. Pfeffer
400 ml Gemüsebrühe
400 g Schlagsahne
2 Bund Schnittlauch
80 g Butter

Pro Portion:
E: 39 g, F: 43 g, Kh: 52 g,
kJ: 3163, kcal: 757

1. Lachsfilet nach Packungsanleitung auftauen lassen. Anschließend das Lachsfilet kurz unter fließendem

Mallorquinischer Schmortopf

Lachs-Gnocchi-Topf

kalten Wasser abspülen, trocken tupfen und in mundgerechte Würfel schneiden.

2. Olivenöl in einem großen, weiten Topf erhitzen. Die Lachswürfel darin in 2–3 Portionen von allen Seiten anbraten. Flusskrebsschwänze und Gnocchi hinzufügen und weitere etwa 5 Minuten unter mehrmaligem Wenden braten. Die Krebspaste darauf verteilen, mit Salz und Pfeffer würzen.

3. Brühe und Sahne hinzugießen, unterrühren und zum Kochen bringen. Den Lachs-Gnocchi-Topf so lange kochen lassen, bis eine leicht cremige Konsistenz entstanden ist.

4. In der Zwischenzeit Schnittlauch abspülen, trocken tupfen, in feine Röllchen schneiden. Die Butter unter den Lachs-Gnocchi-Topf rühren und nochmals mit den Gewürzen abschmecken.

5. Den Lachs-Gnocchi-Topf anrichten und mit Schnittlauchröllchen bestreut servieren.

Tipp: Das Lachsfilet kann auch durch Seelachs- oder Viktoriabarschfilet ersetzt werden. Die Garzeit verändert sich dadurch nicht.

Mecklenburger Fischtopf

Mecklenburger Fischtopf

8–10 Portionen

Zubereitungszeit: 50 Minuten
Garzeit: etwa 30 Minuten

250 g Möhren, 250 g Zwiebeln
350 g Knollensellerie
5 Stangen Staudensellerie
40 g Butter, 4 EL Speiseöl
250 ml trockener Weißwein
1 1/2 l Fischfond oder -brühe
je 200 g Hecht-, Schleien-, Forellenfilet
200 g frischer Aal
Salz, gem., bunter, grober Pfeffer
Worcestersauce
2 EL gehackte Petersilie

Pro Portion:
E: 19 g, F: 15 g, Kh: 5 g,
kJ: 1053, kcal: 251

1. Möhren putzen, schälen, abspülen, abtropfen lassen und in Scheiben schneiden. Zwiebeln abziehen, zuerst in Scheiben schneiden, dann in Ringe teilen. Knollensellerie putzen, schälen, abspülen, abtropfen lassen und in kleine Stifte schneiden. Staudensellerie putzen und die harten Außenfäden abziehen. Selleriestangen abspülen, abtropfen lassen und in Streifen schneiden.

2. Butter in einem großen Topf zerlassen, Speiseöl miterhitzen. Das vorbereitete Gemüse darin unter Rühren andünsten. Weißwein und Fischfond oder -brühe hinzugießen, zum Kochen bringen und etwa 20 Minuten bei schwacher Hitze kochen lassen.

3. Hecht-, Schleien-, Forellenfilets und Aal kurz unter fließendem kalten Wasser abspülen, trocken tupfen, evtl. entgräten und in mundgerechte Stücke schneiden. Die Fischstücke in der leicht kochenden Suppe etwa 10 Minuten gar ziehen lassen. Mit Salz, Pfeffer und Worchestersauce würzen. Den Fischtopf mit Petersilie bestreut sofort servieren.

Beilage: Petersilienkartoffeln oder Reis.

Hähnchenragout mit Basmatireis

Hähnchenragout mit Basmatireis

8 Portionen

Zubereitungszeit: 40 Minuten

800 ml Wasser
400 g Basmatireis
4 gestr. TL Salz

800 g Hähnchenbrustfilet
1,2 kg Brokkoli
4 Zwiebeln (etwa 260 g)
4 TL Speiseöl, z. B. Rapsöl (40 g)
Salz, gem. Pfeffer
2 TL Zitronensaft
275 ml heißes Wasser
100 g saure Sahne (10 % Fett)
4 gestr. TL Currypulver

Pro Portion:
E: 31 g, F: 5 g, Kh: 42 g,
kJ: 1456, kcal: 346

1. Das Wasser in einem Topf zum Kochen bringen. Reis und Salz hinzufügen. Reis nach Packungsanleitung bei schwacher Hitze etwa 20 Minuten ausquellen lassen.
2. In der Zwischenzeit Hähnchenbrustfilet kurz unter fließendem kalten Wasser abspülen, trocken tupfen und in etwa 1 1/2 cm dicke Streifen schneiden.
3. Den Brokkoli putzen, in kleine Röschen teilen, abspülen und abtropfen lassen. Zwiebeln abziehen und klein würfeln.
4. Speiseöl in einem großen Topf erhitzen. Die Hähnchenstreifen darin unter Rühren anbraten, mit Salz und Pfeffer würzen. Brokkoliröschen und Zwiebelwürfel hinzufügen, unter gelegentlichem Rühren kurz mit anbraten. Den Zitronensaft und Wasser hinzugießen. Das Hähnchenragout zugedeckt etwa 5 Minuten garen.
5. Saure Sahne unterrühren. Das Ragout mit Salz, Pfeffer und Curry abschmecken. Hähnchenragout mit dem Reis servieren.

Tipps: Garnieren Sie das Ragout zusätzlich mit Thai-Basilikum. Oder geben Sie dem Gericht eine besondere Geschmacksnote, indem Sie einige Blättchen Thai-Basilikum fein schneiden und unter das Hähnchenragout rühren.

Kartoffel-Knoblauch-Topf

8 Portionen

Zubereitungszeit: 40 Minuten

2 kg neue, kleine Kartoffeln
2 gestr. TL Salz
4 Bund Frühlingszwiebeln
2 junge Knoblauchknollen (etwa 20 Zehen)
8 EL Olivenöl
Salz
gem. Pfeffer
einige Stängel Thymian

Pro Portion:
E: 6 g, F: 10 g, Kh: 49 g,
kJ: 1343, kcal: 320

1. Die Kartoffeln unter fließendem kalten Wasser gründlich abbürsten. Kartoffeln in einem Topf knapp mit Wasser bedeckt zum Kochen bringen, Salz hinzufügen. Die Kartoffeln zugedeckt etwa 20 Minuten kochen.
2. In der Zwischenzeit die Frühlingszwiebeln putzen, abspülen, abtropfen lassen und in etwa 3 cm lange Stücke schneiden. Die Knoblauchknollen in Zehen teilen und abziehen.
3. Die Kartoffeln abgießen und warm stellen.
4. Das Olivenöl in einem großen Topf erhitzen. Die Knoblauchzehen und die Frühlingszwiebelstücke darin in 2 Portionen bei schwacher Hitze andünsten. Warm gestellte Kartoffeln hinzufügen, unter Rühren kurz mitdünsten lassen, mit Salz und Pfeffer würzen.
5. Thymian abspülen und trocken tupfen. Die Blättchen bzw. Spitzen von den Stängeln zupfen und unter den Kartoffel-Knoblauch-Topf rühren. Sofort servieren.

Beilage: Fladenbrot, Tomatensalat und Kräuterquark oder Zaziki.

Fleischtopf „Asia-Art"

8 Portionen

Zum Vorbereiten

Zubereitungszeit: 25 Minuten

1,2 kg Schweinefilet
2 EL Speisestärke
6 EL Sojasauce
2 Bund Frühlingszwiebeln
8 Möhren
120 g Ingwer
6 EL Sesamöl
4 EL Sherry
200 ml Fleischbrühe
gem. Pfeffer

Pro Portion:
E: 35 g, F: 11 g, Kh: 12 g,
kJ: 1234, kcal: 295

1. Das Schweinefilet mit Küchenpapier trocken tupfen, evtl. enthäuten, zuerst in Scheiben, dann in Streifen schneiden. Die Filetstreifen mit Speisestärke bestreuen und mit Sojasauce beträufeln, zugedeckt etwa 10 Minuten in den Kühlschrank stellen.
2. Frühlingszwiebeln und Möhren putzen. Möhren schälen. Frühlingszwiebeln und Möhren abspülen und abtropfen lassen. Die Frühlingszwiebeln in etwa 1 cm dicke Scheiben schneiden. Die Möhren in dünne Scheiben schneiden oder hobeln. Gemüse mit Küchenpapier trocken tupfen (Gemüse spritzt sonst beim Anbraten). Ingwer schälen, abspülen, abtropfen lassen und fein hacken.
3. Das Sesamöl in einem großen Topf erhitzen. Die Filetstreifen etwas trocken tupfen und in 2 Portionen in dem Topf kurz bei starker Hitze unter Rühren anbraten, herausnehmen und warm stellen.
4. Frühlingszwiebel-, Möhrenscheiben und Ingwer in dem verbliebenen Bratfett kurz andünsten. Sherry und Fleischbrühe hinzugeben. Die warm gestellten Fleischstreifen unterrühren. Den Fleischtopf kurz aufkochen und mit Pfeffer abschmecken.

Beilage: Chinesische Reisnudeln oder Duftreis.

Tipp: Garnieren Sie den Fleischtopf zusätzlich mit Limettenscheiben und Chilifäden.

Kartoffel-Knoblauch-Topf

Fleischtopf „Asia-Art"

Bunter Linsentopf mit Tomaten

8 Portionen

Zum Vorbereiten

Zubereitungszeit: 40 Minuten
Garzeit: etwa 10 Minuten

4 Frühlingszwiebeln
8 Tomaten (etwa 800 g)
4 Bund glatte Petersilie
6 EL Olivenöl
600 g gegarte, rote Linsen (etwa 150 g Rohgewicht)
600 g gegarte, gelbe Linsen (etwa 150 g Rohgewicht)
600 g gegarte, grüne Linsen (etwa 130 g Rohgewicht)
Salz, gem. Pfeffer
600 ml Gemüsebrühe oder -fond

Pro Portion:
E: 28 g, F: 9 g, Kh: 58 g,
kJ: 1792, kcal: 428

1. Frühlingszwiebeln putzen, abspülen, abtropfen lassen und in feine Scheiben schneiden. Tomaten abspülen, trocken tupfen, halbieren und die Stängelansätze herausschneiden. Tomatenhälften grob würfeln.
2. Petersilie abspülen und trocken tupfen. Die Blättchen von den Stängeln zupfen. Die Blättchen klein schneiden.
3. Olivenöl in einem großen Topf erhitzen. Frühlingszwiebelscheiben und Tomatenwürfel darin unter Rühren andünsten. Die roten, gelben und grünen Linsen mit der Petersilie hinzufügen, mit Salz und Pfeffer kräftig würzen.
4. Brühe oder Fond hinzugießen, zum Kochen bringen und etwa 5 Minuten bei schwacher Hitze kochen lassen.

Beilage: Geröstetes Oliven-Focaccia-Brot.

Bunter Linsentopf mit Tomaten

Schmortopf mit Heilbuttfilets

8 Portionen (ohne Foto)

Zubereitungszeit: 35 Minuten
Garzeit: etwa 10 Minuten

500 g Möhren
500 g Kohlrabi
500 g Kartoffeln
2 Bund Frühlingszwiebeln
8 Heilbuttfilets (je etwa 150 g)
Salz
gem. Pfeffer
8 EL Speiseöl
50 g TK-Kräuter der Provence
400 ml Gemüsebrühe
2 EL Crème fraîche

Pro Portion:
E: 33 g, F: 15 g, Kh: 18 g,
kJ: 1422, kcal: 340

1. Möhren putzen. Kohlrabi, Möhren und Kartoffeln schälen, abspülen, abtropfen lassen und jeweils in Stifte schneiden. Frühlingszwiebeln putzen, abspülen, abtropfen lassen, in etwa 2 cm große Stücke schneiden.
2. Fischfilets kurz unter fließendem kalten Wasser abspülen, trocken tupfen, mit Salz und Pfeffer würzen.
3. Die Hälfte des Speiseöls in einem großen, weiten Topf erhitzen. Die Fischfilets darin in 2–3 Portionen kurz von beiden Seiten anbraten. Fischfilets aus der Pfanne nehmen und beiseitestellen.
4. Restliches Speiseöl zum verbliebenen Bratfett in den Topf geben und erhitzen. Zuerst die Kartoffelstifte darin portionsweise unter gelegentlichem Rühren anbraten. Dann die Kohlrabi- und Möhrenstifte und die Frühlingszwiebelstücke hinzugeben und ebenfalls portionsweise mit anbraten.
5. Die Kräuter unterrühren. Die Kartoffel-Gemüse-Masse mit Salz und Pfeffer würzen. Gemüsebrühe hinzugießen, zum Kochen bringen und zugedeckt etwa 5 Minuten schmoren.

Fisch-Gemüse-Topf

Fischgulasch mit Sauerkraut

6. Crème fraîche unterrühren. Die beiseitegestellten Fischfilets auf der Kartoffel-Gemüse-Masse verteilen und zugedeckt weitere etwa 5 Minuten schmoren lassen.

Fisch-Gemüse-Topf

8 Portionen

Zubereitungszeit: 60 Minuten
Garzeit: 5–10 Minuten

etwa 950 g Welsfilet (mit Haut)
8 dicke, festkochende Kartoffeln (etwa 800 g)
4 Möhren (etwa 600 g)
2 Kohlrabi (etwa 800 g)
4 EL Olivenöl
80 g Butter
Salz, grob gem. Pfeffer
Saft von 2 Limetten
einige Thai-Basilikumblättchen

Pro Portion:
E: 22 g, F: 27 g, Kh: 18 g,
kJ: 1698, kcal: 406

1. Fischfilet kurz unter fließendem kalten Wasser abspülen, gut trocken tupfen und in etwa 3 cm große Würfel schneiden.
2. Kartoffeln schälen, Möhren putzen und schälen. Kohlrabi schälen. Kartoffeln, Möhren und Kohlrabi abspülen, abtropfen lassen, mit Küchenpapier trocken tupfen, zuerst in Scheiben, dann in schmale Streifen schneiden.
3. Das Olivenöl in einem großen Topf erhitzen. Die Gemüse- und Kartoffelstreifen darin von allen Seiten leicht anbraten.
4. Fischwürfel hinzugeben, unter vorsichtigem Rühren 5–10 Minuten mitgaren lassen.
5. Butter unter den Fisch-Gemüse-Topf rühren. Mit Salz, Pfeffer und Limettensaft würzen.
6. Den Fisch-Gemüse-Topf anrichten, mit abgespülten und trocken getupften Thai-Basilikumblättchen garnieren.

Tipp: Das Welsfilet kann durch Lachsfilet oder Heilbuttfilet ausgetauscht werden.

Fischgulasch mit Sauerkraut

8–10 Portionen

Zubereitungszeit: 50 Minuten
Garzeit: etwa 30 Minuten

4 Zwiebeln
2–3 Knoblauchzehen
60 g durchwachsener Speck
6 EL Speiseöl, z. B. Olivenöl
1 kg Sauerkraut
140 g Tomatenmark
2 Lorbeerblätter
1 1/2 l heiße Gemüsebrühe
Salz
gem. Pfeffer
1–2 TL Paprikapulver edelsüß
3 EL Zucker
400 g stückige Tomaten (aus der Dose)
1,2 kg Fischfilets, z. B. Kabeljau

Pro Portion:
E: 28 g, F: 10 g, Kh: 11 g,
kJ: 1059, kcal: 254

1. Zwiebeln und Knoblauch abziehen und in kleine Würfel schneiden. Speck ebenfalls klein würfeln. Speiseöl in einem großen Topf erhitzen. Zwiebel-, Knoblauch- und Speckwürfel darin etwa 5 Minuten anbraten.
2. Sauerkraut mit einer Gabel locker zupfen, zu den Speckwürfeln in den Topf geben und unter Rühren mit andünsten. Tomatenmark unterrühren. Lorbeerblätter hinzufügen.
3. Brühe hinzugießen und zum Kochen bringen, mit Salz, Pfeffer, Paprika und Zucker würzen. Das Sauerkraut zugedeckt 20–25 Minuten garen. Tomatenstücke mit der Flüssigkeit hinzufügen und einmal aufkochen lassen.
4. Fischfilets kurz unter fließendem kalten Wasser abspülen, trocken tupfen, mit Salz und Pfeffer würzen. Fischfilets in etwa 2 cm große Würfel schneiden, auf dem Sauerkraut verteilen und zugedeckt in 5–8 Minuten gar ziehen lassen. Lorbeerblätter entfernen.
5. Das Fischgulasch nochmals mit den Gewürzen abschmecken.

Beilage: Salzkartoffeln.

Lachs-Champignon-Topf mit Wirsing

Lachs-Champignon-Topf mit Wirsing

8 Portionen

Zubereitungszeit: 50 Minuten

1,2 kg Wirsing
2 Zwiebeln
1 kg Champignons
4 EL Butter
300 g Crème fraîche
100 ml Gemüsebrühe
Salz, gem. Pfeffer
4–6 TL körniger Senf
500–600 g Räucherlachs
(in Scheiben)

Pro Portion:
E: 24 g, F: 29 g, Kh: 6 g,
kJ: 1563, kcal: 375

1. Von dem Wirsing die äußeren Blätter entfernen. Wirsing vierteln und den Strunk herausschneiden. Wirsingviertel abspülen, abtropfen lassen und in feine Streifen schneiden. Zwiebeln abziehen und klein würfeln.
2. Champignons putzen, evtl. kurz abspülen, trocken tupfen, vierteln.
3. Die Hälfte der Butter in einem großen, weiten Topf zerlassen. Zwiebelwürfel und Champignonviertel darin portionsweise bei starker Hitze unter Wenden kräftig anbraten und dann herausnehmen.
4. Restliche Butter in dem verbliebenen Bratfett zerlassen. Wirsingstreifen darin in 2–3 Portionen unter Rühren andünsten und etwa 8 Minuten bei mittlerer Hitze dünsten, dabei gelegentlich umrühren.
5. In der Zwischenzeit Crème fraîche mit Brühe, Salz, Pfeffer und Senf glatt rühren.
6. Die Crème fraîche-Mischung zu den Wirsingstreifen in den Topf geben und untermischen. Wirsingstreifen zugedeckt weitere 10–15 Minuten dünsten.
7. Lachs in feine Streifen schneiden, mit den Champignons unter das Wirsinggemüse heben, nochmals kurz erhitzen. Das Gemüse mit Salz und Pfeffer abschmecken.

Beilage: Bandnudeln.

Tipp: Statt der frischen Champignons können Sie auch abgetropfte Champignons (aus der Dose) verwenden. Die Champignons mit den Lachsstreifen unter das Wirsinggemüse heben.

Buchweizentopf

8 Portionen (ohne Foto)

Zum Vorbereiten

Zubereitungszeit: 35 Minuten, ohne Quellzeit
Garzeit: etwa 25 Minuten

2 l Gemüsebrühe
400 g grob geschroteter Buchweizen
2 Bund Frühlingszwiebeln
2 Knoblauchzehen
4 Stangen Staudensellerie
6 EL Speiseöl
ger. Muskatnuss
Salz, gerebelter Oregano
gem. Pfeffer

Zum Bestreuen:
40 g ger. Käse, z. B. Gouda, Edamer
4 EL Schnittlauchröllchen

Pro Portion:
E: 8 g, F: 10 g, Kh: 42 g,
kJ: 1232, kcal: 295

1. Gemüsebrühe in einen Topf gießen. Buchweizen hinzugeben und etwa 1 Stunde in der Gemüsebrühe quellen lassen.
2. Frühlingszwiebeln putzen, abspülen, abtropfen lassen und in Würfel schneiden. Den Knoblauch abziehen,

klein würfeln. Staudensellerie putzen und die harten Außenfäden abziehen. Selleriestangen abspülen, abtropfen lassen und ebenfalls in kleine Würfel schneiden.

3. Speiseöl in einem Topf erhitzen, die vorbereiteten Gemüsewürfel darin andünsten. Den Buchweizenbrei mit der Brühe hinzugeben, umrühren und zum Kochen bringen. Den Buchweizentopf etwa 25 Minuten bei schwacher Hitze garen.

4. Den Buchweizentopf mit Muskat, Salz, Pfeffer und Oregano abschmecken. Den Buchweizentopf in vorgewärmte Tassen füllen. Mit Käse und Schnittlauchröllchen bestreuen und servieren.

Lammtopf mit Kürbis

8–10 Portionen

Zubereitungszeit: 60 Minuten
Garzeit: etwa 60 Minuten

800 g Lammfleisch (aus der Keule, ohne Knochen)
3 Gemüsezwiebeln (etwa 750 g)
2 Fleischtomaten
2 Auberginen (je etwa 250 g)
250 g Kürbisfruchtfleisch
4 Knoblauchzehen
5 EL Olivenöl
500 g abgetropfte, weiße Bohnen (aus der Dose)
400 ml Lammfond
getrockneter Thymian
Salz
gem. Pfeffer

Zum Bestreuen:
evtl. einige Stängel Thymian

Pro Portion:
E: 28 g, F: 18 g, Kh: 25 g,
kJ: 1696, kcal: 405

1. Fleisch kurz unter fließendem kalten Wasser abspülen, trocken tupfen und in Würfel schneiden.

2. Die Gemüsezwiebeln abziehen, halbieren und in Scheiben schneiden. Die Tomaten abspülen, trocken tupfen und die Stängelansätze herausschneiden. Die Auberginen abspülen und die Stängelansätze abschneiden. Tomaten, Auberginen und Kürbisfruchtfleisch in Würfel schneiden. Knoblauchzehen abziehen und durch die Knoblauchpresse drücken.

3. Den Backofen vorheizen.
Ober-/Unterhitze: etwa 200 °C
Heißluft: etwa 180 °C

4. Olivenöl in einem ofenfesten, großen Topf oder Bräter erhitzen. Die Fleischwürfel darin in 2 Portionen von allen Seiten anbraten. Zwiebelscheiben hinzugeben und mit anbraten.

5. Tomaten-, Auberginen- und Kürbiswürfel hinzufügen. Bohnen hinzugeben und mit Lammfond auffüllen. Mit Thymian, Knoblauch, Salz und Pfeffer würzen und kurz unter Rühren aufkochen lassen. Den Topf oder Bräter mit dem Deckel verschließen und auf dem Rost in den vorgeheizten Backofen schieben. Den Lammtopf etwa 60 Minuten garen.

6. Nach Belieben Thymian abspülen und trocken tupfen. Die Blättchen von den Stängeln zupfen. Den Lammtopf mit den Thymianblättchen bestreut servieren.

Tipps: Sie können den Lammtopf auch auf der Kochstelle zubereiten. Dann die Zutaten häufiger umrühren. Evtl. noch etwas türkischen Joghurt unterrühren. Anstelle von Fleisch aus der Keule können Sie ausgelöste Lammschulter verwenden.

Lammtopf mit Kürbis

Geschnetzeltes mit Frischkäse

12 Portionen

Zubereitungszeit: 40 Minuten

1 1/2 kg Schnitzelfleisch
2 Zwiebeln
1 Bund Frühlingszwiebeln
5 EL Speiseöl, z. B. Olivenöl
Salz
gem. Pfeffer
500 ml Gemüsebrühe
500 g Schlagsahne
400 g abgetropfte Champignonscheiben (aus dem Glas)
400 g Doppelrahm-Frischkäse
200 ml trockener Weißwein
evtl. 1 EL Currypulver

Pro Portion:
E: 34 g, F: 30 g, Kh: 4 g,
kJ: 1839, kcal: 439

1. Schnitzelfleisch mit Küchenpapier trocken tupfen und in dünne Streifen schneiden.
2. Zwiebeln abziehen und klein würfeln. Frühlingszwiebeln putzen, abspülen, abtropfen lassen und schräg in dünne Scheiben schneiden.
3. Etwas Speiseöl in einem Bräter erhitzen. Die Fleischstreifen darin portionsweise anbraten, mit Salz und Pfeffer würzen. Fleischstreifen aus dem Bräter nehmen. Zwiebelwürfel in den Bräter geben und in dem verbliebenen Bratfett andünsten.
4. Brühe und Sahne unterrühren, zum Kochen bringen. Champignon- und Frühlingszwiebelscheiben hinzufügen. Frischkäse und Wein unterrühren und erwärmen. Fleischstreifen wieder hinzufügen und miterhitzen. Das Geschnetzelte nochmals mit Salz, Pfeffer und evtl. Curry abschmecken.

Lammragout in Schnittlauchrahm

Zum Vorbereiten

8–10 Portionen

Zubereitungszeit: 50 Minuten
Garzeit: etwa 70 Minuten

1,4 kg Lammfleisch (aus der Keule, ohne Knochen)
Salz
gem. Pfeffer
4 EL Olivenöl
300 ml Fleischbrühe oder Lammfond
200 g Schlagsahne
200 ml Weißwein
4 große Möhren (etwa 400 g)
200 g Perlzwiebeln
1 großes Bund Schnittlauch
evtl. etwas Speisestärke

Pro Portion:
E: 33 g, F: 19 g, Kh: 6 g,
kJ: 1429, kcal: 341

1. Lammfleisch kurz unter fließendem kalten Wasser abspülen, trocken tupfen und in Würfel schneiden. Mit Salz und Pfeffer würzen.
2. Olivenöl in einem Bräter erhitzen. Lammwürfel darin portionsweise von allen Seiten kräftig anbraten. Brühe oder Fond hinzugießen, zum Kochen bringen und etwa um die Hälfte einkochen lassen. Sahne und Wein hinzugießen, unterrühren und zum Kochen bringen. Das Ragout zugedeckt etwa 70 Minuten bei schwacher Hitze unter gelegentlichem Rühren garen.
3. Möhren putzen, schälen, abspülen, abtropfen lassen und in Scheiben oder Stifte schneiden. Perlzwiebeln abziehen, größere Zwiebeln evtl. halbieren. Schnittlauch abspülen, trocken tupfen und in Röllchen schneiden.

Geschnetzeltes mit Frischkäse

Lammragout in Schnittlauchrahm

4. Nach etwa 30 Minuten Garzeit die Möhrenscheiben oder -stifte und Zwiebeln hinzufügen. Schnittlauchröllchen unterrühren. Mit Salz und Pfeffer würzen. Das Lammragout fertig garen.
5. Nach Belieben Speisestärke mit Wasser anrühren, unter das Ragout rühren und unter Rühren kurz aufkochen lassen.

Beilage: Gebratene, kleine Rösti.

Tipps: Sie können das Ragout mit einer fertig gekauften Sauce béarnaise verfeinern. Das Ragout nach Belieben mit Schnittlauchröllchen und -halmen garnieren

Lieblingsgulasch, light

Lieblingsgulasch, light
8 Portionen

Zubereitungszeit: 45 Minuten
Garzeit: etwa 65 Minuten

1,2 kg mageres Rindergulasch
6 große Zwiebeln
2 mittelgroße Bund Suppengrün (Möhren, Sellerie, Porree)
4 EL Butterschmalz
4 EL Tomatenmark
Salz, gem. Pfeffer
2 TL Paprikapulver edelsüß
1 l Gemüse- oder Fleischbrühe
je 2 große, rote und gelbe Paprikaschoten

1 Bund Petersilie

Pro Portion:
E: 34 g, F: 19 g, Kh: 13 g,
kJ: 1507, kcal: 360

1. Rindergulasch evtl. etwas kleiner schneiden und mit Küchenpapier trocken tupfen. Zwiebeln abziehen, halbieren und in Würfel schneiden. Möhren und Sellerie putzen, schälen, abspülen und abtropfen lassen. Sellerie und Möhren in kleine Würfel schneiden. Porree putzen, die Stangen längs halbieren, grundlich waschen, abtropfen lassen und in sehr kleine Stücke schneiden.
2. Jeweils etwas Butterschmalz in einem Bräter erhitzen. Gulasch darin portionsweise von allen Seiten kräftig braun anbraten und anschließend herausnehmen.
3. Zwiebelwürfel in dem verbliebenen Bratfett braun anbraten. Vorbereitetes Suppengrün und Tomatenmark hinzugeben, unter Rühren kräftig andünsten. Mit Salz, Pfeffer und Paprika würzen. Gulasch hinzugeben und untermischen. Brühe hinzugießen und zum Kochen bringen.
4. Gulasch zugedeckt etwa 50 Minuten bei schwacher bis mittlerer Hitze garen.
5. In der Zwischenzeit Paprikaschoten halbieren, entstielen, entkernen und die weißen Scheidewände entfernen. Schoten abspülen, abtropfen lassen und in Würfel schneiden. Paprikawürfel zu dem Gulasch in den Bräter geben und untermischen. Nochmals mit Salz, Pfeffer und Paprika würzen. Gulasch wieder zum Kochen bringen und zugedeckt weitere etwa 15 Minuten bei schwacher Hitze garen. Gulasch nochmals mit den Gewürzen abschmecken.
6. Petersilie abspülen und trocken tupfen. Blättchen von den Stängeln zupfen, klein schneiden. Gulasch mit Petersilie bestreut servieren.

Beilage: Makkaroni.

Lammcurry

Lammcurry

8 Portionen

Zubereitungszeit: 40 Minuten, ohne Durchziehzeit
Garzeit: etwa 15 Minuten

1,2 kg Lammfleisch (aus der Schulter oder Keule)
2 Chilischoten
4 EL Currypulver
2 gestr. TL Salz
500 g Möhren
240 g Zwiebeln
4 Knoblauchzehen
300 g Zuckerschoten
2 Stängel Zitronengras oder
2 TL gem. Zitronengras
10 EL Erdnussöl
200 ml Passionsfrucht- oder Maracujanektar
500 ml Fleischbrühe
4 TL Speisestärke
2 EL Wasser
100 g Schlagsahne

Pro Portion:
E: 32 g, F: 25 g, Kh: 16 g,
kJ: 1766, kcal: 421

1. Das Lammfleisch mit Küchenpapier trocken tupfen, Fett und Sehnen entfernen. Das Fleisch in dünne Streifen schneiden.
2. Chilischoten halbieren, entstielen und entkernen. Schotenhälften abspülen, trocken tupfen und in kleine Würfel schneiden.
3. Die Fleischstreifen mit Curry, Salz und Chili vermischen, zugedeckt im Kühlschrank etwa 3 Stunden durchziehen lassen.
4. Die Möhren putzen, schälen, abspülen, abtropfen lassen und in feine Scheiben schneiden. Zwiebeln und Knoblauch abziehen, in kleine Würfel schneiden.
5. Von den Zuckerschoten die Enden abschneiden, evtl. abfädeln. Zuckerschoten abspülen, abtropfen lassen und halbieren.
6. Vom den Zitronengrasstängeln die losen Blätter entfernen und jeweils das obere Drittel abschneiden. Zitronengras abspülen, trocken tupfen, in hauchdünne Scheiben schneiden.
7. Erdnussöl in einem großen, weiten Topf erhitzen. Die Lammstreifen darin portionsweise von beiden Seiten anbraten, Zwiebel- und Knoblauchwürfel unterrühren. Möhrenscheiben hinzugeben und mit anbraten. Nektar und Brühe hinzugießen, zum Kochen bringen und etwa 15 Minuten bei schwacher Hitze kochen lassen.
8. Speisestärke mit kaltem Wasser anrühren und unter das Curry rühren. Die Zitronengrasscheiben und Zuckerschoten untermischen, nochmals unter Rühren kurz aufkochen lassen. Sahne unterrühren und das Lammcurry sofort servieren.

Beilage: Basmatireis.

Lammtopf mit Rotwein

8 Portionen (ohne Foto)

Zubereitungszeit: 30 Minuten
Garzeit: etwa 60 Minuten

1 1/2 kg Lammfleisch (aus der Keule)
4 Zwiebeln, 8 Tomaten
6 EL Speiseöl
Salz, gem. Pfeffer
4–6 EL Tomatenmark
4 Knoblauchzehen
250 ml Rotwein
8 EL Schlagsahne
gerebelter Rosmarin
gerebelter Oregano
150 g ger. Parmesan

Pro Portion:
E: 45 g, F: 31 g, Kh: 7 g,
kJ: 2103, kcal: 502

1. Lammfleisch mit Küchenpapier trocken tupfen und in etwa 2 cm große Würfel schneiden.
2. Die Zwiebeln abziehen und klein würfeln. Tomaten kreuzweise ein-

schneiden und mit kochendem Wasser übergießen. Nach 1–2 Minuten herausnehmen und mit kaltem Wasser abschrecken. Tomaten enthäuten, halbieren und die Stängelansätze herausschneiden. Tomatenhälften in Würfel schneiden.
3. Speiseöl in einem großen, weiten Topf erhitzen. Die Fleischwürfel darin in 2–3 Portionen von allen Seiten anbraten. Zwiebelwürfel hinzufügen und glasig dünsten, mit Salz und Pfeffer würzen. Tomatenmark unterrühren.
4. Knoblauch abziehen und durch eine Knoblauchpresse drücken. Rotwein mit dem Knoblauch zu den Fleischwürfeln in den Topf geben, zum Kochen bringen und zugedeckt etwa 60 Minuten garen.
5. Etwa 15 Minuten vor Ende der Garzeit die Tomatenwürfel und die Sahne unterrühren.
6. Den Lammtopf mit Salz, Pfeffer, Rosmarin und Oregano abschmecken und mit Parmesan bestreut servieren.

Beilage: Tomatenreis.

Lammgeschnetzeltes auf provenzalische Art

8–10 Portionen

Zubereitungszeit: 45 Minuten
Garzeit: etwa 55 Minuten

1,2 kg Lammfleisch (aus der Keule, ohne Knochen)
6 EL Olivenöl
Salz, gem. Pfeffer
2 TL Kräuter der Provence
250 ml Gemüsebrühe
2 grüne Paprikaschoten
500 g Champignons
4 mittelgroße Tomaten
4 Zwiebeln
4 Knoblauchzehen
2 EL Olivenöl
250 ml Rotwein
450 g Crème fraîche

Pro Portion:
E: 31 g, F: 30 g, Kh: 6 g,
kJ: 1795, kcal: 430

1. Lammfleisch kurz unter fließendem kalten Wasser abspülen, trocken tupfen und größere Streifen schneiden, dabei Sehnen, Fett und Haut entfernen.
2. Jeweils etwas Olivenöl in einem Bräter erhitzen. Die Fleischstücke darin portionsweise von allen Seiten gut anbraten. Mit Salz, Pfeffer und Kräutern der Provence würzen. Brühe hinzugießen und zum Kochen bringen. Die Fleischstücke zugedeckt etwa 50 Minuten garen.
3. Die garen Fleischstücke herausnehmen und beiseitestellen.
4. Paprikaschoten halbieren, entstielen, entkernen und die weißen Scheidewände entfernen. Schoten abspülen, trocken tupfen und in Streifen schneiden. Champignons putzen, evtl. kurz abspülen, trocken tupfen und in Scheiben schneiden. Tomaten kreuzweise einschneiden und mit kochendem Wasser übergießen. Nach 1–2 Minuten herausnehmen und mit kaltem Wasser abschrecken. Tomaten enthäuten, halbieren, die Stängelansätze herausschneiden. Tomaten achteln.
5. Zwiebeln und Knoblauch abziehen, in kleine Würfel schneiden. Olivenöl zum verbliebenen Bratfett in den Bräter geben und erhitzen. Die Zwiebel- und Knoblauchwürfel darin andünsten. Paprikastreifen und Champignonscheiben portionsweise hinzugeben und unter Rühren andünsten. Mit Salz, Pfeffer und Kräutern der Provence würzen. Rotwein hinzugießen, zum Kochen bringen und zugedeckt 3–4 Minuten garen. Crème fraîche unterrühren und erhitzen.
6. Tomatenachtel und beiseitegestellte Fleischstücke zum Gemüse in den Bräter geben und nochmals erhitzen.
7. Lammgeschnetzeltes mit Salz, Pfeffer und Kräutern der Provence abschmecken.

Beilage: Reis, Salat.

Lammgeschnetzeltes auf provenzalische Art

Rindergulasch mit Champignons

8–10 Portionen

Zum Vorbereiten

Zubereitungszeit: 35 Minuten
Garzeit: etwa 90 Minuten

1,2 kg mageres Rindfleisch (ohne Knochen)
60 g Pflanzenfett
1 kg Zwiebeln
Salz, gem. Pfeffer
Paprikapulver edelsüß
Gulaschgewürz
4 schwach geh. EL Tomatenmark
500 ml heißes Wasser
460 g abgetropfte Champignons (aus dem Glas)
2–3 Spritzer Tabasco

Pro Portion:
E: 31 g, F: 11 g, Kh: 7 g,
kJ: 1063, kcal: 254

1. Rindfleisch kurz unter fließendem kalten Wasser abspülen, trocken tupfen und in etwa 2 cm große Würfel schneiden. Jeweils die Hälfte des Pflanzenfettes in einem Bräter erhitzen und die Fleischwürfel darin in 2 Portionen von allen Seiten gut anbraten.
2. Zwiebeln abziehen, in Scheiben schneiden, zu den Fleischwürfeln geben und mitbräunen lassen. Mit Salz, Pfeffer, Paprika und Gulaschgewürz würzen. Tomatenmark unterrühren, Wasser hinzugießen.
3. Die Zutaten zum Kochen bringen. Gulasch zugedeckt etwa 90 Minuten garen.
4. Champignons kurz vor Ende der Garzeit zum Gulasch in den Bräter geben und kurz mitgaren lassen. Mit Salz, Pfeffer, Paprika und Tabasco abschmecken.

Beilage: Kartoffeln, Reis oder Nudeln.

Tipp: Sie können auch 500 g geputzte, frische, in Scheiben geschnittene Champignons in 4 Esslöffeln Speiseöl anbraten und kurz vor Ende der Garzeit zum Rindergulasch geben.

Puten-Spinat-Topf mit Cashewkernen

8–10 Portionen

Zubereitungszeit: 40 Minuten

2 Bund Frühlingszwiebeln
1 1/2 kg junger Blattspinat
8 Knoblauchzehen
1,8 kg Putenbrust
Salz, gem. Pfeffer
6 EL Speiseöl
210 g Cashewkerne
6 EL Sojasauce

Pro Portion:
E: 57 g, F: 19 g, Kh: 11 g,
kJ: 1904, kcal: 457

1. Die Frühlingszwiebeln putzen, abspülen, abtropfen lassen und in etwa 2 cm lange Stücke schneiden.
2. Den Blattspinat verlesen, dicke Stiele entfernen. Spinat gründlich waschen und in einem Sieb abtropfen lassen. Knoblauch abziehen und in kleine Würfel schneiden.

Rindergulasch mit Champignons

Puten-Spinat-Topf mit Cashewkernen

Paprika-Linsen-Eintopf mit Forelle

3. Putenbrust kurz unter fließendem kalten Wasser abspülen und trocken tupfen. Aus der Putenbrust insgesamt 24 kleine Schnitzel (je etwa 75 g) schneiden. Schnitzel mit Salz und Pfeffer würzen.

4. Das Speiseöl in einem großen, weiten Topf erhitzen. Die Putenschnitzel darin portionsweise von beiden Seiten anbraten.

5. Die Frühlingszwiebelstücke und Cashewkerne hinzugeben, kurz mit anbraten.

6. Knoblauchwürfel und den Blattspinat zu den Putenschnitzeln in den Topf geben, unterrühren und so lange erhitzen, bis der Blattspinat etwas zusammengefallen ist.

7. Den Puten-Spinat-Topf mit Salz, Pfeffer, Sojasauce abschmecken und sofort servieren.

Beilage: Ofenfrisches Baguette.

Tipps: Statt Putenschnitzel können Sie auch kleine Schnitzel vom Kalbsfilet verwenden. Cashewkerne können durch Pinienkerne oder Mandelstifte ersetzt werden.

Paprika-Linsen-Eintopf mit Forelle

8 Portionen

Zubereitungszeit: 45 Minuten
Garzeit: etwa 25 Minuten

4 mittelgroße Zwiebeln
5 Knoblauchzehen
1,2 kg grüne Paprikaschoten
1,2 kg festkochende Kartoffeln
8 EL Olivenöl
2 1/2 l Gemüsebrühe
400 g rote Linsen
100 g Tomatenketchup
Salz
gem. Pfeffer
500 g geräucherte Forellenfilets

Pro Portion:
E: 27 g, F: 12 g, Kh: 41 g,
kJ: 1612, kcal: 385

1. Zwiebeln und Knoblauch abziehen, in kleine Würfel schneiden. Paprikaschoten halbieren, entstielen, entkernen und die weißen Scheidewände entfernen. Die Schoten abspülen, trocken tupfen und in Würfel schneiden. Kartoffeln schälen, abspülen, abtropfen lassen und ebenfalls in Würfel schneiden.

2. Olivenöl in einem großen Topf oder Bräter erhitzen. Zwiebel- und Knoblauchwürfel darin andünsten. Die Kartoffelwürfel hinzugeben und in 2 Portionen kurz mit andünsten. Paprikawürfel hinzufügen und ebenfalls in 2 Portionen kurz mitdünsten lassen. Brühe hinzugießen. Die Zutaten zum Kochen bringen und zugedeckt etwa 15 Minuten bei schwacher Hitze kochen lassen. Linsen hinzugeben und weitere etwa 10 Minuten kochen.

3. Den Eintopf mit Ketchup, Salz und Pfeffer würzen. Forellenfilets grob zerteilen, evtl. vorhandene Gräten entfernen. Forellenstücke in den Eintopf geben und kurz erwärmen.

Tipps: Rote Linsen sollen nur kurz gegart werden, da sie sonst zerfallen. Rote Linsen können durch Tellerlinsen ersetzt werden. Dann die Tellerlinsen schon mit den Kartoffelwürfeln andünsten und insgesamt 30–35 Minuten garen.

Lammragout mit Gemüse

Lammragout mit Gemüse

8–10 Portionen

Zubereitungszeit: 55 Minuten
Garzeit: etwa 90 Minuten

1 kg mageres Lammfleisch (aus der Schulter, ohne Knochen)
Salz
gem. Pfeffer
5 EL Olivenöl
3 EL Tomatenmark
500 ml Fleischbrühe oder Lammfond
800 g festkochende Kartoffeln
3 rote Paprikaschoten (etwa 600 g)
3 Zucchini (etwa 600 g)
1 Gemüsezwiebel (etwa 250 g)
2 kleine Stängel Rosmarin

1 Stängel Rosmarin

Pro Portion:
E: 25 g, F: 13 g, Kh: 18 g,
kJ: 1231, kcal: 294

1. Lammfleisch kurz unter fließendem kalten Wasser abspülen, trocken tupfen und in etwa 3 cm große Würfel schneiden. Sehnen und Fettstreifen dabei entfernen. Fleischwürfel mit Salz und Pfeffer würzen.

2. Olivenöl in einem Bräter erhitzen. Die Fleischwürfel darin in 2 Portionen von allen Seiten kräftig anbraten. Tomatenmark unterrühren. Brühe oder Fond hinzugießen, zum Kochen bringen und zugedeckt etwa 50 Minuten unter gelegentlichem Rühren garen.

3. Kartoffeln schälen, abspülen, abtropfen lassen und in Würfel schneiden. Paprikaschoten halbieren, entstielen, entkernen und die weißen Scheidewände entfernen. Die Schoten abspülen, trocken tupfen und in mundgerechte Stücke schneiden. Zucchini abspülen, abtrocknen und die Enden abschneiden. Zucchini längs halbieren und in feine Scheiben schneiden. Zwiebel abziehen, halbieren und in Würfel schneiden. Rosmarin abspülen und trocken tupfen.

4. Die vorbereiteten Gemüsezutaten und die Rosmarinstängel zu den Fleischwürfeln in den Bräter geben, gut vermengen und noch etwa 40 Minuten garen, evtl. verkochte Flüssigkeit durch heißes Wasser ersetzen. Lammragout mit den Gewürzen abschmecken und mit einem abgespülten und trocken getupften Rosmarinstängel garniert servieren.

Beilage: Ofenfrisches, noch warmes Olivenbrot.

Tipp: Das Ragout kann zusätzlich noch mit frischen Knoblauchwürfeln verfeinert werden.

Puten-Champignon-Topf

8 Portionen

Zubereitungszeit: 30 Minuten
Garzeit: etwa 30 Minuten

1 kg Putenbrustfilet
1 EL Weizenmehl
500 g kleine Champignons
2 Stangen Porree (Lauch, etwa 400 g)
8 EL Speiseöl
Salz, gem. Pfeffer
500 ml Hühnerbrühe
200 g Schlagsahne
1 Topf Basilikum
1 EL Sojasauce

Pro Portion:
E: 34 g, F: 19 g, Kh: 4 g,
kJ: 1362, kcal: 326

1. Putenbrustfilet kurz unter fließendem kalten Wasser abspülen, trocken tupfen, in etwa 2 cm große Würfel schneiden und mit Mehl bestäuben.

2. Die Champignons putzen, evtl. kurz abspülen und trocken tupfen. Große Champignons halbieren. Porree putzen, die Stangen längs halbieren, gründlich waschen, abtropfen lassen und in Streifen schneiden.
3. Jeweils etwas Speiseöl in einem großen, weiten Topf erhitzen. Putenbrustfiletwürfel darin in 2 Portionen von allen Seiten anbraten, mit Salz und Pfeffer würzen, herausnehmen.
4. Restliches Speiseöl in dem verbliebenen Bratfett erhitzen. Champignons und Porreestreifen darin in 2 Portionen andünsten und herausnehmen.
5. Den Bratensatz mit Brühe ablöschen, zum Kochen bringen und etwas einkochen lassen. Putenbrustwürfel und Gemüse wieder hinzugeben, zum Kochen bringen und etwa 15 Minuten garen.
6. Sahne unter den Puten-Champignon-Topf rühren und unter Rühren kurz aufkochen lassen.
7. Basilikum abspülen und trocken tupfen. Die Blättchen von den Stängeln zupfen (einige Blättchen beiseitelegen). Blättchen in feine Streifen schneiden und in den Puten-Champignon-Topf geben. Mit Salz, Pfeffer und Sojasauce abschmecken.
8. Puten-Champignon-Topf mit den beiseitegelegten Basilikumblättchen garnieren und sofort servieren.

Tipp: Dazu Spätzle oder Schupfnudeln servieren.

Orientalischer Fleischtopf

Zum Vorbereiten

12 Portionen

Zubereitungszeit: 60 Minuten
Garzeit: etwa 90 Minuten

1,6 kg Rindfleisch (aus der Keule)
80 g Butter oder Margarine
6 Zwiebeln
3 Knoblauchzehen
2 Möhren
400 g Langkornreis
1 kg Wirsing oder Spitzkohl
100 g Cashewkerne
100 g Rosinen
Salz, gem. Pfeffer
2 EL Currypulver
4 EL Mango-Chutney (aus dem Glas)
2 l heiße Fleischbrühe

Pro Portion:
E: 39 g, F: 29 g, Kh: 42 g,
kJ: 2557, kcal: 611

1. Rindfleisch mit Küchenpapier trocken tupfen und in feine Streifen schneiden. Butter oder Margarine in einem großen Topf oder Bräter erhitzen. Die Fleischstreifen darin portionsweise von beiden Seiten anbraten.
2. Zwiebeln abziehen und würfeln. Knoblauchzehen abziehen und zerdrücken. Möhren putzen, schälen, abspülen, abtropfen lassen und in Würfel schneiden.
3. Zwiebel-, Möhrenwürfel, Knoblauch und Reis zu den Fleischstreifen in den Topf oder Bräter geben und unter Rühren mitdünsten lassen.
4. Den Backofen vorheizen.
Ober-/Unterhitze: etwa 200 °C
Heißluft: etwa 180 °C
5. Vom Wirsing oder Spitzkohl die äußeren Blätter entfernen. Kohl vierteln, den Strunk herausschneiden. Kohlviertel in Streifen schneiden, abspülen und abtropfen lassen.
6. Kohlstreifen mit Cashewkernen und Rosinen in den Fleisch-Gemüse-Topf geben, etwa 5 Minuten unter Rühren mitdünsten, mit Salz, Pfeffer und Curry kräftig würzen.
7. Mango-Chutney unterrühren, Brühe hinzugießen. Die Zutaten umrühren. Den Topf oder Bräter zugedeckt auf dem Rost in den vorgeheizten Backofen schieben. Den Fleischtopf etwa 90 Minuten garen, dabei ab und zu umrühren.

Tipp: Geben Sie kleine Ananasstücke mit in den Fleischtopf.

Puten-Champignon-Topf

Orientalischer Fleischtopf

Lamm-Gemüse-Eintopf

8 Portionen

Zum Vorbereiten

Zubereitungszeit: 60 Minuten
Garzeit: etwa 2 Stunden

1,4 kg Lammfleisch (aus der Keule, ohne Knochen)
1 kg Kartoffeln
je 1 rote, grüne und gelbe Paprikaschote
600 g kleine Zucchini
500 g Tomaten
3 mittelgroße Zwiebeln
4–5 Knoblauchzehen
4 EL Speiseöl
2 Lorbeerblätter
1 EL vorbereitete, frische Rosmarinnadeln
Salz, gem. Pfeffer
125 ml Fleischbrühe
125 ml trockener Weißwein

Pro Portion:
E: 36 g, F: 12 g, Kh: 19 g,
kJ: 1436, kcal: 342

1. Lammfleisch kurz unter fließendem kalten Wasser abspülen, trocken tupfen und in Würfel schneiden.
2. Kartoffeln schälen, abspülen, abtropfen lassen und in Scheiben schneiden. Paprikaschoten halbieren, entstielen, entkernen und die weißen Scheidewände entfernen. Schoten abspülen, trocken tupfen und in Stücke schneiden. Zucchini abspülen, abtrocknen und die Enden abschneiden. Zucchini in Scheiben schneiden.
3. Tomaten kreuzweise einschneiden und mit kochendem Wasser übergießen. Nach 1–2 Minuten herausnehmen und mit kaltem Wasser abschrecken. Tomaten enthäuten, halbieren und die Stängelansätze herausschneiden. Tomaten ebenfalls in Scheiben schneiden. Zwiebeln und Knoblauch abziehen, klein würfeln.
4. Den Backofen vorheizen.
Ober-/Unterhitze: etwa 180 °C
Heißluft: etwa 160 °C
5. Das Speiseöl in einem großen Topf oder Bräter erhitzen. Die Fleischwürfel darin in 2–3 Portionen von allen Seiten anbraten. Lorbeerblätter und Rosmarinnadeln hinzufügen. Mit Salz und Pfeffer würzen. Nacheinander Kartoffelscheiben, Paprikastücke, Zucchini-, Tomatenscheiben, Zwiebel- und Knoblauchwürfel einschichten. Jede Gemüseschicht mit Salz und Pfeffer würzen. Brühe und Wein hinzugießen. Den Topf oder Bräter zugedeckt auf dem Rost in den vorgeheizten Backofen schieben. Den Eintopf etwa 2 Stunden garen.

Tipp: Wenn Sie das günstigere Fleisch aus der Schulter nehmen, müssen Sie das Fleisch etwa 30 Minuten länger garen.

Ofensuppe

12 Portionen

Zum Vorbereiten

Zubereitungszeit: 45 Minuten
Garzeit: etwa 1 1/2 Stunden

1 1/2 kg Schnitzelfleisch
Salz, gem. Pfeffer
1 EL gekörnte Fleischbrühe
6 mittelgroße Zwiebeln
1060 g Champignonscheiben (aus dem Glas)
330 g abgetropfte Tomatenpaprikastreifen (aus dem Glas)
500 g TK-Erbsen
490 g abgetropfte Ananasstücke (aus der Dose)
640 g Chilisauce (Fonduesauce)
1 kg Schlagsahne
225 g scharfer Curryketchup
etwa 750 ml Wasser

Lamm-Gemüse-Eintopf

Ofensuppe

Orientalischer Reistopf

Pro Portion:
E: 31 g, F: 39 g, Kh: 32 g,
kJ: 2678, kcal: 637

1. Den Backofen vorheizen.
Ober-/Unterhitze: etwa 200 °C
Heißluft: etwa 180 °C
2. Schnitzelfleisch mit Küchenpapier trocken tupfen und in Würfel schneiden. Die Fleischwürfel in einen ofenfesten, großen Topf geben. Mit Salz, Pfeffer und Fleischbrühe würzen.
3. Die Zwiebeln abziehen, in Würfel schneiden und zu den Fleischwürfeln in den Topf geben. Die Champignons mit der Flüssigkeit, Tomatenpaprikastreifen und gefrorene Erbsen hinzufügen.
4. Ananasstücke evtl. kleiner schneiden und mit Chilisauce, Sahne und Curryketchup in den Topf geben. So viel Wasser hinzugießen, dass die Zutaten ganz bedeckt sind, etwas umrühren. Den Topf zugedeckt auf dem Rost in den vorgeheizten Backofen schieben. Die Suppe etwa 1 1/2 Stunden garen.
5. Die Ofensuppe während der Garzeit gelegentlich umrühren, evtl. etwas Wasser hinzufügen.

Orientalischer Reistopf

8–10 Portionen

Zum Vorbereiten

Zubereitungszeit: 50 Minuten, ohne Auftauzeit

1 kg TK-Lammrückenfilet
8 EL Olivenöl
300 g Zwiebeln
5 Knoblauchzehen
1,6 l Gemüsebrühe
800 g geschälte Tomaten (aus der Dose)
600 g Langkornreis
700 g Kürbis,
z. B. 1 kleiner Hokkaido
4 rote Paprikaschoten
80 g Pinienkerne
120 g Rosinen
2 Döschen Safran (je 0,2 g)
Salz
gem. Pfeffer
etwas Kreuzkümmel

Pro Portion:
E: 32 g, F: 19 g, Kh: 72 g,
kJ: 2524, kcal: 603

1. Lammrückenfilet nach Packungsanleitung auftauen lassen, trocken tupfen und in kleine Würfel schneiden. Das Olivenöl in einem großen Topf (8–10 Liter Inhalt) erhitzen. Die Lammfiletwürfel darin portionsweise von allen Seiten anbraten.
2. Zwiebeln und Knoblauch abziehen, in kleine Würfel schneiden, zu den Fleischwürfeln geben und glasig dünsten.
3. Gemüsebrühe und geschälte Tomaten mit dem Sud hinzufügen und zum Kochen bringen. Reis unterrühren und etwa 20 Minuten kochen lassen, dabei gelegentlich umrühren.
4. In der Zwischenzeit den Kürbis halbieren und die Kerne mit einem Löffel herausschaben. Kürbishälften evtl. schälen, kurz abspülen, abtropfen lassen und in Würfel schneiden. Paprikaschoten halbieren, entstielen, entkernen und die weißen Scheidewände entfernen. Schoten abspülen, abtropfen lassen und ebenfalls würfeln.
5. Nach und nach Kürbis-und Paprikawürfel, Pinienkerne und Rosinen zum Reistopf geben und kurz mitgaren. Den Reistopf mit Safran, Salz, Pfeffer und Kreuzkümmel würzen und servieren.

Kapitel 05

Rezepte 401–500

Partyaufläufe & -gratins

Brotauflauf

Brotauflauf

8–10 Portionen

Zubereitungszeit: 40 Minuten
Garzeit: etwa 30 Minuten

8 Brötchen
400 g Graubrot
220 g Pumpernickel
1 Bund Frühlingszwiebeln
200 g getrocknete Aprikosen
300 g Bacon
(Frühstücksspeck in Scheiben)
8 Eier (Größe M)
250 ml Hühnerbrühe
200 ml Weißwein
250 g Schlagsahne
Salz
gem. Pfeffer
80 g Rosinen
250 g Mozzarella

Pro Portion:
E: 30 g, F: 44 g, Kh: 74 g,
kJ: 3644, kcal: 871

1. Den Backofengrill vorheizen.
2. Brötchen und Graubrot in etwa 2 cm große Würfel schneiden. Die Brötchenwürfel auf ein Backblech legen und unter dem vorgeheizten Backofengrill unter Wenden rösten.
3. Die Backofentemperatur auf
Ober-/Unterhitze: etwa 180 °C
Heißluft: etwa 160 °C
herunterschalten.
4. Pumpernickel grob zerbröseln. Frühlingszwiebeln putzen, abspülen, abtrocknen und in kleine Stücke schneiden. Aprikosen in kleine Würfel schneiden. Speckscheiben in Stücke schneiden. Eier mit Hühnerbrühe, Weißwein und Sahne verrühren. Mit Salz und Pfeffer würzen.
5. Brötchen- mit Graubrotwürfeln, Pumpernickelbröseln, Frühlingszwiebel-, Speckstücken, Rosinen und Aprikosenwürfeln vermischen und in eine große Auflaufform (gefettet) geben. Die Eier-Sahne-Wein-Mischung darauf verteilen.
6. Mozzarella abtropfen lassen, in Scheiben schneiden und auf dem Auflauf verteilen.
7. Die Form auf dem Rost in den vorgeheizten Backofen schieben. Den Auflauf etwa 30 Minuten garen.

Gratinierte Ricotta-Spinat-Ravioli

Zum Vorbereiten

8 Portionen

Zubereitungszeit: 20 Minuten
Garzeit: 25–30 Minuten

1 kg frische Ravioli
mit Ricotta-Spinat-Füllung
Salz
4 Fleischtomaten
40 g Butter
2 Eier (Größe M)
300 g Schlagsahne
gem. Pfeffer
150 g ger. Parmesan oder Pecorino
4 Kästchen Daikonkresse

Pro Portion:
E: 17 g, F: 33 g, Kh: 42 g,
kJ: 2258, kcal: 540

1. Ravioli in kochendem Salzwasser nach Packungsanleitung bissfest kochen. Ravioli in ein Sieb geben, kurz mit kaltem Wasser abspülen und gut abtropfen lassen.
2. Tomaten abspülen, trocken tupfen, halbieren, entkernen und die Stängelansätze herausschneiden. Tomatenhälften anschließend in Würfel schneiden.
3. Den Backofen vorheizen.
Ober-/Unterhitze: etwa 200 °C
Heißluft: etwa 180 °C
4. Ravioli in zwei kleine oder eine große Auflaufform (mit Olivenöl gefettet) schichten. Dabei jeweils die einzelnen Schichten mit einigen Butterflöckchen belegen.
5. Eier mit Sahne verschlagen. Die Ravioli damit übergießen. Tomatenwürfel darauf verteilen. Mit Salz und Pfeffer würzen und danach mit Käse bestreuen.
6. Die Formen oder Form auf dem Rost in den vorgeheizten Backofen schieben. Die Ravioli 25–30 Minuten garen.
7. In der Zwischenzeit Daikonkresse abspülen, trocken tupfen und abschneiden.
8. Ravioli mit Daikonkresse bestreut servieren.

Gratinierte Ricotta-Spinat-Ravioli

Tipp: Sie können auch anders gefüllte Ravioli oder Tortellini verwenden.

Tunfisch-Nudel-Auflauf

Zum Vorbereiten

8–10 Portionen

Zubereitungszeit: 40 Minuten
Garzeit: 35–40 Minuten

1 Gemüsezwiebel
3 Knoblauchzehen
500 g Zucchini
3 EL Olivenöl
400 g Cocktailtomaten
200 g Fetakäse
450 g abgetropfter Tunfisch, in Öl (aus der Dose)
800 g gegarte Fusilli (Nudeln)
300 g Crème fraîche
300 ml Milch
6 Eier (Größe M)
1–2 TL Salz
1 TL gerebelter Thymian
gem. Pfeffer, ger. Muskatnuss

Für die Sauce:
400 g passierte Tomaten (aus der Dose)
400 ml Hühnerbrühe
1 EL Speisestärke
1 TL gerebeltes Basilikum
gem. Pfeffer

Tunfisch-Nudel-Auflauf

evtl. 1 Bund Petersilie

Pro Portion:
E: 28 g, F: 35 g, Kh: 34 g,
kJ: 2343, kcal: 561

1. Zwiebel und Knoblauch abziehen, in kleine Würfel schneiden. Zucchini abspülen, abtrocknen und die Enden abschneiden. Zucchini ebenfalls klein würfeln. Olivenöl in einer großen Pfanne erhitzen. Zwiebel- und Knoblauchwürfel darin andünsten. Zucchiniwürfel portionsweise hinzugeben und unter Rühren mitdünsten lassen. Das angedünstete Gemüse in einer Fettpfanne (30 x 40 cm, gefettet) verteilen.
2. Den Backofen vorheizen.
Ober-/Unterhitze: etwa 180 °C
Heißluft: etwa 160 °C
3. Tomaten abspülen, trocken tupfen und evtl. die Stängelansätze herausschneiden. Tomaten nach Belieben halbieren. Fetakäse in kleine Würfel schneiden. Tomaten, Tunfisch, Käsewürfel und gegarte Nudeln in die Fettpfanne geben, mit den Zucchini- und Zwiebelwürfeln vermischen.
4. Crème fraîche mit Milch und Eiern verschlagen, mit Salz, Thymian, Pfeffer und Muskat würzen. Die Eier-Crème-fraîche-Milch auf der Tunfisch-Nudel-Mischung verteilen.
5. Den Auflauf mit Alufolie belegen. Die Fettpfanne in den vorgeheizten Backofen schieben. Den Auflauf 35–40 Minuten garen.
6. In der Zwischenzeit für die Sauce Tomaten, Brühe, Speisestärke, Basilikum und Pfeffer in einem Topf verrühren und unter Rühren aufkochen lassen. Den Topf von der Kochstelle nehmen. Die Sauce warm stellen.
7. Nach Belieben Petersilie abspülen und trocken tupfen. Die Blättchen von den Stängeln zupfen. Blättchen klein schneiden.
8. Die Fettpfanne aus dem Backofen nehmen. Die Alufolie entfernen. Den Auflauf nach Belieben mit Petersilie bestreuen, in Portionsstücke teilen, anrichten und mit der warm gestellten Tomatensauce servieren.

Süßsaurer asiatischer Auflauf

8 Portionen

Zum Vorbereiten

Zubereitungszeit: 45 Minuten, ohne Einweichzeit
Garzeit: 30–40 Minuten

50 g getrocknete Shiitakepilze
200 g Sojabohnenkeimlinge
400 g Staudensellerie
4 Stangen Porree (Lauch)
400 g Möhren
400 g Chinakohl
Salz
8 abgetropfte Ananasscheiben (aus der Dose)
4 EL Mango-Chutney
350 g abgetropfte Bambussprossen (aus der Dose)
4 EL Sojasauce
gem. Pfeffer
etwas Sambal Oelek
etwa 10 EL Ananassaft (aus der Dose)
Currypulver
400 g Schlagsahne
300 g saure Sahne
4 Eier (Größe M)
80 g Butter

Pro Portion:
E: 12 g, F: 32 g, Kh: 25 g, kJ: 1885, kcal: 451

1. Die Pilze etwa 2 Stunden in lauwarmem Wasser einweichen. Pilze in einem Sieb abtropfen lassen und in Streifen schneiden.
2. Sojabohnenkeimlinge verlesen, in ein Sieb geben, mit kaltem Wasser abspülen und abtropfen lassen.
3. Staudensellerie putzen und die harten Außenfäden abziehen. Selleriestangen abspülen, abtropfen lassen. Porree putzen, die Stangen längs halbieren, gründlich waschen und abtropfen lassen. Möhren putzen, schälen und abspülen.
4. Den Backofen vorheizen.
Ober-/Unterhitze: etwa 200 °C
Heißluft: etwa 180 °C
5. Chinakohl putzen, den Kohl vierteln und den Strunk herausschneiden. Kohlviertel abspülen und abtropfen lassen. Porree, Möhren und Chinakohl in Streifen schneiden und in kochendem Salzwasser etwa 2 Minuten blanchieren. Gemüsestreifen in ein Sieb geben, mit kaltem Wasser abschrecken und abtropfen lassen. Selleriestangen in Stücke schneiden.
6. Von den Ananasscheiben den Saft auffangen, etwa 10 Esslöffel Saft abmessen. Ananasscheiben in Stücke schneiden. Mango-Chutney etwas zerkleinern.
7. Die vorbereiteten Zutaten mit den Bambussprossen gut vermischen, mit Sojasauce, Salz, Pfeffer, Sambal Oelek, Ananassaft und Curry würzen und in eine große, flache Auflaufform (gefettet) geben.
8. Sahne mit saurer Sahne und Eiern verschlagen, mit Salz, Pfeffer und Curry würzen. Die Eiersahne auf dem Gratin verteilen. Butter in Flöckchen daraufsetzen.
9. Die Form auf dem Rost in den vorgeheizten Backofen schieben. Den Auflauf 30–40 Minuten garen.

Beilage: Spiegeleier.

Süßsaurer asiatischer Auflauf

Tandoori-Fisch-Auflauf

8 Portionen

Zum Vorbereiten

Zubereitungszeit: 30 Minuten
Garzeit: 30–40 Minuten

1,2 kg Fischfilet, z. B. Seelachs, Pangasius
6–8 EL Tandoori-Paste (indische Gewürzpaste)
300 g Joghurt (3,5 % Fett)
1 kg Porree (Lauch)
400 g abgetropfte, geröstete, rote Paprikahälften (aus dem Glas)
2 Mangos (etwa 600 g)
2 Prisen Chiliflocken
2 EL Speiseöl, z. B. Rapsöl
Salz, gem. Pfeffer
einige Stängel Koriander oder glatte Petersilie
300 g saure Sahne
2 Eier (Größe M)

Pro Portion:
E: 32 g, F: 14 g, Kh: 16 g, kJ: 1362, kcal: 326

1. Fischfilets kurz unter fließendem kalten Wasser abspülen, trocken tupfen und in mundgerechte Stücke

Tandoori-Fisch-Auflauf

Überbackener Fenchel mit Letscho

schneiden. Die Tandoori-Paste mit 4–6 Esslöffeln Joghurt verrühren. Die Fischstücke von beiden Seiten damit bestreichen und zugedeckt in den Kühlschrank stellen.

2. Den Backofen vorheizen.
Ober-/Unterhitze: etwa 200 °C
Heißluft: etwa 180 °C

3. Porree putzen. Die Stangen längs halbieren, gründlich waschen und abtropfen lassen. Porree und Paprikahälften in kleine Stücke schneiden. Mangos halbieren, das Fruchtfleisch jeweils vom Stein schneiden. Das Fruchtfleisch schälen, in Würfel schneiden und mit Chiliflocken vermischen.

4. Speiseöl in einer großen Pfanne erhitzen. Porreestücke hinzugeben und unter Rühren kurz andünsten, mit Salz und Pfeffer würzen. Porree-, Paprikastücke, Mangowürfel und die bestrichenen Fischstücke in eine große, flache Auflaufform (gefettet) schichten.

5. Koriander oder Petersilie abspülen und trocken tupfen. Die Blättchen von den Stängeln zupfen. Blättchen grob zerschneiden. Restlichen Joghurt mit saurer Sahne und Eiern verschlagen, mit Salz und Pfeffer würzen. Kräuterblättchen unterrühren. Die Joghurt-Kräuter-Mischung auf dem Auflauf verteilen.

6. Die Form auf dem Rost in den vorgeheizten Backofen schieben. Den Auflauf 30–40 Minuten garen.

Tipp: Servieren Sie dazu z. B. Naan, das indische Fladenbrot.

Überbackener Fenchel mit Letscho

Zum Vorbereiten

8 Portionen

Zubereitungszeit: 40 Minuten
Überbackzeit: etwa 25 Minuten

8 mittelgroße Fenchelknollen
100 g Butter
500 ml Gemüsebrühe
1360 g Letscho
(Gemüsepaprika in pikanter Tomatensauce, aus dem Glas)
250 g 8-Minuten-Reis
50 g Semmelbrösel
100 g ger. Parmesan
80 g Butterflöckchen

Pro Portion:
E: 14 g, F: 23 g, Kh: 44 g,
kJ: 1876, kcal: 448

1. Fenchelknollen putzen, abspülen, abtropfen lassen und halbieren.

2. Butter in einem großen, breiten Topf zerlassen. Fenchelhälften mit der Schnittseite nach unten nebeneinander in den Topf legen und andünsten. Die Brühe hinzufügen, die Fenchelhälften zugedeckt etwa 15 Minuten bei mittlerer Hitze garen. Fenchelhälften in einem Sieb abtropfen lassen und die Kochflüssigkeit dabei auffangen.

3. Den Backofen vorheizen.
Ober-/Unterhitze: etwa 200 °C
Heißluft: etwa 180 °C

4. Letscho mit etwas von der Fenchel-Kochflüssigkeit verrühren, mit dem Reis mischen und in eine große, flache Auflaufform (gefettet) geben. Fenchelhälften mit der Schnittseite darauflegen.

5. Semmelbrösel mit Parmesan mischen und auf dem Auflauf verteilen. Butter in Flöckchen daraufsetzen.

6. Die Form auf dem Rost in den vorgeheizten Backofen schieben. Das Gericht etwa 25 Minuten überbacken.

Abwandlung: Anstelle des Fenchels können Sie auch 1 großen Spitzkohl verwenden. Dazu den Spitzkohl putzen, achteln und den Strunk herausschneiden. Den Spitzkohl abspülen, abtropfen lassen und nach dem Andünsten etwa 25 Minuten in der Brühe garen.

Steckrübenauflauf mit geräucherter Putenbrust

Spinat-Lachs-Auflauf

Steckrübenauflauf mit geräucherter Putenbrust

8 Portionen

Zubereitungszeit: 45 Minuten
Garzeit: 30–35 Minuten

1,2 kg Steckrüben
1,2 kg festkochende Kartoffeln
4 EL Butter (40 g)
Salz, gem. Pfeffer
2 TL gerebelter Majoran
400 g Schlagsahne
200 ml heiße Gemüsebrühe
300 g Porree (Lauch)
500 g geräucherter Putenbrust-aufschnitt
140 g Frühstücksspeck (Bacon)
100 g ger. Parmesan

Pro Portion:
E: 27 g, F: 30 g, Kh: 27 g,
kJ: 2044, kcal: 488

1. Steckrüben und Kartoffeln schälen, abspülen, abtropfen lassen und in etwa 1/2 cm dicke Scheiben schneiden. Butter in einem weiten, großen Topf zerlassen. Die Steckrübenscheiben darin portionsweise andünsten. Kartoffelscheiben in Stifte schneiden, zu den Steckrübenscheiben in den Topf geben, untermischen und weitere 5 Minuten dünsten. Mit Salz, Pfeffer und Majoran würzen.
2. Sahne mit Brühe verrühren, unter die Steckrüben-Kartoffel-Mischung rühren und zum Kochen bringen. Zugedeckt bei schwacher Hitze etwa 15 Minuten kochen lassen, dabei gelegentlich umrühren.
3. In der Zwischenzeit Porree putzen. Die Stangen längs halbieren, gründlich waschen, abtropfen lassen und in schmale Stücke schneiden. Etwa 2 Minuten vor Ende der Garzeit die Porreestücke zu dem Steckrüben-Kartoffel-Gemüse geben und unterrühren.
4. Den Backofen vorheizen.
Ober-/Unterhitze: etwa 200 °C
Heißluft: etwa 180 °C
5. Putenbrust in etwa 1 cm dicke Streifen schneiden. Das Steckrüben-Kartoffel-Gemüse abwechselnd mit den Putenbruststreifen in eine große, flache Auflaufform (gefettet) schichten. Frühstücksspeck in feine Streifen schneiden und mit dem Parmesan darauf verteilen.
6. Die Form auf dem Rost in den vorgeheizten Backofen schieben. Den Auflauf 30–35 Minuten garen.

Tipps: Möchten Sie den Auflauf lieber vegetarisch, verzichten Sie auf Putenbrust und Frühstücksspeck. Schön würzig wird der Auflauf trotzdem, wenn Sie abgetropfte, gewürfelte Tomaten (in Öl eingelegt) oder Röstzwiebeln (Fertigprodukt) hinzugeben. Außerhalb der Saison für Steckrüben (etwa von Oktober bis Januar) können Sie den Auflauf auf die gleiche Weise mit Knollensellerie, Kohlrabi oder Kürbis zubereiten.

Spinat-Lachs-Auflauf

8–10 Portionen

Zubereitungszeit: 45 Minuten
Garzeit: 20–25 Minuten

1 1/4–1 1/2 kg Blattspinat
2 Zwiebeln
3–4 Knoblauchzehen
4 EL Olivenöl
Salz, gem. Pfeffer

Für die Sauce:
200 ml Milch
400 g Schlagsahne
4–5 TL heller Saucenbinder
300 g Schafskäse
Saft von 2 Zitronen
4 Eigelb (Größe M)

1 kg Lachsfilet (ohne Haut)
200 g Shrimps

Pro Portion:
E: 38 g, F: 29 g, Kh: 8 g,
kJ: 2533, kcal: 606

1. Spinat verlesen, evtl. die Wurzelenden abschneiden. Spinat gründlich waschen, abtropfen lassen und nach Belieben etwas kleiner schneiden. Zwiebeln und Knoblauch abziehen, klein würfeln.
2. Den Backofen vorheizen.
Ober-/Unterhitze: etwa 200 °C
Heißluft: etwa 180 °C
3. Olivenöl in einem großen Topf erhitzen. Zwiebel- und Knoblauchwürfel darin glasig dünsten. Spinat

hinzufügen und zugedeckt einige Minuten dünsten, bis er zusammengefallen ist. Den Spinat kräftig mit Salz und Pfeffer würzen und in eine große, flache Auflaufform (gefettet) geben.

4. Für die Sauce Milch mit Sahne in einem Topf aufkochen lassen. Den Saucenbinder einrühren und unter Rühren nochmals kurz aufkochen lassen. Schafskäse grob zerbröseln, die Hälfte davon mit Zitronensaft unter die Sauce rühren. Mit Salz und Pfeffer würzen. Eigelb mit etwas von der Sauce verrühren und unter die restliche Sauce rühren (nicht mehr kochen lassen).

5. Lachsfilet kurz unter fließendem kalten Wasser abspülen, trocken tupfen und in Portionsstücke schneiden. Shrimps ebenfalls kurz unter fließendem kalten Wasser abspülen und trocken tupfen. Die Lachsstücke auf den Spinat in die Form legen. Mit Salz und Pfeffer würzen. Shrimps daraufgeben. Den Auflauf mit der Sauce übergießen. Restliche Schafskäsebrösel darauf verteilen.

6. Die Form auf dem Rost in den vorgeheizten Backofen schieben. Den Auflauf 20–25 Minuten garen.

Tipps: Anstelle von frischem Spinat können Sie ersatzweise auch TK-Blattspinat verwenden. Den gefrorenen Spinat dann zu den Zwiebelwürfeln in den Topf geben und bei mittlerer Hitze auftauen lassen.
Anstelle von Schafskäse können Sie auch einen anderen geriebenen Käse verwenden.

Nudelauflauf „Chinesische Art"

8–10 Portionen

Zubereitungszeit: 75 Minuten
Garzeit: etwa 20 Minuten je Backblech

1 kg Mie-Nudeln (asiatische Instant-Nudeln)

3 Zwiebeln
8 Knoblauchzehen
80 g Ingwer
1 kg Schweinerücken (ohne Knochen)
1 Eiweiß (Größe M)
1 EL Speisestärke
2 EL Currypulver
4 rote Paprikaschoten
3 Bund Frühlingszwiebeln
800 g Mungobohnenkeimlinge

6 EL Speiseöl
12 EL Sojaöl
10 EL Sojasauce

Pro Portion:
E: 42 g, F: 28 g, Kh: 95 g,
kJ: 3389, kcal: 805

Nudelauflauf „Chinesische Art"

1. Mie-Nudeln nach Packungsanleitung zubereiten. Die garen Nudeln in ein Sieb geben und abtropfen lassen.

2. Zwiebeln und Knoblauch abziehen. Ingwer schälen, abspülen und trocken tupfen. Zwiebeln in kleine Würfel schneiden. Knoblauch und Ingwer in sehr kleine Stücke oder Würfel schneiden.

3. Schweinerücken kurz unter fließendem kalten Wasser abspülen, trocken tupfen und in etwa 1 x 1 1/2 cm große Stücke schneiden.

4. Den Backofen vorheizen.
Ober-/Unterhitze: etwa 180 °C
Heißluft: etwa 160 °C

5. Das Eiweiß in einer großen Schüssel verschlagen. Die Speisestärke unterrühren. Fleischstücke, Zwiebelwürfel, Knoblauch-, Ingwerstücke und Curry hinzugeben. Die Zutaten mit der Eiweißmischung vermengen und beiseitestellen.

6. Paprikaschoten halbieren, entstielen, entkernen und die weißen Scheidewände entfernen. Schoten abspülen, abtropfen lassen und in Stücke schneiden.

7. Frühlingszwiebeln putzen, abspülen, abtropfen lassen und in kleine Stücke schneiden.

8. Die Mungobohnenkeimlinge in ein Sieb geben, abspülen und abtropfen lassen.

9. Zwei Backbleche mit je 3 Esslöffeln Speiseöl bestreichen. Jeweils die Hälfte der Nudeln daraufgeben. Paprikastücke mit Mungobohnenkeimlingen mischen und auf den Nudeln verteilen.

10. Die Backbleche nacheinander (bei Heißluft zusammen) in den vorgeheizten Backofen schieben. Den Nudelauflauf etwa 20 Minuten je Backblech garen.

11. In der Zwischenzeit Sojaöl in einer großen Pfanne erhitzen. Die beiseitegestellte Fleischwürfel-Mischung darin portionsweise anbraten, mit den Frühlingszwiebelstücken vermengen, auf den Auflauf geben, untermischen und kurz durchziehen lassen. Den Auflauf mit Sojasauce würzen und sofort servieren.

Pilzragout-Auflauf

8 Portionen

Zum Vorbereiten

Zubereitungszeit: 25 Minuten
Garzeit: etwa 40 Minuten

2 kg gemischte Pilze,
z. B. Champignons, Pfifferlinge,
Shiitake
4 Zwiebeln
80 g getrocknete Tomaten
1 1/2 kg Kloßteig
(aus dem Kühlregal)
Salz, gem. Pfeffer
2 TL gerebelter Thymian
2 TL gerebelter Rosmarin
2 Pck. Champignon-Cremesuppe
400 ml Milch
500 g Crème fraîche
300 g ger. Edamer
1 Bund glatte Petersilie

Pro Portion:
E: 26 g, F: 36 g, Kh: 70 g,
kJ: 2856, kcal: 681

1. Den Backofen vorheizen.
Ober-/Unterhitze: etwa 200 °C
Heißluft: etwa 180 °C
2. Pilze putzen, evtl. kurz abspülen und trocken tupfen. Pilze in Scheiben schneiden. Zwiebeln abziehen und in kleine Würfel schneiden. Getrocknete Tomaten in feine Streifen schneiden.
3. Tomatenstreifen und Zwiebelwürfel in eine große, flache Auflaufform (gefettet) geben und aus dem Kloßteig mit angefeuchteten Händen 24 gleich große Klöße formen. Klöße auf die Zwiebel-Tomaten-Mischung legen. Die Pilze gleichmäßig darauf verteilen. Mit etwas Salz, Pfeffer, Thymian und Rosmarin würzen.
4. Champignon-Cremesuppen-Pulver mit Milch und Crème fraîche anrühren. Den Auflauf damit übergießen und mit Käse bestreuen.
5. Die Form auf dem Rost in den vorgeheizten Backofen schieben. Den Auflauf etwa 40 Minuten garen.
6. Petersilie abspülen und trocken tupfen. Die Blättchen von den Stängeln zupfen. Blättchen nach Belieben klein schneiden. Den Auflauf mit Petersilie bestreut servieren.

Tipp: Sie können den Auflauf auch in zwei Auflaufformen zubereiten.

Staudensellerie-Gratin

8 Portionen

Zum Vorbereiten

Zubereitungszeit: 30 Minuten
Überbackzeit: 20–25 Minuten

6 Knoblauchzehen
4 Zwiebeln
2 EL Butter
250 ml Weißwein
4 Fleischtomaten (etwa 800 g)
Salz
gem. Pfeffer
2 Stauden Staudensellerie
(etwa 1,2 kg)
100 g ger. Parmesan

Pro Portion:
E: 6 g, F: 9 g, Kh: 7 g,
kJ: 662, kcal: 159

1. Den Backofen vorheizen.
Ober-/Unterhitze: etwa 200 °C
Heißluft: etwa 180 °C
2. Knoblauch und Zwiebeln abziehen, in kleine Würfel schneiden. Butter in einem Topf zerlassen, Zwiebel- und Knoblauchwürfel darin weich dünsten. Wein hinzugießen, zum Kochen bringen und etwas einkochen lassen.
3. Tomaten abspülen, abtropfen lassen, halbieren und die Stängelansätze herausschneiden. Tomatenhälften klein schneiden und zu der Zwiebel-Knoblauch-Masse geben, mit Salz und Pfeffer würzen.
4. Staudensellerie putzen und die harten Außenfäden abziehen. Selleriestangen abspülen, abtropfen lassen und in Stücke schneiden.
5. Selleriestücke in einer großen, flachen Gratinform (gefettet) verteilen und mit der Tomatensauce übergießen. Mit Parmesan bestreuen.
6. Die Form auf dem Rost in den vorgeheizten Backofen schieben. Das Gratin 20–25 Minuten überbacken.

Pilzragout-Auflauf

Staudensellerie-Gratin

Kohlrabi-Kartoffel-Gratin

Kartoffel-Käse-Auflauf

Kohlrabi-Kartoffel-Gratin

Zum Vorbereiten

8 Portionen

Zubereitungszeit: 50 Minuten
Garzeit: 50–60 Minuten

1 kg–1,2 kg Kohlrabi
1 kg–1,2 kg Kartoffeln
8 Zwiebeln
Salz, gem. Pfeffer
300–400 g ger. Emmentaler
500 ml Milch
250 g Schlagsahne
4 Eier (Größe M)
Paprikapulver edelsüß
4–6 EL Semmelbrösel
2–4 EL zerlassene Butter

Pro Portion:
E: 23 g, F: 35 g, Kh: 31 g,
kJ: 2264, kcal: 541

1. Kohlrabi und Kartoffeln schälen, abspülen, abtropfen lassen. Zwiebeln abziehen. Kohlrabi, Kartoffeln und die Zwiebeln in dünne Scheiben schneiden.
2. Den Backofen vorheizen.
Ober-/Unterhitze: etwa 200 °C
Heißluft: etwa 180 °C
3. Die vorbereiteten Zutaten abwechselnd in eine oder zwei große, flache Auflaufformen (gefettet) schichten (die untere und obere Schicht sollte aus Kartoffelscheiben bestehen). Dabei Kohlrabi- und Kartoffelscheiben mit Salz und Pfeffer würzen und jeweils mit etwas Käse bestreuen.
4. Milch mit Sahne und Eiern verschlagen, mit Salz und Paprika würzen. Die Eier-Sahne-Milch auf dem Auflauf verteilen.
5. Den restlichen Käse mit Semmelbröseln vermischen und auf den Auflauf streuen. Mit Butter beträufeln.
6. Die Form oder Formen auf dem Rost in den vorgeheizten Backofen schieben. Den Auflauf 50–60 Minuten garen. Den Auflauf nach etwa 40 Minuten Garzeit mit Alufolie oder Backpapier belegen, damit die Oberfläche nicht zu dunkel wird.

Kartoffel-Käse-Auflauf

8 Portionen

Zubereitungszeit: 45 Minuten
Garzeit: 30–40 Minuten

3 kg Kartoffeln
16 EL Olivenöl
Salz
gem. Pfeffer
6 große Zwiebeln
4 Knoblauchzehen
4 mittelgroße Zucchini
(je etwa 250 g)
gehackter Majoran
6–8 mittelgroße Tomaten
400 g Tilsiter
250 g Mozzarella

Pro Portion:
E: 24 g, F: 36 g, Kh: 56 g,
kJ: 2812, kcal: 672

1. Kartoffeln schälen, abspülen, abtropfen lassen und in Würfel schneiden. Jeweils etwas Olivenöl in einer Pfanne erhitzen. Die Kartoffelwürfel darin portionsweise unter Wenden anbraten (je etwa 5 Minuten), mit Salz und Pfeffer würzen, herausnehmen, in ein oder zwei große, flache Auflaufformen (gefettet) geben.
2. Den Backofen vorheizen.
Ober-/Unterhitze: etwa 200 °C
Heißluft: etwa 180 °C
3. Zwiebeln und Knoblauch abziehen, in kleine Würfel schneiden. Zucchini abspülen, abtrocknen und die Enden abschneiden. Zucchini ebenfalls in Würfel schneiden.
4. Zwiebel-, Knoblauch- und Zucchiniwürfel portionsweise in dem verbliebenen Bratfett (evtl. noch etwas Olivenöl hinzufügen) andünsten. Mit Salz, Pfeffer und Majoran würzen.
5. Tomaten kreuzweise einschneiden und mit kochendem Wasser übergießen. Nach 1–2 Minuten herausnehmen und mit kaltem Wasser abschrecken. Die Tomaten enthäuten, halbieren und die Stängelansätze herausschneiden. Tomatenhälften in große Würfel schneiden.
6. Käse reiben. Mozzarella abtropfen lassen und in Scheiben schneiden.
7. Zwiebel-, Knoblauch-, Zucchini- und Tomatenwürfel zu den Kartoffelwürfeln in die Form geben und nach Belieben vorsichtig durchmischen. Mit Käse bestreuen und mit Mozzarellascheiben belegen.
8. Die Form auf dem Rost in den vorgeheizten Backofen schieben. Den Auflauf 30–40 Minuten garen.

Möhren-Zucchini-Auflauf

8–10 Portionen

Zubereitungszeit: 60 Minuten
Garzeit: etwa 60 Minuten

2 Gemüsezwiebeln (etwa 400 g)
3 Knoblauchzehen
3 EL Olivenöl
750 g Möhren
1 kg Zucchini
1/2 Bund Thymian
10 Eier (Größe M)
1 kg Kräuter-Frischkäse
Salz, gem., weißer Pfeffer
400 g Yufkateig
(5 rechteckige Lagen, erhältlich in türkischen Läden)
4 EL Sesamsamen

Pro Portion:
E: 33 g, F: 45 g, Kh: 44 g,
kJ: 3163, kcal: 756

1. Gemüsezwiebeln abziehen, halbieren und in kleine Würfel schneiden. Knoblauch abziehen und ebenfalls klein würfeln. Olivenöl in einer großen Pfanne erhitzen. Zwiebel- und Knoblauchwürfel darin in 2 Portionen glasig dünsten. Die Pfanne von der Kochstelle nehmen. Zwiebel-Knoblauch-Masse etwas abkühlen lassen.

2. Den Backofen vorheizen.
Ober-/Unterhitze: etwa 200 °C
Heißluft: etwa 180 °C

3. In der Zwischenzeit Möhren putzen, schälen, abspülen, abtropfen lassen und grob raspeln. Zucchini abspülen, abtrocknen und die Enden abschneiden. Zucchini ebenfalls grob raspeln. Thymian abspülen und trocken tupfen. Die Blättchen von den Stängeln zupfen.

4. Zwei Eier trennen. Eigelbe zum Bestreichen beiseitestellen. Frischkäse, Eiweiß und die restlichen Eier in einer Rührschüssel mit einem Mixer (Rührstäbe) verschlagen. Thymian hinzugeben, mit Salz und Pfeffer würzen.

5. Zucchini- und Möhrenraspel mit der Zwiebel-Knoblauch-Masse vermengen und in eine große, flache Auflaufform (etwa 25 x 35 cm, gefettet) geben. Die Frischkäse-Eier-Masse darauf verteilen. Die Yufkateiglagen locker darauflegen, dabei evtl. den Teig am Rand in Form schneiden. Teig leicht an den Formrand drücken.

6. Beiseitegestellte Eigelbe verschlagen. Die Teigplatten damit bestreichen. Die Teigplatten mehrmals mit einer Messerspitze oder Schere einstechen und mit Sesam bestreuen.

7. Die Form auf dem Rost in den vorgeheizten Backofen schieben. Den Auflauf etwa 60 Minuten garen.

Möhren-Zucchini-Auflauf

8. Den Auflauf evtl. gegen Ende der Garzeit mit Backpapier zudecken, damit er nicht zu dunkel wird.

Tipp: Dazu schmeckt eine fruchtige Tomatensauce. Dafür 2 Zwiebeln und 3 Knoblauchzehen abziehen, fein würfeln und in 6 Esslöffeln Olivenöl andünsten. 2 Esslöffel Tomatenmark unterrühren. 1 kg Tomaten enthäuten und in Stücke schneiden. 400 g geschälte Tomaten (aus der Dose) ebenfalls in Stücke schneiden. Beide Tomatensorten mit der Flüssigkeit aus der Dose hinzufügen. Mit Salz, Pfeffer, Oregano und etwas Zucker würzen, etwa 10 Minuten kochen lassen. Die Sauce pürieren, nach Belieben durch ein Sieb streichen und nochmals mit den Gewürzen abschmecken.

Auflauf mit Speck und dicken Bohnen

8–12 Portionen

Zum Vorbereiten

Zubereitungszeit: 30 Minuten
Garzeit: 30–40 Minuten

2 kg TK-Dicke Bohnen
Salz
4 große Zwiebeln
200 g durchwachsener Speck
1 Bund Petersilie
250 g gewürfelter, roher Schinken

Für die Sauce:
6 Eier (Größe M)
300 g saure Sahne
300 g Crème fraîche
200 g ger. Käse, z. B. Gratin-Käse
gem. Pfeffer
Paprikapulver edelsüß

100 g ger. Käse, z. B. Gratin-Käse
100 g Butter

Pro Portion:
E: 44 g, F: 36 g, Kh: 27 g,
kJ: 2574, kcal: 616

Auflauf mit Speck und dicken Bohnen

Bohnenauflauf nach Cowboy-Art

1. Bohnen in kochendem Salzwasser nach Packungsanleitung bissfest garen, in einem Sieb abtropfen lassen.
2. Den Backofen vorheizen.
Ober-/Unterhitze: etwa 200 °C
Heißluft: etwa 180 °C
3. In der Zwischenzeit Zwiebeln abziehen und klein würfeln. Speck in Würfel schneiden und in einer beschichteten Pfanne bei mittlerer Hitze auslassen. Zwiebelwürfel hinzugeben und andünsten.
4. Petersilie abspülen und trocken tupfen. Blättchen von den Stängeln zupfen, Blättchen klein schneiden und unter die Speck-Zwiebel-Masse rühren. Bohnen mit der Speck-Zwiebel-Masse und den Schinkenwürfeln mischen, in eine große Auflaufform (gefettet) geben.
5. Für die Sauce die Eier mit saurer Sahne, Crème fraîche und Käse verrühren. Mit Salz, Pfeffer und Paprika würzen. Die Sauce auf der Bohnen-Schinken-Mischung verteilen. Mit Käse bestreuen. Butter in Flöckchen daraufsetzen. Die Form auf dem Rost in den vorgeheizten Backofen schieben. Den Auflauf 30–40 Minuten garen.

Bohnenauflauf nach Cowboy-Art

10–12 Portionen

Zubereitungszeit: 40 Minuten
Garzeit: etwa 60 Minuten je Form

1 1/2 kg festkochende Kartoffeln
1680 g gebackene Bohnen (Baked Beans, aus der Dose)
300 ml Wasser
200 g Zwiebeln
4–5 Knoblauchzehen
3 EL Speiseöl, z. B. Olivenöl
600 g Tomaten
420 g abgetropfter Gemüsemais (aus der Dose)
Salz, gem. Pfeffer
1–2 Msp. Chilipulver
300 g halbierte Frühstücksspeckscheiben (Bacon)

Pro Portion:
E: 16 g, F: 12 g, Kh: 41 g,
kJ: 1425, kcal: 338

1. Die Kartoffeln waschen, schälen, abspülen, abtropfen lassen und in dünne Scheiben schneiden. Kartoffelscheiben mit den gebackenen Bohnen (mit der Flüssigkeit) und Wasser vermischen. Die Kartoffel-Bohnen-Mischung in zwei hohe Auflaufformen geben.
2. Den Backofen vorheizen.
Ober-/Unterhitze: etwa 200 °C
Heißluft: etwa 180 °C
3. Zwiebeln und Knoblauch abziehen, in kleine Würfel schneiden. Speiseöl in einer Pfanne erhitzen. Die Zwiebel- und Knoblauchwürfel darin andünsten.
4. Tomaten abspülen, abtropfen lassen, halbieren und die Stängelansätze herausschneiden. Tomatenhälften in größere Stücke schneiden.
5. Zwiebel-, Knoblauchwürfel und Tomatenstücke mit dem Mais unter die Kartoffel-Bohnen-Mischung rühren. Mit Salz, Pfeffer und Chili würzen. Die Formen nacheinander (bei Heißluft zusammen) auf dem Rost in den vorgeheizten Backofen schieben. Den Auflauf etwa 60 Minuten je Form garen.
6. Den Auflauf nach etwa 40 Minuten Garzeit umrühren. Die Speckscheiben auf dem Auflauf verteilen. Den Auflauf fertig garen.

Auflauf von Ravioli

Auflauf von Ravioli

8–10 Portionen

Zum Vorbereiten

Zubereitungszeit: 30 Minuten, ohne Abkühlzeit
Garzeit: 40–50 Minuten

4 Zwiebeln
80 g Butter
200 ml Milch
200 g Schlagsahne
6 Eigelb (Größe M)
Salz
gem. Pfeffer
2,4 kg Ravioli in Tomatensauce (aus der Dose)
150 g ger. Greyerzer Käse
2 EL gehackte Kräuter, z. B. Petersilie, Schnittlauchröllchen

Pro Portion:
E: 14 g, F: 29 g, Kh: 44 g,
kJ: 2065, kcal: 491

1. Den Backofen vorheizen.
Ober-/Unterhitze: etwa 200 °C
Heißluft: etwa 180 °C

2. Zwiebeln abziehen und in kleine Würfel schneiden. Butter in einem Topf zerlassen, Zwiebelwürfel darin unter Rühren andünsten.

3. Milch und Sahne hinzugießen, unter Rühren aufkochen und etwa 5 Minuten bei schwacher Hitze einkochen lassen. Den Topf von der Kochstelle nehmen. Die Milchsahne etwa 5 Minuten abkühlen lassen.

4. Eigelb nach und nach unter die Milchsahne rühren. Mit Salz und Pfeffer würzen.

5. Ravioli in eine große Auflaufform (gefettet) geben, die Eier-Sahne-Milch darauf verteilen und mit Käse bestreuen. Die Form auf dem Rost in den vorgeheizten Backofen schieben. Den Auflauf 40–50 Minuten garen.

6. Den Auflauf mit gehackten Kräutern bestreuen und sofort servieren.

Beilage: Gemischter Blattsalat.

Tipps: Sie können den Auflauf auch in mehreren kleinen Auflaufformen zubereiten. Wenn Sie die Sauce nicht selber machen möchten, können Sie auch ein Trockenfertigprodukt für Nudelaufläufe verwenden. Dafür die Sauce einfach nach Packungsanleitung zubereiten und auf dem Auflauf verteilen. Anstelle der frischen gehackten Kräuter schmecken auch TK-Kräuter.

Auberginen-1001-Nacht

8 Portionen

Zubereitungszeit: 45 Minuten
Garzeit: 20–25 Minuten

100 g Pinienkerne
1 kg Hähnchenbrustfilets
4 Zwiebeln
8 Knoblauchzehen
4 Tomaten
je 2 rote und gelbe Paprikaschoten
1 Bund Petersilie
4 Stängel Koriander oder
2 Msp. Korianderpulver
4 Auberginen (etwa 1 1/2 kg)
6–8 EL Olivenöl
Salz, gem. Pfeffer
4 Msp. Paprikapulver rosenscharf
4 Msp. gem. Kreuzkümmel (Cumin)
500 ml Geflügelfond
250 g Schafs- oder Fetakäse

Pro Portion:
E: 43 g, F: 25 g, Kh: 13 g,
kJ: 1867, kcal: 446

1. Pinienkerne in einer Pfanne ohne Fett goldbraun rösten, herausnehmen und auf einen Teller geben.

2. Hähnchenbrustfilets kurz unter fließendem kalten Wasser abspülen, trocken tupfen und in etwa 1 cm große Würfel schneiden.

3. Zwiebeln und Knoblauch abziehen, in feine Würfel schneiden. Tomaten abspülen, abtrocknen, halbieren und die Stängelansätze herausschneiden. Paprikaschoten halbieren, entstielen, entkernen und die weißen Scheidewände entfernen. Schoten abspülen und abtropfen lassen. Die Tomaten und Paprikaschoten in Würfel schneiden.

4. Die Kräuter abspülen und trocken tupfen. Die Blättchen von den Stängeln zupfen. Einige Kräuterblättchen zum Garnieren beiseitelegen. Restliche Blättchen klein schneiden.

5. Auberginen abspülen, abtrocknen und die Stängelansätze abschneiden. Die Auberginen der Länge nach halbieren und mit einem Teelöffel oder Kugelausstecher so aushöhlen, dass ein etwa 1 cm breiter Rand stehen bleibt. Das ausgehöhlte Fruchtfleisch in kleine Würfel schneiden.

6. Von dem Olivenöl 4 Esslöffel in einer großen Pfanne erhitzen. Die Fleischwürfel darin in 2 Portionen von allen Seiten gut anbraten, mit Salz und Pfeffer würzen. Fleischwürfel aus der Pfanne nehmen.

7. Das restliche Olivenöl in der Pfanne erhitzen. Die Zwiebel- und Knoblauchwürfel darin anbraten. Tomaten-, Paprika- und Auberginenwürfel sowie die gehackten Kräuter hinzugeben und unter gelegentlichem Rühren mit anbraten. Die Gemüsemischung mit Salz, Pfeffer, Paprika und Kreuzkümmel würzen, zugedeckt etwa 5 Minuten dünsten, dabei gelegentlich umrühren.

8. Den Backofen vorheizen.
Ober-/Unterhitze: etwa 200 °C
Heißluft: etwa 180 °C

9. Die angebratenen Fleischwürfel und die Hälfte des Geflügelfonds zu der Gemüsemischung in die Pfanne geben, nochmals mit den Gewürzen abschmecken.

10. Die vorbereiteten Auberginenhälften mit der Aushöhlung nach oben nebeneinander in eine große Auflaufform (gefettet) setzen. Den Käse in etwa 1/2 cm dicke Würfel schneiden und unter die Hähnchen-Gemüse-Füllung heben. Die Füllung in den Auberginenhälften verteilen. Die Pinienkerne daraufstreuen und etwas andrücken. Den restlichen Geflügelfond mit in die Auflaufform gießen.

11. Die Form auf dem Rost in den vorgeheizten Backofen schieben. Die Auberginen 20–25 Minuten garen. Zum Servieren die Auberginen mit den beiseitegelegten Kräuterblättchen garnieren.

Tipp: Verwenden Sie Pistazienkerne oder Mandelstifte anstelle der Pinienkerne.

Tomatenauflauf mit Kartoffeln

8 Portionen

Zubereitungszeit: 25 Minuten
Garzeit: 40–45 Minuten

500 g Kartoffeln
Salz
800 g Cocktailtomaten
4 EL Zwiebelwürfel
8 EL kleine Salamiwürfel
4 EL gehackte Basilikumblättchen
400 g Schlagsahne
8 Eier (Größe M)
4 EL Tomatenketchup
gem., grober, bunter Pfeffer
60 g ger. Gouda

Pro Portion:
E: 19 g, F: 30 g, Kh: 15 g,
kJ: 1794, kcal: 429

1. Den Backofen vorheizen.
Ober-/Unterhitze: etwa 200 °C
Heißluft: etwa 180 °C

2. Kartoffeln schälen, abspülen, abtropfen lassen und in Würfel schneiden. Kartoffelwürfel in kochendem Salzwasser etwa 5 Minuten blanchieren, anschließend in ein Sieb geben und abtropfen lassen.

3. Tomaten abspülen, trocken tupfen, evtl. halbieren und die Stängelansätze herausschneiden. Tomatenhälften mit Kartoffel-, Zwiebel-, Salamiwürfeln und Basilikum mischen, in eine große Auflaufform (gefettet) geben.

4. Sahne mit Eiern und Ketchup verschlagen, mit Salz und Pfeffer würzen. Die Eiersahne auf dem Auflauf verteilen und mit Käse bestreuen.

5. Die Form auf dem Rost in den vorgeheizten Backofen schieben. Den Auflauf 40–45 Minuten garen.

Auberginen-1001-Nacht

Tomatenauflauf mit Kartoffeln

Wirsing-Kürbis-Auflauf mit Schweinefilet

8 Portionen

Zubereitungszeit: 50 Minuten
Garzeit: etwa 25 Minuten

1 Kopf Wirsing (etwa 1,4 kg)
4 Zwiebeln
630 g eingelegter Kürbis (aus dem Glas)
1,6 kg Schweinefilet (etwa 4 Stück)
Salz, gem. Pfeffer
8 EL Speiseöl
500 ml Gemüsebrühe
Kürbisflüssigkeit (aus dem Glas)
250 g Crème fraîche mit frischen Kräutern
200 g mittelalter Gouda

Pro Portion:
E: 55 g, F: 33 g, Kh: 10 g,
kJ: 2388, kcal: 570

1. Von dem Wirsing die groben äußeren Blätter lösen. Den Wirsing halbieren und den Strunk herausschneiden. Wirsinghälften abspülen, abtropfen lassen und in Streifen schneiden. Die Zwiebeln abziehen und klein würfeln.
2. Von dem eingelegten Kürbis die Flüssigkeit auffangen.
3. Schweinefilets mit Küchenpapier trocken tupfen, mit Salz und Pfeffer würzen.
4. Speiseöl in einer großen Pfanne erhitzen. Filets darin evtl. in 2 Portionen rundherum kräftig anbraten, aus der Pfanne nehmen und in Alufolie wickeln.
5. Wirsingstreifen und Zwiebelwürfel in dem verbliebenen Bratfett unter Rühren anbraten. Gemüsebrühe und Kürbisflüssigkeit hinzugießen. Mit Salz und Pfeffer würzen. Die Wirsingstreifen zugedeckt etwa 20 Minuten garen.
6. Inzwischen Backofen vorheizen.
Ober-/Unterhitze: etwa 200 °C
Heißluft: etwa 180 °C
7. Die Wirsingmasse mit dem Kürbis vermengen und mit der Garflüssigkeit in eine oder zwei große, flache Auflaufformen (gefettet) geben. Filets aus der Folie wickeln, in Scheiben schneiden und darauf verteilen.
8. Crème fraîche in Klecksen daraufgeben. Käse fein reiben. Den Auflauf mit dem Käse bestreuen.
9. Die Form auf dem Rost in den vorgeheizten Backofen schieben. Den Auflauf etwa 25 Minuten garen.

Wirsing-Kürbis-Auflauf mit Schweinefilet

Champignon-Porree-Torte mit Senfquark

8 Portionen

Zum Vorbereiten

Zubereitungszeit: 50 Minuten, ohne Kühlzeit
Backzeit: 30–40 Minuten

Für den Knetteig:
150 g Weizenmehl
100 g gem. Haselnusskerne
125 g weiche Butter
1 Eigelb (Größe M)
1 TL Zucker
1 gestr. TL Salz
2–3 EL kaltes Wasser

Für den Belag:
200 g Champignons
2 Schalotten
2 Stängel Thymian
2 EL Butterschmalz
Salz, gem. Pfeffer
2 Stangen Porree (Lauch, 400 g)
200 g Schlagsahne
4 Eier (Größe M)
ger. Muskatnuss
80 g ger. Bergkäse

Für den Senfquark:
1 Bund Schnittlauch
150 g Speisequark (40 % Fett)
1 EL scharfer Senf
1 EL grober Senf
1 EL Traubenkernöl

2 Stängel Thymian

Pro Portion:
E: 15 g, F: 45 g, Kh: 20 g,
kJ: 2279, kcal: 544

1. Für den Teig Mehl und Nusskerne in einer Rührschüssel mit einem Schneebesen verrühren. Butter, Eigelb, Zucker, Salz und Wasser hinzufügen. Die Zutaten mit dem Mixer (Rührstäbe) zunächst kurz auf niedrigster, dann auf höchster Stufe gut durcharbeiten.
2. Anschließend auf einer bemehlten Arbeitsfläche zu einem glatten Teig verkneten. Den Teig in Frischhaltefolie wickeln und etwa 1 Stunde in den Kühlschrank stellen.
3. Für den Belag Champignons putzen, evtl. kurz abspülen, abtropfen lassen und vierteln. Schalotten abziehen und klein würfeln.
4. Thymian abspülen und trocken tupfen. Die Blättchen von den Stängeln zupfen. Butterschmalz in einer Pfanne erhitzen. Champignonviertel darin andünsten, Schalottenwürfel und Thymian hinzugeben und mitdünsten lassen. Mit Salz und Pfeffer würzen.
5. Den Backofen vorheizen.
Ober-/Unterhitze: etwa 180 °C
Heißluft: etwa 160 °C

Champignon-Porree-Torte mit Senfquark

Auberginen-Hackfleisch-Gratin

6. Porree putzen. Die Stangen längs halbieren, gründlich waschen, abtropfen lassen und schräg in etwa 2 cm lange Stücke schneiden. Porreestücke in kochendem Salzwasser kurz blanchieren, mit kaltem Wasser abschrecken und in einem Sieb abtropfen lassen.
7. Zwei Drittel des Teiges auf der leicht bemehlten Arbeitsfläche zu einer runden Platte (Ø etwa 30 cm) ausrollen. Die Teigplatte in eine Tarteform (Ø etwa 28 cm, Boden gefettet) legen. Den Teig mit einer Gabel mehrmals einstechen. Die Form auf dem Rost in den vorgeheizten Backofen schieben. Den Tarteboden etwa 10 Minuten vorbacken.
8. Die Form aus dem Backofen nehmen und auf einen Kuchenrost stellen. Tarteboden abkühlen lassen.
9. Den restlichen Teig zu einer etwa 75 cm langen Rolle formen, an den Tarteformrand und den vorgebackenen Boden drücken. Die Champignonmasse und Porreestücke in der Form verteilen.
10. Sahne mit Eiern in einer Schüssel verschlagen, mit Salz, Pfeffer und Muskat würzen. Die Eiersahne auf der Champignon-Porree-Masse verteilen, mit Käse bestreuen. Die Form auf dem Rost in den vorgeheizten Backofen schieben. Die Tarte bei gleicher Backofentemperatur in 20–30 Minuten fertig backen.
11. Für den Senfquark Schnittlauch abspülen, trocken tupfen und in Röllchen schneiden. Quark, beide Senfsorten und Schnittlauchröllchen in einer Schüssel verrühren, mit Salz abschmecken. Das Traubenkernöl unterrühren, damit der Quark sämiger wird.
12. Zum Garnieren Thymian abspülen, trocken tupfen und in Zweige zupfen. Die Torte aus dem Backofen nehmen, auf einem Kuchenrost etwas abkühlen lassen, mit Thymian garnieren und mit dem Senfquark servieren.

Auberginen-Hackfleisch-Gratin

8 Portionen

Zubereitungszeit: 40 Minuten
Garzeit: 25–30 Minuten

1 kg Auberginen, 12 EL Speiseöl
2 TL gerebelter Oregano
Paprikapulver edelsüß
Salz, gem. Pfeffer
4 Zwiebeln, 6 EL Speiseöl
500 g Rindergehacktes
4 Knoblauchzehen
4 EL gehackte Petersilie
6 Fleischtomaten
250 g Mozzarella
einige Basilikumblättchen

Pro Portion:
E: 21 g, F: 38 g, Kh: 7 g,
kJ: 1888, kcal: 450

1. Auberginen abspülen, abtrocknen und die Stängelansätze abschneiden. Auberginen längs in etwa 1/2 cm dicke Scheiben schneiden. Speiseöl in einer Pfanne erhitzen. Die Auberginenscheiben darin von beiden Seiten anbraten. Mit Oregano, Paprika, Salz und Pfeffer bestreuen. Auberginenscheiben nebeneinander (in 2–3 Lagen) in eine große, flache Gratinform (gefettet) legen.
2. Den Backofen vorheizen.
Ober-/Unterhitze: etwa 200 °C
Heißluft: etwa 180 °C
3. Zwiebeln abziehen und in kleine Würfel schneiden. Speiseöl in einer Pfanne erhitzen. Zwiebelwürfel darin glasig dünsten. Gehacktes hinzugeben und darin unter Rühren anbraten. Dabei die Fleischklümpchen mit einer Gabel zerdrücken. Mit Oregano, Paprika, Salz und Pfeffer würzen. Knoblauch abziehen, zerdrücken. Knoblauch und Petersilie unter die Hackfleischmasse rühren.
4. Tomaten kreuzweise einschneiden und mit kochendem Wasser übergießen. Nach 1–2 Minuten herausnehmen und mit kaltem Wasser abschrecken. Tomaten enthäuten, halbieren, entkernen und die Stängelansätze herausschneiden. Tomatenhälften in kleine Würfel schneiden und mit der Hackfleischmasse vermengen.
5. Die Hackfleischmasse auf den Auberginenscheiben verteilen. Mozzarella abtropfen lassen, in Scheiben schneiden und darauflegen. Die Form auf dem Rost in den vorgeheizten Backofen schieben und das Gratin 25–30 Minuten garen.
6. Basilikumblättchen abspülen und trocken tupfen. Auberginen-Hackfleisch-Gratin mit Basilikumblättchen garnieren und sofort servieren.

Rote-Bete-Auflauf

Rote-Bete-Auflauf

8 Portionen

Zum Vorbereiten

Zubereitungszeit: 20 Minuten
Garzeit: 18–25 Minuten

2 kleine Bunde frischer Salbei
8 EL Butter (etwa 80 g)
1 kg gegarte Rote Bete (vakuumverpackt)
gem. Pfeffer
Salz
100–150 g milder Gorgonzola
150 g Schlagsahne

2 Beutel Kartoffelpüreepulver (für je 3 Portionen)
250 ml Milch
750 ml Wasser
150 g Walnusskernhälften

Pro Portion:
E: 11 g, F: 34 g, Kh: 25 g,
kJ: 1870, kcal: 450

1. Den Backofen vorheizen.
Ober-/Unterhitze: etwa 220 °C
Heißluft: etwa 200 °C

2. Salbei abspülen und trocken tupfen. Die Blättchen von den Stängeln zupfen. Butter in einer Pfanne zerlassen. Die Salbeiblättchen darin bei mittlerer Hitze anbraten. Die Pfanne von der Kochstelle nehmen und vorsichtig beiseitestellen.

3. Rote Bete abtropfen lassen, in Viertel oder Achtel schneiden und in einer großen, flachen Auflaufform (gefettet) verteilen. Rote Bete mit Pfeffer und etwas Salz würzen. Einige angebratene Salbeiblättchen darauf verteilen. Den Käse in kleine Stücke teilen und daraufgeben. Die Sahne hinzugießen.

4. Die Form auf dem Rost in den vorgeheizten Backofen schieben. Rote Bete 8–10 Minuten vorgaren.

5. In der Zwischenzeit das Kartoffelpüreepulver nach Packungsanleitung mit Milch und Wasser zubereiten. Die Hälfte der Salbeiblätter-Butter unter das Püree rühren, mit Salz und Pfeffer abschmecken.

6. Die Form auf einen Kuchenrost stellen. Kartoffelpüree in Klecksen auf den vorgegarten Rote-Bete-Stücken verteilen. Walnusskerne grob hacken und daraufstreuen. Die restliche Salbeiblätter-Butter darauf verteilen.

7. Die Form wieder in den heißen Backofen schieben. Den Auflauf bei gleicher Backofentemperatur in 10–15 Minuten fertig garen.

Tipp: Noch etwas schneller zubereitet und ebenso lecker ist dieser Auflauf, wenn Sie die Zutaten ohne gebratene Salbeiblättchen einschichten. Stattdessen evtl. etwa 1 Teelöffel gerebelten Rosmarin verwenden, er muss nicht angebraten werden. Den gerebelten Rosmarin mit der weichen Butter verrühren. Die Hälfte davon unter das Püree rühren. Restliche Butter vor dem Garen auf dem Auflauf verteilen.

Rhabarber-Aprikosen-Auflauf

12 Portionen (ohne Foto)

Zubereitungszeit: 55 Minuten, ohne Teiggehzeit
Backzeit: 35–40 Minuten

Für den Hefeteig:
400 g Weizenmehl
2 Pck. Dr. Oetker Trockenbackhefe
1 Prise Salz
1 Pck. Dr. Oetker Finesse Geriebene Zitronenschale
4 EL Zucker, 600 ml lauwarme Milch
4 Eier (Größe M)

1,8–2 kg Rhabarber
2 EL Zucker
2 Pck. Dr. Oetker Vanillin-Zucker
720 g abgetropfte Aprikosenhälften (aus der Dose)
300 g Marzipan-Rohmasse
100 ml Aprikosensaft (aus der Dose)
100 g abgezogene, gehackte Mandeln

Pro Portion:
E: 14 g, F: 18 g, Kh: 62 g,
kJ: 2062, kcal: 492

1. Für den Teig Mehl in eine Rührschüssel geben und mit der Trockenbackhefe sorgfältig vermischen. Salz, Zitronenschale, Zucker, Milch und Eier hinzugeben. Die Zutaten mit einem Schneebesen zu einem flüssigen Teig verrühren. Den Teig zugedeckt etwa 30 Minuten an einem warmen Ort gehen lassen.
2. Den Backofen vorheizen.
Ober-/Unterhitze: etwa 200 °C
Heißluft: etwa 180 °C
3. Rhabarber putzen und die Stiel- und Blattansätze abschneiden. Die Stangen abspülen und abtropfen lassen. Dickere Stangen längs durchschneiden, dann in längliche Stücke schneiden und in einer Fettpfanne (30 x 40 cm, gefettet) verteilen. Zucker mit Vanillin-Zucker mischen und darüberstreuen.
4. Von den Aprikosenhälften den Saft auffangen und 100 ml Saft abmessen. Marzipan klein würfeln und mit dem abgemessenen Aprikosensaft pürieren.
5. Den gegangenen Hefeteig nochmals durchrühren. Die Rhabarberstücke damit übergießen. Aprikosenhälften mit der Wölbung nach unten in den Teig setzen.
6. Marzipancreme als kleine Häufchen in die Aprikosenhälften setzen und zwischen den Früchten auf dem Teig verteilen. Die Mandeln darüberstreuen.
7. Die Fettpfanne in den vorgeheizten Backofen schieben. Den Auflauf 35–40 Minuten backen.

Pilzauflauf mit Kartoffel-Sellerie-Haube

8–10 Portionen

Zubereitungszeit: 45 Minuten
Garzeit: etwa 30 Minuten

1,2 kg Kartoffeln
800 g Knollensellerie
Salz
je 400 g Champignons, Austernpilze und Shiitakepilze
4 rote Zwiebeln
6–8 Knoblauchzehen
4 EL Olivenöl
80 g Butter
gem. Pfeffer
getrocknete Kräuter der Provence
400 g Schlagsahne
200 ml Kartoffel-Sellerie-Kochflüssigkeit
200 g ger. Gratin-Käse
1 Eigelb (Größe M)

Pro Portion:
E: 14 g, F: 34 g, Kh: 29 g,
kJ: 2159, kcal: 515

1. Die Kartoffeln schälen, abspülen, abtropfen lassen. Sellerie putzen, schälen, abspülen, abtropfen lassen. Kartoffeln und Sellerie in grobe Stücke schneiden und in kochendem Salzwasser 10–15 Minuten garen.
2. In der Zwischenzeit die Pilze putzen, evtl. kurz abspülen und trocken tupfen. Größere Pilze etwas kleiner schneiden. Zwiebeln und Knoblauch abziehen, in kleine Würfel schneiden.
3. Den Backofen vorheizen.
Ober-/Unterhitze: etwa 200 °C
Heißluft: etwa 180 °C
4. Olivenöl und die Hälfte der Butter in einer großen Pfanne erhitzen. Pilze, Zwiebel- und Knoblauchwürfel darin portionsweise unter Wenden 5–8 Minuten braten. Mit Salz, Pfeffer und Kräutern der Provence würzen. Sahne (4 Esslöffel Sahne beiseitestellen) hinzugießen und kurz aufkochen lassen. Das Pilzgemüse mit der Flüssigkeit in eine große, flache Auflaufform (gefettet) geben.
5. Das Kartoffel-Sellerie-Gemüse abgießen, dabei die Kochflüssigkeit auffangen, 200 ml abmessen und wieder zu dem Kartoffel-Sellerie-Gemüse geben. Das Gemüse mit einem Kartoffelstampfer zerstampfen. Die restliche Butter unterrühren, mit Salz und Pfeffer würzen. Die Hälfte des Käses untermischen. Das Püree auf dem Pilzgemüse verteilen.
6. Eigelb und beiseitegestellte Sahne verschlagen. Das Püree damit beträufeln und mit dem restlichen Käse bestreuen.
7. Die Form auf dem Rost in den vorgeheizten Backofen schieben. Den Auflauf etwa 30 Minuten garen.

Pilzauflauf mit Kartoffel-Sellerie-Haube

Chinakohlauflauf

Chinakohlauflauf

8–10 Portionen

Zum Vorbereiten

Zubereitungszeit: 45 Minuten
Garzeit: 45–55 Minuten

600 g Zucchini
3 gelbe Paprikaschoten
(je etwa 150 g)
400 ml Gemüsebrühe
150 g rote Linsen
400 g Tomaten
1 1/2 kg Chinakohl

Für die Sauce und den Belag:
400 g Camembert
1 Bund Dill
60 g Butter oder Margarine
60 g Weizenmehl
600 ml Milch
6 Eier (Größe M)
Salz, gem. Pfeffer
ger. Muskatnuss

Pro Portion:
E: 25 g, F: 23 g, Kh: 23 g,
kJ: 1785, kcal: 426

1. Zucchini abspülen, abtrocknen und die Enden abschneiden. Zucchini zuerst längs halbieren, dann in Scheiben schneiden. Paprikaschoten halbieren, entstielen, entkernen und die weißen Scheidewände entfernen. Schoten abspülen, abtropfen lassen und in Streifen schneiden.
2. Brühe in einem Topf zum Kochen bringen. Paprikastreifen und Linsen darin etwa 3 Minuten kochen lassen. Zucchinischeiben hinzufügen, noch weitere etwa 3 Minuten garen. Gemüse und Linsen abgießen und in einem Sieb abtropfen lassen.
3. Tomaten abspülen, abtrocknen und die Stängelansätze herausschneiden. Tomaten vierteln, entkernen und klein würfeln.
4. Von dem Chinakohl die äußeren Blätter entfernen. Chinakohl abspülen, abtropfen lassen und die unteren Enden abschneiden. Chinakohl vierteln oder achteln (je nach Größe) und mit einer Schnittfläche nach unten in eine große, flache Auflaufform (gefettet) oder Fettpfanne (gefettet) legen. Vorgegartes Gemüse, Linsen und Tomatenwürfel darauf verteilen.
5. Den Backofen vorheizen.
Ober-/Unterhitze: etwa 180 °C
Heißluft: etwa 160 °C
6. Für die Sauce und den Belag die Hälfte des Camemberts in kleine Würfel, restlichen Camembert in dünne Scheiben schneiden. Dill abspülen und trocken tupfen. Die Spitzen von den Stängeln zupfen. Einige Spitzen zum Garnieren beiseitelegen. Restliche Spitzen klein schneiden.
7. Butter oder Margarine in einem Topf zerlassen. Mehl darin unter Rühren so lange erhitzen, bis es hellgelb ist. Milch hinzugießen, mit einem Schneebesen gut durchschlagen. Dabei darauf achten, dass keine Klümpchen entstehen. Die Sauce unter Rühren aufkochen lassen. Camembertwürfel hinzugeben und unter Rühren schmelzen.
8. Eier trennen. Eigelb zuerst mit etwas von der Sauce verrühren, dann unter die restliche Sauce rühren (nicht mehr kochen lassen). Die Sauce mit Salz, Pfeffer und Muskat kräftig würzen. Dill unterrühren. Eiweiß steif schlagen und unterheben. Die Sauce gleichmäßig auf dem Gemüse verteilen und mit Camembertscheiben belegen.
9. Die Form auf dem Rost oder die Fettpfanne in den vorgeheizten Backofen schieben. Den Auflauf 45–55 Minuten garen. Vor dem Servieren mit Dillspitzen garnieren.

Hügelgratin

8 Portionen

Zubereitungszeit: 50 Minuten
Garzeit: 50–60 Minuten je Form

2 kg Rosenkohl
2 kg kleine, festkochende Kartoffeln
100 g Butter
Salz, gem. Pfeffer
ger. Muskatnuss
2 Zwiebeln
1 kg Rindergehacktes
400 g Magerquark
2 Eier (Größe M)
2 Knoblauchzehen
600 g Crème fraîche

250 ml Milch
2 EL Currypulver

Pro Portion:
E: 52 g, F: 58 g, Kh: 53 g,
kJ: 4111, kcal: 982

1. Rosenkohl von den äußeren Blättern befreien und etwas vom Strunk abschneiden. Rosenkohlröschen am Strunk kreuzförmig einschneiden, abspülen und abtropfen lassen.
2. Kartoffeln schälen, abspülen und abtropfen lassen. Kartoffeln evtl. in Größe des Rosenkohls schneiden.
3. Jeweils die Hälfte der Butter in einer großen Pfanne zerlassen. Rosenkohl und Kartoffeln darin in 2 Portionen etwa 15 Minuten unter mehrmaligem Wenden dünsten. Mit Salz, Pfeffer und Muskat würzen.
4. Den Backofen vorheizen.
Ober-/Unterhitze: etwa 200 °C
Heißluft: etwa 180 °C
5. Die Zwiebel abziehen und in kleine Würfel schneiden. Gehacktes in eine Schüssel geben. Quark, Eier und Zwiebelwürfel hinzugeben und gut unterkneten. Knoblauch abziehen und klein würfeln. Die Hälfte davon unter den Fleischteig mischen. Mit Salz und Pfeffer kräftig würzen.
6. Aus dem Fleischteig mit angefeuchteten Händen Bällchen in Größe des Rosenkohls formen.
7. Crème fraîche mit Milch, Curry und restlichem Knoblauch verrühren.
8. Danach Kartoffeln, Rosenkohl und Fleischbällchen dicht an dicht in buntem Wechsel in zwei flache Auflauf- oder Gratinformen (gefettet) setzen. Die Crème-fraîche-Milch darauf verteilen.
9. Die Formen nacheinander (bei Heißluft zusammen) auf dem Rost in den vorgeheizten Backofen schieben. Das Gratin 50–60 Minuten je Form garen.

Champignongratin
8 Portionen

Zubereitungszeit: 45 Minuten
Überbackzeit: etwa 15 Minuten

Je 800 g weiße und braune Champignons
8 Schalotten
60 g Butter
gem., weißer Pfeffer
12 EL trockener Weißwein
400 g Schlagsahne
Salz

etwas Himbeeressig
4 Eigelb (Größe M)
6 EL Crème fraîche
grob gehackte Petersilie

Pro Portion:
E: 6 g, F: 25 g, Kh: 5 g,
kJ: 1150, kcal: 274

1. Champignons putzen, evtl. kurz abspülen, und gut trocken tupfen. Champignons in gleich große Scheiben schneiden (am besten mit dem Eierschneider).
2. Schalotten abziehen und sehr klein würfeln. Jeweils etwas Butter in einer großen Pfanne erhitzen, Schalottenwürfel darin glasig dünsten.
3. Champignonscheiben portionsweise hinzugeben, mit Pfeffer bestreuen und kurz andünsten. Alle Champignons wieder in die Pfanne geben. Wein hinzugießen, bei starker Hitze fast ganz einkochen lassen.
4. Den Backofen vorheizen.
Ober-/Unterhitze: etwa 220 °C
Heißluft: etwa 200 °C
5. Die Sahne hinzufügen, mit Salz würzen und kurz aufkochen lassen. Die Champignonscheiben mit einem Schaumlöffel aus der Sahne nehmen und in eine große Gratinform (gefettet) geben.
6. Die Sahne bei starker Hitze unter Rühren cremig einkochen lassen. Mit etwas Himbeeressig, Salz und Pfeffer würzen. Die Sahne auf den Champignonscheiben verteilen. Eigelb und Crème fraîche verschlagen, leicht mit Salz würzen und auf die Champignonscheiben geben.
7. Das Gratin auf dem Rost in den vorgeheizten Backofen schieben und etwa 15 Minuten überbacken.
8. Das Gratin mit Petersilie bestreut servieren.

Hügelgratin

Champignongratin

Nudelauflauf mit Cabanossi und Paprika

8–10 Portionen

Zubereitungszeit: 45 Minuten
Garzeit: etwa 30 Minuten

4 Zwiebeln
4 Knoblauchzehen
200 g Möhren
200 g Knollensellerie
400 g Champignons
je 2 rote, gelbe und grüne Paprikaschoten
500 g Cabanossi (Knoblauchwurst)
6 EL Rapsöl
2 EL Paprikapulver edelsüß
800 g geschälte Tomaten (aus der Dose)
850 ml Fleischbrühe
Salz, gem. Pfeffer
1 kg Nudeln, z. B. Tortiglioni (kurze, dicke Röhrennudeln)
450 g geraspelter Gouda
1 Bund glatte Petersilie

Pro Portion:
E: 39 g, F: 38 g, Kh: 89 g,
kJ: 3581, kcal: 855

1. Zwiebeln und Knoblauch abziehen, in kleine Würfel schneiden. Möhren und Sellerie putzen, schälen, abspülen, abtropfen lassen und in kleine Würfel schneiden. Champignons putzen, evtl. kurz abspülen, trocken tupfen und in Scheiben schneiden. Paprikaschoten halbieren, entstielen, entkernen und die weißen Scheidewände entfernen. Schoten abspülen, abtropfen lassen und klein würfeln. Cabanossi längs halbieren und in Scheiben schneiden.
2. Den Backofen vorheizen.
Ober-/Unterhitze: etwa 200 °C
Heißluft: etwa 180 °C
3. Rapsöl in einem großen Bräter erhitzen. Zwiebel- und Knoblauchwürfel darin glasig dünsten. Möhren-, Selleriewürfel und die Champignonscheiben hinzugeben und mit andünsten. Mit Paprika würzen. Tomaten mit dem Saft hinzufügen, dabei die Tomaten mit einer Gabel etwas zerdrücken. Brühe hinzugießen. Die Zutaten zum Kochen bringen. Mit Salz und Pfeffer würzen. Nudeln hinzugeben, umrühren und unter Rühren nochmals zum Kochen bringen.
4. Den Bräter auf dem Rost in den vorgeheizten Backofen schieben. Den Auflauf etwa 30 Minuten garen.
5. Nach etwa 15 Minuten Garzeit Paprikawürfel und Cabanossischeiben in den Auflauf geben und unterrühren. Den Auflauf mit Käse bestreuen. Gleichzeitig die Backofentemperatur auf Ober-/Unterhitze: etwa 160 °C, Heißluft: etwa 140 °C herunterschalten und den Auflauf fertig garen.
6. Petersilie abspülen und trocken tupfen. Die Blättchen von den Stängeln zupfen. Blättchen klein schneiden. Den Auflauf mit Petersilie bestreut servieren.

Nudelauflauf mit Cabanossi und Paprika

Knuspriger Nudelauflauf

8–10 Portionen

Zubereitungszeit: 75 Minuten
Garzeit: 30–40 Minuten

je 5 l Wasser
je 5 gestr. TL Salz
1 kg Fusilli (Spiralnudeln)
3 Zwiebeln
1 Bund Staudensellerie
600 g Möhren
1,2 kg Entenbrust
Salz, gem. Pfeffer
2 TL Thymian
6 EL Semmelbrösel
150 g ger. Parmesan

Pro Portion:
E: 45 g, F: 30 g, Kh: 85 g,
kJ: 3339, kcal: 798

1. Die Nudeln in 2 Portionen kochen. Dafür jeweils Wasser in einem großen Topf zugedeckt zum Kochen bringen. Dann Salz und Nudeln hinzugeben. Die Nudeln bei mittlerer Hitze nach Packungsanleitung kochen lassen, dabei gelegentlich umrühren.
2. Anschließend die Nudeln in ein Sieb geben, mit heißem Wasser abspülen und abtropfen lassen.
3. Zwiebeln abziehen und in kleine Würfel schneiden. Sellerie putzen und die harten Außenfäden abziehen. Selleriestangen abspülen, abtropfen lassen und in etwa 1 cm lange Stücke schneiden. Das zarte Grün beiseitelegen. Möhren putzen, schälen, abspülen, abtropfen lassen und in kleine Würfel schneiden.
4. Den Backofen vorheizen.
Ober-/Unterhitze: etwa 180 °C
Heißluft: etwa 160 °C
5. Entenbrust kurz unter fließendem kalten Wasser abspülen und trocken tupfen. Die Haut mit einem scharfen Messer abschneiden. Entenbrustfilet und die abgeschnittene Haut in kleine Würfel schneiden.
6. Die Hautwürfel in einem großen Bräter auslassen, dann bei starker

Knuspriger Nudelauflauf

Kaninchen-Nudel-Auflauf

Hitze unter mehrmaligem Wenden knusprig anbraten. Filetwürfel hinzugeben und mit anbraten. Zwiebelwürfel hinzufügen, ebenfalls kurz mit anbraten. Zuletzt Möhrenwürfel und Selleriestückchen hinzugeben, weitere etwa 2 Minuten mit andünsten. Mit Salz, Pfeffer und Thymian würzen.

7. Die Fleisch-Gemüse-Masse in eine Fettpfanne (gefettet) oder eine große, flache Auflaufform (gefettet) geben. Nudeln hinzufügen und untermischen. Semmelbrösel und Käse daraufstreuen. Die Fettpfanne oder die Auflaufform auf dem Rost in den vorgeheizten Backofen schieben. Den Auflauf 30–40 Minuten garen.

8. Das beiseitegelegte Selleriegrün klein schneiden. Nudelauflauf mit dem Selleriegrün bestreut servieren.

Kaninchen-Nudel-Auflauf

8 Portionen

Zubereitungszeit: 60 Minuten
Garzeit: etwa 40 Minuten

6 l Wasser
6 gestr. TL Salz
600 g Nudeln, z. B. Farfalle
2 küchenfertige Kaninchen (je etwa 1 kg)
6 Schalotten
4 Knoblauchzehen
6 EL Olivenöl
12 Strauchtomaten
2 Stauden Staudensellerie
160 g abgetropfte, schwarze Oliven
je 6 Stängel Rosmarin und Thymian
2 Döschen Safran (je 0,2 g)
Salz, gem. Pfeffer
Chilipulver
160 g fein ger. Greyerzer Käse

Pro Portion:
E: 68 g, F: 39 g, Kh: 62 g,
kJ: 3914, kcal: 934

1. Wasser in einem großen Topf zugedeckt zum Kochen bringen. Dann Salz und Nudeln hinzugeben. Die Nudeln im geöffneten Topf bei mittlerer Hitze nach Packungsanleitung kochen lassen, dabei gelegentlich umrühren.

2. Anschließend die Nudeln in ein Sieb geben, mit heißem Wasser abspülen und abtropfen lassen.

3. Kaninchen unter fließendem kalten Wasser abspülen, trocken tupfen, von Haut und Sehnen befreien. Das Fleisch von den Knochen lösen und in kleine Stücke schneiden.

4. Schalotten und Knoblauch abziehen, in kleine Würfel schneiden. Olivenöl in einer großen Pfanne erhitzen. Das Kaninchenfleisch darin von allen Seiten knusprig anbraten. Schalotten- und Knoblauchwürfel hinzufügen, mit andünsten.

5. Den Backofen vorheizen.
Ober-/Unterhitze: etwa 180 °C
Heißluft: etwa 160 °C

6. Tomaten kreuzweise einschneiden und mit kochendem Wasser übergießen. Nach 1–2 Minuten herausnehmen und mit kaltem Wasser abschrecken. Tomaten enthäuten, halbieren und die Stängelansätze herausschneiden. Tomatenhälften in grobe Würfel schneiden.

7. Sellerie putzen und die harten Außenfäden abziehen. Selleriestangen abspülen, abtropfen lassen und in etwa 1 cm lange Stücke schneiden. Selleriestücke mit den Tomatenwürfeln und Oliven zu dem Kaninchenfleisch in die Pfanne geben und kurz erhitzen.

8. Rosmarin und Thymian abspülen, trocken tupfen. Die Nadeln bzw. Blättchen von den Stängeln zupfen und klein schneiden.

9. Das Kaninchenfleisch mit Rosmarin, Thymian, Safran, Salz, Pfeffer und Chili würzen. Die Nudeln unterheben und in eine oder zwei Auflaufformen (gefettet) füllen. Den Auflauf mit Käse bestreuen. Die Form oder die Formen auf dem Rost in den vorgeheizten Backofen schieben. Den Auflauf etwa 40 Minuten garen.

Tipp: Sie können diesen Auflauf auch mit 800 g Schweinefilet zubereiten, das Sie abspülen, trocken tupfen und in kleine Stücke schneiden.

Nudelauflauf „Sechs Käsesorten"

Nudelauflauf „Vier Jahreszeiten"

Nudelauflauf „Sechs Käsesorten"

8–10 Portionen

Zubereitungszeit: 60 Minuten
Garzeit: etwa 20 Minuten
je Backblech

je 5 l Wasser
je 5 gestr. TL Salz
1 kg Cellentani
(kleine Hörnchennudeln)

2 EL Rapsöl für die Backbleche

300 g Cocktailtomaten
250 g Ziegenkäse-Rolle
250 g Roquefort
250 g Mozzarella
300 g Schafskäse
200 g ger. Höhlenkäse
125 g ger. Parmesan
2 EL Kürbiskerne
2 EL Sonnenblumenkerne
2 EL Walnusskerne
2 Bund Basilikum

Pro Portion:
E: 47 g, F: 47 g, Kh: 78 g,
kJ: 3886, kcal: 929

1. Die Nudeln in 2 Portionen kochen. Dafür jeweils Wasser in einem großen Topf zugedeckt zum Kochen bringen. Dann Salz und Nudeln hinzugeben. Die Nudeln im geöffneten Topf bei mittlerer Hitze nach Packungsanleitung kochen lassen, dabei gelegentlich umrühren.
2. Den Backofen vorheizen.
Ober-/Unterhitze: etwa 200 °C
Heißluft: etwa 180 °C
3. Anschließend die Nudeln in ein Sieb geben, mit heißem Wasser abspülen und abtropfen lassen.
4. Die Nudeln auf zwei Backblechen (je 30 x 40 cm, mit Rapsöl bestrichen) verteilen.
5. Tomaten abspülen, abtrocknen und evtl. die Stängelansätze herausschneiden. Die Tomaten nach Belieben halbieren und auf den Nudeln verteilen.
6. Ziegenkäse, Roquefort und Mozzarella in Scheiben schneiden. Den Schafskäse in kleine Würfel teilen.
7. Einen Teil der Nudeln mit Höhlenkäse, einen zweiten Teil mit Ziegenkäse, einen dritten Teil mit Roquefort, einen vierten Teil mit Mozzarella, einen fünften Teil mit Schafskäse und den sechsten Teil mit Parmesan belegen. Höhlenkäse mit Kürbiskernen, Ziegenkäse mit Sonnenblumenkernen und Roquefort mit Walnusskernen bestreuen.
8. Die Backbleche nacheinander (bei Heißluft zusammen) in den vorgeheizten Backofen schieben. Den Nudelauflauf etwa 20 Minuten je Backblech garen.
9. Basilikum abspülen und trocken tupfen. Die Blättchen von den Stängeln zupfen. Auflauf mit Basilikumblättchen bestreut servieren.

Nudelauflauf „Vier Jahreszeiten"

8–10 Portionen

Zubereitungszeit: 50 Minuten, ohne Auftauzeit
Garzeit: 20–25 Minuten
je Fettpfanne

600 g TK-Spinat

je 5 l Wasser
je 5 gestr. TL Salz
1 kg Nudeln, z. B. Creste di Gallo
(Hahnenkämme)

5 mittelgroße Zwiebeln
4 Knoblauchzehen
6 EL Olivenöl
600 g Champignons
1 Bund Frühlingszwiebeln
Salz
gem. Pfeffer
gerebelter Thymian
2 Bund glatte Petersilie
100 g Cocktailtomaten
600 g abgetropfter Tunfisch, in Öl
(aus der Dose)
2 EL frische Kapern
ger. Muskatnuss
300 g Salami (in Scheiben)
4 EL Olivenöl
400 g ger. Gratin-Käse

Pro Portion:
E: 51 g, F: 46 g, Kh: 83 g,
kJ: 3997, kcal: 955

1. Spinat nach Packungsanleitung auftauen lassen. Die Nudeln in 2 Portionen kochen. Dafür jeweils Wasser in einem großen Topf zugedeckt zum Kochen bringen. Dann Salz und Nudeln hinzugeben. Die Nudeln im geöffneten Topf bei mittlerer Hitze nach Packungsanleitung kochen lassen, dabei gelegentlich umrühren. Anschließend die Nudeln in ein Sieb geben, mit heißem Wasser abspülen und abtropfen lassen.
2. Zwiebeln und Knoblauch abziehen, in kleine Würfel schneiden. Olivenöl in einer großen Pfanne erhitzen. Knoblauch- und Zwiebelwürfel darin glasig dünsten, herausnehmen und in 3 Portionen teilen.
3. Den Backofen vorheizen.
Ober-/Unterhitze: etwa 180 °C
Heißluft: etwa 160 °C
4. Champignons putzen, evtl. kurz abspülen, trocken tupfen und in Scheiben schneiden. Frühlingszwiebeln putzen, abspülen, abtropfen lassen und in kleine Stücke schneiden. Die Champignonscheiben in der Pfanne in dem verbliebenen Bratfett mit 1 Portion der Zwiebel-Knoblauch-Masse andünsten. Frühlingszwiebelstücke hinzugeben. Mit Salz, Pfeffer und Thymian würzen.
5. Petersilie abspülen und trocken tupfen. Blättchen von den Stängeln zupfen. Blättchen klein schneiden. Die Tomaten abspülen, abtrocknen und evtl. die Stängelansätze herausschneiden.
6. Den Tunfisch mit einer weiteren Portion der Zwiebel-Knoblauch-Masse, Petersilie, Tomaten und Kapern mischen. Mit Salz und Pfeffer würzen.
7. Den Spinat mit der restlichen Zwiebel-Knoblauch-Masse mischen. Mit Salz, Pfeffer und Muskat würzen. Salamischeiben vierteln.
8. Die Nudeln in zwei Fettpfannen (je 30 x 40 cm, mit Olivenöl bestrichen) verteilen. Jeweils ein Viertel der Nudeln mit der Champignonmasse, dem Spinat, der Tunfischmasse und den Salamivierteln mischen. Jeweils mit Käse bestreuen.
9. Die Fettpfannen nacheinander (bei Heißluft zusammen) in den vorgeheizten Backofen schieben. Den Nudelauflauf 20–25 Minuten je Fettpfanne garen.

Orientalischer Hackauflauf

8 Portionen

Zubereitungszeit: 30 Minuten
Garzeit: etwa 20 Minuten je Form

300 g Zuckerschoten
2 Bund Frühlingszwiebeln
800 g Gehacktes, z. B. Rinder- oder Lammgehacktes
6 EL TK-Zwiebel-Knoblauch-Mischung
2 Eier (Größe M)
Salz, gem. Pfeffer
2 Msp. gem. Kreuzkümmel (Cumin)
2 Msp. Currypulver
2 EL Olivenöl
800 g Tomatenstücke (aus der Dose)
100 g getrocknete Pflaumen (ohne Stein)
400 g Schafskäse, z. B. Fetakäse
480 g abgespülte, abgetropfte Kichererbsen (aus der Dose)
100 g gehackte Erdnusskerne (ungeröstet, ungesalzen)

Pro Portion:
E: 40 g, F: 40 g, Kh: 30 g,
kJ: 2696, kcal: 643

1. Von den Zuckerschoten die Enden abschneiden, evtl. abfädeln. Schoten abspülen, abtropfen lassen und halbieren. Frühlingszwiebeln putzen, abspülen, abtropfen lassen und in kleine Stücke schneiden.
2. Gehacktes mit der Zwiebel-Knoblauch-Mischung und den Eiern vermengen, mit Salz, Pfeffer, Cumin und Curry würzen. Aus der Hackfleischmasse mit angefeuchteten Händen 12–16 kleine, flache Steaks formen.
3. Den Backofen vorheizen.
Ober-/Unterhitze: etwa 200 °C
Heißluft: etwa 180 °C
4. Olivenöl in einer großen Pfanne erhitzen. Zuckerschoten darin kurz unter Wenden anbraten und herausnehmen. Hacksteaks in die Pfanne geben und von beiden Seiten gut anbraten. Frühlingszwiebelstücke hinzugeben und kurz mitbraten lassen. Hacksteaks aus der Pfanne nehmen. Tomatenstücke in die Pfanne geben und unter die Frühlingszwiebeln rühren, mit Salz und Pfeffer würzen, kurz aufkochen.
5. Pflaumen in Streifen schneiden. Käse fein zerbröseln. Hacksteaks, Zuckerschoten, Kichererbsen und Pflaumenstreifen in flache Auflaufformen (gefettet) schichten. Die Tomatensauce darauf verteilen. Mit Käse und Erdnüssen bestreuen.
6. Die Formen nacheinander (bei Heißluft zusammen) auf dem Rost in den vorgeheizten Backofen schieben. Den Auflauf etwa 20 Minuten je Form garen.

Orientalischer Hackauflauf

Walliser Gratin

8 Portionen

Zum Vorbereiten

Zubereitungszeit: 45 Minuten
Garzeit: 35–45 Minuten

1,4 kg Knollensellerie
Salz
4 mittelgroße, rote Zwiebeln
600 g Wirsing
1 kg Staudensellerie
400 g Frühstücksspeck (Bacon)
gem. Pfeffer, ger. Muskatnuss
500 g Schlagsahne
8 EL frisch ger. Greyerzer Käse

Pro Portion:
E: 16 g, F: 57 g, Kh: 25 g,
kJ: 2823, kcal: 675

1. Knollensellerie putzen, schälen, abspülen, abtropfen lassen und in dünne Scheiben schneiden. Selleriescheiben in kochendem Salzwasser etwa 6 Minuten garen, anschließend in einem Sieb abtropfen lassen.
2. Den Backofen vorheizen.
Ober-/Unterhitze: etwa 200 °C
Heißluft: etwa 180 °C
3. Die Zwiebeln abziehen, zuerst in Scheiben schneiden, dann in Ringe teilen. Von dem Wirsing die äußeren Blätter entfernen. Wirsing halbieren und den Strunk herausschneiden. Wirsinghälften abspülen, abtropfen lassen und in feine Streifen schneiden. Staudensellerie putzen und die harten Außenfäden abziehen. Selleriestangen abspülen, abtropfen lassen und in kleine Stücke schneiden.
4. Zwiebelringe, Wirsingstreifen und Staudenselleriestücke in kochendem Salzwasser etwa 4 Minuten blanchieren. Das Gemüse anschließend in ein Sieb geben, mit kaltem Wasser abschrecken und gut abtropfen lassen.
5. Speck in dünne Scheiben schneiden. Die vorbereiteten Zutaten abwechselnd lagenweise in eine große Auflaufform (gefettet) geben.
6. Die einzelnen Schichten mit Salz, Pfeffer und Muskat würzen. Die unterste Schicht sollte aus Selleriescheiben und die oberste Schicht aus Selleriescheiben und Speckscheiben bestehen. Den Auflauf mit Sahne übergießen und mit Käse bestreuen.
7. Die Form auf dem Rost in den vorgeheizten Backofen schieben. Das Gratin 35–45 Minuten garen.

Tomaten-Lasagne

8 Portionen

Zum Vorbereiten

Zubereitungszeit: 45 Minuten
Garzeit: 30–35 Minuten

4 Pck. Tomatensauce
(für je 250 ml Wasser)
500 g Mozzarella
16 mittelgroße Tomaten
etwa 400 g Lasagneplatten
(ohne Vorkochen)
Salz
gem. Pfeffer
gerebelter Oregano
200 g ger. Gratin-Käse
einige Stängel Basilikum

Pro Portion:
E: 28 g, F: 25 g, Kh: 44 g,
kJ: 2287, kcal: 547

1. Den Backofen vorheizen.
Ober-/Unterhitze: etwa 180 °C
Heißluft: etwa 160 °C
2. Die Tomatensauce nach Packungsanleitung zubereiten. Mozzarella abtropfen lassen. Tomaten abspülen, trocken tupfen und die Stängelansätze herausschneiden. Tomaten und Mozzarella in Scheiben schneiden.
3. Ein Drittel der Lasagneplatten in eine große, flache Auflaufform (gefettet) legen. Ein Drittel der Tomatensauce darauf verteilen. Ein Drittel der Tomatenscheiben darauflegen, mit Salz, Pfeffer und Oregano bestreuen. Ein Drittel der Mozzarellascheiben auf die Tomaten legen und mit den Gewürzen bestreuen.
4. Diesen Vorgang noch 2-mal wiederholen. Die oberste Schicht sollte aus Mozzarellascheiben bestehen. Den Gratin-Käse daraufstreuen.
5. Die Form auf dem Rost in den vorgeheizten Backofen schieben. Die Lasagne 30–35 Minuten garen.
6. Basilikum abspülen und trocken tupfen. Die Blättchen von den Stängeln zupfen (einige Blättchen beiseitelegen), Blättchen in Streifen

Walliser Gratin

Tomaten-Lasagne

Süßkartoffel-Kohlrabi-Gratin

Bäckers Spinatauflauf

schneiden. Die Lasagne vor dem Servieren mit Basilikum bestreuen und den beiseitegelegten Basilikumblättchen garnieren.

Süßkartoffel-Kohlrabi-Gratin

8 Portionen

Zum Vorbereiten

Zubereitungszeit: 45 Minuten
Garzeit: etwa 60 Minuten

1,2 kg Süßkartoffeln
4 Kohlrabi
2 Bund Frühlingszwiebeln
600 g Staudensellerie
300 g Joghurt (3,5 % Fett)
500 g Schlagsahne
Salz, gem. Pfeffer
Paprikapulver edelsüß
120 g Rosinen
120 g grob gehackte Haselnusskerne
240 g ger. Gouda

Pro Portion:
E: 18 g, F: 47 g, Kh: 63 g,
kJ: 3180, kcal: 761

1. Den Backofen vorheizen.
Ober-/Unterhitze: etwa 200 °C
Heißluft: etwa 180 °C
2. Süßkartoffeln und Kohlrabi schälen, abspülen und abtropfen lassen. Die Kartoffeln und Kohlrabi in etwa 1/2 cm dicke Scheiben schneiden.
3. Frühlingszwiebeln putzen, abspülen, abtropfen lassen und in Stücke schneiden. Staudensellerie putzen und die harten Außenfäden abziehen. Selleriestangen abspülen, abtropfen lassen und in Stücke schneiden. Joghurt mit Sahne verrühren, mit Salz, Pfeffer und Paprika würzen.
4. Staudenselleriestücke in einer großen Auflaufform (gefettet) verteilen. Abwechselnd dachziegelartig Süßkartoffel- und Kohlrabischeiben darauflegen. Frühlingszwiebelstücke gleichmäßig daraufgeben. Die Joghurt-Sahne-Sauce auf dem Gratin verteilen.
5. Mit Rosinen, Haselnusskernen und Gouda bestreuen.
6. Die Form auf dem Rost in den vorgeheizten Backofen schieben. Das Gratin etwa 60 Minuten garen. Die Form evtl. nach der Hälfte der Garzeit mit Backpapier zudecken, damit die Oberfläche nicht zu dunkel wird.

Bäckers Spinatauflauf

8 Portionen

Zubereitungszeit: 40 Minuten, ohne Auftauzeit
Garzeit: 25–35 Minuten

900 g TK-Blattspinat
6 Brötchen (Semmeln) vom Vortag
750 ml Milch
150 g durchwachsener Speck
2 Zwiebeln
6 Eigelb (Größe M)
Salz, gem. Pfeffer
ger. Muskatnuss
6 Eiweiß (Größe M)
6 EL frisch ger. Käse
80 g Butter

Pro Portion:
E: 21 g, F: 31 g, Kh: 27 g,
kJ: 2077, kcal: 496

1. Spinat nach Packungsanleitung auftauen lassen.
2. Den Backofen vorheizen.
Ober-/Unterhitze: etwa 200 °C
Heißluft: etwa 180 °C
3. Brötchen in der Milch einweichen und anschließend gut ausdrücken. Speck in Würfel schneiden und in einer Pfanne auslassen (anbraten). Zwiebeln abziehen, in kleine Würfel schneiden, in dem Speckfett andünsten und zu der Brötchenmasse geben.
4. Spinat und Eigelb zu der Speck-Brötchen-Masse geben und gut unterrühren. Mit Salz, Pfeffer und Muskat würzen. Eiweiß steif schlagen und unterheben.
5. Die Masse in eine große, flache oder zwei kleinere Auflaufformen (gefettet) geben und mit Käse bestreuen. Butter in Flöckchen daraufsetzen.
6. Die Form auf dem Rost in den vorgeheizten Backofen schieben. Den Auflauf 25–35 Minuten garen.

Hawaii-Meeres-früchte-Auflauf

8–10 Portionen

Zubereitungszeit: 45 Minuten, ohne Auftau- und Marinierzeit
Garzeit: 20–25 Minuten

600 g gekochte, geschälte TK-Garnelen

Für die Marinade:
2–3 Knoblauchzehen
Saft von 1 Zitrone
8 EL Sonnenblumenöl

5 Bund Frühlingszwiebeln (800–900 g)
2 EL Sonnenblumenöl
Salz
250 g Tomaten
490 g Ananasscheiben (aus der Dose)
1 Pck. Kartoffelpüree (für 9 Portionen)
1 1/2 l Wasser

Für die Sauce:
500 g Schlagsahne (mind. 30 % Fett)
2–3 EL Currypulver
200 g ger. Emmentaler

Pro Portion:
E: 25 g, F: 37 g, Kh: 42 g,
kJ: 2638, kcal: 630

1. Garnelen nach Packungsanleitung auftauen lassen, kurz unter fließendem kalten Wasser abspülen und trocken tupfen.
2. Für die Marinade Knoblauch abziehen und durch eine Knoblauchpresse in eine flache Schale drücken. Mit Zitronensaft und Sonnenblumenöl gut verrühren. Die Garnelen in die Marinade legen und zugedeckt im Kühlschrank 1–2 Stunden marinieren, dabei die Garnelen gelegentlich wenden.
3. In der Zwischenzeit Frühlingszwiebeln putzen, abspülen, abtropfen lassen und in etwa 4 cm lange Stücke schneiden. Sonnenblumenöl in einer Pfanne erhitzen. Frühlingszwiebelstücke darin unter Wenden 3–5 Minuten dünsten, mit Salz würzen.
4. Den Backofen vorheizen.
Ober-/Unterhitze: etwa 200 °C
Heißluft: etwa 180 °C
5. Tomaten abspülen, abtrocknen und die Stängelansätze herausschneiden. Tomaten in Scheiben schneiden. Die Ananasscheiben in Stücke schneiden.
6. Kartoffelpüree mit Wasser nach Packungsanleitung – aber ohne evtl. Butterzusatz – zubereiten. Ananas- und Frühlingszwiebelstücke unter das Kartoffelpüree heben. Die Masse in eine oder zwei große, flache Auflaufformen (gefettet) füllen. Tomatenscheiben darauf verteilen.
7. Für die Sauce Sahne steif schlagen, Curry hinzufügen. Emmentaler unterheben.
8. Die Garnelen aus der Marinade nehmen, trocken tupfen und auf die Tomatenscheiben legen. Die Sauce gleichmäßig darauf verteilen. Die Form oder Formen (bei Heißluft zusammen) auf dem Rost in den vorgeheizten Backofen schieben. Den Auflauf je 20–25 Minuten garen.

Tipp: Dazu passt ein Feldsalat mit Orangenfilets oder Ananasstücken.

Auberginenauflauf mit Brät

Zum Vorbereiten

8 Portionen

Zubereitungszeit: 50 Minuten
Garzeit: etwa 30–40 Minuten

4 Auberginen (etwa 500 g)
16 EL Olivenöl
Salz, gem. Pfeffer
2 l Wasser
2 gestr. TL Salz
200 g Makkaroni
600 g grobes Bratwurstbrät
4 Fleischtomaten (etwa 800 g)
1 kg Tomatensauce (Fertigprodukt)
gerebelter Oregano
250 g Mozzarella
80 g ger. Gouda
einige Petersilienblättchen

Pro Portion:
E: 12 g, F: 24 g, Kh: 14 g,
kJ: 1340, kcal: 320

1. Auberginen abspülen, abtrocknen und die Stängelansätze entfernen. Auberginen in Scheiben schneiden.
2. Jeweils etwas Olivenöl in einer großen Pfanne erhitzen. Auberginenscheiben darin portionsweise anbraten, herausnehmen und auf

Hawaii-Meeresfrüchte-Auflauf

Auberginenauflauf mit Brät

Leberkäseauflauf mit Spätzle

Küchenpapier abtropfen lassen. Mit Salz und Pfeffer bestreuen.

3. Wasser in einem großen Topf zugedeckt zum Kochen bringen. Dann Salz und Nudeln hinzugeben. Die Nudeln im geöffneten Topf bei mittlerer Hitze nach Packungsanleitung kochen, dabei gelegentlich umrühren.

4. Anschließend die Nudeln in ein Sieb geben, mit heißem Wasser abspülen und abtropfen lassen.

5. Den Backofen vorheizen.
Ober-/Unterhitze: etwa 200 °C
Heißluft: etwa 180 °C

6. Restliches Olivenöl in der gesäuberten Pfanne erhitzen. Bratwurstbrät darin unter Rühren anbraten, dabei die Fleischklümpchen mit einer Gabel zerdrücken.

7. Tomaten kreuzweise einschneiden und mit kochendem Wasser übergießen. Nach 1–2 Minuten herausnehmen und mit kaltem Wasser abschrecken. Tomaten enthäuten, halbieren, entkernen und die Stängelansätze herausschneiden. Tomatenhälften in Scheiben schneiden.

8. Die Hälfte der Auberginenscheiben in einer großen Auflaufform (gefettet) verteilen. Dann Makkaroni, Tomatenscheiben und Bratwurstbrät einschichten. Restliche Auberginenscheiben darauflegen. Die Tomatensauce darauf verteilen, mit Salz, Pfeffer und Oregano bestreuen.

9. Mozzarella abtropfen lassen und in Scheiben schneiden. Den Auflauf mit den Mozzarellascheiben belegen und mit Käse bestreuen. Die Form auf dem Rost in den vorgeheizten Backofen schieben. Den Auflauf 30–40 Minuten garen. Den Auflauf mit abgespülten und trocken getupften Petersilienblättchen garnieren.

Tipp: Den Auflauf in zwei kleineren, runden Auflaufformen garen.

Leberkäseauflauf mit Spätzle

12 Portionen — Zum Vorbereiten

Zubereitungszeit: 35 Minuten
Garzeit: etwa 45 Minuten

1 Stück Leberkäse (etwa 1,8 kg)
12 mittelgroße Zwiebeln
5 EL Speiseöl
600 g Spätzle (aus dem Kühlregal)
500 g Emmentaler

Pro Portion:
E: 37 g, F: 58 g, Kh: 9 g,
kJ: 3117, kcal: 744

1. Aus dem Leberkäse einen Keil herausschneiden, sodass ein 2–3 cm breiter Rand stehen bleibt. Den herausgeschnittenen Leberkäse in Würfel schneiden.

2. Den Backofen vorheizen.
Ober-/Unterhitze: etwa 180 °C
Heißluft: etwa 160 °C

3. Das Leberkäsestück in eine große Auflaufform (gefettet) legen. Den Leberkäse an den Seiten in Abständen von etwa 1 1/2 cm einschneiden.

4. Zwiebeln abziehen, halbieren und in Streifen schneiden. Speiseöl in einer großen Pfanne erhitzen. Zwiebelstreifen darin in 2 Portionen andünsten, Spätzle und Leberkäsewürfel untermischen. Die Mischung in den eingeschnittenen Keil füllen und um den Leberkäse herum verteilen.

5. Gut die Hälfte des Käses reiben und auf der Spätzle-Zwiebel-Masse verteilen.

6. Die Form auf dem Rost in den vorgeheizten Backofen schieben. Den Auflauf etwa 35 Minuten garen.

7. Restlichen Käse in kleine Stücke schneiden. Nach etwa 35 Minuten Garzeit die Form aus dem Backofen nehmen. Anschließend Käsestücke in die Seiteneinschnitte des Leberkäses stecken.

8. Die Form wieder auf dem Rost in den heißen Backofen schieben. Den Auflauf bei gleicher Backofentemperatur in etwa 10 Minuten fertig garen.

Kürbis-Chorizo-Auflauf

Sauerkrautauflauf mit Quark

Kürbis-Chorizo-Auflauf

8 Portionen

Zum Vorbereiten

Zubereitungszeit: 35 Minuten
Garzeit: 25–30 Minuten

1 1/2 kg Hokkaido-Kürbis
2 Bund Frühlingszwiebeln
4 Knoblauchzehen
80 g getrocknete Tomaten, in Öl
160 g Chorizo (spanische Knoblauch-Paprika-Wurst)
Salz, gem. Pfeffer
je 2 Prisen gem. Kreuzkümmel (Cumin), Kardamom und Zimt
350 g Frischkäse mit Joghurt (13 % Fett)
500 ml Milch
6 Eier (Größe M)
2 TL gerebelter Rosmarin
200 g junger Manchego-Käse

Pro Portion:
E: 27 g, F: 40 g, Kh: 19 g,
kJ: 2272, kcal: 543

1. Kürbis abspülen, abtrocknen und halbieren. Kerne und faserigen Innenteil entfernen. Kürbishälften in feine, etwa 1 cm breite Spalten schneiden, evtl. schälen. Frühlingszwiebeln putzen, abspülen, abtropfen lassen und in etwa 2 cm lange Stücke schneiden. Knoblauch abziehen und fein würfeln.

2. Tomaten in einem Sieb abtropfen lassen, dabei das Öl auffangen und 6 Esslöffel abmessen. Die Tomaten in Streifen schneiden. Evtl. die Haut (Pelle) von der Chorizo entfernen. Wurst in dünne Scheiben schneiden.

3. Den Backofen vorheizen.
Ober-/Unterhitze: etwa 200 °C
Heißluft: etwa 180 °C

4. Die Hälfte des aufgefangenen Tomatenöls in einer großen Pfanne erhitzen. Die Kürbisspalten darin in 2 Portionen etwa 5 Minuten unter Wenden anbraten. Die Frühlingszwiebelstücke und Knoblauchwürfel hinzugeben, kurz mit anbraten. Mit Salz, Pfeffer, Cumin, Kardamom und Zimt würzen.

5. Die Kürbis-Frühlingszwiebel-Mischung mit Tomatenstreifen und Chorizo-Scheiben in eine oder zwei große, flache Auflaufformen (gefettet) geben und vermischen. Frischkäse mit Milch und Eiern verschlagen, mit Salz, Pfeffer und Rosmarin würzen. Die Frischkäse-Eier-Milch gleichmäßig auf dem Auflauf verteilen. Den Käse grob raspeln und daraufstreuen.

6. Die Form oder Formen auf dem Rost in den vorgeheizten Backofen schieben. Den Auflauf 25–30 Minuten garen.

Tipps: Servieren Sie zum Auflauf knuspriges Fladenbrot. Oder geben Sie zusätzlich 960 g abgetropfte Kichererbsen (aus der Dose) unter Punkt 5 mit in die Auflaufform. Statt der Gewürze Cumin (Kreuzkümmel), Kardamom und Zimt können Sie den Auflauf auch mit einer fertigen Tex-Mex-Gewürzmischung würzen.

Sauerkrautauflauf mit Quark

8 Portionen

Zubereitungszeit: 60 Minuten
Garzeit: 40–45 Minuten

500 g Magerquark
2 EL Weizenmehl
200 g Crème fraîche
8 Eigelb (Größe M)
200 g ger. Emmentaler
2 Stangen Porree (Lauch)
400 g Kasseler (ohne Knochen)
4 EL Butter
1 kg Sauerkraut
gerebelter Estragon
gerebelter Majoran
Salz, gem., weißer Pfeffer
8 Eiweiß (Größe M)
4 EL Sonnenblumenkerne

Pro Portion:
E: 36 g, F: 40 g, Kh: 9 g,
kJ: 2305, kcal: 552

1. Quark, Mehl, Crème fraîche, Eigelb und Käse in einer Rührschüssel mit einem Schneebesen zu einem glatten Teig verrühren.
2. Porree putzen, die Stangen längs halbieren, gründlich waschen, trocken tupfen und in kleine Stücke schneiden. Kasseler kurz unter fließendem kalten Wasser abspülen, trocken tupfen und in kleine Würfel schneiden.
3. Den Backofen vorheizen.
Ober-/Unterhitze: etwa 200 °C
Heißluft: etwa 180 °C
4. Butter in einer großen Pfanne zerlassen, Porreestücke darin leicht andünsten. Kasselerwürfel hinzufügen und unter mehrmaligem Wenden leicht anbraten. Sauerkraut leicht ausdrücken, in die Pfanne geben und kurz miterhitzen. Das Gemüse-Fleisch-Gemisch mit Estragon, Majoran, Salz und Pfeffer würzen.
5. Zwei Drittel des Quarkteiges in eine große Auflaufform (gefettet) geben. Gemüse-Fleisch-Gemisch darauf verteilen.
6. Eiweiß evtl. in 2 Portionen steif schlagen, unter den restlichen Quarkteig heben und auf dem Auflauf verteilen. Mit Sonnenblumenkernen bestreuen.
7. Die Form auf dem Rost in den vorgeheizten Backofen schieben. Den Auflauf 40–45 Minuten garen.

Nudelauflauf mit Kalbfleisch und Salbei

8–10 Portionen

Zum Vorbereiten

Zubereitungszeit: 65 Minuten
Garzeit: 25–30 Minuten
je Fettpfanne

je 5 l Wasser
je 5 gestr. TL Salz
1 kg Linguine-Nudeln
900 g Kalbfleisch (Rücken oder Keule)
120 g getrocknete Tomaten
800 g Champignons
50 g Butter
50 g Weizenmehl
1 l Fleischbrühe
400 g Crème fraîche
Salz
gem. Pfeffer
1 Zweig Salbei
800 ml Fleischbrühe
400 g geraspelter Pasta-Käse

1 Bund glatte Petersilie

Pro Portion:
E: 55 g, F: 34 g, Kh: 92 g,
kJ: 3748, kcal: 897

1. Die Nudeln in 2 Portionen kochen. Dafür jeweils Wasser in einem großen Topf zugedeckt zum Kochen bringen. Dann Salz und Nudeln zugeben. Die Nudeln im geöffneten Topf bei mittlerer Hitze nach Packungsanleitung bissfest kochen, dabei gelegentlich umrühren. Anschließend die Nudeln in ein Sieb geben, mit kaltem Wasser abspülen und abtropfen lassen.
2. Kalbfleisch mit Küchenpapier trocken tupfen und in feine Streifen schneiden. Getrocknete Tomaten ebenfalls in feine Streifen schneiden. Champignons putzen, evtl. kurz abspülen, abtropfen lassen und in Scheiben schneiden.
3. Butter in einem großen Topf zerlassen. Mehl darin unter Rühren so lange erhitzen, bis es hellgelb ist.
4. Fleischbrühe nach und nach hinzugießen, mit einem Schneebesen durchschlagen. Darauf achten, dass keine Klümpchen entstehen. Die Sauce zum Kochen bringen.
5. Den Backofen vorheizen.
Ober-/Unterhitze: etwa 200 °C
Heißluft: etwa 180 °C
6. Kalbfleisch-, Tomatenstreifen und Champignonscheiben in die Sauce geben, wieder zum Kochen bringen und etwa 10 Minuten bei schwacher Hitze kochen lassen. Crème fraîche unterrühren. Mit Salz und Pfeffer würzen.
7. Salbei abspülen und trocken tupfen. Die Blättchen von den Stängeln zupfen. Blättchen klein schneiden und unter die Sauce rühren. Danach Fleischbrühe hinzugießen.
8. Die Nudeln in zwei Fettpfannen (je 30 x 40 cm, gefettet) verteilen. Jeweils die Hälfte der Kalbfleisch-Champignon-Sauce daraufgeben. Zutaten vorsichtig vermengen. Mit Käse bestreuen.
9. Die Fettpfannen nacheinander (bei Heißluft zusammen) in den vorgeheizten Backofen schieben. Den Auflauf 25–30 Minuten je Fettpfanne garen.
10. Petersilie abspülen und trocken tupfen. Die Blättchen von den Stängeln zupfen. Blättchen klein schneiden. Den Nudelauflauf mit Kalbfleisch und Salbei mit Petersilie bestreut servieren.

Nudelauflauf mit Kalbfleisch und Salbei

Spaghetti-Gratin mit Hähnchenfilet und Gemüse

Zum Vorbereiten

8–10 Portionen

Zubereitungszeit: 55 Minuten
Garzeit: 40–45 Minuten

5 l Wasser
5 TL Salz
500 g Spaghetti
500 g Zuckerschoten
600 g junge Möhren
Salz
125 g Butterschmalz
1 kg Hähnchenbrustfilets
gem. Pfeffer
2 Bund Frühlingszwiebeln

Für den Guss:
1 Bund gemischte Kräuter, z. B. Petersilie, Dill, Estragon, Kerbel, Schnittlauch
5 Eier (Größe M)
250 g Schlagsahne
200 ml Gemüsebrühe
ger. Muskatnuss

150 g ger. Parmesan
40 g Butter

Pro Portion:
E: 47 g, F: 37 g, Kh: 50 g, kJ: 3126, kcal: 747

1. Wasser in einem großen Topf zugedeckt zum Kochen bringen. Dann Salz und Spaghetti hinzugeben. Die Spaghetti im geöffneten Topf bei mittlerer Hitze nach Packungsanleitung kochen lassen, dabei gelegentlich umrühren. Spaghetti in ein Sieb geben, mit heißem Wasser abspülen und abtropfen lassen.
2. Zuckerschoten putzen und die Enden abschneiden, evtl. abfädeln. Zuckerschoten abspülen und abtropfen lassen. Möhren putzen, schälen, abspülen, abtropfen lassen und in Scheiben schneiden. Zuckerschoten in kochendem Salzwasser etwa 5 Minuten blanchieren, mit kaltem Wasser abschrecken und in einem Sieb abtropfen lassen.
3. Den Backofen vorheizen.
Ober-/Unterhitze: etwa 200 °C
Heißluft: etwa 180 °C
4. Die Hälfte des Butterschmalzes in einer Pfanne erhitzen. Die Möhrenscheiben darin etwa 4 Minuten unter mehrmaligem Wenden dünsten und herausnehmen.
5. Inzwischen die Hähnchenbrustfilets kurz unter fließendem kalten Wasser abspülen, trocken tupfen und in Streifen schneiden. Das restliches Butterschmalz in der Pfanne erhitzen. Die Fleischstreifen darin portionsweise von allen Seiten anbraten. Mit Salz und Pfeffer würzen.
6. Frühlingszwiebeln putzen, abspülen, abtropfen lassen und in kleine Stücke schneiden. Die vorbereiteten Gemüsezutaten mit den Fleischstreifen und Spaghetti mischen, in eine große, flache Auflaufform (gefettet) geben.
7. Für den Guss die Kräuter abspülen und trocken tupfen. Die Blättchen bzw. Spitzen von den Stängeln zupfen und klein schneiden.
8. Eier mit Sahne und Brühe verschlagen. Mit Salz, Pfeffer und Muskat würzen, Kräuter unterrühren. Eier-Kräuter-Sauce auf dem Gratin verteilen. Mit Parmesan bestreuen und Butter in Flöckchen daraufsetzen.
9. Die Form auf dem Rost in den vorgeheizten Backofen schieben. Das Gratin etwa 40–45 Minuten garen.

Spätzle-Hähnchen-Auflauf

12 Portionen

Zubereitungszeit: 35 Minuten
Garzeit: 35–40 Minuten

5 l Wasser
5 gestr. TL Salz
500 g Spätzle
1,2 kg Hähnchenbrustfilets

Spaghetti-Gratin mit Hähnchenfilet und Gemüse

Spätzle-Hähnchen-Auflauf

2 EL Weizenmehl
8 EL Speiseöl
Salz, gem. Pfeffer
980 g abgetropfte Pfirsichhälften (aus der Dose)
2 EL Currypulver
Pfirsichsaft (aus der Dose)
400 g Schmand (Sauerrahm)
400 g Schlagsahne
4 Bananen
200 g frisch ger. Gouda

Pro Portion:
E: 36 g, F: 33 g, Kh: 67 g,
kJ: 3008, kcal: 719

1. Wasser in einem großen Topf zugedeckt zum Kochen bringen. Dann Salz und Spätzle hinzugeben. Die Spätzle im geöffneten Topf bei mittlerer Hitze nach Packungsanleitung kochen lassen, dabei gelegentlich umrühren.
2. Anschließend die Spätzle in ein Sieb geben, mit heißem Wasser abspülen, abtropfen lassen und in eine große, flache Auflaufform (gefettet) geben.
3. Hähnchenbrustfilets kurz unter fließendem kalten Wasser abspülen, trocken tupfen, in Streifen schneiden und mit Mehl bestäuben.
4. Den Backofen vorheizen.
Ober-/Unterhitze: etwa 200 °C
Heißluft: etwa 180 °C
5. Die Hälfte des Speiseöls in einer großen Pfanne erhitzen. Die Fleischstreifen darin in 2 Portionen von beiden Seiten etwa 5 Minuten braten. Mit Salz und Pfeffer würzen. Die Fleischstreifen aus der Pfanne nehmen und auf die Spätzle geben.
6. Von den Pfirsichhälften den Saft auffangen. Pfirsichhälften in Würfel schneiden.
7. Curry zu dem verbliebenen Bratfett in die Pfanne geben. Den aufgefangenen Pfirsichsaft hinzugießen. Schmand und Sahne unterrühren. Die Zutaten unter Rühren zum Kochen bringen. Bananen schälen, in Scheiben schneiden und mit den Pfirsichwürfeln unter die Sauce rühren. Mit Salz, Pfeffer und Curry abschmecken. Die Frucht-Curry-Sauce auf dem Auflauf verteilen und mit Käse bestreuen.
8. Die Form auf dem Rost in den vorgeheizten Backofen schieben. Den Auflauf 35–40 Minuten garen.

Rotkohl-Lasagne

Rotkohl-Lasagne

10 Portionen

Zum Vorbereiten

Zubereitungszeit: 50 Minuten
Garzeit: etwa 45 Minuten

1 kleiner Rotkohl (etwa 1 1/2 kg)
2 Zwiebeln
120 g geräucherter Bauchspeck
4 EL Maiskeimöl
1 Flasche trockener Rotwein (0,7 l)
80 g Buchweizen
2 Äpfel
210 g Wild-Preiselbeeren (aus dem Glas)
80 g Rosinen
Salz
gem. Pfeffer
gem. Gewürznelken
etwas Zucker
300 g Lasagneplatten (ohne Vorkochen)
300 g Kochschinken (in Scheiben)
120 g geraspelter Gouda
50 g Sonnenblumenkerne

Pro Portion:
E: 10 g, F: 26 g, Kh: 47 g,
kJ: 2332, kcal: 557

1. Von dem Rotkohl die groben äußeren Blätter ablösen. Den Kohl vierteln und den Strunk herausschneiden. Kohlviertel abspülen, abtropfen lassen und in feine Streifen schneiden. Zwiebeln abziehen, würfeln. Bauchspeck ebenfalls klein würfeln.
2. Maiskeimöl in einem großen Topf erhitzen. Speckwürfel darin auslassen. Zwiebelwürfel hinzufügen und mit andünsten. Mit 500 ml des Rotweins ablöschen. Rotkohlstreifen und Buchweizen hinzugeben, zum Kochen bringen und zugedeckt etwa 15 Minuten kochen lassen.
3. Den Backofen vorheizen.
Ober-/Unterhitze: etwa 200 °C
Heißluft: etwa 180 °C
4. In der Zwischenzeit Äpfel schälen, vierteln, entkernen und in Scheiben schneiden. Apfelscheiben mit Preiselbeeren und Rosinen unter den Rotkohl mischen. Mit Salz, Pfeffer, Nelken und Zucker würzen.
5. Etwa ein Drittel des Rotkohls auf dem Boden einer großen, flachen Auflaufform (gefettet) verteilen. Die Hälfte der Lasagneplatten darauflegen. Wieder ein Drittel des Rotkohls daraufgeben und mit den restlichen Lasagneplatten belegen. Schinkenscheiben darauflegen. Restlichen Rotkohl darauf verteilen. Mit Käse und Sonnenblumenkernen bestreuen.
6. Die Form auf dem Rost (untere Einschubleiste) in den vorgeheizten Backofen schieben. Die Rotkohl-Lasagne etwa 45 Minuten garen.

Hackauflauf mit Gemüse

Gratiniertes Brokkoli-Kartoffel-Pfännchen

Hackauflauf mit Gemüse

8–10 Portionen

Zubereitungszeit: 20 Minuten
Garzeit: etwa 45 Minuten

250 ml Wasser
2 Beutel Fix für Hackbraten (Gewürzmischung)
1,2 kg Gehacktes (halb Rind-, halb Schweinefleisch)
600 g TK-Balkangemüse
3 Pck. Kartoffelpüree (für je 3 Portionen)
1 l Wasser
375 ml Milch
75 g Butter
250 g Gouda
250 g Schlagsahne (mind. 30 % Fett)

Pro Portion:
E: 39 g, F: 58 g, Kh: 41 g,
kJ: 3728, kcal: 890

1. Den Backofen vorheizen.
Ober-/Unterhitze: etwa 180 °C
Heißluft: etwa 160 °C
2. Wasser mit Fix für Hackbraten in einer Rührschüssel verrühren. Gehacktes hinzufügen und gut unterarbeiten. Balkangemüse unaufgetaut untermischen.
3. Das Kartoffelpüree mit Wasser und Milch nach Packungsanleitung, aber mit den hier angegebenen Zutaten zubereiten. Butter unterrühren. Das Kartoffelpüree in eine große, flache Auflaufform (gefettet) geben.
4. Die Hackfleisch-Gemüse-Masse darauf verteilen. Käse reiben. Sahne steif schlagen, Käse unterheben und auf der Hackfleisch-Gemüse-Masse verteilen.
5. Die Form auf dem Rost in den vorgeheizten Backofen schieben. Den Auflauf etwa 45 Minuten garen.

Tipp: Den Hackauflauf mit einem knackigen Blattsalat servieren.

Gratiniertes Brokkoli-Kartoffel-Pfännchen

8 Portionen

Zubereitungszeit: 45 Minuten
Gratinierzeit: etwa 15 Minuten

2 1/2 kg Brokkoli
2 Bio-Zitronen (unbehandelt, ungewachst)
2 kg kleine Kartoffeln
300 ml Gemüsebrühe
Salz, gem. Pfeffer
4 Msp. ger. Muskatnuss
8 Tomaten (etwa 500 g)
200 g Schmand (Sauerrahm, 24 % Fett)
8 Vollkorn-Knäckebrot-Scheiben
50 g ger. Parmesan

Pro Portion:
E: 19 g, F: 14 g, Kh: 51 g,
kJ: 1736, kcal: 413

1. Von dem Brokkoli die Blätter entfernen. Brokkoli in Röschen teilen, die Stängel am Strunk schälen und klein schneiden. Brokkoliröschen und -stängel abspülen, abtropfen lassen.
2. Zitronen heiß abwaschen, abtrocknen und die Schale abreiben. Zitronenschale beiseitelegen. Zitronen halbieren, Saft auspressen.
3. Kartoffeln gründlich waschen, knapp mit Wasser bedeckt zum Kochen bringen und zugedeckt 20–25 Minuten garen.
4. In der Zwischenzeit Brühe mit Zitronensaft, Salz, Pfeffer und Muskat in einem Topf verrühren und zum Kochen bringen. Brokkoli hinzufügen und etwa 5 Minuten kochen lassen. Brokkoli abgießen, dabei die Brühe auffangen.
5. Kartoffeln abgießen, mit kaltem Wasser abschrecken, abtropfen lassen. Kartoffeln noch warm pellen.
6. Den Backofen vorheizen.
Ober-/Unterhitze: etwa 200 °C
Heißluft: etwa 180 °C
7. Tomaten abspülen, abtrocknen, vierteln und die Stängelansätze herausschneiden. Kartoffeln, Brokkoli und Tomatenstücke in eine große Gratinform (gefettet) oder in Portionsförmchen (gefettet) geben.
8. Aufgefangene Brühe mit Schmand verrühren und das Gemüse damit beträufeln.
9. Knäckebrotscheiben in einen Gefrierbeutel geben, Beutel fest verschließen. Die Knäckebrotscheiben mit einer Teigrolle fein zerbröseln. Knäckebrotbrösel mit der beiseitegelegten Zitronenschale und Parmesan vermischen. Das Gratin damit bestreuen.
10. Die Form oder Förmchen auf dem Rost in den vorgeheizten Backofen schieben. Den Auflauf etwa 15 Minuten gratinieren.

Brotauflauf mit geräuchertem Forellenfilet

8 Portionen

Zubereitungszeit: 30 Minuten
Garzeit: 25–30 Minuten

8–12 Scheiben Mischbrot (etwa 400 g)
6–8 EL weiche Butter (60–80 g)
1 kg Zwiebeln
4 EL Speiseöl, z. B. Sonnenblumenöl
Salz
gem. Pfeffer
300 g Crème fraîche
4 Eier (Größe M)
2–4 TL Meerrettich (aus dem Glas)
2–4 EL TK-Dill
500 g Tomaten
etwa 500 g geräucherte Forellenfilets (ohne Haut)

Pro Portion:
E: 24 g, F: 32 g, Kh: 32 g,
kJ: 2143, kcal: 514

1. Den Backofen vorheizen.
Ober-/Unterhitze: etwa 220 °C
Heißluft: etwa 200 °C

2. Brotscheiben jeweils auf einer Seite dünn mit Butter bestreichen und evtl. portionsweise in einer Pfanne unter Wenden knusprig anrösten.

3. Die Zwiebeln abziehen, zuerst in Scheiben schneiden, dann in Ringe teilen. Speiseöl und restliche Butter in der Pfanne erhitzen. Zwiebelringe darin unter Wenden braun braten, mit Salz und Pfeffer würzen.

4. Crème fraîche mit Eiern verschlagen, Meerrettich und Dill unterrühren, mit Salz und Pfeffer würzen. Tomaten abspülen, trocken tupfen, halbieren und die Stängelansätze herausschneiden. Tomaten in Scheiben schneiden.

5. Aus den Forellenfilets evtl. noch vorhandene Gräten entfernen.

6. Die Hälfte der Zwiebelringe mit Tomatenscheiben, Forellenfilets und Brotscheiben dachziegelartig in zwei kleine oder eine große Auflaufform (gefettet) schichten. Restliche Zwiebelringe daraufgeben. Die Crème-fraîche-Eier-Masse gleichmäßig darauf verteilen.

7. Die Form auf dem Rost in den vorgeheizten Backofen schieben. Den Auflauf 25–30 Minuten garen.

Brotauflauf mit geräuchertem Forellenfilet

Tipp: Der Brotauflauf schmeckt auch mit geräuchertem Lachs oder Stremel-Lachs. Dann die Crème fraîche durch saure Sahne ersetzen.

Zum Vorbereiten

Brokkoligratin

12 Portionen (ohne Foto)

Zubereitungszeit: 40 Minuten
Garzeit: 15–20 Minuten

2 kg Brokkoli
1 l Salzwasser
6 Eier (Größe M)
250 g Schlagsahne
Salz
gem. Pfeffer
2 Prisen ger. Muskatnuss
4 Eiweiß (Größe M)

400 g ger. Parmesan

Pro Portion:
E: 21 g, F: 20 g, Kh: 5 g,
kJ: 1259, kcal: 301

1. Vom Brokkoli die Blätter entfernen. Brokkoli in Röschen teilen. Die Stängel am Strunk schälen und kreuzförmig einschneiden. Brokkoliröschen abspülen, abtropfen lassen und in kochendem Salzwasser 6–8 Minuten garen.

2. Brokkoliröschen in eiskaltem Wasser abschrecken und in einem Sieb abtropfen lassen.

3. Den Backofen vorheizen.
Ober-/Unterhitze: etwa 180 °C
Heißluft: etwa 160 °C

4. Eier mit Sahne verschlagen, mit Salz, Pfeffer und Muskat würzen.

5. Eiweiß steif schlagen und unter die Eiersahne heben.

6. Brokkoliröschen in eine große Auflaufform (gefettet) geben. Die Eiersahne darauf verteilen.

7. Die Form auf dem Rost in den vorgeheizten Backofen schieben. Das Gratin 15–20 Minuten garen.

8. Das Gratin nach etwa 10 Minuten mit Parmesan bestreuen und das Brokkoligratin fertig garen.

Tomaten-Tunfisch-Auflauf

Wirsing-Hack-Auflauf

8–10 Portionen (ohne Foto)

Zum Vorbereiten

Zubereitungszeit: 35 Minuten
Garzeit: 40–45 Minuten

2 kg Wirsing
2–3 Zwiebeln
500 g Tatar (Rinderhack)
150 g Magerquark
5 Eier (Größe M)
Salz
gem. Pfeffer
gerebelter Majoran
500 ml heiße Gemüsebrühe
150 g ger. Emmentaler

Pro Portion:
E: 23 g, F: 15 g, Kh: 8 g,
kJ: 1153, kcal: 275

1. Von dem Wirsing die groben äußeren Blätter entfernen. Wirsing halbieren und den Strunk herausschneiden. Wirsinghälften in mundgerechte Stücke schneiden, abspülen, abtropfen lassen und in kochendem Wasser 2–3 Minuten blanchieren. Wirsing in ein Sieb geben, mit kaltem Wasser abschrecken und abtropfen lassen.
2. Den Backofen vorheizen.
Ober-/Unterhitze: etwa 200 °C
Heißluft: etwa 180 °C
3. Zwiebeln abziehen und in kleine Würfel schneiden. Rinderhack in eine Rührschüssel geben. Quark, Eier und Zwiebelwürfel hinzugeben. Die Zutaten zu einem Fleischteig verkneten und kräftig mit Salz, Pfeffer und Majoran würzen.
4. Gut die Hälfte der Wirsingstücke in eine Fettpfanne (gefettet) geben. Den Hackfleischteig darauf verteilen und mit den restlichen Wirsingstücken belegen.
5. Mit Gemüsebrühe übergießen und mit Käse bestreuen.
6. Die Fettpfanne mit Alufolie zudecken und in den vorgeheizten Backofen schieben. Auflauf 40–45 Minuten garen.
7. Nach der Hälfte der Garzeit die Alufolie entfernen und den Auflauf fertig garen.

Tomaten-Tunfisch-Auflauf

8 Portionen

Zubereitungszeit: 35 Minuten, ohne Abkühlzeit
Garzeit: etwa 45 Minuten

1 1/2 kg Kartoffeln
Salz, gem. Pfeffer
300 g abgetropfter Tunfisch, naturell (aus der Dose)
450 g Zucchini
2 kg kleine Tomaten
3 Eier (Größe M)
300 ml Milch
ger. Muskatnuss
300 g mittelalter Gouda
2 geh. TL frisch gehackte Rosmarinnadeln oder Petersilie

Pro Portion:
E: 38 g, F: 19 g, Kh: 39 g,
kJ: 2091, kcal: 500

1. Kartoffeln gründlich waschen, knapp mit Wasser bedeckt zum Kochen bringen und zugedeckt etwa 25 Minuten garen. Kartoffeln abgießen, abdämpfen und heiß pellen. Kartoffeln abkühlen lassen, in Scheiben schneiden und in eine große Auflaufform (gefettet) geben. Mit Salz und Pfeffer bestreuen.
2. Den Backofen vorheizen.
Ober-/Unterhitze: etwa 180 °C
Heißluft: etwa 160 °C
3. Tunfisch abtropfen lassen, etwas zerzupfen und auf den Kartoffelscheiben verteilen.
4. Zucchini abspülen, abtrocknen und die Enden abschneiden. Zucchini in dünne Scheiben schneiden oder hobeln und auf dem Tunfisch verteilen. Mit Salz und Pfeffer würzen.
5. Tomaten kreuzweise einschneiden und mit kochendem Wasser übergießen. Nach 1–2 Minuten herausnehmen und mit kaltem Wasser abschrecken. Tomaten enthäuten, halbieren und die Stängelansätze herausschneiden. Größere Tomaten evtl. halbieren.
6. Eier mit Milch verschlagen, mit Salz, Pfeffer und Muskat würzen. Den Käse reiben und unterrühren.
7. Etwa ein Drittel der Käse-Eier-Milch auf den Zucchinischeiben verteilen. Die Tomaten daraufsetzen und die restliche Käse-Eier-Milch zwischen den Tomaten verteilen, mit Rosmarin oder Petersilie bestreuen.
8. Die Form auf dem Rost in den vorgeheizten Backofen schieben. Den Auflauf etwa 45 Minuten garen.

Tortilla-Auflauf

(Römertopf® 6 Liter Inhalt)
8 Portionen

Zubereitungszeit: 50 Minuten, ohne Abkühlzeit
Garzeit: 55–60 Minuten

2 Eisbergsalate (etwa 600 g)
600 g Tomaten
8 Hähnchenbrustfilets (je etwa 140 g)
Salz, gem. Pfeffer
Knoblauchpulver
4 EL Speiseöl
4 Avocados (etwa 700 g)
570 g abgetropfter Gemüsemais (aus der Dose)
160 g Röstzwiebeln

Für die Marinade:
2 Bund glatte Petersilie
500 g Magerquark
500 g Crème fraîche
200 g Joghurt (3,5 % Fett)
Saft von 4 Limetten

8 Tortillas (240 g)
240 g ger. Mozzarella

Pro Portion:
E: 60 g, F: 55 g, Kh: 56 g,
kJ: 4097, kcal: 982

1. Von den Eisbergsalaten die äußeren Blätter entfernen. Eisbergsalate halbieren und in Streifen schneiden. Salatstreifen abspülen und abtropfen lassen. Tomaten abspülen, trocken tupfen, halbieren und die Stängelansätze herausschneiden.
2. Filets kurz unter fließendem kalten Wasser abspülen, trocken tupfen und in Streifen schneiden. Mit Salz, Pfeffer und Knoblauch würzen.
3. Speiseöl in einer großen Pfanne erhitzen. Fleischstreifen darin evtl. in 2 Portionen von allen Seiten anbraten, herausnehmen und etwas abkühlen lassen.
4. Die Avocados halbieren und das Fruchtfleisch vom Stein schneiden. Das Fruchtfleisch schälen und in Würfel schneiden. Salatstreifen mit Tomatenhälften, Mais, Fleischstreifen, Avocadowürfeln und Röstzwiebeln in einer Schüssel mischen.
5. Für die Marinade Petersilie abspülen und trocken tupfen. Die Blättchen von den Stängeln zupfen. Blättchen klein schneiden. Quark mit Crème fraîche und Joghurt verrühren, mit etwas Salz und Pfeffer würzen. Limettensaft und Petersilie unterrühren. Ein Drittel der Marinade unter die Salat-Fleisch-Tomaten-Mischung heben.
6. Einen gewässerten Römertopf® mit 6 Tortillaböden auslegen. Die Salat-Fleisch-Tomaten-Mischung daraufgeben. Die restlichen 2 Tortillaböden darauflegen. Restliche Marinade darauf verteilen und mit Mozzarella bestreuen. Römertopf® mit dem Deckel verschließen und auf dem Rost in den kalten Backofen (untere Einschubleiste) schieben.
Ober-/Unterhitze: etwa 220 °C
Heißluft: etwa 200 °C
7. Den Auflauf 55–60 Minuten garen.
8. Nach etwa 40 Minuten Garzeit die Backofentemperatur um etwa 20 °C erhöhen. Den Deckel von dem Römertopf® entfernen. Den Tortilla-Auflauf ohne Deckel fertig garen.

Tipps: Haben Sie keinen Römertopf®, können Sie den Auflauf in einem Bräter mit Deckel zubereiten. Sie können den Auflauf auch unter dem vorgeheizten Grill etwa 10 Minuten überbacken.

Tortilla-Auflauf

Zucchinigratin

8 Portionen

Zum Vorbereiten

Zubereitungszeit: 50 Minuten
Garzeit: 30–35 Minuten je Form

2,4 kg Zucchini
8 Zwiebeln
400 g Kochschinken
8 EL Weizenmehl
Salz, gem. Pfeffer
ger. Muskatnuss
500 g Mozzarella
300 g geraspelter Greyerzer Käse

Pro Portion:
E: 41 g, F: 45 g, Kh: 24 g,
kJ: 2912, kcal: 696

1. Den Backofen vorheizen.
Ober-/Unterhitze: etwa 180 °C
Heißluft: etwa 160 °C
2. Zucchini abspülen, abtrocknen und die Enden abschneiden. Zucchini in Würfel schneiden und in eine Schüssel geben. Zwiebeln abziehen und klein würfeln. Schinken ebenfalls in Würfel schneiden.
3. Die Zwiebel- und Schinkenwürfel mit dem Mehl zu der Zucchinimasse geben und untermengen. Mit Salz, Pfeffer und Muskat würzen. Mozzarella abtropfen lassen und in Scheiben schneiden.
4. Die Zucchinimasse in eine oder zwei große Gratinformen (gefettet) geben. Käseraspel und Mozzarellascheiben darauf verteilen.
5. Die Form oder Formen auf dem Rost in den vorgeheizten Backofen schieben. Das Gratin 30–35 Minuten garen.

Spargel-Garnelen-Gratin

8 Portionen

Zubereitungszeit: 50 Minuten
Überbackzeit: 2–3 Minuten

1 1/2 kg weißer Spargel
750 ml Wasser
2 gestr. TL Salz
2 Prisen Zucker
80 g Butter, 50 g Weizenmehl
500 ml Spargel-Kochflüssigkeit
2 Eigelb (Größe M)
2 EL Schlagsahne
Salz, 2 Prisen Zucker
4 TL Zitronensaft
300 g Garnelen (frisch oder TK)
6 EL ger. Butterkäse
2 Bio-Zitronen
(unbehandelt, ungewachst)
einige Stängel Dill

Zucchinigratin

Pro Portion:
E: 13 g, F: 14 g, Kh: 9 g,
kJ: 938, kcal: 224

1. Den Spargel von oben nach unten schälen. Darauf achten, dass die Schalen vollständig entfernt, die Köpfe aber nicht verletzt werden. Die unteren Enden abschneiden (holzige Stellen vollständig entfernen). Spargel abspülen, abtropfen lassen und in Stücke schneiden.
2. Wasser mit Salz, Zucker und 1 Esslöffel der Butter in einem Topf zum Kochen bringen. Spargelstücke hinzugeben, wieder zum Kochen bringen und 10–12 Minuten garen.
3. Die Spargelstücke vorsichtig mit einem Schaumlöffel herausnehmen und in einem Sieb gut abtropfen lassen. Dicke Spargelstücke längs halbieren. Von der Spargel-Kochflüssigkeit 500 ml abmessen.
4. Den Backofengrill vorheizen.
5. Restliche Butter in einem Topf zerlassen. Mehl darin unter Rühren so lange erhitzen, bis es hellgelb ist. Spargel-Kochflüssigkeit hinzugießen, mit einem Schneebesen gut durchschlagen. Dabei darauf achten, dass keine Klümpchen entstehen. Die Sauce zum Kochen bringen und bei schwacher Hitze etwa 5 Minuten unter gelegentlichem Rühren kochen lassen. Den Topf von der Kochstelle nehmen. Eigelb mit Sahne verschlagen und unter die Sauce rühren (Sauce nicht mehr kochen lassen). Mit Salz, Zucker und Zitronensaft abschmecken.
6. Garnelen kurz unter fließendem kalten Wasser abspülen, trocken tupfen und jeweils den Darm entfernen (TK-Garnelen vorher nach Packungsanleitung auftauen lassen). Garnelen in die Sauce geben und vorsichtig unterrühren.
7. Spargelstücke in Jakobsmuschelschalen (gefettet) oder flache Gratinförmchen (gefettet) legen. Die Garnelensauce darauf verteilen und mit Käse bestreuen. Die Förmchen auf ein Backblech setzen und unter dem vorgeheizten Grill 2–3 Minuten

Spargel-Garnelen-Gratin

Zucchiniauflauf mit süß-saurer Sauce

überbacken, bis der Käse zerlaufen und leicht gebräunt ist.
8. Die Zitronen heiß abwaschen, abtrocknen und in Scheiben schneiden. Dillstängel abspülen, trocken tupfen und in kleine Zweige zupfen. Spargel-Garnelen-Gratin mit Zitronenscheiben und Dillzweigen garnieren und sofort servieren.

Zucchiniauflauf mit süßsaurer Sauce

8 Portionen

Zum Vorbereiten

Zubereitungszeit: 60 Minuten, ohne Abkühlzeit
Garzeit: 30–35 Minuten

1 kg Zucchini
4 EL Speiseöl
Salz, gem. Pfeffer
4 Knoblauchzehen
2 EL Weißweinessig
250 ml Weißwein
500 g Tomaten
250 g Schlagsahne
1 TL gem. Ingwer, 200 g ger. Gouda
800 g Gehacktes (halb Rind-, halb Schweinefleisch)
2 Zwiebeln
2 Eier (Größe M)
40 g Butter

Pro Portion:
E: 30 g, F: 53 g, Kh: 8 g,
kJ: 2882, kcal: 689

1. Zucchini abspülen, abtrocknen und die Enden abschneiden. Zucchini in Scheiben schneiden. Speiseöl in einer großen Pfanne erhitzen. Zucchinischeiben darin in 2 Portionen kurz von beiden Seiten anbraten, mit Salz und Pfeffer würzen. Knoblauch abziehen, durch eine Knoblauchpresse drücken und auf den Zucchinischeiben verteilen. Essig und Wein hinzugießen und aufkochen lassen. Zucchinischeiben aus der Pfanne nehmen. Anschließend die Pfanne mit dem Sud von der Kochstelle nehmen und beiseitestellen.
2. Den Backofen vorheizen.
Ober-/Unterhitze: etwa 180 °C
Heißluft: etwa 160 °C
3. Tomaten kreuzweise einschneiden und mit kochendem Wasser übergießen. Nach 1–2 Minuten herausnehmen und mit kaltem Wasser abschrecken. Tomaten enthäuten, halbieren und die Stängelansätze herausschneiden. Tomatenhälften in Würfel schneiden.
4. Sahne mit Ingwer verrühren, mit den Tomatenwürfeln zu dem Zucchinisud in die Pfanne geben und etwas einkochen lassen. Sauce etwas abkühlen lassen, Käse unterrühren.
5. Gehacktes in eine Schüssel geben. Zwiebeln abziehen und in kleine Würfel schneiden. Zwiebelwürfel und Eier zur Gehacktesmasse geben und zu einem Fleischteig verkneten, mit Salz und Pfeffer würzen.
6. Zucchinischeiben abwechselnd mit dem Fleischteig und etwas Tomaten-Käse-Sauce in eine große Auflaufform (gefettet) schichten. Die oberste Schicht sollte aus Zucchinischeiben bestehen (Zucchinischeiben nach Belieben dachziegelartig anordnen). Die restliche Tomaten-Käse-Sauce darauf verteilen und Butter in Flöckchen daraufsetzen.
7. Die Form auf dem Rost in den vorgeheizten Backofen schieben. Den Auflauf etwa 30–35 Minuten garen.

Beilage: Ofenfrisches Baguette.

Tipp: Die Zucchini sollten möglichst klein sein, da sie zarter sind und weniger Kerne enthalten.

Ratatouille-Lasagne

8–10 Portionen

Zum Vorbereiten

Zubereitungszeit: 60 Minuten
Garzeit: 30–40 Minuten

480 g abgetropfte Artischockenherzen (aus der Dose)
je 1 gelbe, grüne und rote Paprikaschote (je etwa 250 g)
1 große Aubergine (etwa 400 g)
2 Gemüsezwiebeln
3–5 Knoblauchzehen
1/2 Bund Thymian, 4 EL Olivenöl
1,2 kg geschälte Tomaten (aus der Dose)
150 ml Weiß- oder Rotwein
4 EL Tomatenmark
Salz, gem. Pfeffer
etwas Zucker

Für die Sauce:
60 g Butter oder Margarine
60 g Weizenmehl
750 ml Milch, 180 g Emmentaler
350 g Parmesan
150 g Crème fraîche
ger. Muskatnuss

etwa 24 helle Lasagneplatten (ohne Vorkochen, etwa 375 g)

Pro Portion:
E: 33 g, F: 35 g, Kh: 54 g,
kJ: 2994, kcal: 715

1. Die Artischockenherzen kleiner schneiden. Paprikaschoten halbieren, entstielen, entkernen und die weißen Scheidewände entfernen. Schoten abspülen, abtropfen lassen und in Würfel schneiden. Aubergine abspülen, abtrocknen und den Stängelansatz abschneiden. Aubergine ebenfalls würfeln.
2. Die Gemüsezwiebeln und Knoblauch abziehen. Zwiebeln halbieren und in Würfel schneiden, Knoblauch ebenfalls klein würfeln. Thymian abspülen und trocken tupfen. Die Blättchen von den Stängeln zupfen. Blättchen klein hacken.
3. Das Olivenöl in einem großen Topf erhitzen. Die Paprika-, Auberginen-, Zwiebel- und Knoblauchwürfel darin andünsten. Tomaten (mit der Flüssigkeit), Wein und Thymian hinzufügen. Die Zutaten zum Kochen bringen. Die Tomaten dabei etwas zerkleinern. Tomatenmark unterrühren. Mit Salz, Pfeffer und Zucker würzen. Die Gemüsezutaten etwa 10 Minuten bei schwacher Hitze kochen lassen.
4. Den Backofen vorheizen.
Ober-/Unterhitze: etwa 200 °C
Heißluft: etwa 180 °C
5. Für die Sauce Butter oder Margarine in einem Topf zerlassen. Mehl darin unter Rühren so lange erhitzen, bis es hellgelb ist. Milch hinzugießen und mit einem Schneebesen durchschlagen. Dabei darauf achten, dass keine Klümpchen entstehen. Die Sauce zum Kochen bringen und etwa 5 Minuten kochen lassen.
6. Artischocken zum Gemüse in den Topf geben. Mit Salz, Pfeffer und Zucker würzen.
7. Beide Käsesorten fein reiben. Crème fraîche und zwei Drittel des Käses unter die Sauce rühren. Mit Salz, Pfeffer und Muskat würzen. Etwas Sauce auf den Boden einer großen, rechteckigen Auflaufform (gefettet) streichen. Ein Viertel der Lasagneplatten darauf verteilen. Ein Drittel des Gemüses daraufgeben und mit etwas Sauce bestreichen.
8. Diesen Vorgang noch 2-mal wiederholen und mit Lasagneplatten abschließen. Restliche Sauce darauf verteilen, mit dem restlichen Käse bestreuen. Die Form auf dem Rost in den vorgeheizten Backofen schieben. Die Lasagne 30–40 Minuten garen.

Tipp: Statt der Artischocken können Sie auch 500 g geputzte, abgespülte Zucchini in Würfel schneiden, mit übrigem Gemüse anbraten und garen. Sie müssen dann das Gemüse etwas kräftiger abschmecken.

Pfannkuchen-Quark-Auflauf

Zum Vorbereiten

8 Portionen

Zubereitungszeit: 25 Minuten
Garzeit: etwa 30 Minuten

1 kg Apfelkompott (aus dem Glas)
4 Eiweiß (Größe M)
2 Prisen Salz
2 EL Zucker
4 Eigelb (Größe M)
30 g Zucker
2 Pck. Dr. Oetker Vanillin-Zucker
1 kg Magerquark
50 g Weichweizengrieß
16 fertige Pfannkuchen (oder Palatschinken, aus dem Kühlregal, etwa 480 g)
50 g Butter
70 g flüssiger Honig
120 g gestiftelte Mandeln

Ratatouille-Lasagne

Pfannkuchen-Quark-Auflauf

Kichererbsen-Spinat-Gratin

Pro Portion:
E: 29 g, F: 30 g, Kh: 89 g,
kJ: 3125, kcal: 743

1. Den Backofen vorheizen.
Ober-/Unterhitze: etwa 180 °C
Heißluft: etwa 160 °C
2. Apfelkompott in ein Sieb geben und abtropfen lassen, dabei die Flüssigkeit auffangen.
3. Eiweiß mit Salz mit einem Mixer (Rührstäbe) steif schlagen, dabei nach und nach den Zucker einrieseln lassen.
4. Eigelb mit Zucker, Vanillin-Zucker, Quark, Weizengrieß und aufgefangener Apfelflüssigkeit verrühren. Den Eischnee unterziehen. Die Quarkcreme in einer großen, flachen Auflaufform (gefettet) verteilen.
5. Die Pfannkuchen nebeneinander auf eine Arbeitsfläche legen. Das Apfelkompott gleichmäßig darauf verteilen, dabei jeweils einen Rand frei lassen. Die Pfannkuchen mit der Füllung locker aufrollen und nebeneinander auf die Quarkcreme legen, dabei die Rollen etwas in die Quarkcreme drücken.
6. Butter mit Honig in einem kleinen Topf unter Rühren schmelzen, Mandeln unterrühren. Die Mandelmasse gleichmäßig auf den Pfannkuchenrollen und der Quarkcreme verteilen.
7. Die Form auf dem Rost in den vorgeheizten Backofen schieben. Den Pfannkuchen-Quark-Auflauf etwa 30 Minuten garen.

Tipp: Möchten Sie den Auflauf lieber mit frischen Äpfeln zubereiten? Dann 1,2 kg säuerliche Äpfel, z. B. Boskop, vierteln, schälen, entkernen und würfeln, mit 2–4 Esslöffeln Zucker und etwas Zimt mischen und auf den Pfannkuchen verteilen. Die Pfannkuchen vorsichtig aufrollen und den Auflauf wie beschrieben weiter zubereiten.

Kichererbsen-Spinat-Gratin

8 Portionen

Zubereitungszeit: 35 Minuten, ohne Auftauzeit
Garzeit: 40–50 Minuten

900 g TK-Blattspinat
1 kg Kichererbsen (aus der Dose)
2 Zwiebeln
2 Knoblauchzehen
Salz, gem. Pfeffer
200 ml Milch
200 g Schlagsahne
6 EL Tomatenmark
4 schwach geh. TL Speisestärke
1–2 TL Harissa
(afrikanische Gewürzpaste)
200 g ger. Emmentaler
200 g Frühstücksspeck in Scheiben
(Bacon)

Pro Portion:
E: 26 g, F: 28 g, Kh: 30 g,
kJ: 2020, kcal: 483

1. TK-Spinat nach Packungsanleitung auftauen lassen. Spinat in einem Sieb abtropfen lassen und evtl. noch etwas ausdrücken.
2. Kichererbsen in ein Sieb geben, mit kaltem Wasser abspülen und abtropfen lassen. Zwiebeln und Knoblauch abziehen, klein würfeln.
3. Den Backofen vorheizen.
Ober-/Unterhitze: etwa 200 °C
Heißluft: etwa 180 °C
4. Spinat mit Kichererbsen, Zwiebel- und Knoblauchwürfeln in eine große, flache Auflaufform (gefettet) oder in Portionsförmchen (gefettet) geben und vermischen. Mit Salz und Pfeffer würzen.
5. Milch mit Sahne, Tomatenmark, Speisestärke und Harissa verrühren. Käse unterrühren. Die Milch-Käse-Mischung unter die Spinat-Kichererbsen-Masse rühren.
6. Den Frühstücksspeck auf dem Gratin verteilen. Die Form oder die Portionsförmchen auf dem Rost in den vorgeheizten Backofen (unteres Drittel) schieben. Das Kichererbsen-Spinat-Gratin 40–50 Minuten garen.

Bauernterrine

Champignon-Brokkoli-Gratin

Bauernterrine

8–12 Portionen **Zum Vorbereiten**

Zubereitungszeit: 45 Minuten
Garzeit: etwa 40 Minuten

1 kg grobe Bratwurst
2 EL Speiseöl, z. B. Olivenöl
1 kg säuerliche Äpfel
60 g Butter
1 kg gekochte Pellkartoffeln
2 mittelgroße Zwiebeln
4 Eier (Größe M)
250 ml Milch
2 gestr. TL Salz
2 Msp. Paprikapulver edelsüß

Pro Portion:
E: 22 g, F: 39 g, Kh: 25 g,
kJ: 2274, kcal: 543

1. Die Bratwurstmasse aus der Pelle herausdrücken. Speiseöl in einer großen Pfanne erhitzen. Die Bratwurstmasse darin unter gelegentlichem Rühren anbraten.
2. Äpfel schälen, achteln und entkernen. Butter in einem Topf zerlassen. Apfelstücke darin zugedeckt kurz andünsten.
3. Den Backofen vorheizen.
Ober-/Unterhitze: etwa 180 °C
Heißluft: etwa 160 °C
4. Gekochte Kartoffeln pellen und in Würfel schneiden. Zwiebeln abziehen und klein würfeln. Die Bratwurstmasse aus der Pfanne nehmen. Kartoffel- und Zwiebelwürfel im verbliebenen Bratfett anbraten.
5. Nacheinander die Kartoffelwürfel mit den Zwiebeln, Apfelstücke und Bratwurstmasse in eine große Terrinen- oder hohe Auflaufform (etwa 4 Liter Inhalt, gefettet) schichten.
6. Eier mit Milch verschlagen, mit Salz und Paprika würzen und über die eingeschichteten Zutaten gießen.
7. Die Form auf einem Rost in den vorgeheizten Backofen (unteres Drittel) schieben. Die Terrine etwa 40 Minuten garen.

Champignon-Brokkoli-Gratin

Zum Vorbereiten

8 Portionen

Zubereitungszeit: 30 Minuten
Garzeit: 20–25 Minuten

1 kg Brokkoli
Salz
500 g dunkle Champignons oder Steinpilze
200 g rote Zwiebeln
6 EL Speiseöl
gem. Pfeffer
Kurkuma (Gelbwurz)
gem. Kreuzkümmel (Cumin)
300 g ger. Emmentaler
4 EL geröstete Sesamsamen

Für die Sauce:
500 g Schlagsahne
2 EL Crème fraîche
2 EL geröstete Sesamsamen

Pro Portion:
E: 18 g, F: 46 g, Kh: 10 g,
kJ: 2288, kcal: 547

1. Von dem Brokkoli die Blätter entfernen. Stängel am Strunk schälen und bis kurz vor den Röschen kreuzförmig einschneiden. Brokkoli abspülen, abtropfen lassen und zugedeckt in kochendem Salzwasser etwa 10 Minuten garen. Brokkoli in einem Sieb abtropfen lassen.
2. Den Backofen vorheizen.
Ober-/Unterhitze: etwa 200 °C
Heißluft: etwa 180 °C
3. Pilze putzen, evtl. kurz abspülen und trocken tupfen. Zwiebeln abziehen und in kleine Würfel schneiden. Speiseöl in einer großen Pfanne erhitzen.
4. Zwiebelwürfel darin andünsten. Pilze hinzugeben und kurz mitdünsten lassen.
5. Brokkoli und die Pilz-Zwiebel-Mischung in 2 kleinen oder einer großen Auflaufform (gefettet) verteilen, mit Salz, Pfeffer, Kurkuma und Cumin würzen. Die Brokkoli-Pilz-Mischung zuerst mit Käse, dann mit dem Sesam bestreuen.
6. Für die Sauce Sahne und Crème fraîche verschlagen, Sesam unterrühren. Mit Salz und Pfeffer würzen. Die Sauce auf dem Champignon-Brokkoli-Gratin verteilen.
7. Die Formen oder Form auf dem Rost in den vorgeheizten Backofen schieben. Das Gratin 20–25 Minuten garen.

Grünes Quarkgratin

8 Portionen

Zum Vorbereiten

Zubereitungszeit: 50 Minuten
Garzeit: 30–40 Minuten

1,6 kg frischer Blattspinat
Salz
1 kg Magerquark
6 Eier (Größe M)
300 g Crème fraîche
gem., weißer Pfeffer
2 Knoblauchzehen

Pro Portion:
E: 29 g, F: 17 g, Kh: 8 g,
kJ: 1345, kcal: 322

1. Spinat verlesen, gründlich waschen und tropfnass in einen hohen Topf geben. Etwas Salzwasser hinzufügen und zum Kochen bringen. Den Spinat kurz blanchieren, bis die Blätter zusammenfallen. Den Spinat in ein Sieb geben und gut abtropfen lassen.
2. Den Backofen vorheizen.
Ober-/Unterhitze: etwa 200 °C
Heißluft: etwa 180 °C
3. Quark mit Eiern und Crème fraîche verrühren. Mit Salz und Pfeffer würzen. Knoblauch abziehen, zerdrücken und unter die Quarkmasse rühren.
4. Die Hälfte des Spinats in eine große Auflaufform (gefettet) geben. Die Hälfte der Quarkmasse, dann den restlichen Spinat und zuletzt restlichen Quark in die Form schichten.
5. Die Form auf dem Rost in den vorgeheizten Backofen schieben. Den Auflauf 30–40 Minuten garen.

Eier im Béchamel-Safran-Spinatbett

8 Portionen

Zubereitungszeit: 30 Minuten, ohne Auftauzeit
Garzeit: etwa 20 Minuten

2 kg TK-Blattspinat
4 Schalotten
2–4 Knoblauchzehen, 2 EL Butter
Salz, gem. Pfeffer
2 Msp. Safran
500 ml Béchamelsauce
(aus dem Tetra Pak®)
200 g ger. Emmentaler
8 Eier (Größe M), 2 EL Butter

Pro Portion:
E: 21 g, F: 37 g, Kh: 4 g,
kJ: 1832, kcal: 440

1. TK-Spinat auftauen lassen, anschließend in einem Sieb abtropfen lassen und evtl. noch etwas ausdrücken.
2. Schalotten und Knoblauch abziehen, in kleine Würfel schneiden. Die Butter in einem Topf zerlassen. Schalotten- und Knoblauchwürfel darin andünsten. Spinat hinzugeben und mit andünsten. Spinat so lange dünsten, bis die Flüssigkeit fast verdampft ist. Spinat mit Salz und Pfeffer würzen.
3. Den Backofen vorheizen.
Ober-/Unterhitze: etwa 200 °C
Heißluft: etwa 180 °C
4. Den Safran unter die Béchamelsauce rühren. Den Spinat mit der Safran-Béchamel-Sauce und etwa der Hälfte des Käses in vier kleine Auflaufformen (gefettet) geben und vermischen.
5. Acht Vertiefungen in die Spinat-Saucen-Mischung drücken und je 1 Ei hineingleiten lassen. Den restlichen Käse darauf verteilen. Butter in Flöckchen daraufsetzen. Die Formen auf dem Rost in den vorgeheizten Backofen schieben. Die Eier im Béchamel-Safran-Spinatbett etwa 20 Minuten garen.
6. Die Eier vor dem Servieren mit frisch gemahlenem Pfeffer bestreuen.

Grünes Quarkgratin

Eier im Béchamel-Safran-Spinatbett

Kartoffelauflauf aus der Normandie

Asiatischer Geflügel-Champignon-Auflauf

Kartoffelauflauf aus der Normandie

10 Portionen

Zubereitungszeit: 40 Minuten
Garzeit: 70–80 Minuten

1,2 kg festkochende Kartoffeln
6 Äpfel, z. B. Cox Orange
250 g Honigkuchen (Frühstückskuchen)
Salz
gem. Pfeffer

Für den Guss:
150 g Crème fraîche
400 g Schlagsahne
4 Eier (Größe M)
80 g Semmelbrösel
200 g Butter

Pro Portion:
E: 7 g, F: 27 g, Kh: 46 g,
kJ: 2480, kcal: 592

1. Den Backofen vorheizen.
Ober-/Unterhitze: etwa 180 °C
Heißluft: etwa 160 °C

2. Kartoffeln schälen, abspülen und abtropfen lassen. Die Äpfel schälen, vierteln und entkernen. Kartoffeln und Apfelviertel in dünne Scheiben schneiden oder hobeln. Honigkuchen in Würfel schneiden oder zerbröseln.

3. Kartoffel-, Apfelscheiben und Kuchenwürfel oder -brösel in einer Schüssel gut vermischen. Mit Salz und Pfeffer würzen.

4. Die Kartoffel-Apfel-Mischung in einer großen oder zwei kleinen Auflaufformen (gefettet) verteilen.

5. Für den Guss Crème fraîche mit Sahne und Eiern verschlagen, mit Salz und Pfeffer würzen. Die Eiersahne auf der Kartoffel-Apfel-Mischung verteilen. Mit Semmelbröseln bestreuen. Butter zerlassen und auf den Auflauf träufeln.

6. Die Form oder Formen auf dem Rost in den vorgeheizten Backofen schieben. Den Auflauf 70–80 Minuten garen.

Asiatischer Geflügel-Champignon-Auflauf

8 Portionen

Zum Vorbereiten

Zubereitungszeit: 45 Minuten, ohne Marinierzeit
Garzeit: 20–25 Minuten

800 g Putenbrustfilet
2 Knoblauchzehen
2 Stücke Ingwer (je etwa 4 cm)
4–6 EL Sojasauce
4 Bund Frühlingszwiebeln
400 g Champignons
800 g Möhren
4 EL Soja- oder Erdnussöl
etwas Sojasauce
250 ml Asia-Sauce süßsauer
200 g geröstete, gesalzene Erdnusskerne
2 kleine, rote Chilischoten
4 EL flüssiger Honig
2 EL Speiseöl, z. B. Sonnenblumenöl

Pro Portion:
E: 34 g, F: 23 g, Kh: 32 g,
kJ: 1968, kcal: 471

1. Putenbrustfilet kurz unter fließendem kalten Wasser abspülen, trocken tupfen und in etwa 2 cm dicke Streifen schneiden. Die Fleischstreifen in eine Schale legen. Knoblauch abziehen und Ingwer schälen. Beides fein würfeln, mit Sojasauce mischen und auf die Fleischstreifen träufeln. Fleischstreifen zugedeckt im Kühlschrank etwa 30 Minuten marinieren.

2. Den Backofen vorheizen.
Ober-/Unterhitze: etwa 200 °C
Heißluft: etwa 180 °C

3. Frühlingszwiebeln putzen, abspülen, abtropfen lassen und schräg in breite Scheiben schneiden. Champignons putzen, evtl. kurz abspülen und trocken tupfen. Große Champignons halbieren. Möhren putzen, schälen, abspülen, abtropfen lassen und in feine Stifte schneiden.

4. Jeweils etwas Soja- oder Erdnussöl in einer großen Pfanne erhitzen. Die Fleischstreifen darin portionsweise von allen Seiten anbraten und herausnehmen. Möhrenstifte in dem verbliebenen Bratfett etwa 2 Minuten unter Rühren andünsten. Champignons und Frühlingszwiebelscheiben hinzugeben und unter Rühren etwa 3 Minuten weiterbraten. Das Gemüse mit Sojasauce abschmecken, Asia-Sauce untermischen. Das Gemüse in eine große Auflaufform (gefettet) füllen und die Fleischstreifen darauf verteilen.

5. Nusskerne grob hacken. Die Chilischoten entstielen, längs aufschneiden und entkernen. Schoten abspülen, trocken tupfen und fein hacken. Nusskerne mit Chili, Honig und Speiseöl vermischen und auf den Fleischstreifen verteilen.

6. Die Form auf dem Rost in den vorgeheizten Backofen schieben. Den Geflügel-Champignon-Auflauf 20–25 Minuten garen.

Crêpes-Auflauf mit Hack und Pilzen

8 Portionen

Zubereitungszeit: 40 Minuten, ohne Teigquellzeit
Überbackzeit: 15–20 Minuten

Für den Crêpes-Teig:
50 g Butter oder Margarine
250 g Weizenmehl
1 TL Paprikapulver edelsüß
1 gestr. TL Salz
6 Eier (Größe M)
650 ml Milch
4 TL gehackte Petersilie
gem. Pfeffer
ger. Muskatnuss

Für die Füllung:
etwa 500 g Champignons
4 Tomaten
4 Knoblauchzehen
4 kleine Zwiebeln
6 EL Rapsöl
800 g Gehacktes (halb Rind-, halb Schweinefleisch)
10 EL Tomatenmark mit Würzgemüse
Salz

8 EL Rapsöl
250 g Crème légère mit Kräutern
frisch gehackte Kräuter

Pro Portion:
E: 34 g, F: 55 g, Kh: 36 g,
kJ: 3231, kcal: 772

1. Für den Teig Butter oder Margarine in einem Topf zerlassen, etwas abkühlen lassen. Mehl mit Paprika und Salz in einer Rührschüssel vermischen. Eier mit Milch, Petersilie und Butter oder Margarine mit einem Schneebesen verschlagen.

2. Die Eiermilch zum Mehlgemisch geben und mit dem Schneebesen von innen nach außen verrühren. Dabei darauf achten, dass sich keine Klümpchen bilden. Den Teig mit Pfeffer und Muskat abschmecken, etwa 25 Minuten quellen lassen.

3. Für die Füllung Champignons putzen, evtl. kurz abspülen und gut abtropfen lassen. Die Champignons in kleine Stücke schneiden. Tomaten abspülen, abtrocknen, halbieren und die Stängelansätze herausschneiden. Tomaten entkernen und in kleine Stücke schneiden.

4. Knoblauch und Zwiebeln abziehen, klein würfeln. Rapsöl in einer großen Pfanne erhitzen. Die Champignons portionsweise kräftig darin anbraten. Knoblauch- und Zwiebelwürfel mit anbraten. Gehacktes hinzugeben und evtl. in 2 Portionen unter Rühren etwa 5 Minuten anbraten, dabei die Fleischklümpchen mit einer Gabel zerdrücken.

5. Zwei Esslöffel Tomatenmark und die Tomatenstücke unterrühren. Die Füllung mit Salz und Pfeffer abschmecken.

6. Den Backofen vorheizen.
Ober-/Unterhitze: etwa 200 °C
Heißluft: etwa 180 °C

7. Etwas Rapsöl in einer beschichteten Pfanne (Ø etwa 26 cm) bei mittlerer Hitze erhitzen. Etwa ein Achtel des Teiges in die Pfanne geben. Die Pfanne leicht schwenken, damit sich der Teig gleichmäßig auf dem Pfannenboden verteilt.

8. Sobald die Crêpe-Ränder goldbraun sind, den Crêpe mit einem Pfannenwender umdrehen und die andere Seite fertig backen. Dafür evtl. noch etwas Rapsöl unter den Crêpe geben.

9. Aus dem restlichen Teig weitere 7 Crêpes auf die gleiche Weise backen. Den Teig vor jedem Backen durchrühren.

10. Die Crêpes gleichmäßig mit etwa drei Viertel der Füllung belegen und aufrollen. Die gefüllten Crêpes-Rollen nebeneinander in eine Fettpfanne (gefettet) oder 2 Auflaufformen (gefettet) legen. Die restliche Hackfüllung darauf verteilen. Crème légère mit dem restlichen Tomatenmark verrühren, ebenfalls darauf verteilen.

11. Die Fettpfanne oder die Auflaufformen auf dem Rost (evtl. nacheinander, je nach Größe der Formen) in den vorgeheizten Backofen (unteres Drittel) schieben. Crêpes-Auflauf 15–20 Minuten überbacken. Vor dem Servieren mit frischen gehackten Kräutern bestreuen.

Crêpes-Auflauf mit Hack und Pilzen

Crespelle-Gratin

8 Portionen

Zum Vorbereiten

Zubereitungszeit: 65 Minuten, ohne Ruhe- und Abkühlzeit
Überbackzeit: etwa 20 Minuten

Für die Crespelle:
240 ml Milch
120 g Weizenmehl
6 Eier (Größe M)
2 Prisen Salz

80 g Butter oder Margarine

Für die Füllung:
6 Bund Sauerampfer
500 g Ricotta (ital. Frischkäse)
500 g Magerquark
6 EL Milch
200 g gem. Haselnusskerne
gem. Pfeffer
4 säuerliche Äpfel
100 g ger. Emmentaler
60 g Butter

Crespelle-Gratin

Pro Portion:
E: 30 g, F: 73 g, Kh: 24 g,
kJ: 3708, kcal: 886

1. Für die Crespelle Milch, Mehl, Eier und Salz in eine Rührschüssel geben. Die Zutaten mit einem Schneebesen zu einem glatten Teig verarbeiten. Den Teig etwa 15 Minuten ruhen lassen.

2. Aus dem Teig 6 Crespelle backen. Dafür jeweils etwas Butter oder Margarine in einer Pfanne (Ø etwa 26 cm) zerlassen. Je eine dünne Teiglage auf dem Boden der Pfanne verteilen. Die Crespelle kurz bei schwacher Hitze von beiden Seiten hellgelb backen, herausnehmen und auf einem mit Backpapier belegten Kuchenrost erkalten lassen.

3. Den Backofen vorheizen.
Ober-/Unterhitze: etwa 200 °C
Heißluft: etwa 180 °C

4. Für die Füllung Sauerampfer verlesen und die Stiele entfernen. Sauerampferblätter gründlich abspülen und trocken tupfen.

5. Den Ricotta mit Quark, Milch und Haselnusskernen verrühren und mit Pfeffer würzen.

6. Äpfel schälen, halbieren, entkernen, fein raspeln und unter die Quarkmasse ziehen.

7. Die erste Crespelle in eine passende runde Auflaufform (gefettet) legen, mit einem Sechstel der Quarkmasse bestreichen, mit einem Fünftel der Sauerampferblätter belegen. So fortfahren, bis die letzte Crespelle mit Quarkcreme bestrichen ist.

8. Mit Käse bestreuen und mit Butterflöckchen belegen.

9. Die Form auf dem Rost in den vorgeheizten Backofen schieben und das Crespelle-Gratin etwa 20 Minuten überbacken.

Wirsing-Fischfilet-Auflauf

8 Portionen

Zubereitungszeit: 45 Minuten
Garzeit: 15–20 Minuten

1 Wirsing (etwa 1 1/2 kg)
200 g Butter
Salz, gem., weißer Pfeffer
2 TL gem. Kümmelsamen
500 g Schlagsahne
4 Eigelb (Größe M)
1 1/2 kg Fischfilets, z. B. Kabeljau oder Seelachs
4 EL Zitronensaft
6 EL Semmelbrösel

Pro Portion:
E: 40 g, F: 41 g, Kh: 13 g,
kJ: 2482, kcal: 594

1. Von dem Wirsing die groben äußeren Blätter lösen. Den Wirsing vierteln und den Strunk herausschneiden. Wirsing in schmale Streifen schneiden, abspülen und abtropfen lassen.

2. Ein Drittel der Butter in einem großen Topf zerlassen, Wirsingstreifen darin in 2 Portionen andünsten. Mit Salz, Pfeffer und Kümmel würzen. Etwas Wasser hinzugießen und zugedeckt etwa 10 Minuten garen.

3. Sahne mit Eigelb verschlagen, mit Salz und Pfeffer würzen. Eiersahne und Wirsingstreifen vermischen und in eine große oder zwei kleinere Auflaufformen (gefettet) füllen.

4. Den Backofen vorheizen.
Ober-/Unterhitze: etwa 200 °C
Heißluft: etwa 180 °C

5. Fischfilets kurz unter fließendem kalten Wasser abspülen, trocken tupfen und in 8 gleich große Stücke schneiden. Fischfilets mit Zitronensaft beträufeln.

6. Die Hälfte der restlichen Butter in einer großen Pfanne zerlassen. Die Fischfiletstücke darin von beiden Seiten kurz anbraten, herausnehmen, auf die Wirsingmasse in die Form legen, mit Salz bestreuen.

Wirsing-Fischfilet-Auflauf

Exotischer Puten-Reis-Auflauf

7. Semmelbrösel unter die restliche Butter rühren und auf den Fischfiletstücken verteilen. Die Form auf dem Rost in den vorgeheizten Backofen schieben. Auflauf 15–20 Minuten garen.

Tipp: Sie können die rohen, mit Zitronensaft beträufelten Fischfiletstücke auf den Wirsing legen und mitgaren lassen, dann erhöht sich die Garzeit um etwa 15 Minuten.

Exotischer Puten-Reis-Auflauf

8 Portionen

Zubereitungszeit: 50 Minuten
Garzeit: etwa 30 Minuten

800 g Putenbrustfilet
2 EL Speiseöl, z. B. Sonnenblumenöl
Salz, gem. Pfeffer
Currypulver
2 kg Brokkoli
1 l Gemüsebrühe
400 g Langkornreis
500 g abgetropfte Aprikosenhälften (aus der Dose)

Für den Guss:
150 ml Aprikosensaft (aus der Dose)
400 ml Brühe (von dem Brokkoli)
1 EL Weizenmehl
100 g Schlagsahne
100 g ger. Gouda

Pro Portion:
E: 41 g, F: 19 g, Kh: 61 g,
kJ: 2500, kcal: 597

1. Putenbrustfilet kurz unter fließendem kalten Wasser abspülen, trocken tupfen und in Streifen schneiden. Jeweils die Hälfte des Speiseöls in einer großen Pfanne erhitzen. Filetstreifen darin in 2 Portionen von allen Seiten anbraten. Mit Salz, Pfeffer und Curry würzen. Filetstreifen herausnehmen und beiseitestellen. Die Pfanne mit dem verbliebenen Bratfett ebenfalls beiseitestellen.
2. Von dem Brokkoli die Blätter entfernen. Die Röschen vom Strunk schneiden. Den Strunk schälen und in Stücke schneiden. Brokkolistücke und -röschen abspülen, abtropfen lassen. Gemüsebrühe in einem Topf zum Kochen bringen. Brokkolistücke und -röschen darin etwa 5 Minuten bissfest garen. Anschließend in ein Sieb geben, abtropfen lassen, dabei die Brokkolibrühe auffangen und 400 ml abmessen.
3. Den Backofen vorheizen.
Ober-/Unterhitze: etwa 180 °C
Heißluft: etwa 160 °C
4. Reis in kochendem Salzwasser etwa 8 Minuten vorgaren, in ein Sieb geben und abtropfen lassen. Von den Aprikosenhälften den Saft auffangen und 150 ml abmessen. Die Aprikosenhälften nochmals durchschneiden.
5. Für den Guss Aprikosensaft und Brokkolibrühe zum beiseitegestellten Bratfett in die Pfanne geben und aufkochen lassen. Mehl mit Sahne anrühren, in die Sauce rühren, unter Rühren aufkochen und etwa 2 Minuten kochen lassen. Die Sauce mit Salz, Pfeffer und Curry abschmecken. Die Hälfte des Käses unterrühren.
6. Die vorbereiteten Zutaten in eine große, flache Auflaufform (gefettet) geben. Die Sauce darauf verteilen und mit dem restlichen Käse bestreuen.
7. Die Form ohne Deckel auf dem Rost in den vorgeheizten Backofen schieben. Den Auflauf etwa 30 Minuten garen.

Tipps: Die fruchtige Mischung aus Gemüse und Aprikosen kommt bei Ihrer Familie nicht so gut an? Dann einfach die Aprikosenhälften weglassen und dafür Tomatenwürfel von 2 großen Fleischtomaten mit einschichten. Für die Sauce dann 150 ml Brokkolibrühe oder Schlagsahne mehr verwenden. Für dieses Gericht können Sie auch prima auf bereits vorgegarten Reis (Vakuumpackung) oder auf eine übrig gebliebene, eingefrorene Reisportion zurückgreifen.

Exotischer Auflauf mit Entenbrust

Französischer Winzerauflauf

Exotischer Auflauf mit Entenbrust

8 Portionen

Zum Vorbereiten

Zubereitungszeit: 50 Minuten, ohne Abkühlzeit
Garzeit: 10–15 Minuten

1 kg Fenchelknollen
500 g Zucchini
20 g Ingwer
2 Knoblauchzehen
4 EL Speiseöl
300 g Schnellkoch-Vollkornreis (Garzeit 10 Minuten)
Salz
gem. Pfeffer
Fünf-Gewürze-Pulver (asiatische Würzmischung)
700 ml Gemüsebrühe
4 Entenbrustfilets (je etwa 300 g)

Für die Sauce:
300 ml Gemüsebrühe
2 TL Speisestärke
2–4 EL Sojasauce
150 g geröstete, gesalzene Erdnusskerne
Cayennepfeffer
4 EL flüssiger Honig
etwas Kerbel

Pro Portion:
E: 37 g, F: 23 g, Kh: 27 g, kJ: 1914, kcal: 457

1. Fenchelknollen putzen, abspülen, abtropfen lassen und halbieren. Fenchelhälften in feine Streifen schneiden. Zucchini abspülen, abtrocknen und die Enden abschneiden. Zucchini zuerst längs halbieren, dann in Scheiben schneiden. Ingwer schälen, Knoblauch abziehen, Ingwer und Knoblauch in kleine Würfel schneiden.
2. Speiseöl in einer großen Pfanne erhitzen. Ingwer-, Knoblauchwürfel, Zucchinischeiben und Fenchelstreifen darin anbraten. Reis hinzugeben. Mit Salz, Pfeffer und Fünf-Gewürze-Pulver würzen. Brühe hinzugießen, zum Kochen bringen und zugedeckt etwa 10 Minuten bei schwacher Hitze garen.
3. Den Backofen vorheizen.
Ober-/Unterhitze: etwa 200 °C
Heißluft: etwa 180 °C
4. Entenbrustfilets kurz unter fließendem kalten Wasser abspülen, gut trocken tupfen und die Hautseiten rautenförmig einschneiden. Filets mit Salz und Pfeffer würzen. Eine beschichtete Pfanne ohne Fett erhitzen. Filets mit der Hautseite nach unten in die Pfanne legen und bei mittlerer Hitze etwa 10 Minuten braten. Das Fett abgießen. Filets wenden, weitere etwa 2 Minuten braten, herausnehmen und etwas abkühlen lassen.
5. Das Bratfett abgießen. Für die Sauce Brühe mit Speisestärke und Sojasauce verrühren, zum Bratensatz in die Pfanne geben und kurz aufkochen lassen. Mit Salz und Pfeffer abschmecken.
6. Fenchel-Zucchini-Reis in eine große Auflaufform (gefettet) geben. Von den Filets die Haut ablösen. Die Filets in etwa 1 cm dicke Scheiben schneiden und auf dem Reis anrichten. Sauce daraufgeben. Erdnusskerne grob hacken, mit Cayennepfeffer und Honig vermischen und auf den Filetscheiben verteilen. Form auf dem Rost in den vorgeheizten Backofen schieben. Den Auflauf 10–15 Minuten garen.
7. Kerbel abspülen und trocken tupfen. Den Auflauf mit Kerbel garniert servieren.

Französischer Winzerauflauf

Zum Vorbereiten

9–12 Portionen

Zubereitungszeit: 45 Minuten
Überbackzeit: 10–15 Minuten

1050 g Frühlingszwiebeln
3 EL Butter (20 g)
150 ml trockener Weißwein oder Gemüsebrühe
225 g Crème fraîche
Salz, gem. Pfeffer
etwa 375 g Baguette
6–8 EL Butter (40–60 g)
1050 g reife Birnen
750 g Ziegenkäse-Taler
9–12 Stängel frischer Thymian oder Estragon
1/2 TL Cayennepfeffer

3–6 TL flüssiger Honig
6–8 EL gehackte Haselnusskerne

Pro Portion:
E: 18 g, F: 40 g, Kh: 41 g,
kJ: 2493, kcal: 599

1. Frühlingszwiebeln putzen, abspülen, abtropfen lassen und schräg in 2–3 cm breite Stücke schneiden. Butter in einer Pfanne zerlassen. Die Frühlingszwiebelstücke darin etwa 2 Minuten unter Wenden andünsten.
2. Wein oder Brühe hinzugießen, zum Kochen bringen und bei starker Hitze verdampfen lassen. Crème fraîche unterrühren, mit Salz und Pfeffer würzen. Frühlingszwiebelstücke in Portionsgratinförmchen (gefettet) oder eine große Gratinform (gefettet) geben.
3. Den Backofen vorheizen.
Ober-/Unterhitze: etwa 180 °C
Heißluft: etwa 160 °C
4. Baguette in 2–3 cm dicke Scheiben schneiden und mit Butter bestreichen. Die Baguettescheiben mit der bestrichenen Seite nach oben auf den Frühlingszwiebeln verteilen.
5. Birnen schälen, halbieren, entkernen und in feine Spalten schneiden. Birnenspalten fächerartig auf den Baguettescheiben verteilen. Ziegenkäse-Taler waagerecht halbieren und auf die Birnenspalten legen.
6. Kräuter abspülen und trocken tupfen. Die Blättchen von den Stängeln zupfen. Kräuterblättchen und etwas Cayennepfeffer auf den Auflauf streuen. Mit Honig beträufeln. Haselnusskerne darauf verteilen.
7. Die Form auf dem Rost in den vorgeheizten Backofen schieben. Den Auflauf 10–15 Minuten überbacken.

Tipps: Statt Frühlingszwiebeln können Sie die gleiche Menge Porree (Lauch) verwenden. Der Auflauf ist dann etwas kräftiger im Geschmack. Die frischen Kräuter können durch getrocknete, gerebelte Kräuter ersetzt werden. Dann die Menge der Kräuter reduzieren, da getrocknete Kräuter intensiver schmecken.

Gemüse-Reis-Gratin
8 Portionen

Zubereitungszeit: 65 Minuten
Überbackzeit: 8–10 Minuten je Form

500 g Naturreis (ungeschälter Reis)
1 1/2 l kochendes Salzwasser
60 g Butter
Salz, gem. Pfeffer
Paprikapulver edelsüß
4–6 Zucchini (etwa 800 g)
2–4 Zwiebeln
2 Knoblauchzehen
12 EL kalt gepresstes Olivenöl
2 EL italienische Kräutermischung
8 Tomaten
250 g Mozzarella

Pro Portion:
E: 13 g, F: 34 g, Kh: 51 g,
kJ: 2473, kcal: 591

1. Reis in das kochende Salzwasser geben, wieder zum Kochen bringen und etwa 45 Minuten ausquellen lassen. Reis in ein Sieb geben, mit lauwarmem Wasser übergießen und abtropfen lassen.
2. Reis in eine Schüssel geben, die Butter unterrühren. Mit Salz, Pfeffer und Paprika würzen. Den Reis in eine oder zwei große Gratinformen (gefettet) geben und glatt streichen.
3. Zucchini abspülen, abtrocknen und die Enden abschneiden. Zucchini in etwa 1/2 cm dicke Scheiben schneiden. Zwiebeln und Knoblauch abziehen, in kleine Würfel schneiden.
4. Den Backofengrill vorheizen.
5. Olivenöl in einer großen Pfanne erhitzen. Zwiebel- und Knoblauchwürfel darin andünsten. Die Zucchinischeiben in 2 Portionen hinzufügen, mitdünsten lassen. Mit Salz, Pfeffer und Kräutermischung würzen.
6. Die Tomaten abspülen, trocken tupfen, halbieren und die Stängelansätze herausschneiden. Tomatenhälften in Scheiben schneiden. Die Tomatenscheiben dachziegelartig auf den Reisrand legen. Mit Salz, Pfeffer und Kräutermischung bestreuen.
7. Die Zucchinischeiben in die Mitte der Gratinform legen. Mozzarella abtropfen lassen, in kleine Stücke schneiden, auf den Tomaten- und Zucchinischeiben verteilen. Die Form auf dem Rost unter den vorgeheizten Grill schieben. Das Gratin jeweils 8–10 Minuten überbacken, bis der Käse zerläuft.

Gemüse-Reis-Gratin

Frühlingsgratin

8–10 Portionen **Zum Vorbereiten**

Zubereitungszeit: 40 Minuten
Garzeit: 20–30 Minuten

2 1/2 kg gemischtes Gemüse, z. B. Kohlrabi, Möhren, Brokkoli, Blumenkohl, weißer und grüner Spargel
2 l Wasser
2 gestr. TL Salz
2 Knoblauchzehen
400 g Schlagsahne
4 Eier (Größe M)
Salz
gem. Pfeffer
ger. Muskatnuss
200 g ger. Emmentaler
50 g ger. Parmesan

Pro Portion:
E: 16 g, F: 26 g, Kh: 9 g,
kJ: 1405, kcal: 335

1. Kohlrabi und Möhren gut putzen, schälen, abspülen, abtropfen lassen. Kleine Kohlrabiblättchen beiseitelegen. Kohlrabi in Scheiben, Möhren in Stücke schneiden.
2. Von dem Brokkoli und Blumenkohl die Blätter und schlechten Stellen entfernen. Von dem Blumenkohl den Strunk abschneiden. Brokkoli und Blumenkohl in kleine Röschen teilen. Brokkolistängel schälen.
3. Den Backofen vorheizen.
Ober-/Unterhitze: etwa 180 °C
Heißluft: etwa 160 °C
4. Den weißen Spargel von oben nach unten schälen. Darauf achten, dass die Schalen vollständig entfernt, die Köpfe aber nicht verletzt werden. Die unteren Enden abschneiden (holzige Stellen vollständig entfernen). Von dem grünen Spargel nur das untere Drittel schälen und die Enden abschneiden. Spargel in etwa 5 cm lange Stücke schneiden.
5. Die vorbereiteten Gemüsezutaten portionsweise in kochendem Salzwasser 2–3 Minuten blanchieren, mit kaltem Wasser abschrecken und in einem Sieb abtropfen lassen. Das Gemüse in eine große, flache Auflaufform (gefettet) schichten.
6. Knoblauch abziehen und durch eine Knoblauchpresse drücken oder sehr klein schneiden. Sahne und Eier verschlagen, mit Knoblauch, Salz, Pfeffer und Muskat würzen.
7. Die Eiersahne auf den Gemüsezutaten in der Form verteilen. Emmentaler und Parmesan vermischen und daraufstreuen. Die Form auf dem Rost in den vorgeheizten Backofen schieben und das Frühlingsgratin 20–30 Minuten garen.
8. Beiseitegelegte Kohlrabiblättchen abspülen, trocken tupfen und klein schneiden. Anschließend das Frühlingsgratin mit Kohlrabiblättchen bestreut servieren.

Tipp: Je nach Jahreszeit können auch andere Gemüsesorten verwendet werden.

Gemüseauflauf mit Kichererbsen

Zum Vorbereiten

8–10 Portionen (ohne Foto)

Zubereitungszeit: 50 Minuten
Garzeit: etwa 50 Minuten

1 kg Brokkoli
Salz
1 kg Kürbisfruchtfleisch
3 rote Paprikaschoten (je etwa 150 g)
4 EL Speiseöl
gem. Pfeffer
400 g Schafskäse
480 g abgetropfte Kichererbsen (aus der Dose)

Für den Guss:
8 Eier (Größe M)
4 EL Tomatenmark

Frühlingsgratin

2 TL Harissa
(afrikanische Gewürzpaste)
2 EL gem. Kreuzkümmel (Cumin)
500 ml Milch

Pro Portion:
E: 23 g, F: 23 g, Kh: 20 g,
kJ: 1676, kcal: 399

1. Von dem Brokkoli die Blätter entfernen. Brokkoli abspülen, abtropfen lassen und in Röschen teilen. Brokkoliröschen in kochendem Salzwasser etwa 2 Minuten blanchieren. Brokkoli in ein Sieb geben und abtropfen lassen.
2. Das Kürbisfruchtfleisch in 2–3 cm große Würfel schneiden. Paprikaschoten halbieren, entstielen, entkernen und die weißen Scheidewände entfernen. Schoten abspülen, abtropfen lassen und in breite Streifen schneiden.
3. Speiseöl in einer großen Pfanne erhitzen. Die Kürbiswürfel darin unter Wenden etwa 5 Minuten anbraten und herausnehmen. Die Paprikastreifen in dem verbliebenen Bratfett kurz anbraten. Die Kürbiswürfel wieder hinzufügen. Mit Salz und Pfeffer würzen.
4. Den Backofen vorheizen.
Ober-/Unterhitze: etwa 200 °C
Heißluft: etwa 180 °C
5. Schafskäse sehr klein würfeln, mit dem vorbereiteten Gemüse und den Kichererbsen mischen und in eine große, flache Auflaufform (gefettet) geben.
6. Für den Guss Eier mit Tomatenmark, Harissa und Kreuzkümmel verschlagen. Milch unterrühren. Mit Salz und Pfeffer würzen. Den Guss auf der Gemüse-Schafskäse-Mischung verteilen. Die Form auf dem Rost in den vorgeheizten Backofen schieben. Den Auflauf etwa 50 Minuten garen.
7. Den Auflauf nach etwa 40 Minuten mit Alufolie belegen, damit die Oberfläche nicht zu dunkel wird.

Tipp: Anstelle von Harissa können Sie auch etwas Sambal Oelek verwenden.

Nudelgratin mit Erbsen, Tomaten und Mozzarella

Nudelgratin mit Erbsen, Tomaten und Mozzarella

8 Portionen

Zum Vorbereiten

Zubereitungszeit: 30 Minuten
Garzeit: etwa 20 Minuten

je 4 l Wasser
je 4 gestr. TL Salz
800 g Nudeln, z. B. Spirelli
500 g Mozzarella
1 Bund Schnittlauch
400 g Schlagsahne
2 geh. TL Instant-Gemüsebrühe-Pulver
800 g stückige Tomaten
(aus der Dose)
600 g TK-Erbsen
Salz, gem. Pfeffer

Pro Portion:
E: 32 g, F: 32 g, Kh: 84 g,
kJ: 3195, kcal: 764

1. Die Nudeln in 2 Portionen kochen. Dafür jeweils Wasser in einem großen Topf zugedeckt zum Kochen bringen. Dann Salz und Nudeln zugeben. Die Nudeln im geöffneten Topf bei mittlerer Hitze nach Packungsanleitung knapp bissfest kochen, dabei gelegentlich umrühren. Anschließend die Nudeln in ein Sieb geben, mit kaltem Wasser abspülen und abtropfen lassen.
2. Mozzarella abtropfen lassen und in kleine Würfel schneiden. Schnittlauch abspülen, trocken tupfen und in Röllchen schneiden.
3. Den Backofen vorheizen.
Ober-/Unterhitze: etwa 200 °C
Heißluft: etwa 180 °C
4. Sahne in einem Topf unter Rühren erwärmen. Die Gemüsebrühe unter Rühren darin auflösen. Die Nudeln in eine große, flache Auflaufform (gefettet) geben. Die stückigen Tomaten mit der Sahne verrühren und auf den Nudeln verteilen.
5. Gefrorene Erbsen, zwei Drittel der Mozzarella-Würfel und die Schnittlauchröllchen daraufgeben und gut mit den Nudeln vermengen. Das Ganze mit Salz und Pfeffer würzen. Zuletzt den restlichen Mozzarella darauf verteilen.
6. Die Form auf dem Rost auf mittlerer Einschubleiste in den vorgeheizten Backofen schieben. Das Gratin etwa 20 Minuten garen.

Tipps: Wenn das Gratin würziger sein soll, ersetzen Sie den Mozzarellakäse durch 400 g Bergkäse. Statt der Spirelli eignen sich auch Makkaronichips oder Penne.

Wirsingauflauf „Schweizer Art"

Wirsingauflauf „Schweizer Art"

8 Portionen

Zum Vorbereiten

Zubereitungszeit: 40 Minuten
Garzeit: etwa 45 Minuten

80 g Butter
80 g Speckstreifen
80 g Zwiebelstreifen
1,6 kg vorbereiteter Wirsing (in Streifen)
Salz
gem. Pfeffer
400 ml Gemüsefond
400 g Schlagsahne
8 Eier (Größe M)
400 g ger. Emmentaler
ger. Muskatnuss

Pro Portion:
E: 28 g, F: 55 g, Kh: 11 g,
kJ: 2834, kcal: 677

1. Den Backofen vorheizen.
Ober-/Unterhitze: etwa 180 °C
Heißluft: etwa 160 °C
2. Die Butter in einer großen Pfanne zerlassen. Speckstreifen darin auslassen. Zwiebel- und Wirsingstreifen evtl. in 2 Portionen hinzugeben und mitdünsten lassen. Mit Salz und Pfeffer würzen. Gemüsefond hinzugießen, zum Kochen bringen und etwa 10 Minuten garen.
3. Sahne mit Eiern verschlagen, Käse unterrühren. Mit Salz, Pfeffer und Muskat würzen.
4. Die Wirsingmasse in eine große Auflaufform (gefettet) geben und mit der Eier-Käse-Sahne übergießen.
5. Die Form auf dem Rost in den vorgeheizten Backofen schieben. Den Auflauf etwa 45 Minuten garen.

Zucchini-Nudel-Auflauf

Zum Vorbereiten

12 Portionen (ohne Foto)

Zubereitungszeit: 45 Minuten
Garzeit: 35–40 Minuten

je 4 l Wasser
je 4 gestr. TL Salz
800 g grüne Bandnudeln
2 Töpfe Basilikum
400 g Gorgonzola
200 g gem. Haselnusskerne
400 g Schlagsahne
400 g Ricotta (ital. Frischkäse)
4 EL Weinbrand
Salz
gem. Pfeffer
1 1/2 kg kleine Zucchini
100 g Semmelbrösel
60 g Butter

Pro Portion:
E: 25 g, F: 46 g, Kh: 57 g,
kJ: 3304, kcal: 789

1. Die Nudeln in 2 Portionen kochen. Dafür jeweils Wasser in einem großen Topf zugedeckt zum Kochen bringen. Dann Salz und Nudeln hinzugeben. Die Nudeln im geöffneten Topf bei mittlerer Hitze nach Packungsanleitung kochen lassen, dabei gelegentlich umrühren.
2. Den Backofen vorheizen.
Ober-/Unterhitze: etwa 200 °C
Heißluft: etwa 180 °C
3. Anschließend die Nudeln in ein Sieb geben, mit heißem Wasser abspülen und abtropfen lassen.
4. Basilikum abspülen und trocken tupfen. Die Blättchen von den Stängeln zupfen. Blättchen in Streifen schneiden. Gorgonzola, Nusskerne, Sahne, Ricotta und Weinbrand cremig rühren. Die Käsecreme mit Salz und Pfeffer würzen.
5. Zucchini abspülen, abtrocknen und die Enden abschneiden. Zucchini raspeln.
6. Jeweils ein Drittel der Nudeln, Zucchiniraspel, Basilikumstreifen und

Käsecreme in eine große Auflaufform (gefettet) schichten. Den Vorgang 2-mal wiederholen.
7. Die oberste Schicht sollte aus Käsecreme bestehen. Den Auflauf mit Semmelbröseln bestreuen und Butter in Flöckchen daraufsetzen.
8. Die Form auf dem Rost in den vorgeheizten Backofen schieben. Den Zucchini-Nudel-Auflauf 35–40 Minuten garen.

Tipps: Sie können den Auflauf je nach Geschmack auch mit einem milderen Blauschimmelkäse, z. B. mit Bavaria oder Dana blue, oder einem kräftigeren Käse, z. B. mit Roquefort, zubereiten. Für Kinder geben Sie statt des Weinbrands zusätzlich 2 Esslöffel Sahne hinzu. Mischen Sie die Semmelbrösel mit 50 g geriebenem Parmesan, dann wird die Kruste kräftiger und krosser. Statt Ricotta können Sie auch 200 g Schafskäse verwenden. Dann brauchen Sie evtl. etwas mehr Sahne für die Käsecreme.

Gemüsegratin

10 Portionen — Zum Vorbereiten

Zubereitungszeit: 45 Minuten
Garzeit: etwa 45 Minuten

1 kg Kartoffeln
Salz
2–4 Zwiebeln
2 Knoblauchzehen
2 EL Speiseöl
1,2 kg Gehacktes (halb Rind-, halb Schweinefleisch)
gem. Pfeffer
16 Salbeiblättchen
800 g Möhren
700 g Zucchini
500 g Tomaten
400 g Gouda
6 EL Semmelbrösel
60 g Butter

Pro Portion:
E: 56 g, F: 72 g, Kh: 33 g,
kJ: 4485, kcal: 1071

1. Kartoffeln schälen, abspülen, abtropfen lassen und in Scheiben schneiden. Kartoffelscheiben in kochendem Salzwasser 2–3 Minuten blanchieren, mit einer Schaumkelle herausnehmen, abtropfen lassen und in eine große, runde Auflaufform (gefettet) schichten.
2. Zwiebeln und Knoblauch abziehen, in kleine Würfel schneiden. Speiseöl in einer großen Pfanne erhitzen, Zwiebel- und Knoblauchwürfel darin glasig dünsten.
3. Gehacktes hinzufügen, in 2 Portionen unter Rühren anbraten. Dabei die Fleischklümpchen mit einer Gabel zerdrücken. Mit Salz und Pfeffer würzen.
4. Den Backofen vorheizen.
Ober-/Unterhitze: etwa 200 °C
Heißluft: etwa 180 °C
5. Salbeiblättchen abspülen, trocken tupfen und klein schneiden. Die Hälfte davon zur Gehacktesmasse geben. Ein Drittel der Gehacktesmasse auf den Kartoffelscheiben verteilen.
6. Möhren putzen, schälen, abspülen, abtropfen lassen und in Scheiben schneiden. Möhrenscheiben in kochendem Salzwasser etwa 3 Minuten blanchieren, mit einer Schaumkelle herausnehmen, mit kaltem Wasser übergießen, abtropfen lassen und auf der Gehacktesmasse verteilen. Die Hälfte der restlichen Gehacktesmasse auf die Möhrenscheiben geben.
7. Zucchini abspülen, abtrocknen und die Enden abschneiden. Zucchini in Scheiben schneiden und auf die Gehacktesmasse legen. Restliche Gehacktesmasse darauf verteilen.
8. Tomaten kreuzweise einschneiden und mit kochendem Wasser übergießen. Nach 1–2 Minuten herausnehmen und mit kaltem Wasser abschrecken. Tomaten enthäuten, halbieren und die Stängelansätze herausschneiden. Tomatenhälften in Scheiben schneiden und auf die Gehacktesmasse legen. Mit Salz und Pfeffer würzen, mit restlichem Salbei bestreuen.
9. Käse reiben, mit Semmelbröseln vermischen und auf den Tomatenscheiben verteilen. Butter in Flöckchen daraufsetzen.
10. Die Form auf dem Rost in den vorgeheizten Backofen schieben und das Gemüsegratin etwa 45 Minuten garen.

Gemüsegratin

Überbackenes Gulasch

8–10 Portionen

Zum Vorbereiten

Zubereitungszeit: 60 Minuten
Garzeit: Gulasch etwa 75 Minuten
Überbackzeit: etwa 20 Minuten

3 EL Butterschmalz oder Speiseöl
1,4 kg gemischtes Gulasch (Schweine- und Rindfleisch)
1 1/4 l Wasser
3 Beutel Fix für Gulasch (für je 375 ml Wasser)
1,4 kg Kartoffeln
700 g gelbe, grüne und rote Paprikaschoten
250 g Cheddar-Käse
100 g abgetropfte Gewürzgurken (aus dem Glas)
4 EL Röstzwiebeln (Fertigprodukt)

Pro Portion:
E: 42 g, F: 35 g, Kh: 31 g,
kJ: 2702, kcal: 645

1. Butterschmalz oder Speiseöl in einem Bräter erhitzen. Die Gulaschwürfel portionsweise darin von allen Seiten braun anbraten, mit Wasser ablöschen und zum Kochen bringen, dann Fix für Gulasch einrühren. Das Fleisch zugedeckt bei schwacher Hitze etwa 45 Minuten garen.
2. In der Zwischenzeit die Kartoffeln gründlich waschen, knapp mit Wasser bedeckt zum Kochen bringen und 20–25 Minuten garen. Kartoffeln abgießen, mit kaltem Wasser abschrecken, abdämpfen, abkühlen lassen.
3. Paprikaschoten halbieren, entstielen, entkernen und die weißen Scheidewände entfernen. Die Schoten abspülen, abtropfen lassen und in Stücke schneiden. Käse reiben. Gurken klein würfeln.
4. Paprikastücke zum Gulasch geben und ohne Deckel weitere etwa 30 Minuten garen.
5. Den Backofen vorheizen.
Ober-/Unterhitze: etwa 220 °C
Heißluft: etwa 200 °C
6. In der Zwischenzeit Kartoffeln pellen und noch warm durch eine Kartoffelpresse drücken oder mit einem Kartoffelstampfer zerdrücken. Käse untermischen.
7. Die Gurkenwürfel mit dem Gulasch vermengen und in eine große, flache Auflaufform (gefettet) geben. Die Kartoffelmasse darauf verteilen, sodass das Fleisch ganz bedeckt ist.
8. Die Form auf dem Rost in den vorgeheizten Backofen schieben. Gulasch etwa 20 Minuten überbacken. Das Gulasch mit Röstzwiebeln bestreut servieren.

Überbackener Sauerkraut-Schmortopf

8 Portionen (ohne Foto)

Zum Vorbereiten

Zubereitungszeit: 35 Minuten
Überbackzeit: 25–30 Minuten

600 g Kartoffeln
300 g Möhren
500 g Porree (Lauch)
8 EL Speiseöl
750 ml Fleischbrühe
1620 g Sauerkraut (aus der Dose)
Salz, gem. Pfeffer
Zucker
400 g Äpfel
400 g Mettenden
200 g ger. mittelalter Gouda

Pro Portion:
E: 19 g, F: 32 g, Kh: 24 g,
kJ: 1937, kcal: 462

1. Kartoffeln schälen, abspülen, abtropfen lassen und in Würfel schneiden. Möhren putzen, schälen, abspülen, abtropfen lassen und in Stifte schneiden. Porree putzen, die Stangen längs halbieren, gründlich waschen und abtropfen lassen. Porree schräg in etwa 2 cm lange Stücke schneiden.
2. Speiseöl in einem großen Topf erhitzen. Kartoffelwürfel, Möhrenstifte und Porreestücke darin portionsweise unter Rühren andünsten. Etwa zwei Drittel der Fleischbrühe hinzugießen und zugedeckt etwa 10 Minuten garen. Dann das Sauerkraut unterrühren, mit Salz, Pfeffer und Zucker würzen. Den Sauerkraut-Gemüse-Topf zugedeckt weitere etwa 10 Minuten garen. Nach und nach die restliche Fleischbrühe hinzugießen und gelegentlich umrühren.
3. Den Backofen vorheizen.
Ober-/Unterhitze: etwa 200 °C
Heißluft: etwa 180 °C
4. Äpfel waschen, abtrocknen und vierteln. Das Kerngehäuse entfernen und die Apfelviertel in mundgerechte Stücke schneiden. Mettenden in etwa 1 cm dicke Scheiben schneiden. Apfelstücke und Mettendenscheiben

Überbackenes Gulasch

Polenta-Gratin

in den Topf geben, unterrühren. Die Sauerkrautmasse mit Salz, Pfeffer und Zucker abschmecken.
5. Sauerkraut-Gemüse-Mischung in eine große, etwas höhere Auflaufform (gefettet) geben und mit Käse bestreuen.
6. Die Form auf dem Rost in den vorgeheizten Backofen (unteres Drittel) schieben. Den Schmortopf 25–30 Minuten überbacken.

Polenta-Gratin

8 Portionen

Zubereitungszeit: 40 Minuten
Garzeit: etwa 15 Minuten

2 l Gemüsebrühe
2 gestr. TL Salz
500 g Polenta (Maisgrieß)
100 g Butter
120 g ger. Parmesan
2 Zwiebeln
800 g Champignons
4 EL Olivenöl
Salz, gem. Pfeffer
6 EL frisch gehacktes Basilikum
6 EL Schlagsahne
10 Tomaten
200 g Rucola (Rauke)
200 g Pecorino
2 EL Olivenöl
evtl. vorbereitete Basilikumblättchen

Pro Portion:
E: 25 g, F: 40 g, Kh: 50 g,
kJ: 2778, kcal: 664

1. Brühe in einem großen Topf zum Kochen bringen, Salz hinzufügen. Maisgrieß unter Rühren einrieseln lassen und nach Packungsanleitung garen.
2. Butter und Parmesan unter den noch heißen Maisbrei rühren. Die Hälfte des Maisbreis in einer großen, flachen Auflaufform (gefettet) verteilen. Restlichen Maisbrei auf ein Stück Alufolie (gefettet) streichen.
3. Den Backofen vorheizen.
Ober-/Unterhitze: etwa 200 °C
Heißluft: etwa 180 °C
4. Zwiebeln abziehen und in kleine Würfel schneiden. Champignons putzen, evtl. kurz abspülen, trocken tupfen und in Scheiben schneiden.
5. Olivenöl in einer großen Pfanne erhitzen. Zwiebeln darin andünsten. Champignons in 2–3 Portionen hinzugeben und mitdünsten lassen. Mit Salz und Pfeffer würzen, Basilikum und Sahne unterrühren.
6. Tomaten kreuzweise einschneiden und mit kochendem Wasser übergießen. Nach 1–2 Minuten herausnehmen und mit kaltem Wasser abschrecken. Tomaten enthäuten, halbieren und Stängelansätze herausschneiden. Tomatenhälften in kleine Würfel schneiden.
7. Den Rucola putzen und die dicken Stiele entfernen. Rucola abspülen, abtropfen lassen und etwas kleiner schneiden.
8. Tomatenwürfel mit Rucola und den Champignonscheiben vermischen, leicht mit Salz und Pfeffer würzen. Die Tomaten-Champignon-Mischung in die Auflaufform auf den Maisbrei geben.
9. Pecorino reiben und etwa ein Drittel davon auf die Gemüsemischung streuen. Den Maisbrei von der Alufolie nehmen, in Streifen schneiden und auf die Tomaten-Champignon-Mischung legen. Mit dem restlichem Käse bestreuen und mit dem Olivenöl beträufeln.
10. Die Form auf dem Rost in den vorgeheizten Backofen schieben. Das Gratin etwa 15 Minuten garen. Polenta-Gratin in der Form servieren. Nach Belieben mit abgespülten, trocken getupften Basilikumblättchen garnieren.

Räucherfischgratin

Räucherfischgratin

8–10 Portionen

Zubereitungszeit: 60 Minuten
Garzeit: 30–35 Minuten

1,8 kg Kartoffeln
800 g rote Zwiebeln
3 EL Olivenöl
Salz
gem. Pfeffer
120 g schwarze Oliven (ohne Stein)
2 Orangen
600 g geräucherte Forellenfilets (aus dem Kühlregal)

Für den Guss:
450 g Crème fraîche
5 EL Orangensaft (von den Orangen)
5 EL mittelscharfer Senf
1 Prise Zucker
25 g TK-Schnittlauch

Pro Portion:
E: 15 g, F: 34 g, Kh: 42 g,
kJ: 2292, kcal: 547

1. Die Kartoffeln gründlich waschen, knapp mit Wasser bedeckt zum Kochen bringen und dann zugedeckt 20–25 Minuten garen. Kartoffeln abgießen, abdämpfen und heiß pellen. Kartoffeln erkalten lassen.

2. Den Backofen vorheizen.
Ober-/Unterhitze: etwa 200 °C
Heißluft: etwa 180 °C

3. In der Zwischenzeit Zwiebeln abziehen, halbieren und in Streifen schneiden. Olivenöl in einer Pfanne erhitzen. Zwiebelstreifen darin unter gelegentlichem Wenden etwa 5 Minuten dünsten. Mit Salz und Pfeffer würzen.

4. Oliven evtl. abtropfen lassen und in dicke Ringe schneiden. Orangen so schälen, dass die weiße Haut mitentfernt wird. Die Filets aus den Trennhäuten herausschneiden, dabei den Saft auffangen und 5 Esslöffel für den Guss abmessen. Orangenfilets mit den Zwiebelstreifen mischen.

5. Forellenfilets der Länge nach halbieren, dabei evtl. vorhandene Gräten entfernen. Erkaltete Kartoffeln in Scheiben schneiden und eine große, flache Auflaufform (gefettet) damit auslegen. Kartoffelscheiben mit Salz würzen und die Olivenringe daraufgeben. Forellenfilets darauflegen. Die Zwiebel-Orangen-Mischung darauf verteilen.

6. Für den Guss Crème fraîche mit Orangensaft und Senf glatt rühren, mit Zucker, Salz und Pfeffer würzen. Schnittlauchröllchen unterrühren. Den Guss auf dem Auflauf verteilen und etwas verstreichen. Die Form auf dem Rost in den vorgeheizten Backofen schieben. Das Gratin 30–35 Minuten garen.

Tipp: Statt Kartoffeln selber zu kochen, können Sie auch 1,8 kg schonend vorgegarte Kartoffelscheiben (aus dem Kühlregal) verwenden.

Rosenkohl-Reis-Auflauf

8–10 Portionen (ohne Foto)

Zubereitungszeit: 50 Minuten
Garzeit: 25–30 Minuten

1 1/2 kg Rosenkohl
Salz
450 g Langkornreis-Wildreis-Mischung

Für die Sauce:
3 Beutel Currysauce (für je 250 ml Wasser)
600 ml kaltes Wasser
250 g Crème double

600 g Kasseler (ohne Knochen)
300 g Äpfel, 250 g Gouda

Pro Portion:
E: 34 g, F: 32 g, Kh: 50 g,
kJ: 2730, kcal: 653

1. Rosenkohl von den äußeren Blättchen befreien, etwas vom Strunk abschneiden. Die größeren Rosenkohlröschen halbieren, die restlichen am Strunk kreuzförmig einschneiden, Rosenkohl abspülen, abtropfen lassen und in kochendem Salzwasser etwa 15 Minuten garen. Rosenkohl in ein Sieb geben und gut abtropfen lassen.

2. Reis in kochendem Salzwasser nach Packungsanleitung garen. Den gegarten Reis in einem Sieb abtropfen lassen.

3. Für die Sauce das Saucenpulver nach Packungsanleitung zubereiten.

Den Topf von der Kochstelle nehmen. Die Sauce etwas abkühlen lassen, dann Crème double unterrühren.
4. Den Backofen vorheizen.
Ober-/Unterhitze: etwa 200 °C
Heißluft: etwa 180 °C
5. Kasseler kurz unter fließendem kalten Wasser abspülen, trocken tupfen und in Würfel schneiden. Die Äpfel schälen, vierteln, entkernen und klein würfeln.
6. Die Reismischung auf den Boden einer großen, flachen Auflaufform (gefettet) geben. Rosenkohl, Kasseler- und Apfelwürfel darauf verteilen. Die Sauce gleichmäßig daraufgeben.
7. Käse reiben, den Auflauf damit bestreuen. Die Form auf dem Rost in den vorgeheizten Backofen schieben. Den Auflauf 25–30 Minuten garen.

Tipp: Ersetzen Sie die Wildreis-Mischung durch Basmatireis, den Rosenkohl durch Chinakohl und das Kasseler durch 1 kg Hähnchenbrustfilet. Den Chinakohl nur blanchieren, da er sehr viel zarter als Rosenkohl ist. Das Hähnchenbrustfilet abspülen, trocken tupfen und ebenfalls in Würfel schneiden. Den Auflauf evtl. etwas stärker salzen.

Tortellini-Auflauf mit Pesto

Zum Vorbereiten

8 Portionen

Zubereitungszeit: 15 Minuten, ohne Auftauzeit
Garzeit: etwa 30 Minuten

400 g TK-Erbsen
4 Tomaten (etwa 200 g)
6 Scheiben Frühstücksspeck (Bacon, etwa 60 g)
8 EL Olivenöl
1 kg frische Tortellini (aus dem Kühlregal)
200 ml Milch
400 g Schlagsahne
8 EL rotes Pesto (aus dem Glas)
Salz, gem. Pfeffer
100 g ger. Parmesan

Pro Portion:
E: 23 g, F: 48 g, Kh: 59 g,
kJ: 3204, kcal: 765

1. TK-Erbsen nach Packungsanleitung auftauen lassen.
2. In der Zwischenzeit Tomaten abspülen, abtrocknen, halbieren und die Stängelansätze herausschneiden. Tomaten entkernen und würfeln.
3. Frühstücksspeck in grobe Stücke schneiden. Die Speckstücke in einer heißen, großen Pfanne ohne Fett knusprig braten und herausnehmen.
4. Olivenöl in der Pfanne erhitzen. Die Erbsen darin kurz andünsten. Tomatenwürfel hinzugeben und kurz mitdünsten lassen.
5. Die Tortellini nach Packungsanleitung zubereiten. Anschließend in einem Sieb abtropfen lassen. Tortellini in eine Auflaufform (gefettet) geben. Die Erbsen-Tomaten-Mischung und etwa die Hälfte der Speckstücke hinzugeben und unterrühren.
6. Den Backofen vorheizen.
Ober-/Unterhitze: etwa 200 °C
Heißluft: etwa 180 °C
7. Milch mit Sahne und 2 Esslöffeln Pesto verrühren, mit Salz und Pfeffer würzen. Die Pestosahne auf der Tortellini-Mischung verteilen. Restliches Pesto in Klecksen daraufgeben. Mit Parmesan bestreuen.
8. Die Form auf dem Rost in den vorgeheizten Backofen (unteres Drittel) schieben. Den Auflauf etwa 30 Minuten garen.
9. Zum Servieren den Tortellini-Auflauf mit den restlichen Speckscheiben garnieren.

Tortellini-Auflauf mit Pesto

Bohnenauflauf mit Gorgonzola

Zum Vorbereiten

8–12 Portionen

Zubereitungszeit: 40 Minuten
Garzeit: 30–40 Minuten

530 g Kidneybohnen (aus der Dose)
1 kg grüne Bohnen
Salz
4 Knoblauchzehen
4 rote Zwiebeln
2 EL Olivenöl
1 kg Gehacktes (halb Rind-, halb Schweinefleisch)
4 EL Tomatenmark mit Würzgemüse
gem. Pfeffer
1 TL Paprikapulver rosenscharf
1 TL gerebelter Thymian
1 kg passierte Tomaten (aus dem Tetra Pak®)
200–250 g Gorgonzola
500 g Schlagsahne
200 g ger. Gouda

Pro Portion:
E: 39 g, F: 49 g, Kh: 22 g,
kJ: 2853, kcal: 680

1. Die Kidneybohnen in ein Sieb geben, mit kaltem Wasser abspülen und abtropfen lassen.
2. Bohnen putzen und die Enden abschneiden, evtl. abfädeln. Bohnen abspülen und abtropfen lassen. Salzwasser in einem Topf zum Kochen bringen. Die Bohnen darin etwa 5 Minuten blanchieren. Die Bohnen mit kaltem Wasser abschrecken und in einem Sieb abtropfen lassen.
3. Knoblauch und Zwiebeln abziehen, in kleine Würfel schneiden.
4. Olivenöl in einer großen Pfanne erhitzen. Gehacktes portionsweise hinzugeben und unter Rühren anbraten. Dabei die Fleischklümpchen mit einer Gabel zerdrücken. Knoblauch- und Zwiebelwürfel unterrühren, 1–2 Minuten mitbraten lassen.
5. Tomatenmark hinzugeben, unterrühren und kurz mitbraten. Gehacktes mit Salz, Pfeffer, Paprika und Thymian würzen. Die passierten Tomaten hinzugießen, unterrühren und kurz aufkochen lassen.
6. Den Backofen vorheizen.
Ober-/Unterhitze: etwa 180 °C
Heißluft: etwa 160 °C
7. Gorgonzola grob würfeln. Sahne in einem Topf unter Rühren kurz aufkochen. Gorgonzola in die Sahne rühren. Den Topf von der Kochstelle nehmen. Die Gorgonzola-Sahne mit Salz und Pfeffer abschmecken.
8. Kidneybohnen und grüne Bohnen mit der Hack-Tomaten-Sauce vermischen und in eine große oder zwei kleine Auflaufformen (gefettet) geben. Die Gorgonzola-Sahne gleichmäßig darauf verteilen und mit dem Käse bestreuen.
9. Die Form auf dem Rost in den vorgeheizten Backofen (unteres Drittel) schieben. Den Auflauf 30–40 Minuten garen.

Beilage: Kartoffelpüree mit frisch gehackter Petersilie oder knuspriges Baguette.

Bohnenauflauf mit Gorgonzola

Pfannkuchen-Gratin

12 Portionen

Zum Vorbereiten

Zubereitungszeit: 45 Minuten, ohne Ruhezeit
Überbackzeit: etwa 25 Minuten je Form

500 g Vollkorn-Weizenmehl
6 Eier (Größe M)
600 ml Milch
400 ml Wasser
1 gestr. TL Salz
20 EL Speiseöl
6 Bund Sauerampfer
500 g Ricotta (ital. Frischkäse)
500 g Magerquark
200 g gem. Haselnusskerne
gem. Pfeffer
4 säuerliche Äpfel
6 EL frisch ger. Emmentaler

Pro Portion:
E: 26 g, F: 42 g, Kh: 35 g,
kJ: 2599, kcal: 621

1. Das Mehl mit Eiern in einer Rührschüssel gut verrühren. Milch und Wasser hinzugießen, zu einem dickflüssigen Teig verrühren, mit Salz würzen. Den Teig etwa 15 Minuten ruhen lassen.

Pfannkuchen-Gratin

Nudelauflauf mit Lachs-Sahne-Dill-Sauce

2. Etwas Speiseöl in einer Pfanne zerlassen. Jeweils eine dünne Teiglage, mit einer drehenden Bewegung auf dem Boden der Pfanne verteilen. Pfannkuchen von beiden Seiten etwa 3 Minuten goldbraun backen und herausnehmen. Bevor der Pfannkuchen gewendet wird, wieder etwas Speiseöl in die Pfanne geben. Aus dem Teig insgesamt 12 Pfannkuchen backen.
3. Den Backofen vorheizen.
Ober-/Unterhitze: etwa 200 °C
Heißluft: etwa 180 °C
4. Sauerampfer verlesen, gründlich waschen und gut abtropfen lassen. Ricotta, Quark und Haselnusskerne in einer Rührschüssel verrühren, mit Pfeffer würzen. Äpfel schälen, halbieren, entkernen, fein raspeln und unter die Quarkmasse heben.
5. Jeweils 1 Pfannkuchen in zwei Auflaufformen (gefettet) legen. Je ein Zwölftel der Quarkmasse daraufstreichen und mit je einem Zehntel der Sauerampferblätter belegen. So fortfahren, bis der letzte Pfannkuchen mit Quarkcreme bestrichen ist. Käse daraufstreuen. Die Formen nacheinander (bei Heißluft zusammen) auf dem Rost in den vorgeheizten Backofen schieben. Pfannkuchen-Gratin etwa 25 Minuten je Form backen.

Tipp: Statt Ricotta können Sie auch Speisequark (40 % Fett) verwenden.

Nudelauflauf mit Lachs-Sahne-Dill-Sauce

12 Portionen

Zubereitungszeit: 25 Minuten
Garzeit: etwa 30 Minuten je Form

4 Stangen Porree (Lauch)
4 Bund Dill
1 kg Schlagsahne
600 ml Gemüsebrühe
1 l Milch
4 EL Zitronensaft
2 gestr. EL mittelscharfer Senf
Salz
gem. Pfeffer
ger. Muskatnuss
1 kg Lachsfilet
1 kg Trulli-Nudeln
400 ger. Mozzarella

einige Scheiben von 1 Bio-Zitrone (unbehandelt, ungewachst)
einige Zweige Dill

Pro Portion:
E: 39 g, F: 50 g, Kh: 66 g,
kJ: 3669, kcal: 877

1. Den Backofen vorheizen.
Ober-/Unterhitze: etwa 200 °C
Heißluft: etwa 180 °C
2. Porree putzen, die Stangen längs halbieren, gründlich waschen und abtropfen lassen. Porreestangen in etwa 2 cm lange Stücke schneiden. Dill abspülen und trocken tupfen. Die Spitzen von den Stängeln zupfen. Spitzen klein schneiden.
3. Sahne, Brühe, Milch, Zitronensaft und den Senf in einem Topf verrühren und zum Kochen bringen. Den Topf von der Kochstelle nehmen. Die Sauce mit Salz, Pfeffer und Muskat kräftig würzen.
4. Lachsfilet kurz unter fließendem kalten Wasser abspülen, trocken tupfen und in etwa 2 cm große Würfel schneiden.
5. Lachswürfel mit Porreestücken, Dill und Nudeln vermischen und in zwei große, hohe Auflaufformen (gefettet) geben. Sahnesauce darauf verteilen und Käse daraufstreuen.
6. Die Formen nacheinander (bei Heißluft zusammen) auf dem Rost in den vorgeheizten Backofen schieben. Den Auflauf etwa 30 Minuten je Form garen.
7. Den Nudelauflauf mit Dill bestreuen, mit Zitronenscheiben und abgespülten, trocken getupften Dillzweigen garnieren.

Tipps: Die Nudeln brauchen nicht vorgekocht zu werden, da die Garzeit im Backofen ausreicht. Wer keine großen Auflaufformen hat, kann diesen Auflauf auch in einer Fettpfanne zubereiten.

Nudelgratin mit Hähnchen

Nudelauflauf „Köttbullar"

Nudelgratin mit Hähnchen

Zum Vorbereiten

12 Portionen

Zubereitungszeit: 45 Minuten
Überbackzeit: 30–40 Minuten

je 5 l Wasser
je 5 gestr. TL Salz
1 kg Spirelli
(Spiralnudeln)

5 Zwiebeln
4 Knoblauchzehen
600 g Möhren
1 großer Blumenkohl
Salz
1,1 kg Hähnchenbrustfilets
8 EL Rapsöl
180 g Schinkenwürfel
gem. Pfeffer
180 g Sonnenblumenkerne
300 g geraspelter Mozzarella
2 Bund glatte Petersilie

Pro Portion:
E: 45 g, F: 22 g, Kh: 65 g,
kJ: 2678, kcal: 640

1. Die Nudeln in 2 Portionen kochen. Dafür jeweils Wasser in einem großen Topf zugedeckt zum Kochen bringen. Dann Salz und Nudeln hinzugeben. Die Nudeln im geöffneten Topf bei mittlerer Hitze nach Packungsanleitung kochen lassen, dabei gelegentlich umrühren.

2. Anschließend die Nudeln in ein Sieb geben, mit heißem Wasser abspülen und abtropfen lassen.

3. Zwiebeln und Knoblauch abziehen, in kleine Würfel schneiden. Möhren putzen, schälen, abspülen, abtropfen lassen und ebenfalls klein würfeln. Von dem Blumenkohl die Blätter und schlechten Stellen entfernen, den Strunk abschneiden. Blumenkohl in Röschen teilen, abspülen, abtropfen lassen und in kochendem Salzwasser etwa 5 Minuten blanchieren. Blumenkohlröschen mit kaltem Wasser abschrecken und in einem Sieb abtropfen lassen.

4. Den Backofen vorheizen.
Ober-/Unterhitze: etwa 180 °C
Heißluft: etwa 160 °C

5. Hähnchenbrustfilets kurz unter fließendem kalten Wasser abspülen, trocken tupfen und in etwa 1 x 2 cm große Stücke schneiden. Etwas von dem Rapsöl in einer großen Pfanne erhitzen. Die Hähnchenbrustfiletstücke darin evtl. in 2 Portionen von allen Seiten anbraten und herausnehmen.

6. Restliches Rapsöl in einem großen Bräter erhitzen. Zwiebel- und Knoblauchwürfel darin glasig dünsten. Die Nudeln mit den Möhrenwürfeln, Blumenkohlröschen, Schinkenwürfeln und Hähnchenbrustfiletstücken mischen. Dann zu den Zwiebel- und Knoblauchwürfeln in den Bräter geben. Mit Salz und Pfeffer kräftig würzen. Mit Sonnenblumenkernen und Käse bestreuen. Bräter auf dem Rost in den vorgeheizten Backofen schieben. Nudelgratin 30–40 Minuten überbacken.

7. Petersilie abspülen und trocken tupfen. Die Blättchen von den Stängeln zupfen. Die Blättchen grob zerschneiden. Nudelgratin mit Petersilie bestreut servieren.

Tipp: Statt Mozzarella können Sie auch 300 g jungen Gouda und 2 Bund Schnittlauch, in Röllchen geschnitten, verwenden.

Nudelauflauf „Köttbullar"

Zum Vorbereiten

8–10 Portionen

Zubereitungszeit: 50 Minuten
Garzeit: etwa 20 Minuten
je Backblech

1 kg Makkaroni
je 5 l Wasser
je 5 gestr. TL Salz

4 mittelgroße Zwiebeln
2 Salatgurken (je etwa 800 g)
1,2 kg frische Bratwurst
4 EL Keimöl
3 Bund Frühlingszwiebeln

300 g Crème fraîche
150 g mittelscharfer Senf

4 Eier (Größe M)
400 g ger. Mozzarella
500 ml Milch
Salz, gem. Pfeffer

Pro Portion:
E: 52 g, F: 68 g, Kh: 92 g,
kJ: 4982, kcal: 1192

1. Die Makkaroni in fingerlange Stücke brechen. Makkaroni in 2 Portionen kochen. Dafür jeweils Wasser in einem großen Topf zugedeckt zum Kochen bringen. Dann Salz und Makkaroni hinzugeben. Die Makkaroni im geöffneten Topf bei mittlerer Hitze nach Packungsanleitung kochen lassen, dabei gelegentlich umrühren.
2. Anschließend die Makkaroni in ein Sieb geben, mit heißem Wasser abspülen und abtropfen lassen.
3. Den Backofen vorheizen.
Ober-/Unterhitze: etwa 180 °C
Heißluft: etwa 160 °C
4. Zwiebeln abziehen und in kleine Würfel schneiden. Von den Gurken die Enden abschneiden. Gurken schälen und der Länge nach halbieren. Die Kerne mit einem Teelöffel herauslösen. Die Gurkenhälften in etwa 1 cm dicke Stücke schneiden.
5. Aus der Bratwurst das Brät so herausdrücken, dass kleine Klößchen entstehen. Keimöl in einer großen Pfanne erhitzen. Die Klößchen darin von allen Seiten anbraten, Zwiebelwürfel hinzugeben und kurz mit anbraten.
6. Frühlingszwiebeln putzen, abspülen, abtropfen lassen und in etwa 1 cm lange Stücke schneiden. Crème fraîche mit Senf, Eiern, Mozzarella, Milch und Frühlingszwiebeln verrühren. Mit Salz und Pfeffer würzen.
7. Makkaroni auf zwei Backbleche (je 30 x 40 cm, gefettet) geben. Jeweils die Hälfte der Fleischklößchen, Zwiebelwürfel und Gurkenstücke vermengen und auf den Makkaroni verteilen. Die Crème-fraîche-Eiermilch daraufgeben.
8. Die Backbleche nacheinander (bei Heißluft zusammen) in den vorgeheizten Backofen schieben. Auflauf etwa 20 Minuten je Backblech garen.

Tipp: Köttbullar ist die schwedische Bezeichnung für Hackbällchen.

Kartoffel-Wurst-Auflauf

Kartoffel-Wurst-Auflauf

Zum Vorbereiten

8 Portionen

Zubereitungszeit: 30 Minuten
Überbackzeit: 15–20 Minuten

4 Beutel Kartoffelpüree (für je 3 Portionen, entspricht 2 l Flüssigkeit)
2 Bund Frühlingszwiebeln
800 g Schinken-Fleischwurst
50 g Butter oder Margarine
Salz, gem. Pfeffer
200 g ger. Käse, z. B. mittelalter Gouda

Pro Portion:
E: 23 g, F: 38 g, Kh: 38 g,
kJ: 2431, kcal: 581

1. Den Backofen vorheizen.
Ober-/Unterhitze: etwa 220 °C
Heißluft: etwa 200 °C
2. Das Kartoffelpüree nach Packungsanleitung zubereiten.
3. In der Zwischenzeit Frühlingszwiebeln putzen, abspülen, abtropfen lassen und in Scheiben schneiden. Einige Scheiben beiseitelegen. Von der Wurst die Pelle abziehen. Wurst in grobe Würfel schneiden. Butter oder Margarine in einer großen Pfanne zerlassen. Wurstwürfel und Frühlingszwiebelscheiben darin von allen Seiten anbraten, herausnehmen und unter das Püree heben. Püree mit Salz und Pfeffer würzen.
4. Das Püree in eine große, flache Auflaufform (gefettet) füllen und mit Käse bestreuen.
5. Die Form auf dem Rost in den vorgeheizten Backofen schieben. Den Kartoffel-Wurst-Auflauf 15–20 Minuten backen, bis der Käse zerlaufen und leicht gebräunt ist.
6. Den Kartoffel-Wurst-Auflauf aus dem Backofen nehmen. Mit den beiseitegelegten Frühlingszwiebelscheiben garnieren und sofort servieren.

Tipp: Dazu schmeckt ein Tomatensalat sehr gut.

Gratinierter Fleischtopf

8–10 Portionen

Zubereitungszeit: 45 Minuten
Garzeit: 30–40 Minuten
Überbackzeit: etwa 15 Minuten

1 kg Auberginen
600 g Zucchini
3 Zwiebeln
3 Knoblauchzehen
je 2 grüne und rote Paprikaschoten
250 g Champignons
6 Tomaten
8 EL Olivenöl
4 EL Tomatenmark
250 ml Gemüsebrühe
200 g Schlagsahne
Salz
gem. Pfeffer
gerebelter Oregano
1,2 kg Rinderfilet oder Roastbeef
6 EL Olivenöl
10 Scheiben Schmelzkäse

evtl. einige Zucchinischeiben
evtl. etwas Petersilie

Pro Portion:
E: 38 g, F: 30 g, Kh: 11 g,
kJ: 1950, kcal: 465

1. Auberginen und Zucchini abspülen, abtrocknen und die Stängelansätze bzw. Enden abschneiden. Die Auberginen und Zucchini in Würfel schneiden. Zwiebeln und Knoblauch abziehen, in kleine Würfel schneiden.
2. Paprikaschoten halbieren, entstielen, entkernen und die weißen Scheidewände entfernen. Schoten abspülen, gut abtropfen lassen und ebenfalls klein würfeln. Champignons putzen, evtl. kurz abspülen, trocken tupfen und halbieren.
3. Tomaten kreuzweise einschneiden und mit kochendem Wasser übergießen. Nach 1–2 Minuten herausnehmen und mit kaltem Wasser abschrecken. Tomaten enthäuten, halbieren und die Stängelansätze herausschneiden. Tomaten in kleine Stücke schneiden.
4. Olivenöl in einer großen Pfanne oder einem Bräter erhitzen. Zwiebel- und Knoblauchwürfel darin glasig dünsten. Das vorbereitete Gemüse hinzugeben und in 2–3 Portionen jeweils etwa 10 Minuten dünsten. Tomatenmark unterrühren und kurz mitdünsten lassen. Brühe und Sahne hinzugießen. Mit Salz, Pfeffer und Oregano würzen. Die Gemüsezutaten zum Kochen bringen und etwa 10 Minuten garen.
5. Den Backofen vorheizen.
Ober-/Unterhitze: etwa 220 °C
Heißluft: etwa 200 °C
6. Rinderfilet oder Roastbeef mit Küchenpapier trocken tupfen. Von Haut und Sehnen befreien. Das Fleisch zuerst in Scheiben, dann in etwa 2 cm große Würfel schneiden.
7. Olivenöl in einer großen Pfanne erhitzen. Die Fleischwürfel darin in 2–3 Portionen von allen Seiten anbraten, herausnehmen, mit Salz und Pfeffer würzen. Fleischwürfel mit dem Gemüse vermengen und in eine große, flache Auflaufform (gefettet) geben. Käsescheiben darauflegen. Die Form auf dem Rost in den vorgeheizten Backofen schieben. Den Fleischtopf etwa 15 Minuten überbacken.
8. Nach Belieben den Fleischtopf mit Zucchinischeiben und abgespülter, trocken getupfter Petersilie garniert servieren.

French-Toast-Auflauf

8 Portionen (ohne Foto)

Zubereitungszeit: 45 Minuten
Garzeit: 35–40 Minuten

6 rote Paprikaschoten
(je etwa 250 g)
550 g Zucchini
2 Knoblauchzehen
4 EL Olivenöl
Salz
gem. Pfeffer
24 Scheiben Toastbrot
100 g Pesto Rosso
(aus getrockneten Tomaten)
400 g Mozzarella
4 Eier (Größe M)
400 ml Milch
150 g fein ger. Parmesan
2 Stängel Rosmarin

Gratinierter Fleischtopf

Pro Portion:
E: 29 g, F: 36 g, Kh: 51 g,
kJ: 2696, kcal: 646

1. Den Backofengrill vorheizen.
2. Paprikaschoten vierteln, entstielen, entkernen und die weißen Scheidewände entfernen. Schotenviertel abspülen, trocken tupfen und mit der Hautseite nach oben auf ein Backblech (gefettet) legen. Das Backblech unter den vorgeheizten Backofengrill schieben. Paprikastücke 6–8 Minuten rösten. Paprikaviertel so lange rösten, bis die Haut dunkel wird und Blasen wirft.
3. Das Backblech auf einen Rost stellen. Paprikaviertel mit einem feuchten Geschirrtuch belegen, abkühlen lassen, enthäuten.
4. Zucchini abspülen, abtrocknen und die Enden abschneiden. Zucchini in etwa 1 cm dicke Scheiben schneiden. Knoblauchzehen abziehen und in dünne Scheiben schneiden.
5. Olivenöl in einer großen Pfanne erhitzen. Zucchini- und Knoblauchscheiben darin bei starker Hitze von beiden Seiten kurz anbraten. Mit Salz und Pfeffer würzen.
6. Die Toastbrotscheiben im Toaster von beiden Seiten goldbraun rösten oder unter dem vorgeheizten Backofengrill von beiden Seiten rösten.
7. Den Backofen vorheizen.
Ober-/Unterhitze: etwa 180 °C
Heißluft: etwa 160 °C
8. Die Toastbrotscheiben auf einer Seite mit Pesto bestreichen. Die Hälfte der Brotscheiben mit der bestrichenen Seite nach oben nebeneinander in eine große, rechteckige Auflaufform (gefettet) legen. Mit Paprika und Zucchini belegen.
9. Den Mozzarella abtropfen lassen, etwas auseinanderzupfen und auf den Brotscheiben verteilen. Die restlichen Brotscheiben mit der bestrichenen Seite nach unten darauflegen und etwas andrücken.
10. Eier mit Milch und Parmesan verschlagen, mit Salz und Pfeffer würzen. Die Eier-Parmesan-Milch auf dem Auflauf verteilen.

Geschichteter Makkaroni-Auflauf

11. Rosmarin abspülen und trocken tupfen. Die Nadeln von den Stängeln zupfen. Den Auflauf mit Rosmarinnadeln bestreuen. Die Form auf dem Rost in den vorgeheizten Backofen (unteres Drittel) schieben. Den Auflauf 35–40 Minuten garen.
12. Die Form aus dem Backofen nehmen. Den Auflauf sofort servieren.

Geschichteter Makkaroni-Auflauf

8 Portionen **Zum Vorbereiten**

Zubereitungszeit: 45 Minuten
Garzeit: etwa 45 Minuten je Form

je 5 l Wasser
je 5 gestr. TL Salz
1 kg Makkaroni
400 g Champignons
400 g Kochschinken
400 g Schlagsahne
200 ml Milch
10 Eier (Größe M)
Salz, gem. Pfeffer
2 abgezogene, zerdrückte Knoblauchzehen
2 EL fein gehackte Petersilie
2 EL ger. Parmesan
8 EL Tomatenwürfel
vorbereitete Basilikumblättchen

Pro Portion:
E: 36 g, F: 18 g, Kh: 92 g,
kJ: 3019, kcal: 720

1. Die Makkaroni in 2 Portionen kochen. Dafür jeweils Wasser in einem großen Topf zugedeckt zum Kochen bringen. Dann Salz und Makkaroni hinzugeben. Die Makkaroni im geöffneten Topf bei mittlerer Hitze nach Packungsanleitung kochen lassen, dabei gelegentlich umrühren. Anschließend die Makkaroni in ein Sieb geben, mit heißem Wasser abspülen und abtropfen lassen.
2. Den Backofen vorheizen.
Ober-/Unterhitze: etwa 180 °C
Heißluft: etwa 160 °C
3. Champignons putzen, evtl. kurz abspülen, trocken tupfen und in kleine Würfel schneiden. Schinken ebenfalls klein würfeln. Sahne mit Milch und Eiern verschlagen, mit Salz, Pfeffer und Knoblauch würzen. Champignon- und Schinkenwürfel unterrühren.
4. Die Makkaroni längs in 2 Kastenformen (gefettet) geben. Jeweils die Hälfte der Eier-Sahne-Mischung darauf verteilen. Mit Petersilie bestreuen. Die Formen nacheinander (bei Heißluft zusammen) auf dem Rost in den vorgeheizten Backofen schieben. Die Aufläufe etwa 35 Minuten je Form garen.
5. Die Formen nach etwa 35 Minuten Garzeit aus dem Backofen nehmen und den Auflauf jeweils mit Parmesan bestreuen. Anschließend die Formen wieder auf dem Rost in den heißen Backofen schieben. Die Aufläufe bei gleicher Backofentemperatur in etwa 10 Minuten fertig garen.
6. Die Aufläufe auf Platten stürzen, anschließend in dickere Scheiben schneiden. Mit Tomatenwürfeln und abgespülten, trocken getupften Basilikumblättchen garnieren.

Fruchtiger Kartoffel-Porree-Auflauf

8–10 Portionen

Zum Vorbereiten

Zubereitungszeit: 45 Minuten, ohne Abkühlzeit
Garzeit: etwa 60 Minuten je Form

1 1/2 kg Kartoffeln
1 kg Porree (Lauch)
200 g durchwachsener, geräucherter Speck
3 reife Birnen (etwa 700 g)
2 EL Zitronensaft
300 g Crème fraîche
10 Eier (Größe M)
500 ml Milch
Salz, gem. Pfeffer
ger. Muskatnuss
250 g Camembert

Pro Portion:
E: 23 g, F: 40 g, Kh: 41 g,
kJ: 2720, kcal: 649

1. Kartoffeln gründlich waschen, knapp mit Wasser bedeckt zum Kochen bringen und dann zugedeckt 20–25 Minuten garen.
2. In der Zwischenzeit Porree putzen, die Stangen längs halbieren, gründlich waschen, abtropfen lassen und in Streifen schneiden. Speck würfeln.
3. Speckwürfel in einer Pfanne ohne Fett auslassen und knusprig braten. Die Porreestreifen hinzugeben und unter Wenden etwa 5 Minuten dünsten. Die Pfanne von der Kochstelle nehmen und beiseitestellen.
4. Den Backofen vorheizen.
Ober-/Unterhitze: etwa 200 °C
Heißluft: etwa 180 °C
5. Die garen Kartoffeln abgießen, mit kaltem Wasser abschrecken, abtropfen lassen, heiß pellen und etwas abkühlen lassen.
6. Birnen schälen, vierteln, entkernen, in dünne Scheiben schneiden und mit Zitronensaft beträufeln.
7. Kartoffeln in Scheiben schneiden und auf den Boden von zwei großen Auflaufformen (gefettet) geben. Porree-Speck-Masse und Birnenscheiben darauf verteilen.
8. Crème fraîche mit Eiern und Milch verschlagen. Mit Salz, Pfeffer und Muskat würzen. Die Eiermilch auf dem Auflauf verteilen. Die Formen nacheinander (bei Heißluft zusammen) auf dem Rost in den vorgeheizten Backofen schieben. Den Auflauf etwa 60 Minuten je Form garen.
9. In der Zwischenzeit Camembert in dünne Scheiben schneiden. Die Käsescheiben etwa 20 Minuten vor Ende der Garzeit auf den Auflauf legen. Den Auflauf fertig garen.

Fruchtiger Kartoffel-Porree-Auflauf

Chicorée-Hähnchen-Gratin

Zum Vorbereiten

8 Portionen

Zubereitungszeit: 45 Minuten
Garzeit: 25–30 Minuten

4 doppelte Hähnchenbrustfilets (je etwa 300 g)
4 EL Olivenöl
Salz
gem. Pfeffer
1 1/2 kg Chicorée (6–8 Stück)
300 ml Hühnerbrühe
800 g Tomaten
1 kg Schmand (Sauerrahm)
10 EL Orangensaft
2 EL Currypulver
500 g Cheddar-Käse

Pro Portion:
E: 59 g, F: 73 g, Kh: 12 g,
kJ: 4074, kcal: 975

1. Hähnchenbrustfilets kurz unter fließendem kalten Wasser abspülen und trocken tupfen. Die doppelten Filets in der Mitte halbieren. Die Hälften jeweils einmal der Länge nach durchschneiden.
2. Olivenöl in einer großen Pfanne erhitzen. Das Hähnchenfleisch darin portionsweise unter mehrmaligem Wenden kräftig anbraten, mit Salz und Pfeffer würzen. Das Hähnchenfleisch aus der Pfanne nehmen.
3. Den Backofen vorheizen.
Ober-/Unterhitze: etwa 200 °C
Heißluft: etwa 180 °C
4. In der Zwischenzeit Chicorée putzen, längs halbieren, abspülen, abtropfen lassen und die Strünke keilförmig so herausschneiden, dass die Blätter noch zusammenhalten. Die Chicoréehälften mit der Schnittfläche nach unten in eine große oder zwei kleine, flache Gratinformen (gefettet) legen. Die Hähnchenfleischstücke dazwischen verteilen.
5. Hühnerbrühe zum Bratensatz in die Pfanne geben und aufkochen lassen. Die Brühe auf dem Hähnchenfleisch und Chicorée verteilen.

Chicorée-Hähnchen-Gratin

Griechischer Gemüseauflauf

6. Tomaten kreuzweise einschneiden und mit kochendem Wasser übergießen. Nach 1–2 Minuten herausnehmen und mit kaltem Wasser abschrecken. Tomaten enthäuten, halbieren, entkernen und die Stängelansätze herausschneiden. Tomatenhälften in Spalten schneiden und auf dem Hähnchenfleisch verteilen.

7. Schmand mit Orangensaft verrühren, mit Salz und Curry würzen. Die Schmandmasse als Kleckse auf das Gratin geben.

8. Den Käse fein reiben und auf der Schmandmasse verteilen. Die Form oder Formen auf dem Rost in den vorgeheizten Backofen schieben. Das Gratin 25–30 Minuten garen.

Griechischer Gemüseauflauf

Zum Vorbereiten

8 Portionen

Zubereitungszeit: 45 Minuten
Garzeit: 25–30 Minuten

4 l Wasser
4 gestr. TL Salz
250 g reisförmige Nudeln, z. B. griechische Nudeln
120 g getrocknete Tomaten, in Öl
400 g Tomaten
880 g abgetropfte, grüne Bohnen (aus der Dose)
500 g abgetropfte, weiße Riesenbohnenkerne (aus der Dose)
160 g schwarze Oliven (mit Stein)
2–4 Knoblauchzehen
2 Eier (Größe M)
300 g Crème fraîche
Salz, gem. Pfeffer
4 EL gehackte Petersilie
300–400 g Fetakäse
2 TL gerebelter Rosmarin
1 Zweig frischer Rosmarin

Pro Portion:
E: 22 g, F: 33 g, Kh: 41 g,
kJ: 2318, kcal: 554

1. Wasser in einem großen Topf zugedeckt zum Kochen bringen. Dann Salz und Nudeln hinzugeben. Die Nudeln im geöffneten Topf bei mittlerer Hitze nach Packungsanleitung etwa 7 Minuten vorgaren, dabei gelegentlich umrühren. Dann die Nudeln in ein Sieb geben, mit kaltem Wasser abspülen und abtropfen lassen.

2. In der Zwischenzeit den Backofen vorheizen.
Ober-/Unterhitze: etwa 220 °C
Heißluft: etwa 200 °C

3. Getrocknete Tomaten abtropfen lassen und in feine Streifen schneiden. Frische Tomaten abspülen, trocken tupfen, halbieren und die Stängelansätze herausschneiden. Tomatenhälften in Scheiben schneiden. Grüne Bohnen, weiße Bohnen, getrocknete Tomatenstreifen, Tomatenscheiben, Nudeln und Oliven in zwei kleinen oder einer großen, flachen Auflaufform (gefettet) verteilen und vorsichtig vermischen.

4. Knoblauch abziehen und durch eine Knoblauchpresse drücken. Eier mit Crème fraîche und Knoblauch verrühren, mit Salz, Pfeffer und Petersilie würzen. Die Eier-Crème-fraîche-Masse gleichmäßig auf die Gemüsemischung geben. Käse evtl. abtropfen lassen. Käse fein zerbröseln, mit Rosmarin vermischen und auf dem Auflauf verteilen.

5. Die Form oder Formen auf dem Rost in den vorgeheizten Backofen schieben. Den Auflauf 25–30 Minuten garen. Rosmarin abspülen und trocken tupfen. Die Nadeln von dem Stängel zupfen. Auflauf auf einen Rost stellen und mit Rosmarinnadeln garnieren.

Tipp: Oliven mit Stein schmecken meist aromatischer als entsteinte.

Fenchelgratin à la santé

Auberginenauflauf auf Kartoffeln

Fenchelgratin à la santé

12 Portionen

Zubereitungszeit: 60 Minuten
Garzeit: etwa 15 Minuten
Überbackzeit: etwa 5 Minuten

2,4 kg Fenchelknollen
Salz
450 g Gemüsezwiebel
4 Knoblauchzehen
900 g Fleischtomaten
600 g Schafskäse
6 EL Olivenöl
400 ml Gemüsebrühe oder -fond
gem. Pfeffer
200 g ger. Parmesan
einige Stängel Basilikum

Pro Portion:
E: 17 g, F: 20 g, Kh: 9 g,
kJ: 1226, kcal: 293

1. Fenchelknollen putzen, abspülen, abtropfen lassen, halbieren und nach Belieben in Spalten schneiden. Fenchelspalten in kochendem Salzwasser etwa 10 Minuten garen. Anschließend in einem Sieb abtropfen lassen.

2. Gemüsezwiebel und Knoblauch abziehen, in kleine Würfel schneiden. Tomaten abspülen, trocken tupfen, halbieren und die Stängelansätze herausschneiden. Tomatenhälften entkernen und in Würfel schneiden. Schafskäse mit einer Gabel zerbröseln.

3. Den Backofen vorheizen.
Ober-/Unterhitze: etwa 220 °C
Heißluft: etwa 200 °C

4. Olivenöl in einem großen Bräter erhitzen. Zunächst die Zwiebel- und Knoblauchwürfel darin andünsten. Fenchelspalten hinzugeben. Gemüsebrühe oder -fond hinzugießen, mit Salz und Pfeffer würzen. Tomatenwürfel und Schafskäse darauf verteilen. Danach mit Parmesan bestreuen.

5. Den Bräter auf dem Rost in den vorgeheizten Backofen schieben. Das Fenchelgratin etwa 15 Minuten garen.

6. Die Backofentemperatur nach der angegebenen Garzeit auf Oberhitze: etwa 250 °C erhöhen. Das Fenchelgratin etwa 5 Minuten gratinieren. Gratin auf einen Rost stellen. Basilikum abspülen und trocken tupfen. Vor dem Servieren das Gratin mit dem Basilikum garnieren.

Beilage: Kleine gebratene Röstkartoffeln.

Tipp: Zum Fenchelgratin à la santé passen gebratene Kochschinkenwürfel (pro Portion etwa 50 g) oder gebratene TK-Shrimps (pro Portion etwa 50 g).

Auberginenauflauf auf Kartoffeln

8 Portionen

Zubereitungszeit: 50 Minuten, ohne Abkühlzeit
Garzeit: 30–35 Minuten

1–1,2 kg vorwiegend festkochende Kartoffeln
4 mittelgroße Auberginen
10–12 EL Speiseöl
6 Fleischtomaten
Salz, gem. Pfeffer

Für den Guss:
300 g Crème fraîche
500 g Schlagsahne
200 g ger. Emmentaler
Kräuter der Provence

Pro Portion:
E: 14 g, F: 57 g, Kh: 29 g,
kJ: 2326, kcal: 701

1. Kartoffeln gründlich waschen, knapp mit Wasser bedeckt zum Kochen bringen und dann zugedeckt 20–25 Minuten garen. Kartoffeln abgießen, abdämpfen und heiß pellen. Kartoffeln etwas abkühlen lassen und in Scheiben schneiden.
2. Auberginen abspülen, abtrocknen und die Stängelansätze abschneiden. Auberginen in Scheiben schneiden. Speiseöl in einer großen Pfanne erhitzen. Auberginenscheiben darin in 2–3 Portionen von beiden Seiten leicht anbraten, herausnehmen und auf Küchenpapier abtropfen lassen.
3. Den Backofen vorheizen.
Ober-/Unterhitze: etwa 180 °C
Heißluft: etwa 160 °C
4. Tomaten abspülen, trocken tupfen und die Stängelansätze herausschneiden. Tomaten in Scheiben schneiden.
5. Zuerst Kartoffel-, dann Tomaten- und zuletzt Auberginenscheiben in eine große Gratinform (gefettet) schichten. Dabei die einzelnen Schichten jeweils mit Salz und Pfeffer bestreuen.
6. Für den Guss Crème fraîche mit Sahne und Käse verrühren. Mit Salz, Pfeffer und Kräutern der Provence würzen. Den Guss auf dem Auflauf verteilen. Die Form auf dem Rost in den vorgeheizten Backofen schieben. Den Auflauf 30–35 Minuten garen.

Blumenkohlauflauf mit Schinken

Zum Vorbereiten

(Römertopf®, 6 Liter Inhalt)
8 Portionen

Zubereitungszeit: 40 Minuten
Garzeit: etwa 60 Minuten

2 kg Blumenkohl
Salz
400 g Spaghetti
4 l Wasser
4 gestr. TL Salz
400 g roher oder Kochschinken
500 g Schlagsahne
8 Eier (Größe M)
gem. Pfeffer, ger. Muskatnuss
60 g ger. Parmesan

Pro Portion:
E: 33 g, F: 37 g, Kh: 39 g,
kJ: 2733, kcal: 652

1. Vom Blumenkohl die Blätter und schlechten Stellen entfernen, den Strunk abschneiden. Blumenkohl in Röschen teilen, abspülen und abtropfen lassen.
2. Die Blumenkohlröschen in kochendem Salzwasser etwa 10 Minuten garen, anschließend in einem Sieb abtropfen lassen.
3. Spaghetti in Stücke brechen. Wasser in einem großen Topf zugedeckt zum Kochen bringen. Dann Salz und Spaghetti hinzugeben. Die Spaghetti im geöffneten Topf bei mittlerer Hitze nach Packungsanleitung kochen lassen, dabei gelegentlich umrühren.
4. Anschließend die Spaghetti in ein Sieb geben, mit heißem Wasser abspülen und abtropfen lassen.
5. Schinken in Würfel schneiden. Abwechselnd Spaghetti, Blumenkohlröschen und Schinkenwürfel in einen gewässerten, großen Römertopf® schichten.
6. Sahne mit Eiern verschlagen. Mit Salz, Pfeffer und Muskat würzen. Die Eiersahne auf dem Auflauf verteilen. Mit Käse bestreuen.
7. Den Römertopf® mit dem Deckel verschließen und auf dem Rost in den kalten Backofen schieben.
Ober-/Unterhitze: etwa 200 °C
Heißluft: etwa 180 °C
8. Den Auflauf etwa 60 Minuten garen.

Blumenkohlauflauf mit Schinken

Kapitel 06

Rezepte 501–600

Partybraten

Brathähnchen

Brathähnchen

8 Portionen

Zubereitungszeit: 30 Minuten
Bratzeit: etwa 60 Minuten

2 küchenfertige Hähnchen (je etwa 900 g)
Salz, gem. Pfeffer
Paprikapulver edelsüß
2 Zwiebeln
4 Möhren
4 Tomaten
2 Lorbeerblätter
250 ml Hühnerbrühe

Pro Portion:
E: 39 g, F: 18 g, Kh: 4 g,
kJ: 1405, kcal: 336

1. Den Backofen vorheizen.
Ober-/Unterhitze: etwa 200 °C
Heißluft: etwa 180 °C

2. Die Hähnchen innen und außen unter fließendem kalten Wasser abspülen, trocken tupfen, mit Salz, Pfeffer und Paprika einreiben.

3. Zwiebeln abziehen und fein würfeln. Möhren putzen, schälen, abspülen, abtropfen lassen, in Scheiben schneiden. Tomaten abspülen, abtropfen lassen, kreuzweise einschneiden und mit kochendem Wasser übergießen. Nach 1–2 Minuten herausnehmen und mit kaltem Wasser abschrecken. Tomaten enthäuten, halbieren und die Stängelansätze herausschneiden. Tomaten vierteln.

4. Vorbereitetes Gemüse, Lorbeerblätter, Hühnerbrühe und Hähnchen in eine Fettpfanne geben. Die Fettpfanne im unteren Drittel in den vorgeheizten Backofen schieben. Die Hähnchen etwa 60 Minuten braten.

5. Die Hähnchen aus der Fettpfanne nehmen. Den Bratensud in einen Topf gießen. Die Hähnchen wieder in die Fettpfanne geben. Diese wieder in den Backofen schieben und die Hähnchen unter dem vorgeheizten Backofengrill (etwa 240 °C) 5–10 Minuten knusprig grillen. Dabei die Hähnchen einmal wenden.

6. In der Zwischenzeit den Bratensud evtl. mit etwas Hühnerbrühe verlängern und zum Kochen bringen. Lorbeerblätter entfernen.

7. Die Sauce pürieren oder durch ein Sieb passieren, mit Salz, Pfeffer und Paprikapulver abschmecken. Die Hähnchen mit einer Geflügelschere in Stücke teilen und mit der Sauce servieren.

Curry-Schichtbraten

12 Portionen

Zum Vorbereiten

Zubereitungszeit: 25 Minuten
Garzeit: etwa 35 Minuten

120 g Kürbiskerne
400 g grobes Bratwurstbrät
4 Eier (Größe M)
3–4 TL Currypulver
Salz, gem., weißer Pfeffer
1,2 kg Putenschnitzel
50 g Butter
500 g Schmand (Sauerrahm) oder saure Sahne

Pro Portion:
E: 35 g, F: 27 g, Kh: 3 g,
kJ: 1650, kcal: 395

1. Von den Kürbiskernen 40 g hacken, mit Bratwurstbrät, Eiern und Curry mischen. Die Masse evtl. mit Salz und Pfeffer würzen.
2. Den Backofen vorheizen.
Ober-/Unterhitze: etwa 200 °C
Heißluft: etwa 180 °C
3. Putenschnitzel unter fließendem kalten Wasser abspülen und trocken tupfen. Die Hälfte der Schnitzel in eine flache Auflaufform (gefettet) legen (die Putenschnitzel sollten den Boden der Form gerade bedecken) und mit Salz und Pfeffer bestreuen. Darauf die Hälfte der Brätmasse verteilen, mit den restlichen Schnitzeln belegen und mit der restlichen Brätmasse bedecken.
4. Butter in Flöckchen und die restlichen Kürbiskerne darauf verteilen. Die Form auf dem Rost in den vorgeheizten Backofen schieben. Schichtbraten etwa 35 Minuten garen.
5. Schmand oder saure Sahne glatt rühren, mit Salz und Pfeffer würzen und den garen Schichtbraten damit servieren.

Doppeltes Rinderfilet

8 Portionen

Zubereitungszeit: 30 Minuten
Garzeit: etwa 45 Minuten

4 doppelte Rinderfilets (je etwa 400 g)
Salz
gem. Pfeffer
8 EL Olivenöl

8 frische Maiskolben
2 TL Salz
200 g Cocktailtomaten
120 g Butter

einige Stängel Basilikum

Pro Portion:
E: 45 g, F: 24 g, Kh: 12 g,
kJ: 1875, kcal: 447

1. Den Backofen bei Ober-/Unterhitze auf 80 °C vorheizen. Eine große, flache Auflaufform mit niedrigem Rand auf dem Rost auf mittlerer Einschubleiste miterwärmen.
2. Die Rinderfilets mit Küchenpapier trocken tupfen, mit Salz und Pfeffer würzen.
3. Olivenöl in einer Pfanne erhitzen. Die Rinderfilets darin etwa 10 Minuten von allen Seiten gut anbraten. Dann die Filets nebeneinander in der Auflaufform auf dem Rost in den vorgeheizten Backofen schieben. Filets etwa 45 Minuten garen.
4. Maiskolben putzen, die Enden abschneiden und die Fäden entfernen. Wasser mit Salz in zwei großen Töpfen zum Kochen bringen und die Maiskolben darin etwa 12 Minuten kochen. Dann die Maiskolben in einem Sieb abtropfen lassen.
5. Tomaten abspülen und abtropfen lassen. Butter in einer großen Pfanne zerlassen. Maiskolben und Tomaten darin evtl. in 2 Portionen kurz erwärmen, anschließend evtl. mit Salz würzen.
6. Basilikum abspülen, trocken tupfen und die Blättchen von den Stängeln zupfen. Etwa die Hälfte der Blättchen fein schneiden. Das Rinderfilet in Scheiben schneiden, mit Maiskolben und Basilikum garniert servieren.

Beilage: Gebratene Kartoffeln.

Tipp: Hinweise zum Niedertemperaturgaren finden Sie im Ratgeberteil auf S. 560.

Curry-Schichtbraten

Doppeltes Rinderfilet

Filetpastete
10 Portionen

Zubereitungszeit: 50 Minuten, ohne Auftau- und Abkühlzeit
Backzeit: 30–35 Minuten

900 g TK-Blätterteig
2 Schweinefilets (je etwa 750 g)
Salz, gem. Pfeffer
4 EL Olivenöl
250 g Schafskäse
80 g Butter (zimmerwarm)
2 EL gehackte Basilikumblätter
4 EL Schlagsahne
2 Knoblauchzehen
8–12 Mangoldblätter oder große Spinatblätter
8 Scheiben Kochschinken (400 g)
2 verschlagene Eiweiß
2 Eigelb
2 EL Milch

Pro Portion:
E: 53 g, F: 41 g, Kh: 33 g,
kJ: 2996, kcal: 716

1. Die Blätterteigplatten zugedeckt nebeneinander auftauen lassen.
2. Schweinefilets evtl. enthäuten, mit Küchenpapier trocken tupfen, mit Salz und Pfeffer bestreuen.
3. Olivenöl in einer Pfanne erhitzen. Die Filets darin nacheinander von allen Seiten 2–3 Minuten anbraten und anschließend etwas abkühlen lassen.
4. Schafskäse zerbröseln und mit Butter, Basilikum und Schlagsahne zu einer Masse verrühren. Knoblauch abziehen, durch eine Knoblauchpresse drücken und unterrühren.
5. Die Mangold- oder großen Spinatblätter waschen, abtropfen lassen und evtl. dickere Stiele abschneiden. Wasser in einem Topf zum Kochen bringen und die Blätter darin blanchieren. Die Blätter in ein Sieb geben, mit kaltem Wasser abschrecken, abtropfen und auf Küchenpapier erkalten lassen.
6. Den Backofen vorheizen.
Ober-/Unterhitze: etwa 200 °C
Heißluft: etwa 180 °C
7. Jeweils die Hälfte der Blätterteigplatten aufeinanderlegen und auf einer bemehlten Arbeitsfläche zu je einer rechteckigen Platte (etwa 25 x 35 cm) ausrollen. Zuerst die Schinkenscheiben, dann die Spinat- oder Mangoldblätter darauf verteilen. Dabei an jeder Seite einen etwa 1 cm breiten Rand frei lassen. Die Filets mit der Käsemasse bestreichen und längs auf den Spinat oder Mangold legen.
8. Teigränder mit etwas Eiweiß bestreichen, an den kurzen Seiten über die Füllung klappen und den Blätterteig von der langen Seite her um die Filets wickeln. Die Ränder etwas andrücken. Die Pasteten mit der Naht nach unten nebeneinander auf ein Backblech (30 x 40 cm, mit Backpapier belegt) legen.
9. Mit einem spitzen Messer jeweils 3 kleine Kreise aus der Teigoberfläche herausschneiden. Das Eigelb mit Milch verschlagen und die Pasteten damit bestreichen. Das Backblech in den vorgeheizten Backofen schieben. Pasteten 30–35 Minuten backen.

Florentiner Beefsteak
8 Portionen

Zubereitungszeit: 40 Minuten, ohne Marinierzeit

8 Scheiben Roastbeef
(je 300 g, etwa 2 1/2 cm dick)
250 ml Olivenöl
gem. Pfeffer
2 Bio-Zitronen
(unbehandelt, ungewachst)
Salz

Pro Portion:
E: 67 g, F: 17 g, Kh: 2 g,
kJ: 1833, kcal: 436

Filetpastete

Florentiner Beefsteak

1. Den Backofengrill (auf etwa 240 °C) vorheizen.
2. Roastbeefscheiben mit Küchenpapier trocken tupfen und in eine flache Schale legen.
3. Olivenöl mit Pfeffer verrühren und auf den Roastbeefscheiben verteilen. Roastbeefscheiben etwa 15 Minuten marinieren, dabei gelegentlich wenden.
4. Die Zitronen heiß abwaschen, abtrocknen und in Spalten schneiden.
5. Roastbeefscheiben aus der Marinade nehmen und auf dem Rost unter den vorgeheizten Grill schieben.
6. Roastbeefscheiben medium (halbgar) grillen, dabei einmal wenden und dann mit Salz bestreuen. Florentiner Beefsteak mit Zitronenspalten garniert sofort servieren.

Tipp: Sie können die Roastbeefscheiben auch in einer Pfanne medium braten.

Frischlingsschäufele im Brotteig

Frischlingsschäufele im Brotteig

8 Portionen

Zubereitungszeit: 40 Minuten, ohne Abkühl- und Ruhezeit
Garzeit: etwa 1 3/4 Stunden
Backzeit: etwa 45 Minuten

1 Frischlingsschulter (ohne Knochen, etwa 1 3/4 kg)
1 TL gerebelter Thymian
15 zerdrückte Wacholderbeeren
Salz
gem. Pfeffer
1 Stück Ingwer (etwa 20 g)
1 Zwiebel
1 Lorbeerblatt
1 Gewürznelke
1 TL Senfkörner
1 TL schwarze Pfefferkörner

500 g Roggenbrotteig-Mischung

Außerdem:
Küchengarn

Pro Portion:
E: 50 g, F: 8 g, Kh: 41 g,
kJ: 1850 kcal: 442

1. Die Frischlingsschulter unter fließendem kalten Wasser abspülen, trocken tupfen, enthäuten und das Fett abschneiden. Die Schulter innen jeweils mit der Hälfte des Thymians und der Wacholderbeeren sowie mit Salz und Pfeffer bestreuen. Frischlingsschulter zu einem Rollbraten aufrollen und mit Küchengarn sorgfältig zusammenbinden.
2. Ingwer schälen und in Scheiben schneiden. Zwiebel abziehen und das Lorbeerblatt mit der Gewürznelke aufspicken. Salzwasser in einem großen Topf zum Kochen bringen. Die Spickzwiebel, restlichen Thymian, restliche Wacholderbeeren, Senf- und Pfefferkörner sowie die Ingwerscheiben hinzufügen.
3. Das Fleisch in den Topf geben und das Ganze wieder zum Kochen bringen und abschäumen. Das Fleisch zugedeckt bei schwacher Hitze etwa 1 3/4 Stunden köcheln lassen. Dann das Fleisch im Sud erkalten lassen.
4. Die Roggenbrotteig-Mischung nach Packungsanleitung zubereiten und auf der leicht bemehlten Arbeitsfläche zu einem Quadrat von etwa 30 x 30 cm ausrollen.
5. Den Backofen vorheizen.
Ober-/Unterhitze: etwa 200 °C
Heißluft: etwa 180 °C
6. Das gekochte Fleisch aus dem Sud nehmen, abtropfen lassen, trocken tupfen und auf den ausgerollten Brotteig legen. Die Ränder mit etwas kaltem Wasser bestreichen. Den Teig so auf das Fleisch legen, dass das Fleisch eingepackt ist. Dabei die Ränder gut andrücken.
7. Päckchen mit der Naht nach unten auf ein Backblech (mit Backpapier belegt) legen und etwa 10 Minuten ruhen lassen. Dann das Backblech im unteren Drittel in den vorgeheizten Backofen schieben. Das Frischlingsschäufele im Brotteig etwa 45 Minuten backen und evtl. während des Backens den Brotteig noch 1–2-mal mit Wasser bestreichen.
8. Nach dem Backen das Frischlingsschäufele im Brotteig etwa 5 Minuten ruhen lassen, danach in Scheiben schneiden und servieren.

Tipps: Das Frischlingsschäufele im Brotteig mit Senf oder Meerrettich servieren. Oder reichen Sie einen pikanten **Senfdip** dazu. Dafür 300 g Crème fraîche, 100 g Magerquark, 75 g süßen Senf, 50 g mittelscharfen Senf mit etwas Milch zu einer cremigen Konsistenz verrühren. 2 Dillstängel, 1 Bund Kerbel und 1 Bund Petersilie abspülen, trocken tupfen und die Blättchen bzw. Spitzen von den Stängeln zupfen. Blättchen und Spitzen fein hacken und unterrühren. Mit Salz und Pfeffer abschmecken.

Elchrücken, überbacken

Elchrücken, überbacken

8–10 Portionen

Zubereitungszeit: 50 Minuten
Garzeit: etwa 45 Minuten

etwa 1,8 kg Elchrücken
(in 2 Stücken, ohne Knochen)
Salz
gem. Pfeffer
8 EL Olivenöl
2 Bund Frühlingszwiebeln
400 g Doppelrahm-Frischkäse
2 Eigelb (Größe M)
300 g Crème fraîche
60 g ger. Parmesan
6 EL Semmelbrösel
2 TL Paprikapulver edelsüß
2 Prisen Chilipulver

1 1/2 kg grüner Spargel
750 ml Wasser
2 gestr. TL Salz
1 TL Zucker
40 g Butter
1 1/2 kg TK-Rösti-Ecken

Pro Portion:
E: 46 g, F: 39 g, Kh: 42 g,
kJ: 2938, kcal: 703

1. Das Fleisch mit Küchenpapier trocken tupfen, evtl. Sehnen entfernen, mit Salz und Pfeffer würzen. Das Öl in einem Bräter erhitzen. Den Elchrücken von allen Seiten gut anbraten, dann etwas abkühlen lassen.
2. Den Backofen vorheizen.
Ober-/Unterhitze: etwa 200 °C
Heißluft: etwa 180 °C
3. Die Frühlingszwiebeln putzen, abspülen, abtropfen lassen und in feine Scheiben schneiden. Den Frischkäse mit Eigelb und Crème fraîche verrühren. Parmesan und Semmelbrösel unterrühren. Die Käsemasse mit Paprikapulver, Salz und Chilipulver würzen.
4. Den Elchrücken mit der Käsemasse bestreichen. Den Bräter auf dem Rost im unteren Drittel in den vorgeheizten Backofen schieben. Den Elchrücken etwa 45 Minuten garen. Wenn die Käsemasse zu stark bräunt, den Elchrücken mit etwas Alufolie zudecken.
5. Vom Spargel das untere Drittel schälen und die unteren Enden abschneiden. Spargel abspülen und abtropfen lassen. Wasser mit Salz, Zucker und Butter zum Kochen bringen. Spargel darin zugedeckt etwa 7 Minuten kochen.
6. Spargel in einem Sieb abtropfen lassen und warm stellen. Die Rösti-Ecken nach Packungsanleitung in einer Pfanne zubereiten.
7. Den Elchrücken aus dem Backofen nehmen, etwa 5 Minuten ruhen lassen, dann in Scheiben schneiden und mit Rösti-Ecken und grünem Spargel servieren.

Falsche Schweineschnitzel in Kartoffel-Gemüse-Hülle

10 Portionen

Zum Vorbereiten

Zubereitungszeit: 60 Minuten, ohne Abkühlzeit
Garzeit: etwa 15 Minuten

3 Möhren (etwa 250 g)
5 festkochende Kartoffeln
(etwa 250 g)
Salz
1 kleine Stange Porree
(Lauch, etwa 250 g)
4 Eier (Größe M)
4 EL Weizenmehl
10 Scheiben frischer Schweinebauch
(je etwa 120 g, vom Metzger etwas flach klopfen lassen)
gem. Pfeffer
6 EL Sonnenblumenöl

Für die Salatbeilage:
1 Kopfsalat
1 Radicchio
1 Lollo bionda
1 Chicorée
1 Bund Schnittlauch
4 EL Balsamico- oder Weinessig
6 EL Sonnenblumenöl

Pro Portion:
E: 28 g, F: 42 g, Kh: 7 g,
kJ: 2145, kcal: 513

1. Möhren putzen. Möhren und Kartoffeln schälen, abspülen und abtropfen lassen.
2. In zwei Töpfen Salzwasser zum Kochen bringen. Kartoffeln und Möhren in je einen Topf geben und bissfest garen, Kartoffeln etwa 20 Minuten, Möhren 8–10 Minuten. Kartoffeln und Möhren abgießen, erkalten lassen. Anschließend fein reiben.
3. Porree putzen. Die Stange längs halbieren, abspülen, abtropfen lassen. Porreestange in feine Streifen schneiden.
4. Eier in einer Schale verschlagen. Vorbereitetes Gemüse unterrühren. Mehl auf einen großen Teller geben.

5. Schweinebauchscheiben mit Küchenpapier trocken tupfen, mit Salz und Pfeffer bestreuen. Das Fleisch zuerst in Mehl wenden, dann durch die Eier-Gemüse-Mischung ziehen und am Schalenrand abstreifen.
6. Den Backofen vorheizen.
Ober-/Unterhitze: etwa 140 °C
Heißluft: etwa 120 °C
7. Jeweils die Hälfte des Öls in einer großen Pfanne erhitzen. Schweinebauchscheiben in 2 Portionen von beiden Seiten darin braten, herausnehmen, auf eine Platte legen und auf dem Rost in den vorgeheizten Backofen schieben. Schweinebauchscheiben etwa 15 Minuten garen.
8. Für die Salatbeilage Salatköpfe putzen, abspülen, abtropfen lassen und in kleine Stücke zupfen oder schneiden. Den Schnittlauch abspülen, trocken tupfen und in Röllchen schneiden. Essig mit Salz und Pfeffer verrühren, Öl unterschlagen, mit dem Salat vermischen. Schweinebauchscheiben mit dem Salat servieren.

Tipps: Punkt 1 und 2 können gut vorbereitet werden. Anstelle von Schweinebauch kann auch Schnitzelfleisch vom Schwein oder Kalb verwendet werden.

Falsches Filet in dunkler Biersauce

10 Portionen

Zubereitungszeit: 40 Minuten
Garzeit: 2–2 1/2 Stunden

1,8 kg Falsches Filet
(Rinderrolle von der Unterschale)
Salz, gem. Pfeffer
2 EL mittelscharfer Senf
4 EL Rapsöl
500 ml Malzbier
400 ml Rinderbrühe
5 Möhren (etwa 500 g)
1 Knollensellerie (etwa 500 g)
1 kg festkochende Kartoffeln
500 g Frühlingszwiebeln
2 EL Tomatenmark

Pro Portion:
E: 42 g, F: 10 g, Kh: 24 g,
kJ: 1535, kcal: 367

1. Das Fleisch mit Küchenpapier trocken tupfen, mit Salz und Pfeffer würzen. Fleisch von allen Seiten mit Senf bestreichen.
2. Den Backofen vorheizen.
Ober-/Unterhitze: etwa 180 °C
Heißluft: etwa 160 °C
3. Das Rapsöl in einem großen Bräter erhitzen. Das Fleisch von allen Seiten darin gut anbraten. Etwas Bier und etwas von der Brühe hinzugießen.
4. Den Bräter auf dem Rost in den vorgeheizten Backofen schieben. Das Fleisch zugedeckt 2–2 1/2 Stunden garen. Das Fleisch zwischendurch mit der Bratflüssigkeit begießen. Restliches Bier und Brühe nach und nach hinzugießen.
5. In der Zwischenzeit Möhren und Knollensellerie putzen, schälen, abspülen und abtropfen lassen. Die Kartoffeln schälen, abspülen und abtropfen lassen. Dann Möhren, Knollensellerie und Kartoffeln in Würfel schneiden.
6. Die Frühlingszwiebeln putzen, abspülen, abtropfen lassen und in feine Scheiben schneiden.
7. Möhren-, Sellerie-, Kartoffelwürfel und Zwiebelscheiben nach etwa 60 Minuten Garzeit zum Fleisch in den Bräter geben.
8. Das Tomatenmark unterrühren. Gemüse mit Salz und Pfeffer würzen, ab und zu umrühren.
9. Der Garpunkt des Fleisches ist erreicht, wenn es von einer eingestochenen Fleischgabel selbstständig und leicht abrutscht.

Falsche Schweineschnitzel in Kartoffel-Gemüse-Hülle

Falsches Filet in dunkler Biersauce

Salzbraten

12 Portionen

Zum Vorbereiten

Zubereitungszeit: 30 Minuten, ohne Ruhezeit
Garzeit: 2–2 1/2 Stunden

2 kg Salz
3 kg Schweinenacken (ohne Knochen)

Pro Portion:
E: 48 g, F: 25 g, Kh: 0 g,
kJ: 1757, kcal: 420

1. Den Backofen vorheizen.
Ober-/Unterhitze: etwa 200 °C
Heißluft: etwa 180 °C
2. Salz etwa 2 cm dick auf ein Backblech streuen.
3. Schweinenacken mit Küchenpapier trocken tupfen, auf das Salz legen. Das Backblech im unteren Drittel in den vorgeheizten Backofen schieben und den Schweinenacken 2–2 1/2 Stunden garen.
4. Etwa nach der Hälfte der Bratzeit das Fleisch wenden.
5. Das Fleisch aus dem Backofen nehmen. Etwa 10 Minuten zugedeckt ruhen lassen, dann mit einem scharfen Messer (am besten mit einem elektrischen Messer) in Scheiben schneiden und servieren.

Tipps: Servieren Sie dazu einen Kartoffelsalat oder rustikales Krustenbrot und Senf. Das Fleisch schmeckt auch kalt sehr gut, dann mit geriebenem Meerrettich oder verschiedenen kalten Dips servieren.

Sauerbraten „Brackweder Art"

Zum Vorbereiten

8–10 Portionen

Zubereitungszeit: 35 Minuten, ohne Marinier- und Ruhezeit
Garzeit: etwa 2 1/2 Stunden

2 kg Rindfleisch (aus der Oberschale)
200 g Zwiebeln
300 g Möhren
200 g Knollensellerie
1 Stange Porree (Lauch)

Für die Marinade:
5 Lorbeerblätter
10 Gewürznelken
1/2 EL schwarze Pfefferkörner
2 EL brauner Zucker
2 TL Salz
200 ml Balsamico-Essig
150 ml Weißweinessig
600 ml Wasser

2 EL Sonnenblumenöl
2 EL Tomatenmark
4 EL Johannisbeergelee

Pro Portion:
E: 50 g, F: 8 g, Kh: 13 g,
kJ: 1398, kcal: 335

Salzbraten

1. Das Rindfleisch mit Küchenpapier trocken tupfen. Zwiebeln abziehen. Möhren und Sellerie putzen, schälen, abspülen und abtropfen lassen. Porree putzen, gründlich waschen und abtropfen lassen. Die 4 Zutaten in etwa 1 cm große Stücke schneiden und mit dem Fleisch in eine große Schüssel geben.
2. Für die Marinade Lorbeerblätter, Nelken, Pfefferkörner, Zucker, Salz, beide Essigsorten und Wasser gut verrühren und ebenfalls in die Schüssel geben. Die Schüssel zugedeckt 3–6 Tage im Kühlschrank stehen lassen, dabei das Fleisch einmal täglich wenden.
3. Den Backofen vorheizen.
Ober-/Unterhitze: etwa 220 °C
Heißluft: etwa 200 °C
4. Öl in einem großen Bräter erhitzen. Das Fleisch aus der Marinade nehmen, gut trocken tupfen und in den Bräter geben. Den Bräter auf dem Rost in den Backofen schieben. Den Braten in etwa 30 Minuten rundherum anbraten.
5. In der Zwischenzeit die Marinade durch ein Sieb gießen, dabei die Flüssigkeit auffangen.
6. Das Gemüse um das Fleisch in den Bräter legen. Etwas von der Marinade mit Tomatenmark vermischen und zugeben. Die Backofentemperatur um etwa 40 °C herunterschalten und das Fleisch und Gemüse weitere etwa 2 Stunden garen.
7. Während der Garzeit nach und nach etwas von der Marinade hinzufügen. Den Braten zwischendurch wenden und mit der Marinade begießen. Kurz vor Ende der Garzeit das Johannisbeergelee zugeben.
8. Das gare Fleisch aus dem Bräter nehmen und zugedeckt etwa 10 Minuten ruhen lassen.
9. Den Bratensaft mit dem Gemüse durch ein Sieb streichen und anschließend evtl. mit Salz und Pfeffer abschmecken.
10. Das Fleisch in Scheiben schneiden. Evtl. ausgetretenen Fleischsaft unter die Sauce rühren. Das Fleisch mit der Sauce servieren.

Sauerbraten „Brackweder Art"

Zwiebelkoteletts mit Senfcreme

Schweinefilet im Speckmantel

8–10 Portionen (ohne Foto)

Zubereitungszeit: 30 Minuten
Garzeit: 30–40 Minuten

1 1/2 kg Schweinefiletköpfe
16–20 Scheiben Frühstücksspeck (Bacon)

Für die Sauce:
500 g Schlagsahne
4 EL Tomatenmark
Salz
gem. Pfeffer
Paprikapulver edelsüß
1–2 EL Speisestärke

Pro Portion:
E: 41 g, F: 27 g, Kh: 5 g,
kJ: 1780, kcal: 426

1. Schweinefilet mit Küchenpapier trocken tupfen. Filet in 16–20 Stücke in der Breite der Speckscheiben schneiden und mit dem Speck umwickeln. Die umwickelten Filetstücke aufrecht in eine Auflaufform (gefettet) stellen.
2. Den Backofen vorheizen.
Ober-/Unterhitze: etwa 200 °C
Heißluft: etwa 180 °C
3. Für die Sauce Sahne mit Tomatenmark unter Rühren kurz aufkochen lassen, mit Salz, Pfeffer und Paprika kräftig würzen.
4. Speisestärke mit wenig Wasser anrühren, in die Sauce rühren und unter Rühren kurz aufkochen lassen, bis sie andickt. Die dickliche Sauce über die Filetstücke in die Auflaufform gießen.
5. Die Form auf dem Rost in den vorgeheizten Backofen schieben. Die Filets 30–40 Minuten garen.

Zwiebelkoteletts mit Senfcreme

8 Portionen

Zubereitungszeit: 45 Minuten
Garzeit: 25–30 Minuten

8 Schweinekoteletts (je etwa 150 g)
Salz, gem. Pfeffer
8 EL Olivenöl
2 EL mittelscharfer Senf
10 Zwiebeln
2 Knoblauchzehen
2 rote Paprikaschoten

Für die Senfcreme:
250 g Schmand (Sauerrahm)
3 TL scharfer Senf

Außerdem:
1–2 EL gehackte Petersilie

Pro Portion:
E: 35 g, F: 26 g, Kh: 8 g,
kJ: 1690, kcal: 404

1. Das Fleisch unter fließendem kalten Wasser abspülen, trocken tupfen, mit Salz und Pfeffer bestreuen. 4 Esslöffel von dem Öl in einer Pfanne erhitzen. Koteletts darin von beiden Seiten etwa 2 Minuten gut anbraten.
2. Koteletts herausnehmen, dünn mit Senf bestreichen und in eine große Auflaufform (gefettet) geben. Die Zwiebeln und Knoblauchzehen abziehen und in Ringe oder Scheiben schneiden. Restliches Öl ins Bratfett geben. Die Zwiebeln und Knoblauch darin glasig dünsten, mit Salz und Pfeffer würzen.
3. Den Backofen vorheizen.
Ober-/Unterhitze: etwa 200 °C
Heißluft: etwa 180 °C
4. Paprikaschoten halbieren, entstielen, entkernen und die weißen Scheidewände entfernen. Schoten abspülen, abtropfen lassen, in Streifen schneiden und auf dem Fleisch verteilen. Zwiebeln daraufschichten.
5. Auflaufform auf dem Rost in den vorgeheizten Backofen schieben. Koteletts 25–30 Minuten garen.
6. Für die Senfcreme Schmand mit Senf verrühren, mit Salz und Pfeffer abschmecken. Petersilie vor dem Servieren über die Zwiebelkoteletts streuen. Die Senfcreme zu den Koteletts reichen.

Tipp: Statt des scharfen Senfs je 2 Teelöffel scharfen und süßen, körnigen Senf und 2 Esslöffel gehackten Estragon nehmen.

Gebackener Leberkäse

Gekochte Rinderbrust

Gebackener Leberkäse

10 Portionen

Zum Vorbereiten

Zubereitungszeit: 70 Minuten, ohne Anfrier- und Ruhezeit
Garzeit: etwa 40 Minuten

1 kg Schweinenacken (ohne Knochen)
600 g Schweinebauch
400 g fetter Speck
3 Zwiebeln
2 Knoblauchzehen
1 TL gerebelter Majoran
1 TL gerebelter Thymian
15 g Pökelsalz
400 ml Eiswasser

Außerdem:
1 EL Butter (zimmerwarm)

Pro Portion:
E: 33 g, F: 60 g, Kh: 19 g,
kJ: 2777, kcal: 664

1. Schweinenacken, Schweinebauch und Speck mit Küchenpapier trocken tupfen und in kleine Würfel schneiden. Die Fleischwürfel in eine Edelstahlschüssel geben und etwa 30 Minuten in den Gefrierschrank stellen.
2. Den Backofen vorheizen.
Ober-/Unterhitze: etwa 200 °C
3. Eine Kastenform (30 x 11 cm) mit Butter ausstreichen. Den Formboden mit Backpapier belegen.
4. Zwiebeln und Knoblauch abziehen, in grobe Würfel schneiden. Die eisgekühlten Fleischwürfel, Zwiebel-, Knoblauchwürfel, Majoran, Thymian, Pökelsalz und Eiswasser in einen großen Blitzhacker geben und zu einem feinen Fleischbrei verarbeiten. Oder die Zutaten portionsweise in einem kleinen Blitzhacker zerkleinern.
5. Den Fleischbrei in eine Schüssel geben und nochmals gut vermengen. Den Fleischbrei in der vorbereiteten Kastenform verteilen. Die Oberfläche mit angefeuchteten Händen zu einer glatten Wölbung formen und mit einem Messerrücken gitterartig eindrücken.
6. Die Form auf dem Rost im unteren Drittel in den vorgeheizten Backofen schieben. Leberkäse etwa 30 Minuten backen. Dann die Backofentemperatur auf Ober-/Unterhitze: etwa 180 °C herunterschalten. Leberkäse weitere etwa 10 Minuten backen.
7. Leberkäse etwa 15 Minuten im ausgeschalteten Backofen stehen lassen. Dann den Leberkäse aus der Form lösen, in Scheiben schneiden und heiß servieren. Oder den Leberkäse erkalten lassen und vor dem Servieren bei Ober-/Unterhitze: etwa 180 °C etwa 15 Minuten erwärmen.

Tipp: Schneller geht's, wenn Sie das Fleisch direkt beim Metzger durchdrehen lassen.

Gekochte Rinderbrust

10–12 Portionen

Zum Vorbereiten

Zubereitungszeit: 60 Minuten, ohne Abkühlzeit
Garzeit: 2 3/4–3 1/4 Stunden

250 g Möhren
150 g Petersilienwurzel
200 g Knollensellerie
200 g Fenchel
1 Stange Porree (Lauch, 200 g)
5 Stängel Thymian
1 1/2 l Wasser
2 Lorbeerblätter
1 EL weiße Pfefferkörner
2 1/2 kg Rinderbrust (gepökelt, beim Metzger vorbestellen)

125 g Schlagsahne (mind. 30 % Fett)
100 g Schmand (Sauerrahm)
25 g TK-Kräuter
Salz, gem. Pfeffer

Pro Portion:
E: 42 g, F: 61 g, Kh: 4 g,
kJ: 3283, kcal: 783

1. Möhren, Petersilienwurzel und Sellerie putzen, schälen, abspülen, abtropfen lassen und in kleine Stücke schneiden. Vom Fenchel die Stiele dicht oberhalb der Knolle abschneiden, braune Stellen und Blätter entfernen. Fenchel abspülen, abtropfen lassen, halbieren und würfeln.

2. Porree putzen. Die Stange längs halbieren, gründlich waschen, abtropfen lassen, in Streifen schneiden. Thymian abspülen und trocken tupfen.
3. Wasser, Lorbeerblätter, Pfefferkörner, Thymian und das vorbereitete Gemüse in einen großen Topf geben, zum Kochen bringen und bei schwacher Hitze etwa 15 Minuten zugedeckt kochen lassen.
4. Die Rinderbrust unter fließendem kalten Wasser abspülen und mit in den Topf geben. Alles wieder zum Kochen bringen und abschäumen. Das Fleisch 2 1/2–3 Stunden mit nicht fest aufgelegtem Deckel bei schwacher Hitze gar ziehen lassen. Das Fleisch dann herausnehmen, in Alufolie wickeln und erkalten lassen.
5. Die Kochflüssigkeit durch ein Sieb gießen, im offenen Topf auf 1 Liter einkochen, erkalten lassen. Die Flüssigkeit dann entfetten und 400 ml davon abmessen.
6. Die Sahne steif schlagen. Sahne, Schmand und TK-Kräuter mit der abgemessenen Kochflüssigkeit verrühren und mit Salz und Pfeffer abschmecken.
7. Rinderbrust in Scheiben schneiden, dabei das Fett entfernen. Das Fleisch mit der Sauce servieren.

Tipps: Sie können Rinderbrust und Kochflüssigkeit bereits am Vortag bis einschließlich Punkt 5 zubereiten. (Das Fleisch dann evtl. im eingekochten Sud abkühlen lassen.) Am Verzehrtag dann die Sauce zubereiten und das Fleisch aufschneiden. Dazu Tomatensalat servieren. Nach Belieben die Rinderbrust mit Basilikumblättchen garniert servieren. Die restliche Kochbrühe können Sie einfrieren und anstelle von Fleischbrühe anderweitig verwenden.

Gefüllte Putenschnitzel auf schwedische Art

8 Portionen

Zum Vorbereiten

Zubereitungszeit: 55 Minuten
Garzeit: etwa 30 Minuten

8 dünne Putenschnitzel
(je etwa 120 g)
grob gestoßener Pfeffer
16 Backpflaumen (ohne Stein)
8 Scheiben Frühstücksspeck (Bacon)
6 EL Speiseöl, z. B. Rapsöl
2 rote Zwiebeln
je 1 rote, grüne und gelbe
Paprikaschote
400 ml Geflügelfond
2 EL gehackter Dill
2 EL flüssiger Honig
Salz

evtl. einige Dillspitzen

Außerdem:
Holzspießchen

Pro Portion:
E: 28 g, F: 9 g, Kh: 12 g,
kJ: 1027, kcal: 246

1. Die Putenschnitzel unter fließendem kalten Wasser abspülen, trocken tupfen und auf einer Arbeitsfläche ausbreiten. Die Schnitzel evtl. flach klopfen und mit Pfeffer bestreuen. Jeweils 2 Backpflaumen mit je 1 Scheibe Speck umhüllen, auf die Fleischscheiben legen. Die Fleischscheiben von der schmalen Seite her aufrollen, mit Holzspießchen zusammenhalten.
2. Das Speiseöl in einer großen Pfanne zerlassen. Die Putenröllchen von allen Seiten etwa 5 Minuten darin anbraten, herausnehmen und in eine große, flache Auflaufform (gefettet) legen.
3. Zwiebeln abziehen und in kleine Würfel schneiden. Paprika halbieren, entstielen, entkernen und die weißen Scheidewände entfernen. Die Schoten abspülen, abtropfen lassen und in kleine Würfel schneiden.
4. Den Backofen vorheizen.
Ober-/Unterhitze: etwa 200 °C
Heißluft: etwa 180 °C
5. Zwiebel- und Paprikawürfel in dem verbliebenen Bratfett andünsten. Fond hinzugießen, Dill und Honig unterrühren, mit Salz würzen. Die Zutaten zum Kochen bringen und auf den Putenröllchen verteilen.
6. Die Form auf dem Rost in den vorgeheizten Backofen schieben. Die gefüllten Putenschnitzel etwa 30 Minuten garen.
7. Die Schnitzel (Holzspießchen entfernen) auf einer Platte mit dem Gemüse anrichten. Nach Belieben mit Dillspitzen garnieren.

Gefüllte Putenschnitzel auf schwedische Art

Hackbraten vom Blech

8–10 Portionen

Zubereitungszeit: 30 Minuten, ohne Abkühlzeit
Garzeit: etwa 35 Minuten

500 g Hokkaido-Kürbis
1 Zwiebel
100 g Schinkenwürfel
1/2 TL gerebelter Thymian
200 ml Fleischfond
1 Bund Petersilie
1 1/2 kg Gehacktes (halb Rind-, halb Schweinefleisch)
2 Eier (Größe M)
175 g abgetropftes Wild-Preiselbeerdessert (aus dem Glas)
2–3 EL Semmelbrösel
Salz
gem. Pfeffer
200 g Ziegenfrischkäse

Pro Portion:
E: 38 g, F: 36 g, Kh: 14 g,
kJ: 2208, kcal: 528

1. Hokkaido-Kürbis halbieren und entkernen. 300 g Kürbis in kleine Würfel, den Rest in dünne Spalten schneiden.
2. Zwiebel abziehen und fein würfeln. Die Schinkenwürfel in einer Pfanne anbraten. Die Zwiebelwürfel hinzugeben und mit anbraten.
3. Kürbiswürfel und Thymian zugeben, kurz mitbraten. Dann mit Fleischfond ablöschen, etwa 2 Minuten bei mittlerer Hitze kochen lassen. Die Zutaten in eine große Schüssel geben und abkühlen lassen.
4. Den Backofen vorheizen.
Ober-/Unterhitze: etwa 200 °C
Heißluft: etwa 180 °C
5. Petersilie abspülen, trocken tupfen und fein hacken. Gehacktes mit Eiern, Preiselbeeren, Petersilie und Semmelbröseln zu der abgekühlten Kürbismasse geben und vermengen. Mit Salz und Pfeffer würzen.
6. Die Fleischmasse in eine Fettpfanne (gefettet) geben und glatt streichen. Dann den Ziegenfrischkäse in 8–10 Scheiben schneiden und zusammen mit den Kürbisspalten auf der Fleischmasse verteilen.
7. Die Fettpfanne im unteren Drittel in den vorgeheizten Backofen schieben. Den Hackbraten etwa 35 Minuten garen.

Hackbraten, mit Sauerkraut gefüllt

10 Portionen

Zubereitungszeit: 40 Minuten
Garzeit: 45–50 Minuten

4 abgetropfte, eingelegte Paprikahälften (aus dem Glas)
2 Zwiebeln
1 1/2 kg Gehacktes (halb Rind-, halb Schweinefleisch)
4 Eier (Größe M)
2 TL mittelscharfer Senf
Salz, gem. Pfeffer
570 g abgetropftes Sauerkraut (aus der Dose)
2 TL gem. Kümmel
Zucker
2 EL Semmelbrösel
14 Scheiben Frühstücksspeck (Bacon, etwa 125 g)

Pro Portion:
E: 37 g, F: 35 g, Kh: 5 g,
kJ: 2021, kcal: 483

1. Den Backofen vorheizen.
Ober-/Unterhitze: etwa 200 °C
Heißluft: etwa 180 °C
2. Die Paprikahälften fein würfeln. Zwiebeln abziehen und fein würfeln.
3. Gehacktes mit Eiern, Zwiebelwürfeln, Senf, Salz und Pfeffer vermengen. Sauerkraut mit Paprikawürfeln vermengen und mit Kümmel, Salz, Zucker und Pfeffer abschmecken.
4. Die Hälfte der Semmelbrösel auf die Arbeitsfläche streuen. Die Hälfte der Fleischmasse daraufgeben und zu einem Rechteck (etwa 20 x 30 cm) formen. Die Hälfte der Sauerkrautmasse längs auf eine Fleischteighälfte geben und den Fleischteig anschließend von der belegten Seite der Länge nach aufrollen. Aus der restlichen Fleischmasse auf die gleiche Weise einen zweiten Hackbraten formen.
5. Die Hackbraten evtl. mit einer Palette nebeneinander auf ein Backblech (gefettet) legen. Die Hackbraten gitterförmig mit den Baconscheiben belegen. Das Backblech im unteren Drittel in den vorgeheizten Backofen schieben. Die Hackbraten 45–50 Minuten garen.

Tipp: Es ist leichter, den Hackbraten einzurollen, wenn man den Fleischteig auf ein Stück Frischhaltefolie gibt und dann mithilfe der Frischhaltefolie aufrollt.

Hackbraten vom Blech / Hackbraten, mit Sauerkraut gefüllt

Hawaii-Schnitzel

Frikadellen

Hawaii-Schnitzel

8 Portionen

Zubereitungszeit: 40 Minuten
Garzeit: etwa 40 Minuten

8 Schweineschnitzel (je etwa 150 g)
Salz, gem. Pfeffer
5 EL Speiseöl, z. B. Rapsöl
8 abgetropfte Ananasscheiben (aus der Dose)
8 Käse-Scheibletten

Für die Sauce:
800 g Schlagsahne
250 g Schmand (Sauerrahm)
300 ml Fleischbrühe
3 Pck. Rahmsaucenpulver (für je 250 ml Flüssigkeit)
4 EL Sojasauce
250 g Schinkenwürfel

Pro Portion:
E: 48 g, F: 61 g, Kh: 19 g,
kJ: 3433, kcal: 821

1. Den Backofen vorheizen.
Ober-/Unterhitze: etwa 200 °C
Heißluft: etwa 180 °C

2. Die Schnitzel mit Küchenpapier trocken tupfen, halbieren, mit Salz und Pfeffer bestreuen. Jeweils die Hälfte des Speiseöls in einer großen Pfanne erhitzen. Die Schnitzel in 2 Portionen von beiden Seiten darin anbraten, herausnehmen und nebeneinander in eine große, flache Auflaufform (gefettet) legen.

3. Ananasscheiben quer halbieren, sodass 16 runde, dünne Scheiben entstehen. Scheibletten halbieren. Die Schnitzel jeweils mit 1 Ananas- und Käsescheibe belegen.

4. Für die Sauce Sahne mit Schmand, Brühe, Saucenpulver und Sojasauce verrühren. Sauce mit Salz und Pfeffer würzen. Die Schinkenwürfel unterrühren. Die Schnitzel mit der Sauce übergießen.

5. Die Form auf dem Rost in den vorgeheizten Backofen schieben. Die Hawaii-Schnitzel etwa 40 Minuten garen.

Frikadellen

Zum Vorbereiten

30 Stück

Zubereitungszeit: 60 Minuten, ohne Abkühlzeit

2 Brötchen (Semmeln) vom Vortag
400 g Zwiebeln
20 g Butter oder Margarine
2 1/2 kg Gehacktes (halb Rind-, halb Schweinefleisch)
4 Eier (Größe M)
1 EL mittelscharfer Senf
1 EL geriebener Meerrettich
Salz
gem. Pfeffer
1 Prise Zucker

100 g Butter oder Margarine
5 EL Speiseöl, z. B. Sonnenblumenöl

Pro Stück:
E: 17 g, F: 18 g, Kh: 3 g,
kJ: 990, kcal: 236

1. Die Brötchen in Wasser einweichen. Zwiebeln abziehen und fein würfeln. Butter oder Margarine in einer Pfanne zerlassen. Die Zwiebelwürfel darin glasig dünsten, herausnehmen und abkühlen lassen.

2. Gehacktes in eine große Schüssel geben. Die eingeweichten Brötchen gut ausdrücken. Brötchen, Zwiebelwürfel, Eier, Senf und Meerrettich zur Gehacktesmasse geben und gründlich unterarbeiten.

3. Die Masse kräftig mit Salz, Pfeffer und Zucker würzen. Aus der Gehacktesmasse mit angefeuchteten Händen 30 Frikadellen formen.

4. Jeweils etwas Butter oder Margarine und Speiseöl in einer großen Pfanne erhitzen. Die Frikadellen darin portionsweise von beiden Seiten etwa 2 Minuten anbraten und in weiteren etwa 10 Minuten fertig braten. Die Frikadellen jeweils aus der Pfanne nehmen und auf ein Backblech (mit Backpapier belegt) legen. Frikadellen abkühlen lassen und zugedeckt in den Kühlschrank stellen.

5. Vor dem Servieren den Backofen vorheizen.
Ober-/Unterhitze: etwa 180 °C
Heißluft: etwa 160 °C

6. Das Backblech in den vorgeheizten Backofen schieben. Die Frikadellen etwa 10 Minuten erhitzen.

Geschichtetes Schnitzel-Sahne-Gratin

Champignons hinzufügen. Die Sauce über die Schnitzel gießen.
6. Die Form auf dem Rost in den vorgeheizten Backofen schieben. Die Schnitzel etwa 40 Minuten garen.
7. In der Zwischenzeit die Schinkenscheiben halbieren. Camembert in Scheiben schneiden.
8. Die Form aus dem Backofen nehmen und danach Schnitzel aus der Sauce heben. Die Schnitzel jeweils mit Schinken und Käse belegen. Die Schnitzel wieder auf die Pilzsauce setzen. Die Form wieder in den vorgeheizten Backofen schieben und noch etwa 5 Minuten gratinieren. Schnitzel-Sahne-Gratin mit Preiselbeerdessert anrichten.

Tipp: Die gratinierten Schnitzel mit Johannisbeerrispen und Kräuterblättchen garnieren.

Geschichtetes Schnitzel-Sahne-Gratin

8 Portionen

Zubereitungszeit: 30 Minuten
Garzeit: etwa 45 Minuten

8 Schweineschnitzel (ausgelöste Kotelettscheiben, je etwa 125 g)
Salz, gem. Pfeffer
etwa 40 g Weizenmehl
3 EL Speiseöl, z. B. Olivenöl

Für die Sauce:
30 g Butter
20 g Weizenmehl
250 g Schlagsahne
250 ml Fleischbrühe
1 TL mittelscharfer Senf
460 g abgetropfte Champignonköpfe (aus der Dose)

4 Scheiben Kochschinken (je etwa 50 g)
200 g Camembert
8 TL Preiselbeerdessert

Pro Portion:
E: 42 g, F: 26 g, Kh: 9 g,
kJ: 1842, kcal: 440

1. Schnitzel mit Küchenpapier trocken tupfen, mit Salz und Pfeffer würzen. Schnitzel in Mehl wenden, überschüssiges Mehl abklopfen.
2. Speiseöl in einer großen Pfanne erhitzen. Schnitzel in 2 Portionen von beiden Seiten darin anbraten. Die Schnitzel herausnehmen und in eine große, flache Auflaufform (gefettet) legen.
3. Den Backofen vorheizen.
Ober-/Unterhitze: etwa 180 °C
Heißluft: etwa 160 °C
4. Für die Sauce die Butter in einem Topf zerlassen. Mehl unter Rühren so lange darin erhitzen, bis es hellgelb ist. Sahne und Brühe nach und nach hinzugießen, mit einem Schneebesen durchschlagen. Darauf achten, dass keine Klümpchen entstehen. Sauce zum Kochen bringen, 2–3 Minuten kochen lassen.
5. Senf unter die Sauce rühren. Die Sauce mit Salz und Pfeffer würzen.

Hasenfilet mit Pfifferling-Weintrauben-Sauce

8 Portionen

Zubereitungszeit: 40 Minuten
Garzeit: etwa 40 Minuten

1,2 kg Hasenfilet
Salz
gem. Pfeffer
10 EL Rapsöl
8 Schalotten
300 g Pfifferlinge
500 g grüne, kernlose Weintrauben
500 ml trockener Rotwein
3 Stängel Rosmarin
300 g Crème fraîche
1 EL mittelscharfer Senf
1/2 TL gerebelter Thymian

Pro Portion:
E: 36 g, F: 29 g, Kh: 14 g,
kJ: 2060, kcal: 494

1. Den Backofen bei Ober-/Unterhitze auf 80 °C vorheizen. Einen feuerfesten Teller oder eine Auflaufform

mit niedrigem Rand auf mittlerer Einschubleiste auf dem Rost mitwärmen.
2. Das Hasenfilet mit Küchenpapier trocken tupfen, evtl. vorhandenes Fett und Sehnen abschneiden. Das Filet mit Salz und Pfeffer würzen.
3. Rapsöl in einer Pfanne erhitzen. Das Hasenfilet darin etwa 10 Minuten von allen Seiten gut anbraten. Dann das Filet auf dem vorgewärmten Teller oder in der Auflaufform in den vorgeheizten Backofen schieben und etwa 30 Minuten garen. Pfanne mit dem Bratensatz beiseitestellen.
4. In der Zwischenzeit Schalotten abziehen und in Scheiben schneiden. Pfifferlinge putzen, evtl. kurz abspülen und gut abtropfen lassen. Größere Pfifferlinge etwas kleiner schneiden. Weintrauben abspülen, abtropfen lassen und entstielen.
5. Beiseitegestellte Pfanne erhitzen. Die Schalottenscheiben darin anbraten. Pfifferlinge hinzufügen, diese ebenfalls kurz anbraten. Rotwein einrühren und die Sauce etwa 10 Minuten köcheln lassen.
6. Rosmarin abspülen, trocken tupfen und die Nadeln von den Stängeln zupfen. Die Nadeln hacken. Crème fraîche und Senf in die Sauce einrühren. Sauce mit Thymian, Salz und Pfeffer abschmecken. Weintrauben unterrühren und kurz miterwärmen. Das Hasenfilet in Scheiben schneiden, mit Sauce und Rosmarin bestreut servieren.

Tipp: Hinweise zum Niedertemperaturgaren finden Sie im Ratgeberteil auf S. 560.

Hähnchenbrust in Spinatsauce

8–10 Portionen

Zubereitungszeit: 40 Minuten
Garzeit: 20–25 Minuten

1,8 kg Hähnchenbrustfilets
80 g Butter
40 g Weizenmehl
500 ml Gemüsebrühe
200 g Schlagsahne
225 g gehackter TK-Blattspinat
40 g geriebener Meerrettich (aus dem Glas)
Salz, gem. Pfeffer
2 Eier (Größe M)
40 g Semmelbrösel

Pro Portion:
E: 52 g, F: 19 g, Kh: 8 g,
kJ: 1743, kcal: 417

1. Den Backofen vorheizen.
Ober-/Unterhitze: etwa 200 °C
Heißluft: etwa 180 °C
2. Hähnchenbrustfilets unter fließendem kalten Wasser abspülen und trocken tupfen.
3. Die Hälfte der Butter in einem Topf zerlassen. Mehl darin unter Rühren so lange erhitzen, bis es hellgelb ist.
4. Die Gemüsebrühe und Sahne nach und nach unter Rühren hinzugießen. Das Ganze mit einem Schneebesen kräftig durchschlagen, dabei darauf achten, dass keine Klümpchen entstehen. Danach die Sauce aufkochen lassen.
5. Spinat unaufgetaut in die Sauce geben und erhitzen, dabei gelegentlich umrühren. Meerrettich unterrühren. Die Spinatsauce aufkochen lassen, mit Salz und Pfeffer würzen, etwas abkühlen lassen.
6. Anschließend die Eier unter die Spinatsauce rühren und in eine Fettfangschale geben.
7. Hähnchenbrustfilets mit Salz und Pfeffer würzen, in die Sauce legen und mit Semmelbröseln bestreuen. Restliche Butter in Flöckchen darauf verteilen.
8. Die Fettfangschale in den vorgeheizten Backofen schieben. Die Hähnchenbrustfilets in Spinatsauce 20–25 Minuten garen.

Hasenfilet mit Pfifferling-Weintrauben-Sauce

Hähnchenbrust in Spinatsauce

Kaltes Lammfleisch mit grüner Sauce

Zum Vorbereiten

8–10 Portionen

Zubereitungszeit: 50 Minuten, ohne Abkühlzeit
Garzeit: etwa 20 Minuten

1,2 kg Lammfleisch (ohne Knochen, aus dem Rücken)
Salz, gem. Pfeffer
3–4 EL Olivenöl

Für die grüne Sauce:
je 1 kleines Bund Majoran, Petersilie, Basilikum und Thymian
1 Zweig Rosmarin
4 Knoblauchzehen
4 EL Balsamico-Essig
125 ml Olivenöl

Pro Portion:
E: 23 g, F: 41 g, Kh: 2 g,
kJ: 2076, kcal: 496

1. Den Backofen vorheizen.
Ober-/Unterhitze: etwa 180 °C
Heißluft: etwa 160 °C
2. Lammfleisch mit Küchenpapier trocken tupfen, mit Salz und Pfeffer bestreuen. Öl in einem Bräter erhitzen. Das Fleisch darin rundherum gut anbraten.
3. Den Bräter auf dem Rost in den vorgeheizten Backofen schieben. Das Fleisch etwa 20 Minuten garen.
4. Das gare Fleisch aus dem Bräter nehmen und erkalten lassen.
5. Für die grüne Sauce die Kräuter abspülen und trocken tupfen. Die Blättchen bzw. Nadeln von den Stängeln zupfen und sehr fein hacken. Knoblauchzehen abziehen, durch die Knoblauchpresse drücken, mit Essig, Salz und Pfeffer verrühren. Öl unterschlagen, Kräuter untermischen.
6. Das kalte Lammfleisch in dünne Scheiben schneiden und mit Pfeffer bestreuen. Die Sauce darauf träufeln.

Tipps: Sie können das Fleisch gut bereits am Vortag zubereiten. Servieren Sie dazu Kartoffeln vom Blech oder einen Salat.

Karibische Hähnchen

8–10 Portionen

Zubereitungszeit: 65 Minuten
Garzeit: 60–65 Minuten

3 küchenfertige Hähnchen (je etwa 1 kg)
Salz
3 Knoblauchzehen
1 TL schwarze Pfefferkörner
2 TL Piment (Nelkenpfeffer)
1/2 TL Gewürznelken
1/2 TL gem. Zimt
2 getrocknete, rote Chilischoten
3 EL Olivenöl
2 Bund Frühlingszwiebeln
2 Mangos, 2 Papayas
3 Bananen
Saft von 5 Limetten

Pro Portion:
E: 57 g, F: 31 g, Kh: 23 g,
kJ: 2540, kcal: 608

1. Den Backofen vorheizen.
Ober-/Unterhitze: etwa 200 °C
Heißluft: etwa 180 °C
2. Hähnchen von innen und außen unter fließendem kalten Wasser abspülen, trocken tupfen und von innen und außen salzen. Knoblauch abziehen, durch die Knoblauchpresse drücken. Hähnchen damit einreiben und nebeneinander in eine Fettpfanne (gefettet) legen.
3. Pfefferkörner, Piment, Nelken, Zimt und Chilischoten im Mörser fein zerstoßen. Die Hähnchen mit der Mischung einreiben, mit Öl bestreichen.
4. Die Fettpfanne im unteren Drittel in den vorgeheizten Backofen schieben. Die Hähnchen etwa 45 Minuten garen.
5. In der Zwischenzeit die Frühlingszwiebeln putzen, abspülen, abtropfen lassen und in etwa 2 cm große Stücke schneiden. Mangos halbieren, das Fruchtfleisch vom Stein schneiden und schälen. Papayas schälen, halbieren und die schwarzen Kerne mit einem Löffel herausscha-

Kaltes Lammfleisch mit grüner Sauce

Karibische Hähnchen

ben. Beide Zutaten würfeln. Bananen schälen und in Scheiben schneiden.

6. Die Backofentemperatur um etwa 20 °C herunterschalten. Den Limettensaft über die Hähnchen geben. Die vorbereiteten Frühlingszwiebeln und Früchte mit in die Fettpfanne geben und alles weitere 15–20 Minuten garen.

7. Die garen Hähnchen tranchieren, auf einer vorgewärmten Platte anrichten, mit den Früchten servieren.

Beilage: Reis-Wildreis-Mischung.

Tipp: Sollten nicht alle Früchte mit in die Fettfangschale passen, geben Sie erst einen Teil der Früchte zu, garen die Hähnchen fertig, nehmen sie aus der Fettfangschale, geben die restlichen Früchte dazu und erwärmen sie noch etwa 5 Minuten. In der Zwischenzeit können Sie die Hähnchen tranchieren.

Hähnchen mit Reis-Tomaten-Füllung

8 Portionen

Zubereitungszeit: 35 Minuten
Garzeit: 50–55 Minuten

2 küchenfertige Hähnchen (je 800–1000 g)
Salz, gem. Pfeffer
2 Zwiebeln
2 Knoblauchzehen
4 grüne Chilischoten
2 Stängel Petersilie
2 Stängel Thymian
2 Stängel Koriander
1 Stängel Minze

Für die Füllung:
1 kg Tomaten
2 EL gehackte Petersilie
200 g gegarter Reis (das entspricht etwa 125 g ungegartem Reis)
1 Msp. Cayennepfeffer
2 Msp. Paprikapulver edelsüß
1 Prise Zucker

Hähnchen mit Reis-Tomaten-Füllung

4 EL Olivenöl
1 Msp. Safranpulver oder -fäden
750 ml Geflügelbrühe

Holzspießchen
Küchengarn

Pro Portion:
E: 40 g, F: 24 g, Kh: 12 g, kJ: 1762, kcal: 421

1. Die Hähnchen unter fließendem kalten Wasser innen und außen abspülen, trocken tupfen. Die Hähnchen innen und außen mit Salz und Pfeffer würzen. Zwiebeln und Knoblauch abziehen und fein würfeln.

2. Chilischoten halbieren, entstielen und entkernen. Die Schoten abspülen, abtropfen lassen und in feine Streifen schneiden. Kräuter abspülen, trocken tupfen und die Blättchen von den Stängeln zupfen. Blättchen hacken, 1 Teelöffel davon zum Garnieren beiseitelegen.

3. Für die Füllung die Tomaten abspülen, abtrocknen, halbieren und die Stängelansätze herausschneiden. Tomatenhälften in kleine Würfel schneiden. Tomatenwürfel mit gehackter Petersilie, Reis, Cayennepfeffer und Paprikapulver in einer Schüssel vermengen, mit Salz und Zucker abschmecken.

4. Die Hähnchen mit der Füllung füllen (dabei die Füllung nicht zu fest hineindrücken) und die Öffnungen mit Holzspießchen verschließen und mit Küchengarn verschnüren. Die Keulen zusammenbinden.

5. Den Backofen vorheizen.
Ober-/Unterhitze: etwa 200 °C
Heißluft: etwa 180 °C

6. Das Olivenöl in einem großen Bräter erhitzen. Die Hähnchen darin nacheinander von allen Seiten gut anbraten. Die Hähnchen aus dem Bräter nehmen. Die Zwiebel- und Knoblauchwürfel in dem Bräter andünsten. Chili, gehackte Kräuter und Safran unterrühren, kurz mitdünsten.

7. Geflügelbrühe hinzugießen, unterrühren und zum Kochen bringen. Die Hähnchen wieder in den Bräter legen. Den Bräter zugedeckt im unteren Drittel in den vorgeheizten Backofen schieben. Die Hähnchen 35–40 Minuten garen.

8. Dann den Deckel entfernen und den Bräter wieder in den vorgeheizten Backofen schieben. Die Hähnchen weitere etwa 15 Minuten garen lassen, bis die Haut schön knusprig ist.

9. Zum Servieren die Holzspießchen und das Küchengarn entfernen. Das Hähnchen in Portionsstücke zerlegen, mit der Füllung und den beiseitegelegten gehackten Kräutern bestreut servieren.

Tipp: Servieren Sie Fladenbrot dazu, welches in den Bratensud gestippt wird.

Kasseler Rückenschnitzel

Kasseler Rückenschnitzel

10 Portionen

Zubereitungszeit: 60 Minuten

750 g Steckrübe
750 g festkochende Kartoffeln
Salz
10 Kasselerscheiben (aus dem Rücken, je etwa 120 g, vom Metzger etwas flach klopfen lassen)
gem. Pfeffer
25 g gemischte TK-Kräuter
30 g ger. Meerrettich
250 g Semmelbrösel
4 Eier (Größe M)
4 EL Weizenmehl
2 EL Butter
300 ml Gemüsebrühe
6 EL Speiseöl, z. B. Rapsöl
25 g gemischte TK-Kräuter
etwas Kerbel oder glatte Petersilie

Pro Portion:
E: 27 g, F: 21 g, Kh: 32 g,
kJ: 1777, kcal: 424

1. Für das Gemüse Steckrübe und Kartoffeln schälen, abspülen, abtropfen lassen und in gleich große Würfel schneiden. Salzwasser in einem großen Topf zum Kochen bringen. Steckrüben- und Kartoffelwürfel hinzugeben und etwa 10 Minuten vorkochen.
2. Inzwischen Kasselerscheiben mit Küchenpapier trocken tupfen, mit Pfeffer bestreuen. Kräuter, Meerrettich und Semmelbrösel in einer Schüssel gut vermischen. Die Eier in einem tiefen Teller verschlagen. Mehl auf einen großen Teller geben.
3. Die Steckrüben- und Kartoffelwürfel in ein Sieb geben, mit kaltem Wasser übergießen und abtropfen lassen.
4. Butter in einem großen Topf erhitzen. Kartoffel- und Steckrübenwürfel darin andünsten. Brühe hinzugießen, zum Kochen bringen und zugedeckt 10–15 Minuten bei schwacher Hitze kochen lassen.
5. Kasselerscheiben zuerst in Mehl wenden, dann durch die verschlagenen Eier ziehen. Kasselerscheiben am Tellerrand etwas abstreifen und zuletzt in der Kräuter-Meerrettich-Semmelbrösel-Mischung wenden. Panade fest andrücken.
6. Jeweils die Hälfte des Speiseöls in einer großen Pfanne erhitzen. Kasseler in 2 Portionen bei schwacher Hitze von beiden Seiten etwa 10 Minuten darin braten, herausnehmen und auf eine vorgewärmte Platte legen.
7. Das Gemüse mit Salz und Pfeffer würzen. Küchenkräuter unterrühren. Kasselerschnitzel mit dem Gemüse anrichten und mit Petersilie oder Kerbel garniert servieren.

Kleine Schweinefleischrouladen

10 Portionen

Zubereitungszeit: 45 Minuten
Garzeit: etwa 3 Stunden

2 Zwiebeln
500 g Chicorée
2 EL Rapsöl
200 g gewürfelter Kochschinken
100 g Orangenmarmelade
Salz, gem. Pfeffer
16 kleine Schweineschnitzel (je etwa 120 g)
100 g süßer Senf
4 EL Rapsöl
600 ml heiße Gemüsebrühe
3 EL Crème fraîche

Außerdem:
Holzspießchen

Pro Portion:
E: 49 g, F: 13 g, Kh: 9 g,
kJ: 1477, kcal: 353

1. Zwiebeln abziehen, halbieren und fein würfeln. Chicorée von schlechten, äußeren Blättern befreien, der Länge nach halbieren, die bitteren Strünke keilförmig herausschneiden. Chicorée abspülen, abtropfen lassen und in feine Streifen schneiden.
2. Öl in einer Pfanne erhitzen. Zwiebelwürfel darin glasig dünsten. Die Chicoréestreifen hinzufügen und zugedeckt etwa 5 Minuten dünsten. Schinkenwürfel und Marmelade unterrühren, kurz aufkochen lassen, mit Salz und Pfeffer würzen. Chicoréemasse in einem Sieb abtropfen

lassen, den Sud dabei auffangen und beiseitestellen.
3. Den Backofen bei Ober-/Unterhitze auf 80 °C vorheizen. Eine große Auflaufform mit niedrigem Rand auf dem Rost auf mittlerer Einschubleiste miterwärmen.
4. Die Schnitzel mit Küchenpapier trocken tupfen und nebeneinander auf eine Arbeitsfläche legen. Schnitzel mit Salz bestreuen und mit Senf bestreichen. Chicoréemasse auf den Schnitzelscheiben verteilen und diese von der kurzen Seite her aufrollen, mit Holzspießchen feststecken.
5. Rapsöl in einer Pfanne erhitzen. Rouladen evtl. portionsweise von allen Seiten darin etwa 8 Minuten gut anbraten. Die Rouladen nebeneinander in die Auflaufform legen. Die Auflaufform auf dem Rost in den vorgeheizten Backofen schieben und die Rouladen etwa 3 Stunden garen. Die Pfanne mit dem Bratensatz beiseitestellen.
6. Etwa 20 Minuten vor dem Ende der Garzeit die beiseitegestellte Pfanne mit dem Bratensatz erhitzen. Brühe und beiseitegestellten Chicoréesud in den Bratensatz einrühren und kurz aufkochen lassen. Crème fraîche unterrühren. Die Sauce mit Salz und Pfeffer abschmecken.
7. Die Rouladen aus dem Backofen nehmen. Holzspießchen entfernen. Ausgetretenen Bratensaft in die Sauce einrühren.

Tipps: Kartoffeln und Tomatensalat dazureichen. Hinweise zum Niedertemperaturgaren finden Sie im Ratgeberteil auf S. 560.

Kasselerbraten mit Chutneykruste

8 Portionen

Zubereitungszeit: 50 Minuten
Garzeit: etwa 3 1/2 Stunden

1,6 kg Kasseler Kotelett (ohne Knochen)
2 säuerliche Äpfel
2 Zwiebeln, 4 EL Olivenöl
400 ml Cidre (Apfelwein)
200 ml trockener Rotwein

2 Chilischoten
2 Zwiebeln
100 g Walnusskernhälften
4 Scheiben Toastbrot
460 g Mango-Chutney (aus dem Glas)

Pro Portion:
E: 39 g, F: 30 g, Kh: 35 g, kJ: 2511, kcal: 599

1. Den Backofen bei Ober-/Unterhitze auf 80 °C vorheizen. Kasseler mit Küchenpapier trocken tupfen.
2. Die Äpfel vierteln, schälen und entkernen. Apfelviertel in Würfel schneiden. Zwiebeln abziehen und fein würfeln.
3. Das Olivenöl in einem Bräter mit flachem Rand erhitzen. Das Kasseler darin etwa 10 Minuten von allen Seiten gut anbraten.
4. Apfel- und Zwiebelwürfel hinzufügen, kurz mitbraten. Cidre und Rotwein unterrühren, aufkochen lassen.
5. Chilischoten halbieren, entstielen, entkernen, abspülen, abtropfen lassen und in kleine Stücke schneiden. Die Zwiebeln abziehen, halbieren und in feine Würfel schneiden. Walnusskerne grob hacken. Toastscheiben in kleine Stücke schneiden.
6. Mango-Chutney mit Chilistücken, Zwiebelwürfeln, gehackten Walnusskernen und Toaststücken vermischen. Dann die Masse auf die Kasseleroberfläche streichen.
7. Den Bräter auf dem Rost im unteren Drittel in den vorgeheizten Backofen schieben. Das Kasseler etwa 3 1/2 Stunden garen.

Tipps: Braten mit Mischbrot servieren. Hinweise zum Niedertemperaturgaren finden Sie im Ratgeberteil auf S. 560.

Kleine Schweinefleischrouladen

Kasselerbraten mit Chutneykruste

Knuspriger Schweinebauch mit Malzbiersauce und Beifuß

8 Portionen

Zubereitungszeit: 10–15 Minuten
Garzeit: 2 1/4–2 3/4 Stunden

1,6 kg Schweinebauch (mit Schwarte)
etwa 1 1/2 l Gemüse-, Kalbs- oder Geflügelfond
2 mittelgroße Zwiebeln
4 Knoblauchzehen
1 Bund Suppengrün (Möhren, Sellerie, Porree)
1 Zweig Beifuß
3 EL Speiseöl, z. B. Rapsöl
1 EL Tomatenmark
330 ml Malzbier

Pro Portion:
E: 35 g, F: 62 g, Kh: 9 g,
kJ: 3041, kcal: 726

1. Den Backofen vorheizen.
Ober-/Unterhitze: etwa 160 °C
Heißluft: etwa 140 °C

2. Den Schweinebauch mit Küchenpapier trocken tupfen und mit der Schwarte nach unten in einen großen Bräter legen. Etwa 500 ml Fond hinzugießen. Den Bräter auf dem Rost in den vorgeheizten Backofen schieben. Schweinebauch etwa 45 Minuten garen.

3. In der Zwischenzeit Zwiebeln und Knoblauch abziehen, in kleine Würfel schneiden. Suppengrün putzen, abspülen, abtropfen lassen und ebenfalls fein würfeln. Beifuß abspülen und trocken tupfen. Die Blättchen von den Spitzen zupfen

4. Nach etwa 45 Minuten Garzeit den Schweinbauch aus dem Bräter nehmen. Die Schwarte mit einem sehr scharfen Messer (gut eignet sich für solche Zwecke ein sauberes Teppichmesser) rautenförmig einschneiden. Den Fond aus dem Bräter zum restlichen Fond gießen.

5. Bräter kurz mit etwas Küchenpapier auswischen. Das Speiseöl in dem Bräter erhitzen. Gemüsewürfel hinzugeben und unter Wenden goldbraun anrösten. Tomatenmark unterrühren und kurz mit anbraten. Mit Malzbier ablöschen. Den Fond hinzugießen. Die Röststoffe mit einem Kochlöffel vom Boden des Bräters lösen. Den Fond aufkochen. Beifußblättchen hinzugeben. Schweinebauch mit der Schwarte nach oben auf das Gemüse legen.

6. Den Bräter wieder auf dem Rost in den heißen Backofen schieben. Den Schweinebauch mit dem Gemüse bei gleicher Backofentemperatur weitere 1 1/2–2 Stunden garen. Schweinebauch während des Garens hin und wieder mit dem Fond übergießen.

7. Den Bräter aus dem Backofen nehmen. Backofengrill vorheizen.

8. Den Schweinebauch herausnehmen. Die Sauce/Fond durch ein Sieb passieren, in einen Topf geben und sirupartig einkochen lassen.

9. Dann den Schweinebauch mit der Schwarte nach oben wieder in den Bräter legen. Die Schwarte knusprig braun überbacken. Zum Servieren den Schweinebauch in Scheiben schneiden.

Kräuter-Roastbeef

8–10 Portionen

Zum Vorbereiten

Zubereitungszeit: 35 Minuten, ohne Marinier- und Ruhezeit
Garzeit: etwa 2 Stunden

1,2 kg Roastbeef

Für die Marinade:
4 Knoblauchzehen
1 Bund glatte Petersilie
1 EL gehacktes Basilikum
1 TL gerebelter Majoran
1 TL gerebelter Thymian
2 TL mittelscharfer Senf
Salz, gem. Pfeffer
125 ml Olivenöl

4 EL Olivenöl

Pro Portion:
E: 30 g, F: 24 g, Kh: 1 g,
kJ: 1454, kcal: 348

1. Das Roastbeef mit Küchenpapier trocken tupfen und evtl. die Fettseite mit einem Messer etwa 1 cm tief einschneiden. Das Roastbeef in eine flache Schale legen.

Knuspriger Schweinebauch mit Malzbiersauce und Beifuß

Kräuter-Roastbeef

Nackensteaks mit Aprikosensauce

2. Für die Marinade Knoblauch abziehen und durch die Knoblauchpresse drücken. Petersilie abspülen, trocken tupfen und die Blättchen von den Stängeln zupfen. Blättchen in feine Streifen schneiden.
3. Knoblauch und alle Kräuter mit Senf, Salz und Pfeffer verrühren. Öl unterschlagen. Marinade über das Fleisch geben und das Fleisch zugedeckt über Nacht im Kühlschrank marinieren. Oder das Fleisch zusammen mit der Marinade in einen großen Gefrierbeutel geben. Die Luft so gut wie möglich herausdrücken, sodass die Marinade das Fleischstück komplett bedeckt. Den Beutel fest verschließen und über Nacht in den Kühlschrank legen.
4. Den Backofen vorheizen.
Ober-/Unterhitze: etwa 120 °C
Heißluft: etwa 100 °C
5. Das Fleisch aus der Marinade nehmen und etwas trocken tupfen, damit die Kräuter nicht verbrennen. Öl in einem Bräter erhitzen. Das Roastbeef darin rundherum gut anbraten. Den Bräter auf dem Rost in den vorgeheizten Backofen schieben. Das Fleisch etwa 2 Stunden garen. Während der Garzeit das Fleisch ab und zu mit der Marinade bestreichen.
6. Das gare Fleisch aus dem Bräter nehmen und etwa 10 Minuten zugedeckt ruhen lassen. Das Fleisch dann in dünne Scheiben schneiden und lauwarm oder kalt servieren.

Tipps: Remouladensauce und Baguette dazureichen. Bei der geringen Hitzezufuhr bleibt das Fleisch besonders saftig, da der Fleischsaft nicht austritt, sondern im Fleisch verbleibt.

Nackensteaks mit Aprikosensauce

8 Portionen

Zubereitungszeit: 40 Minuten
Garzeit: 60–70 Minuten

2 Zwiebeln
20 g Ingwer
840 abgetropfte Aprikosenhälften (aus der Dose)
Aprikosensaft (aus der Dose)
360 g Tomatenketchup
Salz, gem. Pfeffer
2 Spritzer Tabasco

4 doppelte Nackensteaks (je etwa 400 g)
8 EL Speiseöl, z. B. Rapsöl

3 EL Schnittlauchröllchen

Pro Portion:
E: 44 g, F: 30 g, Kh: 39 g,
kJ: 2540, kcal: 607

1. Den Backofen bei Ober-/Unterhitze auf 80 °C vorheizen. Zwiebeln abziehen und in kleine Würfel schneiden. Ingwer schälen und fein würfeln.
2. Beim Abtropfen der Aprikosen den Saft auffangen. Die Aprikosen mit dem Saft pürieren, mit Ketchup verrühren, mit Ingwer, Salz, Pfeffer und Tabasco würzen.
3. Nackensteaks mit Küchenpapier trocken tupfen, evtl. vorhandenes Fett abschneiden. Nackensteaks mit Salz und Pfeffer bestreuen. Speiseöl in einem großen, flachen Bräter erhitzen. Nackensteaks darin von allen Seiten etwa 10 Minuten anbraten.
4. Die Zwiebelwürfel hinzufügen und kurz unter Rühren ebenfalls anbraten. Aprikosensauce hinzufügen und kurz aufkochen lassen.
5. Den Bräter auf dem Rost im unteren Drittel in den vorgeheizten Backofen schieben. Das Fleisch 60–70 Minuten garen.
6. Die Nackensteaks in Scheiben schneiden, mit Sauce und Schnittlauchröllchen garniert servieren.

Tipp: Hinweise zum Niedertemperaturgaren finden Sie auf S. 560.

Schweinerippchen mit Pflaumensauce

Putenrollbraten

Schweinerippchen mit Pflaumensauce

8 Portionen **Zum Vorbereiten**

Zubereitungszeit: 45 Minuten
Garzeit: etwa 60 Minuten

3 kg Schweinerippchen (Dicke Rippe, in Portionsstücke geteilt)
3 l Wasser
4 gestr. TL Salz
2 Zwiebeln
2 Knoblauchzehen
2 rote Chilischoten
2 EL Sonnenblumenöl
200 g entsteinte Backpflaumen
1 l Orangensaft
2 EL Tomatenmark
50 ml Sojasauce
50 ml Austernsauce

Pro Portion:
E: 34 g, F: 40 g, Kh: 26 g,
kJ: 2534, kcal: 606

1. Die Schweinerippchen kurz unter fließendem kalten Wasser abspülen, trocken tupfen und in einen großen, weiten Topf legen. Wasser und Salz hinzufügen.
2. Das Wasser zum Kochen bringen. Die Rippchen zugedeckt etwa 50 Minuten bei schwacher Hitze kochen lassen, bis das Fleisch weich ist.
3. Inzwischen Zwiebeln und Knoblauch abziehen, klein würfeln. Chilischoten halbieren, entstielen, entkernen, abspülen, trocken tupfen und fein hacken.
4. Das Öl in einem Topf erhitzen. Die Zwiebel- und Knoblauchwürfel darin glasig dünsten. Chilistückchen, Backpflaumen, Orangensaft, Tomatenmark, Sojasauce und Austernsauce hinzugeben. Die Sauce zum Kochen bringen und etwa 15 Minuten kochen lassen. Dann die Sauce mit einem Stabmixer fein pürieren.
5. Die Rippchen aus dem Topf nehmen und in eine Schüssel legen. Die Pflaumensauce auf den Rippchen verteilen, Rippchen erkalten lassen und zugedeckt mindestens 8 Stunden im Kühlschrank durchziehen lassen.
6. Den Backofengrill auf etwa 240 °C vorheizen.
7. Die Rippchen aus der Pflaumensauce nehmen und am Schüsselrand abstreifen. Die Rippchen auf einem Backofenrost verteilen und auf dem Rost im unteren Drittel unter den vorgeheizten Backofengrill schieben. Eine Fettpfanne darunterstellen.
8. Die Schweinerippchen von jeder Seite etwa 5 Minuten grillen.
9. In der Zwischenzeit die Pflaumensauce in einen Topf geben und aufkochen lassen. Die Rippchen auf eine Servierplatte legen. Die Pflaumensauce dazureichen.

Putenrollbraten

12 Portionen **Zum Vorbereiten**

Zubereitungszeit: 25 Minuten, ohne Ruhezeit
Garzeit: etwa 60 Minuten

80 g eingelegte, geröstete, rote Paprikaschoten (aus dem Glas)
50 g schwarze, entsteinte Oliven
15 g Kapern
1 Putenbrust (etwa 1,8 kg, vom Metzger als Rollbraten zuschneiden lassen)
200 g Doppelrahm-Frischkäse mit Kräutern
Salz, gem. Pfeffer
Paprikapulver edelsüß

Außerdem:
Küchengarn

Pro Portion:
E: 38 g, F: 7 g, Kh: 1 g,
kJ: 1030, kcal: 246

1. Den Backofen vorheizen.
Ober-/Unterhitze: etwa 180 °C
Heißluft: etwa 160 °C
2. Paprikaschoten, Oliven und Kapern in einem Sieb gut abtropfen lassen. Paprikaschoten und Oliven grob hacken.
3. Putenfleisch unter fließendem kalten Wasser abspülen, trocken tupfen und flach auf eine Arbeits-

fläche legen. Putenfleisch mit dem Frischkäse bestreichen. Paprika-, Olivenstücke und Kapern darauf verteilen.

4. Putenfleisch von der Längsseite her aufrollen und mit Küchengarn fest zusammenbinden. Putenrollbraten mit Salz, Pfeffer und Paprika einreiben und in eine Fettpfanne (gefettet) legen.

5. Die Fettpfanne in den vorgeheizten Backofen schieben. Den Putenrollbraten etwa 60 Minuten garen.

6. Den Putenrollbraten aus der Fettpfanne nehmen und zugedeckt etwa 10 Minuten ruhen lassen. Anschließend Küchengarn entfernen. Den Putenrollbraten in dünne Scheiben schneiden.

Tipp: Sie können den Braten bereits am Vorabend so weit vorbereiten und zugedeckt in den Kühlschrank stellen, dass Sie ihn vor dem Verzehr nur noch in den Backofen schieben müssen.

Mediterraner Lammrollbraten

8 Portionen

Zubereitungszeit: 40 Minuten
Garzeit: etwa 4 Stunden

1 Lammkeule (ohne Knochen, etwa 1,6 kg)
Salz, gem. Pfeffer
60 g getrocknete Tomaten
120 g Zwiebeln
2 Knoblauchzehen
140 g Petersilienwurzeln
800 g Zucchini
1 rote Chilischote

5 EL Olivenöl

1 EL Tomatenmark
500 ml Fleischbrühe
1 TL gerebelter Thymian
1 TL gerebelter Rosmarin
2 TL Speisestärke

Außerdem:
Küchengarn

Pro Portion:
E: 44 g, F: 16 g, Kh: 9 g,
kJ: 1465, kcal: 349

1. Den Backofen bei Ober-/Unterhitze auf 95 °C vorheizen. Die Lammkeule unter fließendem kalten Wasser abspülen und trocken tupfen, Fett und Sehnen entfernen.

2. Die Lammkeule auf der Arbeitsfläche flach ausbreiten, mit Salz und Pfeffer bestreuen. Die Tomaten in die Mitte der Keule legen und die Keule zu einer Rolle aufrollen, mit Küchengarn zusammenbinden.

3. Zwiebeln und Knoblauch abziehen und fein würfeln. Petersilienwurzeln putzen, schälen, abspülen, abtropfen lassen und in kleine Würfel schneiden. Zucchini abspülen, abtrocknen, die Enden abschneiden und Zucchini in etwa 1 cm große Würfel schneiden.

4. Die Chilischote längs halbieren, entstielen und entkernen. Die Schote abspülen, abtropfen lassen und fein hacken. Das Olivenöl in einem Bräter erhitzen. Den Rollbraten von außen mit Salz und Pfeffer bestreuen, im Bräter von allen Seiten etwa 10 Minuten anbraten.

5. Zwiebel- und Knoblauchwürfel in den Bräter geben und mit anbraten. Tomatenmark unterrühren. Dann die Petersilienwurzel- und Zucchiniwürfel hinzugeben und ebenfalls kurz unter Rühren anbraten. Fleischbrühe in den Bräter gießen und kurz aufkochen lassen. Chili, Thymian und Rosmarin unterrühren.

6. Den Bräter auf dem Rost im unteren Drittel in den vorgeheizten Backofen schieben. Den Lammrollbraten etwa 4 Stunden garen, dabei das Fleisch 2–3-mal wenden.

7. Den Rollbraten aus dem Bräter nehmen und warm stellen. Die Speisestärke in etwas kaltem Wasser anrühren und in die Gemüsesauce einrühren. Die Sauce kurz aufkochen lassen und mit Salz und Pfeffer abschmecken. Küchengarn vom Rollbraten entfernen. Den Braten in Scheiben schneiden und mit der Sauce servieren.

Tipps: Hinweise zum Niedertemperaturgaren finden Sie im Ratgeberteil auf S. 560. Die Zucchiniwürfel bleiben bissfester, wenn Sie sie erst unter Punkt 7 in die Sauce geben und etwa 5 Minuten köcheln lassen. Zum Servieren den Rollbraten mit Rosmarinzweigen garnieren und dazu Polenta reichen.

Mediterraner Lammrollbraten

Rinderbraten in Rotwein

Zum Vorbereiten

10 Portionen

Zubereitungszeit: 25 Minuten, ohne Marinierzeit
Garzeit: etwa 3 Stunden

2,2 kg Rindfleisch (aus der Schulter)
3 Zwiebeln
200 g Möhren
100 g Staudensellerie
je 10 Stängel Petersilie und Thymian
2 Lorbeerblätter
4 Gewürznelken
1 Zimtstange
5 schwarze Pfefferkörner
250 ml trockener Rotwein
50 g geräucherter, durchwachsener Speck
2 EL Rapsöl
Salz
gem. Pfeffer
50 g eiskalte Butter

Pro Portion:
E: 46 g, F: 19 g, Kh: 5 g,
kJ: 1915, kcal: 457

1. Rindfleisch mit Küchenpapier trocken tupfen, in eine große Schüssel legen. Zwiebeln abziehen. Möhren putzen, schälen, abspülen und abtropfen lassen. Sellerie putzen und die harten Außenfäden abziehen. Stangen abspülen, abtropfen lassen. Zwiebeln, Möhren und Sellerie klein würfeln, zum Rindfleisch in die Schüssel geben.
2. Petersilie und Thymian abspülen, trocken tupfen. Lorbeerblätter, Nelken, Zimtstange, Pfefferkörner und Kräuterstängel zu dem Rindfleisch geben. Wein hinzugießen. Rindfleisch zugedeckt im Kühlschrank 2 Tage durchziehen lassen. Dabei zwischendurch einmal wenden.
3. Rindfleisch aus der Marinade nehmen und trocken tupfen.
4. Den Backofen vorheizen.
Ober-/Unterhitze: etwa 160 °C
Heißluft: etwa 140 °C
5. Speck klein würfeln. Öl in einem Bräter erhitzen. Speckwürfel darin auslassen.
6. Rindfleisch in dem Speckfett (mit den Speckwürfeln) von allen Seiten anbraten. Fleisch mit Salz und Pfeffer würzen. Die Marinade mit den Gemüsewürfeln und Gewürzen hinzugeben. Den Bräter mit dem Deckel verschließen und auf dem Rost im unteren Drittel in den vorgeheizten Backofen schieben. Das Rindfleisch etwa 3 Stunden garen. Nach etwa 1 1/2 Stunden Garzeit das Fleisch wenden.
7. Den Rinderbraten aus dem Bräter nehmen, auf eine vorgewärmte Platte legen, warm stellen. Gewürze und Kräuter aus dem Bratenfond entfernen, Fond fein pürieren. Evtl. durch ein Sieb streichen. Butter in kleine Stücke schneiden, mit einem Schneebesen unterrühren. Sauce mit Salz und Pfeffer abschmecken. Den Rinderbraten mit der Sauce anrichten und servieren.

Rinderbraten in Rotwein / Kalbsbraten mit Milch und Rosmarin

Kalbsbraten mit Milch und Rosmarin

10 Portionen

Zubereitungszeit: 45 Minuten
Garzeit: etwa 2 1/2 Stunden

2,4 kg Kalbfleisch (evtl. 2 Stücke, aus der Oberschale oder Nussstück)
Salz, gem. Pfeffer
2 Zwiebeln
2 Knoblauchzehen
4 EL Speiseöl, z. B. Olivenöl
1 1/2 l Milch (3,5 %)
7 Zweige Rosmarin
3 Gewürznelken
etwas dunkler Saucenbinder

Pro Portion:
E: 53 g, F: 17 g, Kh: 9 g,
kJ: 1668, kcal: 399

1. Den Backofen vorheizen.
Ober-/Unterhitze: etwa 160 °C
Heißluft: etwa 140 °C
2. Kalbfleisch mit Küchenpapier trocken tupfen, mit Salz und Pfeffer einreiben.
3. Zwiebeln und Knoblauch abziehen, klein würfeln. Speiseöl in einem Bräter erhitzen. Kalbfleisch darin von allen Seiten bei starker Hitze goldbraun anbraten. Zwiebel- und Knoblauchwürfel hinzugeben, glasig dünsten. Milch hinzugießen.
4. Rosmarin abspülen, trocken tupfen und 2 Zweige zum Garnieren bei-

seitelegen. Nelken, Rosmarin, Salz und Pfeffer zum Kalbfleisch in den Bräter geben.

5. Den Bräter auf dem Rost im unteren Drittel in den vorgeheizten Backofen schieben. Das Kalbfleisch ohne Deckel etwa 2 1/2 Stunden garen. Kalbfleisch nach etwa 1 Stunde Garzeit wenden.

6. Den Kalbsbraten aus dem Bräter nehmen, auf eine vorgewärmte Platte legen und warm stellen.

7. Den Bratenfond durch ein Sieb in einen Topf gießen. Saucenbinder unterrühren, unter Rühren aufkochen. Den Kalbsbraten mit den beiseitegelegten Rosmarinzweigen belegen und mit der Sauce servieren.

Schweinshaxen

8 Portionen

Zubereitungszeit: 20 Minuten
Garzeit: etwa 80 Minuten

8 Schweinshaxen (je etwa 500 g)
Salz
gem. Pfeffer
etwas heißes Wasser
6 mittelgroße Zwiebeln

Pro Portion:
E: 70 g, F: 41 g, Kh: 2 g,
kJ: 2750, kcal: 657

1. Den Backofen vorheizen.
Ober-/Unterhitze: etwa 200 °C
Heißluft: etwa 180 °C

2. Haxen unter fließendem kalten Wasser abspülen, trocken tupfen, mit Salz und Pfeffer einreiben. Haxen in eine mit Wasser ausgespülte Fettpfanne geben.

3. Die Fettpfanne im unteren Drittel in den vorgeheizten Backofen schieben. Haxen etwa 50 Minuten garen. Sobald der Bratensatz bräunt, etwas heißes Wasser hinzugießen. Das Fleisch ab und zu mit dem Bratensatz begießen, verdampfte Flüssigkeit nach und nach durch heißes Wasser ersetzen.

Schweinshaxen

4. Die Zwiebeln abziehen, vierteln und zu den Haxen in die Fettpfanne geben. Haxen weitere etwa 30 Minuten garen.

5. Gare Haxen aus der Fettpfanne nehmen und zugedeckt warm stellen. Den Bratensatz mit etwas kochendem Wasser lösen, evtl. durch ein Sieb streichen und in einen Topf geben. Sauce etwas einkochen lassen und nochmals mit den Gewürzen abschmecken. Sauce zu dem Fleisch reichen.

Tipps: Servieren Sie Erbsenpüree dazu. Haxen mit frischem Majoran oder einigen vorbereiteten Stängeln Thymian anrichten. Pikanter schmeckt die Sauce zur Schweinshaxe, wenn sie mit Senf abgeschmeckt wird. Oder ersetzen Sie das heiße Wasser zum Begießen durch dunkles, bayerisches Bier.

Roastbeef mit Kräuter-Senf-Kruste

8 Portionen

Zubereitungszeit: 15 Minuten, ohne Ruhezeit
Bratzeit: 30–40 Minuten

2 kg Roastbeef
(evtl. in 2 Stücken zu je 1 kg)
5 EL Olivenöl
Salz
gem. Pfeffer

Roastbeef mit Kräuter-Senf-Kruste

Für die Kräuter-Senf-Kruste:
2 Bund Petersilie
je 2 kleine Bund Majoran, Thymian, Basilikum
8 EL mittelscharfer Senf

Pro Portion:
E: 56 g, F: 15 g, Kh: 2 g,
kJ: 1539, kcal: 367

1. Den Backofen vorheizen.
Ober-/Unterhitze: etwa 220 °C
Heißluft: etwa 200 °C

2. Das Roastbeef mit Küchenpapier trocken tupfen und den Fettrand mit einem scharfen Messer entfernen.

3. Öl in einer Pfanne erhitzen. Das Fleisch darin rundherum anbraten, mit Salz und Pfeffer würzen. Fleisch in eine flache Auflaufform (gefettet) legen. Die Form auf dem Rost in den vorgeheizten Backofen schieben. Roastbeef 15–20 Minuten garen.

4. Für die Kräuter-Senf-Kruste Kräuter abspülen, trocken tupfen. Die Blättchen von den Stängeln zupfen, fein hacken und mit Senf vermengen. Roastbeef mit einem Pinsel mit der Kräuter-Senf-Mischung bestreichen und bei der oben angegebenen Backofentemperatur weitere 15–20 Minuten garen.

5. Anschließend das Roastbeef etwa 10 Minuten zugedeckt ruhen lassen, damit sich der Fleischsaft setzt. Für die Sauce den Bratensatz mit wenig Wasser loskochen und mit Salz und Pfeffer würzen. Das Roastbeef in Scheiben schneiden und die Sauce dazu servieren.

Straußenfilet in Wacholdersahne mit Schwarzwurzelgemüse

10 Portionen

Zubereitungszeit: 60 Minuten
Garzeit: etwa 3 Stunden

2 1/2 kg Straußenfilet
250 g Zwiebeln
2 TL Wacholderbeeren
2 TL Pimentkörner
5 EL Speiseöl, z. B. Rapsöl
Salz, gem. Pfeffer
1 EL Tomatenmark
1 Lorbeerblatt
500 ml Hühnerbrühe

Für das Schwarzwurzelgemüse:
2 1/2 kg Schwarzwurzeln
Essigwasser (4 EL Essig in 1 l Wasser)
250 g Schlagsahne
200 ml Gemüsebrühe
Saft von 1 Limette
2 EL Dijon-Senf
ger. Muskatnuss
1 Bund Petersilie

200 g Schlagsahne
1 EL Weizenmehl

Pro Portion:
E: 59 g, F: 23 g, Kh: 7 g,
kJ: 2062, kcal: 492

1. Den Backofen bei Ober-/Unterhitze auf 95 °C vorheizen. Straußenfilet unter fließendem kalten Wasser abspülen und trocken tupfen. Die Zwiebeln abziehen und in kleine Würfel schneiden. Die Wacholderbeeren und das Piment in einem Mörser fein zerstoßen oder zerdrücken.
2. Das Öl in einem Bräter erhitzen. Das Straußenfilet mit Salz und Pfeffer würzen und darin von allen Seiten etwa 10 Minuten anbraten. Dann etwa zwei Drittel der Zwiebelwürfel mit anbraten. Tomatenmark unterrühren. Piment, Wacholderbeeren und Lorbeerblatt hinzufügen. Hühnerbrühe hinzugießen und kurz aufkochen lassen.

Straußenfilet in Wacholdersahne mit Schwarzwurzelgemüse

3. Den Bräter auf dem Rost im unteren Drittel in den vorgeheizten Backofen schieben. Das Filet etwa 3 Stunden garen, dabei 2–3-mal wenden.
4. Etwa 45 Minuten vor dem Ende der Garzeit das Schwarzwurzelgemüse zubereiten. Dazu die Schwarzwurzeln unter fließendem Wasser gründlich abbürsten, abtropfen lassen, schälen, nochmals abspülen und abtropfen lassen. Die Schwarzwurzeln kurz in Essigwasser legen, damit die Stangen weiß bleiben. Dann die Stangen abtropfen lassen und in etwa 3 cm lange Stücke schneiden.
5. Die Sahne und die Gemüsebrühe mit den restlichen Zwiebelwürfeln, Limettensaft und Senf unter gelegentlichem Rühren zum Kochen bringen. Schwarzwurzelstücke hinzufügen und darin zugedeckt bei schwacher Hitze 12–15 Minuten gar kochen. Dabei gelegentlich umrühren. Das Schwarzwurzelgemüse mit Muskatnuss abschmecken. Die Petersilie abspülen, trocken tupfen und die Blättchen von den Stängeln zupfen. Die Blättchen fein hacken und unter das Gemüse rühren.
6. Das Filet aus dem Bräter nehmen und zugedeckt warm stellen.
7. Die Sauce durch ein Sieb in einen Topf gießen. Die Sahne in die Sauce einrühren und kurz aufkochen lassen. Das Mehl in etwas kaltem Wasser anrühren, in die Sauce einrühren und nochmals kurz aufkochen lassen. Die Sauce etwa 5 Minuten köcheln lassen, dann mit Salz und Pfeffer abschmecken.
8. Das Straußenfilet in Scheiben schneiden, mit Sauce und Schwarzwurzelgemüse servieren.

Tipps: Kräuterspätzle schmecken sehr gut dazu. Das Straußenfilet mit rosa Pfefferbeeren, Wacholderbeeren und Lorbeerblättern garniert servieren. Hinweise zum Niedertemperaturgaren finden Sie im Ratgeberteil auf S. 560.

Spanferkelkeule

8–10 Portionen

Zubereitungszeit: 60 Minuten
Garzeit: etwa 3 Stunden für die große Keule, etwa 2 Stunden für die mittelgroßen Keulen

1 große Spanferkelkeule (mit Knochen, 2,8 kg) oder 2 mittelgroße Keulen (je 1 1/2 kg)
Salz, gem. Pfeffer
2 Möhren
250 g Knollensellerie
2 große Zwiebeln
5 EL Sonnenblumenöl
2 TL gerebelter Thymian
2 TL gerebelter Majoran
etwa 125 ml Wasser
250 g entsteinte Backpflaumen

200 ml trockener Rotwein
200 ml Rinderbrühe

Pro Portion:
E: 40 g, F: 26 g, Kh: 19 g,
kJ: 2198, kcal: 524

1. Den Backofen vorheizen.
Ober-/Unterhitze: etwa 200 °C
Heißluft: etwa 180 °C
2. Spanferkelkeule(n) unter fließendem kalten Wasser abspülen, trocken tupfen, mit Salz und Pfeffer einreiben. Möhren und Sellerie putzen, schälen, abspülen und abtropfen lassen. Zwiebeln abziehen. Das Gemüse in grobe Würfel schneiden.
3. Öl in einen großen Bräter oder eine Fettpfanne geben. Die Keule(n) mit der Schwarte nach oben hineinlegen. Die Gemüsewürfel hinzufügen und alles mit Thymian und Majoran bestreuen.
4. Die Fettpfanne oder den Bräter auf dem Rost in den vorgeheizten Backofen schieben. Die große Keule etwa 90 Minuten, mittelgroße Keulen etwa 60 Minuten garen. Während der Gesamtgarzeit nach und nach das Wasser hinzufügen.
5. Backpflaumen und die Hälfte des Weins und der Rinderbrühe hinzufügen, alles noch weitere 90 Minuten (große Keule) bzw. 60 Minuten (mittelgroße Keulen) garen.
6. Die Keule(n) aus dem Bräter oder der Fettpfanne nehmen und warm stellen. Den restlichen Rotwein und die restliche Brühe zu der Garflüssigkeit geben und evtl. etwas einkochen lassen. Die Sauce mit den Gewürzen abschmecken und zu der (den) Spanferkelkeule(n) reichen.

Tipp: Nach Belieben die Sauce mit Backpflaumen und Gemüse pürieren.

Fränkischer Schmorbraten

8 Portionen

Zubereitungszeit: 25 Minuten
Garzeit: etwa 2 1/2 Stunden

1,6 kg Rindfleisch (ohne Knochen, aus der Keule)
2 Bund Suppengrün (Möhren, Sellerie, Porree)
2 Zwiebeln
8 EL Sonnenblumenöl
Salz
gem. Pfeffer
2 EL Tomatenmark
500 ml heiße Brühe
5 EL Schlagsahne

Pro Portion:
E: 44 g, F: 31 g, Kh: 4 g,
kJ: 2117, kcal: 505

1. Rindfleisch mit Küchenpapier trocken tupfen.
2. Suppengrün putzen, abspülen und abtropfen lassen. Zwiebeln abziehen und mit dem Suppengrün in kleine Stücke schneiden.
3. Sonnenblumenöl in einem großen Bräter erhitzen. Fleisch darin rundherum gut anbraten, mit Salz und Pfeffer bestreuen. Suppengrün und Zwiebeln kurz mit anbraten. Tomatenmark unterrühren. Etwas Brühe hinzugießen. Das Fleisch zugedeckt etwa 2 1/2 Stunden schmoren lassen, von Zeit zu Zeit wenden.
4. Die verdampfte Flüssigkeit nach und nach durch Brühe ersetzen.
5. Das gare Fleisch in Scheiben schneiden. Die Gemüsesauce durch ein Sieb streichen oder pürieren. Sahne unterrühren. Die Sauce mit Salz und Pfeffer abschmecken.

Beilage: Petersilienkartoffeln.

Spanferkelkeule

Fränkischer Schmorbraten

Truthahnkeulen in Altbiersauce

8–10 Portionen

Zubereitungszeit: 60 Minuten, ohne Ruhezeit
Garzeit: etwa 1 3/4 Stunden

2 Truthahn- oder Putenoberkeulen (mit Knochen, je etwa 1,3 kg)
Salz, gem. Pfeffer
250 g Zwiebeln
150 g Möhren
150 g Knollensellerie
2 EL Tomatenmark
500 ml Hühnerbrühe
500 ml Altbier
200 g getrocknete Aprikosen

Pro Portion:
E: 56 g, F: 10 g, Kh: 23 g,
kJ: 1909, kcal: 457

1. Den Backofen vorheizen.
Ober-/Unterhitze: etwa 200 °C
Heißluft: etwa 180 °C
2. Truthahn- oder Putenoberkeulen unter fließendem kalten Wasser abspülen, trocken tupfen, mit Salz und Pfeffer einreiben. Truthahn- oder Putenoberkeulen in eine Fettpfanne (gefettet) legen. Die Fettpfanne im unteren Drittel in den vorgeheizten Backofen schieben. Die Truthahn- oder Putenoberkeulen etwa 45 Minuten garen.
3. In der Zwischenzeit Zwiebeln abziehen. Möhren und Sellerie putzen, schälen, abspülen und abtropfen lassen. Zwiebeln, Möhren und Sellerie in Würfel schneiden, mit Tomatenmark zu den Truthahn- oder Putenoberkeulen geben und weitere etwa 10 Minuten mitbraten.
4. Die Hühnerbrühe hinzugießen und die Backofentemperatur um etwa 20 °C herunterschalten. Truthahn- oder Putenoberkeulen weitere etwa 50 Minuten garen, dabei nach und nach die verdampfte Flüssigkeit durch Altbier ersetzen.
5. Fleisch aus der Fettpfanne nehmen und zugedeckt etwa 10 Minuten ruhen lassen.
6. Den Bratenfond mit dem Gemüse in einen hohen Topf geben und pürieren. Aprikosen in Streifen schneiden und in der Sauce kurz erhitzen. Die Sauce mit Salz und Pfeffer abschmecken.
7. Fleisch von den Knochen lösen, in Scheiben schneiden und mit der Sauce servieren.

Rippe mit Backobst

8–10 Portionen

Zubereitungszeit: 50 Minuten, ohne Abkühl- und Ruhezeit
Garzeit: etwa 90 Minuten

250 ml Wasser
250 ml Madeira (portugiesischer Likörwein)
1 Zimtstange
3 Gewürznelken
1 kg gemischtes Backobst
2 Stücke Schweine- oder Kasseler Rippe (je 1,3 kg, mit eingeschnittener Tasche)
Salz, gem. Pfeffer
Paprikapulver edelsüß

Außerdem:
Küchengarn
Bratfolie

Pro Portion:
E: 54 g, F: 46 g, Kh: 23 g,
kJ: 3180, kcal: 758

1. Wasser mit Madeira, Zimt und Gewürznelken in einem Topf zum Kochen bringen. Backobst hinzufügen, zum Kochen bringen und etwa 10 Minuten kochen lassen, dabei gelegentlich umrühren. Das Backobst in der Flüssigkeit etwas abkühlen und dann abtropfen lassen.
2. Das Fleisch unter fließendem kalten Wasser abspülen, trocken tupfen, innen und außen mit Salz, Pfeffer und Paprikapulver einreiben. Das Backobst in die beiden Fleischtaschen füllen und Braten jeweils mit Küchengarn zusammenbinden.
3. Die Fleischstücke auf je ein Stück Bratfolie legen, die Folie verschließen und auf ein Backblech legen. Das Backblech in den kalten Backofen schieben.
Ober-/Unterhitze: etwa 200 °C
Heißluft: etwa 180 °C
Das Fleisch etwa 90 Minuten garen.

Truthahnkeulen in Altbiersauce

Rippe mit Backobst

Kasseler mit Pumpernickelkruste

Rinderbraten in Gemüsesauce

4. Backblech aus dem Backofen nehmen und das Fleisch etwa 10 Minuten ruhen lassen. Erst dann die Bratfolie öffnen, das Fleisch in Scheiben schneiden und auf einer Platte anrichten. Das Fleisch nach Belieben mit übrig gebliebenem Backobst und der erhitzten Einweichflüssigkeit (evtl. mit etwas Speisestärke angedickt) servieren.

Tipps: Bei Kasseler Rippe das Fleisch nicht salzen. Bauernbrot schmeckt sehr lecker dazu.

Kasseler mit Pumpernickelkruste

10 Portionen

Zum Vorbereiten

Zubereitungszeit: 25 Minuten
Garzeit: etwa 45 Minuten

2,2 kg Kasseler Lachsbraten (Kasselerrücken)
250 g Pumpernickel
3 EL Zuckerrübensirup (Rübenkraut)

Pro Portion:
E: 40 g, F: 18 g, Kh: 15 g,
kJ: 1623, kcal: 387

1. Den Backofen vorheizen.
Ober-/Unterhitze: etwa 180 °C
Heißluft: etwa 160 °C
2. Kasseler mit Küchenpapier trocken tupfen und auf ein Backblech (mit Alufolie belegt) legen.
3. Pumpernickel grob zerbröseln und portionsweise in einem Blitzhacker fein zerkleinern. Pumpernickel in eine Rührschüssel geben. Zuckerrübensirup hinzugeben und zu einer glatten Masse verarbeiten. Die Pumpernickelmasse auf dem Kasseler verteilen und fest andrücken.
4. Das Backblech in den vorgeheizten Backofen schieben. Das Kasseler etwa 45 Minuten garen.
5. Kasseler vom Backblech nehmen, mit einem Elektromesser in Scheiben schneiden. Kasseler auf einer Platte anrichten und heiß servieren.

Rinderbraten in Gemüsesauce

8 Portionen

Zubereitungszeit: 50 Minuten
Garzeit: etwa 2 Stunden

6 Schalotten
2 Knoblauchzehen
2 dicke Möhren
4 Stangen Staudensellerie
200 ml Olivenöl
1 1/2 kg Rinderbraten
Salz
gem. Pfeffer
250 ml Rotwein
800 g passierte Tomaten
500 ml Fleischbrühe
1 Gewürznelke
1 Lorbeerblatt
2–3 Stängel Rosmarin
2–3 Stängel Thymian
2 EL Butter

Pro Portion:
E: 39 g, F: 46 g, Kh: 6 g,
kJ: 2542, kcal: 606

1. Schalotten abziehen und grob würfeln. Knoblauch abziehen und halbieren. Möhren putzen, schälen, abspülen, abtropfen lassen und in Würfel schneiden. Selleriestangen putzen und die harten Außenfäden abziehen. Stangen abspülen, abtropfen lassen und ebenfalls grob würfeln.
2. Zwei Esslöffel des Olivenöls in einem Bräter erhitzen. Rindfleisch mit Küchenpapier trocken tupfen, mit Salz und Pfeffer würzen, von allen Seiten in dem Bräter anbraten und herausnehmen.
3. Schalotten-, Knoblauch-, Möhren- und Selleriewürfel darin andünsten.
4. Den Rotwein, die passierten Tomaten, Brühe, Gewürznelke und Lorbeerblatt hinzugeben. Rindfleisch wieder hineinlegen.
5. Die Zutaten zum Kochen bringen und zugedeckt bei schwacher Hitze etwa 2 Stunden garen, Lorbeerblatt und Nelke entfernen.
6. Rindfleisch herausnehmen, kurz ruhen lassen und warm stellen.
7. Die Sauce pürieren, mit Salz und Pfeffer abschmecken. Restliches Olivenöl nach und nach unterschlagen. Die Sauce damit binden.
8. Rosmarin und Thymian abspülen, trocken tupfen und evtl. etwas kleiner zupfen.
9. Butter in einer Pfanne zerlassen. Rosmarin und Thymian darin kurz andünsten.
10. Rindfleisch in Scheiben schneiden und in die Sauce geben. Die Butter mit den Kräutern auf den Rindfleischscheiben verteilen. Sofort servieren.

Roastbeef mit Remouladensauce

Roastbeef mit Remouladensauce

10 Portionen

Zum Vorbereiten

Zubereitungszeit: 45 Minuten, ohne Abkühlzeit
Bratzeit: etwa 25 Minuten

1,8 kg Roastbeef
Salz, gem. Pfeffer
5 EL Speiseöl

Für die Remouladensauce:
500 g Delikatess-Mayonnaise
200 g Joghurt (3,5 % Fett)
190 g abgetropfte Cornichons (aus dem Glas)
200 ml Cornichonflüssigkeit (aus dem Glas)
190 g abgetropfte Perlzwiebeln (aus dem Glas)
125 g abgetropfte Kapern (aus dem Glas)
5 abgetropfte Sardellenfilets, in Öl
1 Prise Zucker

Pro Portion:
E: 43 g, F: 53 g, Kh: 5 g,
kJ: 2780, kcal: 663

1. Das Roastbeef mit Küchenpapier trocken tupfen. Die Fettseite mehrmals kreuzweise einschneiden. Roastbeef mit Salz und Pfeffer einreiben.
2. Den Backofen vorheizen.
Ober-/Unterhitze: etwa 160 °C
Heißluft: etwa 140 °C
3. Speiseöl in einem großen Bräter erhitzen. Das Roastbeef von allen Seiten je etwa 2 Minuten anbraten. Zuletzt die Fettseite nach oben legen. Den Bräter auf dem Rost in den vorgeheizten Backofen schieben. Das Roastbeef etwa 25 Minuten braten.
4. Roastbeef aus dem Bräter nehmen, in Alufolie wickeln und auf Zimmertemperatur abkühlen lassen. Roastbeef bis zum Servieren in den Kühlschrank legen.
5. Für die Remouladensauce die Mayonnaise und den Joghurt in einer Rührschüssel verrühren. Beim Abtropfen der Cornichons die Flüssigkeit auffangen und 200 ml abmessen. Die Cornichonflüssigkeit mit der Joghurt-Mayonnaise verrühren.
6. Perlzwiebeln, Cornichons und Kapern mit einem Messer oder im Blitzhacker grob hacken und unter die Joghurt-Mayonnaise rühren. Die Sardellenfilets mit einem Messer fein hacken und unter die Sauce rühren. Sauce mit Salz, Pfeffer und Zucker abschmecken.
7. Roastbeef vor dem Servieren in dünne Scheiben schneiden und auf einer Platte anrichten. Die Remouladensauce dazureichen.

Schweinekrustenbraten in Biersauce

10 Portionen

Zubereitungszeit: 30 Minuten, ohne Gefrierzeit
Garzeit: etwa 2 Stunden 40 Minuten

4 kg Schweinekrustenbraten (Schinkenbraten aus der Unterschale)
Salz, gem. Pfeffer
1 Bund Suppengrün (Sellerie, Möhren, Porree)
3 Zweige Rosmarin
2 Lorbeerblätter
1 Gewürznelke
2,1 l helles Bier
400 ml Gemüsebrühe
Zucker

Pro Portion:
E: 81 g, F: 44 g, Kh: 6 g,
kJ: 3303, kcal: 818

1. Schweinebraten mit Küchenpapier trocken tupfen, mit der Schwartenseite nach unten etwa 1 Stunde in den Gefrierschrank legen, bis die Schwarte leicht angefroren ist.
2. Den Backofen vorheizen.
Ober-/Unterhitze: etwa 160 °C
3. Den Schweinebraten aus dem Gefrierschrank nehmen. Schwarte mit einem scharfen Messer rautenförmig einschneiden. Schweinebraten mit der Schwartenseite nach unten in einen Bräter legen. Den Schweinebraten mit Salz und Pfeffer leicht einreiben.

4. Sellerie und Möhren putzen, schälen, abspülen, abtropfen lassen und würfeln. Porree putzen, die Stange längs halbieren, gründlich waschen, abtropfen, in Stücke schneiden. Rosmarin abspülen und trocken tupfen. Suppengrün, Rosmarin, Lorbeerblätter und Gewürznelke in dem Bräter verteilen. Bier und Brühe hinzugießen.
5. Den Bräter auf dem Rost im unteren Drittel in den vorgeheizten Backofen schieben. Den Schweinebraten etwa 90 Minuten garen. Den Schweinebraten umdrehen und die Backofentemperatur auf Ober-/Unterhitze: etwa 180 °C heraufschalten. Den Schweinebraten weitere etwa 70 Minuten garen. Evtl. etwas Wasser nachgießen. Sollte die Kruste zu dunkel werden, die Backofentemperatur etwas herunterschalten.
6. Den Schweinebraten aus dem Bräter nehmen, auf eine Platte legen und im heißen Backofen (Ober-/Unterhitze: etwa 100 °C) warm halten.
7. Den Bratenfond mit dem Gemüse in einen Topf geben, aufkochen lassen und pürieren. Die Sauce durch ein Sieb gießen, dabei das Gemüse etwas ausdrücken. Sauce mit Salz, Pfeffer und Zucker abschmecken.
8. Den Braten in Scheiben schneiden und mit der Sauce servieren.

Schweinenacken im Salzmantel

8–10 Portionen

Zubereitungszeit: 30 Minuten, ohne Ruhezeit
Garzeit: etwa 1 1/2 Stunden

Für den Salzmantel:
1 1/2 kg Salz
40 g Weizenmehl
5 Eiweiß (Größe M)

2 1/2 kg Schweinenacken (ohne Knochen)
60 g Butter (zimmerwarm)
etwa 5 EL gemischte, gehackte Kräuter, z. B. Petersilie, Schnittlauch oder Kerbel

Pro Portion:
E: 53 g, F: 42 g, Kh: 1 g,
kJ: 2695, kcal: 643

1. Den Backofen vorheizen.
Ober-/Unterhitze: etwa 250 °C
Heißluft: etwa 220 °C
2. Für den Salzmantel Salz mit Mehl in einer Rührschüssel mischen. Das Eiweiß verschlagen, zu der Salzmischung geben und alles mit einem Mixer (Knethaken) zu einer einheitlichen Masse verkneten.
3. Knapp ein Drittel der Salzmasse in die Mitte einer Fettpfanne (mit Backpapier belegt) geben und in der Größe des Fleisches formen.
4. Schweinenacken mit Küchenpapier trocken tupfen und auf die Salzmasse legen. Die Butter mit Kräutern verrühren und daraufstreichen.
5. Die restliche Salzmasse um und auf das Fleisch verteilen und gut andrücken. Die Fettpfanne in den vorgeheizten Backofen schieben. Das Fleisch etwa 30 Minuten garen.
6. Die Backofentemperatur um etwa 50 °C (auf Ober-/Unterhitze: etwa 200 °C, Heißluft: etwa 170 °C) reduzieren. Das Fleisch weitere etwa 60 Minuten garen.
7. Das Fleisch dann noch etwa 20 Minuten im ausgeschalteten Backofen ruhen lassen. Die Fettpfanne aus dem Backofen nehmen. Den Salzmantel aufschlagen. Das Fleisch herausnehmen, auf eine vorgewärmte Platte legen und in Scheiben schneiden.

Beilage: Röstkartoffeln und frischer Tomatensalat.

Tipps: Es kann sein, dass der Salzblock beim Garen etwas aufreißt. Das Fleisch bleibt aber trotzdem schön saftig und zart. Das Fleisch schmeckt auch kalt hervorragend.

Schweinekrustenbraten in Biersauce

Schweinenacken im Salzmantel

Ananas-Kasseler im Brotteig

Zum Vorbereiten

8–10 Portionen
(etwa 12–16 Scheiben)

Zubereitungszeit: 45 Minuten, ohne Teiggehzeit
Backzeit: etwa 100 Minuten

Für den Teig:
1 Pck. Brotbackmischung für Krustenbrot (mit Natursauerteig und Hefe, 500 g)
75 g Röstzwiebeln (Fertigprodukt)

1,8–2 kg Kasseler (ohne Knochen)
gem. Pfeffer
100 g abgetropfte Ananasscheiben (aus der Dose) oder etwa 200 g frische Ananasscheiben

Pro Portion:
E: 44 g, F: 22 g, Kh: 45 g,
kJ: 2332, kcal: 556

1. Für den Teig Brotbackmischung in eine Schüssel geben. Aus der Brotbackmischung nach Packungsanleitung mit der auf der Packung angegebenen Flüssigkeitsmenge einen Brotteig herstellen.
2. Den Teig zu einer Kugel formen, mit etwas Mehl bestäuben und zugedeckt an einem warmen Ort gehen lassen, bis er sich sichtbar vergrößert hat (etwa 30 Minuten). Dann den Teig nochmals durchkneten und dabei die Röstzwiebeln unterkneten. Den Teig nochmals etwa 45 Minuten gehen lassen.
3. Inzwischen Kasseler mit Küchenpapier trocken tupfen. Eine große Pfanne ohne Fett erwärmen. Kasseler darin rundherum kräftig anbraten. Das Kasseler aus der Pfanne nehmen, kurz abkühlen lassen und mit Pfeffer würzen.
4. Den Backofen vorheizen.
Ober-/Unterhitze: etwa 200 °C
Heißluft: etwa 180 °C
5. In den Kasselerbraten in etwa 2–3 cm Abständen mit einem scharfen Messer tiefe, längliche Taschen einschneiden, dabei den Braten nicht ganz durchschneiden. Die Ananasscheiben halbieren, dann nochmals waagerecht in je 2 dünne Halbkreise schneiden. Die dünnen Ananasscheiben zwischen Küchenpapier legen und trocken drücken. Jeweils 1 halbierte Ananasscheibe tief in einen Einschnitt stecken.
6. Eine Fettpfanne mit Backpapier auslegen und mit etwas Mehl bestäuben. Den Teig auf dem Backpapier oder einer leicht bemehlten Arbeitsfläche zu einer Platte (etwa 30 x 40 cm) ausrollen. Kasseler so darauflegen, dass es darin eingeschlagen werden kann.
7. Den Teig um das Fleisch wickeln, sodass das Fleisch vollständig verhüllt ist. Die Nahtstellen fest zusammendrücken, den Braten in die Fettpfanne legen.
8. Die Fettpfanne in den vorgeheizten Backofen schieben. Das Ananas-Kasseler etwa 100 Minuten backen. Evtl. zum Ende der Bratzeit austretenden Bratensaft vorsichtig vom Blech tupfen, wenn der Brotteig beim Backen aufreißen sollte.

Ananas-Kasseler im Brotteig

Calvados-Rouladen

8 Portionen

Zubereitungszeit: 45 Minuten
Garzeit: etwa 40 Minuten

8 dünne Schweineschnitzel (je etwa 180 g)
Salz, gem. Pfeffer
2 gestr. EL mittelscharfer Senf
2 gestr. EL Curryketchup
8 Scheiben Frühstücksspeck (Bacon)
8 Scheiben junger Gouda
3 mittelgroße Zwiebeln
2 Stangen Porree (Lauch, etwa 400 g)
2 säuerliche Äpfel
30 g Butterschmalz
250 ml Fleischbrühe

20 g Weizenmehl
125 g Schlagsahne
4 EL Calvados (Apfelbranntwein)
2 EL gehackter Estragon
4 Stängel Estragon

Außerdem:
Küchengarn oder Rouladennadeln

Pro Portion:
E: 52 g, F: 25 g, Kh: 8 g,
kJ: 2045, kcal: 489

1. Die Fleischscheiben mit Küchenpapier trocken tupfen und etwas flacher klopfen. Fleischscheiben mit Salz und Pfeffer würzen. Den Senf mit Curryketchup verrühren. Die Fleischscheiben damit bestreichen und mit jeweils 1 Scheibe Frühstücksspeck und 1 Scheibe Käse belegen.
2. Die Zwiebeln abziehen und in Würfel schneiden. Den Porree putzen. Stangen längs halbieren, gründlich abspülen, abtropfen lassen und in

Calvados-Rouladen

Bayerischer Krautbraten

Stücke schneiden. Die Äpfel schälen, halbieren, entkernen und in kleine Würfel schneiden. Zwiebelwürfel mit den Porreestücken und Apfelwürfeln vermengen.

3. Die Fleischscheiben mit einem Teil der Apfel-Zwiebel-Porree-Mischung belegen. Restliche Apfel-Zwiebel-Porree-Mischung beiseitestellen.

4. Dann die Fleischscheiben von der schmalen Seite her aufrollen, mit Küchengarn zusammenbinden oder mit Rouladennadeln feststecken.

5. Butterschmalz in einer großen Pfanne oder einem Bräter erhitzen. Die Rouladen (evtl. in 2 Portionen) von allen Seiten darin anbraten. Die Brühe hinzugießen, kurz aufkochen lassen und die Rouladen zugedeckt etwa 20 Minuten garen. Dann die beiseitegestellte Apfel-Zwiebel-Porree-Mischung hinzugeben und alles weitere etwa 20 Minuten garen.

6. Die garen Rouladen herausnehmen (Küchengarn oder Rouladennadeln entfernen), auf einer Platte anrichten und warm stellen.

7. Das Mehl mit Sahne anrühren, mit einem Schneebesen in die Gemüsesauce rühren und unter Rühren etwa 5 Minuten kochen lassen. Calvados und gehackten Estragon unterrühren.

8. Die Estragonstängel abspülen und trocken tupfen. Die Rouladen auf der Gemüsesauce mit dem Estragon garniert servieren.

Bayerischer Krautbraten

8 Portionen

Zubereitungszeit: 60 Minuten
Garzeit: 60–70 Minuten

etwa 2 kg Weißkohl (2 Köpfe)
3 TL Salz
2 Zwiebeln, 2 TL Kümmelsamen
120 g Schweineschmalz
Salz, gem. Pfeffer
2 Brötchen (Semmel) vom Vortag
700 g Rindergehacktes
4 Eier (Größe M)
4 EL gehackte Petersilie
200 g magere, durchwachsene Speckscheiben

Pro Portion:
E: 29 g, F: 48 g, Kh: 15 g,
kJ: 2721, kcal: 650

1. Die schlechten äußeren Blätter vom Weißkohl entfernen. Die Strünke herausschneiden. Wasser mit dem Salz in zwei großen Töpfen zum Kochen bringen. Die Kohlköpfe jeweils 1–2 Minuten in das kochende Salzwasser legen, bis sich die äußeren Blätter lösen lassen. Dann jeweils 1–2 Blätter ablösen. Diesen Vorgang wiederholen, bis etwa 24–32 große Blätter gelöst sind. Die Blattrippen flach schneiden.

2. Den restlichen Kohl klein schneiden. Die Zwiebeln abziehen und würfeln. Kümmel zerdrücken. Schweineschmalz in einem großen Topf oder Bräter zerlassen. Zwiebeln, Kümmel und die Kohlstreifen darin fast gar schmoren, mit Salz und Pfeffer würzen und etwas abkühlen lassen.

3. Den Backofen vorheizen.
Ober-/Unterhitze: etwa 180 °C
Heißluft: etwa 160 °C

4. Die Brötchen in Wasser einweichen. Die Hälfte der Weißkohlblätter in einem länglichen Bräter (gefettet) oder einer Fettpfanne (gefettet) etwas übereinanderlappend auslegen.

5. Brötchen gut ausdrücken und mit Gehacktem, Eiern, Petersilie und geschmortem Kohl vermengen, mit Salz und Pfeffer würzen.

6. Die Fleischmasse zu einem länglichen Laib formen und auf die Kohlblätter legen. Die restlichen Kohlblätter wieder etwas übereinanderlappend darauflegen, fest andrücken (evtl. das Ganze mit Küchengarn zusammenbinden) und mit den Speckscheiben belegen.

7. Den Bräter auf dem Rost oder die Fettpfanne in den vorgeheizten Backofen schieben und den Krautbraten 60–70 Minuten garen.

8. Den Krautbraten in Scheiben schneiden und mit den Speckscheiben servieren.

Boeuf à la mode (Rindfleisch in Rotwein)

Zum Vorbereiten

10–12 Portionen

Zubereitungszeit: 60 Minuten, ohne Marinierzeit
Garzeit: etwa 2 Stunden

Für die Marinade:
150 g Zwiebeln
150 g Möhren
1 Bund Petersilie
6 Knoblauchzehen
750 ml Rotwein
75 ml Cognac
3 Lorbeerblätter
2 TL gerebelter Thymian
Salz, gem. Pfeffer

2 kg Rinderbraten (Schwanzrolle)
75 g Gänseschmalz
60 g Bauchspeck
2 Kalbsknochen
3 Tomaten
1 Stange Porree (Lauch)
1 Stück Speckschwarte
400 ml Fleischbrühe

Für das Gemüse:
30 kleine Zwiebelchen (etwa 390 g)
1 1/2 Bund Möhren (etwa 785 g)
75 g Bauchspeck
60 g Butter
Zucker, 3 EL gehackte Petersilie

95 g kalte Butter

Pro Portion:
E: 41 g, F: 34 g, Kh: 7 g,
kJ: 2176, kcal: 520

1. Für die Marinade Zwiebeln abziehen und in Scheiben schneiden. Möhren putzen, schälen, abspülen, abtropfen lassen und grob zerkleinern. Die Petersilie abspülen, trocken tupfen und fein hacken. Knoblauch abziehen und zerdrücken.
2. Aus Rotwein, Cognac, Zwiebeln, Möhren, Petersilie, Knoblauch, Lorbeerblättern und Thymian eine Marinade zubereiten, mit Salz und Pfeffer würzen. Das Rindfleisch trocken tupfen, in die Marinade legen und zugedeckt über Nacht im Kühlschrank marinieren.

Boeuf à la mode (Rindfleisch in Rotwein)

3. Rindfleisch aus der Marinade nehmen, abtropfen lassen und etwas trocken tupfen. In einem Bräter das Gänseschmalz erhitzen. Den Braten darin von allen Seiten anbraten. Den Bauchspeck grob würfeln und dann dazugeben. Kalbsknochen unter fließendem kalten Wasser abspülen, trocken tupfen und mit anschmoren.
4. Den Backofen vorheizen.
Ober-/Unterhitze: etwa 160 °C
Heißluft: etwa 140 °C
5. Die Tomaten abspülen, abtrocknen, vierteln und die Stängelansätze herausschneiden. Porree putzen. Die Stange längs halbieren, gründlich abspülen, abtropfen lassen und in Stücke schneiden. Porree mit den Tomaten und der Speckschwarte zum Fleisch geben.
6. Die Fleischbrühe und etwas von der durchgesiebten Marinade hinzugießen, kurz aufkochen. Den Bräter auf dem Rost in den vorgeheizten Backofen schieben. Das Fleisch zugedeckt etwa 2 Stunden garen.
7. Etwa 30 Minuten vor dem Ende der Garzeit für das Gemüse Zwiebeln abziehen, evtl. halbieren. Möhren putzen, schälen, abspülen, abtropfen lassen und in Stücke schneiden. Bauchspeck in Würfel schneiden.
8. Speckwürfel in einer Pfanne auslassen. Butter zugeben. Die Zwiebeln und Möhren darin braten, mit Salz und etwas Zucker abschmecken. Die Petersilie unterrühren.
9. Das Fleisch aus dem Bratenfond nehmen und zugedeckt etwas ruhen lassen, damit sich der Fleischsaft setzen kann.
10. Die Sauce durch ein feines Sieb gießen. Die Sauce mit kalter Butter binden, abschmecken, mit dem in Scheiben geschnittenen Fleisch und dem Gemüse servieren.

Burgunderbraten

12 Portionen

Zum Vorbereiten

Zubereitungszeit: 40 Minuten, ohne Marinierzeit
Garzeit: etwa 1 1/2 Stunden

etwa 40 rohe Perlzwiebeln
200 g Knollensellerie
200 g Möhren
200 g Porree (Lauch)
2,4 kg Rinderbraten (in 2 Stücken, aus der Hüfte)
2 TL Pfefferkörner
1 Lorbeerblatt
2 TL Rosmarinnadeln
Salz
gem. Pfeffer
1 l Burgunderwein

6 EL Rapsöl
1 l Rinderfond oder -brühe
2 EL Tomatenmark
100 g kalte Butter

Pro Portion:
E: 44 g, F: 16 g, Kh: 12 g,
kJ: 1793, kcal: 428

1. Perlzwiebeln abziehen. Sellerie und Möhren putzen, schälen, abspülen, abtropfen lassen und in perlzwiebelgroße Stücke schneiden. Porree putzen. Stange längs halbieren, gut abspülen, abtropfen lassen, in etwa 3 cm lange Stücke schneiden.
2. Das Fleisch mit Küchenpapier trocken tupfen, evtl. entfetten und entsehnen. Das Fleisch in eine große Schüssel legen. Das Gemüse und die Gewürze daraufstreuen, mit Burgunder übergießen. Die Schüssel zudecken und in den Kühlschrank stellen. Das Fleisch etwa 20 Stunden marinieren, dabei das Fleisch einmal wenden.
3. Am nächsten Tag das Fleisch aus der Rotweinmarinade nehmen, abtropfen lassen und trocken tupfen. Die Marinade durch ein Sieb abgießen, dabei die Marinade auffangen und das Gemüse beiseitestellen.
4. Den Backofen vorheizen.
Ober-/Unterhitze: etwa 200 °C
Heißluft: etwa 180 °C
5. Das Öl in einem großen Bräter erhitzen. Die Fleischstücke darin von allen Seiten gut anbraten. Die Hälfte des Fonds oder der Brühe hinzugießen, kurz aufkochen lassen.
6. Den Bräter zugedeckt auf dem Rost in den vorgeheizten Backofen schieben. Fleisch etwa 1 1/2 Stunden schmoren lassen. Dabei nach und nach die verdampfte Flüssigkeit durch etwas Rotweinmarinade und Fond oder Brühe ersetzen.
7. Etwa 30 Minuten vor dem Ende der Garzeit das beiseitegestellte Gemüse und Tomatenmark zum Fleisch geben, unterrühren und evtl. den restlichen Fond oder die restliche Brühe und Rotweinmarinade dazugießen.
8. Zur Garprobe eine Fleischgabel in den Braten stechen und etwas anheben. Rutscht das Fleisch langsam von der Gabel, so ist der Schmorprozess abgeschlossen. Fleisch dann herausnehmen und zugedeckt warm stellen.
9. Butter unter die Sauce rühren. Die Sauce nochmals abschmecken. Fleisch in Scheiben schneiden, mit Sauce und Gemüse anrichten.

Eisbein mit Sauerkraut

8 Portionen

Zum Vorbereiten

Zubereitungszeit: 30 Minuten
Garzeit: 1 1/2–2 Stunden

3 kg gepökeltes Eisbein (8 Stück, evtl. beim Metzger vorbestellen)
etwa 2 1/2 l Wasser
1 1/2 kg frisches Sauerkraut
2 Zwiebeln
2 Lorbeerblätter
6 Gewürznelken
10 Wacholderbeeren
500 ml Fleischbrühe
2 mehligkochende Kartoffeln
Salz
gem. Pfeffer
etwas Zucker

Pro Portion:
E: 58 g, F: 29 g, Kh: 7 g,
kJ: 2226, kcal: 532

1. Eisbeine unter fließendem kalten Wasser abspülen. Wasser und jeweils 4 Eisbeine in zwei große Töpfe geben, zum Kochen bringen und zugedeckt etwa 1 1/2–2 Stunden bei schwacher bis mittlerer Hitze kochen lassen.
2. In der Zwischenzeit das Sauerkraut locker zupfen. Die Zwiebeln abziehen. Sauerkraut, Zwiebeln, Lorbeerblätter, Nelken und Wacholderbeeren mit der Brühe in einen Topf geben und zum Kochen bringen. Das Sauerkraut zugedeckt etwa 30 Minuten kochen. Nach Bedarf noch etwas Brühe vom Eisbein zugeben.
3. Die Kartoffeln schälen, abspülen und abtropfen lassen. Die Kartoffeln reiben, zum Sauerkraut geben und nochmals kurz aufkochen, damit es sämig wird. Das Sauerkraut mit Salz, Pfeffer und Zucker würzen.
4. Die Eisbeine aus dem Topf nehmen und mit dem Sauerkraut servieren.

Beilage: Salzkartoffeln.

Tipp: Für ein Eisbein „Berliner Art" servieren Sie dazu ein Püree aus getrockneten, grünen Erbsen.

Burgunderbraten

Eisbein mit Sauerkraut

Kräuterfilet, mit Frischkäse gefüllt

Zum Vorbereiten

12 Portionen

Zubereitungszeit: 45 Minuten
Garzeit: etwa 25 Minuten

4 Schweinefilets (je etwa 400 g)

8 Schalotten
je 1 Bund Petersilie, Estragon und Schnittlauch
300 g Kräuter-Frischkäse
4 EL Kräutersenf
Salz, gem. Pfeffer
6 EL Olivenöl

Außerdem:
Holzspießchen oder Küchengarn

Pro Portion:
E: 32 g, F: 11 g, Kh: 2 g,
kJ: 997, kcal: 238

1. Den Backofen vorheizen.
Ober-/Unterhitze: etwa 180 °C
Heißluft: etwa 160 °C
2. Schweinefilets mit Küchenpapier trocken tupfen. In jedes Filets längs eine Tasche einschneiden, sodass die Filets auseinandergedrückt werden können.
3. Schalotten abziehen und in kleine Würfel schneiden. Kräuter abspülen und trocken tupfen. Die Blättchen von den Stängeln zupfen und klein schneiden. Schnittlauch in Röllchen schneiden.
4. Frischkäse mit Senf verrühren, Schalottenwürfel und Kräuter unterrühren. Frischkäsemasse mit Salz und Pfeffer würzen. Die Filets auseinanderdrücken und mit der Masse füllen. Die Filets mit Holzspießchen feststecken oder mit Küchengarn zusammenbinden.
5. Olivenöl in einer ofenfesten Pfanne oder einem Bräter erhitzen. Die gefüllten Filets darin von allen Seiten anbraten. Die Pfanne oder den Bräter auf dem Rost in den vorgeheizten Backofen schieben. Die Filets etwa 25 Minuten garen.

Tipp: Sie können das Rezept von Punkt 2 bis Punkt 4 vorbereiten und die gefüllten Filets zugedeckt in den Kühlschrank stellen.

Kasseler-Roulade

8–10 Portionen

Zubereitungszeit: 35 Minuten
Garzeit: 45–55 Minuten

2 kg Kasseler Rücken (ohne Knochen)
1 rote Paprikaschote
500 g Ananasfruchtfleisch
etwas Chilipulver
300 ml Orangensaft
1 kg Möhren
100 g Ingwer
250 g Crème fraîche

Küchengarn

Pro Portion:
E: 41 g, F: 27 g, Kh: 21 g,
kJ: 2075, kcal: 496

1. Kasseler vom Metzger so schneiden lassen, dass eine flache, gleichmäßige Decke (große Roulade) entsteht. Das Fleisch mit Küchenpapier trocken tupfen.
2. Paprikaschote halbieren, entstielen, entkernen und die weißen Scheidewände entfernen. Schote abspülen, gut abtropfen lassen und in Streifen schneiden. Ananasfruchtfleisch in kleine Stücke schneiden.
3. Den Backofen vorheizen.
Ober-/Unterhitze: etwa 200 °C
Heißluft: etwa 180 °C
4. Das Kasseler im Wechsel mit etwa einem Viertel der Ananasstücke und den Paprikastreifen in langen Reihen belegen, mit Chili würzen. Kasseler vorsichtig aufrollen und mit Küchengarn zusammenbinden.
5. Kasseler in einen großen Bräter legen. Orangensaft angießen. Den Bräter auf dem Rost in den vorgeheizten Backofen schieben. Den Braten 25–35 Minuten garen.
6. In der Zwischenzeit Möhren putzen, schälen, abspülen, abtropfen

Kräuterfilet, mit Frischkäse gefüllt

Kasseler-Roulade

lassen und in etwa 1 cm große Würfel schneiden. Ingwer schälen und fein würfeln.

7. Restliche Ananasstücke, Ingwer- und Möhrenwürfel mit Crème fraîche vermischen und um das Fleisch in dem Bräter verteilen.

8. Den Bräter wieder in den Backofen schieben, alles weitere etwa 20 Minuten garen. Ananas-Möhren-Mischung zwischendurch einmal durchrühren und zum Servieren mit Chili abschmecken.

Scheibenbraten, überbacken

Zum Vorbereiten

10 Portionen

Zubereitungszeit: 2 Stunden, ohne Kühlzeit
Garzeit: 1 3/4–2 Stunden
Überbackzeit: etwa 45 Minuten

2 Stücke Schweinefleisch
(je 1 1/4 kg, aus der Oberschale)
Salz
gem. Pfeffer
2–3 TL gerebelter Rosmarin
2 Bund Suppengrün
(Möhren, Sellerie, Porree)
2 mittelgroße Zwiebeln
2 Tomaten
3 EL Butterschmalz
etwa 250 ml Wasser

Für die Füllung:
500 g Champignons
450 g Gemüsezwiebeln
5 Knoblauchzehen
40 g Butter
4 EL gehackte Petersilie
300 g feine Kalbsleberwurst

Zum Überbacken:
150 g Crème fraîche
150 g saure Sahne
100 g ger. Emmentaler
60 g ger. Parmesan
Paprikapulver edelsüß

evtl. dunkler Saucenbinder

Pro Portion:
E: 70 g, F: 34 g, Kh: 8 g,
kJ: 2585, kcal: 618

1. Schweinefleisch mit Küchenpapier trocken tupfen, mit Salz, Pfeffer und Rosmarin einreiben.

2. Suppengrün putzen, abspülen, abtropfen lassen, Zwiebeln abziehen und alles in Stücke schneiden. Die Tomaten abspülen, abtrocknen, vierteln und die Stängelansätze herausschneiden.

3. Den Backofen vorheizen.
Ober-/Unterhitze: etwa 200 °C
Heißluft: etwa 180 °C

4. Das Butterschmalz in einem Bräter zerlassen. Das Fleisch darin von allen Seiten gut anbraten. Suppengrün, Zwiebeln und Tomaten um das Fleisch legen und mit andünsten. Die Hälfte des Wassers angießen. Den Bräter auf dem Rost in den vorgeheizten Backofen schieben. Braten 1 3/4–2 Stunden garen.

5. Während der Garzeit das Fleisch ab und zu wenden, verdampfte Flüssigkeit durch Wasser ersetzen.

6. In der Zwischenzeit für die Füllung Champignons putzen, mit Küchenpapier abreiben, evtl. abspülen, abtropfen lassen und in Würfel schneiden. Gemüsezwiebeln abziehen und würfeln. Knoblauch abziehen und fein hacken.

7. Butter zerlassen. Gemüsezwiebelwürfel und Knoblauch darin andünsten. Champignonwürfel hinzugeben und unter Rühren bei starker Hitze 5–10 Minuten darin dünsten, bis die Flüssigkeit verdampft ist.

8. Petersilie unterrühren, mit Salz und Pfeffer würzen und erkalten lassen. Die Kalbsleberwurst unterrühren.

9. Das gare Fleisch aus dem Bräter nehmen und zugedeckt erkalten lassen. Den Bratensatz mit Wasser loskochen, mit dem Gemüse durch ein Sieb streichen, evtl. mit Wasser auf 1 Liter auffüllen und kalt stellen.

10. Den Backofen wieder vorheizen.
Ober-/Unterhitze: etwa 180 °C
Heißluft: etwa 160 °C

Scheibenbraten, überbacken

11. Die kalten Bratenstücke in etwa 1 cm dicke Scheiben schneiden, die Scheiben etwa 1/2 cm dick mit der Champignon-Leberwurst-Masse bestreichen. Die Bratenstücke wieder zusammensetzen und in je eine Auflaufform (gefettet) setzen (Formen sollten möglichst nicht viel größer als das jeweilige Bratenstück sein).

12. Crème fraîche, saure Sahne, beide Käsesorten und Paprikapulver verrühren und auf dem Fleisch verteilen. Die Auflaufformen zugedeckt (mit Deckeln oder Alufolie) auf dem Rost in den vorgeheizten Backofen schieben. Die Braten etwa 30 Minuten überbacken.

13. Dann Deckel oder Alufolie entfernen und den Braten noch weitere etwa 15 Minuten überbacken.

14. Die beiseitegestellte Sauce erhitzen, nach Belieben mit Saucenbinder binden, evtl. nochmals mit den Gewürzen abschmecken und zu dem Fleisch reichen.

Tipps: Sie können Fleisch, Sauce und Füllung bereits am Vortag zubereiten. Am Tag des Verzehrs die Bratenstücke mit der Füllung zusammensetzen, mit der Käsemasse bestreichen und wie ab Punkt 12 angegeben überbacken.

Kasseler auf Gemüsestreifen

Kasseler auf Gemüsestreifen

8 Portionen

Zubereitungszeit: 35 Minuten
Garzeit: 35–40 Minuten

2 Bund Möhren
4 mittelgroße Fenchelknollen
4 EL Olivenöl
je 2 TL gerebelter Thymian und Rosmarin
Salz, gem. Pfeffer
300 ml Wasser
1 1/2 kg Kasseler Kotelettstück (ohne Knochen)

Pro Portion:
E: 35 g, F: 21 g, Kh: 13 g,
kJ: 1601, kcal: 382

1. Den Backofen vorheizen.
Ober-/Unterhitze: etwa 180 °C
Heißluft: etwa 160 °C
2. Möhren schälen, putzen, abspülen und abtropfen lassen. Von den Fenchelknollen die Stiele dicht oberhalb der Knollen abschneiden. Braune Stellen und Blätter entfernen. Die Knollen abspülen, abtropfen lassen und halbieren. Möhren und Fenchel in Streifen schneiden.
3. Öl in einem Bräter erhitzen. Möhren- und Fenchelstreifen unter Rühren etwa 5 Minuten darin dünsten, mit Thymian, Rosmarin, Salz und Pfeffer würzen.
4. Kasseler mit Küchenpapier trocken tupfen, auf das Gemüse legen. Das Wasser hinzugießen.
5. Den Bräter auf dem Rost im unteren Drittel in den vorgeheizten Backofen schieben. Das Kasseler etwa 35 Minuten garen.
6. Kasseler einige Minuten ruhen lassen, dann aus der Form nehmen und in Scheiben schneiden. Möhren- und Fenchelgemüse nochmals mit Salz und Pfeffer abschmecken. Kasselerscheiben darauf anrichten und sofort servieren.

Kaninchen nach Bauernart

Kaninchen nach Bauernart

8 Portionen

Zubereitungszeit: 30 Minuten
Garzeit: etwa 60 Minuten

etwa 2,4 kg küchenfertige Kaninchenteile (z. B. Keulen, Rücken)
Salz
gem. Pfeffer
5 EL Sonnenblumenöl
3–4 Knoblauchzehen
1 Lorbeerblatt
4 TL gerebelter Thymian
400 ml Fleischbrühe
2 dicke Möhren
160 g Staudensellerie
10 Frühlingszwiebeln
3 EL Tomatenmark
einige Stängel Thymian
Zucker

Pro Portion:
E: 50 g, F: 18 g, Kh: 5 g,
kJ: 1621, kcal: 388

1. Kaninchenteile unter fließendem kalten Wasser abspülen und trocken tupfen. Evtl. vom Rücken noch die Bauchlappen abschneiden und den Rücken enthäuten. Die Kaninchenteile mit Salz und Pfeffer würzen.
2. Öl in einem großen Bräter erhitzen. Kaninchenstücke von allen Seiten darin anbraten. Knoblauch abziehen, mit Lorbeerblatt und Thymian in den Bräter geben. Etwa die Hälfte der Fleischbrühe hinzugießen und zugedeckt etwa 40 Minuten schmoren. Nach und nach die restliche Brühe hinzugießen.
3. In der Zwischenzeit die Möhren putzen, schälen, abspülen, abtropfen lassen und in etwa 1 cm große Würfel schneiden. Staudensellerie putzen und die harten Außenfäden abziehen. Frühlingszwiebeln putzen. Sellerie und Frühlingszwiebeln abspülen, abtropfen lassen und in dünne Scheiben schneiden.
4. Das Gemüse mit in den Bräter geben. Tomatenmark unterrühren. Das Ganze zugedeckt weitere etwa 20 Minuten schmoren.
5. Thymian abspülen, trocken tupfen und die Blättchen von den Stängeln zupfen. Das Kaninchen nach Bauernart mit Salz, Pfeffer, Zucker und Tomatenmark abschmecken, mit Thymianblättchen bestreut servieren.

Kalbsschnitzel mit Kräuterkruste

8 Portionen

Zubereitungszeit: 40 Minuten
Überbackzeit: etwa 10 Minuten

8 Kalbsschnitzel (je etwa 125 g)
Salz, gem. Pfeffer

Für die Kräuterkruste:
100 g Butter (zimmerwarm)
3 EL ger. Meerrettich (aus dem Glas)
75 g gemischte TK-Kräuter
2–4 EL Semmelbrösel
3 Eigelb (Größe M)

50 g Butter
2 EL Speiseöl,
z. B. Rapsöl

Nach Belieben zum Garnieren:
einige Kräuterstängel

Pro Portion:
E: 25 g, F: 18 g, Kh: 2 g,
kJ: 1112, kcal: 265

1. Die Schnitzel mit Küchenpapier trocken tupfen, mit Salz und Pfeffer bestreuen.
2. Für die Kräuterkruste Butter mit Meerrettich und gemischten Kräutern gut verrühren. Semmelbrösel und Eigelb unterrühren.
3. Den Backofen vorheizen.
Ober-/Unterhitze: etwa 240 °C
Heißluft: etwa 220 °C
4. Jeweils die Hälfte der Butter in einer großen Pfanne zerlassen, je die Hälfte des Speiseöls miterhitzen. Schnitzel in 2 Portionen von jeder Seite etwa 2 Minuten darin braten, herausnehmen und in eine große, flache Auflaufform (gefettet) legen.
5. Die Kräutermischung auf den Schnitzeln verteilen. Die Form auf dem Rost in den Backofen schieben und die Schnitzel etwa 10 Minuten überbacken.
6. Nach Belieben zum Garnieren die Kräuterstängel abspülen und trocken tupfen. Die Schnitzel mit den Kräutern garniert servieren.

Kalbsschnitzel „Asia-Art"

8 Portionen

Zubereitungszeit: 40 Minuten

8 Kalbsschnitzel
(aus der Keule, je etwa 120 g)
Salz, gem. Pfeffer
3 EL Sonnenblumenöl

2 Bund Frühlingszwiebeln
350 g abgetropfte Bambussprossen
(aus dem Glas)
8–10 Stängel Koriander
150 g Cashewkerne
50 g Rosinen
1 TL brauner Zucker
2 TL Balsamico-Essig
4 EL süße Chilisauce
2 EL Sojasauce

geschroteter, bunter Pfeffer

Pro Portion:
E: 31 g, F: 15 g, Kh: 16 g,
kJ: 1365, kcal: 327

1. Den Backofen bei Ober-/Unterhitze auf 80 °C vorheizen. Einen großen, feuerfesten Teller auf dem Rost (mittlere Schiene) miterwärmen.
2. Die Kalbsschnitzel mit Küchenpapier trocken tupfen, mit Salz und Pfeffer bestreuen. Das Sonnenblumenöl in einer großen Pfanne erhitzen. Die Schnitzel darin von beiden Seiten gut anbraten.
3. Dann die Schnitzel nebeneinander auf den vorgewärmten Teller legen und auf dem Rost in den vorgeheizten Backofen schieben. Kalbsschnitzel etwa 20 Minuten garen. Die Pfanne beiseitestellen.
4. In der Zwischenzeit die Frühlingszwiebeln putzen, abspülen, abtropfen lassen und in etwa 2 cm lange Stücke schneiden (einige Frühlingszwiebelstückchen in Scheiben schneiden und zum Garnieren beiseitelegen).
5. Die Bambussprossen in Streifen schneiden. Koriander abspülen und trocken tupfen. Die Blättchen von den Stängeln zupfen.
6. Die beiseitegestellte Pfanne mit dem Bratensatz erwärmen. Die Frühlingszwiebelstückchen, Bambussprossen, Cashewkerne und Rosinen darin kräftig andünsten. Den Zucker darüberstreuen und karamellisieren lassen. Essig, Chili- und Sojasauce unterrühren.
7. Die Schnitzel mit der Mischung anrichten, mit grob geschrotetem Pfeffer bestreuen, mit Korianderblättchen und beiseitegelegten Zwiebelscheiben garniert servieren.

Tipps: Dazu Reisnudeln oder Langkornreis mit Wildreis servieren. Hinweise zum Niedertemperaturgaren finden Sie im Ratgeberteil auf S. 560.

Kalbsschnitzel mit Kräuterkruste

Kalbsschnitzel „Asia-Art"

Scharfer Kräuterrollbraten

8–10 Portionen

Zubereitungszeit: 60 Minuten, ohne Ruhezeit
Garzeit: etwa 2 Stunden

2 1/2 kg Schweinekotelett (am Stück, ohne Knochen)
Salz
gem. Pfeffer
Paprikapulver edelsüß
Cayennepfeffer

Für die Füllung:
75 g Butter (zimmerwarm)
75 g Semmelbrösel
5 Zweige Rosmarin
3 rote Peperoni
8 Knoblauchzehen
2 EL gehackte, gemischte Kräuter, z. B. Petersilie, Schnittlauch

5 EL Olivenöl
125 ml Wasser
2 Tomaten
1 Bund glatte Petersilie
2 EL gerebelter Thymian
rosa Pfefferbeeren

Außerdem:
Küchengarn

Pro Portion:
E: 58 g, F: 31 g, Kh: 8 g, kJ: 2471, kcal: 591

1. Das Fleisch mit Küchenpapier trocken tupfen. Das Fleischstück von der breiten Seite im oberen Drittel von rechts nach links waagerecht einschneiden, dabei etwa 1 cm Rand frei lassen (nicht durchschneiden!). Dann auf die gleiche Weise im unteren Drittel von links nach rechts einschneiden. Das Fleisch auseinanderklappen, sodass ein langes, flaches Stück entsteht. Das Fleischstück mit Salz, Pfeffer, Paprikapulver und Cayennepfeffer bestreuen.
2. Für die Füllung Butter mit Semmelbröseln verrühren. 2 Rosmarinzweige abspülen, trocken tupfen und die Nadeln von den Stängeln zupfen. 2 Peperoni halbieren, entstielen, entkernen, abspülen, trocken tupfen, in dünne Streifen schneiden. 2 Knoblauchzehen abziehen und durch die Knoblauchpresse drücken.
3. Den Backofen vorheizen.
Ober-/Unterhitze: etwa 200 °C
Heißluft: etwa 180 °C
4. Rosmarinnadeln, Peperonistreifen und Knoblauch mit den gemischten Kräutern unter die Butter rühren. Die Mischung auf das Fleischstück streichen und das Fleisch von der kürzeren Seite her aufrollen. Das Fleisch von außen mit Salz und Pfeffer einreiben, mit Küchengarn zusammenbinden.
5. Öl in einem Bräter erhitzen. Den Rollbraten darin von allen Seiten kräftig anbraten. Etwas Wasser hinzufügen. Den Bräter auf dem Rost in den Backofen schieben. Während der gesamten Garzeit nach und nach das Wasser hinzufügen. Den Braten etwa 75 Minuten garen.
6. In der Zwischenzeit Tomaten abspülen, abtrocknen, die Stängelansätze herausschneiden und die Tomaten vierteln. Die restlichen Knoblauchzehen abziehen und in Scheiben schneiden. Die übrige Peperoni halbieren, entstielen, entkernen, abspülen, trocken tupfen und in dünne Streifen schneiden. Die restlichen Rosmarinzweige abspülen und trocken tupfen. Petersilie abspülen, trocken tupfen, die Blättchen von den Stängeln zupfen und grob zerkleinern.
7. Tomatenviertel, Knoblauch, Peperonistreifen, Rosmarin, Thymian, Petersilie und Pfefferbeeren zu dem Fleisch in den Bräter geben und umrühren. Den Bräter wieder zurück in den Backofen schieben und alles weitere etwa 45 Minuten garen (evtl. noch etwas Wasser hinzufügen).
8. Den garen Braten aus dem Bräter nehmen und zugedeckt etwa 10 Minuten ruhen lassen. Den Bratensatz mit Wasser loskochen und mit den Gewürzen abschmecken. Das Küchengarn entfernen, das Fleisch in Scheiben schneiden und mit der Sauce servieren.

Tipps: Gebratene Schupfnudeln (aus dem Kühlregal) passen sehr gut dazu. Lassen Sie sich das Fleisch evtl. vom Metzger zurechtschneiden.

Scharfer Kräuterrollbraten

Hähnchenbrust mit Senfkruste

Lammkronen

Hähnchenbrust mit Senfkruste

Zum Vorbereiten

8 Portionen

Zubereitungszeit: 40 Minuten
Garzeit: 20–25 Minuten

8 Hähnchenbrustfilets
(je etwa 150 g)
Salz
gem. Pfeffer
Currypulver
4 Eiweiß (Größe M)
2 EL körniger Senf
2 EL mittelscharfer Senf
2 geh. EL Semmelbrösel
40 g Butter
1 Bund Schnittlauch

Pro Portion:
E: 39 g, F: 6 g, Kh: 3 g,
kJ: 918, kcal: 220

1. Den Backofen vorheizen.
Ober-/Unterhitze: etwa 200 °C
Heißluft: etwa 180 °C
2. Die Hähnchenbrustfilets unter fließendem kalten Wasser abspülen und trocken tupfen, mit Salz, Pfeffer und Curry würzen. Hähnchenbrustfilets nebeneinander auf ein Backblech (gefettet) legen.
3. Eiweiß sehr steif schlagen. Beide Senfsorten mit Semmelbröseln und Salz verrühren und unter den Eischnee heben. Die Eischneemasse auf den Hähnchenbrustfilets verteilen. Butter in Flöckchen daraufsetzen.
4. Das Backblech im unteren Drittel in den vorgeheizten Backofen schieben und die Hähnchenbrustfilets 20–25 Minuten garen.
5. Den Schnittlauch abspülen, trocken tupfen (einige Schnittlauchhalme beiseitelegen) und dann in Röllchen schneiden. Die Hähnchenbrustfilets kurz vor dem Servieren mit Schnittlauchröllchen bestreuen und mit den Schnittlauchhalmen garnieren.

Tipp: Dazu passt ein gemischter Salat oder ein Kartoffelsalat.

Lammkronen

8–10 Portionen

Zubereitungszeit: 75 Minuten, ohne Ruhezeit
Garzeit: etwa 30 Minuten

4 Lammkronen (mit Knochen,
je etwa 500 g, beim Metzger
vorbestellen)
Salz, gem. Pfeffer
1 1/2 kg gegarte, kleine Pellkartoffeln
4 Knoblauchzehen
7 EL Olivenöl
1 TL gem. Rosmarin

Außerdem:
Küchengarn
Alufolie

Pro Portion:
E: 28 g, F: 29 g, Kh: 29 g,
kJ: 2195, kcal: 524

1. Die Lammkronen unter fließendem kalten Wasser abspülen, gut trocken tupfen und mit Salz und Pfeffer einreiben. Pellkartoffeln pellen. Knoblauch abziehen und durch die Knoblauchpresse drücken.
2. Drei Esslöffel Öl portionsweise in einer Pfanne erhitzen. Die Lammkronen darin nacheinander von allen Seiten gut anbraten.
3. Den Backofen vorheizen.
Ober-/Unterhitze: etwa 200 °C
Heißluft: etwa 180 °C
4. Jeweils 2 Lammkronen so zusammenlegen, dass die Knochen nach oben zeigen und mit Küchengarn zu einem Kreis zusammenbinden. Das Fleisch mit dem Knoblauchmus bestreichen und mit Rosmarin bestreuen. Die Mitte der beiden Kronen mit zusammengedrückter Alufolie ausfüllen, damit die runde Form erhalten bleibt.
5. Die Kronen in eine Fettpfanne setzen. Die Kartoffeln um die Kronen herumlegen, mit Salz und Pfeffer bestreuen, mit dem restlichen Öl beträufeln. Die Fettpfanne in den vorgeheizten Backofen schieben. Die Lammkronen etwa 30 Minuten garen.
6. Lammkronen und Kartoffeln aus der Fettpfanne nehmen. Die Lammkronen zugedeckt etwa 10 Minuten ruhen lassen, die Kartoffeln auf einer vorgewärmten Platte anrichten und warm stellen.
7. Die Alufolie aus der Kronenmitte und das Küchengarn entfernen. Die Lammkronen in Portionsstücke schneiden und zu den Kartoffeln auf die Platte geben.
8. Den Bratensatz evtl. mit Salz und Pfeffer abschmecken und dazu servieren.

Schweinekotelettbraten

Schweinekotelettbraten

8–10 Portionen

Zubereitungszeit: 60 Minuten
Garzeit: etwa 2 1/2 Stunden

Für die Füllung:
200 g Kochschinken
100 g Butter (zimmerwarm)
145 g ger. Meerrettich (aus dem Glas)

etwa 2 1/2 kg Schweinekotelett (mit Knochen)
150 g Frühstücksspeck in Scheiben (Bacon)
1 Bund Suppengrün (Möhren, Sellerie, Porree)
2 Zwiebeln
500 ml Gemüsebrühe
100 ml Weißwein
100–150 g Schlagsahne
evtl. etwas Saucenbinder

Küchengarn

Pro Portion:
E: 48 g, F: 44 g, Kh: 6 g,
kJ: 2762, kcal: 660

1. Den Backofen vorheizen.
Ober-/Unterhitze: etwa 220 °C
Heißluft: etwa 200 °C
2. Für die Füllung Schinken sehr fein würfeln. Schinkenwürfel, Butter und Meerrettich in einen hohen Rührbecher geben und mit einem Pürierstab zu einer Paste verarbeiten.
3. Das Fleisch unter fließendem kalten Wasser abspülen und trocken tupfen. Das Fleisch der Länge nach 2 x etwa 3 cm tief einschneiden (nicht bis auf den Knochen durchschneiden). Die Füllung in die Einschnitte füllen und glatt streichen.
4. Die Baconscheiben quer, einander leicht überlappend, auf das Fleisch legen und den Braten mit Küchengarn zusammenbinden. Den Braten mit der Speckseite nach oben in eine Fettpfanne oder einen großen Bräter legen.
5. Die Fettpfanne oder den Bräter auf dem Rost im unteren Drittel in den vorgeheizten Backofen schieben. Den Braten etwa 30 Minuten garen.
6. In der Zwischenzeit Suppengrün vorbereiten. Sellerie und Möhren putzen, schälen, abspülen, abtropfen lassen und fein würfeln. Porree putzen. Die Stange längs halbieren, gründlich waschen, abtropfen lassen und in dünne Streifen schneiden. Zwiebeln abziehen und fein würfeln.
7. Die Backofentemperatur um etwa 40 °C herunterschalten. Das vorbereitete Gemüse und etwas von der Brühe zum Braten geben. Alles weitere etwa 2 Stunden garen.
8. Den garen Braten aus dem Backofen nehmen und zugedeckt etwa 10 Minuten ruhen lassen.
9. Das Gemüse mit der Garflüssigkeit in einen Topf geben. Die restliche Brühe und den Weißwein hinzufügen, aufkochen lassen. Die Sauce pürieren, durch ein Sieb streichen und nochmals aufkochen lassen. Die Sahne unterrühren. Sauce nach Belieben etwas einkochen lassen oder mit Saucenbinder binden.
10. Das Küchengarn entfernen und das Fleisch erst der Länge nach von den Knochen schneiden und dann in Scheiben schneiden (evtl. mit einem elektrischen Messer). Das Fleisch mit der Sauce servieren.

Runder Schichtbraten

8–10 Portionen

Zubereitungszeit: 45 Minuten, ohne Abkühl- und Ruhezeit
Garzeit: 50–60 Minuten

2 Bund Suppengrün (Sellerie, Möhren, Porree, je etwa 300 g)
2 Zwiebeln
2 Knoblauchzehen
30 g Ingwer
3 EL Olivenöl
200 g Risotto-Reis, z. B. Arborio-Reis
500 ml Gemüsebrühe
1/2 Bund glatte Petersilie
Salz, gem. Pfeffer
2 Eiweiß (Größe M)
16 große, dünne Schweineschnitzel (je 100 g)
50 g gehackte Mandeln
30 g Butter

Pro Portion:
E: 42 g, F: 21 g, Kh: 40 g,
kJ: 2299, kcal: 549

1. Suppengrün vorbereiten. Dazu Sellerie und Möhren putzen, schälen, abspülen, abtropfen lassen und raspeln. Porree putzen, längs halbieren, gründlich abspülen, abtropfen lassen und in dünne Streifen schneiden. Zwiebeln abziehen und fein würfeln. Knoblauch abziehen und hacken. Ingwer schälen.
2. Öl in einem Topf erhitzen. Reis darin andünsten. Suppengrün, Zwiebeln und Knoblauch dazugeben und alles zugedeckt bei mittlerer Hitze etwa 15 Minuten garen, dabei die Gemüsebrühe nach und nach zum Reis gießen.
3. Petersilie abspülen, trocken tupfen, die Blättchen von den Stängeln

zupfen und hacken. Ingwer reiben. Petersilie und Ingwer unter den Gemüsereis mischen. Den Reis mit Salz und Pfeffer würzen, etwas abkühlen lassen. Das Eiweiß unter den Gemüsereis mischen.

4. Den Backofen vorheizen.
Ober-/Unterhitze: etwa 200 °C
Heißluft: etwa 180 °C

5. Die Schnitzel mit Küchenpapier trocken tupfen und von beiden Seiten mit Pfeffer bestreuen. Den Rand einer Springform (Ø 26 cm, gefettet) auf ein Backblech (mit Backpapier belegt) stellen.

6. Vier Schnitzel nebeneinander in den Springformrand auf das Backpapier legen, sodass der Boden bedeckt ist. Ein Drittel Gemüsereis darauf verteilen. Darauf nacheinander wieder 4 Schnitzel, ein Drittel Gemüsereis, 4 Schnitzel, ein Drittel Gemüsereis und 4 Schnitzel legen und andrücken.

7. Die oberste Lage Schnitzel mit Mandeln bestreuen und mit Butterstückchen belegen. Die Form mit Alufolie zudecken. Das Backblech in den vorgeheizten Backofen schieben. Den Schichtbraten 50–60 Minuten garen. Nach etwa 30 Minuten Garzeit die Alufolie entfernen.

8. Den garen Schichtbraten aus dem Backofen nehmen und 10 Minuten in der Form ruhen lassen. Den Springformrand entfernen und den Braten in Stücke schneiden (am besten mit einem elektrischen Messer).

Roastbeef in Salzkruste

10 Portionen

Zubereitungszeit: 40 Minuten, ohne Ruhezeit
Garzeit: 30–40 Minuten

2 kg mittelgroße, festkochende Kartoffeln
2 TL Salz

2 kg Roastbeef
(evtl. in 2 Stücken zu je 1 kg)
gem. Pfeffer
3 EL Olivenöl

Für die Salzkruste:
6 Eiweiß (Größe M)
2 kg grobes Salz

7 EL Olivenöl
2 EL gehackte Rosmarinnadeln

Pro Portion:
E: 48 g, F: 19 g, Kh: 24 g,
kJ: 1927, kcal: 459

1. Die Kartoffeln schälen, abspülen, abtropfen lassen und je nach Größe halbieren oder vierteln. Die Kartoffelhälften oder -viertel knapp mit Wasser bedeckt in einem Topf zum Kochen bringen. Das Salz hinzugeben und die Kartoffeln etwa 10 Minuten garen. Die Kartoffeln abgießen und abtropfen lassen.

2. In der Zwischenzeit den Backofen vorheizen.
Ober-/Unterhitze: etwa 180 °C
Heißluft: etwa 160 °C

3. Das Roastbeef mit Küchenpapier trocken tupfen und mit Pfeffer würzen. Olivenöl in einer großen Pfanne erhitzen. Das Roastbeef darin von allen Seiten etwa 8 Minuten gut anbraten.

4. Das Eiweiß mit 2 Prisen Salz sehr steif schlagen. Das Salz mit so viel Eiweiß vermischen, dass eine Paste entsteht.

5. Eine Salz-Eiweiß-Schicht auf eine Hälfte eines Backbleches (mit Backpapier belegt) geben. Angebratenes Roastbeef darauflegen. Das Roastbeef mit der Salzpaste rundherum bestreichen und gut andrücken.

6. Die vorgegarten Kartoffelhälften oder -viertel mit Olivenöl und Rosmarinnadeln vermischen, auf der anderen Hälfte des Backbleches verteilen (dabei darauf achten, das die Kartoffeln nicht mit der Salzkruste in Berührung kommen).

7. Das Backblech in den vorgeheizten Backofen schieben. Das Roastbeef 30–40 Minuten garen.

8. Das Roastbeef nach dem Garen noch etwa 10 Minuten ruhen lassen. Die Kartoffeln in der Zwischenzeit warm stellen.

9. Dann die Salzkruste aufklopfen. Roastbeef in Scheiben schneiden und mit den Rosmarinkartoffeln servieren.

Runder Schichtbraten

Roastbeef in Salzkruste

Roastbeef in Estragon-Rotwein-Sauce

8 Portionen

Zubereitungszeit: 50 Minuten
Garzeit: etwa 1 1/2 Stunden

1,6 kg Roastbeef
Salz, gem. Pfeffer
3 EL Estragon-Senf oder mittelscharfer Senf
2–3 EL Olivenöl

800 g Staudensellerie
10 rote Zwiebeln
3 Knoblauchzehen
1 Bund Estragon
2 EL Olivenöl
2 TL Zucker
200 ml trockener Rotwein
300 ml Rinderfond oder Fleischbrühe

Pro Portion:
E: 47 g, F: 15 g, Kh: 8 g,
kJ: 1558, kcal: 372

1. Den Backofen bei Ober-/Unterhitze auf 95 °C vorheizen. Einen hitzebeständigen Teller oder eine Auflaufform auf dem Rost (mittlere Schiene) miterhitzen. Roastbeef trocken tupfen, mit Salz und Pfeffer bestreuen, mit Senf einstreichen.

2. Öl in einem Bräter erhitzen. Das Roastbeef darin von allen Seiten etwa 10 Minuten anbraten.

3. Dann das Roastbeef auf dem vorgewärmten Teller oder in der Auflaufform auf dem Rost in den Backofen schieben und etwa 1 1/2 Stunden garen. Den Bräter mit dem Bratensatz beiseitestellen.

4. Etwa 40 Minuten vor dem Ende der Garzeit Sellerie putzen und die harten Außenfäden abziehen. Sellerie abspülen, abtropfen lassen und in etwa 3 cm lange Stücke schneiden.

5. Zwiebeln und Knoblauch abziehen, Zwiebeln vierteln, Knoblauch halbieren. Estragon abspülen und trocken tupfen. Einige Stängel zum Garnieren beiseitelegen. Die Blättchen von den restlichen Stängeln zupfen.

6. Beiseitegestellten Bräter mit dem Bratensatz und Olivenöl erhitzen. Zwiebelviertel, Knoblauchhälften und Selleriestücke hinzufügen, kurz anbraten und etwa 10 Minuten unter gelegentlichem Rühren garen.

7. Zucker auf das Gemüse streuen und karamellisieren. Rotwein und Rinderfond oder Fleischbrühe hinzugießen, Estragonblättchen unterrühren und mit Salz und Pfeffer würzen. Die Sauce zum Kochen bringen und etwa 5 Minuten bei mittlerer Hitze etwas einkochen lassen.

Roastbeef in Estragon-Rotwein-Sauce

8. Roastbeef in Scheiben schneiden, mit Sauce und beiseitegelegten Estragonstängeln garniert servieren.

Tipps: Dazu Kartoffeln reichen. Hinweise zum Niedertemperaturgaren finden Sie im Ratgeberteil auf S. 560.

Riesenroulade

8–10 Portionen

Zubereitungszeit: 65 Minuten
Garzeit: etwa 1 1/2 Stunden

8 große Rinderrouladen (je etwa 180 g)
3 geh. EL Dijon-Senf
Salz
gem. Pfeffer
etwa 200 g durchwachsener Speck (in Scheiben)
6 Möhren
1 kg Bratwurstbrät
2 Eier (Größe M)
2 EL gemischte, gehackte Kräuter
680 g abgetropfte Champignonscheiben (aus der Dose)
2 EL Olivenöl
4 Zwiebeln
125 g Schlagsahne
einige Petersilienblättchen

Außerdem:
Küchengarn

Pro Portion:
E: 61 g, F: 63 g, Kh: 6 g,
kJ: 3726, kcal: 889

1. Die Rinderrouladen mit Küchenpapier trocken tupfen, auf der Arbeitsfläche so nebeneinanderlegen, dass sich die Längsseiten leicht überlappen und eine große Fleischplatte entsteht. Die Fleischplatte mit Senf bestreichen, mit Salz und Pfeffer bestreuen. Die Speckscheiben darauf verteilen.

2. Die Möhren putzen, schälen, abspülen, abtropfen lassen und längs in Achtel schneiden, sodass etwa 1/2 cm dicke Stifte entstehen.

Riesenroulade

Putenschnitzel à la Bordelaise

3. Den Backofen vorheizen.
Ober-/Unterhitze: etwa 200 °C
Heißluft: etwa 180 °C
4. Bratwurstbrät aus der Haut in eine Schüssel drücken, mit Eiern, Kräutern und Champignonscheiben verrühren. Die Masse evtl. mit Salz und Pfeffer würzen, auf der Fleischplatte verteilen. Die Hälfte der Möhrenstifte darauflegen.
5. Das Fleisch von der langen Seite her aufrollen, mit Küchengarn zusammenbinden, in eine Fettpfanne (gefettet) legen und mit Öl bestreichen. Die Fettpfanne in den vorgeheizten Backofen schieben. Die Rolle etwa 30 Minuten garen.
6. In der Zwischenzeit Zwiebeln abziehen, in grobe Stücke schneiden.
7. Die Backofentemperatur um etwa 30 °C herunterschalten. Die Zwiebelstücke und die restlichen Möhrenstifte mit in die Fettpfanne legen. Fleisch und Gemüse weitere etwa 60 Minuten garen. Während der Garzeit evtl. etwas Wasser hinzufügen.
8. Das gare Fleisch mithilfe zweier Pfannenwender vorsichtig aus der Fettpfanne nehmen und zugedeckt etwa 10 Minuten ruhen lassen.
9. Inzwischen den Bratensatz mit dem Gemüse in einen Topf geben. Sahne hinzufügen, einmal aufkochen lassen und pürieren. Evtl. noch etwas Wasser hinzufügen und die Sauce mit den Gewürzen abschmecken.
10. Das Küchengarn entfernen, das Fleisch in Scheiben schneiden, auf einer vorgewärmten Platte anrichten, mit abgespülten, trocken getupften Petersilienblättchen garnieren und mit der Sauce servieren.

Putenschnitzel à la Bordelaise

8–10 Portionen

Zubereitungszeit: 60 Minuten
Garzeit: etwa 20 Minuten

250 g Champignons
1 große Gemüsezwiebel (etwa 250 g)
500 g Staudensellerie
4 EL Olivenöl
200 g Semmelbrösel
50 g TK-Kräuter der Provence
2 Eier (Größe M)
Salz, gem. Pfeffer

8–10 Putenschnitzel (je etwa 120 g)

Für das Gemüse:
100 g durchwachsener Speck
100 g Butter oder Margarine
1 kg TK-Brechbohnen

Nach Belieben zum Garnieren:
1–2 EL Tomatenwürfel
etwas Thymian

Pro Portion:
E: 40 g, F: 18 g, Kh: 23 g,
kJ: 1740, kcal: 416

1. Champignons putzen, evtl. mit Küchenpapier abreiben. Champignons in kleine Würfel schneiden. Gemüsezwiebel abziehen und ebenfalls in kleine Würfel schneiden. Sellerie putzen und die harten Außenfäden abziehen. Sellerie abspülen, abtropfen lassen und klein würfeln.
2. Etwas von dem Olivenöl in einer Pfanne erhitzen. Zwiebel-, Champignon- und Selleriewürfel darin andünsten. Pfanne von der Kochstelle nehmen. Semmelbrösel, Kräuter der Provence und Eier in die Pfanne geben. Die Zutaten gut vermengen, mit Salz und Pfeffer würzen.
3. Den Backofen vorheizen.
Ober-/Unterhitze: etwa 180 °C
Heißluft: etwa 160 °C
4. Putenschnitzel unter fließendem kalten Wasser abspülen und trocken tupfen. Schnitzel mit Salz und Pfeffer bestreuen. Jeweils die Hälfte des restlichen Öls in einer großen Pfanne erhitzen. Schnitzel in 2 Portionen von beiden Seiten darin anbraten und nebeneinander auf ein Backblech (gefettet) legen. Gemüse-Semmelbrösel-Masse darauf verteilen.
5. Das Backblech in den vorgeheizten Backofen schieben. Die Putenschnitzel etwa 20 Minuten garen.
6. In der Zwischenzeit für das Gemüse Speck in kleine Würfel schneiden. Speckwürfel in einer großen Pfanne ausbraten. Butter oder Margarine darin zerlassen. Tiefgekühlte Bohnen und etwas Wasser hinzufügen, mit Salz und Pfeffer würzen. Bohnen zugedeckt etwa 8 Minuten garen.
7. Die Schnitzel mit dem Bohnengemüse auf Tellern anrichten und nach Belieben mit Thymian und Tomatenwürfeln garniert servieren.

Beilage: Bratkartoffeln oder Kroketten und Herzogin-Kartoffeln.

Tipp: Statt Kartoffeln und Brechbohnen passen auch knuspriges Baguette und ein gemischter Salat prima zu den Putenschnitzeln.

Kalbfleisch-Parma-Röllchen

Hähnchenfilets in Pilz-Marsala-Sauce

Kalbfleisch-Parma-Röllchen

8–10 Portionen

Zubereitungszeit: 45 Minuten
Garzeit: 20–25 Minuten

8–10 Kalbsschnitzel (je etwa 120 g)
gem. Pfeffer
2 Knoblauchzehen
20–24 Salbeiblättchen
8–10 Scheiben Parmaschinken
5 EL Olivenöl
125 ml heiße Fleischbrühe
125 ml trockener Weißwein

Für die Sauce:
5 EL Marsalawein (Süßwein)
100 g kalte Butter
Salz

Holzspießchen

Pro Portion:
E: 28 g, F: 19 g, Kh: 1 g,
kJ: 1260, kcal: 300

1. Kalbsschnitzel abspülen, trocken tupfen und flach klopfen, mit Pfeffer bestreuen. Knoblauch abziehen, flach drücken und die Fleischscheiben damit einreiben.
2. Salbeiblättchen abspülen und trocken tupfen. Blättchen für die Sauce beiseitelegen. Die Fleischscheiben jeweils mit 1 Scheibe Schinken und je 2 Salbeiblättchen belegen, von der schmalen Seite her aufrollen, mit Holzspießchen feststecken.
3. Olivenöl in einer großen Pfanne erhitzen. Die Fleischröllchen von allen Seiten darin anbraten (evtl. in 2 Portionen). Brühe und Weißwein hinzugießen, zum Kochen bringen. Die Röllchen zugedeckt 20–25 Minuten schmoren, gelegentlich wenden.
4. Die garen Röllchen herausnehmen. Holzspießchen entfernen und die Röllchen warm stellen.
5. Für die Sauce die beiseitegelegten Salbeiblätter in die Pfanne geben, den Bratenfond etwas einkochen lassen. Den Marsala hinzugießen, zum Kochen bringen und nochmals etwas einkochen lassen. Butter in Flöckchen in die Sauce rühren. Sauce mit Salz und Pfeffer abschmecken. Röllchen mit der Sauce servieren.

Hähnchenfilets in Pilz-Marsala-Sauce

8 Portionen

Zubereitungszeit: 30 Minuten
Garzeit: etwa 25 Minuten

1 Bio-Zitrone
(unbehandelt, ungewachst)
4 große, doppelte Hähnchenbrustfilets (mit Haut, ohne Knochen, je etwa 325 g)
Salz, gem. Pfeffer
6 Zwiebeln
500 g Pfifferlinge
800 g braune Champignons
2 EL Rapsöl
2 TL gerebelter Thymian
250 ml halbtrockener Marsala
(Süßwein)
300 g Schlagsahne

Pro Portion:
E: 38 g, F: 30 g, Kh: 5 g,
kJ: 1988, kcal: 475

1. Den Backofen vorheizen.
Ober-/Unterhitze: etwa 200 °C
Heißluft: etwa 180 °C
2. Die Zitrone heiß abwaschen, abtrocknen, schälen und in dünne Scheiben schneiden. Scheiben in einer großen Auflaufform (gefettet) verteilen.
3. Die Hähnchenbrustfilets unter fließendem kalten Wasser abspülen, mit Küchenpapier trocken tupfen und mit Salz und Pfeffer einreiben. Die Hähnchenbrustfilets auf den Zitronenscheiben verteilen.
4. Die Form auf dem Rost in den vorgeheizten Backofen schieben. Die Filets etwa 15 Minuten garen.
5. In der Zwischenzeit die Zwiebeln abziehen und in Spalten schneiden. Die Pilze putzen, evtl. mit Küchenpapier abreiben bzw. kurz abspülen und gut abtropfen lassen. Große Pilze halbieren oder vierteln.
6. Öl in einer großen Pfanne erhitzen. Zwiebeln darin anbraten. Die Pilze dazugeben. Alles mit Thymian würzen, bei starker Hitze unter Wenden etwa 5 Minuten kräftig braten, mit Salz und Pfeffer würzen. Gut die Hälfte des Marsalas dazugießen und kurz aufkochen lassen. Sahne ebenfalls dazugießen.
7. Die Auflaufform aus dem Ofen nehmen. Die Pilze um die Hähnchenbrustfilets verteilen. Restlichen Marsala auf die Filets gießen. Das Ganze zurück in den Backofen schieben und weitere etwa 10 Minuten garen.

Hackbraten auf Kartoffelgratin

8 Portionen

Zubereitungszeit: 40 Minuten
Garzeit: etwa 60 Minuten

Für den Hackbraten:
2 Brötchen (Semmeln) vom Vortag
1 kg Gehacktes (halb Rind-, halb Schweinefleisch)
2 Eier (Größe M)
2 TL mittelscharfer Senf
Salz, gem. Pfeffer
2 geh. TL Kräuter der Provence

Für das Gratin:
2 kg mehligkochende Kartoffeln
ger. Muskatnuss
400 ml Milch (3,5 %)

Pro Portion:
E: 32 g, F: 27 g, Kh: 38 g,
kJ: 2196, kcal: 523

1. Für den Hackbraten Brötchen in kaltem Wasser einweichen. Gehacktes in eine Schüssel geben.
2. Eingeweichte Brötchen gut ausdrücken, mit Eiern und Senf zum Gehackten geben. Die Zutaten gut vermengen. Die Masse mit Salz und Pfeffer kräftig würzen. Die Gehacktesmasse halbieren und mit angefeuchteten Händen zu 2 flachen, länglichen Laiben formen.
3. Den Backofen vorheizen.
Ober-/Unterhitze: etwa 180 °C
Heißluft: etwa 160 °C
4. Für das Gratin die Kartoffeln schälen, abspülen, abtropfen lassen und in dünne Scheiben hobeln. Die Kartoffelscheiben mit Salz, Pfeffer und Muskat kräftig würzen.
5. Die Kartoffelscheiben in eine große oder zwei Auflaufform(en) (gefettet) einschichten. Die Milch zu den Kartoffelscheiben gießen. Die Form(en) auf dem Rost in den vorgeheizten Backofen schieben. Gratin etwa 15 Minuten vorgaren.
6. Dann in die Mitte des Gratins eine leichte, längliche Vertiefung eindrücken. Die Fleischlaibe in die Vertiefung legen, mit Kräutern der Provence bestreuen. Die Form wieder zurück in den vorgeheizten Backofen schieben und das Ganze weitere etwa 45 Minuten garen.
7. Hackbraten aus der Form nehmen und in Scheiben schneiden. Die Fleischscheiben wieder auf das Gratin legen und das Ganze servieren.

Boeuf Stroganoff

8 Portionen

Zubereitungszeit: 60 Minuten

1,2 kg Rinderfilet
300 g Zwiebeln, 300 g Champignons
200 g abgetropfte Gewürzgurken
6 EL Sonnenblumenöl
Salz, gem. Pfeffer
400 ml Rinderfond oder Fleischbrühe
2 TL mittelscharfer Senf
4 EL Crème fraîche oder saure Sahne

Pro Portion:
E: 34 g, F: 15 g, Kh: 3 g,
kJ: 1184, kcal: 283

1. Rinderfilet mit Küchenpapier trocken tupfen und in feine Streifen schneiden.
2. Zwiebeln abziehen. Champignons putzen, mit Küchenpapier abreiben, evtl. kurz abspülen und gut abtropfen lassen. Champignons und Zwiebeln in Scheiben schneiden. Gewürzgurken in Streifen schneiden.
3. Ein Viertel des Öls in einer großen Pfanne erhitzen. Ein Viertel der Filetstreifen darin 2–3 Minuten unter Rühren von allen Seiten anbraten, mit Salz und Pfeffer würzen, herausnehmen und warm stellen. Das übrige Fleisch in dem restlichen Öl ebenso anbraten.
4. Zwiebel-, Champignonscheiben und Gewürzgurkenstreifen in dem verbliebenen Bratfett leicht anbraten, herausnehmen und zu dem Fleisch geben.
5. Rinderfond oder Fleischbrühe zu dem Bratensatz in die Pfanne geben und ohne Deckel bei starker Hitze etwas einkochen lassen.
6. Senf und Crème fraîche oder saure Sahne unterrühren. Fleisch und Gemüse zurück in die Sauce geben und leicht darin erhitzen (nicht mehr kochen lassen).
7. Boeuf Stroganoff mit Salz und Pfeffer abschmecken.

Beilage: Nudeln und Gemüse wie Möhren, grüne Bohnen oder Brokkoli.

Hackbraten auf Kartoffelgratin

Boeuf Stroganoff

Pute, gefüllt

8–10 Portionen

Zubereitungszeit: 60 Minuten
Garzeit: 3–3 1/2 Stunden

6 Bio-Orangen (unbehandelt, ungewachst)
2 Lorbeerblätter
1 TL gem. Zimt
2 EL grobkörniges Meersalz
1 EL Olivenöl
300 g Möhren
250 g Knollensellerie
2 Zwiebeln
2 Knoblauchzehen

Für die Füllung:
2 Stangen Porree (Lauch, 250 g)
250 g Weißbrot (in Scheiben)
100 g Butter
3 Eier (Größe M)
Salz, Cayennepfeffer

1 küchenfertige Pute (etwa 4 1/2 kg)
500 ml Gemüsebrühe
200 ml Saft (von den Orangen)
gem. Pfeffer

Holzspießchen
Küchengarn

Pro Portion:
E: 82 g, F: 68 g, Kh: 30 g,
kJ: 4470, kcal: 1067

1. Orangen heiß abspülen, trocken tupfen und die Schale fein abreiben. Lorbeerblätter zerkrümeln und mit Zimt, Orangenschale, Salz und Öl zu einer Paste verarbeiten.
2. Möhren und Sellerie putzen, schälen, abspülen, abtropfen lassen, in Scheiben schneiden. Zwiebeln abziehen und in Würfel schneiden. Knoblauch abziehen und fein hacken.
3. Für die Füllung Porree putzen. Die Stangen längs halbieren, gründlich abspülen, abtropfen lassen und in feine Streifen schneiden.
4. Abgeriebene Orangen so schälen, dass die weiße Haut mitentfernt wird. Die Filets herausschneiden, dabei den Saft auffangen und 200 ml für die Sauce abmessen (evtl. mit Wasser auffüllen). Weißbrot entrinden und in kleine Würfel schneiden.
5. 80 g Butter zerlassen. Die Brotwürfel darin goldbraun rösten und abkühlen lassen. Restliche Butter zerlassen. Die Porreestreifen darin bei schwacher Hitze andünsten und ebenfalls abkühlen lassen.
6. Eier mit Salz und Cayennepfeffer verschlagen. Orangenfilets, Porree und Brotwürfel untermischen.
7. Den Backofen vorheizen.
Ober-/Unterhitze: etwa 180 °C
Heißluft: etwa 160 °C
8. Pute von innen und außen unter fließendem kalten Wasser abspülen, trocken tupfen und innen und außen mit der Orangenpaste einreiben. Die Halsöffnung mit Holzspießchen zustecken. Die Pute füllen, mit Holzspießchen zustecken und mit Küchengarn verschnüren (wie einen Schnürschuh). Die Putenkeulen zusammenbinden.
9. Die Pute in eine Fettpfanne legen. Möhren, Sellerie, Zwiebeln und Knoblauch um die Pute legen und 250 ml von der Gemüsebrühe dazugießen. Die Fettpfanne im unteren Drittel in den vorgeheizten Backofen schieben. Die Pute 3–3 1/2 Stunden garen. Während der Garzeit die restliche Brühe nach und nach hinzugießen.
10. Die gegarte Pute (beim Einstechen mit einer Rouladennadel muss der Fleischsaft klar austreten) aus dem Bräter nehmen und zugedeckt 5–10 Minuten ruhen lassen, damit sich der Fleischsaft setzt. Dazu die Pute auf eine Platte legen und im ausgeschalteten Backofen warm halten.
11. Für die Sauce das Gemüse aus der Fettpfanne mit dem Sud und dem abgemessenen Orangensaft in einen Topf geben, aufkochen lassen und fein pürieren (nach Belieben durch ein Sieb streichen). Die Sauce mit Salz und Pfeffer abschmecken.
12. Die Pute tranchieren, mit Füllung und Sauce servieren.

Tipps: Da Putenfleisch leicht austrocknet, ist eine Zubereitung bei Ober-/Unterhitze empfehlenswert. Zudem sollte die Pute häufiger mit Bratensatz begossen werden.

Hackbraten mit Quark

8 Portionen

Zubereitungszeit: 30 Minuten
Garzeit: 45–50 Minuten

1 Zwiebel
1 kg Gehacktes (halb Rind-, halb Schweinefleisch)
250 g Magerquark
2 TL Tomatenmark
2 TL mittelscharfer Senf
4 EL Semmelbrösel

Pute, gefüllt

Hackbraten mit Quark

Hähnchenschenkel mit Parmaschinken-Pesto

2 Eier (Größe M)
Salz, gem. Pfeffer
1 TL Paprikapulver edelsüß
2 EL Tomatenmark
500 ml Fleischbrühe
1 TL gerebelter Oregano

Pro Portion:
E: 31 g, F: 23 g, Kh: 8 g,
kJ: 1538, kcal: 367

1. Den Backofen vorheizen.
Ober-/Unterhitze: etwa 200 °C
Heißluft: etwa 180 °C
2. Die Zwiebel abziehen und in kleine Würfel schneiden. Gehacktes in eine Schüssel geben. Zwiebelwürfel, Quark, Tomatenmark, Senf, Semmelbrösel und Eier hinzugeben. Die Zutaten gut vermengen. Die Masse mit Salz, Pfeffer und Paprika würzen.
3. Die Gehacktesmasse halbieren mit angefeuchteten Händen zu 2 flachen, länglichen Laiben formen und nebeneinander in eine Fettpfanne (gefettet) legen.
4. Die Fettpfanne im unteren Drittel in den Backofen schieben. Die Hackbraten 45–50 Minuten garen.
5. Tomatenmark mit Brühe und Oregano verrühren, etwa 20 Minuten vor dem Ende der Garzeit zum Hackbraten gießen und den Braten fertig garen.
6. Die garen Hackbraten herausnehmen und warm stellen.
7. Den Bratensaft durch ein Sieb streichen, evtl. nochmals mit Salz, Pfeffer und Paprika abschmecken. Die Hackbraten in Scheiben schneiden und mit der Sauce servieren.

Hähnchenschenkel mit Parmaschinken-Pesto

8 Portionen

Zubereitungszeit: 40 Minuten
Garzeit: 35–45 Minuten

8 Hähnchenschenkel
(je etwa 200 g)
Salz, gem. Pfeffer
etwa 2 EL Olivenöl

Für das Pesto:
1 dicke Scheibe Parmaschinken
(etwa 200 g)
1 Topf Petersilie
1 Topf Basilikum
2 Knoblauchzehen
80 g gehackte Mandeln
8 EL Olivenöl

Für den Salat:
750 g Cocktailtomaten
etwa 500 g Lollo bionda
2 Kästchen Kresse
3 EL Weißweinessig
Zucker
6 EL Olivenöl

Pro Portion:
E: 38 g, F: 47 g, Kh: 5 g,
kJ: 2501, kcal: 597

1. Den Backofen vorheizen.
Ober-/Unterhitze: etwa 180 °C
Heißluft: etwa 160 °C
2. Die Hähnchenschenkel unter fließendem kalten Wasser abspülen und trocken tupfen, mit Salz und Pfeffer würzen, mit Olivenöl bestreichen.
3. Die Hähnchenschenkel auf ein Backblech (mit Backpapier belegt) legen. Das Backblech in den vorgeheizten Backofen schieben. Die Hähnchenschenkel 35–45 Minuten garen.
4. Während der Garzeit die Hähnchenschenkel wenden und gelegentlich mit dem Bratensaft bestreichen.
5. In der Zwischenzeit Schinken in sehr kleine Würfel schneiden. Petersilie und Basilikum abspülen und trocken tupfen. Die Blättchen von den Stängeln zupfen. Einige Basilikumblättchen beiseitelegen. Restliche Blättchen klein schneiden.
6. Knoblauch abziehen und durch eine Knoblauchpresse drücken, mit Schinkenwürfeln, klein geschnittenen Kräutern, Mandeln und Olivenöl zu einem Pesto verrühren. Die Hähnchenschenkel nach etwa 25 Minuten Garzeit mit dem Pesto bestreichen und fertig garen.
7. Für den Salat Tomaten abspülen, abtrocknen und die Stängelansätze herausschneiden. Von dem Salat die äußeren, welken Blätter entfernen. Den Salat abspülen, trocken tupfen oder trocken schleudern. Die Salatblätter in mundgerechte Stücke zupfen. Kresse abspülen, trocken tupfen und abschneiden.
8. Für die Salatsauce Essig mit Salz, Pfeffer und Zucker verrühren, Olivenöl unterschlagen.
9. Die Hähnchenschenkel mit Pesto und Salatzutaten auf Tellern anrichten. Die Salatsauce auf den Salat träufeln und mit den beiseitegelegten Basilikumblättchen garnieren.

Asiatische Hackfleischpizza

Hackbraten mit Kürbiskernen

Asiatische Hackfleischpizza

8–10 Portionen

Zubereitungszeit: 40 Minuten
Garzeit: etwa 60 Minuten

2 Brötchen (Semmeln) vom Vortag
500 g abgetropfte Ananasscheiben (aus der Dose)
165 g abgetropfte Tomatenpaprika (aus dem Glas)
100 g geröstete, gesalzene Erdnusskerne
2 Zwiebeln
4 Knoblauchzehen
3 Frühlingszwiebeln
1 1/2 kg Gehacktes (halb Rind-, halb Schweinefleisch)
2 Eier (Größe M)
Salz, gem. Pfeffer
Paprikapulver rosenscharf
2 TL Currypulver
Cayennepfeffer

Für die Tomatensauce:
3 Frühlingszwiebeln
2 Knoblauchzehen
3 EL Sesamöl
500 g passierte Tomaten
Ananassaft (aus der Dose)
Chilipulver
3 EL Sojasauce
2–3 TL Honig

Pro Portion:
E: 40 g, F: 51 g, Kh: 25 g,
kJ: 3202, kcal: 764

1. Brötchen in kaltem Wasser einweichen. Ananasscheiben abtropfen lassen, dabei den Ananassaft für die Sauce auffangen. Tomatenpaprika in Streifen, Ananas in kleine Stücke schneiden. Die Erdnusskerne grob hacken.
2. Die Zwiebeln und Knoblauchzehen abziehen und fein würfeln. Frühlingszwiebeln putzen, abspülen, abtropfen lassen und in sehr feine Scheiben schneiden.
3. Den Backofen vorheizen.
Ober-/Unterhitze: etwa 180 °C
Heißluft: etwa 160 °C
4. Die eingeweichten Brötchen kräftig ausdrücken und mit Gehacktem, Eiern, Zwiebel- und Knoblauchwürfeln verkneten.
5. Die Frühlingszwiebeln, Tomatenpaprikastreifen, Erdnusskerne und die Hälfte der Ananasstücke zugeben und unterkneten.
6. Die Masse kräftig mit Salz, Pfeffer, Paprikapulver, Currypulver und Cayennepfeffer würzen. Anschließend in einer Fettpfanne (30 x 40 cm, mit Speiseöl ausgestrichen) verteilen und glatt streichen.
7. Die Fettpfanne in den vorgeheizten Backofen schieben. Die Hackfleischpizza etwa 60 Minuten garen.
8. In der Zwischenzeit für die Tomatensauce die Frühlingszwiebeln putzen, abspülen, abtropfen lassen und in feine Scheiben schneiden. Knoblauch abziehen und würfeln.
9. Öl in einem Topf erhitzen. Die Frühlingszwiebelscheiben und Knoblauchwürfel darin andünsten. Passierte Tomaten und etwas von dem aufgefangenen Ananassaft hinzufügen, zum Kochen bringen und unter Rühren etwas einkochen lassen.
10. Die Sauce mit Chilipulver, Cayennepfeffer, Sojasauce und Honig würzen. Die restlichen Ananasstücke unterheben und darin erhitzen. Die Sauce evtl. nochmals mit den Gewürzen süßscharf abschmecken.
11. Die gare Hackfleischpizza aus dem Backofen nehmen, und falls sich Flüssigkeit gebildet hat, diese abgießen.
12. Die Hackfleischpizza in Stücke schneiden, mit der Sauce servieren.

Hackbraten mit Kürbiskernen

8–10 Portionen

Zubereitungszeit: 50 Minuten, ohne Ruhezeit
Garzeit: etwa 1 1/2 Stunden

2 Brötchen (Semmeln) vom Vortag
200 g rote Zwiebeln
1 1/2 kg Schweinegehacktes
Salz, gem. Pfeffer
4 Eier (Größe M)
90 g geschälte Kürbiskerne
2 EL mittelscharfer Senf
200 g geraspelter Mozzarella
4 EL Semmelbrösel
1 TL gerebelter Thymian

700 g Tomaten
1 Bund Frühlingszwiebeln
1 Bund Basilikum

Pro Portion:
E: 50 g, F: 54 g, Kh: 13 g,
kJ: 3338, kcal: 797

1. Den Backofen vorheizen.
Ober-/Unterhitze: etwa 180 °C
Heißluft: etwa 160 °C
2. Brötchen in kaltem Wasser einweichen. Zwiebeln abziehen und in feine Würfel schneiden. Gehacktes in eine große Schüssel geben, mit Salz und Pfeffer würzen.
3. Die Brötchen gut ausdrücken, mit Zwiebelwürfeln, Eiern, Kürbiskernen und Senf zu dem Fleisch geben und kräftig durchmengen.
4. Mozzarella, Semmelbrösel und Thymian untermischen. Die Masse zu einem Laib formen und in eine Fettpfanne (gefettet) legen. Die Fettpfanne im unteren Drittel in den vorgeheizten Backofen schieben. Den Hackbraten etwa 50 Minuten garen.
5. In der Zwischenzeit Tomaten abspülen, abtrocknen, vierteln, die Stängelansätze herausschneiden und die Tomaten in grobe Würfel schneiden.
6. Frühlingszwiebeln putzen, abspülen, abtropfen lassen und in feine Scheiben schneiden. Basilikum abspülen und trocken tupfen. Die Blättchen von den Stängeln zupfen und in feine Streifen schneiden.
7. Die Backofentemperatur um etwa 20 °C reduzieren. Die Tomatenwürfel zum Braten geben und alles noch weitere 40 Minuten garen.
8. Den garen Hackbraten aus der Fettpfanne nehmen, auf eine vorgewärmte Platte legen, zugedeckt etwa 10 Minuten ruhen lassen. Frühlingszwiebeln in die Fettpfanne geben und im ausgeschalteten Backofen etwa 10 Minuten miterwärmen.
9. Tomaten-Zwiebel-Gemüse mit Salz und Pfeffer abschmecken. Basilikumstreifen daraufstreuen. Den Hackbraten in Scheiben schneiden und mit dem Gemüse servieren.

Große Putenroulade

8–10 Portionen

Zum Vorbereiten

Zubereitungszeit: 45 Minuten
Garzeit: etwa 45 Minuten

100 g Schalotten
800 g Möhren
4 EL Speiseöl, z. B. Rapsöl
100 g Kürbiskerne
1 EL Walnussöl
Salz, gem. Pfeffer
1 Putenbrust (etwa 1,8 kg, vom Metzger so einschneiden lassen, dass eine möglichst große, flache Roulade entsteht)
500 ml heiße Gemüsebrühe
250 g Crème fraîche

einige Petersilienblättchen

Außerdem:
Küchengarn

Pro Portion:
E: 53 g, F: 21 g, Kh: 7 g,
kJ: 1790, kcal: 430

Große Putenroulade

1. Schalotten abziehen und in kleine Würfel schneiden. Möhren putzen, schälen, abspülen und abtropfen lassen. 300 g von den Möhren grob raspeln. 2 Esslöffel von dem Speiseöl in einem Topf erhitzen. Schalottenwürfel darin glasig dünsten. Möhrenraspel hinzufügen und zugedeckt etwa 5 Minuten dünsten.
2. Kürbiskerne hacken, mit Walnussöl verrühren und zu den Möhrenraspeln geben. Mit Salz und Pfeffer würzen.
3. Putenbrust unter fließendem kalten Wasser abspülen, trocken tupfen und auf die Arbeitsfläche legen, evtl. etwas flach klopfen oder rollen. Das Fleisch mit Salz und Pfeffer würzen. Möhrenmasse darauf verteilen. Putenbrust aufrollen und mit Küchengarn fest zusammenbinden (wie bei einem Rollbraten). Die restlichen Möhren in Scheiben schneiden.
4. Den Backofen vorheizen.
Ober-/Unterhitze: etwa 200 °C
Heißluft: etwa 180 °C
5. Restliches Speiseöl in einem großen Bräter erhitzen. Die Roulade von allen Seiten darin anbraten. Brühe hinzugießen, Möhrenscheiben hinzufügen und aufkochen lassen.
6. Den Bräter auf dem Rost in den vorgeheizten Backofen schieben. Die Putenroulade etwa 45 Minuten garen.
7. Die gare Roulade aus dem Bräter nehmen und zugedeckt warm stellen. Den Bratensud mit den Möhrenscheiben in einen Topf geben und pürieren. Crème fraîche unterrühren. Die Sauce mit Salz und Pfeffer abschmecken.
8. Petersilienblättchen abspülen und trocken tupfen. Die Putenroulade in Scheiben schneiden und auf einer vorgewärmten Platte anrichten.
9. Die Rouladenscheiben mit Petersilienblättchen garnieren und mit der Sauce servieren.

Tipps: Die große Putenroulade lässt sich bis einschließlich Punkt 3 vorbereiten. Alles zugedeckt in den Kühlschrank stellen. Lecker sind dazu Spätzle.

Jägerbällchen

8–10 Portionen

Zum Vorbereiten

Zubereitungszeit: 60 Minuten
Garzeit: etwa 30 Minuten

Für die Hackfleischbällchen:
6 Scheiben Toastbrot (120 g)
300 ml Milch
2 Gemüsezwiebeln (etwa 400 g)
etwa 150 ml Sonnenblumenöl
1 1/2 kg Gehacktes (halb Rind-, halb Schweinefleisch)
3 Eier (Größe M)
Salz, gem. Pfeffer
120 g Semmelbrösel

500 g kleine Champignons
500 g Austernpilze
800 g stückige Tomaten (aus der Dose)
Knoblauchpulver
50 g TK-Kräuter der Provence

100 g ger. Parmesan

Pro Portion:
E: 46 g, F: 51 g, Kh: 22 g,
kJ: 3041, kcal: 726

1. Für die Hackfleischbällchen Toastbrot grob zerkleinern, in eine flache Schale geben, mit Milch übergießen und etwas stehen lassen.
2. Gemüsezwiebeln abziehen und in Würfel schneiden. Ewas Sonnenblumenöl in einer Pfanne erhitzen. Zwiebelwürfel darin glasig dünsten, etwas abkühlen lassen.
3. Gehacktes in eine Schüssel geben. Die eingeweichten, ausgedrückten Toastbrotstücke, Eier und Zwiebelwürfel hinzugeben und alles miteinander vermengen. Die Masse mit Salz und Pfeffer würzen.
4. Aus der Gehacktesmasse 24 kleine, flache Bällchen formen, diese in Semmelbröseln wälzen. Jeweils etwas Sonnenblumenöl in einer großen Pfanne erhitzen. Die Hackfleischbällchen portionsweise von allen Seiten darin anbraten.
5. Den Backofen vorheizen.
Ober-/Unterhitze: etwa 200 °C
Heißluft: etwa 180 °C
6. Die Champignons und Austernpilze putzen, mit Küchenpapier abreiben, evtl. abspülen, gut abtropfen lassen und grob zerkleinern. Das restliche Sonnenblumenöl in einem großen Bräter erhitzen. Champignons und Austernpilze darin etwa 10 Minuten anbraten. Stückige Tomaten hinzugießen, mit Salz, Pfeffer und Knoblauchpulver würzen. Kräuter unterrühren. Die Hackfleischbällchen darauflegen.
7. Den Bräter auf dem Rost im unteren Drittel in den vorgeheizten Backofen schieben. Hackfleischbällchen etwa 30 Minuten garen.
8. Vor dem Servieren Hackbällchen mit Parmesan bestreuen oder nach Belieben kurz damit überbacken.

Tipps: Dazu ofenwarmes Baguette servieren. Sie können die Hackbällchen bereits am Vortag zubereiten, abkühlen lassen und im Kühlschrank aufbewahren. Am Partytag dann die Jägerbällchen wie beschrieben zubereiten. Die Garzeit dann entsprechend verlängern.

Jägerbällchen

Hackbraten „Falscher Hase"

12 Portionen

Zum Vorbereiten

Zubereitungszeit: 40 Minuten
Garzeit: etwa 60 Minuten

4 Brötchen (Semmeln) vom Vortag
4 mittelgroße Zwiebeln
1 1/2 kg Gehacktes (halb Rind-, halb Schweinefleisch)
4 Eier (Größe M)
2 geh. TL mittelscharfer Senf
2 EL gehackte Petersilie
Salz, gem. Pfeffer
2 EL Semmelbrösel
6 weich gekochte Eier
80 g durchwachsener Speck (in dünne Scheiben geschnitten)
1 l Fleischbrühe
2 mittelgroße Zwiebeln
2 mittelgroße Tomaten
50 g Speisestärke

Pro Portion:
E: 33 g, F: 29 g, Kh: 18 g,
kJ: 1948, kcal: 465

1. Brötchen in kaltem Wasser einweichen. Zwiebeln abziehen und in kleine Würfel schneiden. Gehacktes in eine Schüssel geben. Brötchen gut ausdrücken, Zwiebelwürfel, Eier, Senf und Petersilie hinzugeben, gut vermengen und mit Salz und Pfeffer würzen.
2. Den Backofen vorheizen.
Ober-/Unterhitze: etwa 200 °C
Heißluft: etwa 180 °C
3. Die Hälfte der Semmelbrösel auf die Arbeitsfläche streuen. Die Fleischmasse halbieren und eine

Hackbraten „Falscher Hase"

Filetduo

Hälfte auf die Semmelbrösel geben, zu einem Rechteck (etwa 20 x 30 cm) formen. Die gekochten Eier pellen und 3 davon längs hintereinander in die Mitte des Fleischteiges geben. Den Fleischteig von der längeren Seite her aufrollen. Das Ganze zu einem Laib formen und in einen großen Bräter (gefettet) legen.

4. Aus der restlichen Fleischmasse auf die gleiche Weise einen zweiten Fleischleib formen und ebenfalls in den Bräter geben.

5. Die Speckscheiben nebeneinander auf die Fleischlaibe legen und etwas eindrücken. Den Bräter auf dem Rost im unteren Drittel in den vorgeheizten Backofen schieben. Den Hackbraten etwa 60 Minuten garen.

6. Sobald der Bratensatz anfängt zu bräunen, heiße Brühe hinzugießen. Die Fleischlaibe ab und zu mit dem Bratensatz begießen, verdampfte Flüssigkeit nach und nach durch heiße Brühe ersetzen.

7. Zwiebeln abziehen, vierteln. Tomaten abspülen, abtropfen lassen, vierteln, Stängelansätze herausschneiden. Zwiebel- und Tomatenviertel nach etwa 30 Minuten Garzeit zum Fleisch geben und mitgaren.

8. Die garen Hackbraten aus dem Bräter nehmen und zugedeckt warm stellen.

9. Den Bratensatz evtl. mit etwas Wasser loskochen, durch ein Sieb gießen, mit Wasser auf etwa 1 l auffüllen, in einem Topf zum Kochen bringen. Die Speisestärke mit etwa 6 Esslöffeln Wasser anrühren, in die Sauce einrühren. Die Sauce unter Rühren aufkochen, mit Salz und Pfeffer würzen, mit dem in Scheiben geschnittenen Hackbraten servieren.

Filetduo

8–10 Portionen

Zubereitungszeit: 60 Minuten, ohne Ruhezeit
Garzeit: etwa 35 Minuten

Für das Schweinefilet:
2 Schweinefilets (je etwa 600 g)
gem. Pfeffer
4 EL Speiseöl, z. B. Rapsöl
Salz
8 Scheiben Frühstücksspeck (Bacon)

Für die Bröselkruste:
60 g Semmelbrösel
1 Eigelb (Größe M)
50 g Butter (zimmerwarm)
3 geh. TL mittelscharfer Senf
25 g TK-Kräuter-Mischung

Für die Sauce:
125 ml Wasser
100 ml Balsamico-Essig
2–3 EL Instant-Brühe
4 EL Sojasauce
1 geh. TL Zucker
Paprikapulver edelsüß
2 TL Speisestärke

Pro Portion:
E: 33 g, F: 13 g, Kh: 8 g,
kJ: 1199, kcal: 286

1. Den Backofen vorheizen.
Ober-/Unterhitze: etwa 200 °C
Heißluft: etwa 180 °C

2. Schweinefilets mit Küchenpapier trocken tupfen, evtl. Sehnen oder Haut entfernen und das Fleisch mit Pfeffer würzen. Öl in einer Pfanne erhitzen. Die Filets darin rundherum anbraten und mit Salz bestreuen. Die Filets nebeneinander in einen Bräter (gefettet) legen. Speckscheiben auf den Filets verteilen.

3. Für die Kruste Semmelbrösel mit Eigelb, Butter, Senf und Kräutern verrühren, mit Salz und Pfeffer würzen. Die Masse auf den Speckscheiben verteilen und etwas andrücken. Den Bräter ohne Deckel auf dem Rost in den vorgeheizten Backofen schieben. Die Filets etwa 10 Minuten garen.

4. In der Zwischenzeit für die Sauce Wasser mit Essig, Instant-Brühe, Sojasauce, Zucker, Paprikapulver und Pfeffer in einem kleinen Topf verrühren und zum Kochen bringen.

5. Nach der Garzeit die Sauce in den Bräter geben. Den Bräter zurück in den Backofen schieben. Das Fleisch weitere etwa 25 Minuten garen.

6. Das Fleisch vorsichtig aus dem Bräter nehmen und etwa 10 Minuten zugedeckt ruhen lassen. Sauce, evtl. wieder in einen Topf gießen, etwas einkochen lassen. Speisestärke mit Wasser anrühren und die Sauce damit binden. Sauce nochmals mit den Gewürzen abschmecken.

7. Fleisch dann in Scheiben schneiden und mit der Sauce servieren.

Boeuf bourguignon
8 Portionen

Zubereitungszeit: 45 Minuten
Garzeit: etwa 4 1/2 Stunden

1,8 kg Rindfleisch (aus der Keule)
250 g Zwiebeln
2 Knoblauchzehen
250 g Möhren
400 g Champignons
60 g getrocknete Tomaten
5 EL Olivenöl
Salz, gem. Pfeffer
120 g geräucherter, gewürfelter Schinken
600 ml trockener Rotwein, z. B. Burgunder oder Bordeaux
1 EL Weizenmehl
1 EL Speisestärke

Pro Portion:
E: 53 g, F: 17 g, Kh: 12 g,
kJ: 1893, kcal: 452

1. Den Backofen bei Ober-/Unterhitze auf 95 °C vorheizen. Rindfleisch mit Küchenpapier trocken tupfen, evtl. Sehnen und Fett entfernen.
2. Zwiebeln und Knoblauch abziehen, in kleine Würfel schneiden. Möhren putzen, schälen, abspülen, abtropfen lassen, in etwa 1 cm dicke Scheiben schneiden. Champignons putzen, mit Küchenpapier abreiben, evtl. kurz abspülen und gut abtropfen lassen. Champignons vierteln. Getrocknete Tomaten in Stücke schneiden.
3. Olivenöl in einem Bräter erhitzen. Das Fleisch mit Salz und Pfeffer würzen und darin etwa 10 Minuten von allen Seiten gut anbraten. Nach und nach Zwiebel- und Knoblauchwürfel, Möhrenscheiben, Champignonviertel, Tomatenstücke und Schinkenwürfel hinzufügen, unterrühren und kurz mit anbraten. Rotwein hinzugießen und kurz aufkochen lassen.
4. Bräter auf dem Rost im unteren Drittel in den vorgeheizten Backofen schieben. Braten etwa 4 1/2 Stunden garen, dabei 2–3-mal wenden.
5. Den Rinderbraten aus dem Bräter nehmen, auf eine vorgewärmte Platte legen und zugedeckt warm stellen.
6. Die Sauce kurz aufkochen lassen. Dann Mehl und Speisestärke in etwas kaltem Wasser anrühren, in die Sauce einrühren. Die Sauce nochmals aufkochen, etwa 5 Minuten köcheln lassen. Die Sauce mit Salz und Pfeffer abschmecken. Den Braten in Scheiben schneiden und mit der Sauce servieren.

Tipp: Braten evtl. mit rotem Basilikum garnieren. Hinweise zum Niedertemperaturgaren finden Sie im Ratgeberteil auf S. 560.

Bäckerbraten
8–10 Portionen

Zubereitungszeit: 40 Minuten
Garzeit: etwa 2 Stunden 40 Minuten

2 Stücke Schweinefleisch (je 1,2 kg, aus der Oberschale)
Salz, gem. Pfeffer
4 EL Speiseöl, z. B. Sonnenblumenöl
3 Zwiebeln, 4 Möhren
etwa 375 ml Fleischbrühe

Für die Brotkruste:
8 Scheiben Toastbrot
80 g Butter
2 EL gemischte, gehackte Kräuter, z. B. Petersilie, Schnittlauch
2 Eier (Größe M)
Worcestersauce
1 EL mittelscharfer Senf

Pro Portion:
E: 57 g, F: 42 g, Kh: 12 g,
kJ: 2943, kcal: 702

1. Den Backofen vorheizen.
Ober-/Unterhitze: etwa 220 °C
Heißluft: etwa 200 °C
2. Das Fleisch mit Küchenpapier trocken tupfen, mit Salz und Pfeffer einreiben. Die Fleischstücke in einen großen Bräter legen und mit Öl einstreichen. Den Bräter in den vorgeheizten Backofen schieben. Das Fleisch etwa 40 Minuten garen.
3. In der Zwischenzeit Zwiebeln abziehen. Möhren putzen, schälen, abspülen und abtropfen lassen. Die Zwiebeln und Möhren in Stücke schneiden.
4. Die Backofentemperatur um 20–40 °C herunterschalten. Möhren- und Zwiebelstücke um das Fleisch im Bräter legen und etwas von der Fleischbrühe angießen. Das Fleisch weitere etwa 60 Minuten garen, dabei die verdampfte Flüssigkeit nach und nach durch Fleischbrühe ersetzen.
5. In der Zwischenzeit für die Brotkruste Toastbrot entrinden und in Würfel schneiden. Butter in einer Pfanne zerlassen. Die Brotwürfel darin anrösten und etwas abkühlen lassen.
6. Die Brotwürfel dann mit Kräutern und Eiern vermischen, mit Salz, Pfeffer, Worcestersauce und Senf würzen.
7. Die Brotmischung auf dem Fleisch verteilen, etwas andrücken und die Fleischstücke weitere etwa 60 Minuten garen.
8. Das gare Fleisch aus dem Bräter nehmen und zugedeckt warm stellen. Evtl. etwas Wasser unter den Bratensatz rühren, alles mit dem Gemüse in einen Topf geben und pürieren. Die Sauce nochmals kurz erhitzen und mit den Gewürzen abschmecken.
9. Das Fleisch in Scheiben schneiden und mit der Sauce servieren.

Amerikanischer Schinken

8–10 Portionen (ohne Foto)

Zubereitungszeit: 30 Minuten
Garzeit: etwa 2 1/2 Stunden

1 gepökelter Schinken-Braten (etwa 2,4 kg, beim Metzger vorbestellen)
20 Gewürznelken
125 ml Wasser
100 g brauner Zucker
1 EL mittelscharfer Senf
4 EL Ahornsirup
gem. Pfeffer

Pro Portion:
E: 56 g, F: 35 g, Kh: 17 g,
kJ: 2707, kcal: 646

1. Den Backofen vorheizen.
Ober-/Unterhitze: etwa 200 °C
Heißluft: etwa 180 °C
2. Den Schinken mit Küchenpapier trocken tupfen. Die Schwartenseite rautenförmig einritzen und mit den Nelken spicken.
3. Eine Fettpfanne mit etwas von dem Wasser auf der untersten Einschubleiste in den Backofen schieben. Schinken auf einen Rost legen. Den Rost oberhalb der Fettpfanne in den vorgeheizten Backofen schieben (damit das austretende Fett hinein tropfen kann). Den Schinken etwa 2 Stunden garen.
4. Während der Garzeit nach und nach restliches Wasser hinzufügen.
5. Das Fett aus der Fettpfanne abgießen, etwa 250 ml davon abmessen, mit braunem Zucker, Senf und Ahornsirup verrühren.
6. Die Backofentemperatur um etwa 40 °C heraufschalten.
7. Schinken mit Pfeffer bestreuen, mit angerührtem Fett bestreichen.
8. Den Rost wieder in den Backofen schieben. Schinken nach Möglichkeit bei Oberhitze noch etwa 30 Minuten garen, sodass er eine schön glasierte Oberfläche bekommt.

Hähnchenbrust, süßscharf

8 Portionen

Zubereitungszeit: 30 Minuten
Garzeit: etwa 30 Minuten

8 Hähnchenbrustfilets (je 150 g)
Salz, gem. Pfeffer
Currypulver, 6–7 EL Rapsöl
490 g abgetropfte Ananasscheiben (aus der Dose)
250 ml Ananassaft (aus der Dose)
250 ml Currysauce
200 ml Chilisauce süßsauer
250 g Schlagsahne
1 EL Weizenmehl
3 EL Wasser
150 g ger. Gouda

Pro Portion:
E: 41 g, F: 29 g, Kh: 27 g,
kJ: 2345, kcal: 561

1. Hähnchenbrustfilets unter fließendem kalten Wasser abspülen, trocken tupfen, mit Salz, Pfeffer und Currypulver bestreuen.
2. Öl in einer Pfanne erhitzen. Die Hähnchenbrustfilets in 2 Portionen darin von beiden Seiten anbraten. Die Filets nebeneinander in eine große, flache Auflaufform legen.
3. Den Backofen vorheizen.
Ober-/Unterhitze: etwa 180 °C
Heißluft: etwa 160 °C
4. Ananas abtropfen lassen, dabei den Saft auffangen und 250 ml abmessen. Ananasscheiben in Stücke schneiden und in das Bratfett geben. Den aufgefangenen Ananassaft, Currysauce, Chilisauce und Sahne hinzufügen und unter Rühren zum Kochen bringen. Mehl mit Wasser anrühren und in die Sauce rühren. Die Sauce etwa 5 Minuten köcheln lassen, nochmals mit den Gewürzen abschmecken.
5. Die Sauce über die Hähnchenbrustfilets geben und mit Käse bestreuen.
6. Die Auflaufform auf dem Rost in den vorgeheizten Backofen schieben und die Hähnchenfilets etwa 30 Minuten garen.

Tipp: Servieren Sie Reis oder Glasnudeln dazu.

Bäckerbraten

Hähnchenbrust, süßscharf

Kalbsbraten mit Petersilien-Pesto

8 Portionen

Zubereitungszeit: 40 Minuten
Garzeit: etwa 5 Stunden

6 Zwiebeln
1,6 kg Kalbfleisch (aus der Keule)
Salz, gem. Pfeffer
10 EL Olivenöl
500 ml trockener Weißwein
300 ml Fleischbrühe
160 g Schlagsahne

Für das Pesto:
100 g Pinienkerne
4 Knoblauchzehen
2 Bund glatte Petersilie
2 Bund Schnittlauch
160 g ger. Parmesan
200 ml Olivenöl

2 EL Weizenmehl
4 EL kaltes Wasser

Pro Portion:
E: 54 g, F: 61 g, Kh: 7 g,
kJ: 3476, kcal: 830

1. Den Backofen bei Ober-/Unterhitze auf 80 °C vorheizen. Zwiebeln abziehen, halbieren und fein würfeln.
2. Kalbfleisch mit Küchenpapier trocken tupfen, evtl. vorhandenes Fett und Sehnen abschneiden. Das Fleisch mit Salz und Pfeffer bestreuen. Öl in einem großen, flachen Bräter erhitzen. Das Fleisch darin von allen Seiten in etwa 10 Minuten gut anbraten.
3. Zwiebelwürfel hinzufügen und kurz unter Rühren anbraten. Wein, Brühe und Sahne unterrühren, kurz aufkochen lassen. Den Bräter auf dem Rost im unteren Drittel in den Backofen schieben. Fleisch etwa 5 Stunden garen.
4. Für das Pesto die Pinienkerne in einer Pfanne ohne Fett goldbraun rösten, dann erkalten lassen. Knoblauch abziehen und fein würfeln.
5. Petersilie und Schnittlauch abspülen und trocken tupfen. Petersilienblättchen von den Stängeln zupfen. Einige Blättchen zum Garnieren beiseitelegen. Restliche Petersilienblättchen und Schnittlauch fein hacken oder schneiden.
6. Pinienkerne, Knoblauch, Petersilie, Schnittlauch, Parmesan und Olivenöl in einen hohen Rührbecher geben und pürieren.
7. Braten aus dem Bräter nehmen und warm stellen. Mehl mit Wasser anrühren, in die Sauce einrühren. Sauce kurz aufkochen lassen, mit Salz und Pfeffer abschmecken.
8. Den Braten in Scheiben schneiden, mit Sauce, Petersilien-Pesto und den beiseitegelegten Petersilienblättchen garniert servieren.

Beilage: Petersilienkartoffeln.

Tipp: Hinweise zum Niedertemperaturgaren finden Sie im Ratgeberteil auf S. 560.

Kalbsbraten mit Petersilien-Pesto

Kalbsschnitzel in Paprikarahm

8 Portionen

Zubereitungszeit: 45 Minuten
Garzeit: etwa 60 Minuten

Für den Paprikarahm:
1 mittelgroße Zwiebel
2 Knoblauchzehen
3 EL Rapsöl
1 geh. EL Weizenmehl
1 EL Tomatenmark
3 rote Paprikaschoten
500 ml Rindfleischbrühe
Salz, gem. Pfeffer
Paprikapulver rosenscharf
etwas Zucker
2–3 EL Weinessig

8 dünne Kalbsschnitzel
(Oberschale, je etwa 150 g)
2 TL mittelscharfer Senf

Für die Füllung:
250 g abgetropfter Mozzarella
4 mittelgroße Tomaten
einige Stängel Basilikum
200 g dünne Scheiben Serrano-Schinken

4 EL Rapsöl

Außerdem:
Holzspießchen

Pro Portion:
E: 39 g, F: 17 g, Kh: 7 g,
kJ: 1396, kcal: 333

1. Für den Paprikarahm Zwiebel und Knoblauchzehen abziehen, in kleine Würfel schneiden. Rapsöl in einer Pfanne erhitzen.
2. Zwiebel- und Knoblauchwürfel darin glasig dünsten. Mehl darüberstäuben, Tomatenmark unterrühren.
3. Paprika halbieren, entstielen, entkernen und die weißen Scheidewände entfernen. Die Schoten abspülen, abtropfen lassen, in Würfel schneiden, zu den Zwiebel- und Knoblauchwürfeln geben und kurz

Kalbsschnitzel in Paprikarahm

Asiatisch marinierte Schweinerippchen

mit andünsten. Brühe hinzugießen, zum Kochen bringen und 10–15 Minuten kochen lassen.

4. Die Sauce mit Salz, Pfeffer, Paprika und Zucker würzen. Die Masse mit einem Mixstab pürieren und anschließend durch ein Sieb streichen. Essig unterrühren.

5. Schnitzel mit Küchenpapier trocken tupfen und nebeneinander auf eine Arbeitsfläche legen. Schnitzel dünn mit Senf bestreichen.

6. Für die Füllung den Mozzarella in Scheiben schneiden. Die Tomaten abspülen, abtrocknen und die Stängelansätze herausschneiden. Tomaten ebenfalls in Scheiben schneiden.

7. Basilikum abspülen und trocken tupfen. Die Blättchen von den Stängeln zupfen. Einige Blättchen zum Garnieren beiseitelegen.

8. Den Backofen vorheizen.
Ober-/Unterhitze: etwa 200 °C
Heißluft: etwa 180 °C

9. Die Schnitzel jeweils zur Hälfte mit Mozzarella-, Tomaten-, Schinkenscheiben und Basilikumblättchen belegen. Die unbelegte Schnitzelhälfte darüberschlagen und dann die Öffnungen mit Holzspießchen zusammenstecken.

10. Rapsöl in einer großen Pfanne erhitzen. Die Schnitzel von beiden Seiten darin anbraten, herausnehmen und in eine große, flache Auflaufform (gefettet) legen. Paprikarahm darauf verteilen. Die Form auf dem Rost in den vorgeheizten Backofen schieben. Kalbsschnitzel etwa 60 Minuten garen.

11. Zum Servieren die Holzspießchen entfernen und die Kalbsschnitzel mit beiseitegelegten Basilikumblättchen garniert servieren.

Beilage: Bandnudeln oder Baguette.

Asiatisch marinierte Schweinerippchen

12 Portionen

Zubereitungszeit: 35 Minuten
Garzeit: 45–60 Minuten

6 kg Schälrippchen
(in Stücke zerteilt)
Salz
gem. Pfeffer
8 EL Speiseöl,
z. B. Sonnenblumenöl
120 g Zucker
160 ml Sojasauce
800 ml Asia-Sauce Sweet & Sour
500 ml Fleischbrühe
8 Bund Frühlingszwiebeln
(je etwa 250 g)
2 kg Sojabohnenkeimlinge oder
1280 g abgetropfte Keimlinge
(aus der Dose)

Pro Portion:
E: 54 g, F: 30 g, Kh: 50 g,
kJ: 3107, kcal: 742

1. Schälrippchen unter fließendem kalten Wasser abspülen, trocken tupfen, mit Salz und Pfeffer würzen.

2. Den Backofen vorheizen.
Ober-/Unterhitze: etwa 220 °C
Heißluft: etwa 200 °C

3. Gut die Hälfte des Speiseöls in einem großen Bräter erhitzen. Rippchen darin von allen Seiten gut anbraten. Rippchen mit der Hälfte des Zuckers bestreuen und karamellisieren lassen.

4. Sojasauce und Asia-Sauce verrühren. 1–2 Esslöffel davon beiseitestellen. Die Rippchen mit der restlichen Saucenmischung bestreichen.

5. Fleischbrühe hinzugießen, kurz aufkochen lassen. Den Bräter zugedeckt auf dem Rost im unteren Drittel in den vorgeheizten Backofen schieben. Rippchen 45–60 Minuten garen (je nach Dicke der Rippchen).

6. In der Zwischenzeit Frühlingszwiebeln und Sojabohnenkeimlinge putzen, abspülen und abtropfen lassen. Frühlingszwiebeln in etwa 3 cm lange Stücke schneiden.

7. Etwa 15 Minuten vor dem Ende der Garzeit restliches Speiseöl in einer großen Pfanne erhitzen. Frühlingszwiebelstücke und Sojabohnenkeimlinge unter mehrmaligem Wenden darin andünsten. Restlichen Zucker darauf verteilen und karamellisieren lassen. Gemüse mit beiseitegestellter Sauce herzhaft würzen.

8. Die Rippchen auf dem Gemüse servieren.

Tipp: Schneiden Sie eine geputzte Frühlingszwiebel in feine Streifen und garnieren Sie die Schweinerippchen damit.

Kräuter-Putenbraten mit Tomatensauce

Kräuter-Putenbraten mit Tomatensauce

8 Portionen

Zubereitungszeit: 30 Minuten, ohne Ruhezeit
Garzeit: etwa 1 1/2 Stunden

1 Gemüsezwiebel
1 Putenbrust (etwa 2 kg, ohne Haut und Knochen)
Salz, gem. Pfeffer
250 ml Fleischbrühe

Für die Tomatensauce:
2 Zwiebeln
3–4 Knoblauchzehen
2 EL Rapsöl
1 EL gerebeltes Basilikum
2 EL Tomatenmark
400 g geschälte Tomaten (aus der Dose)
1–2 EL Tomatenketchup
2 EL flüssiger Honig
1 TL Sambal Oelek
Paprikapulver edelsüß

1 Bio-Zitrone (unbehandelt, ungewachst)
1 EL Olivenöl, 2 EL flüssiger Honig
100 g Kräuterbutter
je 2–3 Stängel Thymian und Oregano

Pro Portion:
E: 62 g, F: 17 g, Kh: 13 g,
kJ: 2058, kcal: 492

1. Den Backofen vorheizen.
Ober-/Unterhitze: etwa 200 °C
Heißluft: etwa 180 °C
2. Gemüsezwiebel abziehen, halbieren und in Spalten schneiden. Putenbrust unter fließendem kalten Wasser abspülen, trocken tupfen, mit Salz und Pfeffer würzen. Putenbrust mit den Zwiebelspalten in einen großen Bräter (gefettet) oder eine Fettfangschale (gefettet) legen.
3. Den Bräter auf dem Rost oder die Fettpfanne in den vorgeheizten Backofen schieben. Putenbrustfilet etwa 75 Minuten garen. Den Bratensatz nach etwa 30 Minuten mit etwas Fleischbrühe ablöschen. Restliche Fleischbrühe nach und nach hinzugießen.
4. In der Zwischenzeit für die Tomatensauce Zwiebeln und Knoblauch abziehen, in kleine Würfel schneiden. Rapsöl in einer Pfanne erhitzen, Zwiebel- und Knoblauchwürfel darin glasig dünsten. Basilikum daraufstreuen. Tomatenmark unterrühren. Geschälte Tomaten etwas zerkleinern, hinzufügen, zum Kochen bringen und etwa 2 Minuten kochen lassen. Die Sauce mit Ketchup, Honig, Salz, Pfeffer, Sambal Oelek und Paprika würzig abschmecken.
5. Die Zitrone heiß abwaschen, abtrocknen und die Schale abreiben. Zitronenschale mit Olivenöl, Honig und Kräuterbutter verrühren. Thymian- und Oreganoblättchen abspülen und trocken tupfen. Die Blättchen von den Stängeln zupfen. Blättchen klein schneiden.
6. Die Putenbrust mit der Kräuterbuttermischung bestreichen und mit den Kräuterblättchen bestreuen. Putenbrust wieder in den Backofen schieben und weitere etwa 15 Minuten garen.
7. Putenbrustfilet aus dem Bräter oder der Fettpfanne nehmen, in Alufolie wickeln und etwa 10 Minuten ruhen lassen. Putenbrustfilet in Scheiben schneiden und auf einer vorgewärmten Platte anrichten. Sauce dazureichen.

Lammrücken mit Kartoffelkruste

8–10 Portionen

Zubereitungszeit: 85 Minuten
Garzeit: etwa 45 Minuten

200 g Knollensellerie
150 g Petersilienwurzel
350 g Möhren
1 Stange Porree (Lauch, 150 g)
2 Knoblauchzehen
4 Stängel Thymian
100 g durchwachsener Speck
400 ml kaltes Wasser
1 Pck. Rohe Klöße (Kloßpulver für 8 Stück, Fertigprodukt)
3 EL gehackte Petersilie
2 Eier (Größe M)
Salz, gem. Pfeffer
ger. Muskatnuss
400 g festkochende Kartoffeln
2 Lammrücken (ohne Knochen, je etwa 400 g)
30 g zerlassene Butter
500 ml Gemüsebrühe
150 g Schmand (Sauerrahm)
30 g Weizenmehl

Pro Portion:
E: 25 g, F: 19 g, Kh: 30 g,
kJ: 1705, kcal: 409

1. Sellerie, Petersilienwurzel und Möhren putzen, schälen, abspülen, abtropfen lassen und würfeln. Porree putzen, die Stange längs halbieren, gründlich waschen und abtropfen lassen. Porree in Streifen schneiden.
2. Knoblauch abziehen und in Scheiben schneiden. Thymian abspülen und trocken tupfen. Das vorbereitete Gemüse, Knoblauch und Thymian in eine Fettpfanne legen.
3. Speck würfeln und in einer erhitzten Pfanne knusprig braten. Wasser in eine Schüssel geben und das

Kloßpulver unter Rühren einstreuen. Speckwürfel, Petersilie und Eier sofort unter den Kloßteig rühren, mit Salz, Pfeffer und Muskatnuss würzen und die Masse etwa 10 Minuten quellen lassen.

4. Den Backofen vorheizen.
Ober-/Unterhitze: etwa 200 °C
Heißluft: etwa 180 °C

5. Die Kartoffeln schälen, abspülen, abtropfen lassen und in dünne Scheiben schneiden. Lammrücken mit Küchenpapier trocken tupfen, nebeneinander auf das Gemüse in die Fettpfanne legen, mit Salz und Pfeffer einreiben. Den Kloßteig auf beide Fleischstücke streichen.

6. Die Kartoffelscheiben schuppenartig in den Teig drücken. Butter auf die Kartoffelschuppen streichen und mit Salz bestreuen. Gemüsebrühe auf das Gemüse gießen. Die Fettpfanne in den vorgeheizten Backofen schieben. Das Fleisch etwa 45 Minuten garen.

7. Den Lammrücken zugedeckt auf einer Platte im ausgeschalteten Backofen warm halten. Die Garflüssigkeit durch ein Sieb in einen Topf geben und zum Kochen bringen. Das mitgegarte Gemüse zu dem Fleisch auf die Platte legen.

8. Schmand mit Mehl verrühren, unter Rühren in die Sauce geben, aufkochen, 5–10 Minuten schwach kochen lassen. Die Sauce mit Salz und Pfeffer abschmecken, zu Lammrücken und Gemüse servieren.

Kasselerbraten mit Spitzkohl

8 Portionen

Zubereitungszeit: 45 Minuten
Garzeit: etwa 3 1/2 Stunden

etwa 1,6 kg g Kasseler Kotelett (ohne Knochen)
gem. Pfeffer
6 Zwiebeln
8 EL Speiseöl, z. B. Rapsöl

2,4 kg Spitzkohl
1 l Wasser
2 gestr. TL Salz
3 EL Crème fraîche
Salz
ger. Muskatnuss

300 ml Fleischbrühe
2 EL mittelscharfer Senf
2 TL Paprikapulver edelsüß

Pro Portion:
E: 41 g, F: 31 g, Kh: 11 g,
kJ: 2026, kcal: 484

1. Den Backofen bei Ober-/Unterhitze auf 80 °C vorheizen. Kasseler mit Küchenpapier trocken tupfen und mit Pfeffer bestreuen. Zwiebeln abziehen, halbieren und in Scheiben schneiden.

2. Speiseöl in einem großen, flachen Bräter erhitzen. Das Kasseler darin von allen Seiten etwa 6 Minuten gut anbraten. Zwiebelscheiben hinzufügen und kurz unter Rühren ebenfalls anbraten.

3. Den Bräter auf dem Rost im unteren Drittel in den vorgeheizten Backofen schieben. Das Fleisch etwa 3 Stunden garen.

4. Etwa 35 Minuten vor dem Ende der Garzeit vom Spitzkohl die äußeren Blätter entfernen. Den Kohl vierteln und den Strunk herausschneiden. Kohlviertel abspülen, abtropfen lassen und in mundgerechte Stücke schneiden.

5. Wasser mit Salz in einem Topf zum Kochen bringen. Die Kohlstücke portionsweise kurz darin blanchieren. Kohlstücke in ein Sieb geben, mit kaltem Wasser abschrecken und abtropfen lassen.

6. Crème fraîche mit den Kohlstücken in einem Topf unter Rühren erwärmen, etwa 5 Minuten dünsten, mit Salz und Muskatnuss abschmecken und warm stellen.

7. Kasseler aus dem Backofen nehmen, warm stellen. Fleischbrühe in den Bratenfond einrühren und kurz aufkochen lassen. Die Sauce pürieren, mit Senf und Paprikapulver abschmecken. Kasseler in Scheiben schneiden und mit der Sauce und dem Spitzkohl servieren.

Tipps: Dazu Kartoffelpüree servieren. Hinweise zum Niedertemperaturgaren finden Sie im Ratgeberteil auf S. 560.

Lammrücken mit Kartoffelkruste

Kasselerbraten mit Spitzkohl

Lammschnitzel in Kräuter-Knoblauch-Panade

8–10 Portionen

Zubereitungszeit: 2 Stunden

Für das Gemüseragout:
1 kg festkochende Kartoffeln
Salz
2 Zwiebeln
2 Fleischtomaten (etwa 300 g)
100 g Butter oder Margarine
1 kg TK-Brechbohnen
gem. Pfeffer
300 ml Gemüsebrühe

5 Knoblauchzehen
2 EL getrockneter Rosmarin
250 g Semmelbrösel
4 Eier (Größe M)
4 EL Weizenmehl
30 kleine Lammrückenschnitzel (je etwa 50 g, aus dem Lammkarree)
6 EL Olivenöl

Pro Portion:
E: 42 g, F: 24 g, Kh: 27 g,
kJ: 2075, kcal: 495

1. Für das Ragout Kartoffeln schälen, abspülen, abtropfen lassen und in gleich große Würfel schneiden.
2. Salzwasser in einem großen Topf zum Kochen bringen, Kartoffelwürfel etwa 10 Minuten darin kochen. Anschließend die Kartoffelwürfel in ein Sieb geben, mit kaltem Wasser übergießen und abtropfen lassen.
3. Zwiebeln abziehen und in kleine Würfel schneiden. Tomaten abspülen, abtrocknen, halbieren und die Stängelansätze herausschneiden. Tomaten entkernen und ebenfalls in Würfel schneiden.
4. Butter oder Margarine in einem großen Topf oder Bräter zerlassen. Zwiebelwürfel darin glasig dünsten, Kartoffelwürfel und Bohnen hinzugeben, mit andünsten, mit Salz und Pfeffer würzen. Brühe hinzugießen, zum Kochen bringen und zugedeckt 10–15 Minuten bei schwacher Hitze garen. Tomatenwürfel unterheben, mit Salz und Pfeffer abschmecken.
5. In der Zwischenzeit den Knoblauch abziehen und fein hacken. Rosmarin ebenfalls fein hacken. Semmelbrösel in eine Schüssel geben, mit Knoblauch und Rosmarin mischen. Eier in einem tiefen Teller verschlagen. Mehl auf einen großen Teller geben.
6. Lammschnitzel mit Küchenpapier trocken tupfen und etwas flach drücken, mit Salz und Pfeffer bestreuen.
7. Die Schnitzel zuerst in Mehl wenden, dann durch die verschlagenen Eier ziehen, Schnitzel am Tellerrand abstreifen und zuletzt in der Semmelbröselmischung wenden. Panade gut andrücken.
8. Jeweils etwas von dem Olivenöl in einer großen Pfanne erhitzen. Die Lammschnitzel portionsweise von beiden Seiten darin braten, herausnehmen und mit dem Kartoffel-Bohnen-Ragout anrichten.

Ofenschnitzel

8–10 Portionen

Zum Vorbereiten

Zubereitungszeit: 50 Minuten
Garzeit: etwa 40 Minuten

1–2 Zucchini
2 Auberginen (je etwa 400 g)
2 Knoblauchzehen
200 ml Olivenöl
Salz
1 kg Putenschnitzel
gem. Pfeffer
740 g stückige Tomaten (aus der Dose)
2 TL gerebelter Oregano
etwa 2 EL konzentrierte Hühnerbouillon (aus der Flasche)

Für den Guss:
156 ml Pâté di Olive Verde (Olivenpaste, aus dem Glas)
300 g Ziegenfrischkäse
400 g saure Sahne

1/2 Bund glatte Petersilie

Pro Portion:
E: 39 g, F: 37 g, Kh: 18 g,
kJ: 2489, kcal: 595

1. Zucchini und Auberginen abspülen, abtrocknen und die Enden abschneiden. Zucchini der Länge nach in dünne Scheiben schneiden. Die Auberginen längs halbieren und dann senkrecht zur Schnittfläche der Länge nach in Scheiben schneiden. Knoblauch abziehen, fein hacken und beiseitestellen.
2. Einen Teil des Öls portionsweise in 2 Pfannen erhitzen. Die Zucchini- und Auberginenscheiben darin getrennt portionsweise von beiden Seiten goldbraun braten. Auf Küchenpapier abtropfen lassen und mit Salz würzen.
3. Putenschnitzel unter fließendem kalten Wasser abspülen, trocken

Lammschnitzel in Kräuter-Knoblauch-Panade

Ofenschnitzel

Pizzabraten

tupfen und etwas flacher klopfen. Das restliche Öl in dem verbliebenen Bratfett erhitzen. Die Putenschnitzel darin unter Wenden anbraten, mit Salz und Pfeffer bestreuen und aus der Pfanne nehmen.

4. Den Backofen vorheizen.
Ober-/Unterhitze: etwa 180 °C
Heißluft: etwa 160 °C

5. Die Tomatenstückchen mit der Flüssigkeit zu dem heißen Bratensatz in die Pfanne geben, mit Oregano, beiseitegestelltem Knoblauch und konzentrierter Hühnerbouillon würzen. Die Tomatensauce in eine Fettpfanne (gefettet) geben. Die Putenschnitzel darauf verteilen, mit Auberginen- und Zucchinischeiben belegen.

6. Für den Guss Olivenpaste, Ziegenfrischkäse und die saure Sahne mit einem Schneebesen oder mit einem Mixer (Rührstäbe) cremig verrühren, mit Pfeffer würzen. Den Guss gleichmäßig über die Zutaten gießen.

7. Die Fettpfanne in den vorgeheizten Backofen schieben. Die Ofenschnitzel etwa 40 Minuten garen.

8. In der Zwischenzeit die Petersilie abspülen, trocken tupfen und die Blättchen von den Stängeln zupfen. Blättchen fein hacken. Die Ofenschnitzel mit Petersilie bestreut servieren.

Tipps: Dazu schmeckt sehr gut Fladenbrot. Wenn Sie keine Olivenpaste bekommen, können Sie stattdessen auch Pesto oder Kräuter in Öl verwenden.

Pizzabraten

10 Portionen

Zubereitungszeit: 30 Minuten, ohne Ruhezeit
Garzeit: etwa 90 Minuten

1,6 kg Schweinenacken (ohne Knochen)
6 rote Paprikaschoten
4 EL Tomatenmark
Salz, gem. Pfeffer
Paprikapulver edelsüß
8 dünne Scheiben Kochschinken
400 g Emmentaler
6 EL Olivenöl
2 Gemüsezwiebeln
4 Tomaten
300 g Tomatenketchup

Küchengarn

Pro Portion:
E: 53 g, F: 39 g, Kh: 15 g,
kJ: 2809, kcal: 671

1. Das Fleisch mit Küchenpapier trocken tupfen. Das Fleischstück von der breiten Seite im oberen Drittel von rechts nach links waagerecht einschneiden, dabei 1 cm am Rand frei lassen (nicht durchschneiden!). Dann auf dieselbe Weise im unteren Drittel von links nach rechts einschneiden. Das Fleisch auseinanderklappen, sodass ein langes, flaches Stück entsteht. Das Stück mehrmals diagonal einritzen.

2. Paprikaschoten vierteln, entstielen, entkernen und die weißen Scheidewände entfernen, Schoten abspülen, in kochendes Wasser geben und 8–10 Minuten kochen lassen. Die Paprika abtropfen lassen, kalt abspülen und enthäuten.

3. Das Fleischstück dünn mit Tomatenmark bestreichen, mit Salz, Pfeffer und Paprikapulver bestreuen. Es dann erst mit den Schinkenscheiben, dann mit den Paprikastücken belegen. Emmentaler in dünne Scheiben schneiden und darauflegen.

4. Das Fleisch wie eine Roulade aufrollen, mit Küchengarn zusammenbinden und rundherum mit Salz und Pfeffer bestreuen.

5. Den Backofen vorheizen.
Ober-/Unterhitze: etwa 180 °C
Heißluft: etwa 160 °C

6. Öl in einem großen Bräter erhitzen. Den Braten darin rundherum gut anbraten. Gemüsezwiebeln abziehen und in große Stücke schneiden. Die Tomaten abspülen, abtrocknen und die Stängelansätze herausschneiden. Die Tomaten in Stücke schneiden. Zwiebel- und Tomatenstücke mit andünsten. Dann den Bräter auf dem Rost in den vorgeheizten Backofen schieben. Den Braten etwa 90 Minuten garen.

7. Nach Beendigung der Garzeit den Braten aus dem Bräter nehmen und etwa 10 Minuten zugedeckt ruhen lassen.

8. Ketchup unter den Bratensatz rühren, einmal aufkochen lassen und evtl. mit den Gewürzen abschmecken. Braten in Scheiben schneiden. Die Sauce zu dem Braten servieren.

Lammhackbraten mit weißen Bohnen

Kalbsroulade mit Schinken-Parmesan-Füllung

Lammhackbraten mit weißen Bohnen

12 Portionen

Zubereitungszeit: 60 Minuten
Garzeit: etwa 4 Stunden

440 g Zwiebeln
6 Knoblauchzehen
100 g getrocknete Tomaten
2 kg Lammgehacktes
4 Eier (Größe M)
Salz, gem. Pfeffer
2 TL gerebelter Thymian oder Rosmarin
1 TL Chiliflocken
400 g abgetropfter Schafskäse
8 EL Olivenöl
1920 g abgetropfte, weiße Bohnen (aus der Dose)
800 g passierte Tomaten
200 g schwarze Oliven (ohne Stein)

5 Tomaten

Pro Portion:
E: 51 g, F: 42 g, Kh: 34 g,
kJ: 3007, kcal: 716

1. Den Backofen bei Ober-/Unterhitze auf 95 °C vorheizen. Zwiebeln und Knoblauch abziehen und fein würfeln. Tomaten in feine Streifen schneiden.

2. Gehacktes in eine große Schüssel geben. Etwa die Hälfte der Zwiebel- und Knoblauchwürfel, Eier und Tomatenstreifen hinzufügen, alles gut vermengen.

3. Die Masse mit Salz, Pfeffer, Thymian oder Rosmarin und Chiliflocken würzen, halbieren, zu 2 länglichen Laiben formen, längs jeweils eine Vertiefung eindrücken. Schafskäse in 6 gleich große, längliche Stücke schneiden. Jeweils 2 der Käsestücke in die Vertiefungen legen, mit der Hackmasse umschließen, sodass 2 etwa 7 cm dicke Laibe entstehen.

4. Das Öl in einem großen Bräter erhitzen. Fleischlaibe darin nacheinander von allen Seiten etwa 10 Minuten gut anbraten. Restliche Zwiebel- und Knoblauchwürfel in den Bräter geben und kurz mit anbraten.

5. Bohnen und mit den passierten Tomaten in den Bräter geben. Oliven hinzufügen und unterrühren. Das Ganze kurz aufkochen lassen.

6. Den Bräter auf dem Rost im unteren Drittel in den Backofen schieben. Lammhackbraten etwa 4 Stunden garen.

7. Tomaten abspülen, abtrocknen, halbieren und die Stängelansätze herausschneiden. Tomaten in Spalten schneiden. Restlichen Schafskäse in kleine Stücke schneiden. Den Lammhackbraten in Scheiben schneiden, mit Sauce, Käsestückchen und Tomatenspalten servieren.

Tipps: Fladenbrot dazureichen. Hinweise zum Niedertemperaturgaren finden Sie im Ratgeberteil auf S. 560.

Kalbsroulade mit Schinken-Parmesan-Füllung

8 Portionen

Zubereitungszeit: 40 Minuten
Garzeit: 3 1/2–4 Stunden

1 1/2 kg Kalbfleisch (aus der Oberschale)
1 Glas Pesto Calabrese (etwa 190 g)
100 g ger. Parmesan
250 g Kochschinken (in Scheiben)
180 g Zwiebeln
5 EL Olivenöl
Salz, gem. Pfeffer
1 TL gerebelter Thymian
1 EL Tomatenmark
400 ml Kalbsfond
1–2 EL Crème fraîche

Außerdem:
Küchengarn

Pro Portion:
E: 52 g, F: 23 g, Kh: 8 g,
kJ: 1891, kcal: 452

1. Den Backofen bei Ober-/Unterhitze auf 95 °C vorheizen. Das Kalbfleisch trocken tupfen. Das Fleisch an der Längsseite im unteren Drittel waagerecht bis fast zur Kante einschneiden (nicht durchschneiden!). Das Fleisch aufklappen und die dicke Seite von der Mitte aus waagerecht

einschneiden (nicht durchschneiden!) und aufklappen, sodass eine möglichst große, flache, rouladenartige Fläche entsteht. Fleisch evtl. noch etwas flach klopfen.
2. Die Roulade mit Pesto bestreichen, mit Parmesan bestreuen und mit Schinken belegen. Die Roulade von der schmalen Seite her aufrollen und mit Küchengarn zusammenbinden (wie bei einem Rollbraten).
3. Zwiebeln abziehen und in feine Würfel schneiden. Öl in einem Bräter erhitzen. Die Roulade mit Salz, Pfeffer und Thymian würzen und in dem Bräter etwa 10 Minuten rundherum anbraten. Die Zwiebelwürfel hinzufügen und mit anbraten. Das Tomatenmark unterrühren. Kalbsfond hinzugießen und kurz aufkochen lassen.
4. Den Bräter auf dem Rost im unteren Drittel in den vorgeheizten Backofen schieben und die Kalbsroulade 3 1/2–4 Stunden garen, dabei die Roulade 2–3-mal wenden.
5. Die Roulade aus dem Bräter nehmen und warm stellen.
6. Die Sauce kurz aufkochen lassen. Crème fraîche einrühren und evtl. nochmals mit den Gewürzen abschmecken.
7. Das Küchengarn von der Roulade entfernen. Die Roulade in Scheiben schneiden, mit der Sauce servieren.

Tipps: Servieren Sie Gnocchi und Brokkoli, nach Belieben mit gehobeltem Parmesan bestreut, dazu. Hinweise zum Niedertemperaturgaren finden Sie im Ratgeberteil auf S. 560.

Lammschultern

8–10 Portionen

Zubereitungszeit: 35 Minuten
Garzeit: etwa 100 Minuten

2 große Lammschultern (je 2–2 1/2 kg)
250 g Zwiebeln
4 Knoblauchzehen
1 Bund Thymian
1 Zweig Rosmarin
Salz, gem. Pfeffer
300 g Tomaten
1 l Fleischbrühe
2 EL Speisestärke
5 EL kaltes Wasser

Pro Portion:
E: 67 g, F: 48 g, Kh: 5 g,
kJ: 3255, kcal: 778

1. Den Backofen vorheizen.
Ober-/Unterhitze: etwa 200 °C
Heißluft: etwa 180 °C

Lammschultern

2. Lammschultern unter fließendem kalten Wasser abspülen, trocken tupfen, grob von Fett und Sehnen befreien.
3. Zwiebeln und Knoblauch abziehen. Zwiebeln grob zerteilen. Knoblauch in Stifte schneiden. Thymian und Rosmarin abspülen, trocken tupfen, Blättchen und Nadeln von den Stängeln zupfen und fein hacken.
4. Die Knoblauchstifte unter das Fettgewebe der Lammschultern stecken (evtl. mithilfe eines kleinen, spitzen Messers Taschen für den Knoblauch in das Fleisch stechen). Das Fleisch kräftig mit Salz und Pfeffer einreiben, mit Thymian und Rosmarin bestreuen und in eine Fettpfanne (gefettet) legen.
5. Die Fettpfanne in den vorgeheizten Backofen schieben. Die Lammschultern etwa 45 Minuten garen.
6. In der Zwischenzeit Tomaten abspülen, abtropfen lassen, vierteln und die Stängelansätze herausschneiden. Tomaten grob würfeln.
7. Die Zwiebelstücke zum Fleisch in die Fettpfanne geben. Die Fettpfanne wieder in den Backofen schieben und alles weitere etwa 10 Minuten garen. Dann die Tomatenwürfel zugeben und alles weitere etwa 45 Minuten garen, dabei nach und nach die Fleischbrühe angießen. Während der Gesamtgarzeit die Lammschultern 2–3-mal wenden.
8. Die Lammschultern aus dem Backofen nehmen, warm stellen. Den Bratenfond mit dem Gemüse durch ein Sieb in einen Topf geben und zum Kochen bringen. Speisestärke mit Wasser anrühren, in den Bratenfond einrühren und aufkochen lassen. Sauce mit Salz und Pfeffer abschmecken und zu dem Fleisch servieren.

Tipps: Falls Sie nur kleinere Lammschultern bekommen, evtl. 3 Stück nehmen. Nach Belieben zusätzlich etwa 20 Kartoffeln schälen, abspülen, abtropfen lassen, je nach Größe längs halbieren oder vierteln, etwa 60 Minuten vor Beendigung der Garzeit in der Fettpfanne mitgaren.

Kapitel 07

Rezepte 601–700

Partyspasta

Breite Bandnudeln mit Pilz-Sahne-Sauce

Breite Bandnudeln mit Pilz-Sahne-Sauce

8 Portionen

Zubereitungszeit: 45 Minuten

je 4–5 l Wasser
1 1/2 kg Champignons,
z. B. rosé Champignons
2 Knoblauchzehen
je 4–5 gestr. TL Salz
800 g–1 kg breite Bandnudeln
6–8 EL Olivenöl
4 EL Zwiebelwürfel (frisch oder TK)
Salz, gem. Pfeffer
300 g Crème fraîche
250 g Schlagsahne
100 g ger. Parmesan
4 EL Schnittlauchröllchen
(frisch oder TK)

Pro Portion:
E: 26 g, F: 35 g, Kh: 83 g,
kJ: 3177, kcal: 761

1. Die Nudeln in 2 Portionen kochen. Dafür jeweils Wasser in einem großen Topf zugedeckt zum Kochen bringen.
2. In der Zwischenzeit Champignons putzen, evtl. kurz abspülen, trocken tupfen und in Scheiben schneiden. Knoblauch abziehen.
3. Jeweils Salz und Nudeln ins kochende Wasser geben. Die Nudeln im geöffneten Topf bei mittlerer Hitze nach Packungsanleitung bissfest garen, dabei gelegentlich umrühren.
4. Olivenöl in einem großen Topf erhitzen. Zwiebelwürfel darin andünsten. Knoblauch durch eine Knoblauchpresse drücken, hinzugeben und mitdünsten lassen. Die Champignonscheiben in 2 Portionen hinzufügen und unter Rühren bei starker Hitze braten, bis die Flüssigkeit fast verdampft ist (einige Scheiben zum Garnieren beiseitestellen). Mit Salz und Pfeffer würzen.
5. Crème fraîche, Sahne und Parmesan verrühren, zu den Champignonscheiben in den Topf geben und unter Rühren aufkochen lassen. Die Sauce mit Salz und Pfeffer abschmecken.
6. Anschließend die garen Nudeln in ein Sieb abgießen, mit heißem Wasser abspülen und abtropfen lassen. Die Nudeln mit der Pilz-Sahne-Sauce vermengen und kurz erhitzen. Mit den beiseitegestellten Champignonscheiben und den Schnittlauchröllchen garnieren und sofort servieren.

Gebratene Mie-Nudeln mit Putenstreifen

8 Portionen

Zubereitungszeit: 40 Minuten

etwa 30 g getrocknete Mu-err-Pilze
600 g Putenschnitzel
2 EL Austernsauce
2 TL China-Gewürzzubereitung
2 TL gem. Kreuzkümmel (Cumin)
2 TL Speisestärke
500 g Möhren
4 Stangen Porree (Lauch)
500 g Mie-Nudeln (asiatische Instant-Nudeln)
8 EL Sojaöl
4 EL Sojasauce
2 EL Sambal Sauce (feurig-scharf) oder 1 TL Sambal Oelek

Pro Portion:
E: 29 g, F: 13 g, Kh: 54 g,
kJ: 1868, kcal: 446

1. Mu-err-Pilze mit kochendem Wasser übergießen und nach Packungsanleitung einweichen.
2. Die Putenschnitzel kurz unter fließendem kalten Wasser abspülen, trocken tupfen und in dünne Streifen schneiden. Die Fleischstreifen mit Austernsauce, China-Gewürzzubereitung, Kreuzkümmel und Speisestärke vermischen.
3. Möhren putzen, schälen, abspülen, abtropfen lassen und in dünne Scheiben schneiden. Porree putzen, die Stangen längs halbieren, gründlich waschen, abtropfen lassen und in etwa 1 cm lange Stücke schneiden.
4. Mie-Nudeln nach Packungsanleitung mit kochendem Wasser übergießen und ziehen lassen.
5. Sojaöl in einem großen Wok erhitzen. Möhrenscheiben darin unter Rühren andünsten. Dann Porreestücke hinzugeben und unter Rühren 1–2 Minuten bei starker Hitze anbraten oder andünsten. In der Zwischenzeit Mu-err-Pilze abtropfen lassen, evtl. putzen und in Streifen schneiden. Pilzstreifen zu den Möhrenscheiben und Porreestücken geben und etwa 2 Minuten mitbraten lassen.
6. Gewürzte Fleischstreifen hinzugeben und unter Rühren weitere etwa 3–4 Minuten bei starker Hitze braten.
7. Die Mie-Nudeln abtropfen lassen, auflockern, unter das Gemüse heben und kurz erwärmen. Die Mie-Nudel-Pfanne mit Sojasauce und Sambal Sauce oder Sambal Oelek abschmecken. Sofort servieren.

Cannelloni Rosanella

12 Portionen

Zubereitungszeit: 35 Minuten
Garzeit: etwa 45 Minuten

3 Brötchen (Semmeln) vom Vortag
1 1/2 kg Gehacktes (halb Rind-, halb Schweinefleisch)
3 Eier (Größe M)
Salz, gem. Pfeffer
gerebelter Oregano und Thymian
etwa 500 g Cannelloni (ohne Vorkochen)
450 g Crème fraîche
50 g Speisestärke
500 ml Milch oder 500 g Schlagsahne
25 g TK-Basilikum
100 g ger. Parmesan
60 g Butter
evtl. Basilikumblättchen

Pro Portion:
E: 36 g, F: 49 g, Kh: 42 g,
kJ: 3156, kcal: 756

1. Brötchen in kaltem Wasser einweichen und gut ausdrücken.
2. Den Backofen vorheizen.
Ober-/Unterhitze: etwa 200 °C
Heißluft: etwa 180 °C
3. Gehacktes in eine Rührschüssel geben. Eier und Brötchen gut unterarbeiten. Mit Salz, Pfeffer, Oregano und Thymian würzen. Die Gehacktesmasse in einen Spritzbeutel mit großer Lochtülle füllen und in die Cannelloni spritzen.
4. Die Cannelloni nebeneinander in eine Fettpfanne oder eine große, flache Auflaufform (jeweils gefettet) legen.
5. Für die Sauce Crème fraîche mit Speisestärke und Milch oder Sahne gut verrühren, mit Salz und Pfeffer würzen. Basilikum unterrühren. Die Sauce auf den Cannelloni verteilen (sie müssen ganz mit der Sauce bedeckt sein). Mit Käse bestreuen und Butter in Flöckchen daraufsetzen.
6. Die Fettpfanne oder die Form auf dem Rost in den vorgeheizten Backofen schieben. Die Cannelloni etwa 45 Minuten garen.
7. Nach Belieben Basilikumblättchen abspülen und trocken tupfen. Cannelloni Rosanella mit Basilikumblättchen garniert servieren.

Gebratene Mie-Nudeln mit Putenstreifen

Cannelloni Rosanella

Gestockte Nudelnester

8 Portionen

Zubereitungszeit: 45 Minuten
Garzeit: 15–20 Minuten

je 4 l Wasser
je 4 gestr. TL Salz
800 g grüne Bandnudeln
400 g Fleischwurst
4 Fleischtomaten (etwa 800 g)
8 EL Speiseöl
Salz, gem. Pfeffer
120 g ger. Parmesan
16 Eier (Größe M)
80 g Butter
gehackte, glatte Petersilie

Pro Portion:
E: 43 g, F: 53 g, Kh: 71 g,
kJ: 4156, kcal: 993

1. Die Nudeln in 2 Portionen kochen. Dafür jeweils Wasser in einem großen Topf zugedeckt zum Kochen bringen. Dann Salz und Nudeln hinzugeben. Die Nudeln im geöffneten Topf bei mittlerer Hitze nach Packungsanleitung kochen lassen, dabei gelegentlich umrühren.
2. Anschließend die Nudeln in ein Sieb geben, mit heißem Wasser abspülen und abtropfen lassen.
3. Den Backofen vorheizen.
Ober-/Unterhitze: etwa 180 °C
Heißluft: etwa 160 °C
4. Von der Fleischwurst die Pelle abziehen. Die Fleischwurst in Würfel schneiden. Tomaten kreuzweise einschneiden und mit kochendem Wasser übergießen. Nach 1–2 Minuten herausnehmen und mit kaltem Wasser abschrecken. Tomaten enthäuten, halbieren und die Stängelansätze herausschneiden. Tomatenhälften in Würfel schneiden.
5. Nudeln mit Speiseöl in einer großen Schüssel vermischen. Fleischwurst- und Tomatenwürfel unterheben. Mit Salz und Pfeffer würzen.
6. Ein Backblech mit Alufolie belegen. Die Bandnudeln auf der Alufolie zu 16 Nestern formen. Jeweils etwas Parmesan daraufstreuen. In jedes Nudelnest 1 aufgeschlagenes Ei geben.
7. Nudelnester mit Butterflöckchen belegen und locker mit Alufolie zudecken, damit die Nudeln nicht austrocknen. Das Backblech in den vorgeheizten Backofen schieben. Die Nudelnester 15–20 Minuten garen. Nach der Hälfte der Garzeit die aufgelegte Alufolie entfernen. Die Nester sind fertig, wenn das Eiweiß gestockt ist. Nudelnester mit Petersilie bestreut servieren.

Grüne Nudeln mit Fischsauce

8–10 Portionen

Zubereitungszeit: 50 Minuten

je 4 l Wasser
je 2 Lorbeerblätter
je 2 vorbereitete Salbeiblätter
je 3 gestr. TL Salz
800 g grüne Bandnudeln
4 große Zwiebeln
300 g Zanderfilet
400 g Lachsfilet
5 EL Speiseöl
Salz, gem. Pfeffer
Paprikapulver edelsüß
Zitronensaft
250 g Schlagsahne
etwas Nudelwasser
3 EL gehackte Kräuter, z. B. Dill, Zitronenmelisse oder Kerbel
evtl. 3 Knoblauchzehen

Pro Portion:
E: 27 g, F: 24 g, Kh: 63 g,
kJ: 2435, kcal: 581

1. Die Nudeln in 2 Portionen kochen. Dafür jeweils Wasser in einem großen Topf zugedeckt zum Kochen bringen. Dann Lorbeer-, Salbeiblätter, Salz und Nudeln hinzugeben. Die Nudeln im geöffneten Topf bei mittlerer Hitze nach Packungsanleitung garen, dabei gelegentlich umrühren.
2. In der Zwischenzeit für die Sauce Zwiebeln abziehen, halbieren und in kleine Würfel schneiden. Zander- und Lachsfilet kurz unter fließendem kalten Wasser abspülen, trocken tupfen und in etwa 1 cm große Würfel schneiden.
3. Anschließend die Nudeln in ein Sieb abgießen, dabei das Nudelwasser auffangen. Nudeln mit heißem Wasser abspülen und abtropfen lassen. Lorbeer- und Salbeiblätter entfernen. Nudeln warm stellen.
4. Speiseöl in einer großen Pfanne erhitzen. Zwiebelwürfel darin glasig dünsten. Zander- und Lachsfiletwürfel hinzugeben, kurz von allen Seiten anbraten. Mit Salz, Pfeffer, Paprika und Zitronensaft würzen. Die Sahne und etwas von dem aufgefangenen Nudelwasser unterrühren.
5. Evtl. den Knoblauch abziehen und durch eine Knoblauchpresse drücken. Kräuter und Knoblauch unter die Sauce rühren. Sauce mit etwas Salz und Pfeffer abschmecken. Nudeln mit der Sauce vermischen, nochmals erwärmen und sofort servieren.

Gestockte Nudelnester

Grüne Nudeln mit Fischsauce

Käsespätzle-Gemüse-Rösti

12 Portionen

Zubereitungszeit: 60 Minuten

Für den Pfannkuchenteig:
300 g Weizenmehl
3 Eier (Größe M)
1 Prise Salz
250 ml Milch

Für die Käsespätzle:
1,2 kg Spätzle
Salz
4 Möhren (etwa 400 g)
1 kleine Stange Porree
(Lauch, etwa 300 g)

200 g Butter oder
Margarine
gem. Pfeffer
ger. Muskatnuss
200 g ger. Parmesan

Pro Portion:
E: 8 g, F: 12 g, Kh: 16 g,
kJ: 879, kcal: 210

1. Für den Pfannkuchenteig Mehl in eine Rührschüssel geben, mit Eiern gut verrühren. Mit Salz würzen. Milch unterschlagen. Dabei darauf achten, dass keine Klümpchen entstehen.
2. Für die Käsespätzle Spätzle portionsweise in kochendem Salzwasser nach Packungsanleitung bissfest kochen, dabei ab und zu umrühren. Spätzle in ein Sieb abgießen, mit heißem Wasser abspülen, abtropfen lassen.
3. Den Backofen vorheizen.
Ober-/Unterhitze: etwa 100 °C
Heißluft: etwa 80 °C
4. Möhren putzen, schälen, abspülen, abtropfen lassen und in sehr feine Streifen schneiden. Porree putzen, die Stange längs halbieren, gründlich waschen, abtropfen lassen und ebenfalls in sehr feine Streifen schneiden. Möhren- und Porreestreifen in kochendem Salzwasser etwa 2 Minuten blanchieren, in eiskaltem

Käsespätzle-Gemüse-Rösti

Wasser abschrecken und in einem Sieb abtropfen lassen.
5. Etwas Butter oder Margarine in einer kleinen, beschichteten Pfanne zerlassen. Einen Teil der Spätzle, Möhren- und Lauchstreifen darin anbraten, mit Salz, Pfeffer und Muskat würzen. Etwas Pfannkuchenteig darübergießen, mit etwas Parmesan bestreuen und unter Wenden zu einer „Rösti" braten. Diesen Vorgang wiederholen, bis alle Zutaten verbraucht sind (ergibt 12–24 Stück, je nach Größe der Pfanne).
6. Die fertigen Rösti zugedeckt im vorgeheizten Backofen warm stellen.

Linguine mit Ziegenfrischkäsesauce

8 Portionen

Zubereitungszeit: 45 Minuten

je 5 l Wasser
2 Schalotten
4 Knoblauchzehen
2 Bund Frühlingszwiebeln
2 Bund Basilikum
300 g Cocktailtomaten
je 5 gestr. TL Salz
1 kg Linguine (dünne Bandnudeln)
40 g Butter
500 g Ziegenfrischkäse
250 g Schlagsahne
150 ml Gemüsebrühe
Salz, gem. Pfeffer

Linguine mit Ziegenfrischkäsesauce

Pro Portion:
E: 22 g, F: 32 g, Kh: 97 g,
kJ: 3203, kcal: 768

1. Die Nudeln in 2 Portionen kochen. Dafür jeweils Wasser in einem großen Topf zugedeckt zum Kochen bringen. Schalotten und Knoblauch abziehen, in kleine Würfel schneiden. Die Frühlingszwiebeln putzen, abspülen, abtropfen lassen und in feine Scheiben schneiden. Basilikum abspülen und trocken tupfen. Die Blättchen von den Stängeln zupfen. Blättchen in Streifen schneiden. Tomaten abspülen, abtropfen lassen und evtl. die Stängelansätze herausschneiden.
2. Salz und Nudeln ins kochende Wasser geben. Die Nudeln im geöffneten Topf bei mittlerer Hitze nach Packungsanleitung bissfest garen, dabei gelegentlich umrühren.
3. Die Butter in einer großen Pfanne zerlassen. Schalotten-, Knoblauchwürfel und Frühlingszwiebelscheiben darin unter Rühren andünsten. Ziegenfrischkäse, Sahne und Brühe hinzugeben, unter Rühren erhitzen, mit Salz und Pfeffer würzen. Tomaten in die Sauce geben und kurz miterwärmen.
4. Die garen Nudeln in ein Sieb abgießen, mit heißem Wasser abspülen und abtropfen lassen. Die Nudeln zu der Frischkäsesauce in die Pfanne geben und vorsichtig vermengen. Basilikumstreifen unterheben. Linguine mit Ziegenfrischkäse auf Tellern anrichten und sofort servieren.

Linguine mit Zucchini und Schafskäsewürfeln

8 Portionen

Zubereitungszeit: 40 Minuten

je 4 l Wasser
1,2 kg Zucchini
2 Zwiebeln
2 Knoblauchzehen
2 kleine, rote Chilischoten
je 4 gestr. TL Salz
800 g Linguine
(schmale Bandnudeln)
4 EL Olivenöl
6–8 Stängel frischer Thymian
Salz, gem. Pfeffer
400 g Schlagsahne
350–400 g gewürfelter Schafskäse
evtl. einige Stängel Thymian

Pro Portion:
E: 24 g, F: 34 g, Kh: 76 g,
kJ: 2980, kcal: 713

1. Die Nudeln in 2 Portionen kochen. Dafür jeweils Wasser in einem großen Topf zugedeckt zum Kochen bringen.
2. In der Zwischenzeit Zucchini abspülen, abtrocknen und die Enden abschneiden. Zucchini längs vierteln, dann in Würfel schneiden. Zwiebeln und Knoblauch abziehen, in kleine Würfel schneiden. Chilischoten putzen, abspülen, trocken tupfen, längs aufschneiden und entkernen. Die Chilischoten in Ringe schneiden.
3. Salz und Nudeln ins kochende Wasser geben. Die Nudeln im geöffneten Topf bei mittlerer Hitze nach Packungsanleitung bissfest garen, dabei gelegentlich umrühren.
4. Olivenöl in einer großen Pfanne erhitzen. Zwiebel- und Knoblauchwürfel darin andünsten. Zucchiniwürfel hinzufügen, unter Wenden 3–5 Minuten mitdünsten lassen. Thymian abspülen und trocken tupfen. Die Blättchen von den Stängeln zupfen. Die Zucchinimasse mit Salz und Pfeffer würzen. Chiliringe und Thymianblättchen unterrühren. Sahne hinzugießen. Die Sauce unter Rühren aufkochen lassen.
5. Die garen Nudeln in ein Sieb geben, mit heißem Wasser abspülen und abtropfen lassen. Die Nudeln zur Zucchini-Sahne-Sauce geben, gut vermengen, nochmals kurz erhitzen. Linguine mit Zucchini-Sahne-Sauce und Schafskäsewürfeln anrichten. Nach Belieben mit abgespülten und trocken getupften Thymianstängeln garniert sofort servieren.

Mie-Nudeln mit gebratenen Steckrüben

8 Portionen

Zubereitungszeit: 50 Minuten

2 kg Steckrüben
4 Knoblauchzehen
60 g Ingwer
6 Stangen Porree (Lauch)
8 EL Erdnussöl
6 EL geschälte Sesamsamen
300 ml Reiswein oder Gemüsebrühe
240 g Tomatenketchup
4 EL helle Sojasauce
2 TL Sambal Manis
(süßlich-scharfe indonesische Chilipaste)
Salz
400 g Mie-Nudeln
(asiatische Instant-Nudeln)

Pro Portion:
E: 15 g, F: 19 g, Kh: 59 g,
kJ: 1998, kcal: 476

1. Steckrüben putzen, schälen, abspülen, abtropfen lassen und in etwa 1 cm große Würfel schneiden. Knoblauch abziehen. Den Ingwer schälen. Knoblauch und Ingwer in kleine Würfel schneiden.
2. Porree putzen, die Stangen längs halbieren, gründlich waschen und abtropfen lassen. Porreestangen in feine Streifen schneiden.
3. Erdnussöl in einem großen Wok erhitzen. Steckrübenwürfel darin unter Rühren anbraten, Knoblauch- und Ingwerwürfel unterrühren. Sesamsamen hinzufügen und mit anrösten.
4. Reiswein oder Brühe und Ketchup unterrühren. Mit Sojasauce, Sambal Manis und Salz würzen. Steckrübenwürfel zum Kochen bringen und etwa 10 Minuten kochen lassen.
5. Mie-Nudeln nach Packungsanleitung zubereiten. Die Nudeln in ein Sieb abgießen, abtropfen lassen und warm stellen.
6. Die Porreestreifen unter die Steckrübenwürfel rühren und kurz erhitzen, Nudeln unterrühren. Oder die Nudeln getrennt dazu servieren.

Nudel-Gemüse-Pfanne mit Champignons

8 Portionen

Zubereitungszeit: 45 Minuten

je 4 l Wasser
2 Zwiebeln
je 2 rote und grüne Paprikaschoten
je 4 gestr. TL Salz
800 g Nudeln, z. B. Penne
6 EL Olivenöl
500 g TK-Champignonscheiben
300 g Crème fraîche
300 ml Milch
Salz, gem. Pfeffer
mildes Currypulver
2 EL Schnittlauchröllchen

Pro Portion:
E: 19 g, F: 22 g, Kh: 79 g,
kJ: 2473, kcal: 593

1. Die Nudeln in 2 Portionen kochen. Dafür jeweils Wasser in einem großen Topf zugedeckt zum Kochen bringen. In der Zwischenzeit Zwiebeln abziehen und in kleine Würfel schneiden. Paprikaschoten halbieren, entstielen, entkernen und die weißen Scheidewände entfernen. Schoten abspülen, abtropfen lassen, klein würfeln.
2. Salz und Nudeln ins kochende Wasser geben. Die Nudeln im geöffneten Topf bei mittlerer Hitze nach Packungsanleitung bissfest garen, dabei gelegentlich umrühren.
3. In der Zwischenzeit das Olivenöl in einer großen Pfanne erhitzen. Die Zwiebelwürfel darin andünsten. Paprikawürfel hinzufügen und kurz mitdünsten lassen. Gefrorene Champignonscheiben hinzufügen und bei starker Hitze unter Wenden etwa 3 Minuten anbraten.
4. Dann die garen Nudeln in ein Sieb geben, mit heißem Wasser abspülen und abtropfen lassen. Crème fraîche mit Milch verschlagen, unter das angebratene Gemüse rühren und leicht erhitzen. Die Nudeln hinzugeben und nochmals kurz erhitzen.
5. Die Nudel-Gemüse-Pfanne mit Salz, Pfeffer und Curry abschmecken, auf Tellern anrichten und mit Schnittlauchröllchen bestreuen.

Makkaroni mit Paprika-Feigen-Sauce

8–10 Portionen

Zubereitungszeit: 50 Minuten

2 kg gemischte Paprikaschoten (rot, grün, gelb)
8 EL Olivenöl
800 g gewürfelte Tomaten mit Kräutern (aus der Dose)
Salz
gem. Pfeffer
etwas Zucker
6 reife Feigen
je 5 l Wasser
je 5 gestr. TL Salz
1 kg Makkaroni
evtl. Basilikumblättchen

Pro Portion:
E: 13 g, F: 7 g, Kh: 65 g,
kJ: 1689, kcal: 403

1. Paprikaschoten halbieren, entstielen, entkernen und die weißen Scheidewände entfernen. Schoten abspülen, abtropfen lassen und in kleine Würfel schneiden.
2. Jeweils die Hälfte des Olivenöls in einem großen Topf erhitzen. Die Paprikawürfel darin in 2 Portionen unter Rühren andünsten. Tomatenwürfel aus der Dose unterrühren. Mit Salz, Pfeffer und Zucker würzen. Die Zutaten zum Kochen bringen und etwa 10 Minuten unter gelegentlichem Rühren garen.
3. In der Zwischenzeit Feigen abspülen, trocken tupfen, entstielen und evtl. schälen. Feigen in Streifen oder Stücke schneiden. Nach etwa 10 Minuten Garzeit die Feigenstreifen oder -stücke unter die Sauce rühren und erwärmen. Die Sauce warm stellen.
4. Die Nudeln in 2 Portionen kochen. Dafür jeweils Wasser in einem großen Topf zugedeckt zum Kochen bringen. Dann Salz und Makkaroni hinzugeben. Die Makkaroni im geöffneten Topf bei mittlerer Hitze nach Packungsanleitung kochen lassen, dabei gelegentlich umrühren.
5. Anschließend die Makkaroni in ein Sieb abgießen, mit heißem Wasser abspülen und abtropfen lassen.
6. Die Makkaroni mit der Sauce auf Tellern anrichten. Nach Belieben mit abgespülten und trocken getupften Basilikumblättchen garnieren.

Nudel-Gemüse-Pfanne mit Champignons

Makkaroni mit Paprika-Feigen-Sauce

Rigatoni mit Tomaten-Basilikum-Sauce

8 Portionen

Zubereitungszeit: 50 Minuten

je 5 l Wasser
10 EL Olivenöl
6 EL Zwiebelwürfel (frisch oder TK)
2 EL brauner Zucker
2 Knoblauchzehen
1,6 kg stückige Tomaten (Pizza-Tomaten, aus der Dose)
Salz, gem. Pfeffer
2 Lorbeerblätter
je 5 gestr. TL Salz
1 kg Rigatoni (geriffelte Röhrennudeln)
2 Bund Basilikum
250 g Crème fraîche
100 g frisch gehobelter Parmesan

Pro Portion:
E: 23 g, F: 28 g, Kh: 100 g,
kJ: 3118, kcal: 745

1. Die Nudeln in 2 Portionen kochen. Dafür jeweils Wasser in einem großen Topf zugedeckt zum Kochen bringen.
2. Olivenöl in einer großen Pfanne erhitzen, Zwiebelwürfel darin glasig dünsten. Mit Zucker bestreuen und karamellisieren lassen. Knoblauch abziehen und durch eine Knoblauchpresse drücken. Tomatenstücke mit dem Knoblauch zu den Zwiebelwürfeln in die Pfanne geben und zum Kochen bringen. Mit Salz und Pfeffer würzen. Lorbeerblätter hinzugeben. Die Tomatensauce ohne Deckel etwa 15 Minuten bei schwacher Hitze kochen lassen.
3. In der Zwischenzeit Salz und Nudeln ins kochende Wasser geben. Die Nudeln im geöffneten Topf bei mittlerer Hitze nach Packungsanleitung kochen lassen, dabei gelegentlich umrühren.
4. Basilikum abspülen und trocken tupfen. Die Blättchen von den Stängeln zupfen. Blättchen klein schneiden (einige Blättchen zum Garnieren beiseitelegen). Anschließend die garen Nudeln in ein Sieb abgießen, mit heißem Wasser abspülen und abtropfen lassen.
5. Die Tomatensauce nochmals mit Salz und Pfeffer abschmecken, Lorbeerblätter entfernen. Die Nudeln mit der Tomatensauce und Crème fraîche auf Tellern anrichten. Mit Parmesan und klein geschnittenem Basilikum bestreuen. Mit den beiseitegelegten Basilikumblättchen garniert sofort servieren.

Rigatoni mit Tomaten-Basilikum-Sauce

Rote-Bete-Spätzle mit Gorgonzolasauce

Rote-Bete-Spätzle mit Gorgonzolasauce

12 Portionen

Zubereitungszeit: 35 Minuten, ohne Abkühlzeit
Garzeit: etwa 45 Minuten

600 g Rote Bete
Salz
gem. Pfeffer
gem. Piment (Nelkenpfeffer)
4 Eier (Größe M)
800 g Weizenmehl
300 ml Milch
4 EL Butter
250 ml Milch
400 g Gorgonzola
250 g Schlagsahne
einige Schnittlauchröllchen

Pro Portion:
E: 21 g, F: 26 g, Kh: 57 g,
kJ: 2380, kcal: 569

1. Die Rote Bete gründlich waschen. Rote Bete in einem großen Topf in kochendem Salzwasser etwa 45 Minuten weich kochen, herausnehmen, etwas abkühlen lassen. Rote Bete pellen (evtl. mit Haushaltshandschuhen, da Rote Bete stark färbt), klein schneiden. Rote Bete erkalten lassen, in eine Schüssel geben und mit einem Pürierstab pürieren. Mit Salz, Pfeffer und Piment würzen.
2. Eier, Mehl und Milch zum Rote-Bete-Püree geben und mit einem Mixer (Knethaken) verrühren. Nur so viel Milch verwenden, dass ein geschmeidiger Spätzleteig entsteht.
3. Salzwasser in einem großen Topf zum Kochen bringen. Den Teig portionsweise mit einem Spätzlehobel oder durch eine Spätzlepresse in das kochende Wasser geben und in 3–5 Minuten gar kochen lassen (die Spätzle sind gar, wenn sie an der Oberfläche schwimmen). Die garen Spätzle mit einer Schaumkelle aus dem Salzwasser nehmen, in ein Sieb geben, mit kaltem Wasser abschrecken und abtropfen lassen.

4. Spätzle in eine große Schüssel geben und Butter darauf verteilen. Spätzle warm stellen.
5. Für die Sauce Milch in einem Topf erhitzen. Gorgonzola etwas zerbröseln, zu der heißen Milch in den Topf geben und unter Rühren aufkochen lassen. Sahne unterrühren. Gorgonzolabrösel in der Sahnemilch bei schwacher Hitze langsam schmelzen lassen, bis eine cremeartige Sauce entstanden ist.
6. Die warm gestellten Spätzle mit der Gorgonzolasauce servieren und mit Schnittlauch garnieren.

Schmetterlingspfanne

8–10 Portionen

Zubereitungszeit: 50 Minuten

je 3 1/2 l Wasser
je 3 1/2 gestr. TL Salz
750 g Nudeln, z. B. Farfalle
je 1 rote, grüne und gelbe Paprikaschote (je etwa 180 g)
3 dünne Zucchini (etwa 200 g)
etwa 200 g Brokkoli, Salz
4 EL Olivenöl
75 ml Gemüsebrühe
gem. Pfeffer
1 Bund Thymian

Pro Portion:
E: 12 g, F: 8 g, Kh: 58 g,
kJ: 1561, kcal: 372

1. Die Nudeln in 2 Portionen kochen. Dafür jeweils Wasser in einem großen Topf zugedeckt zum Kochen bringen. Dann Salz und Nudeln hinzugeben. Die Nudeln im geöffneten Topf bei mittlerer Hitze nach Packungsanleitung kochen lassen, dabei gelegentlich umrühren.
2. Anschließend die Nudeln in ein Sieb abgießen, mit heißem Wasser abspülen und abtropfen lassen.
3. Paprikaschoten halbieren, entstielen, entkernen und die weißen Scheidewände entfernen. Schoten abspülen, abtropfen lassen und in

Schmetterlingspfanne

kleine Würfel schneiden. Zucchini abspülen, abtrocknen und die Enden abschneiden. Zucchini halbieren und in Scheiben schneiden.
4. Von dem Brokkoli die Blätter entfernen. Brokkoli in kleine Röschen teilen, abspülen, abtropfen lassen und evtl. in kochendem Salzwasser etwa 2 Minuten blanchieren. Brokkoliröschen mit kaltem Wasser abschrecken und abtropfen lassen.
5. Olivenöl in einem Topf erhitzen. Paprikawürfel und Zucchinischeiben darin kurz andünsten. Die Brokkoliröschen und Brühe hinzugeben, kurz mitdünsten lassen. Nudeln unterheben. Mit Salz und Pfeffer würzen.
6. Thymian abspülen und trocken tupfen. Die Blättchen von den Stängeln zupfen. Die Schmetterlingspfanne mit Thymian bestreuen.

Spaghetti mit Marseiller Tomatensauce

8 Portionen (ohne Foto)

Zubereitungszeit: 45 Minuten
Garzeit: etwa 25 Minuten

2 kg Tomaten
2 Knoblauchzehen
250 ml Olivenöl
Salz, gem. Pfeffer, Zucker
je 5 l Wasser
je 5 gestr. TL Salz
1 kg Spaghetti
Zitronensaft
Kräuter der Provence
etwas glatte Petersilie

Pro Portion:
E: 17 g, F: 34 g, Kh: 96 g,
kJ: 3177, kcal: 751

1. Tomaten kreuzweise einschneiden und mit kochendem Wasser übergießen. Nach 1–2 Minuten herausnehmen und mit kaltem Wasser abschrecken. Tomaten enthäuten, halbieren und die Stängelansätze herausschneiden. Tomatenhälften in kleine Würfel schneiden. Knoblauch abziehen und zerdrücken.
2. Olivenöl in einem Topf erhitzen, Tomatenwürfel und Knoblauch hinzufügen, mit Salz, Pfeffer und Zucker würzen. Die Zutaten zum Kochen bringen und etwa 25 Minuten dünsten lassen, bis eine dickliche Sauce entstanden ist.
3. In der Zwischenzeit die Nudeln in 2 Portionen kochen. Dafür jeweils Wasser in einem großen Topf zugedeckt zum Kochen bringen. Dann Salz und Nudeln hinzugeben. Die Nudeln im geöffneten Topf bei mittlerer Hitze nach Packungsanleitung kochen lassen, dabei gelegentlich umrühren.
4. Anschließend die Nudeln in ein Sieb abgießen, mit heißem Wasser abspülen und abtropfen lassen.
5. Die Tomatensauce mit Salz, Pfeffer, Zucker, Zitronensaft und Kräutern der Provence abschmecken.
6. Petersilie abspülen und trocken tupfen. Die Blättchen von den Stängeln zupfen. Die Blättchen grob zerschneiden. Die Tomatensauce mit Petersilie bestreuen.
7. Spaghetti mit der Tomatensauce servieren.

Spaghetti mit Garnelen

Spätzle mit Lamm-Sugo

Spaghetti mit Garnelen

8 Portionen

Zubereitungszeit: 45 Minuten

je 4 l Wasser
4 Knoblauchzehen
6 Frühlingszwiebeln
800 g rohe, frische Garnelen (ohne Kopf, entdarmt)
1 Bund gemischte Kräuter, z. B. glatte Petersilie, Rosmarin, Salbei und Thymian
je 4 gestr. TL Salz
800 g Spaghetti
8 EL Olivenöl
Salz, gem. Pfeffer
200 ml Weißwein oder Brühe
2 Prisen Zucker

Pro Portion:
E: 31 g, F: 13 g, Kh: 74 g,
kJ: 2303, kcal: 551

1. Die Nudeln in 2 Portionen kochen. Dafür jeweils Wasser in einem großen Topf zugedeckt zum Kochen bringen. Knoblauch abziehen und klein würfeln. Frühlingszwiebeln putzen, abspülen, abtropfen lassen und in feine Scheiben schneiden.
2. Garnelen kurz unter fließendem kalten Wasser abspülen, trocken tupfen. Kräuter abspülen und trocken tupfen. Die Blättchen bzw. Nadeln von den Stängeln zupfen. Einige Kräuterblättchen zum Garnieren beiseitelegen. Restliche Blättchen bzw. Nadeln klein schneiden.
3. Salz und Nudeln ins kochende Wasser geben. Die Nudeln im geöffneten Topf bei mittlerer Hitze nach Packungsanleitung bissfest garen, dabei gelegentlich umrühren.
4. In der Zwischenzeit Olivenöl in einer großen Pfanne erhitzen. Die Garnelen darin von beiden Seiten kurz anbraten, mit Salz und Pfeffer würzen. Knoblauchwürfel, Frühlingszwiebelscheiben und Kräuter hinzufügen, unter Rühren kurz mitbraten lassen. Wein oder Brühe hinzugießen und kurz aufkochen lassen.
5. Die garen Nudeln in ein Sieb abgießen, mit heißem Wasser abspülen und abtropfen lassen. Die Nudeln zu der Garnelen-Kräuter-Mischung in die Pfanne geben und kurz durchschwenken. Mit Salz, Pfeffer und Zucker abschmecken.
6. Die Spaghetti mit Garnelen auf Tellern anrichten und mit den beiseitegelegten Kräuterblättchen bestreut sofort servieren.

Spätzle mit Lamm-Sugo

8 Portionen

Zubereitungszeit: 50 Minuten

800 g ausgelöste Lammrückenfilets oder Lammgehacktes
4 EL Olivenöl
4 Zwiebeln, 4 Knoblauchzehen
2 EL Weizenmehl
je 4 l Wasser
400 ml Rotwein oder Tomatensaft
200 ml heiße Gemüsebrühe
Salz, gem. Pfeffer
je 2 TL getrocknete Rosmarinnadeln und gerebelter Thymian
je 4 gestr. TL Salz
800 g Spätzle
2 rote Paprikaschoten

Pro Portion:
E: 36 g, F: 11 g, Kh: 78 g,
kJ: 2421, kcal: 573

1. Lammrückenfilets mit Küchenpapier trocken tupfen und in sehr feine Würfel schneiden.
2. Olivenöl in einer großen Pfanne erhitzen. Lammwürfel oder -gehacktes darin in 2 Portionen unter Wenden bei starker Hitze anbraten. Das Lammgehackte mit einem Pfannenwender fein zerdrücken. Zwiebeln und Knoblauch abziehen, in kleine Würfel schneiden, hinzugeben und mit andünsten. Mit Mehl bestäuben und kurz andünsten.
3. In der Zwischenzeit die Spätzle in 2 Portionen kochen. Dafür jeweils Wasser in einem großen Topf zugedeckt zum Kochen bringen. Rotwein oder Tomatensaft und Brühe zu dem Lammfleisch in die Pfanne geben und zum Kochen bringen. Mit Salz, Pfeffer und Kräutern würzen. Die Zutaten zugedeckt etwa 5 Minuten bei mittlerer Hitze garen.
4. Salz und Spätzle ins kochende Wasser geben. Die Spätzle im geöffneten Topf bei mittlerer Hitze nach Packungsanleitung garen, dabei gelegentlich umrühren.
5. Paprikaschoten halbieren, entstielen, entkernen und die weißen Scheidewände entfernen. Schoten abspülen, abtropfen lassen und in feine Würfel schneiden. Paprikawürfel unter die Lammfleischsauce rühren und kurz mitgaren lassen.
6. Gare Spätzle in ein Sieb geben, mit heißem Wasser abspülen und abtropfen lassen. Spätzle mit Lamm-Sugo auf Tellern anrichten und sofort servieren.

Tortellini in Tomaten-Käse-Sauce

8 Portionen

Zubereitungszeit: 40 Minuten

800 g getrocknete, bunte Tortellini mit Käsefüllung
Salz
4 Zwiebeln
2 Knoblauchzehen
6 EL Olivenöl
800 g geschälte Tomaten (aus der Dose)
gem. Pfeffer
gerebelter Oregano
2 EL Weizenmehl
250 g Schlagsahne
240 g Gorgonzola
evtl. etwas Parmesan

Pro Portion:
E: 22 g, F: 40 g, Kh: 65 g,
kJ: 3040, kcal: 727

1. Tortellini in kochendem Salzwasser nach Packungsanleitung garen. Tortellini in einem Sieb abtropfen lassen und warm stellen.
2. Zwiebeln und Knoblauch abziehen, in kleine Würfel schneiden. Olivenöl in einem großen Topf erhitzen. Zwiebel- und Knoblauchwürfel darin andünsten.
3. Die Tomaten hinzufügen, mit Salz, Pfeffer und Oregano würzen. Die Zutaten zum Kochen bringen und etwa 5 Minuten kochen lassen. Tomaten mit einem Pürierstab pürieren.
4. Das Mehl mit Sahne anrühren, in die Sauce rühren und unter Rühren 1–2 Minuten kochen lassen.
5. Käse in sehr kleine Würfel schneiden und unterrühren. Sauce nochmals mit den Gewürzen abschmecken. Die Tortellini mit der Sauce auf Tellern anrichten. Nach Belieben mit Parmesan bestreuen und servieren.

Spirelli mit Brokkoli und Speckstreifen

8 Portionen

Zubereitungszeit: 40 Minuten

je 4 l Wasser
150 g magerer Frühstücksspeck in feinen Scheiben (Bacon)
2 Zwiebeln
1 kg TK-Brokkoliröschen
300 ml Gemüsebrühe
300 g Schlagsahne
Salz, gem. Pfeffer
je 4 gestr. TL Salz
800 g Spiralnudeln, z. B. Spirelli
4–6 EL heller Saucenbinder
4 Tomaten

Pro Portion:
E: 22 g, F: 18 g, Kh: 85 g,
kJ: 2498, kcal: 598

1. Die Nudeln in 2 Portionen kochen. Dafür jeweils Wasser in einem großen Topf zugedeckt zum Kochen bringen. In der Zwischenzeit Speckscheiben in feine Streifen schneiden und in einem großen Topf knusprig ausbraten. Speckstreifen herausnehmen und auf Küchenpapier abtropfen lassen. Zwiebeln abziehen, in kleine Würfel schneiden und in dem Speckfett glasig dünsten.
2. Die gefrorenen Brokkoliröschen zu den Zwiebelwürfeln in den Topf geben und kurz mit andünsten. Brühe und Sahne hinzugießen, mit Salz und Pfeffer würzen, zum Kochen bringen. Die Brokkoliröschen zugedeckt etwa 5 Minuten bei schwacher Hitze garen.
3. Inzwischen Salz und Nudeln ins kochende Wasser geben. Die Nudeln im geöffneten Topf bei mittlerer Hitze nach Packungsanleitung bissfest garen, dabei gelegentlich umrühren.
4. Die Brokkoliröschen mit einer Schaumkelle aus der Brühe nehmen und kurz warm stellen. Den Saucenbinder in die Brokkolibrühe rühren und unter Rühren aufkochen lassen. Mit Salz und Pfeffer abschmecken.
5. Die garen Nudeln in ein Sieb abgießen, mit heißem Wasser abspülen und abtropfen lassen. Die Nudeln mit der Sauce vermischen, mit den Speckstreifen auf Tellern anrichten.
6. Tomaten abspülen, abtrocknen, halbieren und die Stängelansätze herausschneiden. Tomatenhälften würfeln und darüberstreuen.

Tortellini in Tomaten-Käse-Sauce

Spirelli mit Brokkoli und Speckstreifen

Vollkorn-Ravioli mit Ratatouille

8 Portionen (ohne Foto)

Zubereitungszeit: 90 Minuten, ohne Ruhezeit

Für die Ravioli:
600 g Vollkorn-Weizenmehl
8 Eier (Größe M)
2 gestr. TL Salz
8 EL Wasser
2 EL Weißweinessig

400 g Schafskäse
4 Eiweiß (Größe M)
je 4 l Wasser
je 4 gestr. TL Salz
6 EL Speiseöl

Für die Ratatouille:
600 g Gemüsezwiebeln
10 EL Speiseöl
800 g grüne Paprikaschoten
500 g Zucchini
500 g Auberginen
4 Knoblauchzehen
Salz, gem. Pfeffer
gerebelter Thymian
1 kg Fleischtomaten
1 Bund Basilikum
4 EL Speiseöl

Pro Portion:
E: 31 g, F: 48 g, Kh: 70 g,
kJ: 3709, kcal: 887

1. Für die Ravioli Mehl in eine große Rührschüssel geben und in die Mitte eine Vertiefung drücken. Eier, Salz, Wasser und Essig verschlagen, in die Vertiefung geben. Mit einer Gabel nach und nach etwas von dem Mehl einrühren. Anschließend mit einem Mixer (Knethaken) zu einem glatten Teig verkneten. Sollte der Teig kleben, noch etwas Mehl hinzufügen. Den Teig in Frischhaltefolie wickeln und etwa 1 Stunde ruhen lassen.
2. Den Teig in 2 Portionen auf einer bemehlten Arbeitsfläche dünn ausrollen. Auf einem Teigstück Quadrate (etwa 6 x 6 cm) markieren.
3. Schafskäse würfeln, auf jedes Teigquadrat 1 Schafskäsewürfel legen.
4. Eiweiß verschlagen, die Teigzwischenräume mit dem Eiweiß bestreichen. Das zweite Teigstück darauflegen. Die Teigstücke jeweils zwischen der Füllung fest andrücken, dann die Quadrate ausrädeln.
5. Die Ravioli in 2 Portionen kochen. Dafür jeweils Wasser in einem großen Topf zum Kochen bringen. Dann Salz, Speiseöl und Ravioli hinzugeben. Ravioli bei schwacher Hitze etwa 8 Minuten garen. Ravioli mit einer Schaumkelle herausnehmen und warm stellen.
6. Für die Ratatouille in der Zwischenzeit Gemüsezwiebeln abziehen, halbieren und in Scheiben schneiden. Speiseöl in einem großen Topf erhitzen. Zwiebelscheiben darin andünsten. Paprikaschoten halbieren, entstielen, entkernen und die weißen Scheidewände entfernen. Schoten abspülen, abtropfen lassen, in Stücke schneiden, zu den Zwiebeln geben und kurz mitdünsten lassen.
7. Zucchini und Auberginen abspülen, abtrocknen und die Enden bzw. Stängelansätze abschneiden. Die Zucchini und Auberginen in Stücke schneiden und zu der Zwiebel-Paprika-Masse geben. Die Zutaten zum Kochen bringen und zugedeckt etwa 10 Minuten garen. Knoblauch abziehen, zerdrücken und zu der Ratatouille geben. Mit Salz, Pfeffer und Thymian würzen.
8. Tomaten kreuzweise einschneiden und mit kochendem Wasser übergießen. Nach 1–2 Minuten herausnehmen und mit kaltem Wasser abschrecken. Tomatenhälften in Würfel schneiden, zur Ratatouille geben und miterhitzen, evtl. nochmals mit den Gewürzen abschmecken.
9. Basilikum abspülen und trocken tupfen. Die Blättchen von den Stängeln zupfen. Blättchen in Streifen schneiden. Ratatouille mit den Basilikumstreifen bestreuen.
10. Speiseöl in einem Topf erhitzen, Ravioli darin schwenken. Ravioli mit Ratatouille servieren.

Spaghetti-Pfanne mit Käsesauce

8 Portionen

Zubereitungszeit: 45 Minuten

je 4 l Wasser
je 4 gestr. TL Salz
2 Lorbeerblätter
800 g Spaghetti
2 Zwiebeln
400 g grüne Bohnen

Spaghetti-Pfanne mit Käsesauce

400 g Möhren
400 g Chinakohl
4 TL Speiseöl
2 abgezogene Knoblauchzehen
Salz
gerebelter Thymian und Rosmarin
Currypulver, gem. Pfeffer
ger. Muskatnuss

Für die Käsesauce:
4 gestr. TL Butter
2 geh. EL Weizenmehl
500 ml Gemüsebrühe
80 g ger. Parmesan
80 g ger. Emmentaler
evtl. Safran oder Kurkuma (Gelbwurz)

60 g Butter

Pro Portion:
E: 21 g, F: 18 g, Kh: 80 g,
kJ: 2383, kcal: 570

1. Nudeln in 2 Portionen kochen. Dafür jeweils Wasser in einem großen Topf zugedeckt zum Kochen bringen. Dann Salz, Lorbeerblätter und Nudeln hinzugeben. Die Nudeln im geöffneten Topf bei mittlerer Hitze nach Packungsanleitung kochen lassen, dabei gelegentlich umrühren.
2. Anschließend die Nudeln in ein Sieb abgießen, mit heißem Wasser abspülen und abtropfen lassen. Die Lorbeerblätter entfernen.
3. Die Zwiebeln abziehen und in kleine Würfel schneiden. Von den Bohnen die Enden abschneiden. Bohnen evtl. abfädeln, abspülen, abtropfen lassen und 1–2-mal durchschneiden oder -brechen. Möhren putzen, schälen, abspülen, abtropfen lassen, in etwa 1/2 cm breite und etwa 3 cm lange Streifen schneiden. Den Chinakohl putzen, vierteln und den Strunk herausschneiden. Kohlviertel abspülen, abtropfen lassen und ebenfalls in etwa 1/2 cm breite und etwa 3 cm lange Streifen schneiden.
4. Speiseöl in einem großen Topf erhitzen. Zwiebelwürfel darin glasig dünsten. Vorbereitetes Gemüse und fein zerdrückte Knoblauchzehen hinzugeben. Mit Salz, Thymian, Rosmarin, Curry, Pfeffer und Muskat kräftig würzen. Das Gemüse bei schwacher Hitze etwa 10 Minuten dünsten, evtl. etwas Wasser hinzugießen.
5. Für die Käsesauce Butter in einem Topf zerlassen. Mehl darin unter Rühren so lange erhitzen, bis es hellgelb ist. Brühe hinzugießen, mit einem Schneebesen gut durchschlagen. Dabei darauf achten, dass keine Klümpchen entstehen. Die Sauce zum Kochen bringen und bei schwacher Hitze etwa 2 Minuten kochen lassen, dabei gelegentlich umrühren.
6. Parmesan und Emmentaler unterrühren. Die Sauce mit Salz, Pfeffer und Muskat würzen. Evtl. etwas Safran oder Kurkuma unterrühren.
7. Butter in einer großen Pfanne zerlassen. Spaghetti darin unter Rühren erhitzen und mit dem Gemüse vermischen. Mit Salz, Pfeffer und Muskat abschmecken. Die Käsesauce unter die Spaghetti-Gemüse-Mischung heben oder getrennt dazureichen. Wird die Käsesauce untergemischt, das Gericht sofort servieren.

Spaghetti mit Ajvar-Zucchini-Sauce

8 Portionen

Zubereitungszeit: 25 Minuten

je 4 l Wasser
600 g Zucchini
2 Zwiebeln
4 Knoblauchzehen
4–6 Stängel frischer oder 1 TL gerebelter Thymian
je 4 gestr. TL Salz
800 g Spaghetti
8 EL Olivenöl
8 geh. TL Ajvar (Paprikamus, aus dem Glas)
250 g Schlagsahne
250 ml Gemüsebrühe
Salz, gem. Pfeffer
160 g frisch gehobelter Parmesan
einige gehackte Basilikumblättchen

Spaghetti mit Ajvar-Zucchini-Sauce

Pro Portion:
E: 21 g, F: 28 g, Kh: 75 g,
kJ: 2666, kcal: 638

1. Die Nudeln in 2 Portionen kochen. Dafür jeweils Wasser in einem großen Topf zugedeckt zum Kochen bringen. In der Zwischenzeit Zucchini abspülen, abtrocknen und die Enden abschneiden. Zucchini auf einer Haushaltsreibe grob raspeln. Zwiebeln und Knoblauch abziehen, in kleine Würfel schneiden. Thymian abspülen und trocken tupfen. Die Blättchen von den Stängeln zupfen.
2. Salz und Nudeln ins kochende Wasser geben. Die Nudeln im geöffneten Topf bei mittlerer Hitze nach Packungsanleitung bissfest garen, dabei gelegentlich umrühren.
3. Olivenöl in einer großen Pfanne erhitzen. Zwiebelwürfel und Thymianblättchen darin andünsten. Zucchiniraspel hinzugeben und unter Rühren mitdünsten lassen. Knoblauchwürfel und Ajvar hinzufügen. Sahne und Brühe hinzugießen. Die Sauce unter Rühren aufkochen lassen. Mit Salz und Pfeffer würzen, etwas sämig einkochen lassen.
4. Die garen Nudeln in ein Sieb abgießen, mit heißem Wasser abspülen und abtropfen lassen. Die Nudeln in eine vorgewärmte, große Schüssel geben, mit der Sauce und dem gehobelten Parmesan anrichten, mit Basilikumblättchen bestreuen.

Spaghetti carbonara

Senfnudeln

Spaghetti carbonara

8 Portionen

Zubereitungszeit: 45 Minuten

je 4 l Wasser
je 4 gestr. TL Salz
800 g Spaghetti
150 g ger. Parmesan
400 g Schlagsahne
8 Eier (Größe M)
Salz, gem., bunter Pfeffer
150 g Frühstücksspeck in feinen Scheiben (Bacon)
4 EL glatte Petersilie, in feinen Streifen (frisch oder TK)

Pro Portion:
E: 29 g, F: 33 g, Kh: 73 g,
kJ: 2980, kcal: 713

1. Die Nudeln in 2 Portionen kochen. Dafür jeweils Wasser in einem großen Topf zugedeckt zum Kochen bringen. Dann Salz und Nudeln hinzugeben. Die Nudeln im geöffneten Topf bei mittlerer Hitze nach Packungsanleitung bissfest garen, dabei gelegentlich durchrühren.
2. In der Zwischenzeit Parmesan, Sahne und Eier in einer großen Schüssel verschlagen, mit etwas Salz und Pfeffer würzen.
3. Speckscheiben in grobe Streifen schneiden, in einer großen, beschichteten Pfanne knusprig ausbraten, herausnehmen und auf Küchenpapier abtropfen lassen.
4. Die garen Nudeln in ein Sieb abgießen, mit heißem Wasser abspülen und abtropfen lassen. Die Nudeln zum Speckfett in die Pfanne geben. Die Eiersahne hinzugießen, unter ständigem Rühren bei schwacher Hitze erwärmen, bis die Sauce leicht bindet (nicht kochen lassen, sonst stockt das Ei!).
5. Die Speckstreifen hinzugeben und kurz untermischen. Spaghetti carbonara auf Tellern anrichten und mit Petersilie bestreut servieren.

Senfnudeln

8 Portionen

Zubereitungszeit: 45 Minuten

je 4 l Wasser
je 4 gestr. TL Salz
800 g Penne (Röhrennudeln)
2 Salatgurken
200 g Schalotten
2–4 Knoblauchzehen
200 g geräucherter, durchwachsener Speck
430 g abgetropfte Senfgurken (aus dem Glas)
2 Bund Brunnenkresse
6 EL körniger Senf
2–4 EL scharfer Senf
200 g Crème fraîche
etwa 12 EL Gurkenflüssigkeit
Salz, gem. Pfeffer

Pro Portion:
E: 20 g, F: 18 g, Kh: 77 g,
kJ: 2350, kcal: 563

1. Die Nudeln in 2 Portionen kochen. Dafür jeweils Wasser in einem großen Topf zugedeckt zum Kochen bringen. Dann Salz und Nudeln hinzugeben. Die Nudeln im geöffneten Topf bei mittlerer Hitze nach Packungsanleitung kochen lassen, dabei gelegentlich umrühren.
2. Anschließend die Nudeln in ein Sieb abgießen, mit heißem Wasser abspülen und abtropfen lassen.
3. In der Zwischenzeit Gurken abspülen, abtrocknen und die Enden abschneiden. Die Gurken der Länge nach halbieren, entkernen und quer in Scheiben schneiden. Schalotten und Knoblauch abziehen. Schalotten in Spalten, Knoblauch in Scheiben schneiden. Speck in kleine Würfel schneiden.
4. Die Speckwürfel in einer Pfanne ausbraten, dann mit einer Schaumkelle herausnehmen und auf Küchenpapier abtropfen lassen.
5. Die Schalottenspalten und Knoblauchscheiben in dem verbliebenen Speckfett anbraten. Die Gurkenscheiben hinzufügen. Den Deckel auflegen und die Zutaten bei mittlerer Hitze etwa 5 Minuten garen.
6. In der Zwischenzeit von den Senfgurken die Gurkenflüssigkeit auffangen und etwa 12 Esslöffel abmessen. Kresse abspülen, trocken tupfen, abschneiden und in mundgerechte Stücke zupfen. Die Senfgurken in kleine Stücke schneiden.
7. Nudeln, körnigen und scharfen Senf, Senfgurkenstücke, Crème fraîche und abgemessene Gurkenflüssigkeit zu den Gurkenscheiben geben, untermischen und erhitzen. Mit Salz und Pfeffer würzen. Brunnenkresse unterheben (etwas zum Garnieren beiseitelegen) und kurz erwärmen.
8. Die Senfnudeln anrichten, mit den Speckwürfeln bestreuen und mit der beiseitegelegten Kresse garnieren.

Ruote mit Limettensahne

8 Portionen

Zubereitungszeit: 50 Minuten

je 4 l Wasser
4 Bio-Limetten
(unbehandelt, ungewachst)
je 4 gestr. TL Salz
800 g Ruote (Rädernudeln)
4 EL Butter oder Margarine
4 EL Zwiebelwürfel (frisch oder TK)
2 EL brauner Zucker
300 ml trockener Weißwein
200 ml Gemüsebrühe
300 g Schlagsahne
Salz
gem. Pfeffer
2 EL klein geschnittene Dillspitzen
150 g frisch ger. Parmesan
einige vorbereitete Dillspitzen

Pro Portion:
E: 20 g, F: 27 g, Kh: 78 g,
kJ: 2794, kcal: 668

1. Die Nudeln in 2 Portionen kochen. Dafür jeweils Wasser in einem großen Topf zugedeckt zum Kochen bringen. Die Limetten heiß abwaschen und abtrocknen. Die Schale mit einem scharfen Messer so dünn abschneiden, dass die weiße Haut nicht entfernt wird. Limettenschale in feine Streifen schneiden. Limetten halbieren und den Saft auspressen.
2. Salz und Nudeln ins kochende Wasser geben. Die Nudeln im geöffneten Topf bei mittlerer Hitze nach Packungsanleitung bissfest garen, dabei gelegentlich umrühren.
3. In der Zwischenzeit Butter oder Margarine in einem großen Topf zerlassen. Zwiebelwürfel darin glasig dünsten. Limettenstreifen (einige Streifen zum Garnieren beiseitelegen) hinzufügen und mit andünsten. Mit Zucker bestreuen, Zucker schmelzen lassen. Wein und Brühe hinzugießen, zum Kochen bringen und etwa um die Hälfte einkochen lassen. Sahne unterrühren und nochmals aufkochen lassen. Mit Salz und Pfeffer abschmecken. Dill unterrühren.
4. Die garen Nudeln in ein Sieb abgießen, mit heißem Wasser abspülen und abtropfen lassen. Die Nudeln mit der Limettensahne vermischen und auf Tellern anrichten. Mit Parmesan, beiseitegelegten Limettenstreifen und evtl. mit Dillspitzen garniert servieren.

Penne mit Wirsingsauce und Mettbällchen

8 Portionen

Zubereitungszeit: 50 Minuten

1 kg Wirsing
je 5 l Wasser
je 5 gestr. TL Salz
1 kg Penne (Röhrennudeln)
400 g Möhren
6 EL Rapsöl
800 g Thüringer Mett (gewürztes Schweinegehacktes)
500 g Crème fraîche
Salz
gem. Pfeffer
ger. Muskatnuss

Pro Portion:
E: 38 g, F: 48 g, Kh: 95 g,
kJ: 4052, kcal: 972

1. Vom Wirsing die äußeren Blätter entfernen. Kohl vierteln und den Strunk herausschneiden. Wirsingviertel in kleine Stücke schneiden, abspülen, abtropfen lassen und in kochendem Wasser etwa 2 Minuten blanchieren. Wirsingstücke herausnehmen, mit kaltem Wasser abschrecken und in einem Sieb abtropfen lassen.
2. Die Nudeln in 2 Portionen kochen. Dafür jeweils Wasser in einem großen Topf zugedeckt zum Kochen bringen. Dann Salz und Nudeln hinzugeben. Die Nudeln im geöffneten Topf bei mittlerer Hitze nach Packungsanleitung kochen lassen, dabei gelegentlich umrühren.
3. Anschließend die Nudeln in ein Sieb abgießen, mit heißem Wasser abspülen und abtropfen lassen. Nudeln anschließend warm stellen.
4. In der Zwischenzeit die Möhren putzen, schälen, abspülen, abtropfen lassen und in dünne Scheiben schneiden oder hobeln. Rapsöl in einer großen Pfanne erhitzen. Von dem Mett mit einem Teelöffel kleine Portionen abstechen, mit angefeuchteten Händen zu Klößchen formen und in dem erhitzten Rapsöl von allen Seiten knusprig braun braten.
5. Wirsingstücke mit den Möhrenscheiben zu den Klößchen in die Pfanne geben, Crème fraîche unterrühren. Die Zutaten etwa 5 Minuten dünsten, dabei gelegentlich umruhren.
6. Die Wirsingsauce mit Salz, Pfeffer und Muskat würzen, Nudeln unterheben und servieren.

Ruote mit Limettensahne

Penne mit Wirsingsauce und Mettbällchen

Lasagne-Gemüse-Röllchen

40 Stück

Zubereitungszeit: 60 Minuten
Garzeit: etwa 20 Minuten

40 Lasagneplatten (etwa 1 kg)
4 Zucchini (etwa 800 g)
2 Auberginen (etwa 800 g)
Salz, gem. Pfeffer
6 EL Speiseöl
10 Fleischtomaten (etwa 1,2 kg)
4 Knoblauchzehen
2 Bund Basilikum
ger. Parmesan
40 Holzspieße

Pro Stück:
E: 3 g, F: 4 g, Kh: 5 g,
kJ: 331, kcal: 79

1. Lasagneplatten portionsweise in reichlich Wasser in einigen Minuten etwas weich kochen. Dann mit kaltem Wasser abschrecken und nebeneinander auf Frischhaltefolie legen.
2. Die Zucchini und Auberginen abspülen, abtrocknen und die Enden bzw. Stängelansätze abschneiden. Zucchini und Auberginen in dünne Längsscheiben schneiden oder hobeln. Gemüsescheiben mit Salz und Pfeffer bestreuen.

Lasagne-Gemüse-Röllchen

3. Jeweils etwas Speiseöl in einer großen Pfanne erhitzen. Die Gemüsescheiben darin portionsweise von beiden Seiten leicht anbraten.
4. Tomaten kreuzweise einschneiden und mit kochendem Wasser übergießen. Nach 1–2 Minuten herausnehmen und mit kaltem Wasser abschrecken. Tomaten enthäuten, halbieren, Stängelansätze herausschneiden. Tomatenhälften grob würfeln.
5. Den Backofen vorheizen.
Ober-/Unterhitze: etwa 180 °C
Heißluft: etwa 160 °C
6. Knoblauch abziehen und in kleine Würfel schneiden. Basilikum abspülen und trocken tupfen. Die Blättchen von den Stängeln zupfen, Blättchen klein schneiden.
7. Restliches Speiseöl in einer Pfanne erhitzen. Knoblauch- und Tomatenwürfel darin andünsten, mit Salz und Pfeffer würzen. Basilikum untermischen. Die Tomatenmasse in einer Fettpfanne (gefettet) verteilen.
8. Lasagneplatten ausbreiten, mit je 1 Scheibe Zucchini und Aubergine belegen, mit Salz und Pfeffer würzen, aufrollen und mit je einem Holzspieß feststecken. Die Röllchen auf die Tomatenmasse setzen und mit etwas Parmesan bestreuen. Die Fettpfanne in den vorgeheizten Backofen schieben. Die Lasagne-Gemüse-Röllchen etwa 20 Minuten garen.

Grüne Bandnudeln mit Lachs und Spinat

8 Portionen (ohne Foto)

Zubereitungszeit: 45 Minuten

je 5 l Wasser
4 EL Butter, 2 Knoblauchzehen
4 EL Zwiebelwürfel (frisch oder TK)
900 g TK-Blattspinat
Salz, gem. Pfeffer
ger. Muskatnuss
200 ml Weißwein, halbtrocken oder eine Mischung aus 6 EL Zitronensaft und 160 ml Gemüsebrühe
500 g Schlagsahne
je 5 gestr. TL Salz
1 kg grüne Bandnudeln
400 g geräucherter, milder Lachs (in Scheiben)
2 TL fein abgeriebene Schale von 1 Bio-Zitrone (unbehandelt, ungewachst)
evtl. gem., bunter Pfeffer

Pro Portion:
E: 29 g, F: 36 g, Kh: 90 g,
kJ: 3439, kcal: 823

1. Die Nudeln in 2 Portionen kochen. Dafür jeweils Wasser in einem großen Topf zugedeckt zum Kochen bringen. 3 Esslöffel der Butter in einem Topf zerlassen. Knoblauch abziehen und durch eine Knoblauchpresse in den Topf drücken. Die Hälfte der Zwiebelwürfel hinzugeben und glasig dünsten, dann den gefrorenen Spinat hinzufügen. Mit Salz, Pfeffer und Muskat würzen. Spinat zugedeckt 8–10 Minuten bei mittlerer Hitze unter gelegentlichem Rühren dünsten.
2. In der Zwischenzeit die restliche Butter in einem Topf zerlassen. Restliche Zwiebelwürfel darin andünsten. Wein oder Gemüse-Zitronensaft-Mischung hinzugießen, zum Kochen bringen und auf ein Drittel einkochen lassen. Sahne unterrühren, mit Salz und Pfeffer würzen, wieder zum Kochen bringen. Die Sauce um knapp die Hälfte einkochen lassen.
3. Salz und Nudeln ins kochende Wasser geben. Die Nudeln jeweils im geöffneten Topf bei mittlerer Hitze nach Packungsanleitung bissfest kochen, dabei gelegentlich umrühren.
4. Lachsscheiben in breite Streifen schneiden. Die garen Nudeln in ein Sieb abgießen, mit heißem Wasser abspülen und abtropfen lassen.
5. Die Nudeln mit der Sahnesauce vermengen und nochmals kurz erhitzen. Mit Salz, Pfeffer und Zitronenschale abschmecken.
6. Die Nudeln mit Spinat und Lachsstreifen auf vorgewärmten Tellern anrichten. Evtl. mit bunten Pfeffer bestreuen und sofort servieren.

Gratinierte Blitz-Ravioli

8 Portionen

Zubereitungszeit: 40 Minuten
Überbackzeit: etwa 20 Minuten

1,6 kg frische Ravioli
(aus dem Kühlregal, mit Fleisch- oder Käsefüllung)
250 g TK-Erbsen
400 g Cocktailtomaten
200 g Kochschinken ohne Fettrand (in Scheiben)
Salz, gem. Pfeffer
500 ml Sauce hollandaise (Fertigprodukt aus dem Tetra Pak®)
300 ml Milch
ger. Muskatnuss
6–8 Stängel Basilikum
200 g ger. Emmentaler

Pro Portion:
E: 35 g, F: 40 g, Kh: 71 g,
kJ: 3269, kcal: 783

1. Den Backofen vorheizen.
Ober-/Unterhitze: etwa 220 °C
Heißluft: etwa 200 °C
2. Ravioli und die gefrorenen Erbsen in einer großen, flachen Auflaufform (gefettet) mischen.
3. Tomaten abspülen, trocken tupfen, halbieren und die Stängelansätze herausschneiden. Schinkenscheiben in Streifen schneiden. Die Tomatenhälften und Schinkenstreifen auf der Ravioli-Erbsen-Mischung verteilen. Mit Salz und Pfeffer würzen.
4. Die Sauce hollandaise mit Milch glatt rühren. Mit etwas Salz, Pfeffer und Muskat würzen. Die Sauce auf den Zutaten verteilen.
5. Basilikum abspülen und trocken tupfen. Die Blättchen von den Stängeln zupfen. Die Blättchen klein schneiden. Die Zutaten mit Basilikum bestreuen und den Käse darauf verteilen.
6. Die Form auf dem Rost in den vorgeheizten Backofen schieben. Die Ravioli etwa 20 Minuten goldbraun überbacken.

Gratinierte Blitz-Ravioli

Penne, extra scharf

8–10 Portionen (ohne Foto)

Zubereitungszeit: 50 Minuten, ohne Auftauzeit

1 kg TK-Garnelen (ohne Kopf und Schale)
je 5 l Wasser
je 5 gestr. TL Salz
1 kg Penne (Röhrennudeln)
4 Zwiebeln
8 Knoblauchzehen
2 Stangen Zitronengras
3 Stangen Porree (Lauch)
2 TL getrocknete, rote Chilischote
6 EL Rapsöl
2 EL Currypulver
800 ml Kokosmilch
200 g Crème fraîche
Salz

Pro Portion:
E: 37 g, F: 17 g, Kh: 87 g,
kJ: 2732, kcal: 654

1. Garnelen nach Packungsanleitung auftauen lassen.
2. Die Nudeln in 2 Portionen kochen. Dafür jeweils Wasser in einem großen Topf zugedeckt zum Kochen bringen. Dann Salz und Nudeln hinzugeben. Die Nudeln im geöffneten Topf bei mittlerer Hitze nach Packungsanleitung kochen lassen, dabei gelegentlich umrühren.
3. In der Zwischenzeit Zwiebeln und Knoblauch abziehen, in kleine Würfel schneiden. Vom Zitronengras die äußere Haut entfernen, die Wurzelansätze abschneiden. Zitronengras abspülen, trocken tupfen und in sehr feine Scheiben schneiden. Porree putzen, die Stangen längs halbieren, gründlich waschen, abtropfen lassen und in feine Streifen schneiden. Die Chilischote klein hacken.
4. Nudeln in ein Sieb abgießen, mit heißem Wasser abspülen und abtropfen lassen. Anschließend die Nudeln warm stellen.
5. Rapsöl in einem großen Topf erhitzen. Knoblauch- und Zwiebelwürfel darin glasig dünsten. Zitronengrasscheiben und Chili hinzugeben, mit andünsten. Mit Curry würzen.
6. Aufgetaute Garnelen kurz unter fließendem kalten Wasser abspülen und trocken tupfen. Kokosmilch, Crème fraîche, Porreestreifen und die Garnelen zu den Knoblauch- und Zwiebelwürfeln in den Topf geben. Die Zutaten unter Rühren zum Kochen bringen. Die Sauce mit Salz abschmecken.
7. Die Nudeln in eine große Schüssel geben. Dann die Nudeln mit der Garnelen-Crème-fraîche-Sauce vermengen und sofort servieren.

Tipps: Statt Garnelen können auch Hähnchenbrustfiletstreifen verwendet werden. Ist das Zitronengras sehr hart, klopfen Sie es mit einem Küchenhammer auf, lassen es, in grobe Stücke geschnitten, mitgaren und entfernen es vor dem Servieren.

Frühlingsnudeln mit Kürbiskernen

Frühlingsgemüse mit Penne

Frühlingsnudeln mit Kürbiskernen

8 Portionen

Zubereitungszeit: 50 Minuten

je 4 l Wasser
je 4 gestr. TL Salz
800 g Penne (Röhrennudeln)
je 2 rote, grüne und gelbe Paprikaschoten (je etwa 150 g)
2 Zucchini (je etwa 250 g)
8 EL Olivenöl
400 ml Gemüsebrühe
4 Frühlingszwiebeln
2 Knoblauchzehen
Salz, gem. Pfeffer
200 g geschälte, geröstete Kürbiskerne

Pro Portion:
E: 26 g, F: 22 g, Kh: 96 g,
kJ: 2905, kcal: 695

1. Die Nudeln in 2 Portionen kochen. Dafür jeweils Wasser in einem großen Topf zugedeckt zum Kochen bringen. Dann Salz und Nudeln hinzugeben. Die Nudeln im geöffneten Topf bei mittlerer Hitze nach Packungsanleitung kochen lassen, dabei gelegentlich umrühren.
2. Anschließend die Nudeln in ein Sieb abgießen, mit heißem Wasser abspülen und abtropfen lassen.
3. Paprikaschoten halbieren, entstielen, entkernen und die weißen Scheidewände entfernen. Schoten abspülen, abtropfen lassen und quer in Streifen schneiden. Zucchini abspülen, abtrocknen und die Enden abschneiden. Zucchini längs halbieren, in Scheiben schneiden.
4. Olivenöl in einem großen Wok erhitzen. Die Paprikastreifen und Zucchinischeiben darin evtl. in 2 Portionen unter Rühren andünsten. Brühe hinzugießen, zum Kochen bringen und zugedeckt etwa 8 Minuten garen.
5. In der Zwischenzeit Frühlingszwiebeln putzen, abspülen, abtropfen lassen und in Scheiben schneiden. Knoblauch abziehen und in kleine Würfel schneiden.
6. Abgetropfte Nudeln und Frühlingszwiebeln zum Gemüse in den Wok geben. Mit Salz, Pfeffer und Knoblauch würzen, nochmals kräftig erhitzen.
7. Die Frühlingsnudeln anrichten und mit Kürbiskernen bestreut servieren.

Frühlingsgemüse mit Penne

12 Portionen

Zubereitungszeit: 50 Minuten

je 1,2 kg weißer oder grüner Spargel
600 g junge, kleine Bundmöhren
600 g Zuckerschoten (Kaiserschoten)
Salz
je 5 l Wasser
je 5 gestr. TL Salz
1 kg Penne (Röhrennudeln)
120 g Butter, gem. Pfeffer
1–2 Bund Kerbel

Pro Portion:
E: 16 g, F: 11 g, Kh: 64 g,
kJ: 1843, kcal: 440

1. Den weißen Spargel von oben nach unten schälen. Darauf achten, dass die Schalen vollständig entfernt, die Köpfe aber nicht verletzt werden. Die unteren Enden abschneiden (holzige Stellen vollständig entfernen). Vom grünen Spargel nur das untere Drittel schälen und die Enden abschneiden. Spargel abspülen, abtropfen lassen und in etwa 5 cm lange Stücke schneiden. Von den Möhren je das Grün etwa 1 cm über der Möhre abschneiden.
2. Möhren gründlich waschen (das Schälen kann bei jungen Möhren evtl. entfallen) und abtropfen lassen.
3. Von den Zuckerschoten die Enden abschneiden, evtl. abfädeln. Zuckerschoten abspülen und abtropfen lassen. Spargelstücke, Möhren und Zuckerschoten nacheinander jeweils 5–10 Minuten in kochendem Salzwasser bissfest garen.
4. Die Nudeln in 2 Portionen kochen. Dafür jeweils Wasser in einem großen Topf zugedeckt zum Kochen bringen. Dann Salz und Nudeln hinzugeben. Die Nudeln im geöffneten Topf bei mittlerer Hitze nach Packungsanleitung kochen lassen, dabei gelegentlich umrühren.
5. Anschließend die Nudeln in ein Sieb abgießen, mit heißem Wasser abspülen und abtropfen lassen.
6. Butter in einem großen Topf zerlassen. Das vorbereitete Gemüse und die Nudeln darin schwenken. Mit Salz und Pfeffer würzen.
7. Kerbel abspülen und trocken tupfen. Die Blättchen von den Stängeln zupfen. Das Frühlingsgemüse mit Kerbelblättchen bestreuen.

Tipps: Statt Spargel schmecken auch Kohlrabi, TK-Erbsen, Spinat, Champignons, Austern- oder Kräutersaitlinge. Kohlrabi wie angeben bissfest garen, TK-Erbsen und Spinat nur kurz blanchieren. Die geputzten Pilze kurz in etwas Speiseöl anbraten.

Farfalle in feuriger Sauce

8 Portionen (ohne Foto)

Zubereitungszeit: 45 Minuten

Für die Sauce:
2 Zwiebeln
8 milde Peperoni
je 2 rote, grüne und gelbe Paprikaschoten
4 EL Olivenöl
8 EL Tomatenwürfel
200 ml Tomatensaft
Salz, gem. Pfeffer
2 gestr. TL Sambal Oelek

je 4 l Wasser
je 4 gestr. TL Salz
800 g Nudeln, z. B. Farfalle
6 Frühlingszwiebeln
einige Schnittlauchhalme

Pro Portion:
E: 15 g, F: 7 g, Kh: 81 g,
kJ: 1894, kcal: 453

1. Für die Sauce Zwiebeln abziehen, zuerst in Scheiben schneiden, dann in Ringe teilen. Die Peperoni halbieren, entstielen, entkernen, abspülen, trocken tupfen und klein würfeln. Paprikaschoten halbieren, entstielen, entkernen und die weißen Scheidewände entfernen. Schoten abspülen, trocken tupfen und würfeln.
2. Jeweils die Hälfte des Olivenöls in einer großen Pfanne erhitzen. Zwiebelringe, Peperoni-, Paprika- und Tomatenwürfel darin in 2 Portionen andünsten. Tomatensaft hinzugießen, zum Kochen bringen und bei schwacher Hitze kochen lassen (etwa 8 Minuten). Die Sauce mit Salz, Pfeffer und Sambal Oelek feurig würzen.
3. Die Nudeln in 2 Portionen kochen. Dafür jeweils Wasser in einem großen Topf zugedeckt zum Kochen bringen. Dann Salz und Nudeln hinzugeben. Die Nudeln im geöffneten Topf bei mittlerer Hitze nach Packungsanleitung kochen lassen, dabei gelegentlich umrühren.
4. Anschließend die Nudeln in ein Sieb abgießen, mit heißem Wasser abspülen, abtropfen lassen und warm stellen.
5. Frühlingszwiebeln putzen, abspülen, abtropfen lassen und in feine Scheiben schneiden. Frühlingszwiebelscheiben kurz vor dem Servieren in die Sauce geben (einige Scheiben zum Garnieren beiseitelegen). Die Sauce nochmals mit den Gewürzen feurig abschmecken. Beiseitegelegte Frühlingszwiebelscheiben in Ringe teilen.
6. Farfalle in feuriger Sauce auf Tellern anrichten. Mit Frühlingszwiebelringen bestreuen und mit abgespülten, trocken getupften Schnittlauchhalmen garnieren.

Chinesische Eiernudeln mit Hähnchenbrust

8 Portionen

Zubereitungszeit: 45 Minuten

600 g Hähnchenbrustfilet
4 EL Speisestärke
2 EL Currypulver
2 EL Sesamöl
4 EL Sojasauce
2 Prisen gem. Kreuzkümmel (Cumin)
4 Zwiebeln
6 Knoblauchzehen
2 rote Paprikaschoten
2 Stangen Porree (Lauch)
300 g Champignons
6 EL Sojaöl
Salz
500 ml Hühnerbrühe
600 g chinesische Eiernudeln

Pro Portion:
E: 33 g, F: 15 g, Kh: 60 g,
kJ: 2204, kcal: 526

1. Hähnchenbrustfilet kurz unter fließendem kalten Wasser abspülen, trocken tupfen und in kleine Würfel schneiden. Die Speisestärke mit Curry, Sesamöl, Sojasauce und Kreuzkümmel in einer Schüssel verrühren, Filetwürfel untermischen.
2. Zwiebeln und Knoblauch abziehen, in kleine Würfel schneiden. Paprikaschoten halbieren, entstielen, entkernen und die weißen Scheidewände entfernen. Die Schoten abspülen, abtropfen lassen und in Streifen schneiden. Porree putzen, die Stangen längs halbieren, gründlich waschen, abtropfen lassen und in Scheiben schneiden. Die Champignons putzen, evtl. kurz abspülen, trocken tupfen und in Scheiben schneiden.
3. Sojaöl in einem großen Wok erhitzen. Die Fleischwürfel darin unter Rühren von allen Seiten anbraten (etwa 5–8 Minuten), mit einer Schaumkelle herausnehmen und mit Salz würzen.
4. Zwiebel- und Knoblauchwürfel in dem verbliebenen Bratfett kurz andünsten. Paprika-, Porreestreifen und Champignonscheiben hinzufügen, Brühe hinzugießen. Die Gemüsezutaten zugedeckt etwa 5 Minuten bei mittlerer Hitze garen.
5. In der Zwischenzeit Eiernudeln nach Packungsanleitung bissfest garen. Anschließend in einem Sieb abtropfen lassen.
6. Eiernudeln und Fleischwürfel zum gegarten Gemüse geben, untermischen und erhitzen.

Chinesische Eiernudeln mit Hähnchenbrust

Bandnudeln mit Salsa picante

8 Portionen

Zubereitungszeit: 40 Minuten

je 4 l Wasser
4 Knoblauchzehen
2 Zwiebeln
4 Peperoncini (getrocknete Chilis)
6 EL Olivenöl
1 kg passierte Tomaten
Salz, gem. Pfeffer
4 EL italienische TK-Kräuter
Zucker
je 4 gestr. TL Salz
800 g grüne Bandnudeln
20 grüne Oliven (ohne Stein)
20 abgetropfte, schwarze Oliven (ohne Stein)
6 EL abgetropfte Kapern (aus dem Glas)
evtl. einige Oreganoblättchen

Pro Portion:
E: 14 g, F: 13 g, Kh: 79 g,
kJ: 2058, kcal: 491

1. Die Nudeln in 2 Portionen kochen. Dafür jeweils Wasser in einem großen Topf zugedeckt zum Kochen bringen.
2. In der Zwischenzeit für die Sauce Knoblauch und Zwiebeln abziehen. Die Zwiebel in kleine Würfel schneiden. Die Peperoncini zerreiben.
3. Vier Esslöffel des Olivenöls in einem großen Topf erhitzen. Zwiebelwürfel und Peperoncini darin andünsten. Den Knoblauch durch eine Knoblauchpresse drücken und unterrühren. Passierte Tomaten hinzugeben und unter Rühren aufkochen. Mit Salz, Pfeffer, italienischen Kräutern und Zucker würzen und die Sauce 8–10 Minuten ohne Deckel kochen lassen.
4. Jeweils Salz und Nudeln ins kochende Wasser geben. Die Nudeln im geöffneten Topf bei mittlerer Hitze nach Packungsanleitung bissfest garen, dabei gelegentlich umrühren.
5. In der Zwischenzeit Oliven halbieren. Restliches Olivenöl in einer kleinen Pfanne erhitzen. Olivenhälften und Kapern darin erhitzen (Vorsicht, kann spritzen!).
6. Die garen Nudeln in ein Sieb abgießen, mit heißem Wasser abspülen und abtropfen lassen. Die Sauce nochmals mit Salz, Pfeffer und Zucker abschmecken.
7. Die Bandnudeln mit der Sauce auf einer vorgewärmten Platte anrichten. Mit Olivenhälften und Kapern bestreuen. Nach Belieben mit abgespülten und trocken getupften Oreganoblättchen garnieren.

Chinesische Eiernudeln mit Avocado-Hähnchen-Sauce

8 Portionen

Zubereitungszeit: 45 Minuten

2 Zwiebeln
4 Knoblauchzehen
600 g Hähnchenbrustfilet
6 EL Olivenöl
4 EL Currypulver
2 Äpfel
200 ml Orangensaft
4 EL Limettensaft
300 g Crème fraîche
2 Avocados
4 Orangen
Salz
2 Bund glatte Petersilie
600 g chinesische Eiernudeln

Pro Portion:
E: 31 g, F: 35 g, Kh: 69 g,
kJ: 3032, kcal: 723

1. Zwiebeln und Knoblauch abziehen, in kleine Würfel schneiden. Hähnchenbrustfilet kurz unter fließendem kalten Wasser abspülen, trocken tupfen und in etwa 1 cm große Würfel schneiden. Olivenöl in einer großen Pfanne erhitzen, die Fleischwürfel darin in 2 Portionen unter Rühren anbraten.
2. Zwiebel- und Knoblauchwürfel hinzugeben, mit Curry bestreuen und mit anbraten. Äpfel schälen, vierteln, entkernen und klein würfeln. Apfelwürfel, Orangensaft, Limettensaft und Crème fraîche unterrühren. Die Zutaten bei schwacher Hitze kochen lassen (8–10 Minuten).
3. Avocados halbieren und jeweils den Kern entfernen. Avocadohälften schälen, das Fruchtfleisch in etwa 2 cm große Würfel schneiden. Orangen so schälen, dass die weiße Haut mitentfernt wird. Orangen filetieren.
4. Avocadowürfel und Orangenfilets in die Sauce geben, kurz erhitzen und mit etwas Salz leicht würzen. Petersilie abspülen und trocken tupfen. Die Blättchen von den Stängeln zupfen, klein schneiden, unter die Sauce rühren und warm stellen.
5. Eiernudeln mit Wasser nach Packungsanleitung garen. Eiernudeln in einem Sieb abtropfen lassen.
6. Die Eiernudeln mit der Sauce anrichten und servieren.

Bandnudeln mit Salsa picante

Chinesische Eiernudeln mit Avocado-Hähnchen-Sauce

Bandnudeln mit Schinken und Erbsen

Asiatische Nudelpfanne

Bandnudeln mit Schinken und Erbsen

8 Portionen

Zubereitungszeit: 40 Minuten

je 4 l Wasser
2 Zwiebeln
100 g Butter
600 g TK-Erbsen
Salz, gem. Pfeffer
200 g Schlagsahne
20 ml Gemüsebrühe
je 4 gestr. TL Salz
800 g Bandnudeln
300 g Kochschinken
200 g Rahm-Frischkäse
2 geh. TL Weizenmehl
ger. Muskatnuss
60 g ger. Parmesan

Pro Portion:
E: 33 g, F: 30 g, Kh: 85 g,
kJ: 3134, kcal: 749

1. Die Nudeln in 2 Portionen kochen. Dafür jeweils Wasser in einem großen Topf zugedeckt zum Kochen bringen.
2. In der Zwischenzeit Zwiebeln abziehen und in kleine Würfel schneiden. Butter in einem großen Topf zerlassen. Zwiebelwürfel darin leicht bräunen. Gefrorene Erbsen hinzufügen. Mit Salz und Pfeffer würzen. Sahne und Brühe hinzugießen, zum Kochen bringen. Die Erbsen zugedeckt etwa 10 Minuten bei schwacher Hitze garen.
3. Jeweils Salz und Nudeln ins kochende Wasser geben. Die Nudeln im geöffneten Topf bei mittlerer Hitze nach Packungsanleitung bissfest garen, dabei gelegentlich umrühren.
4. In der Zwischenzeit Schinken in feine Streifen schneiden und kurz vor Ende der Garzeit unter die Erbsen mischen. Frischkäse, 8–10 Esslöffel des Nudelkochwassers und Mehl in einer kleinen Schale glatt verrühren.
5. Angerührten Frischkäse unter die Erbsen-Schinken-Masse rühren und unter Rühren kurz aufkochen lassen. Die Sauce mit Salz, Pfeffer und Muskat abschmecken.
6. Die garen Nudeln in ein Sieb abgießen, mit heißem Wasser abspülen und abtropfen lassen.
7. Die Nudeln in eine vorgewärmte, große Schüssel geben. Die Erbsen-Schinken-Sauce darauf verteilen und mit Parmesan bestreut servieren.

Asiatische Nudelpfanne

8 Portionen

Zubereitungszeit: 45 Minuten

800 g Putenschnitzel
1 TL Sambal Oelek oder geschroteter Chili
6 EL Austernsauce
2 gestr. TL Fünf-Gewürze-Pulver
700 g Porree (Lauch)
600 g Blumenkohl
6 Möhren (je 100 g)
2 kleine, rote Pfefferschoten
4 EL Speiseöl, z. B. Soja- oder Rapsöl
Salz
200 g Glasnudeln

Pro Portion:
E: 28 g, F: 7 g, Kh: 31 g,
kJ: 1249, kcal: 299

1. Putenschnitzel kurz unter kaltem Wasser abspülen, trocken tupfen und in feine Streifen schneiden. Sambal Oelek oder Chili mit Austernsauce und Fünf-Gewürze-Pulver verrühren. Die Fleischstreifen untermischen und kurz durchziehen lassen.
2. In der Zwischenzeit Porree putzen, die Stangen längs halbieren, gründlich waschen, abtropfen lassen und in feine Streifen schneiden. Von dem Blumenkohl die Blätter und den Strunk abschneiden. Blumenkohl in sehr feine Röschen teilen, abspülen und abtropfen lassen. Möhren putzen, schälen, abspülen, abtropfen lassen und in feine Streifen schneiden. Pfefferschoten entstielen, längs aufschneiden, entkernen, abspülen, trocken tupfen, in Ringe schneiden.
3. Speiseöl in einem Wok oder einer großen Pfanne erhitzen. Zuerst die Fleischstreifen mit der Gewürzmarinade darin unter Rühren etwa 2 Minuten braten und herausnehmen.
4. Vorbereite Gemüsezutaten mit den Pfefferschotenringen in den Wok oder die Pfanne geben, unter Rühren 2–3 Minuten braten. Anschließend die Fleischstreifen wieder hinzugeben. Die Zutaten etwa 2 Minuten unter Rühren garen, mit Salz würzen.
5. Glasnudeln nach Packungsanleitung zubereiten, mit kaltem Wasser abschrecken, abtropfen lassen und in einer flachen Schale verteilen. Die Fleisch-Gemüse-Mischung darauf anrichten und servieren.

Bandnudeln mit Rucola und getrockneten Tomaten

Bandnudeln mit mariniertem, grünen Spargel

Bandnudeln mit Rucola und getrockneten Tomaten

8 Portionen

Zubereitungszeit: 40 Minuten

je 4 l Wasser
400 g Rucola (Rauke)
240 g getrocknete Tomaten, in Öl
4 Zwiebeln, 4 Knoblauchzehen
je 4 gestr. TL Salz
800 g Bandnudeln, z. B. Tagliatelle
6 Esslöffel Öl (von den Tomaten)
80 g Pinienkerne
Salz, gem. Pfeffer

Pro Portion:
E: 19 g, F: 16 g, Kh: 81 g,
kJ: 2319, kcal: 555

1. Die Nudeln in 2 Portionen kochen. Dafür jeweils Wasser in einem großen Topf zugedeckt zum Kochen bringen.
2. In der Zwischenzeit Rucola putzen und die groben Stiele abschneiden. Rucola abspülen und trocken tupfen. Die Tomaten in einem Sieb etwas abtropfen lassen, dabei das Öl auffangen. Tomaten in Streifen schneiden. Zwiebeln und Knoblauch abziehen, in kleine Würfel schneiden.
3. Jeweils Salz und Nudeln ins kochende Wasser geben. Die Nudeln im geöffneten Topf bei mittlerer Hitze nach Packungsanleitung bissfest garen, dabei gelegentlich umrühren.
4. In der Zwischenzeit 6 Esslöffel des aufgefangenen Tomatenöls in einer großen Pfanne erhitzen. Zwiebel- und Knoblauchwürfel darin andünsten. Die Pinienkerne hinzugeben und unter Rühren mitbräunen lassen. Tomatenstreifen unterrühren.
5. Rucola in Stücke zupfen und kurz mit in der Pfanne erwärmen. Mit Salz und Pfeffer abschmecken.
6. Die garen Nudeln in ein Sieb abgießen, mit heißem Wasser abspülen und abtropfen lassen. Die Nudeln in eine vorgewärmte Schüssel geben, mit der Rucola-Tomaten-Mischung vermengen, nochmals mit Salz und Pfeffer abschmecken, servieren.

Bandnudeln mit mariniertem, grünen Spargel

8 Portionen

Zubereitungszeit: 50 Minuten, ohne Marinierzeit

1 1/2 kg grüner Spargel
Salz, 2 Prisen Zucker
je 3 l Wasser
je 3 gestr. TL Salz
600 g Bandnudeln
1 Bio-Orange
(unbehandelt, ungewachst)
1 Orange
4 EL Speiseöl, z. B. Walnussöl
gem. Pfeffer
4–6 EL milder Balsamico-Essig
1 TL flüssiger Honig
400 g Cocktailtomaten
250 g Mozzarella
1 Bund frisches Basilikum

Pro Portion:
E: 19 g, F: 14 g, Kh: 60 g,
kJ: 1871, kcal: 447

1. Von dem Spargel das untere Drittel schälen und die unteren Enden abschneiden. Spargel abspülen, abtropfen lassen und in mundgerechte Stücke schneiden. Spargelstücke in etwas kochendem Salzwasser mit Zucker zugedeckt 5–8 Minuten dünsten. Spargelstücke in ein Sieb geben und gut abtropfen lassen.
2. Die Nudeln in 2 Portionen kochen. Dafür jeweils Wasser in einem großen Topf zugedeckt zum Kochen bringen. Dann Salz und Nudeln hinzugeben. Die Nudeln im geöffneten Topf bei mittlerer Hitze nach Packungsanleitung kochen lassen, dabei gelegentlich umrühren.
3. In der Zwischenzeit die Bio-Orange heiß abwaschen, abtrocknen, die Schale fein abreiben und beiseitestellen. Beide Orangen halbieren und den Saft auspressen.
4. Speiseöl in einer großen Pfanne erhitzen. Spargelstücke darin kurz von allen Seiten anbraten, mit Salz und Pfeffer würzen. Orangenschale mit -saft, Essig und Honig verrühren, die Spargelstücke damit beträufeln. Die Pfanne von der Kochstelle nehmen. Spargelstücke darin einige Minuten marinieren.
5. Anschließend die Nudeln in ein Sieb geben, mit heißem Wasser abspülen und abtropfen lassen. Die Nudeln warm stellen.
6. Die Tomaten abspülen, abtrocknen, halbieren und evtl. die Stängelansätze herausschneiden. Mozzarella abtropfen lassen und in kleine Würfel schneiden.
7. Basilikum abspülen und trocken tupfen. Die Blättchen von den Stängeln zupfen.
8. Die warm gestellten Nudeln mit den marinierten Spargelstücken und Tomatenhälften in einer großen Schüssel vorsichtig mischen und auf Tellern anrichten. Die Mozzarellawürfel darauf verteilen und etwas anschmelzen lassen.

9. Die Bandnudeln mit mariniertem Spargel mit etwas Pfeffer bestreuen und mit Basilikumblättchen garniert sofort servieren.

Knoblauchspätzle mit grünem Spargel

8 Portionen

Zubereitungszeit: 45 Minuten

800 g dünner, grüner Spargel
4 Bund Frühlingszwiebeln
4 Fleischtomaten (je etwa 150 g)
4 Knoblauchzehen, 6 EL Olivenöl
200 ml Weißwein oder Gemüsebrühe
1 kg frische Spätzle
(aus dem Kühlregal)
Salz, gem. Pfeffer
50 g frisch gehobelter Parmesan

Pro Portion:
E: 15 g, F: 13 g, Kh: 49 g,
kJ: 1629, kcal: 389

1. Vom Spargel das untere Drittel schälen und die unteren Enden abschneiden. Den Spargel abspülen und abtropfen lassen. Frühlingszwiebeln putzen, abspülen und abtropfen lassen. Spargel und Frühlingszwiebeln in etwa 3 cm lange Stücke schneiden. Tomaten abspülen, trocken tupfen, die Stängelansätze herausschneiden. Tomaten grob würfeln. Knoblauch abziehen und klein würfeln.
2. Olivenöl in einer großen Pfanne erhitzen. Knoblauchwürfel darin andünsten. Spargelstücke hinzugeben und kurz unter Rühren anbraten. Mit Wein oder Brühe ablöschen und zum Kochen bringen. Die Spargelstücke etwa 4 Minuten bei schwacher Hitze kochen lassen.
3. Dann Spätzle und Frühlingszwiebelstücke hinzugeben, unter Rühren erhitzen. Tomatenwürfel vorsichtig unterheben.
4. Die Knoblauchspätzle mit Salz und Pfeffer würzen, auf Tellern anrichten und mit Parmesan bestreuen.

Arabische Zwiebel-Pasta

8 Portionen

Zubereitungszeit: 45 Minuten

800 g Hähnchen- oder Putenbrustfilets
4 Knoblauchzehen
2 Gemüsezwiebeln (etwa 400 g)
1 Bio-Zitrone
(unbehandelt, ungewachst)
4 EL Olivenöl
2 Lorbeerblätter
gem. Zimt, Kreuzkümmel (Cumin), Piment und Kardamom
Salz, gem. Pfeffer
grob geschroteter Chili
800 g Pizza-Tomaten in Tomatensaft (aus der Dose)
300 ml Gemüsebrühe
je 3–4 l Wasser
je 3–4 gestr. TL Salz
600–800 g Penne (Röhrennudeln)
250 g getrocknete Pflaumen oder Aprikosen (ohne Stein, Soft-Früchte)
4 EL gehackte Petersilie

Pro Portion:
E: 38 g, F: 8 g, Kh: 82 g,
kJ: 2334, kcal: 557

1. Filets kurz unter fließendem kalten Wasser abspülen, trocken tupfen und in breite Streifen schneiden. Knoblauch abziehen und in Scheiben schneiden. Zwiebeln abziehen, halbieren und in Scheiben schneiden. Zitrone heiß abwaschen, abtrocknen, halbieren und in Scheiben schneiden.
2. Olivenöl in einer großen Pfanne erhitzen. Zwiebel- und Knoblauchscheiben darin unter Rühren anbraten. Fleischstreifen in 2 Portionen kurz von allen Seiten kräftig anbraten. Lorbeerblätter, 2 Prisen Zimt, je etwa 1/2 Teelöffel Cumin, Piment, Kardamom, Salz, Pfeffer und Chili zu den Fleischstreifen geben, unter Rühren etwa 1 Minute anrösten.
3. Pizza-Tomaten mit Saft, Zitronenscheiben und Brühe hinzufügen, zum Kochen bringen und etwa 5 Minuten ohne Deckel kochen lassen.
4. In der Zwischenzeit die Nudeln in 2 Portionen kochen. Dafür jeweils das Wasser in einem großen Topf zugedeckt zum Kochen bringen. Dann Salz und Nudeln hinzugeben. Die Nudeln im geöffneten Topf bei mittlerer Hitze nach Packungsanleitung bissfest garen, dabei gelegentlich umrühren.
5. Pflaumen oder Aprikosen in breite Streifen schneiden, unter die Zwiebel-Tomaten-Sauce rühren, wieder zum Kochen bringen und weitere etwa 4 Minuten ohne Deckel garen.
6. Die garen Nudeln in ein Sieb geben, mit heißem Wasser abspülen und abtropfen lassen. Nudeln zur Sauce geben und untermischen. Die Zwiebel-Pasta würzig abschmecken und mit der gehackten Petersilie bestreut servieren.

Knoblauchspätzle mit grünem Spargel

Arabische Zwiebel-Pasta

Lasagne mit Lammhack und Schafskäse

Nudelvariationen vom Blech

Lasagne mit Lammhack und Schafskäse

12 Portionen

Zubereitungszeit: 70 Minuten
Garzeit: etwa 50 Minuten

700 g Möhren
6 EL Zitronensaft
2 EL flüssiger Honig
400 g Doppelrahm-Frischkäse
120 g Rosinen
400 g Schlagsahne
Salz, gem. Pfeffer
1 kg Lammgehacktes
5 Zwiebeln
4 Knoblauchzehen
600 g Zucchini
800 g passierte Tomaten (aus der Dose)
2 Zweige Rosmarin
1 EL Kräuter der Provence
1 kg Lasagneplatten (ohne Vorkochen)
400 g Schlagsahne
400 g Joghurt (3,5 % Fett)
400 g Schafskäse
1 TL Pul Biber (geschrotete Pfefferschoten)

Pro Portion:
E: 41 g, F: 47 g, Kh: 77 g, kJ: 3770, kcal: 900

1. Möhren putzen, schälen, abspülen, abtropfen lassen und in kleine Würfel schneiden. Möhrenwürfel in einem Topf mit Zitronensaft und Honig zum Kochen bringen, unter gelegentlichem Rühren etwa 5 Minuten bei schwacher Hitze kochen lassen. Frischkäse, Rosinen und Sahne zu den Möhrenwürfeln geben und unterrühren. Mit Salz und Pfeffer würzen.

2. Das Gehackte in einer großen, beschichteten Pfanne ohne Fett unter ständigem Rühren etwa 5 Minuten anbraten. Dabei die Fleischklümpchen mit einer Gabel zerdrücken. Zwiebeln und Knoblauch abziehen, klein würfeln, zum Gehackten geben und mit andünsten.

3. Den Backofen vorheizen.
Ober-/Unterhitze: etwa 200 °C
Heißluft: etwa 180 °C

4. Zucchini abspülen, abtrocknen und die Enden abschneiden. Zucchini in Würfel schneiden, ebenfalls zur Hackfleischmasse geben und kurz mit andünsten. Passierte Tomaten unterrühren. Zutaten zum Kochen bringen. Die Pfanne von der Kochstelle nehmen. Rosmarin abspülen und trocken tupfen. Die Nadeln von den Stängeln zupfen. Nadeln klein schneiden. Tomaten-Hackfleisch-Masse mit Salz, Pfeffer, Kräutern der Provence und mit der Hälfte des Rosmarins würzen.

5. Möhrenwürfel-Frischkäse-Masse auf dem Boden von zwei flachen, großen Auflaufformen (gefettet) verteilen. Die Hälfte der Lasagneplatten jeweils darauflegen. Die Hackfleisch-Gemüse-Masse darauf verteilen und mit den restlichen Lasagneplatten belegen. Sahne mit Joghurt verrühren und daraufgeben. Schafskäse in kleine Würfel schneiden und auf der Sahne-Joghurt-Masse verteilen. Mit Pul Biber würzen. Restliche Rosmarinnadeln auf die Schafskäsewürfel streuen.

6. Die Formen nacheinander (bei Heißluft zusammen) in den vorgeheizten Backofen schieben. Die Lasagne etwa 50 Minuten je Form garen.

7. Nach etwa 30 Minuten Garzeit die Backtemperatur auf Ober-/Unterhitze: etwa 180 °C, Heißluft: etwa 160 °C herunterschalten. Die Lasagne fertig garen. Die Form aus dem Backofen nehmen. Die Lasagne kurz ruhen lassen und servieren.

Nudelvariationen vom Blech

12 Portionen

Zubereitungszeit: 75 Minuten, ohne Einweichzeit
Backzeit: etwa 15 Minuten je Backblech

1 kg Cappelletti mit Ricotta-Basilikum-Füllung
1 kg Ravioli mit Spinatfüllung
1 kg Tortellini mit Käsefüllung (alles aus dem Kühlregal)
Salz

Für die Tomatensauce:
180 g Zwiebeln
4 Knoblauchzehen
6 EL Olivenöl
800 g passierte Tomaten (aus der Dose)
Zucker
gem. Pfeffer
gerebelter Oregano
1 Prise Chilipulver

Für die Steinpilzsauce:
150 ml Wasser
30 g getrocknete Steinpilze
60 g Butter
60 g Weizenmehl
800 ml Hühnerbrühe
300 g Crème fraîche

Für die Gorgonzolasauce:
120 g Gorgonzola

Außerdem:
Speiseöl für die Backbleche

Pro Portion:
E: 34 g, F: 29 g, Kh: 85 g,
kJ: 3089, kcal: 735

1. Capelletti, Ravioli und Tortellini getrennt in kochendem Salzwasser nach Packungsanleitung kochen. Anschließend in ein Sieb abgießen, mit kaltem Wasser übergießen und abtropfen lassen. Jeweils die Hälfte der 3 Nudelsorten auf je einem Backblech (30 x 40 cm, mit Olivenöl bestrichen) verteilen. Nudeln mit Pergamentpapier zudecken.
2. Für die Tomatensauce Zwiebeln und Knoblauch abziehen, klein würfeln. Olivenöl in einem kleinen Topf erhitzen. Zwiebel- und Knoblauchwürfel darin glasig dünsten (2 Esslöffel von den Zwiebel- und Knoblauchwürfeln beiseitelegen). Passierte Tomaten hinzufügen, unter Rühren zum Kochen bringen. Den Topf von der Kochstelle nehmen. Die Sauce mit Salz, Zucker, Pfeffer, Oregano und Chili würzen und warm stellen.
3. Den Backofen vorheizen.
Ober-/Unterhitze: etwa 180 °C
Heißluft: etwa 160 °C
4. Für die Steinpilzsauce Wasser in einem kleinen Topf zum Kochen bringen. Die Pilze darin einweichen. Anschließend in einem Sieb abtropfen lassen, Flüssigkeit dabei auffangen. Pilze klein hacken. Butter in einem Topf zerlassen. Mehl darin unter Rühren so lange erhitzen, bis es hellgelb ist. Brühe nach und nach hinzugießen, mit einem Schneebesen durchschlagen. Darauf achten, dass keine Klümpchen entstehen. Sauce unter ständigem Rühren etwa 5 Minuten kochen lassen. Crème fraîche und die beiseitegelegten Zwiebel- und Knoblauchwürfel unterrühren. Mit Salz und Pfeffer würzen. Sauce in 2 Portionen teilen. 1 Portion mit den gehackten Pilzen und der Pilzflüssigkeit verrühren. Sauce warm stellen.
5. Für die Gorgonzolasauce Gorgonzola mit der restlichen Sauce verrühren.
6. Die mit Nudeln belegten Backbleche nacheinander (bei Heißluft zusammen) in den vorgeheizten Backofen schieben. Die Nudeln in etwa 15 Minuten je Backblech erwärmen.
7. Die Nudeln nach Belieben auf den Backblechen mit den drei Saucen servieren.

Pasta caprese

8 Portionen

Zubereitungszeit: 40 Minuten

je 4 l Wasser
800 g Tomaten
400 g Mozzarella
150 g abgetropfte, schwarze Oliven (ohne Stein)
1 Bund Basilikum
je 4 gestr. TL Salz
800 g Spiralnudeln, z. B. Spirelli
6 EL Olivenöl
2 Knoblauchzehen
Salz, gem. Pfeffer

Pro Portion:
E: 22 g, F: 23 g, Kh: 75 g,
kJ: 2504, kcal: 599

1. Die Nudeln in 2 Portionen kochen. Dafür jeweils Wasser in einem großen Topf zugedeckt zum Kochen bringen. In der Zwischenzeit Tomaten abspülen, trocken tupfen, halbieren und die Stängelansätze herausschneiden. Tomatenhälften in Würfel schneiden. Mozzarella abtropfen lassen und ebenfalls in kleine Würfel schneiden. Oliven halbieren. Basilikum abspülen und trocken tupfen. Die Blättchen von den Stängeln zupfen.
2. Salz und Nudeln ins kochende Wasser geben. Die Nudeln im geöffneten Topf bei mittlerer Hitze nach Packungsanleitung bissfest garen, dabei gelegentlich umrühren.
3. In der Zwischenzeit Olivenöl in einem Topf erhitzen. Knoblauch abziehen, durch eine Knoblauchpresse drücken und in dem erhitzten Olivenöl unter Rühren kurz anbraten. Tomatenwürfel hinzugeben und kurz erhitzen.
4. Die garen Nudeln in ein Sieb abgießen, mit heißem Wasser abspülen und tropfnass zu den Tomatenwürfeln in den Topf geben. Oliven hinzufügen. Mit Salz und Pfeffer würzen. Die Zutaten vorsichtig vermischen.
5. Pasta caprese mit Mozzarellawürfeln und Basilikumblättchen in vorgewärmten Schälchen anrichten und sofort servieren.

Pasta caprese

Pasta mit feinem Gemüse in Kräuter-Rahm-Sauce

8–10 Portionen

Zubereitungszeit: 60 Minuten

600 g Champignons
300 g Zuckerschoten
Salz
40 g Butter oder Margarine
2 EL Speiseöl
gem. Pfeffer
250 ml Gemüsebrühe

je 4 l Wasser
je 4 gestr. TL Salz
800 g Bandnudeln

150 g Crème fraîche
250 g Schlagsahne
1 Bund gemischte, gehackte Kräuter

Pro Portion:
E: 16 g, F: 22 g, Kh: 66 g,
kJ: 2222, kcal: 531

1. Champignons putzen, evtl. kurz abspülen, trocken tupfen und in Scheiben schneiden. Von den Zuckerschoten die Enden abschneiden, evtl. abfädeln. Schoten abspülen, abtropfen lassen und in kochendem Salzwasser etwa 5 Minuten garen. Zuckerschoten mit eiskaltem Wasser abschrecken und in einem Sieb abtropfen lassen.
2. Die Butter oder Margarine in einer großen Pfanne zerlassen, Speiseöl miterhitzen. Champignonscheiben darin in 2 Portionen unter mehrmaligem Wenden andünsten. Mit Salz und Pfeffer würzen. Zuckerschoten hinzufügen. Brühe hinzugießen. Die Zutaten aufkochen lassen. Die Pfanne von der Kochstelle nehmen.
3. Die Nudeln in 2 Portionen kochen. Dafür jeweils Wasser in einem großen Topf zugedeckt zum Kochen bringen. Dann Salz und Nudeln hinzugeben. Die Nudeln im geöffneten Topf bei mittlerer Hitze nach Packungsanleitung kochen lassen, dabei gelegentlich umrühren. Anschließend die Nudeln in ein Sieb abgießen, mit heißem Wasser abspülen und abtropfen lassen.
4. Crème fraîche und Sahne unter das Gemüse rühren. Nochmals mit Salz und Pfeffer abschmecken.
5. Die Nudeln und Kräuter unter das Gemüse geben und anrichten.

Pasta mit Meeresfrüchte-Ragout

8–10 Portionen

Zubereitungszeit: 50 Minuten, ohne Auftauzeit
Garzeit: 15–20 Minuten

1 1/2 kg gemischte TK-Meeresfrüchte, z. B. Tintenfisch, Rotbarsch, Kabeljau, kleine und große Garnelen, Muscheln
4 Schalotten (etwa 200 g)
4 EL Olivenöl
Salz, gem. Pfeffer
300 ml Gemüse- oder Fischbrühe
2 Bund Dill
Saft von 1 Zitrone oder Limette
80 g Krebspaste

je 4 l Wasser
je 4 gestr. TL Salz
800 g Penne (Röhrennudeln)

Pro Portion:
E: 38 g, F: 10 g, Kh: 66 g,
kJ: 2145, kcal: 512

1. Meeresfrüchte nach Packungsanleitung auftauen lassen. Anschließend die Meeresfrüchte kurz abspülen und trocken tupfen.
2. Schalotten abziehen und in kleine Würfel schneiden. Olivenöl in einem großen Bräter erhitzen. Schalottenwürfel darin glasig dünsten. Meeresfrüchte hinzugeben und mit andünsten, mit Salz und Pfeffer würzen. Brühe hinzugießen, zum Kochen bringen und etwa 10 Minuten bei schwacher Hitze kochen lassen.
3. Dill abspülen und trocken tupfen. Die Spitzen von den Stängeln zupfen. Spitzen klein schneiden (etwas zum Bestreuen beiseitelegen). Zitronen- oder Limettensaft und Dill zu den Meeresfrüchten geben und unterrühren. Nach und nach die Krebspaste hinzufügen. Ragout weitere 5–10 Minuten leicht kochen lassen.
4. Die Nudeln in 2 Portionen kochen. Dafür jeweils Wasser in einem großen Topf zugedeckt zum Kochen bringen. Salz und Nudeln hinzugeben. Nudeln im geöffneten Topf bei mittlerer Hitze nach Packungsanleitung kochen lassen, dabei gelegentlich umrühren.
5. Anschließend die Nudeln in ein Sieb abgießen, mit heißem Wasser abspülen und abtropfen lassen.

Pasta mit feinem Gemüse in Kräuter-Rahm-Sauce

Pasta mit Meeresfrüchte-Ragout

6. Die Nudeln zu dem Meeresfrüchte-Ragout geben und untermengen oder die Nudeln dazureichen. Mit Salz und Pfeffer abschmecken. Meeresfrüchte-Ragout mit beiseitegelegtem Dill bestreuen und sofort servieren.

Penne mit Hühnerleber

8 Portionen

Zubereitungszeit: 50 Minuten

je 5 l Wasser
2 Zwiebeln
2 Knoblauchzehen
400 g Champignons
600 g Hühnerleber
je 5 gestr. TL Salz
1 kg Penne (Röhrennudeln)
4 EL Olivenöl
300 g Schlagsahne
etwa 30 junge Salbeiblättchen
24 Cocktailtomaten
Salz, gem. Pfeffer

Pro Portion:
E: 36 g, F: 22 g, Kh: 93 g,
kJ: 3027, kcal: 723

1. Die Nudeln in 2 Portionen kochen. Dafür jeweils Wasser in einem großen Topf zugedeckt zum Kochen bringen. Zwiebeln und Knoblauch abziehen, in kleine Würfel schneiden. Champignons putzen, evtl. kurz abspülen, trocken tupfen und in feine Scheiben schneiden.
2. Hühnerleber kurz unter fließendem kalten Wasser abspülen, trocken tupfen und in etwa 2 cm große Würfel schneiden, evtl. die Sehnen entfernen.
3. Salz und Nudeln ins kochende Wasser geben. Die Nudeln im geöffneten Topf bei mittlerer Hitze nach Packungsanleitung bissfest garen, dabei gelegentlich umrühren.
4. In der Zwischenzeit Olivenöl in einer großen Pfanne erhitzen. Die Leberwürfel darin von allen Seiten anbraten, herausnehmen und warm stellen. Zwiebel- und Knoblauchwürfel in dem verbliebenen Bratfett andünsten. Champignonscheiben hinzufügen und mitdünsten lassen. Sahne hinzugießen und zum Kochen bringen. Salbeiblättchen abspülen, trocken tupfen und klein schneiden. Die Tomaten abspülen, trocken tupfen und evtl. die Stängelansätze herausschneiden. Warm gestellte Hühnerleberwürfel, Salbei und Tomaten in die Sauce geben. Die Sauce nochmals unter vorsichtigem Rühren aufkochen lassen. Mit Salz und Pfeffer würzen.
5. Die garen Nudeln in ein Sieb abgießen, mit heißem Wasser abspülen und abtropfen lassen, mit der Sauce vermengen und anrichten.

Penne mit Romanesco

8 Portionen (ohne Foto)

Zubereitungszeit: 50 Minuten

1,2 kg Romanesco
Salz
je 3 1/2 l Wasser
je 3 1/2 gestr. TL Salz
700 g Penne (Röhrennudeln)
4 Zwiebeln
2 Knoblauchzehen
700 g Hähnchenbrustfilet
12 EL Olivenöl
120 g abgezogene, ganze Mandeln
240 g abgetropfte, getrocknete Tomaten, in Öl
gem. Pfeffer
160 g frisch gehobelter Pecorino

Pro Portion:
E: 43 g, F: 36 g, Kh: 62 g,
kJ: 3287, kcal: 785

1. Von dem Romanesco die Blätter entfernen. Den Romanesco putzen und in Röschen teilen. Die Röschen abspülen, abtropfen lassen und in kochendem Salzwasser etwa 5 Minuten garen. Romanesco-Röschen herausnehmen, in eiskaltem Wasser abschrecken und in einem Sieb abtropfen lassen.

Penne mit Hühnerleber

2. Die Nudeln in 2 Portionen kochen. Dafür jeweils Wasser in einem großen Topf zugedeckt zum Kochen bringen. Dann Salz und Nudeln hinzugeben. Die Nudeln im geöffneten Topf bei mittlerer Hitze nach Packungsanleitung kochen lassen, dabei gelegentlich umrühren.
3. In der Zwischenzeit die Zwiebeln und Knoblauch abziehen, klein würfeln. Hähnchenbrustfilet kurz unter fließendem kalten Wasser abspülen, trocken tupfen und in Streifen schneiden. Olivenöl in einer großen Pfanne erhitzen. Hähnchenbrustfiletstreifen darin von allen Seiten scharf anbraten. Mandeln hinzugeben und mit anrösten. Zwiebel- und Knoblauchwürfel hinzufügen und kurz mitdünsten lassen.
4. Tomaten in feine Streifen schneiden. Romanesco-Röschen und Tomatenstreifen zu der Fleisch-Mandel-Masse in die Pfanne geben und miterhitzen. Mit Salz und Pfeffer würzen.
5. Die garen Nudeln in ein Sieb abgießen, mit heißem Wasser abspülen und abtropfen lassen.
6. Die Nudeln zu der Fleisch-Gemüse-Masse in die Pfanne geben und vorsichtig untermischen. Penne mit Romanesco in einer Schüssel oder auf Tellern anrichten. Gehobelten Pecorino dazureichen.

Penne mit Vier-Käse-Sauce

Vollkornnudeln mit Rote-Bete-Sauce

Penne mit Vier-Käse-Sauce

8 Portionen

Zubereitungszeit: 50 Minuten

je 4–5 l Wasser
4–6 Stängel Oregano oder Majoran
500 ml Milch
je 4–5 gestr. TL Salz
800 g–1 kg Penne (Röhrennudeln)
350 g Gorgonzola
20 g Mascarpone (ital. Frischkäse) oder Doppelrahm-Frischkäse
150 g ger. Parmesan
250 g ger. Schnittkäse, z. B. Taleggio
gem., bunter Pfeffer
evtl. Salz
evtl. einige Stängel Majoran

Pro Portion:
E: 39 g, F: 43 g, Kh: 83 g,
kJ: 3675, kcal: 878

1. Die Nudeln in 2 Portionen kochen. Dafür jeweils Wasser in einem großen Topf zugedeckt zum Kochen bringen.
2. Oregano oder Majoran abspülen und trocken tupfen. Milch mit den Oregano- oder Majoranstängeln in einem Topf erhitzen.
3. In der Zwischenzeit Salz und Nudeln ins kochende Wasser geben. Die Nudeln im geöffneten Topf bei mittlerer Hitze nach Packungsanleitung bissfest garen, dabei gelegentlich umrühren.
4. Gorgonzola evtl. entrinden und grob würfeln. Den Mascarpone oder Frischkäse und Gorgonzolawürfel in der heißen Milch unter Rühren schmelzen. Dann 50 g des geriebenen Parmesans und den geriebenen Schnittkäse hinzugeben, bei schwacher Hitze unter Rühren schmelzen (nicht kochen lassen). Die Sauce mit Pfeffer und evtl. noch etwas Salz abschmecken.
5. Anschließend die garen Nudeln in ein Sieb abgießen, mit heißem Wasser abspülen. Die Nudeln tropfnass mit der Käsesauce vermengen und nochmals kurz erhitzen.
6. Penne mit Vier-Käse-Sauce auf Tellern anrichten. Mit restlichem Parmesan und buntem Pfeffer bestreuen. Nach Belieben mit abgespülten und trocken getupften Majoranstängeln garnieren, sofort servieren.

Vollkornnudeln mit Rote-Bete-Sauce

8 Portionen

Zubereitungszeit: 40 Minuten

1 kg gegarte Rote Bete (vakuumverpackt)
2 Zwiebeln
400 ml Hühnerbrühe
250 g saure Sahne
400 g Cabanossi (Knoblauchwurst)
8 TL Sahnemeerrettich
Salz, gem. Pfeffer
je 5 l Wasser
je 5 gestr. TL Salz
1 kg Vollkorn-Spiralnudeln
1–2 Bund Schnittlauch

Pro Portion:
E: 27 g, F: 23 g, Kh: 86 g,
kJ: 2784, kcal: 665

1. Rote Bete in einem Sieb abtropfen lassen und in kleine Würfel schneiden. 1 Rote Bete zum Garnieren beiseitelegen. Zwiebeln abziehen und ebenfalls klein würfeln. Rote-Bete- und Zwiebelwürfel mit Hühnerbrühe in einem großen Topf zum Kochen bringen und etwa 5 Minuten kochen lassen. Den Topf von der Kochstelle nehmen. Anschließend mit einem Pürierstab sämig pürieren. Saure Sahne gut unterrühren (Sauce dabei nicht mehr kochen lassen).
2. Cabanossi in sehr kleine Würfel schneiden, mit Sahnemeerrettich zur Sauce geben und unterrühren. Mit Salz und Pfeffer würzen. Sauce warm stellen.
3. Die Nudeln in 2 Portionen kochen. Dafür jeweils Wasser in einem großen Topf zugedeckt zum Kochen bringen. Dann Salz und Nudeln hinzugeben. Die Nudeln im geöffneten Topf bei mittlerer Hitze nach Packungsanleitung kochen lassen, dabei gelegentlich umrühren.
4. Anschließend die Nudeln in ein Sieb geben, mit heißem Wasser abspülen und abtropfen lassen.
5. Beiseitegelegte Rote Bete in feine Streifen schneiden. Schnittlauch abspülen, trocken tupfen und in feine Röllchen schneiden. Die Sauce mit den Rote-Bete-Streifen und den Schnittlauchröllchen bestreuen.
6. Die Vollkorn-Nudeln mit der Sauce in Schüsseln anrichten und servieren.

Tortellini mit Walnusssauce

8 Portionen

Zubereitungszeit: 35 Minuten

je 5 l Wasser
350 g Walnusskerne
4–6 Knoblauchzehen
4–6 Stängel frischer Majoran
oder 2 TL gerebelter Majoran
je 5 gestr. TL Salz
1 kg grüne Tortellini,
z. B. mit Spinatfüllung
4 EL Olivenöl
300 g Schlagsahne
200 ml Gemüsebrühe
60 g ger. Parmesan
Salz
gem. Pfeffer

Pro Portion:
E: 23 g, F: 54 g, Kh: 42 g,
kJ: 3109, kcal: 740

1. Die Tortellini in 2 Portionen kochen. Dafür jeweils Wasser in einem großen Topf zugedeckt zum Kochen bringen. 250 g der Walnusskerne in einem Mixer oder mit einem Mixstab grob pürieren. Knoblauch abziehen und in feine Würfel schneiden. Majoran abspülen und trocken tupfen. Die Blättchen von den Stängeln zupfen.
2. Salz und Tortellini ins kochende Wasser geben. Die Tortellini im geöffneten Topf bei mittlerer Hitze nach Packungsanleitung bissfest garen, dabei gelegentlich umrühren.
3. In der Zwischenzeit Olivenöl in einer großen Pfanne erhitzen. Knoblauchwürfel und ein Drittel der Majoranblättchen darin andünsten. Gehackte und ganze Walnusskerne hinzufügen, kurz miterhitzen. Sahne und Brühe hinzugießen, unterrühren und erhitzen. Parmesan ebenfalls unterrühren. Die Sauce mit Salz und Pfeffer abschmecken.
4. Tortellini in ein Sieb geben, mit heißem Wasser abspülen und tropfnass in eine große, vorgewärmte Schüssel geben. Die Walnusssauce daraufgeben und vorsichtig unter die Tortellini mischen. Tortellini mit Walnusssauce auf Tellern anrichten und mit den restlichen Majoranblättchen bestreuen. Sofort servieren.

Tortellini mit Walnusssauce

Teriyaki-Asia-Pfanne

8 Portionen

Zubereitungszeit: 40 Minuten

2 rote Paprikaschoten (etwa 400 g)
400 g rosé Champignons
2 Bund Frühlingszwiebeln
300 g gut abgetropfte Soja-, Mungobohnen- oder Bambussprossen (aus dem Glas oder frisch)
etwa 300 g Mie-Nudeln (asiatische Instant-Nudeln)
4 Knoblauchzehen
6 EL Speiseöl, z. B. Sojaöl
500 g TK-Blattspinat
600 g gegarte Tiefsee-Garnelen (ohne Schale, aus dem Kühlregal)
gem. Pfeffer
grob geschroteter Chili
12–16 EL Teriyakisauce (asiatische Würzsauce, erhältlich im Asialaden)

Pro Portion:
E: 25 g, F: 10 g, Kh: 39 g,
kJ: 1470, kcal: 352

1. Paprikaschoten halbieren, entstielen, entkernen und die weißen Scheidewände entfernen. Die Schoten abspülen, trocken tupfen und in feine Streifen schneiden. Champignons putzen, evtl. kurz abspülen, trocken tupfen und in Scheiben schneiden. Frühlingszwiebeln putzen, abspülen, abtropfen lassen und schräg in Stücke schneiden. Frische Sprossen abspülen und abtropfen lassen.
2. Die Nudeln in eine hitzebeständige Schüssel geben, mit reichlich kochendem Wasser übergießen und zugedeckt nach Packungsanleitung gar ziehen lassen. Knoblauch abziehen und in Scheiben schneiden.
3. Speiseöl in einer großen Pfanne oder in einem Wok erhitzen. Knoblauchscheiben und den gefrorenen Spinat darin etwa 2 Minuten andünsten. Spinat vorsichtig an den Pfannen- oder Wokrand schieben.
4. Garnelen kurz unter fließendem kalten Wasser abspülen und gut trocken tupfen. Garnelen in dem Bratfett von beiden Seiten anbraten und ebenfalls an den Pfannen- oder Wokrand schieben. Frühlingszwiebelstücke, Paprikastreifen und Champignonscheiben in die Mitte der Pfanne geben und in dem verbliebenen Bratfett etwa 6 Minuten unter gelegentlichem Wenden braten. Mit Pfeffer und etwas Chili würzen.
5. Die garen Nudeln durchrühren und in einem Sieb abtropfen lassen. Nudeln und Sprossen mit dem Gemüse und den Garnelen in der Pfanne vermischen (Spinat dabei am besten am Pfannenrand belassen). Dann Teriyakisauce daraufträufeln. Die Asia-Pfanne nochmals etwa 1 Minute bei starker Hitze unter Wenden braten.

Teriyaki-Asia-Pfanne

Tortellini mit grüner Gemüsesauce

8 Portionen

Zubereitungszeit: 50 Minuten

400 g Zuckerschoten
2 Zwiebeln
700 ml Gemüsebrühe
600 g TK-Erbsen
je 4 l Wasser
je 4 gestr. TL Salz
800 g Tortellini (aus dem Kühlregal)
2 Bund glatte Petersilie
Salz, gem. Pfeffer
2 Zweige Minze

Pro Portion:
E: 22 g, F: 12 g, Kh: 74 g,
kJ: 2076, kcal: 493

1. Von den Zuckerschoten die Enden abschneiden, evtl. abfädeln. Zuckerschoten abspülen, abtropfen lassen, halbieren und in kochendem Wasser etwa 30 Sekunden blanchieren. Schotenhälften mit eiskaltem Wasser abschrecken und in einem Sieb abtropfen lassen.
2. Zwiebeln abziehen und in kleine Würfel schneiden. Brühe mit den Zwiebelwürfeln in einem Topf aufkochen lassen. Die gefrorenen Erbsen hinzugeben, wieder zum Kochen bringen und zugedeckt 8–10 Minuten bei schwacher Hitze kochen lassen.

Tortellini mit grüner Gemüsesauce

3. In der Zwischenzeit die Tortellini in 2 Portionen kochen. Dafür jeweils Wasser in einem großen Topf zugedeckt zum Kochen bringen. Dann Salz und Tortellini hinzugeben. Die Tortellini im geöffneten Topf bei mittlerer Hitze nach Packungsanleitung kochen lassen, dabei gelegentlich umrühren.
4. Anschließend die Tortellini in ein Sieb geben, mit heißem Wasser abspülen und abtropfen lassen.
5. Die Petersilie abspülen und trocken tupfen. Die Blättchen von den Stängeln zupfen. Blättchen klein schneiden. Petersilie zu den Erbsen geben und mit einem Pürierstab pürieren. Zuckerschotenhälften hinzugeben. Die Sauce nochmals kurz erhitzen, mit Salz und Pfeffer würzen.
6. Minze abspülen und trocken tupfen. Die Blättchen von den Stängeln zupfen. Blättchen in feine Streifen schneiden. Die Sauce mit Minzestreifen bestreuen. Tortellini mit der grünen Gemüsesauce in Schüsseln anrichten und servieren.

Spaghetti-Erbsen-Frittata

8 Portionen (ohne Foto)

Zubereitungszeit: 40 Minuten

5 l Wasser
5 gestr. TL Salz
500 g Spaghetti
2 Zwiebeln
4 EL Speiseöl
250 g magere Schinkenwürfel (aus dem Kühlregal)
300 g TK-Erbsen
10 Eier (Größe M)
300 ml Milch
Salz, gem. Pfeffer

Für den Frischkäse-Dip:
400 g Tomaten
350 g Rahm-Frischkäse
2 Knoblauchzehen
einige Basilikumblättchen

Pro Portion:
E: 33 g, F: 25 g, Kh: 56 g,
kJ: 2462, kcal: 589

1. Wasser in einem großen Topf zugedeckt zum Kochen bringen. Dann Salz und Nudeln hinzugeben. Die Nudeln im geöffneten Topf bei mittlerer Hitze nach Packungsanleitung bissfest garen, dabei gelegentlich umrühren.
2. In der Zwischenzeit Zwiebeln abziehen und in kleine Würfel schneiden. Speiseöl in einer großen Pfanne erhitzen. Zwiebelwürfel darin glasig dünsten. Schinkenwürfel und die gefrorenen Erbsen hinzugeben, kurz mit andünsten. Die Schinken-Erbsen-Masse in 2 Pfannen verteilen.
3. Die garen Nudeln in ein Sieb abgießen, mit heißem Wasser abspülen und abtropfen lassen. Jeweils die Hälfte der Nudeln zu der Zwiebel-Erbsen-Schinken-Masse in die Pfannen geben und gut vermischen.
4. Eier mit Milch verschlagen, mit Salz und Pfeffer würzen. Die Eiermilch gleichmäßig auf der Nudelmasse in den Pfannen verteilen und zugedeckt etwa 10 Minuten bei schwacher Hitze stocken lassen.
5. In der Zwischenzeit für den Frischkäse-Dip Tomaten abspülen, trocken tupfen, halbieren und die Stängelansätze herausschneiden. Tomatenhälften evtl. entkernen und in kleine Würfel schneiden. Frischkäse in eine Schüssel geben, mit Salz und Pfeffer würzen. Knoblauch abziehen und durch eine Knoblauchpresse drücken. Die Tomatenwürfel und den Knoblauch unter den Frischkäse heben.
6. Spaghetti-Frittata auf je einen großen Teller stürzen, in Portionsstücke teilen und mit dem Frischkäse-Dip anrichten.
7. Die Spaghetti-Frittata mit abgespülten und trocken getupften Basilikumblättchen garnieren.

Tipp: Ersetzen Sie die Erbsen durch 500 g enthäutete, entkernte Tomatenwürfel.

Nudelragout mit Brokkoli

Spirelli mit Putenschnitzelchen

Nudelragout mit Brokkoli

8 Portionen

Zubereitungszeit: 35 Minuten

5 l Wasser
5 gestr. TL Salz
500 g Nudeln, z. B. Farfalle
500 ml Wasser
20 g Butter
Salz
600 g TK-Brokkoli
250 ml Brokkoliflüssigkeit
300 g Crème fraîche
2 Eigelb
gem., bunter Pfeffer
ger. Muskatnuss

Pro Portion:
E: 12 g, F: 19 g, Kh: 45 g,
kJ: 1756, kcal: 419

1. Wasser in einem großen Topf zugedeckt zum Kochen bringen. Dann Salz und Nudeln hinzugeben. Die Nudeln im geöffneten Topf bei mittlerer Hitze nach Packungsanleitung kochen lassen, dabei gelegentlich umrühren.
2. Anschließend die Nudeln in ein Sieb geben, mit heißem Wasser abspülen und abtropfen lassen. Die Nudeln warm stellen.
3. In der Zwischenzeit Wasser mit Butter und Salz in einem Topf zum Kochen bringen. Die gefrorenen Brokkoliröschen hinzugeben, wieder zum Kochen bringen und etwa 8 Minuten garen. Brokkoliröschen in ein Sieb geben, dabei die Brokkoliflüssigkeit auffangen und 250 ml abmessen. Brokkoliröschen mit eiskaltem Wasser abschrecken und in einem Sieb abtropfen lassen.
4. Brokkoliröschen vorsichtig mit den Nudeln vermengen und warm stellen.
5. Die Brokkoliflüssigkeit mit Crème fraîche in einem Topf verrühren und erhitzen, Eigelb unterrühren (Sauce nicht mehr kochen lassen). Sauce mit Pfeffer und Muskat kräftig würzen, auf den Brokkolinudeln verteilen.

Spirelli mit Putenschnitzelchen

8 Portionen

Zubereitungszeit: 50 Minuten

800 g Putenschnitzel
Salz, gem. Pfeffer
4–6 TL Gyros-Gewürzmischung
6 geh. EL Weizenmehl
480 g abgetropfte Aprikosenhälften (aus der Dose)
je 3 1/2–4 l Wasser
je 3 1/2–4 gestr. TL Salz
700–800 g Nudeln, z. B. Spirelli
6 EL Speiseöl, z. B. Rapsöl
6 EL TK-Zwiebelwürfel
300 g Schlagsahne
500 ml heiße Gemüsebrühe
300 g TK-Erbsen

Pro Portion:
E: 41 g, F: 22 g, Kh: 88 g,
kJ: 3027, kcal: 724

1. Die Putenschnitzel kurz unter fließendem kalten Wasser abspülen, gut trocken tupfen und in 16 gleich große Stücke (je etwa 50 g) schneiden. Mit Salz, Pfeffer und Gyros-Gewürz würzen. Fleischstücke (Schnitzelchen) in Mehl wenden, überschüssiges Mehl abklopfen. Aprikosenhälften in Spalten schneiden.
2. Die Nudeln in 2 Portionen kochen. Dafür jeweils Wasser in einem großen Topf zugedeckt zum Kochen bringen. Dann Salz und Nudeln hinzugeben. Die Nudeln im geöffneten Topf bei mittlerer Hitze nach Packungsanleitung bissfest garen, dabei gelegentlich umrühren.
3. In der Zwischenzeit Speiseöl in einer großen Pfanne erhitzen. Die Schnitzelchen darin in 2 Portionen von beiden Seiten kross anbraten (etwa 2 Minuten je Seite). Zwiebelwürfel hinzugeben, glasig dunsten.
4. Die Schnitzelchen aus der Pfanne nehmen und kurz warm stellen. Den Bratensatz mit Sahne und Brühe ablöschen und kräftig aufkochen.
5. Die gefrorenen Erbsen in die Sauce geben, mit Salz und Pfeffer würzen. Die Sauce etwa 2 Minuten kochen lassen.
6. Aprikosenspalten in die Sauce geben, wieder zum Kochen bringen und nochmals etwa 1 Minute kochen lassen. Schnitzelchen in die Sauce legen und kurz erhitzen.
7. Die garen Nudeln in ein Sieb abgießen, mit heißem Wasser abspülen und abtropfen lassen. Die Nudeln mit der Sauce und den Schnitzelchen auf Tellern anrichten.

Nudeltopf mit Cabanossi

Nudeln in Sellerie-Zitronen-Rahm

Nudeltopf mit Cabanossi

8 Portionen

Zubereitungszeit: 20 Minuten

2 Zwiebeln
500 g Cabanossi (Knoblauchwurst)
8 EL Tomatenmark
2 l Gemüsebrühe
500 g Spiralnudeln (Spirelli)
6 EL Basilikum, in feinen Streifen (frisch oder TK)
Salz, gem. Pfeffer
evtl. einige Basilikumblättchen

Pro Portion:
E: 19 g, F: 29 g, Kh: 47 g,
kJ: 2182, kcal: 522

1. Die Zwiebeln abziehen und in kleine Würfel schneiden. Cabanossi in Scheiben schneiden und in einem Topf kurz von beiden Seiten anbraten, sodass etwas Fett austritt. Die Cabanossischeiben herausnehmen und kurz beiseitestellen.
2. Zwiebelwürfel in dem Bratfett (Cabanossifett) andünsten. Tomatenmark unterrühren und kurz mitdünsten lassen. Brühe hinzugießen und unter Rühren zum Kochen bringen. Nudeln hinzugeben, wieder zum Kochen bringen und etwa 10 Minuten bei mittlerer Hitze unter gelegentlichem Rühren gar kochen.
3. Die beiseitegestellten Cabanossischeiben in den Nudeltopf geben und nochmals kurz erhitzen. Basilikumstreifen unterrühren. Den Nudeltopf mit Salz und Pfeffer würzen. Nach Belieben mit abgespülten und trocken getupften Basilikumblättchen garnieren. Sofort servieren.

Tipps: Das Gericht darf nicht zu stark kochen, da die Nudeln in wenig Flüssigkeit gegart werden und leicht am Topfboden ansetzen. Der Nudeltopf sollte auch sofort serviert werden, da die Nudeln noch nachgaren.

Nudeln in Sellerie-Zitronen-Rahm

8 Portionen

Zubereitungszeit: 45 Minuten

je 3 1/2–4 l Wasser
je 3 1/2–4 gestr. TL Salz
700–800 g grüne Bandnudeln
2 Zwiebeln
8 Stängel frischer Salbei
6 EL Butter oder Speiseöl
1,4 kg junger Knollensellerie
Salz, gem. Pfeffer
8 EL Zitronensaft
200 ml heiße Gemüsebrühe
400 g Schlagsahne
1/2 gestr. TL Zucker
300 g Räucherlachs oder etwa 250 g Parmaschinken (in Scheiben)

Pro Portion:
E: 22 g, F: 32 g, Kh: 71 g,
kJ: 2781, kcal: 665

1. Die Nudeln in 2 Portionen kochen. Dafür jeweils Wasser in einem großen Topf zugedeckt zum Kochen bringen. Dann Salz und Nudeln hinzugeben. Die Nudeln im geöffneten Topf bei mittlerer Hitze nach Packungsanleitung bissfest garen, dabei gelegentlich umrühren.
2. In der Zwischenzeit Zwiebeln abziehen und in kleine Würfel schneiden. Salbei abspülen und trocken tupfen. Die Blättchen von den Stängeln zupfen. Butter oder Speiseöl in einer Pfanne zerlassen bzw. erhitzen. Die Salbeiblättchen darin knusprig braten (Vorsicht spritzt!). Salbeiblättchen herausnehmen und auf Küchenpapier abtropfen lassen.
3. Zwiebelwürfel in dem verbliebenen Bratfett glasig dünsten. Sellerie putzen, schälen, abspülen, abtropfen lassen und in Streifen schneiden. Selleriestreifen zu den Zwiebelwürfeln geben und mit andünsten. Mit Salz und Pfeffer würzen, mit Zitronensaft und Brühe ablöschen, zum Kochen bringen und etwa 5 Minuten dünsten.
4. Die garen Nudeln in ein Sieb abgießen, mit heißem Wasser abspülen und abtropfen lassen.
5. Die Sahne unter die gedünsteten Selleriestreifen rühren. Nochmals mit Salz, Pfeffer und Zucker würzen. Die Zutaten sämig einkochen. Mit Salz, Pfeffer und Zitronensaft abschmecken.
6. Die Nudeln mit dem Sellerie-Zitronen-Rahm, den Salbeiblättchen und Räucherlachs- oder Parmaschinkenscheiben anrichten.

Tipps: Mit 1 Bund geputztem, in kleine Stücke geschnittenem Staudensellerie wird der Sellerierahm etwas frischer. Würzen Sie statt mit Salbei mit nicht frittierter Zitronenmelisse.

Nudel-Schinken-Pfanne mit Pfifferlingen

8 Portionen

Zubereitungszeit: 40 Minuten

je 4 l Wasser
je 4 gestr. TL Salz
800 g Fadennudeln

1 kg Pfifferlinge
200 g Rucola (Rauke)
10 EL Olivenöl
gem. Pfeffer
300 g Kochschinken (in Scheiben)
ger. Muskatnuss

Pro Portion:
E: 24 g, F: 17 g, Kh: 71 g,
kJ: 2248, kcal: 537

1. Die Nudeln kochen. Dafür Wasser in einem großen Topf zugedeckt zum Kochen bringen. Dann Salz und Nudeln hinzugeben. Die Nudeln im geöffneten Topf bei mittlerer Hitze nach Packungsanleitung kochen lassen, dabei gelegentlich umrühren.
2. Anschließend die Nudeln in ein feines Sieb abgießen, mit heißem Wasser abspülen, abtropfen lassen.
3. Pfifferlinge putzen, evtl. kurz abspülen und trocken tupfen. Große Pilze nach Belieben halbieren.
4. Den Rucola putzen und die dicken Stiele abschneiden. Rucola abspülen, abtropfen lassen oder trocken schleudern und in grobe Streifen schneiden.
5. Jetzt 4 Esslöffel des Olivenöls in einem großen Wok erhitzen. Pfifferlinge darin unter Rühren rundherum anbraten.
6. Nudeln und restliches Olivenöl hinzugeben und erhitzen, mit Pfeffer würzen, etwa 5 Minuten unter gelegentlichem Rühren bei mittlerer Hitze braten.
7. Schinken in Streifen schneiden, zu der Pfifferling-Nudel-Masse geben und erhitzen. Rucolastreifen unterheben. Nudel-Schinken-Pfanne mit Pfeffer und Muskat abschmecken.

Orecchiette-Blumenkohl-Pfanne

8 Portionen

Zubereitungszeit: 45 Minuten

8 Eier (Größe M)
4 Frühlingszwiebeln
150 g roher Schinken (in Scheiben)
100 g Butter
8 EL Semmelbrösel
2 TL fein abgeriebene Schale von
1 Bio-Zitrone (unbehandelt, ungewachst)
1 kg vorbereitete Blumenkohlröschen (frisch oder TK)
4 EL Speiseöl, z. B. Rapsöl
250 ml Gemüsebrühe
400 g Schlagsahne
Salz, gem. Pfeffer
ger. Muskatnuss
je 2 1/2–3 l Wasser
je 2 1/2–3 gestr. TL Salz
500–600 g Orecchiette (Öhrchennudeln)
1 TL Weizenmehl

Pro Portion:
E: 25 g, F: 39 g, Kh: 64 g,
kJ: 2966, kcal: 710

1. Eier in kochendem Wasser wachsweich kochen. In der Zwischenzeit Frühlingszwiebeln putzen, abspülen, abtropfen lassen und in Scheiben schneiden. Schinken in Streifen schneiden. Butter in einer großen Pfanne zerlassen. Schinkenstreifen darin knusprig braten, herausnehmen und auf Küchenpapier abtropfen lassen. Semmelbrösel und Zitronenschale in dem verbliebenen Bratfett unter Rühren goldbraun rösten, herausnehmen und auf einem Teller abkühlen lassen. Die Eier abschrecken und warm stellen.
2. Blumenkohlröschen abspülen und trocken tupfen. Speiseöl zum Bratfett in die Pfanne geben. Blumenkohlröschen darin unter vorsichtigem Wenden leicht anbraten. Frühlingszwiebelscheiben hinzugeben und kurz mit anbraten. Mit Brühe und der Hälfte der Sahne ablöschen. Mit Salz, Pfeffer und Muskat würzen. Die Zutaten zum Kochen bringen und zugedeckt etwa 5 Minuten dünsten.
3. Die Nudeln in 2 Portionen kochen. Dafür jeweils Wasser in einem großen Topf zugedeckt zum Kochen bringen. Dann Salz und Nudeln hinzugeben. Die Nudeln im geöffneten Topf bei mittlerer Hitze nach Packungsanleitung bissfest garen, dabei gelegentlich umrühren.
4. Restliche Sahne mit Mehl anrühren, unter Rühren zu den Blumenkohlröschen geben und unter vorsichtigem Rühren kräftig aufkochen. Die garen Nudeln in ein Sieb geben, mit heißem Wasser abspülen und abtropfen lassen. Nudeln zu den Blumenkohlröschen in die Pfanne geben und gut vermischen. Nochmals mit den Gewürzen abschmecken. Eier pellen und halbieren. Orecchiette mit Blumenkohl, Eierhälften, Semmelbröseln und Schinkenstreifen auf Tellern anrichten.

Nudel-Schinken-Pfanne mit Pfifferlingen

Orecchiette-Blumenkohl-Pfanne

Linguine mit milder Erdnusssauce

8 Portionen

Zubereitungszeit: 45 Minuten

je 4 l Wasser
700 g Schweinefilet
2 EL Sojaöl
4 Knoblauchzehen
200 g ungesüßte Erdnusscreme (aus dem Glas)
500 ml Gemüsebrühe
Salz, gem. Pfeffer
je 4 gestr. TL Salz
800 g Linguine (dünne Bandnudeln)
2 Bund Frühlingszwiebeln

Pro Portion:
E: 38 g, F: 19 g, Kh: 79 g,
kJ: 2682, kcal: 643

1. Die Nudeln in 2 Portionen kochen. Dafür jeweils Wasser in einem großen Topf zugedeckt zum Kochen bringen. Schweinefilet mit Küchenpapier trocken tupfen und in etwa 1 cm große Würfel schneiden. Sojaöl in einer großen Pfanne erhitzen. Die Fleischwürfel darin in 2–3 Portionen von allen Seiten knusprig anbraten.
2. Den Knoblauch abziehen, in kleine Würfel schneiden, zu den Fleischwürfeln geben und mit anbraten. Erdnusscreme unterrühren, Brühe hinzugießen, mit Salz und Pfeffer würzen. Die Sauce zum Kochen bringen und etwas einkochen lassen.
3. Salz und Nudeln ins kochende Wasser geben. Die Nudeln im geöffneten Topf bei mittlerer Hitze nach Packungsanleitung bissfest garen, dabei gelegentlich umrühren.
4. Frühlingszwiebeln putzen, abspülen, abtropfen lassen, in feine Scheiben schneiden, in die Sauce geben und kurz mitkochen lassen. Sauce nochmals mit Salz abschmecken.
5. Die garen Nudeln in ein Sieb geben, mit heißem Wasser abspülen und abtropfen lassen. Linguine mit der Erdnusssauce in Schüsseln anrichten und sofort servieren.

Bandnudeln mit italienischem Bohnengemüse

8 Portionen

Zubereitungszeit: 55 Minuten

1 kg grüne Bohnen
Salz
je 4 l Wasser
je 4 gestr. TL Salz
800 g Bandnudeln
150 g getrocknete Tomaten
6 Knoblauchzehen
2 EL Olivenöl
200 ml Gemüsebrühe
gem., schwarzer Pfeffer
2 Bund Basilikum

Pro Portion:
E: 16 g, F: 6 g, Kh: 74 g,
kJ: 1753, kcal: 418

1. Von den Bohnen die Enden abschneiden, evtl. abfädeln. Bohnen abspülen, abtropfen lassen und in Stücke schneiden oder brechen. Die Bohnen in etwas kochendem Salzwasser zugedeckt 10–15 Minuten garen. Bohnen in ein Sieb geben und abtropfen lassen.
2. Die Nudeln in 2 Portionen kochen. Dafür jeweils Wasser in einem großen Topf zugedeckt zum Kochen bringen. Dann Salz und Nudeln hinzugeben. Die Nudeln im geöffneten Topf bei mittlerer Hitze nach Packungsanleitung kochen lassen, dabei gelegentlich umrühren.

Linguine mit milder Erdnusssauce

3. Anschließend die Nudeln in ein Sieb geben, mit heißem Wasser abspülen und abtropfen lassen.
4. Tomaten in Streifen schneiden. Knoblauch abziehen und in Scheiben schneiden. Olivenöl in einer großen Pfanne erhitzen. Tomatenstreifen und Knoblauchscheiben darin andünsten, Brühe hinzugießen. Nudeln und Bohnen hinzufügen, nochmals kurz erhitzen. Mit Salz und Pfeffer abschmecken.
5. Basilikum abspülen und trocken tupfen. Die Blättchen von den Stängeln zupfen. Blättchen in Streifen schneiden und unterheben. Die Nudeln mit dem Bohnengemüse auf Tellern anrichten und sofort servieren.

Lauchnudeln

8–10 Portionen

Zubereitungszeit: 40 Minuten
Garzeit: etwa 20 Minuten

1 kg Porree (Lauch)
Salz
4 l Wasser
4 gestr. TL Salz
400 g Fadennudeln
80 g Butter
60 g Weizenmehl
500 g Schlagsahne
250 ml Porreewasser
250 ml Milch
400 g ger. Gouda
gem. Pfeffer
ger. Muskatnuss

Bandnudeln mit italienischem Bohnengemüse

Lauchnudeln

Grüne Bandnudeln auf Tomaten-Paprika-Ragout

Pro Portion:
E: 21 g, F: 39 g, Kh: 41 g,
kJ: 2530, kcal: 605

1. Porree putzen, die Stangen längs halbieren, gründlich waschen, abtropfen lassen und in feine Streifen schneiden.
2. Salzwasser in einem Topf zum Kochen bringen. Die Porreestreifen darin etwa 2 Minuten blanchieren. Die Porreestreifen in ein Sieb geben, dabei das Porreewasser auffangen und 250 ml abmessen. Porreestreifen mit kaltem Wasser übergießen und abtropfen lassen.
3. Wasser in einem großen Topf zugedeckt zum Kochen bringen. Dann Salz und Fadennudeln hinzugeben. Die Fadennudeln im geöffneten Topf bei mittlerer Hitze nach Packungsanleitung kochen lassen, dabei gelegentlich umrühren.
4. Anschließend die Fadennudeln in ein feines Sieb abgießen, mit heißem Wasser abspülen und abtropfen lassen.
5. Den Backofen vorheizen.
Ober-/Unterhitze: etwa 240 °C
Heißluft: etwa 220 °C
6. Für die Sauce Butter in einem Topf zerlassen. Mehl darin unter Rühren so lange erhitzen, bis es hellgelb ist. Sahne, Porreewasser und Milch nach und nach hinzugießen, mit einem Schneebesen durchschlagen. Dabei darauf achten, dass keine Klümpchen entstehen. Die Sauce unter Rühren etwa 2 Minuten kochen lassen. Käse hinzugeben und unter Rühren schmelzen. Mit Salz, Pfeffer und Muskat würzen.
7. Die Fadennudeln mit den Porreestreifen mischen und in eine große Auflaufform (gefettet) geben. Die Käse-Sahne-Sauce darauf verteilen. Die Form auf dem Rost in den vorgeheizten Backofen schieben. Die Lauchnudeln etwa 20 Minuten garen.

Grüne Bandnudeln auf Tomaten-Paprika-Ragout

8–10 Portionen

Zubereitungszeit: 60 Minuten

4 rote Paprikaschoten
(etwa 600 g)
2 Bund Frühlingszwiebeln
je 5 l Wasser
je 5 gestr. TL Salz
1 kg schmale, grüne Bandnudeln
4 EL Speiseöl, z. B. Olivenöl
800 g geschälte Tomaten
(aus der Dose)
330 g Ajvar (Paprikamus)
Salz
gem. Pfeffer
etwas Zucker
süße Chilisauce

evtl. einige Basilikumblättchen

Pro Portion:
E: 13 g, F: 7 g, Kh: 64 g,
kJ: 1635, kcal: 390

1. Paprikaschoten halbieren, entstielen, entkernen und die weißen Scheidewände entfernen. Schoten abspülen, abtropfen lassen und in kleine Würfel schneiden.
2. Frühlingszwiebeln putzen, abspülen, abtropfen lassen, in kleine Stücke oder Scheiben schneiden (etwas Frühlingszwiebelgrün zum Garnieren beiseitelegen).
3. Die Nudeln in 2 Portionen kochen. Dafür jeweils Wasser in einem großen Topf zugedeckt zum Kochen bringen. Dann Salz und Nudeln hinzugeben. Die Nudeln im geöffneten Topf bei mittlerer Hitze nach Packungsanleitung kochen lassen, dabei gelegentlich umrühren.
4. In der Zwischenzeit das Speiseöl in einem großen Topf erhitzen. Zunächst Paprikawürfel darin andünsten, dann Frühlingszwiebelstücke oder -scheiben hinzufügen und mit andünsten. Tomaten in der Dose mit einer Gabel grob zerkleinern. Tomaten mit der Flüssigkeit und Ajvar zum angedünsteten Gemüse in den Topf geben und unterrühren. Ragout mit Salz, Pfeffer, Zucker und Chilisauce pikant würzen. Das Tomaten-Paprika-Ragout unter gelegentlichem Umrühren im geöffneten Topf etwa 10 Minuten garen.
5. Die Nudeln in ein Sieb abgießen, mit heißem Wasser abspülen und abtropfen lassen.
6. Beiseitegelegtes Frühlingszwiebelgrün abspülen, trocken tupfen, in dünne Scheiben schneiden.
7. Grüne Bandnudeln auf dem Tomaten-Paprika-Ragout anrichten. Mit den Frühlingszwiebelscheiben bestreuen und evtl. mit abgespülten und trocken getupften Basilikumblättchen garnieren.

Bandnudeln mit Blauschimmelkäse

Nudelauflauf mit Shrimps und Schinken

Bandnudeln mit Blauschimmelkäse

8 Portionen

Zubereitungszeit: 45 Minuten

je 4 l Wasser
je 4 gestr. TL Salz
je 400 g gelbe und grüne Bandnudeln
400 ml Gemüsebrühe
400 g Blauschimmelkäse
200 g Schlagsahne
2 EL Weizenmehl
8 EL trockener Weißwein
Salz
gem., weißer Pfeffer
2 Prisen Zucker
8 EL gehackte Walnusskerne

Pro Portion:
E: 27 g, F: 27 g, Kh: 72 g,
kJ: 2872, kcal: 686

1. Die Nudeln getrennt in 2 Portionen kochen. Dafür jeweils Wasser in einem großen Topf zugedeckt zum Kochen bringen. Dann Salz und Nudeln hinzugeben. Die Nudeln im geöffneten Topf bei mittlerer Hitze nach Packungsanleitung kochen lassen, dabei gelegentlich umrühren.
2. Anschließend die Nudeln in ein Sieb geben, mit heißem Wasser abspülen und abtropfen lassen.
3. Brühe in einem Topf erhitzen. Käse in kleine Würfel schneiden (einige Würfel zum Garnieren beiseitelegen), in die heiße Brühe geben und unter ständigem Rühren schmelzen lassen. Sahne unterrühren.
4. Mehl mit Wein anrühren und in die Brühe-Sahne-Flüssigkeit rühren. Die Sauce unter Rühren aufkochen lassen und bei schwacher Hitze etwa 5 Minuten kochen lassen.
5. Die Sauce mit Salz, Pfeffer und Zucker abschmecken und mit den Nudeln anrichten. Nudeln mit Walnusskernen und den beiseitegelegten Käsewürfeln bestreuen.

Nudelauflauf mit Shrimps und Schinken

8 Portionen

Zubereitungszeit: 50 Minuten
Backzeit: etwa 50 Minuten

je 3 1/2 l Wasser
je 3 1/2 gestr. TL Salz
750 g grüne Bandnudeln
300 g Kochschinken
4 Tomaten, 2 Zwiebeln
200 g Garnelen
400 g Schlagsahne
150 g Crème fraîche
6 Eier (Größe M)
250 ml Milch
Salz, gem. Pfeffer
ger. Muskatnuss
80 g ger. Parmesan

Pro Portion:
E: 32 g, F: 31 g, Kh: 62 g,
kJ: 2773, kcal: 663

1. Die Nudeln in 2 Portionen kochen. Dafür jeweils Wasser in einem großen Topf zugedeckt zum Kochen bringen. Dann Salz und Nudeln hinzugeben. Die Nudeln im geöffneten Topf bei mittlerer Hitze nach Packungsanleitung kochen lassen, dabei gelegentlich umrühren.
2. Anschließend die Nudeln in ein Sieb geben, mit heißem Wasser abspülen und abtropfen lassen.
3. Den Backofen vorheizen.
Ober-/Unterhitze: etwa 180 °C
Heißluft: etwa 160 °C
4. Schinken in Würfel schneiden. Tomaten abspülen, abtrocknen, halbieren und die Stängelansätze herausschneiden. Tomatenhälften in Würfel schneiden.
5. Zwiebeln abziehen und in kleine Würfel schneiden.
6. Garnelen kurz unter fließendem kalten Wasser abspülen und trocken tupfen. Nudeln, Garnelen, Schinken-, Tomaten- und Zwiebelwürfel mischen, in eine große, flache Auflaufform (gefettet) oder in eine Fettpfanne (gefettet) geben.
7. Sahne mit Crème fraîche, Eiern und Milch verschlagen und mit Salz, Pfeffer und Muskat würzen. Sauce auf der Nudel-Tomaten-Garnelen-Masse verteilen. Die Form auf dem Rost oder die Fettpfanne in den vorgeheizten Backofen schieben und den Nudelauflauf etwa 50 Minuten garen.
8. Den Auflauf nach etwa 45 Minuten Garzeit mit Parmesan bestreuen und überbacken.

Bandnudeln mit Enten-Sugo

8 Portionen (ohne Foto)

Zubereitungszeit: 50 Minuten

1,2 kg Entenbrust (mit Haut)
400 g Möhren
360 g Knollensellerie
300 ml trockener Wermut,
z. B. Noilly Prat
600 g Schlagsahne
2 Stangen Porree (Lauch)
Salz, gem. Pfeffer
je 5 l Wasser
je 5 gestr. TL Salz
1 kg Bandnudeln

Pro Portion:
E: 46 g, F: 53 g, Kh: 95 g,
kJ: 4516, kcal: 1078

1. Die Entenbrust kurz unter fließendem kalten Wasser abspülen und trocken tupfen. Die Haut von der Entenbrust abtrennen, einen Teil (etwa die Hälfte) in sehr kleine Würfel schneiden und in einer großen Pfanne ohne Fett braun rösten. Das Brustfleisch ebenfalls in kleine Würfel schneiden, in 2 Portionen hinzufügen und mit anbraten.
2. Möhren und Sellerie putzen, schälen, abspülen, abtropfen lassen und in sehr kleine Würfel schneiden. Die Möhren- und Selleriewürfel zu den Fleischwürfeln in die Pfanne geben und unter Rühren kurz anbraten, Wermut und Sahne hinzugießen. Die Zutaten zum Kochen bringen und etwa 10 Minuten bei schwacher Hitze kochen lassen.
3. In der Zwischenzeit den Porree putzen, die Stangen längs halbieren, gründlich waschen, abtropfen lassen und in feine Streifen schneiden. Porreestreifen gegen Ende der Garzeit zu den Fleisch- und Gemüsewürfeln geben. Die Sauce mit Salz und Pfeffer abschmecken und warm stellen.
4. Die Nudeln in 2 Portionen kochen. Dafür jeweils Wasser in einem großen Topf zugedeckt zum Kochen bringen. Dann Salz und Nudeln hinzugeben. Die Nudeln im geöffneten Topf bei mittlerer Hitze nach Packungsanleitung kochen lassen, dabei gelegentlich umrühren.
5. Anschließend die Nudeln in ein Sieb geben, mit heißem Wasser abspülen und abtropfen lassen.
6. Enten-Sugo in einer großen Schüssel anrichten und mit den Bandnudeln servieren.

Bandnudeln mit Ente

12 Portionen

Zubereitungszeit: 60 Minuten

4 Entenbrustfilets (etwa 1 1/2 kg)
6 EL Olivenöl
Salz, gem. Pfeffer
4 Zwiebeln
4 Knoblauchzehen
4–6 Stangen Staudensellerie
2 Möhren
etwa 400 ml guter Rotwein
8–10 Tomaten
je 5 l Wasser
je 5 gestr. TL Salz
1 kg Bandnudeln, z. B. Tagliatelle

Pro Portion:
E: 30 g, F: 18 g, Kh: 63 g,
kJ: 2352, kcal: 561

1. Entenbrustfilets kurz unter fließendem kalten Wasser abspülen, trocken tupfen und die Haut entfernen. Das Fleisch in grobe Würfel schneiden.
2. Olivenöl in einer großen Pfanne erhitzen. Die Fleischwürfel darin in 2 Portionen von allen Seiten 8–10 Minuten anbraten. Mit Salz und Pfeffer würzen.
3. Zwiebeln und Knoblauch abziehen, in kleine Würfel schneiden. Sellerie und Möhren putzen. Von den Selleriestangen die harten Außenfäden abziehen. Möhren schälen. Selleriestangen und Möhren abspülen, abtropfen lassen und in kleine Stücke schneiden.
4. Die vorbereiteten Gemüsezutaten zu den Fleischwürfeln in die Pfanne geben und unter Wenden mit andünsten. Rotwein hinzugießen, zum Kochen bringen und etwa 5 Minuten kochen lassen.
5. Tomaten kreuzweise einschneiden und mit kochendem Wasser übergießen. Nach 1–2 Minuten herausnehmen und mit kaltem Wasser abschrecken. Tomaten enthäuten, halbieren und die Stängelansätze herausschneiden. Tomaten in kleine Würfel schneiden.
6. Tomatenwürfel zur Fleisch-Gemüse-Masse geben und kurz aufkochen lassen. Mit Salz und Pfeffer würzen. Fleisch-Gemüse-Sauce warm stellen.
7. Die Nudeln in 2 Portionen kochen. Dafür jeweils Wasser in einem großen Topf zugedeckt zum Kochen bringen. Dann Salz und Nudeln hinzugeben. Die Nudeln im geöffneten Topf bei mittlerer Hitze nach Packungsanleitung kochen lassen, dabei gelegentlich umrühren.
8. Anschließend die Nudeln in ein Sieb geben, mit heißem Wasser abspülen und abtropfen lassen.
9. Die Bandnudeln auf Tellern anrichten. Die Fleisch-Gemüse-Sauce darauf verteilen. Oder die Bandnudeln mit der Sauce vermengen, evtl. nochmals kurz erhitzen und sofort servieren.

Bandnudeln mit Ente

Penne mit Curry und Huhn

8–10 Portionen

Zubereitungszeit: 60 Minuten
Garzeit: etwa 20 Minuten je Blech

je 5 l Wasser
je 5 gestr. TL Salz
1 kg Penne (Röhrennudeln)
Currypulver
500 g Cocktailtomaten
1,2 kg Brokkoli
Salz
900 g Hähnchenbrustfilet
250 g Zwiebeln
4 Knoblauchzehen
150 g abgezogene, ganze Mandeln
6 EL Rapsöl
80 g zerlassene Butter

Pro Portion:
E: 44 g, F: 20 g, Kh: 85 g,
kJ: 2955, kcal: 706

1. Die Nudeln in 2 Portionen kochen. Dafür jeweils Wasser in einem großen Topf zugedeckt zum Kochen bringen. Dann Salz und Nudeln hinzugeben. Die Nudeln im geöffneten Topf bei mittlerer Hitze nach Packungsanleitung kochen lassen, dabei gelegentlich umrühren.
2. Anschließend die Nudeln in ein Sieb geben, mit heißem Wasser abspülen und abtropfen lassen.
3. Jeweils die Hälfte der Nudeln auf zwei Backbleche (30 x 40 cm, gefettet) geben und mit je 2 Esslöffeln Curry bestreuen (Curry evtl. in ein feines Sieb geben und mithilfe eines Teelöffels gleichmäßig auf den Nudeln verteilen).
4. Tomaten abspülen, trocken tupfen, evtl. halbieren und die Stängelansätze herausschneiden. Tomaten auf den Nudeln verteilen.
5. Von dem Brokkoli die Blätter entfernen. Brokkoli abspülen, abtropfen lassen und in Röschen teilen. Die dickeren Stiele evtl. schälen und in Würfel schneiden. Salzwasser in einem Topf zum Kochen bringen. Brokkoliwürfel hinzugeben und etwa 3 Minuten kochen lassen, dann Brokkoliröschen hinzugeben und weitere etwa 5 Minuten garen. Den Brokkoli herausnehmen, mit eiskaltem Wasser abschrecken und in einem Sieb abtropfen lassen.
6. Den Backofen vorheizen.
Ober-/Unterhitze: etwa 180 °C
Heißluft: etwa 160 °C
7. Das Hähnchenbrustfilet kurz unter fließendem kalten Wasser abspülen, trocken tupfen und in etwa 2 cm große Würfel schneiden. Zwiebeln und Knoblauch abziehen und in kleine Würfel schneiden.
8. Mandeln in einer Pfanne ohne Fett unter mehrmaligem Wenden hellbraun rösten und herausnehmen.
9. Rapsöl in der Pfanne erhitzen. Die Fleischwürfel darin von allen Seiten anbraten. Zwiebel- und Knoblauchwürfel hinzugeben und kurz mit anbraten. Mit Salz und Curry würzen.
10. Fleischwürfel, Mandeln, Brokkoliröschen und -würfel mit den Nudeln und Tomaten vermengen. Mit Butter beträufeln. Die Backbleche nacheinander (bei Heißluft zusammen) in den vorgeheizten Backofen schieben. Penne mit Curry und Huhn etwa 20 Minuten je Backblech garen.

Penne mit Curry und Huhn

Pistazien-Tortellini mit Tomatensauce

8 Portionen

Zubereitungszeit: 90 Minuten, ohne Ruhezeit

Für den Nudelteig:
800 g Weizenmehl
8 Eier (Größe M)
2 gestr. TL Salz
6 EL Speiseöl

Für die Füllung:
60 g Pistazienkerne
200 g Mortadella
200 g Kochschinken
2 Eier (Größe M)
4 EL Speisequark
(40 % Fett)
Salz, gem. Pfeffer
ger. Muskatnuss

2 große Fleischtomaten
etwa 6 l Hühnerbrühe
2 Knoblauchzehen
60 g Butter
250 g Schlagsahne
4 Stängel Basilikum
100 gehobelter Parmesan

Pro Portion:
E: 60 g, F: 71 g, Kh: 83 g,
kJ: 5401, kcal: 1293

1. Für den Nudelteig Mehl in eine große Rührschüssel geben und in die Mitte eine Vertiefung drücken. Eier, Salz und Speiseöl verschlagen, in die Vertiefung geben. Mit einer Gabel nach und nach etwas von dem Mehl einrühren.

2. Anschließend mit einem Mixer (Knethaken) zu einem glatten Teig verkneten. Sollte der Teig kleben, noch etwas Mehl hinzufügen. Den Teig in Frischhaltefolie wickeln und etwa 1 Stunde ruhen lassen.
3. In der Zwischenzeit für die Füllung Pistazienkerne, Mortadella und den Schinken sehr klein schneiden oder mit einem Pürierstab pürieren und in eine Schüssel geben. Eier und Quark unterrühren, mit Salz, Pfeffer und Muskat würzen, kalt stellen.
4. Für die Sauce Tomaten kreuzweise einschneiden und mit kochendem Wasser übergießen. Nach 1–2 Minuten herausnehmen und mit kaltem Wasser abschrecken. Tomatenhälften in Würfel schneiden, beiseitestellen.
5. Den Teig auf der bemehlten Arbeitsfläche dünn ausrollen.
6. Aus dem ausgerollten Nudelteig kleine runde Platten (Ø etwa 4 cm) ausstechen. In die Mitte der einzelnen Teigplatten jeweils 1 Teelöffel von der Füllung geben. Die Teigränder mit Wasser bestreichen. Die Platten so übereinanderklappen, dass Monde entstehen. Die Teigränder gut zusammendrücken. Tortellini auf einem bemehlten Geschirrtuch ruhen lassen.
7. Brühe in einem großen Topf zum Kochen bringen, die Tortellini darin portionsweise bei schwacher Hitze 8–10 Minuten garen, mit einer Schaumkelle herausnehmen und abtropfen lassen. Die Tortellini warm stellen.
8. Knoblauch abziehen und sehr klein würfeln. Die Butter in einem Topf zerlassen. Beiseitegestellte Tomaten- sowie Knoblauchwürfel darin etwa 1 Minute unter Rühren andünsten, mit Salz und Pfeffer abschmecken, Sahne unterrühren. Tomatensauce auf den Tortellini verteilen und auf Tellern anrichten.
9. Basilikum abspülen und trocken tupfen. Die Blättchen von den Stängeln zupfen. Pistazien-Tortellini mit Basilikumblättchen garnieren und mit Parmesan bestreuen.

Pistazien-Tortellini mit Tomatensauce

Bandnudeln mit Artischockensauce

Bandnudeln mit Artischockensauce

8 Portionen

Zubereitungszeit: 60 Minuten

10 kleine Artischocken
oder 960 g abgetropfte Artischocken (aus der Dose)
Saft von 2 Limetten
400 ml Hühnerbrühe
400 ml Weißwein
je 5 l Wasser
je 5 gestr. TL Salz
1 kg dünne Bandnudeln, z. B. Linguine
2 Schalotten
4 Knoblauchzehen
2 TL gerebelter Thymian
Salz, gem. Pfeffer
4 EL Semmelbrösel
2 EL gem. Mandeln
etwas glatte Petersilie

Pro Portion:
E: 21 g, F: 6 g, Kh: 96 g,
kJ: 2369, kcal: 565

1. Von den oberen Spitzen der Artischocken etwa 5 cm abschneiden und die äußeren, grünen Blätter abzupfen oder abschneiden, bis nur noch zartgelbe Blätter zu sehen sind. Mit einem Löffel das innere Heu herausschneiden oder -schaben, dabei die Artischockenschnittflächen mit ein wenig Limettensaft beträufeln, damit sie sich nicht verfärben.
2. Die Stiele abschneiden, Artischockenböden und Stiele schälen. Stiele in kleine Stücke schneiden und die Artischocken vierteln. Artischocken aus der Dose vierteln. Die Artischockenstücke mit dem restlichen Limettensaft, Brühe und Wein in einem großen Topf zum Kochen bringen und etwa 25 Minuten kochen lassen.
3. In der Zwischenzeit die Nudeln in 2 Portionen kochen. Dafür jeweils Wasser in einem großen Topf zugedeckt zum Kochen bringen. Salz und Nudeln hinzugeben. Die Nudeln im geöffneten Topf bei mittlerer Hitze nach Packungsanleitung kochen lassen, dabei gelegentlich umrühren.
4. Anschließend die Nudeln in ein Sieb geben, mit heißem Wasser abspülen und abtropfen lassen.
5. Schalotten und Knoblauch abziehen, in kleine Würfel schneiden und gegen Ende der Garzeit in die Wein-Artischocken-Brühe geben.
6. Die Artischockenviertel aus der Brühe nehmen und die Stiele in der Brühe mit einem Pürierstab fein pürieren (bei Artischocken aus der Dose etwa ein Drittel pürieren).
7. Die Sauce mit Thymian, Salz und Pfeffer würzen. Semmelbrösel und Mandeln unterrühren. Artischockenviertel wieder in die Sauce geben.
8. Petersilie abspülen und trocken tupfen. Die Blättchen von den Stängeln zupfen und grob zerschneiden.
9. Die Bandnudeln mit der Sauce vermischen und auf Tellern anrichten. Mit Petersilie bestreut servieren.

Pizza-Nudel-Pfanne

Ravioli mit Frischkäse-Spinat-Füllung

Pizza-Nudel-Pfanne

8 Portionen

Zubereitungszeit: 45 Minuten

4–6 frische Bratwürste (etwa 600 g)
2 EL Olivenöl, 4 EL Butter
4–6 TL Pizzagewürz
4 EL TK-Zwiebelwürfel
2 Knoblauchzehen
2 TL brauner Zucker
2 Lorbeerblätter
800 g stückige Tomaten
(aus der Dose)
Salz, gem. Pfeffer
je 3 1/2–4 l Wasser
je 3 1/2–4 gestr. TL Salz
700–800 g Nudeln,
z. B. Mini-Conchiglie
400 g Mozzarella
1 Bund Basilikum

Pro Portion:
E: 31 g, F: 42 g, Kh: 73 g,
kJ: 3319, kcal: 793

1. Wurstbrät aus der Pelle drücken und in kleine Klößchen formen. Olivenöl in einem großen Topf oder in einer großen Pfanne erhitzen. 2 Esslöffel der Butter hinzugeben und zerlassen. Die Klößchen darin von allen Seiten braun anbraten. Mit Pizzagewürz bestreuen und kurz mit anrösten. Klößchen herausnehmen und warm stellen.
2. Restliche Butter in dem verbliebenen Bratfett in dem Topf oder der Pfanne zerlassen. Zwiebelwürfel darin glasig dünsten. Knoblauch durch eine Knoblauchpresse drücken und kurz mitdünsten lassen. Mit Zucker bestreuen und Lorbeerblätter hinzufügen. Alles etwa 1 Minute karamellisieren lassen. Stückige Tomaten mit dem Saft hinzugeben, mit Salz und Pfeffer würzen, zum Kochen bringen und etwa 10 Minuten bei schwacher Hitze kochen lassen.
3. In der Zwischenzeit die Nudeln in 2 Portionen kochen. Dafür jeweils Wasser in einem großen Topf zugedeckt zum Kochen bringen. Dann Salz und Nudeln hinzugeben. Die Nudeln im geöffneten Topf bei mittlerer Hitze nach Packungsanleitung bissfest garen, dabei gelegentlich umrühren.
4. Mozzarella abtropfen lassen und in feine Würfel schneiden. Basilikum abspülen und trocken tupfen. Die Blättchen von den Stängeln zupfen.
5. Die garen Nudeln in ein Sieb abgießen, mit heißem Wasser abspülen und abtropfen lassen. Die Nudeln mit der Tomatensauce mischen. Die Bratklößchen unterheben. Die Nudeln mit den Mozzarellawürfeln und Basilikumblättchen anrichten.

Ravioli mit Frischkäse-Spinat-Füllung

8 Portionen

Zubereitungszeit: 80 Minuten, ohne Ruhe- und Abkühlzeit
Garzeit: 6–8 Minuten

Für den Nudelteig:
500 g Weizenmehl
2 Eier (Größe M)
4 Eigelb (Größe M)
4 EL Speiseöl
1 gestr. TL Salz
6–8 EL Wasser

Für die Füllung:
1 kg frischer Blattspinat
80 g Butter
Salz, gem. Pfeffer
ger. Muskatnuss
400 g Doppelrahm-Frischkäse
100 g geröstete Sesamsamen
Cayennepfeffer

Pro Portion:
E: 20 g, F: 35 g, Kh: 49 g,
kJ: 2496, kcal: 597

1. Für den Nudelteig das Mehl in eine Rührschüssel geben, in die Mitte eine Vertiefung drücken. Eier mit Eigelb, Speiseöl, Salz und Wasser verschlagen, in die Vertiefung geben und mit einem Mixer (Knethaken) zu einem glatten Teig verkneten. Sollte der Teig kleben, noch etwas Weizenmehl hinzugeben. Teig mit etwas Mehl bestäuben, in Frischhaltefolie wickeln und etwa 1 Stunde ruhen lassen.
2. Für die Füllung den Spinat verlesen, gründlich waschen und gut abtropfen lassen. Butter in einem großen Topf zerlassen, Spinat hinzufügen. Mit Salz, Pfeffer und Muskat würzen. Spinat so lange dünsten, bis er zusammenfällt. Anschließend den Spinat in einem Sieb abtropfen lassen.
3. Den Spinat mit Frischkäse und Sesam vermengen. Mit Salz und Cayennepfeffer abschmecken, abkühlen lassen.
4. Den Nudelteig zu Bahnen ausrollen (etwa 15 cm Breite) und in jeweils einer Handbreit Abstand 1 Esslöffel der Spinatfüllung geben. Eine Längskante des Teiges mit Wasser bestreichen, die andere Seite darüberschlagen. Nun die äußeren Ränder mit der Hand fest andrücken, mit einem gezackten Förmchen oder Teigrädchen Rechtecke ausschneiden und mit einer Gabel einmal einstechen. Die Ravioli portionsweise in kochendes Salzwasser geben, leise kochend in 6–8 Minuten gar ziehen lassen.
5. Ravioli mit einer Schaumkelle herausnehmen, abtropfen lassen und bis zum Servieren warm stellen.

Tipp: Ravioli mit 100 g zerlassener Butter und 100 g geriebenem Parmesan oder Pecorino servieren.

Ravioli mit Salbeibutter

8 Portionen

Zubereitungszeit: 20 Minuten

je 4 l Wasser
2 Bund frischer Salbei
250 g Butter
je 4 gestr. TL Salz
1 kg frische Ravioli,
z. B. mit Käse- oder Spinatfüllung (aus dem Kühlregal)
60–100 g frisch gehobelter Parmesan
evtl. grob zerstoßene, rosa Pfefferbeeren

Pro Portion:
E: 15 g, F: 40 g, Kh: 37 g,
kJ: 2377, kcal: 568

1. Die Ravioli in 2 Portionen erhitzen. Dafür jeweils Wasser in einem großen Topf zugedeckt zum Kochen bringen.
2. In der Zwischenzeit den Salbei abspülen und gut trocken tupfen. Die Blättchen von den Stängeln zupfen. Butter in einer Pfanne zerlassen und leicht bräunen. Salbeiblättchen in der Butter kurz knusprig rösten, herausnehmen und auf Küchenpapier abtropfen lassen. Die Pfanne mit der Salbeibutter beiseitestellen.
3. Salz und Ravioli in das kochende Wasser geben. Die Ravioli nach Packungsanleitung erhitzen. Ravioli in einem Sieb gut abtropfen lassen, in die beiseitegestellte Pfanne geben und in der Salbeibutter kurz durchschwenken.
4. Die Ravioli auf Tellern anrichten. Mit den gerösteten Salbeiblättchen, Parmesan und evtl. Pfefferbeeren bestreut servieren.

Penne mit Entenbrust

8 Portionen

Zubereitungszeit: 50 Minuten

4 kleine Entenbrustfilets (etwa 1 kg)
Salz
400 g Zuckerschoten
2 Bund Frühlingszwiebeln
2 Mangos (je etwa 400 g)
je 3–3 1/2 l Wasser
je 3–3 1/2 gestr. TL Salz
600–700 g Penne (Röhrennudeln)
gem. Pfeffer
2 geh. TL Weizenmehl
4–6 TL mildes Currypulver
800 ml ungesüßte Kokosmilch
grob geschroteter Chili

Pro Portion:
E: 37 g, F: 29 g, Kh: 79 g,
kJ: 3052, kcal: 733

1. Entenbrustfilets kurz unter fließendem kalten Wasser abspülen und trocken tupfen. Von den Filets die Hautschichten ablösen. Die Entenhaut in etwa 1 cm breite Streifen schneiden und in einer Pfanne ohne Fett bei mittlerer Hitze knusprig ausbraten, leicht mit Salz würzen.
2. In der Zwischenzeit Zuckerschoten putzen, abspülen, abtropfen lassen und schräg in Stücke schneiden. Die Frühlingszwiebeln putzen, abspülen, abtropfen lassen, in etwa 3 cm breite Stücke schneiden. Von den Mangos jeweils das Fruchtfleisch vom Stein schneiden und schälen. Fruchtfleisch in Stücke schneiden.
3. Die Nudeln in 2 Portionen kochen. Dafür jeweils Wasser in einem großen Topf zugedeckt zum Kochen bringen. Dann Salz und Nudeln hinzugeben. Die Nudeln im geöffneten Topf bei mittlerer Hitze nach Packungsanleitung bissfest garen, dabei gelegentlich umrühren.
4. In der Zwischenzeit die Entenbrustfilets in etwa 1 cm breite Scheiben schneiden. Die gebratene Entenhaut aus der Pfanne nehmen und auf Küchenpapier abtropfen lassen. Die Entenscheiben in dem verbliebenen Bratfett von beiden Seiten kurz und kräftig anbraten. Mit Salz und Pfeffer würzen. Die Filetscheiben aus der Pfanne nehmen, auf einen vorgewärmten Teller legen und mit Alufolie zugedeckt warm stellen.
5. Den größten Teil des Bratfetts aus der Pfanne gießen. Frühlingszwiebelstücke in dem restlichen Bratfett unter Rühren andünsten. Mit Mehl und Curry bestauben, kurz mitdünsten. Mit Kokosmilch ablöschen und zum Kochen bringen. Die Sauce kräftig mit Salz, Pfeffer und Chili würzen. Zuckerschotenstücke hinzugeben und etwa 2 Minuten bei schwacher Hitze mitkochen lassen.
6. Dann Mangostücke und Fleischscheiben mit dem ausgetretenen Fleischsaft hinzugeben, wieder zum Kochen bringen und weitere etwa 2 Minuten bei schwacher Hitze kochen lassen.
7. In der Zwischenzeit die garen Nudeln in ein Sieb geben, mit heißem Wasser abspülen und abtropfen lassen. Nudeln mit der Entenbrust, der Currysauce und der knusprigen Entenhaut auf Tellern anrichten.

Ravioli mit Salbeibutter

Penne mit Entenbrust

Scharfe Lasagne

Scharfe Lasagne

12 Portionen

Zubereitungszeit: 80 Minuten, ohne Ruhezeit
Garzeit: 50 Minuten je Form

250 g Zwiebeln
8 Knoblauchzehen
6 EL Rapsöl
960 g geschälte Tomaten (aus der Dose)
2–6 rote Chilischoten
2 gestr. TL Salz
gem. Pfeffer
2 EL Zucker
2 TL gerebelter Oregano
1 TL gerebelter Thymian
800 g Tomaten
400 g Zucchini
400 g Knollensellerie
1 kg Lasagneplatten (ohne Vorkochen)
800 g Chili-Bohnen (aus der Dose)
400 g rote Paprikaschoten, enthäutet (aus der Dose)
380 g Pesto alla Calabrese (aus der Dose)
600 g Mozzarella
180 g geraspelter Pecorino
1 TL Pul Biber (geschrotete Pfefferschoten)

Pro Portion:
E: 33 g, F: 35 g, Kh: 75 g,
kJ: 3161, kcal: 754

1. Zwiebeln und Knoblauch abziehen, in kleine Würfel schneiden. Rapsöl in einem Topf erhitzen. Zwiebel- und Knoblauchwürfel darin glasig dünsten. Tomaten etwas zerkleinern und mit dem Saft hinzugeben. Die Zutaten aufkochen lassen. Den Topf von der Kochstelle nehmen.
2. Den Backofen vorheizen.
Ober-/Unterhitze: etwa 200 °C
Heißluft: etwa 180 °C
3. Chilischoten halbieren, entstielen, entkernen und die weißen Scheidewände entfernen. Schotenhälften abspülen und trocken tupfen. Tomatensauce mit Chili, Salz, Pfeffer, Zucker, Oregano und Thymian würzen.
4. Tomaten abspülen, trocken tupfen, halbieren und die Stängelansätze herausschneiden. Tomatenhälften in Scheiben schneiden. Zucchini abspülen, abtrocknen und die Enden abschneiden. Die Zucchini der Länge nach in Scheiben schneiden. Sellerie putzen, schälen, abspülen, abtropfen lassen und klein würfeln.
5. Tomatenscheiben auf dem Boden von zwei flachen, großen Auflaufformen (gefettet) verteilen. Die Hälfte der Tomatensauce daraufgeben und mit Lasagneplatten belegen. Dann Zucchinischeiben und Selleriewürfel darauf verteilen. Wieder mit Lasagneplatten belegen. Die Bohnen mit dem Saft daraufgeben und mit Lasagneplatten belegen. Paprikaschoten mit dem Saft darauf verteilen und mit Pesto bestreichen. Mit den restlichen Lasagneplatten belegen. Restliche Sauce daraufgeben. Mozzarella abtropfen lassen, in Scheiben schneiden und darauf verteilen. Mit Käse und Pul Biber bestreuen.
6. Die Formen nacheinander (bei Heißluft zusammen) auf dem Rost in den vorgeheizten Backofen schieben. Die Lasagne etwa 50 Minuten je Form garen. Evtl. die Lasagne nach etwa 35 Minuten mit Alufolie zudecken, damit die Oberfläche nicht austrocknet.
7. Die Form aus dem Backofen nehmen. Die Lasagne etwa 10 Minuten ruhen lassen und servieren.

Spaghetti mit bunter Olivensauce

8 Portionen (ohne Foto)

Zubereitungszeit: 60 Minuten

je 5 l Wasser
100 g Pinienkerne
4 Zwiebeln, 4 Knoblauchzehen
4–6 Frühlingszwiebeln
200 g abgetropfte, entsteinte, schwarze Oliven
je 5 gestr. TL Salz
1 kg Spaghetti
6 EL Olivenöl
350 g TK-Suppengrün
2–4 EL Tomatenmark
Paprikapulver edelsüß
1,6 kg Pizza-Tomaten (aus der Dose)
Salz, 2 Prisen Zucker
Cayennepfeffer
evtl. etwas gehobelter Parmesan

Pro Portion:
E: 23 g, F: 20 g, Kh: 102 g,
kJ: 2897, kcal: 691

1. Die Nudeln in 2 Portionen kochen. Dafür jeweils Wasser in einem großen Topf zugedeckt zum Kochen bringen. In der Zwischenzeit Pinienkerne in einer Pfanne ohne Fett unter Rühren hellbraun rösten, herausnehmen und auf einem Teller abkühlen lassen. Zwiebeln und Knoblauch abziehen. Zwiebeln klein würfeln. Frühlingszwiebeln putzen, abspülen, abtropfen lassen und in kleine Stücke schneiden. Oliven evtl. halbieren.
2. Salz und Nudeln ins kochende Wasser geben. Die Nudeln im geöffneten Topf bei mittlerer Hitze nach Packungsanleitung bissfest garen, dabei gelegentlich umrühren.
3. Olivenöl in einem großen Topf erhitzen. Zwiebelwürfel darin andünsten, Knoblauch durch eine Knoblauchpresse drücken und hinzugeben. Gefrorenes Suppengrün und Tomatenmark hinzufügen, unter Rühren mitdünsten lassen. Mit Paprika würzen.

4. Tomaten mit dem Saft zum Suppengrün in den Topf geben und gut verrühren. Die Sauce unter Rühren aufkochen und ohne Deckel etwa 10 Minuten bei schwacher Hitze sämig einkochen lassen, dabei gelegentlich umrühren.
5. Die garen Nudeln in ein Sieb abgießen, mit heißem Wasser abspülen und abtropfen lassen. Oliven in die Sauce geben und kurz erhitzen. Die Sauce mit Salz, Zucker und Cayennepfeffer abschmecken.
6. Die Nudeln mit der Olivensauce in einer vorgewärmten, großen Schüssel mischen, in Tellern anrichten und mit Pinienkernen bestreuen. Evtl. mit Parmesan bestreut servieren.

Spaghetti mit Fisch-Tomaten-Sauce

8 Portionen (ohne Foto)

Zubereitungszeit: 45 Minuten

je 4 l Wasser
je 4 gestr. TL Salz
800 g Spaghetti
1,6 kg geschälte Tomaten (aus der Dose)
400 g Schlagsahne
Salz, gem. Pfeffer
1 TL gerebelter Oregano
620 g abgetropfter Tunfisch, naturell (aus der Dose)

Pro Portion:
E: 32 g, F: 28 g, Kh: 75 g,
kJ: 2903, kcal: 694

1. Die Nudeln in 2 Portionen kochen. Dafür jeweils Wasser in einem großen Topf zugedeckt zum Kochen bringen. Dann Salz und Nudeln hinzugeben. Die Nudeln im geöffneten Topf bei mittlerer Hitze nach Packungsanleitung kochen lassen, dabei gelegentlich umrühren.
2. In der Zwischenzeit für die Sauce Tomaten mit dem Saft in einen Topf geben, dabei die Tomaten zerdrücken. Sahne unterrühren. Mit Salz, Pfeffer und Oregano würzen, zum Kochen bringen und bei mittlerer Hitze sämig einkochen.
3. Tunfisch in kleine Stücke zerteilen, in die Sauce geben und erwärmen.
4. Dann die garen Nudeln in ein Sieb geben, mit heißem Wasser abspülen, abtropfen lassen und warm stellen.
5. Spaghetti mit der Fisch-Tomaten-Sauce anrichten.

Rigatoni-Pfanne mit Bratwurstklößchen

Rigatoni-Pfanne mit Bratwurstklößchen

8 Portionen

Zubereitungszeit: 50 Minuten

je 3 1/2 l Wasser
4 Zwiebeln
100 g geräucherter, durchwachsener Speck
500 g Champignons
2 EL Speiseöl
600 g ungebrühte Kalbs- oder feine Schweinebratwürste
700 g TK-Erbsen-Möhren-Gemüse
Salz, gem. Pfeffer
ger. Muskatnuss
200 g Schlagsahne
500 ml Gemüsebrühe
je 3 gestr. TL Salz
700 g Rigatoni (Röhrennudeln)
4–6 EL heller Saucenbinder
6 EL gehackte Petersilie

Pro Portion:
E: 28 g, F: 35 g, Kh: 77 g,
kJ: 3082, kcal: 737

1. Die Nudeln in 2 Portionen kochen. Dafür jeweils Wasser in einem großen Topf zugedeckt zum Kochen bringen. In der Zwischenzeit Zwiebeln abziehen und in kleine Würfel schneiden. Speck ebenfalls klein würfeln. Champignons putzen, evtl. kurz abspülen, trocken tupfen, halbieren oder vierteln.
2. Speiseöl in einer großen Pfanne erhitzen. Speckwürfel darin anbraten. Aus den Bratwürsten die Bratwurstmasse so herausdrücken, dass kleine Klößchen entstehen, evtl. rund formen und in 2 Portionen zu den Speckwürfeln in die Pfanne geben. Die Klößchen von allen Seiten anbraten. Klößchen und Speckwürfel aus der Pfanne nehmen und beiseitestellen.
3. Zwiebelwürfel in dem verbliebenen Bratfett andünsten. Champignonstücke und das gefrorene Gemüse in 2 Portionen hinzugeben, unter Rühren kurz anbraten. Mit Salz, Pfeffer und Muskat würzen. Sahne und Brühe hinzugießen, zum Kochen bringen und 5–6 Minuten kochen lassen.
4. In der Zwischenzeit Salz und Nudeln ins kochende Wasser geben. Die Nudeln im geöffneten Topf bei mittlerer Hitze nach Packungsanleitung bissfest garen, dabei gelegentlich umrühren.
5. Brätklößchen und Speckwürfel zum Gemüse in die Pfanne geben, wieder zum Kochen bringen und weitere 2–3 Minuten mitkochen lassen. Die Flüssigkeit mit Saucenbinder verrühren und unter Rühren kurz aufkochen lassen.
6. Die garen Nudeln in ein Sieb abgießen, mit heißem Wasser abspülen, abtropfen lassen und unter die Klößchen-Gemüse-Sauce heben. Mit Salz und Pfeffer abschmecken. Die Rigatoni-Pfanne anrichten, mit Petersilie bestreuen und sofort servieren.

Spaghetti mit milder Paprikasauce

Spirelli bolognese

Spaghetti mit milder Paprikasauce

8 Portionen

Zubereitungszeit: 45 Minuten

je 4 l Wasser
4 große, rote Paprikaschoten (etwa 1 kg)
2 Zwiebeln
4 Knoblauchzehen
4 EL Olivenöl
3 EL brauner Zucker
300 ml passierte Tomaten (aus der Dose)
200 ml milder Apfelsaft
Salz, gem. Pfeffer
je 4 gestr. TL Salz
800 g Spaghetti
6 EL Basilikum, in feinen Streifen
100 g frisch ger. Parmesan

Pro Portion:
E: 18 g, F: 11 g, Kh: 88 g,
kJ: 2210, kcal: 528

1. Wasser in einem großen Topf zugedeckt zum Kochen bringen. In der Zwischenzeit Paprikaschoten halbieren, entstielen, entkernen und die weißen Scheidewände entfernen. Schoten abspülen, abtropfen lassen und evtl. mit einem Sparschäler schälen. Schotenhälften in kleine Würfel schneiden. Zwiebeln und Knoblauch abziehen, in kleine Würfel schneiden.
2. Olivenöl in einem großen Topf erhitzen. Zwiebel- und Knoblauchwürfel darin glasig dünsten. Mit Zucker bestreuen und bei mittlerer Hitze karamellisieren lassen. Paprikawürfel hinzugeben und etwa 2 Minuten unter Rühren dünsten. Passierte Tomaten und Apfelsaft hinzugeben, zum Kochen bringen. Mit Salz und Pfeffer würzen. Die Zutaten zugedeckt etwa 10 Minuten bei schwacher Hitze kochen lassen.
3. In der Zwischenzeit Salz und Nudeln in 2 Portionen ins kochende Wasser geben. Die Nudeln im geöffneten Topf bei mittlerer Hitze nach Packungsanleitung bissfest garen, dabei gelegentlich umrühren.
4. Die garen Nudeln in ein Sieb abgießen, mit heißem Wasser abspülen und abtropfen lassen.
5. Die Basilikumstreifen unter die Sauce rühren, nochmals mit Salz, Pfeffer und Zucker abschmecken. Die Nudeln in vorgewärmten, tiefen Tellern anrichten. Die Paprikasauce darauf verteilen. Mit Parmesan bestreuen und sofort servieren.

Spirelli bolognese

8 Portionen

Zubereitungszeit: 45 Minuten

je 4–5 l Wasser
6 EL Olivenöl
6 EL Zwiebelwürfel (frisch oder TK)
4 Knoblauchzehen
800 g Gehacktes (halb Rind-, halb Schweinefleisch)
200 g TK-Suppengrün
800 g Pizza-Tomaten (aus der Dose)
400 g passierte Tomaten (Tetra Pak®)
1 gestr. EL Salz
2 EL Zucker
gem. Pfeffer
2 TL gerebelter Thymian
2 TL gerebelter Oregano
je 4–5 gestr. TL Salz
800 g–1 kg Spirelli
4 EL Schnittlauchröllchen
50 g frisch gehobelter Parmesan

Pro Portion:
E: 40 g, F: 30 g, Kh: 91 g,
kJ: 3333, kcal: 795

1. Die Nudeln in 2 Portionen kochen. Dafür jeweils Wasser in einem großen Topf zugedeckt zum Kochen bringen.
2. Olivenöl in einem großen, weiten Topf erhitzen. Zwiebelwürfel darin andünsten. Den Knoblauch abziehen, durch eine Knoblauchpresse in den Topf drücken. Gehacktes hinzufügen und unter ständigem Rühren etwa 3 Minuten krümelig anbraten. Dabei die Fleischklümpchen mit einer Gabel zerdrücken. Anschließend das gefrorene Suppengrün hinzugeben und kurz mitbraten.
3. Pizza-Tomaten und passierte Tomaten unterrühren, unter Rühren aufkochen lassen. Mit Salz, Zucker, Pfeffer, Thymian und Oregano würzen. Die Sauce ohne Deckel etwa 15 Minuten bei schwacher Hitze kochen lassen.
4. Salz und Nudeln ins kochende Wasser geben. Die Nudeln im geöffneten Topf bei mittlerer Hitze nach Packungsanleitung bissfest garen, dabei gelegentlich umrühren.
5. Anschließend die Nudeln in ein Sieb abgießen, mit heißem Wasser abspülen und gut abtropfen lassen. Die Nudeln in 2 Schüsseln geben. Die Sauce darauf verteilen und jeweils mit den Nudeln vermengen.
6. Spirelli bolognese auf Tellern anrichten. Mit Schnittlauchröllchen und gehobeltem Parmesan bestreut sofort servieren.

Tortellini mit Gemüse
8 Portionen

Zubereitungszeit: 45 Minuten

je 5 l Wasser
2 Bund Frühlingszwiebeln
80 g Butter
300 g Schlagsahne
Salz, gem. Pfeffer
500 g Zuckerschoten
1 kg frische Tortellini, z. B. mit Käse-Spinat-Füllung (aus dem Kühlregal)
je etwa 5 gestr. TL Salz
24 Cocktailtomaten
200 g Gorgonzola
12 Salbeiblättchen
16 Walnusskernhälften

Pro Portion:
E: 20 g, F: 34 g, Kh: 55 g,
kJ: 2569, kcal: 613

1. Die Tortellini in 2 Portionen erhitzen. Dafür jeweils Wasser in einem großen Topf zugedeckt zum Kochen bringen. Die Frühlingszwiebeln putzen, abspülen, abtropfen lassen und in etwa 1 cm dicke Scheiben schneiden. Butter in einem großen Topf zerlassen. Frühlingszwiebelscheiben darin andünsten, Sahne hinzugießen, mit etwas Salz und Pfeffer würzen.
2. Von den Zuckerschoten die Enden abschneiden, evtl. abfädeln. Dann Zuckerschoten abspülen, abtropfen lassen, in die Sahnemischung geben, zum Kochen bringen und etwa 3 Minuten kochen lassen.
3. In der Zwischenzeit Tortellini mit dem Salz ins kochende Wasser geben und nach Packungsanleitung erhitzen. Tomaten abspülen, trocken tupfen und evtl. die Stängelansätze herausschneiden.
4. Gorgonzola evtl. entrinden, in Würfel schneiden und in der Gemüse-Sahne-Sauce unter Rühren schmelzen lassen. Tomaten hinzufügen. Mit Salz und Pfeffer abschmecken. Salbeiblättchen abspülen und trocken tupfen. Die Blättchen klein schneiden und unter die Sauce rühren.
5. Die Tortellini in ein Sieb abgießen, mit heißem Wasser abspülen und abtropfen lassen. Tortellini vorsichtig unter die Gemüse-Sahne-Sauce heben und nochmals kurz erhitzen. Walnusskernhälften fein hacken. Tortellini mit dem Gemüse auf Tellern anrichten. Mit den gehackten Walnusskernhälften bestreut servieren.

Vollkorn-Käse-Spätzle
8 Portionen

Zubereitungszeit: 50 Minuten

600 g Vollkorn-Weizenmehl
6 Eier (Größe M)
2 gestr. TL Meersalz
2 EL Sonnenblumenöl
300 ml Wasser
etwas gem. Safran
je 3 l Wasser
je 3 gestr. TL Salz
4 mittelgroße Zwiebeln
60 g Butter
300 g ger. kräftiger Käse, z. B. Bergkäse oder Greyerzer
3 EL leicht geröstete, gehackte Sonnenblumenkerne
einige Petersilienblättchen

Pro Portion:
E: 25 g, F: 29 g, Kh: 49 g,
kJ: 2472, kcal: 590

1. Mehl in eine große Rührschüssel geben. Eier, Salz, Sonnenblumenöl, Wasser und Safran hinzugeben. Die Zutaten mit einem Mixer (Knethaken) verrühren. Dabei darauf achten, dass keine Klümpchen entstehen. Den Teig so lange schlagen, bis er Blasen wirft.
2. Die Spätzle in 2 Portionen kochen. Dafür jeweils Wasser in einem großen Topf zum Kochen bringen, Salz hinzufügen. Den Teig portionsweise mit einem Spätzlehobel oder durch eine Spätzlepresse in das kochende Salzwasser geben und in 3–5 Minuten gar kochen (die Spätzle sind gar, wenn sie an der Oberfläche schwimmen).
3. Die garen Spätzle mit einem Schaumlöffel aus dem Salzwasser nehmen, in ein Sieb geben, mit heißem Wasser abspülen und abtropfen lassen. Die Spätzle in eine Schüssel geben und warm stellen.
4. Zwiebeln abziehen und in Scheiben schneiden. Die Butter in einer Pfanne zerlassen, Zwiebelscheiben darin goldgelb dünsten.
5. Die warm gestellten Spätzle mit Zwiebeln und Käse vermengen. Die Spätzle mit Sonnenblumenkernen bestreuen und mit abgespülten und trocken getupften Petersilienblättchen garniert servieren.

Tortellini mit Gemüse

Vollkorn-Käse-Spätzle

Penne in Roquefortsahne

12 Portionen

Zubereitungszeit: 50 Minuten

600 g Roquefort
750 g Schlagsahne
750 ml Milch
Salz, gem., weißer Pfeffer
750 g Champignons
150 g Butter
je 5 l Wasser
je 5 gestr. TL Salz
1,2 kg bunte Penne
(Röhrennudeln)

Pro Portion:
E: 28 g, F: 49 g, Kh: 75 g,
kJ: 3575, kcal: 855

1. Roquefort zerbröseln und in einen großen Topf geben. Sahne und Milch nach und nach hinzugießen und unter Rühren zum Kochen bringen. Mit Salz und Pfeffer würzen. Die Käse-Sahne-Flüssigkeit zu einer cremigen Sauce einkochen lassen.
2. Champignons putzen, evtl. kurz abspülen, trocken tupfen und in dünne Scheiben schneiden.
3. Jeweils etwas Butter in einem großen Topf zerlassen. Die Champignonscheiben darin portionsweise kurz andünsten, mit Salz und Pfeffer würzen. Champignonscheiben in die Roquefortsahne geben und warm stellen.
4. Die Nudeln in 2 Portionen kochen. Dafür jeweils Wasser in einem großen Topf zugedeckt zum Kochen bringen. Dann Salz und Nudeln hinzugeben. Die Nudeln im geöffneten Topf bei mittlerer Hitze nach Packungsanleitung kochen lassen, dabei gelegentlich umrühren.
5. Anschließend die Nudeln in ein Sieb geben, mit heißem Wasser abspülen und abtropfen lassen.
6. Die Nudeln unter die Roquefortsahne rühren, evtl. nochmals kurz erhitzen und anschließend sofort servieren.

Taglerini auf Basilikumschaum mit Muscheln

8 Portionen

Zubereitungszeit: 45 Minuten

je 3 1/2 l Wasser
je 3 1/2 gestr. TL Salz
700 g Taglerini (dünne Bandnudeln)
4 Töpfe Basilikum
8 EL Fischfond oder -brühe
16 EL Olivenöl
Salz, gem. Pfeffer
4 EL geschlagene Schlagsahne
40 g Butter
500 g abgetropftes Muschelfleisch
(aus dem Glas oder der Dose)
4 EL Tomatenwürfel

Pro Portion:
E: 20 g, F: 34 g, Kh: 62 g,
kJ: 2777, kcal: 663

1. Nudeln in 2 Portionen kochen. Dafür jeweils Wasser in einem großen Topf zugedeckt zum Kochen bringen. Salz und Nudeln hinzugeben. Nudeln im geöffneten Topf bei mittlerer Hitze nach Packungsanleitung kochen lassen, dabei gelegentlich umrühren.
2. Anschließend die Nudeln in ein Sieb abgießen, mit heißem Wasser abspülen und abtropfen lassen.
3. Für den Basilikumschaum Basilikum abspülen und trocken tupfen. Die Blättchen von den Stängeln zupfen (einige Blättchen zum Garnieren beiseitelegen). Blättchen in Streifen schneiden. Basilikumstreifen mit Fischfond oder -brühe und Olivenöl im Mixer oder mit einem Mixstab pürieren. Mit Salz und Pfeffer würzen. Sahne unterheben.
4. Butter in einer großen Pfanne zerlassen. Das Muschelfleisch darin andünsten. Tomatenwürfel hinzugeben und mitdünsten lassen.
5. Basilikumschaum auf Tellern verteilen. Die Nudeln darauf anrichten. Mit Muschelfleisch, Tomatenwürfeln und den beiseitegelegten Basilikumblättchen garnieren.

Penne in Roquefortsahne

Vollkornnudeln mit Sesam-Pesto

8 Portionen

Zubereitungszeit: 60 Minuten, ohne Ruhe- und Trockenzeit

600 g Vollkorn-Weizenmehl
4 Eier (Größe M)
2 gestr. TL Salz
12 EL Wasser
je 3 l Wasser
je 3 gestr. TL Salz
4 Bund glatte Petersilie
2 Bund Basilikum
6 Knoblauchzehen

Taglerini auf Basilikumschaum mit Muscheln

100 g Sesamsamen
2 EL weiche Butter
200 ml Olivenöl
Salz
gem. Pfeffer
40 g ger. Parmesan

Pro Portion:
E: 16 g, F: 38 g, Kh: 48 g,
kJ: 2617, kcal: 625

1. Für den Teig Mehl in eine große Rührschüssel geben und in die Mitte eine Vertiefung drücken. Eier mit Salz und Wasser verschlagen, in die Vertiefung geben. Mit einer Gabel nach und nach etwas Mehl einrühren.
2. Anschließend mit einem Mixer (Knethaken) zu einem glatten Teig verkneten. Sollte der Teig kleben, noch etwas Mehl hinzufügen. Den Teig in Frischhaltefolie gewickelt etwa 30 Minuten ruhen lassen.
3. Den Teig portionsweise auf einer leicht bemehlten Arbeitsfläche dünn ausrollen. Nudeln in gewünschter Länge und Breite ausschneiden und etwas antrocknen lassen.
4. Die Nudeln in 2 Portionen kochen. Dafür jeweils Wasser in einem großen Topf zugedeckt zum Kochen bringen. Dann Salz und Nudeln hinzugeben. Die Nudeln im geöffneten Topf bei mittlerer Hitze 3–5 Minuten kochen lassen und dabei gelegentlich umrühren.
5. Anschließend die Nudeln in ein Sieb geben, mit heißem Wasser abspülen und abtropfen lassen.
6. Für das Pesto Petersilie und Basilikum abspülen, trocken tupfen. Die Blättchen von den Stängeln zupfen (einige Basilikumblättchen zum Garnieren beiseitelegen). Blättchen sehr fein schneiden.
7. Den Knoblauch abziehen und klein schneiden. Mit Petersilie, Basilikum, Sesam, Butter und Olivenöl gut vermischen. Mit Salz und Pfeffer würzen. Parmesan unterrühren.
8. Vollkornnudeln mit Sesam-Pesto auf Tellern anrichten und mit den beiseitegelegten Basilikumblättchen garniert servieren.

Vollkornnudeln mit Sesam-Pesto

Spaghetti alla siciliana

Spaghetti alla siciliana
8 Portionen

Zubereitungszeit: 60 Minuten, ohne Zieh- und Abkühlzeit

2 große Auberginen (etwa 600 g)
Salz
4 gelbe Paprikaschoten
800 g Tomaten
8 Sardellenfilets
6 Knoblauchzehen
4 EL abgetropfte Kapern
24 abgetropfte, entsteinte, schwarze Oliven
12 EL Olivenöl
je 4 l Wasser
je 4 gestr. TL Salz
800 g Spaghetti
gem. Pfeffer
einige Basilikumblättchen
80 g ger. Parmesan

Pro Portion:
E: 20 g, F: 26 g, Kh: 79 g,
kJ: 2639, kcal: 630

1. Auberginen abspülen, abtrocknen und die Stängelansätze entfernen. Auberginen in etwa 1 cm dicke Scheiben schneiden, mit Salz bestreuen und etwa 15 Minuten ziehen lassen.
2. Den Backofengrill vorheizen.
3. Paprikaschoten halbieren, entstielen, entkernen und die weißen Scheidewände entfernen. Schotenhälften auf ein Backblech legen und unter dem vorgeheizten Backofengrill rösten, bis die Haut Blasen wirft. Das Backblech herausnehmen. Schotenhälften mit einem feuchten Geschirrtuch zudecken und 5–10 Minuten abkühlen lassen. Die Haut von den Schotenhälften abziehen, das Fruchtfleisch würfeln.
4. Auberginenscheiben mit kaltem Wasser abspülen, trocken tupfen und in kleine Würfel schneiden. Tomaten kreuzweise einschneiden und mit kochendem Wasser übergießen. Nach 1–2 Minuten herausnehmen und mit kaltem Wasser abschrecken. Tomaten enthäuten, halbieren und die Stängelansätze herausschneiden. Tomatenhälften fein würfeln.
5. Sardellenfilets abspülen und trocken tupfen. Knoblauch abziehen. Kapern, Oliven, Sardellenfilets und Knoblauch klein schneiden.
6. Olivenöl in einem großen Topf erhitzen. Knoblauch darin andünsten. Paprika-, Auberginen-, Tomatenwürfel, Sardellen, Kapern und Oliven hinzufügen, zum Kochen bringen und etwa 15 Minuten bei schwacher Hitze kochen lassen.
7. In der Zwischenzeit die Nudeln in 2 Portionen kochen. Dafür jeweils Wasser in einem großen Topf zugedeckt zum Kochen bringen. Salz und Nudeln hinzugeben. Die Nudeln im geöffneten Topf bei mittlerer Hitze nach Packungsanleitung kochen lassen, dabei gelegentlich umrühren.
8. Anschließend die Nudeln in ein Sieb abgießen, mit heißem Wasser abspülen, abtropfen lassen und in eine vorgewärmte Schüssel geben.
9. Die Sauce mit Salz und Pfeffer würzen, abgespülte und trocken getupfte Basilikumblättchen unterrühren. Spaghetti mit der Gemüsesauce vermischen und mit Parmesan bestreut servieren.

Pasta mit Tomaten und Ziegenfrischkäse

Pasta mit Tomaten und Ziegenfrischkäse
8 Portionen

Zubereitungszeit: 45 Minuten

je 3 1/2–4 l Wasser
je 3 1/2–4 gestr. TL Salz
700–800 g Pasta, z. B. Bandnudeln
800 ml Gemüsefond (aus dem Glas)
8–10 EL Crema di Balsamico
200 g Rucola (Rauke)
8 Stängel Basilikum
500 g Cocktailtomaten
2 Zwiebeln, 4 Knoblauchzehen
4 EL Olivenöl
2 EL Butter
Salz, gem. Pfeffer
400 g Ziegenfrischkäse
evtl. etwas Crema di Balsamico

Pro Portion:
E: 17 g, F: 23 g, Kh: 76 g,
kJ: 2453, kcal: 588

1. Die Nudeln in 2 Portionen kochen. Dafür jeweils Wasser in einem großen Topf zugedeckt zum Kochen bringen. Dann Salz und Nudeln hinzugeben. Die Nudeln im geöffneten Topf bei mittlerer Hitze nach Packungsanleitung bissfest garen, dabei gelegentlich umrühren.
2. In der Zwischenzeit den Fond und 2 Esslöffel Crema di Balsamico in einem großen Topf bei starker Hitze auf die Hälfte einkochen lassen. Den Rucola putzen und die dicken Stiele abschneiden. Rucola abspülen und trocken tupfen. Basilikum abspülen und trocken tupfen. Die Blättchen von den Stängeln zupfen. Tomaten abspülen, trocken tupfen und die Stängelansätze herausschneiden. Tomaten halbieren oder die größeren Tomaten in Würfel schneiden.
3. Anschließend die garen Nudeln in ein Sieb abgießen, mit heißem Wasser abspülen und abtropfen lassen.
4. Zwiebeln und Knoblauch abziehen, in kleine Würfel schneiden. Olivenöl in einer großen Pfanne erhitzen, Butter darin zerlassen. Zwiebel- und Knoblauchwürfel darin andünsten. Tomaten hinzugeben und kurz mitdünsten lassen. Die Nudeln, den eingekochten Fond und 4–6 Esslöffel Crema di Balsamico hinzugeben. Mit Salz und Pfeffer würzen. Die Zutaten bei starker Hitze etwa 2 Minuten unter Rühren erhitzen. Rucola und Basilikumblättchen gut untermischen, mit Salz und Pfeffer abschmecken.
5. Von dem Frischkäse mit einem Löffel Nocken abstechen. Pasta mit den Frischkäsenocken auf Tellern anrichten. Mit restlichem Crema di Balsamico beträufeln.

Milde Thai-Nudeln
8 Portionen (ohne Foto)

Zubereitungszeit: 45 Minuten

4 Knoblauchzehen
4 EL Speiseöl, z. B. Sojaöl
2–4 TL Thai-Currypaste
(erhältlich im Asialaden)
800 ml Kokosmilch
800 g Brokkoli
2 Bund Frühlingszwiebeln
300 g rosé Champignons
2 rote Paprikaschoten
(je etwa 200 g)
250 g Cocktailtomaten
Salz
gem. Pfeffer
300 g Mie-Nudeln
(asiatische Instant-Nudeln)
etwas Sojasauce

Pro Portion:
E: 11 g, F: 24 g, Kh: 40 g,
kJ: 1733, kcal: 416

1. Knoblauch abziehen und in Scheiben schneiden. Speiseöl in einer sehr großen Pfanne erhitzen. Knoblauchscheiben darin andünsten. Currypaste hinzugeben, unter Rühren kurz mit andünsten. Mit Kokosmilch ablöschen, unter Rühren zum Kochen bringen und etwa 2 Minuten kochen lassen.
2. Von dem Brokkoli die Blätter entfernen. Brokkoli in Röschen teilen, die dicken Stiele schälen und klein schneiden. Brokkoliröschen und -stiele abspülen und trocken tupfen. Frühlingszwiebeln putzen, abspülen, abtropfen lassen und in Stücke schneiden. Champignons putzen, evtl. kurz abspülen und gut trocken tupfen. Große Pilze halbieren.
3. Paprikaschoten halbieren, entstielen, entkernen und die weißen Scheidewände entfernen. Schoten abspülen, trocken tupfen und in feine Streifen schneiden. Tomaten abspülen, trocken tupfen, halbieren und die Stängelansätze herausschneiden.
4. Brokkoliröschen, -stiele, Frühlingszwiebelstücke, Champignons und Paprikastreifen zum Kokosfond in die Pfanne geben. Mit Salz und Pfeffer würzen, zum Kochen bringen und etwa 5 Minuten bei schwacher Hitze kochen lassen.
5. In der Zwischenzeit Instant-Nudeln in eine große Schüssel geben. Mit kochendem Wasser übergießen und zugedeckt nach Packungsanleitung gar ziehen lassen.
6. Die Kokos-Gemüse-Sauce nochmals mit Salz und Pfeffer abschmecken. Tomatenhälften hinzugeben, Sauce kurz aufkochen lassen. Die garen Nudeln durchrühren, in einem Sieb abgießen, gut abtropfen lassen, zur Kokos-Gemüse-Sauce geben und vermischen. Nochmals kurz erhitzen. Die Thai-Nudeln mit Sojasauce abschmecken und nach Belieben in der Pfanne servieren.

Tortellini in Gorgonzolasauce

8 Portionen

Zubereitungszeit: 40 Minuten

je 4–5 l Wasser
100 g Walnusskernhälften
je 4 gestr. TL Salz
800 g Tortellini
300 g Schlagsahne
200 ml Milch
400 g Gorgonzola
gem. Pfeffer, Salz
4 EL Schnittlauchröllchen
grob geschrotete Chilis

Pro Portion:
E: 26 g, F: 46 g, Kh: 66 g,
kJ: 3286, kcal: 785

1. Die Tortellini in 2 Portionen kochen. Dafür jeweils Wasser in einem großen Topf zugedeckt zum Kochen bringen.
2. In der Zwischenzeit Walnusskernhälften nach Belieben grob hacken und in einer Pfanne ohne Fett unter Rühren rösten, bis sie anfangen zu duften, herausnehmen und auf einem Teller kurz abkühlen lassen.
3. Salz und Tortellini ins kochende Wasser geben. Tortellini im geöffneten Topf bei mittlerer Hitze nach Packungsanleitung bissfest kochen, dabei gelegentlich umrühren.
4. Sahne und Milch in einem großen Topf erhitzen. Gorgonzola evtl. entrinden, grob zerbröseln und in der Sahnemilch unter Rühren schmelzen (nicht kochen lassen). Die Sauce mit Pfeffer und evtl. noch etwas Salz abschmecken.
5. Die garen Tortellini in ein Sieb geben, mit heißem Wasser abspülen, abtropfen lassen. Tortellini in die Gorgonzolasauce geben und unter vorsichtigem Rühren nochmals kurz erhitzen.
6. Die Tortellini in Gorgonzolasauce auf Tellern anrichten. Mit Walnusskernen, Schnittlauchröllchen und Chili bestreut servieren.

Nudeln vom Blech

12 Portionen

Zubereitungszeit: 60 Minuten
Garzeit: etwa 45 Minuten
je Backblech oder Form

3 Stangen Porree (Lauch)
je 5 l Wasser
je 5 gestr. TL Salz
1 kg dünne Bandnudeln (Linguine)
500 g Cocktailtomaten
2 gelbe Paprikaschoten
1 Bund glatte Petersilie

Für den Sahneguss:
6 Eier (Größe M)
400 g Schlagsahne
300 g Crème fraîche
200 ml Gemüsebrühe
200 g ger., mittelalter Gouda
Salz, gem. Pfeffer

Pro Portion:
E: 20 g, F: 30 g, Kh: 64 g,
kJ: 2568, kcal: 615

1. Porree putzen, die Stangen längs halbieren, gründlich waschen, abtropfen lassen und in dicke Streifen schneiden.
2. Wasser in einem großen Topf zugedeckt zum Kochen bringen. Dann Salz und Nudeln hinzugeben. Die Nudeln im geöffneten Topf bei mittlerer Hitze nach Packungsanleitung garen, dabei gelegentlich umrühren.
3. Die Porreestreifen etwa 3 Minuten vor Ende der Garzeit zu den Nudeln geben und mitgaren lassen.
4. Den Backofen vorheizen.
Ober-/Unterhitze: etwa 200 °C
Heißluft: etwa 180 °C
5. Porree-Nudel-Mischung in ein Sieb abgießen, mit heißem Wasser abspülen und abtropfen lassen.
6. Tomaten abspülen, abtropfen lassen, halbieren und die Stängelansätze herausschneiden. Paprikaschoten halbieren, entstielen, entkernen und die weißen Scheidewände entfernen. Schoten abspülen, abtropfen lassen und in Streifen schneiden. Petersilie abspülen und trocken tupfen. Die Blättchen von den Stängeln zupfen. Blättchen klein schneiden.
7. Für den Sahneguss Eier mit Sahne, Crème fraîche und Brühe verschlagen, Käse unterrühren. Mit Salz und Pfeffer würzen.
8. Die Porree-Nudel-Mischung auf zwei Backblechen (gefettet) oder in zwei großen, flachen Auflaufformen (gefettet) verteilen. Tomatenhälften, Paprikastreifen und Petersilie daraufgeben. Den Sahneguss darauf verteilen. Die Backbleche oder die Formen auf dem Rost nacheinander (bei Heißluft jeweils zusammen) in den vorgeheizten Backofen schieben. Die Nudeln etwa 45 Minuten je Backblech oder Form garen.
9. Die Nudeln nach etwa 25 Minuten Garzeit mit Backpapier belegen.

Tortellini in Gorgonzolasauce

Nudeln vom Blech

Makkaroni mit Schafskäsesauce

8 Portionen (ohne Foto)

Zubereitungszeit: 45 Minuten

je 5 l Wasser
4 Zwiebeln, 4 Knoblauchzehen
4 EL Olivenöl, 2 EL Weizenmehl
300 ml heiße Gemüsebrühe
300 g Schlagsahne
je 5 gestr. TL Salz
1 kg Makkaroni
2 rote Paprikaschoten
400 g milder Schafskäse
2 Bund Petersilie
Salz, gem. Pfeffer
evtl. 2 TL Zaziki-Gewürz

Pro Portion:
E: 26 g, F: 31 g, Kh: 97 g,
kJ: 3254, kcal: 778

1. Die Nudeln in 2 Portionen kochen. Dafür jeweils Wasser in einem großen Topf zugedeckt zum Kochen bringen. Zwiebeln und Knoblauch abziehen, in kleine Würfel schneiden. Olivenöl in einem großen Topf erhitzen. Zwiebel- und Knoblauchwürfel darin andünsten. Mit Mehl bestäuben und kurz mitdünsten lassen. Brühe und Sahne hinzugießen, mit einem Schneebesen durchschlagen. Dabei darauf achten, dass keine Klümpchen entstehen. Die Sauce unter Rühren kurz aufkochen lassen.
2. Salz und Makkaroni ins kochende Wasser geben. Die Makkaroni im geöffneten Topf bei mittlerer Hitze nach Packungsanleitung bissfest garen, dabei gelegentlich umrühren.
3. Paprikaschoten halbieren, entstielen, entkernen und die weißen Scheidewände entfernen. Schoten abspülen, abtropfen lassen und in kleine Würfel schneiden. Paprikawürfel unter die Sauce rühren, nochmals aufkochen und etwa 3 Minuten bei schwacher Hitze kochen lassen.
4. Schafskäse in etwa 1 cm große Würfel schneiden. Petersilie abspülen und trocken tupfen. Die Blättchen von den Stängeln zupfen. Blättchen klein schneiden.
5. Schafskäsewürfel und Petersilie (etwas zum Garnieren beiseitelegen) in die Sauce geben. Die Sauce mit Salz, Pfeffer und nach Belieben mit Zaziki-Gewürz abschmecken.
6. Die garen Makkaroni in ein Sieb abgießen, mit heißem Wasser abspülen und abtropfen lassen. Makkaroni mit der Schafskäsesauce vermischen, auf Tellern anrichten, mit Petersilie bestreut sofort servieren.

Griechische Lamm-Nudel-Pfanne

8 Portionen

Zubereitungszeit: 50 Minuten

etwa 700 g Zucchini
2 große Auberginen (je etwa 480 g)
4 Knoblauchzehen
2 Bund Frühlingszwiebeln
1 kg ausgelöster Lammrücken
8 EL Olivenöl
Salz, gem. Pfeffer
2 TL Tomatenmark
300 g griechische Reisnudeln
750 ml heiße Gemüsebrühe
grob geschroteter Chili
je 2 Stängel Thymian und Rosmarin
400 g Tomaten
400 g Fetakäse

Griechische Lamm-Nudel-Pfanne

Pro Portion:
E: 40 g, F: 41 g, Kh: 37 g,
kJ: 2844, kcal: 680

1. Den Backofen vorheizen.
Ober-/Unterhitze: etwa 200 °C
(Heißluft weniger gut geeignet)
2. Zucchini und Auberginen abspülen, abtrocknen und die Enden bzw. Stängelansätze entfernen. Zucchini in etwa 1 cm dicke Scheiben schneiden. Auberginen längs vierteln und in Stücke schneiden. Knoblauch abziehen und in Scheiben schneiden. Frühlingszwiebeln putzen, abspülen, abtropfen lassen und in Stücke schneiden.
3. Den Lammrücken mit Küchenpapier trocken tupfen. Die Hälfte des Olivenöls in einer großen Pfanne erhitzen. Den Lammrücken darin von allen Seiten kräftig anbraten, mit Salz und Pfeffer würzen, herausnehmen und in eine große Auflaufform legen. Die Form zugedeckt auf dem Rost in den vorgeheizten Backofen schieben. Lammrücken etwa 10 Minuten vorgaren.
4. Das restliche Olivenöl zum Bratfett in die Pfanne geben und erhitzen. Knoblauchscheiben, Tomatenmark und Auberginenstücke darin unter Rühren andünsten. Frühlingszwiebelstücke und Zucchinischeiben hinzugeben, kurz mitdünsten lassen. Reisnudeln einstreuen und untermischen. Brühe hinzugießen und zum Kochen bringen. Mit Salz, Pfeffer und Chili würzen. Thymian und Rosmarin abspülen, trocken tupfen und hinzugeben. Die Zutaten zugedeckt etwa 10 Minuten bei schwacher Hitze garen, dabei gelegentlich vorsichtig umrühren.
5. Den Lammrücken aus der Form nehmen, in Alufolie wickeln und kurz ruhen lassen. Tomaten abspülen, trocken tupfen, halbieren und die Stängelansätze herausschneiden. Tomatenhälften in Spalten schneiden, zu der Gemüse-Nudel-Mischung in die Pfanne geben und nochmals bei starker Hitze unter vorsichtigem Wenden etwa 2 Minuten braten.

6. Fetakäse grob zerbröseln. Den Lammrücken in Scheiben schneiden. Die Lamm-Nudel-Pfanne auf Tellern anrichten und mit Käsebröseln bestreuen. Die Lammrückenscheiben daranlegen und sofort servieren.

Tagliatelle mit Lachs und Rucola

8–10 Portionen

Zubereitungszeit: 45 Minuten

je 5 l Wasser
je 5 gestr. TL Salz
1 kg Tagliatelle (Bandnudeln)
300 g Rucola (Rauke)
4 Knoblauchzehen
2 Zwiebeln, 800 g Lachsfilet
8 EL Rapsöl
60 g geröstete Pinienkerne
3 EL Lachscreme (aus der Tube)
Salz, gem. Pfeffer
150 g fein geraspelter Parmesan

Pro Portion:
E: 40 g, F: 33 g, Kh: 80 g,
kJ: 3268, kcal: 781

1. Die Nudeln in 2 Portionen kochen. Dafür jeweils Wasser in einem großen Topf zugedeckt zum Kochen bringen. Dann Salz und Nudeln hinzugeben. Die Nudeln im geöffneten Topf bei mittlerer Hitze nach Packungsanleitung kochen lassen, dabei gelegentlich umrühren.
2. Danach die Nudeln in ein Sieb geben, mit heißem Wasser abspülen, abtropfen lassen und warm stellen.
3. Rucola putzen und die dicken Stiele entfernen. Rucola abspülen, gut abtropfen lassen und grob zerkleinern. Knoblauch und Zwiebeln abziehen, in kleine Würfel schneiden.
4. Lachsfilet kurz unter fließendem kalten Wasser abspülen, trocken tupfen und in etwa 2 cm große Würfel schneiden.
5. Rapsöl in einer großen Pfanne oder einem großen Topf erhitzen.

Tagliatelle mit Lachs und Rucola

Lachswürfel darin von allen Seiten anbraten. Pinienkerne und Rucola hinzugeben, kurz miterhitzen. Lachscreme vorsichtig unterrühren. Mit Salz und Pfeffer kräftig würzen.
6. Tagliatelle in eine große Schüssel geben. Lachsmasse unterheben. Tagliatelle mit Lachs und Rucola sofort servieren. Parmesan dazureichen.

Bandnudeln mit Limettensauce und Shrimps

Bandnudeln mit Limettensauce und Shrimps

8 Portionen

Zubereitungszeit: 50 Minuten, ohne Auftauzeit

400 g TK-Shrimps
4 Tomaten
6 Frühlingszwiebeln
8 Eigelb (Größe M)
8–10 EL Limettensaft
160 ml Hühnerbrühe
2 Avocados
Salz, gem. Pfeffer
2 Prisen Zucker
2 Spritzer Angostura Bitter oder Worcestersauce
je 4 l Wasser
je 4 gestr. TL Salz
800 g Bandnudeln, z. B. Tagliatelle
einige Spalten von 1 Bio-Limette (unbehandelt, ungewachst)

Pro Portion:
E: 27 g, F: 23 g, Kh: 73 g,
kJ: 2581, kcal: 616

1. Shrimps nach Packungsanleitung auftauen lassen.
2. Tomaten kreuzweise einschneiden und mit kochendem Wasser übergießen. Nach 1–2 Minuten herausnehmen und mit kaltem Wasser abschrecken. Tomatenhälften in Würfel schneiden. Frühlingszwiebeln putzen, abspülen, abtropfen lassen und in 1/2–1 cm lange Stücke schneiden.
3. Eigelb mit Limettensaft und Hühnerbrühe in einen kleinen Topf geben, mit dem Schneebesen unter ständigem Rühren bei mittlerer Hitze zu einer dicklichen, cremigen Sauce aufschlagen (nicht kochen lassen). Den Topf von der Kochstelle nehmen.
4. Die Avocados halbieren und jeweils den Kern herauslösen. Avocadohälften schälen, das Fruchtfleisch klein würfeln.
5. Shrimps kurz unter fließendem kalten Wasser abspülen und gut trocken tupfen. Avocado-, Tomatenwürfel, Shrimps und Frühlingszwiebelstücke in die Limettensauce geben und erwärmen. Die Sauce mit Salz, Pfeffer, Zucker und Angostura oder Worcestersauce abschmecken und warm stellen (nicht mehr kochen lassen!).
6. Die Nudeln in 2 Portionen kochen. Dafür jeweils Wasser in einem großen Topf zugedeckt zum Kochen bringen. Dann Salz und Nudeln hinzugeben. Die Nudeln im geöffneten Topf bei mittlerer Hitze nach Packungsanleitung kochen lassen, dabei gelegentlich umrühren. Anschließend die Nudeln in ein Sieb geben, mit heißem Wasser abspülen und abtropfen lassen.
7. Bandnudeln mit der Limettensauce in großen Schüsseln anrichten, mit Limettenspalten garnieren und sofort servieren.

Chorizo-Tortiglioni-Pfanne

Chorizo-Tortiglioni-Pfanne

8 Portionen

Zubereitungszeit: 45 Minuten

1 1/2 kg Hokkaido-Kürbis
2 Knoblauchzehen
80 g getrocknete Tomaten
140 g Chorizo (in Scheiben, Knoblauchwurst)
etwa 6 Stängel Rosmarin
je 3 1/2 l Wasser
je 3 1/2 gestr. TL Salz
700 g Röhrennudeln, z. B. Tortiglioni
Salz, gem. Pfeffer
2 Lorbeerblätter
500 ml heiße Gemüsebrühe
Saft von 1 Zitrone
350 g Doppelrahm-Frischkäse

Pro Portion:
E: 22 g, F: 22 g, Kh: 71 g,
kJ: 2423, kcal: 579

1. Kürbis gründlich abspülen, abtrocknen, halbieren und die Kerne mit einem Löffel herausschaben. Kürbishälften in etwa 1 cm breite, etwa 5 cm lange Streifen schneiden. Knoblauch abziehen und in Scheiben schneiden. Tomaten in Streifen schneiden. Die Wurstscheiben evtl. halbieren. Rosmarinstängel abspülen und trocken tupfen.
2. Die Nudeln in 2 Portionen kochen. Dafür jeweils Wasser in einem großen Topf zugedeckt zum Kochen bringen. Dann Salz und Nudeln hinzugeben. Die Nudeln im geöffneten Topf bei mittlerer Hitze nach Packungsanleitung bissfest garen, dabei gelegentlich umrühren.
3. In der Zwischenzeit die Wurstscheiben in einer großen Pfanne von beiden Seiten bei mittlerer Hitze knusprig braten, herausnehmen und auf Küchenpapier abtropfen lassen.
4. Knoblauch und Rosmarin im Bratfett leicht anbraten. Kürbisstreifen hinzugeben und von beiden Seiten anbraten. Mit Salz und Pfeffer würzen, Lorbeerblätter hinzugeben. Tomatenstreifen unterrühren. Die Hälfte der Brühe und Zitronensaft hinzugießen, zum Kochen bringen, zugedeckt etwa 5 Minuten garen.
5. Die garen Nudeln in ein Sieb geben, mit heißem Wasser abspülen und abtropfen lassen. Frischkäse mit der restlichen Brühe glatt rühren und unter die Nudeln mischen. Die Nudeln zu den Kürbisstreifen in die Pfanne geben, vorsichtig untermischen und zum Kochen bringen. Die Flüssigkeit bei starker Hitze sämig einkochen lassen.
6. Die Tortiglioni-Pfanne mit Salz und Pfeffer würzig abschmecken und mit den Chorizoscheiben auf Tellern anrichten.

Bandnudeln mit Lachs und Tomaten

8 Portionen

Zubereitungszeit: 45 Minuten

Für die Sauce:
6 mittelgroße Tomaten
200 g geräucherter Lachs (in Scheiben)
4 Knoblauchzehen
120 g abgetropfte, schwarze Oliven
6 EL Olivenöl
600 g Crème fraîche
Salz
gem. Pfeffer
1 TL gerebelter Estragon
je 4 l Wasser
je 4 gestr. TL Salz
800 g dünne, grüne Bandnudeln

evtl. einige Lachsstreifen
evtl. schwarze Oliven

Pro Portion:
E: 37 g, F: 62 g, Kh: 44 g,
kJ: 3890, kcal: 928

1. Für die Sauce Tomaten kreuzweise einschneiden und mit kochendem Wasser übergießen. Nach 1–2 Minuten herausnehmen und mit kaltem Wasser abschrecken. Tomaten enthäuten, halbieren und die Stängelansätze herausschneiden. Tomatenhälften in Spalten schneiden.
2. Die Lachsscheiben in etwa 1 1/2 cm breite Streifen schneiden. Knoblauch abziehen und fein würfeln. Oliven nach Belieben entsteinen und in kleine Stücke schneiden.
3. Olivenöl in einer großen Pfanne erhitzen. Knoblauchwürfel darin hellgelb dünsten. Lachsstreifen und Olivenstücke vorsichtig untermischen.
4. Crème fraîche unterrühren. Tomatenspalten hinzufügen. Die Zutaten vorsichtig bei schwacher Hitze erwärmen. Mit Salz, Pfeffer und Estragon würzen. Die Sauce warm stellen.
5. Die Nudeln in 2 Portionen kochen. Dafür jeweils Wasser in einem großen Topf zugedeckt zum Kochen bringen. Dann Salz und Nudeln hinzugeben. Die Nudeln im geöffneten Topf bei mittlerer Hitze nach Packungsanleitung kochen lassen, dabei gelegentlich umrühren. Anschließend die Nudeln in ein Sieb geben, mit heißem Wasser abspülen und abtropfen lassen.
6. Die Nudeln in eine große, vorgewärmte Schüssel geben. Die Sauce darauf verteilen. Nach Belieben mit Lachsstreifen und Oliven garnieren. Sofort servieren.

Tipp: Sie können die Nudeln zusätzlich mit frischen Estragonzweigen garnieren.

Spirelli-Topf mit Räuchertofu

8 Portionen (ohne Foto)

Zubereitungszeit: 35 Minuten

4 Zwiebeln
40 g Butter
2 EL Tomatenmark
700 g Spirelli (Spiralnudeln)
1 1/2 l Gemüsebrühe
250 ml Tomaten- oder Gemüsesaft
750 g Räuchertofu
Salz, gem. Pfeffer
etwas Zucker

einige vorbereitete Oregano-blättchen

Pro Portion:
E: 24 g, F: 12 g, Kh: 69 g,
kJ: 2032, kcal: 486

1. Zwiebeln abziehen und in kleine Würfel schneiden. Butter in einem Topf oder einer hohen Pfanne zerlassen. Die Zwiebelwürfel darin andünsten. Tomatenmark unterrühren und kurz mitdünsten lassen. Nudeln hinzufügen.
2. Die Brühe und den Tomaten- oder Gemüsesaft hinzugießen, unter Rühren zum Kochen bringen, 10–15 Minuten bei mittlerer Hitze unter gelegentlichem Rühren kochen lassen.
3. In der Zwischenzeit den Räuchertofu in Würfel schneiden und unter den Spirelli-Topf rühren. Mit Salz, Pfeffer und Zucker abschmecken. Den Spirelli-Topf noch etwa 5 Minuten ziehen lassen.
4. Den Spirelli-Topf mit frischem Oregano bestreuen.

Curry-Rindfleisch mit Glasnudeln

8 Portionen

Zubereitungszeit: 45 Minuten, ohne Einweich- und Marinierzeit

120 g Glasnudeln
1 kg Rinderfilet oder Roastbeef
Salz, gem. Pfeffer
4 EL Kartoffelstärke
4 gestr. TL Dr. Oetker Backin
200 ml Wasser
8 EL Speiseöl
2 l Speiseöl
8 EL Erdnussöl
12 Knoblauchzehen
2 l Kokosmilch
4 EL Currypulver
4 TL Sambal Oelek
12 TL Zucker
150 ml Reiswein
4 gestr. TL Salz
1 gestr. TL Fünf-Gewürze-Pulver
4 Frühlingszwiebeln

Pro Portion:
E: 31 g, F: 74 g, Kh: 32 g,
kJ: 4302, kcal: 1028

1. Die Glasnudeln in kaltem Wasser nach Packungsanleitung einweichen.
2. Rinderfilet oder Roastbeef mit Küchenpapier trocken tupfen und in Streifen schneiden.
3. Salz, Pfeffer, Kartoffelstärke, Backpulver und Wasser verrühren, Speiseöl unterschlagen. Die Fleischstreifen in der Marinade etwa 15 Minuten marinieren.
4. Speiseöl in einem großen Wok erhitzen. Die marinierten Fleischstreifen nach und nach hinzugeben und unter Rühren etwa 1 Minute frittieren. Fleischstreifen jeweils mit einem Schaumlöffel herausnehmen und auf Küchenpapier abtropfen lassen. Restliches Speiseöl aus dem Wok ganz vorsichtig in ein Vorratsgefäß zurückgießen.
5. Erdnussöl im Wok erhitzen. Knoblauch abziehen, in kleine Würfel schneiden und in dem Erdnussöl andünsten. Mit Kokosmilch ablöschen. Die abgetropften Glasnudeln hinzugeben und bei schwacher Hitze etwa 10 Minuten kochen lassen.
6. Curry, Sambal Oelek, Zucker, Reiswein, Salz und Fünf-Gewürze-Pulver verrühren, in die Kokosmilch geben. Die Glasnudeln darin weitere etwa 2 Minuten kochen lassen.
7. Die Fleischstreifen hinzugeben und zugedeckt weitere 3–5 Minuten mitkochen lassen.
8. Frühlingszwiebel putzen, abspülen, abtropfen lassen, in etwa 3 cm lange Stücke schneiden.
9. Frühlingszwiebelstücke in die Curry-Rindfleisch-Pfanne geben und etwa 1 Minute mitkochen lassen. Curry-Rindfleisch heiß servieren.

Bandnudeln mit Lachs und Tomaten

Curry-Rindfleisch mit Glasnudeln

Kapitel 08

Rezepte 701–800

Partyplatten & -schnittchen

Chicken-Schnittchen

Chicken-Schnittchen

10 Stück

Zubereitungszeit: 20 Minuten, ohne Abkühlzeit

400 g Hähnchenbrustfilet
Salz
gem. Pfeffer
2 EL Sonnenblumenöl
10 Scheiben Weißbrot
4 EL Mayonnaise
1 TL Currypulver
1–2 EL Zitronensaft
2 Stängel glatte Petersilie

Pro Stück:
E: 13 g, F: 10 g, Kh: 19 g,
kJ: 930, kcal: 222

1. Hähnchenbrustfilet unter fließendem kalten Wasser abspülen, trocken tupfen und mit Salz und Pfeffer bestreuen. Öl in einer Pfanne erhitzen. Die Filets von beiden Seiten darin 10–15 Minuten goldbraun braten. Danach Filets abkühlen lassen und in 20 dickere Scheiben schneiden.

2. Brotscheiben toasten. Mayonnaise mit Curry, Salz und Zitronensaft verrühren. Die Brotscheiben mit der Mayonnaisemischung bestreichen und mit je 2 Hähnchenbrustfiletscheiben belegen.

3. Petersilie abspülen und trocken tupfen. Die Blättchen von den Stängeln zupfen. Chicken-Schnittchen mit den Petersilienblättchen garniert servieren.

Ciabatta-Schnittchen mit Mozzarella und Tomaten

12 Stück

Zubereitungszeit: 30 Minuten

1 Ciabatta-Brot
(zum Aufbacken, etwa 300 g)
250 g Mozzarella
4 mittelgroße Tomaten
200 g Doppelrahm-Frischkäse
grob gem. Pfeffer

Pro Stück:
E: 9 g, F: 10 g, Kh: 14 g,
kJ: 748, kcal: 178

1. Ciabatta-Brot nach Packungsanleitung aufbacken, etwas abkühlen lassen. Brot waagerecht halbieren, dann in 12 dreieckige Schnittchen schneiden.
2. Mozzarella abtropfen lassen und in dünne Scheiben schneiden. Tomaten abspülen, abtrocknen, halbieren und die Stängelansätze herausschneiden. Tomatenhälften in dünne Scheiben schneiden.
3. Die Ciabatta-Schnittchen mit Frischkäse bestreichen. Mozzarella- und Tomatenscheiben abwechselnd dachziegelartig darauflegen und mit Pfeffer bestreuen.

Ziegenfrischkäse mit Rucola-Pesto

12 Stück

Zubereitungszeit: 20 Minuten

3 Knoblauchzehen
50 g Pinienkerne
1 Bund Rucola
(Rauke, etwa 100 g)
1 TL Salz
gem. Pfeffer
100 ml Olivenöl
50 ml Traubenkernöl
120 g fein geraspelter Parmesan
12 kleine Ziegenkäse (je 40 g)
10 Cocktailtomaten

Pro Stück:
E: 12 g, F: 29 g, Kh: 1 g,
kJ: 1313, kcal: 315

1. Die Knoblauchzehen abziehen. Die Pinienkerne in einer Pfanne ohne Fett anrösten und abkühlen lassen.
2. Rucola verlesen und dicke Stängel abschneiden. Rucola abspülen, gut abtropfen lassen oder trocken schleudern und fein schneiden. In einem Blitzhacker zuerst Knoblauch mit Salz und Pfeffer hacken, dann Pinienkerne, Rucola, Olivenöl, Traubenkernöl und Parmesan zugeben und zu einer Paste verarbeiten.
3. Ziegenkäse auf einer Platte anrichten. Rucola-Pesto darauf verteilen.
4. Cocktailtomaten abspülen, abtrocknen, halbieren und auf der Platte verteilen.

Tipps: Dazu kleine Party-Vollkornbrötchen servieren. Wenn es mal schneller gehen soll, kann ein Glas gekauftes Basilikum-Pesto verwendet werden.

Ciabatta-Schnittchen mit Mozzarella und Tomaten

Ziegenfrischkäse mit Rucola-Pesto

Bayerischer Abend

Eingelegter Romadur

8–10 Portionen **Zum Vorbereiten**

Zubereitungszeit: 15 Minuten, ohne Marinierzeit

3 Romadur-Käse (je 150 g)
3 TL Kümmelkörner
3–4 EL Essig
6 EL Speiseöl, z. B. Rapsöl
gem. Pfeffer
einige vorbereitete Salatblätter

Pro Portion:
E: 11 g, F: 18 g, Kh: 1 g,
kJ: 881, kcal: 211

1. Käse in etwa 1/2 cm dicke Scheiben schneiden. Kümmel daraufstreuen. Essig mit Speiseöl und Pfeffer verrühren.
2. Die Käsescheiben damit marinieren und zugedeckt im Kühlschrank 6–8 Stunden oder über Nacht durchziehen lassen.
3. Die Käsescheiben auf Salatblättern anrichten.

Bayerischer Wurstsalat

8–10 Portionen **Zum Vorbereiten**

Zubereitungszeit: 20 Minuten, ohne Durchziehzeit

500 g Fleischwurst
200 g Gewürzgurken
2 große Zwiebeln
6 EL Wasser
2 EL Essig
4 EL Sonnenblumenöl
Salz
gem. Pfeffer

Pro Portion:
E: 6 g, F: 20 g, Kh: 1 g,
kJ: 877, kcal: 210

1. Für den Bayerischen Wurstsalat die Pelle von der Fleischwurst abziehen, die Fleischwurst in dünne Scheiben schneiden.
2. Gewürzgurken ebenfalls in Scheiben schneiden und beides in eine Schüssel geben.
3. Die Zwiebeln abziehen, in dünne Scheiben schneiden, mit Wasser, Essig und Sonnenblumenöl kurz aufkochen. Das Ganze mit Salz und Pfeffer würzen.
4. Die Zwiebelscheiben mit den Fleischwurst- und Gurkenscheiben vermischen, durchziehen lassen. Evtl. nochmals mit Salz und Pfeffer abschmecken.
5. Bayerischen Wurstsalat bis zum Servieren zugedeckt in den Kühlschrank stellen.

Bayerische Leberwurst

8–10 Portionen

Zubereitungszeit: 5 Minuten

200 g feste bayerische Leberwurst
vorbereitete glatte Petersilie

Pro Portion:
E: 3 g, F: 7 g, Kh: 0 g,
kJ: 330, kcal: 79

1. Leberwurst in gut 1/2 cm dicke Scheiben schneiden und auf der Platte anrichten. Die Leberwurstscheiben mit Petersilie garnieren.

Bayerischer Abend

Schweinebratenaufschnitt

8–10 Portionen

Zubereitungszeit: 10 Minuten

400 g Schweinebratenaufschnitt
5 Gewürzgurken

Pro Portion:
E: 10 g, F: 10 g, Kh: 1 g,
kJ: 559, kcal: 134

1. Bratenaufschnitt dachziegelartig auf der Platte anrichten. Gewürzgurken in feine Scheiben schneiden. Die Bratenscheiben damit garnieren.

Tipp: Nach Belieben den Schweinebratenaufschnitt mit süßem Senf bestreichen oder extra servieren.

Radispirale

Zubereitungszeit: 10 Minuten

1 großer Rettich (Radi, etwa 700 g)
Salz

Insgesamt:
E: 6 g, F: 1 g, Kh: 13 g,
kJ: 350, kcal: 84

1. Für die Radispirale vom Rettich Wurzelenden und Spitzen abschneiden, Rettich schälen, mit einem scharfen Messer schräg in dünne Scheiben schneiden, sodass der Rettich unten noch zusammengehalten wird.
2. Den Rettich umdrehen und noch einmal einschneiden. Die Scheiben vorsichtig von beiden Seiten salzen und etwas auseinanderziehen. Der Rettich verliert Wasser und wird dadurch mild und weich.

Tipps: Mit einem Spiralenschneider geht das Schneiden leichter. Die bayerische Platte mit reichlich Zwiebelringen, Radieschen und eingelegten Gurken garnieren. Laugenbrezeln dazureichen. Natürlich darf bei einem richtigen bayerischen Abend auch ein Obatzta nicht fehlen. Das Rezept hierzu finden Sie auf Seite 110.

Canapés mit Hühnerlebercreme

Canapés mit Hühnerlebercreme

10–12 Stück — Zum Vorbereiten

Zubereitungszeit: 25 Minuten, ohne Abkühlzeit

Für die Hühnerlebercreme:
250 g Hühnerleber
1 Zwiebel
25 g Butter
1 Lorbeerblatt
2 zerdrückte Wacholderbeeren
Salz, gem. Pfeffer
gerebelter Thymian
100 g Butter (zimmerwarm)
1 TL Dr. Oetker Finesse
Geriebene Zitronenschale
1 EL Sherry oder Weinbrand

Zum Anrichten:
1–2 Feigen
10–12 Scheiben Ciabatta oder Baguette

Pro Stück:
E: 7 g, F: 11 g, Kh: 16 g,
kJ: 793, kcal: 189

1. Für die Hühnerlebercreme die Hühnerleber unter fließendem kalten Wasser abspülen, trocken tupfen und evtl. Hautreste entfernen. Die Zwiebel abziehen, halbieren und in feine Würfel schneiden.
2. Butter in einer Pfanne zerlassen. Die Zwiebelwürfel darin andünsten. Die Hühnerleber, das Lorbeerblatt und die Wacholderbeeren hinzufügen. Leber von jeder Seite 3–5 Minuten braten, dann mit Salz, Pfeffer und Thymian würzen. Die Leber abkühlen lassen.
3. Das Lorbeerblatt entfernen. Die Leber mit den Zwiebeln und den Wacholderbeeren in einen Rührbecher geben. Butter hinzufügen und die Zutaten fein pürieren. Die Zitronenschale unterrühren. Die Hühnerlebercreme mit Salz und Pfeffer würzen. Zuletzt Sherry oder Weinbrand unterrühren.
4. Die Hühnerlebercreme bis zum Servieren in gründlich gereinigte und getrocknete Gläser mit Schraubverschluss füllen. Die Gläser mit den Deckeln gut verschließen und in den Kühlschrank stellen.
5. Zum Anrichten die Feigen abspülen, abtrocknen und in schmale Spalten schneiden.
6. Jeweils etwas von der Hühnerlebercreme auf 1 Brotscheibe streichen und mit 1 Feigenspalte garnieren.

Roggenbrotschnittchen mit Heringssalat

10 Stück

Zubereitungszeit: 20 Minuten

3 Matjes-Doppelfilets
500 g roter Heringssalat
(aus dem Kühlregal)
1 roter Apfel
Saft von 1 Zitrone
10 Salatblätter, z. B. Frisée-Salat
5 große Scheiben Roggenbrot
1 Dillstängel

Pro Stück:
E: 10 g, F: 16 g, Kh: 15 g,
kJ: 1050, kcal: 251

1. Die Matjesfilets in kleine Stücke schneiden, dabei evtl. vorhandene Gräten entfernen, Matjesstücke unter den Heringssalat mischen.
2. Apfel abspülen, abtrocknen und vierteln. Das Kerngehäuse entfernen und die Apfelviertel in dünne Spalten schneiden. Apfelspalten mit Zitronensaft beträufeln, damit sie sich nicht braun färben.
3. Salatblätter abspülen und trocken tupfen. Brotscheiben halbieren und mit je einem Salatblatt belegen. Den Heringssalat auf den Salatblättern verteilen.
4. Dillstängel abspülen, trocken tupfen und etwas kleiner zupfen. Die Schnittchen mit Apfelspalten und Dill garniert servieren.

Rohkost-Schnittchen

8 Portionen

Zubereitungszeit: 25 Minuten

Für den Belag:
9–10 Radieschen
2 Salatgurken
6 hart gekochte Eier
5 Tomaten

160 g runde Scheiben Weißbrot
120 g Knäckebrot
400 g Grau- oder Mischbrot
(in Scheiben)
150 g Kräuterbutter
250 g Kräuterquark

Zum Garnieren:
je 50 g Mayonnaise und Remoulade
(aus der Tube)
100 g Möhrenraspel
einige Schnittlauchröllchen
Salz, gem. Pfeffer

Pro Portion:
E: 15 g, F: 30 g, Kh: 50 g,
kJ: 2208, kcal: 530

1. Für den Belag Radieschen putzen, abspülen und trocken tupfen. Gurken abspülen und abtrocknen, die Enden abschneiden. Die Eier pellen. 2 Radieschen in Stifte, restliche Radieschen und Gurken in dünne Scheiben schneiden. Die Eier in schmale Spalten schneiden.
2. Die Tomaten abspülen, abtrocknen, halbieren und die Stängelansätze herausschneiden. Die Tomaten in Scheiben schneiden.
3. Die Brotscheiben nach Belieben abwechselnd mit Kräuterbutter und -quark bestreichen und mit den vorbereiteten Rohkostzutaten belegen.
4. Nach Belieben die Weißbrotscheiben abwechselnd mit Eierscheiben und Radieschenscheiben belegen.
5. Die Knäckebrotscheiben zum Beispiel mit Gurkenscheiben belegen, mit einigen Möhrenraspeln oder Radieschenstiften und Schnittlauchröllchen garnieren.
6. Die Grau- oder Mischbrotscheiben zuerst dachziegelartig mit Gurkenscheiben belegen, dann einige Möhrenraspel darauf verteilen. Die Schnittchen mit Schnittlauchröllchen bestreuen. Brotscheiben mit Salz und Pfeffer bestreuen.

Tipp: Knäckebrot erst kurz vor dem Servieren zubereiten, da es sehr schnell durchweicht.

Roggenbrotschnittchen mit Heringssalat

Rohkost-Schnittchen

Brotwürfel mit Mandeloliven und Chorizo

Minigemüse mit Käsecreme

Brotwürfel mit Mandeloliven und Chorizo

24 Stück

Zubereitungszeit: 45 Minuten, ohne Abkühlzeit

je 1 rote und gelbe Paprikaschote
1 EL Olivenöl
Salz
gem. Pfeffer
100 g Butter (zimmerwarm)
1 TL Paprikapulver rosenscharf
6 Scheiben Weißbrot oder Toastbrot
150 g entsteinte, grüne Oliven
50 g abgezogene, kleine Mandeln
24 Scheiben Chorizo (spanische Paprikasalami)

Pro Stück:
E: 2 g, F: 7 g, Kh: 4 g,
kJ: 369, kcal: 88

1. Die Paprikaschoten mit einem Sparschäler dünn schälen. Paprikaschoten halbieren, entstielen, entkernen und die weißen Scheidewände entfernen. Schotenhälften abspülen, abtropfen lassen und fein würfeln.
2. Olivenöl in einer Pfanne erhitzen. Paprikawürfel darin bei mittlerer Hitze unter Rühren weich dünsten. mit Salz und Pfeffer würzen. Paprikawürfel herausnehmen und erkalten lassen.
3. Butter und Paprikapulver mit einem Schneebesen schaumig rühren. Die Paprikawürfel unterrühren, mit Salz und Pfeffer würzen.
4. Die Brotscheiben entrinden und in etwa 5 x 5 cm große Stücke schneiden. Die Paprikabutter daraufstreichen. Oliven abtropfen lassen und jeweils 1 Mandel hineinstecken. Die Oliven in je 1 Scheibe Chorizo einwickeln und auf die mit Paprikabutter bestrichenen Brotstücke legen.

Minigemüse mit Käsecreme

8 Portionen

Zubereitungszeit: 40 Minuten

16 Cocktailtomaten
4 Mini-Zucchini
2 Avocados
Saft von 1/2 Zitrone
1 kleine Staude Staudensellerie
1 Bund Kerbel oder Petersilie
400 g Doppelrahm-Frischkäse
Salz, gem. Pfeffer
Paprikapulver edelsüß
grob gem. Pfeffer
vorbereitete Kerbel- oder Petersilienblättchen

Pro Portion:
E: 5 g, F: 21 g, Kh: 6 g,
kJ: 972, kcal: 235

1. Cocktailtomaten abspülen, abtrocknen, einen Deckel abschneiden und die Tomaten mithilfe eines kleinen Löffels aushöhlen. Zucchini abspülen, längs halbieren, evtl. etwas aushöhlen und etwa 1 Minute in kochendem Salzwasser blanchieren. Anschließend mit kaltem Wasser abschrecken.
2. Avocados halbieren, den Stein entfernen. Avocados schälen und in Spalten schneiden. Die Spalten mit Zitronensaft beträufeln, damit sie nicht braun werden.
3. Staudensellerie in Stangen zerteilen, putzen, abspülen, abtropfen lassen, die harten Außenfäden abziehen und die Stangen in mundgerechte Stücke schneiden.
4. Kerbel oder Petersilie abspülen, trocken tupfen, die Blättchen von den Stängeln zupfen und sehr fein hacken.
5. Die Hälfte des Frischkäses mit Salz, Pfeffer und Paprikapulver, die andere Hälfte mit Kerbel oder Petersilie, Salz und Pfeffer verrühren. Beide Käsemassen getrennt in Spritzbeutel geben und in oder auf das vorbereitete Gemüse spritzen.
6. Die mit der Paprika-Frischkäse-Masse gefüllten Gemüse mit grob gemahlenem Pfeffer bestreuen, die übrigen mit Kerbel- oder Petersilienblättchen garnieren.

Tipp: Wenn keine Minigemüse vorrätig sind, können Sie auch problemlos auf normale Größen zurückgreifen und die Gemüse in passende Stücke zerteilen.

Eier-Platte

Pochierte Eier im Nest
8 Stück

Zubereitungszeit: 20 Minuten, ohne Abkühlzeit

1 l Wasser, 3 EL Essig
8 Eier (Größe M)
8 Wirsingblätter
8 Porreestreifen
Salz, Rot-Weiß-Mayonnaise (aus der Tube, Fertigprodukt oder nach Belieben Mayonnaise oder Tomatenketchup)

Pro Stück:
E: 7 g, F: 13 g, Kh: 4 g,
kJ: 691, kcal: 165

1. Für die pochierten Eier Wasser mit Essig zum Kochen bringen. Eier einzeln in einer Suppenkelle aufschlagen und vorsichtig in das siedende Wasser geben. Eier 3–4 Minuten darin gar ziehen lassen, zwischendurch einmal wenden (maximal 4 Eier auf einmal garen).
2. Eier mit einem Schaumlöffel herausnehmen, erkalten lassen und dann ringsherum in Form schneiden.
3. Wirsingblätter und Porreestreifen kurz in kochendem Salzwasser blanchieren, herausnehmen, mit kaltem Wasser übergießen und gut abtropfen lassen.
4. Jeweils 1 Ei auf 1 Wirsingblatt legen, etwas Mayonnaise daraufspritzen. Die Wirsingblätter über dem Ei zusammenschlagen und mit einem blanchierten Porreestreifen vorsichtig zusammenbinden.

Grüne Eier
8 Stück

Zubereitungszeit: 25 Minuten

4 hart gekochte Eier
2 EL Kräuter-Crème-fraîche
Salz
gem. Pfeffer
Olivenöl
2 EL gehackte Kräuter, z. B. Petersilie, Schnittlauch, Majoran

Pro Stück:
E: 3 g, F: 5 g, Kh: 1 g,
kJ: 255, kcal: 61

1. Für die grünen Eier die Eier pellen, längs halbieren, Eigelb herausnehmen und durch ein Sieb streichen. Eigelb mit Kräuter-Crème-fraîche verrühren, mit Salz und Pfeffer würzen.
2. Die Eiweißhälften von außen mit etwas Olivenöl bestreichen, mit den Kräutern bestreuen. Die Eigelbcreme in einen Spritzbeutel mit Sterntülle füllen und in die Eiweißhälften spritzen, mit Kräutern garnieren.

Kaviar-Eier auf Baguettescheiben
8 Stück

Zubereitungszeit: 15 Minuten

8 geröstete Scheiben Baguette
30 g Butter (zimmerwarm)
2 hart gekochte Eier
4 TL Keta- oder Forellen-Kaviar
4 TL schwarzer Kaviar, z. B. Beluga
Daikon-Kresse (oder Gartenkresse)

Pro Stück:
E: 5 g, F: 5 g, Kh: 11 g,
kJ: 468, kcal: 112

1. Für die Kaviar-Eier Baguettescheiben mit Butter bestreichen. Eier pellen, in Scheiben schneiden und auf die Brotscheiben legen.
2. Jeweils 4 Brotscheiben mit den verschiedenen Kaviarsorten belegen. Kresse abspülen, trocken tupfen und abschneiden. Die Baguettescheiben damit garnieren.

Garnierte Eierhälften

16 Stück

Zubereitungszeit: 25 Minuten

8 hart gekochte Eier
1/2 blanchierte Möhre
1/2 schmale Salatgurke
4 grüne Oliven, mit Paprika gefüllt
1/2 rote Paprikaschote
1/2 gelbe Paprikaschote
1 TL abgetropfte Kapern
etwas Basilikum
einige Kerbelblättchen
einige Dillspitzen
50 g gegarte Shrimps

Pro Stück:
E: 4 g, F: 3 g, Kh: 1 g,
kJ: 198, kcal: 47

1. Eier pellen, halbieren. Die Hälfte der Eier mit der Schnittfläche nach unten, die andere Hälfte mit der Schnittfläche nach oben auf einer Platte anrichten.
2. Die Möhre in dünne Scheiben schneiden. Salatgurke abspülen, trocken tupfen und in dünne Scheiben schneiden. Oliven ebenfalls in dünne Scheiben schneiden. Paprika entstielen, entkernen, die weißen Scheidewände entfernen. Schotenhälften abspülen, trocken tupfen und in kleine Rauten schneiden.
3. Die Eierhälften nach Belieben mit den Möhren-, Gurken-, Olivenscheiben, Paprikarauten, Kapern, Kräutern und Shrimps garnieren.

Hackfleischbällchen auf Pumpernickel

24 Stück

Zubereitungszeit: 40 Minuten, ohne Abkühlzeit

1 Zwiebel
800 g Rindergehacktes
2 Eier (Größe M)
2 TL Paprikapulver edelsüß
3 EL Tomatenketchup
3 EL gehackte Petersilie
Salz, gem. Pfeffer
4 EL Sonnenblumenöl
24 Pumpernickeltaler
50 g Butter (zimmerwarm)
einige vorbereitete Feldsalat- und Frisée-Salatblätter
6–8 Cornichons

Außerdem:
24 Holzspießchen

Pro Stück:
E: 8 g, F: 8 g, Kh: 5 g,
kJ: 526, kcal: 126

1. Die Zwiebel abzie… würfeln. Gehacktes … belwürfeln, Paprikap… ketchup und Petersilie … mengen, mit Salz und P… würzen. Mit angefeuchteten Händen aus der Masse 24 Bällchen formen, diese etwas flach drücken.
2. Sonnenblumenöl in einer Pfanne erhitzen. Die Bällchen darin von allen Seiten anbraten und in 8–10 Minuten fertig braten. Bällchen aus der Pfanne nehmen und etwas abkühlen lassen.
3. Pumpernickeltaler dünn mit Butter bestreichen, Salatblätter darauf verteilen und die Hackfleischbällchen daraufsetzen. Cornichons in dicke Scheiben schneiden und alles je mit 1 Holzspießchen feststecken.

Tipps: Hackfleischbällchen können auch aus Geflügel- oder Lammhackfleisch zubereitet werden. Wenn Sie keine Pumpernickeltaler bekommen, können Sie auch gut Vollkorn- oder Schwarzbrot in kleine Quadrate schneiden.

Hackfleischbällchen auf Pumpernickel

Frühlingsschnittchen
10 Stück

Zubereitungszeit: 25 Minuten

4 hart gekochte Eier
1 Bund Radieschen (etwa 80 g)
1/2 Bund Schnittlauch
5 Scheiben Mehrkornbrot
(je Scheibe etwa 45 g)
30 g Halbfett-Butter
(39 % Fett, zimmerwarm)
Salz, gem. Pfeffer

Pro Stück:
E: 5 g, F: 4 g, Kh: 12 g,
kJ: 411, kcal: 98

1. Die Eier pellen und in Scheiben schneiden. Radieschen putzen, entstielen, gut abspülen, abtropfen lassen und in Scheiben schneiden. Schnittlauch abspülen, trocken tupfen und in Röllchen schneiden.
2. Die Brotscheiben halbieren und dünn mit Halbfett-Butter bestreichen. Die Schnittchen mit Eier- und Radieschenscheiben belegen, mit Salz und Pfeffer bestreuen. Zum Schluss die Schnittlauchröllchen auf die Frühlingsschnittchen streuen.

Frühlingsschnittchen

Italienische Platte

Möhren mit Parmaschinken
10 Stück

Zubereitungszeit: 25 Minuten, ohne Marinierzeit

10–12 dünne Möhren
Salz
1 EL Balsamico-Essig
1 Prise Zucker
gem. Pfeffer
3 EL Olivenöl
5–6 Scheiben Parmaschinken
evtl. etwas Petersilie

Pro Stück:
E: 3 g, F: 3 g, Kh: 6 g,
kJ: 249, kcal: 60

1. Möhren putzen vom Grün etwas stehen lassen, schälen, abspülen und kurz in kochendem Salzwasser blanchieren. Die Möhren mit kaltem Wasser übergießen, abtropfen lassen und in eine Schale geben.
2. Essig, Salz, Zucker und Pfeffer verrühren. Olivenöl unterschlagen. Die Möhren mit der Marinade übergießen, etwa 60 Minuten marinieren, zwischendurch wenden.
3. Möhren aus der Marinade nehmen und jeweils mit 1/2 Scheibe Parmaschinken umwickeln. Petersilie abspülen und trocken tupfen. Möhren nach Belieben damit garnieren.

Mariniertes Gemüse
10 Stück — Zum Vorbereiten

Zubereitungszeit: 25 Minuten, ohne Durchziehzeit

je 1 rote und grüne Paprikaschote
Salz
10 abgetropfte Artischockenherzen
(aus der Dose)
1 EL Zitronensaft
1 abgezogene, gewürfelte
Knoblauchzehe
2 TL gemischte, gehackte Kräuter
gem. Pfeffer, 5 EL Olivenöl

Außerdem:
10 Holzspießchen

Pro Stück:
E: 1 g, F: 2 g, Kh: 4 g,
kJ: 158, kcal: 38

1. Paprika fünfteln, entstielen, entkernen und die weißen Scheidewände entfernen. Die Schoten abspülen, in kochendes Salzwasser geben und 3–5 Minuten kochen.
2. Die Paprikastücke sofort kurz in kaltes Wasser legen, herausnehmen, etwas abkühlen lassen und die Haut abziehen.
3. Die Artischockenherzen in einer flachen Schale verteilen.
4. Zitronensaft mit Knoblauchwürfeln, Kräutern, Salz und Pfeffer verrühren. Olivenöl unterschlagen. Marinade auf dem Gemüse verteilen und einige Stunden durchziehen lassen.
5. Die Paprikaschoten aufrollen, mit einem Holzspießchen auf die Artischockenherzen spießen.

Bruschetta
10 Stück

Zubereitungszeit: 20 Minuten

10 Ciabatta-Scheiben
8–10 große, enthäutete,
gewürfelte Tomaten
3 abgezogene, gewürfelte
Knoblauchzehen
1 abgezogene, gewürfelte Zwiebel
2 TL Zitronensaft
6 EL Olivenöl
1 TL italienische Kräuter
Salz
gem. Pfeffer
evtl. 10 Kapernäpfel

Pro Stück:
E: 3 g, F: 7 g, Kh: 14 g,
kJ: 557, kcal: 133

1 Ciabatta-Scheiben toasten (oder in etwas Olivenöl anbraten).
2. Tomatenwürfel mit den Knoblauch- und Zwiebelwürfeln mischen.

Zitronensaft, Olivenöl, Kräuter, Salz und Pfeffer unterrühren und abschmecken.

3. Die Tomatenmischung auf den Ciabatta-Scheiben verteilen. Evtl. mit den Kapernäpfel garnieren.

Mortadella-Scheiben

10 Portionen

Zubereitungszeit: 10 Minuten

350 g italienische Mortadella (in sehr dünne Scheiben geschnitten)
einige Basilikumblättchen

Pro Portion:
E: 4 g, F: 9 g, Kh: 0 g,
kJ: 399, kcal: 95

1. Die Mortadella-Scheiben auf einer Platte locker anrichten. Basilikum abspülen und trocken tupfen. Mortadellascheiben damit garnieren.

Mozzarella mit Tomaten

24 Scheiben

Zubereitungszeit: 15 Minuten

6 Strauchtomaten
400 g abgetropfter Mozzarella
2 EL Balsamico-Essig
Salz
grob gem. Pfeffer
7 EL Olivenöl
24 Basilikumblättchen

Pro Scheibe:
E: 3 g, F: 6 g, Kh: 1 g,
kJ: 312, kcal: 74

1. Tomaten abspülen, abtrocknen, halbieren und die Stängelansätze herausschneiden. Die Tomaten in Scheiben schneiden. Mozzarella in Scheiben schneiden und auf die Tomatenscheiben legen.

2. Essig, Salz und Pfeffer verrühren. Olivenöl unterschlagen und auf den Mozzarella-Scheiben verteilen. Basilikumblättchen abspülen und trocken tupfen. Die Mozzarella-Tomaten-Scheiben damit garnieren.

Italienische Platte

Parmaschinken auf Grissini-Stangen

10 Stück

Zubereitungszeit: 10 Minuten

10 dünne Spalten Netz- oder Cantaloupe-Melone (ohne Schale)
10 Grissini-Stangen
10 Scheiben Parmaschinken

Pro Stück:
E: 4 g, F: 3 g, Kh: 9 g,
kJ: 325, kcal: 78

1. Je 1 Spalte Melone und 1 Grissini-Stange in 1 Scheibe Parmaschinken wickeln.

Tipp: Sofort servieren, die Grissini-Stangen weichen sehr schnell durch.

Salamischeiben mit Oliven

10 Portionen

Zubereitungszeit: 10 Minuten

150 g italienische Salami (in dünnen Scheiben)
2 Zweige Rosmarin
je 8 schwarze und grüne Oliven

Pro Portion:
E: 3 g, F: 6 g, Kh: 0 g,
kJ: 272, kcal: 65

1. Die Salamischeiben zu Spitztüten aufrollen und auf die Platte legen. Rosmarin abspülen und trocken tupfen. Salami mit Oliven und Rosmarinzweigen garnieren.

Platte mit Fliegenpilzen und russischen Eiern

Platte mit Fliegenpilzen und russischen Eiern

Fliegenpilze

8 Stück

Zubereitungszeit: 20 Minuten

8 hart gekochte Eier
8 Tomaten
Salatmayonnaise (aus der Tube, etwa 40 g)
1 Kästchen Kresse

Pro Stück:
E: 6 g, F: 9 g, Kh: 2 g,
kJ: 463, kcal: 111

1. Die Eier pellen und an der unteren Seite eine Kuppe abschneiden, damit die Eier gut stehen können.
2. Tomaten abspülen, trocken tupfen und einen Deckel abschneiden. Die Tomatendeckel aushöhlen und jeweils auf ein Ei setzen. Die Tomatendeckel mit Mayonnaisetupfen verzieren.
3. Kresse abspülen, trocken tupfen und vom Beet schneiden. Fliegenpilze auf ein Bett aus Kresse setzen.

Tipp: Die Tomatenreste für einen Salat oder für eine Suppe verwenden.

Russische Eier

8 Stück

Zubereitungszeit: 20 Minuten

4 hart gekochte Eier
1 schwach geh. EL Salatmayonnaise
1 schwach geh. TL mittelscharfer Senf
Salz
gem. Pfeffer
1 Prise Zucker

Zum Garnieren:
vorbereitete Salatblätter
Sardellenstreifen
Gurkenstreifen

Pro Stück:
E: 4 g, F: 4 g, Kh: 1 g,
kJ: 243, kcal: 58

1. Die Eier pellen, längs halbieren, Eigelb herauslösen, durch ein feines Sieb streichen. Eigelb mit Mayonnaise und Senf zu einer geschmeidigen Masse verrühren. Eigelbcreme mit Salz, Pfeffer und Zucker abschmecken, in einen Spritzbeutel mit Sterntülle geben. Die Eigelbcreme in die Eihälften spritzen.
2. Salatblätter auf einer Platte verteilen. Die Eihälften darauf anrichten, mit Sardellen- und Gurkenstreifen garnieren.

Smörebröd mit Bratenaufschnitt und Pfirsich

8 Stück (ohne Foto)

Zubereitungszeit: 20 Minuten

8 gut abgetropfte Pfirsichhälften (aus der Dose)
8 runde Scheiben Knäckebrot (Smörebröd)
50 g Butter (zimmerwarm)
16 Scheiben Schweinebratenaufschnitt (je etwa 20 g)
8 TL Wild-Preiselbeeren (aus der Dose)
grob gem. Pfeffer

Pro Stück:
E: 10 g, F: 14 g, Kh: 17 g,
kJ: 1000, kcal: 239

1. Die Pfirsichhälften in Fächer schneiden.
2. Die Knäckebrotscheiben mit Butter bestreichen, mit je 2 Scheiben Schweinebraten belegen und anschließend je 1 Teelöffel Preiselbeeren darauf verteilen.
3. Die Pfirsichfächer dekorativ darauflegen und die Brotscheiben mit Pfeffer bestreuen.

Pumpernickelecken

10–12 Stück

Zum Vorbereiten

Zubereitungszeit: 30 Minuten, ohne Kühlzeit

1 Schalotte
200 g Doppelrahm-Frischkäse
Salz, gem. Pfeffer
1/2 rote Paprikaschote
einige Stängel Basilikum und Petersilie
1 gestr. TL Paprikapulver edelsüß
4 Scheiben Pumpernickel

Pro Stück:
E: 3 g, F: 6 g, Kh: 8 g,
kJ: 414, kcal: 99

1. Schalotte abziehen und in feine Würfel schneiden. Frischkäse mit Schalottenwürfeln verrühren, mit Salz und Pfeffer abschmecken und in 3 Portionen aufteilen.
2. Paprikahälfte entstielen, entkernen und die weißen Scheidewände entfernen. Paprika abspülen, abtropfen lassen und fein würfeln.
3. Basilikum und Petersilie abspülen und trocken tupfen. Die Blättchen von den Stängeln zupfen. Blättchen fein hacken.
4. Für den roten Aufstrich 1 Portion der Frischkäsemasse mit den Paprikawürfeln und dem Paprikapulver verrühren. Für den grünen Aufstrich 1 Portion der Frischkäsemasse mit den gehackten Kräutern verrühren.
5. Je 1 Pumpernickelscheibe mit einem der drei Aufstriche bestreichen und aufeinanderlegen. Mit der vierten Pumpernickelscheibe belegen, diese leicht andrücken. Das Ganze fest in Frischhaltefolie einwickeln.
6. Den Pumpernickelturm für etwa 1 Stunde in den Kühlschrank legen, anschließend aus der Folie wickeln und in 10–12 Ecken schneiden.

Käse-Zucchini-Schnittchen

10 Stück

Zubereitungszeit: 25 Minuten, ohne Abkühlzeit

1 Zucchini
1–2 EL Olivenöl
Salz, gem. Pfeffer
10 Schnittlauchhalme
1 Stängel glatte Petersilie
1 kleines Vollkornbaguette
2–3 EL Kräuter-Crème-fraîche
5 Scheiben Höhlenkäse
100 g Schafskäse

Pro Stück:
E: 7 g, F: 10 g, Kh: 11 g,
kJ: 680, kcal: 163

1. Zucchini abspülen, abtropfen lassen und die Enden abschneiden. Von der Zucchini längs 10 dünne Scheiben abschneiden.
2. Das Öl in einer großen Pfanne erhitzen. Die Zucchinischeiben darin kurz von beiden Seiten anbraten, mit Salz und Pfeffer würzen und erkalten lassen.
3. Schnittlauch und Petersilie abspülen, trocken tupfen. Petersilienblättchen vom Stängel zupfen und zum Garnieren beiseitelegen. Das Baguette in 10 Scheiben schneiden, diese mit Kräuter-Crème-fraîche bestreichen. Jeweils 1 Zucchinischeibe mit 1 Käsescheibe belegen, von der schmalen Seite her aufrollen und mit einem Schnittlauchhalm zusammenbinden.
4. Schafskäse längs in 5 etwa 1 cm breite Streifen schneiden. Schafskäsestreifen in jeweils 1 Zucchinischeibe einrollen und ebenfalls mit einem Schnittlauchhalm zusammenbinden.
5. Dann die Käse-Zucchini-Röllchen auf die Schnittchen legen und mit Petersilienblättchen und Pfeffer bestreut servieren.

Pumpernickelecken

Käse-Zucchini-Schnittchen

Schwarzbrottaler

30 Stück

Zubereitungszeit: 20 Minuten, ohne Kühlzeit

100 g Kräuter-Frischkäse
100 g Doppelrahm-Frischkäse
3 hart gekochte, gepellte Eier
etwas klein geschnittener Dill
etwas Worcestersauce
Salz
gem. Pfeffer
5 große Scheiben Gouda
30 Schwarzbrot- oder Pumpernickeltaler
25 g Butter (zimmerwarm)
etwas Paprikapulver edelsüß
Schnittlauchröllchen

Pro Stück:
E: 4 g, F: 5 g, Kh: 4 g,
kJ: 328, kcal: 78

1. Beide Käsesorten miteinander verrühren. Eier fein würfeln, mit Dill und Worcestersauce unter den Käse rühren, mit Salz und Pfeffer würzen.
2. Von dem Gouda die Rinden abschneiden. Auf jede Käsescheibe etwas von der Eier-Käse-Mischung streichen, von der schmalen Seite her fest aufrollen. Je 1 Käserolle fest in Alufolie wickeln und 1–2 Stunden in den Kühlschrank stellen.
3. Käserollen aus der Folie nehmen und in etwa 1 1/2 cm dicke Scheiben schneiden. Die Schwarzbrot- oder Pumpernickeltaler mit etwas Butter bestreichen und mit jeweils 1 Käsescheibe belegen. Taler mit Paprikapulver bestreuen und mit Schnittlauchröllchen garnieren.

Vitello-tonnato-Röllchen

Zum Vorbereiten

40 Stück

Zubereitungszeit: 45 Minuten, ohne Abkühlzeit
Garzeit: etwa 1 1/2 Stunden

600 g mageres Kalbfleisch
1 Zwiebel, 2 l Salzwasser
2 Lorbeerblätter
4 Gewürznelken

Für die Tunfischsauce:
370 g Tunfisch, naturell (aus der Dose)
Saft von 1–2 Zitronen
150 g Delikatess-Mayonnaise
150 g Crème fraîche
2 EL Kapern
Salz, gem. Pfeffer

40 Holzspießchen

Pro Stück:
E: 5 g, F: 6 g, Kh: 0 g,
kJ: 317, kcal: 76

1. Kalbfleisch trocken tupfen. Zwiebel abziehen und vierteln. Salzwasser in einem Topf zum Kochen bringen. Kalbfleisch, Lorbeerblätter, Nelken und Zwiebelviertel hinzufügen. Das Wasser wieder zum Kochen bringen und das Kalbfleisch darin zugedeckt bei schwacher Hitze etwa 1 1/2 Stunden garen lassen. Fleisch nach der Garzeit in dem Sud erkalten lassen.
2. Für die Sauce Tunfisch mit Zitronensaft pürieren. Mayonnaise und Crème fraîche unterrühren.
3. Kapern abtropfen lassen. 1 Esslöffel der Kapern fein hacken und unter die Tunfischmasse rühren. Sauce mit Salz und Pfeffer würzen.
4. Das kalte Fleisch aus dem Sud nehmen, gut trocken tupfen und in 40 dünne Scheiben schneiden (am besten mit einer Aufschnittmaschine) und auf eine Platte legen.
5. Die Sauce auf die Fleischscheiben streichen, mit den restlichen Kapern bestreuen. Scheiben aufrollen, mit Holzspießchen zusammenstecken.

Tipp: Nach Belieben zusätzlich noch 1 Kaper pro Röllchen feststecken und die Platte mit Salatblättern garnieren.

Schwarzbrottaler

Vitello-tonnato-Röllchen

Vollkornschnittchen mit Radieschen

Zungenwurst-Schnittchen

Vollkornschnittchen mit Radieschen

10 Stück

Zubereitungszeit: 20 Minuten

40 g Sonnenblumenkerne
1 Bund Radieschen (etwa 80 g)
5 Scheiben Vollkornbrot (je Scheibe etwa 45 g)
50 g Frischkäse (5 % Fett)
10 Ziegenweichkäse-Taler (je etwa 40 g)
1/2 Bund Schnittlauch

Pro Stück:
E: 6 g, F: 12 g, Kh: 11 g,
kJ: 721, kcal: 174

1. Die Sonnenblumenkerne in einer Pfanne ohne Fett unter Wenden rösten und auf einen Teller geben.
2. Radieschen putzen, gut abspülen, abtropfen lassen und in dünne Scheiben schneiden.
3. Vollkornbrotscheiben mit Frischkäse bestreichen und halbieren. Das Vollkornbrot mit Radieschenscheiben belegen. Die Ziegenweichkäse-Taler vorsichtig waagerecht halbieren und jeweils 2 Hälften auf ein Radieschenbrot legen.
4. Schnittlauch abspülen, trocken tupfen und anschließend in Röllchen schneiden.
5. Vollkornschnittchen mit Sonnenblumenkernen und Schnittlauchröllchen bestreut servieren.

Zungenwurst-Schnittchen

10 Stück

Zubereitungszeit: 30 Minuten

1 Apfel, z. B. Jonagold
1 kleine Salatgurke (etwa 200 g)
250 g Magerquark
2 Stängel Dill
Salz
gem. Pfeffer
10 Salatblätter, z. B. Lollo bionda
5 große Scheiben Bauernbrot oder Mischbrot
10 große Scheiben Zungenwurst
1 Karambole (Sternfrucht)

Pro Stück:
E: 10 g, F: 6 g, Kh: 17 g,
kJ: 709, kcal: 169

1. Apfel abspülen, abtrocknen, vierteln und das Kerngehäuse entfernen. Die Apfelviertel in sehr feine Würfel schneiden.
2. Gurke schälen und die Enden abschneiden. Gurke längs vierteln, evtl. Kerne herausschaben. Gurke ebenfalls in feine Würfel schneiden. Die Apfel- und Gurkenwürfel mit dem Quark verrühren.
3. Dill abspülen, trocken tupfen und die Spitzen von den Stängeln zupfen. Spitzen fein schneiden und unter die Quarkmasse rühren. Quarkmasse mit Salz und Pfeffer würzen.
4. Salatblätter abspülen und trocken tupfen. Brotscheiben halbieren und dünn mit etwas von der Quarkmasse bestreichen. Je 1 Salatblatt und 1 Scheibe Zungenwurst darauflegen. Jede Zungenwurstscheibe zur Hälfte mit etwas von der Quarkmasse belegen. Die unbelegte Hälfte der Zungenwurst jeweils vorsichtig darüberklappen.
5. Karambole abspülen, abtrocknen und in dünne Scheiben schneiden. Schnittchen mit Karambolescheiben garniert servieren.

Tipp: Als Variante können Sie auch aufgeschnittene, gekochte Rinderzunge verwenden.

Geflügelplatte

Geflügelplatte

Gefüllte Hähnchenschnitzel
24 Scheiben

Zubereitungszeit: 45 Minuten

8 Hähnchenschnitzel
(je etwa 100 g)

Für die Füllung:
4 Salbeiblätter
4 abgetropfte Tomaten, in Öl
je 10 grüne und schwarze, entsteinte Oliven
1 EL Pesto (aus dem Glas)
2 EL gem. Mandeln

2 EL Olivenöl
125 g Schlagsahne
Zitronensaft
1 EL Tomatenmark
Salz, gem. Pfeffer
Küchengarn

Pro Scheibe:
E: 9 g, F: 5 g, Kh: 1 g,
kJ: 331, kcal: 79

1. Hähnchenschnitzel unter fließendem kalten Wasser abspülen und trocken tupfen.
2. Für die Füllung Salbeiblätter abspülen, trocken tupfen und hacken. Tomaten in kleine Würfel schneiden. Oliven klein schneiden.
3. Die vorbereiteten Zutaten für die Füllung mit Pesto und Mandeln vermischen, die Hähnchenschnitzel damit bestreichen. Die Hähnchenschnitzel aufrollen und mit Küchengarn zusammenbinden.
4. Öl in einer Pfanne erhitzen. Geflügelrollen von allen Seiten gut darin anbraten und zugedeckt etwa 15 Minuten schmoren lassen. Das Fleisch erkalten lassen.
5. Die Hähnchenrollen in je 3 Scheiben schneiden und auf einer Platte anrichten.
6. Sahne steif schlagen, mit Zitronensaft, Tomatenmark, Salz und Pfeffer abschmecken und zu den Hähnchenschnitzeln reichen.

Geflügelröllchen mit Obst
8 Röllchen

Zubereitungszeit: 25 Minuten

200 g Aprikosen
150 g Erdbeeren
100 g Mascarpone (ital. Frischkäse)
1 EL Zitronensaft
1 TL Balsamico-Essig
Salz
gem. Pfeffer
8 Schnittlauchhalme
8 Scheiben Geflügelaufschnitt mit Hähnchenbrust (etwa 200 g)

Pro Röllchen:
E: 6 g, F: 6 g, Kh: 4 g,
kJ: 398, kcal: 95

1. Aprikosen abspülen, trocken tupfen, halbieren und entsteinen. Erdbeeren abspülen, gut abtropfen lassen und entstielen. Beide Zutaten in kleine Würfel schneiden.
2. Mascarpone mit Zitronensaft und Essig verrühren. Das Obst darunterheben und mit Salz und Pfeffer abschmecken. Schnittlauch abspülen und trocken tupfen. Das Obst auf dem Geflügelaufschnitt verteilen und aufrollen, mit Schnittlauchhalmen zusammenbinden.

Tipp: Statt frischer Aprikosen können auch abgetropfte Dosenfrüchte (Aprikosen oder Pfirsiche) genommen werden.

Geflügelsalat-Häppchen
16 Häppchen

Zubereitungszeit: 40 Minuten

125 g geräucherter Putenfleischaufschnitt
100 g Honigmelonenfruchtfleisch
50 g Chicoréeblätter
3–4 Datteln
1 geh. EL Rosinen

Für die Salatsauce:
1 EL Crème fraîche
1–2 EL Zitronensaft
1 TL Currypulver
1 Msp. gem. Zimt
Salz, gem. Pfeffer

1 Prise Zucker
1 EL gehackte Minze

16 Croustades oder herzhafte Mini-Tortelettes (je etwa 25 g)

Pro Häppchen:
E: 4 g, F: 6 g, Kh: 20 g,
kJ: 641, kcal: 153

1. Putenaufschnitt in feine Streifen schneiden. Honigmelone in Stücke schneiden. Die Chicoréeblätter abspülen, trocken tupfen, die Spitzen abschneiden und beiseitelegen. Den restlichen Chicorée in Streifen schneiden. Datteln und Rosinen fein würfeln.
2. Für die Salatsauce Crème fraîche mit Zitronensaft, Curry, Zimt, Salz, Pfeffer und Zucker verrühren. Die Salatzutaten mit der Salatsauce vermischen und abschmecken. Die gehackte Minze hinzugeben.
3. Die Croustades oder Mini-Tortelettes mit den beiseitegelegten Chicoréespitzen auslegen und den Geflügelsalat darauf verteilen.

Dreiecksschnittchen mit Ajvar-Frischkäse und Salami

12 Schnittchen

Zubereitungszeit: 30 Minuten

1 Ciabatta-Brot
(zum Aufbacken, etwa 300 g)

2 EL Ajvar
(Paprikamus, aus dem Glas)
100 g Doppelrahm-Frischkäse
2 EL ger. Parmesan
Salz
gem. Pfeffer
gerebelter Thymian
80 g abgetropfte Tomaten, in Öl
24 Scheiben italienische Salami
einige Basilikumstängel
einige entsteinte, grüne Oliven

Pro Schnittchen:
E: 6 g, F: 7 g, Kh: 14 g,
kJ: 620, kcal: 147

1. Ciabatta-Brot nach Packungsanleitung aufbacken, etwas abkühlen lassen. Brot waagerecht halbieren, dann in 12 dreieckige Schnittchen schneiden.
2. Frischkäse mit Ajvar und Käse verrühren, mit Salz, Pfeffer und Thymian würzen. Tomaten fein würfeln.
3. Die Schnittchen mit der Käsecreme bestreichen. Tomatenwürfel darauf verteilen, mit je 2 Scheiben Salami belegen.
4. Basilikum abspülen und trocken tupfen. Oliven in Scheiben schneiden. Die belegten Dreiecksschnittchen auf einer Platte anrichten, mit Olivenscheiben und Basilikumstängeln garnieren.

Eier-Häckerle-Toastecken

Zum Vorbereiten

20 Stück

Zubereitungszeit: 30 Minuten

6 hart gekochte Eier
100 g Salatmayonnaise
150 g Joghurt (1,5 % Fett)
1 TL mittelscharfer Senf
Salz , gem. Pfeffer
1 kleine Schalotte
140 g abgetropfter Gemüsemais (aus der Dose)
1 Kästchen Kresse
1 Bund Schnittlauch

10 Scheiben Toast

Pro Stück:
E: 4 g, F: 5 g, Kh: 8 g,
kJ: 374, kcal: 89

1. Eier pellen und fein hacken. Mayonnaise mit Joghurt, Senf, Salz und Pfeffer verrühren. Schalotte abziehen und in kleine Würfel schneiden. Schalottenwürfel mit Mais und gehackten Eiern unterrühren.
2. Kresse abspülen, trocken tupfen und abschneiden. Den Schnittlauch ebenfalls abspülen, trocken tupfen und in sehr feine Röllchen schneiden. 1 Esslöffel Schnittlauchröllchen zum Garnieren beiseitelegen. Den Aufstrich nochmals mit Salz und Pfeffer abschmecken. Kresse und Schnittlauchröllchen unterrühren, in ein verschließbares Gefäß füllen und bis zum Servieren in den Kühlschrank stellen.
3. Toastscheiben toasten, erkalten lassen und diagonal halbieren. Eier-Häckerle auf den Toastecken verteilen, mit beiseitegelegten Schnittlauchröllchen bestreuen.

Dreiecksschnittchen mit Ajvar-Frischkäse und Salami

Eier-Häckerle-Toastecken

Ciabatta-Brötchen mit Frikadellen

12 Stück

Zubereitungszeit: 45 Minuten, ohne Abkühlzeit

1 Brötchen (Semmel) vom Vortag
1 Zwiebel
1 Bund Petersilie
500 g Schweinegehacktes
1 Ei (Größe M)
2 TL Senf, z. B. Dijon-Senf
1 TL Pul Biber
(geschrotete Pfefferschoten)
Salz, gem. Pfeffer
6 EL Olivenöl
6 Ciabatta-Brötchen
(zum Aufbacken)
2 saure Gurken
200 g Mayonnaise
1 TL Zaziki-Gewürzmischung
12 Salatblätter, z. B. Lollo bionda

Pro Stück:
E: 11 g, F: 25 g, Kh: 16 g,
kJ: 1375, kcal: 329

1. Brötchen in kaltem Wasser einweichen und gut ausdrücken. Zwiebel abziehen und in feine Würfel schneiden. Petersilie abspülen, trocken tupfen und die Blättchen von den Stängeln zupfen. Die Blättchen fein hacken.
2. Gehacktes in eine Schüssel geben und mit dem ausgedrückten Brötchen, Zwiebelwürfeln, gehackten Petersilienblättchen, Ei und Senf vermischen. Gehacktesmasse mit Pul Biber, Salz und Pfeffer würzen.
3. Aus der Gehacktesmasse mit angefeuchteten Händen 12 flache Frikadellen formen. Öl in einer großen Pfanne erhitzen. Frikadellen darin von beiden Seiten in etwa 10 Minuten knusprig braten. Gebratene Frikadellen abkühlen lassen.
4. Die Ciabatta-Brötchen nach Packungsanleitung aufbacken und anschließend etwas abkühlen lassen.
5. Die sauren Gurken in feine Würfel schneiden, mit der Mayonnaise und der Tsatsiki-Gewürzmischung verrühren. Etwa 1 Esslöffel von der Mayonnaisemischung zum Garnieren beiseitelegen. Salatblätter abspülen und trocken tupfen.
6. Ciabatta-Brötchen waagerecht aufschneiden und die Schnittseite mit der Mayonnaisemischung bestreichen. Zuerst Salatblätter darauflegen, dann jeweils 1 Frikadelle daraufgeben. Zum Garnieren jeweils einen kleinen Tupfer der beiseitegelegten Mayonnaisemischung daraufsetzen.

Club-Sandwich

8 Stück

Zubereitungszeit: 20 Minuten

100 g Eisbergsalat oder Rucola (Rauke)
4 Scheiben Bacon (Frühstücksspeck, etwa 50 g)
100 g Remoulade (aus der Tube)
4 Scheiben Vollkorn-Sandwich-Toastbrot
1 Tomate
4 Scheiben Putenbrustaufschnitt (etwa 50 g)

Außerdem:
8 Zahnstocher

Pro Stück:
E: 4 g, F: 9 g, Kh: 8 g,
kJ: 542, kcal: 130

1. Eisbergsalat oder Rucola putzen, abspülen, gut abtropfen lassen oder trocken schleudern. Den Eisbergsalat in feine Streifen schneiden oder den Rucola etwas kleiner zupfen.
2. Den Bacon in einer Pfanne ohne Fett bei mittlerer Hitze langsam knusprig braun braten.
3. Die Remoulade mit dem Eisberg- oder Rucolasalat vermischen und auf die Toastbrotscheiben streichen.

Ciabatta-Brötchen mit Frikadellen

Club-Sandwich

Crostini mit Schinken

Belegte Brötchen

4. Die Tomate abspülen, abtrocknen und den Stängelansatz herausschneiden. Die Tomate in Scheiben schneiden. Auf 2 Toastbrotscheiben zuerst die Tomatenscheiben, dann den Putenbrustaufschnitt und zuletzt die knusprigen Baconscheiben legen. Die restlichen Toastbrotscheiben mit der bestrichenen Seite auf die belegten Toastbrotscheiben legen und gut andrücken.
5. Die Sandwiches zweimal diagonal durchschneiden, sodass jeweils 4 Dreiecke entstehen. Die Sandwiches mit den Zahnstochern fixieren.

Crostini mit Schinken

10 Stück

Zubereitungszeit: 30 Minuten

6 EL Olivenöl
10 Scheiben Baguette
200 g abgetropfte, geröstete, rote Paprikaschoten (aus dem Glas)
125 g Mozzarella
100 g Speisequark (40 % Fett)
10 Scheiben luftgetrockneter Knochenschinken
2–3 Stängel Basilikum
gem. Pfeffer

Pro Stück:
E: 8 g, F: 10 g, Kh: 12 g,
kJ: 718, kcal: 171

1. Olivenöl in einer großen Pfanne erhitzen. Die Baguettescheiben evtl. portionsweise darin von beiden Seiten knusprig braten.
2. Paprika in etwa 2 cm breite Streifen schneiden. Mozzarella abtropfen lassen und in 10 Scheiben schneiden.
3. Crostini mit dem Quark bestreichen. Die Schinkenscheiben von der schmalen Seite her aufrollen und je 1 Röllchen mit 1 Mozzarellascheibe auf 1 Crostini legen. Paprikastreifen quer darüberlegen.
4. Basilikum abspülen und die Blättchen von den Stängeln zupfen. Crostini mit Pfeffer bestreut und den Basilikumblättchen garniert servieren.

Tipp: Für eine vegetarische Variante den Knochenschinken durch eine zweite Mozzarellascheibe ersetzen.

Belegte Brötchen

50 Brötchenhälften

Zubereitungszeit: 40 Minuten

etwa 25 kleine Partybrötchen (je etwa 30 g)
etwa 150 g Butter (zimmerwarm)
100 g Salami (in Scheiben)
100 g Kasselerbraten (in Scheiben)
100 g Schweinebraten (in Scheiben)
100 g Putenbrustaufschnitt
100 g Rot- oder Zungenwurst (in Scheiben)
150 g Doppelrahm-Frischkäse
150 g Thüringer Mett
Salz
gem. Pfeffer
100 g geräucherte Lachsscheiben
1 hart gekochtes Ei
1 rote Zwiebel
1 Gewürzgurke
einige blaue Weintrauben
einige Stängel Schnittlauch, Petersilie und Dill
einige Salatblätter
einige Maiskölbchen (aus dem Glas)
einige Walnusskernhälften

Pro Brötchenhälfte:
E: 5 g, F: 7 g, Kh: 9 g,
kJ: 494, kcal: 118

1. Partybrötchen waagerecht durchschneiden und mit Butter bestreichen, etwa 30 Brötchenhälften dekorativ mit den Wurstsorten belegen. 5 Brötchenhälften mit Frischkäse bestreichen. Thüringer Mett evtl. mit Salz und Pfeffer nachwürzen und 10 Brötchenhälften damit bestreichen. 5 Brötchenhälften mit den Lachsscheiben belegen.
2. Gekochtes Ei pellen und in Scheiben schneiden, Zwiebel abziehen und in Halbringe schneiden, Gewürzgurke fächerförmig einschneiden. Die Weintrauben abspülen, trocken tupfen und halbieren. Schnittlauch-, Petersilien-, Dillstängel und Salatblätter abspülen und trocken tupfen.
3. Die belegten Brötchenhälften dekorativ mit den Eierscheiben, Zwiebelhalbringen, Maiskölbchen, Walnusskern- und Weintraubenhälften, dem Gewürzgurkenfächer, Schnittlauch-, Petersilien- und Dillstängeln sowie den Salatblättern garnieren.

Amerikanische Platte

Amerikanische Platte

Zum Vorbereiten

Bagels mit Kichererbsenmus

16 Stück

Zubereitungszeit: 30 Minuten, ohne Abkühlzeit
Backzeit: etwa 10 Minuten

Für die Bagels:
1 Pck. Sonntagsbrötchen (für 8 Brötchen, aus dem Kühlregal)
etwas Kondensmilch
2 EL Sesamsamen
1–2 TL grobes Meersalz

Für das Kichererbsenmus:
220 g abgetropfte Kichererbsen (aus der Dose)
100 ml Flüssigkeit von den Kichererbsen
3 EL Sesamöl
1 EL American Mustard (oder anderer milder, süßlicher Senf)
abgeriebene Schale von 1 Zitrone (unbehandelt, ungewachst)
1 Knoblauchzehe
40 g abgetropfte Kapern
1 EL Zitronensaft
Salz
Cayennepfeffer

Pro Stück:
E: 4 g, F: 4 g, Kh: 13 g,
kJ: 433, kcal: 103

1. Den Backofen vorheizen.
Ober-/Unterhitze: etwa 200 °C
Heißluft: etwa 180 °C
2. Für die Bagels den Brötchenteig aus der Packung nehmen, jedes Teigstück mit einem scharfen Messer halbieren, sodass 16 Scheiben entstehen. Die Teigscheiben evtl. etwas nachformen und auf ein Backblech (mit Backpapier belegt) legen. Mit einem Kochlöffelstiel oder einer runden Ausstechform etwa 1 cm große Kreise in der Mitte ausstechen.
3. Teigstücke mit Kondensmilch bestreichen, mit Sesam oder Meersalz oder auch mit beiden Zutaten bestreuen. Das Backblech in den vorgeheizten Backofen schieben. Bagels etwa 10 Minuten backen.
4. Die Bagels vom Backblech nehmen, auf einem Kuchenrost erkalten lassen.
5. Für das Kichererbsenmus Kichererbsen in einem Sieb abtropfen lassen, die Flüssigkeit dabei auffangen und 100 ml abmessen. Kichererbsen mit der abgemessenen Flüssigkeit (evtl. mit Wasser auffüllen) pürieren. Sesamöl, Senf und Zitronenschale unterrühren. Knoblauch abziehen und durch eine Knoblauchpresse drücken. Kapern halbieren. Knoblauch und Kapernhälften zum Gemüsemus geben. Kichererbsenmus mit Zitronensaft, Salz und Cayennepfeffer abschmecken, auf den Bagels verteilen oder dazureichen.

Kürbispasteten

20–24 Stück

Zubereitungszeit: 30 Minuten, ohne Abkühlzeit

250 g Kürbisfruchtfleisch
1 Frühlingszwiebel
100 g Schlagsahne
Salz, gem. Pfeffer
frisch ger. Muskatnuss
2 rote Chilischoten
evtl. einige Salatblätter, z. B. Lollo rosso, Lollo blanco oder Feldsalat
20–24 Blätterteigpasten oder Croustades (Ø etwa 3 1/2 cm)

Pro Stück:
E: 2 g, F: 11 g, Kh: 13 g,
kJ: 673, kcal: 159

1. Kürbisfruchtfleisch in kleine Würfel schneiden. Frühlingszwiebel putzen, abspülen, abtropfen lassen und in feine Scheiben schneiden.
2. Sahne in einem Topf zum Kochen bringen, Kürbiswürfel und Frühlingszwiebelringe hinzufügen und etwa 3 Minuten bei schwacher Hitze dünsten. Gemüsemasse pürieren, mit Salz, Pfeffer und Muskat abschmecken, erkalten lassen.
3. Chilischoten längs halbieren, entstielen, entkernen, abspülen, trock-

nen tupfen und fein würfeln. Chiliwürfel unter das Gemüsemus rühren.
4. Nach Belieben Salatblätter abspülen, trocken tupfen und in mundgerechte Stücke zupfen. Salatblätter in Pasteten oder Croustades verteilen. Das Kürbismus in einen Spritzbeutel mit Lochtülle füllen und in die Pasteten oder Croustades spritzen.

Bohnenpüree auf Baconpfannkuchen

12 Stück

Zubereitungszeit: 30 Minuten, ohne Abkühlzeit

150 g Bacon (Frühstücksspeck)
2 Eier (Größe M)
1 EL gehackte Petersilie

Für das Bohnenpüree:
125 g abgetropfte Kidneybohnen (aus der Dose)
1 EL Salatmayonnaise
2 EL Tomatenketchup
1 kleine, rote Zwiebel
1 EL gehackter Oregano
Salz, gem. Pfeffer

1 Tomate
etwas Oregano

Pro Stück:
E: 4 g, F: 6 g, Kh: 3 g,
kJ: 342, kcal: 82

1. Bacon in dünne Streifen schneiden, in einer beschichteten Pfanne (Ø etwa 18 cm) glasig braten.
2. Eier verschlagen. Petersilie unterrühren und über die Speckstreifen gießen. Die Eiermasse zugedeckt von beiden Seiten bei schwacher Hitze zu einem Pfannkuchen ausbacken.
3. Den Pfannkuchen vorsichtig aus der Pfanne heben, erkalten lassen und in 12 Tortenstücke schneiden.
4. Für das Bohnenpüree Bohnen mit Salatmayonnaise und Ketchup pürieren. Zwiebel abziehen und fein würfeln. Zwiebeln und Oregano unterrühren, mit Salz und Pfeffer abschmecken. Bohnenpüree auf den Pfannkuchenstücken verteilen.
5. Tomate abspülen, abtropfen lassen, kreuzweise einschneiden und mit kochendem Wasser übergießen. Nach 1–2 Minuten herausnehmen und mit kaltem Wasser abschrecken. Tomate enthäuten, halbieren und den Stängelansatz herausschneiden. Tomate würfeln. Baconpfannkuchen mit Oregano und Tomatenwürfeln garnieren.

Tipp: Das Bohnenpüree kann auch als Dip zu Tortilla-Chips gereicht werden, dann zusätzlich mit Salz und Pfeffer abschmecken.

Guacamole

8 Portionen

Zubereitungszeit: 20 Minuten

2–3 Avocados
(300–400 g)
4 EL Limettensaft
2 mittelgroße Fleischtomate
2 EL rote Zwiebelwürfel
2 EL gehackter Koriander
etwas Chilipulver
Salz
einige Eisbergsalatblätter
2 TL Essig
2 Prisen Zucker
gem. Pfeffer
etwas Speiseöl, z. B. Rapsöl
12 Tacoschalen

Pro Portion:
E: 3 g, F: 23 g, Kh: 14 g,
kJ: 1171, kcal: 280

1. Avocados halbieren, entsteinen, Fruchtfleisch aus der Schale lösen und mit Limettensaft pürieren. Die Tomate abspülen, abtropfen lassen, kreuzweise einschneiden und mit kochendem Wasser übergießen. Nach 1–2 Minuten herausnehmen und mit kaltem Wasser abschrecken. Tomate enthäuten, halbieren und den Stängelansatz herausschneiden. Tomate in Würfel schneiden.
2. Tomaten-, Zwiebelwürfel und Koriander zum Avocadopüree geben, unterrühren, mit Chili und Salz abschmecken.
3. Salatblätter abspülen, trocken tupfen und in feine Streifen schneiden. Essig mit Zucker, Salz und Pfeffer verrühren. Speiseöl unterrühren, Salatstreifen unterheben.
4. Tacoschalen vierteln, den Salat und die Guacamole-Creme darauf verteilen, sofort servieren (die Guacamole wird sonst nach längerem Stehen braun und die Tacos weich).

Gerollte Käseschnittchen

9 Stück (ohne Foto)

Zubereitungszeit: 15 Minuten

3 große, längliche Scheiben Pumpernickel
100 g Kräuter-Frischkäse
einige vorbereitete Römersalatblätter
10 Scheiben Butterkäse
5 grüne Weintrauben
etwas Basilikumpesto

Pro Stück:
E: 9 g, F: 11 g, Kh: 8 g,
kJ: 694, kcal: 166

1. Pumpernickelscheiben etwas dicker mit Frischkäse bestreichen und jede Scheibe in 3 gleich große Schnittchen schneiden.
2. Die Römersalatblätter in kleine Stücke zupfen und die Schnittchen am Rand damit belegen. Käsescheiben aufrollen, mittig auf die Schnittchen legen und etwas eindrücken.
3. Weintrauben abspülen, trocken tupfen, halbieren, die Schnittflächen mit etwas Frischkäse bestreichen und mit der bestrichenen Seite auf die Käseröllchen legen, etwas festdrücken oder mit Holzspießchen feststecken. Die Schnittchen mit etwas Basilikumpesto beträufeln.

Frühlingszwiebelaufstrich-Schnittchen

10 Stück

Zubereitungszeit: 25 Minuten

1 Bund Frühlingszwiebeln
1 Bund Schnittlauch
250 g Magerquark
200 g Doppelrahm-Frischkäse
2 EL Crème fraîche
1 EL TK-Gartenkräuter oder gemischte, gehackte Kräuter
Salz
gem. Pfeffer
5 große Scheiben dunkles Roggenvollkornbrot

Pro Stück:
E: 8 g, F: 8 g, Kh: 16 g,
kJ: 717, kcal: 172

1. Die Frühlingszwiebeln putzen, abspülen und gut abtropfen lassen. 1 Frühlingszwiebel in feine Scheiben schneiden und zum Garnieren beiseitelegen. Restliche Frühlingszwiebeln fein hacken.
2. Schnittlauch abspülen, trocken tupfen und in Röllchen schneiden. 1 Esslöffel Schnittlauchröllchen zum Garnieren beiseitelegen.
3. Quark mit Frischkäse und Crème fraîche zu einer cremigen Masse verrühren. Gehackte Frühlingszwiebeln, Schnittlauchröllchen und Kräuter unterrühren, mit Salz und Pfeffer abschmecken.
4. Die Brotscheiben halbieren und mit dem Aufstrich bestreichen. Die Schnittchen mit den beiseitegelegten Frühlingszwiebelscheiben und Schnittlauchröllchen garnieren.

Gemischte Käseschnittchen

Zum Vorbereiten

20 Schnittchen

Zubereitungszeit: 35 Minuten

Für die Schnittlauchbutter:
100 g Butter (zimmerwarm)
6 EL Schnittlauchröllchen
Salz
gem. Pfeffer

10 Scheiben Kastenvollkornbrot
4 rote Weintrauben
etwa 5 Radieschen
1 Stängel Petersilie
1 Stängel Basilikum
2 Tomaten
1 frische Feige
2 Physalis (Kapstachelbeere)
je 4 Scheiben Käseaufschnitt, z. B. Butterkäse, Gouda, Ziegenkäse
8 Käserosetten (Tête de moin)
2 dünne Scheiben Ziegenfrischkäse (von der Rolle)
1 EL geröstete Sonnenblumenkerne
Paprikapulver

Außerdem:
8 Holzspießchen

Pro Schnittchen:
E: 8 g, F: 10 g, Kh: 11 g,
kJ: 684, kcal: 164

1. Für die Schnittlauchbutter die Butter mit den Schnittlauchröllchen verrühren, mit Salz und Pfeffer abschmecken.
2. Die Brotscheiben dünn mit Schnittlauchbutter bestreichen und halbieren. Weintrauben abspülen, trocken tupfen und halbieren. Radieschen putzen, abspülen, abtrocknen und in dünne Scheiben schneiden.

Frühlingszwiebelaufstrich-Schnittchen

Gemischte Käseschnittchen

Fischecken

Schwedenschnittchen

3. Petersilie und Basilikum abspülen, trocken tupfen und in kleinere Stängel zupfen. Einige Petersilienblättchen fein hacken.
4. Tomaten abspülen, abtrocknen und halbieren. Die Stängelansätze herausschneiden. Tomaten in dünne Scheiben schneiden.
5. Feige vorsichtig abwaschen, trocken tupfen und vierteln. Physalis aus der Hülle zupfen, abspülen, abtrocknen und halbieren.
6. Butterkäsescheiben halbieren, aufrollen und jeweils 2 Röllchen mit 1 Weintraubenhälfte auf 4 Schnittchen mit einem Holzspießchen feststecken.
7. Jeweils 2 Käserosetten auf 4 weitere Schnittchen legen und diese anschließend mit den Petersilienstängeln garnieren.
8. Gouda in kleine Käsedreiecke schneiden. Diese abwechselnd mit Radieschenscheiben dachziegelartig auf 4 Schnittchen legen. Schnittchen mit fein gehackter Petersilie bestreuen.
9. Ziegenfrischkäsescheiben von der Rolle halbieren und auf 4 Schnittchen legen. Je ½ Physalis und ein Feigenviertel darauflegen und mit Sonnenblumenkernen bestreuen.
10. Aus den Ziegenkäsescheiben kleine Rauten ausschneiden. Die restlichen 4 Schnittchen mit je 2 Tomatenscheiben und dekorativ mit den Käserauten belegen. Mit Basilikum garnieren und mit Paprikapulver bestreuen.

Fischecken

20 Stück

Zubereitungszeit: 25 Minuten

5 Scheiben Toastbrot
5 Sardellenfilets (etwa 50 g)
30 g Butter (zimmerwarm)
einige Tropfen Zitronensaft
gem. Pfeffer
etwa 8 abgetropfte Sardinen, in Öl (je nach Größe)
2 Tomaten
3–4 Stängel glatte Petersilie

Pro Stück:
E: 2 g, F: 2 g, Kh: 5 g,
kJ: 193, kcal: 46

1. Toastscheiben toasten. Sardellenfilets in sehr feine Stücke schneiden und mit Butter, Zitronensaft und Pfeffer verrühren.
2. Sardellenbutter auf die Toastscheiben streichen und die Toasts diagonal vierteln.
3. Abgetropfte Sardinen auf Küchenpapier legen und damit abtupfen. Sardinen in Größe der Toastecken schneiden. Tomaten abspülen, trocken tupfen und die Stängelansätze entfernen. Tomaten in Scheiben schneiden. Petersilie abspülen, trocken tupfen und die Blätter von den Stängeln zupfen.
4. Zuerst 1 Petersilienblatt, dann 1 Tomatenscheibe und zuletzt die Sardinenfilets auf die Toastecken legen.

Schwedenschnittchen

10 Stück

Zubereitungszeit: 15 Minuten

5 Scheiben Vollkornbrot
40 g Butter (zimmerwarm)
2 Bund Schnittlauch
250 g Matjesfilets
gem. Pfeffer
1 Apfel mit roter Schale
2 EL Zitronensaft

Pro Stück:
E: 6 g, F: 8 g, Kh: 11 g,
kJ: 574, kcal: 137

1. Die Brotscheiben mit Butter bestreichen und halbieren. Schnittlauch abspülen, trocken tupfen, in Röllchen schneiden und auf einen flachen Teller legen. Schnittchen mit der Butterseite in die Schnittlauchröllchen drücken.
2. Matjes abtropfen lassen und in 10 Stücke schneiden, evtl. Gräten entfernen. Matjesstücke auf den Schnittchen anrichten und mit Pfeffer bestreuen.
3. Apfel abspülen, abtrocknen, vierteln und das Kerngehäuse herausschneiden. Apfelviertel in dünne Spalten schneiden, mit Zitronensaft beträufeln und die Schwedenschnittchen damit garnieren.

Tipp: Die Schnittchen statt mit Butter mit Sahnemeerrettich bestreichen.

-Platte

-Bällchen

Zubereitungszeit: 25 Minuten, ohne Abkühlzeit

400 g Gehacktes
(halb Rind-, halb Schweinefleisch)
200 g Magerquark
2 kleine Zwiebeln
2 EL fein geschnittener Schnittlauch
2 EL gehackte Petersilie
2 Eier (Größe M)
Salz, gem. Pfeffer
40 g Semmelbrösel
40 g Butterschmalz

Pro Bällchen:
E: 8 g, F: 7 g, Kh: 3 g,
kJ: 426, kcal: 102

1. Das Gehackte mit Quark in eine Schüssel geben. Zwiebeln abziehen, fein würfeln, mit Schnittlauch, Petersilie und Eiern zu dem Fleisch geben, mit Salz und Pfeffer würzen und gut vermengen.
2. Aus dem Fleischteig mit angefeuchteten Händen 16 Hackbällchen formen und in Semmelbröseln wenden. Butterschmalz erhitzen und die Kräuter-Hack-Bällchen darin von allen Seiten etwa 8 Minuten braten.

Leberkäsehäppchen
8 Portionen

Zubereitungszeit: 20 Minuten

8 Scheiben Leberkäse
(je etwa 1/2 cm dick)
einige Cocktailtomaten
285 g abgetropfte Mixed Pickles
(aus dem Glas)
einige Oliven, mit Paprika gefüllt

Holzspießchen

Pro Portion:
E: 11 g, F: 25 g, Kh: 3 g,
kJ: 1178, kcal: 282

1. Aus den Leberkäsescheiben mundgerechte Stücke schneiden oder ausstechen. Cocktailtomaten abspülen, abtrocknen und je nach Größe evtl. halbieren.
2. Das saure Gemüse in bunter Reihenfolge mit Oliven und Cocktailtomaten auf Spießchen spießen und in je 2 Leberkäsestücke stecken.

Abwandlung: Anstelle des Leberkäses können Sie auch Fleischwurst verwenden.

Fingerfood-Platte

Mini-Crêpes-Röllchen mit Lachs
12 Stück

Zubereitungszeit: 40 Minuten

Für die Crêpes:
80 g Weizenmehl
250 ml Milch (3,5 % Fett)
2 Eier (Größe M)
1 Prise Salz
Butterschmalz zum Ausbacken

Für die Füllung:
300 g Blattspinat
1 Zwiebel
2 EL Olivenöl
Salz, gem. Pfeffer
1 abgezogene Knoblauchzehe
200 g Räucherlachs (in Scheiben)

12 Holzspießchen

Pro Stück:
E: 7 g, F: 8 g, Kh: 6 g,
kJ: 513, kcal: 123

1. Mehl in einer Rührschüssel mit Milch und Eiern zu einem glatten Teig verrühren, mit Salz würzen. Teig in heißem Butterschmalz in einer Pfanne zu 3 Crêpes (Pfannkuchen) ausbacken.
2. Für die Füllung Blattspinat gründlich waschen, dicke Stiele entfernen. Spinat kurz blanchieren, anschließend gut abtropfen lassen. Zwiebel abziehen und fein würfeln. Öl erhitzen. Zwiebelwürfel und Spinat darin andünsten, mit Salz, Pfeffer und durchgepresstem Knoblauch würzen.
3. Crêpes ausbreiten, zunächst mit Blattspinat, dann mit Räucherlachs belegen und aufrollen. Die Crêpes in je 4 dicke Scheiben schneiden und mit Spießen feststecken.

Schnittchen mit Lachs
10 Stück

Zubereitungszeit: 15 Minuten

5 Scheiben Weizenmischbrot
2 EL Butter (zimmerwarm)
1/2–1 EL Zitronensaft
Salz
gem. Pfeffer
5 dünne Scheiben Räucherlachs
1–2 EL Meerrettich (aus dem Glas)
1 Stängel Dill
2 Zitronenscheiben von
1 gewaschenen Bio-Zitrone
(unbehandelt, ungewachst)

Pro Stück:
E: 6 g, F: 6 g, Kh: 10 g,
kJ: 491, kcal: 117

1. Aus jeder Brotscheibe mit einem runden Ausstecher oder Glas (Ø etwa 4 cm) 2 Brottaler ausstechen. Butter mit Zitronensaft geschmeidig rühren, mit Salz und Pfeffer würzen. Die Taler damit bestreichen.
2. Räucherlachs längs halbieren und jeweils von der schmalen Seite her aufrollen. Röllchen auf die Brottaler legen. Darauf jeweils etwas Meerrettich geben. Dill abspülen, trocken tupfen und in kleine Stängel zupfen. Jede Zitronenscheibe in 5 Ecken schneiden. Schnittchen mit kleinen Dillstängeln und den Zitronenecken garnieren.

Tipp: Statt mit Lachs schmecken diese Schnittchen auch mit Stückchen von geräucherter Forelle.

Cocktailtomaten, gefüllt
24 Stück

Zubereitungszeit: 30 Minuten

Für das Dressing:
4 EL weißer Balsamico-Essig
Salz
1 Prise Zucker
gem. Pfeffer
2 Schalotten
2 Knoblauchzehen
5 EL Olivenöl

24 Cocktailtomaten
200 g Ziegenfrischkäse
2 EL fein gehackte Basilikumblättchen

Pro Stück:
E: 1 g, F: 3 g, Kh: 1 g,
kJ: 160, kcal: 38

1. Für das Dressing Essig, Salz, Zucker und Pfeffer gut verrühren. Schalotten und Knoblauch abziehen, fein hacken und in den Essig geben. Öl unterschlagen.
2. Die Cocktailtomaten abspülen, trocken tupfen, das obere Drittel (einen Deckel) abschneiden. Fruchtfleisch vorsichtig entfernen. Den Deckel fein würfeln und zum Dressing geben. Tomaten mit Ziegenfrischkäse füllen und auf eine Servierplatte legen. Das Dressing über die Tomaten träufeln und mit Basilikum bestreut servieren.

Mozzarella-Spieße
24 Stück

Zubereitungszeit: 25 Minuten

24 abgetropfte Mini-Mozzarella-Kugeln
24 Cocktailtomaten
24 Basilikumblättchen
6 TL Basilikumpesto

Pro Stück:
E: 2 g, F: 3 g, Kh: 1 g,
kJ: 136, kcal: 33

1. Für die Mozzarella-Spieße Mozzarella abtropfen lassen. Tomaten abspülen, trocken tupfen, halbieren und entstielen. Basilikumblättchen abspülen und trocken tupfen.
2. Mozzarella-Kugeln, Tomatenhälften und Basilikumblättchen abwechselnd auf Holzspießchen stecken. Pesto darauf verteilen. Mozzarella-Spieße auf die Platte legen.

Fischerschnittchen

Fischerschnittchen
20 Schnittchen

Zubereitungszeit: 20 Minuten, ohne Abkühlzeit

5 Scheiben Toastbrot
40 g Butter (zimmerwarm)
3 hart gekochte Eier
260 g abgetropfte Ölsardinen
(aus der Dose)
1–2 EL Zitronensaft
gem. Pfeffer
1 rote Zwiebel

Pro Schnittchen:
E: 4 g, F: 4 g, Kh: 5 g,
kJ: 310, kcal: 74

1. Toastbrot toasten, etwas abkühlen lassen, dann mit Butter bestreichen und vierteln. Eier pellen und in 20 Scheiben schneiden.
2. Die Ölsardinen auf Küchenpapier legen, trocken tupfen und evtl. halbieren. Zuerst die Schnittchen jeweils mit 1 Eierscheibe, danach mit einem Stück Ölsardine belegen und mit Zitronensaft beträufeln, mit Pfeffer bestreuen.
3. Zwiebel abziehen und halbieren. Zwiebel in Scheiben schneiden und anschließend in Ringe teilen. Die Schnittchen mit den Zwiebelringen garnieren.

Bauernbrotschnittchen mit Harzer Käse

Cocktail-Igel

Bauernbrotschnittchen mit Harzer Käse

10 Stück

Zubereitungszeit: 25 Minuten, ohne Abkühlzeit

4 rote Zwiebeln (etwa 200 g)
6 EL Weißweinessig
80 g Mayonnaise
1 TL Kümmelsamen
Salz, gem. Pfeffer
5 große Scheiben Bauernbrot oder Mischbrot
400 g Harzer Käse

Zum Garnieren:
1 TL Kümmelsamen

Pro Stück:
E: 14 g, F: 7 g, Kh: 16 g,
kJ: 790, kcal: 189

1. Die Zwiebeln abziehen. 1 Zwiebel halbieren, in Scheiben schneiden, anschließend in Ringe teilen und zum Garnieren beiseitelegen. Restliche Zwiebeln halbieren und in feine Würfel schneiden.
2. Den Essig mit den Zwiebelwürfeln in einem Topf zum Kochen bringen und etwa 3 Minuten köcheln lassen. Zwiebel-Essig-Mischung abkühlen lassen.
3. Kalte Zwiebel-Essig-Mischung mit der Mayonnaise verrühren und mit Kümmel, Salz und Pfeffer würzen.
4. Brotscheiben halbieren und mit der Zwiebel-Mayonnaise-Masse bestreichen. Käse in 20 dünne Scheiben schneiden und die Schnittchen mit je 2 Käsescheiben belegen.
5. Zum Garnieren die Schnittchen mit den beiseite gelegten Zwiebelringen belegen und mit dem Kümmelsamen bestreuen.

Tipp: Je nach Belieben können Sie auch anderen Sauermilchkäse verwenden.

Cocktail-Igel

12 Portionen

Zubereitungszeit: 45 Minuten

150 g Magerquark
150 g Doppelrahm-Frischkäse
Salz
Selleriesalz
Zitronensaft

9 Scheiben Pumpernickel
12 Cocktailwürstchen (aus dem Glas)
12 grüne Oliven, mit Paprika gefüllt
100 g Mixed Pickles (Blumenkohlröschen, Möhrenscheiben, aus dem Glas)
50 g Cornichons
50 g abgetropfte Mandarinenspalten (aus der Dose)
100 g Käse, z. B. Gouda
100 g grüne und blaue Weintrauben

2 halbe Grapefruits
Cocktailspieße

Pro Portion:
E: 9 g, F: 11 g, Kh: 12 g,
kJ: 787, kcal: 188

1. Quark mit Frischkäse geschmeidig rühren, mit Salz, Selleriesalz und Zitronensaft abschmecken. 6 Pumpernickelscheiben mit Quark-Frischkäse-Masse bestreichen. Je 2 Scheiben aufeinanderlegen und mit je einer weiteren Pumpernickelscheibe belegen, evtl. eine Zeit lang zugedeckt in den Kühlschrank stellen. Die Pumpernickelscheiben mit einem scharfen Messer in gleich große Würfel schneiden.
2. Cocktailwürstchen abtropfen lassen und trocken tupfen. Oliven abtropfen lassen und in dünne Scheiben schneiden. Mixed Pickles und Cornichons abtropfen lassen, trocken tupfen. Mandarinen trocken tupfen.
3. Den Käse in gleich große Würfel schneiden. Weintrauben abspülen, trocken tupfen und entstielen.
4. Die vorbereiteten Zutaten wie folgt auf Cocktailspieße stecken. Käsewürfel mit Weintrauben und Mandarinen, Cocktailwürstchen mit Olivenringen, Möhrenscheiben mit Blumenkohlröschen und Cornichons

sowie Pumpernickelwürfel ebenfalls auf Cocktailspieße stecken.
5. Die Cocktailspieße igelartig auf die Grapefruithälften stecken.

Ciabatta-Ecken mit Mortadella

12 Stück

Zubereitungszeit: 30 Minuten, ohne Abkühlzeit

1 Ciabatta-Brot
(zum Aufbacken, etwa 300 g)

3 Tomaten
3 Frühlingszwiebeln
10 entsteinte Oliven
50 g ger. Parmesan
200 g Ricotta (ital. Frischkäse)
Salz, gem. Pfeffer
gerebelter Thymian

12 große Scheiben Mortadella
getrocknete Thymianstängel

Pro Stück:
E: 9 g, F: 13 g, Kh: 14 g,
kJ: 882, kcal: 210

1. Ciabatta-Brot nach Packungsanleitung aufbacken, etwas abkühlen lassen. Brote waagerecht halbieren und anschließend in 12 dreieckige Stücke schneiden.
2. Tomaten abspülen, abtropfen lassen, kreuzweise einschneiden und mit kochendem Wasser übergießen. Nach 1–2 Minuten herausnehmen und mit kaltem Wasser abschrecken. Tomaten enthäuten, halbieren und die Stängelansätze herausschneiden. Tomaten fein würfeln.
3. Frühlingszwiebeln putzen, abspülen, abtropfen lassen und in feine Scheiben schneiden. Oliven in kleine Stücke schneiden. Die Tomatenwürfel, Frühlingszwiebeln, Olivenstücke und Parmesan mit Ricotta verrühren, mit Salz, Pfeffer und Thymian würzen.
4. Mortadella-Scheiben halbieren. Die Ciabatta-Ecken mit der Creme bestreichen und je 2 Scheiben Mortadella darauflegen. Auf einer Platte anrichten und mit Thymianstängeln garnieren.

Ciabatta-Ecken mit Parmaschinken

12 Stück

Zubereitungszeit: 30 Minuten, ohne Durchziehzeit

1 Ciabatta-Brot
(zum Aufbacken, etwa 300 g)

125 g Rucola (Rauke)
1 rote Zwiebel
2 EL Kräuteressig
3 EL Olivenöl
2 EL Orangensaft
Salz
gem. Pfeffer

24 Scheiben Parmaschinken
12 dünne Melonenspalten,
z. B. Honigmelone

Pro Stück:
E: 8 g, F: 4 g, Kh: 14 g,
kJ: 514, kcal: 122

1. Ciabatta-Brot nach Packungsanleitung aufbacken, etwas abkühlen lassen. Brot waagerecht halbieren und anschließend in 12 dreieckige Stücke schneiden.
2. Rucola putzen, abspülen, trocken tupfen und in große Stücke schneiden. Zwiebel abziehen und fein würfeln. Zwiebelwürfel mit Essig, Olivenöl und Orangensaft verrühren, mit Salz und Pfeffer würzen. Rucola unterheben und etwas durchziehen lassen.
3. Die Ciabatta-Ecken mit der Rucola-Zwiebel-Mischung belegen, je 2 Scheiben Parmaschinken und 1 Melonenscheibe darauflegen. Die Ecken mit Pfeffer bestreuen, auf einer Platte anrichten.

Ciabatta-Ecken mit Mortadella / Ciabatta-Ecken mit Parmaschinken

Eiersalat-Schnittchen

10 Schnittchen

Zubereitungszeit: 30 Minuten, ohne Kühlzeit

5 hart gekochte Eier
170 g abgetropfter Spargel (aus dem Glas)
170 g abgetropfte Champignons (aus der Dose)
100 g Joghurt-Salatcreme
Salz, gem. Pfeffer
Worcestersauce
1 Ciabatta-Brot (etwa 250 g)
6 EL Olivenöl
10 kleine Salatblätter, z. B. Lollo bionda
Pul Biber (geschrotete Pfefferschoten)

Pro Schnittchen:
E: 6 g, F: 11 g, Kh: 14 g,
kJ: 738, kcal: 176

1. Eier pellen, halbieren und in kleine Stücke schneiden. Spargel in etwa 2 cm lange Stücke schneiden. Champignons je nach Größe halbieren oder vierteln.
2. Spargel-, Champignon- und Eierstücke vorsichtig mit der Salatcreme vermischen, mit Salz, Pfeffer und Worcestersauce abschmecken. Eiersalat in den Kühlschrank stellen.
3. Ciabatta in 10 etwa 1 cm dicke Scheiben schneiden. Olivenöl in einer großen Pfanne erhitzen. Die Ciabatta-Scheiben darin von beiden Seiten knusprig braten. Ciabatta-Scheiben etwas abkühlen lassen.
4. Salatblätter abspülen, trocken tupfen und jeweils 1 Salatblatt auf 1 Ciabatta-Scheibe legen. Darauf den Eiersalat verteilen. Die Schnittchen mit Pul Biber bestreut servieren.

Avocadobrote

12 Stück

Zubereitungszeit: 15 Minuten

1 reife Avocado (250–300 g)
2–3 TL Zitronensaft
80 g Roquefort
gem., weißer Pfeffer
6 rechteckige Scheiben Vollkornbrot (je 45 g)
2–3 kleine Tomaten (etwa 200 g)
1 Kästchen Kresse

Pro Stück:
E: 4 g, F: 4 g, Kh: 10 g,
kJ: 396, kcal: 95

1. Die Avocado halbieren und den Stein herauslösen. Das Fruchtfleisch mit einem Löffel aus der Schale lösen, in kleine Stücke schneiden. Avocadofruchtfleisch mit 2 Teelöffeln Zitronensaft in einen hohen Rührbecher geben und sorgfältig vermischen.
2. Den Roquefort hinzufügen, die Zutaten mit einem Pürierstab fein pürieren. Die Avocadocreme mit Zitronensaft und Pfeffer würzen.
3. Die Vollkornbrotscheiben mit der Avocadocreme bestreichen und diagonal halbieren.
4. Die Tomaten abspülen, abtrocknen, in Scheiben schneiden und evtl. die Stängelansätze herausschneiden. Jeweils 1 Tomatenscheibe auf die Avocadobrote legen.
5. Die Kresse abspülen, trocken tupfen und mit einer Küchenschere abschneiden. Die Avocadobrote damit garnieren.

Tipp: Avocados haben das ganze Jahr über Saison. Reife Früchte geben bei leichtem Fingerdruck nach. Unreife Früchte reifen bei Zimmertemperatur innerhalb von 2–3 Tagen nach. Reife Früchte können noch 2–3 Tage im Gemüsefach des Kühlschranks aufbewahrt werden.

Baguettes, dreifach gefüllte

je 20–25 Scheiben

Zum Vorbereiten

Zubereitungszeit: 2 Stunden, ohne Kühlzeit

Für die Baguettes mit Schinkenfüllung:
2 Baguettes (je etwa 400 g)
500 g Kochschinken
2 TL mittelscharfer Senf
150 g Crème fraîche
200 g Doppelrahm-Frischkäse
3 hart gekochte Eier
3 mittelgroße Gewürzgurken
Salz, gem. Pfeffer
Paprikapulver edelsüß

Für die Baguettes mit Ajvarfüllung:
6 Baguettebrötchen
150 g Butter
200 g Doppelrahm-Frischkäse
200 g körniger Frischkäse
200 g Ajvar
(Paprikamus, aus dem Glas)
2 gestr. TL Meerrettich
Chilipulver
2 kleine, rote Paprikaschoten

Für die Baguettes mit Frischkäsefüllung:
1 großes Baguette (etwa 500 g)
600 g Kräuter-Frischkäse
250 g Magerquark
150 g Crème fraîche
3 Frühlingszwiebeln
12 grüne Oliven, mit Paprika gefüllt

Pro Stück:
E: 8 g, F: 7 g, Kh: 8 g,
kJ: 523, kcal: 125 (Baguettescheibe mit Schinkenfüllung);
E: 3 g, F: 9 g, Kh: 9 g,
kJ: 571, kcal: 137 (Baguettescheibe mit Ajvarfüllung);
E: 5 g, F: 9 g, Kh: 11 g,
kJ: 600, kcal: 144 (Baguettescheibe mit Frischkäsefüllung)

Baguettes, dreifach gefüllte

1. Für die Baguettes mit Schinkenfüllung die Baguettes in der Mitte senkrecht durchschneiden. Die Baguettehälften vorsichtig aushöhlen. Schinken fein würfeln und in einem hohen Rührbecher pürieren. Senf, Crème fraîche und Frischkäse hinzufügen und nochmals pürieren.
2. Die Eier pellen. Die Eier und Gewürzgurken fein würfeln, unter die Schinken-Frischkäse-Masse rühren, mit Salz, Pfeffer und Paprika würzen. Die Füllung in die ausgehöhlten Baguettehälften geben.
3. Für die Baguettes mit Ajvarfüllung von den Baguettebrötchen die äußeren Enden abschneiden. Die Brötchen aushöhlen. Butter mit einem Mixer (Rührstäbe) verrühren. Die beiden Frischkäse-Sorten, Ajvar und Meerrettich unterrühren. Die Ajvarfüllung mit Salz, Pfeffer, Chili- und Paprikapulver würzen.
4. Die Paprikaschoten halbieren, entstielen, entkernen und die weißen Scheidewände entfernen. Schoten abspülen, abtropfen lassen und in kleine Würfel schneiden. Die Paprikawürfel unter die Ajvarfüllung rühren. Die Baguettebrötchen damit füllen.
5. Für die Baguettes mit Frischkäsefüllung das Baguette senkrecht halbieren, die Baguettehälften aushöhlen. Frischkäse mit Quark und Crème fraîche glatt rühren. Die Frühlingszwiebeln putzen, abspülen, abtropfen lassen und in feine Scheiben schneiden. Oliven ebenfalls in Scheiben schneiden.
6. Die Zwiebel- und Olivenscheiben unter die Frischkäsecreme rühren, mit Salz, Pfeffer und Paprika würzen. Die Baguettehälften mit der Frischkäsecreme füllen.
7. Alle Baguettes fest in Alufolie wickeln, 3–4 Stunden in den Kühlschrank legen. Dann die Baguettes aus der Folie nehmen, in Scheiben schneiden und auf einer Platte anrichten.

Tipps: Die Baguettes lassen sich gut mit einem elektrischen Messer schneiden. Besonders dekorativ sieht es aus, wenn Sie die Baguettescheiben mit abgespülter, trocken getupfter Kresse und mit in feine Scheiben geschnittenen Frühlingszwiebeln bestreuen. Zusätzlich können Sie rote und gelbe Paprikaschoten fein würfeln und darüberstreuen.

Aufschnittplatte

Aufschnittplatte

Mariniertes Kasselerfilet
8 Portionen

Zum Vorbereiten

Zubereitungszeit: 45 Minuten, ohne Zieh- und Abkühlzeit

200 ml Weißweinessig
125 ml Apfelsaft
1 Lorbeerblatt
3 Wacholderbeeren
5 schwarze Pfefferkörner
1 Prise Zucker
etwa 500 g Kasselerfilet (Kasseler Kotelett ausgelöst)
100 g grüne, kernlose Weintrauben
1 Apfel, 100 ml Sudflüssigkeit
3 EL Sonnenblumenöl
Salz, gem. Pfeffer

Pro Portion:
E: 11 g, F: 9 g, Kh: 5 g,
kJ: 614, kcal: 147

1. Weißweinessig, Apfelsaft mit Lorbeerblatt, Wacholderbeeren, Pfefferkörnern und Zucker zum Kochen bringen. Das Fleisch mit Kückenpapier trocken tupfen und in dem Sud etwa 30 Minuten ziehen lassen, dann das Fleisch in dem Sud erkalten lassen. Das Fleisch aus dem Sud nehmen, in dünne Scheiben schneiden und auf einer Platte anrichten.

2. Von der Sudflüssigkeit 100 ml abmessen. Weintrauben abspülen, trocken tupfen und von den Stielen zupfen. Den Apfel abspülen, abtrocknen, vierteln, entkernen und fein würfeln. Den abgemessenen Kochsud mit den Weintrauben, den Apfelwürfeln, Sonnenblumenöl, Salz und Pfeffer verrühren und zum Fleisch reichen oder über das Fleisch geben.

Tipp: Nach Belieben etwas Sud mit Gelatine andicken und über dem Fleisch verteilen, so dass das Fleisch glasiert ist.

Roastbeefröllchen
8 Stück

Zubereitungszeit: 10 Minuten

etwa 175 g Waldorfsalat (aus dem Kühlregal)
8 Scheiben Roastbeefaufschnitt (etwa 150 g)

Pro Stück:
E: 6 g, F: 5 g, Kh: 2 g,
kJ: 335, kcal: 80

1. Jeweils ein Achtel des Waldorfsalates in die Mitte einer Roastbeefscheibe geben. Die Roastbeefscheiben aufrollen.

Schinkenwurst-Röllchen
12 Stück

Zubereitungszeit: 25 Minuten, ohne Abkühlzeit

2 EL gem. Mandeln
4 TL Basilikumpesto (aus dem Glas)
6 Scheiben Schinkenwurst (Fleischwurst, Ø etwa 9 cm, etwa 125 g)
6 abgezogenen Knoblauchzehen oder Perlzwiebeln
12 Holzspießchen

Pro Stück:
E: 2 g, F: 4 g, Kh: 1 g,
kJ: 209, kcal: 50

1. Mandeln in einer beschichteten Pfanne ohne Fett leicht anrösten und erkalten lassen. Mandeln mit dem Pesto verrühren. Paste auf die Schinkenwurstscheiben streichen.
2. Die Wurstscheiben mit einem Messer halbieren und aufrollen. An jeden Holzspieß eine halbierte Knoblauchzehe oder halbierte Perlzwiebel stecken und in die Röllchen spießen.

Fleischwurstkörbchen
8 Stück

Zubereitungszeit: 25 Minuten, ohne Abkühlzeit

8 Scheiben Fleischwurst

Für die Füllung:
1 Bund Radieschen
1/2 Bund Rucola (Rauke)

Für die Salatsauce:
1 TL Rotweinessig
Salz, gem. Pfeffer
1 Prise Zucker
1 EL Olivenöl

Pro Stück:
E: 3 g, F: 7 g, Kh: 1 g,
kJ: 327, kcal: 78

1. Die Fleischwurstscheiben mit Pelle kurz in einer beschichteten Pfanne braten, sodass Körbchen entstehen und erkalten lassen. Die Pelle entfernen.

2. Für die Füllung Radieschen putzen, abspülen, abtropfen lassen und in Stifte schneiden. Rucola putzen, abspülen, trocken schleudern oder tupfen, etwas klein schneiden und mit den Radieschenstiften vermischen.

3. Für die Salatsauce Essig mit Salz, Pfeffer und Zucker verrühren und dann das Öl unterschlagen. Die Salatsauce unter die Rucola-Radieschen-Mischung rühren und den Salat in die Fleischkörbchen füllen.

Tipp: Es schmeckt auch sehr gut, wenn über den Salat noch grob geraspelter oder geriebener Parmesan gestreut wird.

Deftige Bauernbrote

16 Stück

Zubereitungszeit: 40 Minuten

8 große Scheiben rustikales Bauernbrot (etwa 500 g)
6–8 EL mittelscharfer Senf
16 Salatblätter
1 Zwiebel
8 Scheiben Frühstücksspeck (Bacon)
1 EL Olivenöl
8 Scheiben Leberpastete (je etwa 20 g)
8 Cornichons
16 Scheiben Roastbeef
2 Tomaten
1/2 Kästchen Kresse
2 EL Sahnemeerrettich (aus dem Glas)
gem. Pfeffer

Pro Stück:
E: 12 g, F: 12 g, Kh: 16 g,
kJ: 934, kcal: 223

1. Brotscheiben mit Senf bestreichen und halbieren. Salatblätter abspülen, trocken tupfen und auf die Brotscheiben legen. Zwiebel abziehen, in Scheiben schneiden und in Ringe teilen.

2. Speck in einer Pfanne ohne Fett kross braten, herausnehmen und auf Küchenpapier abtropfen lassen. Öl in dem Speckfett erhitzen. Die Zwiebelringe darin hellbraun braten.

3. Acht Brothälften mit Leberpastete belegen und mit Speck, Zwiebelringen und Cornichons garnieren.

4. Die restlichen Brotscheiben mit je 2 Roastbeefscheiben belegen. Die Tomaten abspülen, abtrocknen, halbieren und die Stängelansätze herausschneiden. Tomaten in Scheiben schneiden. Kresse abspülen, trocken tupfen und abschneiden.

5. Sahnemeerrettich auf das Roastbeef geben und Tomatenscheiben darauflegen. Die Brote mit Kresse garnieren und mit Pfeffer bestreuen.

Brot mit Schafskäse, Cocktailtomaten und Basilikum

24 Stück

Zubereitungszeit: 40 Minuten

6 Scheiben Weißbrot
3 EL Olivenöl
Salz
8 Cocktailtomaten
4 Stängel Basilikum
600 g Schafskäse

Pro Stück:
E: 5 g, F: 6 g, Kh: 3 g,
kJ: 358, kcal: 85

1. Weißbrotscheiben jeweils in etwa 4 x 4 cm große Stücke schneiden. Jeweils etwas Olivenöl in einer Pfanne erhitzen. Die Weißbrotstücke darin portionsweise von beiden Seiten anbraten, herausnehmen, salzen und auf Küchenpapier abtropfen lassen.

2. Tomaten abspülen, trocken tupfen und die Stängelansätze herausschneiden. Tomaten in gleich große Scheiben schneiden. Basilikum abspülen und trocken tupfen. 24 kleine Blättchen von den Stängeln zupfen.

3. Den Schafskäse zerbröseln und auf den Weißbrotstücken verteilen. Brotscheiben mit jeweils 1 Tomatenscheibe und 1 Basilikumblättchen belegen.

Deftige Bauernbrote

Brot mit Schafskäse, Cocktailtomaten und Basilikum

Feine Fischplatte

Aalspieße
20 Spießchen

Zubereitungszeit: 30 Minuten

600 g geräucherter Aal
200 g Rettich
4 kleine, rote Zwiebeln
200 g Meerrettich-Frischkäse
Schnittlauchröllchen
20 Holzspießchen

Pro Spießchen:
E: 5 g, F: 9 g, Kh: 1 g,
kJ: 423, kcal: 101

1. Den Aal filetieren, entgräten, enthäuten und in mundgerechte Stücke schneiden.
2. Von dem Rettich Wurzelenden und Grün abschneiden. Rettich schälen, abspülen, gut abtropfen lassen und in sehr dünne Scheiben schneiden. Zwiebeln abziehen und in Ringe schneiden.
3. Je 1 Aalstückchen, 1 Rettichscheibe und einige Zwiebelringe nacheinander auf ein Holzspießchen stecken und mit je einem Tupfer Meerrettich-Frischkäse und einigen Schnittlauchröllchen garnieren.

Lachsspieße
20 Spießchen

Zubereitungszeit: 35 Minuten, ohne Abkühlzeit

500 g dünne Räucherlachsscheiben (20 Scheiben)
Salz, gem. Pfeffer
250 g Blattspinat
400 ml Fischfond oder -brühe
200 ml Wasser
125 ml Weißwein
20 gekochte Riesengarnelen (ohne Schale, etwa 500 g)
3 EL Weißweinessig
etwas Zucker
2 EL gehackte Kräuter, z. B. Zitronenmelisse, Majoran, Basilikum, Estragon, Thymian
5 EL Olivenöl

Außerdem:
20 Holzspießchen

Pro Spießchen:
E: 10 g, F: 6 g, Kh: 0 g,
kJ: 389, kcal: 93

1. Für die Lachspieße Lachsscheiben mit Salz und Pfeffer bestreuen. Blattspinat waschen, abtropfen lassen, trocken tupfen und die dicken Stiele entfernen. Jeweils 3–4 Spinatblätter auf die Lachsscheiben legen und von der schmalen Seite her aufrollen, mit einem Holzspießchen zusammenstecken.
2. Fischfond oder -brühe, Wasser und Weißwein in einem Topf zum Kochen bringen. Lachsspieße hineingeben und 3–5 Minuten darin ziehen lassen (nicht mehr kochen lassen), zwischendurch wenden. Die Lachsspieße in dem Sud erkalten lassen, dann auf Küchenpapier abtropfen lassen.
3. Riesengarnelen auf die Lachsspieße stecken. Weißweinessig mit Salz, Pfeffer, Zucker und Kräutern verrühren. Olivenöl unterschlagen. Die Spieße mit der Marinade beträufeln und auf einer Platte anrichten.

Feine Fischplatte

Matjesfilets mit Avocado
20 Spießchen

Zubereitungszeit: 30 Minuten

5 Matjesfilets (etwa 375 g)
3 kleine Äpfel
1 große, reife Avocado
3 EL Zitronensaft
2 geh. EL Preiselbeeren (aus dem Glas)

20 Holzspießchen

Pro Spießchen:
E: 4 g, F: 6 g, Kh: 4 g,
kJ: 356, kcal: 85

1. Für die Matjesfilets mit Avocado Matjesfilets in 20 mundgerechte Stücke schneiden, dabei die Gräten entfernen. Die Äpfel abspülen, trocken tupfen. Die Kerngehäuse mit einem Apfelausstecher ausstechen. Äpfel in 20 Scheiben schneiden. Avocado halbieren, den Stein herauslösen, schälen. Das Fruchtfleisch in dünne Spalten schneiden.
2. Apfelscheiben und Avocadospalten mit Zitronensaft beträufeln, mit den Matjesstücken auf Holzspießchen stecken und mit Preiselbeeren garnieren.

Fruchtige Knusperscheiben

Fruchtige Forellenfilets

20 Häppchen

Zubereitungszeit: 25 Minuten

8 geräucherte Forellenfilets (je 100 g)
250 g Schlagsahne (mind. 30 % Fett)
5 TL Meerrettich (aus dem Glas)

Nach Belieben zum Garnieren:
4 EL stückige Pflaumenkonfitüre
6 Pflaumenspalten
einige Orangen- und Limettenfilets
abgeriebene Schale von je 1 Bio-Orange und -Limette (jeweils unbehandelt, ungewachst)

Pro Häppchen:
E: 8 g, F: 5 g, Kh: 1 g,
kJ: 340, kcal: 81

1. Die Forellenfilets enthäuten, in 20 mundgerechte Stückchen schneiden, dabei die Gräten entfernen.
2. Sahne steif schlagen, mit Meerrettich verrühren und in einen Spritzbeutel mit Sterntülle füllen. Tuffs auf die Forellenstücke spritzen. Nach Belieben mit Pflaumenkonfitüre, Pflaumenspalten, Orangen- und Limettenfilets, Orangen- und Limettenschale garnieren.

Fruchtige Knusperscheiben

10 Stück

Zubereitungszeit: 20 Minuten

200 g Hüttenkäse
125 g Magerquark
2 EL flüssiger Honig
10 Erdbeeren
10 grüne, kernlose Weintrauben
10 blaue, kernlose Weintrauben
10 Knusper-Reisscheiben mit Käse-Geschmack
10 Physalis (Kapstachelbeere)

Zum Garnieren:
1 Stängel Zitronenmelisse

Pro Stück:
E: 6 g, F: 1 g, Kh: 16 g,
kJ: 414, kcal: 97

1. Hüttenkäse mit Quark und Honig verrühren. Erdbeeren und Weintrauben abspülen, trocken tupfen, entstielen und halbieren. Physalis aus der Hülle zupfen und die Früchte vorsichtig abspülen und trocken tupfen.
2. Knusper-Reisscheiben jeweils in der Mitte mit einem Häufchen Hüttenkäsemasse belegen. Je 1 Physalis auf die Mitte eines Häufchens setzen. Jeweils 2 Erdbeer- sowie grüne und blaue Weintraubenhälften dekorativ an das Häufchen legen.
3. Zitronenmelisse abspülen und trocken tupfen. Die Blättchen von dem Stängel zupfen. Blättchen fein schneiden. Die Knusperscheiben mit den Zitronenmelissestreifen garniert servieren.

Tipp: Die belegten Knusper-Reisscheiben bleiben bis zu 2 Stunden knusprig.

Spargel-Putenbrust-Schnittchen

10 Stück (ohne Foto)

Zubereitungszeit: 20 Minuten

5 Scheiben Toastbrot
1 EL Olivenöl
5 grüne, blanchierte Spargelstangen
5 große Scheiben Putenbrustaufschnitt
4–5 Radieschen
1–2 EL Doppelrahm-Frischkäse

Pro Stück:
E: 4 g, F: 4 g, Kh: 9 g,
kJ: 362, kcal: 86

1. Toastbrotscheiben entrinden und diagonal halbieren. Öl in einer Pfanne erhitzen und die Toastdreiecke darin von beiden Seiten knusprig braten, etwas abkühlen lassen.
2. Spargelstangen längs halbieren und Stangen in etwa 7 cm lange Stücke schneiden. Radieschen putzen, abspülen, abtropfen lassen, halbieren und in kleine Stifte schneiden. Putenbrustscheiben halbieren.
3. Auf 10 Toastdreiecke je 2–3 Spargelstücke legen. Putenbrustscheiben zusammenklappen, darauflegen und einen kleinen Tupfer Frischkäse daraufgeben. Einige Radieschenstifte an den Frischkäsetupfer legen.

Toastschnittchen mit Geflügelaspik

Ruck-Zuck-Käseplatte

Toastschnittchen mit Geflügelaspik

10 Stück

Zubereitungszeit: 20 Minuten, ohne Abkühlzeit

30 g Rucola (Rauke)
40–50 g Halbfett-Butter (39 % Fett)
10 Scheiben Toastbrot (je etwa 30 g)
20 Scheiben Geflügelaspik (etwa 240 g)
1 kleiner, rotschaliger Apfel, z. B. Gala, Elstar
Saft von 1/2 Zitrone

Pro Stück:
E: 8 g, F: 4 g, Kh: 17 g,
kJ: 547, kcal: 130

1. Rucola verlesen und dicke Stängel abschneiden. Rucola abspülen, gut abtropfen lassen oder trocken schleudern. 10 Rucolablätter zum Garnieren beiseitelegen. Die restlichen Rucolablätter sehr fein schneiden und mit der Butter verrühren.
2. Die Toastscheiben im Toaster goldbraun toasten, etwas abkühlen lassen und mit der Rucolabutter bestreichen. Jede Toastscheibe mit 2 Scheiben, zur Hälfte zusammengelegtem Geflügelaspik belegen.
3. Den Apfel abspülen, abtrocknen und vierteln. Das Kerngehäuse entfernen, die Apfelviertel in schmale Spalten schneiden. Die Apfelspalten mit Zitronensaft beträufeln, damit sie nicht braun werden.
4. Die Toastschnittchen mit den Apfelspalten und den beiseitegelegten Rucolablättern garnieren. Die Toastschnittchen sofort servieren.

Ruck-Zuck-Käseplatte

10 Portionen

Zubereitungszeit: 45 Minuten

500 g mittelalter Gouda
1/2 rote Paprikaschote
Paprikapulver edelsüß
1 Chicorée
vorbereitete Brunnenkresse

400 g Edamer
1/2 grüne Paprikaschote

1 runder Brie-Käse (etwa 400 g)
4 Kumquats

300 g Blauschimmelkäse, z. B. Gorgonzola
1 Kiwi

300 g Raclette-Käse
1 EL Schnittlauchröllchen
10 Cocktailtomaten
einige Basilikumblättchen

Für die Ziegenkäsetorte:
1/2 Kästchen Kresse
1 runder Ziegenkäse (etwa 300 g)
2 EL gem. Walnusskerne
1 EL Preiselbeeren (aus dem Glas)
je 2 grüne und blaue, kernlose Weintrauben

Pro Portion:
E: 50 g, F: 67 g, Kh: 5 g,
kJ: 3417, kcal: 819

1. Die Hälfte von dem Gouda zuerst in etwa 1/2 cm dicke Scheiben schneiden, dann mit einem Buntmesser in Dreiecke schneiden. Käsedreiecke dachziegelartig auf einer Platte anrichten.
2. Rote Paprikahälfte entstielen, entkernen, die weißen Scheidewände entfernen. Schote abspülen, trocken tupfen und mit einem Buntmesser in Rauten schneiden. Die Käsedreiecke mit den Paprikarauten garnieren.
3. Den restlichen Gouda in dickere Stangen schneiden. Chicorée putzen, abspülen, abtropfen lassen, längs halbieren. Den Strunk herausschneiden. Die Blätter abzupfen. Die Käsestangen auf den Chicoréeblättern anrichten, mit Paprika bestreuen und mit Brunnenkresse garnieren.
4. Edamer zuerst in etwa 1 1/2 cm dicke Scheiben, dann in schmale Dreiecke schneiden. Grüne Paprikahälfte entstielen, entkernen, die

weißen Scheidewände entfernen. Schote abspülen, trocken tupfen und in dünne Streifen schneiden. Die Käsescheiben mit den grünen Paprikastreifen garniert auf der Käseplatte anrichten.

5. Brie-Käse in Achtel schneiden. Kumquats waschen, trocken tupfen und in Scheiben schneiden. Die Briestücke mit den Kumquatscheiben garnieren. Blauschimmelkäse in Dreiecke schneiden. Kiwi schälen, in Scheiben schneiden, mit den Käsedreiecken auf der Platte anrichten.

6. Raclette-Käse in Scheiben schneiden, aufrollen, auf der Platte anrichten und mit Schnittlauchröllchen bestreuen. Tomaten abspülen, abtrocknen, halbieren. Basilikumblättchen abspülen und trocken tupfen, Die Käserollen mit den Tomatenhälften und Basilikumblättchen garnieren.

7. Für die Ziegenkäsetorte Kresse abspülen, trocken tupfen und abschneiden. Gut die Hälfte der Kresse kreisförmig auf den Ziegenkäse legen. Walnusskerne mit Preiselbeeren verrühren und auf das Kressebett geben. Käsetorte mit restlicher Kresse garnieren. Weintrauben abspülen, abtrocknen und halbieren. Den Käse mit Weintraubenhälften belegen.

Zwiebackhäppchen mit Mini-Spiegeleiern

16 Häppchen

Zubereitungszeit: 35 Minuten

125 g gekochte Rote Bete (vakuumverpackt)
1 Schalotte
2 EL Crème fraîche
1 EL Zitronensaft
1 EL Sahnemeerrettich
Salz, gem. Pfeffer
50 g geräuchertes Forellenfilet
2 EL Olivenöl
16 Wachteleier
3 Stängel Dill
16 Scheiben Mini-Zwieback (etwa 75 g)

Pro Häppchen:
E: 3 g, F: 4 g, Kh: 4 g,
kJ: 264, kcal: 63

1. Die Rote Bete in sehr feine Würfel schneiden. Die Schalotte abziehen und ebenfalls in sehr feine Würfel schneiden.

2. Crème fraîche mit Zitronensaft und Sahnemeerrettich verrühren, mit Salz und Pfeffer würzen. Rote-Bete- und Schalotten-Würfel unter die Crème-fraîche-Masse rühren. Forellenfilet in kleine Stückchen zupfen.

3. Das Öl in einer Pfanne erhitzen. Die Eier vorsichtig aufschlagen und in dem heißen Öl bei mittlerer Hitze wie Spiegeleier braten. Die Spiegeleier mit Salz würzen.

4. Dill abspülen und trocken tupfen. Zwei Drittel davon fein schneiden und kurz vor dem Servieren mit dem Forellenfilet unter die Rote-Bete-Mischung rühren.

5. Das Rote-Bete-Forellen-Tatar auf den Mini-Zwieback-Scheiben verteilen. Jeweils 1 Wachtelspiegelei daraufsetzen und mit dem restlichen Dill garnieren.

Zwiebackhäppchen mit Mini-Spiegeleiern

Doppeldecker-Schnittchen

10 Stück (ohne Foto)

Zubereitungszeit: 30 Minuten

10 Scheiben Pumpernickel
1 kleine Salatgurke
etwa 100 g Paprika-Brotaufstrich (aus dem Kühlregal)
10 Scheiben Lachsschinken
10 Scheiben Salami
1 EL rote Paprikawürfel

Pro Stück:
E: 6 g, F: 4 g, Kh: 20 g,
kJ: 607, kcal: 145

1. Pumpernickelscheiben halbieren. Die Gurke schälen und die Enden abschneiden. Gurke in dünne Scheiben schneiden. Etwa zwei Drittel von dem Brotaufstrich auf 10 Pumpernickelscheiben streichen, je 2–3 Gurkenscheiben darauflegen und mit den restlichen 10 Pumpernickelscheiben bedecken.

2. Jeweils 1 Scheibe Lachsschinken und Salami dekorativ daraufsetzen. Den restlichen Brotaufstrich in Tupfen auf die Doppeldecker-Schnittchen setzen und mit den Paprikawürfeln garnieren.

Sardellen-Toast-Schnittchen

10 Stück

Zubereitungszeit: 20 Minuten

10 Scheiben Toastbrot
40 g Butter (zimmerwarm)
4 Tomaten
3 hart gekochte Eier
Salz, gem. Pfeffer
10 Sardellenfilets (aus dem Glas)
10 abgetropfte Kapern
10 vorbereitete Basilikumblättchen

Pro Stück:
E: 6 g, F: 6 g, Kh: 15 g,
kJ: 596, kcal: 142

1. Das Toastbrot toasten. Aus jeder Toastscheibe mit einem runden Ausstecher oder Glas (Ø etwa 6 cm) Scheiben ausstechen und mit Butter bestreichen.
2. Tomaten abspülen, abtrocknen und halbieren. Stängelansätze entfernen. Tomatenhälften in 10 etwas dickere Scheiben schneiden. Eier pellen, in 10 Scheiben schneiden.
3. Jeweils 1 Tomatenscheibe auf 1 runde Toastscheibe legen und mit Salz und Pfeffer bestreuen. Darauf jeweils 1 Eischeibe legen.
4. Die Sardellen abtropfen lassen, aufrollen und jeweils 1 Röllchen auf 1 Eierscheibe legen. Mittig auf die Sardellenröllchen je 1 Kaper geben. Schnittchen mit den Basilikumblättchen garniert servieren.

Sandwichschnittchen „Dreierlei"

je 12 Stück

Zum Vorbereiten

Zubereitungszeit: 45 Minuten, ohne Kühlzeit

18 Scheiben Sandwichtoast

Für die Corned-Beef-Schnittchen:
2 EL Salatmayonnaise
1 EL Joghurt (3,5 % Fett)
1–2 geh. TL mittelscharfer Senf
Salz, gem. Pfeffer
3 vorbereitete Salatblätter
6 Scheiben Corned-Beef
3 mittelgroße Gewürzgurken

Für die Hähnchenbrust-Pfirsich-Schnittchen:
2 gut abgetropfte Pfirsichhälften (aus der Dose)
2 EL Doppelrahm-Frischkäse
Salz
gem. Pfeffer
1/2 TL Currypulver
3 vorbereitete Salatblätter
150 g Hähnchenbrustaufschnitt

Für die Roastbeef-Schnittchen:
2 hart gekochte, gepellte Eier
3 mittelgroße Gewürzgurken
2 geh. EL Sahnemeerrettich
3 vorbereitete Salatblätter
6 Scheiben Roastbeefaufschnitt

Pro Stück:
E: 4 g, F: 4 g, Kh: 9 g,
kJ: 376, kcal: 90
(Corned-Beef-Schnittchen);
E: 4 g, F: 2 g, Kh: 8 g,
kJ: 292, kcal: 70 (Hähnchenbrust-Pfirsich-Schnittchen);
E: 4 g, F: 3 g, Kh: 9 g,
kJ: 337, kcal: 80
(Roastbeef-Schnittchen)

Sardellen-Toast-Schnittchen

Sandwichschnittchen „Dreierlei"

1. Von den Sandwichscheiben die Rinden abschneiden.
2. Für die Corned-Beef-Schnittchen Mayonnaise, Joghurt und Senf verrühren, mit Salz und Pfeffer würzen. 6 Sandwichscheiben mit der Masse bestreichen. Davon 3 Sandwichscheiben mit jeweils 1 Salatblatt und 2 Scheiben Corned-Beef belegen.
3. Gewürzgurken in Scheiben schneiden und auf den Corned-Beef-Scheiben verteilen. Die restlichen 3 bestrichenen Sandwichscheiben auf die belegten Sandwichscheiben legen und fest andrücken.
4. Für die Hähnchenbrust-Schnittchen Pfirsichhälften in kleine Würfel schneiden und mit dem Frischkäse verrühren, mit Salz, Pfeffer und Curry würzen. Pfirsichmasse auf 6 Sandwichscheiben streichen, auf 3 davon je 1 Salatblatt legen.
5. Hähnchenbrustaufschnitt fein würfeln und auf den Salatblättern verteilen. Mit jeweils 1 bestrichenen Sandwichscheibe bedecken und fest andrücken.
6. Für die Roastbeef-Schnittchen die Eier und Gewürzgurken in dünne Scheiben schneiden. Die restlichen 6 Sandwichscheiben mit Sahnemeerrettich bestreichen, 3 Sandwichscheiben jeweils mit 1 Salatblatt und 2 Scheiben Roastbeefaufschnitt belegen.
7. Eier- und Gewürzgurkenscheiben darauf verteilen, mit den restlichen 3 Sandwichscheiben bedecken und fest andrücken.
8. Sandwiches in Frischhaltefolie wickeln, etwa 1 Stunde beschweren (z. B. mit einem Schneidbrett und Konserven) und in den Kühlschrank stellen.
9. Sandwiches aus der Folie nehmen, zweimal diagonal durchschneiden, sodass jeweils 4 kleine Schnittchen entstehen.

Tipp: Sehr dekorativ sieht es aus, wenn Sie die Sandwichschnittchen auf einer bunten Platte anrichten und mit Schnittlauchröllchen und Paprikapulver garnieren.

Bunte Häppchen-Platte

8–10 Portionen

Zubereitungszeit: 75 Minuten, ohne Abkühlzeit

400 g Gouda
etwa 8 blaue Weintrauben
8 Scheiben Räucherlachs (etwa 280 g)
2 Scheiben Schwarzbrot (etwa 110 g)
etwas Butter (zimmerwarm)
2 Matjesfilets (je etwa 75 g)
Tomatenpaprika (aus dem Glas, etwa 50 g)
2 Gewürzgurken (etwa 100 g)
8 Perlzwiebeln

200 g Gehacktes (halb Rind-, halb Schweinefleisch)
1 Zwiebel
50 g Magerquark
2 EL Semmelbrösel
Salz, gem. Pfeffer
Paprikapulver edelsüß
1–2 EL Rapsöl
8 Scheiben Schinkenspeck

8 Sardellen
8 Cocktailkirschen
8 Walnusskernhälften
Roastbeef-Scheiben

Holzspießchen

Pro Portion:
E: 33 g, F: 40 g, Kh: 12 g,
kJ: 2244, kcal: 536

1. Käse entrinden, in mundgerechte, gleich große Würfel schneiden.
2. Weintrauben abspülen, trocken tupfen und entstielen. Je 1 Käsewürfel mit 1 Weintraube belegen und mit einem Holzspießchen feststecken.
3. Räucherlachsscheiben aufrollen und mit je 1 Käsewürfel auf ein Holzspießchen stecken.
4. Schwarzbrotscheiben in mundgerechte Stücke schneiden und mit Butter bestreichen. Matjesheringe und Tomatenpaprika in Größe der

Bunte Häppchen-Platte

Schwarzbrotstücke schneiden. Gurken in Scheiben schneiden. Jeweils 1 Heringsstück, Tomatenpaprikastück, 1 Gurkenscheibe und 1 Perlzwiebel mit einem Holzspießchen auf ein Stück Schwarzbrot stecken.
5. Gehacktes in eine Schüssel geben. Zwiebel abziehen und in kleine Würfel schneiden. Quark, Semmelbrösel und Zwiebelwürfel zum Gehackten geben und gut vermengen, mit Salz, Pfeffer und Paprika würzen.
6. Aus dem Fleischteig 8 kleine Bällchen formen und in erhitztem Öl von allen Seiten in etwa 8 Minuten goldbraun braten. Hackbällchen auf Küchenpapier abtropfen und erkalten lassen. Jeweils 1 Hackbällchen mit 1 Scheibe Speck umwickeln und mit je einem Holzspießchen feststecken.
7. Die Sardellen aufrollen und mit je einem Holzspießchen auf 1 Käsewürfel spießen. Cocktailkirschen ebenfalls auf Käsewürfel spießen.
8. Jeweils 1 Käsewürfel mit 1 Walnusskernhälfte und 1 weiteren Käsewürfel mit 1 Rostbeef-Röllchen aufspießen.
9. Die einzelnen Häppchen auf einer großen Platte anrichten.

Tipps: Der Gouda kann beliebig durch eine andere Käsesorte ausgetauscht werden. Statt Weintrauben Mandarinen verwenden. Die Häppchen auf einer halbierten Ananas anrichten.

Crostini mit Geflügelleber-, Tomaten- und Olivencreme

Knäckebrot mit Knochenschinken

Crostini mit Geflügelleber-, Tomaten- und Olivencreme

24 Stück

Zubereitungszeit: 60 Minuten

Für die Geflügellebercreme:
1 kleine Knoblauchzehe
1 kleine Zwiebel
2 EL Olivenöl
2 EL Butter
300 g Geflügelleber
1 EL abgetropfte Kapern
1 EL Tomatenmark
100 ml Weißwein
Salz, gem. Pfeffer
1 EL fein gehackte Petersilie

Für die Tomatencreme:
2 große Fleischtomaten
2 Knoblauchzehen
2 EL Olivenöl
1/2 Bund Basilikum

Für die Olivencreme:
3 Knoblauchzehen
300 g entsteinte, schwarze Oliven
5 Sardellenfilets
2 EL abgetropfte Kapern
4 EL Olivenöl
gem. Pfeffer

24 Scheiben Baguette

Nach Belieben:
Kräuterschinken oder Speck

Insgesamt:
E: 28 g, F: 60 g, Kh: 69 g,
kJ: 3978, kcal: 949

1. Für die Geflügellebercreme Knoblauch und Zwiebel abziehen. Olivenöl in einer Pfanne erhitzen. Butter darin zerlassen. Knoblauch und Zwiebel darin andünsten. Geflügelleber unter fließendem kalten Wasser abspülen, trocken tupfen, evtl. Sehnen und Haut entfernen. Geflügelleber klein schneiden und hinzugeben. Kapern fein hacken, mit dem Tomatenmark zu der Geflügelleber geben und unter mehrmaligem Wenden etwa 5 Minuten garen. Leber herausnehmen.
2. Wein in die Pfanne gießen, zum Kochen bringen und unter Rühren bei mittlerer Hitze einkochen lassen, mit Salz und Pfeffer würzen. Petersilie und Leber unterrühren. Die Masse erkalten lassen.
3. Für die Tomatencreme Tomaten kreuzweise einschneiden und mit kochendem Wasser übergießen. Nach 1–2 Minuten herausnehmen und mit kaltem Wasser abschrecken. Tomaten enthäuten, halbieren und die Stängelansätze herausschneiden. Tomaten würfeln und in eine Schüssel geben.
4. Knoblauch abziehen, durch eine Knoblauchpresse zu den Tomatenwürfeln drücken. Olivenöl darauf träufeln und vorsichtig mischen.
5. Basilikum abspülen und trocken tupfen. Die Blättchen von den Stängeln zupfen. Blättchen klein schneiden und untermengen, mit Salz und Pfeffer würzen.
6. Für die Olivencreme Knoblauch abziehen. Knoblauch, Oliven, Sardellenfilets, Kapern und Olivenöl in einem hohen Rührbecher pürieren. Creme mit Pfeffer abschmecken.
7. Jeweils 8 Brotscheiben mit je einer Creme bestreichen. Nach Belieben die mit Olivencreme bestrichenen Brotscheiben mit ganz dünn geschnittenem Kräuterschinken oder Speck belegen.

Knäckebrot mit Knochenschinken

10 Stück

Zubereitungszeit: 20 Minuten

1 Bund Schnittlauch
80 g Sahnemeerrettich
100 g Joghurt-Salatcreme
10 Scheiben Knäckebrot mit Sesam
20 Scheiben Knochenschinken
5 hart gekochte, gepellte Eier
2 Frühlingszwiebeln

Pro Stück:
E: 11 g, F: 9 g, Kh: 11 g,
kJ: 707, kcal: 168

1. Schnittlauch abspülen, trocken tupfen und in kleine Röllchen schnei-

den. Sahnemeerrettich mit Joghurt-Salatcreme und Schnittlauchröllchen verrühren.
2. Die Knäckebrotscheiben mit der Creme bestreichen. Schinkenscheiben zu Tütchen aufrollen. Eier vierteln und je ein Viertel in eine Schinkentüte geben. Jeweils 2 gefüllte Schinkentütchen auf eine Knäckebrotscheibe legen.
3. Frühlingszwiebeln putzen, abspülen, abtropfen lassen und in feine Scheiben schneiden. Belegte Knäckebrote mit den Frühlingszwiebelscheiben garniert servieren.

Tipp: Knäckebrotschnittchen maximal 1 Stunde vor dem Verzehr zubereiten, damit sie nicht durchweichen.

Leberwurst-Radieschen-Flirt

12 Stück

Zubereitungszeit: 20 Minuten

225 g feine Kalbsleberwurst
3 EL Kräuter-Crème-fraîche
5 Tropfen Zitronensaft
1 Prise Zucker
Salz
gem. Pfeffer
10 Radieschen
3 kleine Gewürzgurken
1 Bund Schnittlauch
12 Scheiben Grau- oder Mehrkornbrot

Pro Stück:
E: 6 g, F: 7 g, Kh: 24 g,
kJ: 793, kcal: 190

1. Leberwurst mit Crème fraîche, Zitronensaft, Zucker, Salz und Pfeffer glatt rühren.
2. Radieschen putzen, abspülen, abtropfen lassen und zusammen mit den Gewürzgurken sehr fein würfeln. Schnittlauch abspülen, trocken tupfen und in kleine Röllchen schneiden. Radieschen- und Gurkenwürfel mit 2 Esslöffeln Schnittlauchröllchen unter die Leberwurstcreme rühren.
3. Die Leberwurstcreme auf die Brotscheiben streichen und nach Belieben mit den restlichen Schnittlauchröllchen bestreuen.

Heiße Partyscheiben

24 Stück

Zubereitungszeit: 25 Minuten

12 Scheiben Vollkorntoastbrot
50 g Butter
4 abgetropfte Ananasscheiben (aus der Dose)
4 Schnittkäsescheiben, z. B. Gouda
4 Scheiben Kochschinken
4 abgetropfte Pfirsichhälften (aus der Dose)
150 g abgetropfter Tunfisch, naturell (aus der Dose)
1 Zwiebel

Pro Stück:
E: 5 g, F: 5 g, Kh: 8 g,
kJ: 419, kcal: 100

1. Den Backofen vorheizen.
Ober-/Unterhitze: etwa 200 °C
Heißluft: etwa 180 °C
2. Die Brotscheiben toasten und dünn mit Butter bestreichen. Auf 4 Toastscheiben je 1 Ananasscheibe und darauf je 1 Käsescheibe legen. Die 4 Toastscheiben auf ein Backblech (mit Backpapier belegt) legen. Das Backblech in den vorgeheizten Backofen schieben. Anschließend die Toastscheiben etwa 5 Minuten überbacken.
3. Auf 4 weitere Toastscheiben je 1 Schinkenscheibe und darauf jeweils 1 Pfirsichhälfte legen. Tunfisch auf den restlichen 4 Toastscheiben verteilen. Zwiebel abziehen, in Ringe schneiden, auf den Tunfisch legen.
4. Alle Toastscheiben einmal diagonal durchschneiden und auf einer Platte anrichten.

Tipp: Auch die Toasts mit Schinken und Tunfisch können Sie nach Belieben bei der oben angegebenen Backofeneinstellung überbacken.

Leberwurst-Radieschen-Flirt

Heiße Partyscheiben

Käseplatte

Porreeschiffchen

24 Stück

Zubereitungszeit: 40 Minuten

4 dünne Porreestangen (Lauch)
Salz
100 g Schafskäse
200 g Schmand (Sauerrahm)
3 EL Schnittlauchröllchen

Pro Stück:
E: 1 g, F: 3 g, Kh: 1 g,
kJ: 146, kcal: 35

1. Für die Porreeschiffchen Porree putzen, die Stangen längs einschneiden, aber nur so weit, dass sie an einer Seite noch zusammenhalten, waschen, abtropfen lassen und in etwa 5 cm lange Stücke schneiden. Die Porreestücke 2–3 Minuten in kochendem Salzwasser blanchieren, anschließend mit kaltem Wasser übergießen und gut abtropfen lassen.
2. Den Schafskäse mit einer Gabel zerdrücken, mit Schmand und Schnittlauchröllchen (evtl. einige Schnittlauchröllchen zum Garnieren beiseitelegen) verrühren. Die Käsecreme in die Einschnitte der Porreestücke geben und mit den Schnittlauchröllchen bestreuen.

Tipp: Porreeschiffchen mit Schnittlauchhalmen oder blanchierten Porreestreifen zusammenbinden.

Sesamringe mit Schafskäse

2 Stück

Zubereitungszeit: 25 Minuten

3 EL gehackte Petersilie
2 EL Sesamsamen
4 EL Olivenöl
Salz
gem. Pfeffer
200 g Schafs- oder Frischkäse
80 g Schlagsahne
2 Sesamringe (je etwa 200 g)

Käseplatte

Pro Stück:
E: 37 g, F: 78 g, Kh: 101 g,
kJ: 5265, kcal: 1257

1. Petersilie mit Sesam, Olivenöl, Salz und Pfeffer verrühren. Schafs- oder Frischkäse mit einer Gabel zerdrücken bzw. verrühren, mit Sahne und der Petersilien-Öl-Mischung verrühren.
2. Die Käsemasse in einen Spritzbeutel mit Lochtülle füllen und auf die Sesamringe spritzen.

Tête-de-Moine-Tomaten

12 Stück

Zubereitungszeit: 25 Minuten

12 kleine Strauchtomaten
einige Salatblätter
12 Tête-de-Moine-Rosetten
(je etwa 15 g, Mönchskopf-Käse-Rosetten, von der Käsetheke)

Pro Stück:
E: 4 g, F: 5 g, Kh: 1 g,
kJ: 296, kcal: 71

1. Tomaten abspülen, abtrocknen, halbieren und vorsichtig mit einem kleinen Löffel aushöhlen. Salatblätter abspülen und trocken tupfen, evtl. kleiner zupfen. Die Tomatenhälften mit den Salatblättern auslegen. Die Käserosetten vorsichtig in die ausgehöhlten Tomaten setzen.

Käsebirnen

12 Stück

Zubereitungszeit: 30 Minuten, ohne Abkühlzeit

12 sehr kleine Birnen
250 ml Weißwein
250 ml Wasser
200 g Roquefort
100 g Magerquark

4 EL Orangensaft
gem. Pfeffer
3 EL Pinienkerne

Pro Stück:
E: 6 g, F: 7 g, Kh: 11 g,
kJ: 548, kcal: 131

1. Für die Käsebirnen Birnen schälen, mit einem Apfelausstecher das Kerngehäuse entfernen. Birnen in Wein und Wasser etwa 10 Minuten dünsten lassen, dabei mehrmals wenden. Birnen in dem Sud erkalten lassen.
2. Roquefort-Käse mit Quark, Orangensaft und Pfeffer verrühren. Die Birnen aus dem Sud nehmen und trocken tupfen. Die Käsecreme in einen Spritzbeutel mit Lochtülle geben. Die Birnen damit füllen. Restliche Creme auf den Birnen verteilen.
3. Pinienkerne in einer Pfanne ohne Fett rösten. Geröstete Pinienkerne mahlen. Die Käsebirnen damit bestreuen oder darin wälzen.

Tipps: Nach Belieben jede Birne mit einem Petersilienblatt und Orangenstückchen garnieren und auf eine Orangenscheibe setzen. Sie können die Pinienkerne durch gemahlene Mandeln ersetzen.

Knusperbrot mit Joghurt-Schafskäse-Creme

10 Stück

Zubereitungszeit: 20 Minuten

200 g Schafskäse
250 g Joghurt (3,5 % Fett)
200 g Möhren
1 Bund Schnittlauch
60 g Rosinen
10 Salatblätter,
z. B. Lollo bionda
10 Knusperbrotscheiben

Pro Stück:
E: 6 g, F: 5 g, Kh: 10 g,
kJ: 458, kcal: 109

1. Den Schafskäse klein würfeln, mithilfe einer Gabel zerdrücken und mit dem Joghurt verrühren.
2. Möhren putzen, schälen, abspülen und abtropfen lassen. Möhren halbieren und in dünne, etwa 1 cm lange Stifte schneiden oder grob raspeln.
3. Schnittlauch abspülen, trocken tupfen, in feine Röllchen schneiden. Etwa 1 Esslöffel Schnittlauchröllchen zum Garnieren beiseitelegen. Die restlichen Schnittlauchröllchen mit den Möhrenstiften oder -raspeln und den Rosinen unter die Joghurt-Schafskäse-Creme rühren.
4. Die Salatblätter abspülen und trocken tupfen. Jeweils 1 Salatblatt auf 1 Knusperscheibe legen und die Creme darauf verteilen. Mit den beiseitegelegten Schnittlauchröllchen bestreuen.

Knusperbrot mit Joghurt-Schafskäse-Creme

Mozzarella im Schinkenhemd

16 Stück

Zubereitungszeit: 30 Minuten

250 g abgetropfter Mozzarella
16 Schnittlauchhalme
16 Basilikumblättchen
16 Scheiben Parmaschinken

Pro Stück:
E: 6 g, F: 6 g, Kh: 0 g,
kJ: 352, kcal: 84

1. Käse in knapp fingerdicke Streifen schneiden. Schnittlauch und Basilikum abspülen, trocken tupfen. Jeden Käsestreifen mit einer längs doppelt gefalteten Scheibe Schinken umwickeln, sodass oben und unten noch ein Stück Käse sichtbar bleibt.
2. Die Käse-Schinken-Päckchen mit jeweils 1 Basilikumblatt belegen und mit 1 Schnittlauchhalm zusammenbinden.

Tipp: Mozzarella im Schinkenhemd auf einer Platte mit Salatblättern und Tomatenwürfeln anrichten.

Schnittchen mit Krabbenbutter

8–10 Stück

Zubereitungszeit: 15 Minuten

50 g geschälte Krabben
4 TL Krabbenpaste (aus der Tube)
150 g Butter (zimmerwarm)
Salz
gem. Pfeffer
1 EL Cognac
8–10 Scheiben Stangenweißbrot

Zum Garnieren:
1–2 Stängel glatte Petersilie
50 g geschälte Krabben

Pro Stück:
E: 4 g, F: 16 g, Kh: 10 g,
kJ: 855, kcal: 204

1. Die Krabben evtl. abtropfen lassen und in kleine Stücke schneiden. Krabbenstücke mit Krabbenpaste und Butter verrühren und mit Salz, Pfeffer und Cognac abschmecken. Die Brotscheiben damit bestreichen.
2. Zum Garnieren Petersilie abspülen, trocken tupfen und die Blätter von den Stängeln zupfen. Die Krabben mittig als kleine Häufchen auf die Schnittchen geben und die Schnitten mit den Petersilienblättchen garniert servieren.

Lachs-Schnittchen-Variationen

12 Portionen

Zubereitungszeit: 40 Minuten

100 g Butter (zimmerwarm)
1 TL Dr. Oetker Finesse
Geriebene Zitronenschale
Salz

12 Scheiben Kastenweißbrot
(etwa 450 g)
12 Salatblätter
6 Scheiben Räucherlachs
(etwa 150 g)
ger. Meerrettich
etwas vorbereitete Kresse
370 g abgetropfte Seelachsschnitzel, in Öl (aus dem Glas)
einige Zwiebelringe
1 hart gekochtes Ei (in Scheiben)

Mozzarella im Schinkenhemd

Schnittchen mit Krabbenbutter

Lachs-Schnittchen-Variationen

Kräcker mit angemachtem Camembert

Pro Portion:
E: 13 g, F: 12 g, Kh: 19 g,
kJ: 987, kcal: 236

1. Butter schaumig rühren. Zitronenschale unterrühren, mit wenig Salz würzen. Die Weißbrotscheiben evtl. entrinden, mit der Zitronenbutter bestreichen.
2. Salatblätter abspülen und trocken tupfen. Die Weißbrotscheiben mit jeweils 1 Salatblatt belegen und leicht in die Butter drücken. Die Räucherlachsscheiben jeweils dritteln und zu „Locken" aufrollen. Je 2 „Lachslocken" auf 1 Weißbrotscheibe anrichten (insgesamt 6 Scheiben). Die Lachsschnittchen mit Meerrettich bestreuen und die Kresse als kleine Sträußchen darauf verteilen.
3. Die restlichen Weißbrotscheiben mit abgetropften Seelachsschnitzeln belegen, mit Zwiebelringen und je 1 Eierscheibe garnieren.

Tipp: Nach Belieben die Schnittchen mit Zitronenscheiben garniert und mit Pfeffer bestreut servieren.

Kräcker mit angemachtem Camembert

20 Stück

Zubereitungszeit: 30 Minuten

1 Zwiebel, 200 g Camembert
2–3 EL Schlagsahne oder Milch
2 gestr. TL Paprikapulver edelsüß
2–3 EL Schnittlauchröllchen
gem. Pfeffer
20 kleine, runde Kräcker

Pro Stück:
E: 3 g, F: 3 g, Kh: 3 g,
kJ: 186, kcal: 45

1. Zwiebel abziehen, fein würfeln. Camembert in kleine Stücke schneiden. Mithilfe einer Gabel die Camembertstücke mit Zwiebelwürfeln, Sahne oder Milch und Paprikapulver verrühren. Die Camembertstücke dabei mit der Gabel zerdrücken.
2. Etwa 1 Esslöffel Schnittlauchröllchen zum Garnieren beiseitelegen. Restliche Schnittlauchröllchen unter die Camembertmasse rühren. Die Camembertmasse mit Pfeffer abschmecken.
3. Die Camembertmasse in kleinen Häufchen auf den Kräckern verteilen und anschließend noch mit den beiseitegelegten Schnittlauchröllchen bestreuen.

Fladenschnittchen „Dreierlei"

Fladenbrot mit Kichererbsenpüree
12 Stücke

Zubereitungszeit: 40 Minuten, ohne Abkühlzeit

1 rundes Fladenbrot (etwa 400 g)

Für das Kichererbsenpüree:
265 g abgetropfte Kichererbsen (aus der Dose)
150 g Joghurt (3,5 % Fett)
2 EL Tahini (Sesampaste)
2 Bund Frühlingszwiebeln
1 Bund glatte Petersilie
Salz
gem. Pfeffer
2 Msp. Pul-Biber (geschrotete Pfefferschoten)

Pro Stück:
E: 6 g, F: 4 g, Kh: 25 g,
kJ: 653, kcal: 156

1. Das Fladenbrot bei Ober-/Unterhitze: 200 °C etwa 5 Minuten aufbacken, kurz abkühlen lassen.
2. In der Zwischenzeit Kichererbsen pürieren, mit Joghurt und Tahini verrühren. Frühlingszwiebeln putzen, abspülen und abtropfen lassen. 4 Frühlingszwiebeln beiseitelegen. Restliche Frühlingszwiebeln in feine Scheiben schneiden. Petersilie abspülen, trocken tupfen. Die Blättchen von den Stängeln zupfen und fein hacken.
3. Die Frühlingszwiebelscheiben und die Petersilie unter den Joghurt rühren, mit Salz, Pfeffer und Pul-Biber würzen.
4. Das Fladenbrot in 12 Tortenstücke schneiden und diese waagerecht halbieren. Die unteren Fladenbrotstücke mit Kichererbsenpüree bestreichen und die oberen Stücke daraufsetzen. Beiseitegelegte Frühlingszwiebeln in je 3 gleich große Stücke schneiden und die Schnittchen damit garnieren.

Fladenbrot mit Tunfisch-Frischkäse
12 Stücke

Zubereitungszeit: 35 Minuten, ohne Abkühlzeit

1 rundes Fladenbrot (etwa 400 g)

2 rote Zwiebeln
1 Bund glatte Petersilie
3 mittelgroße Tomaten
300 g abgetropften Tunfisch (aus der Dose)
200 g Doppelrahm-Frischkäse
Salz
gem. Pfeffer
einige Cocktailtomaten

Pro Stück:
E: 10 g, F: 9 g, Kh: 18 g,
kJ: 842, kcal: 197

1. Das Fladenbrot bei Ober-/Unterhitze: 200 °C etwa 5 Minuten aufbacken, kurz abkühlen lassen.
2. Inzwischen Zwiebeln abziehen, halbieren, fein würfeln. Petersilie abspülen, trocken tupfen, die Blättchen von den Stängeln zupfen. Blättchen fein hacken. Tomaten abspülen, abtrocknen, vierteln, die Stängelansätze herausschneiden. Tomaten in Würfel schneiden. Tunfisch mit Zwiebel-, Tomatenwürfeln, Petersilie und Frischkäse verrühren, mit Salz und Pfeffer würzen. Cocktailtomaten abspülen und trocken tupfen.
3. Das Fladenbrot in 12 Tortenstücke schneiden und diese waagerecht halbieren. Die unteren Fladenbrotstücke mit der Tunfischmasse bestreichen, mit den oberen Stücken bedecken. Mit den Cocktailtomaten anrichten.

Fladenschnittchen „Dreierlei"

Filet-Crostini

Fladenbrot mit Zaziki
12 Stücke

Zubereitungszeit: 35 Minuten, ohne Abkühlzeit

1 kg Joghurt (3,5 % Fett)
1 rundes Fladenbrot (etwa 400 g)
5 Knoblauchzehen
1 TL Salz
1 EL Olivenöl
1 Salatgurke

Pro Stück:
E: 6 g, F: 4 g, Kh: 21 g,
kJ: 633, kcal: 151

1. Joghurt in einem Sieb (mit Küchenpapier ausgelegt) gut abtropfen lassen. Das Fladenbrot bei Ober-/Unterhitze: 200 °C etwa 5 Minuten aufbacken, kurz abkühlen lassen.
2. Inzwischen Knoblauch abziehen und durch eine Knoblauchpresse drücken. Knoblauch, Salz und Olivenöl unter den Joghurt rühren.
3. Gurke abspülen, abtrocknen und halbieren, eine Gurkenhälfte grob raspeln, in einem Sieb abtropfen lassen oder ausdrücken und mit dem Joghurt verrühren. Nach Belieben nachwürzen. Andere Gurkenhälfte in Scheiben schneiden. Gurkenscheiben halbieren.
4. Das Fladenbrot in 12 Tortenstücke schneiden und diese waagerecht halbieren. Die unteren Fladenbrotstücke mit Zaziki bestreichen und mit den oberen Stücken bedecken. Mit den halbierten Gurkenscheiben garnieren.

Filet-Crostini
16 Stück

Zubereitungszeit: 40 Minuten, ohne Abkühlzeit

1 große Bio-Orange (unbehandelt, ungewachst)
2 Frühlingszwiebeln
500 g Schweinefilet
4 EL Olivenöl
Salz
gem. Pfeffer
2–3 Knoblauchzehen
80 g Salatmayonnaise (50 % Fett)
16 Scheiben Stangenweißbrot oder Baguette (1 1/2–2 cm dick)
8 kleine, grüne Salatblätter

Pro Stück:
E: 9 g, F: 6 g, Kh: 13 g,
kJ: 598, kcal: 143

1. Orange heiß abwaschen, abtrocknen und einige Orangenschalenstreifen mit einem Zestenreißer abziehen. Orange so schälen, dass die weiße Haut mitentfernt wird. Die Fruchtfilets herauslösen und dabei den Saft auffangen. Frühlingszwiebeln putzen, abspülen, abtropfen lassen und schräg in dünne Scheiben schneiden.
2. Das Schweinefilet mit Küchenpapier trocken tupfen. 2 Esslöffel Olivenöl in einer Pfanne erhitzen. Schweinefilet darin von allen Seiten anbraten, mit Salz und Pfeffer würzen. Das Filet zugedeckt etwa 8 Minuten bei schwacher Hitze garen, herausnehmen, in Alufolie wickeln und abkühlen lassen.
3. Die Frühlingszwiebelscheiben und den aufgefangenen Orangensaft in die Pfanne geben, unter mehrmaligem Wenden dünsten. Den Saft bis auf etwa 1 Esslöffel verdampfen lassen, abkühlen lassen.
4. Knoblauch abziehen, durch eine Knoblauchpresse drücken und mit der Mayonnaise verrühren. Schweinefilet aus der Alufolie wickeln. 1 Esslöffel des ausgetretenen Fleischsaftes unter die Mayonnaise rühren. Das Schweinefilet schräg in 32 dünne Scheiben schneiden.
5. Die Brotscheiben dünn mit dem restlichen Olivenöl bestreichen und in einer Pfanne von einer Seite goldbraun rösten. Oder die Brotscheiben unter dem vorgeheizten Backofengrill rösten. Brotscheiben etwas abkühlen lassen.
6. Salatblätter abspülen, trocken tupfen und halbieren. Die Brotscheiben (geröstete Seite oben) zuerst mit der Mayonnaise bestreichen. Zur Hälfte mit je 1 Salatblatt belegen. Schweinefiletscheiben, Orangenfilets und Frühlingszwiebelscheiben dekorativ darauf verteilen. Jeweils einen Klecks Mayonnaise daraufgeben, mit den Orangenschalenstreifen bestreuen.

Vollkornschnittchen mit feurigem Preiselbeeraufstrich

Tatar-Schnittchen

Vollkornschnittchen mit feurigem Preiselbeeraufstrich

10 Stück

Zubereitungszeit: 10 Minuten

100 g Joghurt-Salatcreme
75 g Joghurt (3,5 % Fett)
1 TL Tomatenketchup
1 Prise Chiliflocken
100 g abgetropfte Wild-Preiselbeeren (aus dem Glas)
200 g Puten-Lachsschinken
evtl. etwas Salz
evtl. gem. Pfeffer

1/2 Kästchen Kresse
10 Scheiben Vollkornbrot (je etwa 45 g)

Pro Stück:
E: 10 g, F: 4 g, Kh: 25 g,
kJ: 761, kcal: 182

1. Die Salatcreme mit Joghurt, Ketchup und Chili in einer Schüssel gut verrühren. Die Preiselbeeren unterrühren.
2. Den Puten-Lachsschinken zunächst in feine Streifen schneiden, danach mit einem großen, schweren und scharfen Messer fein hacken. Puten-Lachsschinken unter den Preiselbeeraufstrich rühren. Den Aufstrich nach Belieben mit Salz und Pfeffer abschmecken.
3. Die Kresse abspülen, trocken tupfen, abschneiden und etwa die Hälfte unter den Aufstrich rühren.
4. Den Aufstrich auf die Brote streichen und mit der restlichen Kresse garnieren.

Tatar-Schnittchen

20 Stück

Zubereitungszeit: 20 Minuten

3 Schalotten
2 Cornichons
1 Eigelb (Größe M)
250 g Tatar
Salz
gem. Pfeffer
Paprikapulver edelsüß
1 EL abgetropfte Kapern
1 TL scharfer Senf
einige Frisée-Salatblätter
20 Pumpernickeltaler
50 g Butter (zimmerwarm)
3 Cocktailtomaten

Pro Stück:
E: 4 g, F: 3 g, Kh: 4 g,
kJ: 244, kcal: 58

1. Schalotten abziehen und zusammen mit Cornichons in kleine Würfel schneiden. Cornichonwürfel, Eigelb und die Hälfte der Schalottenwürfel mit dem Tatar vermengen. Mit Salz, Pfeffer und Paprikapulver abschmecken. Kapern und Senf unter das Tatar rühren.
2. Frisée-Salatblätter abspülen, trocken tupfen und in kleine Stücke zupfen. Pumpernickeltaler mit Butter bestreichen, Salatblätter darauflegen und darauf die Tatarmischung geben.
3. Cocktailtomaten abspülen, abtrocknen und vierteln. Tatarschnittchen mit Tomatenvierteln und restlichen Schalottenwürfeln garnieren. Die Tatar-Schnittchen gut gekühlt servieren.

Hinweis: Eigelb nur von einem frischen Ei verwenden, das nicht älter als 5 Tage ist (Legedatum beachten). Die Tatar-Schnittchen innerhalb von 24 Stunden zubereiten und verzehren. Dabei immer gut kühlen.

Tipp: Schnittchen mit Dillstängeln garnieren.

Rührei-Makrelen-Crostini

8 Stück

Zubereitungszeit: 25 Minuten

145 g abgetropfte Makrelenfilets (aus der Dose)
2 Frühlingszwiebeln
100 g Tomaten
3 EL Olivenöl
Salz

8 Scheiben Baguette (je 1 1/2–2 cm dick)
4 Eier (Größe M)
3 EL Milch
Paprikapulver edelsüß und rosenscharf

Zum Garnieren:
einige Basilikumblättchen

Pro Stück:
E: 9 g, F: 10 g, Kh: 14 g,
kJ: 751, kcal: 179

1. Makrelenfilets in Stücke zupfen. Frühlingszwiebeln putzen, abspülen, abtropfen lassen und in Scheiben schneiden.
2. Tomaten abspülen, trocken tupfen, kreuzweise einschneiden und mit kochendem Wasser übergießen. Nach 1–2 Minuten herausnehmen und mit kaltem Wasser abschrecken. Tomaten enthäuten, halbieren und die Stängelansätze herausschneiden. Tomatenhälften in kleine Würfel schneiden.
3. Anschließend 1 Esslöffel Olivenöl in einer Pfanne (Ø 20–22 cm) erhitzen. Frühlingszwiebelscheiben darin anbraten. Tomatenwürfel hinzufügen und miterhitzen. Mit Salz bestreuen. Tomatengemüse aus der Pfanne nehmen.
4. Die Brotscheiben dünn mit 1 weiteren Esslöffel Olivenöl bestreichen und in einer Pfanne von einer Seite goldbraun rösten. Oder die Brotscheiben unter dem vorgeheizten Backofengrill rösten. Brotscheiben etwas abkühlen lassen.
5. Eier mit Milch verschlagen, mit Salz und Paprika würzen. Restliches Olivenöl in der gesäuberten Pfanne (Ø 20–22 cm) erhitzen. Die Eiermasse hineingeben und bei mittlerer Hitze stocken lassen (sobald die Eiermasse am Rand zu stocken beginnt, von außen nach innen zusammenschieben).
6. Tomatengemüse und Makrelenfilets auf der Eiermasse verteilen, wenn sie in der Mitte noch flüssig ist. Kochstelle ausschalten, Rührei stocken lassen.
7. Rührei in 8 Portionen teilen, auf den Brotscheiben (geröstete Seite oben) verteilen und mit abgespülten und trocken getupften Basilikumblättchen garniert servieren.

Tipp: Das Rührei kann auch mit gegarten Garnelen, Tunfisch oder Räucherlachs zubereitet werden.

Rührei-Makrelen-Crostini

Wurstplatte
8–10 Portionen

Zubereitungszeit: 25 Minuten

einige Frisée-Salatblätter
125 g Kochschinken (in Scheiben)
125 g Roastbeefaufschnitt
125 g Kasseleraufschnitt
125 g Bierschinkenaufschnitt
125 g Schinkensülze mit Frischkäse
125 g geräucherter Gänsebrust-aufschnitt

Zum Garnieren:
1/4 Salatgurke
einige Gewürzgurken
einige Maiskölbchen
einige Zitronenmelisseblättchen

Pro Portion:
E: 19 g, F: 5 g, Kh: 2 g,
kJ: 552, kcal: 132

1. Salatblätter abspülen und trocken tupfen. Den Rand einer großen Platte zur Hälfte damit belegen. Die verschiedenen Wurstscheiben dachziegelartig oder aufgerollt auf die Platte legen.
2. Zum Garnieren Salatgurke abspülen, abtrocknen und in dünne Scheiben schneiden. Gurkenscheiben, Gewürzgurken, Maiskölbchen und Zitronenmelisseblättchen dekorativ auf der Platte anrichten.

Wurstschnittchen
10 Stück

Zubereitungszeit: 25 Minuten

40 g Butter (zimmerwarm)
1 EL mittelscharfer Senf
10 Scheiben Stangenweißbrot
1 hart gekochtes Ei
2–3 Kopfsalatblätter
10 große, dünne Scheiben Salami
10 Scheiben Kasseleraufschnitt
5 eingelegte, abgetropfte Maiskölbchen (aus dem Glas)

Pro Stück:
E: 6 g, F: 8 g, Kh: 8 g,
kJ: 541, kcal: 129

1. Butter mit dem Senf verrühren und die Brotscheiben damit bestreichen. Das Ei pellen, längs halbieren und in 5 Spalten schneiden.
2. Salatblätter abspülen, trocken tupfen und in 10 kleinere Stücke zupfen. Je 1 Salatstück auf eine bestrichene Brotscheibe legen.
3. Salamischeiben zur Hälfte einschneiden und zu Tütchen aufrollen, je 2 Tütchen halb ineinanderstecken und auf eine Brotscheibe legen. In die Öffnung je 1 Eierspalte legen. Salamischnittchen auf einer Platte anrichten.
4. Kasselerscheiben zu Vierteln zusammenlegen und jeweils 2 Stück auf die restlichen bestrichenen Brotscheiben legen. Maiskölbchen längs etwas einschneiden, die Kasselerschnittchen damit garnieren und mit auf die Platte legen.

Appetithäppchen
8–10 Portionen

Zubereitungszeit: 50 Minuten

24 Weißbrottaler
etwa 120 g Butter (zimmerwarm)

3–4 Kiwis
12 dicke Scheiben Rinderfilet (Aufschnitt)

einige Salatblätter
6–8 Scheiben Räucherlachs
125 g Eiersalat (Fertigprodukt)

Wurstplatte

Wurstschnittchen

6–8 Scheiben Bündner Fleisch
oder Lachsschinken
etwa 24 grüne Weintrauben

1–2 hart gekochte Eier
einige Spargelspitzen (aus dem Glas)
Kaviar

6 Scheiben Baguette
30 g Butter
einige Salatblätter
1 Radieschen
300 g Krabbenfleisch
etwas Zitronensaft
einige Dillspitzen

8 runde Pumpernickeltaler
30 g Butter (zimmerwarm)
8 dicke Scheiben Pfefferfrischkäse
1 Radieschen
8 Walnusskernhälften

Pro Portion:
E: 29 g, F: 32 g, Kh: 8 g,
kJ: 1840, kcal: 439

1. Weißbrottaler mit Butter bestreichen. Die Kiwis schälen und in Scheiben schneiden. 6 Weißbrottaler mit je 2 Scheiben Rinderfilet belegen und jeweils 1 Kiwischeibe darauflegen.
2. Sechs weitere Weißbrottaler zuerst mit abgespülten und trocken getupften Salatblättern belegen. Räucherlachsscheiben jeweils zu einer Tüte formen, auf die Salatblätter geben und mit Eiersalat garnieren.
3. Bündner Fleisch oder Lachsschinken aufrollen und jeweils in die Mitte von weiteren 6 Weißbrottalern legen. Die Weintrauben abspülen, trocken tupfen und dekorativ auf den Weißbrottalern verteilen.
4. Die Eier pellen und in Scheiben schneiden. Die restlichen Weißbrottaler mit je 1 Eierscheibe belegen. 1–2 abgetropfte Spargelspitzen darauflegen und mit Kaviar garnieren.
5. Baguettescheiben mit Butter bestreichen. Brotscheiben mit abgespülten und trocken getupften Salatblättern belegen. Radieschen putzen, abspülen, trocken tupfen und in dünne Scheiben schneiden.

Appetithäppchen

6. Krabbenfleisch mit Zitronensaft beträufeln. Jeweils 1 Radieschenscheibe auf den Rand der einzelnen Baguettescheiben legen. Das Krabbenfleisch darauf verteilen, mit abgespülten und trocken getupften Dillspitzen garnieren.
7. Pumpernickeltaler mit Butter bestreichen. Die Pfefferkäsescheiben darauf verteilen. Radieschen putzen, abspülen, gut trocken tupfen und in dünne Scheiben schneiden. Die Käsescheiben mit je 1 Nusshälfte und 1 Radieschenscheibe garnieren.

Tipps: Die Weißbrottaler können nach Belieben aus Weißbrot- oder Toastbrotscheiben ausgestochen werden. Sie können die Brotscheiben auch toasten und mit verschiedenen Buttermischungen bestreichen. Wichtig bei den Appetithäppchen sind ein phantasievoller Belag und eine hübsche Garnierung.

Fischplatte

Fischplatte

Marinierte Makrele
6–8 Stückchen **Zum Vorbereiten**

Zubereitungszeit: 35 Minuten, ohne Durchziehzeit

2 Makrelenfilets (etwa 250 g)
100 ml Weißwein
Salz, gem. Pfeffer
1 Lorbeerblatt
2 große Knoblauchzehen
1 rote Zwiebel
3 EL Olivenöl

einige Römersalatblätter

Pro Stückchen:
E: 14 g, F: 10 g, Kh: 0 g,
kJ: 618, kcal: 148

1. Die Makrelenfilets kurz unter fließendem kalten Wasser abspülen, mit Küchenpapier trocken tupfen. Weißwein mit Salz, Pfeffer und Lorbeerblatt aufkochen, die Makrelenfilets darin etwa 3 Minuten gar ziehen lassen. Die Fischfilets aus dem Sud nehmen und auf eine tiefe Platte legen.
2. Knoblauch und Zwiebel abziehen, beides in Scheiben schneiden. Die Scheiben einmal kurz in dem Fischsud aufkochen lassen und dann den Topf von der Kochstelle nehmen.
3. Olivenöl, Salz und Pfeffer in den Sud rühren und die Makrelenfilets damit übergießen. Den Fisch zugedeckt im Kühlschrank etwa 1 Tag durchziehen lassen, zwischendurch einmal wenden.
4. Die Filets in jeweils 3–4 Stückchen schneiden, auf abgespülten und trocken getupften Römersalatblättern anrichten. Zum Schluss noch etwas Sud darüberträufeln

Orangen-Lachs
8 Portionen **Zum Vorbereiten**

Zubereitungszeit: 20 Minuten, ohne Durchziehzeit

Für die Beize:
1 Bund Dill
1 TL Zucker
2 EL gekörntes Meersalz
2 TL rosa Pfefferbeeren
gem. Pfeffer

etwa 600 g Lachsfilet

Für die Marinade:
250 ml Weißwein
abgeriebene Schale von
1 Bio-Orange
(unbehandelt, ungewachst)
8 EL Orangensaft

einige Bio-Orangenscheiben

Pro Portion:
E: 15 g, F: 8 g, Kh: 1 g,
kJ: 587, kcal: 140

1. Für die Beize den Dill abspülen, trocken tupfen und klein schneiden. Den Dill mit Zucker, Salz, Pfefferbeeren und Pfeffer vermischen, auf dem Lachs verteilen, gut andrücken und mit der belegten Seite in eine Schale legen.
2. Für die Marinade Wein, Orangenschale und -saft verrühren und die Marinade auf dem Lachs verteilen. Den Lachs mit Frischhaltefolie zudecken und das Ganze mit einem Brett und Konservendosen beschweren. Den Lachs im Kühlschrank 1–2 Tage durchziehen lassen.

3. Den Lachs aus der Marinade nehmen, in dünne Scheiben schneiden und mit halbierten Orangenscheiben anrichten.

Rote Matjesfilets

8 Stück

Zum Vorbereiten

Zubereitungszeit: 30 Minuten, ohne Durchziehzeit

1 Rote Bete (250 g)
1/2 EL Butter
4 EL Zitronensaft
3 EL Wasser
2 EL Weißweinessig
1 Prise Salz, 1 Prise Zucker
2 Äpfel, 4 Matjesfilets (etwa 300 g)

Zum Garnieren:
einige vorbereitete Stängel Dill
abgeriebene Schale von 1 Bio-Zitrone (unbehandelt, ungewachst)

Pro Stück:
E: 7 g, F: 8 g, Kh: 6 g,
kJ: 528, kcal: 126

1. Rote Bete schälen, waschen, abtropfen lassen und in 8 dünne Scheiben schneiden. Die Butter in einem Topf zerlassen. Rote Bete zugeben und mit Zitronensaft, Wasser, Essig, Salz und Zucker etwa 15 Minuten andünsten.
2. Äpfel schälen, das Kerngehäuse mit einem Apfelausstecher entfernen, die Äpfel in 8 Scheiben schneiden, die letzten 5 Minuten zu den Rote-Bete-Scheiben geben und mitdünsten. Abkühlen lassen.
3. Matjesfilets in eine flache Schale legen. Die Rote Bete- und Apfelscheiben mit dem Saft darauf verteilen. Den Fisch zugedeckt im Kühlschrank 1 Tag durchziehen lassen, zwischendurch einmal wenden.
4. Zum Anrichten erst 1 Scheibe Rote Bete, dann 1 Apfelscheibe und zum Schluss ein halbiertes Matjesfilet aufeinanderlegen. Die Matjesfilets nach Belieben mit Dillstängeln und Zitronenschale garnieren.

Garnierte Surimistäbchen

24 Stück

Zubereitungszeit: 20 Minuten, ohne Auftauzeit

12 TK-Surimistäbchen(etwa 150 g)
1 kleine Avocado
etwas Zitronensaft
Salz, gem. Pfeffer
1 Schalotte
1 Knoblauchzehe
1 rote Chilischote
1 EL gehackte Petersilie

Pro Stück:
E: 1 g, F: 2 g, Kh: 1 g,
kJ: 117, kcal: 28

1. Surimi nach Packungsanleitung auftauen lassen. Avocado halbieren, entsteinen, das Fruchtfleisch aushöhlen und mit einer Gabel zerdrücken. Fruchtfleisch mit Zitronensaft, Salz und Pfeffer abschmecken.
2. Schalotte und Knoblauch abziehen, fein würfeln. Chilischote halbieren, entstielen, entkernen und fein würfeln, mit der gehackten Petersilie unter das Fruchtfleisch rühren.
3. Die aufgetauten Surimistäbchen halbieren, auf jedes Stück etwas Avocoadocreme spritzen.

Knusperhappen

16 Stück

Zubereitungszeit: 20 Minuten

16 Scheiben Schweden-Brödli mit Sesam
4 EL Joghurt-Salatcreme
200 g Kochschinken (in Scheiben, ohne Fettrand)
2 große Kohlrabi
5 Tomaten

etwas Petersilie

Pro Stück:
E: 6 g, F: 4 g, Kh: 9 g,
kJ: 422, kcal: 101

1. Schweden-Brödli dünn mit Salatcreme bestreichen. Schinken darauf verteilen. Kohlrabi schälen, abspülen, abtropfen lassen und in dünne Scheiben schneiden.
2. Tomaten abspülen, abtrocknen, halbieren und die Stängelansätze herausschneiden. Kohlrabi- und Tomatenscheiben auf dem Schinken anrichten.
3. Petersilie abspülen, trocken tupfen und in kleine Stängel zupfen. Die Knusperhappen auf einer Platte anrichten und mit Petersilie garnieren.

Knusperhappen

Belegte Baguetteschnittchen

30 Stück

Zubereitungszeit: 45 Minuten, ohne Abkühlzeit

etwa 400 g Schweinefilet
Salz, gem. Pfeffer
1 EL Olivenöl

2 Baguettes (etwa 600 g)
100 g Butter (zimmerwarm)
30 gemischte Salatblätter, z. B. Kopf- und Eichblattsalat

10 Scheiben roher Schinken
10 Scheiben Putenbrustaufschnitt
10 Scheiben Lachsschinken
5 große Scheiben Salami
300 g Thüringer Mett

2–3 entsteinte, grüne Oliven
5 Kapernäpfel
3 Cocktailtomaten
1–2 gelbe Tomaten
5 Majoranblättchen
einige Schnittlauchhalme
einige Dillspitzen
5 Scheiben Salatgurke
einige Zwiebelringe
etwas Remoulade
10 grüne, blanchierte Spargelspitzen
1 EL rote Paprikawürfel

Pro Stück:
E: 8 g, F: 7 g, Kh: 10 g,
kJ: 561, kcal: 134

1. Schweinefilet trocken tupfen, in 5 Scheiben schneiden, mit Salz und Pfeffer würzen. Das Olivenöl in einer Pfanne erhitzen. Die Filetscheiben von beiden Seiten darin anbraten und in weiteren etwa 6 Minuten fertig braten. Filetscheiben herausnehmen und erkalten lassen.
2. Die Baguettes in etwa 1 cm dicke Scheiben (30 Stück) schneiden und mit Butter bestreichen. Salatblätter abspülen und trocken tupfen, evtl. in Schnittchengröße zupfen.
3. Die Schnittchen mit Salatblättern belegen. Jeweils 5 Schnittchen mit je 2 Scheiben Schinken, mit je 2 Scheiben Putenbrustaufschnitt, mit je 2 Scheiben Lachsschinken, mit je 1 Scheibe Salami sowie mit den gebratenen Filetscheiben belegen. Thüringer Mett evtl. mit Salz und Pfeffer nachwürzen, 5 Schnittchen damit bestreichen.
4. Oliven und Kapernäpfel abtropfen lassen. Oliven in Scheiben schneiden. Tomaten abspülen, trocken tupfen und halbieren. Die Stängelansätze herausschneiden. Gelbe Tomaten in Scheiben schneiden. Majoranblättchen, Schnittlauchhalme und Dillspitzen abspülen und trocken tupfen.
5. Schnittchen auf einer großen Platte anrichten. Nach Belieben Schinkenschnittchen mit Gurkenscheiben und Majoranblättchen, Mettschnittchen mit Olivenscheiben und Zwiebelringen, Lachsschinkenschnittchen mit Tomatenscheiben, -hälften und Dillspitzen, Salamischnittchen mit Kapernäpfeln, Filetschnittchen mit Remoulade und Spargelspitzen, Putenbrustschnittchen mit Schnittlauch und Paprikawürfeln garnieren.

Kochmettwurst-Schnittchen

12 Stück

Zubereitungszeit: 15 Minuten

6 Scheiben Mischbrot
200 g Remoulade
400 g Kochmettwurstaufschnitt
1/2 Salatgurke

Pro Stück:
E: 8 g, F: 17 g, Kh: 13 g,
kJ: 989, kcal: 237

1. Die Brotscheiben halbieren und mit der Remoulade bestreichen. Je 2 Aufschnittscheiben zur Hälfte zusammenlegen und darauflegen.

Belegte Baguetteschnittchen

Kochmettwurst-Schnittchen

Leuchtturmsnacks

Roastbeef auf Knäckebrot

2. Gurke abspülen, abtrocknen, in dünne Scheiben schneiden und evtl. halbieren. Die Schnittchen mit den Gurkenscheiben garniert servieren.

Tipp: Gekochtes Mett bekommen Sie auch in Dosen oder Gläsern, außerdem als Aufschnitt auch unter der Bezeichnung Heidefrühstück.

Leuchtturmsnacks

10 Stück

Zubereitungszeit: 20 Minuten

10 Mini-Käsebällchen (in der Hülle, je 20 g)
20 kleine, runde Scheiben Pumpernickel
10 TL Joghurt-Salatcreme
2 kleine Kohlrabis
5 kleine Strauchtomaten
10 Salatblätter
10 Holzspießchen

Pro Stück:
E: 9 g, F: 6 g, Kh: 25 g,
kJ: 844, kcal: 202

1. Käse aus der Hülle schälen. Die Pumpernickelscheiben mit Salatcreme bestreichen. Kohlrabis schälen, abspülen, abtropfen lassen, in je 4 Scheiben in Größe der Pumpernickel schneiden. Tomaten abspülen, halbieren und die Stängelansätze herausschneiden.
2. Zehn Pumpernickelscheiben mit je 1 Käse belegen. Darauf je 1 Kohlrabischeibe, dann wieder 1 Scheibe Pumpernickel darauflegen. Die Tomatenhälften mit der Rundung nach oben daraufsetzen.
3. Ein Holzspießchen in die Mitte des Turmes stecken und damit alles feststecken. Die Salatblätter abspülen, trocken tupfen und kleinen Tellern verteilen. Darauf je einen Turm anrichten oder die Leuchttürme auf einer Platte anrichten.

Roastbeef auf Knäckebrot

10 Stück

Zubereitungszeit: 35 Minuten

500 g grüner Spargel
250 ml Wasser
1 gestr. TL Salz
1/2 TL Zucker
1 TL Butter
10 Kopfsalatblätter
10 Scheiben Roggen-Knäckebrot
etwas Remoulade (aus der Tube)
20 Scheiben Roastbeefaufschnitt
Salz
gem. Pfeffer

Pro Stück:
E: 15 g, F: 4 g, Kh: 9 g,
kJ: 559, kcal: 134

1. Vom Spargel das untere Drittel schälen, die unteren Enden abschneiden. Spargel abspülen und abtropfen lassen. Wasser mit Salz, Zucker und Butter in einem großen Topf zum Kochen bringen, Spargel hinzugeben, zum Kochen bringen und zugedeckt etwa 8 Minuten garen.
2. Spargel in ein Sieb geben, kurz mit kaltem Wasser überspülen, abtropfen und erkalten lassen. Spargelstangen halbieren.
3. Salatblätter abspülen und trocken tupfen. Auf jede Knäckebrotscheibe ovalförmig etwas von der Remoulade spritzen und jeweils 1 Kopfsalatblatt darauflegen.
4. Jeweils 2 Scheiben Roastbeefaufschnitt längs überlappend aufeinanderlegen und mit Salz bestreuen. Je etwa 3 Spargelstücke darauflegen und einrollen. Roastbeefröllchen auf die Knäckebrotscheiben legen.
5. Auf die Roastbeefröllchen je 2 Tupfer Remoulade setzen und die Knäckebrote mit Pfeffer bestreut servieren.

Gemüseplatte mit Dips

12 Portionen

Zubereitungszeit: 90 Minuten

1 kg junge Möhren
8 Paprikaschoten
(rot, grün und gelb)
6 Zucchini (1,2 kg)
Salz
500 g Staudensellerie
vorbereitete Schnittlauchhalme
1 kg Kohlrabi
600 g vorbereitete Salatblätter,
z. B. Römersalat
1 kg dünne Spargelstangen
1 1/2 kg Salatgurke
6 gekochte, gehackte Eier
6 EL gehackte Kräuter
6 EL Auberginenpaste

Für die Minzesahne:
150 g Schlagsahne (mind. 30 % Fett)
300 g Joghurt (1,5 % Fett)
1 Stängel Pfefferminze
gem. Pfeffer
Zitronensaft

Für den Paprika-Dip:
2 große, rote Paprikaschoten
2 Knoblauchzehen
2 EL Tomatenmark
Olivenöl
gem. Koriander

Für den Tunfisch-Dip:
250 g abgetropftes Tunfischfilet
(im eigenen Saft)
1 Zwiebel
etwas Senf
2 TL Kapern
3 EL Kräuter-Crème-fraîche
etwas Weißweinessig
Schnittlauchröllchen

Pro Portion:
E: 18 g, F: 12 g, Kh: 25 g,
kJ: 1177, kcal: 282

Gemüseplatte mit Dips

1. Möhren, Paprika und Zucchini putzen, abspülen und abtropfen lassen. Möhren mit etwas Grün ganz lassen, Paprika in Streifen schneiden. Die Zucchini (evtl. mit einer Aufschnittmaschine) längs in dünne Scheiben schneiden, blanchieren. 2–4 Möhren ebenfalls in dünne Streifen schneiden und in kochendem Salzwasser blanchieren.
2. Sellerie putzen, abspülen, abtropfen lassen, die harten Außenfäden abziehen, in 1/2 cm dicke und etwa 8 cm lange Stangen schneiden, die dickeren halbieren und mit Schnittlauchhalmen umwickeln.
3. Kohlrabi schälen, abspülen, abtropfen lassen, in 1/2 cm dicke und etwa 8 cm lange Stifte schneiden, mit blanchierten Möhrenstreifen umwickeln. Salatblätter mit zwei Drittel der Zucchinischeiben umwickeln.
4. Den Spargel von oben nach unten schälen, die Enden abschneiden. Stangen in kochendem Salzwasser etwa 7 Minuten garen, mit den restlichen Zucchinistreifen umwickeln. Gurken abspülen, abtrocknen und die Enden abschneiden. Gurken in 1/2 cm dicke Scheiben schneiden, die Mitte ausstechen, sodass Ringe entstehen, jeweils mit etwas Ei, Kräutern und Auberginenpaste füllen.
5. Für die Minzesahne Sahne steif schlagen, unter den Joghurt heben. Pfefferminze abspülen, die Blättchen abzupfen, trocken tupfen, die Blättchen klein hacken, unterrühren, die Minzesahne mit Salz, Pfeffer und Zitronensaft abschmecken.
6. Für den Paprika-Dip Paprika halbieren, entstielen, entkernen, die weißen Scheidewände entfernen. Schoten abspülen, abtropfen lassen, in Stücke schneiden. Knoblauch abziehen, beide Zutaten pürieren, mit Salz, Pfeffer, Tomatenmark, Öl und Koriander verrühren.
7. Für den Tunfisch-Dip evtl. einige Tunfischstücke beiseitelegen. Zwiebel abziehen, restlichen Tunfisch und Zwiebel mit Salz, Pfeffer, Senf, Kapern, Kräuter-Crème-fraîche und Essig im Mixer grob zerkleinern, mit den beiseitegelegten Tunfischstücken und Schnittlauchröllchen anrichten. Das Gemüse auf einer großen Platte anrichten und mit den Dips servieren.

Käse-Roulade

30 Scheiben

Zum Vorbereiten

Zubereitungszeit: 45 Minuten, ohne Kühlzeit
Backzeit: etwa 15 Minuten

Für den Teig:
50 g Butter
50 g Weizenmehl
250 ml Milch
150 g ger. Bergkäse
4 Eigelb (Größe M)
Salz
gem. Pfeffer
ger. Muskatnuss
4 Eiweiß (Größe M)

Für die Füllung:
je 1 gelbe und grüne Paprikaschote
300 g Doppelrahm-Frischkäse
2 EL Schnittlauchröllchen
Cayennepfeffer

Zum Überbacken:
50 g ger. Bergkäse

Pro Scheibe:
E: 4 g, F: 8 g, Kh: 2 g,
kJ: 395, kcal: 95

1. Den Backofen vorheizen.
Ober-/Unterhitze: etwa 180 °C
Heißluft: etwa 160 °C
2. Für den Teig Butter in einem Topf zerlassen. Mehl hinzufügen und goldgelb andünsten. Mit Milch ablöschen, einmal kurz aufkochen. Den Topf von der Kochstelle nehmen, den Käse darin unter Rühren schmelzen. Eigelb unter die Milch-Käse-Masse rühren. Die Masse mit Salz, Pfeffer und Muskat würzen.
3. Eiweiß steif schlagen und unterheben. Die Teigmasse auf ein Backblech (30 x 40 cm, gefettet, mit Backpapier belegt) geben und glatt streichen. Das Backblech in den vorgeheizten Backofen schieben. Die Teigplatte etwa 15 Minuten backen.
4. Das Backblech auf einen Kuchenrost stellen und die Teigplatte erkalten lassen.
5. Für die Füllung Paprika halbieren, entstielen, entkernen und die weißen Scheidewände entfernen. Schoten abspülen, trocken tupfen und sehr fein würfeln.
6. Frischkäse mit Paprikawürfeln und Schnittlauchröllchen verrühren, mit Salz, Pfeffer und Cayennepfeffer abschmecken.
7. Käseteigplatte quer halbieren, sodass 2 Rechtecke (je etwa 20 x 15 cm) entstehen. Jedes Rechteck mit jeweils der Hälfte der Käse-Paprika-Masse bestreichen, dabei jeweils an einer langen Seite einen etwa 5 cm breiten Rand frei lassen, damit beim Aufrollen die Füllung nicht austritt. Die bestrichenen Teigplatten jeweils von der längeren, bestrichenen Seite mithilfe des Backpapieres fest zu zwei kleinen Rouladen aufrollen. Die Rouladen zugedeckt in den Kühlschrank stellen.
8. Den Backofengrill (etwa 240 °C) vorheizen. Die Rouladen mit Käse bestreuen und kurz (der Käse wird sonst zu flüssig) unter dem Grill überbacken, bis der Käse auf den Rouladen zerlaufen ist.
9. Die Rouladen zugedeckt bis zum Servieren (mind. 2 Stunden) in den Kühlschrank stellen. Die Rouladen in Scheiben schneiden und anrichten.

Panecillos mit Mailänder Salami

10 Stück

Zubereitungszeit: 15 Minuten

150 g Joghurt-Salatcreme
150 g Joghurt (3,5 % Fett)
10 Panecillos (geröstete Knoblauchbrötchen, gibt es fertig in Tüten verpackt zu kaufen)
10 Radicchioblätter
200 g Mailänder Salamischeiben (20 längliche Scheiben)
etwa 100 g abgetropfte Senfgurken

Pro Stück:
E: 6 g, F: 11 g, Kh: 11 g,
kJ: 692, kcal: 166

1. Joghurt-Salatcreme mit Joghurt verrühren und auf den Panecillos verstreichen. Radicchioblätter abspülen, trocken tupfen und auf die bestrichenen Panecillos legen. Je 2 Salamischeiben locker aufrollen und auf die Panecillos geben.
2. Die Senfgurken in längliche Streifen schneiden und als Garnitur in die aufgerollten Salamischeiben legen.

Käse-Roulade

Panecillos mit Mailänder Salami

Putenbrust-Baguette-Schnittchen

10 Stück

Zubereitungszeit: 20 Minuten

1 Baguette (etwa 350 g)
etwas Remoulade (aus der Tube)
10 kleine Salatblätter, z. B. Lollo bionda
5 Physalis (Kapstachelbeere)
1 Kiwi
10 Scheiben Putenbrustaufschnitt

Pro Stück:
E: 4 g, F: 4 g, Kh: 12 g,
kJ: 419, kcal: 100

1. Baguette in 10 etwa 1 cm dicke Scheiben schneiden und dünn mit Remoulade bestreichen.
2. Salatblätter abspülen und trocken tupfen. Je 1 Salatblatt auf 1 bestrichene Baguettescheibe legen.
3. Physalis aus der Hülle zupfen, abspülen, trocken tupfen und halbieren. Kiwi schälen, längs halbieren und in Scheiben schneiden.
4. Putenbrustscheiben zunächst zur Hälfte und dann zu Vierteln zusammenlegen und die Schnittchen damit belegen. Jedes Schnittchen jeweils mit 1 Kiwischeibe und 1 Physalishälfte garnieren.

Schnittchen mit Forellencreme

10–12 Stück

Zubereitungszeit: 15 Minuten

125 g geräuchertes Forellenfilet (ohne Haut)
1 Schalotte
4–5 EL Sahnemeerrettich
250 g Magerquark
Salz
gem. Pfeffer
10 kleine Salatblätter, z. B. Frisée oder Lollo bionda
2–3 Radieschen
10–12 Scheiben Baguette

Pro Stück:
E: 7 g, F: 4 g, Kh: 9 g,
kJ: 420, kcal: 100

1. Evtl. vorhandene Gräten vom Forellenfilet entfernen und das Filet in feine Würfel schneiden. Schalotte abziehen und fein würfeln. Den Meerrettich mit Quark verrühren, Forellenfilet- und Schalottenwürfel unterheben, mit Salz und Pfeffer abschmecken.
2. Salatblätter abspülen und trocken tupfen. Radieschen putzen, abspülen, abtrocknen und in Scheiben schneiden, evtl. je nach Größe nochmals halbieren. Baguettescheiben mit jeweils 1 Salatblatt belegen und die Forellencreme in Häufchen daraufgeben. Die Schnittchen mit Radieschenscheiben garnieren.

Sandwich-Variationen

je 12 Stück

Zum Vorbereiten

Zubereitungszeit: 45 Minuten, ohne Kühlzeit

18 Scheiben Sandwichtoast

Für Ricotta-Rucola-Sandwiches:
60 g vorbereiteter, klein gezupfter Rucola (Rauke)
125 g Ricotta (ital. Frischkäse)
Salz
gem. Pfeffer
4 Cocktailtomaten (in Scheiben)

Für Gorgonzola-Birnen-Sandwiches:
230 g abgetropfte Birnenhälften (aus der Dose)
3 EL Birnensaft (aus der Dose)
150 g Gorgonzola
Paprikapulver edelsüß
3 vorbereitete Salatblätter

Putenbrust-Baguette-Schnittchen

Schnittchen mit Forellencreme

Sandwich-Variationen

Roastbeefhappen

Für Mango-Putenbrust-Sandwiches:
100 g Mangofruchtfleisch, gewürfelt
2 EL Mango-Chutney
1 EL Zitronensaft, 1 Banane
3 vorbereitete Salatblätter
150 g Putenbrustaufschnitt, gewürfelt

Pro Stück:
E: 2 g, F: 2 g, Kh: 8 g,
kJ: 265, kcal: 63 (Ricotta-Rucola-Sandwich);
E: 4 g, F: 5 g, Kh: 12 g,
kJ: 443, kcal: 106 (Gorgonzola-Birnen-Sandwich);
E: 4 g, F: 1 g, Kh: 12 g,
kJ: 320, kcal: 76 (Mango-Putenbrust-Sandwich)

1. Von den Sandwichscheiben die Rinden abschneiden.
2. Für Ricotta-Rucola-Sandwiches die Hälfte des Rucolas mit Ricotta pürieren, mit Salz und Pfeffer würzen. Die Creme auf 6 Sandwichscheiben streichen, 3 davon zusätzlich mit dem restlichen Rucola und den Tomaten belegen. Die anderen Sandwichscheiben darauflegen.
3. Für Gorgonzola-Birnen-Sandwiches Birnenhälften klein würfeln. Birnensaft mit Gorgonzola pürieren. Birnenwürfel unterheben, mit Pfeffer und Paprika würzen. Auf 3 Sandwichscheiben etwas Creme streichen, Salatblätter darauflegen, restliche Creme daraufstreichen. Mit weiteren 3 Sandwichscheiben bedecken.
4. Für Mango-Putenbrust-Sandwiches die Mangowürfel mit dem Mango-Chutney verrühren, mit Salz, Pfeffer und Zitronensaft würzen. Die Banane schälen, klein würfeln und ebenfalls unterrühren.
5. Die Mangomasse auf 6 Sandwichscheiben streichen. 3 Sandwichscheiben zusätzlich mit je 1 Salatblatt belegen. Putenbrust auf dem Salat verteilen und mit je 1 bestrichenen Sandwichscheibe bedecken.
6. Alle Sandwiches fest andrücken, in Frischhaltefolie wickeln, etwa 1 Stunde beschweren (z. B. mit einem Schneidbrett und Konservendosen) und in den Kühlschrank stellen.
7. Sandwiches aus der Folie nehmen und zweimal diagonal durchschneiden, sodass jeweils 4 kleine Sandwiches entstehen. Die Sandwiches auf einer Platte anrichten.

Roastbeefhappen
16 Stück

Zubereitungszeit: 10 Minuten

4 Scheiben Graubrot
30 g Remoulade (aus der Tube)
8 Scheiben Roastbeefaufschnitt

Zum Garnieren:
etwas glatte Petersilie
einige abgetropfte Kapern (aus dem Glas)

Pro Stück:
E: 5 g, F: 2 g, Kh: 6 g,
kJ: 243, kcal: 58

1. Jede Graubrotscheibe mit etwas von der Remoulade bestreichen, dann jede Scheibe in 4 gleich große Häppchen schneiden.
2. Die Rostbeefscheiben halbieren und dekorativ zusammenfalten. Die Brothäppchen mit den Roastbeefscheiben belegen.
3. Petersilie abspülen, trocken tupfen und die Blättchen von den Stängeln zupfen. Die Roastbeefhappen mit Petersilienblättchen und Kapern garnieren.

Schinkenplatte

Schinkenbeutelchen

10 Stück

Zubereitungszeit: 20 Minuten

5 Scheiben Holsteiner Schinken (etwa 250 g)
3–4 EL Kartoffelsalat
10 vorbereitete Schnittlauchhalme

Pro Stück:
E: 6 g, F: 3 g, Kh: 2 g,
kJ: 252, kcal: 47

1. Schinkenscheiben halbieren. Kartoffelstücke des Salates evtl. etwas zerkleinern. Kartoffelsalat auf den Schinkenscheiben verteilen. Schinken zu Beuteln zusammenfassen, mit Schnittlauch zusammenbinden.

Schinkenröllchen und Pflaumenmus-Schnittchen

10 Portionen

Zubereitungszeit: 15 Minuten

10 Scheiben Schwarzwälder Schinken
3–4 Schwarzbrotscheiben
3–4 EL Pflaumenmus

Pro Portion:
E: 5 g, F: 3 g, Kh: 13 g,
kJ: 428, kcal: 102

1. Den Schinken zu Röllchen formen und auf einer Platte in einer Reihe anrichten. Schwarzbrot mit Pflaumenmus bestreichen und in Streifen schneiden. Eine Reihe Schnittchenstreifen dekorativ zu den Schinkenröllchen legen.

Schinkenröllchen mit Gemüsestreifen

10 Stück

Zubereitungszeit: 35 Minuten, ohne Durchziehzeit

1 große, gelbe Paprikaschote
2 Möhren
2 Frühlingszwiebeln, Salz
10 Scheiben Kochschinken (etwa 350 g)

Pro Stück:
E: 8 g, F: 1 g, Kh: 2 g,
kJ: 235, kcal: 56

1. Paprikaschote halbieren, entstielen, entkernen, die weißen Scheidewände entfernen. Schote abspülen, abtropfen lassen und der Länge nach in feine Streifen schneiden. Möhren putzen, schälen, abspülen, abtropfen lassen und in dünne Streifen schneiden. Die Streifen sollen so lang wie die Paprikastreifen sein.
2. Frühlingszwiebeln putzen, abspülen, abtropfen lassen, das Weiße abschneiden und in feine Streifen schneiden (in der Länge der anderen Gemüsestreifen). Das Grün der Frühlingszwiebeln extra in feine Streifen schneiden und kurz in kochendem Salzwasser blanchieren, dann mit kaltem Wasser abschrecken und gut abtropfen lassen.
3. Die Schinkenscheiben ausbreiten, Paprika-, Möhren- und weiße Frühlingszwiebelstreifen so darauf verteilen, dass sie an einem Ende des Schinkens sichtbar bleiben. Die Schinkenscheiben aufrollen. Mit den grünen Frühlingszwiebeln umwickeln.

Bündner Fleisch

10 Portionen

Zubereitungszeit: 15 Minuten

200 g Bündner Fleisch (hauchdünn geschnitten)
5 Cornichons
10 Perlzwiebeln

Schnelle Hirtenbrötchen

Schnittchen mit Tunfisch-Zwiebel-Aufstrich

Pro Portion:
E: 8 g, F: 2 g, Kh: 0 g,
kJ: 210, kcal: 50

1. Bündner Fleisch zu Rosen drehen und diese kreisförmig anordnen. Mit fächerartig aufgeschnittenen Cornichons und Perlzwiebeln garnieren.

Westfälischer Schinken auf Gurkenscheiben

10 Stück

Zubereitungszeit: 25 Minuten

125 g Magerquark
1 EL Weizenkorn
1 Scheibe Schwarzbrot
3–4 Radieschen
Salz, gem. Pfeffer
etwa 10 Scheiben Salatgurke
5 dünne Scheiben Westfälischer Knochenschinken

Pro Stück:
E: 4 g, F: 1 g, Kh: 4 g,
kJ: 170, kcal: 41

1. Quark mit Korn verrühren. Schwarzbrot zerkrümeln. Radieschen putzen, abspülen, abtropfen lassen und fein würfeln. Beides in den Quark rühren, mit Salz und Pfeffer abschmecken.
2. Den Quark auf die Gurkenscheiben verteilen. Jede der Schinkenscheiben längs halbieren, zu Rosen drehen und auf den Quark setzen.

Tipp: Radieschen, eingelegte Maiskolben oder Mixed Pickles können zur Schinkenplatte gereicht werden. Dazu passt deftiges Bauernbrot.

Schnelle Hirtenbrötchen

10 Stück

Zubereitungszeit: 20 Minuten

10 halbe Vollkorn-Toastbrötchen
250 g Schafskäse
10 Tomaten
1 kleines Bund Rucola (Rauke, etwa 30 Blätter)
10 TL Joghurt-Salatcreme

Pro Stück:
E: 8 g, F: 7 g, Kh: 17 g,
kJ: 698, kcal: 167

1. Die Brötchenhälften kurz toasten. Käse in Scheiben schneiden und die Brötchenhälften damit belegen. Die Tomaten und Rucola abspülen, trocken tupfen, evtl. dicke Stängel abschneiden.
2. Tomaten in Scheiben schneiden und den Stängelansatz entfernen. Tomatenscheiben und Rucola auf den Käsebrötchen verteilen. Jeweils 1 Teelöffel Salatcreme darauf verteilen.

Schnittchen mit Tunfisch-Zwiebel-Aufstrich

10–12 Stück

Zubereitungszeit: 15 Minuten

170 g abgetropfter Tunfisch, in Öl (aus der Dose)
2 rote Zwiebeln
200 g Schmand (Sauerrahm)
Salz
gem. Pfeffer
1–2 Stängel glatte Petersilie
10–12 Scheiben Vollkorn-Baguette

Pro Stück:
E: 7 g, F: 8 g, Kh: 9 g,
kJ: 552, kcal: 132

1. Tunfisch in einem Sieb abtropfen lassen und mit einer Gabel zerpflücken. Zwiebeln abziehen und halbieren. 3 dünne Zwiebelscheiben abschneiden, in Ringe teilen und zum Garnieren beiseitelegen. Restliche Zwiebeln in feine Würfel schneiden.
2. Schmand mit Tunfisch und Zwiebelwürfeln verrühren. Aufstrich mit Salz und Pfeffer abschmecken.
3. Petersilie abspülen, trocken tupfen und die Blättchen von den Stängeln zupfen. Baguettescheiben mit dem Aufstrich bestreichen und mit den beiseitegelegten Zwiebelringen und Petersilienblättchen garnieren.

Salamiplatte

8–10 Portionen

Zubereitungszeit: 40 Minuten

2 Pfefferbeißer (dünne Mettwürstchen oder Bierknacker)
1 Zwiebelmettwurst (etwa 200 g)
je 1/2 grüne, rote und gelbe Paprikaschote
100 g kalte Butter
etwa 80 g feine Salami
etwa 80 g grobe Salami
etwa 80 g Pizzasalami
etwa 80 g Pfeffersalami
etwa 80 g Schinkensalami
etwa 80 g Sommerwurst
etwa 80 g Cervelatwurst
1 vorbereitetes Salatblatt

Pro Portion:
E: 21 g, F: 38 g, Kh: 2 g,
kJ: 1817, kcal: 435

1. Die Pfefferbeißer in größere und Zwiebelmettwurst in kleinere Stücke schneiden.
2. Paprikahälften entstielen, entkernen, die weißen Scheidewände entfernen. Schotenhälften abspülen, trocken tupfen und in feine Würfel schneiden.
3. Von der kalten Butter mit einem nassen kalten Messer einige dünne Scheiben abschneiden, dann blütenblätterartig leicht rollen und zu einer Rose zusammensetzen.
4. Die verschiedenen Wurstscheiben dachziegelartig auf eine große Platte legen.
5. Zwiebelmettwurststücke auf einem Salatblatt anrichten und zusammen mit den Pfefferbeißerstücken auf die Platte legen.
6. Die Platte mit Paprikawürfeln garnieren und die Butterrose dekorativ daraufsetzen.

Schafskäse-Bärlauch-Schnittchen

15 Stück

Zubereitungszeit: 20 Minuten

1 Bund Bärlauch (etwa 100 g)
150 g Schafskäse
200 g Doppelrahm-Frischkäse
100 ml Olivenöl
etwa 50 ml Milch
Salz
5 Scheiben Vollkorn-Kastenbrot
1/2 rote Paprikaschote

Pro Stück:
E: 4 g, F: 13 g, Kh: 7 g,
kJ: 683, kcal: 163

1. Bärlauch verlesen und evtl. dickere Stiele entfernen. Bärlauch abspülen, abtropfen lassen und fein

Salamiplatte

Schafskäse-Bärlauch-Schnittchen

Revival-Käseplatte

schneiden bzw. mit einem Zerkleinerer fein hacken.

2. Den Schafskäse in kleine Stücke schneiden und mit Frischkäse, Olivenöl und Milch verrühren. Bärlauch unterrühren und alles pürieren, evtl. mit Salz abschmecken.

3. Brotscheiben mit dem Aufstrich bestreichen und in jeweils 3 Streifen schneiden. Paprikaschote entstielen, entkernen und die weißen Scheidewände entfernen. Paprika abspülen, abtropfen lassen, fein würfeln und auf den Schnittchen verteilen.

Revival-Käseplatte

12 Portionen

Zum Vorbereiten

Zubereitungszeit: 60 Minuten, ohne Durchziehzeit

Für die Schwarzbrotecken:
150 g Butter (zimmerwarm)
150 g Doppelrahm-Frischkäse
etwas gehackte TK-Petersilie
Salz, Paprikapulver edelsüß
16 Scheiben Schwarzbrot

Für die Emmentaler-Rollen:
140 g Emmentaler
4 EL Kondensmilch
1 TL Sardellenpaste
8 Scheiben Bratenaufschnitt (nicht zu dünn geschnitten)

Für die Almschnitten:
100 g Butter (zimmerwarm)
250 g Sahneschmelzkäse
2 TL Salatmayonnaise
4 EL Joghurt (3,5 % Fett)
16 Scheiben Pumpernickel
einige grüne, kernlose Weintrauben

Zum Garnieren:
einige Petersilienblättchen

Pro Portion:
E: 14 g, F: 35 g, Kh: 35 g,
kJ: 2160, kcal: 517

1. Für die Schwarzbrotecken Butter geschmeidig rühren. Frischkäse und Petersilie unterrühren. Die Creme mit Salz und Paprika abschmecken.

2. Von dem Schwarzbrot 12 Scheiben jeweils mit der Creme bestreichen. Jeweils 3 bestrichene Cremescheiben aufeinanderlegen, mit je 1 Schwarzbrotscheibe bedecken.

3. Die geschichteten Schwarzbrotschnitten in Frischhaltefolie wickeln und gut beschweren (z. B. mit einem Schneidbrett und Konservendosen). Die Schwarzbrotschnitten über Nacht in den Kühlschrank stellen.

4. Für die Emmentaler-Rollen Käse auf einer Haushaltsreibe fein reiben, in eine Schüssel geben und mit der Kondensmilch verrühren. Die Sardellenpaste unterrühren. Die Käsecreme auf den Fleischscheiben verteilen und jeweils aufrollen.

5. Für die Almschnitten Butter geschmeidig rühren. Schmelzkäse mit Mayonnaise und Joghurt verrühren, mit Salz abschmecken. Die Käsecreme in einen Spritzbeutel mit Sterntülle füllen.

6. Die Pumpernickelscheiben in etwa 3 x 3 cm große Stücke schneiden. Die Hälfte der Pumpernickelstücke mit der Käsecreme bespritzen. Die restlichen Pumpernickelstücke darauflegen, leicht andrücken und mit kleinen Käsecremetupfen verzieren. Weintrauben abspülen, gut abtropfen lassen und halbieren. Die Käsecremetupfen mit den Weintraubenhälften garnieren.

7. Die Schwarzbrotecken mit einem scharfen Messer in Dreiecke schneiden. Mit den Emmentaler-Rollen und Almschnitten auf einer Platte anrichten, mit abgespülten, trocken getupften Petersilienblättchen garnieren.

Schnittchen nach Gyrosart

Schnittchenvariationen mit Schmalz

Schnittchen nach Gyrosart

10 Stück

Zubereitungszeit: 30 Minuten, ohne Abkühlzeit

10 kleine Putenschnitzel (je etwa 75 g)
Gyros-Gewürzmischung
6 EL Olivenöl
1 Ciabatta-Brot (etwa 300 g)
5 EL Olivenöl
10 Salatblätter, z. B. Frisée Salat
200 g Zaziki

Pro Stück:
E: 21 g, F: 12 g, Kh: 16 g,
kJ: 1121, kcal: 268

1. Putenschnitzel unter fließendem kalten Wasser abspülen, trocken tupfen und mit der Gewürzmischung bestreuen. Das Olivenöl in einer großen Pfanne erhitzen. Putenschnitzel darin von beiden Seiten 5–7 Minuten braten und anschließend etwas abkühlen lassen.
2. Ciabatta in 10 Scheiben schneiden. Olivenöl in einer großen Pfanne erhitzen. Ciabatta-Scheiben von beiden Seiten darin knusprig braten und dann etwas abkühlen lassen.
3. Salatblätter abspülen, trocken tupfen. Je 1 Salatblatt auf 1 Ciabatta-Scheibe legen. Zaziki darauf verteilen und mit je 1 Putenschnitzel belegen.

Schnittchenvariationen mit Schmalz

Zum Vorbereiten

10 Stück

Zubereitungszeit: 30 Minuten, ohne Abkühlzeit

250 g geräucherter, fetter Speck
1 große Zwiebel
1 kleiner, säuerlicher Apfel
1 TL gerebelter Majoran
10 Scheiben Mischbrot
2 EL Schnittlauchröllchen
einige rote Zwiebelringe

Pro Stück:
E: 4 g, F: 23 g, Kh: 24 g,
kJ: 1322, kcal: 316

1. Speck in feine Würfel schneiden und in einer Pfanne mit hohem Rand auslassen.
2. Zwiebel abziehen, fein würfeln, zu dem ausgelassenen Speck in die Pfanne geben und goldgelb werden lassen. Die Hälfte des flüssigen Schmalzes mit den Grieben (ausgelassene Speckstückchen) in ein feuerfestes Gefäß füllen und erkalten lassen.
3. Apfel abspülen, abtrocknen, vierteln und entkernen. Apfelviertel in kleine Würfel schneiden und zu dem restlichen Schmalz in die Pfanne geben. Etwa 5 Minuten ziehen lassen und von der Kochstelle nehmen. Majoran unterrühren und das Schmalz erkalten lassen.
4. Jeweils 5 Brotscheiben mit Grieben- bzw. Apfelschmalz bestreichen und mit Schnittlauchröllchen oder Zwiebelringen garnieren.

Tipps: Nach Belieben die Apfelschmalzschnittchen mit in Zitrone eingelegten dünnen Apfelspalten garnieren. Harzer Käse in Scheiben schneiden und die mit Zwiebelringen garnierten Schmalzschnittchen zusätzlich mit den Käsescheiben belegen. Das restliche Schmalz hält in einem verschlossenen Gefäß 3–4 Wochen im Kühlschrank.

Schwarzbrotschnittchen mit Emmentaler-Käse-Creme

10 Stück

Zubereitungszeit: 30 Minuten

etwa 30 g Rucola (Rauke)
180 g Emmentaler
40 g Butter
3 EL Weißweinessig
Salz
gem. Pfeffer
5 Scheiben Schwarzbrot
10 Silberzwiebeln

Pro Stück:
E: 7 g, F: 9 g, Kh: 9 g,
kJ: 611, kcal: 145

1. Rucola verlesen und dicke Stängel abschneiden. Rucola abspülen und trocken schleudern. Von 16 Rucolablättern 3–4 cm lange Spitzen abschneiden und zum Garnieren beiseitelegen. Restlichen Rucola klein schneiden.
2. Vom Käse evtl. die Rinde abschneiden. Käse in kleine Stücke schneiden. Käsestücke mit Butter und Weißweinessig in einen Zerkleinerer füllen und zu einer cremigen Masse verarbeiten. Die Käsemasse mit Salz und Pfeffer würzen.
3. Den zerkleinerten Rucola unter die Käsemasse rühren. Schwarzbrotscheiben jeweils halbieren und mit der Käsecreme bestreichen.
4. Silberzwiebeln in einem Sieb abtropfen lassen. Die Schnittchen mit den Silberzwiebeln und den Rucolaspitzen garnieren.

Tipp: Wer keinen Zerkleinerer zur Verfügung hat, kann auch geriebenen Käse verwenden und diesen mit zimmerwarmer Butter und Essig verrühren.

Tramezzini mit Eiercreme

Zum Vorbereiten

10 Stück

Zubereitungszeit: 35 Minuten

Für die Eiercreme:
8 hart gekochte Eier
150 g Crème fraîche
2 EL Salatmayonnaise
2 TL körniger Senf
Salz, gem. Pfeffer
4 Frühlingszwiebeln
100 g abgetropfte, eingelegte, rote Paprikaschoten (aus dem Glas)

10 Scheiben Mehrkorn-Toastbrot
10 Scheiben Frühstücksspeck (Bacon)
einige Salatblätter, z. B. Lollo bionda

Pro Stück:
E: 10 g, F: 14 g, Kh: 14 g, kJ: 906, kcal: 217

1. Eier pellen, in Stücke schneiden, grob pürieren und mit Crème fraîche, Mayonnaise und Senf verrühren. Mit Salz und Pfeffer würzen.
2. Die Frühlingszwiebeln putzen, abspülen, gut abtropfen lassen und in feine Scheiben schneiden. Paprikaschoten trocken tupfen und in kleine Würfel schneiden.
3. Von den Brotscheiben die Rinde abschneiden. Die Rinde von 4 Brotscheiben in kleine Würfel schneiden und unter die Eiermasse rühren. Die Paprikawürfel und Frühlingszwiebelscheiben unterheben.
4. Die Baconscheiben in je 3 Stücke schneiden und in einer Pfanne kross ausbraten. Die Salatblätter abspülen und trocken tupfen.
5. Die Hälfte der Toastbrotscheiben mit den Salatblättern belegen. Die Eiermasse daraufstreichen und die Speckscheiben darauf verteilen. Mit den restlichen Brotscheiben belegen und etwas andrücken. Die Brotscheiben diagonal halbieren, fest in Frischhaltefolie einwickeln und im Kühlschrank durchziehen lassen.

Schwarzbrotschnittchen mit Emmentaler-Käse-Creme

Tramezzini mit Eiercreme

Schnittchen mit Grünkernpaste

10 Stück

Zubereitungszeit: 20 Minuten, ohne Abkühlzeit
Garzeit: etwa 60 Minuten

200 g Grünkernkörner
20 g gemischte Trockenpilze
500 ml Wasser
1 Lorbeerblatt
gem. Pfeffer
1/2 TL Kräutersalz
1 Zwiebel, 2 Gewürznelken
1/2 TL gerebelter Thymian
3 EL Nuss- oder Traubenkernöl

Nach Belieben zum Garnieren:
einige Kopfsalatblätter
1/2 Salatgurke
1 gelbe Paprikaschote
1 Tomate
einige Stängel glatte Petersilie
1 Stängel Thymian

10 Scheiben Vollkornbrot

Pro Stück:
E: 7 g, F: 4 g, Kh: 33 g,
kJ: 838, kcal: 200

1. Grünkern mit Trockenpilzen, Wasser, Lorbeerblatt, Pfeffer und Kräutersalz in einen Topf geben.
2. Die Zwiebel abziehen, mit Nelken spicken und ebenfalls in den Topf geben. Zutaten zum Kochen bringen und zugedeckt unter gelegentlichem Rühren etwa 60 Minuten kochen lassen, bis der Grünkern weich ist.
3. Zwiebel und Lorbeerblatt entfernen. Übrige Zutaten mit Thymian, Nuss- oder Traubenkernöl im Mixer pürieren. Die Paste abkühlen lassen.
4. Zum Garnieren Salatblätter abspülen und trocken tupfen, evtl. in kleinere Stücke zupfen. Gurke abspülen, abtrocknen und das Ende abschneiden. Gurke in dünne Scheiben schneiden. Paprikaschote halbieren, entstielen, entkernen und die weißen Scheidewände entfernen. Die Schote abspülen, abtropfen lassen und fein würfeln.
5. Tomate abspülen, abtrocknen und halbieren. Stängelansatz herausschneiden. Die Tomate in Scheiben schneiden. Kräuter abspülen und trocken tupfen. Von der Petersilie die Blättchen von den Stängeln zupfen. Thymian in kleinere Stücke zupfen.
6. Schnittchen mit der Paste bestreichen und nach Belieben mit Salatblättern, Gurkenscheiben, Paprikawürfeln, Tomatenscheiben und Kräutern garnieren.

Tipp: Schnittchen in kleinere Streifen schneiden.

Schwarzbrottürmchen

12 Stück

Zum Vorbereiten

Zubereitungszeit: 20 Minuten, ohne Kühlzeit

10 Scheiben Schwarzbrot oder Pumpernickel
80 g Butter (zimmerwarm)
8 Scheiben Schnittkäse (in der Größe der Schwarzbrotscheiben)

Pro Stück:
E: 8 g, F: 12 g, Kh: 15 g,
kJ: 816, kcal: 194

1. Für die Schwarzbrottürmchen 4 Scheiben Schwarzbrot mit etwas Butter bestreichen und mit jeweils 1 Scheibe Käse belegen.
2. Die belegten Schwarzbrotscheiben aufeinanderlegen, mit der restlichen Schwarzbrotscheibe abschließen.

Schnittchen mit Grünkernpaste

Schwarzbrottürmchen

Gut andrücken, in Frischhaltefolie verpackt einige Stunden im Kühlschrank durchziehen lassen.
3. Schwarzbrotpäckchen aus der Folie nehmen, mit einem scharfen Messer türmchenartige Stücke schneiden.

Pumpernickeltaler

je 25–30 Stück

Zubereitungszeit: 50 Minuten, ohne Durchziehzeit

Für Pumpernickeltaler mit Frischkäse:
200 g Doppelrahm-Frischkäse
150 g Crème fraîche, 1 EL Milch
2 Frühlingszwiebeln (in Scheiben)
Worcestersauce
Salz, gem. Pfeffer

75–90 Pumpernickeltaler

je 1 rote und grüne, fein gewürfelte Paprikaschote
15 abgetropfte, grüne Oliven (in Scheiben geschnitten)

Für Pumpernickeltaler mit Matjes:
400 g Matjesfilet
2 Schalotten
2 Gewürzgurken, 2 Tomaten
1 EL fein geschnittener Dill
1 EL fein geschnittene Petersilie
4 EL Sonnenblumenöl
2 EL Weißweinessig
etwas Zucker
30 g Butter (zimmerwarm)
einige vorbereitete Stängel Dill

Für Pumpernickeltaler mit Quark-Frischkäse:
200 g Doppelrahm-Frischkäse
125 g Magerquark
gem. Kümmelsamen
einige Spritzer Tabasco
Paprikapulver rosenscharf und edelsüß
vorbereitete, blaue und grüne, kernlose Weintraubenhälften

Pumpernickeltaler

Pro Stück:
E: 2 g, F: 4 g, Kh: 5 g,
kJ: 283, kcal: 68 (mit Frischkäse);
E: 3 g, F: 5 g, Kh: 4 g,
kJ: 307, kcal: 73 (mit Matjes);
E: 2 g, F: 2 g, Kh: 5 g, kJ: 208,
kcal: 50 (mit Quark-Frischkäse)

1. Für die Pumpernickeltaler mit Frischkäse den Frischkäse mit Crème fraîche und Milch verrühren. Die Hälfte der Frühlingszwiebelscheiben unterrühren. Die Frischkäsemasse mit Worcestersauce, Salz und Pfeffer würzen und kuppelförmig auf 25–30 Pumpernickeltaler streichen. Pumpernickeltaler mit Paprikawürfeln und Olivenscheiben garnieren.
2. Für die Pumpernickeltaler mit Matjes Matjesfilets evtl. entgräten und sehr fein würfeln. Die Schalotten abziehen. Gurken und Schalotten ebenfalls sehr fein würfeln.
3. Tomaten kreuzweise einschneiden und mit kochendem Wasser übergießen. Nach 1–2 Minuten herausnehmen und mit kaltem Wasser abschrecken. Tomaten enthäuten, halbieren und die Stängelansätze herausschneiden. Die Tomaten fein würfeln.
4. Matjes-, Gurken-, Schalotten- und Tomatenwürfel mit Dill und Petersilie vermengen. Sonnenblumenöl und Essig unterruhren, mit Salz, Pfeffer und Zucker würzen. Matjesmischung etwas durchziehen lassen.
5. Dann 25–30 Pumpernickeltaler mit etwas Butter bestreichen. Die Matjesfiletmischung mit einem Eisportionierer oder 2 Teelöffeln formen, daraufsetzen und mit den Dillstängeln garnieren.
6. Für die Pumpernickeltaler mit Quark-Frischkäse den Frischkäse mit Magerquark verrühren, mit Kümmel, Salz, Pfeffer, Tabasco und Paprikapulver würzen.
7. Frischkäsemasse in einen Spritzbeutel mit Sterntülle füllen und als Tuffs auf 25–30 Pumpernickeltaler spritzen. Die Pumpernickeltaler mit den Weintraubenhälften garnieren.

Kapitel 09

Rezepte 801–900

Partydesserts

Baiser-Mango-Eistorte

Baiser-Mango-Eistorte

16 Stücke

Zum Vorbereiten

Zubereitungszeit: 35 Minuten, ohne Kühlzeit

Für den Boden:
200 g Baisertropfen (Mini-Tropfen, Ø etwa 2 cm)

Für die Parfaitmasse:
2–3 reife Mangos (etwa 900 g)
3 EL Zitronensaft
3 Eiweiß (Größe M)
100 g Zucker, 3 Eigelb (Größe M)
300 g Schlagsahne (mind. 30 % Fett)

Pro Stück:
E: 3 g, F: 7 g, Kh: 23 g,
kJ: 716, kcal: 171

1. Für den Boden 100 g Baisertupfen in eine Springform (Ø 26 cm, Boden gefettet, mit Backpapier belegt) geben und gleichmäßig verteilen.
2. Für die Parfaitmasse die Mangos abspülen und abtrocknen. Dann halbieren, schälen und das Fruchtfleisch vom Stein lösen. 1 Mangohälfte in dünne Spalten schneiden und zugedeckt in den Kühlschrank stellen.
3. Restliches Mangofruchtfleisch in Stücke schneiden und mit dem Zitronensaft in einem Rührbecher fein pürieren. 50 g Baisertupfen grob mit einem Messer hacken.
4. Eiweiß mit 50 g Zucker steif schlagen. Das Eigelb mit dem restlichen Zucker in einer Rührschüssel mit einem Mixer (Rührstäbe) auf höchster Stufe in etwa 5 Minuten schaumig schlagen. Die Sahne steif schlagen.
5. Die Eigelbmasse und die Baiserbrösel mit einem Schneebesen vorsichtig unter das Mangopüree heben.
6. Eischnee und Schlagsahne in 2 Portionen abwechselnd unter die Mangomasse heben.
7. Zwei Backpapierstreifen (je etwa 6 x 40 cm) an den Springformrand (gefettet) legen. Die Parfaitmasse auf den Baiserboden geben, vorsichtig glatt streichen.
8. Die Baiser-Mango-Eistorte zugedeckt mindestens 6 Stunden in das Gefrierfach stellen.
9. Die Eistorte kurz vor dem Servieren aus dem Gefrierfach nehmen und vorsichtig aus der Form lösen. Das Backpapier entfernen.
10. Die Baiser-Mango-Eistorte auf eine Tortenplatte setzen und mit

den restlichen Baisertupfen und den Mangospalten garnieren.

Hinweis: Nur ganz frische Eier verwenden, die nicht älter als 5 Tage sind (Legedatum beachten). Die Eistorte im Gefrierfach aufbewahren und innerhalb von 24 Stunden verzehren.

Rotweincreme mit schwarzen Johannisbeeren

Zum Vorbereiten

8 Portionen

Zubereitungszeit: 30 Minuten

400 g schwarze Johannisbeeren
4 EL Puderzucker
2 Pck. Rotweincreme
150 ml Wasser
400 g Schlagsahne (mind. 30 % Fett)
200 g Doppelrahm-Frischkäse
2 EL Zucker
2 TL Dr. Oetker Bourbon-Vanille-Zucker

Pro Portion:
E: 6 g, F: 23 g, Kh: 39 g,
kJ: 1794, kcal: 428

1. Johannisbeeren abspülen, abtropfen lassen und die Beeren von den Rispen streifen. Die Beeren mit Puderzucker mischen und Saft ziehen lassen.
2. Rotwein (aus der Packung) und Wasser (beides Zimmertemperatur) in eine fettfreie Rührschüssel füllen. Das Dessertpulver dazugeben. Die Zutaten mit einem Mixer (Rührstäbe) kurz auf niedrigster Stufe verrühren. Anschließend etwa 2 Minuten auf höchster Stufe aufschlagen, bis die Masse schaumig und dicklich wird.
3. Die Sahne steif schlagen. Frischkäse mit Zucker, Vanille-Zucker und 6 Esslöffeln der Sahne verrühren, die restliche Sahne unterheben. Die Hälfte der Frischkäse-Sahne unter die Rotweincreme heben.
4. Rotweincreme und vorbereitete Beeren schichtweise in Dessertgläser füllen. Die Rotweincreme mit der restlichen Frischkäse-Sahne garniert servieren.

Avocado-Limetten-Sorbet

Zum Vorbereiten

8 Portionen

Zubereitungszeit: 20 Minuten, ohne Abkühlzeit
Gefrierzeit: etwa 4 Stunden,
Eismaschine etwa 40 Minuten

2 Bio-Limetten (unbehandelt, ungewachst)
2 Limetten, 200 g Zucker
400 ml Orangensaft
4 reife Avocados, z. B. Hass-Avocados, je 200 g

Pro Portion:
E: 2 g, F: 18 g, Kh: 30 g,
kJ: 1202, kcal: 288

1. Die Bio-Limetten heiß abwaschen und abtrocknen. Die Limettenschale mit einem Sparschäler möglichst dünn abschälen. Alle Limetten halbieren, den Saft auspressen und 100 ml abmessen.
2. Limettenschale, -saft, Zucker und Orangensaft in einem Topf verrühren, zum Kochen bringen und etwa 5 Minuten bei schwacher Hitze kochen lassen. Den Zitrussirup durch ein Sieb in ein Gefäß gießen und abkühlen lassen. Ergibt 500 ml Zitrussirup.
3. Die Avocados halbieren und die Steine herauslösen. Das Fruchtfleisch mit einem Löffel aus den Schalen lösen und klein schneiden.
4. Avocadostücke und den abgekühlten Zitrussirup in einen Rührbecher geben und mit einem Pürierstab zu einer glatten, glänzenden Masse pürieren.
5. Die Sorbetmasse halbieren, in 2 gefrierfeste Schüsseln füllen und zugedeckt in den Gefrierschrank stellen. Sorbet etwa 4 Stunden gefrieren lassen. Dabei das Sorbet alle 30 Minuten umrühren.

Rotweincreme mit schwarzen Johannisbeeren

Avocado-Limetten-Sorbet

Matcha-Eis

10 Portionen

Zum Vorbereiten

Zubereitungszeit: 25 Minuten, ohne Abkühlzeit
Gefrierzeit: etwa 4 Stunden
Gefrierzeit: Eismaschine etwa 35 Minuten

5 gestr. TL Matcha-Tee (Teepulver aus grünem Tee, erhältlich in Tee- und Asialäden)
400 ml Milch, 100 g Zucker
2 Prisen Salz, 6 Eigelb (Größe M)
40 g Traubenzucker
4 Messlöffel pflanzliches Bindemittel (4 g, z. B. Bindobin, erhältlich im Bioladen oder Reformhaus)
800 g Schlagsahne (mind. 30 % Fett)

Pro Portion:
E: 6 g, F: 31 g, Kh: 19 g,
kJ: 1562, kcal: 374

1. Teepulver mit Milch, Zucker, Salz und Eigelb in einem Topf verrühren. Die Zutaten bei mittlerer Hitze zu einer dicken Creme aufschlagen. Die Masse darf nicht kochen, da die Eigelb-Milch-Masse sonst gerinnt.
2. Den Topf von der Kochstelle nehmen und sofort in ein kaltes Wasserbad stellen. Die Masse unter ständigem Schlagen abkühlen lassen.
3. Traubenzucker und Bindemittel in einer Rührschüssel mischen. Sahne hinzugeben und mit Mixer (Rührstäbe) steif schlagen. Die Sahne unter die kalte Eigelb-Milch-Masse heben. Die Eismasse in 2 gleich große Portionen teilen. Jede Portion in eine gefrierfeste Form füllen, zudecken und in den Gefrierschrank stellen. Die Eismasse etwa 4 Stunden gefrieren lassen. Dabei die Masse alle 30 Minuten umrühren.
4. Das Eis portionieren und in Schälchen anrichten.

Hinweis: Nur ganz frische Eigelb verwenden, die nicht älter als 5 Tage sind (Legedatum beachten).

Matcha-Eis / Sahne-Eis

Sahne-Eis

10 Portionen

Zum Vorbereiten

Zubereitungszeit: 25 Minuten, ohne Abkühlzeit
Gefrierzeit: etwa 4 Stunden
Gefrierzeit: Eismaschine etwa 35 Minuten

400 ml Milch
100 g Zucker
2 Prisen Salz
6 Eigelb (Größe M)
40 g Traubenzucker
4 Messlöffel pflanzliches Bindemittel (4 g, z. B. Bindobin, erhältlich im Bioladen oder Reformhaus)
800 g Schlagsahne (mind. 30 % Fett)

Pro Portion:
E: 5 g, F: 31 g, Kh: 19 g,
kJ: 1547, kcal: 370

1. Milch mit Zucker, Salz und Eigelb in einem Topf verrühren, bei mittlerer Hitze zu einer dicken Creme aufschlagen. Die Masse darf nicht kochen, da die Eigelb-Milch-Masse sonst gerinnt.
2. Den Topf von der Kochstelle nehmen und sofort in ein kaltes Wasserbad stellen. Die Masse unter ständigem Schlagen abkühlen lassen.
3. Traubenzucker und Bindemittel in einer hohen Rührschüssel mischen. Sahne hinzugeben, mit einem Mixer (Rührstäbe) steif schlagen. Die Sahne unter die Eigelb-Milch-Masse heben. Die Eismasse in 2 Portionen teilen. Jede Portion in eine gefrierfeste Form füllen, zudecken und in den Gefrierschrank stellen. Die Eismasse etwa 4 Stunden gefrieren lassen. Dabei die Masse alle 30 Minuten umrühren.
4. Das Eis portionieren und in Schälchen anrichten.

Tipp: Das Eis schmeckt gut zu Muffins, Brownies oder mit geschmolzener Schokolade.

Schoko-Kirsch-Crumble

8 Portionen

Zum Vorbereiten

Zubereitungszeit: 45 Minuten, ohne Kühlzeit
Backzeit: 35–40 Minuten

Für die Streusel:
200 g Butter
40 g gem. Mandeln
250 g Weizenmehl
150 g brauner Zucker
1/2 gestr. TL Salz

1 kg Sauerkirschen
60 g Zartbitter-Schokolade (etwa 50 % Kakaoanteil)
250 ml Kirschsaft
2 TL gem. Piment
2 gestr. EL Speisestärke
150 g Crème fraîche
6–8 EL Puderzucker
4 EL Kirschwasser

Schoko-Kirsch-Crumble

Exotische Granita

Außerdem:
8 feuerfeste Förmchen, Bowls oder Gläser (je etwa 250 ml Inhalt)

Pro Portion:
Ɛ: 7 g, F: 33 g, Kh: 70 g,
kJ: 2612, kcal: 625

1. Für die Streusel Butter zerlassen. Mandeln, Mehl, 50 g des Zuckers, Salz und die warme, zerlassene Butter in eine Rührschüssel geben. Die Zutaten mit einem Mixer (Rührstäbe) zu Streuseln von gewünschter Größe verarbeiten. Die Teigstreusel etwa 30 Minuten kalt stellen.
2. Kirschen abspülen, abtropfen lassen, entstielen und entsteinen. Schokolade fein hacken.
3. Den Backofen vorheizen.
Ober-/Unterhitze: etwa 180 °C
Heißluft: etwa 160 °C
4. Kirschsaft mit Piment und restlichem Zucker in einem Topf zum Kochen bringen. Speisestärke mit etwas Wasser anrühren, in den Kirschsaft rühren und unter Rühren aufkochen lassen. Den Topf von der Kochstelle nehmen. Schokolade hinzugeben und unter Rühren schmelzen. Kirschen unterrühren.
5. Das Kirschkompott in 8 Förmchen, Bowls oder Gläser bis etwa 2 cm unter dem Rand füllen. Die Streusel darauf verteilen (Streusel können über die Förmchen, Bowls oder Gläser ragen). Die Förmchen, Bowls oder Gläser auf dem Rost in den vorgeheizten Backofen schieben. Die Crumbles 35–40 Minuten goldbraun backen.
6. Crème fraîche mit 4 Esslöffeln Puderzucker und Kirschwasser glatt rühren. Crumbles mit restlichem Puderzucker bestäuben und mit Crème fraîche servieren.

Exotische Granita

8 Portionen

Zum Vorbereiten

Zubereitungszeit: 45 Minuten, ohne Gefrierzeit

4 Bio-Limetten
(unbehandelt, ungewachst)
2 reife Mangos
600 g Bananen
250 ml weißer Rum
1,3 l Orangensaft
400 ml Zuckerrohrsirup oder Agavensirup (aus dem Reformhaus)
20 Passionsfrüchte (je 40–50 g)

Pro Portion:
Ɛ: 4 g, F: 1 g, Kh: 80 g,
kJ: 1850, kcal: 442

1. Limetten heiß abwaschen, abtrocknen und die Schale abreiben. Limetten halbieren und den Saft auspressen. Mangos halbieren und die Steine herauslösen. Die Manghälften schälen und in Stücke schneiden. Bananen schälen und in Stücke schneiden.
2. Limettenschale, -saft, Mango- und Bananenstücke in einen Rührbecher geben. 200 ml des Rums, Orangensaft und 300 ml des Sirups hinzugeben. Die Zutaten sehr fein pürieren.
3. Passionsfrüchte halbieren, die Kerne und den Saft herausschaben. Kerne und Saft durch ein feines Sieb streichen. Passionsfruchtsaft unter die Orangen-Rum-Mischung rühren.
4. Die Fruchtmasse in eine oder zwei möglichst große, flache Formen (am besten Metallschalen) gießen und zugedeckt in den Gefrierschrank stellen. Nach jeweils 30 Minuten mit einer Teigkarte oder einem Spachtel die sich am Rand bildenden Eiskristalle zur Mitte schieben.
5. Diesen Vorgang so lange wiederholen, bis die ganze Flüssigkeit gefroren ist und sich trockene, locker auseinanderfallende Eiskristalle gebildet haben.
6. Die exotische Granita in Gläsern servieren.

Gefüllter Bratapfel

Strawberry-Margarita-Eis

Gefüllter Bratapfel

8 Stück

Zum Vorbereiten

Zubereitungszeit: 10 Minuten
Backzeit: 40–45 Minuten

8 Äpfel, z. B. Boskop
24 Dominosteine
80–100 g Butter

etwas Puderzucker
500 ml Bourbon-Vanille-Sauce
(aus dem Kühlregal)

Pro Stück:
E: 4 g, F: 17 g, Kh: 48 g,
kJ: 1522, kcal: 363

1. Den Backofen vorheizen.
Ober-/Unterhitze: etwa 140 °C
Heißluft: etwa 120 °C
2. Äpfel unter fließendem kalten Wasser abwaschen und abtrocknen. Kerngehäuse mit einem Apfelausstecher entfernen. Die Äpfel einmal rundherum mit einem spitzen Messer einritzen, damit sie beim Backen nicht aufplatzen.
3. Dominosteine in die Äpfel drücken (evtl. die Dominosteine 1-mal durchschneiden). Die Äpfel in eine Auflaufform (gefettet) setzen. Auf jeden Apfel ein kleines Stück Butter setzen.
4. Die Auflaufform auf dem Rost in den vorgeheizten Backofen schieben. Die gefüllten Äpfel 40–45 Minuten backen.
5. Die gestopften Bratäpfel mit etwas Puderzucker bestäuben und mit der Vanille-Sauce servieren.

Tipp: Die Bratäpfel zusätzlich mit Preiselbeerkonfitüre und Krokant oder gerösteten, gehobelten Mandeln verfeinern.

Zum Vorbereiten

Strawberry-Margarita-Eis

8 Stück

Zubereitungszeit: 30 Minuten
Gefrierzeit: etwa 8 Stunden

250 g Erdbeeren
50 ml Tequila
50 g Puderzucker
1 EL Limettensaft

Für die Passionsfrucht-Sauce:
2 Passionsfrüchte
150 g Joghurt

Backpapier
8 kleine Plastikstiele

Pro Stück:
E: 1 g, F: 1 g, Kh: 12 g,
kJ: 333, kcal: 80

1. Zum Vorbereiten für die Eistüten 8 Bögen (je etwa 16 x 32 cm) aus Backpapier zuschneiden. Die Bögen jeweils zu spitz zulaufenden Tüten formen. Dabei müssen die Spitzen möglichst dicht geschlossen sein. Die Tüten mit einem Tacker fest zusammentackern. Die Spitzen ganz leicht umknicken. Die Tüten aufrecht in gefrierfeste Formen stellen (z. B. dicke Gläser), sodass sie nicht umfallen.
2. Erdbeeren putzen, abspülen, gut abtropfen lassen und in einen hohen Rührbecher geben. Tequila, 25 g des Puderzuckers und Limettensaft hinzugeben. Die Zutaten mit einem Pürierstab fein pürieren und in den Eistüten verteilen. Die gefüllten Eistüten in den Gefrierschrank stellen und etwa 8 Stunden gefrieren lassen. Nach etwa 1 Stunde Gefrierzeit kleine Stiele in die Mitte des Pürees stecken.
3. Für die Sauce Passionsfrüchte halbieren und die Kerne mit dem Saft herauslöffeln. Die Passionsfruchtmasse mit Joghurt und restlichem Puderzucker verrühren. Die Passionsfrucht-Sauce bis zum Servieren zugedeckt in den Kühlschrank stellen.
4. Das Eis etwa 10 Minuten vor dem Servieren zum Antauen in den Kühlschrank stellen. Anschließend die Papiertüten entfernen.
5. Das Eis mit der Passionsfrucht-Sauce servieren.

Mandel-Bananen-Eis

8 Portionen

Zum Vorbereiten

Zubereitungszeit: 20 Minuten, ohne Kühlzeit
Gefrierzeit: etwa 4 Stunden
Gefrierzeit: Eismaschine etwa 35 Minuten

8 Messlöffel pflanzliches Bindemittel (8 g, z. B. Bindobin, erhältlich im Bioladen oder Reformhaus)
40 g brauner Rohrzucker
1 l ungesüßter Mandeldrink (erhältlich im Bioladen oder Reformhaus)
30–40 g kandierter Ingwer
6 reife Bananen (etwa 740 g)

Pro Portion:
E: 2 g, F: 2 g, Kh: 27 g,
kJ: 564, kcal: 134

1. Das Bindemittel mit dem braunen Rohrzucker in einer Schüssel mischen. Die Hälfte von dem Mandeldrink unterrühren.
2. Den kandierten Ingwer klein hacken. Die Bananen schälen und klein schneiden. Bananenstücke mit Ingwer und restlichem Mandeldrink in einen Rührbecher geben und mit einem Pürierstab fein pürieren. Den angerührten Mandeldrink unterrühren. Die Masse zugedeckt etwa 15 Minuten kalt stellen.
3. Die Bananen-Mandeldrink-Masse in eine vorbereitete Eismaschine geben und in etwa 35 Minuten zu einem cremigen Eis gefrieren lassen. Das Eis bis zum Verzehr in den Gefrierschrank stellen. Oder die Bananen-Mandeldrink-Masse in 2 gleich große Portionen teilen. Jede Portion in eine gefrierfeste Form füllen und zugedeckt im Gefrierschrank etwa 4 Stunden gefrieren lassen. Dabei die Bananen-Mandel-Masse alle 30 Minuten umrühren.

Mandel-Kakao-Eis

8 Portionen

Zum Vorbereiten

Zubereitungszeit: 20 Minuten, ohne Abkühlzeit
Gefrierzeit: etwa 4 Stunden
Gefrierzeit: Eismaschine etwa 35 Minuten

60 g Traubenzucker
6 Messlöffel pflanzliches Bindemittel (6 g, z. B. Bindobin, erhältlich im Bioladen oder Reformhaus)
60 g brauner Rohrzucker
60 g gesiebtes Kakaopulver
1 l Mandeldrink (aus Mandeln, mit Agavensirup gesüßt, erhältlich im Bioladen oder Reformhaus)

Für den Mandelkrokant:
200 g gehackte Mandeln
80 g brauner Rohrzucker
40 g Traubenzucker

Zum Garnieren:
500 g frische Himbeeren

Pro Portion:
E: 7 g, F: 17 g, Kh: 42 g,
kJ: 1491, kcal: 356

1. Traubenzucker mit Bindemittel, Rohrzucker und Kakao in einem Topf verrühren. Nach und nach den Mandeldrink hinzugießen und unter Rühren aufkochen. Den Topf von der Kochstelle nehmen. Die Kakaomasse erkalten lassen.
2. Die Kakaomasse in einer vorbereiteten Eismaschine in etwa 35 Minuten zu einem cremigen Eis gefrieren lassen.
3. In der Zwischenzeit für den Krokant Mandeln in einer Pfanne ohne Fett unter Wenden goldbraun rösten und auf einen Teller geben. Einen weiten Edelstahltopf erhitzen. Den Rohrzucker in den Topf geben und karamellisieren lassen. Den Topf von der Kochstelle nehmen. Geröstete Mandeln und Traubenzucker in den Topf geben und unter den Karamell rühren. Den Mandelkrokant sofort auf ein Stück Backpapier geben, mithilfe von 2 Gabeln etwas auseinanderziehen und erkalten lassen.
4. Wenn das Eis die gewünschte Konsistenz hat, drei Viertel des Mandelkrokants im Zerkleinerer oder mit einem Messer sehr fein hacken und unterrühren. Das Mandel-Kakao-Eis bis zum Verzehr zugedeckt in den Gefrierschrank stellen.
5. Zum Garnieren Himbeeren verlesen. Von dem Eis mit einem Kugelausstecher Kugeln abstechen. Das Eis mit den Himbeeren und dem restlichen, zerkleinerten Krokant anrichten.

Tipps: Das Eis etwa 30 Minuten vor dem Verzehr aus dem Gefrierschrank nehmen. Sie können die Kakaomasse auch in eine gefrierfeste Form füllen und zugedeckt in dem Gefrierschrank etwa 4 Stunden gefrieren lassen. Dabei die Kakaomasse alle 30 Minuten umrühren.

Mandel-Bananen-Eis / Mandel-Kakao-Eis

Schoko-Amarettini-Flan

Schoko-Amarettini-Flan

12 Portionen **Zum Vorbereiten**

Zubereitungszeit: 35 Minuten, ohne Abkühlzeit
Garzeit: etwa 1 1/2 Stunden
Gefrierzeit: mind. 3 Stunden

600 ml Milch
800 g Schlagsahne (mind. 30 % Fett)
1 Vanilleschote
1/2 Zimtstange
100 g Amarettini (ital. Mandelmakronen)
400 g Zartbitter-Schokolade (etwa 50 % Kakaoanteil)
9 Eigelb (Größe M)
2 Eier (Größe M)
90 g Zucker, 4 EL Rum

Außerdem:
1 Porzellan- oder Metallschüssel (3 Liter Inhalt)
1 EL Butter (zimmerwarm)
1 EL Zucker
500 g Himbeeren

Pro Portion:
E: 10 g, F: 41 g, Kh: 37 g,
kJ: 2370, kcal: 566

1. Schüssel mit Butter ausstreichen und mit Zucker ausstreuen. Boden mit Backpapier auslegen.
2. Ein Backblech 2 cm hoch mit Wasser gefüllt in den Backofen schieben (untere Einschubleiste).
3. Milch und Sahne erhitzen. Die Vanilleschote längs aufschneiden, das Mark herauskratzen. Vanillemark, -schote und Zimtstange in die Sahnemilch geben, kurz aufkochen und etwa 20 Minuten bei schwacher Hitze ziehen lassen. Vanilleschote und Zimtstange herausnehmen.
4. Die Amarettini in einen Gefrierbeutel geben. Beutel fest verschließen. Amarettini mit einer Teigrolle grob zerbröseln. Schokolade in Stücke brechen und in der heißen Sahnemilch unter Rühren schmelzen.
5. Den Backofen vorheizen.
Ober-/Unterhitze: etwa 140 °C
Heißluft: etwa 120 °C
6. Eigelb, Eier, Zucker und Rum in einer Rührschüssel verschlagen. Schokoladenflüssigkeit unterrühren. Amarettinibrösel unterrühren.
7. Die Masse in die vorbereitete Schüssel gießen und auf das mit Wasser gefüllte Backblech stellen. Schoko-Amarettini-Flan etwa 1 1/2 Stunden pochieren (garen).
8. Die Schüssel aus dem Wasserbad nehmen. Schoko-Amarettini-Flan erkalten lassen. Anschließend mindestens 3 Stunden in den Gefrierschrank stellen. Schoko-Amarettini-Flan anfrieren lassen.
9. Zum Stürzen des Flans die Schüssel 2–3 Minuten in heißes Wasser tauchen, sodass die Form heiß wird. Den Rand mit einem Messer lösen. Einen Teller auf die Schüssel legen. Den Flan aus der Schüssel auf den Teller stürzen. Flan wieder in den Gefrierschrank stellen.
10. Schoko-Amarettini-Flan etwa 4 Stunden vor dem Servieren in den Kühlschrank stellen.
11. Die Himbeeren verlesen und auf dem Flan anrichten.

Schokoladen-Zimt-Baiser

Zum Vorbereiten

20 Stück (ohne Foto)

Zubereitungszeit: 30 Minuten
Backzeit: etwa 30 Minuten je Backblech
Trockenzeit: etwa 2 Stunden je Backblech

50 g Zartbitter-Kuvertüre (etwa 50 % Kakaoanteil)
8 Eiweiß (etwa 250 ml)
1 Prise Salz
250 g Zucker
1 TL Speisestärke
1 gestr. TL gem. Zimt

Außerdem:
1 TL Butter (zimmerwarm)

Pro Stück:
E: 2 g, F: 1 g, Kh: 14 g,
kJ: 312, kcal: 75

1. Den Backofen vorheizen.
Ober-/Unterhitze: etwa 140 °C
Heißluft: etwa 120 °C
2. Die Kuvertüre fein raspeln. Eiweiß mit Salz und 50 g des Zuckers fast steif schlagen. Den restlichen Zucker esslöffelweise unterschlagen. Die Eischneemasse so lange weiterschlagen, bis der Zucker vollständig gelöst ist und der Eischnee stark glänzt. Die Eischneemasse muss so fest sein, dass ein Messerschnitt sichtbar bleibt. Speisestärke und Zimt kurz unterrühren, die Kuvertüreraspel unterheben.
3. Die Baisermasse in einen großen Spritzbeutel mit Sterntülle (Ø 14 mm) füllen und als Tupfen (Ø etwa 5 cm) auf 2 Backbleche (mit Backpapier belegt, Backpapier leicht mit Butter gefettet) spritzen.
4. Die Backbleche nacheinander (bei Heißluft zusammen) in den vorgeheizten Backofen schieben. Baiser zunächst etwa 30 Minuten backen.
5. Die Backofentemperatur auf Ober-/Unterhitze: etwa 120 °C, Heißluft: etwa 100 °C herunterschal-

ten. Gleichzeitig die Backofentür einen Spalt öffnen (evtl. einen Holzlöffelstiel in die Backofentür stecken), sodass die Feuchtigkeit entweichen kann. Baiser etwa 2 Stunden trocknen lassen.
6. Schokoladen-Zimt-Baiser mit dem Backpapier von den Backblechen auf Kuchenroste ziehen und erkalten lassen.
7. Schokoladen-Zimt-Baiser bis zum Servieren trocken lagern, evtl. in einer gut schließenden Dose.

Rotweincreme

8 Portionen

Zum Vorbereiten

Zubereitungszeit: 20 Minuten, ohne Kühlzeit

500 ml Wasser
2 Pck. Rote Grütze Himbeer-Geschmack (Dessertpulver)
200 g Zucker
500 ml Rotwein
500 g Schlagsahne (mind. 30 % Fett)

Pro Portion:
E: 2 g, F: 19 g, Kh: 28 g,
kJ: 1388, kcal: 332

1. Das Wasser zum Kochen bringen. Rote-Grütze-Pulver mit Zucker mischen und mit Wein anrühren. Das Wasser von der Kochstelle nehmen. Die angerührte Rote Grütze in das Wasser geben und unter Rühren kurz aufkochen lassen. Rote Grütze kalt stellen, dabei ab und zu durchrühren.
2. Die Sahne steif schlagen. Die Hälfte davon unter die abgekühlte Rotweincreme heben. Die restliche Sahne in einen Spritzbeutel mit kleiner Lochtülle füllen. Die Sahne spiralförmig in Portionsgläser spritzen. Die Rotweincreme in die Gläser füllen und bis zum Servieren zugedeckt in den Kühlschrank stellen.

Heidelbeermuffins

12 Stück

Zum Vorbereiten

Zubereitungszeit: 30 Minuten
Backzeit: etwa 30 Minuten

250 g frische oder
200 g TK-Heidelbeeren

Für den All-in-Teig:
300 g Weizenmehl
3 gestr. TL Dr. Oetker Backin
150 g Zucker
1 Pck. Dr. Oetker Bourbon-Vanille-Zucker
1 Prise Salz
1 Ei (Größe M)
250 ml Milch
4 EL (etwa 50 ml) Speiseöl, z. B. Rapsöl

Außerdem:
12 Papierbackförmchen

Pro Stück:
E: 4 g, F: 6 g, Kh: 33 g,
kJ: 849, kcal: 203

1. Den Backofen vorheizen.
Ober-/Unterhitze: etwa 180 °C
Heißluft: etwa 160 °C
2. Die frische Heidelbeeren verlesen, abspülen, sehr gut abtropfen lassen und trocken tupfen. TK-Heidelbeeren nicht auftauen lassen.
3. Für den Teig Mehl mit Backpulver in einer Rührschüssel mischen. Restliche Zutaten hinzufügen und mit einem Mixer (Knethaken) zunächst kurz auf niedrigster, dann auf höchster Stufe in etwa 2 Minuten zu einem glatten Teig verarbeiten. Die vorbereiteten oder gefrorenen Heidelbeeren vorsichtig mit einem Teigschaber unterheben. Dabei nicht zu stark rühren, da die Früchte sonst den Teig lila färben.
4. Den Teig in eine Muffinform für 12 Muffins (mit Papierbackförmchen ausgelegt) füllen. Die Form auf dem Rost in den vorgeheizten Backofen schieben. Die Muffins etwa 30 Minuten backen.
5. Die Form auf einen Kuchenrost stellen. Die Muffins etwa 10 Minuten in der Form abkühlen lassen. Dann aus den Förmchen lösen und auf dem Kuchenrost erkalten lassen.

Tipp: Statt Heidelbeeren Himbeeren oder Johannisbeeren (frisch oder TK) verwenden.

Obstsalat mit Orangenquark und Walnusskrokant

Sauerkirschjoghurt mit Schokolade und Müslicrunch

Obstsalat mit Orangenquark und Walnusskrokant

Zum Vorbereiten

10 Portionen

Zubereitungszeit: 50 Minuten, ohne Abkühlzeit

je 150 g blaue und grüne Weintrauben
3 Kiwis, 2 Birnen
1 Apfel
etwas Zitronensaft
2 Orangen
2 Nektarinen
750 g Ananas
250 g Erdbeeren
evtl. etwas Zucker

Für den Walnusskrokant:
100 g Walnusskerne
80 g Zucker

Für den Orangenquark:
1 kg Magerquark
250 g Zucker
2 Pck. Dr. Oetker Vanillin-Zucker
2 Pck. Dr. Oetker Finesse Orangenschalen-Aroma
300 ml Milch
100 g Schlagsahne
2 Bio-Orangen (unbehandelt, ungewachst)

Pro Portion:
E: 18 g, F: 11 g, Kh: 68 g,
kJ: 1893, kcal: 452

1. Weintrauben abspülen, abtropfen lassen, entstielen, halbieren und evtl. entkernen. Kiwis, Birnen und Apfel schälen. Kiwis in Stücke schneiden. Birnen und Apfel vierteln, entkernen und in Stücke schneiden, mit etwas Zitronensaft beträufeln. Orangen so schälen, dass die weiße Haut mitentfernt wird. Orangen vierteln und anschließend in schmale Stücke schneiden. Nektarinen waschen, abtrocknen, halbieren und jeweils den Stein entfernen. Nektarinenhälften in Spalten schneiden.
2. Von der Ananas Blatt- und Strunkende entfernen. Ananas schälen, vierteln und den Strunk herausschneiden. Ananasviertel in Stücke schneiden. Erdbeeren putzen, abspülen, abtropfen lassen, entstielen und evtl. halbieren.
3. Das vorbereitete Obst in einer Salatschüssel mischen und bis zum Servieren zugedeckt kalt stellen. Den Obstsalat nach Belieben mit Zucker abschmecken.
4. Für den Krokant Walnusskerne grob zerkleinern und in einer Pfanne ohne Fett unter Wenden rösten. Zucker in einem Topf karamellisieren. Die heißen, gerösteten Walnusskerne mit dem Karamell vermischen, herausnehmen und auf Backpapier verteilen. Den Krokant erkalten lassen, dann in kleine Stücke brechen.
5. Für den Orangenquark Quark in eine große Schüssel geben. Zucker, Vanillin-Zucker, Orangenschalen-Aroma, Milch und Sahne hinzugeben. Die Zutaten glatt rühren.
6. Die Orangen heiß abwaschen, abtrocknen und die Schale fein abreiben. Die Orangen halbieren und den Saft auspressen. Orangenschale und -saft unter die Quarkmasse rühren.
7. Den Quark in Gläsern verteilen und bis zum Servieren zugedeckt stellen. Den Orangenquark vor dem Servieren mit dem Walnusskrokant garnieren und mit dem Obstsalat servieren.

Sauerkirschjoghurt mit Schokolade und Müslicrunch

Zum Vorbereiten

10 Portionen

Zubereitungszeit: 20 Minuten, ohne Abkühlzeit

1 kg Joghurt (3,5 % Fett)
100 g Zucker
2 Pck. Dr. Oetker Vanillin-Zucker
360 g abgetropfte Sauerkirschen (aus dem Glas)
50 ml Sauerkirschsaft (aus dem Glas)
50 g Vollmilch-Raspelschokolade

Für den Müslicrunch:
50 g Haselnusskerne
70 g kernige Haferflocken
80 g Zucker

Pro Portion:
E: 6 g, F: 9 g, Kh: 38 g,
kJ: 1089, kcal: 260

1. Joghurt mit Zucker und Vanillin-Zucker in einer Schüssel verrühren. Von den Sauerkirschen den Saft auffangen und 50 ml davon abmessen.
2. Sauerkirschen und den abgemessenen Sauerkirschsaft unter die Joghurtmasse rühren. Die Raspelschokolade unterheben.
3. Für den Müslicrunch Haselnusskerne grob hacken. Die Haselnussstücke mit den Haferflocken in einer großen Pfanne ohne Fett unter Wenden goldbraun rösten. Den Zucker darauf verteilen und karamellisieren lassen. Die Müslimasse herausnehmen, auf Backpapier verteilen und erkalten lassen.
4. Den Sauerkirschjoghurt in Gläser füllen und bis zum Servieren zugedeckt in den Kühlschrank stellen. Müslicrunch in Stücke brechen. Den Sauerkirschjoghurt mit dem Müslicrunch garnieren.

Pfirsiche mit Schokopudding

Zum Vorbereiten

8 Stück

Zubereitungszeit: 20 Minuten, ohne Abkühlzeit

1 Pck. Dr. Oetker Pudding-Pulver Schokoladen-Geschmack
2 EL Zucker
400 ml Milch
8 abgetropfte Pfirsichhälften (aus der Dose)
150 g Crème fraîche

Pro Stück:
E: 3 g, F: 8 g, Kh: 22 g,
kJ: 706, kcal: 169

1. Aus Pudding-Pulver, Zucker und Milch nach Packungsanleitung, aber mit der hier angegebenen Milchmenge, einen Pudding kochen. Den Pudding erkalten lassen, dabei den Pudding ab und zu umrühren oder Frischhaltefolie direkt auf die Oberfläche legen, damit sich keine Haut bildet.
2. Die Pfirsichhälften mit der Wölbung nach unten auf einen großen Teller oder eine Platte legen.
3. Von der Crème fraîche 8 Teelöffel abnehmen. Die restliche Crème fraîche unter den Pudding rühren und die Pfirsichhälften damit füllen.
4. Je 1 Teelöffel der zurückgelassenen Crème fraîche in die Mitte des Schokoladenpuddings geben. Ein Holzstäbchen vorsichtig so durch die Creme ziehen, dass ein Muster entsteht. Dessert bis zum Servieren in den Kühlschrank stellen.

Kirschgelee-Speise

8 Portionen

Zum Vorbereiten

Zubereitungszeit: 50 Minuten, ohne Abkühl- und Kühlzeit

750 g Sauerkirschen
500 ml Wasser
250 g Zucker
2 Pck. Dr. Oetker Vanillin-Zucker
2 Pck. Instant-Götterspeise Kirsch-Geschmack
1 l Saft von den Kirschen

Pro Portion:
E: 1 g, F: 0 g, Kh: 64 g,
kJ: 1138, kcal: 271

1. Die Kirschen abspülen, abtropfen lassen, entstielen, entsteinen, mit Wasser, Zucker und Vanillin-Zucker in einem Topf zum Kochen bringen. Kirschen etwa 10 Minuten kochen. Anschließend abtropfen lassen und den Saft dabei auffangen. Den Saft mit Wasser auf 1 Liter auffüllen. Kirschen abkühlen lassen und zugedeckt kalt stellen.
2. Aus Götterspeise und der abgemessenen Kirschflüssigkeit nach Packungsanleitung eine Götterspeise zubereiten und zugedeckt in den Kühlschrank stellen.
3. Unter die dickliche, noch nicht erstarrte Speise die Kirschen heben. Die Kirschgelee-Speise in Gläser füllen und zugedeckt in den Kühlschrank stellen.

Tipp: Garnieren Sie die Kirschspeise zusätzlich mit abgespülten, gut abgetropften Johannisbeeren.

Pfirsiche mit Schokopudding

Kirschgelee-Speise

Bayerische Creme

10 Portionen

Zum Vorbereiten

Zubereitungszeit: 50 Minuten, ohne Zieh- und Kühlzeit

1 Vanilleschote
700 ml Milch
8 Blatt weiße Gelatine
160 g Zucker
2 Pck. Dr. Oetker Bourbon-Vanille-Zucker
700 g Schlagsahne
(mind. 30 % Fett)

Für das Himbeerpüree:
800 g Himbeeren
150 g Puderzucker

Pro Portion:
E: 6 g, F: 25 g, Kh: 42 g,
kJ: 1765, kcal: 422

1. Vanilleschote längs aufschneiden und das Mark herauskratzen. Die Vanilleschote, -mark und Milch in einem Topf aufkochen lassen. Die Vanillemilch etwa 15 Minuten bei schwacher Hitze ziehen lassen.

2. Gelatine in kaltem Wasser nach Packungsanleitung einweichen. Die heiße Vanillemilch in eine Rührschüssel geben. Gelatine ausdrücken und in der Vanillemilch unter Rühren auflösen. Vanilleschote entfernen. Zucker und Vanille-Zucker unterrühren. Die Schüssel in kaltes Wasser stellen und unter gelegentlichem Rühren gelieren lassen.

3. Sahne steif schlagen. Wenn die Vanillemilch anfängt zu gelieren, glatt rühren und ein Viertel der Sahne mit einem Schneebesen unterrühren. Restliche Sahne mit einem Teigschaber unterheben.

4. Die Creme in eine Schüssel geben und bis zum Servieren zugedeckt in den Kühlschrank stellen.

5. Für das Himbeerpüree Himbeeren verlesen, evtl. kurz abspülen und trocken tupfen. Einige Himbeeren zum Garnieren auf Küchenpapier abtropfen lassen. Restliche Himbeeren mit Puderzucker pürieren. Himbeerpüree durch ein Sieb streichen.

6. Beiseitegelegte Himbeeren auf der Creme verteilen. Bayerische Creme mit dem Himbeerpüree servieren.

Bayerische Creme / Rohrnudeln mit Mohnfüllung

Rohrnudeln mit Mohnfüllung

Zum Vorbereiten

30 Stück

Zubereitungszeit: 90 Minuten, ohne Teiggeh- und Abkühlzeit
Backzeit: etwa 40 Minuten

Für den Hefeteig:
400 ml Milch
100 g Schlagsahne
1,1 kg Weizenmehl
1 Pck. (42 g) frische Hefe
120 g Zucker
5 Eier (Größe M)
150 g weiche Butter

Für die Füllung:
350 ml Mich
200 g Zucker
300 g gem. Grau- oder Blaumohn
50 g Butter
120 g Rosinen

100 g Weizenmehl zum Bestäuben
20 g weiche Butter
3 EL Zucker
1 TL gem. Zimt
150 g Schlagsahne

Für die Marillensauce:
1 kg frische Aprikosen (Marillen)
180 g Zucker
500 ml Weißwein
2 Sternanis
1 Zimtstange
1 Vanilleschote

Pro Stück:
E: 9 g, F: 15 g, Kh: 54 g,
kJ: 1689, kcal: 404

1. Für den Teig Milch und Schlagsahne erwärmen. 400 g des Mehls in eine Rührschüssel geben. In die Mitte eine Vertiefung drücken und die Hefe hineinbröckeln. Zucker, Sahne und Milch hinzufügen. Die Zutaten gut verrühren. Den Vorteig zugedeckt an einem warmen Ort etwa 30 Minuten gehen lassen.

2. Eier, Butter und restliches Mehl hinzugeben. Die Zutaten mit einem

Mixer (Knethaken) zunächst kurz auf niedrigster, dann auf höchster Stufe in etwa 5 Minuten zu einem glatten Teig verarbeiten. Den Teig zugedeckt etwa 1 Stunde an einem warmen Ort gehen lassen.
3. Für die Füllung Milch und Zucker in einem Topf zum Kochen bringen. Den Mohn hinzugeben und etwa 2 Minuten unter Rühren kochen lassen. Butter und Rosinen unterrühren. Die Mohnmasse erkalten lassen.
4. Den gegangenen Teig leicht mit Mehl bestäuben, aus der Schüssel nehmen und auf einer bemehlten Arbeitsfläche nochmals kurz durchkneten. Den Teig zu einer etwa 80 cm langen Rolle formen. Aus der Teigrolle etwa 30 gleich große Scheiben schneiden. Die Teigscheiben auf der bemehlten Arbeitsfläche zu etwa 12 cm großen Scheiben flach drücken und nebeneinanderlegen.
5. Die Mohnmasse auf den Teigscheiben verteilen. Den Teig um die Füllung schlagen und mit der Naht nach unten mit etwas Abstand auf ein Backblech (mit Backpapier belegt, mit Butter bestrichen) setzen. Die Teiglinge nochmals zugedeckt etwa 1 Stunde gehen lassen.
6. Inzwischen Backofen vorheizen.
Ober-/Unterhitze: etwa 180 °C
Heißluft: etwa 160 °C
7. Zucker mit Zimt mischen. Die Teiglinge mit Sahne bestreichen und mit Zimt-Zucker bestreuen. Das Backblech in den vorgeheizten Backofen schieben. Die Rohrnudeln etwa 40 Minuten backen.
8. Für die Marillensauce Aprikosen abspülen, trocken tupfen, halbieren und entsteinen. Aprikosenhälften in einen Topf geben. Den Zucker, Wein, Sternanis, Zimtstange hinzufügen. Die Vanilleschote längs aufschneiden, das Mark herauskratzen. Vanilleschote und -mark hinzugeben. Aprikosenhälften einmal aufkochen lassen und 1–2 Minuten bei schwacher Hitze kochen lassen. Sternanis, Zimtstange und Vanilleschote entfernen. Die Rohrnudeln mit der Marillensauce servieren.

Dark Roses

Zum Vorbereiten

12 Stück

Zubereitungszeit: 35 Minuten, ohne Kühlzeit
Backzeit: etwa 30 Minuten

Für das Topping:
400 g Schlagsahne (mind. 30 % Fett)
150 g Zartbitter-Schokolade (etwa 50 % Kakaoanteil)
100 g Nuss-Nougat

Für den Teig:
2 Eiweiß (Größe M)
1 Prise Salz
180 g Zucker
2 Eigelb (Größe M)
1 Ei (Größe M)
1 Pck. Dr. Oetker Vanillin-Zucker
180 g Butter oder Margarine (zimmerwarm)
150 g gem. Haselnusskerne
100 g Weizenmehl
20 g gesiebtes Kakaopulver
1 1/2 gestr. TL Dr. Oetker Backin
75 g saure Sahne

Zum Garnieren:
2 Pck. feine Kakao-Rosen mit Blättern

Pro Stück:
E: 7 g, F: 40 g, Kh: 44 g,
kJ: 2364, kcal: 565

1. Für das Topping die Sahne in einem Topf zum Kochen bringen. Inzwischen die Schokolade in kleine Stücke brechen. Den Nougat in kleine Stücke schneiden. Den Topf von der Kochstelle nehmen. Schokoladen- und Nougatstücke in die Sahne geben und darin schmelzen lassen. Masse glatt rühren, abkühlen lassen und mindestens 6 Stunden, am besten über Nacht, zugedeckt in den Kühlschrank stellen.
2. Den Backofen vorheizen.
Ober-/Unterhitze: etwa 180 °C
Heißluft: etwa 160 °C
3. Für den Teig das Eiweiß mit dem Salz mit einem Mixer (Rührstäbe) auf höchster Stufe steif schlagen.

Dark Roses

Den Eischnee etwa 3 Minuten weiterschlagen, dabei nach und nach die Hälfte des Zuckers einrieseln lassen.
4. In einer anderen Schüssel Eigelb, Ei, restlichen Zucker, Vanillin-Zucker und Butter oder Margarine schaumig rühren. Die Nusskerne unterrühren. Mehl mit Kakao und Backpulver mischen. Das Mehlgemisch abwechselnd mit der sauren Sahne mit dem Mixer (Rührstäbe) auf niedrigster Stufe kurz unterrühren. Den Eischnee ebenfalls in 2 Portionen kurz unterrühren.
5. Den Teig gleichmäßig in einer Muffinform für 12 Muffins (gefettet, gemehlt oder mit Papierbackförmchen ausgelegt) verteilen. Die Muffinform auf dem Rost in den vorgeheizten Backofen schieben. Die Cupcakes etwa 30 Minuten backen.
6. Die Muffinform auf einen Kuchenrost stellen. Cupcakes nach 5 Minuten aus der Form lösen und auf dem Kuchenrost erkalten lassen.
7. Die Nougat-Schoko-Sahne in 2 Portionen mit dem Mixer (Rührstäbe) kurz aufschlagen und in einen Spritzbeutel mit Lochtülle (Ø 12–15 mm) füllen. Die Nougat-Schoko-Sahne in kleinen Tupfen auf die Cupcakes spritzen.
8. Zum Garnieren jeden Cupcake mit einer Rose und zwei Blättern belegen. Die Cupcakes bis zum Servieren zugedeckt in den Kühlschrank stellen.

Mango-Kokos-Reis / Thailändische Kokos-Fruchtwürfel mit Litschis

Mango-Kokos-Reis

10 Portionen **Zum Vorbereiten**

Zubereitungszeit: 40 Minuten, ohne Quell- und Kühlzeit
Garzeit: etwa 30 Minuten

1 l Kokosmilch
200 ml Orangensaft
250 g Milchreis
150 g Zucker, 1 Prise Salz
2 reife Mangos
Saft von 2 Zitronen

Pro Portion:
E: 4 g, F: 17 g, Kh: 45 g,
kJ: 1483, kcal: 357

1. Kokosmilch und Orangensaft in einen Topf gießen. Milchreis, Zucker und Salz unterrühren. Den Milchreis etwa 1 Stunde quellen lassen.
2. Den Reis in ein Sieb geben und abtropfen lassen. Die Kokosmilch dabei auffangen und wieder in den Topf gießen. Kokosmilch zum Kochen bringen. Den Reis wieder hinzugeben, zum Kochen bringen und unter Rühren etwa 5 Minuten bei mittlerer Hitze kochen lassen. Den Reis bei schwacher Hitze weitere etwa 25 Minuten unter gelegentlichem Rühren garen. Den Reis auf der ausgeschalteten Kochstelle nachquellen lassen. Den Kokosreis abkühlen lassen und anschließend kalt stellen.
3. Mangos halbieren und jeweils den Stein herauslösen. Mangohälften schälen, in mundgerechte Würfel schneiden und in eine Schüssel geben. Zitronensaft hinzugeben. Mangostücke mit dem Zitronensaft vermischen.
4. Den Kokosreis vor dem Servieren in kleine Portionsschälchen oder Gläser füllen. Die Mangostücke auf dem Kokosreis verteilen. Den Mango-Kokos-Reis bis zum Servieren kalt stellen.

Thailändische Kokos-Fruchtwürfel mit Litschis

Zum Vorbereiten

etwa 50 Fruchtwürfel

Zubereitungszeit: 30 Minuten, ohne Abkühlzeit
Dämpfzeit: etwa 60 Minuten

20 g weiche Butter
zum Bestreichen

Für die erste Schicht:
80 g Tapiokamehl
(erhältlich im Asialaden)
50 g Reismehl
(erhältlich im Asialaden)
150 g Zucker
1 Prise Salz
250 ml Kokosmilch

Für die zweite Schicht:
80 g Tapiokamehl
50 g Reismehl
150 g Zucker
250 ml schwarzer Johannisbeernektar
2 TL Zitronensäure

560 g abgetropfte Litschis
(aus der Dose)

Pro Stück:
E: 0 g, F: 1 g, Kh: 11 g,
kJ: 237, kcal: 57

1. Eine flache Auflaufform oder Metallschüssel (Ø etwa 25 cm, Höhe etwa 5 cm) mit Butter ausstreichen.
2. Für die erste Schicht Tapiokamehl mit Reismehl, Zucker, Salz und Kokosmilch in eine Rührschüssel geben und mit einem Schneebesen glatt rühren. Die Masse in die vorbereitete Form oder Schüssel gießen.
3. Einen Topf, größer als die Auflaufform, etwa 2 cm hoch mit Wasser füllen. Einen Dämpfeinsatz hineinstellen. Die Auflaufform oder Schüssel mit der Kokosmasse in den Topf auf den Dämpfeinsatz setzen. Einen Deckel darauflegen. Das Wasser zum Kochen bringen. Die Kokosmasse etwa 30 Minuten dämpfen und stocken lassen.
4. In der Zwischenzeit für die zweite Schicht Tapiokamehl mit Reismehl, Zucker, Johannisbeersaft und Zitronensäure mit einem Schneebesen glatt rühren. Die Fruchtmasse auf der gestockten Kokosmasse verteilen. Den Deckel darauflegen. Das Wasser wieder zum Kochen bringen. Die Kokosmasse mit der Fruchtmasse weitere etwa 30 Minuten dämpfen und stocken lassen. Evtl. Wasser nachgießen.
5. Die Form oder Schüssel aus dem Topf nehmen. Kokos-Frucht-Masse erkalten lassen. Anschließend die Kokos-Frucht-Masse aus der Form lösen, auf ein Schneidbrett legen und in etwa 3 x 3 cm große Würfel schneiden. Kokos-Fruchtwürfel auf kleinen Tellern verteilen. Litschis ebenfalls auf den Tellern verteilen.

Soja-Quitten-Eis

8 Portionen

Zum Vorbereiten

Zubereitungszeit: 15 Minuten, ohne Abkühlzeit
Gefrierzeit: etwa 4 Stunden
Gefrierzeit: Eismaschine etwa 45 Minuten

6 Messlöffel pflanzliches Bindemittel (6 g, z. B. Bindobin, erhältlich im Bioladen oder Reformhaus)
1 l Sojadrink (ungesüßt)
1 Vanilleschote
400 g Quittengelee
1–2 Zimtstangen

Pro Portion:
E: 4 g, F: 2 g, Kh: 35 g,
kJ: 746, kcal: 178

1. Bindemittel in einen Topf geben, Sojadrink unter Rühren hinzugeben.
2. Vanilleschote längs aufschneiden und das Mark mit einem Messerrücken herauskratzen. Quittengelee, Zimtstangen, Vanillemark und -schote zum Sojadrink geben, gut verrühren und unter Rühren aufkochen. Die Zutaten etwa 10 Minuten bei schwacher Hitze kochen lassen. Den Topf von der Kochstelle nehmen. Sojadrink-Masse abkühlen lassen. Zimtstangen und Vanilleschote entfernen.
3. Die Masse in eine vorbereitete Eismaschine geben und in etwa 45 Minuten zu einem cremigen Eis gefrieren lassen. Das Eis zugedeckt in den Gefrierschrank stellen.
4. Das Eis etwa 30 Minuten vor dem Servieren in den Kühlschrank stellen und antauen lassen.

Maracuja-Quark-Strudel

Zum Vorbereiten

10 Portionen

Zubereitungszeit: 30 Minuten
Backzeit: etwa 25 Minuten je Backblech

6 Maracujas (Passionsfrüchte) oder 100 ml Maracujanektar
1 Bio-Zitrone (unbehandelt, ungewachst)
100 g Butter oder Margarine (zimmerwarm)
80 g Zucker
2 Eier (Größe M)
2 Eigelb (Größe M)
500 g Magerquark
4 Stück Vollkorn- oder Kokos-Zwieback
200 g fertiger Strudelteig (Kühlregal oder TK)
4 EL gehobelte Mandeln

Pro Portion:
E: 13 g, F: 15 g, Kh: 30 g,
kJ: 1343, kcal: 321

1. Die Maracujas halbieren und das Fruchtmark mit einem Löffel herausnehmen. Das Fruchtmark evtl. durch ein feines Sieb streichen. Zitrone heiß abwaschen, abtrocknen und die Schale fein abreiben. Die Zitrone halbieren und den Saft auspressen.
2. Den Backofen vorheizen.
Ober-/Unterhitze: etwa 180 °C
Heißluft: etwa 160 °C
3. 80 g von der Butter oder Margarine mit Zucker und Zitronenschale in einer Rührschüssel mit einem Schneebesen sehr cremig rühren. Eier und Eigelb gut unterrühren.
4. Quark, Zitronensaft und Maracujamark oder -nektar hinzugeben und unterrühren. Zwiebäcke fein zerbröseln und unterheben.
5. Ein Backblech (30 x 40 cm, mit Backpapier belegt) mit der Hälfte des Strudelteigs (TK-Strudelteig vorher auftauen lassen) belegen. Die Hälfte der Maracuja-Quark-Masse darauf verteilen, dabei rundherum einen etwa 3 cm breiten Rand frei lassen. Die Teigränder über die Quarkmasse schlagen. Den Teig von der längeren Seite her aufrollen. Restlichen Strudelteig auf einem zweiten Backblech mit der restlichen Maracuja-Quark-Masse ebenso zu einem Strudel verarbeiten.
6. Restliche Butter oder Margarine zerlassen. Die Strudel damit bestreichen und mit Mandeln bestreuen.
7. Die Backbleche nacheinander (bei Heißluft zusammen) in den vorgeheizten Backofen schieben. Jeden Strudel etwa 25 Minuten backen.
8. Die Strudel mit dem Backpapier von den Backblechen auf Kuchenroste ziehen. Die Strudel leicht abkühlen lassen, in je 5 Stücke schneiden und servieren.

Soja-Quitten-Eis

Maracuja-Quark-Strudel

Rote Grütze mit Vanillesauce /
Schokoladenpudding mit Sauerkirschen /
Vanillepudding mit Erdbeeren

Rote Grütze mit Vanillesauce

Zum Vorbereiten

10 Portionen

Zubereitungszeit: 30 Minuten, ohne Zieh- , Quell- und Abkühlzeit

250 g Erdbeeren
200 g Himbeeren
100 g rote Johannisbeeren
250 g Brombeeren
200 g schwarze Johannisbeeren
300 g Zucker
370 g abgetropfte Sauerkirschen (aus dem Glas)
400 ml schwarzer Johannisbeernektar
100 g Perlsago

Für die Vanillesauce:
250 g Schlagsahne
250 ml Milch
1 Vanilleschote
5 Eigelb (Größe M)
80 g Puderzucker

Pro Portion:
E: 5 g, F: 13 g, Kh: 72 g,
kJ: 1809, kcal: 432

1. Die Beeren verlesen, abspülen, abtropfen lassen und entstielen. Die Beeren in eine Schüssel geben, mit Zucker bestreuen und zugedeckt etwa 2 Stunden ziehen lassen.
2. Die Beeren abtropfen lassen, den Saft dabei auffangen. Von den Sauerkirschen den Saft ebenfalls auffangen. Beeren und Sauerkirschen zugedeckt beiseitestellen. Beeren-, Sauerkirschsaft und Johannisbeernektar in einen Topf geben. Sago unterrühren und etwa 1 Stunde quellen lassen.
3. Den Saft zum Kochen bringen und bei schwacher Hitze so lange erhitzen, bis die Sagoperlen glasig sind und der Saft eingedickt ist, dabei gelegentlich umrühren. Die Beeren und Sauerkirschen vorsichtig unter die Grütze heben. Rote Grütze erkalten lassen.
4. Für die Vanillesauce Sahne mit Milch in einen Topf geben. Vanilleschote längs aufschneiden und das Mark herauskratzen. Vanillemark und -schote zu der Sahnemilch geben und einmal aufkochen lassen. Die Sahnemilch auf der ausgeschalteten Kochstelle etwa 20 Minuten ziehen lassen.
5. Eigelb und Puderzucker gut verrühren. Die Vanillemilch nochmals aufkochen lassen, zu der Eigelb-Puderzucker-Masse geben und gut verrühren. Die Vanillesauce zurück in den Topf geben, unter ständigem Rühren langsam erhitzen, bis die Sauce dicklich ist (nicht kochen lassen, da das Eigelb sonst gerinnt).
6. Die Vanillesauce durch ein Sieb in eine Schüssel gießen und abkühlen lassen. Rote Grütze mit der Vanillesauce servieren.

Tipp: Statt Sago 50 g mit 3 Esslöffeln Nektar angerührte Speisestärke verwenden.

Schokoladenpudding mit Sauerkirschen

10 Portionen

Zum Vorbereiten

Zubereitungszeit: 30 Minuten, ohne Abkühlzeit

Für den Schokoladenpudding:
120 g Zucker
3 EL gesiebtes Kakaopulver
3 Pck. Dr. Oetker Pudding-Pulver Schokoladen-Geschmack
1,6 l Milch
200 g Schlagsahne (mind. 30 % Fett)
150 g Zartbitter-Kuvertüre (etwa 50 % Kakaoanteil)

Für die Fruchtmasse:
700 g abgetropfte Sauerkirschen (aus dem Glas)
300 ml Sauerkirschsaft (aus dem Glas)
20 g Speisestärke
60 g Zucker, 1 TL gem. Zimt

Pro Portion:
E: 9 g, F: 18 g, Kh: 62 g,
kJ: 1913, kcal: 457

1. Für den Pudding Zucker, Kakao und Pudding-Pulver mit etwa

300 ml Milch anrühren. Restliche Milch und Sahne in einem Topf zum Kochen bringen. Die Kuvertüre grob hacken und unter Rühren in der heißen Sahnemilch schmelzen. Angerührtes Pudding-Pulver einrühren und unter Rühren aufkochen lassen. Den Pudding in eine Schüssel geben. Die Puddingoberfläche mit Frischhaltefolie belegen, Pudding erkalten lassen.

2. Für die Fruchtmasse von den Sauerkirschen den Saft auffangen und 300 ml davon abmessen. Den Saft mit der Speisestärke in einem Topf gut verrühren. Zucker und Zimt unterrühren, unter Rühren zum Kochen bringen. Die Sauerkirschen hinzugeben und unterrühren. Die Fruchtmasse erkalten lassen.

3. Den Schokoladenpudding mit einem Schneebesen glatt rühren und in Gläsern oder Bechern verteilen. Die Fruchtmasse daraufgeben.

Vanillepudding mit Erdbeeren

Zum Vorbereiten

10 Portionen

Zubereitungszeit: 25 Minuten, ohne Zieh- und Abkühlzeit

Für den Vanillepudding:

1 l Milch
2 Pck. Dr. Oetker Pudding-Pulver Vanille-Geschmack
100 g Zucker
1 Vanilleschote

1 kg frische Erdbeeren
80 g Zucker

Pro Portion:
E: 4 g, F: 4 g, Kh: 34 g,
kJ: 809, kcal: 194

1. Für den Pudding etwa 200 ml Milch mit Pudding-Pulver und Zucker anrühren. Die restliche Milch in einem Topf erhitzen. Vanilleschote längs aufschneiden und das Mark mit einem Messerrücken herauskratzen. Vanilleschote und -mark zu der heißen Milch geben und auf der ausgeschalteten Kochstelle etwa 20 Minuten ziehen lassen.

2. Die Vanillemilch zum Kochen bringen. Angerührtes Pudding-Pulver in die von der Kochstelle genommene Vanillemilch rühren und unter Rühren aufkochen lassen. Vanilleschote entfernen.

3. Den Pudding in Portionsgläsern verteilen. Die Puddingoberfläche jeweils mit Frischhaltefolie belegen. Pudding erkalten lassen.

4. Erdbeeren putzen, abspülen, abtropfen lassen und entstielen. Erdbeeren halbieren, in eine Schüssel geben und mit Zucker bestreuen. Die Erdbeerhälften vor dem Servieren auf dem Vanillepudding verteilen.

Rhabarberschaum

8 Portionen

Zum Vorbereiten

Zubereitungszeit: 45 Minuten, ohne Kühlzeit

1 1/2 kg roter Rhabarber (ohne Blätter gewogen)
200 ml Wasser
200 g Zucker
6 Blatt weiße Gelatine
500 ml Saft vom Rhabarber
500 g Magerquark
4 Eiweiß (Größe M)
2 Pck. Dr. Oetker Vanillin-Zucker
evtl. einige Zitronenmelisseblättchen

Pro Portion:
E: 19 g, F: 0 g, Kh: 7 g,
kJ: 494, kcal: 117

1. Rhabarber putzen (nicht abziehen), abspülen, abtropfen lassen und in kleine Stücke schneiden. Rhabarberstücke mit Wasser und Zucker etwa 15 Minuten dünsten.

2. Die Rhabarberstücke in einem Sieb abtropfen lassen, den Saft dabei auffangen und 500 ml davon abmessen. Die abgetropften Rhabarberstücke mit einem Pürierstab pürieren.

3. Die Gelatine nach Packungsanleitung einweichen. Die Gelatine leicht ausdrücken und in dem warmen Rhabarbersaft auflösen. Den Saft in 8 Gläser gießen und zugedeckt im Kühlschrank fest werden lassen.

4. Den Quark mit dem Rhabarberpüree cremig rühren und ebenfalls zugedeckt in den Kühlschrank stellen.

5. Das Eiweiß steif schlagen. Unter weiterem Schlagen löffelweise den kalten Rhabarberquark unterrühren. Den Quarkschaum mit Vanillin-Zucker abschmecken und auf das Rhabarbergelee geben. Den Rhabarberschaum nach Belieben mit abgespülten, trocken getupften Zitronenmelisseblättchen garnieren.

Hinweis: Nur ganz frische Eier verwenden, die nicht älter als 5 Tage sind (Legedatum beachten). Die fertige Speise zugedeckt im Kühlschrank aufbewahren und innerhalb von 24 Stunden verzehren.

Erdbeer-Sahne-Creme
8 Portionen

Zum Vorbereiten

Zubereitungszeit: 35 Minuten, ohne Kühlzeit

8 Blatt weiße Gelatine
150 ml Orangensaft
1 kg Erdbeeren
2 EL Zitronensaft
8 cl Erdbeerlikör
100 g Zucker
400 g Schlagsahne (mind. 30 % Fett)

Zum Garnieren:
einige Erdbeeren mit Grün
etwas Hagelzucker

Pro Portion:
E: 3 g, F: 16 g, Kh: 31 g,
kJ: 1297, kcal: 310

1. Gelatine nach Packungsanleitung einweichen. Orangensaft in einem kleinen Topf erwärmen (nicht kochen). Die Gelatine leicht ausdrücken und in dem heißen Orangensaft unter Rühren auflösen.
2. Erdbeeren putzen, abspülen, gut abtropfen lassen, entstielen und in Stücke schneiden. Mit Zitronensaft, Likör und Zucker pürieren.
3. Die aufgelöste Gelatine zuerst mit etwa 3 Esslöffeln von dem Erdbeerpüree verrühren, dann unter das restliche Erdbeerpüree rühren.
4. Die Sahne steif schlagen und unterheben. Die Erdbeer-Sahne-Creme in Gläser, Portionsförmchen oder in eine größere Glasschale füllen und etwa 3 Stunden kalt stellen.
5. Zum Garnieren Erdbeeren abspülen, trocken tupfen. Creme mit Erdbeeren und Hagelzucker garnieren.

Zitronentiramisu-Schnitten

Zum Vorbereiten

15 Stücke

Zubereitungszeit: 45 Minuten, ohne Kühlzeit

Für die Mascarponecreme:
2 Bio-Zitronen (unbehandelt, ungewachst)
5 Blatt weiße Gelatine
3 Eigelb (Größe M)
80 g Zucker
3 Eiweiß (Größe M)
500 g Mascarpone (ital. Frischkäse, zimmerwarm)

Außerdem:
60 ml Wasser
2 EL Puderzucker
300 g Löffelbiskuits
1 Bio-Zitrone (unbehandelt, ungewachst)
etwas Puderzucker

Pro Stück:
E: 6 g, F: 15 g, Kh: 24 g,
kJ: 1075, kcal: 257

1. Für die Mascarponecreme die Zitronen heiß abwaschen und abtrocknen. Die Schale fein abreiben. Die Zitronen halbieren und den Saft auspressen. Die Gelatine nach Packungsanleitung einweichen.
2. Das Eigelb mit 40 g des Zuckers in einer Edelstahlschüssel im heißen Wasserbad mit einem Schneebesen dick-schaumig aufschlagen. Die Schüssel aus dem Wasserbad nehmen. Die Gelatine leicht ausdrücken und in der Eigelbmasse unter Rühren auflösen.
3. Das Eiweiß mit dem restlichen Zucker steif schlagen. Den Mascarpone mit der Zitronenschale in einer Rührschüssel glatt rühren. Zunächst die Eigelbmasse, dann den Eischnee mit einem Schneebesen vorsichtig unter die Mascarponecreme heben.
4. Wasser mit Zitronensaft und Puderzucker glatt rühren. Eine Kastenform (30 x 11 cm) mit Frischhaltefolie auslegen. Den Boden und den Rand der Kastenform mit Löffelbiskuits auslegen. Die Löffelbiskuits mit etwa einem Drittel der Wasser-Zitronensaft-Mischung beträufeln.
5. Die Mascarponecreme in 3 gleich große Portionen teilen. 1 Portion der Mascarponecreme in die Form geben,

glatt streichen und mit einer Schicht Löffelbiskuits belegen. Die Löffelbiskuits mit etwas Wasser-Zitronensaft-Mischung beträufeln. 1 weitere Portion Mascarponecreme auf die Löffelbiskuitschicht geben. Creme vorsichtig glatt streichen und mit restlichen Löffelbiskuits belegen. Die Löffelbiskuits mit der restlichen Wasser-Zitronensaft-Mischung beträufeln. Das Tiramisu zugedeckt etwa 4 Stunden in den Kühlschrank stellen. Restliche Mascarponecreme zugedeckt in den Kühlschrank stellen.
6. Das Zitronentiramisu vorsichtig aus der Form auf eine Kuchenplatte stürzen, die Frischhaltefolie entfernen. Von der restlichen Mascarponecreme mit einem Teelöffel Nocken abstechen und auf dem Zitronentiramisu verteilen.
7. Zitrone heiß abwaschen, abtrocknen und in dünne Scheiben schneiden. Die Zitronenscheiben halbieren. Die Zitronentiramisu-Schnitten mit Puderzucker bestäuben und mit Zitronenscheibenhälften garnieren.

Hinweis: Nur ganz frische Eier verwenden, die nicht älter als 5 Tage sind (Legedatum beachten). Die Zitronentiramisu-Schnitten im Kühlschrank aufbewahren und innerhalb von 24 Stunden verzehren.

Erdbeer-Sorbet

8 Portionen (ohne Foto)

Zum Vorbereiten

Zubereitungszeit: 15 Minuten, ohne Abkühlzeit
Gefrierzeit: etwa 3 Stunden
Gefrierzeit: Eismaschine etwa 40 Minuten

200 ml Wasser
200 g Zucker
1 kg Erdbeeren
2–4 TL Zitronensaft

Pro Portion:
E: 1 g, F: 0 g, Kh: 31 g,
kJ: 570, kcal: 136

1. Wasser und Zucker in einem Topf zum Kochen bringen. Den Topf von der Kochstelle nehmen. Den Zuckersirup abkühlen lassen.
2. Erdbeeren putzen, abspülen, abtropfen lassen, entstielen und in Stücke schneiden (ergibt 900 g). Erdbeerstücke und den abgekühlten Zuckersirup in einen hohen Rührbecher geben und mit dem Pürierstab pürieren. Erdbeerpüree mit Zitronensaft abschmecken.
3. Erdbeerpüree in 2 Portionen teilen. Jede Portion in eine flache, gefrierfeste Schale füllen und zugedeckt in den Gefrierschrank stellen. Erdbeerpüree etwa 3 Stunden gefrieren lassen. Die Masse alle 30 Minuten umrühren.
4. Die gefrorene Sorbetmasse evtl. mit einem Mixer (Rührstäbe) kurz durchrühren.

Zitronencreme

Zitronencreme

8 Portionen

Zum Vorbereiten

Zubereitungszeit: 25 Minuten, ohne Kühlzeit

2 schwach geh. TL gem., weiße Gelatine
6 EL kaltes Wasser
4 Eigelb (Größe M)
4 EL heißes Wasser, 150 g Zucker
abgeriebene Schale von 1 Bio-Zitrone (unbehandelt, ungewachst)
10 EL Zitronensaft
4 Eiweiß (Größe M)
250 g Schlagsahne (mind. 30 % Fett)
8 halbierte Belegkirschen

Pro Portion:
E: 5 g, F: 13 g, Kh: 21 g,
kJ: 958, kcal: 229

1. Die Gelatine nach Packungsanleitung mit dem Wasser in einem kleinen Topf anrühren und quellen lassen. Das Eigelb mit dem heißen Wasser mit einem Mixer (Rührstäbe) schaumig schlagen. Nach und nach den Zucker unterschlagen und so lange schlagen, bis eine cremige Masse entstanden ist.
2. Zitronenschale und Zitronensaft unterrühren. Gequollene Gelatine im Topf unter Rühren bei schwacher Hitze auflösen. Die aufgelöste Gelatine zuerst mit etwa 3 Esslöffeln von der Eigelbmasse verrühren, dann unter die restliche Eigelbmasse rühren. Die Eigelb-Gelatine-Masse zugedeckt in den Kühlschrank stellen.
3. Sobald die Eigelb-Gelatine-Masse anfängt dicklich zu werden, das Eiweiß und die Sahne getrennt steif schlagen. Die Sahne unter die Eigelb-Gelatine-Masse heben, dabei etwas Sahne zum Verzieren beiseitestellen. Dann Eischnee unterheben.
4. Die Zitronencreme in eine große Schale oder in Dessertgläser füllen und zugedeckt in den Kühlschrank stellen, damit sie fest wird. Die Creme vor dem Servieren mit der zurückgelassenen Sahne verzieren und mit Belegkirschen garnieren.

Hinweis: Nur ganz frische Eier verwenden, die nicht älter als 5 Tage sind (Legedatum beachten). Die fertige Speise zugedeckt im Kühlschrank aufbewahren und innerhalb von 24 Stunden verzehren.

Schoko-Tarteletts

Zabaione

Schoko-Tarteletts

8 Stück

Zum Vorbereiten

Zubereitungszeit: 60 Minuten, ohne Kühlzeit
Backzeit: etwa 15 Minuten

Für den Knetteig:
300 g Weizenmehl
70 g Puderzucker
100 g weiche Butter
2 Eigelb (Größe M)

Hülsenfrüchte zum Blindbacken
1 Ei

Für die Schokoladencreme:
120 g Edelbitter-Schokolade (etwa 80 % Kakaoanteil)
70 ml Milch (3,5 % Fett)
55 g Butter, 70 g Zucker
1 Eigelb (Größe M)
4 EL brauner Rum

Goldstaub oder Blattgold

Pro Stück:
E: 7 g, F: 25 g, Kh: 48 g,
kJ: 1938, kcal: 463

1. Für den Teig das Mehl mit Puderzucker gut in einer Rührschüssel mischen. Restliche Zutaten hinzufügen und mit einem Mixer (Knethaken) zunächst kurz auf niedrigster, dann auf höchster Stufe gut durcharbeiten. Anschließend auf einer leicht bemehlten Arbeitsfläche kurz zu einem Teig verkneten. Den Teig in Frischhaltefolie gewickelt etwa 2 Stunden in den Kühlschrank legen.
2. Den Teig auf der leicht bemehlten Arbeitsfläche dünn ausrollen. Mit einer runden Ausstechform daraus 8 Kreise (je Ø etwa 10 cm) ausstechen. Die Teigkreise in 8 Tartelettförmchen (je Ø etwa 8 cm, gefettet) legen und fest andrücken. Den Teigboden mit einer Gabel mehrmals einstechen. Die Förmchen zugedeckt etwa 30 Minuten in den Kühlschrank stellen.
3. Den Backofen vorheizen.
Ober-/Unterhitze: etwa 180 °C
Heißluft: etwa 160 °C
4. Die Förmchen mit Backpapier auslegen und mit Hülsenfrüchten füllen. Die Förmchen auf dem Rost in den vorgeheizten Backofen schieben. Die Tarteletts etwa 10 Minuten vorbacken. Die Hülsenfrüchte und das Backpapier entfernen.
5. Das Ei verquirlen und Tarteletts damit bestreichen. Die Förmchen wieder auf dem Rost in den heißen Backofen schieben. Die Tarteletts bei gleicher Backofentemperatur in etwa 5 Minuten goldbraun backen.
6. Die Förmchen aus dem Backofen nehmen und die Tarteletts in den Förmchen auf einem Kuchenrost erkalten lassen.
7. Für die Schokoladencreme die Schokolade fein hacken. Die Milch in einem Topf erwärmen. Den Topf von der Kochstelle nehmen und die fein gehackte Schokolade darin unter Rühren auflösen. Die Schokoladenmilch auf Zimmertemperatur abkühlen lassen.
8. Die Butter mit dem Zucker weißschaumig schlagen. Das Eigelb unterrühren. Schokoladenmilch und zuletzt den Rum unterrühren.
9. Die Tarteletts vorsichtig aus den Förmchen lösen, mit der Schokoladencreme füllen. Die Schoko-Tarteletts zugedeckt etwa 3 Stunden in den Kühlschrank stellen und etwa 20 Minuten vor dem Servieren aus dem Kühlschrank nehmen. Die Schoko-Tarteletts mit Goldstaub oder Blattgold garnieren.

Hinweis: Für die Schokoladencreme nur 1 ganz frisches Eigelb verwenden, das nicht älter als 5 Tage ist (Legedatum beachten). Schoko-Tarteletts im Kühlschrank aufbewahren und innerhalb von 24 Stunden verzehren.

Zabaione

8 Portionen

Zubereitungszeit: 15 Minuten

8 Eigelb (Größe M)
100 g Zucker
200 ml Marsala (ital. Dessertwein)

Pro Portion:
E: 3 g, F: 7 g, Kh: 13 g,
kJ: 522, kcal: 124

1. Eigelb mit Zucker und Wein im heißen Wasserbad schaumig schlagen, bis die Masse dickflüssig wird.
2. Zabaione sofort in Gläser füllen und heiß servieren.
3. Soll die Zabaione kalt serviert werden, diese im kalten Wasserbad weiterschlagen, bis sie die richtige Temperatur erreicht hat.

Hinweis: Nur ganz frische Eier verwenden, die nicht älter als 5 Tage sind (Legedatum beachten). Die fertige Speise im Kühlschrank aufbewahren und innerhalb von 24 Stunden verzehren.

Grießpudding mit Brombeerkompott

10 Portionen

Zum Vorbereiten

Zubereitungszeit: 35 Minuten, ohne Abkühlzeit

Für den Grießpudding
1 l Milch, 160 g Zucker
1 Vanilleschote
90 g Weichweizengrieß
2 Eiweiß (Größe M)
2 Eigelb (Größe M)

Für das Brombeerkompott:
150 g Zucker
500 ml schwarzer Johannisbeernektar
2 EL flüssiger Honig
1 EL weißer Balsamico-Essig
5 grüne Kardamomkapseln
750 g Brombeeren

Pro Portion:
E: 7 g, F: 6 g, Kh: 56 g,
kJ: 1284, kcal: 307

1. Für den Pudding Milch und Zucker in einem Topf zum Kochen bringen. Vanilleschote längs aufschneiden und das Mark mit einem Messerrücken herauskratzen. Vanilleschote und -mark in die Milch geben. Den Weichweizengrieß mit einem Schneebesen unter Rühren in die kochende Milch geben. Milch einmal stark aufkochen lassen, anschließend etwa 15 Minuten unter gelegentlichem Rühren bei schwacher Hitze kochen lassen. Vanilleschote entfernen.
2. Eiweiß mit einem Mixer (Rührstäbe) auf höchster Stufe steif schlagen. Eigelb unter den Grießpudding rühren. Den Topf von der Kochstelle nehmen. Eischnee unterheben. Den Grießpudding in eine Servierschüssel geben und erkalten lassen.
3. Für das Kompott Zucker in einem Topf karamellisieren lassen. Johannisbeernektar, Honig, Essig und Kardamomkapseln hinzugeben und erhitzen.
4. Brombeeren verlesen, abspülen, abtropfen lassen und evtl. entstielen. Die Brombeeren in den Johannisbeersud geben. Den Topf von der Kochstelle nehmen. Das Kompott erkalten lassen.
5. Das Brombeerkompott vor dem Servieren dekorativ auf dem Grießpudding anrichten oder das Kompott getrennt dazureichen.

Hinweis: Für den Pudding nur ganz frische Eier verwenden, die nicht älter als 5 Tage sind (Legedatum beachten).

Äpfel mit Karamell

8 Stück

Zubereitungszeit: 30 Minuten
Backzeit: etwa 35 Minuten

Für den Karamell:
12 EL Zucker
4 EL Wasser
200 ml heißes Wasser

Für die Äpfel:
8 Äpfel, z. B. Boskop
300 ml Wasser
4 TL Zucker
60 g Butter

Für die Füllung:
300 g Schlagsahne
(mind. 30 % Fett)
1 Pck. Dr. Oetker Vanillin-Zucker

Pro Stück:
E: 1 g, F: 19 g, Kh: 41 g,
kJ: 1418, kcal: 339

1. Den Backofen vorheizen.
Ober-/Unterhitze: etwa 200 °C
Heißluft: etwa 180 °C
2. Für den Karamell Zucker und Wasser in einem Edelstahltopf so lange ohne umzurühren erhitzen, bis der Zucker honiggelb ist. Das heiße Wasser vorsichtig (Achtung: Es spritzt!) zugießen. Alles bei geringer Hitze etwa 5 Minuten leicht dicklich einkochen.
3. Die Äpfel abspülen, abtrocknen und das Kerngehäuse mit einem Apfelausstecher ausstechen. Wasser in eine große oder zwei kleine Auflaufformen gießen und die Äpfel hineinsetzen.
4. Zucker und Butter gleichmäßig auf den Äpfeln verteilen. Die Form auf dem Rost in den vorgeheizten Backofen schieben. Die Äpfel etwa 35 Minuten backen, dabei evtl. während der letzten Minuten die Äpfel mit Alufolie zudecken. Die Äpfel etwas abkühlen lassen.
5. Für die Füllung die Sahne zusammen mit Vanillin-Zucker steif schlagen. Die Äpfel mit der Sahne füllen. Die Karamellsauce darübergießen und die Äpfel sofort servieren.

Grießpudding mit Brombeerkompott

Äpfel mit Karamell

Kalter Hund in Weiß

20 Stücke

Zum Vorbereiten

Zubereitungszeit: 40 Minuten, ohne Kühlzeit

Für die Schokoladensahne:
550 g weiße Kuvertüre
250 g Schlagsahne
200 g getrocknete Früchte, z. B. Mango, Papaya und Ananas

300 g Butterkekse
4 EL Kokosraspel
100 g Physalis (Kapstachelbeeren)

Pro Stück:
E: 4 g, F: 19 g, Kh: 33 g,
kJ: 1327, kcal: 317

1. Für die Schokoladensahne die Kuvertüre in Stücke hacken. Die Sahne in einen Topf geben und unter Rühren aufkochen lassen. Den Topf von der Kochstelle nehmen. Die Kuvertürestücke zu der heißen Sahne geben und unter Rühren darin auflösen. Die Schokoladensahne auf Zimmertemperatur abkühlen lassen.
2. Die getrockneten Früchte in grobe Stücke hacken. Die Schokoladensahne mit einem Schneebesen gut durchrühren. 3–4 Esslöffel von der Schokoladensahne in eine Kastenform (25 x 11 cm, mit Frischhaltefolie ausgelegt) geben, glatt streichen.
3. Die Schokoladensahne mit einer Schicht aus Butterkeksen belegen, die Butterkekse dafür evtl. mit einem Sägemesser zurechtschneiden oder zerbrechen.
4. Die Butterkeksschicht mit 1 Esslöffel Kokosraspel bestreuen und wieder mit 3–4 Esslöffeln Schokoladensahne bestreichen. Dann mit einer weiteren Schicht aus Butterkeksen belegen, mit 1 Esslöffel Kokosraspel bestreuen und wieder mit 3–4 Esslöffeln Schokoladensahne bestreichen.
5. Dann die Hälfte der getrockneten Fruchtstückchen und 1 Esslöffel Kokosraspel auf die Schokoladensahne streuen und mit einem Löffel leicht andrücken.
6. Anschließend wieder 3–4 Esslöffel Schokoladensahne in die Kastenform geben und vorsichtig auf der Fruchtschicht verstreichen. Die Schokoladensahne mit einer Schicht aus Butterkeksen belegen, mit der restlichen Schokoladensahne bestreichen und mit den restlichen getrockneten Fruchtstückchen und 1 Esslöffel Kokosraspel bestreuen. Die Frucht-Kokos-Schicht wieder mit einem Löffel leicht andrücken und mit den restlichen Butterkeksen belegen.
7. Kalten Hund mit Frischhaltefolie zudecken und mindestens 6 Stunden in den Kühlschrank stellen.
8. Den Kalten Hund vorsichtig aus der Form auf eine Kuchenplatte stürzen. Die Frischhaltefolie entfernen. Den Kalten Hund mit den restlichen Kokosraspeln bestreuen und mit abgespülten und trocken getupften Physalis garnieren.

Giraffencreme

10 Portionen

Zum Vorbereiten

Zubereitungszeit: 40 Minuten

500 g abgetropfte Pfirsichhälften (aus der Dose)
600 g Mascarpone (ital. Frischkäse)
80 g Zucker
4 EL Pfirsichsaft (aus der Dose)
200 g Schlagsahne (mind. 30 % Fett)
1 Pck. Dr. Oetker Sahnesteif
150 g Schoko-Cookies
einige Minzeblättchen

Pro Portion:
E: 4 g, F: 34 g, Kh: 28 g,
kJ: 1851, kcal: 443

1. Von den Pfirsichhälften den Saft auffangen. 4 Esslöffel davon abmessen. 2 Pfirsichhälften zum Garnieren zurücklassen, die restlichen mit einem Pürierstab fein pürieren.
2. Mascarpone mit Zucker und dem abgemessenen Pfirsichsaft glatt rühren. Sahne mit Sahnesteif steif schlagen und unterheben. Die Creme in 3 Portionen teilen.
3. Schoko-Cookies in einen Gefrierbeutel geben, den Beutel verschließen und die Cookies mit einer Teigrolle zerdrücken. Die Cookies-Brösel ebenfalls in 3 Portionen teilen.
4. Eine Portion Creme auf 10 Dessertschälchen oder kleine Gläser verteilen und 1 Portion Cookies-Brösel daraufgeben. So fortfahren, bis alle Zutaten aufgebraucht sind. Creme

Kalter Hund in Weiß

Giraffencreme

Rhabarbercreme im Erdbeerbett

Stracciatella-Creme mit Kirschen

zugedeckt in den Kühlschrank stellen.

5. Kurz vor dem Servieren die zurückgelassenen Pfirsichhälften in Spalten schneiden. Die Creme mit Pfirsichspalten und Minzeblättchen garnieren. Die Giraffencreme gut gekühlt servieren.

Rhabarbercreme im Erdbeerbett

Zum Vorbereiten

8 Portionen

Zubereitungszeit: 20 Minuten, ohne Kühl- und Marinierzeit

600 g Rhabarber
300 g Zucker
6 Blatt weiße Gelatine
500 g Schlagsahne (mind. 30 % Fett)
500 g Erdbeeren
4 EL Mandelsirup
3 TL Limettensaft
2 TL Wasser
4 TL gehackte Pistazienkerne

Pro Portion:
E: 10 g, F: 20 g, Kh: 51 g,
kJ: 1826, kcal: 437

1. Den Rhabarber putzen, abspülen (nicht abziehen) und abtropfen lassen. Den Rhabarber in kleine Stücke schneiden und mit dem Zucker bei geringer Hitzezufuhr in etwa 10 Minuten zu Mus kochen.

2. Gelatine nach Packungsanleitung einweichen. Die Gelatine ausdrücken und in dem heißen Rhabarbermus unter Rühren auflösen. Das Mus unter mehrmaligem Rühren erkalten lassen.

3. Die Sahne steif schlagen. Sobald das Rhabarbermus anfängt dicklich zu werden, die Sahne unterheben.

4. Die Rhabarbercreme in kleine Förmchen füllen und zugedeckt für mindestens 2 Stunden in den Kühlschrank stellen.

5. Die Erdbeeren vor dem Anrichten abspülen, trocken tupfen, entstielen und halbieren.

6. Mandelsirup mit Limettensaft und Wasser verrühren und die Erdbeeren darin etwa 30 Minuten marinieren.

7. Die Förmchen kurz in heißes Wasser tauchen und die Creme auf Teller stürzen. Die marinierten Erdbeeren um die Creme herum anrichten, mit gehackten Pistazien garnieren.

Stracciatella-Creme mit Kirschen

Zum Vorbereiten

12 Portionen

Zubereitungszeit: 40 Minuten, ohne Kühlzeit

etwa 1,1 kg abgetropfte Sauerkirschen (aus dem Glas)
etwa 80 g Speisestärke
6 TL flüssiger Honig
125 ml Amaretto (Mandellikör)
500 g Mascarpone (ital. Frischkäse)
750 g Magerquark
300 g Puderzucker
12 Blatt weiße Gelatine
150 g Zartbitter-Schokolade (etwa 50 % Kakaoanteil)
400 g Schlagsahne (mind. 30 % Fett)
Kakaopulver
Zitronenmelisseblättchen

Pro Portion:
E: 14 g, F: 33 g, Kh: 73 g,
kJ: 2885, kcal: 689

1. Von den Sauerkirschen den Saft auffangen. Die Speisestärke mit etwas von dem Kirschsaft anrühren. Restlichen Kirschsaft mit Honig in einem Topf zum Kochen bringen.

2. Die angerührte Speisestärke in den von der Kochstelle genommenen Kirschsaft rühren und unter Rühren aufkochen lassen. Den Topf von der Kochstelle nehmen. Sauerkirschen und Amaretto unterrühren. Die Kirschmasse zugedeckt kalt stellen.

3. Mascarpone mit Quark und Puderzucker in einer Rührschüssel gut verrühren. Gelatine nach Packungsanleitung einweichen. Die Gelatine leicht ausdrücken und in einem kleinen Topf bei schwacher Hitze unter Rühren auflösen.

4. Die aufgelöste Gelatine zuerst mit 3–4 Esslöffeln der Quarkmasse verrühren, dann unter die restliche Quarkmasse rühren. Die Schokolade raspeln, die Sahne steif schlagen. Schokoladenraspel und Sahne unter die Quarkmasse rühren. Die Stracciatella-Creme zugedeckt in den Kühlschrank stellen.

5. Die vorbereiteten Kirschen auf einer großen Platte anrichten. Die Stracciatella-Creme daraufgeben und wellenartig verstreichen. Die Oberfläche dick mit Kakao bestäuben. Stracciatella-Creme mit abgespülten und trocken getupften Zitronenmelisseblättchen garnieren.

Pralinen-Eisbombe

Beeren-Parfait

Pralinen-Eisbombe

16 Portionen

Zum Vorbereiten

Zubereitungszeit: 25 Minuten
Gefrierzeit: 3–4 Stunden

150 g Vollmilch-Kuvertüre (etwa 30 % Kakaoanteil)
100 g Zartbitter-Kuvertüre (etwa 50 % Kakaoanteil)
375 g Crème double
25 g Puderzucker
4–5 EL Rum oder Orangensaft
15 Milchschokoladen-Riegel mit Waffel und Nougatcremefüllung
100 g weiße Kuvertüre

Pro Portion:
E: 5 g, F: 20 g, Kh: 25 g,
kJ: 1305, kcal: 312

1. Die beiden Kuvertüresorten in grobe Stücke hacken. Zwei Drittel davon in einem Topf im Wasserbad bei schwacher Hitze unter Rühren schmelzen. Den Topf aus dem Wasserbad nehmen, restliche Kuvertüre darin unter Rühren schmelzen.
2. Crème double mit Mixer (Rührstäbe) steif schlagen. Puderzucker und Rum oder Orangensaft unterrühren. Aufgelöste Kuvertüre unterrühren.
3. Eine gefrierfeste Rehrückenform (30 cm lang, mit Frischhaltefolie ausgelegt) mit den Schokoriegeln auslegen (von einigen Riegeln muss evtl. ein Stückchen abgeschnitten werden).
4. Die Schokoladenmasse daraufgeben und glatt streichen. Die Form zugedeckt für 3–4 Stunden in das Gefrierfach stellen.
5. Die weiße Kuvertüre in grobe Stücke hacken und wie unter Punkt 1 beschrieben schmelzen.
6. Die Rehrückenform aus dem Gefrierfach nehmen, stürzen und die Frischhaltefolie entfernen. Die Pralinen-Eisbombe mithilfe eines kleinen Löffels mit der weißen Kuvertüre besprenkeln.
7. Nach Belieben die abgeschnittenen Enden der Schokoriegel hacken und darüberstreuen.

Beeren-Parfait

8 Portionen

Zum Vorbereiten

Zubereitungszeit: 45 Minuten, ohne Abkühlzeit
Gefrierzeit: etwa 4 Stunden

4 Eigelb (Größe M), 150 g Zucker
2 Pck. Dr. Oetker Bourbon-Vanille-Zucker
600 g gemischte Beeren, z. B. Him-, Johannis-, Heidelbeeren
500 g Schlagsahne
2 EL Himbeergeist

Für die Erdbeersauce:
400 g Erdbeeren
30 g Zucker
2 EL Erdbeerkonfitüre

Pro Portion:
E: 4 g, F: 23 g, Kh: 39 g,
kJ: 1691, kcal: 404

1. Eigelb mit Zucker und Vanille-Zucker in einer Edelstahlschüssel verschlagen. Dann die Schüssel in ein heißes Wasserbad (85–90 °C) stellen. Eigelbmasse mit einem Schneebesen zu einer dicklich-cremigen Masse aufschlagen.
2. Die Schüssel aus dem heißen Wasserbad nehmen und sofort in eiskaltes Wasser stellen. Die Eigelbmasse unter Rühren erkalten lassen.
3. Beeren verlesen, einige Beeren zum Garnieren beiseitelegen. Restliche Beeren abspülen, gut abtropfen lassen und entstielen. Sahne steif schlagen, mit den Beeren und dem Himbeergeist unter die Eigelbmasse rühren.
4. Die Eismasse halbieren und jeweils in eine längliche, gefrierfeste Form (mit Frischhaltefolie ausgelegt, etwa 1 Liter Inhalt) füllen. Die Formen zudecken und in den Gefrierschrank stellen. Parfaitmasse etwa 4 Stunden gefrieren lassen.
5. Für die Sauce Erdbeeren waschen, gut abtropfen lassen und entstielen. Etwa 8 Erdbeeren vierteln. Restliche Erdbeeren mit dem Zucker und der Konfitüre pürieren.
6. Beiseitegelegte Beeren abspülen und trocken tupfen. Das Parfait aus den Formen auf Platten stürzen. Frischhaltefolie entfernen. Parfait in Scheiben schneiden. Mit Erdbeervierteln, -sauce und Beeren servieren.

Hinweis: Nur ganz frische Eigelb verwenden, die nicht älter als 5 Tage sind (Legedatum beachten).

Heidelbeer-Mousse-Charlotte

Zum Vorbereiten

15 Stücke

Zubereitungszeit: 35 Minuten, ohne Kühlzeit

200 g Löffelbiskuits
100 g Butter
300 g frische oder TK-Heidelbeeren
7 Blatt weiße Gelatine
250 g Magerquark, 500 g Dickmilch
1 Pck. Dr. Oetker Finesse
Geriebene Zitronenschale
3 Eiweiß (Größe M)
120 g Zucker
50 g vorbereitete, frische Heidelbeeren
evtl. einige vorbereitete Minzeblättchen

Pro Stück:
E: 6 g, F: 7 g, Kh: 21 g,
kJ: 777, kcal: 186

1. 15 Löffelbiskuits halbieren und beiseitelegen. Restliche Löffelbiskuits in einen Gefrierbeutel geben. Den Beutel fest verschließen. Die Löffelbiskuits mit einer Teigrolle fein zerbröseln und in eine Rührschüssel geben. Die Butter in einem kleinen Topf zerlassen und zu den Bröseln geben. Die Zutaten gut vermischen.
2. Die Bröselmasse in eine Springform (Ø 26 cm, Boden gefettet, mit Backpapier belegt) geben und mit einem Löffel fest zu einem Boden andrücken. Die halbierten Löffelbiskuits mit der Schnittfläche nach unten und dem Zuckerrand nach außen an den Springformrand stellen. Den Bröselboden zugedeckt in den Kühlschrank stellen.
3. Frische Heidelbeeren verlesen, kurz abspülen und gut abtropfen lassen. Die TK-Heidelbeeren nicht auftauen lassen.
4. Die Gelatine nach Packungsanleitung einweichen. Den Quark mit der Dickmilch und der Zitronenschale in einer Schüssel glatt rühren. Die Gelatine leicht ausdrücken und in einem kleinen Topf bei schwacher Hitze unter Rühren auflösen. Die aufgelöste Gelatine zunächst mit etwa 4 Esslöffeln von der Quark-Dickmilch-Masse verrühren, danach unter die restliche Quark-Dickmilch-Masse rühren.
5. Eiweiß mit dem Zucker steif schlagen. Zunächst den Eischnee, dann die Heidelbeeren (TK-Heidelbeeren gefroren) unter die Quark-Dickmilch-Masse heben. Die Heidelbeer-Mousse auf den Bröselboden geben und glatt streichen. Die Charlotte zugedeckt mindestens 4 Stunden in den Kühlschrank stellen.
6. Die Charlotte vorsichtig aus der Springform lösen und auf eine Tortenplatte setzen. Die Charlotte mit Heidelbeeren und nach Belieben mit einigen Minzeblättchen garnieren.

Hinweis: Nur ganz frisches Eiweiß verwenden, das nicht älter als 5 Tage ist (Legedatum beachten). Die Heidelbeer-Mousse-Torte im Kühlschrank aufbewahren und innerhalb von 24 Stunden verzehren.

Waffel-Eis-Burger

8 Portionen

Zubereitungszeit: 25 Minuten

300 g Himbeeren
60 g Puderzucker
8 doppelte Toastwaffeln (Fertigprodukt, je etwa 35 g)
300 ml Schokoladeneis
8 abgetropfte Ananasscheiben (aus der Dose)
etwas Puderzucker

Pro Portion:
E: 4 g, F: 12 g, Kh: 49 g,
kJ: 1381, kcal: 330

1. Himbeeren verlesen, evtl. kurz abspülen und gut abtropfen lassen. Die Himbeeren durch ein Sieb streichen und mit Puderzucker verrühren. Die Toastwaffeln im Toaster aufbacken und anschließend quer halbieren.
2. Aus dem Eis mit einem Eisportionierer 8 Kugeln formen.
3. Von den Waffelhälften 8 Stück auf je einen Dessertteller legen, mit je 1 Ananasscheibe und 1 Kugel Eis belegen. Etwas Himbeerpüree darauf träufeln und mit den restlichen Waffelhälften bedecken.
4. Puderzucker über den Burger und den Teller stäuben, mit dem restlichen Himbeerpüree servieren.

Heidelbeer-Mousse-Charlotte

Waffel-Eis-Burger

Dickmilch-Himbeer-Speise

Zum Vorbereiten

10 Portionen

Zubereitungszeit: 30 Minuten, ohne Antau- und Kühlzeit

900 g TK-Himbeeren
12 Blatt weiße Gelatine
1 kg Dickmilch
150 g Puderzucker
4 EL Zitronensaft

2 Bio-Zitronen (unbehandelt, ungewachst)

Pro Portion:
E: 6 g, F: 4 g, Kh: 24 g,
kJ: 699, kcal: 167

1. Die Himbeeren etwas antauen lassen. Gelatine nach Packungsanleitung einweichen. Dickmilch mit 100 g Puderzucker und Zitronensaft verrühren.
2. Die eingeweichte Gelatine leicht ausdrücken und in einem kleinen Topf bei schwacher Hitze unter Rühren auflösen.
3. Die Gelatine etwas abkühlen lassen, nach und nach mit 3–4 Esslöffeln von der Dickmilchmischung verrühren, dann unter die restliche Dickmilchmischung rühren. Die Dickmilch-Gelatine-Masse zugedeckt in den Kühlschrank stellen.
4. Die Hälfte der Himbeeren mit dem restlichen Puderzucker pürieren, nach Belieben durch ein Sieb streichen und als Sauce beiseitestellen.
5. Sobald die Dickmilchmasse anfängt dicklich zu werden, die restlichen Himbeeren unterrühren. Die Masse in 10 Förmchen oder Tassen geben. Die Förmchen oder Tassen etwa 2 Stunden zugedeckt in den Kühlschrank stellen, bis die Masse fest geworden ist.
6. Die Förmchen oder Tassen kurz in heißes Wasser tauchen. Die Creme am Rand evtl. mit einem schmalen Messer vorsichtig lösen, auf Dessertteller stürzen.
7. Zum Garnieren die Zitronen heiß abwaschen und abtrocknen. Die Schale mit einem Zestenreißer dünn abschälen. Die Dickmilch-Himbeer-Speise mit den Zitronenzesten bestreuen und mit der beiseitegestellten Himbeersauce servieren.

Kleine Waffeleis-Becher

Zum Vorbereiten

10 Portionen

Zubereitungszeit: 30 Minuten, ohne Abkühlzeit
Gefrierzeit: 2–3 Stunden
Gefrierzeit: Eismaschine etwa 40 Minuten

3 Eier (Größe M)
120 g Zucker
2 Pck. Dr. Oetker Vanillin-Zucker
Saft von 1 Zitrone
200 g fettreduzierter Frischkäse (20 % Fett)
500 g Schlagsahne (mind. 30 % Fett)
etwa 20 Waffelbecher

Pro Portion:
E: 8 g, F: 29 g, Kh: 34 g,
kJ: 1815, kcal: 434

1. Die Eier mit Zucker, Vanillin-Zucker und Zitronensaft in einem Topf unter ständigem Rühren mit einem Schneebesen bei mittlerer Hitze zu einer dicklich-cremigen Masse aufschlagen. Die Masse darf dabei nicht kochen.
2. Den Topf von der Kochstelle nehmen, sofort in eiskaltes Wasser stellen. Die Masse unter Rühren erkalten lassen. Den Frischkäse unterrühren.
3. Sahne steif schlagen, unter die Frischkäsemasse rühren. Eismasse mit einem Teelöffel in die Waffelbecher füllen.
4. Die gefüllten Becher in eine gefrierfeste Dose stellen, mit einem Deckel verschließen und in den Gefrierschrank stellen. Eis 2–3 Stunden gefrieren lassen. Oder die Eismasse vor dem Befüllen der Waffelbecher etwa 40 Minuten in einer vorbereiteten Eismaschine gefrieren lassen.

Dickmilch-Himbeer-Speise

Kleine Waffeleis-Becher

Melonensalat mit Vanillequark

Gefüllte Waffeln am Stiel

Hinweis: Nur ganz frische Eier verwenden, die nicht älter als 5 Tage sind (Legedatum beachten).

Melonensalat mit Vanillequark

8 Portionen

Zubereitungszeit: 25 Minuten, ohne Kühlzeit

8 kleine Netzmelonen
8 Johannisbeerrispen
1 kg Speisequark (20 % Fett)
1–2 Vanilleschoten
2–4 EL Zucker
2–4 EL Zitronensaft

Pro Portion:
E: 17 g, F: 7 g, Kh: 24 g,
kJ: 975, kcal: 232

1. Die Melonen abwaschen und abtrocknen. Im oberen Drittel ringsherum bis zur Mitte zickzackförmig einschneiden, den oberen Teil abheben. Kerne mit einem Löffel herausschaben. Fruchtfleisch mit einem Kugelausstecher ausstechen. Melonen und Fruchtfleisch zugedeckt kalt stellen.
2. Die Johannisbeeren abspülen und trocken tupfen. Quark in eine Schüssel geben. Vanilleschoten der Länge nach aufschlitzen und das Vanillemark herauskratzen.
3. Das Vanillemark mit dem Zucker unter den Quark rühren und den Vanillequark zum Schluss noch mit Zitronensaft abschmecken.
4. Melonen-Fruchtfleisch in die ausgehöhlten Melonen füllen. Jeweils eine Quarkhaube daraufsetzen. Das Dessert mit den Johannisbeerrispen garnieren.

Gefüllte Waffeln am Stiel

15 Stück

Zubereitungszeit: etwa 30 Minuten, ohne Abkühlzeit

Für den Rührteig:
150 g Butter oder Margarine (zimmerwarm)
100 g Zucker
2 Pck. Dr. Oetker Vanillin-Zucker
3 Eier (Größe M)
175 g Weizenmehl
25 g Speisestärke
1 gestr. TL Dr. Oetker Backin
2 EL Schlagsahne

Für die Füllung:
175 g Nuss-Nougat
40 g gehackte Mandeln

Für den Guss:
150 g Vollmilch-Kuvertüre (etwa 30 % Kakaoanteil)
1 EL Speiseöl, z. B. Sonnenblumenöl

Außerdem:
15 Holzspatel oder -stäbchen

Pro Stück:
E: 4 g, F: 18 g, Kh: 31 g,
kJ: 1273, kcal: 305

1. Für den Teig Butter oder Margarine mit einem Mixer (Rührstäbe) auf höchster Stufe geschmeidig rühren. Nach und nach Zucker und Vanillin-Zucker unterrühren. So lange rühren, bis eine gebundene Masse entstanden ist.
2. Eier nach und nach unterrühren (jedes Ei etwa 1/2 Minute). Mehl mit Speisestärke und Backpulver mischen und mit der Schlagsahne auf mittlerer Stufe kurz unterrühren.
3. Ein Waffeleisen (Herzform) erhitzen und evtl. leicht fetten. Je Waffel 2–3 Esslöffel Teig in das Waffeleisen geben und etwas verteilen. Die Waffeln goldbraun backen, anschließend herausnehmen und auf einem Kuchenrost erkalten lassen. Der Teig ergibt 6 Waffeln.
4. Für die Füllung Nougat in einem kleinen Topf im Wasserbad bei schwacher Hitze geschmeidig rühren, die Mandeln unterrühren. Die Waffeln in Herzen zerteilen. Auf die Hälfte der Waffelherzen je 1 gehäuften Teelöffel Nougatmasse geben und verteilen. Je einen Holzspatel oder ein Holzstäbchen darauflegen, mit je einem unbestrichenen Waffelherz bedecken und etwas andrücken. Die Waffeln am Stiel kalt stellen, bis die Nougatmasse fest geworden ist.
5. Für den Guss Kuvertüre mit Speiseöl im Wasserbad bei schwacher Hitze schmelzen. Je eine Waffel am Stiel mit der breiten Seite zu einem Drittel in die Kuvertüre tauchen und auf einem Kuchenrost fest werden lassen. Nach Belieben die Waffeln mit der restlichen Kuvertüre besprenkeln.

Daiquiri-Sorbet
10 Portionen

Zum Vorbereiten

Zubereitungszeit: 15 Minuten, ohne Abkühlzeit
Gefrierzeit: etwa 5 Stunden

500 ml Wasser
300 g Zucker
300 ml gesiebter Limettensaft
200 ml weißer Rum

2 Bio-Limetten
(unbehandelt, ungewachst)

Pro Portion:
E: 0 g, F: 0 g, Kh: 31 g,
kJ: 751, kcal: 180

1. Wasser mit Zucker in einem Topf zum Kochen bringen und etwa 1 Minute kochen lassen. Den Topf von der Kochstelle nehmen. Zuckerlösung erkalten lassen.
2. Zuckerlösung mit Limettensaft und Rum verrühren. Die Flüssigkeit in 2 gleich große Portionen teilen. Jede Portion in eine gefrierfeste Schüssel füllen. Die Schüsseln zudecken und in den Gefrierschrank stellen. Die Sorbetmasse etwa 5 Stunden gefrieren lassen. Dabei das Sorbet alle 30 Minuten mit einem Schneebesen gut durchrühren.
3. Limetten heiß abwaschen und abtrocknen. Limetten in dünne Scheiben schneiden. Daiquiri-Sorbet in Gläser füllen und mit Limettenscheiben garnieren.

Erdbeerschnecken
16 Stück

Zum Vorbereiten

Zubereitungszeit: 40 Minuten, ohne Abkühl- und Trockenzeit
Backzeit: etwa 8 Minuten

Für den Biskuitteig:
1 Ei (Größe M)
1 Eigelb (Größe M)
30 g Zucker
1 Pck. Dr. Oetker Bourbon-Vanille-Zucker
1 Prise Salz
50 g Weizenmehl
1 Msp. Dr. Oetker Backin

1 EL Zucker
100 g Erdbeerkonfitüre

Zum Verzieren:
80 g Vollmilch-Schokolade
(etwa 30 % Kakaoanteil)
16 runde, dünne Butterwaffeln oder Kekse (Ø etwa 6 cm)

Außerdem:
16 Holzspatel

Pro Stück:
E: 2 g, F: 5 g, Kh: 20 g,
kJ: 576, kcal: 137

1. Den Backofen vorheizen.
Ober-/Unterhitze: etwa 200 °C
Heißluft: etwa 180 °C
2. Für den Teig das Ei und Eigelb mit einem Mixer (Rührstäbe) auf höchster Stufe in 1 Minute schaumig schlagen. Zucker mit Vanille-Zucker und Salz mischen, in 1 Minute einstreuen, dann noch etwa 2 Minuten schlagen.
3. Mehl mit Backpulver mischen, auf die Eiercreme geben und kurz auf niedrigster Stufe unterrühren. Einen Backrahmen (25 x 25 cm) auf ein Backblech (gefettet, mit Backpapier belegt) stellen. Den Teig hineingeben und glatt streichen. Das Backblech in den vorgeheizten Backofen schieben. Die Biskuitplatte etwa 8 Minuten backen.
4. Das Backblech auf einen Kuchenrost stellen. Sofort den Backrahmen vorsichtig lösen und entfernen. Dann die Biskuitplatte auf ein mit etwas Zucker bestreutes Backpapier stürzen. Das mitgebackene Backpapier abziehen. Die noch heiße Biskuitplatte mit Konfitüre bestreichen und mithilfe des Backpapiers aufrollen. Die Biskuitrolle erkalten lassen.
5. Zum Verzieren die Schokolade in kleine Stücke brechen. Zwei Drittel davon in einem Topf im Wasserbad bei schwacher Hitze unter Rühren schmelzen. Den Topf aus dem Wasserbad nehmen und die restliche Schokolade darin unter Rühren schmelzen. Sollte sich die zuletzt untergerührte Schokolade nicht vollständig auflösen, den Topf nochmals kurz ins Wasserbad halten, wieder herausnehmen und die Schokolade rühren, bis sie geschmolzen ist.
6. Die Gebäckrolle in 16 gleich große Scheiben schneiden. Die Waffeln oder Kekse auf einer Seite mit der

Schokolade bestreichen. Auf jede Waffel oder jeden Keks eine Gebäckscheibe legen und andrücken. Einen Holzspatel bis zur Mitte in jede Gebäckscheibe stecken (evtl. die erste Gebäckschicht mit einem Messer vorsichtig einschneiden).

7. Restliche Schokoladenmasse in einen kleinen Gefrierbeutel füllen, eine kleine Ecke abschneiden und die Erdbeerschnecken damit verzieren. Schokolade fest werden lassen.

Zimt-Parfait

Zum Vorbereiten

8–12 Portionen (ohne Foto)

Zubereitungszeit: 25 Minuten
Gefrierzeit: etwa 4 Stunden
Gefrierzeit: Eismaschine etwa 40 Minuten

6 Eigelb (Größe M)
150 g Zucker
2 geh. TL gem. Zimt
6 EL Weinbrand
6 Eiweiß (Größe M)
2 EL Zucker
500 g Crème double

Pro Portion:
E: 5 g, F: 25 g, Kh: 20 g,
kJ: 1439, kcal: 347

1. Das Eigelb mit dem Zucker mit einem Mixer (Rührstäbe) cremig schlagen. Zimt und den Weinbrand unterrühren.

2. Eiweiß steif schlagen. Den Zucker nach und nach unterschlagen. Nacheinander Crème double und Eischnee vorsichtig unter die Eigelbcreme heben.

3. Die Parfaitmasse in 2 gleich große Portionen teilen. Jede Portion in eine gefrierfeste Form füllen und zugedeckt in den Gefrierschrank stellen. Die Masse mindestens 4 Stunden gefrieren lassen.

4. Die Eisformen etwa 10 Minuten vor dem Verzehr aus dem Gefrierschrank nehmen und kurz in heißes Wasser tauchen. Zimt-Parfait auf Servierplatten stürzen und in Scheiben schneiden.

Hinweis: Nur ganz frische Eier verwenden, die nicht älter als 5 Tage sind (Legedatum beachten).

Tipp: Servieren Sie zu diesem Eis heißes Pflaumenkompott.

Auflauf vom Kaiserschmarren

12 Portionen

Zubereitungszeit: 30 Minuten
Backzeit: etwa 35 Minuten

Für den Kaiserschmarren:
300 ml Milch
4 Eier (Größe M)
2 Pck. Kaiserschmarren nach klassischer Art (Süße Mahlzeit)
50 g Margarine
370 g abgetropfte, entsteinte Pflaumen (aus dem Glas)

Für den Belag:
250 g Magerquark
75 g Zucker
50 ml Milch
2 Eigelb (Größe M)
2 Eiweiß (Größe M)
50 g gehobelte Mandeln

Für die Sauce:
250 ml Pflaumensaft (aus dem Glas)
250 ml Apfelsaft
1 geh. EL Speisestärke
etwas gem. Zimt

1 EL Puderzucker

Pro Portion:
E: 11 g, F: 12 g, Kh: 42 g,
kJ: 1332, kcal: 317

1. Für den Kaiserschmarren die Milch mit den Eiern und dem Kaiserschmarrenpulver nach Packungsanleitung verrühren. Die Hälfte der Margarine in einer Pfanne erhitzen und die Hälfte des Kaiserschmarrens nach Packungsanleitung zubereiten. Restlichen Kaiserschmarren auf die gleiche Weise zubereiten.

2. Den Backofen vorheizen.
Ober-/Unterhitze: etwa 200 °C
Heißluft: etwa 180 °C

3. Von den Pflaumen den Saft auffangen und 250 ml davon abmessen.

4. Den fertigen Kaiserschmarren mit den Pflaumen in eine große, flache Auflaufform (gefettet) geben.

5. Für den Belag Quark mit Zucker, Milch und Eigelb verrühren. Eiweiß steif schlagen und vorsichtig unter die Quarkmasse ziehen, auf dem Kaiserschmarren verteilen. Den Auflauf mit Mandeln bestreuen und auf dem Rost auf mittlerer Einschubleiste in den vorgeheizten Backofen schieben. Dann den Auflauf etwa 35 Minuten backen.

6. Für die Sauce Pflaumen- mit Apfelsaft vermischen, die Speisestärke einrühren. Die Mischung in einem Topf unter ständigem Rühren kurz aufkochen lassen. Die Sauce mit Zimt abschmecken.

7. Den Auflauf nach dem Backen mit Puderzucker bestäuben und mit der Sauce sofort servieren.

Auflauf vom Kaiserschmarren

Knusper-Päckchen

12 Stück — Zum Vorbereiten

Zubereitungszeit: 35 Minuten
Backzeit: 25–30 Minuten

1 1/2 kg frische Aprikosen oder etwa 1 kg abgetropfte Aprikosenhälften (aus der Dose)
1 Bio-Zitrone (unbehandelt, ungewachst)
2 Prisen gem. Zimt
2 Pck. Dr. Oetker Vanillin-Zucker
evtl. 6–8 EL flüssiger Honig
24 kleine, runde Blätter Filoteig (Fertigprodukt aus dem Kühlregal)
6–8 EL zerlassene Butter
500 g Magerquark
2 Eier (Größe M)
4 gestr. EL Dr. Oetker Pudding-Pulver Vanille-Geschmack
4 EL gehackte Pistazienkerne

Pro Stück:
E: 5 g, F: 7 g, Kh: 15 g,
kJ: 611, kcal: 146

1. Aprikosen waschen, abtropfen lassen, halbieren und entsteinen. 16 Aprikosenhälften klein würfeln und in eine Schüssel geben.
2. Zitrone heiß abwaschen, abtrocknen und die Schale fein abreiben. Zitrone halbieren und den Saft auspressen. 4 Esslöffel Zitronensaft und Zimt zu den Aprikosenwürfeln geben und untermischen. Restliche Aprikosenhälften mit Vanillin-Zucker und dem restlichen Zitronensaft in einem hohen Rührbecher fein pürieren, evtl. mit Honig abschmecken.
3. Den Backofen vorheizen.
Ober-/Unterhitze: etwa 180 °C
Heißluft: etwa 160 °C
4. 12 Filoteigblätter auf einer leicht bemehlten Arbeitsfläche ausbreiten. Teigblätter dünn mit etwas Butter bestreichen und jeweils mit einem zweiten Filoblatt belegen. Ebenfalls dünn mit Butter bestreichen.
5. Die doppelt aufeinanderliegenden Filoteigblätter in die Mulden einer Muffinform für 12 Muffins (gefettet) legen, dabei jeweils den Rand und Boden leicht andrücken. Den überstehenden Teig am oberen Rand abschneiden.
6. Die Aprikosenwürfel in einem Sieb abtropfen lassen, den Saft dabei auffangen. Aprikosensaft mit Zitronenschale, Quark, restlichem Honig, Eiern, Pudding-Pulver und 2 Esslöffeln Pistazienkernen glatt rühren. Die Aprikosenwürfel unterheben. Die Quark-Aprikosen-Masse in die mit Filoteigblättern ausgelegten Mulden geben, mit den restlichen Pistazienkernen bestreuen.
7. Die Muffinform auf dem Rost in den vorgeheizten Backofen schieben. Die Knusper-Päckchen 25–30 Minuten backen. Die Knusper-Päckchen evtl. kurz vor Ende der Backzeit mit Backpapier zudecken, damit der Teig nicht zu stark bräunt.
8. Die Form auf einen Kuchenrost stellen. Knusper-Päckchen etwa 5 Minuten in der Form abkühlen lassen, dann aus den Mulden lösen.
9. Die Knusper-Päckchen mit dem Aprikosenpüree anrichten, servieren.

Knusper-Päckchen

Vanille-Eis

Zum Vorbereiten

10 Portionen (ohne Foto)

Zubereitungszeit: 20 Minuten, ohne Abkühlzeit
Gefrierzeit: 4–5 Stunden
Gefrierzeit: Eismaschine etwa 40 Minuten

8 Eigelb (Größe M)
1 kg Schlagsahne (mind. 30 % Fett)
200 g Zucker
2 Pck. Dr. Oetker Bourbon-Vanille-Zucker
2 EL Zitronensaft

Pro Portion:
E: 5 g, F: 37 g, Kh: 25 g,
kJ: 1884, kcal: 450

1. Eigelb mit 6 Esslöffeln von der Sahne, Zucker, Vanille-Zucker und Zitronensaft in einer Edelstahlschüssel verschlagen und im heißen Wasserbad (85–90 °C) mit einem Schneebesen zu einer dicklich-cremigen Masse aufschlagen.
2. Die Schüssel aus dem Wasserbad nehmen. Eigelbmasse im kalten Wasserbad unter Rühren erkalten lassen.
3. Restliche Sahne in 2–3 Portionen steif schlagen und unter die Eigelbmasse heben. Die Masse in 2 Portionen teilen. Jede Portion in eine gefrierfeste Form füllen, zugedeckt in den Gefrierschrank stellen und 4–5 Stunden gefrieren lassen. Oder die Eigelb-Sahne-Masse in einer vorbereiteten Eismaschine etwa 40 Minuten gefrieren lassen.

Hinweis: Nur ganz frische Eigelb verwenden, die nicht älter als 5 Tage sind (Legedatum beachten).

Limettencreme mit Zitrussalat

10–12 Portionen

Zum Vorbereiten

Zubereitungszeit: 50 Minuten, ohne Kühl- und Durchziehzeit

Für die Limettencreme:
8 Blatt weiße Gelatine
2 Bio-Limetten
(unbehandelt, ungewachst)
150 g brauner Zucker
1 kg griechischer Joghurt (10 % Fett)
500 g Schlagsahne (mind. 30 % Fett)
40 g Puderzucker
1 Pck. Dr. Oetker Vanillin-Zucker
evtl. 2–3 EL weißer Rum

Für den Zitrussalat:
1 Mango
1 Papaya
1 Orange, 1 Pink Grapefruit
etwa 250 g Ananasfruchtfleisch
(von 1/2 Ananas)
50 g Physalis (Kapstachelbeeren)
1 Karambole (Sternfrucht)
2 EL grob gehackte Zitronenmelisse

50 g Kokosraspel
einige Zitronenmelisseblättchen

Pro Portion:
E: 6 g, F: 26 g, Kh: 34 g,
kJ: 1707, kcal: 408

1. Für die Creme Gelatine in kaltem Wasser nach Packungsanleitung einweichen. Limetten heiß abwaschen, abtrocknen und die Schale fein abreiben. Limettenschale in eine große Rührschüssel geben. Limetten halbieren, den Saft auspressen und 75 ml davon abmessen. Den Limettensaft mit dem Zucker in einem Topf verrühren. Den Zucker bei mittlerer Hitze auflösen. Den Topf von der Kochstelle nehmen.

Limettencreme mit Zitrussalat

2. Die eingeweichte Gelatine ausdrücken, zu der Zuckerlösung geben und unter Rühren darin auflösen. Die Gelatine-Zucker-Lösung zu der Limettenschale in die Rührschüssel geben. Den Joghurt in 2 Portionen unterrühren. Sahne mit Puderzucker und Vanillin-Zucker steif schlagen. Die Sahne ebenfalls in 2 Portionen unter die Joghurtmasse heben. Nach Belieben Rum unterrühren.
3. Limettencreme in 2 Glasschüsseln verteilen und zugedeckt 2–3 Stunden im Kühlschrank fest werden lassen.
4. Für den Zitrussalat Mango und Papaya in der Mitte längs durchschneiden. Aus der Mango den Stein herausnehmen. Die Papayahälften entkernen. Mango- und Papayahälften schälen und in Würfel schneiden. Orange und Grapefruit so schälen, dass die weiße Haut vollständig entfernt wird. Die Zitrusfrüchte filetieren, die Filets halbieren.
5. Das Ananasfruchtfleisch in Stücke schneiden. Physalis enthäuten und in dicke Scheiben schneiden (evtl. halbieren). Die Karambole waschen, trocken tupfen, in dünne Scheiben schneiden. Die vorbereiteten Früchte mit der Zitronenmelisse in eine Schüssel geben und gut vermischen. Den Salat zugedeckt im Kühlschrank etwa 1 Stunde durchziehen lassen.
6. Zum Servieren von der Limettencreme mit einem Löffel Nocken abstechen, auf Tellern verteilen und mit Kokosraspeln bestreuen. Den Zitrussalat in Gläsern anrichten und dazureichen.

Karamellcreme

Karamellcreme

8 Portionen

Zubereitungszeit: 25 Minuten, ohne Abkühlzeit

200 g Zucker, 2 EL Butter
1 l Milch (3,5 % Fett)
80 g Speisestärke, 40 g Zucker
200 g Mini-Florentiner-Gebäck
250 g Schlagsahne (mind. 30 % Fett)

Pro Portion:
E: 7 g, F: 27 g, Kh: 56 g,
kJ: 2132, kcal: 511

1. Zucker in einem Edelstahltopf goldgelb karamellisieren lassen. Den Topf von der Kochstelle nehmen, die Butter unterrühren. 750 ml Milch vorsichtig in den Topf geben (Achtung: Es spritzt!) und unter gelegentlichem Rühren zum Kochen bringen.
2. Speisestärke mit Zucker und der restlichen Milch anrühren und unter Rühren zu der Karamellmilch geben. Die Karamellmasse aufkochen lassen und von der Kochstelle nehmen. Während des Erkaltens ab und zu durchrühren.
3. Die Florentiner, bis auf 4 Stück, in kleine Stücke brechen oder hacken. Sahne steif schlagen und unter die kalte Karamellmasse heben. Karamellcreme mit den Florentiner-Stücken in eine Glasschüssel oder in Portionsschälchen schichten und zugedeckt in den Kühlschrank stellen. Die restlichen 4 Florentiner halbieren und die Desserts damit garnieren.

Couscous mit Karamellkirschen

Fruit Cakes

Couscous mit Karamellkirschen

Zum Vorbereiten

8 Portionen

Zubereitungszeit: 20 Minuten, ohne Quell- und Abkühlzeit

750 g Sauerkirschen
750 ml Apfelsaft
1/2 Pck. Dr. Oetker Pudding-Pulver Vanille-Geschmack
2–4 EL Zucker
1/4 Zimtstange
1 Pck. Dr. Oetker Vanillin-Zucker
200 g Instant-Couscous
2–3 EL Butter oder Margarine
evtl. 1–2 EL Mandelsirup
einige frische Minzeblättchen

Pro Portion:
E: 3 g, F: 6 g, Kh: 46 g,
kJ: 1070, kcal: 256

1. Kirschen abspülen, abtropfen lassen, entstielen und entsteinen. 375 ml Apfelsaft abmessen. Das Pudding-Pulver mit etwa 4 Esslöffeln des abgemessenen Saftes anrühren. 1–2 Esslöffel Zucker in einem kleinen Topf bei schwacher bis mittlerer Hitze goldgelb schmelzen. Den restlichen, abgemessenen Apfelsaft hinzugießen und den Karamell loskochen. Angerührtes Pudding-Pulver einrühren und unter Rühren kurz aufkochen lassen.
2. Kirschen und Zimtstange zu der Puddingmasse geben und kurz aufkochen lassen. Die Kirschen erkalten lassen, die Zimtstange entfernen.
3. Den restlichen Apfelsaft, 175 ml Wasser und Vanillin-Zucker in einem Topf zum Kochen bringen. Couscous unter Rühren einstreuen und auf der ausgeschalteten Kochstelle unter gelegentlichem Rühren 8–10 Minuten ausquellen lassen. Den Topf von der Kochstelle nehmen. Couscous abkühlen lassen.
4. Butter oder Margarine in einer Pfanne zerlassen. Den restlichen Zucker und den Couscous hinzugeben. Die Zutaten etwa 3 Minuten unter Rühren knusprig braten.
5. Den Couscous mit den Karamellkirschen anrichten, nach Belieben mit Mandelsirup beträufeln und mit abgespülten, trocken getupften Minzeblättchen garnieren.

Tipps: Den Couscous mit Vanillejoghurt servieren. Wenn es schnell gehen soll: Den Couscous nur kurz abkühlen lassen, dann gleich braten und mit fertig gekauftem Kompott anrichten. Couscousreste mit Magerquark und 1 Eigelb verrühren, mit Zucker abschmecken. Steif geschlagenes Eiweiß unterziehen. Couscousmasse in eine Auflaufform geben, im vorgeheizten Backofen bei Ober-/Unterhitze: etwa 180 °C, Heißluft: etwa 160 °C etwa 25 Minuten backen.

Fruit Cakes

Zum Vorbereiten

12 Stück

Zubereitungszeit: 40 Minuten, ohne Abkühlzeit
Backzeit: etwa 30 Minuten

Zum Vorbereiten:
2 EL Zucker
1 Pck. Dr. Oetker Pudding-Pulver Vanille-Geschmack
400 ml Milch

Für den Teig:
100 g getrocknete Cranberrys
100 g getrocknete, gezuckerte Ananasstücke
100 ml Wasser
1 Eiweiß (Größe M)
1 Prise Salz
100 g Zucker
1 Eigelb (Größe M)
2 Eier (Größe M)
50 g abgezogene, gem. Mandeln
1 Pck. Dr. Oetker Finesse Geriebene Zitronenschale
1 Pck. Dr. Oetker Finesse Orangenschalen-Aroma
150 g Butter oder Margarine (zimmerwarm)
150 g Weizenmehl
1 1/2 gestr. TL Dr. Oetker Backin

Zum Garnieren:
50 g getrocknete Cranberrys
50 ml brauner Rum

Für das Topping:
200 g Butter (zimmerwarm)
150 g Puderzucker

Pro Stück:
E: 5 g, F: 29 g, Kh: 52 g,
kJ: 2116, kcal: 505

1. Zum Vorbereiten für das Topping Zucker mit Pudding-Pulver mischen, nach und nach mit 6 Esslöffeln von der Milch glatt rühren. Restliche Milch in einem Topf zum Kochen bringen, von der Kochstelle nehmen und angerührtes Pudding-Pulver unterrühren. Den Pudding unter Rühren mindestens 1 Minute kochen lassen.

Frischhaltefolie direkt auf die Puddingoberfläche legen und den Pudding erkalten lassen (nicht in den Kühlschrank stellen).
2. Für den Teig Cranberrys und Ananasstücke fein hacken und in eine Schüssel geben. Das Wasser aufkochen lassen und über die Früchte gießen. Die Früchte mehrfach umrühren, damit sie das Wasser gleichmäßig aufsaugen können. Die Mischung abkühlen lassen.
3. Den Backofen vorheizen.
Ober-/Unterhitze: etwa 180 °C
Heißluft: etwa 160 °C
4. Das Eiweiß mit dem Salz mit einem Mixer (Rührstäbe) auf höchster Stufe steif schlagen. Eischnee etwa 3 Minuten weiterschlagen, dabei nach und nach die Hälfte des Zuckers dazugeben.
5. In einer anderen Schüssel Eigelb mit Eiern, Mandeln, Zitronenschale, Orangenschalen-Aroma, restlichem Zucker und Butter oder Margarine schaumig rühren. Die abgekühlte Früchtemischung unterrühren. Das Mehl mit dem Backpulver mischen. Das Mehlgemisch in 2 Portionen kurz unter die Buttermasse rühren. Zuletzt Eischnee in 2 Portionen kurz auf niedrigster Stufe unterrühren.
6. Den Teig gleichmäßig in einer Muffinform für 12 Muffins (gefettet, gemehlt oder mit Papierförmchen ausgelegt) verteilen. Die Muffinform auf dem Rost in den vorgeheizten Backofen schieben. Die Cupcakes etwa 30 Minuten backen.
7. Die Muffinform auf einen Kuchenrost stellen. Die Cupcakes nach etwa 5 Minuten aus der Form lösen und auf dem Kuchenrost erkalten lassen.
8. Zum Garnieren die Cranberrys mit dem Rum in einem Topf mischen und zugedeckt etwa 10 Minuten bei schwacher Hitze erwärmen, bis die Cranberrys den Rum aufgesogen haben. Cranberrys abkühlen lassen.
9. Für das Topping Butter mit Puderzucker cremig aufschlagen. Esslöffelweise den abgekühlten Pudding unterrühren (dabei darauf achten, dass Butter und Pudding Zimmertemperatur haben, da die Creme sonst gerinnt).
10. Die Buttercreme portionsweise in einen Spritzbeutel mit großer Sterntülle (Ø 12–15 mm) füllen. Auf jeden Cupcake erst spiralförmig eine Schicht Creme spritzen. Auf den Rand der Creme einen Ring spritzen. Die Cranberrys in den Cremeringen verteilen.

Tipp: Wer auf den Rum verzichten möchte, kann die Cranberrys zum Garnieren auch mit Apfel- oder Orangensaft erhitzen.

Pfirsich-Kirsch-Gratin

10–12 Portionen

Zubereitungszeit: 15 Minuten
Backzeit: etwa 10 Minuten je Form

1 kg abgetropfte Sauerkirschen (aus dem Glas)
350 g Zucker
200 g abgezogene, gem. Mandeln
1 kg abgetropfte Pfirsichspalten (aus der Dose)
6 Eiweiß (Größe M)

Pro Portion:
E: 7 g, F: 11 g, Kh: 67 g,
kJ: 1687, kcal: 403

1. Den Backofen vorheizen.
Ober-/Unterhitze: etwa 250 °C
Heißluft: etwa 230 °C
2. Die Kirschen mit 150 g des Zuckers und 150 g der Mandeln verrühren. Die Kirschmasse in eine große, flache oder in 2 mittelgroße Auflaufformen (gefettet) geben. Die Pfirsichspalten auf die Kirschen legen.
3. Eiweiß mit einem Mixer (Rührstäbe) auf höchster Stufe steif schlagen. Der Schnee muss so fest sein, dass ein Messerschnitt sichtbar bleibt. Nach und nach restlichen Zucker (200 g) unterschlagen. Die restlichen Mandeln (50 g) mit einem Teigschaber vorsichtig unterheben.
4. Die Eiweiß-Mandel-Masse auf den Pfirsichspalten verteilen. Die Form oder Formen nacheinander (bei Heißluft zusammen) auf dem Rost in den vorgeheizten Backofen schieben. Das Gratin etwa 10 Minuten je Form backen.

Tipp: Das Gratin wird besonders gut, wenn es unter dem Grill etwa 5 Minuten überbacken wird.

Pfirsich-Kirsch-Gratin

Apfelstrudel mit Vanillesauce

16 Stücke

Zum Vorbereiten

Zubereitungszeit: 50 Minuten, ohne Ruhezeit
Backzeit: etwa 50 Minuten

Für den Strudelteig:
300 g Weizenmehl (Type 550)
1 Prise Salz
100 ml warmes Wasser
1 Ei (Größe L)
50 ml Speiseöl

1 EL Speiseöl

Für die Apfelfüllung:
1,8 kg Äpfel, z. B. Cox Orange
evtl. etwas Zitronensaft
200 g Butter
150 g Semmelbrösel
1 TL gem. Zimt
40 g Rosinen, 2 EL Zucker
100 g Puderzucker

Für die Vanillesauce:
750 ml Milch, 180 g Zucker
1 Pck. Dr. Oetker Bourbon-Vanille-Zucker
2 Pck. Saucenpulver Vanille-Geschmack zum Kochen
250 g Schlagsahne

Pro Stück:
E: 6 g, F: 22 g, Kh: 57 g,
kJ: 1881, kcal: 449

1. Für den Teig das Mehl in eine Rührschüssel geben. Salz, Wasser, Ei und Speiseöl hinzufügen. Die Zutaten mit einem Mixer (Knethaken) zu einem weichen, elastischen Teig verarbeiten. Teig zu einer Kugel formen und dünn mit Speiseöl bestreichen. Teigkugel in Frischhaltefolie gewickelt etwa 30 Minuten bei Zimmertemperatur ruhen lassen.
2. Den Backofen vorheizen.
Ober-/Unterhitze: etwa 200 °C
Heißluft: etwa 180 °C
3. Für die Apfelfüllung Äpfel schälen, vierteln, entkernen und in kleine Stücke schneiden. Apfelstücke evtl. mit Zitronensaft beträufeln. 100 g der Butter in einer Pfanne zerlassen. Semmelbrösel und Zimt hinzugeben, bei mittlerer Hitze unter Rühren anrösten.
4. Restliche Butter zum Bestreichen zerlassen. Den Teig auf einem großen, bemehlten Geschirrtuch ausrollen und mit etwas Butter bestreichen. Den Teig mit den Händen zu einem Rechteck (etwa 70 x 60 cm) ausziehen. Die Ränder, wenn sie dicker sind, abschneiden. Die Hälfte der restlichen, zerlassenen Butter auf den Teig träufeln. Geröstete Semmelbrösel daraufstreuen. Apfelstücke, Rosinen und Zucker darauf verteilen, dabei einen etwa 10 cm breiten Rand frei lassen. Die Ränder einschlagen. Den Strudel mithilfe des Geschirrtuches von der schmalen Seite aus aufrollen und die Enden gut zusammendrücken. Den Strudel mit der Nahtseite nach unten auf ein Backblech (gefettet, mit Backpapier belegt) legen.
5. Das Backblech in den vorgeheizten Backofen schieben. Den Strudel etwa 50 Minuten backen.
6. Das Backblech auf einen Kuchenrost stellen. Den Strudel mit der restlichen zerlassenen Butter bestreichen und dick mit Puderzucker bestäuben.
7. Für die Vanillesauce Milch mit Zucker und Vanille-Zucker in einem Topf zum Kochen bringen. Saucenpulver mit Sahne anrühren und in die kochende Milch rühren. Die Sauce unter Rühren einmal aufkochen. Die Sauce abkühlen lassen, dann bis zum Servieren zugedeckt in den Kühlschrank stellen. Den Apfelstrudel mit der Sauce servieren.

Himbeer-Cupcakes

12 Stück

Zum Vorbereiten

Zubereitungszeit: 60 Minuten, ohne Kühlzeit
Backzeit: etwa 25 Minuten

Für den Teig:
100 g Butter (zimmerwarm)
250 g Joghurt (3,5 % Fett)
2 Eier (Größe M)
200 g Weizenmehl
40 g abgezogene, gem. Mandeln
1 1/2 gestr. TL Dr. Oetker Backin
1/4 gestr. TL Salz, 80 g Zucker
150 g TK-Himbeeren
2 TL Speisestärke

Zum Garnieren:
200 g weiße Schokolade
einige silberne Zuckerperlen

Für das Topping:
500 g Schlagsahne (mind. 30 % Fett)
2 Pck. Dr. Oetker Sahnesteif
6 EL Himbeersirup

24 Papierbackförmchen

Apfelstrudel mit Vanillesauce

Himbeer-Cupcakes

Nussauflauf mit Früchten

Pro Stück:
E: 6 g, F: 29 g, Kh: 41 g,
kJ: 1891, kcal: 452

1. Den Backofen vorheizen.
Ober-/Unterhitze: etwa 180 °C
Heißluft: etwa 160 °C
2. Für den Teig zunächst die Butter zerlassen und lauwarm abkühlen lassen. Butter in eine Rührschüssel geben, mit Joghurt und Eiern verrühren. Mehl mit Mandeln, Backpulver, Salz und Zucker mischen.
3. Die gefrorenen Himbeeren mit Speisestärke bestäuben und darin wälzen, bis sie gleichmäßig mit der Speisestärke überzogen sind. Das Mehlgemisch mit einem Kochlöffel gut unter die Butter-Joghurt-Masse rühren. Die gefrorenen Himbeeren vorsichtig unterheben.
4. Teig gleichmäßig in einer Muffinform für 12 Muffins (mit je 2 Papierförmchen ausgelegt) verteilen. Die Muffinform auf dem Rost in den vorgeheizten Backofen (unteres Drittel) schieben. Die Cupcakes etwa 25 Minuten backen.
5. Die Muffinform auf einen Kuchenrost stellen. Die Cupakes nach etwa 5 Minuten aus der Form lösen und auf dem Kuchenrost vollständig erkalten lassen.
6. Zum Garnieren in der Zwischenzeit die Schokolade in kleine Stücke brechen. Zwei Drittel davon in einem kleinen Topf im Wasserbad bei schwacher Hitze unter Rühren schmelzen. Den Topf aus dem Wasserbad nehmen und die restliche Schokolade darin unter Rühren schmelzen. Die Schokolade in eine Papierspritztüte füllen, eine kleine Ecke abschneiden.
7. Mit der Schokolade kleine Blümchen auf Backpapier spritzen. Solange die Schokolade noch weich ist, die Mitte der einzelnen Blümchen mit Zuckerperlen belegen. Die Schokolade fest werden lassen.
8. Für das Topping Sahne mit Sahnesteif steif schlagen, Himbeersirup unterschlagen. Die Sahne in einen Spritzbeutel mit Sterntülle füllen und dekorativ auf die Cupcakes spritzen. Die Cupcakes zugedeckt etwa 30 Minuten in den Kühlschrank stellen.
9. Die Schokoladenblümchen vorsichtig, am besten mit einer kleinen Palette, vom Backpapier lösen. Die Cupcakes damit garnieren.

Nussauflauf mit Früchten

8 Portionen

Zum Vorbereiten

Zubereitungszeit: 35 Minuten
Backzeit: 30–35 Minuten

50 g Kirschen
50 g grüne, kernlose Trauben
50 g Johannisbeeren
50 g Himbeeren, 100 g Möhren
100 g Butter, 2 EL Honig
2 Eigelb (Größe M)
1 Pck. Dr. Oetker Finesse Geriebene Zitronenschale
30 g gem. Mandeln
50 g gem. Haselnüsse
80 g Speisestärke
1/2 Pck. Dr. Oetker Backin
2 Eiweiß (Größe M)
1 Msp. gem. Gewürznelken

Pro Portion:
E: 4 g, F: 19 g, Kh: 17 g,
kJ: 1046, kcal: 250

1. Kirschen, Trauben und Johannisbeeren abspülen, trocken tupfen und entstielen. Himbeeren verlesen, vorsichtig abspülen und trocken tupfen.
2. Die Möhren putzen, schälen, abspülen, abtropfen lassen, raspeln.
3. Den Backofen vorheizen.
Ober-/Unterhitze: etwa 200 °C
Heißluft: etwa 180 °C
4. Die Butter mit einem Mixer (Rührstäbe) schaumig schlagen. Honig und Eigelb unterrühren.
5. Die Zitronenschale, Mandeln, Haselnüsse und Möhrenraspel unterheben. Speisestärke mit Backpulver vermischen, daraufsieben und untermischen.
6. Das Eiweiß steif schlagen und vorsichtig mit den gemahlenen Gewürznelken unter den Teig heben.
7. Die Früchte vorsichtig unter den Teig heben und in einer Kastenform (25 x 11 cm, gefettet) verteilen.
8. Die Kastenform auf dem Rost in den vorgeheizten Backofen (unteres Drittel) schieben. Den Nussauflauf 30–35 Minuten backen.
9. Den Auflauf in der Form auf einen Kuchenrost stellen und etwa 10 Minuten abkühlen lassen.
10. Dann den Auflauf aus der Form lösen, stürzen, in Portionsstücke schneiden und servieren.

Fruchtiges Tiramisu

Schokoladen-Kaffee-Cassata

Fruchtiges Tiramisu

12 Portionen

Zum Vorbereiten

Zubereitungszeit: 50 Minuten, ohne Durchziehzeit

500 g Cantuccini (ital. Mandelgebäck)
125 ml starker Kaffee (Espresso oder Mocca)
875 g abgetropfte Mandarinenspalten (aus der Dose)
125 ml Orangenlikör
40 g Puderzucker
500 g Joghurt (3,5 % Fett)
500 g Vanille-Joghurt
500 g Schlagsahne (mind. 30 % Fett)

Kakaopulver

Pro Portion:
E: 9 g, F: 22 g, Kh: 60 g,
kJ: 2124, kcal: 506

1. Die Cantuccini in eine große, flache Auflaufform legen und mit dem kalten Kaffee tränken.
2. Die Mandarinenspalten auf den Cantuccini verteilen, mit Orangenlikör beträufeln und mit Puderzucker bestäuben. Das Dessert zudecken und im Kühlschrank 1–2 Stunden durchziehen lassen.
3. Dann beide Joghurtsorten in einer Schüssel miteinander verrühren. Die Sahne steif schlagen und unterheben. Die Joghurt-Sahne auf den Früchten verteilen. Das Tiramisu zugedeckt in den Kühlschrank stellen und 3–4 Stunden durchziehen lassen.
4. Vor dem Servieren das Tiramisu mit Kakaopulver bestäuben.

Schokoladen-Kaffee-Cassata

Zum Vorbereiten

8 Portionen

Zubereitungszeit: 40 Minuten, ohne Kühlzeit
Gefrierzeit: etwa 5 Stunden

100 g Zartbitter-Schokolade (etwa 50 % Kakaoanteil)
3 Eier (Größe M), 2 Eigelb (Größe M)
50 g Zucker, 50 g Traubenzucker
250 ml Milch
500 g Schlagsahne (mind. 30 % Fett)
1/2 Pck. Dr. Oetker Bourbon-Vanille-Zucker
5 EL Whisky-Likör
40 g schokolierte Espressobohnen (Zartbitter)
2–3 TL Instant-Espressopulver

Pro Portion:
E: 7 g, F: 30 g, Kh: 27 g,
kJ: 1783, kcal: 426

1. Schokolade in Stücke brechen, klein hacken und in eine Rührschüssel geben.
2. Eier, Eigelb, Zucker und Traubenzucker mit einem Mixer (Rührstäbe) in etwa 5 Minuten schaumig aufschlagen.
3. Milch in einem Topf zum Kochen bringen. Den Topf von der Kochstelle nehmen. Die Milch nach und nach unter den Eierschaum rühren und zurück in den Topf geben. Die Eiermilch mit einem Schneebesen bei mittlerer Hitze cremig aufschlagen. Die Masse darf nicht kochen, da die Eier-Milch-Masse sonst gerinnt.
4. Den Topf wieder von der Kochstelle nehmen. 500 ml der heißen Eier-Milch-Masse auf die gehackte Schokolade in die Rührschüssel geben. Den Topf mit der restlichen heißen Eier-Milch-Masse sofort in ein kaltes Wasserbad stellen. So lange schlagen, bis die Masse kalt ist.
5. Schokoladen-Eier-Masse mit einem Schneebesen glatt rühren und abkühlen lassen. Dabei gelegentlich mit einem Löffel umrühren.
6. Sahne mit Vanille-Zucker steif schlagen. Ein Drittel der Sahne unter die Schokoladen-Eier-Masse heben. Die Masse in eine gefrierfeste Kastenform (25 x 11 cm, mit Backpapier oder einem aufgeschnittenen Gefrierbeutel ausgelegt) geben und glatt streichen. Die Form zugedeckt in den Gefrierschrank stellen. Die Schokoladen-Eier-Masse etwa 30 Minuten gefrieren lassen, bis die Oberfläche fest ist.

7. Restliche steif geschlagene Sahne unter die Eier-Milch-Masse heben. Die Masse halbieren. Unter eine Hälfte den Whisky-Likör rühren, auf die Schokoladen-Eis-Schicht geben und glatt streichen. Die Form wieder zugedeckt in den Gefrierschrank stellen. Die Whisky-Likör-Masse etwa 30 Minuten gefrieren lassen, bis die Oberfläche fest ist.
8. Die schokolierten Espressobohnen hacken. Espressopulver auf die restliche Eier-Milch-Masse streuen und unterheben. Gehackte Espressobohnen ebenfalls unterheben. Die Espressomasse als letzte Schicht in die Form füllen und glatt streichen. Die Form mit Backpapier oder dem aufgeschnittenen Gefrierbeutel zudecken. Die Form wieder in den Gefrierschrank stellen. Das Schichteis mindestens 4 Stunden gefrieren lassen.
9. Die Cassata etwa 30 Minuten vor dem Verzehr in den Kühlschrank stellen. Das Schichteis auf ein Schneidbrett oder eine Platte stürzen und in Scheiben schneiden.

Hinweis: Nur ganz frische Eier verwenden, die nicht älter als 5 Tage sind (Legedatum beachten).

Joghurt-Eis

Zum Vorbereiten

10 Portionen (ohne Foto)

Zubereitungszeit: 15 Minuten, ohne Ruhezeit
Gefrierzeit: etwa 4 Stunden
Gefrierzeit: Eismaschine etwa 35 Minuten

80 g Traubenzucker
8 Messlöffel pflanzliches Bindemittel (8 g, z. B. Bindobin, erhältlich im Bioladen oder Reformhaus)
60 g Magermilchpulver (erhältlich im Bioladen oder Reformhaus)
800 g Joghurt (3,5 % Fett)
400 g Sahnejoghurt (10 % Fett)
80 g flüssiger Honig
300 g Schlagsahne (mind. 30 % Fett)

Pro Portion:
E: 7 g, F: 17 g, Kh: 23 g,
kJ: 1136, kcal: 272

1. Traubenzucker mit Bindemittel und Magermilchpulver verrühren. Joghurt und Honig nach und nach unterrühren. Die Masse zugedeckt etwa 15 Minuten stehen lassen.
2. Die Sahne steif schlagen und unter die Joghurtmasse heben. Die Masse in 2 gleich große Portionen teilen. Jede Portion in eine flache, gefrierfeste Form füllen und zugedeckt in den Gefrierschrank stellen. Die Joghurtmasse etwa 4 Stunden gefrieren lassen. Dabei die Masse alle 30 Minuten umrühren. Oder die Joghurt-Sahne-Masse in einer vorbereiteten Eismaschine in etwa 35 Minuten gefrieren lassen.

Fruchtiger Wackelpeter

8 Portionen

Zum Vorbereiten

Zubereitungszeit: 20 Minuten, ohne Kühlzeit

1 Pck. Götterspeise Himbeer-Geschmack
8 EL Zucker
500 ml Wasser
500 ml Apfelsaft
2 mittelgroße Pfirsiche
2 mittelgroße Äpfel
2 große Bananen

Für den Vanilleschaum:
200 g Schlagsahne (mind. 30 % Fett)
500 ml kalte Milch
2 Pck. Saucenpulver Vanille-Geschmack ohne Kochen

Pro Portion:
E: 5 g, F: 10 g, Kh: 46 g,
kJ: 1279, kcal: 305

1. Götterspeise mit Zucker, Wasser und Saft in einem Topf verrühren. Die Götterspeise bei schwacher Hitze erwärmen (nicht kochen), bis sie vollständig gelöst ist. Dann die Götterspeise lauwarm abkühlen lassen.
2. Pfirsiche und Äpfel abspülen, abtrocknen, vierteln, entkernen und in kleine Stücke schneiden. Bananen schälen und in Scheiben schneiden.
3. Die Obststücke in 8 Gläsern verteilen und die Götterspeise vorsichtig daraufgießen. Die Gläser zugedeckt über Nacht in den Kühlschrank stellen.
4. Für den Vanilleschaum die Sahne steif schlagen. Milch in einen Rührbecher geben. Das Saucenpulver unter ständigem Rühren mit einem Mixer (Rührstäbe) hinzufügen, etwa 1 Minute weiterschlagen. Sahne unterheben und den Vanilleschaum auf der Götterspeise verteilen.

Fruchtiger Wackelpeter

Zebracreme

8 Portionen

Zum Vorbereiten

Zubereitungszeit: 20 Minuten

Für die helle Creme:
500 ml Milch
250 g Schlagsahne (mind. 30 % Fett)
1 Pck. Galetta Vanille-Geschmack (Puddingpulver ohne Kochen)
150 g Joghurt

Für die dunkle Creme:
500 ml Milch
250 g Schlagsahne (mind. 30 % Fett)
1 Pck. Galetta Vanille-Geschmack (Puddingpulver ohne Kochen)
150 g Joghurt
30 g gesiebtes Kakaopulver

4 EL Zartbitter-Raspelschokolade

Pro Portion:
E: 7 g, F: 27 g, Kh: 32 g,
kJ: 1777, kcal: 424

1. Für die helle Creme die Milch und Sahne in eine Rührschüssel geben. Puddingpulver hinzufügen und die Zutaten mit einem Mixer (Rührstäbe) etwa 1 Minute aufschlagen. Joghurt unterrühren.
2. Auf die gleiche Weise die dunkle Creme zubereiten, zuletzt das Kakaopulver unterrühren.
3. Zunächst 2 Teelöffel der hellen Creme in die Mitte eines Portionsschälchens geben und etwas flach drücken. Darauf (nicht daneben!) abwechselnd je 1–2 Teelöffel von der dunklen und der hellen Creme geben und etwas flach drücken. Die Masse nicht glatt streichen. Die restliche Creme auf dieselbe Weise in 7 weitere Portionsschälchen geben.
4. Die Creme mit Raspelschokolade bestreuen. Bis zum Servieren zugedeckt in den Kühlschrank stellen.

Mango-Lassi-Eisdrink und Sorbet

Zum Vorbereiten

8 Portionen

Zubereitungszeit: 25 Minuten
Gefrierzeit: bis zu 5 Stunden
Gefrierzeit: Eismaschine 40–50 Minuten

2 reife Mangos (etwa 600 g Fruchtfleisch)
140 g Puderzucker
Saft von 2 Limetten
1 kg Joghurt (3,5 % Fett)
2 reife Mangos
einige Zitronenmelisseblätter
Trinkhalme

Pro Portion:
E: 5 g, F: 5 g, Kh: 41 g,
kJ: 1008, kcal: 241

1. Mangos halbieren und den Stein herauslösen. Mangohälften schälen, etwa 600 g Fruchtfleisch abwiegen. Fruchtfleisch klein würfeln.
2. Mangowürfel mit Puderzucker und Limettensaft in einem hohen Rührbecher fein pürieren. Den Joghurt unterrühren. Die Masse in 2 gleich große Portionen teilen. Jede Portion in eine gefrierfeste Schüssel füllen. Die Schüsseln zugedeckt in den Gefrierschrank stellen. Mango-Joghurt-Masse 2–5 Stunden gefrieren lassen.
3. Die Mango-Joghurt-Masse alle 30 Minuten mit einem Schneebesen kräftig durchrühren. Nach etwa 2 Stunden kann die Masse als Eisdrink, nach etwa 4 Stunden als Sorbet und nach etwa 5 Stunden als Eiskugeln portioniert serviert werden.
4. Mangos halbieren und den Stein herauslösen. Mangohälften schälen und in Spalten schneiden. Zitronenmelisseblätter abspülen und trocken tupfen. Sorbet mit den Mangospalten und den Zitronenmelisseblättern garniert servieren. Den Eisdrink mit Trinkhalmen servieren.

Eistorte mit Mandelböden

Zum Vorbereiten

12 Stück

Zubereitungszeit: 60 Minuten, ohne Abkühlzeit
Backzeit: etwa 15 Minuten je Boden
Gefrierzeit: etwa 6 Stunden

Für die Mandelböden:
2 Eiweiß (Größe M)
1 EL Zitronensaft
250 g abgezogene, gem. Mandeln
160 g Puderzucker

Zebracreme

Mango-Lassi-Eisdrink und Sorbet

Eistorte mit Mandelböden

Westfälische Erdbeeren

Für die Füllung:
3 Eier (Größe M)
120 g Zucker
1 Pck. Dr. Oetker Bourbon-Vanille-Zucker
75 ml Espresso
60 ml Kaffeelikör
500 g Schlagsahne (mind. 30 % Fett)
20 g Zucker
20 ml Kaffeelikör

100 g Schokoraspel oder -locken

Pro Stück:
E: 8 g, F: 28 g, Kh: 34 g,
kJ: 1805, kcal: 431

1. Den Backofen vorheizen.
Ober-/Unterhitze: etwa 160 °C
Heißluft: etwa 140 °C
2. Für die Böden Eiweiß mit Zitronensaft sehr steif schlagen. Die Mandeln mit Puderzucker verrühren, Eischnee unterheben.
3. Einen Tortenring (Ø 24 cm) auf ein Backblech (gefettet, mit Backpapier belegt) stellen. Den Mandelteig dritteln. Etwa ein Drittel des Mandelteiges in den Tortenring geben und mit einem Löffelrücken zu einem Boden verstreichen. Aus dem restlichen Teig zwei weitere Böden vorbereiten.
4. Die Backbleche nacheinander (bei Heißluft zusammen) in den vorgeheizten Backofen schieben. Die Mandelböden etwa 15 Minuten je Boden backen.
5. Die Mandelböden mit dem Backpapier auf Kuchenroste ziehen. Mandelböden erkalten lassen. Das Backpapier vorsichtig abziehen.
6. Für die Füllung Eier mit Zucker, Vanille-Zucker und Espresso in einem Topf unter ständigem Rühren mit einem Schneebesen bei mittlerer Hitze zu einer dicklich-cremigen Masse aufschlagen. Die Masse darf dabei nicht kochen, da sie sonst zusammenfällt.
7. Den Topf von der Kochstelle nehmen und sofort in eiskaltes Wasser stellen. Die Masse unter Rühren erkalten lassen. Kaffeelikör unter die Eiermasse rühren. Sahne mit Zucker steif schlagen und ganz vorsichtig unterheben.
8. Einen Mandelboden in eine gefrierfeste Springform (Ø 26 cm, mit Backpapier belegt) legen und mit Kaffeelikör beträufeln. Etwa ein Drittel der Eismasse daraufstreichen. Einen weiteren Mandelboden darauflegen, wieder mit Kaffeelikör beträufeln und mit der Hälfte der restlichen Eismasse bestreichen. Den dritten Mandelboden darauflegen und mit dem restlichen Kaffeelikör beträufeln. Restliche Eismasse darauf verteilen. Form zugedeckt in den Gefrierschrank stellen. Die Eistorte etwa 6 Stunden gefrieren lassen.
9. Die Form aus dem Gefrierschrank nehmen. Ein heißes Geschirrtuch um den Rand der Form legen. Die Eistorte aus der Form lösen und auf eine Tortenplatte setzen. Die Tortenoberfläche mit Schokoraspeln oder -locken garnieren.

Hinweis: Nur ganz frische Eier verwenden, die nicht älter als 5 Tage sind (Legedatum beachten).

Westfälische Erdbeeren

8 Portionen

Zum Vorbereiten

Zubereitungszeit: 25 Minuten, ohne Abkühlzeit

1 kg Erdbeeren
4 Scheiben Pumpernickel
600 g Crème fraîche
3 EL Milch, 4 EL flüssiger Honig
etwas Zitronensaft

Pro Portion:
E: 5 g, F: 23 g, Kh: 27 g,
kJ: 1416, kcal: 341

1. Erdbeeren abspülen, gut abtropfen lassen, entstielen und in eine Schüssel geben. Die Erdbeeren zugedeckt kalt stellen.
2. Pumpernickelscheiben fein reiben oder mit den Händen fein zerbröseln. Pumpernickelbrösel in einer Pfanne ohne Fett unter Wenden rösten und auf einem Teller erkalten lassen.
3. Die Crème fraîche mit der Milch und dem Honig in einer Rührschüssel verrühren. Die Erdbeeren in Portionsschälchen oder kleine Gläser füllen und jeweils mit etwas von der Crème-fraîche-Sauce beträufeln.
4. Kurz vor dem Servieren das Dessert mit Pumpernickelbröseln bestreuen.

Zimtjoghurt mit Bananensalat

Pflaumen-Parfait in der Waffel

Zimtjoghurt mit Bananensalat

8 Portionen

Zum Vorbereiten

Zubereitungszeit: 20 Minuten

Für den Bananensalat:
4 Bananen (600 g)
2 Orangen (300 g)
6 EL Orangensaft
2 TL flüssiger Honig

Für den Zimtjoghurt:
1,2 kg Joghurt (1,5 % Fett)
1–2 Pck. Dr. Oetker Vanillin-Zucker
2–4 TL gem. Zimt

40 g gehackte Pistazienkerne

Pro Portion:
E: 7 g, F: 5 g, Kh: 26 g,
kJ: 780, kcal: 186

1. Für den Salat die Bananen schälen und in Scheiben oder Stücke schneiden. Die Orangen so schälen, dass die weiße Haut mitentfernt wird. Die Orangen in Scheiben schneiden, dann in Viertel schneiden. Die Bananen- und Orangenstücke in einer Schüssel mischen.
2. Den Orangensaft mit dem Honig verrühren und über die Bananen-Orangen-Mischung gießen. Die Zutaten vorsichtig vermengen.
3. Für den Zimtjoghurt den Joghurt mit Vanillin-Zucker und Zimt mit einem Schneebesen glatt rühren. Den Joghurt auf 8 Dessertschälchen verteilen.
4. Den Bananensalat auf dem Joghurt verteilen und mit Pistazienkernen bestreuen.

Pflaumen-Parfait in der Waffel

8 Stück

Zum Vorbereiten

Zubereitungszeit: 30 Minuten, ohne Abkühlzeit
Gefrierzeit: etwa 4 Stunden

3 Blatt weiße Gelatine
4 Eier (Größe M)
250 ml Buttermilch
90 g Zucker
400 g Pflaumen, 70 g Zucker
1/4 TL gem. Zimt
1 Pck. Dr. Oetker Bourbon-Vanille-Zucker
3 EL Pflaumenmus
400 g Schlagsahne (mind. 30 % Fett)

16 ovale, belgische Waffelblätter

Pro Stück:
E: 7 g, F: 21 g, Kh: 44 g,
kJ: 1657, kcal: 396

1. Gelatine in kaltem Wasser nach Packungsanleitung einweichen. Die Eier mit Buttermilch und Zucker in einem Topf unter ständigem Rühren mit einem Schneebesen bei mittlerer Hitze zu einer dicklich-cremigen Masse aufschlagen (die Masse darf nicht kochen).
2. Den Topf von der Kochstelle nehmen und sofort in eiskaltes Wasser stellen. Eingeweichte Gelatine ausdrücken und in der Eier-Buttermilch-Masse unter Rühren auflösen. Die Masse unter Rühren erkalten lassen.
3. Pflaumen abspülen und abtrocknen. Etwa 4 Pflaumen zum Garnieren beiseitelegen. Restliche Pflaumen halbieren, entsteinen und klein schneiden. Pflaumenstücke mit Zucker, Zimt und Vanille-Zucker pürieren, Pflaumenmus unterrühren.
4. Sahne sehr steif schlagen. Nacheinander die Pflaumenmasse und die Sahne unter die Eier-Buttermilch-Masse rühren. Die Masse etwa 2 cm hoch in eine längliche, gefrierfeste Kunststoffdose (mit Deckel) füllen. Die Dose mit dem Deckel verschließen. Das Parfait im Gefrierschrank etwa 4 Stunden gefrieren lassen.
5. Die Dose kurz in heißes Wasser halten und den Deckel entfernen. Parfait auf eine Platte stürzen und 8 Scheiben in Größe der Waffelblätter ausschneiden. Die Eisscheiben jeweils zwischen 2 Waffelblätter legen.
6. Die beiseitegelegten Pflaumen halbieren, entsteinen und in Spalten schneiden. Pflaumen-Parfait in der Waffel mit den Pflaumenspalten garnieren und servieren.

Hinweis: Nur ganz frische Eier verwenden, die nicht älter als 5 Tage sind (Legedatum beachten).

Vanillewaffeln mit Nougatfüllung

Zum Vorbereiten

10 Doppelwaffeln
(Brüsseler Waffeleisen)

Zubereitungszeit: 50 Minuten, ohne Kühlzeit

Für den Rührteig:
125 g Butter oder Margarine (zimmerwarm)
75 g Puderzucker, 3 Eier (Größe M)
225 g Weizenmehl

1/2 TL Dr. Oetker Backin
250 ml Bourbon-Vanille-Sauce (aus dem Kühlregal)

Für die Füllung:
100 g Haselnusskerne
150 g Nuss-Nougat
75 g helle Kuchenglasur

evtl. etwas Puderzucker

Pro Stück:
E: 7 g, F: 26 g, Kh: 42 g, kJ: 1826, kcal: 436

1. Für den Teig Butter oder Margarine mit einem Mixer (Rührstäbe) auf höchster Stufe geschmeidig rühren. Nach und nach Puderzucker unterrühren. So lange rühren, bis eine gebundene Masse entstanden ist.
2. Eier nach und nach unterrühren (jedes Ei etwa 1/2 Minute). Mehl mit Backpulver mischen und abwechselnd mit der Vanille-Sauce in 2 Portionen auf mittlerer Stufe kurz unterrühren.
3. Jeweils 2 Esslöffel Teig in ein gut erhitztes, gefettetes Waffeleisen füllen und verstreichen. Die Waffeln goldbraun backen, dann mit einer Gabel oder einem Pfannenwender herausnehmen und einzeln auf einem Kuchenrost erkalten lassen.
4. Für die Füllung Haselnusskerne (10 Haselnusskerne beiseitelegen) in kleine Stücke hacken. Haselnussstücke in einer Pfanne ohne Fett unter Wenden goldbraun rösten und auf einen Teller geben.
5. Den Nuss-Nougat mit der Kuchenglasur in einem kleinen Topf im Wasserbad bei schwacher Hitze unter Rühren schmelzen. Gut 1 Esslöffel der Masse in eine Papierspritztüte geben. Unter die restliche Masse die gerösteten Haselnusskerne rühren.
6. Die Waffeln halbieren. Eine Hälfte der halbierten Waffeln mit der Nuss-Nougat-Creme bestreichen. Jeweils die zweite Waffelhälfte darauflegen und leicht andrücken.
7. Die beiseitegelegten Haselnusskerne halbieren, auf den gefüllten Waffeln verteilen und mit der Nuss-Nougat-Creme aus dem Papiertütchen bespritzen. Die Waffeln bis zum Verzehr zugedeckt kalt stellen. Die Waffeln nach Belieben mit Puderzucker bestäubt servieren.

Weihnachtsstollen-Eis

8 Portionen

Zum Vorbereiten

Zubereitungszeit: 30 Minuten, ohne Abkühlzeit
Gefrierzeit: etwa 6 Stunden

4 Eier (Größe M)
120 g Zucker
3 Pck. Dr. Oetker Vanillin-Zucker
100 g Früchte-Mix (gewürfelte, kandierte Früchte)
80 g Sultaninen
40 ml Weinbrand
1 TL Lebkuchengewürz
500 g Schlagsahne (mind. 30 % Fett)
150 g runde Lebkuchen

Pro Portion:
E: 7 g, F: 26 g, Kh: 47 g, kJ: 1916, kcal: 458

1. Eier mit Zucker und Vanillin-Zucker in einem Topf unter ständigem Rühren mit einem Schneebesen bei mittlerer Hitze zu einer dicklich-cremigen Masse aufschlagen. Die Masse darf dabei nicht kochen, da sie sonst zusammenfällt.
2. Den Topf von der Kochstelle nehmen und sofort in eiskaltes Wasser stellen. Die Masse unter Rühren erkalten lassen. Früchte-Mix evtl. etwas kleiner schneiden, mit Sultaninen und Weinbrand unter die Eiermasse rühren. Lebkuchengewürz unterrühren.
3. Sahne steif schlagen und unterheben. Eismasse in eine gefrierfeste Stollenform oder eine längliche Form (mit Frischhaltefolie ausgelegt) geben und mit Lebkuchen belegen. Die Form zugedeckt in den Gefrierschrank stellen. Die Eismasse etwa 6 Stunden gefrieren lassen.
4. Zum Servieren das Eis aus der Form stürzen und die Frischhaltefolie entfernen. Das Eis mit einem elektrischen Messer oder einem Sägemesser in Scheiben schneiden.

Hinweis: Nur ganz frische Eier verwenden, die nicht älter als 5 Tage sind (Legedatum beachten).

Tipp: Das Weihnachtsstollen-Eis mit Sahnetupfen und Schokoladenlocken garnieren.

Vanillewaffeln mit Nougatfüllung

Weihnachtsstollen-Eis

Kleine Mousse-au-Cappuccino-Torte

Erdbeer-Mascarpone-Schichtspeise

Kleine Mousse-au-Cappuccino-Torte

8 Stücke — Zum Vorbereiten

Zubereitungszeit: 25 Minuten, ohne Kühlzeit

Für den Boden:
150 g Schoko-Cookies (Kekse mit Schokostücken)
80 g Butter

Für den Belag:
1 Pck. Mousse au Chocolat (Cremepulver)
150 ml Milch
100 g Schlagsahne (mind. 30 % Fett)
1 Pck. (10 g) Instant-Cappuccino-Pulver

Zum Verzieren und Garnieren:
125 g Schlagsahne (mind. 30 % Fett)
1 EL Puderzucker
etwa 4 dünne Schoko-Täfelchen
evtl. etwas Puderzucker oder Kakaopulver

Pro Stück:
E: 5 g, F: 25 g, Kh: 23 g,
kJ: 1374, kcal: 328

1. Für den Boden die Schoko-Cookies in einen Gefrierbeutel geben, den Beutel verschließen und die Cookies mit einer Teigrolle fein zerbröseln. Die Brösel in eine Schüssel geben.
2. Die Butter zerlassen und mit den Bröseln verrühren. Einen Springformrand (Ø 18 cm) auf eine mit Backpapier belegte Platte stellen. Die Bröselmasse einfüllen und mit einem Löffel zu einem Tortenboden andrücken. Den Tortenboden in den Kühlschrank stellen.
3. Für den Belag das Cremepulver mit Milch und Sahne nach Packungsanleitung, aber mit den hier angegebenen Zutaten und dem Cappuccino-Pulver zubereiten. Die Creme auf den Tortenboden geben und glatt streichen. Die Torte zugedeckt etwa 1 Stunde in den Kühlschrank stellen.
4. Den Springformrand lösen und entfernen. Die Torte vom Backpapier auf eine Tortenplatte setzen.
5. Zum Verzieren und Garnieren die Sahne mit dem Puderzucker steif schlagen, auf die Torte geben und mit einem Löffel auseinanderstreichen, dabei rundherum einen etwa 1 cm breiten Rand frei lassen.
6. Die Schoko-Täfelchen in Stücke brechen und auf der Sahne verteilen. Die Torte kurz vor dem Servieren nach Belieben mit Puderzucker oder Kakao bestäuben.

Tipp: Die Torte schmeckt gut gekühlt am besten.

Erdbeer-Mascarpone-Schichtspeise

10–12 Portionen — Zum Vorbereiten

Zubereitungszeit: 45 Minuten, ohne Kühlzeit

Für die Erdbeercreme:
6 Blatt weiße Gelatine
750 g Erdbeeren
75 g Puderzucker
1 Bio-Zitrone (unbehandelt, ungewachst)
175 ml Weißwein

etwa 150 g Löffelbiskuits

Für die Mascarponecreme:
6 Blatt weiße Gelatine
250 ml Milch
100 g Zucker
1 Pck. Dr. Oetker Bourbon-Vanille-Zucker
3 Eigelb (Größe M)
500 g Mascarpone (ital. Frischkäse)

Zum Garnieren und Bestäuben:
250 g Erdbeeren
evtl. einige vorbereitete Minze- oder Zitronenmelisseblättchen
etwas Puderzucker

Pro Portion:
E: 7 g, F: 23 g, Kh: 35 g,
kJ: 1670, kcal: 399

1. Für die Erdbeercreme Gelatine in kaltem Wasser nach Packungsanleitung einweichen. Erdbeeren abspülen, gut abtropfen lassen und entstielen. 300 g der Erdbeeren halbieren und beiseitelegen.
2. Die restlichen Erdbeeren mit Puderzucker in einem hohen Rührbecher mit einem Pürierstab pürieren. Das Erdbeerpüree in einen Topf geben.
3. Zitrone heiß abwaschen, abtrocknen und die Schale abreiben. Zitrone halbieren, den Saft auspressen und 1 Esslöffel Saft abmessen. Weißwein, Zitronenschale und -saft zum Erdbeerpüree in den Topf geben, unter Rühren bei mittlerer Hitze aufkochen

lassen. Den Topf von der Kochstelle nehmen.

4. Eingeweichte Gelatine gut ausdrücken, zu dem Erdbeerpüree geben und unter Rühren darin auflösen. Jeweils etwas von dem Erdbeerpüree in 2 Glasschüsseln füllen, in den Kühlschrank stellen und fest werden lassen.

5. Die beiseitegelegten Erdbeerhälften jeweils auf die fest gewordene Erdbeercreme legen. Das restliche Erdbeerpüree darauf verteilen. Die Schüsseln wieder in den Kühlschrank stellen und die Creme fest werden lassen. Die Erdbeercreme mit den Löffelbiskuits belegen.

6. Für die Mascarponecreme Gelatine in kaltem Wasser nach Packungsanleitung einweichen. Milch, Zucker, Vanille-Zucker und Eigelb in einen Topf geben und mit einem Schneebesen bei schwacher Hitze so lange rühren, bis eine Kochblase aufsteigt. Den Topf von der Kochstelle nehmen. Eingeweichte Gelatine gut ausdrücken und in der Milchflüssigkeit unter Rühren auflösen. Die Masse erkalten lassen (Masse soll noch flüssig bleiben).

7. Mascarpone mit einem Schneebesen in 4 Portionen unter die kalt gewordene Milchflüssigkeit rühren. Jeweils die Hälfte der Creme auf die Löffelbiskuits geben und gleichmäßig verteilen. Die Schüsseln wieder in den Kühlschrank stellen und die Creme fest werden lassen. Restliche Mascarponecreme darauf verteilen. Dann die Mascarpone-Schichtspeise zugedeckt etwa 2 Stunden in den Kühlschrank stellen und fest werden lassen.

8. Zum Garnieren und Bestäuben die Erdbeeren abspülen, gut abtropfen lassen, entstielen und halbieren. Erdbeerhälften auf die Mascarponecreme geben. Nach Belieben mit Minze- oder Zitronenmelisseblättchen garnieren und mit Puderzucker bestäuben.

Tipp: Für Kinder statt Weißwein Orangensaft verwenden.

Thymian-Eis

Zum Vorbereiten

8 Portionen (ohne Foto)

Zubereitungszeit: 25 Minuten, ohne Abkühlzeit
Gefrierzeit: etwa 4 Stunden
Gefrierzeit: Eismaschine etwa 45 Minuten

2 EL frische Thymianspitzen (nach Möglichkeit frisch getriebene Spitzen)
8 Eigelb (Größe M), 500 ml Milch
500 g Schlagsahne (mind. 30 % Fett)
6 EL flüssiger Tannenhonig

Pro Portion:
E: 7 g, F: 28 g, Kh: 16 g,
kJ: 1459, kcal: 348

1. Thymian abspülen und trocken tupfen. Das Eigelb mit Milch, Sahne, Honig und Thymian in eine Schüssel geben, im heißen Wasserbad so lange aufschlagen, bis die Masse dickschaumig ist.

2. Die Schüssel in ein kaltes Wasserbad stellen. Die Eigelbmasse unter Rühren abkühlen lassen, in eine vorbereitete Eismaschine geben und in etwa 45 Minuten gefrieren lassen. Oder die Eigelbmasse in eine flache, gefrierfeste Form füllen und zugedeckt in den Gefrierschrank stellen. Die Eigelbmasse etwa 4 Stunden gefrieren lassen. Dabei alle 15 Minuten umrühren, bis die Masse cremig geworden ist.

Tipp: Anstelle von frischen Thymianspitzen können Sie auch Zitronenthymian oder unbehandelte Lavendelblüten verwenden.

Erdbeer-Quarkspeise

8 Portionen

Zum Vorbereiten

Zubereitungszeit: 15 Minuten

500 g frische Erdbeeren
1 kg Magerquark
200 ml Milch (1,5 % Fett)
20 g Zucker

Pro Portion:
E: 18 g, F: 1 g, Kh: 11 g,
kJ: 547, kcal: 131

1. Die Erdbeeren abspülen, gut abtropfen lassen, entstielen und in Viertel schneiden.

2. Den Quark mit der Milch und dem Zucker in eine Schüssel geben und geschmeidig rühren. Den Quark auf 8 Dessertschälchen verteilen. Die Erdbeeren dekorativ daraufgeben.

3. Die Erdbeer-Quarkspeise zugedeckt in den Kühlschrank stellen.

Erdbeer-Quarkspeise

Ricotta-Törtchen mit Himbeersauce

8 Portionen — Zum Vorbereiten

Zubereitungszeit: 30 Minuten, ohne Kühlzeit

4 Blatt weiße Gelatine
4 EL Milch
500 g Ricotta (ital. Frischkäse)
100–150 g Zucker
2 EL Dessertwein
4 Eiweiß (Größe M)
1 Prise Salz
400 g Himbeeren
2–4 EL Zucker
4–6 EL Maraschino (ital. Kirschlikör)
evtl. einige Himbeeren
evtl. einige Minzeblättchen

Pro Portion:
E: 10 g, F: 10 g, Kh: 27 g,
kJ: 1049, kcal: 250

1. Gelatine nach Packungsanleitung einweichen. Die Gelatine leicht ausdrücken und in einem kleinen Topf in der Milch bei schwacher Hitze unter Rühren auflösen.
2. Ricotta mit Zucker und Wein cremig rühren. Die aufgelöste Gelatine zuerst mit etwa 4 Esslöffeln von der Ricottamasse verrühren, dann unter die restliche Ricottamasse rühren.
3. Das Eiweiß mit dem Salz steif schlagen. Den Eischnee unter die Creme heben und in 8 Förmchen (z. B. für Crème Caramel) füllen. Die Förmchen zugedeckt etwa 2 Stunden in den Kühlschrank stellen.
4. Für die Sauce die Himbeeren verlesen, evtl. kurz abspülen und gut abtropfen lassen. Die Himbeeren mit Zucker und Kirschlikör fein pürieren, durch ein Sieb streichen.
5. Die Törtchen auf je 1 Teller stürzen und etwas Sauce (Zimmertemperatur) darüber- und danebengießen. Nach Belieben mit Himbeeren und Minzeblättchen garnieren.

Hinweis: Nur ganz frische Eier verwenden, die nicht älter als 5 Tage sind (Legedatum beachten). Die fertigen Törtchen zugedeckt im Kühlschrank aufbewahren und innerhalb von 24 Stunden verzehren.

Ricotta-Törtchen mit Himbeersauce

Preiselbeer-Schichtdessert

8 Portionen — Zum Vorbereiten

Zubereitungszeit: 25 Minuten, ohne Kühlzeit

150 g Schwarzbrot
100 g ger. Zartbitter-Schokolade (etwa 50 % Kakaoanteil)
50 g brauner Zucker
50 ml brauner Rum
500 g Schlagsahne (mind. 30 % Fett)
1 Pck. Dr. Oetker Vanillin-Zucker
2 Pck. Dr. Oetker Sahnesteif
etwa 250 g Preiselbeerkompott (aus dem Glas)

Pro Portion:
E: 4 g, F: 24 g, Kh: 40 g,
kJ: 1728, kcal: 413

1. Schwarzbrot fein zerkrümeln und mit Schokolade, Zucker und Rum gut vermischen. Sahne mit Vanillin-Zucker und Sahnesteif steif schlagen.
2. Den Boden einer hohen Glasschüssel mit etwa der Hälfte der Schwarzbrotmischung bedecken. Erst die Hälfte der Preiselbeeren, dann die Hälfte der Sahne einschichten. Diesen Vorgang wiederholen. Das Dessert zugedeckt einige Stunden in den Kühlschrank stellen.

Tipp: Wenn Kinder mitessen, den Rum durch Apfelsaft ersetzen.

Preiselbeer-Schichtdessert

Mac-Cool-Eistorte

8 Portionen — Zum Vorbereiten

Zubereitungszeit: 20 Minuten, ohne Auftau- und Gefrierzeit

150 g Eiskonfekt
2 Karlsbader Oblaten (Ø etwa 20 cm)
1 1/2 l Vanilleeis

50 g Eiskonfekt
etwas Hagelzucker

Pro Portion:
E: 5 g, F: 18 g, Kh: 42 g,
kJ: 1592, kcal: 380

1. Von dem Eiskonfekt 50 g in einem Topf im Wasserbad bei schwacher Hitze geschmeidig rühren. 1 Oblate mit der Hälfte von der Eiskonfektmasse bestreichen. Die zweite Oblate darauflegen, leicht andrücken und mit dem restlichen geschmolzenen Eiskonfekt bestreichen. Trocknen lassen.

Mac-Cool-Eistorte

Gewürzter Schichtpudding

2. Das restliche Eiskonfekt in Stücke hacken. Die Eiscreme antauen lassen, die Eiskonfektstücke darunterrühren. Das Eis in eine Schale mit rundem Boden (Ø etwa 20 cm, etwa 1,5 Liter Inhalt, mit Frischhaltefolie ausgelegt) füllen und dabei fest andrücken.
3. Die Oblaten mit der Schokoladenseite nach innen auf das Eis legen und leicht andrücken. Die Eistorte für mindestens 2 Stunden zugedeckt in das Gefrierfach stellen.
4. Die Eistorte vorsichtig auf eine Platte stürzen. Mithilfe eines Löffelstiels „Iglu-Bausteine" auf der Oberfläche einzeichnen.
5. Zum Verzieren Eiskonfekt in einem kleinen Topf im Wasserbad bei schwacher Hitze geschmeidig rühren. Die Masse in einen Gefrierbeutel füllen, eine kleine Ecke abschneiden und Tür und Bausteine des Iglus damit nachzeichnen. Hagelzucker um die Eistorte herumstreuen.

Gewürzter Schichtpudding

Zum Vorbereiten

10–12 Portionen

Zubereitungszeit: 45 Minuten, ohne Auftau-, Zieh- und Kühlzeit

Zum Vorbereiten:
300 g TK-Beerenfrüchte
75 g Zucker

Für den Schokoladenpudding:
1 Pck. Gala Schokoladen-Pudding-Pulver
450 ml Milch
75 g Zucker

Für den Vanillepudding:
2 Stangen Zitronengras
300 ml Milch
1 Pck. Dr. Oetker Pudding-Pulver Vanille-Geschmack
40 g Zucker
250 g Schlagsahne (mind. 30 % Fett)

Für den Fruchtpudding:
1 Zimtstange
150 ml Apfelsaft oder Wasser
1 Pck. Dr. Oetker Bourbon-Vanille-Zucker
1 Pck. Rote Grütze Himbeer-Geschmack (Dessertpulver)
25 g Zucker
100 ml Apfelsaft oder Wasser

Pro Portion:
E: 3 g, F: 10 g, Kh: 36 g,
kJ: 1042, kcal: 248

1. Zum Vorbereiten Beerenfrüchte mit dem Zucker bestreuen und nach Packungsanleitung auftauen lassen.
2. Für den Schokoladenpudding aus Pudding-Pulver, Milch und Zucker einen Pudding nach Packungsanleitung, aber mit der hier angegebenen Milchmenge, zubereiten. Den Pudding in 2 Glasschüsseln verteilen und etwa 15 Minuten bei Zimmertemperatur abkühlen lassen.
3. Für den Vanillepudding Zitronengras abspülen, trocken tupfen, evtl. mit einem Fleischklopfer oder Messerrücken flach klopfen und halbieren. Milch mit Zitronengras in einem Topf zum Kochen bringen. Den Topf von der Kochstelle nehmen. Zitronengras etwa 15 Minuten in der Milch ziehen lassen, dann herausnehmen.
4. Pudding-Pulver mit Zucker und Sahne anrühren. Die Zitronenmilch wieder zum Kochen bringen. Angerührtes Pudding-Pulver in die von der Kochstelle genommene Zitronenmilch rühren und unter Rühren aufkochen lassen. Die Puddingmasse vorsichtig auf dem Schokoladenpudding verteilen, etwa 15 Minuten bei Zimmertemperatur abkühlen lassen.
5. Für den Fruchtpudding die aufgetauten Beerenfrüchte mit der Zimtstange und dem Apfelsaft oder Wasser in einem Topf unter gelegentlichem Rühren zum Kochen bringen. Die Zutaten etwa 5 Minuten bei schwacher Hitze kochen lassen. Zimtstange entfernen. Vanille-Zucker mit Rote-Grütze-Pulver, Zucker und Apfelsaft oder Wasser anrühren. Angerührtes Rote-Grütze-Pulver in die von der Kochstelle genommene Fruchtmasse rühren, unter Rühren aufkochen lassen. Den Fruchtpudding vorsichtig auf den Vanillepudding geben und erkalten lassen.
6. Die Glasschüsseln mit Frischhaltefolie zugedeckt 2–3 Stunden in den Kühlschrank stellen. Den Schichtpudding fest werden lassen.

Schokokuss-Schichtspeise

Apfel-Minis

Schokokuss-Schichtspeise

Zum Vorbereiten

12 Portionen

Zubereitungszeit: 20 Minuten

100 g Kokosraspel
16 Schokoküsse
3–4 EL Kirschwasser
250 g Magerquark
500 g Schlagsahne (mind. 30 % Fett)
2 Pck. Dr. Oetker Sahnesteif
2–3 EL Puderzucker
1 kg Rote Grütze (aus dem Kühlregal)

Pro Portion:
E: 5 g, F: 21 g, Kh: 48 g,
kJ: 1782, kcal: 423

1. Die Kokosraspel in einer Pfanne ohne Fett unter Wenden goldbraun rösten und auf einen Teller geben. Die Waffelböden von den Schokoküssen ablösen, hacken und mit dem Kirschwasser vermischen.
2. Die Schaummasse der Schokoküsse in eine Schüssel geben, grob zerkleinern und mit dem Quark glatt rühren. Die Sahne mit Sahnesteif und Puderzucker mit einem Mixer (Rührstäbe) steif schlagen. Die Sahne unter den Schokoquark heben.
3. Die Kokosraspel mit der Waffelmasse vermengen und abwechselnd mit der Roten Grütze und der Quark-Sahne-Mischung portionsweise in eine große Glasschüssel schichten. Schokokuss-Schichtspeise bis zum Servieren zugedeckt in den Kühlschrank stellen.

Apfel-Minis

Zum Vorbereiten

8–10 Stück

Zubereitungszeit: 25 Minuten
Backzeit: 30–40 Minuten

2 Äpfel
2 EL Zitronensaft

Für den Teig:
250 g Weizenmehl
3 gestr. TL Dr. Oetker Backin
125 g Zucker
1 Pck. Dr. Oetker Vanillin-Zucker
2 Eier (Größe M)
75 ml Speiseöl, z. B. Sonnenblumenöl
125 ml Buttermilch

Außerdem:
10 Sturz-Form-Gläser (je 160 ml Inhalt) oder 8 Sturz-Form-Gläser (je 250 ml Inhalt)

Pro Stück:
E: 5 g, F: 13 g, Kh: 40 g,
kJ: 1241, kcal: 297

1. Die Äpfel schälen, vierteln, entkernen, grob reiben und mit Zitronensaft beträufeln.
2. Den Backofen vorheizen.
Ober-/Unterhitze: etwa 180 °C
Heißluft: etwa 160 °C
3. Für den Teig das Mehl mit Backpulver in eine Rührschüssel geben. Zucker, Vanillin-Zucker, Eier, Speiseöl und Buttermilch hinzufügen.
4. Die Zutaten mit Mixer (Knethaken) zunächst kurz auf niedrigster, dann auf höchster Stufe zu einem glatten Teig verarbeiten. Die Apfelraspel unter den Teig heben. Den Teig maximal bis zu zwei Dritteln in 10 bzw. 8 Gläser (gefettet, mit Semmelbröseln ausgestreut) füllen.
5. Die Ränder der Gläser säubern. Den Rost auf mittlerer Schiene in den vorgeheizten Backofen einschieben. Die Gläser auf den Rost stellen. Die Apfel-Minis 30–40 Minuten backen.
6. Nach dem Backen ein Glas mit Topflappen aus dem Backofen nehmen und verschließen. Dazu den vorbereiteten feuchten Gummiring auf die Innenseite eines Glasdeckels legen. Das Glas sofort mit dem Deckel und 4 Klammern verschließen. Restliche Gläser auf die gleiche Weise verschließen. Nach jedem Glas, das aus dem Backofen genommen wird, den Backofen wieder schließen.
7. Die Gläser auf einen Kuchenrost stellen und vollständig erkalten lassen (am besten über Nacht). Dann die Klammern lösen und die Gläser kühl gestellt aufbewahren. Sie halten sich etwa 1 Monat.

Johannisbeer-Granita

8 Portionen (ohne Foto)

Zum Vorbereiten

Zubereitungszeit: 35 Minuten
Gefrierzeit: etwa 4 Stunden

1 kg rote Johannisbeeren
200 ml Wasser
Mark vom 1 Vanilleschote
10 EL flüssiger Honig
800 ml Marsala (ital. Dessertwein)
vorbereitete Minzeblättchen

Pro Portion:
E: 1 g, F: 0 g, Kh: 30 g,
kJ: 920, kcal: 219

1. Johannisbeeren verlesen, abspülen, abtropfen lassen (einige Rispen zum Garnieren beiseitelegen). Die Beeren von den Rispen abstreifen.
2. Johannisbeeren mit Wasser und Vanillemark in einem Topf zum Kochen bringen, etwa 10 Minuten bei schwacher Hitze kochen lassen. Johannisbeeren durch ein Sieb streichen und dabei den Saft auffangen.
3. Den aufgefangenen Johannisbeersaft mit Honig verrühren und durch ein Mulltuch oder Geschirrtuch geben, um den Saft zu klären. Johannisbeersaft in 2 gleich große Portionen teilen. Jede Portion in eine flache, gefrierfeste Schale geben und zugedeckt in den Gefrierschrank stellen. Den Saft etwa 4 Stunden gefrieren lassen.
4. Wenn die Granita fest geworden ist, sie mit einem Löffel in Flocken abschaben oder in einem Eiscrasher zerkleinern. Granita in 8 Gläser geben und mit kaltem Marsala auffüllen.
5. Johannisbeer-Granita mit den beiseitegelegten Johannisbeeren und Minzeblättchen garnieren.

Brombeerpfannkuchen mit weißer Schokoladensauce

8 Portionen

Zubereitungszeit: 25 Minuten
Backzeit: etwa 15 Minuten

Für die Schokoladensauce:
100 g weiße Kuvertüre
200 g Schlagsahne

Für den Pfannkuchen:
250 g Brombeeren
250 ml Milch
4 Eigelb (Größe M)
60 g zerlassene, abgekühlte Butter
160 g Weizenmehl
1 Vanilleschote
4 Eiweiß (Größe M)
1 Prise Salz, 2 EL Zucker

25 g Butter

Zum Bestäuben:
etwas Puderzucker

Zum Garnieren:
etwas Zitronenverbene oder Minze

Brombeerpfannkuchen mit weißer Schokoladensauce

Pro Portion:
E: 8 g, F: 26 g, Kh: 30 g,
kJ: 1651, kcal: 394

1. Für die Sauce Kuvertüre in grobe Stücke hacken. Die Sahne in einem kleinen Topf bei mittlerer Hitze erwärmen (nicht kochen). Den Topf von der Kochstelle nehmen. Die Kuvertürestücke in der Sahne unter Rühren schmelzen.
2. Den Backofen vorheizen.
Ober-/Unterhitze: etwa 180 °C
Heißluft: etwa 160 °C
3. Für den Pfannkuchen Brombeeren abspülen und trocken tupfen. Milch mit Eigelb und Butter verrühren. Das Mehl nach und nach mit einem Schneebesen unter die Eigelbmilch rühren. Die Vanilleschote aufschneiden, das Mark herauskratzen und unter den Teig rühren.
4. Eiweiß mit Salz steif schlagen. Zucker nach und nach unter den Eischnee schlagen und so lange schlagen, bis der Eischnee stark glänzt. Den Eischnee vorsichtig unter den Teig heben.
5. Butter in einer ofenfesten Pfanne (Ø etwa 28 cm) zerlassen. Den Teig hineingeben und die Brombeeren (einige Brombeeren zum Garnieren beiseitelegen) darauf verteilen. Pfanne auf dem Rost in den vorgeheizten Backofen schieben. Den Pfannkuchen etwa 15 Minuten backen.
6. Die Pfanne aus dem Backofen nehmen. Den Pfannkuchen vorsichtig auf einen großen Teller stürzen, sofort in gleich große Tortenstücke schneiden und auf Desserttellern anrichten. Die Pfannkuchenstücke mit Puderzucker bestäuben.
7. Die warme oder kalte Schokoladensauce an oder auf den Pfannkuchen gießen. Den Pfannkuchen mit den beiseitegelegten Brombeeren und mit abgespülten, trocken getupften Zitronenverbene- oder Minzeblättchen garnieren.

Tipp: Der Pfannkuchen lässt sich sehr gut variieren, z. B. mit Zwetschen, Aprikosen oder Heidelbeeren.

Vanille-Kirsch-Speise

12 Portionen

Zum Vorbereiten

Zubereitungszeit: 30 Minuten, ohne Abkühlzeit

Für den Pudding:
2 Pck. Dr. Oetker Pudding-Pulver Vanille-Geschmack
80 g Zucker
1 l Milch

Außerdem:
750 g Magerquark
60 g Zucker
125 ml Orangensaft
740 g abgetropfte Sauerkirschen (aus dem Glas)
375 ml Eierlikör
50 g Raspelschokolade (Zartbitter oder Vollmilch)

Pro Portion:
E: 13 g, F: 7 g, Kh: 46 g,
kJ: 1395, kcal: 333

1. Für den Pudding aus Pudding-Pulver, Zucker und Milch nach Packungsanleitung einen Pudding kochen. Damit sich keine Haut bildet, Frischhaltefolie direkt auf die Puddingoberfläche legen. Pudding erkalten lassen.
2. In der Zwischenzeit den Quark mit Zucker und Orangensaft verrühren.
3. Die Sauerkirschen gleichmäßig in 12 Gläsern verteilen. Erst den Pudding darauf verteilen und glatt streichen, dann den Quark gleichmäßig daraufgeben.
4. Den Eierlikör vorsichtig auf die obere Quarkschicht gießen und mit Raspelschokolade bestreuen. Die Vanille-Kirsch-Speise bis zum Servieren zugedeckt in den Kühlschrank stellen.

Rhabarber-Ofenschlupfer

Zum Vorbereiten

8 Portionen

Zubereitungszeit: 20 Minuten, ohne Trockenzeit
Backzeit: etwa 20 Minuten

300 g Brioche oder Hefezopf

250 g Rhabarber
120 g Zucker
50 g Rosinen oder Korinthen
5 cl Rum
50 g gehobelte Mandeln
1 Vanilleschote, 4 Eier (Größe M)
200 g Schlagsahne
300 ml Milch
1/2 TL gemahlener Zimt
1 Prise Salz

Pro Portion:
E: 10 g, F: 21 g, Kh: 42 g,
kJ: 1706, kcal: 408

1. Brioche oder Hefezopf in etwa 1 cm große Würfel schneiden und über Nacht (z. B. auf einem Backblech ausgebreitet) trocknen lassen.
2. Rhabarber putzen, abziehen, abspülen, abtropfen lassen und in kleine Stücke schneiden. Rhabarberstücke mit Zucker in einer Schüssel vermengen.
3. Die Rosinen oder Korinthen mit Rum in einen Topf geben und kurz aufkochen lassen. Den Topf von der Kochstelle nehmen.
4. Gehobelte Mandeln in einer Pfanne ohne Fett unter Wenden leicht bräunen, dann auf einen Teller legen.
5. Die Vanilleschote der Länge nach halbieren, das Mark herauskratzen.
6. Den Backofen vorheizen.
Ober-/Unterhitze: etwa 200 °C
Heißluft: etwa 180 °C
Dabei eine Fettpfanne, etwa 1 cm hoch mit Wasser gefüllt, im unteren Drittel mit einschieben.
7. Eier mit Sahne und Milch verschlagen. Vanillemark unterrühren. Die Eiersahne mit Zimt und Salz würzen.
8. Die Brioche- oder Hefezopfwürfel, Rhabarberstücke und Rumrosinen oder -korinthen vermischen und in eine Auflaufform (etwa 25 x 30 cm,

Vanille-Kirsch-Speise

Rhabarber-Ofenschlupfer

gefettet, mit Semmelbröseln ausgestreut) füllen. Die Eiersahne gleichmäßig über die vorbereitete Masse gießen. Mandeln daraufstreuen.

9. Die Auflaufform in das erwärmte Wasser der Fettpfanne stellen und in den vorgeheizten Backofen schieben. Ofenschlupfer etwa 20 Minuten backen.

Tipp: Servieren Sie zum Ofenschlupfer eine Vanillesauce.

Brotauflauf mit Datteln und Walnusskernen

Zum Vorbereiten

8–12 Portionen

Zubereitungszeit: 20 Minuten, ohne Abkühl- und Ziehzeit
Garzeit: etwa 40 Minuten

50 g Butter
250 ml Milch, 1/2 TL gem. Zimt
150 g Weißbrot oder Croissants
140 g Laugenbrezeln oder Zwieback
5 Eigelb (Größe M)
150 g entsteinte Datteln
150 g Walnusskerne
5 Eiweiß (Größe M)
Salz
ger. Muskatnuss

Pro Portion:
E: 9 g, F: 22 g, Kh: 27 g,
kJ: 1403, kcal: 335

1. Butter in einem Topf zerlassen. Die Milch unter Rühren hinzugießen. Zimt unterrühren. Die Milch unter Rühren kurz aufkochen lassen, dann etwas abkühlen lassen.

2. Inzwischen Backofen vorheizen.
Ober-/Unterhitze: etwa 200 °C
Heißluft: etwa 180 °C

3. Das Brot in kleine Würfel schneiden und in eine Schüssel geben. Die etwas abgekühlte Milch und die Eigelbe hinzugeben und das Ganze vermengen. Die Masse etwas stehen

Brotauflauf mit Datteln und Walnusskernen

lassen, bis die Flüssigkeit vollständig aufgesogen ist.

4. Datteln in Ringe schneiden und die Walnusskerne grob hacken. Das Eiweiß steif schlagen, zusammen mit den Datteln und Walnüssen nach und nach unter die Brotmasse heben. Die Masse mit Salz und Muskatnuss abschmecken.

5. Die Brotmasse in einer Auflaufform (etwa 25 x 30 cm, gefettet) verteilen. Die Form sollte etwa zu drei Viertel gefüllt sein.

6. Die Form auf dem Rost in den vorgeheizten Backofen (unteres Drittel) schieben. Den Auflauf etwa 40 Minuten garen. Den Auflauf aus dem Backofen nehmen und etwa 10 Minuten ruhen lassen.

Tipp: Sie können auch andere Trockenfrüchte verwenden.

Grand-Marnier-Parfait

8 Portionen

Zum Vorbereiten

Zubereitungszeit: 30 Minuten, ohne Abkühlzeit
Gefrierzeit: 4–5 Stunden
Gefrierzeit: Eismaschine etwa 40 Minuten

3 Eier (Größe M), 100 g Zucker
1 Pck. Dr. Oetker Bourbon-Vanille-Zucker
60 ml Grand Marnier (Orangenlikör)
500 g Schlagsahne (mind. 30 % Fett)
50 g Zucker

Grand-Marnier-Parfait

etwa 100 g dünne Schokotäfelchen, z. B. Zartbitter, Vollmilch, Mokka

Pro Portion:
E: 5 g, F: 26 g, Kh: 30 g,
kJ: 1637, kcal: 391

1. Eier mit Zucker und Vanille-Zucker in einem Topf unter ständigem Rühren mit einem Schneebesen bei mittlerer Hitze zu einer dicklich-cremigen Masse aufschlagen. Die Masse darf nicht kochen, da die Eier sonst gerinnen.

2. Den Topf von der Kochstelle nehmen und sofort in eiskaltes Wasser stellen. Die Masse unter Rühren erkalten lassen. Grand Marnier unterrühren. Sahne mit Zucker steif schlagen und unterheben.

3. Die Parfaitmasse in eine flache, gefrierfeste Dose (etwa 30 x 20 cm, mit Frischhaltefolie ausgelegt) füllen. Die Dose mit dem Deckel verschließen und in den Gefrierschrank stellen. Die Parfaitmasse 4–5 Stunden gefrieren lassen.

4. Dann das Parfait vorsichtig aus der Dose auf eine Platte stürzen oder mit der Frischhaltfolie aus der Dose heben. Frischhaltefolie entfernen. Das Parfait mit Schokotäfelchen belegen und in Größe der Schokotäfelchen in Stücke schneiden. Die Stücke umdrehen und mit jeweils 1 weiteren Schokotäfelchen belegen.

Hinweis: Nur ganz frische Eier verwenden, die nicht älter als 5 Tage sind (Legedatum beachten).

Waldmeister-Zitronen-Eis

Holunder-Apfel-Smoothie

Waldmeister-Zitronen-Eis

Zum Vorbereiten

12 kleine Portionen

Zubereitungszeit: 15 Minuten
Gefrierzeit: 4–5 Stunden
Gefrierzeit: Eismaschine etwa 30 Minuten

4 Blatt weiße Gelatine
2 Bio-Zitronen (unbehandelt, ungewachst)
340 ml Waldmeister-Sirup
460 ml Wasser

Backpapier für 12 kleine Papiertüten
12 Holzspatel oder Trinkhalme

Pro Portion:
E: 1 g, F: 0 g, Kh: 20 g,
kJ: 362, kcal: 87

1. Gelatine in kaltem Wasser nach Packungsanleitung einweichen. Die Zitronen heiß abwaschen und abtrocknen. Die Schale von 1 Zitrone dünn abreiben. Die Zitronen halbieren und den Saft auspressen.
2. Gelatine tropfnass in einem kleinen Topf unter Rühren erwärmen (nicht kochen), bis sie völlig gelöst ist. Den Sirup unterrühren.
3. Gelatine-Sirup-Mischung mit Zitronenschale, 4–6 Esslöffeln Zitronensaft und Wasser verrühren. Den Sirup mit Zitronensaft abschmecken und in 2 gleich große Portionen teilen. Jede Portion in eine flache, gefrierfeste Form füllen und zugedeckt in den Gefrierschrank stellen. Die Sirupflüssigkeit etwa 2 Stunden gefrieren lassen. Dabei die Masse alle 30 Minuten mit einem Schneebesen umrühren. Oder die Masse in einer Eismaschine in etwa 30 Minuten gefrieren lassen.
4. Aus Backpapier 12 kleine Tüten formen. Die Tüten in Gläser stellen. Die angefrorene Eismasse umrühren und in die Tüten füllen. Die Tüten in einer gefrierfesten Form wieder in den Gefrierschrank stellen. Das Sirup-Eis weitere 2–3 Stunden gefrieren lassen.
5. Nach etwa 1 Stunde Gefrierzeit in jedes Tütchen einen Holzspatel oder zwei stabile Trinkhalme stecken.

Tipp: Stellen Sie die gefüllten Tüten in kleinen Kunststoffbechern in die Form, so kann nichts herauslaufen.

Holunder-Apfel-Smoothie

8 Portionen

Zubereitungszeit: 15 Minuten
Gefrierzeit: 2 Stunden
Gefrierzeit: Eismaschine etwa 35 Minuten

1,4 kg Apfelmus (aus dem Glas)
100 ml Holunderblüten-Sirup (erhältlich im Bioladen oder Getränkehandel)
600 ml Apfelsaft

Pro Portion:
E: 0 g, F: 0 g, Kh: 47 g,
kJ: 838, kcal: 200

1. Apfelmus mit Sirup und Apfelsaft verrühren. Die Masse in 2 gleich große Portionen teilen. Jede Portion in eine flache, gefrierfeste Form geben und zugedeckt in den Gefrierschrank stellen. Die Masse etwa 2 Stunden gefrieren lassen, dabei Masse alle 30 Minuten umrühren. Oder die Apfelmusmasse in einer vorbereiteten Eismaschine in etwa 35 Minuten gefrieren lassen.
2. Apfelmusmasse mit einem Pürierstab pürieren. Den Holunder-Apfel-Smoothie in 8 Longdrinkgläser füllen.

Domino-Dessert

12 Portionen

Zum Vorbereiten

Zubereitungszeit: 40 Minuten, ohne Kühlzeit

Für die dunkle Creme:
2 Pck. Mousse au Chocolat fein herb (Cremepulver)
400 ml Milch
200 g Schlagsahne
50 g Zartbitter-Raspelschokolade

Für die helle Creme:
7 Blatt weiße Gelatine
175 g Fruchtaufstrich Aprikose
150 ml Milch
500 g Speisequark (20 % Fett)
2 Pck. Dr. Oetker Bourbon-Vanille-Zucker
300 g Schlagsahne (mind. 30 % Fett)

Zum Bestäuben und Garnieren:
etwas Kakaopulver
etwas Puderzucker
2 EL Zartbitter-Raspelschokolade

Außerdem:
1 Streifen Alufolie

Pro Portion:
E: 10 g, F: 20 g, Kh: 24 g,
kJ: 1364, kcal: 325

1. Für die dunkle Creme aus Mousse-au-Chocolat-Pulver, Milch und Sahne eine Creme nach Packungsanleitung zubereiten. Die Raspelschokolade unterrühren. 2 Esslöffel von der Creme zugedeckt beiseitestellen (nicht kalt stellen). Die restliche Creme zugedeckt etwa 15 Minuten in den Kühlschrank stellen.
2. Eine längliche Glasschale mithilfe eines Streifens Alufolie in zwei Hälften teilen. Eine Hälfte mit der Creme füllen. Die Creme zugedeckt weitere etwa 30 Minuten in den Kühlschrank stellen.
3. Für die helle Creme inzwischen die Gelatine in kaltem Wasser nach Packungsanleitung einweichen.
4. Fruchtaufstrich mit der Milch in einem Topf unter Rühren zum Kochen bringen. Den Topf von der Kochstelle nehmen. Eingeweichte Gelatine ausdrücken, in der heißen Milchflüssigkeit unter Rühren auflösen und erkalten lassen.
5. Quark und Vanille-Zucker unterrühren. Die Sahne steif schlagen und unter die Quarkmasse heben. Von der Creme 2 Esslöffel abnehmen und zugedeckt beiseitestellen. Die restliche Creme in die andere Hälfte der Schale füllen, zuvor den Alufolienstreifen entfernen.
6. Die beiseitegestellte dunkle Creme in Tropfen auf die helle Creme geben und die helle Creme ebenso auf die dunkle Creme geben. Das Domino-Dessert zugedeckt etwa 1 Stunde in den Kühlschrank stellen.
7. Zum Bestäuben und Garnieren das Domino-Dessert mit Kakao und Puderzucker bestäuben und mit Raspelschokolade bestreuen.

Kirschwasser-Rosen

15 Rosen

Zum Vorbereiten

Zubereitungszeit: 20 Minuten, ohne Abkühlzeit
Gefrierzeit: etwa 2 Stunden

50 g weiße Schokolade
1 Eigelb (Größe M)
50 ml Milch
etwas rote Speisefarbe
100 g Schlagsahne (mind. 30 % Fett)
2–3 TL Kirschwasser
1–2 Baisers
(etwa 25 g, Fertigprodukt)

Außerdem:
1 Silikonform (15 Mini-Rosen, je 20 ml Inhalt)

Pro Stück:
E: 1 g, F: 4 g, Kh: 4 g,
kJ: 227, kcal: 54

1. Schokolade klein hacken, mit Eigelb und Milch in einem Topf mit einem Schneebesen bei schwacher Hitze zu einer glatten, etwas schaumigen Masse verrühren. Die Masse darf nicht kochen, da das Eigelb sonst gerinnt.
2. Den Topf von der Kochstelle nehmen und in ein kaltes Wasserbad stellen. Die Schokoladenmasse unter Rühren abkühlen lassen. Etwas Speisefarbe unterrühren.
3. Sahne steif schlagen und unterheben. Mit Kirschwasser abschmecken. Die Masse in eine gefrierfeste Silikonform (15 Mini-Rosen, je 20 ml Inhalt) füllen. Die Form mehrmals auf die Arbeitsfläche stoßen, sodass Luftblasen entweichen können. Die Form mit Frischhaltefolie zugedeckt in den Gefrierschrank stellen. Die Eismasse mindestens 2 Stunden gefrieren lassen.
4. Baiser in einen Gefrierbeutel geben und zerbröseln.
5. Die Silikonform aus dem Gefrierschrank nehmen und auf die Arbeitsfläche stürzen. Ein heißes Tuch (Geschirrtuch) kurz auf die Oberfläche der Form legen. Kirschwasser-Rosen aus der Form lösen, auf den Baiserbröseln anrichten und servieren.

Hinweis: Nur ein ganz frisches Eigelb verwenden, das nicht älter als 5 Tage ist (Legedatum beachten).

Tipps: Für eine Variante ohne Alkohol können Sie das Kirschwasser z. B. durch einige Tropfen Rosenwasser oder Orangenblütenwasser ersetzen.

Domino-Dessert

Kirschwasser-Rosen

Kaiserschmarren

8 Portionen

Zubereitungszeit: 45 Minuten

8 Eiweiß (Größe M)
2 Prisen Salz
8 Eigelb (Größe M)
200 g Weizenmehl
2 Pck. Dr. Oetker Vanillin-Zucker
400 g Schlagsahne
oder 400 ml Milch
100 g Rosinen
etwa 100 g Butterschmalz oder
8 EL Speiseöl, z. B. Sonnenblumenöl
etwas Puderzucker

Pro Portion:
E: 11 g, F: 26 g, Kh: 35 g,
kJ: 1787, kcal: 427

1. Eiweiß mit Salz steif schlagen. Eigelb mit Mehl, Vanillin-Zucker und Sahne oder Milch in eine Rührschüssel geben. Die Zutaten mit einem Mixer (Rührstäbe) zu einem glatten Teig verrühren. Eischnee und Rosinen unterheben.
2. Etwas Butterschmalz oder Speiseöl in einer Pfanne (Ø 28 cm) erhitzen. Ein Viertel des Teiges hineingeben, bei mittlerer Hitze auf der Unterseite hellgelb backen.
3. Den an der Oberfläche noch etwas „flüssigen" Teig mit 2 Pfannenwendern erst vierteln, dann wenden und goldgelb backen, evtl. noch etwas Fett in die Pfanne geben.
4. Schmarren mit 2 Pfannenwendern in kleine Stücke reißen, auf einem Teller anrichten und warm stellen.
5. Restlichen Teig auf die gleiche Weise zubereiten. Kaiserschmarren mit Puderzucker bestreut servieren.

Blaubeer-Ricotta-Pancakes

Zum Vorbereiten

12 Stück

Zubereitungszeit: 30 Minuten
Garzeit: etwa 15 Minuten

100 g Blaubeeren (Heidelbeeren)
100 g griechischer Joghurt (10 % Fett)
1 Pck. Dr. Oetker Bourbon-Vanille-Zucker

Für den Pancakes-Teig:
1/2 TL fein abgeriebene Schale von 1 Bio-Zitrone (unbehandelt, ungewachst)
125 g Ricotta (ital. Frischkäse)
30 g Zucker, 2 Eigelb (Größe S)
1 Prise Salz, 60 g Weizenmehl
1 gestr. TL Weinstein Backpulver
75 ml Milch, 2 Eiweiß (Größe S)
etwa 2 EL Butter
etwas Puderzucker
150 ml Ahornsirup

Pro Stück:
E: 3 g, F: 7 g, Kh: 17 g,
kJ: 595, kcal: 141

1. Blaubeeren verlesen, abspülen und abtropfen lassen. Joghurt mit Vanille-Zucker verrühren.
2. Für den Teig Zitronenschale, Ricotta, 15 g des Zuckers, Eigelb und Salz in einer Rührschüssel glatt rühren. Mehl mit Backpulver mischen, mit der Milch kurz und sorgfältig unter die Ricottamasse rühren. Eiweiß mit restlichem Zucker steif schlagen und unter den Teig heben.
3. Einen Teelöffel Butter in einer beschichteten Pfanne zerlassen. 3 Pancakes darin backen. Dazu je Pancake 3–4 Esslöffel Teig in die Pfanne geben und etwa 4 Minuten bei schwacher bis mittlerer Hitze backen, bis der Teig etwas fest geworden ist. Blaubeeren darauf verteilen.
4. Die Pancakes am besten mit einer Palette wenden. Einen weiteren Teelöffel Butter hinzugeben. Die Pancakes noch 3–4 Minuten backen. Aus dem Teig insgesamt 12 Pancakes backen.
5. Die Pancakes erst kurz vor dem Servieren mit Puderzucker bestäuben. Ahornsirup und Joghurt dazureichen.

Kaiserschmarren

Blaubeer-Ricotta-Pancakes

Joghurt-Panna-Cotta mit rosa Kokosraspeln

8 Portionen

Zum Vorbereiten

Zubereitungszeit: 45 Minuten, ohne Kühlzeit

6 Blatt weiße Gelatine
1 Vanilleschote
400 g Schlagsahne (mind. 30 % Fett)
150 g Zucker, 500 g Joghurt
200 g TK-Erdbeeren
2 EL Zitronensaft
120 g frisches Kokosnuss-Fruchtfleisch
2 EL Erdbeersirup oder 4 Tropfen rote Speisefarbe

Joghurt-Panna-Cotta mit rosa Kokosraspeln

Eis-Sandwiches

8 Förmchen oder Gläser (etwa 200 ml Inhalt)

Pro Portion:
E: 5 g, F: 24 g, Kh: 29 g,
kJ: 1482, kcal: 355

1. Gelatine in kaltem Wasser nach Packungsanleitung einweichen. Vanilleschote längs aufschneiden und das Mark mit einem kleinen Messer herauskratzen.
2. Sahne mit 100 g des Zuckers, Vanilleschote und -mark in einem kleinen Topf zum Kochen bringen. Den Topf von der Kochstelle nehmen. Die Gelatine gut ausdrücken und in der heißen Sahne unter Rühren vollständig auflösen. Joghurt hinzugeben und glatt unterrühren. Die Sahne-Joghurt-Masse durch ein feines Sieb gießen und in 8 Förmchen oder Gläser verteilen.
3. Förmchen oder Gläser mit Frischhaltefolie zugedeckt etwa 6 Stunden in den Kühlschrank stellen.
4. In der Zwischenzeit Erdbeeren fast ganz auftauen lassen (sie können noch einen leicht gefrorenen Kern haben). Die Erdbeeren mit dem restlichen Zucker und Zitronensaft in einen Rührbecher geben, fein pürieren und zugedeckt in den Kühlschrank stellen.
5. Die braune Schale von dem Kokosnuss-Fruchtfleisch abschälen. Fruchtfleisch fein raspeln. Kokosraspel kurz vor dem Servieren mit dem Sirup oder der Speisefarbe mischen.
6. Die Erdbeersauce als Spiegel auf 8 Tellern verteilen. Die Förmchen oder Gläser aus dem Kühlschrank nehmen. Panna Cotta am Rand mit einem kleinen Messer lösen. Die Förmchen oder Gläser kurz in heißes Wasser tauchen. Panna Cotta vorsichtig auf die Erdbeerspiegel stürzen und mit Kokosraspeln bestreuen.

Eis-Sandwiches

8 Portionen — Zum Vorbereiten

Zubereitungszeit: 30 Minuten, ohne Abkühlzeit
Gefrierzeit: 2 1/2 Stunden

1 Eigelb (Größe M)
20 g brauner Rohrzucker
1 Prise Salz
50 ml Milch
100 g Schlagsahne (mind. 30 % Fett)
30 g Zartbitter-Raspelschokolade
8 Doppelkekse mit Schokofüllung (Ø etwa 6 cm)
70 g Erdbeer- oder Mangofruchtaufstrich

Pro Portion:
E: 3 g, F: 11 g, Kh: 24 g,
kJ: 861, kcal: 206

1. Eigelb, Rohrzucker, Salz und Milch in einem Topf mit einem Schneebesen bei schwacher Hitze zu einer schaumigen Masse aufschlagen (nicht kochen, da das Eigelb sonst gerinnt).
2. Den Topf von der Kochstelle nehmen und in ein kaltes Wasserbad stellen. Die Masse unter Rühren abkühlen lassen.
3. Sahne steif schlagen und mit der Raspelschokolade unter die Masse heben. Eismasse in eine flache, gefrierfeste Form füllen und zugedeckt in den Gefrierschrank stellen. Die Masse etwa 2 1/2 Stunden gefrieren lassen.
4. Die Doppelkekse waagerecht halbieren. Dafür die lange, dünne Klinge eines Messers in kochend heißes Wasser tauchen. Die Klinge mit Küchenpapier trocken reiben. Den Doppelkeks flach hinlegen und vorsichtig mit dem Messer in zwei einzelne Kekse trennen. Die Schokoladenfüllung gleichmäßig auf beiden Kekshälften verteilen. Zum Halbieren der restlichen Kekse die Messerklinge immer wieder in kochend heißes Wasser tauchen und trocken reiben.
5. Eis auf 8 Kekshälften verteilen und im Gefrierschrank kurz anfrieren lassen.
6. Die Kekshälften aus dem Gefrierschrank nehmen. Jeweils 1 Teelöffel Fruchtaufstrich auf die Eismasse streichen. Mit je einer Kekshälfte (Schokoladenseite nach unten) belegen, sodass ein Sandwich entsteht. Eis-Sandwiches sofort servieren.

Hinweis: Nur ganz frisches Eigelb verwenden, das nicht älter als 5 Tage ist (Legedatum beachten).

Tipp: Um die Eismasse gleichmäßig auf die Kekse zu streichen, einen Ring oder eine runde Ausstechform (Ø 5–6 cm) auf die Kekse legen. Die Eismasse einfüllen und den Ring oder die Form wieder abziehen.

Kapitel 10

Rezepte 901–1000

Partydrinks

Bellini / Night and Day

Bellini

1 Portion

1–2 weiße Pfirsiche
trockener Sekt
evtl. etwas Zitronensaft
oder Pfirsichlikör

1. Pfirsiche kurz in kochendes Wasser legen, in kaltem Wasser abschrecken und enthäuten. Das Fruchtfleisch vom Stein lösen und pürieren.
2. Das Pfirsichmus in eine Cocktailschale geben und mit gut gekühltem Sekt langsam aufgießen, dabei leicht umrühren.
3. Nach Belieben etwas Zitronensaft oder Pfirsichlikör hinzugeben.

Tipps: Der Bellini schmeckt besonders gut, wenn man statt Sekt Champagner verwendet.

Night and Day

1 Portion

1 cl Cognac
1 cl Apricot Brandy
4 cl Orangensaft
einige Eiswürfel
10 cl trockener Sekt

1. Cognac mit Apricot Brandy, Orangensaft und einigen Eiswürfeln in einen Shaker geben und alles kräftig schütteln.
2. Den Drink durch ein Barsieb in ein großes, gekühltes Stielglas abseihen. Das Glas mit gut gekühltem Sekt auffüllen und sofort servieren.

Tipps: Statt des Apricot Brandys können Sie auch Marillenlikör verwenden. Besonders apart sieht der Drink mit Blutorangensaft aus.

Planter's Punch

1 Portion

2 cl Zitronen- oder Limettensaft
8 cl Orangensaft
1 cl Grenadinesirup
4 cl brauner Rum
2 cl weißer Rum
einige Eiswürfel

1 Bio-Orangenscheibe
1 Maraschino-Kirsche
evtl. 1 Trinkhalm

1. Zitronen- oder Limettensaft, Orangensaft, Grenadinesirup, Rum und einige Eiswürfel in einen Shaker geben und kräftig schütteln.
2. Den Drink durch ein Barsieb in ein zur Hälfte mit Eiswürfeln gefülltes Longdrinkglas abseihen.
3. Drink mit einer Orangenscheibe und einer Kirsche garnieren.
4. Planter's Punch nach Belieben mit einem Trinkhalm servieren.

Tom und Jerry

1 Portion

2–3 EL Puderzucker
1 Eigelb
3 cl Rum
2 cl Weinbrand
125 ml kalte Milch
einige Eiswürfel

1. Puderzucker mit Eigelb, Rum, Weinbrand, Milch und einigen Eiswürfeln in einen Shaker geben und kräftig schütteln.
2. Den Drink durch ein Barsieb in ein Longdrinkglas abseihen.

Hinweis: Nur ein ganz frisches Eigelb verwenden, das nicht älter als 5 Tage ist (Legedatum beachten).

Tipp: Den Milchdrink können Sie auch heiß genießen. Dazu Puderzucker, Eigelb, Rum und den Weinbrand in einem Shaker kräftig schütteln. Sofort mit heißer Milch auffüllen und gut verrühren. Mit etwas geriebener Muskatnuss bestreuen. Den Drink dann in einem hitzebeständigen Glas servieren.

Orangerie Cocktail

1 Portion

5 cl Aperol (Bitter-Aperitiv)
10 cl Champagner
1 Kumquat

1. Den gekühlten Aperol in einen Champagnerkelch geben und den gekühlten Champagner hinzugießen.
2. Die Kumquat abwaschen, abtrocknen und in den Champagnerkelch geben. Den Cocktail sofort servieren.

Tipp: Der Cocktail schmeckt auch mit Sekt oder Prosecco.

Ipanema

Grasshopper

Kir Royal

Ipanema
Alkoholfrei
1 Portion

1 Bio-Limette
(unbehandelt, ungewachst)
2 cl Lime Juice
2 TL brauner Rohrzucker
etwas Crushed Ice oder
grob zerstoßenes Eis
gekühlter Ginger Ale

einige frische Minzeblättchen
evtl. 1 Trinkhalm

1. Die Limette heiß abwaschen, abtrocknen und in Achtel schneiden. Limettenachtel in ein Glas geben.
2. Lime Juice hinzugeben. Limettenstücke mit einem Stößel zerdrücken und den braunen Zucker daraufstreuen.
3. Das Eis hinzugeben. Das Glas mit Ginger Ale auffüllen und umrühren.
4. Den Drink mit abgespülten und trocken getupften Minzeblättchen garnieren. Nach Belieben mit einem Trinkhalm servieren.

Grasshopper
1 Portion

3 cl Pfefferminzlikör
3 cl Crème de Cacao, weiß
3 cl Schlagsahne
einige Eiswürfel

1 Minzezweig

1. Likör, Crème de Cacao, Sahne und einige Eiswürfel in einen Shaker geben und kräftig schütteln.
2. Dann den Drink durch ein Barsieb in eine gut gekühlte Cocktailschale abseihen.
3. Grasshopper mit einem abgespülten und trocken getupften Minzezweig garnieren und sofort servieren.

Kir Royal
1 Portion

2 cl Crème de Cassis
etwa 100 ml Champagner oder
trockener Sekt

1. Crème de Cassis in einen gut gekühlten Sektkelch oder in eine Sektflöte geben.
2. Crème de Cassis mit eiskaltem Champagner oder Sekt auffüllen und sofort servieren.

Banana Italiano

1 Portion

3 cl Galliano
3 cl Crème de Bananes
5 cl Schlagsahne
einige Eiswürfel
1 Bananenscheibe
1 Karambolescheibe (Sternfrucht)

1. Die Liköre und Sahne mit einigen Eiswürfeln in einen Shaker geben und kräftig schütteln.
2. Den Drink durch ein Barsieb in ein zur Hälfte mit Eiswürfeln gefülltes Longdrinkglas abseihen.
3. Mit einer Bananenscheibe und einem Karambolestern garnieren.

Flying Kangaroo

1 Portion

3 cl Wodka
3 cl weißer Rum
1 cl Galliano
1 cl Cream of Coconut
1 cl Schlagsahne
4 cl Ananassaft
2 cl Orangensaft
einige Eiswürfel
etwas grob zerstoßenes Eis

1. Wodka, Rum, Galliano, Cream of Coconut, Sahne, Ananas-, Orangensaft und einige Eiswürfel in einen Shaker geben und das Ganze kräftig schütteln.
2. Danach den Drink durch ein Barsieb in ein zur Hälfte mit grob zerstoßenem Eis gefülltes Fancyglas abseihen.

Tipp: Eine Ananasscheibe und eine Cocktailkirsche auf einen Holzspieß stecken, auf den Glasrand legen und den Drink servieren.

Banana Italiano / Flying Kangaroo

Mexican Snowball
1 Portion

2 cl Tequila
2 cl Kahlúa (Kaffeelikör)
1 cl Schlagsahne
1 cl Cream of Coconut oder Kokossirup
einige Eiswürfel
etwas Raspelschokolade
1 Physalis (Kapstachelbeere)

1. Tequila, Likör, Sahne, Cream of Coconut oder Kokossirup und einige Eiswürfel in einen Elektromixer geben und gut durchmixen.
2. Den Drink durch ein Barsieb in ein gut gekühltes Cocktailglas abseihen.
3. Mexican Snowball mit etwas Raspelschokolade bestreuen und mit einer Physalis garnieren. Den Drink servieren.

Mojito
1 Portion

2 TL Puderzucker oder
1 cl Zuckersirup
6 cl weißer Rum
Saft von 1/2 Limette
6–8 Minzeblättchen
einige Eiswürfel oder
grob zerstoßenes Eis
Sodawasser
einige Minzeblättchen

1. Puderzucker oder Zuckersirup mit Rum und Limettensaft in ein Longdrinkglas oder einen Tumbler (Becherglas) geben und verrühren, bis der Zucker oder Sirup sich gelöst hat. Abgespülte und trocken getupfte Minzeblättchen darin etwas zerdrücken. Eiswürfel oder grob zerstoßenes Eis hinzufügen und verrühren.
2. Das Glas mit gekühltem Sodawasser auffüllen. Den Drink mit abgespülten und trocken getupften Minzeblättchen garnieren.

Kumquats Caipirinha
1 Portion

6 Kumquats
1/2 Bio-Limette
(unbehandelt, ungewachst)
2 TL brauner Rohrzucker
2 cl Lime Juice
etwas Crushed Ice
5 cl Cachaça

2 Trinkhalme

1. Kumquats und Limette heiß abwaschen und abtrocknen. Die Kum-

Zitronenlimonade

Moulin Rouge

quats halbieren. Die Limettenhälfte achteln.

2. Die Kumquathälften und Limettenachtel in einen Tumbler (Becherglas) geben. Den braunen Zucker und Lime Juice hinzugeben und mit einem Stößel gut zerdrücken.

3. Das Glas mit Crushed Ice auffüllen, den Cachaça darübergießen und gut verrühren.

4. Anschließend den Drink mit 2 Trinkhalmen servieren.

Tipps: Das Original-Caipirinha-Rezept mit Limetten finden Sie auf Seite 553. In Brasilien nimmt man statt braunem Zucker weißen Zucker (er wird dort im Gegensatz zu Deutschland aus Zuckerrohr hergestellt). Die Zuckerkristalle sollen sich nicht vollständig auflösen. Sehr gut schmeckt der Kumquats Caipirinha, wenn Sie den Cachaça einmal durch Wodka oder Sake ersetzen.

Zitronenlimonade

Alkoholfrei

12 Portionen

3 l Mineralwasser ohne Kohlensäure
300–450 g Zucker, 2–3 Prisen Salz
150–180 ml Zitronensaft
einige Trinkhalme

1. Das Wasser, Zucker und Salz in einem großen Topf zum Kochen bringen. Den Topf von der Kochstelle nehmen. Zuckerwasser abkühlen lassen und in 2–3 Glaskrüge geben.

2. Die Glaskrüge mit Frischhaltefolie zugedeckt etwa 2 Stunden in den Kühlschrank stellen.

3. Den Zitronensaft unterrühren. Die Zitronenlimonade in Gläsern verteilen und mit Trinkhalmen servieren.

Tipp: Für Orangenlimonade nur 30–60 ml Zitronensaft nehmen und 150 ml Orangensaft unterrühren.

Moulin Rouge

1 Portion

2 cl Apricot Brandy
2 cl Gin
2 cl Zitronensaft
1 cl Grenadinesirup
einige Eiswürfel
10 cl Champagner

1 Bio-Limetten- oder Karambolescheibe (Sternfrucht)
1 Cocktailkirsche

1. Apricot Brandy, Gin, Zitronensaft, Grenadinesirup und einige Eiswürfel in einen Shaker geben und kräftig schütteln.

2. Den Drink durch ein Barsieb in ein Stielglas abseihen. Gut gekühlten Champagner hinzugießen.

3. Den Drink mit einer Limetten- oder Karambolescheibe und einer Cocktailkirsche garnieren.

Fromme Helene / Ei-ei-ei-Erfrischung

Fromme Helene
1 Portion

1–2 EL grob zerstoßenes Eis
2 cl Eierlikör
3 cl Maraschino-Likör

1. Zerstoßenes Eis in ein Cocktailglas geben. Eierlikör und Likör hinzugießen und kurz umrühren.

Tipp: Den Drink nach Belieben mit einer Kirsche garnieren und mit einem kurzen Trinkhalm servieren.

Ei-ei-ei-Erfrischung
1 Portion

einige Eiswürfel
4 cl Eierlikör
Zitronenlimonade

1 Bio-Zitronenscheibe (unbehandelt, ungewachst)
evtl. 1 Trinkhalm

1. Ein Longdrinkglas zur Hälfte mit Eiswürfeln füllen. Eierlikör hinzugießen.

2. Das Glas mit gekühlter Limonade auffüllen und kurz umrühren.

3. Den Drink mit einer Zitronenscheibe garnieren und nach Belieben mit einem Trinkhalm servieren.

Perroquet
1 Portion

2–3 Eiswürfel
1 cl Pfefferminzsirup
4 cl Pastis

1 Bio-Zitronenspalte
1 Holzspieß
Sodawasser

1. Die Eiswürfel in ein Cocktailglas geben. Pfefferminzsirup und Pastis daraufgeben.
2. Eine Zitronenspalte auf einen Holzspieß stecken und ins Glas stellen.
3. Eiskaltes Sodawasser in einem Glas oder Krug dazureichen.

Sunny
1 Portion

2 cl Dry Gin
3 cl weißer Rum
1 cl Aprikosenlikör
2 cl Maracujasaft
2 cl frisch gepresster Orangensaft
1 cl Grenadinesirup
einige Eiswürfel
1 Bio-Orangenspalte
1 Cocktailkirsche
einige Zitronenmelisseblättchen

1. Gin, Rum, Likör, Maracuja-, Orangensaft, Grenadinesirup und einige Eiswürfel in einen Shaker geben und kräftig schütteln.
2. Den Drink mit dem Eis in ein großes Longdrinkglas (300 ml) geben.
3. Mit einer Orangenspalte, Cocktailkirsche und einigen abgespülten und trocken getupften Zitronenmelisseblättchen garnieren.

Scharfe Lola
Alkoholfrei
1 Portion

300 g Erdbeeren
125 ml Kiwi-Zitrussaft
8 Zitronenmelisseblättchen
4 EL Zitronensaft
etwas Zitronenpfeffer
1 TL grüne Pfefferkörner (in Lake)

1 vorbereitete Erdbeere
einige Erdbeerblätter
2 Trinkhalme

1. Erdbeeren abspülen, abtropfen lassen, entstielen und in einen Elektromixer geben. Saft, abgespülte und trocken getupfte Melisseblättchen, Zitronensaft, Zitronenpfeffer und abgetropfte Pfefferkörner hinzufügen. Die Zutaten pürieren.
2. Das Getränk in ein großes Longdrinkglas (400 ml) füllen. Den Glasrand mit Erdbeere und abgespülten und trocken getupften Erdbeerblättern garnieren.
3. Die Scharfe Lola mit 2 Trinkhalmen servieren.

Tipp: Sie können statt der Erdbeerblätter auch Zitronenmelisseblättchen zum Garnieren verwenden.

Papaya-Smoothie

Alkoholfrei

1 Portion

1 Papaya
1/2 Banane
5 EL Joghurt
100 ml Maracujanektar

1. Papaya halbieren und die Kerne mit einem Esslöffel herausschaben. Die Papayahälften schälen und das Fruchtfleisch in Stücke schneiden. Banane schälen. Bananenhälfte in Stücke schneiden.
2. Papaya-, Bananenstücke, Joghurt und Maracujanektar in einen hohen Rührbecher geben und mit einem Stabmixer pürieren.
3. Den Smoothie nach Belieben einige Zeit in den Kühlschrank stellen. Den Smoothie in ein Glas füllen und servieren.

Tipps: Servieren Sie den Smoothie evtl. mit 2 Trinkhalmen. Der Smoothie schmeckt auch mit Fruchtjoghurt (z. B. Maracuja-Geschmack) sehr gut.

Whiskey Julep

1 Portion

4 Minzezweige
1 TL Puderzucker
evtl. 2–3 Tropfen Wasser
etwas Crushed Ice
5–6 cl Bourbon Whiskey

1. Minze abspülen und trocken tupfen. Die Blättchen von den Stängeln zupfen. Die Minzeblättchen mit dem Puderzucker und evtl. 2–3 Tropfen Wasser in einen Tumbler (Becherglas) geben, mit einem Stößel leicht zerdrücken und umrühren.
2. Das Glas zur Hälfte mit Crushed Ice auffüllen. Dann Whiskey darübergießen und gut umrühren. Das Glas mit Crushed Ice randvoll füllen und nochmals vorsichtig umrühren.

Tipps: Ein Julep ist eine Cocktailgruppe und enthält immer nur Minze, keine Limette und keine Orange. Nach Belieben ein wenig Wasser hinzufügen, um den Alkoholgehalt etwas zu reduzieren.

Americano

1 Portion

3–4 Eiswürfel
3 cl Campari
3 cl Vermouth Rot
Sodawasser
etwas Bio-Zitronenschale

Americano

Xanthia Cocktail

Scarlett O'Hara Cocktail

1. Die Eiswürfel in einen Tumbler (Becherglas) geben. Campari und Vermouth hinzugießen, mit Sodawasser auffüllen und verrühren.
2. Den Drink mit etwas Zitronenschale abspritzen. Die Zitronenschale mit in das Glas geben.
3. Den Drink mit Zitronenschalenstreifen garnieren.

Xanthia Cocktail

1 Portion

3 cl Cherry Brandy
3 cl Chartreuse Gelb
3 cl Gin
einige Eiswürfel
1 Honigmelonenspalte
2 Cocktailkirschen
1 Cocktailsticker

1. Cherry Brandy, Chartreuse, Gin und einige Eiswürfel in einem Rührglas gut verrühren.
2. Den Drink durch ein Barsieb in eine Cocktailschale abseihen.
3. Zum Schluss die Melonenspalte und Cocktailkirschen auf einen Cocktailsticker spießen und über den Glasrand legen.

Gimlet

1 Portion (ohne Foto)

4 cl Gin
2 cl Lime Juice
einige Eiswürfel

1 Bio-Limettenscheibe
1/2 Bio-Zitronenscheibe
1 Holzspieß

1. Gin und Lime Juice mit einigen Eiswürfeln in ein Rührglas geben und gut verrühren.
2. Den Drink in eine gut gekühlte Cocktailschale abseihen. Limetten- und Zitronenscheibe auf einen Holzspieß stecken und den Gimlet damit garnieren.

Scarlett O'Hara Cocktail

1 Portion

4 cl Whiskey
1 cl Limettensaft
5 cl Cranberry-Saft
einige Eiswürfel
5 cl Ginger Ale
evtl. 1 Physalis (Kapstachelbeere)

1. Whiskey, Limettensaft, Cranberry-Saft und einige Eiswürfel in ein Longdrinkglas geben und verrühren.
2. Ginger Ale hinzugießen und nochmals vorsichtig umrühren.
3. Nach Belieben eine Physalis abspülen, trocken tupfen und am unteren Ende leicht einschneiden. Physalis auf den Glasrand stecken und den Drink servieren.

Batida Cherie / Green Poison

Batida Cherie

1 Portion

4 cl Batida de Côco (Kokoslikör, z. B. Mangaroca Batida de Côco)
6 cl Sauerkirschnektar
einige Eiswürfel, 10 cl Sekt

1. Batida de Côco mit Nektar und einigen Eiswürfeln in einem weiten Kelchglas verrühren.
2. Gekühlten Sekt hinzugießen und den Cocktail servieren.

Green Poison

1 Portion

4 cl Kokoslikör
2 cl Wodka
2 cl Blue Curaçao
2 cl Zitronensaft
10 cl Maracujanektar
einige Eiswürfel

1 Bio-Zitronenscheibe
1 Holzspieß
2 Trinkhalme

1. Likör, Wodka, Curaçao, Zitronensaft, Maracujanektar und einige Eiswürfel in einen Shaker geben und kräftig schütteln.
2. Dann den Drink durch ein Barsieb in ein zur Hälfte mit Eiswürfeln gefülltes Longdrink- oder Fancyglas abseihen.
3. Eine Zitronenscheibe auf einen Holzspieß stecken und über den Glasrand legen.
4. Green Poison mit 2 Trinkhalmen servieren.

Pretty in Pink

Alkoholfrei

1 Portion

2–3 EL verlesene Himbeeren
1 leicht geh. TL Traubenzucker oder Zucker
4 cl Himbeersirup
150 ml Milch
einige Eiswürfel

1 Minzezweig
2 verlesene Himbeeren
1 Trinkhalm

1. Himbeeren kurz abspülen, abtropfen lassen, mit Traubenzucker oder Zucker, Sirup und gut gekühlter Milch in einen Elektromixer geben und gut durchmixen.
2. Den Shake in ein zur Hälfte mit Eiswürfeln gefülltes Fancy- oder Longdrinkglas füllen. Den Drink mit einem Minzezweig und Himbeeren garnieren und mit einem Trinkhalm servieren.

Tipps: Für eine alkoholische Variante den Shake statt mit Himbeersirup mit Cassis-Likör zubereiten. Anstelle der Eiswürfel kann auch eine Kugel Himbeer- oder Vanilleeis in das Glas gegeben werden.

Sangria-Bowle

10 Portionen

3 Pfirsiche
3 Bio-Orangen (unbehandelt, ungewachst)
2 Bio-Zitronen (unbehandelt, ungewachst)
8 cl Orangenlikör
8 cl spanischer Brandy
8 cl Portwein
2–2 1/2 l spanischer Rotwein

1. Pfirsiche kurze Zeit in kochendes Wasser legen (nicht kochen lassen), in kaltem Wasser abschrecken, enthäuten, halbieren und jeweils den Stein herauslösen. Pfirsichhälften in kleine Stücke schneiden und in eine Karaffe geben.
2. Die Orangen und Zitronen heiß abwaschen und abtrocknen. Jeweils von 1 Orange und Zitrone die Schale spiralförmig abschneiden.
3. Restliche Orangen und Zitrone mit einem scharfen Messer so schälen, dass die weiße Haut vollständig entfernt wird. Das Fruchtfleisch in kleine Stücke schneiden und zu den Pfirsichstücken in die Karaffe geben.
4. Orangenlikör, Brandy und Portwein hinzugeben. Die Karaffe mit den Früchten einige Stunden in den Kühlschrank stellen.
5. Die Früchte zum Servieren mit gekühltem Rotwein auffüllen und die Orangen- und Zitronenspirale in die Karaffe hängen.

Tipp: Für eine alkoholfreie Sangria verwenden Sie 16 cl Blue Curaçao Barsirup (alkoholfrei), 2 l roten Traubensaft und 1 l Orangensaft.

Pretty in Pink

Sangria-Bowle

Cooler / Korallenriff

Green Door

Cooler
Alkoholfrei
1 Portion

1 Kugel Vanilleeis
10 cl Mineralwasser ohne Kohlensäure
15 cl Orangensaft
5 cl Ananassaft
2–3 Eiswürfel

evtl. 1 Ananasstück
1 Trinkhalm

1. Das Vanilleeis mit Mineralwasser, Orangen- und Ananassaft in einem Elektromixer gut durchmixen.
2. Das Getränk durch ein Barsieb in ein mit 2–3 Eiswürfeln gefülltes Longdrinkglas abseihen.
3. Nach Belieben den Glasrand mit einem Ananasstück garnieren und das Getränk mit einem Trinkhalm servieren.

Korallenriff
Alkoholfrei
1 Portion

2 cl Blue Curaçao Sirup
2 cl Grapefruitsaft
8 cl Ananassaft
6 cl Maracujanektar
einige Eiswürfel

evtl. 1 Ananasstück
evtl. 1 Cocktailkirsche
evtl. 1 Holzstäbchen
evtl. 1 Trinkhalm

1. Sirup, Grapefruit-, Ananassaft, Maracujanektar und einige Eiswürfel in einen Shaker geben und kräftig schütteln. Den Drink durch ein Barsieb in ein zur Hälfte mit Eiswürfeln gefülltes Longdrinkglas abseihen.
2. Nach Belieben ein Ananasstück und eine Cocktailkirsche auf ein Holzstäbchen stecken. Das Getränk damit garnieren und mit einem Trinkhalm servieren.

Tipps: Blue Curaçao Sirup ist die alkoholfreie Variante des Likörs Blue Curaçao. Nach Belieben können Sie die alkoholfreie Variante durch den Likör ersetzen.

Green Door
1 Portion

2 cl brauner Rum
2 cl Bananenlikör
2 cl Blue Curaçao
6 cl Ananassaft
5 cl Maracujasaft
4 cl Grapefruitsaft
einige Eiswürfel

1. Den Rum mit Likör, Curaçao, Ananas-, Maracuja-, Grapefruitsaft und

einigen Eiswürfeln in einen Shaker geben und kräftig schütteln.
2. Den Cocktail durch ein Barsieb in ein zur Hälfte mit Eiswürfeln gefülltes Longdrinkglas abseihen.

Tipp: Den Drink mit einer Bananenscheibe und einer Cocktailkirsche garnieren und mit 2 Trinkhalmen servieren.

Frühlingssinfonie

Alkoholfrei
8 Portionen

2 EL Veilchenblüten
4 EL Waldmeisterblätter
6 EL junge Brennnesselblätter
4 TL flüssiger Kleehonig
Saft von 2 Zitronen
4 EL Waldmeistersirup
500 ml Kefir, 500 ml Bitter Orange
einige Eiswürfel

1. Veilchenblüten, Waldmeisterblätter und Brennnesselblätter vorsichtig abspülen, trocken tupfen und in einen Elektromixer geben.
2. Den flüssigen Kleehonig, Zitronensaft, Waldmeistersirup, Kefir und Bitter Orange hinzugeben und gut verschlagen.
3. Einige Eiswürfel in 8 Tumbler (Bechergläser) geben. Die Masse darauf verteilen.

Tipp: Die Glasränder nach Belieben mit Veilchenblüten garnieren.

Green Summer

1 Portion (ohne Foto)

4 cl Irish Whisky
2 cl Blue Curaçao
1 Spritzer Angostura Bitter
2 TL Zitronensaft
etwas zerstoßenes Eis

1 Bio-Zitronenscheibe
1 Cocktailkirsche

1. Whisky, Curaçao, Angostura und Zitronensaft in einen Shaker geben und kräftig schütteln.
2. Den Drink in ein mit zerstoßenem Eis gefülltes Cocktailglas gießen und anschließend mit einer Zitronenscheibe und einer Cocktailkirsche garniert servieren.

Green Daiquiri

1 Portion

3 cl BOLS Pisang Ambon
(exotischer Frucht-Kräuterlikör)
3 cl weißer Rum
1 cl Limettensaft
2 cl Zuckersirup
einige Eiswürfel
etwas zerstoßenes Eis

1 Bio-Limettenscheibe

1. Pisang Ambon, Rum, Limettensaft, Zuckersirup und einige Eiswürfel in einen Shaker geben und kräftig schütteln.
2. Den Drink anschließend durch ein Barsieb in ein zur Hälfte mit zerstoßenem Eis gefülltes Cocktailglas abseihen.
3. Den Glasrand mit einer Limettenscheibe garnieren und den Green Daiquiri servieren.

Frühlingssinfonie

Green Daiquiri

Irish-Cream-Traum
1 Portion

2 cl weißer oder brauner Rum
4 cl Irish-Cream-Likör
2 cl Kokossirup
4 cl Schlagsahne
8 cl kalter Ananassaft
einige Eiswürfel
etwas Crushed Ice

1 Ananasscheibe
1 Cocktailkirsche
1 Holzspieß
etwas Raspelschokolade

1. Rum mit Irish-Cream-Likör, Kokossirup, Sahne, Ananassaft und einigen Eiswürfeln in einen Shaker geben und kräftig schütteln.
2. Den Drink durch ein Barsieb in ein zur Hälfte mit Crushed Ice gefülltes Fancyglas (400 ml) abseihen.
3. Die Ananasscheibe und Cocktailkirsche auf einen Holzspieß spießen und über den Glasrand legen. Den Drink zusätzlich mit etwas Raspelschokolade verzieren und servieren.

Irish-Cream-Colada
1 Portion

2 cl Weinbrand
2 cl weißer Rum
4 cl Irish-Cream-Likör
1 cl Crème de Cacao
3 cl Mandelsirup
2 cl Schlagsahne
12 cl kalter Ananassaft
einige Eiswürfel
etwas Crushed Ice
1 Scheibe Ananas
1 Cocktailkirsche, 1 Holzspieß
etwas Raspelschokolade

1. Die Drinkzutaten mit Eiswürfeln in einem Shaker gut schütteln und anschließend durch ein Barsieb in ein zur Hälfte mit Crushed Ice gefülltes Fancyglas abseihen.
2. Die Ananasscheibe und die Cocktailkirsche auf einen Holzspieß spießen und über den Glasrand legen. Irish-Cream-Colada zusätzlich mit etwas Raspelschokolade garnieren und servieren.

Grüner Flip
Alkoholfrei
8 Portionen

4 Kiwis
6 EL Waldmeister-Sirup
Saft von 2 Limetten
4 EL Puderzucker
Tonic Water

Irish-Cream-Traum

Irish-Cream-Colada

Grüner Flip

Happy Bee

Kürbis-Mango-Mix

1. Von 2 Kiwis jeweils 4 gleich große Scheiben abschneiden und beiseitelegen. Restliche Kiwis schälen und mit einem Stabmixer pürieren.
2. Sirup, Limettensaft und Puderzucker hinzugeben und unterrühren.
3. Das Getränk in 8 Gläser verteilen und mit Tonic Water auffüllen. Die Glasränder mit den beiseitegelegten Kiwischeiben garnieren.

Happy Bee
Alkoholfrei
1 Portion

50 g Himbeeren
7 cl Orangen-Buttermilch
10 cl Maracujanektar

1. Himbeeren verlesen, evtl. abspülen und trocken tupfen. Himbeeren mit der gekühlten Orangen-Buttermilch pürieren.
2. Gekühlten Maracujanektar hinzugeben und kurz verrühren. Das Getränk in eine Cocktailschale füllen. Oder das Getränk nach Belieben durch ein Sieb in eine Cocktailschale streichen.

Tipps: Der Drink schmeckt auch mit Zitronen-Buttermilch. Garnieren Sie den Drink nach Belieben mit einem Bio-Orangenstück.

Kürbis-Mango-Mix
Alkoholfrei
8 Portionen

600 g Kürbisfleisch (geputzt, ohne faserigen Innenteil)
100 g brauner Zucker
abgeriebene Schale von 2 Bio-Zitronen (unbehandelt, ungewachst)
6 EL Zitronensaft
2 reife Mangos (je etwa 500 g)
einige Minzezweige
etwa 1 l Mineralwasser

1. Das Kürbisfleisch in kleine Würfel schneiden. Kürbiswürfel, Zucker, Zitronenschale und -saft in einem Topf zum Kochen bringen. Zugedeckt etwa 15 Minuten dünsten. Kürbismasse erkalten lassen.
2. Mangos halbieren, schälen und jeweils den Stein herauslösen. Mango in kleine Würfel schneiden.
3. Mangowürfel zur Kürbismasse geben und pürieren. Minze abspülen und trocken tupfen. Die Blättchen von den Stängeln zupfen. Blättchen klein schneiden und zum Kürbis-Mango-Püree geben.
4. Kürbis-Mango-Mix nach Belieben mit Mineralwasser auffüllen.

Tipps: Das Püree in Eiswürfelbehältern einfrieren. Püreewürfel z. B. für eine Bowle verwenden.

Mango Lady

Hemingway / Entencocktail

Mango Lady
Alkoholfrei
1 Portion

2 cl Mangosirup
8 cl Orangensaft
einige Eiswürfel
10 cl Bitter Lemon

evtl. 1 frische Mangospalte
evtl. 1 Trinkhalm

1. Mangosirup und Orangensaft in ein zur Hälfte mit Eiswürfeln gefülltes Longdrinkglas geben und gut verrühren.
2. Den Drink mit gekühltem Bitter Lemon auffüllen.
3. Nach Belieben eine Mangospalte an den Glasrand stecken und dann das Getränk mit einem Trinkhalm servieren.

Hemingway
1 Portion

4 cl weißer Rum
2 cl Zitronensaft
1 cl Zuckersirup
einige Eiswürfel
trockener Sekt oder Champagner

evtl. 1 Bio-Zitronenschalenspirale

1. Rum mit Zitronensaft, Zuckersirup und einigen Eiswürfeln in einen Shaker geben und kräftig schütteln.
2. Den Drink durch ein Barsieb in einen Sektkelch abseihen. Den Kelch mit gut gekühltem Sekt oder Champagner auffüllen.
3. Den Drink nach Belieben mit einer Zitronenschalenspirale garnieren und sofort servieren.

Entencocktail
1 Portion

50–60 g Waldbeeren, z. B. Erdbeeren, Himbeeren, Brombeeren
10 cl Champagner
1 Erdbeere mit Grün
evtl. 1 Trinkhalm

1. Die Waldbeeren putzen, abspülen, trocken tupfen, in einen Rührbecher geben und mit einem Stabmixer pürieren. Das Püree durch ein Sieb streichen und in einen Champagnerkelch geben.
2. Gekühlten Champagner hinzugießen, vorsichtig umrühren.
3. Die Erdbeere abspülen, trocken tupfen und an den Glasrand stecken. Den Entencocktail nach Belieben mit einem Trinkhalm servieren.

Lindenblüten-Crusta

Alkoholfrei
8 Portionen

etwas Zitronensaft
etwas Zucker

1 l Lindenblütentee
500 ml Apfelsaft
4 EL flüssiger Kleehonig
Saft von 2 Zitronen

einige Minzezweige
einige Trinkhalme

1. Die Ränder von 8 Longdrinkgläsern (200 ml) zuerst in Zitronensaft, dann in Zucker tauchen.
2. Den Lindenblütentee mit Apfelsaft, flüssigem Honig und Zitronensaft in einem Gefäß gut verrühren und danach in den Kühlschrank stellen.
3. Das kalte Tee-Apfelsaft-Getränk in den Gläsern verteilen. Lindenblüten-Crusta mit abgespülten und trocken getupften Minzezweigen garnieren, mit Trinkhalmen servieren.

Tipp: Sehr gut schmeckt der Drink auch mit Lindenblütenhonig. Dadurch wird der Geschmack nach Lindenblüten noch verstärkt.

Pimm's No. 1

1 Portion

einige Eiswürfel
5 cl Pimm's No. 1
Zitronenlimonade oder Ginger Ale
1 Bio-Zitronenspalte
1 Gurkenscheibe
1 Holzspieß

1. Die Eiswürfel in ein Glas geben und Pimm's No. 1 darübergießen. Mit gekühlter Zitronenlimonade oder Ginger Ale auffüllen.
2. Eine Zitronenspalte und Gurkenscheibe auf einen Holzspieß stecken und den Drink damit garnieren.

Tipp: Pimm's No. 1 ist eine Ginspezialität bestehend aus Kräutern, Fruchtextrakten und Chinin.

Kir

1 Portion (ohne Foto)

1 cl Crème de Cassis
150 ml Weißwein

1. Crème de Cassis in ein gekühltes Weinglas füllen.
2. Mit gekühltem Weißwein auffüllen.

Lindenblüten-Crusta

Pimm's No. 1

Daiquiri
1 Portion

4 cl weißer Rum
2 cl Limetten- oder Zitronensaft
2 cl Zuckersirup
einige Eiswürfel
evtl. 2 Trinkhalme

1. Rum mit Limetten- oder Zitronensaft, Zuckersirup und einigen Eiswürfeln in einen Shaker geben und kräftig schütteln.
2. Den Drink durch ein Barsieb in eine gut gekühlte Cocktailschale abseihen. Daiquiri nach Belieben mit Trinkhalmen servieren.

Tipp: Der Daiquiri kann statt mit Saft und Zuckersirup auch nur mit 4 cl Lime Juice zubereitet werden.

Strawberry Daiquiri
1 Portion

6 Erdbeeren
5 cl weißer Rum
Saft von 1/2 Limette
1 TL Zuckersirup
etwas grob zerstoßenes Eis
oder Crushed Ice

1. Erdbeeren abspülen, trocken tupfen und entstielen. 1 Erdbeere mit Grün zum Garnieren beiseitelegen. Restliche Erdbeeren mit Rum, Limettensaft, Sirup und dem Eis in einen hohen Rührbecher geben und gut pürieren.
2. Den Drink in eine gut gekühlte Cocktailschale gießen. Den Glasrand mit der beiseitegelegten Erdbeere garnieren.

Death in the Afternoon
1 Portion

4 cl Absinth
2 Eiswürfel
Champagner

1. Absinth in eine Champagnerschale geben und die Eiswürfel hinzugeben.
2. Das Glas mit gekühltem Champagner auffüllen.

Tipps: Der Drink schmeckt auch mit trockenem Sekt. Absinth ist eine Bitterspirituose/Wermutspirituose, die es auch mit Zusätzen von z. B. Anis gibt. Absinth ist ein sagenumwobener Wermut, der bis zum Jahr 1998 verboten war. Er kann einen hohen Alkoholgehalt von 45–73 Vol.-% haben.

Egg-Nogg

1 Portion

1 Eigelb
2–3 TL Puderzucker
5 cl Weinbrand
125 ml kalte Milch
einige Eiswürfel
evtl. 1 Prise frisch ger. Muskatnuss
evtl. 1 Trinkhalm

1. Das Eigelb mit Puderzucker, Weinbrand, Milch und einigen Eiswürfeln in einen Shaker geben und kräftig schütteln.
2. Den Drink durch ein Barsieb in ein Longdrinkglas abseihen.
3. Den Drink kurz umrühren. Nach Belieben mit Muskat bestreuen und mit einem Trinkhalm servieren.

Hinweis: Nur ein ganz frisches Eigelb verwenden, das nicht älter als 5 Tage ist (Legedatum beachten).

Tipps: Den Milchdrink können Sie auch heiß genießen. Dazu die geschüttelten Zutaten statt mit kalter mit heißer Milch auffüllen und gut verrühren. Mit etwas frisch geriebener Muskatnuss bestreuen. Das heiße Milchgetränk in einem hitzebeständigen Glas servieren.

Eiskaffee

Alkoholfrei

2–4 Portionen

500 ml Milch
50 g gem. Kaffee
evtl. Zucker
500 ml Vanilleeis
250 g Schlagsahne
(mind. 30 % Fett)
einige Schokoladenstreusel

1. Milch in einem Topf zum Kochen bringen. Gemahlenen Kaffee in eine Kanne geben. Kochende Milch hinzugießen. Den Kaffee zugedeckt etwa 30 Minuten ziehen lassen.
2. Die Kaffeemilch durch ein Sieb in einen Krug oder Topf gießen. Den Kaffee evtl. mit Zucker abschmecken und anschließend vollständig erkalten lassen.
3. Das Vanilleeis in Würfel schneiden (1 Vanilleeiswürfel zum Garnieren beiseitelegen) und in 2–4 Gläser geben. Den Kaffee in den Gläsern verteilen.
4. Sahne steif schlagen und in einen Spritzbeutel mit Sterntülle füllen.
5. Den Eiskaffee mit der Sahne verzieren, mit Schokostreuseln bestreut und mit dem beiseitegelegten Vanilleeis garniert servieren.

Deep Red

Alkoholfrei

1 Portion

1–2 EL Grenadinesirup
1 Spritzer Zitronen- oder Limettensaft
200 ml Ginger Ale
einige Eiswürfel

1–2 kleine Honigmelonenspalten
1–2 Cocktailkirschen
evtl. Minzeblättchen

1. Grenadinesirup mit Zitronen- oder Limettensaft und der Hälfte des gekühlten Ginger Ales in einem Rührglas verrühren.
2. Ein großes Longdrinkglas mit Eiswürfeln füllen und die Mischung darübergießen.
3. Restliches Ginger Ale hinzugießen und leicht umrühren. Den Drink mit Honigmelonenspalten, Cocktailkirschen und nach Belieben mit abgespülten und trocken getupften Minzeblättchen garnieren.

Tipp: Anstelle von Ginger Ale kann Mineralwasser mit Kohlensäure verwendet werden, dann gut 2 Esslöffel Grenadinesirup und 2 Spritzer Zitronen- oder Limettensaft nehmen.

Pink Limonade
Alkoholfrei
12 Portionen

3 l Mineralwasser ohne Kohlensäure
300–450 g Zucker
2–3 Prisen Salz
30–60 ml Zitronensaft
150 ml Grenadinesirup

1. Das Wasser, Zucker und Salz in einem Topf zum Kochen bringen. Den Topf von der Kochstelle nehmen. Zuckerwasser abkühlen lassen und in 2–3 Glaskrüge füllen.
2. Die Glaskrüge mit Frischhaltefolie zugedeckt etwa 2 Stunden in den Kühlschrank stellen.
3. Zum Schluss Zitronensaft und Grenadinesirup unterrühren.

Tipp: Sie können die Limonade in gründlich gereinigten, verschließbaren Flaschen etwa 3 Tage gekühlt aufbewahren.

Ingwerlimonade
Alkoholfrei
12 Portionen

75 g Ingwer
3 l Mineralwasser ohne Kohlensäure
300–450 g Zucker
2–3 Prisen Salz
150 ml Zitronensaft

1. Die Ingwerwurzel schälen und in Scheiben schneiden. Ingwerscheiben mit Wasser, Zucker und Salz in einem großen Topf zum Kochen bringen. Den Topf von der Kochstelle nehmen. Das Ingwer-Zucker-Wasser abkühlen lassen.
2. Das Ingwer-Zucker-Wasser nach Belieben durch ein Sieb in 2–3 Glaskrüge geben, mit Frischhaltefolie zugedeckt etwa 2 Stunden in den Kühlschrank stellen.
3. Zum Schluss Zitronensaft unterrühren und die Ingwerlimonade bis zum Servieren in den Kühlschrank stellen.

Pink Limonade / Ingwerlimonade

Tipp: Servieren Sie die Limonade nach Belieben in Gläsern mit viel Eiswürfeln, Trinkhalmen und den Ingwerscheiben.

Eistee
Alkoholfrei
4 Portionen (ohne Foto)

1 l Wasser
einige Teeblätter (schwarzer Tee)
je 1 Stück Bio-Zitronen- und Bio-Orangenschale
2 Gewürznelken
1 Zimtstange
2 Pimentkörner
etwas Zucker oder Honig
einige Eiswürfel
evtl. 4 Bio-Orangenscheiben

1. Das Wasser in einem Topf zum Kochen bringen. Die Teeblätter, Zitronen-, Orangenschale, Gewürznelken, Zimtstange und Pimentkörner in eine Kanne geben und mit dem kochenden Wasser übergießen. Tee 3–5 Minuten ziehen lassen.
2. Den Tee durch ein Sieb gießen, mit Zucker oder Honig süßen und erkalten lassen.

3. Vier Gläser mit Eiswürfeln füllen und mit dem Tee aufgießen. Die Glasränder nach Belieben mit je einer Orangenscheibe garnieren.

Feeling Well

1 Portion

4 cl brauner Rum
2 cl Kokoslikör
8 cl Ananassaft
6 cl Maracujasaft
2 cl Zitronensaft
einige Eiswürfel
1 Ananasstück
1 Cocktailkirsche
1 Holzspieß
1 Trinkhalm

1. Den Rum mit Kokoslikör, Ananas-, Maracuja-, Zitronensaft und einigen Eiswürfeln in einen Shaker geben und kräftig schütteln.
2. Den Cocktail durch ein Barsieb in ein zur Hälfte mit Eiswürfeln gefülltes Longdrinkglas abseihen.
3. Das Ananasstück an den Glasrand stecken und die Cocktailkirsche mit einem Holzspieß auf das Ananasstück stecken.
4. Den Cocktail mit einem Trinkhalm servieren.

Gin Fizz

1 Portion

5 cl Gin
3 cl Zitronensaft
2 cl Zuckersirup
einige Eiswürfel
Sodawasser
einige Bio-Zitronenscheiben

1. Gin mit Zitronensaft, Zuckersirup und einigen Eiswürfeln in einen Shaker geben und kräftig schütteln.
2. Den Drink durch ein Barsieb in ein zur Hälfte mit Eiswürfeln gefülltes Longdrinkglas abseihen.
3. Den Drink mit gekühltem Sodawasser auffüllen und mit Zitronenscheiben garnieren.

Godfather

1 Portion

4 cl Whiskey
2 cl Amaretto
einige Eiswürfel

evtl. 1 Cocktailkirsche
evtl. 1 Holzspieß

1. Whiskey und Amaretto mit einigen Eiswürfeln in ein Longdrinkglas geben und verrühren.
2. Nach Belieben eine Cocktailkirsche auf einen Holzspieß stecken.
3. Den Drink damit garnieren.

Feeling Well

Gin Fizz

Godfather

Kokos-Milch-Shake

Alkoholfrei

8 Portionen

3 l kalte Milch
600 ml Cream of Coconut
4 Pck. Dr. Oetker Vanillin-Zucker

etwas Ananas- oder Zitronensaft
200 g Kokosraspel

2 Ananasscheiben (aus der Dose)
8 Holzspieße

1. Die Milch mit Cream of Coconut und Vanillin-Zucker verrühren, bis sich der Vanillin-Zucker gelöst hat.
2. Die Ränder von 8 Gläsern zuerst in Ananassaft oder Zitronensaft, dann in Kokosraspel tauchen.
3. Die Kokosmilch in die vorbereiteten Gläser füllen. Ananasscheiben abtropfen lassen und vierteln. Die Ananasstücke jeweils auf einen Holzspieß stecken und in die Gläser stellen.

Tipp: Nach Belieben können Sie auch einige Kugeln Vanilleeis mit dem Kokos-Milch-Shake im Elektromixer verschlagen.

Piña Colada

1 Portion

4 cl weißer Rum
8 cl Ananassaft
2 cl Cream of Coconut
4 cl Schlagsahne
etwas fein zerstoßenes Eis

1 Ananasstück
1 Cocktailkirsche
evtl. etwas Ananasgrün
2 Trinkhalme

1. Rum, Ananassaft, Cream of Coconut und Sahne in einen Elektromixer geben und gut durchmixen.
2. Zerstoßenes Eis in ein Cocktailglas füllen und den Drink daraufgeben.
3. Den Drink mit einem Ananasstück, der Cocktailkirsche und nach Belieben mit Ananasgrün garnieren und mit 2 Trinkhalmen servieren.

Tipp: Piña Colada gibt einer ganzen Gruppe von Cocktails ihren Namen, den Coladas.

Seabreeze

1 Portion

4 cl Wodka
5 cl Preiselbeersaft
5 cl Grapefruitsaft
einige Eiswürfel

1. Wodka, Preiselbeer-, Grapefruitsaft und einige Eiswürfel in einen Shaker geben und kräftig schütteln.
2. Den Drink durch ein Barsieb in ein zur Hälfte mit Eiswürfeln gefülltes Longdrinkglas abseihen und danach sofort servieren.

Weizen de luxe

Weizen de luxe

8 Portionen

2 l Hefeweizenbier
750 ml trockener Sekt
200 ml Pfirsichlikör

1. Gut gekühltes Hefeweizenbier mit etwa 600 ml gut gekühltem Sekt und Pfirsichlikör verrühren (dabei aber nicht zu stark rühren, damit die Kohlensäure erhalten bleibt).
2. Den Biertrunk kurz vor dem Verzehr in hohe Gläser füllen und mit dem restlichen, gut gekühlten Sekt aufspritzen.

Tipp: Lässt sich vorbereiten, da der Biertrunk seine Frische durchs Aufspritzen mit Sekt wiederbekommt.

Sekt-Flip

Sekt-Flip

1 Portion

1 Eigelb
1 Barlöffel (5 g) Puderzucker
5 cl Weißwein
einige Eiswürfel

Sekt

1. Eigelb, Puderzucker, Wein und einige Eiswürfel in einen Shaker geben und kräftig schütteln. Den Drink durch ein Barsieb in ein Cocktailglas abseihen. Mit gekühltem Sekt auffüllen.

Hinweis: Nur ein ganz frisches Eigelb verwenden, das nicht älter als 5 Tage ist (Legedatum beachten).

Whiskey Sour

Whiskey Sour

1 Portion

4 cl Bourbon Whiskey
4 cl Zitronensaft
2 cl Zuckersirup
4 cl Orangensaft
einige Eiswürfel
1 Bio-Orangenscheibe
1 Cocktailkirsche

1. Whiskey, Zitronensaft, Zuckersirup, Orangensaft und einige Eiswürfel in einen Shaker geben und kräftig schütteln.
2. Den Drink durch ein Barsieb in ein mit einigen Eiswürfeln gefülltes Longdrinkglas abseihen. Den Drink mit einer Orangenscheibe und Cocktailkirsche garnieren.

Erdbeer-Mint-Smoothie / Erdbeer-Himbeer-Smoothie

Tequila Sunrise

Erdbeer-Mint-Smoothie

Alkoholfrei

1 Portion

4–5 Minzezweige
150 g Erdbeeren, 3 EL Joghurt
1 EL flüssiger Honig
2–3 EL Limettensaft

1. Minze abspülen und trocken tupfen. Die Blättchen von den Stängeln zupfen. Minzeblättchen klein schneiden. Erdbeeren abspülen, trocken tupfen und entstielen. Erdbeeren in Stücke schneiden.
2. Minze, Erdbeerstücke, Joghurt, Honig und Limettensaft in einen hohen Rührbecher geben und mit einem Stabmixer pürieren.
3. Den Smoothie nach Belieben einige Zeit in den Kühlschrank stellen.
4. Smoothie in ein Glas füllen und servieren.

Tipp: Erdbeer-Mint-Smoothie mit einem abgespülten, trocken getupften Minzezweig garnieren und mit einem dicken Trinkhalm servieren.

Erdbeer-Himbeer-Smoothie

Alkoholfrei

1 Portion

50 g Erdbeeren
100 g Himbeeren
5 EL Joghurt
50 ml Vollmilch
50 ml Zitronensaft
evtl. einige Himbeeren
etwas gem. Zimt

1. Erdbeeren abspülen, trocken tupfen und entstielen. Erdbeeren in Stücke schneiden. Himbeeren verlesen, evtl. kurz abspülen und gut trocken tupfen.
2. Erdbeerstücke und Himbeeren mit Joghurt, Milch und Zitronensaft in einen hohen Rührbecher geben und mit einem Stabmixer pürieren. Den Smoothie nach Belieben einige Zeit in den Kühlschrank stellen.
3. Den Smoothie in ein Glas füllen. Nach Belieben mit einigen Himbeeren garnieren und mit Zimt bestäuben.

Tipps: Wenn Sie es lieber süßer mögen, geben Sie 1 Teelöffel flüssigen Honig oder Ahornsirup in den Smoothie. Durch die Säure des Zitronensaftes kann es passieren, dass die Milch gerinnt. Achten Sie deshalb darauf, dass die Milch gut gekühlt ist, oder verwenden Sie Sojamilch.

Tequila Sunrise
1 Portion

3–4 Eiswürfel
4 cl Tequila
frisch gepresster Orangensaft
1 cl Grenadinesirup

1 Bio-Orangenscheibe
1 Trinkhalm

1. Die Eiswürfel in ein Longdrinkglas geben. Den Tequila hinzugießen und mit Orangensaft auffüllen.
2. Grenadinesirup hinzugeben.
3. Den Cocktail nur ganz leicht umrühren, mit einer Orangenscheibe garnieren und mit einem Trinkhalm servieren.

Martini Dry Cocktail
1 Portion

5 cl Gin
1 cl Vermouth Dry
einige Eiswürfel

1 grüne Olive (ohne Stein)

1. Gin, Wermut und einige Eiswürfel in einem Rührglas gut verrühren.
2. Den Drink durch ein Barsieb in ein gekühltes, kleines Cocktailglas abseihen.
3. Die Olive hinzugeben.

Tipps: Der Martini Dry Cocktail ist, obwohl so einfach, doch durchaus sehr anspruchsvoll. Wichtig ist, einen kalten Gin zu nehmen. Als Wermut ist der Noilly Prat ideal, auf keinen Fall einen Bianco nehmen. Den Cocktail nach Belieben mit Zitronenschale abspritzen.

Whiskey Smash
1 Portion

1/2 Bio-Zitrone (unbehandelt, ungewachst)
2–3 Minzezweige
2 cl Zuckersirup
etwas Crushed Ice
4 cl Bourbon Whiskey

1. Zitronenhälfte heiß abwaschen, abtrocknen und achteln. Die Minzezweige abspülen und trocken tupfen. Anschließend die Blättchen von den Stängeln zupfen.
2. Zitronenachtel und Minzeblättchen in einen Tumbler (Becherglas) geben. Zuckersirup hinzugeben und mit einem Stößel gut zerdrücken.
3. Das Glas mit Crushed Ice auffüllen. Den Whiskey darübergießen.

Tipps: Servieren Sie den Drink mit einem kurzen, dicken Trinkhalm und garnieren Sie ihn mit einem abgespülten und trocken getupften Minzezweig. Der Smash ist, wie der Julep, eine eigene Cocktailgruppe. Er schmeckt auch mit Rum, Gin, Wodka oder Tequila sehr gut.

Hollywood Fizz
1 Portion

2 cl Kirschwasser
2 cl Kirschsirup
2 cl Zitronensaft
1 TL Puderzucker
einige Eiswürfel
Sodawasser

1. Kirschwasser mit Sirup, Saft, Puderzucker und einigen Eiswürfeln in einen Shaker geben, kräftig schütteln.
2. Den Drink durch ein Barsieb in ein Longdrinkglas abseihen.
3. Mit gekühltem Sodawasser auffüllen und leicht umrühren.

Hoppel-Poppel
1 Portion

1 Eigelb
1 EL Puderzucker
1 Spritzer Zitronensaft
4 cl Arrak
einige Eiswürfel
125 ml kalte Milch
etwas abgeriebene Bio-Zitronenschale oder 1 Bio-Zitronenscheibe
1 Trinkhalm

1. Eigelb mit Puderzucker, Zitronensaft, Arrak und einigen Eiswürfeln in einen Shaker geben und kräftig schütteln.
2. Den Drink durch ein Barsieb in ein Longdrinkglas abseihen. Milch hinzugießen.
3. Den Drink kurz umrühren, mit etwas Zitronenschale bestreuen oder eine Zitronenscheibe an den Glasrand stecken. Mit einem Trinkhalm servieren.

Hinweis: Nur ein ganz frisches Eigelb verwenden, das nicht älter als 5 Tage ist (Legedatum beachten).

Tipp: Den Milchdrink können Sie auch heiß genießen. Dazu die geschüttelten Zutaten statt mit kalter mit heißer Milch auffüllen und gut verrühren. Mit etwas geriebener Muskatnuss bestreuen.

Hausbar-Clou
1 Portion

2 cl Weinbrand
2 cl Curaçao Triple sec
1 Spritzer Angostura Bitter
Sekt
1/2 Bio-Orangenscheibe

1. Weinbrand mit Curaçao und Angostura in einem Sektglas gut verrühren.
2. Das Glas mit gut gekühltem Sekt auffüllen.
3. Den Glasrand mit einer Orangenscheibe garnieren und den Drink servieren.

Frozen Daiquiri
1 Portion

6 cl weißer Rum
1 cl Limettensaft
2 cl Zuckersirup
etwas fein zerstoßenes Eis
etwas Bio-Limettenschale

1. Rum, Limettensaft, Zuckersirup und zerstoßenes Eis in einen Elektromixer geben und auf höchster Stufe durchmixen.
2. Den Drink in eine Sektschale füllen und mit der Limettenschale garnieren. Frozen Daiquiri am besten sofort servieren.

Hoppel-Poppel

Hausbar-Clou

Frozen Daiquiri

Eisschokolade

Green Garuda

Eisschokolade
Alkoholfrei
4 Portionen

100 g Vollmilch-Schokolade
125 ml Wasser
500 ml Milch
125 g Schlagsahne
500 ml Vanilleeis
125 g Schlagsahne
(mind. 30 % Fett)
etwas Vollmilch-Schokolade

1. Die Schokolade in kleine Stücke brechen und mit Wasser in einem kleinen Topf unter ständigem Rühren so lange erhitzen, bis die Schokolade vollständig geschmolzen ist.
2. Nach und nach die Milch und die Sahne hinzugießen, unter Rühren erhitzen, aber nicht kochen lassen. Den Topf von der Kochstelle nehmen.
3. Schokoladenmilch oder -sahne abkühlen lassen und in den Kühlschrank stellen.
4. Das Vanilleeis in Würfel schneiden und in 4 Gläser geben. Die Schokoladenmilch oder -sahne in den Gläsern verteilen.
5. Die Sahne steif schlagen, in einen Spritzbeutel mit Sterntülle füllen und jeweils einen Sahnetuff auf die Eisschokolade spritzen. Nach Belieben mit etwas grob geriebener Schokolade verzieren.

Green Garuda
1 Portion

etwas Zitronensaft
etwas gelber Zucker

2 cl BOLS Pisang Ambon
(exotischer Frucht-Kräuterlikör)
4 cl weißer Rum
etwas zerstoßenes Eis
Zitronenlimonade

2 Trinkhalme

1. Den Rand eines Cocktailglases zuerst in Zitronensaft, dann in Zucker tauchen.
2. Pisang Ambon, Rum und etwas zerstoßenes Eis in einem Rührglas gut verrühren.
3. Den Drink durch ein Barsieb in das vorbereitete Cocktailglas abseihen und mit gekühlter Limonade auffüllen.
4. Green Garuda mit 2 Trinkhalmen servieren.

Jackpot
1 Portion (ohne Foto)

4 cl Wodka
2 cl Pfirsichlikör
1 cl Zitronensaft
3 cl Pfirsichnektar
8 cl Orangensaft
einige Eiswürfel
1 Bio-Orangenscheibe

1. Wodka, Likör und Säfte mit einigen Eiswürfeln in einem Shaker gut schütteln und durch ein Barsieb in ein zur Hälfte mit Eiswürfeln gefülltes Longdrinkglas abgießen.
2. Den Drink mit einer Orangenscheibe garnieren und mit einem Trinkhalm servieren.

Drei-Frucht-Getränk

Alkoholfrei

4 Portionen

2 Äpfel
2 Birnen
250 g Erdbeeren
1 EL Zitronensaft
Mineralwasser mit Kohlensäure

1. Äpfel und Birnen schälen, vierteln, entkernen und in Stücke schneiden. Erdbeeren abspülen, abtropfen lassen und entstielen. 4 schöne Erdbeeren beiseitelegen.
2. Apfel-, Birnenstücke und Erdbeeren in einem elektrischen Entsafter entsaften. Zitronensaft unterrühren.
3. Den Drei-Frucht-Saft in hohen Gläsern verteilen. Mit gekühltem Mineralwasser auffüllen. Die Glasränder mit den beiseitegelegten Erdbeeren garnieren.

Draculas Love

1 Portion

5 cl Vodka Red
3 cl Licor 43
2 cl Zimtsirup
3 cl Schlagsahne
6 cl Ananassaft
einige Eiswürfel

etwas gem. Zimt

1. Vodka, Licor 43, Zimtsirup, Sahne, Ananassaft und einige Eiswürfel in einen Shaker geben, kräftig schütteln.
2. Den Drink durch ein Barsieb in ein zur Hälfte mit Eiswürfeln gefülltes Longdrinkglas (400 ml) abseihen. Mit etwas Zimt bestreut servieren.

Tipp: Licor 43 ist ein Likör bestehend aus Kräutern, Vanille und frischen Fruchtessenzen.

Coco Choco

Alkoholfrei

1 Portion

2 cl dunkler Schokoladensirup
4 cl Cream of Coconut
10 cl Milch
einige Eiswürfel

einige Trinkhalme

1. Sirup mit Cream of Coconut, gekühlter Milch und einigen Eiswürfeln in einen Elektromixer geben und kräftig durchmixen.
2. Den Drink durch ein Barsieb in ein großes, mit einigen Eiswürfeln gefülltes Longdrinkglas abseihen. Den Drink mit Trinkhalmen servieren.

Tipp: Cream of Coconut ist eine dickflüssige Kokosnusscreme aus Kokosnussfleisch, Rohrzucker und Wasser.

Breakfast-Smoothie / Orangen-Smoothie mit Ingwer

Breakfast-Smoothie

Alkoholfrei

1 Portion

1/2 Pfirsich, 1/2 Banane
150 g Vanillejoghurt
100 ml Orangensaft
1 EL kernige Haferflocken

1. Pfirsich abspülen, abtrocknen und den Stein herausnehmen. Die Pfirsichhälfte in Stücke schneiden. Banane schälen. Die Bananenhälfte ebenfalls in Stücke schneiden.
2. Pfirsich-, Bananenstücke, Joghurt und den Orangensaft in einen hohen Rührbecher geben und dann mit einem Stabmixer pürieren. Haferflocken unterrühren.
3. Den Smoothie nach Belieben vor dem Servieren einige Zeit in den Kühlschrank stellen. Smoothie in ein Glas füllen und servieren.

Tipp: Bestreuen Sie den Smoothie kurz vor dem Servieren mit einigen Haferflocken.

Orangen-Smoothie mit Ingwer

Alkoholfrei

1 Portion

1 große Orange
1/2 Banane, 15 g Ingwer
100–150 ml Sojamilch

1. Die Orange so schalen, dass die weiße Haut mitentfernt wird. Orange in Scheiben schneiden. Banane schälen und in Stücke schneiden. Ingwer schälen, ebenfalls klein schneiden.
2. Orangenscheiben, Bananen- und Ingwerstücke mit der Sojamilch in einen großen Rührbecher geben und mit einem Stabmixer pürieren.
3. Den Smoothie nach Belieben vor dem Servieren einige Zeit in den Kühlschrank stellen. Smoothie in ein Glas füllen und servieren.

Tipps: Schmecken Sie den Smoothie nach Belieben mit etwas Honig oder Orangensaft ab. Statt Sojamilch können Sie Sojamilch mit Fruchtgeschmack (z. B. Orange) verwenden.

Wodka Cranberry / Wodka Lemon

Black Velvet

Wodka Cranberry
1 Portion

4 cl Wodka
12 cl Cranberry-Saft
einige Eiswürfel

3–4 Cranberrys
1 Holzspieß

1. Wodka und Cranberry-Saft in ein zur Hälfte mit Eiswürfeln gefülltes Longdrinkglas geben und gut verrühren.
2. Die Cranberrys auf einen Holzspieß stecken. Den Drink damit garniert servieren.

Tipps: Der Drink schmeckt auch mit anderen Säften, z. B. mit Orangen- oder Kirschsaft. Wodka Cranberry nach Belieben mit einem Trinkhalm servieren.

Wodka Lemon
1 Portion

4 cl Wodka
2 cl Zitronensaft
einige Eiswürfel
8–10 cl Bitter Lemon

1 Bio-Zitronenscheibe
2 Trinkhalme

1. Wodka und Zitronensaft in ein zur Hälfte mit Eiswürfeln gefülltes Longdrinkglas geben und gut verrühren. Gekühltes Bitter Lemon hinzugießen.
2. Eine Zitronenscheibe vierteln und in den Drink geben. Wodka Lemon mit Trinkhalmen servieren.

Tipp: Statt Bitter Lemon können Sie auch gut Tonic Water, Zitronen- oder Orangenlimonade oder Eistee verwenden.

Blue Lagoon
1 Portion (ohne Foto)

4 cl Wodka
2 cl Blue Curaçao
1 Barlöffel (1/2 cl) Zitronensaft
einige Eiswürfel
Zitronenlimonade

1 Bio-Zitronenscheibe
1 Cocktailkirsche
1 Minzezweig

1. Wodka, Curaçao, Zitronensaft und einige Eiswürfel in einen Shaker geben und kräftig schütteln.
2. Den Drink mit dem Eis in ein Longdrinkglas geben. Mit etwas Zitronenlimonade auffüllen.
3. Blue Lagoon mit einer Zitronenscheibe, einer Cocktailkirsche und einem abgespülten und trocken getupften Minzezweig garnieren.

Black Velvet
1 Portion

100 ml Champagner
100 ml Guinness Stout
(dunkles englisches Bier)

1. Den gekühlten Champagner in ein Longdrinkglas gießen und mit dem gekühlten Bier auffüllen.

Tipp: Wenn das Bier auf den Champagner gegossen wird, schäumt der Drink weniger, verliert weniger Kohlensäure und bleibt dadurch frischer.

Caipirinha
1 Portion

1 Bio-Limette
(unbehandelt, ungewachst)
2 cl Lime Juice
3 geh. TL brauner Rohrzucker
etwas grob zerstoßenes Eis oder
Crushed Ice
5 cl Cachaça

1–2 kurze, dicke Trinkhalme

1. Die Limette heiß abwaschen und abtrocknen. Von der Limette die Enden abschneiden. Limette achteln und anschließend in einen Tumbler (Becherglas, 0,3 l) geben.
2. Lime Juice hinzufügen, mit dem Zucker bestreuen und alles mit einem Holzstößel gut zerdrücken.
3. Das Glas mit dem Eis auffüllen. Cachaça hinzugießen. Drink umrühren, mit Trinkhalmen servieren.

Tipps: Cachaça ist ein brasilianischer Zuckerrohrschnaps, der nicht wie Rum aus Melasse, sondern aus frischem Zuckerrohr hergestellt wird. Köstlich schmeckt auch Cachaça Cola. Dazu 4 cl Cachaça in ein zur Hälfte mit Eiswürfeln gefülltes Longdrinkglas geben, mit kalter Cola auffüllen und nach Belieben einen Spritzer Limettensaft hinzugeben. Wichtig ist, bei der Limette die Enden abzuschneiden, da hier die meisten Bitterstoffe enthalten sind und kein Fruchtfleisch ist.

Blue Dream
1 Portion

2 cl Gin
2 cl Blue Curaçao
1 cl Zitronensaft
einige Eiswürfel
1 Dekoschirmchen
1 Cocktailkirsche

1. Gin, Curaçao, Zitronensaft und einige Eiswürfel in einen Shaker geben und kräftig schütteln.
2. Den Drink durch ein Barsieb in eine Cocktailschale abseihen. Mit einem Dekoschirmchen und einer Cocktailkirsche garnieren.

Caipirinha

Blue Dream

Clementinen-Ratafia
etwa 1,2 l

12 Bio-Clementinen (unbehandelt, ungewachst)
1 TL Koriandersamen
2 Zimtstangen
700 ml Wodka (40 Vol.-%)
400 g Zucker

1. Die Clementinen heiß abwaschen und abtrocknen. Clementinen mit einem Sparschäler dünn schälen. Die Schale in feine Streifen schneiden.
2. Sechs der Clementinen halbieren und den Saft auspressen. Die restlichen Clementinen in dünne Scheiben schneiden.
3. Koriandersamen leicht zerstoßen. Zimtstangen in Stücke brechen.
4. Nun Clementinenschalenstreifen, -scheiben, -saft, Zimt, Wodka und Zucker in ein gründlich gereinigtes, gespültes, großes Glas geben. Das Glas verschließen, kräftig schütteln.
5. Clementinen-Ratafia etwa 2 Monate an einem kühlen, dunklen Ort (am besten im Keller) durchziehen lassen. Zwischendurch schütteln.
6. Den Clementinen-Ratafia durch ein mit einem Geschirrtuch ausgelegtes Sieb gießen und in 2 Flaschen (je etwa 600 ml) füllen. Die Flaschen fest verschließen und kalt stellen.

Tipps: Nach Belieben können Sie statt Wodka auch Gin oder Weinbrand verwenden. Die herausgefilterten Clementinenscheiben in ein Glas geben und mit Ratafia aufgefüllt servieren.

Haltbarkeit: Gut gekühlt etwa 12 Monate.

Campari Orange
1 Portion

3–4 Eiswürfel
5 cl Campari
frisch gepresster Orangensaft
1/2 Bio-Orangenscheibe oder Bio-Orangenstücke
evtl. 1 Holzspieß
1 Trinkhalm

1. Die Eiswürfel in ein Longdrinkglas geben.
2. Campari hinzugeben, mit Orangensaft auffüllen und verrühren.
3. Das Glas mit der Orangenscheibe oder einigen Orangenstückchen am Spieß garnieren.
4. Campari Orange mit einem Trinkhalm servieren.

Bombay Crushed
1 Portion

4 Kumquats
2 TL brauner Rohrzucker
4 cl Lime Juice
etwas Crushed Ice
6 cl Gin

1 Trinkhalm

1. Kumquats heiß abwaschen, abtrocknen und halbieren. Kumquathälften in einen Tumbler (Becherglas) geben. Braunen Zucker und Lime Juice hinzugeben. Die Kumquathälften mit einem Stößel gut zerdrücken.
2. Das Glas mit Crushed Ice auffüllen. Den Gin darübergießen und gut verrühren.
3. Den Drink mit einem Trinkhalm servieren.

Black Death

1 Portion

2 cl Tequila
4 cl Blue Curaçao
2 cl Grenadinesirup
4 cl Zitronensaft
8 cl Blutorangensaft
einige Eiswürfel
1 Bio-Zitronenscheibe
1 Cocktailkirsche
evtl. 1 Holzspieß
evtl. 2 Trinkhalme

1. Tequila, Curaçao, Grenadinesirup, Zitronensaft, Blutorangensaft und einige Eiswürfel in einen Shaker geben und kräftig schütteln.
2. Danach den Drink durch ein Barsieb in ein mit einigen Eiswürfeln gefülltes großes Longdrinkglas (400 ml) abseihen.
3. Eine Zitronenscheibe mit einer Cocktailkirsche auf einen Holzspieß oder an den Glasrand stecken. Den Drink nach Belieben mit 2 Trinkhalmen sofort servieren.

Cuba Libre

1 Portion

einige Eiswürfel
6 cl weißer Rum
Cola
Saft von 1/4 Limette

evtl. einige Bio-Limettenspalten

1. Einige Eiswürfel in ein Glas geben. Den Rum hinzufügen.
2. Das Glas mit gekühlter Cola auffüllen.
3. Den Limettensaft hinzugeben und kurz umrühren.
4. Cuba Libre nach Belieben mit Limettenspalten garnieren.

Bloody Mate

Alkoholfrei

1 Portion

10 cl starker Matetee
10 cl Tomatensaft
2 Eiswürfel
Salz, gem. Pfeffer
Tabasco
1 Bio-Zitronenviertel

evtl. 2 Bio-Zitronenspalten
1 Trinkhalm

1. Matetee und Tomatensaft in einem Longdrinkglas mit Eiswürfeln gut verrühren. Mit Salz, Pfeffer und Tabasco würzen.
2. Zitronenviertel über dem Glas ausdrücken und nochmals kurz umrühren. Nach Belieben 2 Zitronenspalten auf einen Holzspieß stecken und über den Glasrand legen. Den Drink mit einem Trinkhalm servieren.

Jägermeister-Energy / Jägermeister-O

Bloody Mary

Jägermeister-Energy
1 Portion

3 cl Jägermeister
2 cl Zitronensaft
einige Eiswürfel
125 ml Energy Drink

evtl. 1 Bio-Zitronenscheibe

1. Jägermeister und Zitronensaft in ein zur Hälfte mit Eiswürfeln gefülltes Longdrinkglas geben und gut verrühren. Den Energy Drink hinzugießen.
2. Den Drink nach Belieben mit einer Zitronenscheibe garnieren.

Tipp: Nach Belieben können Sie den Zitronensaft weglassen.

Jägermeister-O
1 Portion

4 cl Jägermeister
12 cl Orangensaft
einige Eiswürfel

1 Bio-Orangenscheibe
1 Holzstäbchen

1. Jägermeister und Orangensaft in ein zur Hälfte mit Eiswürfeln gefülltes Longdrinkglas füllen, umrühren.
2. Eine Orangenscheibe auf ein Holzstäbchen stecken und über den Glasrand legen.

Tipp: Verfeinern Sie Ihren Drink mit 1–2 cl Grenadinesirup, dann nur 10–11 cl Orangensaft verwenden.

Bloody Mary
1 Portion

1 cl Wodka
6 cl Tomatensaft
1 Spritzer Worcestersauce
1 Spritzer Tabasco
1 Spritzer Zitronensaft
Salz, gem., weißer Pfeffer
einige Eiswürfel

evtl. etwas Staudenselleriegrün

1. Wodka, Tomatensaft, Worcestersauce, Tabasco, Zitronensaft, Salz, Pfeffer und einige Eiswürfel in einen Shaker geben und kräftig schütteln.
2. Den Drink durch ein Barsieb in ein Longdrinkglas abseihen. 2–3 Eiswürfel in das Glas geben.

3. Bloody Mary nach Belieben mit abgespültem und trocken getupftem Staudenselleriegrün garnieren und sofort servieren.

Caipirinha-Bowle

8 Portionen

9–10 Bio-Limetten (unbehandelt, ungewachst)
250 g brauner Rohrzucker
250 ml Cachaça
1 kleine Galia-Melone
1,4 l Mineralwasser mit Kohlensäure
1 1/2 l trockener Sekt
einige Eiswürfel

einige Trinkhalme

1. Sieben bis acht Limetten heiß abwaschen, abtrocknen und achteln. Limettenachtel in ein Bowlengefäß geben und mit dem Zucker vermengen. Mit einem Holzstößel die Limettenachtel zerdrücken, sodass der Saft austritt. Cachaça unterrühren. Gefäß in den Kühlschrank stellen.
2. Melone halbieren und die Kerne mit einem Löffel herausschaben. Die Melonenhälften schälen und in kleine Würfel schneiden oder mit einem Kugelausstecher ausstechen. Melonenwürfel oder -kugeln ebenfalls in das Bowlengefäß geben. Das Bowlengefäß zugedeckt etwa 2 Stunden in den Kühlschrank stellen.
3. Kurz vor dem Servieren die restlichen Limetten so schälen, dass die weiße Haut mitentfernt wird. Die Limetten vierteln und in Scheiben schneiden. Limettenscheiben, gekühltes Mineralwasser, gekühlten Sekt und Eiswürfel zu der Fruchtmischung in das Bowlengefäß geben.
4. Die Bowle in Gläsern verteilen, mit Löffeln und Trinkhalmen servieren.

Tipp: Statt die restlichen 2 Limetten in Scheiben zu schneiden, sie auspressen, den Saft mit 150 ml Mineralwasser vermischen. Mischung in einen Eiswürfelbehälter füllen und im Gefrierschrank gefrieren lassen. Limetten-Eiswürfel statt der Wasser-Eiswürfel in die Bowle geben.

Aperol Sour

1 Portion

5 cl Aperol (Bitter-Aperitiv)
4 cl Zitronensaft, 2 cl Zuckersirup
4 cl Orangensaft
einige Eiswürfel
1 Bio-Orangenscheibe
1 Bio-Zitronenscheibe
1 Cocktailkirsche

1. Aperol mit Zitronensaft, Zuckersirup, Orangensaft und einigen Eiswürfeln in einen Shaker geben und kräftig schütteln.
2. Den Drink durch ein Barsieb in einen zur Hälfte mit Eiswürfeln gefüllten Tumbler (Becherglas) abseihen.
3. Den Drink mit einer Orangen- und Zitronenscheibe sowie einer Cocktailkirsche servieren. Nach Belieben kurze Trinkhalme dazureichen.

Aperol Prosecco

1 Portion

4 cl Aperol (Bitter-Aperitiv)
kalter Prosecco oder trockener Sekt

1 Bio-Orangenschalenspirale

1. Aperol in eine gut gekühlte Sektschale geben.
2. Die Schale mit Prosecco oder trockenem Sekt auffüllen.
3. Den Drink mit einer Orangenschalenspirale garnieren und servieren.

Tipps: Aperol ist vergleichbar mit Campari Bitter. Aperol hat einen Alkoholgehalt von 15 Vol.-%, Campari Bitter 25 Vol.-%. Aperol lässt die feine Note von Rhabarber erkennen.

Caipirinha-Bowle

Aperol Sour

Aperol Prosecco

Ratgeber für Gäste und Feste

Allgemeine Hinweise

Lesen Sie vor der Zubereitung, besser noch vor dem Einkauf, die Rezepte einmal vollständig durch. Oft werden Arbeitsabläufe oder -zusammenhänge dann klarer.

Die Portionszahl ist in den einzelnen Rezepten angegeben. Da bei einer Party im Normalfall mehrere unterschiedliche Gerichte angeboten werden und auch der Appetit der Gäste variiert, passen Sie die Mengen entsprechend an. Haben Sie mehr oder weniger Gäste, verändern Sie einfach die Menge der Zutaten. Am einfachsten ist es, das Rezept zu halbieren oder zu verdoppeln. Berücksichtigen Sie dabei, dass sich evtl. die Garzeiten verkürzen oder verlängern können.

Sind Kinder mit eingeladen, können Sie kleinere Portionen berechnen, je nach Alter der Kinder. Für Kinder ist es wichtig, dass kein Alkohol verarbeitet wird. Haben Sie (männliche...) Jugendliche unter Ihren Gästen, berechnen Sie die Mengen der Speisen eher großzügig: Sie können wirklich erstaunliche Mengen essen.

Planung

Ein **Termin- und Arbeitsplan** erleichtert die Vorbereitung erheblich. Es hat sich bewährt, für eine größere Feier oder Party einen Schnellhefter anzulegen, in dem alle notwendigen Informationen gesammelt werden: angefangen von der Gästeliste mit Telefonnummern für Rückfragen, über Zu- und Absagen und Einkaufszettel bis hin zur Telefonnummer des Getränkelieferanten.

Schreiben Sie mehrere **Einkaufszettel**. Einen für Getränke, einen für Zutaten, die gelagert werden können, und einen für die Dinge, die unbedingt frisch gekauft werden müssen. So ist die Vorbereitung auf mehrere Tage verteilt und weniger anstrengend. Nehmen Sie nach Möglichkeit Hilfe bei der Vorbereitung und Durchführung der Party an. Unterstützung beim Einkauf und der Gestaltung der Partylocation ist eine große Erleichterung.
Nutzen Sie die Möglichkeit eines Getränkelieferservices und den Kauf auf Kommission. Sorgen Sie für ausreichende Kühlmöglichkeiten für die Zutaten, die fertigen Gerichte und die Getränke. Hier kann man bei Nachbarn fragen, ob Sie z. B. das Dessert oder einen Salat kalt stellen.

Muten sie sich nicht zu viel Arbeit für den Partytag zu. So können Sie stressfrei mit Ihren Gästen feiern, denn: **Eine fröhliche Gastgeberin und ein gutgelaunter Gastgeber, die entspannt mit den Gästen feiern, tragen viel zur guten Stimmung bei.**

Rezeptauswahl

Sobald die **Anzahl der Gäste** feststeht, können Sie mit der Auswahl der Rezepte beginnen. Achten Sie darauf, die Gerichte so auszuwählen, dass Sie einiges schon 1–2 Tage vor der Party vorbereiten können.

Haben Sie Gäste mit besonderen Bedürfnissen, z.B. Allergiker oder Vegetarier, berücksichtigen Sie das bereits bei der Auswahl der Rezepte.

Das Auge isst mit und darum: Treiben Sie es bunt ... das ist hier ganz wörtlich gemeint. Unterschiedliche Speisen, verschiedene Zutaten, alles liebevoll garniert, machen Lust aufs Probieren!

Wenn Sie die Party unter ein **Motto** stellen, dekorieren Sie die Wohnung oder den Partyraum dazu passend. Wählen Sie die Speisen und Getränke entsprechend aus.

Beispiele für eine Zusammenstellung der Gerichte für einzelne Anlässe finden Sie am Ende des Ratgebers auf Seite 561–562.

Vorbereitung

Alle Rezepte, die sich gut vorbereiten lassen, sind mit Zum Vorbereiten gekennzeichnet. Dabei kann es allerdings sein, dass vor dem Eintreffen der Gäste noch kleinere Arbeitsschritte erledigt bzw. Speisen noch gegart werden müssen. Bei diesen Gerichten ist es ganz besonders wichtig, das komplette Rezept vorher zu lesen, da sich aus dem Text ergibt, welche Zubereitungsschritte im Vorfeld erledigt werden können und was noch vor dem Eintreffen der Gäste zu tun ist.

Beachten Sie bitte, dass die von uns angegebenen Garzeiten dem Ablauf im Rezept entsprechen. Stellen Sie ein Gericht in den Backofen, dass vorbereitet und kalt gestellt wurde, verlängert sich die Garzeit.

Topf-, Formen- und Schüsselgrößen

Achten Sie bei der Zubereitung der Speisen für eine Party im Vorfeld darauf, dass Sie Töpfe, Formen und Schüsseln in geeigneten Größen zur Verfügung haben.
Fehlt es an entsprechender Ausstattung, leihen Sie sich diese bei Nachbarn oder Bekannten aus. Zu volle Töpfe oder Formen sind ärgerlich und führen bei der Vorbereitung zu unnötigem Stress.
Bei vielen Gerichten, z. B. bei Aufläufen, Partytöpfen oder auch kalten Platten, ist es nicht nur möglich, sondern sinnvoll, statt einer großen, zwei kleinere Formen zu befüllen (s. Anrichten). Angebrochene Formen, Schüsseln oder Schalen sehen auf dem Tisch schnell nicht mehr appetitlich aus, wenn nur noch Reste darin sind, sodass es sehr vorteilhaft ist, wenn man zwischendurch etwas Frisches hinstellen kann. Ach-

ten Sie dann darauf, die Garzeit entsprechend anzupassen. Füllen Sie Aufläufe etc. in mehrere kleine Formen, können Sie die Gar-/Backzeiten etwas reduzieren. Bei Kartoffeln und Gemüse kann man leicht mit einem Küchenmesser testen, ob alles gar ist. Einfach hineinstechen – wenn es leicht geht, ist das Gericht fertig.

Getränke

Die Getränkeauswahl sollte zum Essen und zur Jahreszeit passen. Zum Brunch-Buffet gehört immer Kaffee und Tee, nach Wunsch ein Glas Sekt. Für Kinder stellen Sie in der kalten Jahreszeit heiße Schokolade bereit.
Da die Kühlmöglichkeiten für Speisen und Getränke im Sommer in den seltensten Fällen ausreichen, stellen Sie Getränke, die kalt sein sollen, in mit Eiswürfeln (gibt es fertig im Beutel zu kaufen) gefüllte Wäschewannen. Im Notfall tut ein preiswertes, aufblasbares Kinderplanschbecken, im Freien aufgestellt, gute Dienste.

Säfte und Mineralwasser sollten reichlich eingeplant werden. Vielleicht haben Sie die Möglichkeit, Getränke in Kommission zu nehmen. Dann können Sie volle Flaschen nach der Feier zurückgeben und bezahlen nur das, was verbraucht wurde.

Je nach dem Rahmen der Feier ist es möglich, die Gäste zu bitten, sich bei den Getränken selbst zu bedienen. So können Sie sicher sein, dass jeder das Richtige zur Verfügung hat und Sie ersparen sich das dauernde Beobachten der Gästegläser.

Bunte Frucht-Cocktails kommen zu jeder Tageszeit gut an und das Mixen übernimmt meistens jemand aus dem Kreis der Gäste gern …

Zu einem eher rustikalen Buffet passt sehr gut Bier, das in unterschiedlichen Sorten und schönen Flaschen auch dekorativ in Körben bereitgestellt werden kann.

Zum mediterranen Buffet gehören, je nach Tageszeit, Kaffee, Cappuccino und Espresso. Zur Begrüßung ein Glas Prosecco, ansonsten Weiß- und/oder Rotwein: Denken Sie hier auch an alkoholfreie Varianten!

Sekt oder Prosecco zur Begrüßung können Sie, wenn der Platz im Kühlschrank nicht ausreicht, in wenigen Minuten im Gefrierfach auf Trinktemperatur bringen. Denken Sie unbedingt daran (Küchenwecker oder Handy-Alarm einstellen), die Flaschen nach einigen Minuten herauszunehmen, da sie ansonsten platzen könnten.
Genaue Zeitangaben können nicht gemacht werden, da das von der Ausgangstemperatur der Flaschen abhängig ist.

Kinder freuen sich, wenn auch sie zur Begrüßung z. B. einen „Kindersekt" bekommen, in diesem Fall ist das Apfel- oder Orangensaftschorle. Eine halbierte Zitronen- oder Orangenscheibe oder ein Stückchen frische Ananas macht daraus einen Kindercocktail.

Besonders schön sehen Gläser aus, wenn sie mit einem Zuckerrand versehen sind. Dafür die Gläser zuerst in ein Schälchen mit Zitronensaft, dann in ein Schälchen mit Zucker drücken. Den Zuckerrand vor dem Servieren trocknen lassen.

Buffetaufbau/Tischdekoration

Bei einem Buffet sieht es gut aus, wenn die einzelnen Speisen in unterschiedlicher Höhe auf dem Tisch präsentiert werden.

Dazu stellen Sie große Töpfe oder Schalen umgedreht auf den Tisch. Anschließend decken Sie das Ganze mit Tischdecken großzügig zu. In Stoffmärkten gibt es regelmäßig Restabschnitte, die Sie für solche Zwecke verwenden können.
Wenn der Stoff zum Thema oder zur Einrichtung passt – perfekt.

Dekorationen aus der Natur wie Moosplatten, Efeu- oder Weinblätterranken, Herbstblätter usw. sorgen für ein stimmungsvolles Ambiente. Säubern Sie alles sehr sorgfältig, damit sich keine ungebetenen Gäste über Ihr Buffet hermachen.

Sehr schön sind Kräutertöpfe, die in farblich zur Tischdecke passenden Übertöpfen stehen.

Achten Sie darauf, genügend Platz für Platten, Schüsseln und Geschirr zu lassen.

Haben Sie eine größere Gästezahl, stellen Sie Geschirr, Bestecke und die Speisen so auf, dass von zwei Seiten die Möglichkeit besteht, sich zu bedienen. So ersparen Sie Ihren Gästen Warteschlangen.
Ansonsten trennen Sie warme und kalte Speisen, Desserts und Käseplatten. Erfahrungsgemäß essen nicht alle zur gleichen Zeit dasselbe und es ist schöner, wenn sich die Gäste nicht „auf die Füße treten".

Anrichten

Generell gilt: Besser zwei kleinere Schalen und Platten als eine große. Sobald etwas angebrochen ist, leidet das Aussehen. Legen Sie lieber immer mal wieder nach oder zusammen.
Haben Sie nicht so viele tiefe Teller oder Suppentassen wie Gäste, können Suppen auch in etwas größeren Trinkbechern angeboten werden.
Desserts können Sie statt in Schalen sehr gut in kleine Portionsgläser oder klare Kunststoffbecher füllen. Das sieht gut aus und die Gäste werden sicher gern zugreifen.

Platzmangel

Haben Sie eine kleine Küche oder nicht so viel Erfahrung, müssen Sie deshalb nicht aufs Feiern und Fröhlichsein verzichten!
Verschicken Sie mit der Einladung ein Rezept und bitten Ihre Gäste, dieses

Gericht - evtl. statt eines Gastgeschenkes – fertig mitzubringen. So ist die Arbeit auf viele Schultern verteilt und das gemeinsame Begutachten und Probieren der Gerichte sorgt für nette Gespräche. Wenn nach der Feier jeder seine Platten oder Auflaufformen, so, wie sie sind, wieder mitnimmt, bleibt auch der Aufwand beim Spülen überschaubar.
Halten Sie für diesen Fall eine Rolle einfacher Kunststoffbeutel (gut eignen sich z. B. Müllbeutel) bereit, damit der Transport ohne unliebsame Überraschungen gewährleistet ist. Ein weiterer Vorteil dieser Wiedermitnahme ist, dass Sie nicht wochenlang die Besitzer übrig gebliebener Geschirrteile mit detektivischem Geschick aufspüren müssen.

Nicht immer ist es erforderlich, dass alle Gäste für die gesamte Dauer der Feier einen Sitzplatz haben. Stehtische sind äußerst kommunikativ und helfen, dass auch sich noch fremde Menschen miteinander ins Gespräch kommen.

Während der Feier

Stellen Sie (möglichst außerhalb der Sichtweite der Gäste) Behälter für schmutziges Geschirr bereit. Das können gut große Wäschewannen oder Klappkörbe sein. Oder Sie sorgen für helfende Hände, die bereits während der Feier unauffällig Geschirr einsammeln und schon mal spülen. Das empfiehlt sich ganz besonders, wenn Geschirr oder Besteck in der Stückzahl eher knapp sind.

Partyreste – Gutes von Gestern

Bleiben nach der Party – neben gutgelaunten Gästen – Reste vom Essen übrig, können Sie diese zum Teil einfrieren. Praktisch ist es, die Reste portionsweise einzufrieren, da Sie dann einen Vorrat haben, wenn es mal schnell gehen muss oder soll. Gerichte, die nicht eingefroren werden können, sollten mengenmäßig eher knapp kalkuliert werden. Gefriergeeignetes darf ruhig etwas großzügiger bemessen sein.

Auch der schöne Brauch, am Ende der Party den Gästen von den Resten etwas zum Mitnehmen anzubieten, sorgt dafür, dass Sie nicht eine Woche das Gleiche essen müssen. Es empfiehlt sich dazu, bereits im Vorfeld Behälter zu sammeln und bereitzustellen. Gut eignen sich gespülte Kunststoffbecher z. B. von Eiscreme und Twist-off- Einmachgläser. So vermeiden Sie auch Verluste bei Ihrem Geschirr.

Hinweise zum Niedertemperaturgaren von Fleisch

Niedertemperaturgaren (mit der 80 °C- oder 95 °C-Methode) ist das sanfte Garen im Backofen bei einer Temperatur von 80 °C oder 95 °C (Ober-/Unterhitze).

Wichtig beim Niedertemperaturgaren ist das richtige Anbraten. Die Fleischstücke müssen rundherum in heißem Fett oder große Stücke im Ganzen im Backofen angebraten werden. Dabei gerinnt das Eiweiß an der Fleischoberfläche und es bildet sich eine Kruste, die für ein gutes Bratenaroma sorgt und sicherstellt, dass der Fleischsaft im Inneren bleibt. So können die Bratenstücke nicht austrocknen, sondern bleiben zarter und haben eine rosa Farbe. Gleichzeitig werden beim Anbraten auch evtl. vorhandene Keime auf der Fleischoberfläche vernichtet.

Anschließend geben Sie das Fleischstück in den vorgeheizten Backofen und je nach Fleischdicke gart es mehrere Stunden vor sich hin. Dabei werden die Fleischstücke nicht zugedeckt. Wichtig: Kontrollieren Sie die Backofentemperatur mit einem Backofenthermometer und regeln Sie die Temperatur, wenn nötig, nach. Die Backofentür sollte zwischendurch möglichst nicht geöffnet werden, um einen Temperaturabfall im Backofen zu vermeiden.

Mithilfe eines Bratenthermometers können Sie nach der empfohlenen Garzeit prüfen, ob Ihr Bratenstück gar ist. Nach Ende der empfohlenen Garzeit muss die Kerntemperatur des Bratens, je nach Fleischsorte 60–70 °C betragen. Ist diese noch nicht erreicht, muss der Braten bis zum Erreichen der Temperatur im Backofen weitergaren. Planen Sie daher die Zeit etwas großzügiger, da die Fleischstücke unterschiedlich dick sind und auch die Fleischqualität variiert.

Verspäten sich die Gäste oder die Garzeit fällt unerwartet etwas kürzer aus, können die Braten ohne Geschmacks- und Qualitätsverlust einfach bei 60 °C warm gehalten werden. Es empfiehlt sich dann unbedingt, die Servierplatten vorzuwärmen, da das Fleisch ansonsten sehr schnell abkühlt.

Mengenangaben

Durchschnittliche Mengen für 1 Portion:

Suppe

als Vorspeise	150–200 ml
als Hauptgericht	500 ml

Blattsalat (Einkaufsgewicht)

als Vorspeise oder Beilage	50 g

Fisch

ganze Fische	300 g
Filets	150–200 g

Fleisch und Geflügel

mit Knochen	250 g
ohne Knochen	150–200 g
Hackfleisch	125 g

Gemüse (Einkaufsgewicht)
als Beilage .... 250 g
als Hauptgericht ..... 400 g

Nudeln und Reis (roh gewogen)
als Beilage .... 50–75 g
als Hauptgericht ..... 100–125 g

Kartoffeln (Einkaufsgewicht)
als Beilage .... 200 g
als Hauptgericht ..... 350–400 g

Dessert .... 150 g

Für alle Anlässe gilt: Mineralwasser und Saft sollten ausreichend vorrätig sein!

Vorschläge für Mottopartys

Asiatisch

Getränke:
Grüner Tee
Orangen-Smoothie mit Ingwer 551
Bombay Crushed 554
Ingwerlimonade 542

Speisen:
Asia-Suppe 124
Asiatisch marinierte Schweinerippchen 347
Asiatische Hackfleisch-pizza 340
Channa Dal 149
Kalbsschnitzel „Asia Art" 329
Sellerie-Apfel-Suppe mit Wasabi 160
Soleier mit Hoisin-Sauce 103
Thailändische Kokos-Fruchtwürfel mit Litschis 483
Teriyaki-Asia-Pfanne 381
Reisnudelsalat mit Hähnchenstreifen 30

Bayerisch/Oktoberfest

Getränke:
unterschiedliche bayerische Biere
Malzbier
Jägermeister-Energy 556

Speisen:
Apfelstrudel mit Vanillesauce 502
Bayerische Creme 480
Deftige Bauernbrote 435
Fleischsalat 18
Gekochte Rinderbrust 300
Hüttensuppe 141
Obatzter 110
Platte „Bayerischer Abend" ... 408
Spanferkelkeule 316

Brunch

Getränke:
Aperol Sour 557
Bloody Mate 555
Breakfast-Smoothie 551
Kaffee
Tee

Speisen:
Amerikanischer Schinken 345
Aufschnittplatte 434
Belegte Brötchen 423
Fingerfood-Platte 428
Käse-Roulade 458
Kohlrabi-Kartoffel-Gratin 235
Krautsalat 23
Schichtsalat 28,32
Schinkenplatte 462
Wurstplatte 77
Zwölfer-Salat 16

Grillparty/Gartenparty

Getränke:
Bier
Mojito 526
Kürbis-Mango-Mix 537
Piña Colada 544
Wein

Speisen:
Auberginen-Tomaten-Salat .. 51
Eisbergsalat mit Ziegenkäse und Sherry-Pflaumen 46
Erdbeer-Mascarpone-Schichtspeise 510
Gurken-Käse-Salat 50
Italienischer Bauernsalat 58
Joghurtsuppe mit gebratenen Knoblauch-Artischocken ... 152
Kichererbsensalat 20
Schneller Mais-Paprika-Salat . 35
Weizenkörnersalat mit Schäfskäse 39
Zaziki 66

Gutbürgerlich

Getränke:
Bier
Fromme Helene 528
Wein
Weizen de luxe 545

Speisen:
Feine Maultaschensuppe 128
Filettopf mit Sauerkraut 184
Gulasch von der Kalbshaxe mit Thymian 166
Hackbraten „Falscher Hase" .. 342
Hühnersuppe mit Grießklößchen 122
Kartoffelsuppe 166
Kartoffel-Käse-Auflauf 235
Rindfleischtopf nach Sauerbratenart mit Klößen .. 185
Spargel-Kerbel-Suppe mit Hackklößchen 157
Westfälische Erdbeeren 507
Zebracreme 506

Kindergeburtstag

Getränke:
Happy Bee 537
Grüner Flip 536
Pink Limonade 542
Zitronenlimonade 527

Speisen:
Erdbeerschnecken 496
Frikadellen 303
Fruchtiger Wackelpeter 505
Geschichteter Makkaroni-Auflauf 287
Gnocchi-Topf 194
Hackbraten mit Quark 338
Kalter Hund in Weiß 490
Makkaroni-Salat 28
Sandwichschnittchen „Dreierlei" 440
Schwedische Kartoffel-Köttbullar-Suppe 158

Mediterranes Buffet

Getränke:

Prosecco
Martini Dry Cocktail 547
Wein
Kaffee
Cappuccino
Espresso

Speisen:

Ciabatta-Schnittchen mit Mozzarella und Tomaten 407
Fenchel-Birnen-Salat 43
Fenchelgratin à la santé 290
Grüne Bandnudeln mit Lachs und Spinat.......... 368
Italienische Platte 414
Minestrone mit Ricotta-Nocken 124
Bohnensuppe mit Petersilien-Pesto 114
Ravioli mit Frischkäse-Spinat-Füllung 392
Pizza-Nudel-Pfanne 392
Schokoladen-Kaffee-Cassata. 504
Vitello-tonnato-Platte 418
Zabaione 488

Nordisches Buffet

Getränke:

Aquavit
Bier (aus Norddeutschland oder Skandinavien)
Scharfe Lola 529
Schwarzer Tee
Wodka Lemon.............. 552

Speisen:

Elchrücken, überbacken...... 296
Putenschnitzel auf schwedische Art, gefüllte ... 301
Feine Fischplatte 436
Heringssalat............... 18
Leuchtturmsnacks 457
Mecklenburger Fischtopf 211
Meeresfrüchtesalat 41
Rote Grütze mit Vanillesauce.. 484
Rührei-Makrelen-Crostini 451
Schwarzbrottaler 418
Smörebröd mit Bratenaufschnitt und Pfirsich.............. 416
Preiselbeer-Schichtdessert ... 512

Pastaparty

Getränke:

Prosecco
Wein

Speisen:

Bandnudeln mit Blauschimmelkäse 388
Cannelloni Rosanella 355
Lasagne mit Lammhack und Schafskäse........... 376
Linguine mit milder Erdnusssauce 386
Makkaroni mit Schafskäsesauce.......... 402
Nudeln vom Blech........... 401
Nudelsalat mit Parmaschinken und Melone 20
Pasta caprese.............. 377
Ravioli mit Salbeibutter...... 393
Tortellini mit Walnusssauce ... 381
Zitronentiramisu-Schnitten... 486

Picknick
(unbedingt an Kühlakkus denken!)

Getränke:

Prosecco
Wein
Bier

Speisen:

Apfel-Käse-Salat........... 23
Blätterteig-Tarteletts 106
Bohnen-Paprika-Salat 16
Empanadillas.............. 70
Hummus mit Tortilla-Sticks... 92
Makkaroni-Salat 28
Käsestangen 101
Krautsalat 23
Melonensalat mit Vanillequark 495
Schichtsalat mit Hähnchenuggets.......... 28
Frikadellen................ 303
Vanillepudding mit Erdbeeren . 485

Sektempfang/Stehparty

Getränke :

Aperol Prosecco 557
Bellini 522
Drei-Frucht-Getränk 550
Kaffee
Espresso
Kir Royal.................. 524

Speisen:

Auberginenpaste auf Mini-Fladen.............. 67
Fingerfood-Platte 428
Gefüllte Eier 94
Gefüllte Hackfleischtaler..... 96
Gefüllte Mini-Crêpes 89
Käsestangen 101
Mini-Tomaten-Quiche 94
Party-Bruschettas 72

Suppenparty

Getränke:

Bier
Wein

Speisen:

Brennesselsuppe mit Parmesankräckern 146
Bunte Tomatensuppe........ 148
Gazpacho 130
Griechische Kartoffelcremesuppe 126
Kartoffel-Ingwer-Suppe 131
Kartoffel-Suppe mit Apfel-Zwiebel-Spalten..... 123
Kürbissuppe mit Rosmarin.... 141
Milchsuppe mit Schneeklößchen 134
Pikante Partysuppe 135
Süße Grießsuppe 147

Weinprobe

Getränke: (neben dem Wein)

Stilles Mineralwasser

Speisen:

Belegte Baguetteschnittchen . 456
Cocktail-Igel 430
Französischer Winzerauflauf .. 272
Gemischte Käseschnittchen... 426
Gerollte Käseschnittchen..... 425
Pizzastückchen............. 75
Gemüsepaste mit Ciabatta-Chips 110
Käseplatte 444
Minigemüse mit Käsecreme... 411
Rotweincreme 477
Schnittchen mit Forellencreme 460
Ziegenkäse mit Sonnenblumenkernkruste... 80

Kapitelregister

Partysalate

Ananas-Mandarinen-Salat
mit Blätterteigstangen 33
Apfel-Käse-Salat 23
Apfel-Pflaumen-Salat mit gerösteten
Haferflocken 56
Asia-Gemüse-Salat.............. 24
Auberginen-Tomaten-Salat 51
Basmatireis-Salat.............. 27
Bauernsalat, italienischer......... 58
Bohnen-Paprika-Salat 16
Bratkartoffelsalat mit
Lamm und Zaziki 48
Budapester Salat 19
Bulgursalat.................... 22
Caesars Salat 31
Champignon-Tomaten-Salat
mit Halloumi-Würfeln 40
Couscous-Möhren-Salat........... 34
Couscous-Salat mit Süßkartoffeln ... 32
Eiersalat mit Rindfleisch.......... 24
Eiersalat mit Sprossen 53
Eisbergsalat mit Ziegenkäse
und Sherry-Pflaumen 46
Fenchel auf Möhren-Orangen-Salat .. 14
Fenchel-Birnen-Salat............ 43
Fleischsalat.................... 18
Garnelen-Paprika-Salat 45
Garnelen-Sesam-Salat im Reispapier 42
Geflügel-Spargel-Salat........... 40
Gemüse-Kartoffel-Salat mit Lachs... 47
Gemüsesalat mit Knoblauchdressing.. 54
Gemüsesalat „süßsauer“.......... 11
Gemüsesalat vom Grill............ 17
Glasnudelsalat 35
Glasnudelsalat mit geröstetem
Hackfleisch 25
Gurken-Käse-Salat.............. 50
Heringssalat 18
Kartoffel-Bohnen-Salat 50
Kartoffel-Chicorée-Salat 14
Kartoffel-Gemüse-Salat 21
Kartoffel-Matjes-Salat........... 10
Kartoffelsalat mit Gemüse 46
Kartoffelsalat, südfranzösischer..... 18
Käse-Tunfisch-Salat............. 58
Kichererbsensalat............... 20
Kohlrabisalat mit Joghurtsauce...... 29
Krautsalat 23
Linsen-Gemüse-Salat 16
Löwenzahn-Spinat-Salat mit
Schafskäse und Cocktailtomaten... 43
Mai-Gouda-Carpaccio 55
Mais-Paprika-Salat, schneller 35
Makkaroni-Salat................ 28
Mangoldsalat mit Schupfnudeln 51
Meeresfrüchtesalat.............. 41
Melonensalat 31
Nizza-Salat.................... 56
Nudelsalat all'arrabbiata 49
Nudelsalat mit Gemüse........... 12
Nudelsalat mit Parmaschinken
und Melone 20
Nudelsalat mit Tunfisch-Dressing 59
Obstsalat, pikanter.............. 56
Papaya-Tomaten-Salat auf
Hüttenkäse 26
Paprikasalat................... 34
Paprika-Tunfisch-Salat........... 54
Pfannkuchensalat............... 13
Pilzsalat mit Hackfleischbällchen 26
Pilzsalat mit Serrano-Schinken...... 48
Reisnudelsalat mit
Hähnchenbruststreifen 30
Reisnudelsalat, türkischer 38
Reissalat, gemischter 44
Reissalat mit Shrimps 8
Reissalat, orientalischer.......... 12
Reissalat „Peanut Party“ 15
Rohkostsalat, indischer 59
Rote-Bete-Salat, schneller......... 57
Rucola-Spargel-Salat 53
Salat „Dolma“.................. 29
Salat mit Champignons,
Zuckerschoten und Lachs......... 26
Salat mit Forelle, grüner 37
Salat mit gebackenen
Austernpilzen................. 55
Salat mit gebratenem
Hähnchenfilet 36
Salatteller mit Sprossen 52
Salattorte *(Titelfoto)* 52
Sauerkraut-Feigen-Salat 47
Sauerkrautsalat mit Pfifferlingen 38
Schichtsalat, asiatischer 32
Schichtsalat mit Hähnchennuggets... 28
Sellerie-Käse-Salat 10
Selleriesalat 38
Sommersalat mit Roquefortsauce.... 44
Spaghetti-Salat 15
Spargelsalat, grüner............. 34
Spargelsalat mit Garnelen......... 22
Spargelsalat mit Shrimps 42
Spinat-Orangen-Salat 36
Spinatsalat mit Buttermilchdressing.. 45
Tomatensalat, korsischer 21
Tomaten-Schafskäse-Salat 9
Tomaten-Zucchini-Salat........... 10
Tunfischsalat 30
Weißkohlsalat mit Shiitakepilzen 9
Weizenkörnersalat mit Schafskäse ... 39
Ziegenkäsesalat 41
Zucchini-Rettich-Salat........... 37
Zwölfer Salat................... 16

Partysnacks & Dips

Ajvar 98
Apfel-Papaya-Dip............... 78
Apfel-Tofu-Creme............... 89
Auberginenpaste auf Mini-Fladen 67
Auberginen-Tomaten-Pastete 106
Avocado-Quark-Dip 105
Baguettes, gefüllte.............. 88
Barbecue-Hack-Wraps 64
Blätterteigschnecken mit
getrockneten Tomaten........... 77
Blätterteig-Tarteletts............ 106
Blitzsaucen 73
Bohnen-Omelett 98
Brötchen mit Trauben und
Walnüssen 93
Brotchips mit sahnigen Toppings..... 65
Chinasauce süßscharf............ 64
Chilisauce, chinesische süße 69
Currysauce 73
Curry-Fisch-Bällchen 107
Dip mit Apfel-Meerrettich.......... 86
Eier, gefüllte 94
Eier-Senf-Dip 62
Empanadillas
(Spanische Teigtäschchen) 70
Erdbeeren in Bündner Fleisch........ 97
Fleischplätzchen auf syrische Art 102
Frühlingszwiebeln in Bierteig........ 91
Garnelen im Fenchelsud........... 88
Garnelen mit Mango, marinierte 75
Geflügelröllchen mit Käse 77
Gemüsepaste mit Ciabatta-Chips 110
Gemüsesalsa mit
Chili und Soja, pikante 79
Gemüse-Sesam-Kräcker 84
Gorgonzolacreme 99
Gurkenstücke, gefüllte 100
Gurkentatar 76
Hackfleischröllchen auf
Zitronengrasspießen 83
Hackfleischtaler, gefüllte.......... 96
Hähnchen-Ananas-Salat 76
Hummus mit Tortilla-Sticks......... 92
Käse-Dip mit Oliven 99
Käsestangen 101
Käse-Wraps.................... 86
Knuspersticks 84
Kohlrabiwickel 109
Krabbenbrötchen, überbackene 80
Kräuter-Tomaten-Dip............ 96
Kürbis-Apfel-Tartes 62
Lachs-Frischkäse-Torte 104
Lachsröllchen 105
Lachs-Teriyaki-Spieße 74
Lamm-Paprika-Spieße 74
Linsensalat 76
Maiskorn-Küchlein mit Sambal 92
Mango-Salsa................... 66
Mini-Crêpes, gefüllte 89
Mini-Pizzen mit Hack............. 104
Mini-Tomaten 94
Mini-Tomaten-Quiche............ 94
Möhren-Oliven-Paste 102
Obatzter 110
Olivenpaste.................... 109
Orangensauce 90
Orangen-Limetten-Dip 78
Paprika mit Chilifüllung............ 78
Paprika mit Frischkäsefüllung 81
Paprika mit Hähnchenfüllung 108
Parmesan-Mandel-Cantuccini 90
Party-Bruschettas............... 72
Party-Toasts 72
Pfefferonen „italienisch“ 68
Pfefferonen „mexikanisch“......... 68
Picadilly-Dip................... 110
Pizzastückchen 75
Pizzastückchen Mexicana
mit Avocado-Dip 87
Puten-Salbei-Spieße 82
Rote-Bete-Aufstrich............. 71
Rote-Linsen-Dip................ 66
Salat-Snacks 76
Salat-Wraps 107
Sardinenaufstrich 61
Satésauce 73
Sauce, süßsaure 82
Schafskäse-Dip................. 102
Schinkeneier, bunte 83
Schinken-Käse-Röllchen.......... 77
Schinken-Wraps mit Spinat......... 85
Schnitzelrollen 100
Soleier mit Hoisin-Sauce 103

Spinattaler, kleine 85
Studentenfutter 91
Tacos, gefüllte 111
Tarteletts 95
Teigtäschchen, spanische
(Empanadillas) 70
Texas-Salsa...................... 97
Tex-Mex-Creme, pikante........... 70
Tomaten, gefüllte 60
Tomaten-Knoblauch-Butter 61
Tomaten-Mozzarella-Spieße........ 72
Tomatensalsa 101
Tomaten-Zwiebel-Schmalz 65
Walnuss-Käse-Crostini 63
Wraps, zweierlei 68
Wurstkörbchen mit bunten Bohnen ... 81
Wurstsalat....................... 77
Yufkarollen mit Tunfisch 108
Zaziki 66
Ziegenkäse mit
Sonnenblumenkernkruste......... 80
Ziegenkäsecreme 70
Zucchini-Honig-Dip 62

Partysuppen

Asia-Suppe 124
Asia-Suppe, sauerscharfe.......... 136
Bauernsuppe, spanische 158
Bohnensuppe mit Mettwurst 162
Bohnensuppe mit Petersilien-Pesto .. 114
Bohnensuppe nach Balkan-Art 144
Brennnesselsuppe mit
Parmesankräckern 146
Butternut-Soup 143
Channa Dal
(Indische gelbe Erbsensuppe) 149
Dinkelsuppe mit Kohlrabi, bunte..... 148
Erbsen-Buttermilch-Suppe......... 113
Erbsensuppe für Eilige............ 126
Erbsensuppe, indische gelbe
(Channa Dal) 149
Erbsensuppe mit Parmesan 114
Erbsensuppe mit Würstchen, frische .. 143
Gazpacho (Kalte Gemüsesuppe) 130
Gemüsesuppe, italienische 145
Gemüsesuppe, kalte (Gazpacho)..... 130
Gemüsesuppe mit Fleischklößchen ... 147
Gemüsesuppe mit Glasnudeln
und Bambussprossen 142
Gemüsesuppe mit Käseklößchen 154
Gemüsesuppe mit Kokos und Curry ... 150
Gemüsesuppe „Zack Zack" 159
Grießsuppe, süße................. 147
Gurkensuppe mit Pfefferkäse 115
Hackfleisch-Tandoori-Suppe 115
Hühnersuppe, chinesische.......... 112
Hühnersuppe mit Grießklößchen 122
Hühnersuppe mit Reis 123
Hüttensuppe 141
Jägersuppe 128
Joghurtsuppe mit gebratenen
Knoblauch-Artischocken 152
Kartoffelcremesuppe, griechische.... 126
Kartoffel-Ingwer-Suppe 131
Kartoffel-Köttbullar-Suppe,
schwedische................... 158
Kartoffel-Möhren-Suppe mit
Erdnusscreme.................. 116
Kartoffelsuppe 116
Kartoffelsuppe mit
Apfel-Zwiebel-Spalten 123
Kartoffelsuppe mit Daikonkresse
und Knusperspeck 133
Kartoffelsuppe mit Wiener
Würstchen 146
Käsesuppe mit Croûtons und
Frühlingszwiebeln 152
Kichererbsensuppe 131
Kichererbsensuppe mit Kartoffeln ... 151
Kohlrabi-Apfel-Süppchen
mit Lachs 121
Kokossuppe mit Mango, scharfe 160
Kürbis-Möhren-Suppe mit Chili
und Koriander 132
Kürbissuppe mit Amarettini 153
Kürbissuppe mit Rosmarin 141
Linsencremesuppe mit
Ziegenkäsenocken 140
Linsen-Curry-Suppe, gelbe 149
Linsensuppe mit Räucherfisch 140
Linsensuppe mit Würstchen 132
Lumpensuppe 121
Maissuppe 120
Maistopf mit Paprika.............. 137
Maultaschen-Suppe, feine 128
Melonensuppe, kalte.............. 151
Milchsuppe mit Schneeklößchen 134
Minestrone mit Ricotta-Nocken 124
Misosuppe mit Schweinefleisch
und Gemüse 132
Mitternachtssüppchen, feines....... 127
Möhren-Sesam-Suppe,
orientalische 136
Möhrensuppe mit Ingwer........... 139
Möhrensuppe, würzige............ 156
Nudel-Fischklößchen-Suppe,
sauerscharfe 163
Ofensuppe, indische 142
Ostersuppe, griechische 122
Paprika-Chili-Suppe mit
Käse-Crostini.................. 134
Paprikasuppe mit
Sesam-Ziegenkäse 134
Partysuppe, pikante 135
Pilz-Gemüse-Suppe, chinesische 150
Quark-Kartoffel-Suppe............ 119
Radieschensuppe 157
Ratatouille, mal anders 163
Rindssuppe mit Grießnocken 117
Rosenkohl-Pfifferling-Suppe
mit roten Linsen............... 139
Sauerkrautsuppe mit Cabanossi 162
Sauerkrautsuppe, ungarische 161
Schinkensuppe, hanseatische........ 161
Schokoladensuppe 159
Sellerie-Apfel-Suppe mit Wasabi 160
Sommersuppe mit Salsa und
Knusperschinken, pikante 120
Spargel-Kerbel-Suppe mit
Hackklößchen 157
Spargelsuppe, grüne 113
Spinatsuppe mit gebratenem Ei 119
Spinatsuppe mit Mozzarella 144
Suppe nach Peking-Art 153
Süßkartoffelcremesuppe 155
Tomaten-Aprikosen-Suppe, kalte 129
Tomaten-Fenchel-Suppe 154
Tomaten-Kokos-Suppe 156
Tomatensuppe 145
Tomatensuppe, bunte 148
Tomaten-Zwiebel-Suppe,
pikante orientalische............ 155
Wassermelonen-Gurken-Suppe,
kalte 127
Weizensuppe mit getrockneten
Steinpilzen und Tomaten 125
Wirsingsuppe mit Kräuter-Pesto 118
Zitronen-Parmesan-Suppe 138
Zucchini-Kokos-Suppe 118
Zucchinisuppe mit Joghurt 138
Zwiebelsuppe, feurige............. 129

Partytöpfe

Bigosch 180
Blitzgulasch 179
Bohneneintopf, bunter 202
Buchweizentopf 216
Champignongulasch mit
Zuckerschoten................. 203
Chili con Carne 164
Chinakohl-Stew.................. 181
Couscous mit Gemüse 182
Currylinsen mit Gemüse 182
Curry-Puten-Topf mit Mango 165
Currytopf mit Kokosmilch 201
Dreikorntopf 201
Eierschwammerlgulasch
(Pfifferlingsgulasch) 183
Erbseneintopf 199
Feuerbohnentopf 165
Feuertopf, scharfsüß.............. 183
Filettopf mit Sauerkraut 184
Filettopf mit Spitzkohl und Rosinen... 177
Fisch-Gemüse-Topf............... 215
Fischgulasch, Balatoner 202
Fischgulasch mit Sauerkraut........ 215
Fischragout in
Zitronen-Lauch-Sauce........... 191
Fischtopf, Mecklenburger 211
Fleischcurry nach indonesischer Art,
schnelles 200
Fleischtopf „Asia-Art" 213
Fleischtopf, gratiniert 184
Fleischtopf, orientalischer 225
Geflügelgulasch „Ungarische Art".... 178
Geflügeltopf mit Granatapfelsirup ... 198
Geflügeltopf mit roten Linsen 197
Gemüsecurry mit Koriander......... 198
Gemüse-Risotto mit Schinken
und Käse 196
Geschnetzeltes mit Frischkäse....... 218
Geschnetzeltes mit Steinpilzen
in Rieslingsauce................ 196
Geschnetzeltes von der
Maispoularde mit Apfelspalten 195
Gnocchi-Topf 194
Gulasch von der Kalbshaxe
mit Thymian 166
Gulasch von der Lammkeule 193
Hackfleischtopf, russischer 194
Hackröllchen-Bohnen-Topf 168
Hähnchengeschnetzeltes
„Mailänder Art" 167
Hähnchenragout mit Basmatireis 212
Hähnchenrollen mit
Schafskäse-Gemüse-Füllung 176
Hähnchentopf „Indische Art" 174
Hähnchentopf, mediterraner........ 204

Hähnchentopf mit Honig
und Senf 175
Hirtentopf. 168
Hühnertopf, spanischer. 169
Kalbscurry, dreierlei 200
Kalbsgeschnetzeltes mit Garnelen. . . . 193
Kaninchenkeulen mit Tomaten
und Schnittknoblauch 170
Kartoffelgulasch. 190
Kartoffelgulasch mit
Avocadocreme, scharfes 171
Kartoffel-Knoblauch-Topf 212
Kasseler-Gemüse-Pfanne 187
Kokosmilch-Pilaw 190
Krautnudeln, Tiroler 172
Kürbiscurry, indisches 169
Kurkuma-Hähnchen-Ragout,
fruchtiges 177
Lachs-Champignon-Topf
mit Wirsing 216
Lachs-Gnocchi-Topf 210
Lammcurry 220
Lamm-Gemüse-Eintopf. 226
Lammgeschnetzeltes auf
provenzalische Art 221
Lammragout in
Schnittlauchrahm 218
Lammragout mit Gemüse 224
Lammtopf mit Kürbis. 217
Lammtopf mit Rotwein 220
Lieblingsgulasch, light 219
Linsentopf mit Tomaten, bunter 214
Maistopf 207
Melonen-Hähnchen-Topf 205
Nudel-Durcheinander, buntes. 204
Ofensuppe. 226
Paprika-Linsen-Eintopf mit Forelle. . . 223
Pfifferlingsgulasch
(Eierschwammerlgulasch) 183
Puten-Champignon-Topf. 224
Puten-Spinat-Topf mit
Cashewkernen 222
Reisfleisch, serbisches 173
Reistopf, orientalischer 227
Rindergulasch mit Champignons 222
Rindergulasch mit Fetakäse 208
Rindergulasch mit Wirsing 186
Rindfleischtopf nach
Sauerbraten-Art mit Klößen 185
Rosinen-Spitzkohl-Topf mit
Hackfleisch 188
Rosmarin-Paprika-Topf 186
Safran-Reis, bunter 180
Sauergulasch, rheinisches. 209
Schmorgurkentopf. 187
Schmortopf, mallorquinischer. 210
Schmortopf mit Heilbuttfilets 214
Schweinefleischtopf, asiatischer. 178
Seelachs-Porree-Topf, feuriger. 166
Speck-Weißkohl-Gulasch 188
Thai-Hähnchencurry 174
Tofu-Gemüse-Ragout 172
Tomatenragout von frisch gedörrten
Tomaten und Bandnudeln. 189
Truthahntopf. 208
Wild-Couscous-Topf 206
Wildcurry 192
Wildgeschnetzeltes mit Pilzen 192
Wirsing-Fisch-Eintopf 173
Wirsing-Spinat-Topf 206

Partyaufläufe & -gratins

Asiatischer Auflauf, süßsaurer 230
Auberginen-1001-Nacht 238
Auberginenauflauf auf Kartoffeln . . . 290
Auberginenauflauf mit Brät 252
Auberginen-Hackfleisch-Gratin 241
Auflauf mit Entenbrust, exotischer . . . 272
Auflauf mit Speck und dicken Bohnen 236
Auflauf von Ravioli 238
Bauernterrine 266
Blumenkohlauflauf mit Schinken 291
Bohnenauflauf mit Gorgonzola 282
Bohnenauflauf nach Cowboy-Art 237
Brokkoligratin 259
Brokkoli-Kartoffel-Pfännchen,
gratiniertes 258
Brotauflauf. 228
Brotauflauf mit geräuchertem
Forellenfilet 259
Champignon-Brokkoli-Gratin 266
Champignongratin 245
Champignon-Porree-Torte
mit Senfquark 240
Chicorée-Hähnchen-Gratin 288
Chinakohlauflauf 244
Crêpes-Auflauf mit Hack und Pilzen . . 269
Crespelle-Gratin 270
Eier im Béchamel-Safran-Spinatbett 267
Fenchel mit Letscho, überbackener. . . 231
Fenchelgratin à la santé 290
Fleischtopf, gratinierter 286
French-Toast-Auflauf 286
Frühlingsgratin 274
Geflügel-Champignon-Auflauf,
asiatischer. 268
Gemüseauflauf, griechischer. 289
Gemüseauflauf mit Kichererbsen 274
Gemüsegratin 277
Gemüse-Reis-Gratin 273
Gulasch, überbackenes 278
Hackauflauf mit Gemüse 258
Hackauflauf, orientalischer 249
Hawaii-Meeresfrüchte-Auflauf. 252
Hügelgratin 244
Kaninchen-Nudel-Auflauf 247
Kartoffelauflauf aus der
Normandie 268
Kartoffel-Käse-Auflauf 235
Kartoffel-Porree-Auflauf,
fruchtiger. 288
Kartoffel-Wurst-Auflauf 285
Kichererbsen-Spinat-Gratin 265
Kohlrabi-Kartoffel-Gratin 235
Kürbis-Chorizo-Auflauf 254
Leberkäseauflauf mit Spätzle 253
Makkaroni-Auflauf, geschichteter . . . 287
Möhren-Zucchini-Auflauf 236
Nudelauflauf „Chinesische Art". 233
Nudelauflauf, knuspriger 246
Nudelauflauf „Köttbullar" 284
Nudelauflauf mit Cabanossi
und Paprika 246
Nudelauflauf mit Kalbfleisch
und Salbei 255
Nudelauflauf mit
Lachs-Sahne-Dill-Sauce 283
Nudelauflauf „Sechs Käsesorten" 248
Nudelauflauf „Vier Jahreszeiten" 248
Nudelgratin mit Erbsen, Tomaten
und Mozzarella 275
Nudelgratin mit Hähnchen 284
Pfannkuchen-Gratin 282
Pfannkuchen-Quark-Auflauf 264
Pilzauflauf mit
Kartoffel-Sellerie-Haube. 243
Pilzragout-Auflauf 234
Polenta-Gratin 279
Puten-Reis-Auflauf, exotischer 271
Quarkgratin, grünes 267
Ratatouille-Lasagne 264
Räucherfischgratin 280
Rhabarber-Aprikosen-Auflauf 242
Ricotta-Spinat-Ravioli, gratinierte . . 228
Rosenkohl-Reis-Auflauf 280
Rote-Bete-Auflauf 242
Rotkohl-Lasagne 257
Sauerkrautauflauf mit Quark 254
Sauerkraut-Schmortopf,
überbackener. 278
Spaghetti-Gratin mit
Hähnchenfilet und Gemüse 256
Spargel-Garnelen-Gratin 262
Spätzle-Hähnchen-Auflauf 256
Spinatauflauf, Bäckers 251
Spinat-Lachs-Auflauf. 232
Staudensellerie-Gratin 234
Steckrübenauflauf mit
geräucherter Putenbrust 232
Süßkartoffel-Kohlrabi-Gratin 251
Tandoori-Fisch-Auflauf 230
Tomatenauflauf mit Kartoffeln 239
Tomaten-Lasagne 250
Tomaten-Tunfisch-Auflauf 260
Tortellini-Auflauf mit Pesto 281
Tortilla-Auflauf 261
Tunfisch-Nudel-Auflauf 229
Walliser Gratin 250
Winzerauflauf, französischer. 272
Wirsingauflauf „Schweizer Art" 276
Wirsing-Fischfilet-Auflauf 270
Wirsing-Hack-Auflauf. 260
Wirsing-Kürbis-Auflauf
mit Schweinefilet 240
Zucchiniauflauf mit süßsaurer
Sauce 263
Zucchinigratin 262
Zucchini-Nudel-Auflauf 276

Partybraten

Ananas-Kasseler im Brotteig 322
Bäckerbraten 344
Beefsteak, Florentiner. 294
Boeuf à la mode
(Rindfleisch in Rotwein) 324
Boeuf bourguignon 344
Boeuf Stroganoff. 337
Brathähnchen 292
Burgunderbraten 324
Calvados-Rouladen 322
Curry-Schichtbraten 293
Eisbein mit Sauerkraut 325
Elchrücken, überbacken 296
Filet in dunkler Biersauce, falsches . . . 297
Filetduo. 343
Filetpastete 294
Frikadellen 303
Frischlingsschäufele im Brotteig 295
Hackbraten auf Kartoffelgratin 337
Hackbraten „Falscher Hase" 342

Hackbraten mit Kürbiskernen 340
Hackbraten mit Quark 338
Hackbraten vom Blech 302
Hackbraten, mit Sauerkraut gefüllt .. 302
Hackfleischpizza, asiatische 340
Hähnchen, karibische 306
Hähnchen mit
Reis-Tomaten-Füllung 307
Hähnchenbrust in Spinatsauce 305
Hähnchenbrust mit Senfkruste 331
Hähnchenbrust, süßscharf 345
Hähnchenfilets in
Pilz-Marsala-Sauce 336
Hähnchenschenkel mit
Parmaschinken-Pesto 339
Hasenfilet mit Pfifferling-
Weintrauben-Sauce 304
Hawaii-Schnitzel 303
Jägerbällchen 342
Kalbfleisch-Parma-Röllchen 336
Kalbsbraten mit Milch und Rosmarin .. 314
Kalbsbraten mit Petersilien-Pesto ... 346
Kalbsroulade mit
Schinken-Parmesan-Füllung 352
Kalbsschnitzel „Asia-Art" 329
Kalbsschnitzel in Paprikarahm 346
Kalbsschnitzel mit Kräuterkruste 328
Kaninchen nach Bauernart 328
Kasseler auf Gemüsestreifen 328
Kasseler mit Pumpernickelkruste 319
Kasselerbraten mit Chutneykruste ... 309
Kasselerbraten mit Spitzkohl 349
Kasseler-Roulade 326
Kasseler Rückenschnitzel 308
Krautbraten, bayerischer 323
Kräuterfilet, mit Frischkäse gefüllt ... 326
Kräuter-Putenbraten mit
Tomatensauce 348
Kräuter-Roastbeef 310
Kräuterrollbraten, scharfer 330
Lammfleisch mit grüner Sauce,
kaltes 306
Lammhackbraten mit weißen
Bohnen 352
Lammkronen 331
Lammrollbraten, mediterraner 313
Lammrücken mit Kartoffelkruste 348
Lammschnitzel in
Kräuter-Knoblauch-Panade 350
Lammschultern 353
Leberkäse, gebackener 300
Nackensteaks mit Aprikosensauce ... 311
Ofenschnitzel 350
Pizzabraten 351
Pute, gefüllt 338
Putenrollbraten 312
Putenroulade, große 341
Putenschnitzel à la Bordelaise 335
Putenschnitzel auf schwedische Art,
gefüllte 301
Riesenroulade 334
Rinderbraten in Gemüsesauce 319
Rinderbraten in Rotwein 314
Rinderbrust, gekochte 300
Rinderfilet, doppeltes 293
Rindfleisch in Rotwein
(Boeuf à la mode) 324
Rippe mit Backobst 318
Roastbeef in
Estragon-Rotwein-Sauce 334
Roastbeef in Salzkruste 333
Roastbeef mit Kräuter-Senf-Kruste .. 315
Roastbeef mit Remouladensauce 320
Salzbraten 298
Sauerbraten „Brackweder Art" 298
Scheibenbraten, überbacken 327
Schichtbraten, runder 332
Schinken, amerikanischer 345
Schmorbraten, fränkischer 317
Schnitzel-Sahne-Gratin,
geschichtetes 304
Schweinebauch mit Malzbiersauce
und Beifuß, knuspriger 310
Schweinefilet im Speckmantel 299
Schweinefleischrouladen, kleine 308
Schweinekotelettbraten 332
Schweinekrustenbraten in
Biersauce 320
Schweinenacken im Salzmantel 321
Schweinerippchen,
asiatisch marinierte 347
Schweinerippchen mit
Pflaumensauce 312
Schweineschnitzel in
Kartoffel-Gemüse-Hülle, falsche ... 296
Schweinshaxen 315
Spanferkelkeule 316
Straußenfilet in Wacholdersahne
mit Schwarzwurzelgemüse 316
Truthahnkeulen in Altbiersauce 318
Zwiebelkoteletts mit Senfcreme 299

Partypasta

Bandnudeln auf
Tomaten-Paprika-Ragout, grüne ... 387
Bandnudeln mit Artischockensauce .. 391
Bandnudeln mit Blauschimmelkäse .. 388
Bandnudeln mit Ente 389
Bandnudeln mit Enten-Sugo 389
Bandnudeln mit italienischem
Bohnengemüse 386
Bandnudeln mit Lachs und Spinat,
grüne 368
Bandnudeln mit Lachs und Tomaten .. 404
Bandnudeln mit Limettensauce
und Shrimps 403
Bandnudeln mit mariniertem,
grünen Spargel 374
Bandnudeln mit Pilz-Sahne-Sauce,
breite 354
Bandnudeln mit Rucola und
getrockneten Tomaten 374
Bandnudeln mit Salsa picante 372
Bandnudeln mit Schinken und Erbsen 373
Blitz-Ravioli, gratinierte 369
Cannelloni Rosanella 355
Chinesische Eiernudeln mit
Avocado-Hähnchen-Sauce 372
Chinesische Eiernudeln mit
Hähnchenbrust 371
Chorizo-Tortiglioni-Pfanne 404
Curry-Rindfleisch mit Glasnudeln 405
Farfalle in feuriger Sauce 371
Frühlingsgemüse mit Penne 370
Frühlingsnudeln mit
Kürbiskernen 370
Käsespätzle-Gemüse-Rösti 357
Knoblauchspätzle mit
grünem Spargel 375
Lamm-Nudel-Pfanne, griechische 402
Lasagne mit Lammhack und
Schafskäse 376
Lasagne, scharfe 394
Lasagne-Gemüse-Röllchen 368
Lauchnudeln 386
Linguine mit milder Erdnusssauce ... 386
Linguine mit
Ziegenfrischkäsesauce 357
Linguine mit Zucchini und
Schafskäsewürfeln 358
Makkaroni mit
Paprika-Feigen-Sauce 359
Makkaroni mit Schafskäsesauce 402
Mie-Nudeln mit gebratenen
Steckrüben 358
Mie-Nudeln mit Putenstreifen,
gebratene 355
Nudelauflauf mit Shrimps und
Schinken 388
Nudel-Gemüse-Pfanne mit
Champignons 359
Nudeln in Sellerie-Zitronen-Rahm ... 384
Nudeln mit Fischsauce, grüne 356
Nudeln vom Blech 401
Nudelnester, gestockte 356
Nudelpfanne, asiatische 373
Nudelragout mit Brokkoli 383
Nudel-Schinken-Pfanne mit
Pfifferlingen 385
Nudeltopf mit Cabanossi 384
Nudelvariationen vom Blech 376
Orecchiette-Blumenkohl-Pfanne 385
Pasta caprese 377
Pasta mit feinem Gemüse in
Kräuter-Rahm-Sauce 378
Pasta mit Meeresfrüchte-Ragout 378
Pasta mit Tomaten und
Ziegenfrischkäse 400
Penne, extra scharf 369
Penne in Roquefortsahne 398
Penne mit Curry und Huhn 390
Penne mit Entenbrust 393
Penne mit Hühnerleber 379
Penne mit Romanesco 379
Penne mit Vier-Käse-Sauce 380
Penne mit Wirsingsauce und
Mettbällchen 367
Pistazien-Tortellini mit
Tomatensauce 390
Pizza-Nudel-Pfanne 392
Ravioli mit
Frischkäse-Spinat-Füllung 392
Ravioli mit Salbeibutter 393
Rigatoni mit
Tomaten-Basilikum-Sauce 360
Rigatoni-Pfanne mit
Bratwurstklößchen 395
Rote-Bete-Spätzle mit
Gorgonzolasauce 360
Ruote mit Limettensahne 367
Schmetterlingspfanne 361
Senfnudeln 366
Spaghetti alla siciliana 399
Spaghetti carbonara 366
Spaghetti mit Ajvar-Zucchini-Sauce . 365
Spaghetti mit bunter Olivensauce ... 394
Spaghetti mit
Fisch-Tomaten-Sauce 395
Spaghetti mit Garnelen 362

Spaghetti mit Marseiller
Tomatensauce 361
Spaghetti mit milder Paprikasauce . . . 396
Spaghetti-Erbsen-Frittata 382
Spaghetti-Pfanne mit Käsesauce 364
Spätzle mit Lamm-Sugo 362
Spirelli bolognese 396
Spirelli mit Brokkoli und
Speckstreifen 363
Spirelli mit Putenschnitzelchen 383
Spirelli-Topf mit Räuchertofu 405
Taglerini auf Basilikumschaum
mit Muscheln 398
Tagliatelle mit Lachs und Rucola 403
Teriyaki-Asia-Pfanne 381
Thai-Nudeln, milde 400
Tortellini in Gorgonzolasauce 401
Tortellini in Tomaten-Käse-Sauce . . . 363
Tortellini mit Gemüse 397
Tortellini mit grüner Gemüsesauce . . . 382
Tortellini mit Walnusssauce 381
Vollkorn-Käse-Spätzle 397
Vollkornnudeln mit Rote-Bete-Sauce 380
Vollkornnudeln mit Sesam-Pesto 398
Vollkorn-Ravioli mit Ratatouille 364
Zwiebel-Pasta, arabische 375

Partyplatten & -schnittchen

Aalspieße 436
Appetithäppchen 452
Aufschnittplatte 434
Avocadobrote 432
Bagels mit Kichererbsenmus 424
Baguettes, dreifach gefüllte 433
Baguetteschnittchen, belegte 456
Bauernbrote, deftige 435
Bauernbrotschnittchen mit
Harzer Käse 430
Bayerischer Abend 408
Bohnenpüree auf Baconpfannkuchen . 425
Brot mit Schafskäse,
Cocktailtomaten und Basilikum 435
Brötchen, belegte 423
Brotwürfel mit Mandeloliven
und Chorizo 411
Brusschetta 414
Bündner Fleisch 462
Canapés mit Hühnerlebercreme 409
Chicken-Schnittchen 406
Ciabatta-Brötchen mit Frikadellen . . . 422
Ciabatta-Ecken mit Mortadella 431
Ciabatta-Ecken mit Parmaschinken . . 431
Ciabatta-Schnittchen mit
Mozzarella und Tomaten 407
Club-Sandwich 422
Cocktail-Igel 430
Cocktailtomaten, gefüllt 429
Crostini mit Geflügelleber-,
Tomaten- und Olivencreme 442
Crostini mit Schinken 423
Doppeldecker-Schnittchen 439
Dreiecksschnittchen mit
Ajvar-Frischkäse und Salami 421
Eier, grüne 412
Eier im Nest, pochierte 412
Eier, russische 416
Eier-Häckerle-Toastecken 421
Eierhälften, gratinierte 413
Eier-Platte 412
Eiersalat-Schnittchen 432
Filet-Crostini 449
Fingerfood-Platte 428
Fischecken 427
Fischerschnittchen 429
Fischplatte 454
Fischplatte, feine 436
Fladenbrot mit Kichererbsenpüree . . . 448
Fladenbrot mit Tunfisch-Frischkäse . . 448
Fladenbrot mit Zaziki 449
Fladenschnittchen „Dreierlei" 448
Fleischwurstkörbchen 434
Fliegenpilze 416
Forellenfilets, fruchtige 437
Frühlingsschnittchen 414
Frühlingszwiebelaufstrich-
Schnittchen 426
Geflügelplatte 420
Geflügelröllchen mit Obst 420
Geflügelsalat-Häppchen 420
Gemüse, mariniertes 414
Gemüseplatte mit Dips 458
Guacamole 425
Hackfleischbällchen auf
Pumpernickel 413
Hähnchenschnitzel, gefüllte 420
Häppchen-Platte, bunte 441
Hirtenbrötchen, schnelle 463
Käsebirnen 444
Käseplatte 444
Käse-Roulade 458
Käseschnittchen, gemischte 426
Käseschnittchen, gerollte 425
Käse-Zucchini-Schnittchen 417
Kasselerfilet, mariniertes 434
Kaviar-Eier auf Baguettescheiben . . . 412
Knäckebrot mit Knochenschinken 442
Knusperbrot mit
Joghurt-Schafskäse-Creme 445
Knusperhappen 455
Knusperscheiben, fruchtige 437
Kochmettwurst-Schnittchen 456
Kräcker mit angemachtem
Camembert 447
Kräuter-Hack-Bällchen 428
Kürbispastoten 424
Lachs-Schnittchen-Variationen 446
Lachsspieße 436
Leberkäsehäppchen 428
Leberwurst, bayerische 408
Leberwurst-Radieschen-Flirt 443
Leuchtturmsnacks 457
Makrele, marinierte 454
Matjesfilets mit Avocado 436
Matjesfilets, rote 455
Mini-Crêpes-Röllchen mit Lachs 428
Minigemüse mit Käsecreme 411
Möhren mit Parmaschinken 414
Mortadella-Scheiben 415
Mozzarella im Schinkenhemd 446
Mozzarella mit Tomaten 415
Mozzarella-Spieße 429
Orangen-Lachs 454
Panecillos mit Mailänder Salami 459
Parmaschinken auf Grissini-Stangen . . 415
Partyscheiben, heiße 443
Platte, amerikanische 424
Platte, italienische 414
Platte mit Fliegenpilzen und
russischen Eiern 416
Porreeschiffchen 444
Pumpernickelecken 417
Pumpernickeltaler 469
Putenbrust-Baguette-Schnittchen . . . 460
Radispirale 409
Revival-Käseplatte 465
Roastbeef auf Knäckebrot 457
Roastbeefhappen 461
Roastbeefröllchen 434
Roggenbrotschnittchen mit
Heringssalat 410
Rohkost-Schnittchen 410
Romadur, eingelegter 408
Ruck-Zuck-Käseplatte 438
Rührei-Makrelen-Crostini 451
Salamiplatte 464
Salamischeiben mit Oliven 415
Sandwichschnittchen „Dreierlei" 440
Sandwich-Variationen 460
Sardellen-Toast-Schnittchen 440
Schafskäse-Bärlauch-Schnittchen . . . 464
Schinken auf Gurkenscheiben,
westfälischer 463
Schinkenbeutelchen 462
Schinkenplatte 462
Schinkenröllchen mit Gemüsestreifen . 462
Schinkenröllchen und Pflaumenmus-
Schnittchen 462
Schinkenwurst-Röllchen 434
Schnittchen mit Forellencreme 460
Schnittchen mit Grünkernpaste 468
Schnittchen mit Krabbenbutter 446
Schnittchen mit Lachs 429
Schnittchen mit
Tunfisch-Zwiebel-Aufstrich 463
Schnittchen nach Gyrosart 466
Schnittchenvariationen mit Schmalz . . 466
Schwarzbrotschnittchen mit
Emmentaler-Käse-Creme 466
Schwarzbrottaler 418
Schwarzbrottürmchen 468
Schwedenschnittchen 427
Schweinebratenaufschnitt 409
Sesamringe mit Schafskäse 444
Smörebröd mit Bratenaufschnitt
und Pfirsich 416
Spargel-Putenbrust-Schnittchen 437
Surimistäbchen, gratinierte 455
Tatar-Schnittchen 450
Tête-de-Moine-Tomaten 444
Toastschnittchen mit Geflügelaspik . . 438
Tramezzini mit Eiercreme 467
Vitello-tonnato-Röllchen 418
Vollkornschnittchen mit feurigem
Preiselbeeraufstrich 450
Vollkornschnittchen mit Radieschen . . 419
Wurstplatte 452
Wurstsalat, bayerischer 408
Wurstschnittchen 452
Ziegenfrischkäse mit Rucola-Pesto . . . 407
Zungenwurst-Schnittchen 419
Zwiebackhäppchen mit
Mini-Spiegeleiern 439

Partydesserts

Äpfel mit Karamell 489
Apfel-Minis 514
Apfelstrudel mit Vanillesauce 502
Auflauf vom Kaiserschmarren 497

Avocado-Limetten-Sorbet 471
Baiser-Mango-Eistorte 470
Bayerische Creme 480
Beeren-Parfait 492
Blaubeer-Ricotta-Pancakes 520
Bratapfel, gefüllter............... 474
Brombeerpfannkuchen mit weißer Schokoladensauce.............. 515
Brotauflauf mit Datteln und Walnusskernen................ 517
Couscous mit Karamellkirschen...... 500
Daiquiri-Sorbet.................. 496
Dark Roses 481
Dickmilch-Himbeer-Speise......... 494
Domino-Dessert 518
Eis-Sandwiches.................. 521
Eistorte mit Mandelböden.......... 506
Erdbeeren, westfälische 507
Erdbeer-Mascarpone-Schichtspeise .. 510
Erdbeer-Quarkspeise 511
Erdbeer-Sahne-Creme 486
Erdbeerschnecken................ 496
Erdbeer-Sorbet.................. 487
Fruit Cakes 500
Giraffencreme................... 490
Grand-Marnier-Parfait 517
Granita, exotische................ 473
Grießpudding mit Brombeerkompott 489
Heidelbeer-Mousse-Charlotte....... 493
Heidelbeermuffins 477
Himbeer-Cupcakes 502
Holunder-Apfel-Smoothie 518
Joghurt-Eis 505
Joghurt-Panna-Cotta mit rosa Kokosraspeln.................. 520
Johannisbeer-Granita 515
Kaiserschmarren................. 520
Kalter Hund in Weiß.............. 490
Karamellcreme 499
Kirschgelee-Speise 479
Kirschwasser-Rosen 519
Knusper-Päckchen 498
Kokos-Fruchtwürfel mit Litschis, thailändische.................. 482
Limettencreme mit Zitrussalat 499
Mac-Cool-Eistorte 512
Mandel-Bananen-Eis 475
Mandel-Kakao-Eis 475
Mango-Kokos-Reis 482
Mango-Lassi-Eisdrink und Sorbet 506
Maracuja-Quark-Strudel........... 483
Matcha-Eis 472
Melonensalat mit Vanillequark 495
Mousse-au-Cappuccino-Torte, kleine....................... 510
Nussauflauf mit Früchten 503
Obstsalat mit Orangenquark und Walnusskrokant............. 478
Pfirsiche mit Schokopudding........ 479
Pfirsich-Kirsch-Gratin............. 501
Pflaumen-Parfait in der Waffel 508
Pralinen-Eisbombe 492
Preiselbeer-Schichtdessert......... 512
Rhabarbercreme im Erdbeerbett 491
Rhabarber-Ofenschlupfer 516
Rhabarberschaum................ 485
Ricotta-Törtchen mit Himbeersauce 512
Rohrnudeln mit Mohnfüllung........ 480
Rote Grütze mit Vanillesauce 484
Rotweincreme................... 477
Rotweincreme mit schwarzen Johannisbeeren 471
Sahne-Eis 472
Sauerkirschjoghurt mit Schokolade und Müslicrunch 478
Schichtpudding, gewürzter 513
Schoko-Amarettini-Flan 476
Schoko-Kirsch-Crumble 472
Schokokuss-Schichtspeise 514
Schokoladen-Kaffee-Cassata....... 504
Schokoladenpudding mit Sauerkirschen 484
Schokoladen-Zimt-Baiser 476
Schoko-Tarteletts................ 488
Soja-Quitten-Eis................. 483
Stracciatella-Creme mit Kirschen 491
Strawberry-Margarita-Eis.......... 474
Thymian-Eis 511
Tiramisu, fruchtiges 504
Vanille-Eis 498
Vanille-Kirsch-Speise............. 516
Vanillepudding mit Erdbeeren 485
Vanillewaffeln mit Nougatfüllung 508
Wackelpeter, fruchtiger........... 505
Waffeleis-Becher, kleine........... 494
Waffel-Eis-Burger................ 493
Waffeln am Stiel, gefüllte 495
Waldmeister-Zitronen-Eis 518
Weihnachtsstollen-Eis 509
Zabaione....................... 488
Zebracreme..................... 506
Zimtjoghurt mit Bananensalat 508
Zimt-Parfait 497
Zitronencreme................... 487
Zitronentiramisu-Schnitten 486

Partydrinks

Americano 530
Aperol Prosecco 557
Aperol Sour 557
Banana Italiano 525
Batida Cherie 532
Bellini 522
Black Death..................... 555
Black Velvet 553
Bloody Mary 556
Bloody Mate 555
Blue Dream 553
Blue Lagoon 552
Bombay Crushed 554
Breakfast-Smoothie 551
Caipirinha 553
Caipirinha-Bowle 557
Campari Orange 554
Clementinen-Ratafia 554
Coco Choco 550
Cooler 534
Cuba Libre..................... 555
Daiquiri....................... 540
Death in the Afternoon 540
Deep Red...................... 541
Draculas Love 550
Drei-Frucht-Getränk 550
Egg-Nogg 541
Ei-ei-ei-Erfrischung 528
Eiskaffee...................... 541
Eisschokolade 549
Eistee 542
Entencocktail 538
Erdbeer-Himbeer-Smoothie 546
Erdbeer-Mint-Smoothie 546
Feeling Well.................... 543
Flying Kangaroo 525
Fromme Helene 528
Frozen Daiquiri 548
Frühlingssinfonie................ 535
Gimlet 531
Gin Fizz 543
Godfather 543
Grasshopper 524
Green Daiquiri 535
Green Door 534
Green Garuda 549
Green Poison 532
Green Summer.................. 535
Grüner Flip 536
Happy Bee..................... 537
Hausbar-Clou 548
Hemingway 538
Hollywood Fizz.................. 547
Hoppel-Poppel 548
Ingwerlimonade 542
Ipanema 524
Irish-Cream-Colada 536
Irish-Cream-Traum 536
Jackpot 549
Jägermeister-Energy 556
Jägermeister-O 556
Kir........................... 539
Kir Royal 524
Kokos-Milch-Shake............... 544
Korallenriff 534
Kumquats Caipirinha.............. 526
Kürbis-Mango-Mix 537
Lindenblüten-Crusta.............. 539
Mango Lady.................... 538
Martini Dry Cocktail.............. 547
Mexican Snowball 526
Mojito 526
Moulin Rouge 527
Night and Day 522
Orangen-Smoothie mit Ingwer...... 551
Orangerie Cocktail............... 523
Papaya-Smoothie 530
Perroquet 528
Pimm's No. 1 539
Piña Colada.................... 544
Pink Limonade.................. 542
Planter's Punch 523
Pretty in Pink................... 533
Sangria-Bowle 533
Scarlett O'Hara Cocktail 531
Scharfe Lola 529
Seabreeze 544
Sekt-Flip...................... 545
Strawberry Daiquiri 540
Sunny 529
Tequila Sunrise 547
Tom und Jerry 523
Weizen de luxe.................. 545
Whiskey Julep 530
Whiskey Smash 547
Whiskey Sour................... 545
Wodka Cranberry................ 552
Wodka Lemon 552
Xanthia Cocktail 531
Zitronenlimonade 527

Alphabetisches Register

A

Aalspieße . . . 436
Ajvar . . . 98
Americano . . . 530
Ananas-Kasseler im Brotteig . . . 322
Ananas-Mandarinen-Salat mit Blätterteigstangen . . . 33
Aperol Prosecco . . . 557
Aperol Sour . . . 557
Äpfel mit Karamell . . . 489
Apfel-Käse-Salat . . . 23
Apfel-Minis . . . 514
Apfel-Papaya-Dip . . . 78
Apfel-Pflaumen-Salat mit gerösteten Haferflocken . . . 56
Apfelstrudel mit Vanillesauce . . . 502
Apfel-Tofu-Creme . . . 89
Appetithäppchen . . . 452
Asia-Gemüse-Salat . . . 24
Asia-Suppe . . . 124
Asia-Suppe, sauerscharfe . . . 136
Asiatischer Auflauf, süßsaurer . . . 230
Auberginen-1001-Nacht . . . 238
Auberginenauflauf auf Kartoffeln . . . 290
Auberginenauflauf mit Brät . . . 252
Auberginen-Hackfleisch-Gratin . . . 241
Auberginenpaste auf Mini-Fladen . . . 67
Auberginen-Tomaten-Pastete . . . 106
Auberginen-Tomaten-Salat . . . 51
Auflauf mit Entenbrust, exotischer . . . 272
Auflauf mit Speck und dicken Bohnen . . . 236
Auflauf vom Kaiserschmarren . . . 497
Auflauf von Ravioli . . . 238
Aufschnittplatte . . . 434
Avocadobrote . . . 432
Avocado-Limetten-Sorbet . . . 471
Avocado-Quark-Dip . . . 105

B

Bäckerbraten . . . 344
Bagels mit Kichererbsenmus . . . 424
Baguettes, dreifach gefüllte . . . 433
Baguettes, gefüllte . . . 88
Baguetteschnittchen, belegte . . . 456
Baiser-Mango-Eistorte . . . 470
Banana Italiano . . . 525
Bandnudeln auf Tomaten-Paprika-Ragout, grüne . . . 387
Bandnudeln mit Artischockensauce . . . 391
Bandnudeln mit Blauschimmelkäse . . . 388
Bandnudeln mit Ente . . . 389
Bandnudeln mit Enten-Sugo . . . 389
Bandnudeln mit italienischem Bohnengemüse . . . 386
Bandnudeln mit Lachs und Spinat, grüne . . . 368
Bandnudeln mit Lachs und Tomaten . . . 404
Bandnudeln mit Limettensauce und Shrimps . . . 403
Bandnudeln mit mariniertem, grünen Spargel . . . 374
Bandnudeln mit Pilz-Sahne-Sauce, breite . . . 354
Bandnudeln mit Rucola und getrockneten Tomaten . . . 374
Bandnudeln mit Salsa picante . . . 372
Bandnudeln mit Schinken und Erbsen . . . 373
Barbecue-Hack-Wraps . . . 64
Basmatireis-Salat . . . 27
Batida Cherie . . . 532
Bauernbrote, deftige . . . 435
Bauernbrotschnittchen mit Harzer Käse . . . 430
Bauernsalat, italienischer . . . 58
Bauernsuppe, spanische . . . 158
Bauernterrine . . . 266
Bayerische Creme . . . 480
Bayerischer Abend . . . 408
Beefsteak, Florentiner . . . 294
Beeren-Parfait . . . 492
Bellini . . . 522
Bigosch . . . 180
Black Death . . . 555
Black Velvet . . . 553
Blätterteigschnecken mit getrockneten Tomaten . . . 77
Blätterteig-Tarteletts . . . 106
Blaubeer-Ricotta-Pancakes . . . 520
Blitzgulasch . . . 179
Blitz-Ravioli, gratinierte . . . 369
Blitzsaucen . . . 73
Bloody Mary . . . 556
Bloody Mate . . . 555
Blue Dream . . . 553
Blue Lagoon . . . 552
Blumenkohlauflauf mit Schinken . . . 291
Boeuf à la mode (Rindfleisch in Rotwein) . . . 324
Boeuf bourguignon . . . 344
Boeuf Stroganoff . . . 337
Bohnenauflauf mit Gorgonzola . . . 282
Bohnenauflauf nach Cowboy-Art . . . 237
Bohneneintopf, bunter . . . 202
Bohnen-Omelett . . . 98
Bohnen-Paprika-Salat . . . 16
Bohnenpüree auf Baconpfannkuchen . . . 425
Bohnensuppe mit Mettwurst . . . 162
Bohnensuppe mit Petersilien-Pesto . . . 114
Bohnensuppe nach Balkan-Art . . . 144
Bombay Crushed . . . 554
Bratapfel, gefüllter . . . 474
Brathähnchen . . . 292
Bratkartoffelsalat mit Lamm und Zaziki . . . 48
Breakfast-Smoothie . . . 551
Brennnesselsuppe mit Parmesankräckern . . . 146
Brokkoligratin . . . 259
Brokkoli-Kartoffel-Pfännchen, gratiniertes . . . 258
Brombeerpfannkuchen mit weißer Schokoladensauce . . . 515
Brot mit Schafskäse, Cocktailtomaten und Basilikum . . . 435
Brotauflauf mit Datteln und Walnusskernen . . . 517
Brotauflauf mit geräuchertem Forellenfilet . . . 259
Brotauflauf . . . 228
Brötchen, belegte . . . 423
Brötchen mit Trauben und Walnüssen . . . 93
Brotchips mit sahnigen Toppings . . . 65
Brotwürfel mit Mandeloliven und Chorizo . . . 411
Brusschetta . . . 414
Buchweizentopf . . . 216
Budapester Salat . . . 19
Bulgursalat . . . 22
Bündner Fleisch . . . 462
Burgunderbraten . . . 324
Butternut-Soup . . . 143

C

Caesars Salat . . . 31
Caipirinha . . . 553
Caipirinha-Bowle . . . 557
Calvados-Rouladen . . . 322
Campari Orange . . . 554
Canapés mit Hühnerlebercreme . . . 409
Cannelloni Rosanella . . . 355
Champignon-Brokkoli-Gratin . . . 266
Champignongratin . . . 245
Champignongulasch mit Zuckerschoten . . . 203
Champignon-Porree-Torte mit Senfquark . . . 240
Champignon-Tomaten-Salat mit Halloumi-Würfeln . . . 40
Channa Dal (Indische gelbe Erbsensuppe) . . . 149
Chicken-Schnittchen . . . 406
Chicorée-Hähnchen-Gratin . . . 288
Chili con Carne . . . 164
Chilisauce, chinesische süße . . . 69
Chinakohlauflauf . . . 244
Chinakohl-Stew . . . 181
Chinasauce süßscharf . . . 64
Chinesische Eiernudeln mit Avocado-Hähnchen-Sauce . . . 372
Chinesische Eiernudeln mit Hähnchenbrust . . . 371
Chorizo-Tortiglioni-Pfanne . . . 404
Ciabatta-Brötchen mit Frikadellen . . . 422
Ciabatta-Ecken mit Mortadella . . . 431
Ciabatta-Ecken mit Parmaschinken . . . 431
Ciabatta-Schnittchen mit Mozzarella und Tomaten . . . 407
Clementinen-Ratafia . . . 554
Club-Sandwich . . . 422
Cocktail-Igel . . . 430
Cocktailtomaten, gefüllt . . . 429
Coco Choco . . . 550
Cooler . . . 534
Couscous mit Gemüse . . . 182
Couscous mit Karamellkirschen . . . 500
Couscous-Möhren-Salat . . . 34
Couscous-Salat mit Süßkartoffeln . . . 32
Crêpes-Auflauf mit Hack und Pilzen . . . 269
Crespelle-Gratin . . . 270
Crostini mit Geflügelleber-, Tomaten- und Olivencreme . . . 442
Crostini mit Schinken . . . 423
Cuba Libre . . . 555
Curry-Fisch-Bällchen . . . 107
Currylinsen mit Gemüse . . . 182
Curry-Puten-Topf mit Mango . . . 165
Curry-Rindfleisch mit Glasnudeln . . . 405
Currysauce . . . 73
Curry-Schichtbraten . . . 293
Currytopf mit Kokosmilch . . . 201

D

Daiquiri . . . 540
Daiquiri-Sorbet . . . 496
Dark Roses . . . 481

Death in the Afternoon 540
Deep Red. 541
Dickmilch-Himbeer-Speise 494
Dinkelsuppe mit Kohlrabi, bunte 148
Dip mit Apfel-Meerrettich 86
Domino-Dessert 518
Doppeldecker-Schnittchen 439
Draculas Love 550
Dreiecksschnittchen mit
Ajvar-Frischkäse und Salami 421
Drei-Frucht-Getränk 550
Dreikorntopf 201

E

Egg-Nogg 541
Ei-ei-ei-Erfrischung 528
Eier, gefüllte 94
Eier, grüne. 412
Eier im Béchamel-Safran-
Spinatbett 267
Eier im Nest, pochierte 412
Eier, russische 416
Eier-Häckerle-Toastecken 421
Eierhälften, gratinierte 413
Eier-Platte 412
Eiersalat mit Rindfleisch 24
Eiersalat mit Sprossen 53
Eiersalat-Schnittchen. 432
Eier-Sandwiches 53
Eierschwammerlgulasch
(Pfifferlingsgulasch) 183
Eier-Senf-Dip 62
Eisbein mit Sauerkraut 325
Eisbergsalat mit Ziegenkäse und
Sherry-Pflaumen 46
Eiskaffee. 541
Eis-Sandwiches 521
Eisschokolade 549
Eistee 542
Eistorte mit Mandelböden 506
Elchrücken, überbacken 296
Empanadillas
(Spanische Teigtäschchen) 70
Entencocktail 538
Erbsen-Buttermilch-Suppe 113
Erbseneintopf 199
Erbsensuppe für Eilige 126
Erbsensuppe, indische gelbe
(Channa Dal) 149
Erbsensuppe mit Parmesan 114
Erbsensuppe mit Würstchen,
frische 143
Erdbeeren in Bündner Fleisch. 97
Erdbeeren, westfälische 507
Erdbeer-Himbeer-Smoothie 546
Erdbeer-Mascarpone-Schichtspeise . 510
Erdbeer-Mint-Smoothie 546
Erdbeer-Quarkspeise 511
Erdbeer-Sahne-Creme 486
Erdbeerschnecken 496
Erdbeer-Sorbet 487

F

Farfalle in feuriger Sauce 371
Feeling Well 543
Fenchel auf Möhren-Orangen-Salat . 14
Fenchel mit Letscho, überbackener . . 231
Fenchel-Birnen-Salat 43
Fenchelgratin à la santé 290
Feuerbohnentopf 165
Feuertopf, scharfsüß. 183
Filet in dunkler Biersauce, falsches . . 297
Filet-Crostini. 449
Filetduo. 343
Filetpastete 294
Filettopf mit Sauerkraut 184
Filettopf mit Spitzkohl und Rosinen . . 177
Fingerfood-Platte 428
Fischecken 427
Fischerschnittchen 429
Fisch-Gemüse-Topf. 215
Fischgulasch, Balatoner 202
Fischgulasch mit Sauerkraut 215
Fischplatte 454
Fischplatte, feine 436
Fischragout in Zitronen-Lauch-
Sauce. 191
Fischtopf, Mecklenburger 211
Fladenbrot mit Kichererbsenpüree . . 448
Fladenbrot mit
Tunfisch-Frischkäse. 448
Fladenbrot mit Zaziki 449
Fladenschnittchen „Dreierlei". 448
Fleischcurry nach indonesischer Art,
schnelles 200
Fleischplätzchen auf syrische Art . . . 102
Fleischsalat. 18
Fleischtopf „Asia-Art" 213
Fleischtopf, gratiniert 184
Fleischtopf, gratinierter 286
Fleischtopf, orientalischer 225
Fleischwurstkörbchen 434
Fliegenpilze. 416
Flying Kangaroo 525
Forellenfilets, fruchtige 437
French-Toast-Auflauf 286
Frikadellen 303
Frischlingsschäufele im Brotteig 295
Fromme Helene 528
Frozen Daiquiri 548
Frühlingsgemüse mit Penne 370
Frühlingsgratin 274
Frühlingsnudeln mit Kürbiskernen . . . 370
Frühlingsschnittchen. 414
Frühlingssinfonie. 535
Frühlingszwiebelaufstrich-
Schnittchen 426
Frühlingszwiebeln in Bierteig 91
Fruit Cakes 500

G

Garnelen im Fenchelsud. 88
Garnelen mit Mango, marinierte 75
Garnelen-Paprika-Salat 45
Garnelen-Sesam-Salat im
Reispapier 42
Gazpacho (Kalte Gemüsesuppe) 130
Geflügel-Champignon-Auflauf,
asiatischer. 268
Geflügelgulasch „Ungarische Art" . . . 178
Geflügelplatte. 420
Geflügelröllchen mit Käse 77
Geflügelröllchen mit Obst 420
Geflügelsalat-Häppchen. 420
Geflügel-Spargel-Salat. 40
Geflügeltopf mit Granatapfelsirup . . 198
Geflügeltopf mit roten Linsen 197
Gemüse, mariniertes 414
Gemüseauflauf, griechischer. 289
Gemüseauflauf mit Kichererbsen . . . 274
Gemüsecurry mit Koriander 198
Gemüsegratin 277
Gemüse-Kartoffel-Salat mit Lachs . . 47
Gemüsepaste mit Ciabatta-Chips . . . 110
Gemüseplatte mit Dips 458
Gemüse-Reis-Gratin 273
Gemüse-Risotto mit Schinken
und Käse 196
Gemüsesalat mit
Knoblauchdressing. 54
Gemüsesalat „süßsauer". 11
Gemüsesalat vom Grill. 17
Gemüsesalsa mit Chili und Soja,
pikante 79
Gemüse-Sesam-Kräcker 84
Gemüsesuppe, italienische 145
Gemüsesuppe, kalte (Gazpacho). . . . 130
Gemüsesuppe mit
Fleischklößchen 147
Gemüsesuppe mit Glasnudeln und
Bambussprossen 142
Gemüsesuppe mit Käseklößchen 154
Gemüsesuppe mit Kokos und Curry . . 150
Gemüsesuppe „Zack Zack" 159
Geschnetzeltes mit Frischkäse. 218
Geschnetzeltes mit Steinpilzen in
Rieslingsauce. 196
Geschnetzeltes von der
Maispoularde mit Apfelspalten . . . 195
Gimlet 531
Gin Fizz 543
Giraffencreme. 490
Glasnudelsalat 35
Glasnudelsalat mit geröstetem
Hackfleisch 25
Gnocchi-Topf 194
Godfather 543
Gorgonzolacreme 99
Grand-Marnier-Parfait 517
Granita, exotische. 473
Grasshopper 524
Green Daiquiri 535
Green Door 534
Green Garuda 549
Green Poison 532
Green Summer. 535
Grießpudding mit
Brombeerkompott 489
Grießsuppe, süße. 147
Grüner Flip 536
Guacamole 425
Gulasch, überbackenes 278
Gulasch von der Kalbshaxe
mit Thymian 166
Gulasch von der Lammkeule 193
Gurken-Käse-Salat. 50
Gurkenstücke, gefüllte 100
Gurkensuppe mit Pfefferkäse 115
Gurkentatar 76

H

Hackauflauf mit Gemüse 258
Hackauflauf, orientalischer 249
Hackbraten auf Kartoffelgratin 337
Hackbraten „Falscher Hase" 342
Hackbraten mit Kürbiskernen 340
Hackbraten mit Quark. 338

Hackbraten, mit Sauerkraut gefüllt . 302
Hackbraten vom Blech 302
Hackfleischbällchen auf Pumpernickel 413
Hackfleischpizza, asiatische 340
Hackfleischröllchen auf Zitronengrasspießen 83
Hackfleischtaler, gefüllte 96
Hackfleisch-Tandoori-Suppe 115
Hackfleischtopf, russischer 194
Hackröllchen-Bohnen-Topf 168
Hähnchen, karibische 306
Hähnchen mit Reis-Tomaten-Füllung 307
Hähnchen-Ananas-Salat 76
Hähnchenbrust in Spinatsauce 305
Hähnchenbrust mit Senfkruste 331
Hähnchenbrust, süßscharf 345
Hähnchenfilets in Pilz-Marsala-Sauce 336
Hähnchengeschnetzeltes „Mailänder Art" 167
Hähnchenragout mit Basmatireis . . . 212
Hähnchenrollen mit Schafskäse-Gemüse-Füllung 176
Hähnchenschenkel mit Parmaschinken-Pesto 339
Hähnchenschnitzel, gefüllte 420
Hähnchentopf „Indische Art" 174
Hähnchentopf, mediterraner 204
Hähnchentopf mit Honig und Senf . . 175
Häppchen-Platte, bunte 441
Happy Bee 537
Hasenfilet mit Pfifferling-Weintrauben-Sauce 304
Hausbar-Clou 548
Hawaii-Meeresfrüchte-Auflauf 252
Hawaii-Schnitzel 303
Heidelbeer-Mousse-Charlotte 493
Heidelbeermuffins 477
Hemingway 538
Heringssalat 18
Himbeer-Cupcakes 502
Hirtenbrötchen, schnelle 463
Hirtentopf 168
Hollywood Fizz 547
Holunder-Apfel-Smoothie 518
Hoppel-Poppel 548
Hügelgratin 244
Hühnersuppe, chinesische 112
Hühnersuppe mit Grießklößchen 122
Hühnersuppe mit Reis 123
Hühnertopf, spanischer 169
Hummus mit Tortilla-Sticks 92
Hüttensuppe 141

I
Ingwerlimonade 542
Ipanema 524
Irish-Cream-Colada 536
Irish-Cream-Traum 536

J
Jackpot 549
Jägerbällchen 342
Jägermeister-Energy 556
Jägermeister-O 556
Jägersuppe 128
Joghurt-Eis 505
Joghurt-Panna-Cotta mit rosa Kokosraspeln 520
Joghurtsuppe mit gebratenen Knoblauch-Artischocken 152
Johannisbeer-Granita 515

K
Kaiserschmarren 520
Kalbfleisch-Parma-Röllchen 336
Kalbsbraten mit Milch und Rosmarin . 314
Kalbsbraten mit Petersilien-Pesto . . 346
Kalbscurry, dreierlei 200
Kalbsgeschnetzeltes mit Garnelen . . . 193
Kalbsroulade mit Schinken-Parmesan-Füllung 352
Kalbsschnitzel „Asia-Art" 329
Kalbsschnitzel in Paprikarahm 346
Kalbsschnitzel mit Kräuterkruste . . . 328
Kalter Hund in Weiß 490
Kaninchen nach Bauernart 328
Kaninchenkeulen mit Tomaten und Schnittknoblauch 170
Kaninchen-Nudel-Auflauf 247
Karamellcreme 499
Kartoffelauflauf aus der Normandie . 268
Kartoffel-Bohnen-Salat 50
Kartoffel-Chicorée-Salat 14
Kartoffelcremesuppe, griechische . . . 126
Kartoffel-Gemüse-Salat 21
Kartoffelgulasch mit Avocadocreme, scharfes 171
Kartoffelgulasch 190
Kartoffel-Ingwer-Suppe 131
Kartoffel-Käse-Auflauf 235
Kartoffel-Knoblauch-Topf 212
Kartoffel-Köttbullar-Suppe, schwedische 158
Kartoffel-Matjes-Salat 10
Kartoffel-Möhren-Suppe mit Erdnusscreme 116
Kartoffel-Porree-Auflauf, fruchtiger 288
Kartoffelsalat mit Gemüse 46
Kartoffelsalat, südfranzösischer 18
Kartoffelsuppe 116
Kartoffelsuppe mit Apfel-Zwiebel-Spalten 123
Kartoffelsuppe mit Daikonkresse und Knusperspeck 133
Kartoffelsuppe mit Wiener Würstchen 146
Kartoffelwürfel mit Kräutern 193
Kartoffel-Wurst-Auflauf 285
Käsebirnen 444
Käse-Dip mit Oliven 99
Käseplatte 444
Käse-Roulade 458
Käseschnittchen, gemischte 426
Käseschnittchen, gerollte 425
Käsespätzle-Gemüse-Rösti 357
Käsestangen 101
Käsesuppe mit Croûtons und Frühlingszwiebeln 152
Käse-Tunfisch-Salat 58
Käse-Wraps 86
Käse-Zucchini-Schnittchen 417
Kasseler auf Gemüsestreifen 328
Kasseler mit Pumpernickelkruste . . . 319
Kasselerbraten mit Chutneykruste . . 309
Kasselerbraten mit Spitzkohl 349
Kasselerfilet, mariniertes 434
Kasseler-Gemüse-Pfanne 187
Kasseler-Roulade 326
Kasseler Rückenschnitzel 308
Kaviar-Eier auf Baguettescheiben . . 412
Kichererbsensalat 20
Kichererbsen-Spinat-Gratin 265
Kichererbsensuppe 131
Kichererbsensuppe mit Kartoffeln . . 151
Kir 539
Kir Royal 524
Kirschgelee-Speise 479
Kirschwasser-Rosen 519
Knäckebrot mit Knochenschinken . . . 442
Knoblauchspätzle mit grünem Spargel 375
Knusperbrot mit Joghurt-Schafskäse-Creme 445
Knusperhappen 455
Knusper-Päckchen 498
Knusperscheiben, fruchtige 437
Knuspersticks 84
Kochmettwurst-Schnittchen 456
Kohlrabi-Apfel-Süppchen mit Lachs . 121
Kohlrabi-Kartoffel-Gratin 235
Kohlrabisalat mit Joghurtsauce 29
Kohlrabiwickel 109
Kokos-Fruchtwürfel mit Litschis, thailändische 482
Kokosmilch-Pilaw 190
Kokos-Milch-Shake 544
Kokossuppe mit Mango, scharfe 160
Korallenriff 534
Krabbenbrötchen, überbackene 80
Kräcker mit angemachtem Camembert 447
Krautbraten, bayerischer 323
Kräuterfilet, mit Frischkäse gefüllt 326
Kräuter-Hack-Bällchen 428
Kräuter-Putenbraten mit Tomatensauce 348
Kräuter-Roastbeef 310
Kräuterrollbraten, scharfer 330
Kräuter-Tomaten-Dip 96
Krautnudeln, Tiroler 172
Krautsalat 23
Kumquats Caipirinha 526
Kürbis-Apfel-Tartes 62
Kürbis-Chorizo-Auflauf 254
Kürbiscurry, indisches 169
Kürbis-Mango-Mix 537
Kürbis-Möhren-Suppe mit Chili und Koriander 132
Kürbispasteten 424
Kürbissuppe mit Amarettini 153
Kürbissuppe mit Rosmarin 141
Kurkuma-Hähnchen-Ragout, fruchtiges 177

L
Lachs-Champignon-Topf mit Wirsing 216
Lachs-Frischkäse-Torte 104
Lachs-Gnocchi-Topf 210
Lachsröllchen 105
Lachs-Schnittchen-Variationen 446
Lachsspieße 436
Lachs-Teriyaki-Spieße 74
Lammcurry 220

Lammfleisch mit grüner Sauce, kaltes 306
Lamm-Gemüse-Eintopf 226
Lammgeschnetzeltes auf provenzalische Art 221
Lammhackbraten mit weißen Bohnen 352
Lammkronen 331
Lamm-Nudel-Pfanne, griechische 402
Lamm-Paprika-Spieße 74
Lammragout in Schnittlauchrahm 218
Lammragout mit Gemüse 224
Lammrollbraten, mediterraner 313
Lammrücken mit Kartoffelkruste 348
Lammschnitzel in Kräuter-Knoblauch-Panade 350
Lammschultern 353
Lammtopf mit Kürbis 217
Lammtopf mit Rotwein 220
Lasagne mit Lammhack und Schafskäse 376
Lasagne, scharfe 394
Lasagne-Gemüse-Röllchen 368
Lauchnudeln 386
Leberkäse, gebackener 300
Leberkäseauflauf mit Spätzle 253
Leberkäsehäppchen 428
Leberwurst, bayerische 408
Leberwurst-Radieschen-Flirt 443
Leuchtturmsnacks 457
Lieblingsgulasch, light 219
Limettencreme mit Zitrussalat 499
Lindenblüten-Crusta 539
Linguine mit milder Erdnusssauce 386
Linguine mit Ziegenfrischkäsesauce 357
Linguine mit Zucchini und Schafskäsewürfeln 358
Linsencremesuppe mit Ziegenkäsenocken 140
Linsen-Curry-Suppe, gelbe 149
Linsen-Gemüse-Salat 16
Linsensalat 76
Linsensuppe mit Räucherfisch 140
Linsensuppe mit Würstchen 132
Linsentopf mit Tomaten, bunter 214
Löwenzahn-Spinat-Salat mit Schafskäse und Cocktailtomaten 43
Lumpensuppe 121

M

Mac-Cool-Eistorte 512
Mai-Gouda-Carpaccio 55
Maiskorn-Küchlein mit Sambal 92
Mais-Paprika-Salat, schneller 35
Maissuppe 120
Maistopf 207
Maistopf mit Paprika 137
Makkaroni mit Paprika-Feigen-Sauce 359
Makkaroni mit Schafskäsesauce 402
Makkaroni-Auflauf, geschichteter 287
Makkaroni-Salat 28
Makrele, marinierte 454
Mandel-Bananen-Eis 475
Mandel-Kakao-Eis 475
Mango Lady 538
Mango-Kokos-Reis 482
Mango-Lassi-Eisdrink und Sorbet 506
Mango-Salsa 66
Mangoldsalat mit Schupfnudeln 51
Maracuja-Quark-Strudel 483
Martini Dry Cocktail 547
Matcha-Eis 472
Matjesfilets mit Avocado 436
Matjesfilets, rote 455
Maultaschen-Suppe, feine 128
Meeresfrüchtesalat 41
Melonen-Hähnchen-Topf 205
Melonensalat 31
Melonensalat mit Vanillequark 495
Melonensuppe, kalte 151
Mexican Snowball 526
Mie-Nudeln mit gebratenen Steckrüben 358
Mie-Nudeln mit Putenstreifen, gebratene 355
Milchsuppe mit Schneeklößchen 134
Minestrone mit Ricotta-Nocken 124
Mini-Crêpes, gefüllte 89
Mini-Crêpes-Röllchen mit Lachs 428
Minigemüse mit Käsecreme 411
Mini-Pizzen mit Hack 104
Mini-Tomaten 94
Mini-Tomaten-Quiche 94
Misosuppe mit Schweinefleisch und Gemüse 132
Mitternachtssüppchen, feines 127
Möhren mit Parmaschinken 414
Möhren-Oliven-Paste 102
Möhren-Sesam-Suppe, orientalische 136
Möhrensuppe mit Ingwer 139
Möhrensuppe, würzige 156
Möhren-Zucchini-Auflauf 236
Mojito 526
Mortadella-Scheiben 415
Moulin Rouge 527
Mousse-au-Cappuccino-Torte, kleine 510
Mozzarella im Schinkenhemd 446
Mozzarella mit Tomaten 415
Mozzarella-Spieße 429

N

Nackensteaks mit Aprikosensauce 311
Night and Day 522
Nizza-Salat 56
Nudelauflauf „Chinesische Art“ 233
Nudelauflauf, knuspriger 246
Nudelauflauf „Köttbullar“ 284
Nudelauflauf mit Cabanossi und Paprika 246
Nudelauflauf mit Kalbfleisch und Salbei 255
Nudelauflauf mit Lachs-Sahne-Dill-Sauce 283
Nudelauflauf mit Shrimps und Schinken 388
Nudelauflauf „Sechs Käsesorten“ 248
Nudelauflauf „Vier Jahreszeiten“ 248
Nudel-Durcheinander, buntes 204
Nudel-Fischklößchen-Suppe, sauerscharfe 163
Nudel-Gemüse-Pfanne mit Champignons 359
Nudelgratin mit Erbsen, Tomaten und Mozzarella 275
Nudelgratin mit Hähnchen 284
Nudeln in Sellerie-Zitronen-Rahm 384
Nudeln mit Fischsauce, grüne 356
Nudeln vom Blech 401
Nudelnester, gestockte 356
Nudelpfanne, asiatische 373
Nudelragout mit Brokkoli 383
Nudelsalat all'arrabbiata 49
Nudelsalat mit Gemüse 12
Nudelsalat mit Parmaschinken und Melone 20
Nudelsalat mit Tunfisch-Dressing 59
Nudel-Schinken-Pfanne mit Pfifferlingen 385
Nudeltopf mit Cabanossi 384
Nudelvariationen vom Blech 376
Nussauflauf mit Früchten 503

O

Obatzter 110
Obstsalat mit Orangenquark und Walnusskrokant 478
Obstsalat, pikanter 56
Ofenschnitzel 350
Ofensuppe 226
Ofensuppe, indische 142
Olivenpaste 109
Orangen-Lachs 454
Orangen-Limetten-Dip 78
Orangensauce 90
Orangen-Smoothie mit Ingwer 551
Orangerie Cocktail 523
Orecchiette-Blumenkohl-Pfanne 385
Ostersuppe, griechische 122

P

Panecillos mit Mailänder Salami 459
Papaya-Smoothie 530
Papaya-Tomaten-Salat auf Hüttenkäse 26
Paprika mit Chilifüllung 78
Paprika mit Frischkäsefüllung 81
Paprika mit Hähnchenfüllung 108
Paprika-Chili-Suppe mit Käse-Crostini 134
Paprika-Linsen-Eintopf mit Forelle 223
Paprikasalat 34
Paprikasuppe mit Sesam-Ziegenkäse 134
Paprika-Tunfisch-Salat 54
Parmaschinken auf Grissini-Stangen 415
Parmesan-Mandel-Cantuccini 90
Party-Bruschettas 72
Partyscheiben, heiße 443
Partysuppe, pikante 135
Party-Toasts 72
Pasta caprese 377
Pasta mit feinem Gemüse in Kräuter-Rahm-Sauce 378
Pasta mit Meeresfrüchte-Ragout 378
Pasta mit Tomaten und Ziegenfrischkäse 400
Penne, extra scharf 369
Penne in Roquefortsahne 398
Penne mit Curry und Huhn 390
Penne mit Entenbrust 393
Penne mit Hühnerleber 379
Penne mit Romanesco 379
Penne mit Vier-Käse-Sauce 380

Penne mit Wirsingsauce und Mettbällchen 367
Perroquet 528
Pfannkuchen-Gratin 282
Pfannkuchen-Quark-Auflauf 264
Pfannkuchensalat 13
Pfefferonen „italienisch" 68
Pfefferonen „mexikanisch" 68
Pfifferlingsgulasch (Eierschwammerlgulasch) 183
Pfirsiche mit Schokopudding 479
Pfirsich-Kirsch-Gratin 501
Pflaumen-Parfait in der Waffel 508
Picadilly-Dip 110
Pilzauflauf mit Kartoffel-Sellerie-Haube 243
Pilz-Gemüse-Suppe, chinesische 150
Pilzragout-Auflauf 234
Pilzsalat mit Hackfleischbällchen 26
Pilzsalat mit Serrano-Schinken 48
Pimm's No. 1 539
Piña Colada 544
Pink Limonade 542
Pistazien-Tortellini mit Tomatensauce 390
Pizzabraten 351
Pizza-Nudel-Pfanne 392
Pizzastückchen 75
Pizzastückchen Mexicana mit Avocado-Dip 87
Planter's Punch 523
Platte, amerikanische 424
Platte, italienische 414
Platte mit Fliegenpilzen und russischen Eiern 416
Polenta-Gratin 279
Porreeschiffchen 444
Pralinen-Eisbombe 492
Preiselbeer-Schichtdessert 512
Pretty in Pink 533
Pumpernickelecken 417
Pumpernickeltaler 469
Pute, gefüllt 338
Putenbrust-Baguette-Schnittchen 460
Puten-Champignon-Topf 224
Puten-Reis-Auflauf, exotischer 271
Putenrollbraten 312
Putenroulade, große 341
Puten-Salbei-Spieße 82
Putenschnitzel à la Bordelaise 335
Putenschnitzel auf schwedische Art, gefüllte 301
Puten-Spinat-Topf mit Cashewkernen 222

Q

Quarkgratin, grünes 267
Quark-Kartoffel-Suppe 119

R

Radieschensuppe 157
Radispirale 409
Ratatouille, mal anders 163
Ratatouille-Lasagne 264
Räucherfischgratin 280
Ravioli mit Frischkäse-Spinat-Füllung 392
Ravioli mit Salbeibutter 393
Reisfleisch, serbisches 173
Reisnudelsalat mit Hähnchenbruststreifen 30
Reisnudelsalat, türkischer 38
Reissalat, gemischter 44
Reissalat mit Shrimps 8
Reissalat, orientalischer 12
Reissalat „Peanut Party" 15
Reistopf, orientalischer 227
Revival-Käseplatte 465
Rhabarber-Aprikosen-Auflauf 242
Rhabarbercreme im Erdbeerbett 491
Rhabarber-Ofenschlupfer 516
Rhabarberschaum 485
Ricotta-Spinat-Ravioli, gratinierte 228
Ricotta-Törtchen mit Himbeersauce 512
Riesenroulade 334
Rigatoni mit Tomaten-Basilikum-Sauce 360
Rigatoni-Pfanne mit Bratwurstklößchen 395
Rinderbraten in Gemüsesauce 319
Rinderbraten in Rotwein 314
Rinderbrust, gekochte 300
Rinderfilet, doppeltes 293
Rindergulasch mit Champignons 222
Rindergulasch mit Fetakäse 208
Rindergulasch mit Wirsing 186
Rindfleisch in Rotwein (Boeuf à la mode) 324
Rindfleischtopf nach Sauerbraten-Art mit Klößen 185
Rindssuppe mit Grießnocken 117
Rippe mit Backobst 318
Roastbeef auf Knäckebrot 457
Roastbeef in Estragon-Rotwein-Sauce 334
Roastbeef in Salzkruste 333
Roastbeef mit Kräuter-Senf-Kruste 315
Roastbeef mit Remouladensauce 320
Roastbeefhappen 461
Roastbeefröllchen 434
Roggenbrotschnittchen mit Heringssalat 410
Rohkostsalat, indischer 59
Rohkost-Schnittchen 410
Rohrnudeln mit Mohnfüllung 480
Romadur, eingelegter 408
Rosenkohl-Pfifferling-Suppe mit roten Linsen 139
Rosenkohl-Reis-Auflauf 280
Rosinen-Spitzkohl-Topf mit Hackfleisch 188
Rosmarin-Paprika-Topf 186
Rote Grütze mit Vanillesauce 484
Rote-Bete-Auflauf 242
Rote-Bete-Aufstrich 71
Rote-Bete-Salat, schneller 57
Rote-Bete-Spätzle mit Gorgonzolasauce 360
Rote-Linsen-Dip 66
Rotkohl-Lasagne 257
Rotweincreme 477
Rotweincreme mit schwarzen Johannisbeeren 471
Ruck-Zuck-Käseplatte 438
Rucola-Spargel-Salat 53
Rührei-Makrelen-Crostini 451
Ruote mit Limettensahne 367

S

Safran-Reis, bunter 180
Sahne-Eis 472
Salamiplatte 464
Salamischeiben mit Oliven 415
Salat „Dolma" 29
Salat mit Champignons, Zuckerschoten und Lachs 26
Salat mit Forelle, grüner 37
Salat mit gebackenen Austernpilzen 55
Salat mit gebratenem Hähnchenfilet 36
Salat-Snacks 76
Salatteller mit Sprossen 52
Salattorte *(Titelfoto)* 52
Salat-Wraps 107
Salzbraten 298
Sandwichschnittchen „Dreierlei" 440
Sandwich-Variationen 460
Sangria-Bowle 533
Sardellen-Toast-Schnittchen 440
Sardinenaufstrich 61
Satésauce 73
Sauce, süßsaure 82
Sauerbraten „Brackweder Art" 298
Sauergulasch, rheinisches 209
Sauerkirschjoghurt mit Schokolade und Müslicrunch 478
Sauerkrautauflauf mit Quark 254
Sauerkraut-Feigen-Salat 47
Sauerkrautsalat mit Pfifferlingen 38
Sauerkraut-Schmortopf, überbackener 278
Sauerkrautsuppe mit Cabanossi 162
Sauerkrautsuppe, ungarische 161
Scarlett O'Hara Cocktail 531
Schafskäse-Bärlauch-Schnittchen 464
Schafskäse-Dip 102
Scharfe Lola 529
Scheibenbraten, überbacken 327
Schichtbraten, runder 332
Schichtpudding, gewürzter 513
Schichtsalat, asiatischer 32
Schichtsalat mit Hähnchennuggets 28
Schinken, amerikanischer 345
Schinken auf Gurkenscheiben, westfälischer 463
Schinkenbeutelchen 462
Schinkeneier, bunte 83
Schinken-Käse-Röllchen 77
Schinkenplatte 462
Schinkenröllchen mit Gemüsestreifen 462
Schinkenröllchen und Pflaumenmus-Schnittchen 462
Schinkensuppe, hanseatische 161
Schinken-Wraps mit Spinat 85
Schinkenwurst-Röllchen 434
Schmetterlingspfanne 361
Schmorbraten, fränkischer 317
Schmorgurkentopf 187
Schmortopf, mallorquinischer 210
Schmortopf mit Heilbuttfilets 214
Schnittchen mit Forellencreme 460

Schnittchen mit Grünkernpaste 468
Schnittchen mit Krabbenbutter 446
Schnittchen mit Lachs 429
Schnittchen mit Tunfisch-Zwiebel-Aufstrich 463
Schnittchen nach Gyrosart 466
Schnittchenvariationen mit Schmalz. 466
Schnitzelrollen 100
Schnitzel-Sahne-Gratin, geschichtetes 304
Schoko-Amarettini-Flan 476
Schoko-Kirsch-Crumble 472
Schokokuss-Schichtspeise 514
Schokoladen-Kaffee-Cassata 504
Schokoladenpudding mit Sauerkirschen 484
Schokoladensuppe 159
Schokoladen-Zimt-Baiser 476
Schoko-Tarteletts 488
Schwarzbrotschnittchen mit Emmentaler-Käse-Creme 466
Schwarzbrottaler 418
Schwarzbrottürmchen 468
Schwedenschnittchen 427
Schweinebauch mit Malzbiersauce und Beifuß, knuspriger 310
Schweinebratenaufschnitt 409
Schweinefilet im Speckmantel 299
Schweinefleischrouladen, kleine 308
Schweinefleischtopf, asiatischer 178
Schweinekotelettbraten 332
Schweinekrustenbraten in Biersauce 320
Schweinenacken im Salzmantel 321
Schweinerippchen, asiatisch marinierte 347
Schweinerippchen mit Pflaumensauce 312
Schweineschnitzel in Kartoffel-Gemüse-Hülle, falsche . . 296
Schweinshaxen 315
Seabreeze 544
Seelachs-Porree-Topf, feuriger 166
Sekt-Flip 545
Sellerie-Apfel-Suppe mit Wasabi . . . 160
Sellerie-Käse-Salat 10
Selleriesalat 38
Senfdip 295
Senfnudeln 366
Sesamringe mit Schafskäse 444
Smörebröd mit Bratenaufschnitt und Pfirsich 416
Soja-Quitten-Eis 483
Soleier mit Hoisin-Sauce 103
Sommersalat mit Roquefortsauce . . . 44
Sommersuppe mit Salsa und Knusperschinken, pikante 120
Spaghetti alla siciliana 399
Spaghetti carbonara 366
Spaghetti mit Ajvar-Zucchini-Sauce 365
Spaghetti mit bunter Olivensauce . . 394
Spaghetti mit Fisch-Tomaten-Sauce 395
Spaghetti mit Garnelen 362
Spaghetti mit Marseiller Tomatensauce 361
Spaghetti mit milder Paprikasauce . . 396
Spaghetti-Erbsen-Frittata 382
Spaghetti-Gratin mit Hähnchenfilet und Gemüse 256
Spaghetti-Pfanne mit Käsesauce . . . 364
Spaghetti-Salat 15
Spanferkelkeule 316
Spargel-Garnelen-Gratin 262
Spargel-Kerbel-Suppe mit Hackklößchen 157
Spargel-Putenbrust-Schnittchen . . . 437
Spargelsalat, grüner 34
Spargelsalat mit Garnelen 22
Spargelsalat mit Shrimps 42
Spargelsuppe, grüne 113
Spätzle mit Lamm-Sugo 362
Spätzle-Hähnchen-Auflauf 256
Speck-Weißkohl-Gulasch 188
Spinatauflauf, Bäckers 251
Spinat-Lachs-Auflauf 232
Spinat-Orangen-Salat 36
Spinatsalat mit Buttermilchdressing. 45
Spinatsuppe mit gebratenem Ei 119
Spinatsuppe mit Mozzarella 144
Spinattaler, kleine 85
Spirelli bolognese 396
Spirelli mit Brokkoli und Speckstreifen 363
Spirelli mit Putenschnitzelchen 383
Spirelli-Topf mit Räuchertofu 405
Staudensellerie-Gratin 234
Steckrübenauflauf mit geräucherter Putenbrust 232
Stracciatella-Creme mit Kirschen . . . 491
Straußenfilet in Wacholdersahne mit Schwarzwurzelgemüse 316
Strawberry Daiquiri 540
Strawberry-Margarita-Eis 474
Studentenfutter 91
Sunny 529
Suppe nach Peking-Art 153
Surimistäbchen, gratinierte 455
Süßkartoffelcremesuppe 155
Süßkartoffel-Kohlrabi-Gratin 251

T

Tacos, gefüllte 111
Taglerini auf Basilikumschaum mit Muscheln 398
Tagliatelle mit Lachs und Rucola 403
Tandoori-Fisch-Auflauf 230
Tarteletts 95
Tatar-Schnittchen 450
Teigtäschchen, spanische (Empanadillas) 70
Tequila Sunrise 547
Teriyaki-Asia-Pfanne 381
Tête-de-Moine-Tomaten 444
Texas-Salsa 97
Tex-Mex-Creme, pikante 70
Thai-Hähnchencurry 174
Thai-Nudeln, milde 400
Thymian-Eis 511
Tiramisu, fruchtiges 504
Toastschnittchen mit Geflügelaspik 438
Tofu-Gemüse-Ragout 172
Tom und Jerry 523
Tomaten, gefüllte 60
Tomaten-Aprikosen-Suppe, kalte . . . 129
Tomatenauflauf mit Kartoffeln 239
Tomaten-Fenchel-Suppe 154
Tomaten-Knoblauch-Butter 61
Tomaten-Kokos-Suppe 156
Tomaten-Lasagne 250
Tomaten-Mozzarella-Spieße 72
Tomatenragout von frisch gedörrten Tomaten und Bandnudeln 189
Tomatensalat, korsischer 21
Tomatensalsa 101
Tomaten-Schafskäse-Salat 9
Tomatensuppe 145
Tomatensuppe, bunte 148
Tomaten-Tunfisch-Auflauf 260
Tomaten-Zucchini-Salat 10
Tomaten-Zwiebel-Schmalz 65
Tomaten-Zwiebel-Suppe, pikante orientalische 155
Tortellini in Gorgonzolasauce 401
Tortellini in Tomaten-Käse-Sauce . . 363
Tortellini mit Gemüse 397
Tortellini mit grüner Gemüsesauce . . 382
Tortellini mit Walnusssauce 381
Tortellini-Auflauf mit Pesto 281
Tortilla-Auflauf 261
Tramezzini mit Eiercreme 467
Truthahnkeulen in Altbiersauce 318
Truthahntopf 208
Tunfisch-Nudel-Auflauf 229
Tunfischsalat 30

V

Vanille-Eis 498
Vanille-Kirsch-Speise 516
Vanillepudding mit Erdbeeren 485
Vanillewaffeln mit Nougatfüllung . . . 508
Vitello-tonnato-Röllchen 418
Vollkorn-Käse-Spätzle 397
Vollkornnudeln mit Rote-Bete-Sauce 380
Vollkornnudeln mit Sesam-Pesto . . . 398
Vollkorn-Ravioli mit Ratatouille . . . 364
Vollkornschnittchen mit feurigem Preiselbeeraufstrich 450
Vollkornschnittchen mit Radieschen 419

W

Wackelpeter, fruchtiger 505
Waffeleis-Becher, kleine 494
Waffel-Eis-Burger 493
Waffeln am Stiel, gefüllte 495
Waldmeister-Zitronen-Eis 518
Walliser Gratin 250
Walnuss-Käse-Crostini 63
Wassermelonen-Gurken-Suppe, kalte 127
Weihnachtsstollen-Eis 509
Weißkohlsalat mit Shiitakepilzen . . . 9
Weizen de luxe 545
Weizenkörnersalat mit Schafskäse . . 39
Weizensuppe mit getrockneten Steinpilzen und Tomaten 125
Whiskey Julep 530
Whiskey Smash 547
Whiskey Sour 545
Wild-Couscous-Topf 206
Wildcurry 192
Wildgeschnetzeltes mit Pilzen 192
Winzerauflauf, französischer 272

Wirsingauflauf „Schweizer Art“ 276
Wirsing-Fisch-Eintopf 173
Wirsing-Fischfilet-Auflauf 270
Wirsing-Hack-Auflauf 260
Wirsing-Kürbis-Auflauf mit
Schweinefilet 240
Wirsing-Spinat-Topf 206
Wirsingsuppe mit Kräuter-Pesto 118
Wodka Cranberry 552
Wodka Lemon 552
Wraps, zweierlei 68
Wurstkörbchen mit bunten
Bohnen 81
Wurstplatte 452
Wurstsalat 77
Wurstsalat, bayerischer 408
Wurstschnittchen 452

X/Y

Xanthia Cocktail 531
Yufkarollen mit Tunfisch 108

Z

Zabaione 488
Zaziki 66
Zebracreme 506
Ziegenfrischkäse mit
Rucola-Pesto 407
Ziegenkäse mit
Sonnenblumenkernkruste 80
Ziegenkäsecreme 70
Ziegenkäsesalat 41
Zimtjoghurt mit Bananensalat 508
Zimt-Parfait 497
Zitronencreme 487
Zitronenlimonade 527
Zitronen-Parmesan-Suppe 138
Zitronentiramisu-Schnitten 486
Zucchiniauflauf mit süßsaurer
Sauce 263
Zucchinigratin 262
Zucchini-Honig-Dip 62
Zucchini-Kokos-Suppe 118
Zucchini-Nudel-Auflauf 276
Zucchini-Rettich-Salat 37
Zucchinisuppe mit Joghurt 138
Zungenwurst-Schnittchen 419
Zwiebackhäppchen mit
Mini-Spiegeleiern 439
Zwiebelkoteletts mit Senfcreme 299
Zwiebel-Pasta, arabische 375
Zwiebelsuppe, feurige 129
Zwölfer Salat 16

Bildnachweis

Bei mehreren Bildern auf einer Seite geben die Abkürzungen hinter der Seitenzahl die Position des Bildes an: o. = oben; u. = unten; m. = mittig; l. = links; r. = rechts

Titelfoto

Thomas Diercks, Hamburg

Innenfotos

Walter Cimbal, Hamburg (S. 6 l. o., 7 l. o., 18, 21, 23, 25, 30, 34, 36 r., 41, 56 l., 57 r., 58 r., 65 r., 69 l., 72, 74, 76, 88, 95, 101, 103 r., 110, 117, 130 r., 143 l., 152, 164, 169 r., 174, 300 l., 303 r., 312 l., 314, 319 l., 320, 321 l., 409, 411 l., 435 r., 461 r., 476, 478, 480, 482, 484, 489 l., 502, 505, 507 r., 508 l., 511)

Fotostudio Diercks (Thomas Diercks, Kai Boxhammer, Christiane Krüger), Hamburg (S. 7 r. o., 7 l. m., 7 r. u., 8 l. o., 8 l. u., 9 r., 10–13 l., 20, 22 l., 26 l., 32, 36 l., 39 r., 40, 42, 43, 45 l., 46 l., 47–49 l., 52 r., 53 l., 54 r., 58 l., 60, 60 l. u., 63, 64 r., 65 l., 67 r., 71 l., 73 l., 77, 79 l., 81, 83 l., 89 r., 90, 92, 93, 96–98, 103 l., 109 r., 111, 113 r., 115 l., 119 l., 121 r., 126 r., 127, 128 r., 130 l., 133 r., 134 r., 137 r., 138 r., 139 l., 141 l., 145 r., 146 l., 147, 148 l., 149 l., 150 l., 153 r., 156 l., 157, 159 l., 160, 165 l., 166 l., 167, 168, 169 l., 170, 175, 177, 180 l., 183 r., 184, 192, 194 r., 196 r., 197, 199 l., 201, 204 r., 207, 208 r., 210 r.–212, 213 r., 214, 215 l., 217, 218 l., 219, 222 r., 226 l., 228 l.o.m.u., 229 l., 231 l., 232 l., 233, 234 r., 235 r., 237 l., 239, 241 l., 242, 246–249, 251 r., 253 l., 254, 255, 258, 259, 261, 265, 267, 269, 270, 272 r., 276, 279, 281, 282, 283 r.–287, 289 r., 290 r., 292 l. u., 292, 294 r., 295, 296, 297 r., 302, 306 l., 307, 309 l., 310, 311 l., 315, 317 l., 319 r., 322, 323, 325, 326 l., 328, 330, 331 r., 333 r., 334, 336 l., 337 r., 341, 347, 348, 354 l. u., 356, 360 r., 363 l., 365, 371, 372–374, 376–378 l., 381 l., 383 l., 384 l., 386 r., 387 l., 388–390, 394–396 l., 397 r., 398 r., 401 r., 403 l., 404, 405 l., 411 r., 413, 421 r.,428, 435 l., 443 r., 446 r., 450, 456 l., 468 l., 470 l. u., 471 r., 472, 475, 483, 486 l., 487, 488, 491 r., 492 r., 494 r., 495 r., 496 r., 498, 499 l., 500 l., 504 r., 509 l., 510 r., 513, 514 r., 515, 516 r.–520 l., 521 r., 522 l. u., 523 m./r., 524 r., 526 l., 529, 531 l./m., 532, 533, 535 r., 536 l., 537 r., 539 r., 541 l., 544 m., 545 m., 547 l., 548, 549, 550 m., 551, 552 r., 553 r., 554 l., 555 l., 556 r., 557 m./r.)

Ulli Hartmann, Halle/Westf. (S. 9 l., 13 r.–15 l., 16, 19 r., 24, 35, 38 r., 51 r., 52 l., 53 r., 62, 64 l., 68, 69 r., 78, 79 r., 83 r., 84 r., 91 r., 99, 104 l., 106, 129, 164 l. o., 166 r., 171, 173, 178, 179, 183 l., 185, 186, 188–190, 191 r., 193, 195, 199 r., 200, 202, 203 r., 209, 210 l., 213 l., 218 r., 224, 225 l., 226 r., 231 r., 240, 241 r., 250 r., 253 r., 256 r., 266 r., 268 l., 274, 288, 289 l., 290 l., 292 l. m., 293 l., 297 l., 298, 301, 304, 305 r., 308, 309 r., 312 r., 329, 331 l., 335 r., 336 r., 339 r., 342, 343 l., 345 r., 350, 351 r., 355 r., 357 l., 361, 368, 370 r., 378 r., 387 r., 407 l., 410 r., 416, 418 l., 421 l., 423 r., 430 r., 431, 433, 440 r., 441, 447 l., 448, 452 l., 453, 455, 457 l., 463 l., 464, 465 r., 468 r., 469, 471 l., 477 l., 479, 485, 490 r., 494 l., 495 l., 499 r., 506 l., 512 r., 514 l., 528, 541 m., 544 l.)

Bela Hoche, Hamburg (S. 50, 54 l., 100 r., 442 l., 536 r., 537 l.)

Ulrich Kopp, Sindelfingen (S. 17 l., 28 r., 104 r., 135 r., 181, 271 r., 291, 299 r., 359, 363 r., 492 l.)

Bernd Lippert (S. 22 r., 60 l. o., 85, 86, 89 l., 100 l., 105, 107 r., 109 l., 119 r., 151 l., 158 l., 187 r., 467 r.)

Herbert Maass (S. 8, 112, 245 l., 524 m.)

Janne Peters, Hamburg (S. 6 r. o., 26 r., 33, 37, 57 l., 59, 84 l., 91 l., 113 l., 114, 123 l., 125 r., 132 r., 143 r., 154, 156 r., 163 l., 198, 422 r., 439, 470 l. o., 473, 474, 477 r., 503 l., 520 r., 521 l., 545 l.)

Antje Plewinski, Berlin (S. 6 r. m., 6 r. u., 7 l. u., 8 l. m., 17 r., 31, 55, 56 r., 60 l. m., 61 l., 66, 67 l., 70, 73 r., 112 l. o., 118 r., 120 r., 125 l., 131, 134 l., 144, 146 r., 149 r., 151 r., 155 l., 162 l., 164 l. u., 172 r., 180 r., 191 l., 203 l., 204 l., 205, 220, 238, 275, 313, 316, 337 l., 339 l., 344, 352, 355 l., 358 r., 461 l., 501, 504 l., 516 l., 522 l.o., 522 l. m., 526 r., 527 l., 530, 531 r., 540 l., 542, 543 r., 545 r., 546 l., 547 m., 552 l., 553 l., 554 r., 556 l., 557 l.)

Anke Politt, Hamburg (S. 470, 470 l. m., 481, 486 r., 490 l., 493 l., 500 r., 510 l.)

Christiane Pries (S. 164 l. m., 172 l., 221, 225 r., 235 l., 250 l., 283 l.)

Hans-Joachim Schmidt, Hamburg (S. 19 l., 49 r., 87 r., 112 l.u.,121 l., 133 l., 142, 148 r., 150 r., 187 l., 206, 216, 232 r., 234 l., 236, 237 r., 243, 244, 252, 264, 268 r., 272 l., 278, 280, 299 l., 300 r., 306 r., 318 l., 321 r., 327, 332, 333 l., 335 l., 338, 340, 343 r., 345 l., 349 l., 351 l., 353, 354 l. o., 354 l. m., 357 r., 362 r., 366 r., 367 r., 370 l., 375 l., 380 r., 382, 385 l., 386 l., 391 r., 403 r., 406 l. u., 418 r., 420, 427 r., 429, 432 r., 459 l., 493 r., 523 l., 526 m., 543 m., 546 r., 554 m., 555 m.)

Axel Struwe, Bielefeld (S. 61 r., 71 r., 87 l., 102 l., 292 l. o., 293 r., 294 l., 305 l., 311 r., 346, 349 r., 406 l. o., 406 l. m., 410 l., 414, 417, 419, 422 l., 423 l., 426, 427 l., 430 l., 432 l., 437, 438 l., 440 l., 442 r., 443 l., 445, 447 r., 449 , 451, 452 r., 456 r., 457 r., 459 r., 460, 463 r., 465 l., 466, 467 l., 496 l., 503 r., 506 l., 507 l., 508 l., 509 l., 522, 524 l., 525, 527 r., 534, 536 m., 538, 540 r., 541 r., 543 l., 544 r., 550 r., 555 r.)

Norbert Toelle, Bielefeld (S. 44, 122, 161 r., 176, 194 l., 215 r., 222 l., 262, 263 l., 273, 277, 303 l., 317 r., 318 r., 362 l., 364, 399 l., 406, 446 l., 512 l.)

Brigitte Wegner, Bielefeld (S. 6 l. u.,15 r., 27, 28 l., 29, 38 l., 39 l., 45 r., 46 r., 51 l., 80, 82, 102 r., 107 l., 108, 112 l. m., 138 l., 165 r., 182, 196 l., 208 l., 223, 227, 228, 229 r., 245 r., 251 l., 256 l., 257, 260, 263 r., 266 l., 271 l., 324, 326 r., 379, 391 l., 392 r., 397 l., 398 l., 399 r., 404 r., 407 r., 408, 412, 415, 424, 434, 436, 438 r., 444, 454, 458, 462, 489 r., 491 l., 497)

Winkler Studios, Bremen (S. 112 l. m., 115 r., 116, 118 l., 120 l., 123 r., 124, 126 l., 128 l., 132 l., 135 l., 136, 137 l., 139 r., 140, 141 r., 145 l., 153 l., 155 r., 158 r., 159 r., 161 l., 162 r., 163 r., 354, 358 l., 360 l., 366 l., 367 l., 369, 375 r., 380 l., 381 r., 383 r., 384 r., 385 r., 392 l., 393, 396 r., 400, 401 l., 402)

Bernd Wohlgemuth, Hamburg (S. 230, 535 l., 539 l., 547 r., 550 l.)

Abkürzungen

EL	=	Esslöffel
TL	=	Teelöffel
Msp.	=	Messerspitze
Pck.	=	Packung/Päckchen
g	=	Gramm
kg	=	Kilogramm
ml	=	Milliliter
l	=	Liter
evtl.	=	eventuell
geh.	=	gehäuft
gem.	=	gemahlen
ger.	=	gerieben
gestr.	=	gestrichen
TK	=	Tiefkühlprodukt
°C	=	Grad Celcius
Ø	=	Durchmesser

Kalorien-/Nährwertangaben

E	=	Eiweiß
F	=	Fett
Kh	=	Kohlenhydrate
kJ	=	Kilojoule
kcal	=	Kilokalorie

Hinweise zu den Rezepten
Lesen Sie bitte vor der Zubereitung – besser noch vor dem Einkaufen – das Rezept einmal vollständig durch. Oft werden Arbeitsabläufe oder Zusammenhänge dann klarer. Die Rezepte sind, bis auf die Drinks, für 8–12 Portionen berechnet. Die Zutaten sind in der Reihenfolge ihrer Bearbeitung aufgeführt. Die Arbeitsschritte sind einzeln hervorgehoben, in der Reihenfolge, in der sie von uns ausprobiert wurden.

Zubereitungszeit
Die Zubereitungszeit dient Ihrer Orientierung. Sie ist ein Richtwert und abhängig von Ihrer Koch- und Backerfahrung. Die Zubereitungszeit beinhaltet die Zeit der tatsächlichen Zubereitung. Längere Wartezeiten, wie Kühl- oder Abkühlzeiten, Auftau- und Durchziehzeiten sind, sofern parallel keine weitere Tätigkeit erfolgt, nicht in der Zubereitungszeit enthalten. Die Garzeit ist gesondert ausgewiesen.

Backofeneinstellung
Die in den Rezepten angegebenen Gar- und Backtemperaturen und Garzeiten sind Richtwerte, die je nach individueller Hitzeleistung des Backofens über- oder unterschritten werden können. Die Temperaturangaben in diesem Buch beziehen sich auf Elektrobacköfen. Die Möglichkeiten der Temperatureinstellung für Gasbacköfen variieren je nach Hersteller, sodass wir keine allgemeingültigen Angaben machen können. Bitte beachten Sie deshalb bei der Einstellung des Backofens die Gebrauchsanleitung des Herstellers. Ein Backofenthermometer eignet sich dabei gut, um die Backofentemperatur im Blick zu haben.

Nährwerte
Die Nährwerte sind auf die Einzelportionen bezogen. Bei den Nährwertangaben in den Rezepten handelt es sich um auf- bzw. abgerundete ganze Werte. Aufgrund von ständigen Rohstoffschwankungen und/oder Rezepturveränderungen bei Lebensmitteln, kann es zu Abweichungen kommen. Die Nährwertangaben dienen daher lediglich Ihrer Orientierung und eignen sich nur bedingt für die Berechnung eines Diätplans, zum Beispiel bei Krankheiten wie Diabetes. Bei krankheitsbedingten Diäten richten Sie sich daher bitte nach den Anweisungen Ihres Diätassistenten bzw. Ihres Arztes.

Für Fragen, Vorschläge oder Anregungen stehen Ihnen der Verbraucherservice der Dr. Oetker Versuchsküche Telefon: 00800 717273 74 Mo.–Fr. 8:00–18:00 Uhr, Sa. 9:00–15:00 Uhr (gebührenfrei in Deutschland) oder die Mitarbeiter des Dr. Oetker Verlages Telefon: +49 (0) 521 520642 Mo.–Fr. 9:00–15:00 Uhr zur Verfügung.

Oder schreiben Sie uns:
Dr. Oetker Verlag KG, Am Bach 11, 33602 Bielefeld oder besuchen Sie uns im Internet unter www.oetker-verlag.de oder www.oetker.de.

Umwelthinweis Dieses Buch und der Einband wurden auf chlorfrei gebleichtem Papier gedruckt. Die Einschrumpffolie - zum Schutz vor Verschmutzung - ist aus umweltfreundlichem und recyclingfähigem PE-Material.

Redaktion Andrea Gloß, Carola Hülshoff, Christina Langner, Carola Reich, Annette Riesenberg

Lektorat no:vum, Susanne Noll, Leinfelden-Echterdingen

Nährwertberechnungen Nutri Service, Hennef

Titelgestaltung kontur:design, Bielefeld
Grafisches Konzept und Gestaltung MDH Haselhorst
Satz und Layout MDH Haselhorst

Druck und Bindung Mohn Media Mohndruck GmbH, Gütersloh

Wir danken für die freundliche Unterstützung
Beam Global Deutschland, Wiesbaden
Henkell & Co., Wiesbaden
Mast-Jägermeister, Wolfenbüttel

ISBN: 978-3-7670-0998-1